***ACCESO GRATIS** a la Lectura en la Nube + Formularios online*

Para visualizar el libro electrónico en la nube de lectura envíe junto a su nombre y apellidos una fotografía del código de barras situado en la contraportada del libro y otra del ticket de compra a la dirección:

ebooktirant@tirant.com

En un máximo de 72 horas laborables le enviaremos el código de acceso con sus instrucciones.

FORMULARIOS CONCURSALES Y DE LA INSOLVENCIA

Derecho preconcursal y planes de reestructuración

FORMULARIOS CONCURSALES Y DE LA INSOLVENCIA

Derecho preconcursal y planes de reestructuración

3ª Edición

Directores

EDUARDO AZNAR GINER
VICENTE ZUBIZARRETA URCELAY

Coordinadores

JORGE LÓPEZ PARICIO
DEMETRIO MADRID ALONSO
DAVID PASTOR GARCÍA
JOSÉ CARLOS GONZÁLEZ VÁZQUEZ
JUAN FRANCISCO TEJERO ALDOMAR

tirant lo blanch
Valencia, 2026

En caso de erratas y actualizaciones, la Editorial Tirant lo Blanch publicará la pertinente corrección en la página web www.tirant.com.

© TIRANT LO BLANCH
EDITA: TIRANT LO BLANCH
C/ Artes Gráficas, 14 - 46010 - Valencia
TELFS.: 96/361 00 48 - 50
FAX: 96/369 41 51
Email:tlb@tirant.com
www.tirant.com
Librería virtual: www.tirant.es
DEPÓSITO LEGAL: V-748-2026
ISBN: 979-13-7040-232-7

Si tiene alguna queja o sugerencia, envíenos un mail a: *atencioncliente@tirant.com*. En caso de no ser atendida su sugerencia, por favor, lea en *www.tirant.net/index.php/empresa/politicas-de-empresa* nuestro procedimiento de quejas.

Responsabilidad Social Corporativa: http://www.tirant.net/Docs/RSCTirant.pdf

Autores

EDUARDO AZNAR GINER
Abogado. Director de AZNAR & MONDÉJAR ABOGADOS
Socio de AZPAL ADMINISTRACIONES CONCURSALES

VICENTE ZUBIZARRETA URCELAY
Economista. Auditor de cuentas. Fundador y Director de GRUPO ZUBIZARRETA

JOSÉ ANTONIO DOMENECH BARRANCA
Abogado. Socio Director de INSOLVENZA

SALVADOR COMPANY PERIS
Economista. Socio Director de AUDICONTROL FINANCIAL CONSULTING

AMPARO BERNAT MONROS
Economista. Socia de AUDICONTROL FINANCIAL CONSULTING

JUAN JOSÉ ESTRUCH ESCRIVÁ
Titulado mercantil. Economista. Censor jurado de cuentas. Auditor de cuentas.
Abogado. Socio Director de ESTRUCH CONSULTORES MERCANTILES

JUAN IVÁN ESTRUCH PASCUAL
Titulado mercantil. Auditor de cuentas. Abogado. Socio
de ESTRUCH CONSULTORES MERCANTILES

JAVIER SEMPERE MAS
Abogado. Socio Director de BUFETE SEMPERE JAÉN

JESÚS MORANT VIDAL
Abogado. Profesor Universidad Miguel Hernández. Socio de BUFETE SEMPERE JAÉN

JAVIER MOYA SAEZ
Abogado. Socio Director de JMV ESTUDIO JURÍDICO

JORGE LÓPEZ PARICIO
Abogado. AZNAR & MONDÉJAR ABOGADOS

JULIO CÉSAR GINER GÓMEZ
Abogado. Socio Director de GINER ABOGADOS

KEVIN JORDÁ SALAZAR
Abogado. INSOLVENZA

JOSÉ CARLOS GONZÁLEZ VÁZQUEZ
Abogado. Profesor titular Derecho Mercantil (UCM).
Socio de CECA MAGAN ABOGADOS

RAUL VILLARÍN VINENT
Abogado. Director en el área de concursal y reestructuraciones de CECA MAGAN ABOGADOS

JUAN FRANCISCO TEJERO ALDOMAR
Abogado. Socio Director de JURISTAS Y ASESORES TRIBUTARIOS TEJERO

JUAN ANTONIO MARTÍNEZ BLÁZQUEZ
Abogado. MARCELLAN ABOGADOS

CRISTINA GRAGERA VIVAS
Economista. Equipo de (pre) insolvencias de PwC España

ÁLVARO PASTRANA MASEDA
Abogado. Asociado Senior en DLA PIPER

MANUELA SERRANO SÁNCHEZ
Abogada. Socia responsable nacional de litigación e insolvencias de TODA & NEL-LO

DAVID PASTOR GARCÍA
Economista. Socio Director LEOPOLDO PONS GRUPO

BÁRBARA PITARQUE VILLAESCUSA
Economista. Socia Directora LEOPOLDO PONS GRUPO

MANUEL RICO LLOPIS
Economista. Socio LEOPOLDO PONS GRUPO

COVADONGA SÁNCHEZ SUÁREZ
Abogada. Socia LEOPOLDO PONS GRUPO

DEMETRIO MADRID ALONSO
Abogado. Socio de MA ABOGADOS

SARA RECATALÁ CHORDA
Socio de MA ABOGADOS

JOSU ECHEVERRÍA LARRAÑAGA
Economista. Socio de ARGOSS PARTNERS

JOSÉ LUIS RAMOS FORTEA
Economista. Auditor de cuentas. Director de JL RAMOS & ASOCIADOS

ASIER RUIZ FERNÁNDEZ
Economista. GRUPO ZUBIZARRETA

NAIARA ALZOLA LIÑARES
Abogada. Economista. GRUPO ZUBIZARRETA

ÍNDICE DE FORMULARIOS

IV. FORMULARIOS

I. PRESENTACIÓN

Con la aprobación de la Ley 26/2022, de 5 de septiembre, de Reforma del texto refundido de la Ley Concursal, surge una nueva y paradigmática forma de tratar la insolvencia, tendente a optimizar los procedimientos de tratamiento de la misma, permitiendo la pronta entrada en los mismos, especialmente, en el ámbito preconcursal, del deudor insolvente o, incluso, probablemente insolvente, y a agilizar el desarrollo de los procedimientos concursales, y eliminar la excesiva duración de los concursos, habitualmente condenados de inicio a la liquidación.

En esta línea, tras la referida reforma concursal, la solución a la insolvencia se articula a través del procedimiento concursal, el tradicional concurso de acreedores, regulado en el libro primero del texto refundido de la Ley Concursal (TRLC), la solución preconcursal, que pivota sobre los planes de reestructuración y se rige por el libro segundo del TRLC, y, finalmente, un procedimiento especial para tratar la insolvencia de las microempresas, previsto en el libro III TRLC.

Este libro, trata de los institutos preconcursales y los planes de reestructuración, constituidos por el legislador como el instrumento preferido y preferente del tratamiento de insolvencia del deudor, actual, inminente, e, incluso, probable, desde una perspectiva eminentemente práctica: aportar un buen número de formularios y documentos de uso habitual en los procedimientos preconcursales y reestructuratorios, cuyos destinatarios son todos aquellos que intervienen en el mismo, jueces, letrados de la administración de justicia, abogados, procuradores, economistas, auditores. Y obviamente y en especial, el experto en materia de restructuraciones. Y no sólo los habituales escritos del deudor o acreedores, o las resoluciones judiciales, sino también otros extraños al Tribunal pero de uso habitual y que se ven afectados por las normas preconcursales del TRLC. Tanto aquellos formularios sencillos y habituales como aquellos más complejos, con la finalidad de dar respuestas tanto a aquellos expertos en la materia como a quien se inicia en el ámbito de la insolvencia. Ello sin perjuicio de su sometimiento a un previo y profundo proceso de estudio y reflexión, como no podía ser de otro modo, a la vista del magnífico plantel de autores (profesores universitarios, abogados, economistas etc) que presentan como denominador común su carácter de reconocidos expertos en materia reestructuradora, conocedores, tanto desde la perspectiva teórica como la práctica, del difícil, bonito y complicado mundo de las reestructuraciones empresariales.

En Valencia, a 13 de octubre de 2023

Eduardo Aznar Giner

II. PRESENTACIÓN SEGUNDA EDICIÓN

No parece preciso que me extienda nuevamente sobre la pretensión y objetivos perseguidos por este libro. En esta segunda edición, una vez ya se ha implantado y asentado la profunda y paradigmática reforma introducida en el texto refundido de la Ley Concursal por la Ley 16/2022, se han revisado y adaptado los formularios, especialmente, a las últimas reformas, y se ha ampliado el número de ellos, y con ello, los supuestos tratados en el libro. Como siempre, los presentes formularios deben ser tomados como una herramienta de trabajo y reflexión, de carácter orientativo y no definitivo, en la práctica concursal.

Habitualmente dedico mis libros a amigos y personas por mi queridas y respetadas. Siempre con un halo de positividad, pues la vida, como regalo de Dios que es, hay que disfrutarla y recibirla positivamente y con alegría. Desgraciadamente, en esta ocasión, no va a ser así. Tras los terribles acontecimientos y pesares que hemos y estamos padeciendo en Valencia, y su área metropolitana, que nos han sobrecogido a todos, y nunca olvidaremos, nunca, este libro viene dedicado a todos aquellos que han resultado lastimados y perjudicados, y sufrido pérdidas, humanas o económicas, por esa horrenda DANA. Desde aquí mostramos nuestras condolencias y apoyo a todas esas personas, familias y empresas que están sufriendo, y, sin condiciones, nos unimos a su dolor.

Y en especial, como rayo de luz en esta tragedia, quiero poner en valor y dedicarles este libro a los jóvenes, personificados en mis hijos, Julia, Álvaro y Jorge Aznar Nebot, pero extensible a todos y cada uno de los hijos de los autores de este libro.

Estos jóvenes, aún impactados por el horror de la DANA, se dieron cuenta de su trágico y letal alcance y, noblemente, sin pedir ni esperar nada a cambio, han dado lo mejor de sí, prestando desinteresadamente su ayuda y apoyo a todo aquel que lo precisó. Puede leerse en esa maravillosa canción que es "Changes", genialmente interpretada por David Bowie: "y estos niños a los que escupes mientras intentan cambiar sus mundos, son muy conscientes de lo que está pasando".

Por mi parte, intentaré no escupirles nunca más con quejas y reproches (sobre su forma de ser, ese cuarto no recogido, o sus terribles horarios), les apremiaré a que sigan ejemplarmente cambiando sus mundos (y los nuestros), y ruego que permanezcan inmunes a nuestros prescindibles consejos, porque, desde luego, son conscientes de todo lo que pasa a su alrededor. Y así lo han demostrado haciéndose acreedores de nuestro respeto.

Tras lo anterior, esperamos que el presente libro sea útil y del agrado del lector y que aporte luz a todos los profesionales del difícil, bonito y complicado mundo de la insolvencia.

En Valencia a 30 de noviembre de 2024.

Eduardo Aznar Giner

III. PRESENTACIÓN TERCERA EDICIÓN Y DEDICATORIA

No parece preciso que me extienda nuevamente sobre la pretensión y objetivos perseguidos por este libro. En esta tercera edición, se han revisado y adaptado los formularios, especialmente, a las últimas reformas, como la operada por la Ley Orgánica 1/2025, de eficiencia en la justicia, y se ha ampliado el número de ellos, y los supuestos tratados en el libro.

Como siempre, los presentes formularios, redactados por auténticos especialistas del ámbito de la insolvencia, a los que agradezco su implicación en el proyecto, deben ser tomados como una herramienta de trabajo y reflexión, de carácter orientativo y no definitivo, en la práctica concursal.

Y no puede faltar mi tradicional dedicatoria de este libro, que va dirigida a mi querido hijo Jorge Aznar Nebot, el niño de mis ojos, devenido a espléndido chaval y baloncestista en ciernes, vitalidad pura, cuya alegría me ilumina y me rescata de los momentos más oscuros y ásperos. Con el deseo que la vida sea tan generosa maravillosa como lo es él con todo aquel que le rodea.

En Valencia a 25 de diciembre de 2025.

Eduardo Aznar Giner

IV. FORMULARIOS

I. COMUNICACIÓN DE APERTURA DE NEGOCIACIONES EN ORDEN A ALCANZAR UN PLAN DE REESTRUCTURACIÓN

RAL. INSOLVENCIA INMINENTE. F016. COMUNICACIÓN AL TRIBUNAL DE LA APERTURA DE NEGOCIACIONES PARA ALCANZAR PLAN DE REESTRUCTURACIÓN. PERSONA NATURAL. PROBABILIDAD DE INSOLVENCIA. F017. COMUNICACIÓN AL TRIBUNAL DE LA APERTURA DE NEGOCIACIONES PLANTEADA POR VARIOS DEUDORES QUE FORMAN GRUPO DE SOCIEDADES. INSOLVENCIA ACTUAL. F018. COMUNICACIÓN AL TRIBUNAL DE LA APERTURA DE NEGOCIACIONES PLANTEADA POR VARIOS DEUDORES QUE FORMAN GRUPO DE SOCIEDADES. INSOLVENCIA INMINENTE. F019. COMUNICACIÓN AL TRIBUNAL DE LA APERTURA DE NEGOCIACIONES PLANTEADA POR VARIOS DEUDORES QUE FORMAN GRUPO DE SOCIEDADES. PROBABILIDAD DE INSOLVENCIA. F020. COMUNICACIÓN DE APERTURA DE NEGOCIACIONES PARA PREPACK Y PLAN DE REESTRUCTURACIÓN. F021. COMUNICACIÓN DEL ART. 585 TRLC A EFECTOS DEL PREPACK. I.3. TRAMITACIÓN PROCESAL DE LA COMUNICACIÓN DE APERTURA DE NEGOCIACIONES. F022. DILIGENCIA DE ORDENACIÓN DEL LETRADO DE LA ADMINISTRACIÓN DE JUSTICIA SOBRE SUBSANACIÓN DE DEFECTO EN LA COMUNICACIÓN. F023. ESCRITO DEL DEUDOR SUBSANANDO DEFECTOS APRECIADOS EN LA COMUNICACIÓN. F024. DECRETO DEL LETRADO DE LA ADMINISTRACIÓN DE JUSTICIA TENIENDO POR NO EFECTUADA LA COMUNICACIÓN DE APERTURA DE NEGOCIACIONES. PERSONA JURÍDICA. F025. DECRETO DEL LETRADO DE LA ADMINISTRACIÓN DE JUSTICIA TENIENDO POR NO EFECTUADA LA COMUNICACIÓN DE APERTURA DE NEGOCIACIONES. PERSONA NATURAL. F026. DECRETO DEL LETRADO DE LA ADMINISTRACIÓN DE JUSTICIA TENIENDO POR NO EFECTUADA LA COMUNICACIÓN DE APERTURA DE NEGOCIACIONES. GRUPO DE SOCIEDADES. F027. DECRETO DEL LETRADO DE LA ADMINISTRACIÓN DE JUSTICIA TENIENDO POR EFECTUADA LA COMUNICACIÓN DE APERTURA DE NEGOCIACIONES PREVIA SUBSANACIÓN. PERSONA JURÍDICA. F028. DECRETO DEL LETRADO DE LA ADMINISTRACIÓN DE JUSTICIA TENIENDO POR EFECTUADA LA COMUNICACIÓN DE APERTURA DE NEGOCIACIONES PREVIA SUBSANACIÓN. PERSONA NATURAL. F029. DECRETO DEL LETRADO DE LA ADMINISTRACIÓN DE JUSTICIA TENIENDO POR EFECTUADA LA COMUNICACIÓN DE APERTURA DE NEGOCIACIONES PREVIA SUBSANACIÓN. GRUPO DE SOCIEDADES. F030. DECRETO DEL LETRADO DE LA ADMINISTRACIÓN DE JUSTICIA TENIENDO POR EFECTUADA LA COMUNICACIÓN DE APERTURA DE NEGOCIACIONES. PERSONA JURÍDICA. F031. DECRETO DEL LETRADO DE LA ADMINISTRACIÓN DE JUSTICIA TENIENDO POR EFECTUADA LA COMUNICACIÓN DE APERTURA DE NEGOCIACIONES. PERSONA NATURAL. F032. DECRETO DEL LETRADO DE LA ADMINISTRACIÓN DE JUSTICIA TENIENDO POR EFECTUADA LA COMUNICACIÓN DE APERTURA DE NEGOCIACIONES. GRUPO DE SOCIEDADES. I.4. IMPUGNACIÓN DEL DECRETO TENIENDO POR EFECTUADA LA COMUNICACIÓN DEL ART. 585 TRLC. F033. RECURSO DE REVISIÓN CONTRA DECRETO TENIENDO POR FORMULADA LA COMUNICACIÓN DE APERTURA DE NEGOCIACIONES. GENERAL. F034. RECURSO DE REVISIÓN CONTRA DECRETO TENIENDO POR FORMULADA LA COMUNICACIÓN DE APERTURA DE NEGOCIACIONES. PRESENTACIÓN DE COMUNICACIÓN DENTRO DEL AÑO ANTERIOR. F035. RECURSO DE REVISIÓN CONTRA DECRETO TENIENDO POR FORMULADA LA COMUNICACIÓN DE APERTURA DE NEGOCIACIONES. BIENES O DERECHOS NO NECESARIOS PARA LA ACTIVIDAD EMPRESARIAL DEL DEUDOR. F036. RECURSO DE REVISIÓN CONTRA DECRETO TENIENDO POR FORMULADA LA COMUNICACIÓN DE APERTURA DE NEGOCIACIONES. EXTENSIÓN DE EFECTOS A GARANTÍAS OTORGADAS POR TERCEROS. F037. RECURSO DE REVISIÓN CONTRA DECRETO TENIENDO POR FORMULADA LA COMUNICACIÓN DE APERTURA DE NEGOCIACIONES. CONTRATO NECESARIO PARA LA CONTINUIDAD EMPRESARIAL. F038. AUTO ESTIMANDO RECURSO DE REVISIÓN CONTRA DECRETO TENIENDO POR FORMULADA LA COMUNICACIÓN DE APERTURA DE NEGOCIACIONES. PRESEN-

TACIÓN DE COMUNICACIÓN DENTRO DEL AÑO ANTERIOR. F039. AUTO ESTIMANDO RECURSO DE REVISIÓN CONTRA DECRETO TENIENDO POR FORMULADA LA COMUNICACIÓN DE APERTURA DE NEGOCIACIONES. BIENES O DERECHOS NO NECESARIOS PARA LA ACTIVIDAD EMPRESARIAL DEL DEUDOR. F040. AUTO ESTIMANDO RECURSO DE REVISIÓN CONTRA DECRETO TENIENDO POR FORMULADA LA COMUNICACIÓN DE APERTURA DE NEGOCIACIONES. EXTENSIÓN DE EFECTOS A DETERMINADAS GARANTÍAS DE TERCEROS. F041. AUTO DESESTIMANDO RECURSO DE REVISIÓN CONTRA DECRETO TENIENDO POR FORMULADA LA COMUNICACIÓN DE APERTURA DE NEGOCIACIONES. PRESENTACIÓN DE COMUNICACIÓN DENTRO DEL AÑO ANTERIOR. F042. AUTO DESESTIMANDO RECURSO DE REVISIÓN CONTRA DECRETO TENIENDO POR FORMULADA LA COMUNICACIÓN DE APERTURA DE NEGOCIACIONES. BIENES O DERECHOS NO NECESARIOS PARA LA ACTIVIDAD EMPRESARIAL DEL DEUDOR. F043. AUTO DESESTIMANDO RECURSO DE REVISIÓN CONTRA DECRETO TENIENDO POR FORMULADA LA COMUNICACIÓN DE APERTURA DE NEGOCIACIONES. EXTENSIÓN DE EFECTOS A DETERMINADAS GARANTÍAS DE TERCEROS. I.5. DECLINATORIA. F044. ESCRITO DE DECLINATORIA POR FALTA DE COMPETENCIA TERRITORIAL. COMUNICACIÓN INDIVIDUAL. F045. CUESTIÓN DE COMPETENCIA POR DECLINATORIA. COMUNICACIÓN CONJUNTA (I). F046. CUESTIÓN DE COMPETENCIA POR DECLINATORIA. COMUNICACIÓN CONJUNTA (II). F047. AUTO ESTIMATORIO DE LA CUESTIÓN DE COMPETENCIA POR DECLINATORIA. F048. AUTO DESESTIMATORIO DE LA DECLINATORIA DE COMPETENCIA. I.6. CARÁCTER RESERVADO DE LA COMUNICACIÓN. F049. ESCRITO DEL DEUDOR SOLICITANDO EL LEVANTAMIENTO DEL CARÁCTER RESERVADO DE LA COMUNICACIÓN DE APERTURA DE NEGOCIACIONES. F050. DILIGENCIA DE ORDENACIÓN DEL LETRADO DE LA ADMINISTRACIÓN DE JUSTICIA SOBRE LEVANTAMIENTO DEL CARÁCTER RESERVADO DE LA COMUNICACIÓN. I.7. EFECTOS DE LA COMUNICACIÓN. F051. ESCRITO DEL DEUDOR AL TRIBUNAL QUE CONOCE DE LA EJECUCIÓN ANTES DE DICTARSE EL DECRETO DE COMUNICACIÓN DE NEGOCIACIONES Y A EFECTOS DE PARALIZAR LA MISMA Y PROCEDER AL ALZAMIENTO DE EMBARGOS. F052. ESCRITO DEL DEUDOR AL TRIBUNAL QUE CONOCE DE LA EJECUCIÓN TRAS DICTARSE EL DECRETO DE COMUNICACIÓN DE NEGOCIACIONES Y A EFECTOS DE PARALIZAR LA MISMA Y PROCEDER AL ALZAMIENTO DE EMBARGOS. F053. ESCRITO DEL DEUDOR COMUNICANDO SUSPENSIÓN DE EJECUCIÓN EX ART. 601 TRLC (I). F054. ESCRITO DEL DEUDOR COMUNICANDO LA SUSPENSIÓN DE EJECUCIÓN EX ART. 601 TRLC (II). F055. ESCRITO DEL DEUDOR COMUNICANDO SUSPENSIÓN DE EJECUCIÓN EX ART. 601 TRLC (III). F056. ESCRITO DEL ACREEDOR SOLICITANDO QUE SE LEVANTE LA SUSPENSIÓN DE EJECUCIÓN. F057. ESCRITO DEL DEUDOR SOLICITANDO LA EXTENSIÓN DE LA PROHIBICIÓN DE INICIO DE EJECUCIONES A BIENES O DERECHOS NO NECESARIOS PARA LA CONTINUIDAD DE LA ACTIVIDAD EMPRESARIAL. F058. ESCRITO DEL DEUDOR SOLICITANDO LA EXTENSIÓN DE LA PROHIBICIÓN DE INICIO DE EJECUCIONES A BIENES O DERECHOS NO NECESARIOS PARA LA CONTINUIDAD DE LA ACTIVIDAD EMPRESARIAL. (II). F059. ESCRITO DEL DEUDOR SOLICITANDO LA SUSPENSIÓN DE LA EJECUCIÓN DE GARANTÍAS DE SOCIEDADES DEL GRUPO. F060. RECURSO DE REPOSICIÓN CONTRA AUTO DEL TRIBUNAL IMPIDIENDO COMPENSACIÓN DE SALDOS Y LIMITACIÓN DE CIRCULANTE. F061. ESCRITO DEL DEUDOR SOLICITANDO LA PRORROGA DE EFECTOS DE LA COMUNICACIÓN. F062. SOLICITUD POR EL DEUDOR DE PRORROGA DE LAS NEGOCIACIONES. CON EXPERTO INDEPENDIENTE Y DECLARACIÓN RESPONSABLE. F063. ESCRITO DE DEUDOR SOLICITANDO PRORROGA DE EFECTOS. F064. ESCRITO DEL DEUDOR SOLICITANDO PRORROGA DE LOS EFECTOS. F065. SOLICITUD DE PRORROGA DE EFECTOS. ART. 607 TRLC. F066. ESCRITO DE ACREEDORES SOLICITANDO LA PRORROGA DE EFECTOS DE LA COMUNICACIÓN. F067. COMUNICA-

CIÓN POR EL ACREEDOR DE PRORROGA DE LAS NEGOCIACIONES. SIN EXPERTO EN LA REESTRUCTURACIÓN. F068. COMUNICACIÓN POR EL ACREEDOR DE PRORROGA DE LAS NEGOCIACIONES. CON EXPERTO EN LA REESTRUCTURACIÓN. F069. DECLARACIÓN RESPONSABLE A QUE SE REFIERE EL ARTÍCULO 607 DEL TRLC PARA SOLICITAR LA PRÓRROGA DE EFECTOS. F070. ACTA DE CONFORMIDAD DE LOS ACREEDORES A LA PRORROGA DE EFECTOS DE LA COMUNICACIÓN (I). F071. ACTA DE CONFORMIDAD DE LOS ACREEDORES A LA PRORROGA DE EFECTOS DE LA COMUNICACIÓN (II). F072. ESCRITO DEL DEUDOR COMUNICANDO A ACREEDORES SU INTENCIÓN DE SOLICITAR PRORROGA DE EFECTOS DE LA COMUNICACIÓN PRECONCURSAL. F073. AUTO DENEGANDO LA PRORROGA DE EFECTOS. F074. AUTO ESTIMANDO LA PRORROGA DE EFECTOS. F075. ESCRITO DEL DEUDOR COMUNICANDO AL TRIBUNAL QUE CONOCE DE EJECUCIÓN QUE SE HA SOLICITADO PRORROGA DE EFECTOS Y SE MANTENGA LA PARALIZACIÓN DE LA EJECUCIÓN. F076. ESCRITO DEL DEUDOR SOLICITANDO UNA SEGUNDA PRORROGA DE EFECTOS DE LA COMUNICACIÓN. F077. ESCRITO DE ACREEDORES SOLICITANDO UNA SEGUNDA PRORROGA DE EFECTOS DE LA COMUNICACIÓN. F078. DECLARACIÓN RESPONSABLE A QUE SE REFIERE EL ARTÍCULO 607 DEL TRLC PARA SOLICITAR LA SEGUNDA PRÓRROGA DE EFECTOS. F079. ACTA DE CONFORMIDAD DE LOS ACREEDORES A UNA SEGUNDA PRORROGA DE EFECTOS DE LA COMUNICACIÓN (I). F080. ACTA DE CONFORMIDAD DE LOS ACREEDORES A UNA SEGUNDA PRORROGA DE EFECTOS DE LA COMUNICACIÓN (II). F081. ESCRITO DEL DEUDOR COMUNICANDO A ACREEDORES SU INTENCIÓN DE SOLICITAR UNA SEGUNDA PRORROGA DE EFECTOS DE LA COMUNICACIÓN PRECONCURSAL. F082. AUTO DENEGANDO LA SEGUNDA PRORROGA DE EFECTOS. F083. AUTO ESTIMANDO LA SEGUNDA PRORROGA DE EFECTOS. F084. ESCRITO DEL DEUDOR SOLICITANDO EL LEVANTAMIENTO DE LA PRORROGA DE EFECTOS DE LA COMUNICACIÓN. F085. ESCRITO DEL EXPERTO EN REESTRUCTURACIONES SOLICITANDO EL LEVANTAMIENTO DE LA PRORROGA DE EFECTOS DE LA COMUNICACIÓN. F086. ESCRITO DE ACREEDORES SOLICITANDO EL LEVANTAMIENTO DE LA PRORROGA DE EFECTOS DE LA COMUNICACIÓN. F087. ESCRITO DE ACREEDOR SOLICITANDO EL LEVANTAMIENTO DE LA PRORROGA DE EFECTOS DE LA COMUNICACIÓN. F088. AUTO ESTIMANDO EL LEVANTAMIENTO DE LA PRORROGA DE EFECTOS. SOLICITUD DE DEUDOR. F089. AUTO ESTIMANDO EL LEVANTAMIENTO DE LA PRORROGA DE EFECTOS. SOLICITUD DE EXPERTO EN REESTRUCTURACIONES. F090. AUTO ESTIMANDO EL LEVANTAMIENTO DE LA PRORROGA DE EFECTOS. SOLICITUD DE ACREEDORES. F091. AUTO ESTIMANDO EL LEVANTAMIENTO DE LA PRORROGA DE EFECTOS. SOLICITUD DE ACREEDOR. F092. AUTO DESESTIMANDO EL LEVANTAMIENTO DE LA PRORROGA DE EFECTOS. SOLICITUD DE ACREEDOR. F093. ESCRITO DEL DEUDOR SOLICITANDO EL LEVANTAMIENTO DE LA SEGUNDA PRORROGA DE EFECTOS DE LA COMUNICACIÓN. F094. ESCRITO DEL EXPERTO EN REESTRUCTURACIONES SOLICITANDO EL LEVANTAMIENTO DE LA SEGUNDA PRORROGA DE EFECTOS DE LA COMUNICACIÓN. F095. ESCRITO DE ACREEDORES SOLICITANDO EL LEVANTAMIENTO DE LA SEGUNDA PRORROGA DE EFECTOS DE LA COMUNICACIÓN. F096. ESCRITO DE ACREEDOR SOLICITANDO EL LEVANTAMIENTO DE LA SEGUNDA PRORROGA DE EFECTOS DE LA COMUNICACIÓN. F097. AUTO ESTIMANDO EL LEVANTAMIENTO DE LA SEGUNDA PRORROGA DE EFECTOS. SOLICITUD DE DEUDOR. F098. AUTO ESTIMANDO EL LEVANTAMIENTO DE LA PRORROGA DE EFECTOS. SOLICITUD DE EXPERTO EN REESTRUCTURACIONES. F099. AUTO ESTIMANDO EL LEVANTAMIENTO DE LA SEGUNDA PRORROGA DE EFECTOS. SOLICITUD DE ACREEDORES. F100. AUTO ESTIMANDO EL LEVANTAMIENTO DE LA SEGUNDA PRORROGA DE EFECTOS. SOLICITUD DE ACREEDOR. F101. AUTO DESESTIMANDO EL LEVANTAMIENTO DE LA PRORROGA DE EFECTOS. SOLICITUD DE ACREEDOR. F102. ESCRITO DE ACREEDOR SOLICITANDO

SU EXCLUSIÓN DE LA PRORROGA DE EFECTOS DE LA COMUNICACIÓN. F103. AUTO ESTIMANDO LA EXCLUSIÓN DE LOS EFECTOS DE LA PRORROGA. F104. AUTO DESESTIMANDO LA EXCLUSIÓN DE LOS EFECTOS DE LA PRORROGA. F105. ESCRITO DE ACREEDOR SOLICITANDO SU EXCLUSIÓN DE LA SEGUNDA PRORROGA DE EFECTOS DE LA COMUNICACIÓN. F106. AUTO ESTIMANDO LA EXCLUSIÓN DE LOS EFECTOS DE LA SEGUNDA PRORROGA. F107. AUTO DESESTIMANDO LA EXCLUSIÓN DE LOS EFECTOS DE LA SEGUNDA PRORROGA

I.1. ACTAS DEL CONSEJO DE ADMINISTRACIÓN SOBRE PRESENTACIÓN DE COMUNICACIÓN DE APERTURA DE NEGOCIACIONES PARA ALCANZAR UN PLAN DE REESTRUCTURACIÓN

F001. ACTA DEL CONSEJO DE ADMINISTRACIÓN SOBRE PRESENTACIÓN DE LA COMUNICACIÓN DE APERTURA DE NEGOCIACIONES DEL ART. 585 TRLC. APROBACIÓN

En.............., siendo las..... horas del día......... de.............. de......, y en el domicilio social, sito en.............., calle.............. núm..............., se celebra reunión del Consejo de Administración de la sociedad.............. S.L.

La presente reunión del Consejo de Administración fue convocada en fecha........... de.............. de.............. mediante telegrama remitido a los Sres. Consejeros en legal forma y plazo con el siguiente tenor literal "Por el presente, se le convoca a la reunión del Consejo de Administración a celebrar, en el domicilio social, el próximo día...... de.............. de.............., a las........... horas, para deliberar y, en su caso, adoptar acuerdos con relación al siguiente orden del día: 1. Situación económico-financiera de la compañía. Presentación de la comunicación de apertura de negociaciones de plan de reestructuración a que se refiere el art. 585 TRLC y posteriormente, y en su caso, solicitud de declaración de concurso de acreedores."

Asisten a la presente reunión, personalmente, la totalidad de los miembros del consejo de administración de la sociedad, esto es:

Presidente: Don..............

Secretario: Don..............

Vocal: Doña..............

Vocal: Doña..............

Vocal: Doña..............

Actúan como Presidente y Secretario de la presente reunión del Consejo de Administración, Don.............. y Don.............., respectivamente.

El Sr. Presidente declara válidamente constituida la presente reunión del Consejo de Administración y se entra en el debate de los distintos puntos del orden del día. Previa deliberación y sin que ninguno de los asistentes haga uso del derecho de que conste en el acta el contenido de su intervención, se adoptan los siguientes acuerdos por UNANIMIDAD que son proclamados por el Sr. Presidente:

PRIMERO. Hallándose la sociedad en situación de insolvencia actual (o insolvencia inminente) (o de probabilidad de insolvencia), comunicar al Tribunal de Instancia de ..., Sección de lo Mercantil la apertura de negociaciones con los acreedores para alcanzar un plan de reestructuración. Ello en los términos y a los efectos de lo dispuesto en los arts. 585 ss. y concordantes TRLC.

SEGUNDO. Solicitar la declaración de concurso voluntario de acreedores, en el plazo señalado en el art. 611.1 TRLC, y en el supuesto que transcurridos tres meses desde la comunicación no se hubiera alcanzado un plan de reestructuración, salvo que la compañía no se encontrara en estado de insolvencia actual. En caso de prórroga de los efectos de la comunicación, lo dispuesto anteriormente se aplicará a partir de la fecha en que finalice esa prórroga.

TERCERO. Facultar a los Consejeros Delegados para que, en ambos supuestos recogidos en los acuerdos precedentes, cualquiera de ellos, indistintamente, puedan llevar a cabo cuantos trámites y actuaciones fueran precisos a tal fin, suscribiendo cuantos documentos públicos y privados se requiriesen al efecto, incluyendo el otorgamiento de poder procesal, en su caso, con facultad especial para la presentación del concurso de acreedores en los términos del art. 6.2. TRLC, a favor de los abogados y procuradores que tengan por conveniente.

Y para que así conste se extiende la presente acta que, leída, es aprobada por todos los consejeros por unanimidad, en.............. hoy día de......... de..............

F002. ACTA DEL CONSEJO DE ADMINISTRACIÓN SOBRE PRESENTACIÓN DE LA COMUNICACIÓN DE APERTURA DE NEGOCIACIONES DEL ART. 585 TRLC. RECHAZO

En.............., siendo las...... horas del día......... de.............. de......, y en el domicilio social, sito en.............., calle.............. núm..............., se celebra reunión del Consejo de Administración de la sociedad.............. S.L.

La presente reunión del Consejo de Administración fue convocada en fecha........... de.............. de.............. mediante telegrama remitido a los Sres. Consejeros en legal forma y plazo con el siguiente tenor literal "Por el presente, se le convoca a la reunión del Consejo de Administración a celebrar, en el domicilio social, el próximo día...... de.............. de.............., a las........... horas, para deliberar y, en su caso, adoptar acuerdos con relación al siguiente orden del día: 1. Situación económico-financiera de la compañía. Presentación de la comunicación de apertura de negociaciones de plan de reestructuración a que se refiere el art. 585 TRLC y posteriormente, y en su caso, solicitud de declaración de concurso de acreedores."

Asisten a la presente reunión, personalmente, la totalidad de los miembros del consejo de administración de la sociedad, esto es:

Presidente: Don..............

Secretario: Don..............

Vocal: Doña..............

Vocal: Doña..............

Vocal: Doña..............

Actúan como Presidente y Secretario de la presente reunión del Consejo de Administración, Don.............. y Don.............., respectivamente.

El Sr. Presidente declara válidamente constituida la presente reunión del Consejo de Administración y se entra en el debate de los distintos puntos del orden del día. Toma la palabra el Sr. Presidente quien señala que a la vista de la situación económica de la sociedad resulta necesario reestructurar el pasivo social y adoptar otras medidas operativas reestructuradoras tales como ... Por el contrario, los Sres ...... entienden que, a fecha de hoy, tal medida no se presenta como necesaria pues ...

Tras la citada deliberación por el Sr. Presidente se efectúa la siguiente PROPUESTA DE ACUERDOS:

PRIMERO. Hallándose la sociedad en situación de insolvencia actual (o insolvencia inminente) (o de probabilidad de insolvencia), comunicar al Tribunal de Instancia de ..., Sección de lo Mercantil la apertura de negociaciones con los acreedores para alcanzar un plan de reestructuración. Ello en los términos y a los efectos de lo dispuesto en los arts. 585 ss. y concordantes TRLC.

SEGUNDO. Solicitar la declaración de concurso voluntario de acreedores, en el plazo señalado en el art. 611.1 TRLC, y en el supuesto que transcurridos tres meses desde la comunicación no se hubiera alcanzado un plan de reestructuración, salvo que la compañía no se encontrara en estado de insolvencia actual. En caso de prórroga de los efectos de la comunicación, lo dispuesto anteriormente se aplicará a partir de la fecha en que finalice esa prórroga.

TERCERO. Facultar a los Consejeros Delegados para que, en ambos supuestos recogidos en los acuerdos precedentes, cualquiera de ellos, indistintamente, puedan llevar a cabo cuantos trámites y actuaciones fueran precisos a tal fin, suscribiendo cuantos documentos públicos y privados se requiriesen al efecto, incluyendo el otorgamiento de poder procesal, en su caso, con facultad especial para la presentación del concurso de acreedores en los términos del art. 6.2. TRLC, a favor de los abogados y procuradores que tengan por conveniente.

Votan a favor de la propuesta ...... Y en contra los Sres ...... A la vista de ello, se entiende rechaza la citada propuesta de acuerdos, que, por lo tanto, se tienen por no adoptados.

Y para que así conste se extiende la presente acta que, leída, es aprobada por todos los consejeros por unanimidad, en.............. hoy día de......... de..............

F003. CERTIFICACIÓN DEL CONSEJO DE ADMINISTRACIÓN ACORDANDO LA PRESENTACIÓN DE LA COMUNICACIÓN DE APERTURA DE NEGOCIACIONES DEL ART. 585 TRLC

.... Secretario del Consejo de Administración de la sociedad.............. S.L. domiciliada en.............., calle.............. núm. ......, e inscrita en el Registro Mercantil de la provincia de........, al tomo..........., folio........, hoja..........., y CIF...........

CERTIFICO: Que según resulta del libro de actas de la sociedad, en la reunión del Consejo de Administración de..........., S.L. reunida en el domicilio social, sito en..........., el día...... de........... de..........., encontrándose presentes la totalidad de los consejeros, esto es,......, Don..........., Don..........., Don........... y Doña........... y figurando en el acta el nombre y la firma de los asistentes, actuando como presidente de la misma Don........... y como secretario,........... y aceptaron celebrar dicha reunión del Consejo de Administración con el fin de deliberar y, en su caso, adoptar acuerdos sobre: 1. Situación económico-financiera de la compañía. Presentación de la comunicación de apertura de negociaciones para alcanzar un plan de reestructuración a que se refiere el art. 585 TRLC y posteriormente, y en su caso, solicitud de declaración de concurso de acreedores, se adoptaron por UNANIMIDAD los siguientes ACUERDOS que fueron proclamados por el Sr. Presidente:

PRIMERO. Hallándose la sociedad en situación de insolvencia actual (o insolvencia inminente) (o de probabilidad de insolvencia), comunicar al Tribunal de Instancia de ..., Sección de lo Mercantil la apertura de negociaciones con los acreedores para alcanzar un plan de reestructuración. Ello en los términos y a los efectos de lo dispuesto en los arts. 585 ss. y concordantes TRLC.

SEGUNDO. Solicitar la declaración de concurso voluntario de acreedores, en el plazo señalado en el art. 611.1 TRLC, y en el supuesto que transcurridos tres meses desde la comunicación no se hubiera alcanzado un plan de reestructuración, salvo que la compañía no se encontrara en estado de insolvencia actual. En caso de prórroga de los efectos de la comunicación, lo dispuesto anteriormente se aplicará a partir de la fecha en que finalice esa prórroga.

TERCERO. Facultar a los Consejeros Delegados para que, en ambos supuestos recogidos en los acuerdos precedentes, cualquiera de ellos, indistintamente, puedan llevar a cabo cuantos trámites y actuaciones fueran precisos a tal fin, suscribiendo cuantos documentos públicos y privados se requiriesen al efecto, incluyendo el otorgamiento de poder procesal, en su caso, con facultad especial para la presentación del concurso de acreedores en los términos del art. 6.2. TRLC, a favor de los abogados y procuradores que tengan por conveniente.

Y para que conste libro la presente certificación, con el Visto Bueno del Presidente, haciendo constar que el acta de la reunión en que se adoptaron los acuerdos que se certifican, fue aprobada por unanimidad al final de la misma, en.............., a..............

V. B. PRESIDENTE SECRETARIO

I.2. ESCRITO DE COMUNICACIÓN DE APERTURA DE NEGOCIACIONES PARA ALCANZAR UN PLAN DE REESTRUCTURACIÓN

F004. COMUNICACIÓN AL TRIBUNAL DE LA APERTURA DE NEGOCIACIONES PARA ALCANZAR PLAN DE REESTRUCTURACIÓN. PERSONA JURÍDICA. INSOLVENCIA ACTUAL

AL TRIBUNAL DE INSTANCIA DE .... SECCIÓN DE LO MERCANTIL

.............., Procurador de los Tribunales (núm. .... de colegiado) y de la compañía .... S.A., con domicilio en ...., calle .... núm. .... y CIF ...., cuya representación acredito mediante la escritura original de poder de representación que se acompaña a este escrito, ante este Tribunal comparezco bajo la dirección letrada de Don ...., abogado del Ilustre Colegio de .... (núm. .... de colegiado), y como mejor proceda en Derecho DIGO:

PRIMERO. Que mi principal, la sociedad .... S.A., se constituyó el .... de .... de ...., mediante escritura otorgada ante el notario de ...., Don .... (número de su protocolo ....).

Datos de Inscripción Registral: La sociedad está inscrita en el Registro Mercantil de la provincia de .... al tomo ...., General .... de la sección .... del Libro de sociedades, Folio ...., hoja .... CIF ....

Su objeto social consiste en ....

El domicilio social de la compañía se halla en ...., calle ...., lugar en que se halla el centro de los intereses principales de la deudora. Por lo tanto, el Tribunal competente para conocer de su declaración de concurso, a la vista de lo establecido en el art. 44, 45 y 49 TRLC es este Tribunal .... al que nos dirigimos.

El órgano de administración está confiado a ....

Se acompaña como DOCUMENTO ...... certificación del Registro Mercantil de la provincia de .... relativa a la expresada sociedad.

SEGUNDO. EN SU CASO. Mi mandante forma parte de un grupo de sociedades, en el que la dominante es ......, y las dominadas, entre las que se encuentra mi mandante, son las mercantiles ...., concurriendo los presupuestos que recoge el artículo 42.1 del CCom, en conexión con la DA 1ª TRLC:

A) Tienen el mismo socio único, la sociedad ....

B) Son regidas por los mismos administradores, cargo que recaen en las mismas personas, Don ...., Don .... y Don ....

C) Tiene el mismo domicilio social, sito en ...., calle ...., nº ......, C.P. ......

D) ....

TERCERO. Que mi principal se halla en estado de insolvencia actual y pretende obtener un plan de reestructuración que le permita superar la situación en que se encuentra.

CUARTO. Que conforme establece el art. 585, apartados 1 y 2 TRLC, el deudor, que sea persona natural o jurídica, podrá comunicar al tribunal competente para la declaración del concurso la existencia de negociaciones con sus acreedores, o la intención de iniciarlas de inmediato, para alcanzar un plan de reestructuración que permita superar la situación en que se encuentra. Si se hallara en situación de insolvencia actual, podrá efectuar la citada comunicación, en tanto no se haya admitido a trámite solicitud de declaración de concurso necesario.

QUINTO. Que por medio del presente escrito, esta parte pone en conocimiento de este Tribunal, que es el competente para la declaración de concurso de mi mandante, la apertura de negociaciones con sus acreedores para obtener un plan de reestructuración. Ello a los efectos y con el alcance establecido en los arts. 585 ss. y concordantes TRLC.

SEXTO. Dando cumplimiento a lo dispuesto en el art. 586.1 TRLC, se hace constar lo siguiente:

I. Se justifica la presentación de esta comunicación en la situación de insolvencia en que actualmente se halla mi mandante, que se pretende superar a través de la obtención de un plan de reestructuración y, además, ...

II. Este Tribunal de Instancia, sección de lo Mercantil es el competente, internacional, objetiva y territorialmente, para conocer de la presente comunicación, al ser el competente para conocer del concurso de mi mandante, que tiene su domicilio social y centro de interés principales en la ciudad española de .... Ello de conformidad con lo establecido en el art. 593 TRLC en conexión con los arts. 44, 45 y 49 TRLC.

III. Se acompaña como DOCUMENTO ...... una relación de los acreedores con los que se iniciado (o se tiene intención de iniciar) las negociaciones, en la que consta su nombre y dirección, CIF, teléfono y dirección de mail, así como el importe de los créditos de cada uno de ellos y el importe total de los créditos.

Se hace constar que en la citada relación NO figuran acreedores especialmente relacionados con el deudor.

ALTERNATIVA: Se hace contar que en la citada relación SI figuran acreedores especialmente relacionados con el deudor, y que son los siguientes: ....

ALTERNATIVA: Se hace contar que en la citada relación SI figuran acreedores especialmente relacionados con el deudor, y que se reseñan en la citada relación, en el apartado ..., epígrafe núm. ..., titulado "acreedores especialmente relacionados".

Se hace constar a los efectos oportunos que el supuesto de los créditos de derecho público reseñados en la expresada relación, figura la fecha de devengo de los mismos.

IV. Que NO existen ni se estima que puedan sobrevenir circunstancias susceptibles de afectar al desarrollo o al buen fin de las negociaciones.

ALTERNATIVA: Esta parte considera que existen (y/o pueden sobrevenir) las circunstancias que a continuación se reseñan, todas ellas, en opinión de esta parte, susceptibles de afectar al desarrollo o al buen fin de las negociaciones...........

V. Que mi mandante desarrolla la actividad de ....

Se hace constar que el importe del activo y del pasivo, la cifra de negocios y el número de trabajadores al cierre del ejercicio inmediatamente anterior a aquel en que presente la comunicación se reseña en el documento que se acompaña señalado de NÚMERO ......

VI. Que esta parte considera necesarios para la continuidad de su actividad empresarial o profesional los siguientes bienes y derechos ....

En la actualidad, se siguen las ejecuciones que a continuación se reseñan, indicando el bien contra el que recae, la autoridad ejecutante, identificación del procedimiento y el estado de tramitación de la respectiva ejecución...........

ALTERNATIVA: Se acompaña como DOCUMENTO ...... relación de los bienes y derechos que esta parte considera necesarios para la continuidad de su actividad empresarial, con expresión e identificación de las ejecuciones seguidas contra esos bienes, y el estado en que se encuentra su tramitación.

VII. Que los contratos necesarios para la continuidad de la actividad empresarial de mi mandante son los siguientes:...........

ALTERNATIVA: Se acompaña como DOCUMENTO ...... relación de los contratos necesarios para la continuidad de la actividad empresarial de mi mandante.

VIII. EN SU CASO. Se solicita por mi mandante el nombramiento de un experto en la reestructuración, remitiéndonos a tal efecto al correspondiente otrosí digo del presente escrito.

IX. EN SU CASO. Se solicita el carácter reservado de la comunicación.

SÉPTIMO. EN SU CASO: Dado que se pretende por esta parte que el plan de reestructuración afecte al crédito público, se acredita que mi principal se encuentra al corriente en el cumplimiento de las obligaciones tributarias y frente a la Seguridad Social, con las pertinentes certificaciones emitidas por la Agencia Estatal de Administración Tributaria y la Tesorería General de la Seguridad Social que se acompañan como DOCUMENTOS ...... Ello dando cumplimiento a lo peticionado por el art. 586.1.10º TRLC

ALTERNATIVA: a los efectos de lo establecido en el art. 586.1.10º TRLC, esta parte hace constar mi principal NO se encuentra al corriente en el cumplimiento de las obligaciones tributarias y frente a la Seguridad Social.

OCTAVO. EN SU CASO. Que se solicita la suspensión de la ejecución de las garantías que a continuación de reseñan, prestadas por ...., sociedad matriz del grupo que forma parte mi principal, a favor de .... y en garantía del cumplimiento por mi mandante de ....

Caso de no suspenderse la citada ejecución se produciría la insolvencia del citado garante y de mi principal a la vista que ....

NOVENO. EN SU CASO. Que al amparo de lo dispuesto en el art. 602.1 TRLC, interesa a esta parte se extienda la prohibición de la iniciación de ejecuciones, judiciales o extrajudiciales, a aquellos bienes o derechos que no son necesarios para la continuidad de la actividad empresarial de mi mandante.

ALTERNATIVA: Que al amparo de lo dispuesto en el art. 602.1 TRLC, y durante el plazo que se reseña en dicho precepto, interesa a esta parte se extienda la prohibición de la iniciación de ejecuciones, judiciales o extrajudiciales, a los bienes y derechos que a continuación se reseñan, pese a no ser necesarios para la continuidad de la actividad empresarial de mi mandante. Estos bienes y derechos son...........

ALTERNATIVA: Que al amparo de lo dispuesto en el art. 602.1 TRLC, y durante el plazo que se reseña en dicho precepto, interesa a esta parte se extienda la suspensión de ejecuciones, judiciales o extrajudiciales, que se siguen bienes o derechos que no son necesarios para la continuidad de la actividad empresarial de mi mandante y que son las siguientes, con identificación del bien o el derecho y el estado de la ejecución: ....

ALTERNATIVA: Que al amparo de lo dispuesto en el art. 602.1 TRLC, y durante el plazo que se reseña en dicho precepto, interesa a esta parte se extienda la prohibición de la iniciación de ejecuciones, judiciales o extrajudiciales, a aquellos bienes o derechos que no son necesarios para la continuidad, contra las siguiente/s clases de acreedor/es (contra los siguiente/s acreedor/es:..............).

ALTERNATIVA: Que al amparo de lo dispuesto en el art. 602.1 TRLC, y durante el plazo que se reseña en dicho precepto, interesa a esta parte se extienda la suspensión de ejecuciones, judiciales o extrajudiciales, que se siguen contra bienes o derechos que no son necesarios para la continuidad de la actividad empresarial de mi mandante, contra las siguiente/s clases de acreedor/es (contra los siguiente/s acreedor/es:..............). Estas ejecuciones son las siguientes, con identificación del bien o el derecho, el acreedor (o la clase de acreedores) y el estado de la ejecución: ....

La referida extensión se solicita al entenderse necesaria para asegurar el buen fin de las negociaciones para alcanzar un plan de reestructuración, toda vez que .... Lo que se acredita con los DOCUMENTOS ...

DÉCIMO. EN SU CASO. Dado que el órgano de administración de mi mandante se halla organizado a través de un Consejo de Administración, se acompaña como DOCUMENTO OCHO, certificación del acuerdo adoptado por dicho órgano, en su reunión del día ......, en orden a la presentación de la presente comunicación de apertura de negociaciones.

UNDÉCIMO. A los efectos del art. 585.2 TRLC y hallándose esta parte en situación de insolvencia actual, se manifiesta que no consta a esta parte admitida a trámite solicitud alguna de concurso necesario dirigida contra mi principal.

En virtud de lo expuesto,

SUPLICO AL TRIBUNAL que tenga por presentado este escrito, junto a los documentos a él unidos y sus copias, se sirva admitirlo y previos los oportunos trámites legales, se sirva tener por puesto en conocimiento de este Tribunal, que .... S.A. ha aperturado (o tiene intención de aperturar de inmediato) negociaciones con sus acreedores para alcanzar un plan de reestructuración, en los términos de este escrito, y acordando cuanto proceda en derecho al efecto. Todo ello a los efectos y con el alcance establecido en los arts. 585 ss. y concordantes TRLC.

Es Justicia que pido en .... a ...... de .... de dos mil ......

(En su caso) OTROSÍ DIGO: Que como se ha indicado en el cuerpo de este escrito, esta parte solicita expresamente el carácter reservado de la presente comunicación de negociaciones, por lo que no procede que por el Letrado de la Administración de Justicia se ordene la publicación en el Registro Público Concursal de la resolución dejando constancia de su presentación.

Ello sin perjuicio de la facultad que se reserva esta parte de solicitar el levantamiento del citado carácter reservado de la comunicación en los términos y de conformidad con el art. 591 TRLC.

En su virtud,

SUPLICO AL TRIBUNAL que tenga por presentado este escrito, se sirva admitirlo y tener por efectuadas las anteriores manifestaciones a los efectos legales oportunos, acordándose en el sentido expuesto en el cuerpo de este escrito.

Es Justicia que pido en el lugar y fecha señaladas ut supra.

(En su caso) OTROSÍ DIGO: Que a efectos de la suspensión de la totalidad de las ejecuciones reseñadas en el cuerpo de este escrito por el Tribunal que conoce de las mismas, se solicita su reseña en el Decreto dejando constancia de la presentación de esta comunicación y la remisión de la resolución teniendo por presentada la presente comunicación a que se refiere el art. 590.2 TRLC, y a efectos de lo prevenido en este precepto.

En su virtud,

SUPLICO AL TRIBUNAL que tenga por presentado este escrito, se sirva admitirlo y tener por efectuadas las anteriores manifestaciones a los efectos legales oportunos, acordándose en el sentido expuesto en el presente otrosí.

Es Justicia que pido en el lugar y fecha señaladas ut supra.

(En su caso) OTROSÍ DIGO: Que se solicita la designación de experto en la reestructuración a efectos que, de conformidad con el art. 679 y concordantes TRLC, desempeñe las siguientes funciones:

a) Asista al deudor y los acreedores en las negociaciones actualmente en curso para alcanzar un plan de reestructuración.

b) Elabore y presente a este Tribunal al que respetuosamente nos dirigimos, cuantos informes sean exigidos por la Ley, y aquellos otros que el Tribunal considere necesarios o convenientes. Todo ello, con relación a las citadas negociaciones, el plan de reestructuración que eventualmente se alcance y, en su caso, su homologación judicial.

c) Cualesquiera otra función que, conforme la Ley, le corresponda llevar a cabo con relación al proceso reestructurador antes señalado y en su condición de experto en reestructuraciones.

En este sentido y dando cumplimiento a lo señalado en la Ley se solicita la designación como experto en la reestructuración de referencia a D. ...., letrado nº ...... del Ilustre Colegio de Abogados de ......, con domicilio a efecto de notificaciones en ....

Se peticiona el nombramiento de la citada persona por cumplir las condiciones establecidas en el art. 674 del TRLC, ya que se trata de una persona natural española que posee los conocimientos especializados, tanto jurídicos, como financieros y empresariales acreditables en materia de la insolvencia en general, y en reestructuraciones, desde el año ......

Igualmente ostenta la condición de Administrador Concursal, habiendo sido designado en múltiples procedimientos concursales.

Su experiencia dilatada queda constatada no solo de sus continuos nombramientos por parte de los Tribunales de todo el territorio nacional en todo asuntos mercantiles, societarios y concursales, sino, además, a la vista de su extensa bibliografía y publicaciones editoriales sobre estos asuntos; siendo un referente en el ámbito de la insolvencia, tanto preconcursal como concursal, así como en materia societaria y mercantil. Y no solo desde una perspectiva privatista, sino del resto de áreas del derecho (fiscalidad, contabilidad, derecho laboral, etc), así como del ámbito financiero y de la empresa.

Junto a lo anterior, posee dilatada experiencia en materia de refinanciaciones de deudas y reestructuraciones de activo y pasivo, así como en modificaciones operacionales de las estructuras societarias; sobre todo en empresas en situación próxima a la insolvencia.

Se acompaña como DOCUMENTO...... curriculum vitae de Don ......

En cumplimiento de los requisitos establecidos en el art. 672.2 del TRLC, junto al presente escrito donde se razona que el experto solicitado reúne las condiciones establecidas en la Ley para el ejercicio del cargo, se acompaña como DOCUMENTO ...... copia de la póliza de seguro de responsabilidad civil o garantía equivalente que posee vigente el experto en reestructuración para responder de posibles daños que el experto pudiera causar en el ejercicio de las funciones propias del cargo.

Se hace constar expresamente que todos los honorarios devengados por el experto en la reestructuración serán asumidos por la deudora, la mercantil ...., S.L.

Del mismo modo, se hace constar que el presente escrito queda firmado y presentado tanto por ...., S.L., a través de su representación procesal, como por Don ...., en este último caso, en señal de aceptación del nombramiento de experto, y de aceptación del importe y plazos de devengo de la retribución pactada entre ambas partes, DOCUMENTO ..., así como a los efectos legales procedentes.

Por lo expuesto,

SUPLICO AL TRIBUNAL que tenga por presentado este escrito se sirva admitirlo y en su virtud tenga por efectuadas las anteriores manifestaciones para que, tras los trámites legales oportunos, en su momento y por el Tribunal se dicte resolución por la que nombre como experto en la reestructuración a D. ....

Es justicia que suplico en el lugar y fecha señalados "ut supra".

F005. COMUNICACIÓN AL TRIBUNAL DE LA APERTURA DE COMUNICACIONES PARA ALCANZAR PLAN DE REESTRUCTURACIÓN. PERSONA JURÍDICA. INSOLVENCIA ACTUAL. SOLICITUD NOMBRAMIENTO EXPERTO. AFECCIÓN CRÉDITO PÚBLICO

AL TRIBUNAL DE INSTANCIA DE .... SECCIÓN DE LO MERCANTIL

DON ...., Procurador de los Tribunales, colegiado nº ...... del Ilustre Colegio de Procuradores de ...., y de la mercantil ...., con domicilio social en ...... (......), Calle ......, número ......, y provista de CIF nº ....; representación que acredito con la escritura de poder representación procesal que adjunto acompaño como documento nº 1; y actuando bajo la dirección letrada del Abogado D. ...., colegiado nº .... del Ilustre Colegio de Abogados de ......, ante el Tribunal comparezco y, como mejor proceda en Derecho, DIGO:

Que siguiendo expresas instrucciones de mi representada, por medio del presente escrito vengo a comunicar al Tribunal la apertura de negociaciones para intentar alcanzar un Plan de Reestructuración con sus acreedores, en base a los arts. 585 y 586 del Texto Refundido de la Ley Concursal (en adelante TRLC), formulando al efecto las siguientes:

ALEGACIONES

PRIMERA. De la situación de insolvencia afectante a la deudora.

.... se encuentra en situación de insolvencia actual, al no poder cumplir regular y puntualmente sus obligaciones (art. 2.3 del TRLC).

Mi mandante ya ha recibido burofaxes de dos de sus acreedores bancarios, las entidades .... SA y .... SA, comunicándoles el vencimiento anticipado de la deuda y requiriéndole de pago, bajo apercibimiento del inmediato inicio de acciones judiciales en su contra, no estando en condiciones de hacer frente a dicho pago.

Expresamente se hace constar que a día de hoy no ha sido admitida a trámite solicitud de declaración de concurso necesario de mi representada, razón por la que puede realizar la presente comunicación, según dispone el art. 585.2 del TRLC.

SEGUNDA. Razones que justifican la presente comunicación con referencia al estado de insolvencia actual en que se encuentra la deudora.

.... se encuentra en esta situación por los siguientes motivos: ....

Por ello, se hace necesario proceder a una reestructuración de la deuda con la finalidad de alcanzar un nivel de endeudamiento sostenible y optimizar su calendario de pagos, de forma que éste se ajuste a su capacidad actual de generación de tesorería, así como de obtener nuevos ingresos de circulante para poder financiar su actividad productiva.

Sólo de este modo, con la aprobación de un Plan de reestructuración realista y adecuado a las circunstancias actuales, se podrá asegurar la continuidad de la actividad de la empresa, pues en otro caso mi mandante se verá abocada al concurso de acreedores y a su liquidación.

TERCERA. Fundamento de la competencia de este Tribunal para conocer de la presente comunicación.

Mi mandante, la mercantil ...., tiene su domicilio social en la ciudad de .... (.........), Calle ......, número ......, lugar en que se halla el centro de sus intereses principales.

En consecuencia, es éste el Tribunal competente para conocer de la presente comunicación, de conformidad con lo dispuesto en el art. 585.1, en relación con el art. 45, ambos del TRLC.

Adjunto se acompaña como documento nº ..., consistente en la escritura en la que consta dónde radica el domicilio social, toda vez que en base al art. 45 TRLC se presume que éste coincide con el centro de sus intereses principales.

Se deja constancia asimismo de que la deudora no ha modificado su domicilio social en los últimos 6 meses.

Informe del Registro Mercantil acreditativo de todo lo anterior.

CUARTA. Inaplicación del régimen especial de microempresas.

A .... no le es aplicable el procedimiento especial para microempresas al no reunir las características exigidas por el art. 685 TRLC.

En este sentido, se hace constar que el ejercicio social de mi representada abarca el periodo comprendido entre el .... de cada año y el ...... del siguiente.

En consecuencia, según las cuentas cerradas del último ejercicio anterior a la presente solicitud (del .... al ....) se hacen constar los siguientes datos, que excluyen la aplicación al presente supuesto el régimen especial previsto en el TRLC para las microempresas, sin perjuicio de remitirnos a lo que más adelante se dirá sobre los extremos a que se refiere el art. 586.1.5º de citado texto legal.

El número medio de trabajadores empleados durante el último ejercicio anterior no ha sido de menos de diez trabajadores. En concreto, la media ha sido de ...... tal y como acredito con la certificación de la TGSS que adjunto se acompaña como documento nº ....

El volumen de negocio anual correspondiente al ejercicio anterior no ha sido inferior a 700.000,00 €. En concreto ha sido de .... €.

Y el pasivo exigible, según las últimas cuentas cerradas del ejercicio anterior a la presentación de la solicitud no era inferior a 350.000,00 €. En concreto ascendía a ...... €.

Por todo ello, resulta inaplicable el régimen especial de microempresas.

QUINTA. Régimen preconcursal aplicable. Aplicación del régimen general e inaplicación del régimen especial de planes de reestructuración previsto en los artículos 682, 683 y 684 del TRLC.

El artículo 682 establece el ámbito de aplicación del Régimen especial de Planes de Reestructuración, y los dos siguientes las especialidades en materia de comunicación y en materia de plan de reestructuración.

A tales efectos establece el art. 682 que las reglas especiales establecidas en dicho Título (V, del Libro II) serán de aplicación a las personas naturales o jurídicas que lleven a cabo una actividad empresarial o profesional, siempre que de acuerdo con el balance el ejercicio anterior al que se haga la comunicación (o se presente la solicitud de homologación) se cumplan las siguientes circunstancias.

1°. Una circunstancia de carácter necesario, y que consiste en que el número medio de trabajadores empleados durante el ejercicio anterior no sea superior a 49 personas (esto es, inferior a 50).

2°. Una circunstancia doble pero alternativa, bastando con que se cumpla una de ellas para que, de concurrir en todo caso el anterior, sea de aplicación este régimen especial, a saber: a) que el volumen de negocios anual no supere los 10.000.000,00 €, b) que el balance general anual no supere la indicada cifra de 10.000.000,00 €.

De acuerdo con ello y conforme se ha indicado anteriormente, de acuerdo con el balance del ejercicio anterior al que se efectúa la presente comunicación (......... a ....), resulta que, por lo que respecta a la deudora ......:

1°. El número medio de trabajadores ha sido superior a 49 personas. Ha sido de ......

2°. Su volumen de negocio fue de .... €, por lo que ha superado los 10.000.000,00 €.

Cumpliéndose también este requisito alternativo, así como el anterior (necesario), no resulta de aplicación este régimen especial.

Por otra parte, mi mandante es una persona jurídica con actividad empresarial, y no pertenece a un grupo obligado a consolidar (art. 682.2 TRLC).

En consecuencia, no resulta de aplicación el régimen especial de los arts. 682, 683 y 684 del TRLC (especialidades en materia de comunicación, y en materia de plan de reestructuración).

SEXTA. Relación de acreedores con los que se han iniciado o se tiene intención de iniciar las negociaciones, el importe de los créditos de cada uno de ellos y el importe total de los créditos.

Mi mandante ha iniciado negociaciones con los siguientes acreedores con la finalidad de alcanzar un plan de reestructuración que permita superar su situación de insolvencia:

1. ...., con domicilio social en ......, Calle ...., número ......, y con CIF ....

2. ....

No existen acreedores especialmente relacionados con el deudor.

El importe de los créditos de estos acreedores ascienden a un total, de .... euros (...... €).

Y ello según el siguiente desglose:

1. ....: la suma de .... €.

2. ....: la suma de .... €.

Adjunto se acompaña como documento nº ......, balance de comprobación a fecha .... donde aparece toda la deuda referenciada y su desglose.

Como documento nº .... se acompaña resumen de la total deuda por acreedor.

Respecto a los créditos de derecho público, se manifiesta que ascienden a un total pendiente de pago de .... € a favor de la Agencia Tributaria Autonómica, estando dicho importe aplazado en virtud del siguiente aplazamiento/fraccionamiento:.............., tal como acredito con el documento nº ......, donde constan los plazos e importes pendientes.

Por otro lado, se hace constar que mi mandante está al corriente en el cumplimiento de sus obligaciones con la TGSS y con la AEAT, como se acredita con las certificaciones que se adjuntamos como documento nº ......y nº ....

SÉPTIMA. Circunstancias existentes o que puedan sobrevenir susceptibles de afectar al desarrollo o buen fin de las negociaciones.

El artículo 586.1.4º TRLC determina que el deudor debe expresar en la comunicación cualquier circunstancia existente o que pueda sobrevenir susceptible de afectar al desarrollo o al buen fin de las negociaciones.

A tales efectos manifestamos que el próximo inicio de ejecuciones singulares que puedan iniciar los principales acreedores de mi mandante, las entidades financieras antes citadas, puede suponer la insolvencia total y definitiva de mi mandante, quién no podrá continuar con la actividad propia de su objeto social, lo que le llevará necesariamente a tener que solicitar su declaración de concurso con apertura de liquidación.

De aprobarse un plan de reestructuración realista y adecuado a las circunstancias objetivas existentes, con la flexibilidad necesaria para que mi mandante pueda hacer frente de forma regular y puntual sus obligaciones de pago, en función de los ingresos propios de su actividad, la continuidad de mi representada sería viable, de no acontecer ningún acontecimiento externo, imprevisible, que lo haga imposible.

Más allá de lo anteriormente expuesto, no hay ninguna circunstancia existente a la fecha o que pueda sobrevenir susceptible de afectar al desarrollo o al buen fin de las negociaciones, que ya han sido iniciadas por mi mandante.

OCTAVA. Actividad o actividades que desarrolla la deudora, así como el importe de su activo y pasivo, la cifra de negocios y el número de trabajadores al cierre del ejercicio inmediatamente anterior a la fecha en que se presenta la comunicación.

En cumplimiento de lo dispuesto en el art. 586.1.5° TRLC se hacen constar los datos económicos más relevantes de la deudora .... al cierre del ejercicio inmediatamente anterior a la presentación de esta solicitud (ejercicio comprendido entre el ...... y el ......):

1. Actividad o actividades desarrolladas por ....: La mercantil .... tiene como objeto social .... Las actividades a las que de forma efectiva se dedica son las propias de su objeto social, y en concreto .... (Epígrafe IAE ..., Código de Actividad ...), que lleva a cabo en las instalaciones sitas en .... y ocupa a título de...........

2. Importe del activo: .... €, de los cuales .... € corresponden a activo no corriente, y ...... € a activo corriente.

3. Importe del pasivo: El patrimonio neto asciende a ...... €, siendo el pasivo no corriente de ...... €, y el pasivo corriente ...... €. El total patrimonio neto y pasivo asciende a .... €.

4. El importe neto de la cifra de negocios asciende a .... €.

En prueba de lo anterior se adjuntan los siguientes documentos:

Impuesto de Sociedades ejercicio ...... a .... Documento n° ....

Cuentas anuales ejercicio ...... a .... Documento n° ....

NOVENA. Bienes y/o derechos necesarios para la actividad.

Los bienes y derechos se consideran necesarios para la continuidad de la actividad empresarial de mi representada son los derechos de crédito frente a sus clientes, dado que si resultaren trabados no podría hacerse frente a los gastos inherentes a la continuidad de su actividad, así como la maquinaria necesaria para la producción.

En contra de estos bienes y o derechos de mi mandante no consta a la fecha se haya iniciado ninguna ejecución.

DÉCIMA. Contratos necesarios para la actividad.

No existen, en principio, contratos que pudieran reputarse necesarios para la continuidad de su actividad.

DÉCIMO PRIMERA. Solicitud de nombramiento de experto en la reestructuración. Retribución.

La deudora .... solicita el nombramiento de experto en la reestructuración de DON ...., con DNI ...., economista y auditor de cuentas, quién reúne todas las condiciones establecidas en el TRLC para el ejercicio del cargo de experto en la reestructuración, con conocimientos especializados jurídicos, financieros y empresariales adecuados para realizar las funciones propias del cargo, y quién además cumple los requisitos necesarios para ser administrador concursal conforme al TRLC, estando a tales efectos inscrito en la lista de administradores concursales, habiendo sido designado en múltiples procedimientos.

Se acompaña como documento nº ... el escrito de aceptación del experto para el caso de que resulte nombrado

En cuanto a su retribución, el importe y los plazos de devengo de la retribución pactada para el experto en la reestructuración asciende, tal y como consta en el escrito aportado, a la suma de .... €, impuestos aparte, que se devengarían una vez fuera nombrado por este Tribunal.

Adicionalmente a la cantidad anterior se devengarían otros .... €, impuestos aparte, en caso de aprobarse el Plan de Reestructuración.

Como documento nº ...... se acompaña certificado de la póliza de seguro de responsabilidad civil vigente y que tiene como asegurado al experto propuesto para responder, en su caso, de posibles daños que el experto pudiera causar en el ejercicio de las funciones propias del cargo.

DÉCIMO SEGUNDA. Inexistencia de comunicación anterior a los efectos del art. 609 TRLC.

Interesa manifestar, a los efectos de lo previsto en el art. 609 TRLC, que la mercantil .... no ha formulado otra comunicación de apertura de negociaciones con sus acreedores en el año anterior a la presente a contar desde la presentación.

DÉCIMO TERCERA. Carácter reservado de la solicitud.

Se interesa por la deudora que la presente comunicación de la apertura de negociaciones de mi representada tenga carácter reservado.

En su virtud, procede y,

SUPLICO AL TRIBUNAL: Que teniendo por presentado escrito junto con la documentación acompañada, tenga por efectuada la COMUNICACIÓN DE LA APERTURA DE NEGOCIACIONES PARA INTENTAR ALCANZAR UN PLAN DE REESTRUCTURACIÓN POR EL RÉGIMEN GENERAL con los acreedores a instancias de la deudora, mi mandante, la mercantil ...., con nombramiento de DON ......, provisto de DNI nº ...., en el cargo de EXPERTO EN LA REESTRUCTURACIÓN, con todo lo demás que en Derecho proceda.

SUPLICO AL TRIBUNAL que tenga por hechas las manifestaciones que anteceden a los efectos oportunos.

I OTROSÍ DIGO: Que se interesa, para el supuesto de haber incurrido en cualquier defecto, cuide el Tribunal y el Letrado de la Administración de Justicia de que pueda ser subsanado, manifestándose al efecto, de forma expresa, y de conformidad con lo expuesto en el artículo 231 de la L.E.C., nuestra voluntad de cumplir los requisitos exigidos por la Ley. En su virtud, procede y

SUPLICO AL TRIBUNAL que tenga por hechas las manifestaciones que anteceden a los efectos oportunos.

En ......, a ..., de ...., de ....

F006. COMUNICACIÓN AL TRIBUNAL DE LA APERTURA DE COMUNICACIONES PARA ALCANZAR PLAN DE REESTRUCTURACIÓN. PERSONA JURÍDICA. INSOLVENCIA ACTUAL. SOLICITUD NOMBRAMIENTO EXPERTO. SIN AFECCIÓN CRÉDITO PÚBLICO

AL TRIBUNAL DE INSTANCIA DE .... SECCIÓN DE LO MERCANTIL

DON ...., Procurador de los Tribunales, colegiado nº ...... del Ilustre Colegio de Procuradores de ...., y de la mercantil ...., con domicilio social en ...... (......), Calle ......, número ......, y provista de CIF nº ....; representación que acredito con la escritura de poder representación procesal que adjunto acompaño como documento nº 1; y actuando bajo la dirección letrada del Abogado D. ...., colegiado nº .... del Ilustre Colegio de Abogados de ......, ante el Tribunal comparezco y, como mejor proceda en Derecho, DIGO:

Que siguiendo expresas instrucciones de mi representada, por medio del presente escrito vengo a comunicar al Tribunal la apertura de negociaciones para intentar alcanzar un Plan de Reestructuración con sus acreedores, en base a los arts. 585 y 586 del Texto Refundido de la Ley Concursal (en adelante TRLC), formulando al efecto las siguientes:

ALEGACIONES

PRIMERA. De la situación de insolvencia afectante a la deudora.

.... se encuentra en situación de insolvencia actual, al no poder cumplir regular y puntualmente sus obligaciones (art. 2.3 del TRLC).

Mi mandante ya ha recibido burofaxes de dos de sus acreedores bancarios, las entidades .... SA y .... SA, comunicándoles el vencimiento anticipado de la deuda y requiriéndole de pago, bajo apercibimiento del inmediato inicio de acciones judiciales en su contra, no estando en condiciones de hacer frente a dicho pago.

Expresamente se hace constar que a día de hoy no ha sido admitida a trámite solicitud de declaración de concurso necesario de mi representada, razón por la que puede realizar la presente comunicación, según dispone el art. 585.2 del TRLC.

SEGUNDA. Razones que justifican la presente comunicación con referencia al estado de insolvencia actual en que se encuentra la deudora.

.... se encuentra en esta situación por los siguientes motivos: ....

Por ello, se hace necesario proceder a una reestructuración de la deuda con la finalidad de alcanzar un nivel de endeudamiento sostenible y optimizar su calendario de pagos, de forma que éste se ajuste a su capacidad actual de generación de tesorería, así como de obtener nuevos ingresos de circulante para poder financiar su actividad productiva.

Sólo de este modo, con la aprobación de un Plan de reestructuración realista y adecuado a las circunstancias actuales, se podrá asegurar la continuidad de la actividad de la empresa, pues en otro caso mi mandante se verá abocada al concurso de acreedores y a su liquidación.

TERCERA. Fundamento de la competencia de este Tribunal para conocer de la presente comunicación.

Mi mandante, la mercantil ...., tiene su domicilio social en la ciudad de .... (.........), Calle ......, número ......, lugar en que se halla el centro de sus intereses principales.

En consecuencia, es éste el Tribunal competente para conocer de la presente comunicación, de conformidad con lo dispuesto en el art. 585.1, en relación con el art. 45, ambos del TRLC.

Adjunto se acompaña como documento nº ..., consistente en la escritura en la que consta dónde radica el domicilio social, toda vez que en base al art. 45 TRLC se presume que éste coincide con el centro de sus intereses principales.

Se deja constancia asimismo de que la deudora no ha modificado su domicilio social en los últimos 6 meses.

Informe del Registro Mercantil acreditativo de todo lo anterior.

CUARTA. Inaplicación del régimen especial de microempresas.

A .... no le es aplicable el procedimiento especial para microempresas al no reunir las características exigidas por el art. 685 TRLC.

En este sentido, se hace constar que el ejercicio social de mi representada abarca el periodo comprendido entre el .... de cada año y el ...... del siguiente.

En consecuencia, según las cuentas cerradas del último ejercicio anterior a la presente solicitud (del .... al ....) se hacen constar los siguientes datos, que excluyen la aplicación al presente supuesto el régimen especial previsto en el TRLC para las microempresas, sin perjuicio de remitirnos a lo que más adelante se dirá sobre los extremos a que se refiere el art. 586.1.5º de citado texto legal.

El número medio de trabajadores empleados durante el último ejercicio anterior no ha sido de menos de diez trabajadores. En concreto, la media ha sido de ...... tal y como acredito con la certificación de la TGSS que adjunto se acompaña como documento nº ....

El volumen de negocio anual correspondiente al ejercicio anterior no ha sido inferior a 700.000,00 €. En concreto ha sido de .... €.

Y el pasivo exigible, según las últimas cuentas cerradas del ejercicio anterior a la presentación de la solicitud no era inferior a 350.000,00 €. En concreto ascendía a ...... €.

Por todo ello, resulta inaplicable el régimen especial de microempresas.

QUINTA. Régimen preconcursal aplicable. Aplicación del régimen general e inaplicación del régimen especial de planes de reestructuración previsto en los artículos 682, 683 y 684 del TRLC.

El artículo 682 establece el ámbito de aplicación del Régimen especial de Planes de Reestructuración, y los dos siguientes las especialidades en materia de comunicación y en materia de plan de reestructuración.

A tales efectos establece el art. 682 que las reglas especiales establecidas en dicho Título (V, del Libro II) serán de aplicación a las personas naturales o jurídicas que lleven a cabo una actividad empresarial o profesional, siempre que de acuerdo con el balance el ejercicio anterior al que se haga la comunicación (o se presente la solicitud de homologación) se cumplan las siguientes circunstancias.

1ª. Una circunstancia de carácter necesario, y que consiste en que el número medio de trabajadores empleados durante el ejercicio anterior no sea superior a 49 personas (esto es, inferior a 50).

2ª. Una circunstancia doble pero alternativa, bastando con que se cumpla una de ellas para que, de concurrir en todo caso el anterior, sea de aplicación este régimen especial, a saber: a) que el volumen de negocios anual no supere los 10.000.000,00 €, b) que el balance general anual no supere la indicada cifra de 10.000.000,00 €.

De acuerdo con ello y conforme se ha indicado anteriormente, de acuerdo con el balance del ejercicio anterior al que se efectúa la presente comunicación (......... a ....), resulta que, por lo que respecta a la deudora ......:

1ª. El número medio de trabajadores ha sido superior a 49 personas. Ha sido de ......

2ª. Su volumen de negocio fue de .... €, por lo que ha superado los 10.000.000,00 €.

Cumpliéndose también este requisito alternativo, así como el anterior (necesario), no resulta de aplicación este régimen especial.

Por otra parte, mi mandante es una persona jurídica con actividad empresarial, y no pertenece a un grupo obligado a consolidar (art. 682.2 TRLC).

En consecuencia, no resulta de aplicación el régimen especial de los arts. 682, 683 y 684 del TRLC (especialidades en materia de comunicación, y en materia de plan de reestructuración).

SEXTA. Relación de acreedores con los que se han iniciado o se tiene intención de iniciar las negociaciones, el importe de los créditos de cada uno de ellos y el importe total de los créditos.

Mi mandante ha iniciado negociaciones con los siguientes acreedores con la finalidad de alcanzar un plan de reestructuración que permita superar su situación de insolvencia:

1. ...., con domicilio social en ......, Calle ...., número ......, y con CIF ....

2. ....

No existen acreedores especialmente relacionados con el deudor.

El importe de los créditos de estos acreedores ascienden a un total, de .... euros (...... €).

Y ello según el siguiente desglose:

1. ....: la suma de .... €.

2. ....: la suma de .... €.

Adjunto se acompaña como documento nº ......, balance de comprobación a fecha .... donde aparece toda la deuda referenciada y su desglose.

Como documento nº .... se acompaña resumen de la total deuda por acreedor.

Respecto a los créditos de derecho público, se manifiesta que no se pretende que el plan afecte al crédito público por lo que no resulta necesario acreditar que mi mandante está al corriente en el cumplimiento de sus obligaciones con la TGSS y con la AEAT.

SÉPTIMA. Circunstancias existentes o que puedan sobrevenir susceptibles de afectar al desarrollo o buen fin de las negociaciones.

El artículo 586.1.4º TRLC determina que el deudor debe expresar en la comunicación cualquier circunstancia existente o que pueda sobrevenir susceptible de afectar al desarrollo o al buen fin de las negociaciones.

A tales efectos manifestamos que el próximo inicio de ejecuciones singulares que puedan iniciar los principales acreedores de mi mandante, las entidades financieras antes citadas, puede suponer la insolvencia total y definitiva de mi mandante, quién no podrá continuar con la actividad propia de su objeto social, lo que le llevará necesariamente a tener que solicitar su declaración de concurso con apertura de liquidación.

De aprobarse un plan de reestructuración realista y adecuado a las circunstancias objetivas existentes, con la flexibilidad necesaria para que mi mandante pueda hacer frente de forma regular y puntual sus obligaciones de pago, en función de los ingresos propios de su actividad, la continuidad de mi representada sería viable, de no acontecer ningún acontecimiento externo, imprevisible, que lo haga imposible.

Más allá de lo anteriormente expuesto, no hay ninguna circunstancia existente a la fecha o que pueda sobrevenir susceptible de afectar al desarrollo o al buen fin de las negociaciones, que ya han sido iniciadas por mi mandante.

OCTAVA. Actividad o actividades que desarrolla la deudora, así como el importe de su activo y pasivo, la cifra de negocios y el número de trabajadores al cierre del ejercicio inmediatamente anterior a la fecha en que se presenta la comunicación.

En cumplimiento de lo dispuesto en el art. 586.1.5º TRLC se hacen constar los datos económicos más relevantes de la deudora .... al cierre del ejercicio inmediatamente anterior a la presentación de esta solicitud (ejercicio comprendido entre el ...... y el ......):

1. Actividad o actividades desarrolladas por ....: La mercantil .... tiene como objeto social .... Las actividades a las que de forma efectiva se dedica son las propias de su objeto social, y en concreto .... (Epígrafe IAE ..., Código de Actividad ...), que lleva a cabo en las instalaciones sitas en .... y ocupa a título de...........

2. Importe del activo: .... €, de los cuales .... € corresponden a activo no corriente, y ...... € a activo corriente.

3. Importe del pasivo: El patrimonio neto asciende a ...... €, siendo el pasivo no corriente de ...... €, y el pasivo corriente ...... €. El total patrimonio neto y pasivo asciende a .... €.

4. El importe neto de la cifra de negocios asciende a .... €.

En prueba de lo anterior se adjuntan los siguientes documentos:

Impuesto de Sociedades ejercicio ...... a .... Documento nº ....

Cuentas anuales ejercicio ...... a .... Documento nº ....

NOVENA. Bienes y/o derechos necesarios para la actividad.

Los bienes y derechos se consideran necesarios para la continuidad de la actividad empresarial de mi representada son los derechos de crédito frente a sus clientes, dado que si resultaren trabados no podría hacerse frente a los gastos inherentes a la continuidad de su actividad, así como la maquinaria necesaria para la producción.

En contra de estos bienes y o derechos de mi mandante no consta a la fecha se haya iniciado ninguna ejecución.

DÉCIMA. Contratos necesarios para la actividad.

No existen, en principio, contratos que pudieran reputarse necesarios para la continuidad de su actividad.

DÉCIMO PRIMERA. Solicitud de nombramiento de experto en la reestructuración. Retribución.

La deudora .... solicita el nombramiento de experto en la reestructuración de DON ...., con DNI ...., economista y auditor de cuentas, quién reúne todas las condiciones establecidas en el TRLC para el ejercicio del cargo de experto en la reestructuración, con conocimientos especializados jurídicos, financieros y empresariales adecuados para realizar las funciones propias del cargo, y quién además cumple los requisitos necesarios para ser administrador concursal conforme al TRLC, estando a tales efectos inscrito en la lista de administradores concursales, habiendo sido designado en múltiples procedimientos.

Se acompaña como documento nº ... el escrito de aceptación del experto para el caso de que resulte nombrado

En cuanto a su retribución, el importe y los plazos de devengo de la retribución pactada para el experto en la reestructuración asciende, tal y como consta en el escrito aportado, a la suma de .... €, impuestos aparte, que se devengarían una vez fuera nombrado por este Tribunal.

Adicionalmente a la cantidad anterior se devengarían otros .... €, impuestos aparte, en caso de aprobarse el Plan de Reestructuración.

Como documento nº ...... se acompaña certificado de la póliza de seguro de responsabilidad civil vigente y que tiene como asegurado al experto propuesto para responder, en su caso, de posibles daños que el experto pudiera causar en el ejercicio de las funciones propias del cargo.

DÉCIMO SEGUNDA. Inexistencia de comunicación anterior a los efectos del art. 609 TRLC.

Interesa manifestar, a los efectos de lo previsto en el art. 609 TRLC, que la mercantil .... no ha formulado otra comunicación de apertura de negociaciones con sus acreedores en el año anterior a la presente a contar desde la presentación.

DÉCIMO TERCERA. Carácter reservado de la solicitud.

Se interesa por la deudora que la presente comunicación de la apertura de negociaciones de mi representada tenga carácter reservado.

En su virtud, procede y,

SUPLICO AL TRIBUNAL: Que teniendo por presentado escrito junto con la documentación acompañada, tenga por efectuada la COMUNICACIÓN DE LA APERTURA DE NEGOCIACIONES PARA INTENTAR ALCANZAR UN PLAN DE REESTRUCTURACIÓN POR EL RÉGIMEN GENERAL con los acreedores a instancias de la deudora, mi mandante, la mercantil ...., con nombramiento de DON ......, provisto de DNI nº ...., en el cargo de EXPERTO EN LA REESTRUCTURACIÓN, con todo lo demás que en Derecho proceda.

SUPLICO AL TRIBUNAL que tenga por hechas las manifestaciones que anteceden a los efectos oportunos.

I OTROSÍ DIGO: Que se interesa, para el supuesto de haber incurrido en cualquier defecto, cuide el Tribunal y el Letrado de la Administración de Justicia de que pueda ser subsanado, manifestándose al efecto, de forma expresa, y de conformidad con lo expuesto en el artículo 231 de la L.E.C., nuestra voluntad de cumplir los requisitos exigidos por la Ley. En su virtud, procede y

SUPLICO AL TRIBUNAL que tenga por hechas las manifestaciones que anteceden a los efectos oportunos.

En ......, a ..., de ...., de ....

F007. COMUNICACIÓN AL TRIBUNAL DE LA APERTURA DE COMUNICACIONES PARA ALCANZAR PLAN DE REESTRUCTURACIÓN. PERSONA JURÍDICA. INSOLVENCIA ACTUAL. SIN SOLICITUD NOMBRAMIENTO EXPERTO. SIN AFECCIÓN CRÉDITO PÚBLICO

AL TRIBUNAL DE INSTANCIA DE .... SECCIÓN DE LO MERCANTIL

DON ...., Procurador de los Tribunales, colegiado nº ...... del Ilustre Colegio de Procuradores de ...., y de la mercantil ...., con domicilio social en ...... (......), Calle ......, número ......, y provista de CIF nº ....; representación que acredito con la escritura de poder representación procesal que adjunto acompaño como documento nº 1; y actuando bajo la dirección letrada del Abogado D. ...., colegiado nº .... del Ilustre Colegio de Abogados de ......, ante el Tribunal comparezco y, como mejor proceda en Derecho, DIGO:

Que siguiendo expresas instrucciones de mi representada, por medio del presente escrito vengo a comunicar al Tribunal la apertura de negociaciones para intentar alcanzar un Plan de Reestructuración con sus acreedores, en base a los arts. 585 y 586 del Texto Refundido de la Ley Concursal (en adelante TRLC), formulando al efecto las siguientes:

ALEGACIONES

PRIMERA. De la situación de insolvencia afectante a la deudora.

.... se encuentra en situación de insolvencia actual, al no poder cumplir regular y puntualmente sus obligaciones (art. 2.3 del TRLC).

Mi mandante ya ha recibido burofaxes de dos de sus acreedores bancarios, las entidades .... SA y .... SA, comunicándoles el vencimiento anticipado de la deuda y requiriéndole de pago, bajo apercibimiento del inmediato inicio de acciones judiciales en su contra, no estando en condiciones de hacer frente a dicho pago.

Expresamente se hace constar que, a día de hoy, no ha sido admitida a trámite solicitud de declaración de concurso necesario de mi representada, razón por la que puede realizar la presente comunicación, según dispone el art. 585.2 del TRLC.

SEGUNDA. Razones que justifican la presente comunicación con referencia al estado de insolvencia actual en que se encuentra la deudora.

.... se encuentra en esta situación por los siguientes motivos: ....

Por ello, se hace necesario proceder a una reestructuración de la deuda con la finalidad de alcanzar un nivel de endeudamiento sostenible y optimizar su calendario de pagos, de forma que éste se ajuste a su capacidad actual de generación de tesorería, así como de obtener nuevos ingresos de circulante para poder financiar su actividad productiva.

Sólo de este modo, con la aprobación de un Plan de reestructuración realista y adecuado a las circunstancias actuales, se podrá asegurar la continuidad de la actividad de la empresa, pues en otro caso mi mandante se verá abocada al concurso de acreedores y a su liquidación.

TERCERA. Fundamento de la competencia de este Tribunal para conocer de la presente comunicación.

Mi mandante, la mercantil ...., tiene su domicilio social en la ciudad de .... (.........), Calle ......, número ......, lugar en que se halla el centro de sus intereses principales.

En consecuencia, es éste el Tribunal competente para conocer de la presente comunicación, de conformidad con lo dispuesto en el art. 585.1, en relación con el art. 45, ambos del TRLC.

Adjunto se acompaña como documento nº ..., consistente en la escritura en la que consta dónde radica el domicilio social, toda vez que en base al art. 45 TRLC se presume que éste coincide con el centro de sus intereses principales.

Se deja constancia asimismo de que la deudora no ha modificado su domicilio social en los últimos 6 meses.

Informe del Registro Mercantil acreditativo de todo lo anterior.

CUARTA. Inaplicación del régimen especial de microempresas.

A .... no le es aplicable el procedimiento especial para microempresas al no reunir las características exigidas por el art. 685 TRLC.

En este sentido, se hace constar que el ejercicio social de mi representada abarca el periodo comprendido entre el .... de cada año y el ...... del siguiente.

En consecuencia, según las cuentas cerradas del último ejercicio anterior a la presente solicitud (del .... al ....) se hacen constar los siguientes datos, que excluyen la aplicación al presente supuesto el régimen especial previsto en el TRLC para las microempresas, sin perjuicio de remitirnos a lo que más adelante se dirá sobre los extremos a que se refiere el art. 586.1.5º de citado texto legal.

El número medio de trabajadores empleados durante el último ejercicio anterior no ha sido de menos de diez trabajadores. En concreto, la media ha sido de ...... tal y como acredito con la certificación de la TGSS que adjunto se acompaña como documento nº ....

El volumen de negocio anual correspondiente al ejercicio anterior no ha sido inferior a 700.000,00 €. En concreto ha sido de .... €.

Y el pasivo exigible, según las últimas cuentas cerradas del ejercicio anterior a la presentación de la solicitud no era inferior a 350.000,00 €. En concreto ascendía a ...... €.

Por todo ello, resulta inaplicable el régimen especial de microempresas.

QUINTA. Régimen preconcursal aplicable. Aplicación del régimen general e inaplicación del régimen especial de planes de reestructuración previsto en los artículos 682, 683 y 684 del TRLC.

El artículo 682 establece el ámbito de aplicación del Régimen especial de Planes de Reestructuración, y los dos siguientes las especialidades en materia de comunicación y en materia de plan de reestructuración.

A tales efectos establece el art. 682 que las reglas especiales establecidas en dicho Título (V, del Libro II) serán de aplicación a las personas naturales o jurídicas que lleven a cabo una actividad empresarial o profesional, siempre que de acuerdo con el balance el ejercicio anterior al que se haga la comunicación (o se presente la solicitud de homologación) se cumplan las siguientes circunstancias.

1ª. Una circunstancia de carácter necesario, y que consiste en que el número medio de trabajadores empleados durante el ejercicio anterior no sea superior a 49 personas (esto es, inferior a 50).

2ª. Una circunstancia doble pero alternativa, bastando con que se cumpla una de ellas para que, de concurrir en todo caso el anterior, sea de aplicación este régimen especial, a saber: a) que el volumen de negocios anual no supere los 10.000.000,00 €, b) que el balance general anual no supere la indicada cifra de 10.000.000,00 €.

De acuerdo con ello y conforme se ha indicado anteriormente, de acuerdo con el balance del ejercicio anterior al que se efectúa la presente comunicación (......... a ....), resulta que, por lo que respecta a la deudora ......:

1ª. El número medio de trabajadores ha sido superior a 49 personas. Ha sido de ......

2ª. Su volumen de negocio fue de .... €, por lo que ha superado los 10.000.000,00 €.

Cumpliéndose también este requisito alternativo, así como el anterior (necesario), no resulta de aplicación este régimen especial.

Por otra parte, mi mandante es una persona jurídica con actividad empresarial, y no pertenece a un grupo obligado a consolidar (art. 682.2 TRLC).

En consecuencia, no resulta de aplicación el régimen especial de los arts. 682, 683 y 684 del TRLC (especialidades en materia de comunicación, y en materia de plan de reestructuración).

SEXTA. Relación de acreedores con los que se han iniciado o se tiene intención de iniciar las negociaciones, el importe de los créditos de cada uno de ellos y el importe total de los créditos.

Mi mandante ha iniciado negociaciones con los siguientes acreedores con la finalidad de alcanzar un plan de reestructuración que permita superar su situación de insolvencia:

1. ...., con domicilio social en ......, Calle ...., número ......, y con CIF ....

2. ....

No existen acreedores especialmente relacionados con el deudor.

El importe de los créditos de estos acreedores ascienden a un total, de .... euros (...... €).

Y ello según el siguiente desglose:

1. ....: la suma de .... €.

2. ....: la suma de .... €.

Adjunto se acompaña como documento nº ......, balance de comprobación a fecha .... donde aparece toda la deuda referenciada y su desglose.

Como documento nº .... se acompaña resumen de la total deuda por acreedor.

Respecto a los créditos de derecho público, se manifiesta que no se pretende que el plan afecte al crédito público por lo que no resulta necesario acreditar que mi mandante está al corriente en el cumplimiento de sus obligaciones con la TGSS y con la AEAT.

SÉPTIMA. Circunstancias existentes o que puedan sobrevenir susceptibles de afectar al desarrollo o buen fin de las negociaciones.

El artículo 586.1.4° TRLC determina que el deudor debe expresar en la comunicación cualquier circunstancia existente o que pueda sobrevenir susceptible de afectar al desarrollo o al buen fin de las negociaciones.

A tales efectos manifestamos que el próximo inicio de ejecuciones singulares que puedan iniciar los principales acreedores de mi mandante, las entidades financieras antes citadas, puede suponer la insolvencia total y definitiva de mi mandante, quién no podrá continuar con la actividad propia de su objeto social, lo que le llevará necesariamente a tener que solicitar su declaración de concurso con apertura de liquidación.

De aprobarse un plan de reestructuración realista y adecuado a las circunstancias objetivas existentes, con la flexibilidad necesaria para que mi mandante pueda hacer frente de forma regular y puntual sus obligaciones de pago, en función de los ingresos propios de su actividad, la continuidad de mi representada sería viable, de no acontecer ningún acontecimiento externo, imprevisible, que lo haga imposible.

Más allá de lo anteriormente expuesto, no hay ninguna circunstancia existente a la fecha o que pueda sobrevenir susceptible de afectar al desarrollo o al buen fin de las negociaciones, que ya han sido iniciadas por mi mandante.

OCTAVA. Actividad o actividades que desarrolla la deudora, así como el importe de su activo y pasivo, la cifra de negocios y el número de trabajadores al cierre del ejercicio inmediatamente anterior a la fecha en que se presenta la comunicación.

En cumplimiento de lo dispuesto en el art. 586.1.5° TRLC se hacen constar los datos económicos más relevantes de la deudora .... al cierre del ejercicio inmediatamente anterior a la presentación de esta solicitud (ejercicio comprendido entre el ...... y el ......):

1. Actividad o actividades desarrolladas por ....: La mercantil .... tiene como objeto social .... Las actividades a las que de forma efectiva se dedica son las propias de su objeto social, y en concreto .... (Epígrafe IAE ..., Código de Actividad ...), que lleva a cabo en las instalaciones sitas en .... y ocupa a título de...........

2. Importe del activo: .... €, de los cuales .... € corresponden a activo no corriente, y ...... € a activo corriente.

3. Importe del pasivo: El patrimonio neto asciende a ...... €, siendo el pasivo no corriente de ...... €, y el pasivo corriente ...... €. El total patrimonio neto y pasivo asciende a .... €.

4. El importe neto de la cifra de negocios asciende a .... €.

En prueba de lo anterior se adjuntan los siguientes documentos:

Impuesto de Sociedades ejercicio ...... a .... Documento nº ....

Cuentas anuales ejercicio ...... a .... Documento nº ....

NOVENA. Bienes y/o derechos necesarios para la actividad.

Los bienes y derechos se consideran necesarios para la continuidad de la actividad empresarial de mi representada son los derechos de crédito frente a sus clientes, dado que si resultaren trabados no podría hacerse frente a los gastos inherentes a la continuidad de su actividad, así como la maquinaria necesaria para la producción.

En contra de estos bienes y o derechos de mi mandante no consta a la fecha se haya iniciado ninguna ejecución.

DÉCIMA. Contratos necesarios para la actividad.

No existen, en principio, contratos que pudieran reputarse necesarios para la continuidad de su actividad.

DÉCIMO PRIMERA. Inexistencia de comunicación anterior a los efectos del art. 609 TRLC.

Interesa manifestar, a los efectos de lo previsto en el art. 609 TRLC, que la mercantil .... no ha formulado otra comunicación de apertura de negociaciones con sus acreedores en el año anterior a la presente a contar desde la presentación.

DÉCIMO SEGUNDA. Carácter reservado de la solicitud.

Se interesa por la deudora que la presente comunicación de la apertura de negociaciones de mi representada tenga carácter reservado.

En su virtud, procede y,

SUPLICO AL TRIBUNAL: Que teniendo por presentado escrito junto con la documentación acompañada, tenga por efectuada la COMUNICACIÓN DE LA APERTURA DE NEGOCIACIONES PARA INTENTAR ALCANZAR UN PLAN DE REESTRUCTURACIÓN

POR EL RÉGIMEN GENERAL con los acreedores a instancias de la deudora, mi mandante, la mercantil ...., con todo lo demás que en Derecho proceda.

SUPLICO AL TRIBUNAL que tenga por hechas las manifestaciones que anteceden a los efectos oportunos.

OTROSÍ DIGO: Que se interesa, para el supuesto de haber incurrido en cualquier defecto, cuide el Tribunal y el Letrado de la Administración de Justicia de que pueda ser subsanado, manifestándose al efecto, de forma expresa, y de conformidad con lo expuesto en el artículo 231 de la L.E.C., nuestra voluntad de cumplir los requisitos exigidos por la Ley. En su virtud, procede y

SUPLICO AL TRIBUNAL que tenga por hechas las manifestaciones que anteceden a los efectos oportunos.

En ......, a ..., de ...., de ...

F008. COMUNICACIÓN AL TRIBUNAL DE LA APERTURA DE NEGOCIACIONES PARA ALCANZAR UN PLAN DE REESTRUCTURACIÓN. PERSONA JURÍDICA. INSOLVENCIA ACTUAL

AL TRIBUNAL DE INSTANCIA DE .... SECCIÓN DE LO MERCANTIL

..............., Procurador de los Tribunales, obrando en nombre y representación de la entidad mercantil ...., con CIF .... y domicilio en Calle ...., ..., representación que acreditare mediante designación apud acta, y bajo la dirección letrada de D. ...., colegiado número .... del Ilustre Colegio de Abogados de ...., ante el Tribunal comparezco y como mejor proceda en derecho DIGO:

Que siguiendo expresas instrucciones de mi representada, y de conformidad con lo dispuesto en el art. 583 y siguientes del Texto Refundido de la Ley Concursal, formulo escrito de COMUNICACIÓN AL TRIBUNAL DE APERTURA DE NEGOCIACIONES CON LOS ACREEDORES, y ello en base a las siguientes

ALEGACIONES

PRIMERA. Razones que justifican la comunicación, con referencia al estado en que la empresa se encuentra.

La mercantil "..............., se encuentra en estado de insolvencia actual a la vista que ....

Por ello, la empresa ha procedido a presentar la comunicación de apertura de negociaciones.

SEGUNDA. Fundamento de la competencia del jugado al que nos dirigimos.

Es competente el Tribunal al que nos dirigimos, por ser .... el lugar en el que se encuentra el domicilio social de la empresa y el centro de sus intereses principales.

Se adjunta como documento nº 1 nota del registro mercantil de la empresa.

TERCERA. Relación de acreedores con los que se tiene intención de iniciar negociaciones.

Se adjunta como documento nº 2 relación de acreedores con los que se tiene intención de iniciar negociaciones, con indicación del importe de los créditos de cada uno de ellos y el importe total de los créditos, así como indicando que acreedores se encuentran especialmente relacionados con la empresa.

CUARTA. Circunstancias susceptibles de afectar al desarrollo o al buen fin de las negociaciones.

Actualmente se desconocen circunstancias susceptibles de afectar al buen fin de las negociaciones.

QUINTA. La actividad o actividades que desarrolle, así como el importe del activo y del pasivo, la cifra de negocios y el número de trabajadores al cierre del ejercicio anterior al que se presente la comunicación.

La empresa desarrolla la actividad de ...., en ....

El importe del activo asciende a ....euros, siendo el pasivo de .... euros.

La cifra de negocios al finalizar el año 202... ascendió a ....euros.

La cifra de negocios del año en curso asciende a .... euros.

El número de trabajadores al finalizar el año 202... ascendía a ...

SEXTA. Bienes, derechos y contratos necesarios para la continuidad de la actividad empresarial.

....

SÉPTIMA. Experto en reestructuración.

No se solicita el nombramiento de experto en reestructuración.

OCTAVA. Carácter reservado

Esta parte solicita que la comunicación tenga carácter reservado

NOVENA Crédito público.

No se pretende que el plan afecte al crédito público.

Por lo expuesto,

SUPLICO AL TRIBUNAL, que teniendo por presentado este escrito, lo admita y, en su virtud, tenga por formulada comunicación de inicio de negociaciones con acreedores con carácter reservado, de conformidad con lo previsto en el art. 585 y siguientes del Texto Refundido de la Ley Concursal, y por desplegados los efectos que conlleva esta comunicación.

.............., ... de ...... de 202...

F009. COMUNICACIÓN AL TRIBUNAL DE LA APERTURA DE NEGOCIACIONES PARA ALCANZAR PLAN DE REESTRUCTURACIÓN. PERSONA JURÍDICA. INSOLVENCIA INMINENTE

AL TRIBUNAL DE INSTANCIA DE .... SECCIÓN DE LO MERCANTIL

..............., Procurador de los Tribunales (núm. .... de colegiado) y de la compañía .... S.A., con domicilio en ...., calle .... núm. .... y CIF ...., cuya representación acredito mediante la escritura original de poder de representación que se acompaña a este escrito, ante este Tribunal comparezco bajo la dirección letrada de Don ...., abogado del Ilustre Colegio de .... (núm. .... de colegiado), y como mejor proceda en Derecho DIGO:

PRIMERO. Que mi principal, la sociedad .... S.A., se constituyó el .... de .... de ...., mediante escritura otorgada ante el notario de ...., Don .... (número de su protocolo ....).

Datos de Inscripción Registral: La sociedad está inscrita en el Registro Mercantil de la provincia de .... al tomo ...., General .... de la sección .... del Libro de sociedades, Folio ...., hoja .... CIF ....

Su objeto social consiste en ....

El domicilio social de la compañía se halla en ...., calle ...., lugar en que se halla el centro de los intereses principales de la deudora. Por lo tanto, el Tribunal competente para conocer de su declaración de concurso, a la vista de lo establecido en el art. 44, 45 y 49 TRLC es el Tribunal de Instancia, Sección de lo Mercantil de .... al que nos dirigimos.

El órgano de administración esta confiado a ....

Se acompaña como DOCUMENTO ...... certificación del Registro Mercantil de la provincia de .... relativa a la expresada sociedad.

SEGUNDO. EN SU CASO. Mi mandante forma parte de un grupo de sociedades, en el que la dominante es ......, y las dominadas, entre las que se encuentra mi mandante, son las mercantiles ...., concurriendo los presupuestos que recoge el artículo 42.1 del CCom, en conexión con la DA 1ª TRLC:

A) Tienen el mismo socio único, la sociedad ....

B) Son regidas por los mismos administradores, cargo que recaen en las mismas personas, Don ...., Don .... y Don ....

C) Tiene el mismo domicilio social, sito en ...., calle ...., nº ......, C.P. ......

D) ....

TERCERO. Que mi principal se halla en estado de inminente y pretende obtener un plan de reestructuración que le permita superar la situación en que se encuentra.

CUARTO. Que conforme establece el art. 585, apartados 1 y 2 TRLC, el deudor, que sea persona natural o jurídica, y se halle en insolvencia inminente o probabilidad de insolvencia, podrá comunicar al tribunal competente para la declaración del concurso la existencia de negociaciones con sus acreedores, o la intención de iniciarlas de inmediato, para alcanzar un plan de reestructuración que permita superar la situación en que se encuentra. Si se hallara en situación de insolvencia actual, podrá efectuar la citada comunicación, en tanto no se haya admitido a trámite solicitud de declaración de concurso necesario.

QUINTO. Que por medio del presente escrito, esta parte pone en conocimiento de este Tribunal, que es el competente para la declaración de concurso de mi mandante, la apertura de negociaciones con sus acreedores para obtener un plan de reestructuración. Ello a los efectos y con el alcance establecido en los arts. 585 ss. y concordantes TRLC.

SEXTO. Dando cumplimiento a lo dispuesto en el art. 586.1 TRLC, se hace constar lo siguiente:

I. Se justifica la presentación de esta comunicación en la situación de insolvencia inminente en que se halla mi mandante, que se pretende superar a través de la obtención de un plan de reestructuración y, además, ...

II. Este Tribunal ... es el competente, internacional, objetiva y territorialmente, para conocer de la presente comunicación, al ser el competente para conocer del concurso de mi mandante, que tiene su domicilio social y centro de interés principales en la ciudad española de .... Ello de conformidad con lo establecido en el art. 593 TRLC en conexión los arts. 44, 45 y49 TRLC.

III. Se acompaña como DOCUMENTO ...... una relación de los acreedores con los que se iniciado (o se tiene intención de iniciar) negociaciones, en la que consta su nombre y dirección, CIF, teléfono y dirección de mail, así como el importe de los créditos de cada uno de ellos y el importe total de los créditos.

Se hace constar que en la citada relación NO figuran acreedores especialmente relacionados con el deudor.

ALTERNATIVA: Se hace contar que en la citada relación SI figuran acreedores especialmente relacionados con el deudor, y que son los siguientes: ....

ALTERNATIVA: Se hace contar que en la citada relación SI figuran acreedores especialmente relacionados con el deudor, y que se reseñan en la citada relación, en el apartado ..., epígrafe núm. ..., titulado "acreedores especialmente relacionados".

Se hace constar a los efectos oportunos que el supuesto de los créditos de derecho público reseñados en la expresada relación, figura la fecha de devengo de los mismos.

IV. Que NO existen ni se estima que puedan sobrevenir circunstancias susceptibles de afectar al desarrollo o al buen fin de las negociaciones.

ALTERNATIVA: Esta parte considera que existen (y/o pueden sobrevenir) las circunstancias que a continuación se reseñan, todas ellas, en opinión de esta parte, susceptibles de afectar al desarrollo o al buen fin de las negociaciones...........

V. Que mi mandante desarrolla la actividad de ....

Se hace constar que el importe del activo y del pasivo, la cifra de negocios y el número de trabajadores al cierre del ejercicio inmediatamente anterior a aquel en que presente la comunicación se reseña en el documento que se acompaña señalado de NÚMERO ......

VI. Que esta parte considera necesarios para la continuidad de su actividad empresarial o profesional los siguientes bienes y derechos ....

En la actualidad, se siguen las ejecuciones que a continuación se reseñan, indicando el bien contra el que recae, la autoridad ejecutante, identificación del procedimiento y el estado de tramitación de la respectiva ejecución............

ALTERNATIVA: Se acompaña como DOCUMENTO .... relación de los bienes y derechos que esta parte considera necesarios para la continuidad de su actividad empresarial, con expresión e identificación de las ejecuciones seguidas contra esos bienes, y el estado en que se encuentra su tramitación.

VII. Que los contratos necesarios para la continuidad de la actividad empresarial de mi mandante son los siguientes:............

ALTERNATIVA: Se acompaña como DOCUMENTO ...... relación de los contratos necesarios para la continuidad de la actividad empresarial de mi mandante.

VIII. EN SU CASO. Se solicita por mi mandante el nombramiento de un experto en la reestructuración, en los términos que se exponen en el correspondiente otrosí digo del presente escrito.

IX. EN SU CASO. Se solicita el carácter reservado de la comunicación.

SÉPTIMO. EN SU CASO: Dado que se pretende por esta parte que el plan de reestructuración afecte al crédito público, se acredita que mi principal se encuentra al corriente en el cumplimiento de las obligaciones tributarias y frente a la Seguridad Social, con las pertinentes certificaciones emitidas por la Agencia Estatal de Administración Tributaria y la Tesorería General de la Seguridad Social que se acompañan como DOCUMENTOS .... Ello dando cumplimiento a lo peticionado por el art. 586.1.10º TRLC

OCTAVO. EN SU CASO. Que se solicita la suspensión de la ejecución de las garantías que a continuación de reseñan, prestadas por ...., sociedad matriz del que forma parte mi principal, a favor de .... y en garantía del cumplimiento por mi mandante de ....

Caso de no suspenderse la citada ejecución se produciría la insolvencia del citado garante y de mi principal a la vista que ....

NOVENO. EN SU CASO. Que al amparo de lo dispuesto en el art. 602.1 TRLC, interesa a esta parte se extienda la prohibición de la iniciación de ejecuciones, judiciales o extrajudiciales, a aquellos bienes o derechos que no son necesarios para la continuidad de la actividad empresarial de mi mandante.

ALTERNATIVA: Que al amparo de lo dispuesto en el art. 602.1 TRLC, y durante el plazo que se reseña en dicho precepto, interesa a esta parte se extienda la prohibición de la iniciación de ejecuciones, judiciales o extrajudiciales, a los bienes y derechos que a continuación se reseñan, pese a no ser necesarios para la continuidad de la actividad empresarial de mi mandante. Estos bienes y derechos son...........

ALTERNATIVA: Que al amparo de lo dispuesto en el art. 602.1 TRLC, y durante el plazo que se reseña en dicho precepto, interesa a esta parte se extienda la suspensión de ejecuciones, judiciales o extrajudiciales, que se siguen bienes o derechos que no son necesarios para la continuidad de la actividad empresarial de mi mandante y que son las siguientes, con identificación del bien o el derecho y el estado de la ejecución: ....

ALTERNATIVA: Que al amparo de lo dispuesto en el art. 602.1 TRLC, y durante el plazo que se reseña en dicho precepto, interesa a esta parte se extienda la prohibición de la iniciación de ejecuciones, judiciales o extrajudiciales, a aquellos bienes o derechos que no son necesarios para la continuidad, contra las siguiente/s clases de acreedor/es (contra los siguiente/s acreedor/es:..............).

ALTERNATIVA: Que al amparo de lo dispuesto en el art. 602.1 TRLC, y durante el plazo que se reseña en dicho precepto, interesa a esta parte se extienda la suspensión de ejecuciones, judiciales o extrajudiciales, que se siguen contra bienes o derechos que no son necesarios para la continuidad de la actividad empresarial de mi mandante, contra las siguiente/s clases de acreedor/es (contra los siguiente/s acreedor/es:..............). Estas ejecuciones son las siguientes, con identificación del bien o el derecho, el acreedor (o la clase de acreedores) y el estado de la ejecución: ....

La referida extensión se solicita al entenderse necesaria para asegurar el buen fin de las negociaciones para alcanzar un plan de reestructuración, toda vez que .... Lo que se acredita con los DOCUMENTOS ...

DÉCIMO. EN SU CASO. Dado que el órgano de administración de mi mandante se halla organizado a través de un Consejo de Administración, se acompaña como DOCUMENTO ......, certificación del acuerdo adoptado por dicho órgano, en su reunión del día ......, en orden a la presentación de la presente comunicación de apertura de negociaciones.

En virtud de lo expuesto,

SUPLICO AL TRIBUNAL que tenga por presentado este escrito, junto a los documentos a él unidos y sus copias, se sirva admitirlo y previos los oportunos trámites legales, se sirva tener por puesto en conocimiento de este Tribunal, que .... S.A. ha aperturado (o tiene intención de aperturar de inmediato) negociaciones con sus acreedores para alcanzar un plan de reestructuración en los términos de este escrito, y acordando cuanto proceda en derecho al efecto. Todo ello a los efectos y con el alcance establecido en los arts. 585 ss. y concordantes TRLC.

Es Justicia que pido en .... a ...... de .... de dos mil ......

(En su caso) OTROSÍ DIGO: Que como se ha indicado en el cuerpo de este escrito, esta parte solicita expresamente el carácter reservado de la presente comunicación de negociaciones, por lo que no procede que por el Letrado de la Administración de Justicia se ordene la publicación en el Registro Público Concursal de la resolución dejando constancia de su presentación.

Ello sin perjuicio de la facultad que se reserva esta parte de solicitar el levantamiento del citado carácter reservado de la comunicación en los términos y de conformidad con el art. 591 TRLC.

En su virtud,

SUPLICO AL TRIBUNAL que tenga por presentado este escrito, se sirva admitirlo y tener por efectuadas las anteriores manifestaciones a los efectos legales oportunos, acordándose en el sentido expuesto en el cuerpo de este escrito.

Es Justicia que pido en el lugar y fecha señaladas ut supra.

(En su caso) OTROSÍ DIGO: Que a efectos de la suspensión de la totalidad de las ejecuciones reseñadas en el cuerpo de este escrito por el Tribunal que conoce de las mismas, se solicita su reseña en el Decreto dejando constancia de la presentación de esta comunicación y la remisión de la resolución teniendo por presentada la presente comunicación a que se refiere el art. 590.2 TRLC, y a efectos de lo prevenido en este precepto.

En su virtud,

SUPLICO AL TRIBUNAL que tenga por presentado este escrito, se sirva admitirlo y tener por efectuadas las anteriores manifestaciones a los efectos legales oportunos, acordándose en el sentido expuesto en el presente otrosí.

Es justicia que suplico en el lugar y fecha señalados "ut supra".

(En su caso) OTROSÍ DIGO: Que se solicita la designación de experto en la reestructuración a efectos que, de conformidad con el art. 679 y concordantes TRLC, desempeñe las siguientes funciones:

a) Asista al deudor y los acreedores en las negociaciones actualmente en curso para alcanzar un plan de reestructuración.

b) Elabore y presente a este Tribunal al que respetuosamente nos dirigimos, cuantos informes sean exigidos por la Ley, y aquellos otros que el Tribunal considere necesarios o convenientes. Todo ello, con relación a las citadas negociaciones, el plan de reestructuración que eventualmente se alcance y, en su caso, su homologación judicial.

c) Cualesquiera otra función que, conforme la Ley, le corresponda llevar a cabo con relación al proceso reestructurador antes señalado y en su condición de experto en reestructuraciones.

En este sentido y dando cumplimiento a lo señalado en la Ley se solicita la designación como experto en la reestructuración de referencia a D. ...., letrado nº ...... del Ilustre Colegio de Abogados de ......, con domicilio a efecto de notificaciones en ....

Se peticiona el nombramiento de la citada persona por cumplir las condiciones establecidas en el art. 674 del TRLC, ya que se trata de una persona natural española que posee los conocimientos especializados, tanto jurídicos, como financieros y empresariales acreditables en materia de la insolvencia en general, y en reestructuraciones, desde el año ......

Igualmente ostenta la condición de Administrador Concursal, habiendo sido designado en múltiples procedimientos concursales.

Su experiencia dilatada queda constatada no solo de sus continuos nombramientos por parte de los Tribunal de Instancia de todo el territorio nacional en todo asuntos mercantiles, societarios y concursales, sino, además, a la vista de su extensa bibliografía y publicaciones editoriales sobre estos asuntos; siendo un referente en el ámbito de la insolvencia, tanto preconcursal como concursal, así como en materia societaria y mercantil. Y no solo desde una perspectiva privatista, sino del resto de áreas del derecho (fiscalidad, contabilidad, derecho laboral, etc), así como del ámbito financiero y de la empresa.

Junto a lo anterior, posee dilatada experiencia en materia de refinanciaciones de deudas y reestructuraciones de activo y pasivo, así como en modificaciones operacionales de las estructuras societarias; sobre todo en empresas en situación próxima a la insolvencia.

Se acompaña como DOCUMENTO...... curriculum vitae de Don ......

En cumplimiento de los requisitos establecidos en el art. 672.2 del TRLC, junto al presente escrito donde se razona que el experto solicitado reúne las condiciones establecidas en la Ley para el ejercicio del cargo, se acompaña como DOCUMENTO ...... copia de la póliza de seguro de responsabilidad civil o garantía equivalente que posee vigente el experto en reestructuración para responder de posibles daños que el experto pudiera causar en el ejercicio de las funciones propias del cargo.

Se hace constar expresamente que todos los honorarios devengados por el experto en la reestructuración serán asumidos por la deudora, la mercantil ...., S.L.

Del mismo modo, se hace constar que el presente escrito queda firmado y presentado tanto por ...., S.L., a través de su representación procesal, como por Don ...., en este último caso, en señal de aceptación del nombramiento de experto, y de aceptación del importe y plazos de devengo de la retribución pactada entre ambas partes, DOCUMENTO ..., así como a los efectos legales procedentes.

Por lo expuesto,

SUPLICO AL TRIBUNAL que tenga por presentado este escrito se sirva admitirlo y en su virtud tenga por efectuadas las anteriores manifestaciones para que, tras los trámites legales oportunos, en su momento y por el Tribunal se dicte resolución por la que nombre como experto en la reestructuración a D. ....

Es justicia que suplico en el lugar y fecha señalados "ut supra".

F010. COMUNICACIÓN AL TRIBUNAL DE LA APERTURA DE NEGOCIACIONES PARA ALCANZAR PLAN DE REESTRUCTURACIÓN. PERSONA JURÍDICA. INSOLVENCIA INMINENTE (II)

AL TRIBUNAL DE INSTANCIA DE .... SECCIÓN DE LO MERCANTIL

Dña. ...., Procuradora de los Tribunales, en nombre y representación de la mercantil ...., tal y como acredito en virtud de apud acta que se anexa como Documento núm. 0, ante el Tribunal comparezco bajo la defensa técnica de .... (Letrada colegiada núm. .... del Ilustre Colegio de Abogados de ....) y, como mejor proceda en Derecho, DIGO:

Que, al amparo de los arts. 585 y ss. del Real Decreto 1/2020, de 5 de mayo, por el que se aprueba el Texto Refundido de la Ley Concursal ("TRLC"), por medio del presente escrito vengo a formular COMUNICACIÓN DE INTENCIÓN DE APERTURA DE NEGOCIACIONES CON LOS ACREEDORES PARA ALCANZAR UN PLAN DE REESTRUCTURACIÓN, y ello en base a las siguientes:

ALEGACIONES

PRIMERA. PRESUPUESTO SUBJETIVO (art. 583 TRLC).

Según dispone el art. 583 TRLC "cualquier persona natural o jurídica que lleve a cabo una actividad empresarial o profesional podrá efectuar la comunicación de apertura de negociaciones con los acreedores o solicitar directamente la homologación de un plan de reestructuración de conformidad con lo previsto en este libro." En este caso, la solicitante es ...., con CIF núm. .... y domicilio social en ...., donde también radica el centro de sus intereses principales, inscrita en el Registro Mercantil de ...., al tomo ...., folio ...., hoja número ....

Según se recoge en sus estatutos sociales, el objeto social de .... lo constituye:

....

No obstante, su actividad se centra esencialmente en ....

El órgano de administración vigente de .... es un consejo de administración que está formado por tres (3) miembros, según la siguiente distribución de cargos:

1. .... - Consejero - Vigencia: ....
2. .... - Consejero/Secretario - Vigencia: ....
3. .... - Consejero/Presidente - Vigencia: ....

A fin de acreditar las anteriores circunstancias se aporta como Documento núm. 1 nota simple emitida por el Registro Mercantil de ....en fecha ....de ....de ....

También se acompaña la certificación del órgano de administración en orden a la presentación de esta comunicación.

Por tanto, en el caso de mi representada, ..., concurren las condiciones exigidas por el art. 583.1 TRLC, toda vez que:

a) .... desarrolla una actividad empresarial consistente en ....

b) Y no está incursa en las exclusiones de los apartados 2, 3 y 4 del precepto.

SEGUNDA. PRESUPUESTO OBJETIVO (art. 584 TRLC).

Concurre en mi representada el presupuesto objetivo del concurso en atención a su estado de insolvencia inminente, de conformidad con lo establecido en el art. 2.3 del TRLC, siendo previsible que no podrá cumplir sus obligaciones si no intenta llegar a un acuerdo con sus acreedores.

Esta situación se ha producido recientemente, sin que en ningún caso hayan transcurrido tres meses desde que se ha puesto de manifiesto la misma.

Así, las razones que justifican la comunicación (art. 586.1.1° del TRLC) se pueden resumir en las siguientes:

El cierre del año natural ...... reveló un volumen de cifra de negocios en torno a .... de euros, un ....% por debajo de lo presupuestado para el periodo. A pesar de que esto ya supondría un incremento del ....% de los ingresos respecto al ejercicio anterior, ... se encuentra en la situación en la que, de alcanzarse los .... de euros al cierre del ejercicio fiscal (.............. de ....), incurriría en unas pérdidas operativas (EBITDA) en el entorno de .... de euros.

Con las cifras señaladas, la sociedad prevé que se produzca una ruptura de caja durante los meses de febrero o marzo. Durante el mes de .... deberá hacer frente al pago de las nóminas mensuales, cotizaciones a la Seguridad Social, proveedores de .... y producto terminado, para lo cual se han agotado las líneas de financiación actuales, totalmente dispuestas.

Por ello, ... ha intentado negociar la ampliación de las líneas de financiación existentes, pero las pérdidas acumuladas de los ejercicios previos (.............. de euros) impiden obtener autorización por las entidades con las que ya se está trabajando. A lo anterior se debe unir que la ejecución de la sentencia del alquiler de la planta de .... por .... de euros es inminente.

En esta tesitura, no es posible alcanzar un acuerdo bilateral de renegociación de las condiciones con los acreedores, a lo que se une la imposibilidad de ampliar líneas de financiación y persisten las pérdidas operativas y, por tanto, la situación de sobreseimiento generalizado de pagos es inminente, ... se ve en la obligación de recurrir a negociar un plan de reestructuración que posibilite la modificación de la actual estructura financiera y permita la viabilidad de la empresa.

TERCERA. COMPETENCIA (art. 586.1.2° TRLC).

El art. 585.1 TRLC dispone que la comunicación debe realizarse al Tribunal competente para declarar el concurso. En ese sentido, la competencia territorial para declarar y tramitar el eventual proceso concursal corresponde, tal y como se establece en el art. 44 y 45 TRLC, al Tribunal de Instancia, sección de lo Mercantil de ...., por encontrarse en su provincia (concretamente en ....) el centro de los intereses de ...., el cual es coincidente con el domicilio social que no ha sufrido variaciones en los últimos seis (6) meses.

CUARTA. LEGITIMACIÓN (art. 585.3 TRLC).

Según dispone el art. 585.3 TRLC, "[e]n caso de persona jurídica, la competencia para presentar la comunicación corresponde al órgano de administración del deudor."

La comunicación contenida en el presente escrito se formula por el consejo de administración de ...., según lo acordado en la reunión celebrada en fecha .... de .... de ...., en la que "[s]e acuerda asimismo dotar a dicha comunicación de inicio de negociaciones el carácter de reservada, cuestión que así será solicitada en la solicitud formulada ante el Tribunal de Instancia de ...., sección de lo mercantil."

QUINTA. EXISTENCIA DE NEGOCIACIONES

A fin de intentar la continuidad de la actividad de la empresa y superar la situación de crisis, mi mandante va a iniciar de forma inmediata negociaciones con los acreedores a fin de alcanzar un plan de reestructuración que permita superar la situación en que se encuentra referida en la alegación segunda anterior.

La relación de los acreedores con los que se pretende intención de iniciar negociaciones, así como el resto de la información requerida por el art. 586.1.3° TRLC se encuentra incorporada en el Documento núm. 2 adjunto al presente escrito.

SEXTA. BIENES, DERECHOS y CONTRATOS NECESARIOS PARA LA CONTINUIDAD DE LA ACTIVIDAD.

Por un lado, adjunto como Documento núm. 3 se incorpora la relación de bienes y/o derechos que se consideran necesarios para la continuidad de la actividad empresarial de .... Si bien a fecha de este escrito no se sigue contra ningún bien específico un procedimiento de ejecución, debe tenerse en cuenta que en parte de los procedimientos judiciales referidos en el Documento núm. 7 anexo a este escrito existe ya decreto despachando orden general de ejecución contra ....

Por otro lado, adjunto como Documento núm. 4 se anexa la relación de contratos necesarios para la continuidad de la actividad.

SÉPTIMA. SOBRE LA INFORMACIÓN REQUERIDA POR EL ART. 586.1.5° TRLC

Según lo previsto en el art. 586.1.5°, en la comunicación debe informarse sobre "[l]a actividad o actividades que desarrolle, así como el importe del activo y del pasivo, la cifra de negocios y el número de trabajadores al cierre del ejercicio inmediatamente anterior a aquel en que presente la comunicación."

Pues bien, los datos requeridos por el citado precepto en este caso son los siguientes:

1. Actividad: .... se dedica a ....

2. Activo: .... euros (.............. €).

3. Pasivo: .... euros (.............. €).

4. Número de trabajadores (..............): ....

Téngase en cuenta que el ejercicio económico de .... finaliza el .... de .... Por tanto, las cifras que se indican más arriba se refieren al .... de .... de ...., habiendo acontecido desde dicho momento los siguientes hechos relevantes:

1. Financiación .... En junio de .... la .... y .... formalizaron una operación de financiación por valor de doce millones de euros (.............. €) aprobada en el marco del Fondo Valenciano de Resiliencia para empresas estratégicas que se han visto afectadas por la crisis. El objetivo de dicha financiación era cubrir parte de las pérdidas generadas por la empresa como consecuencia de la reducción de la actividad provocada por la crisis sanitaria de la COVID-19 desde el de .... de .... hasta el .... de .... de ....

2. Depreciación de existencias. Como consecuencia de un proceso interno dirigido a la mejora de la eficiencia y gestión de sus recursos, ... ha realizado una revisión de las existencias, lo que le ha llevado a reevaluar de las mismas. Esta actualización del estado de las existencias ha derivado en el reconocimiento de una depreciación.

3. Incremento del coste de los suministros y materias primas. En los últimos meses el incremento del coste de los suministros de luz y gas se ha duplicado e, incluso, triplicado. A pesar de haber llevado a cabo múltiples acciones para disminuir el consumo y mejorar la eficiencia, el gasto de los suministros ha aumentado de .... millones para el ejercicio .... a .... millones para el .... Al mismo tiempo, las materias primas han sufrido un incremento medio del 20% durante este ejercicio, lo cual hubiera supuesto un impacto de unos .... euros en el resultado si no se hubieran realizado las acciones de estandarización de las materias primas en desuso.

4. Sentencia arrendamiento .... En noviembre del .... fue notificada sentencia en la que se falla condenar a .... a abonar la cantidad de .... euros (.............. €), más intereses y costas. A dicha resolución se hace referencia más detalladamente en la alegación novena de este escrito.

OCTAVA. DEUDA AEAT Y TGSS.

.... se encuentra actualmente al corriente en el cumplimiento de las obligaciones tributarias y frente a la Seguridad Social, habiendo cumplido hasta el momento con sus obligaciones y con el pago de los aplazamientos solicitados. A efectos acreditativos, adjunto como Documento núm. 5 y 6, respectivamente, las correspondientes certificaciones emitidas por la Agencia Estatal de Administración Tributaria y la Tesorería General de la Seguridad Social.

NOVENA. CIRCUNSTANCIAS QUE PUEDEN AFECTAR AL DESARROLLO O AL BUEN FIN DE LAS NEGOCIACIONES (art. 586.1.4° TRLC).

Recientemente le ha sido notificada a .... la Sentencia núm. ...., de .... de ...., por la que se acuerda estimar íntegramente la demanda interpuesta por .... contra a ...., declarando incumplido por mi representada el contrato de arrendamiento de fecha .... de .... de ...., condenándole a abonar la cantidad de .... euros (.............. €), más intereses y costas.

Como consecuencia de lo anterior, en .... de .... se recibió burofax por parte de la representación de .... instando a .... al cumplimiento de la Sentencia. Pues bien, en caso de que .... instara la ejecución judicial de la Sentencia y el procedimiento no lograra suspenderse, ... se enfrentaría a una situación en la que resultaría prácticamente inviable alcanzar un acuerdo para la aprobación del plan de reestructuración.

Adjunto como Documento núm. 7 se anexa la relación de procedimientos judiciales y extrajudiciales (incluyendo en la primera fila el referido en el párrafo anterior) instados en reclamación de cantidades que, encontrándose algunos en una fase muy avanzada, pueden llegar a afectar al funcionamiento de la mercantil por existir en alguno de ellos una orden general de ejecución.

DÉCIMA. CARÁCTER RESERVADO DE LA COMUNICACIÓN.

Se solicita que la presente comunicación tenga CARÁCTER RESERVADO de acuerdo con lo establecido en el art. 586.1.9° del TRLC.

En su virtud,

SUPLICO AL TRIBUNAL que, teniendo por presentado este escrito junto con los documentos acompañados y/o copias de todo ello, se sirva admitirlo, y, en su virtud, acuerde:

- Tener por formulada comunicación, por ...., de intención de apertura de negociaciones con los acreedores para alcanzar un plan de reestructuración que permita superar la situación de insolvencia inminente de la solicitante según lo previsto en los artículos 585 y ss. TRLC y, previo los trámites legalmente establecidos, se dicte resolución teniendo por efectuada la comunicación conforme el artículo 588 TRLC, todo ello con los efectos ordenados por los arts. 594 y ss. de esa misma norma.
- Mantener el CARÁCTER RESERVADO de la presente comunicación solicitando que no se proceda a ordenar la publicación en el Registro Público Concursal del extracto de la resolución por la que se tenga por formulada la referida comunicación.

OTROSÍ DIGO que, de conformidad con los arts. 231 LEC y 243.3 LOPJ, es voluntad de esta parte de cumplir con lo previsto en la Ley y, por ello, hace expreso ofrecimiento de subsanar los posibles defectos en que se incurra según lo dispuesto en el art. 588.2

TRCL. Por lo que, nuevamente, SUPLICO AL TRIBUNAL que tenga por hecha la anterior manifestación a los efectos legales oportunos.

En ...., a .... de .... de 202...

F011. COMUNICACIÓN AL TRIBUNAL DE APERTURA DE NEGOCIACIONES PARA ALCANZAR UN PLAN DE REESTRUCTURACIÓN. PERSONA JURÍDICA. INSOLVENCIA INMINENTE (III)

AL TRIBUNAL DE INSTANCIA DE .... SECCIÓN DE LO MERCANTIL

DON/DOÑA [*], Procurador/a de los Tribunales y de la mercantil "[..............]", con domicilio social [...............], CIF nº [...............], constituida en virtud de escritura otorgada en [...............], ante el notario [...............], el [...............], protocolo [...............], representada por su Administrador, D. [...............], con DNI [...............], todo ello según consta en la nota del Registro Mercantil que acompañamos como Documento nº 1 y certificado de acuerdo de [...............] que acompañamos como Documento nº 2; bajo la dirección letrada de [...............], Colegiado [...............], ante el Tribunal comparezco y como mejor proceda en derecho, DIGO:

Que mediante el presente escrito vengo a formular, en tiempo y forma, COMUNICACIÓN DE EXISTENCIA DE NEGOCIACIONES CON SUS ACREEDORES PARA ALCANZAR UN PLAN DE REESTRUCTURACIÓN, de conformidad con el artículo 583 y siguientes del Real Decreto Legislativo 1/20220, de 5 de mayo por el que se aprueba el texto refundido de la Ley Concursal (en adelante, TRLC), en su redacción tras la reforma por la Ley 16/2022, de 5 de septiembre, con base en los siguientes

HECHOS

PRIMERO. Identificación de la sociedad

Mi representada es una SOCIEDAD LIMITADA [...............], que inició su actividad el [...............], teniendo por objeto social [...............], teniendo su domicilio social en [...............], estando inscrita en el Registro Mercantil de [...............], contando con un capital social de[...............].

SEGUNDO. Requisitos de la comunicación

1.º Las razones que justifican la comunicación, con referencia al estado en que se encuentra, sea probabilidad de insolvencia, insolvencia inminente o insolvencia actual.

Mi representada se encuentra actualmente en un estado de riesgo de insolvencia inminente que le impide hacer frente regularmente a algunas de las obligaciones de pago que tiene contraídas y que le son exigibles, si bien hasta la fecha se encuentra al día en el pago.

2.º El fundamento de la competencia del tribunal para conocer de la comunicación.

La mercantil, tiene tanto su domicilio social, como su centro de explotación en la localidad de [...............], por lo que de conformidad con lo dispuesto en el artículo 45 TRLC, corresponde la competencia para conocer de la presente comunicación a este órgano judicial.

3.° La relación de los acreedores con los que se haya iniciado o tenga intención de iniciar negociaciones, el importe de los créditos de cada uno de ellos y el importe total de los créditos.

Si entre ellos figurasen acreedores especialmente relacionados con el deudor se indicará cuáles tienen esta condición.

En el caso de los créditos de derecho público, deberá figurar su fecha de devengo.

A continuación, relacionamos los acreedores con los que se han iniciado negociaciones o se tiene intención de iniciar:...............

Además de lo anterior, detallamos los créditos con acreedores especialmente relacionados con el deudor:............

4.° Cualquier circunstancia existente o que pueda sobrevenir susceptible de afectar al desarrollo o al buen fin de las negociaciones.

[...............]

5.° La actividad o actividades que desarrolle, así como el importe del activo y del pasivo, la cifra de negocios y el número de trabajadores al cierre del ejercicio inmediatamente anterior a aquel en que presente la comunicación.

La actividad que desarrolla la empresa es [...............]

El número de trabajadores al cierre del ejercicio anterior era de [...............]

ACTIVO: [...............]

PASIVO: [...............]

6.° Los bienes o derechos que se consideren necesarios para la continuidad de su actividad empresarial o profesional. Sise siguieran ejecuciones contra esos bienes, identificara en la comunicación cada una de las que se encuentren en tramitación.

Los bienes necesarios para la continuidad de la actividad son [...............]tanto la propia planta de recuperación del mineral y todas sus instalaciones anejas, incluidos los vehículos industriales destinados a tal fin y herramientas, así como los derechos de explotación minera.

No se sigue actualmente ejecución contra los bienes necesarios, pero si bien se han realizado ejecuciones frente a cuentas bancarias, así como devoluciones de la Agencia Tributaria, los cuales se relacionan en "OTROSÍ SEGUNDO DIGO", que también consideramos necesarios para seguir la actividad.

7.° Los contratos necesarios para la continuidad de su actividad.

[...............]

8.° En su caso, la solicitud por el deudor de nombramiento de experto en la reestructuración.

Inicialmente no consideramos necesario el nombramiento de experto en reestructuración, sin perjuicio de un nombramiento posterior si fuera preciso.

ALTERNATIVA: Que consideramos preciso la designación de un experto en reestructuraciones a la vista que ... Y a tal efecto acompañamos:

(i.) Un escrito razonando que el experto reúne las condiciones establecidas en esta ley para el ejercicio del cargo.

(ii.) La aceptación de su nombramiento por el experto para el caso de ser designado, así como la aceptación del importe y los plazos de devengo de la retribución que se hubiese pactado.

(iii.) Copia de la póliza de seguro de responsabilidad civil o garantía equivalente que tuviera vigente responder de posibles daños que el experto pudiera causar en el ejercicio de las funciones propias del cargo.

9.° En su caso, la solicitud del carácter reservado de la comunicación.

Interesamos el carácter RESERVADO de la presente comunicación.

ALTERNATIVA: No se interesa el carácter RESERVADO de la presente comunicación.

10.° En el caso de que se pretenda que el plan de reestructuración afecte al crédito público, la acreditación de encontrarse al corriente en el cumplimiento de las obligaciones tributarias y frente a la Seguridad Social, mediante la presentación por el deudor en el tribunal de las correspondientes certificaciones emitidas por la Agencia Estatal de Administración Tributaria y la Tesorería General de la Seguridad Social, o la declaración del deudor de que no se encuentra en dicha situación.

El plan de reestructuración NO afecta a créditos públicos [o, caso contrario acompañar dichas certificaciones de la AEAT y la TGSS o declaración responsable del deudor]

A los anteriores hechos le son de aplicación los siguientes

FUNDAMENTOS DE DERECHO

JURÍDICO PROCESALES

I. Capacidad procesal.

Mi representada tiene plena capacidad conforme disponen los artículos 6.1.1° y 7.1 de la Ley de Enjuiciamiento Civil.

II. Postulación y defensa.

Mi representada se encuentra representada por procurador según queda acreditado con el poder general y especial para pleitos que se acompaña al presente escrito de comunicación, siendo suscrito por abogado ejerciente colegiado identificado en el encabezamiento, todo ello conforme a lo dispuesto en los artículos 23 y 31 de la Ley de Enlucimiento Civil.

III. Legitimación.

Mi representada se encuentra legitimada para efectuar la presente comunicación, siendo su órgano de administración, quien lo solicita, según establece el artículo 585 TRLC; tal y como se acredita con la documentación que se acompaña.

IV. Jurisdicción y competencia.

Corresponde a este Tribunal, de conformidad con lo establecido en el artículo 87 de la Ley Orgánica del Poder Judicial y el artículo 45 TRLC en relación con los artículos 585 y 593 TRLC, por estar mi representada domiciliada en la localidad [...............] y, estando en la citada localidad su centro de intereses principales en los términos que exige la Ley.

V. Procedimiento.

La presente solicitud debe tramitarse de conformidad a lo previsto en el artículo 595 TRLC con los efectos que prevé la norma: aplazar tres meses la solicitud de este, tiempo durante el que mi mandante podrá negociar con sus acreedores un plan de reestructuración.

Una vez finalizado el plazo de tres meses, salvo prórroga, dispondrá de un mes adicional para solicitar declaración de concurso en caso de que continúe la situación de insolvencia.

VI. JURÍDICO MATERIALES

Resultan de aplicación el articulo 583 y siguientes TRLC, con la redacción vigente tras la reforma introducida por la Ley 16/2022, de 5 de septiembre.

Artículo 585. Comunicación de la apertura de negociaciones.

1. En caso de probabilidad de insolvencia o de insolvencia inminente, el deudor, sea persona natural o jurídica, podrá comunicar al tribunal competente para la declaración del concurso la existencia de negociaciones con sus acreedores, o la intención de iniciarlas de inmediato, para alcanzar un plan de reestructuración que permita superar la situación en que se encuentra.

2. El deudor que se encuentre en estado de insolvencia actual podrá efectuar la comunicación a que se refiere el apartado anterior en tanto no se haya admitido a trámite solicitud de declaración de concurso necesario.

3. En caso de persona jurídica, la competencia para presentar la comunicación corresponde al órgano de administración del deudor.

Artículo 586. Contenido de la comunicación.

1. En la comunicación al tribunal, que deberá hacerse a través de la sede judicial electrónica o par medias telemáticos o electrónicos excepto en el caso de personas no obligadas a comunicarse con la Administración de Justicia par medias electrónicos, el deudor expresara:

1.° Las razones que justifican la comunicación, con referencia al estado en que se encuentra, sea probabilidad de insolvencia, insolvencia inminente o insolvencia actual.

2.° El fundamento de la competencia del tribunal para conocer de la comunicación.

3.° La relación de los acreedores con las que se haya iniciado o tenga intención de iniciar negociaciones, el importe de los créditos de cada uno de ellos y el importe total de las créditos. Si entre ellos figurasen acreedores especialmente relacionados con el deudor se indicará cuales tienen esta condición.

En el caso de los créditos de derecho público, deberá figurar la fecha de devengo de las mismos.

4.° Cualquier circunstancia existente o que pueda sobrevenir susceptible de afectar al desarrollo o al buen fin de las negociaciones.

5.° La actividad o actividades que desarrolle, así coma el importe del activo y del pasivo, la cifra de negocios y el número de trabajadores al cierre del ejercicio inmediatamente anterior a aquel en que presente la comunicación.

6.° Los bienes o derechos que se consideren necesarios para la continuidad de su actividad empresarial o profesional. Si se siguieran ejecuciones contra esos bienes, identificara en la comunicación cada una de las que se encuentren en tramitación.

7.° Los contratos necesarios para la continuidad de su actividad.

8.° En su caso, la solicitud por el deudor de nombramiento de experto en la reestructuración.

9.° En su caso, la solicitud del carácter reservado de la comunicación.

10.° En el caso de que se pretenda que el plan de reestructuración afecte al crédito público, la acreditación de encontrarse al corriente en el cumplimiento de las obligaciones tributarias y frente a la Seguridad Social, mediante la presentación para el deudor en el tribunal de las correspondientes certificaciones emitidas par la Agenda Estatal de Administración Tributaria y la Tesorería General de la Seguridad Social, o la declaración del deudor de que no se encuentra en dicha situación.

2. Si el deudor fuera miembro de un grupo de sociedades, indicara las garantías otorgadas par otras sociedades de/ grupo que pretenda que queden afectadas par la comunicación.

3. En cualquier momento, mientras estén en vigor los efectos de la comunicación, podrá comunicar el deudor al tribunal la ampliación o la reducción de las acreedores con las que mantiene las negociaciones y la modificación del importe individual o total de las créditos.

4. Cuando en este título se establezca algún porcentaje del pasivo para el ejercicio de determinados derechos o facultades, se calculara sabre la base de las datos más recientes comunicados al tribunal, salvo que el interesado acredite otra cosa."

En su virtud,

SUPLICO AL TRIBUNAL que tenga por presentado este escrito, junto con los documentos que se acompañan, se sirva admitirlo y previos los oportunos trámites legales, se sirva tener por comunicada que la mercantil.............. ha iniciado negociaciones para alcanzar un acuerdo de reestructuración con sus acreedores. Todo ello a los efectos y con el alcance establecido en los artículos 29.1 y 583 y siguientes del Texto Refundido de la Ley Concursal.

ALTERNATIVA. Expresamente se solicita el carácter reservado de dicha comunicación, de conformidad con el artículo 591 TRLC; no procediendo en consecuencia su publicación en el Registro Público Concursal.

PRIMER OTROSÍ DIGO que a los efectos de la interdicción de inicio o continuación de ejecuciones judiciales o extrajudiciales sobre bienes o derechos necesario para la continuidad de la actividad empresarial, prescrita en los artículos 600, 601 y 603 TRLC, esta parte se remite a los enumerados e identificados en el Documento nº X (o relacionados a continuación)

[...............]

SUPLICO AL TRIBUNAL, que tenga por hecha la anterior manifestación a los efectos previstos en los citados artículos 600, 601 y 603 del Texto Refundido de la Ley Concursal, procediendo la prohibición legal de iniciación d ejecuciones frente a estos bienes y derechos, y la suspensión de las ejecuciones en tramitación; identificando a estos afectos se señalan y relacionan las siguientes en cumplimiento del 586.1 6º in fine:

[opcional OTROSÍ DIGO de conformidad con el artículo 602 TRLC, se solicita la extensión de la prohibición de iniciación de ejecuciones, judiciales o extrajudiciales, o la suspensión de las ya iniciadas sobre todos los demás bienes o derechos distintos de aquellos necesarios para la continuidad de la actividad empresarial o profesional del deudor.

La adopción de dicha medida resulta de todo punto necesaria para asegurar el buen fin de las negociaciones en base a las siguientes razones:

– Asegurar la viabilidad de la empresa, y en particular el buen fin de las negociaciones, evitando tratos discriminatorios entre los créditos afectados, que puedan dejar vacío de contenido del plan de reestructuración propuesto a la extensión de sus efectos

[********]

SUPLICO AL TRIBUNAL que, de conformidad con lo expuesto, dicte Auto por el que se acuerde solicitud de prohibición general o individual de iniciación o suspensión de ejecuciones, haciendo constar su adopción mediante publicación de edicto en el Registro Público Concursal.]

SEGUNDO OTROSÍ DIGO que a los efectos de la imposibilidad de ejercicio de las facultades de suspensión del cumplimiento por la contraparte o de modificar, resolver o terminar anticipadamente el contrato por incumplimientos anteriores a la comunicación prescrita en el artículo 598 del Texto Refundido de la Ley Concursal, esta parte se remite a los contratos necesarios para la continuidad de su actividad empresarial enumerados e identificados en el Documento nº ... o relacionados a continuación

[...............]

SUPLICO AL TRIBUNAL que tenga por hecha la anterior manifestación a los efectos previstos en artículo 598.2 del Texto Refundido de la Ley Concursal, procediendo la indicada imposibilidad de ejercitar las reseñadas facultades de suspensión, modificación, resolución o terminación anticipada respecto de estos contratos necesarios.

TERCER OTROSÍ DIGO que esta parte manifiesta su voluntad expresa de cumplir con todos y cada uno de los requisitos exigidos para la validez de los actos procesales y, si por cualquier circunstancia, esta representación hubiera incurrido en algún defecto, ofrece desde este momento su subsanación de forma inmediata y a su requerimiento, todo ello a los efectos prevenidos en el artículo 243.3 y 4 de la Ley Orgánica del Poder Judicial y artículo 231 de la Ley de Enjuiciamiento Civil.

SUPLICO AL TRIBUNAL que tenga por hecha la anterior manifestación a los efectos legalmente oportunos.

Es justicia que respetuosamente pido y firmo, en [******], a [******]

F012. COMUNICACIÓN AL TRIBUNAL DE LA APERTURA DE NEGOCIACIONES PARA ALCANZAR PLAN DE REESTRUCTURACIÓN. PERSONA JURÍDICA. PROBABILIDAD DE INSOLVENCIA (I)

AL TRIBUNAL DE INSTANCIA DE .... SECCIÓN DE LO MERCANTIL

.............., Procurador de los Tribunales (núm. .... de colegiado) y de la compañía .... S.A., con domicilio en ...., calle .... núm. .... y CIF ...., cuya representación acredito mediante la escritura original de poder de representación que se acompaña a este escrito, ante este Tribunal comparezco bajo la dirección letrada de Don ...., abogado del Ilustre Colegio de .... (núm. .... de colegiado), y como mejor proceda en Derecho DIGO:

PRIMERO. Que mi principal, la sociedad .... S.A., se constituyó el .... de .... de ...., mediante escritura otorgada ante el notario de ...., Don .... (número de su protocolo ....).

Datos de Inscripción Registral: La sociedad está inscrita en el Registro Mercantil de la provincia de .... al tomo ...., General .... de la sección .... del Libro de sociedades, Folio ...., hoja .... CIF ....

Su objeto social consiste en ....

El domicilio social de la compañía se halla en ...., calle ...., lugar en que se halla el centro de los intereses principales de la deudora. Por lo tanto, el Tribunal competente para conocer de su declaración de concurso, a la vista de lo establecido en el art. 44, 45 y 49 TRLC es el Tribunal de Instancia, Sección de lo Mercantil de .... al que nos dirigimos.

El órgano de administración esta confiado a ....

Se acompaña como DOCUMENTO ...... certificación del Registro Mercantil de la provincia de .... relativa a la expresada sociedad.

SEGUNDO. EN SU CASO. Mi mandante forma parte de un grupo de sociedades, en el que la dominante es ......, y las dominadas son las mercantiles ...., concurriendo los presupuestos que recoge el artículo 42.1 del CCom, en conexión con la DA 1ª TRLC:

A) Tienen el mismo socio único la sociedad ....

B) Son regidas por los mismos administradores, cargo que recaen en las mismas personas, Don ...., Don .... y Don ....

C) Tiene el mismo domicilio social, sito en ...., calle ...., nº ......, C.P. ......

D) ....

TERCERO. Que mi principal se halla en estado de probabilidad de insolvencia y pretende obtener un plan de reestructuración que le permita esquivar la referida situación.

CUARTO. Que conforme establece el art. 585, apartados 1 y 2 TRLC, el deudor, que sea persona natural o jurídica, y se halle en insolvencia inminente o probabilidad de insolvencia, podrá comunicar al tribunal competente para la declaración del concurso la existencia de negociaciones con sus acreedores, o la intención de iniciarlas de inmediato, para alcanzar un plan de reestructuración que permita superar la situación en que se encuentra. Si se hallara en situación de insolvencia actual, podrá efectuar la citada comunicación, en tanto no se haya admitido a trámite solicitud de declaración de concurso necesario.

QUINTO. Que por medio del presente escrito, esta parte pone en conocimiento de este Tribunal, que es el competente para la declaración de concurso de mi mandante, la apertura de negociaciones con sus acreedores para obtener un plan de reestructuración. Ello a los efectos y con el alcance establecido en los arts. 585 ss. y concordantes TRLC.

SEXTO. Dando cumplimiento a lo dispuesto en el art. 586.1 TRLC, se hace constar lo siguiente:

I. Se justifica la presentación de esta comunicación en la situación de probabilidad de insolvencia en que se halla mi mandante, que se pretende superar a través de la obtención de un plan de reestructuración y, además, ...

II. Este Tribunal de Instancia, Sección de lo Mercantil de ... es el competente, internacional, objetiva y territorialmente, para conocer de la presente comunicación, al ser el competente para conocer del concurso de mi mandante, que tiene su domicilio social y centro de interés principales en la ciudad española de .... Ello de conformidad con lo establecido en los artículos 585 y 593 TRLC en conexión los arts. 87 LOPJ, 44, 45 y 49 TRLC.

III. Se acompaña como DOCUMENTO ...... una relación de los acreedores con los que se iniciado (o se tiene intención de iniciar) negociaciones, en la que consta su nombre y dirección, CIF, teléfono y dirección de mail, así como el importe de los créditos de cada uno de ellos y el importe total de los créditos.

Se hace constar que en la citada relación NO figuran acreedores especialmente relacionados con el deudor.

ALTERNATIVA: Se hace contar que en la citada relación SI figuran acreedores especialmente relacionados con el deudor, y que son los siguientes: ....

ALTERNATIVA: Se hace contar que en la citada relación SI figuran acreedores especialmente relacionados con el deudor, y que se reseñan en la citada relación, en el apartado ..., epígrafe núm. ..., titulado "acreedores especialmente relacionados".

Se hace constar a los efectos oportunos que el supuesto de los créditos de derecho público reseñados en la expresada relación, figura la fecha de devengo de los mismos.

IV. Que NO existen ni se estima que puedan sobrevenir circunstancias susceptibles de afectar al desarrollo o al buen fin de las negociaciones.

ALTERNATIVA: Esta parte considera que existen (y/o pueden sobrevenir) las circunstancias que a continuación se reseñan, todas ellas, en opinión de esta parte, susceptibles de afectar al desarrollo o al buen fin de las negociaciones...........

V. Que mi mandante desarrolla la actividad de ....

Se hace constar que el importe del activo y del pasivo, la cifra de negocios y el número de trabajadores al cierre del ejercicio inmediatamente anterior a aquel en que presente la comunicación se reseña en el documento que se acompaña señalado de NÚMERO ....

VI. Que esta parte considera necesarios para la continuidad de su actividad empresarial o profesional los siguientes bienes y derechos ....

En la actualidad, se siguen las ejecuciones que a continuación se reseñan, indicando el bien contra el que recae, la autoridad ejecutante, identificación del procedimiento y el estado de tramitación de la respectiva ejecución...........

ALTERNATIVA: Se acompaña como DOCUMENTO ...... relación de los bienes y derechos que esta parte considera necesarios para la continuidad de su actividad empresarial, con expresión e identificación de las ejecuciones seguidas contra esos bienes, y el estado en que se encuentra su tramitación.

VII. Que los contratos necesarios para la continuidad de la actividad empresarial de mi mandante son los siguientes:...........

ALTERNATIVA: Se acompaña como DOCUMENTO ...... relación de los contratos necesarios para la continuidad de la actividad empresarial de mi mandante.

VIII. EN SU CASO. Se solicita por mi mandante el nombramiento de un experto en la reestructuración en los términos que se exponen en el otrosí digo del presente escrito.

IX. EN SU CASO. Se solicita el carácter reservado de la comunicación.

SÉPTIMO. EN SU CASO: Dado que se pretende por esta parte que el plan de reestructuración afecte al crédito público, se acredita que mi principal se encuentra al corriente en el cumplimiento de las obligaciones tributarias y frente a la Seguridad Social, con las pertinentes certificaciones emitidas por la Agencia Estatal de Administración Tributaria y la Tesorería General de la Seguridad Social que se acompañan como DOCUMENTOS ...... Ello dando cumplimiento a lo peticionado por el art. 586.1.10º TRLC

OCTAVO. EN SU CASO. Que se solicita la suspensión de la ejecución de las garantías que a continuación de reseñan, prestadas por ...., sociedad matriz del que forma parte mi principal, a favor de .... y en garantía del cumplimiento por mi mandante de ....

Caso de no suspenderse la citada ejecución se produciría la insolvencia del citado garante y de mi principal a la vista que ....

NOVENO. EN SU CASO. Que al amparo de lo dispuesto en el art. 602.1 TRLC, interesa a esta parte se extienda la prohibición de la iniciación de ejecuciones, judiciales o extrajudiciales, a aquellos bienes o derechos que no son necesarios para la continuidad de la actividad empresarial de mi mandante.

ALTERNATIVA: Que al amparo de lo dispuesto en el art. 602.1 TRLC, y durante el plazo que se reseña en dicho precepto, interesa a esta parte se extienda la prohibición de la iniciación de ejecuciones, judiciales o extrajudiciales, a los bienes y derechos que a continuación se reseñan, pese a no ser necesarios para la continuidad de la actividad empresarial de mi mandante. Estos bienes y derechos son...........

ALTERNATIVA: Que al amparo de lo dispuesto en el art. 602.1 TRLC, y durante el plazo que se reseña en dicho precepto, interesa a esta parte se extienda la suspensión de ejecuciones, judiciales o extrajudiciales, que se siguen bienes o derechos que no son necesarios para la continuidad de la actividad empresarial de mi mandante y que son las siguientes, con identificación del bien o el derecho y el estado de la ejecución: ....

ALTERNATIVA: Que al amparo de lo dispuesto en el art. 602.1 TRLC, y durante el plazo que se reseña en dicho precepto, interesa a esta parte se extienda la prohibición de la iniciación de ejecuciones, judiciales o extrajudiciales, a aquellos bienes o derechos que no son necesarios para la continuidad, contra las siguiente/s clases de acreedor/es (contra los siguiente/s acreedor/es:..............).

ALTERNATIVA: Que al amparo de lo dispuesto en el art. 602.1 TRLC, y durante el plazo que se reseña en dicho precepto, interesa a esta parte se extienda la suspensión de ejecuciones, judiciales o extrajudiciales, que se siguen contra bienes o derechos que no son necesarios para la continuidad de la actividad empresarial de mi mandante, contra las siguiente/s clases de acreedor/es (contra los siguiente/s acreedor/es:..............). Estas ejecuciones son las siguientes, con identificación del bien o el derecho, el acreedor (o la clase de acreedores) y el estado de la ejecución: ....

La referida extensión se solicita al entenderse necesaria para asegurar el buen fin de las negociaciones para alcanzar un plan de reestructuración, toda vez que .... Lo que se acredita con los DOCUMENTOS ...

DÉCIMO. EN SU CASO. Dado que el órgano de administración de mi mandante se halla organizado a través de un Consejo de Administración, se acompaña como DOCUMENTO ...., certificación del acuerdo adoptado por dicho órgano, en su reunión del día ......, en orden a la presentación de la presente comunicación de apertura de negociaciones.

En virtud de lo expuesto,

SUPLICO AL TRIBUNAL que tenga por presentado este escrito, junto a los documentos a él unidos y sus copias, se sirva admitirlo y previos los oportunos trámites legales, se sirva tener por puesto en conocimiento de este Tribunal, que .... S.A. ha aperturado (o tiene intención de aperturar de inmediato) negociaciones con sus acreedores para alcanzar un plan de reestructuración, en los términos de este escrito, y acordando cuanto proceda en derecho al efecto. Todo ello a los efectos y con el alcance establecido en los arts. 585 ss. y concordantes TRLC.

Es Justicia que pido en .... a ...... de .... de dos mil ......

(En su caso) OTROSÍ DIGO: Que como se ha indicado en el cuerpo de este escrito, esta parte solicita expresamente el carácter reservado de la presente comunicación de negociaciones, por lo que no procede que por el Letrado de la Administración de Justicia se ordene la publicación en el Registro Público Concursal de la resolución dejando constancia de su presentación.

Ello sin perjuicio de la facultad que se reserva esta parte de solicitar el levantamiento del citado carácter reservado de la comunicación en los términos y de conformidad con el art. 591 TRLC.

En su virtud,

SUPLICO AL TRIBUNAL que tenga por presentado este escrito, se sirva admitirlo y tener por efectuadas las anteriores manifestaciones a los efectos legales oportunos, acordándose en el sentido expuesto en el cuerpo de este escrito.

Es Justicia que pido en el lugar y fecha señaladas ut supra.

(En su caso) OTROSÍ DIGO: Que a efectos de la suspensión de la totalidad de las ejecuciones reseñadas en el cuerpo de este escrito por el Tribunal que conoce de las mismas, se solicita su reseña en el Decreto dejando constancia de la presentación de esta comunicación y la remisión de la resolución teniendo por presentada la presente comunicación a que se refiere el art. 590.2 TRLC, y a efectos de lo prevenido en este precepto.

En su virtud,

SUPLICO AL TRIBUNAL que tenga por presentado este escrito, se sirva admitirlo y tener por efectuadas las anteriores manifestaciones a los efectos legales oportunos, acordándose en el sentido expuesto en el presente otrosí.

Es justicia que suplico en el lugar y fecha señalados "ut supra".

(En su caso) OTROSÍ DIGO: Que se solicita la designación de experto en la reestructuración a efectos que, de conformidad con el art. 679 y concordantes TRLC, desempeñe las siguientes funciones:

a) Asista al deudor y los acreedores en las negociaciones actualmente en curso para alcanzar un plan de reestructuración.

b) Elabore y presente a este Tribunal al que respetuosamente nos dirigimos, cuantos informes sean exigidos por la Ley, y aquellos otros que el Tribunal considere necesarios o convenientes. Todo ello, con relación a las citadas negociaciones, el plan de reestructuración que eventualmente se alcance y, en su caso, su homologación judicial.

c) Cualesquiera otra función que, conforme la Ley, le corresponda llevar a cabo con relación al proceso reestructurador antes señalado y en su condición de experto en reestructuraciones.

En este sentido y dando cumplimiento a lo señalado en la Ley se solicita la designación como experto en la reestructuración de referencia a D. ...., letrado nº ...... del Ilustre Colegio de Abogados de ......, con domicilio a efecto de notificaciones en ....

Se peticiona el nombramiento de la citada persona por cumplir las condiciones establecidas en el art. 674 del TRLC, ya que se trata de una persona natural española que posee los conocimientos especializados, tanto jurídicos, como financieros y empresariales acreditables en materia de la insolvencia en general, y en reestructuraciones, desde el año ......

Igualmente ostenta la condición de Administrador Concursal, habiendo sido designado en múltiples procedimientos concursales.

Su experiencia dilatada queda constatada no solo de sus continuos nombramientos por parte de los Tribunales de Instancia de todo el territorio nacional en todo asuntos mercantiles, societarios y concursales, sino, además, a la vista de su extensa bibliografía y publicaciones editoriales sobre estos asuntos; siendo un referente en el ámbito de la insolvencia, tanto preconcursal como concursal, así como en materia societaria y mercantil. Y no solo desde una perspectiva privatista, sino del resto de áreas del derecho (fiscalidad, contabilidad, derecho laboral, etc), así como del ámbito financiero y de la empresa.

Junto a lo anterior, posee dilatada experiencia en materia de refinanciaciones de deudas y reestructuraciones de activo y pasivo, así como en modificaciones operacionales de las estructuras societarias; sobre todo en empresas en situación próxima a la insolvencia.

Se acompaña como DOCUMENTO...... curriculum vitae de Don ......

En cumplimiento de los requisitos establecidos en el art. 672.2 del TRLC, junto al presente escrito donde se razona que el experto solicitado reúne las condiciones establecidas en la Ley para el ejercicio del cargo, se acompaña como DOCUMENTO ...... copia de la póliza de seguro de responsabilidad civil o garantía equivalente que posee vigente el experto en reestructuración para responder de posibles daños que el experto pudiera causar en el ejercicio de las funciones propias del cargo.

Se hace constar expresamente que todos los honorarios devengados por el experto en la reestructuración serán asumidos por la deudora, la mercantil ...., S.L.

Del mismo modo, se hace constar que el presente escrito queda firmado y presentado tanto por ...., S.L., a través de su representación procesal, como por Don ...., en este ultimo caso, en señal de aceptación del nombramiento de experto, y de aceptación del importe y plazos de devengo de la retribución pactada entre ambas partes, DOCUMENTO ..., así como a los efectos legales procedentes.

Por lo expuesto,

SUPLICO AL TRIBUNAL que tenga por presentado este escrito se sirva admitirlo y en su virtud tenga por efectuadas las anteriores manifestaciones para que, tras los trámites legales oportunos, en su momento y por el Tribunal se dicte resolución por la que nombre como experto en la reestructuración a D. ....

Es justicia que suplico en el lugar y fecha señalados "ut supra".

F013. COMUNICACIÓN AL TRIBUNAL DE LA APERTURA DE NEGOCIACIONES PARA ALCANZAR PLAN DE REESTRUCTURACIÓN. PERSONA JURÍDICA. PROBABILIDAD DE INSOLVENCIA (II)

AL TRIBUNAL DE INSTANCIA DE .... SECCIÓN DE LO MERCANTIL

D./DÑA (...), Procurador/a de los Tribunales, actuando en nombre y representación de (...), según acredito mediante la escritura de poder que adjunto acompaño como documento 1, bajo la dirección letrada de D./Dña (...), ante este Tribunal comparezco y, como mejor proceda en Derecho, DIGO:

Que por medio del presente escrito, de conformidad con lo dispuesto en los artículos 583 y siguientes del TRLC, procedo a comunicar al tribunal competente la apertura de negociaciones con sus acreedores para alcanzar un plan de reestructuración que permita superar la situación en que se encuentra.

ALEGACIONES

PRIMERO.

Mi mandante es la mercantil (...) con domicilio en (...) y cuyo CIF es (...). El centro de sus negocios coincide con su domicilio social.

Mi mandante se encuentra en situación de probabilidad de insolvencia y ha iniciado negociaciones con sus acreedores con la finalidad de alcanzar un plan de reestructuración que le permita superar dicha situación.

El Consejo de Administración ha adoptado el acuerdo de comunicar al Tribunal el inicio de tales negociaciones, al amparo de lo dispuesto en el artículo 585.3 del TRLC. Se adjunta como documento 2 el acuerdo del órgano de administración en tal sentido.

SEGUNDO.

De conformidad con lo dispuesto en el artículo 586.1 del TRLC, se recoge seguidamente el contenido de la comunicación de apertura de negociaciones conforme a los siguientes extremos:

1. Las razones que justifican la comunicación es la probabilidad de insolvencia en la que se encuentra mi mandante. Las razones que le han llevado a dicha situación tienen su inicio tras el parón económico derivado de la pandemia [...].

2. El presente tribunal es competente para conocer de esta comunicación ya que sería el competente para la declaración de concurso de acreedores de mi mandante, conforme a los artículos 87 LOPJ, 44 y 45 del TRLC.

3. Se aporta como documento 3 la relación de acreedores con los que ha iniciado en unos casos, o se tiene intención de iniciar, en otros, negociaciones, reflejándose el importe de los créditos de cada uno de ellos así como el importe total de los créditos.

4. No concurren circunstancias que existan o de las que se tenga conocimiento que puedan sobrevenir que puedan afectar al desarrollo o buen fin de las negociaciones.

5. Mi mandante se dedica como actividad principal a (...). El importe del activo es de (...), el importe de pasivo es de (...), la cifra de negocios es de (...) y el número de trabajadores al cierre del ejercicio anterior asciende a (...).

6. Se considera como bienes necesarios para continuar la actividad empresarial la nave industrial sita en la calle (...) del municipio de (...) cuyos datos registrales son los siguientes (...) En dicha nave mi mandante tiene localizado su maquinaria industrial y en ella realiza su proceso productivo.

7. Se relacionan seguidamente los contratos necesarios para la continuidad de la actividad empresarial:

– Contrato de suministro eléctrico de ...

– Contrato de arrendamiento financiero de...

8. No se solicita, por el momento, el nombramiento de experto en la reestructuración. No obstante, no se descarta que se solicite más adelante.

9. Se solicita el carácter reservado de la comunicación ya que se considera que lo podría afectar negativamente a la complicada situación de la compañía.

10. No se pretende que el plan de reestructuración que se está negociando afecte al crédito público, de forma que no se aportan los correspondientes certificados con la Agencia Tributaria o la TGSS.

TERCERO.

Se pone de manifiesto que mi mandante no incurre en la prohibición contemplada en el artículo 609 del TRLC, puesto que no ha presentado durante el año anterior ninguna comunicación de apertura de negociaciones.

En su virtud, SOLICITO AL TRIBUNAL que tenga por presentado este escrito, junto con los documentos que se adjuntan, me tenga por personado y parte en las presentes actuaciones en la representación que ostento, entendiéndose conmigo las sucesivas actuaciones a que haya lugar; y tenga por presentada la comunicación de apertura de negociaciones con los acreedores para alcanzar un plan de reestructuración

OTROSÍ DIGO que esta parte manifiesta expresamente su voluntad de cumplir con los requisitos exigidos por la ley, de conformidad con lo dispuesto en el artículo 231 de la LEC;

Y es por lo que,

SOLICITO AL TRIBUNAL que tenga por realizada la anterior manifestación a los efectos oportunos, concediendo en su caso plazo para la subsanación de aquellos defectos que se observen.

(...), a (...) de (...) de (...).

D./Dña (...)	D./Dña (...)
Abogado/a	Procurador/a de los Tribunales

F014. COMUNICACIÓN AL TRIBUNAL DE LA APERTURA DE NEGOCIACIONES PARA ALCANZAR PLAN DE REESTRUCTURACIÓN. PERSONA NATURAL. INSOLVENCIA ACTUAL

AL TRIBUNAL DE INSTANCIA DE .... SECCIÓN DE LO MERCANTIL

.............., Procurador de los Tribunales (núm. .... de colegiado) y de Don ...., con domicilio en ...., calle .... núm. .... y DNI/NIF ...., cuya representación acredito mediante la escritura original de poder de representación que se acompaña a este escrito, ante este Tribunal comparezco bajo la dirección letrada de Don ...., abogado del Ilustre Colegio de .... (núm. .... de colegiado), y como mejor proceda en Derecho DIGO:

PRIMERO. Que mi principal es Don ......, de nacionalidad española, mayor de edad, casado con doña ... bajo el régimen de absoluta separación de bienes, según escritura otorgada ante el notario de ...., Don .... (número de su protocolo ....), con domicilio en .... y DNI/NIF......

Se dedica a la actividad empresarial (o profesional) ....

Su domicilio se halla en ...., calle ...., lugar en que se halla el centro de los intereses principales de la deudora. Por lo tanto, el Tribunal competente para conocer de su declaración de concurso, a la vista de lo establecido en el art. 44, 45 y 49 TRLC es este Tribunal al que nos dirigimos.

EN SU CASO: Se halla inscrito en el Registro Mercantil de la provincia de ..., al libro, ... tomo ...

Se acompaña como DOCUMENTO .... la documentación acreditativa de todo lo expuesto.

SEGUNDO. Que mi principal se halla en estado de insolvencia actual y pretende obtener un plan de reestructuración que le permita superar la situación en que se encuentra.

TERCERO. Que conforme establece el art. 585, apartados 1 y 2 TRLC, el deudor, que sea persona natural o jurídica, podrá comunicar al tribunal competente para la declaración del concurso la existencia de negociaciones con sus acreedores, o la intención de iniciarlas de inmediato, para alcanzar un plan de reestructuración que permita superar la situación en que se encuentra. Si se hallara en situación de insolvencia actual, podrá efectuar la citada comunicación, en tanto no se haya admitido a trámite solicitud de declaración de concurso necesario.

CUARTO. Que por medio del presente escrito, esta parte pone en conocimiento de este Tribunal, que es el competente para la declaración de concurso de mi mandante, la apertura de negociaciones con sus acreedores para obtener un plan de reestructuración. Ello a los efectos y con el alcance establecido en los arts. 585 ss. y concordantes TRLC.

QUINTO. Dando cumplimiento a lo dispuesto en el art. 586.1 TRLC, se hace constar lo siguiente:

I. Se justifica la presentación de esta comunicación en la situación de insolvencia en que actualmente se halla mi mandante, que se pretende superar a través de la obtención de un plan de reestructuración y, además, ...

II. Este Tribunal de Instancia, Sección de lo Mercantil de ... es el competente, internacional, objetiva y territorialmente, para conocer de la presente comunicación, al ser el competente para conocer del concurso de mi mandante, que tiene su domicilio y centro de interés principales en la ciudad española de .... Ello de conformidad con lo establecido en el art. 593 TRLC en conexión los arts. 44, 45 y 49 TRLC.

III. Se acompaña como DOCUMENTO ...... una relación de los acreedores con los que se iniciado (o se tiene intención de iniciar) negociaciones, en la que consta su nombre y dirección, CIF, teléfono y dirección de mail, así como el importe de los créditos de cada uno de ellos y el importe total de los créditos.

Se hace constar que en la citada relación NO figuran acreedores especialmente relacionados con el deudor.

ALTERNATIVA: Se hace contar que en la citada relación SI figuran acreedores especialmente relacionados con el deudor, y que son los siguientes: ....

ALTERNATIVA: Se hace contar que en la citada relación SI figuran acreedores especialmente relacionados con el deudor, y que se reseñan en la citada relación, en el apartado ..., epígrafe núm. ..., titulado "acreedores especialmente relacionados".

Se hace constar a los efectos oportunos que el supuesto de los créditos de derecho público reseñados en la expresada relación, figura la fecha de devengo de los mismos.

IV. Que NO existen ni se estima que puedan sobrevenir circunstancias susceptibles de afectar al desarrollo o al buen fin de las negociaciones.

ALTERNATIVA: Esta parte considera que existen (y/o pueden sobrevenir) las circunstancias que a continuación se reseñan, todas ellas, en opinión de esta parte, susceptibles de afectar al desarrollo o al buen fin de las negociaciones...........

V. Que mi mandante desarrolla la actividad de ....

Se hace constar que el importe del activo y del pasivo, la cifra de negocios y el número de trabajadores al cierre del ejercicio inmediatamente anterior a aquel en que presente la comunicación se reseña en el documento que se acompaña señalado de NÚMERO ....

VI. Que esta parte considera necesarios para la continuidad de su actividad empresarial (o profesional) los siguientes bienes y derechos ....

En la actualidad, se siguen las ejecuciones que a continuación se reseñan, indicando el bien contra el que recae, la autoridad ejecutante, identificación del procedimiento y el estado de tramitación de la respectiva ejecución...........

ALTERNATIVA: Se acompaña como DOCUMENTO ...... relación de los bienes y derechos que esta parte considera necesarios para la continuidad de su actividad empresarial (o profesional), con expresión e identificación de las ejecuciones seguidas contra esos bienes, y el estado en que se encuentra su tramitación.

VII. Que los contratos necesarios para la continuidad de la actividad empresarial (o profesional) de mi mandante son los siguientes:............

ALTERNATIVA: Se acompaña como DOCUMENTO ...... relación de los contratos necesarios para la continuidad de la actividad empresarial de mi mandante.

VIII. EN SU CASO. Se solicita por mi mandante el nombramiento de un experto en la reestructuración en los términos expuesto en el oportuno otrosí digo del presente escrito.

IX. EN SU CASO. Se solicita el carácter reservado de la comunicación.

X. EN SU CASO: Dado que se pretende por esta parte que el plan de reestructuración afecte al crédito público, se acredita que mi principal se encuentra al corriente en el cumplimiento de las obligaciones tributarias y frente a la Seguridad Social, con las pertinentes certificaciones emitidas por la Agencia Estatal de Administración Tributaria y la Tesorería General de la Seguridad Social que se acompañan como DOCUMENTOS .... Ello dando cumplimiento a lo peticionado por el art. 586.1.10° TRLC

ALTERNATIVA: a los efectos de lo establecido en el art. 586.1.10° TRLC, esta parte hace constar mi principal NO se encuentra al corriente en el cumplimiento de las obligaciones tributarias y frente a la Seguridad Social.

XI. EN SU CASO. Que al amparo de lo dispuesto en el art. 602.1 TRLC, interesa a esta parte se extienda la prohibición de la iniciación de ejecuciones, judiciales o extrajudiciales, a aquellos bienes o derechos que no son necesarios para la continuidad de la actividad empresarial de mi mandante.

ALTERNATIVA: Que al amparo de lo dispuesto en el art. 602.1 TRLC, y durante el plazo que se reseña en dicho precepto, interesa a esta parte se extienda la prohibición de la iniciación de ejecuciones, judiciales o extrajudiciales, a los bienes y derechos que a continuación se reseñan, pese a no ser necesarios para la continuidad de la actividad empresarial de mi mandante. Estos bienes y derechos son...........

ALTERNATIVA: Que al amparo de lo dispuesto en el art. 602.1 TRLC, y durante el plazo que se reseña en dicho precepto, interesa a esta parte se extienda la suspensión de ejecuciones, judiciales o extrajudiciales, que se siguen bienes o derechos que no son necesarios para la continuidad de la actividad empresarial de mi mandante y que son las siguientes, con identificación del bien o el derecho y el estado de la ejecución: ....

ALTERNATIVA: Que al amparo de lo dispuesto en el art. 602.1 TRLC, y durante el plazo que se reseña en dicho precepto, interesa a esta parte se extienda la prohibición de la iniciación de ejecuciones, judiciales o extrajudiciales, a aquellos bienes o derechos que no son necesarios para la continuidad, contra las siguiente/s clases de acreedor/es (contra los siguiente/s acreedor/es:..............).

ALTERNATIVA: Que al amparo de lo dispuesto en el art. 602.1 TRLC, y durante el plazo que se reseña en dicho precepto, interesa a esta parte se extienda la suspensión de ejecuciones, judiciales o extrajudiciales, que se siguen contra bienes o derechos que no son necesarios para la continuidad de la actividad empresarial de mi mandante, contra las siguiente/s clases de acreedor/es (contra los siguiente/s acreedor/es:..............). Estas ejecuciones son las siguientes, con identificación del bien o el derecho, el acreedor (o la clase de acreedores) y el estado de la ejecución: ....

La referida extensión se solicita al entenderse necesaria para asegurar el buen fin de las negociaciones para alcanzar un plan de reestructuración, toda vez que .... Lo que se acredita con los DOCUMENTOS ...

SEXTO. A los efectos del art. 585.2 TRLC y hallándose esta parte en situación de insolvencia actual, se manifiesta que no consta a esta parte admitida a trámite solicitud alguna de concurso necesario dirigida contra mi principal.

En virtud de lo expuesto,

SUPLICO AL TRIBUNAL que tenga por presentado este escrito, junto a los documentos a él unidos y sus copias, se sirva admitirlo y previos los oportunos trámites legales, se sirva tener por puesto en conocimiento de este Tribunal, que Don ...... ha aperturado (o tiene intención de aperturar de inmediato) negociaciones con sus acreedores para alcanzar un plan de reestructuración, en los términos de este escrito y acordando cuanto proceda en derecho al efecto. Todo ello a los efectos y con el alcance establecido en los arts. 585 ss. y concordantes TRLC.

Es Justicia que pido en .... a ...... de .... de dos mil ......

(En su caso) OTROSÍ DIGO: Que como se ha indicado en el cuerpo de este escrito, esta parte solicita expresamente el carácter reservado de la presente comunicación de negociaciones, por lo que no procede que por el Letrado de la Administración de Justicia se ordene la publicación en el Registro Público Concursal de la resolución dejando constancia de su presentación.

Ello sin perjuicio de la facultad que se reserva esta parte de solicitar el levantamiento del citado carácter reservado de la comunicación en los términos y de conformidad con el art. 591 TRLC.

En su virtud,

SUPLICO AL TRIBUNAL que tenga por presentado este escrito, se sirva admitirlo y tener por efectuadas las anteriores manifestaciones a los efectos legales oportunos, acordándose en el sentido expuesto en el cuerpo de este escrito.

Es Justicia que pido en el lugar y fecha señaladas ut supra.

(En su caso) OTROSÍ DIGO: Que a efectos de la suspensión de la totalidad de las ejecuciones reseñadas en el cuerpo de este escrito por el Tribunal que conoce de las mismas, se solicita su reseña en el Decreto dejando constancia de la presentación de esta comunicación y la remisión de la resolución teniendo por presentada la presente comunicación a que se refiere el art. 590.2 TRLC, y a efectos de lo prevenido en este precepto.

En su virtud,

SUPLICO AL TRIBUNAL que tenga por presentado este escrito, se sirva admitirlo y tener por efectuadas las anteriores manifestaciones a los efectos legales oportunos, acordándose en el sentido expuesto en el presente otrosí.

Es justicia que suplico en el lugar y fecha señalados "ut supra".

(En su caso) OTROSÍ DIGO: Que se solicita la designación de experto en la reestructuración a efectos que, de conformidad con el art. 679 y concordantes TRLC, desempeñe las siguientes funciones:

a) Asista al deudor y los acreedores en las negociaciones actualmente en curso para alcanzar un plan de reestructuración.

b) Elabore y presente a este Tribunal al que respetuosamente nos dirigimos, cuantos informes sean exigidos por la Ley, y aquellos otros que el Tribunal considere necesarios o convenientes. Todo ello, con relación a las citadas negociaciones, el plan de reestructuración que eventualmente se alcance y, en su caso, su homologación judicial.

c) Cualesquiera otra función que, conforme la Ley, le corresponda llevar a cabo con relación al proceso reestructurador antes señalado y en su condición de experto en reestructuraciones.

En este sentido y dando cumplimiento a lo señalado en la Ley se solicita la designación como experto en la reestructuración de referencia a D. ...., letrado nº ...... del Ilustre Colegio de Abogados de ......, con domicilio a efecto de notificaciones en ....

Se peticiona el nombramiento de la citada persona por cumplir las condiciones establecidas en el art. 674 del TRLC, ya que se trata de una persona natural española que posee los conocimientos especializados, tanto jurídicos, como financieros y empresariales acreditables en materia de la insolvencia en general, y en reestructuraciones, desde el año ......

Igualmente ostenta la condición de Administrador Concursal, habiendo sido designado en múltiples procedimientos concursales.

Su experiencia dilatada queda constatada no solo de sus continuos nombramientos por parte de los Tribunales de Instancia de todo el territorio nacional en todo asuntos mercantiles, societarios y concursales, sino, además, a la vista de su extensa bibliografía y publicaciones editoriales sobre estos asuntos; siendo un referente en el ámbito de la insolvencia, tanto preconcursal como concursal, así como en materia societaria y mercantil. Y no solo desde una perspectiva privatista, sino del resto de áreas del derecho (fiscalidad, contabilidad, derecho laboral, etc), así como del ámbito financiero y de la empresa.

Junto a lo anterior, posee dilatada experiencia en materia de refinanciaciones de deudas y reestructuraciones de activo y pasivo, así como en modificaciones operacionales de las estructuras societarias; sobre todo en empresas en situación próxima a la insolvencia.

Se acompaña como DOCUMENTO...... curriculum vitae de Don ......

En cumplimiento de los requisitos establecidos en el art. 672.2 del TRLC, junto al presente escrito donde se razona que el experto solicitado reúne las condiciones establecidas en la Ley para el ejercicio del cargo, se acompaña como DOCUMENTO ...... copia de la póliza de seguro de responsabilidad civil o garantía equivalente que posee vigente el experto en reestructuración para responder de posibles daños que el experto pudiera causar en el ejercicio de las funciones propias del cargo.

Se hace constar expresamente que todos los honorarios devengados por el experto en la reestructuración serán asumidos por la deudora, la mercantil ...., S.L.

Del mismo modo, se hace constar que el presente escrito queda firmado y presentado tanto por ...., S.L., a través de su representación procesal, como por Don ...., en este ultimo caso, en señal de aceptación del nombramiento de experto, y de aceptación del importe y plazos de devengo de la retribución pactada entre ambas partes, DOCUMENTO ..., así como a los efectos legales procedentes.

Por lo expuesto,

SUPLICO AL TRIBUNAL que tenga por presentado este escrito se sirva admitirlo y en su virtud tenga por efectuadas las anteriores manifestaciones para que, tras los trámites legales oportunos, en su momento y por el Tribunal se dicte resolución por la que nombre como experto en la reestructuración a D. ....

Es justicia que suplico en el lugar y fecha señalados "ut supra".

F015. COMUNICACIÓN AL TRIBUNAL DE LA APERTURA DE NEGOCIACIONES PARA ALCANZAR PLAN DE REESTRUCTURACIÓN. PERSONA NATURAL. INSOLVENCIA INMINENTE

AL TRIBUNAL DE INSTANCIA DE .... SECCIÓN DE LO MERCANTIL

..............., Procurador de los Tribunales (núm. .... de colegiado) y de Don ...., con domicilio en ...., calle .... núm. .... y DNI/NIF ...., cuya representación acredito mediante la escritura original de poder de representación que se acompaña a este escrito, ante este Tribunal comparezco bajo la dirección letrada de Don ...., abogado del Ilustre Colegio de .... (núm. .... de colegiado), y como mejor proceda en Derecho DIGO:

PRIMERO. Que mi principal es Don ......, de nacionalidad española, mayor de edad, casado con doña ... bajo el régimen de absoluta separación de bienes, según escritura otorgada ante el notario de ...., Don .... (número de su protocolo ....), con domicilio en .... y DNI/NIF......

Se dedica a la actividad empresarial (o profesional) ....

Su domicilio se halla en ...., calle ...., lugar en que se halla el centro de los intereses principales de la deudora. Por lo tanto, el Tribunal competente para conocer de su declaración de concurso, a la vista de lo establecido en el art. 44, 45 y 49 TRLC es el Tribunal de Instancia de ...., sección de lo mercantil, al que nos dirigimos.

EN SU CASO: Se halla inscrito en el Registro Mercantil de la provincia de ..., al libro, ... tomo ...

Se acompaña como DOCUMENTO ...... la documentación acreditativa de todos lo expuesto.

SEGUNDO. Que mi principal se halla en estado de inminente y pretende obtener un plan de reestructuración que le permita superar la situación en que se encuentra.

TERCERO. Que conforme establece el art. 585, apartados 1 y 2 TRLC, el deudor, que sea persona natural o jurídica, y se halle en insolvencia inminente o probabilidad de insolvencia, podrá comunicar al tribunal competente para la declaración del concurso la existencia de negociaciones con sus acreedores, o la intención de iniciarlas de inmediato, para alcanzar un plan de reestructuración que permita superar la situación en que se encuentra. Si se hallara en situación de insolvencia actual, podrá efectuar la citada comunicación, en tanto no se haya admitido a trámite solicitud de declaración de concurso necesario.

CUARTO. Que por medio del presente escrito, esta parte pone en conocimiento de este Tribunal, que es el competente para la declaración de concurso de mi mandante, la apertura de negociaciones con sus acreedores para obtener un plan de reestructuración. Ello a los efectos y con el alcance establecido en los arts. 585 ss. y concordantes TRLC.

QUINTO. Dando cumplimiento a lo dispuesto en el art. 586.1 TRLC, se hace constar lo siguiente:

I. Se justifica la presentación de esta comunicación en la situación de insolvencia inminente en que se halla mi mandante, que se pretende superar a través de la obtención de un plan de reestructuración y, además, ...

II. Este Tribunal de Instancia, Sección de lo Mercantil de ... es el competente, internacional, objetiva y territorialmente, para conocer de la presente comunicación, al ser el competente para conocer del concurso de mi mandante, que tiene su domicilio y centro de interés principales en la ciudad española de .... Ello de conformidad con lo establecido en el art. 593 TRLC en conexión los arts. 44, 45 y 49 TRLC.

III. Se acompaña como DOCUMENTO ...... una relación de los acreedores con los que se iniciado (o se tiene intención de iniciar) negociaciones, en la que consta su nombre y dirección, CIF, teléfono y dirección de mail, así como el importe de los créditos de cada uno de ellos y el importe total de los créditos.

Se hace constar que en la citada relación NO figuran acreedores especialmente relacionados con el deudor.

ALTERNATIVA: Se hace contar que en la citada relación SI figuran acreedores especialmente relacionados con el deudor, y que son los siguientes: ....

ALTERNATIVA: Se hace contar que en la citada relación SI figuran acreedores especialmente relacionados con el deudor, y que se reseñan en la citada relación, en el apartado ..., epígrafe núm. ..., titulado "acreedores especialmente relacionados".

Se hace constar a los efectos oportunos que en el supuesto de los créditos de derecho público reseñados en la expresada relación, figura la fecha de devengo de los mismos.

IV. Que NO existen ni se estima que puedan sobrevenir circunstancias susceptibles de afectar al desarrollo o al buen fin de las negociaciones.

ALTERNATIVA: Esta parte considera que existen (y/o pueden sobrevenir) las circunstancias que a continuación se reseñan, todas ellas, en opinión de esta parte, susceptibles de afectar al desarrollo o al buen fin de las negociaciones...........

V. Que mi mandante desarrolla la actividad de ....

Se hace constar que el importe del activo y del pasivo, la cifra de negocios y el número de trabajadores al cierre del ejercicio inmediatamente anterior a aquel en que presente la comunicación se reseña en el documento que se acompaña señalado de NÚMERO ....

VI. Que esta parte considera necesarios para la continuidad de su actividad empresarial (o profesional) los siguientes bienes y derechos ....

En la actualidad, se siguen las ejecuciones que a continuación se reseñan, indicando el bien contra el que recae, la autoridad ejecutante, identificación del procedimiento y el estado de tramitación de la respectiva ejecución...........

ALTERNATIVA: Se acompaña como DOCUMENTO ...... relación de los bienes y derechos que esta parte considera necesarios para la continuidad de su actividad empresarial (o profesional), con expresión e identificación de las ejecuciones seguidas contra esos bienes, y el estado en que se encuentra su tramitación.

VII. Que los contratos necesarios para la continuidad de la actividad empresarial (o profesional) de mi mandante son los siguientes:...........

ALTERNATIVA: Se acompaña como DOCUMENTO ...... relación de los contratos necesarios para la continuidad de la actividad empresarial (o profesional) de mi mandante.

VIII. EN SU CASO. Se solicita por mi mandante el nombramiento de un experto en la reestructuración en los términos expuestos en el correspondiente otrosí digo del presente escrito.

IX. EN SU CASO. Se solicita el carácter reservado de la comunicación.

SEXTO. EN SU CASO: Dado que se pretende por esta parte que el plan de reestructuración afecte al crédito público, se acredita que mi principal se encuentra al corriente en el cumplimiento de las obligaciones tributarias y frente a la Seguridad Social, con las pertinentes certificaciones emitidas por la Agencia Estatal de Administración Tributaria y la Tesorería General de la Seguridad Social que se acompañan como DOCUMENTOS ...... Ello dando cumplimiento a lo peticionado por el art. 586.1.10º TRLC

ALTERNATIVA: a los efectos de lo establecido en el art. 586.1.10º TRLC, esta parte hace constar mi principal NO se encuentra al corriente en el cumplimiento de las obligaciones tributarias y frente a la Seguridad Social.

SÉPTIMO. EN SU CASO. Que al amparo de lo dispuesto en el art. 602.1 TRLC, interesa a esta parte se extienda la prohibición de la iniciación de ejecuciones, judiciales o extrajudiciales, a aquellos bienes o derechos que no son necesarios para la continuidad de la actividad empresarial de mi mandante.

ALTERNATIVA: Que al amparo de lo dispuesto en el art. 602.1 TRLC, y durante el plazo que se reseña en dicho precepto, interesa a esta parte se extienda la prohibición de la iniciación de ejecuciones, judiciales o extrajudiciales, a los bienes y derechos que a continuación se reseñan, pese a no ser necesarios para la continuidad de la actividad empresarial de mi mandante. Estos bienes y derechos son...........

ALTERNATIVA: Que al amparo de lo dispuesto en el art. 602.1 TRLC, y durante el plazo que se reseña en dicho precepto, interesa a esta parte se extienda la suspensión de ejecuciones, judiciales o extrajudiciales, que se siguen bienes o derechos que no son necesarios para la continuidad de la actividad empresarial de mi mandante y que son las siguientes, con identificación del bien o el derecho y el estado de la ejecución: ....

ALTERNATIVA: Que al amparo de lo dispuesto en el art. 602.1 TRLC, y durante el plazo que se reseña en dicho precepto, interesa a esta parte se extienda la prohibición de la iniciación de ejecuciones, judiciales o extrajudiciales, a aquellos bienes o derechos que no son necesarios para la continuidad, contra las siguiente/s clases de acreedor/es (contra los siguiente/s acreedor/es:..............).

ALTERNATIVA: Que al amparo de lo dispuesto en el art. 602.1 TRLC, y durante el plazo que se reseña en dicho precepto, interesa a esta parte se extienda la suspensión de ejecuciones, judiciales o extrajudiciales, que se siguen contra bienes o derechos que no son necesarios para la continuidad de la actividad empresarial de mi mandante, contra las siguiente/s clases de acreedor/es (contra los siguiente/s acreedor/es:..............). Estas ejecuciones son las siguientes, con identificación del bien o el derecho, el acreedor (o la clase de acreedores) y el estado de la ejecución: ....

La referida extensión se solicita al entenderse necesaria para asegurar el buen fin de las negociaciones para alcanzar un plan de reestructuración, toda vez que .... Lo que se acredita con los DOCUMENTOS ...

En virtud de lo expuesto,

SUPLICO AL TRIBUNAL que tenga por presentado este escrito, junto a los documentos a él unidos y sus copias, se sirva admitirlo y previos los oportunos trámites legales, se sirva tener por puesto en conocimiento de este Tribunal, que Don .... ha aperturado (o tiene intención de aperturar de inmediato) negociaciones con sus acreedores para alcanzar un plan de reestructuración en los términos de este escrito, acordando cuanto proceda en derecho al efecto. Todo ello a los efectos y con el alcance establecido en los arts. 585 ss. y concordantes TRLC.

Es Justicia que pido en .... a ...... de .... de dos mil ......

(En su caso) OTROSÍ DIGO: Que como se ha indicado en el cuerpo de este escrito, esta parte solicita expresamente el carácter reservado de la presente comunicación de negociaciones, por lo que no procede que por el Letrado de la Administración de Justicia se ordene la publicación en el Registro Público Concursal de la resolución dejando constancia de su presentación.

Ello sin perjuicio de la facultad que se reserva esta parte de solicitar el levantamiento del citado carácter reservado de la comunicación en los términos y de conformidad con el art. 591 TRLC.

En su virtud,

SUPLICO AL TRIBUNAL que tenga por presentado este escrito, se sirva admitirlo y tener por efectuadas las anteriores manifestaciones a los efectos legales oportunos, acordándose en el sentido expuesto en el cuerpo de este escrito.

Es Justicia que pido en el lugar y fecha señaladas ut supra.

(En su caso) OTROSÍ DIGO: Que a efectos de la suspensión de la totalidad de las ejecuciones reseñadas en el cuerpo de este escrito por el Tribunal que conoce de las mismas, se solicita su reseña en el Decreto dejando constancia de la presentación de esta comunicación y la remisión de la resolución teniendo por presentada la presente comunicación a que se refiere el art. 590.2 TRLC, y a efectos de lo prevenido en este precepto.

En su virtud,

SUPLICO AL TRIBUNAL que tenga por presentado este escrito, se sirva admitirlo y tener por efectuadas las anteriores manifestaciones a los efectos legales oportunos, acordándose en el sentido expuesto en el presente otrosí.

Es justicia que suplico en el lugar y fecha señalados "ut supra".

(En su caso) OTROSÍ DIGO: Que se solicita la designación de experto en la reestructuración a efectos que, de conformidad con el art. 679 y concordantes TRLC, desempeñe las siguientes funciones:

a) Asista al deudor y los acreedores en las negociaciones actualmente en curso para alcanzar un plan de reestructuración.

b) Elabore y presente a este Tribunal al que respetuosamente nos dirigimos, cuantos informes sean exigidos por la Ley, y aquellos otros que el Tribunal considere necesarios o convenientes. Todo ello, con relación a las citadas negociaciones, el plan de reestructuración que eventualmente se alcance y, en su caso, su homologación judicial.

c) Cualesquiera otra función que, conforme la Ley, le corresponda llevar a cabo con relación al proceso reestructurador antes señalado y en su condición de experto en reestructuraciones.

En este sentido y dando cumplimiento a lo señalado en la Ley se solicita la designación como experto en la reestructuración de referencia a D. ...., letrado nº ...... del Ilustre Colegio de Abogados de ......, con domicilio a efecto de notificaciones en ....

Se peticiona el nombramiento de la citada persona por cumplir las condiciones establecidas en el art. 674 del TRLC, ya que se trata de una persona natural española que posee los conocimientos especializados, tanto jurídicos, como financieros y empresariales acreditables en materia de la insolvencia en general, y en reestructuraciones, desde el año ......

Igualmente ostenta la condición de Administrador Concursal, habiendo sido designado en múltiples procedimientos concursales.

Su experiencia dilatada queda constatada no solo de sus continuos nombramientos por parte de los Tribunales de Instancia de todo el territorio nacional en todo asuntos mercantiles, societarios y concursales, sino, además, a la vista de su extensa bibliografía y publicaciones editoriales sobre estos asuntos; siendo un referente en el ámbito de la insolvencia, tanto preconcursal como concursal, así como en materia societaria y mercantil. Y no solo desde una perspectiva privatista, sino del resto de áreas del derecho (fiscalidad, contabilidad, derecho laboral, etc), así como del ámbito financiero y de la empresa.

Junto a lo anterior, posee dilatada experiencia en materia de refinanciaciones de deudas y reestructuraciones de activo y pasivo, así como en modificaciones operacionales de las estructuras societarias; sobre todo en empresas en situación próxima a la insolvencia.

Se acompaña como DOCUMENTO...... curriculum vitae de Don ......

En cumplimiento de los requisitos establecidos en el art. 672.2 del TRLC, junto al presente escrito donde se razona que el experto solicitado reúne las condiciones establecidas

en la Ley para el ejercicio del cargo, se acompaña como DOCUMENTO ...... copia de la póliza de seguro de responsabilidad civil o garantía equivalente que posee vigente el experto en reestructuración para responder de posibles daños que el experto pudiera causar en el ejercicio de las funciones propias del cargo.

Se hace constar expresamente que todos los honorarios devengados por el experto en la reestructuración serán asumidos por la deudora, la mercantil ...., S.L.

Del mismo modo, se hace constar que el presente escrito queda firmado y presentado tanto por ...., S.L., a través de su representación procesal, como por Don ...., en este ultimo caso, en señal de aceptación del nombramiento de experto, y de aceptación del importe y plazos de devengo de la retribución pactada entre ambas partes, DOCUMENTO ..., así como a los efectos legales procedentes.

Por lo expuesto,

SUPLICO AL TRIBUNAL que tenga por presentado este escrito se sirva admitirlo y en su virtud tenga por efectuadas las anteriores manifestaciones para que, tras los trámites legales oportunos, en su momento y por el Tribunal se dicte resolución por la que nombre como experto en la reestructuración a D. ....

Es justicia que suplico en el lugar y fecha señalados "ut supra".

F016. COMUNICACIÓN AL TRIBUNAL DE LA APERTURA DE NEGOCIACIONES PARA ALCANZAR PLAN DE REESTRUCTURACIÓN. PERSONA NATURAL. PROBABILIDAD DE INSOLVENCIA

AL TRIBUNAL DE INSTANCIA DE .... SECCIÓN DE LO MERCANTIL

.............., Procurador de los Tribunales (núm. .... de colegiado) y de Don ...., con domicilio en ...., calle .... núm. .... y DNI/NIF ...., cuya representación acredito mediante la escritura original de poder de representación que se acompaña a este escrito, ante este Tribunal comparezco bajo la dirección letrada de Don ...., abogado del Ilustre Colegio de .... (núm. .... de colegiado), y como mejor proceda en Derecho DIGO:

PRIMERO. Que mi principal es Don ......, de nacionalidad española, mayor de edad, casado con doña ... bajo el régimen de absoluta separación de bienes, según escritura otorgada ante el notario de ...., Don .... (número de su protocolo ....), con domicilio en .... y DNI/NIF......

Se dedica a la actividad empresarial (o profesional) ....

Su domicilio se halla en ...., calle ...., lugar en que se halla el centro de los intereses principales de la deudora.

EN SU CASO: Se halla inscrito en el Registro Mercantil de la provincia de ..., al libro, ... tomo ...

Se acompaña como DOCUMENTO UNO la documentación acreditativa de todos lo expuesto.

SEGUNDO. Que mi principal se halla en estado de probabilidad de insolvencia y pretende obtener un plan de reestructuración que le permita esquivar la referida situación.

TERCERO. Que conforme establece el art. 585, apartados 1 y 2 TRLC, el deudor, que sea persona natural o jurídica, y se halle en insolvencia inminente o probabilidad de insolvencia, podrá comunicar al tribunal competente para la declaración del concurso la existencia de negociaciones con sus acreedores, o la intención de iniciarlas de inmediato, para alcanzar un plan de reestructuración que permita superar la situación en que se encuentra. Si se hallara en situación de insolvencia actual, podrá efectuar la citada comunicación, en tanto no se haya admitido a trámite solicitud de declaración de concurso necesario.

CUARTO. Que por medio del presente escrito, esta parte pone en conocimiento de este Tribunal, que es el competente para la declaración de concurso de mi mandante, la apertura de negociaciones con sus acreedores para obtener un plan de reestructuración. Ello a los efectos y con el alcance establecido en los arts. 585 ss. y concordantes TRLC.

QUINTO. Dando cumplimiento a lo dispuesto en el art. 586.1 TRLC, se hace constar lo siguiente:

I. Se justifica la presentación de esta comunicación en la situación de probabilidad de insolvencia en que se halla mi mandante, que se pretende superar a través de la obtención de un plan de reestructuración y, además, ...

II. Este Tribunal de Instancia, Sección de lo Mercantil de ... es el competente, internacional, objetiva y territorialmente, para conocer de la presente comunicación, al ser el competente para conocer del concurso de mi mandante, que tiene su domicilio y centro de interés principales en la ciudad española de .... Ello de conformidad con lo establecido en el art. 593 TRLC en conexión los arts. 44, 45 y 49 TRLC.

III. Se acompaña como DOCUMENTO DOS una relación de los acreedores con los que se iniciado (o se tiene intención de iniciar) negociaciones, en la que consta su nombre y dirección, CIF, teléfono y dirección de mail, así como el importe de los créditos de cada uno de ellos y el importe total de los créditos.

Se hace constar que en la citada relación NO figuran acreedores especialmente relacionados con el deudor.

ALTERNATIVA: Se hace contar que en la citada relación SI figuran acreedores especialmente relacionados con el deudor, y que son los siguientes: ....

ALTERNATIVA: Se hace contar que en la citada relación SI figuran acreedores especialmente relacionados con el deudor, y que se reseñan en la citada relación, en el apartado ..., epígrafe núm. ..., titulado "acreedores especialmente relacionados".

Se hace constar a los efectos oportunos que el supuesto de los créditos de derecho público reseñados en la expresada relación, figura la fecha de devengo de los mismos.

IV. Que NO existen ni se estima que puedan sobrevenir circunstancias susceptibles de afectar al desarrollo o al buen fin de las negociaciones.

ALTERNATIVA: Esta parte considera que existen (y/o pueden sobrevenir) las circunstancias que a continuación se reseñan, todas ellas, en opinión de esta parte, susceptibles de afectar al desarrollo o al buen fin de las negociaciones...........

V. Que mi mandante desarrolla la actividad de ....

Se hace constar que el importe del activo y del pasivo, la cifra de negocios y el número de trabajadores al cierre del ejercicio inmediatamente anterior a aquel en que presente la comunicación se reseña en el documento que se acompaña señalado de NÚMERO TRES.

VI. Que esta parte considera necesarios para la continuidad de su actividad empresarial (o profesional) los siguientes bienes y derechos ....

En la actualidad, se siguen las ejecuciones que a continuación se reseñan, indicando el bien contra el que recae, la autoridad ejecutante, identificación del procedimiento y el estado de tramitación de la respectiva ejecución...........

ALTERNATIVA: Se acompaña como DOCUMENTO CUATRO relación de los bienes y derechos que esta parte considera necesarios para la continuidad de su actividad empresarial (o profesional), con expresión e identificación de las ejecuciones seguidas contra esos bienes, y el estado en que se encuentra su tramitación.

VII. Que los contratos necesarios para la continuidad de la actividad empresarial (o profesional) de mi mandante son los siguientes:............

ALTERNATIVA: Se acompaña como DOCUMENTO CINCO relación de los contratos necesarios para la continuidad de la actividad empresarial (o profesional) de mi mandante.

VIII. EN SU CASO. Se solicita por mi mandante el nombramiento de un experto en la reestructuración en los términos expuestos en el otrosí digo del presente escrito.

IX. EN SU CASO. Se solicita el carácter reservado de la comunicación.

SEXTO. EN SU CASO: Dado que se pretende por esta parte que el plan de reestructuración afecte al crédito público, se acredita que mi principal se encuentra al corriente en el cumplimiento de las obligaciones tributarias y frente a la Seguridad Social, con las pertinentes certificaciones emitidas por la Agencia Estatal de Administración Tributaria y la Tesorería General de la Seguridad Social que se acompañan como DOCUMENTOS .... Ello dando cumplimiento a lo peticionado por el art. 586.1.10º TRLC

ALTERNATIVA: a los efectos de lo establecido en el art. 586.1.10º TRLC, esta parte hace constar mi principal NO se encuentra al corriente en el cumplimiento de las obligaciones tributarias y frente a la Seguridad Social.

SÉPTIMO. EN SU CASO. Que al amparo de lo dispuesto en el art. 602.1 TRLC, interesa a esta parte se extienda la prohibición de la iniciación de ejecuciones, judiciales o extrajudiciales, a aquellos bienes o derechos que no son necesarios para la continuidad de la actividad empresarial de mi mandante.

ALTERNATIVA: Que al amparo de lo dispuesto en el art. 602.1 TRLC, y durante el plazo que se reseña en dicho precepto, interesa a esta parte se extienda la prohibición de la iniciación de ejecuciones, judiciales o extrajudiciales, a los bienes y derechos que a continuación se reseñan, pese a no ser necesarios para la continuidad de la actividad empresarial de mi mandante. Estos bienes y derechos son...........

ALTERNATIVA: Que al amparo de lo dispuesto en el art. 602.1 TRLC, y durante el plazo que se reseña en dicho precepto, interesa a esta parte se extienda la suspension de ejecuciones, judiciales o extrajudiciales, que se siguen bienes o derechos que no son necesarios para la continuidad de la actividad empresarial de mi mandante y que son las siguientes, con identificación del bien o el derecho y el estado de la ejecución: ....

ALTERNATIVA: Que al amparo de lo dispuesto en el art. 602.1 TRLC, y durante el plazo que se reseña en dicho precepto, interesa a esta parte se extienda la prohibición de la iniciación de ejecuciones, judiciales o extrajudiciales, a aquellos bienes o derechos que no son necesarios para la continuidad, contra las siguiente/s clases de acreedor/es (contra los siguiente/s acreedor/es:...............).

ALTERNATIVA: Que al amparo de lo dispuesto en el art. 602.1 TRLC, y durante el plazo que se reseña en dicho precepto, interesa a esta parte se extienda la suspensión de ejecuciones, judiciales o extrajudiciales, que se siguen contra bienes o derechos que no son necesarios para la continuidad de la actividad empresarial de mi mandante, contra las siguiente/s clases de acreedor/es (contra los siguiente/s acreedor/es:...............). Estas ejecuciones son las siguientes, con identificación del bien o el derecho, el acreedor (o la clase de acreedores) y el estado de la ejecución: ....

La referida extensión se solicita al entenderse necesaria para asegurar el buen fin de las negociaciones para alcanzar un plan de reestructuración, toda vez que .... Lo que se acredita con los DOCUMENTOS ...

En virtud de lo expuesto,

SUPLICO AL TRIBUNAL que tenga por presentado este escrito, junto a los documentos a él unidos y sus copias, se sirva admitirlo y previos los oportunos trámites legales, se sirva tener por puesto en conocimiento de este Tribunal, que Don .... ha aperturado (o tiene intención de aperturar de inmediato) negociaciones con sus acreedores para alcanzar un plan de reestructuración en los términos de este escrito y acordando cuanto proceda en derecho. Todo ello a los efectos y con el alcance establecido en los arts. 585 ss. y concordantes TRLC.

Es Justicia que pido en .... a ...... de .... de dos mil ......

(En su caso) OTROSÍ DIGO: Que como se ha indicado en el cuerpo de este escrito, esta parte solicita expresamente el carácter reservado de la presente comunicación de negociaciones, por lo que no procede que por el Letrado de la Administración de Justicia se ordene la publicación en el Registro Público Concursal de la resolución dejando constancia de su presentación.

Ello sin perjuicio de la facultad que se reserva esta parte de solicitar el levantamiento del citado carácter reservado de la comunicación en los términos y de conformidad con el art. 591 TRLC.

En su virtud,

SUPLICO AL TRIBUNAL que tenga por presentado este escrito, se sirva admitirlo y tener por efectuadas las anteriores manifestaciones a los efectos legales oportunos, acordándose en el sentido expuesto en el cuerpo de este escrito.

Es Justicia que pido en el lugar y fecha señaladas ut supra.

(En su caso) OTROSÍ DIGO: Que a efectos de la suspensión de la totalidad de las ejecuciones reseñadas en el cuerpo de este escrito por el Tribunal que conoce de las mismas, se solicita su reseña en el Decreto dejando constancia de la presentación de esta comunicación y la remisión de la resolución teniendo por presentada la presente comunicación a que se refiere el art. 590.2 TRLC, y a efectos de lo prevenido en este precepto.

En su virtud,

SUPLICO AL TRIBUNAL que tenga por presentado este escrito, se sirva admitirlo y tener por efectuadas las anteriores manifestaciones a los efectos legales oportunos, acordándose en el sentido expuesto en el presente otrosí.

Es justicia que suplico en el lugar y fecha señalados "ut supra".

(En su caso) OTROSÍ DIGO: Que se solicita la designación de experto en la reestructuración a efectos que, de conformidad con el art. 679 y concordantes TRLC, desempeñe las siguientes funciones:

a) Asista al deudor y los acreedores en las negociaciones actualmente en curso para alcanzar un plan de reestructuración.

b) Elabore y presente a este Tribunal al que respetuosamente nos dirigimos, cuantos informes sean exigidos por la Ley, y aquellos otros que el Tribunal considere necesarios o convenientes. Todo ello, con relación a las citadas negociaciones, el plan de reestructuración que eventualmente se alcance y, en su caso, su homologación judicial.

c) Cualesquiera otra función que, conforme la Ley, le corresponda llevar a cabo con relación al proceso reestructurador antes señalado y en su condición de experto en reestructuraciones.

En este sentido y dando cumplimiento a lo señalado en la Ley se solicita la designación como experto en la reestructuración de referencia a D. ...., letrado nº ...... del Ilustre Colegio de Abogados de ......, con domicilio a efecto de notificaciones en ....

Se peticiona el nombramiento de la citada persona por cumplir las condiciones establecidas en el art. 674 del TRLC, ya que se trata de una persona natural española que posee los conocimientos especializados, tanto jurídicos, como financieros y empresariales acreditables en materia de la insolvencia en general, y en reestructuraciones, desde el año ......

Igualmente ostenta la condición de Administrador Concursal, habiendo sido designado en múltiples procedimientos concursales.

Su experiencia dilatada queda constatada no solo de sus continuos nombramientos por parte de los Tribunales de Instancia de todo el territorio nacional en todo asuntos mercantiles, societarios y concursales, sino, además, a la vista de su extensa bibliografía y publicaciones editoriales sobre estos asuntos; siendo un referente en el ámbito de la insolvencia, tanto preconcursal como concursal, así como en materia societaria y mercantil. Y no solo desde una perspectiva privatista, sino del resto de áreas del derecho (fiscalidad, contabilidad, derecho laboral, etc), así como del ámbito financiero y de la empresa.

Junto a lo anterior, posee dilatada experiencia en materia de refinanciaciones de deudas y reestructuraciones de activo y pasivo, así como en modificaciones operacionales de las estructuras societarias; sobre todo en empresas en situación próxima a la insolvencia.

Se acompaña como DOCUMENTO...... curriculum vitae de Don ......

En cumplimiento de los requisitos establecidos en el art. 672.2 del TRLC, junto al presente escrito donde se razona que el experto solicitado reúne las condiciones establecidas

en la Ley para el ejercicio del cargo, se acompaña como DOCUMENTO ...... copia de la póliza de seguro de responsabilidad civil o garantía equivalente que posee vigente el experto en reestructuración para responder de posibles daños que el experto pudiera causar en el ejercicio de las funciones propias del cargo.

Se hace constar expresamente que todos los honorarios devengados por el experto en la reestructuración serán asumidos por la deudora.

Del mismo modo, se hace constar que el presente escrito queda firmado y presentado tanto por ...., S.L., a través de su representación procesal, como por Don ...., en este ultimo caso, en señal de aceptación del nombramiento de experto, y de aceptación del importe y plazos de devengo de la retribución pactada entre ambas partes, DOCUMENTO ..., así como a los efectos legales procedentes.

Por lo expuesto,

SUPLICO AL TRIBUNAL que tenga por presentado este escrito se sirva admitirlo y en su virtud tenga por efectuadas las anteriores manifestaciones para que, tras los trámites legales oportunos, en su momento y por el Tribunal se dicte resolución por la que nombre como experto en la reestructuración a D. ....

Es justicia que suplico en el lugar y fecha señalados "ut supra".

F017. COMUNICACIÓN AL TRIBUNAL DE LA APERTURA DE NEGOCIACIONES PLANTEADA POR VARIOS DEUDORES QUE FORMAN GRUPO DE SOCIEDADES. INSOLVENCIA ACTUAL

AL TRIBUNAL DE INSTANCIA DE ...... SECCIÓN DE LO MERCANTIL

.............., Procurador de los Tribunales y de las compañías ...., con domicilio en ...., calle ...., C.P. ...., y CIF ...., respectivamente, sociedades que todas ellas configuran grupo de sociedades, cuya representación acredito mediante la escritura original de poder de representación de cada una de ellas, que se acompañan a este escrito, ante este Tribunal comparezco bajo la dirección letrada de Don ...., abogado del Ilustre Colegio de .... (núm. .... de colegiado), y como mejor proceda en Derecho DIGO:

PRIMERO. Mis poderdantes son las citadas compañías ...., que como más adelante se dirá, constituyen un grupo de sociedades a la vista del art. 42.1 C.Com y la Disposición Adicional 1ª TRLC.

A) La sociedad ....

Mi principal, la sociedad ...., se constituyó como sociedad de nueva creación, beneficiaria de la escisión total de la mercantil .... acordada en la Junta General Extraordinaria y Universal de la sociedad que se escindió totalmente de fecha ...... de ...... de ......, cuyos acuerdos fueron elevados a públicos, mediante escritura autorizada en ...., por el Notario de ......, Don ...., el ...... de .... de ...... (número de su protocolo ......), subsanada por otra otorgada ante el mismo Notario, el ...... de ...... de ...... (número de su protocolo ......).

Datos de Inscripción Registral: La sociedad está inscrita en el Registro Mercantil de la provincia de ...... al tomo ......, libro ......, folio ......, Hoja ....

CIF ......

Domicilio social: El domicilio social de la compañía se halla en ...... (......), calle ......, C.P. ...... En dicho lugar se halla el centro de intereses principales de la deudora.

Objeto social: consiste en: ....

Órgano de Administración: La Administración de la sociedad esta confiada a un ......

B) La sociedad ......

La sociedad ......, resultó de la escisión total de la originaria con el mismo nombre ......, acordada en la Junta General Extraordinaria y Universal de la sociedad que se escindió totalmente de fecha ...... de ...... de ......, cuyos acuerdos fueron elevados a públicos, mediante escritura autorizada en ......, por el Notario de ......, Don L ......, el ...... de ...... de ...... (número de su protocolo ...), subsanada por otra otorgada ante el mismo Notario, el ...... de ...... de ...... (número de su protocolo ......).

Datos de Inscripción Registral: La sociedad está inscrita en el Registro Mercantil de la provincia de ...... al tomo ......, libro ......, folio ......, Hoja ...

Domicilio social: El domicilio social de la compañía también se halla en ...... (......), calle ......, nº ......, C.P. ...... En dicho lugar se halla el centro de intereses principales de la deudora.

Su objeto social consiste en ....

CIF ....

Órgano de Administración: Desde su constitución, el órgano de administración de la compañía se halla conformado ....

C) La sociedad ....

La sociedad ...., resultó de la escisión total de la mercantil ...... acordada en la Junta General Extraordinaria y Universal de la sociedad que se escindió totalmente de fecha ...... de ...... de ......, cuyos acuerdos fueron elevados a público, mediante escritura autorizada en ......, por el Notario de ......, Don ...., el ...... de ...... de ...... (número de su protocolo ......), subsanada por otra otorgada ante el mismo Notario, el ...... de ...... de ...... (número de su protocolo ......).

Datos de Inscripción Registral: La sociedad está inscrita en el Registro Mercantil de la provincia de ...... al tomo ......, libro ......, folio ......, Hoja ...

Domicilio social: El domicilio social de la compañía se halla en ......, calle ......, nº ......, C.P. .... En dicho lugar se halla el centro de intereses principales de la deudora.

Su objeto social consiste en: ....

CIF ....

Órgano de Administración: Desde su constitución, el órgano de administración de la compañía se halla conformado por ....

D) La sociedad ....

La sociedad ...., se constituyó el ...... de ...... de ......, mediante escritura otorgada ante el notario de ......, Don .... (número de su protocolo ....).

Datos de Inscripción Registral: La sociedad está inscrita en el Registro Mercantil de la provincia de ...., al tomo ......, libro ......, folio ......, Hoja ....

Domicilio social: El domicilio social de la compañía se halla en ...., calle ...., nº ...., C.P. ...... En dicho lugar se halla el centro de intereses principales de la deudora.

Su objeto social consiste en: ....

CIF ....

Órgano de Administración: Desde su constitución, el órgano de administración de la compañía se halla conformado por ....

E) La sociedad ....

La sociedad ...., se constituyó el ...... de .... de ......, mediante escritura otorgada ante el notario de ......, Don ...... (número de su protocolo ......).

Datos de Inscripción Registral: La sociedad está inscrita en el Registro Mercantil de la provincia de ...., al tomo ......, libro ......, folio ......, Hoja ......

Domicilio social: El domicilio social de la compañía se halla en ...., calle ......, nº ......, C.P. ...... En dicho lugar se halla el centro de intereses principales de la deudora.

Su objeto social consiste en: ....

CIF: ....

Órgano de Administración: El órgano de administración de la compañía se halla conformado por un .... (núm. ...... de su protocolo).

Se acompaña como Documento ... A ...... certificación literal del Registro Mercantil de cada una de las sociedades.

SEGUNDO. Como se dijo arriba, las mercantiles .... constituyen un grupo de sociedades, ya que concurran los presupuestos que recoge el artículo 42.1 del CCom, en conexión a la DA 1ª TRLC:

A) Tienen el mismo socio único la sociedad ....

B) Son regidas por los mismos administradores, cargo que recaen en las mismas personas, Don ...., Don .... y Don ....

C) Tiene el mismo domicilio social, sito en ...., calle ...., nº ......, C.P. ......

D) ....

Ello les habilita para solicitar la declaración conjunta de concurso voluntario de acreedores a la vista del art. 38 TRLC.

TERCERO. Al tener mis poderdantes, las compañías ...., el domicilio social en ...., calle ...., nº ......, lugar donde se halla el centro de sus intereses principales, incluida la sociedad dominante, ... S.L., el Tribunal competente para conocer de su declaración de concurso, a la vista de lo establecido en el artículo 46.1 TRLC es el Tribunal de Instancia de ...., sección de lo Mercantil.

CUARTO. Que mis principales se hallan en estado de insolvencia actual y pretenden obtener un plan de reestructuración que les permita superar la situación en que se encuentran.

ALTERNATIVA: Que mis principales se hallan en estado de insolvencia, la compañía ..., actualmente, y las sociedades ......, inminentemente (o en probabilidad de insolvencia) y pretenden obtener un plan de reestructuración que les permita superar la situación en que se encuentran.

QUINTO. Que conforme establece el art. 585, apartados 1 y 2 TRLC, el deudor, que sea persona natural o jurídica, podrá comunicar al tribunal competente para la declaración del concurso la existencia de negociaciones con sus acreedores, o la intención de iniciarlas de inmediato, para alcanzar un plan de reestructuración que permita superar la situación en que se encuentra. Si se hallara en situación de insolvencia actual, podrá efectuar la citada comunicación, en tanto no se haya admitido a trámite solicitud de declaración de concurso necesario.

Y a la vista de lo dispuesto en el art. 587.1 TRLC, las personas que pueden solicitar la declaración conjunta de los respectivos concursos de acreedores podrán realizar una comunicación conjunta. En el caso de grupos de sociedades, podrá efectuarse la comunicación sin necesidad de incluir a la sociedad dominante ni a todas las sociedades del grupo.

Como expuse anteriormente, mis mandantes forman parte de un grupo de sociedades y, a la vista de lo dispuesto en el art. 38 TRLC, quedan facultados para solicitar la declaración conjunta de concurso voluntario de acreedores.

Por lo tanto, mis principales pueden formular la presente comunicación conjunta de apertura de comunicaciones a que se refiere el art. 585 y ss. TRLC.

SEXTO. Que por medio del presente escrito, esta parte pone en conocimiento de este Tribunal, que es el competente para la declaración de concurso de mis mandantes, la apertura de negociaciones con sus acreedores para obtener un plan de reestructuración. Ello a los efectos y con el alcance establecido en los arts. 585 ss. y concordantes TRLC.

SÉPTIMO. Dando cumplimiento a lo dispuesto en el art. 586.1 TRLC, se hace constar lo siguiente, en su caso, desglosada por cada una de las sociedades que aquí efectúan conjuntamente la comunicación:

I. Se justifica la presentación de esta comunicación en la situación de insolvencia actual/inminente/probable en que actualmente se hallan mis mandantes, que se pretenden superar a través de la obtención de un plan de reestructuración y, además, ...

II. Este Tribunal es el competente, internacional, objetiva y territorialmente, para conocer de la presente comunicación, al ser el competente para conocer del concurso de mis mandantes, que tienen su domicilio social y centro de interés principales en la ciudad española de ...., que es el de la sociedad dominante, y que viene incluida en la comunicación. Ello de conformidad con lo establecido en el art. 593 TRLC en conexión los arts. 44, 45 y 49 TRLC.

III. Se acompaña, por cada una de las sociedades que aquí efectúan conjuntamente la comunicación y como DOCUMENTOS ...... relación de los acreedores con los que se iniciado (o se tiene intención de iniciar) negociaciones, en la que consta su nombre y dirección, CIF, teléfono y dirección de mail, así como el importe de los créditos de cada uno de ellos y el importe total de los créditos.

Se hace contar que en las citadas relaciones SI figuran acreedores especialmente relacionados con los deudores, y que se reseñan en el apartado ..., epígrafe núm. ..., titulado "acreedores especialmente relacionados".

Se hace constar a los efectos oportunos que el supuesto de los créditos de derecho público reseñados en cada una de las expresadas relaciones, figuran la fecha de devengo de los mismos.

IV. Que NO existen ni se estima que puedan sobrevenir circunstancias susceptibles de afectar al desarrollo o al buen fin de las negociaciones.

ALTERNATIVA: Esta parte considera que existen (y/o pueden sobrevenir) las circunstancias que a continuación se reseñan, todas ellas, en opinión de esta parte, susceptibles de afectar al desarrollo o al buen fin de las negociaciones...........

V. Que mis mandantes desarrollan la actividad de ....

Se hace constar que el importe del activo y del pasivo, la cifra de negocios y el número de trabajadores al cierre del ejercicio inmediatamente anterior a aquel en que presente la comunicación de mis mandantes, se reseña en los documentos que se acompañan señalados de NÚMERO ...., desglosados por cada una de las sociedades que aquí efectúan conjuntamente la comunicación.

VI. Que esta parte considera necesarios para la continuidad de su actividad empresarial o profesional los siguientes bienes y derechos que a continuación se reseñan, desglosados por cada una de las sociedades que aquí efectúan conjuntamente la comunicación:...............

En la actualidad, se siguen las ejecuciones que a continuación se reseñan, desglosadas por cada una de las sociedades que aquí efectúan conjuntamente la comunicación, indicando el bien contra el que recae, la autoridad ejecutante, identificación del procedimiento y el estado de tramitación de la respectiva ejecución...........

ALTERNATIVA: Se acompaña como DOCUMENTOS ...... relación de los bienes y derechos que esta parte considera necesarios para la continuidad de la actividad empresarial, con expresión e identificación de las ejecuciones seguidas contra esos bienes, y el estado en que se encuentra su tramitación. Todo ello desglosado por cada una de las sociedades que aquí efectúan conjuntamente la comunicación

VII. Que los contratos necesarios para la continuidad de la actividad empresarial de mis mandantes, desglosados por cada una de las sociedades que aquí efectúan conjuntamente la comunicación, son los siguientes:............

ALTERNATIVA: Se acompaña como DOCUMENTO CINCO relación de los contratos necesarios para la continuidad de la actividad empresarial de mis mandantes, desglosados por cada una de las sociedades que aquí efectúan conjuntamente la comunicación.

VIII. EN SU CASO. Se solicita por mis mandante el nombramiento de un experto en la reestructuración en los términos que se exponen en el otrosí digo del presente escrito.

IX. EN SU CASO. Se solicita el carácter reservado de la comunicación.

OCTAVO. Igualmente en el DOCUMENTO que se acompaña bajo el número ......, se detallan las relaciones existentes entre todas y cada una de mis mandantes, los créditos y las deudas recíprocos y las garantías de cualquier clase que se hubieran otorgado.

NOVENO. EN SU CASO: Que se solicita la suspensión de las garantías que a continuación se reseñan prestada por la sociedad......, que forma parte del mismo grupo de sociedades que mis mandantes, dado que la ejecución de la garantía puede causar la insolvencia del garante y de la propia deudora, lo que se justifica ...

Estas garantías son las siguientes ....

DÉCIMO. EN SU CASO: Dado que se pretende por esta parte que el plan de reestructuración afecte al crédito público, se acredita que mis principales se encuentran al corriente en el cumplimiento de las obligaciones tributarias y frente a la Seguridad Social, con las pertinentes certificaciones emitidas por la Agencia Estatal de Administración Tributaria y la Tesorería General de la Seguridad Social que se acompañan como DOCUMENTOS ...... y ...... Ello dando cumplimiento a lo peticionado por el art. 586.1.10º TRLC

ALTERNATIVA: A los efectos de lo establecido en el art. 586.1.10º TRLC, esta parte hace constar mis principales NO se encuentran al corriente en el cumplimiento de las obligaciones tributarias y frente a la Seguridad Social.

UNDÉCIMO. EN SU CASO. Que al amparo de lo dispuesto en el art. 602.1 TRLC, interesa a esta parte se extienda la prohibición de la iniciación de ejecuciones, judiciales o extrajudiciales, a aquellos bienes o derechos que no son necesarios para la continuidad de la actividad empresarial de mi mandante.

ALTERNATIVA: Que al amparo de lo dispuesto en el art. 602.1 TRLC, y durante el plazo que se reseña en dicho precepto, interesa a esta parte se extienda la prohibición de la iniciación de ejecuciones, judiciales o extrajudiciales, a los bienes y derechos que a continuación se reseñan, pese a no ser necesarios para la continuidad de la actividad empresarial de mi mandante. Estos bienes y derechos son...........

ALTERNATIVA: Que al amparo de lo dispuesto en el art. 602.1 TRLC, y durante el plazo que se reseña en dicho precepto, interesa a esta parte se extienda la suspensión de ejecuciones, judiciales o extrajudiciales, que se siguen bienes o derechos que no son necesarios para la continuidad de la actividad empresarial de mi mandante y que son las siguientes, con identificación del bien o el derecho y el estado de la ejecución: ....

ALTERNATIVA: Que al amparo de lo dispuesto en el art. 602.1 TRLC, y durante el plazo que se reseña en dicho precepto, interesa a esta parte se extienda la prohibición de la iniciación de ejecuciones, judiciales o extrajudiciales, a aquellos bienes o derechos que no son necesarios para la continuidad, contra las siguiente/s clases de acreedor/es (contra los siguiente/s acreedor/es:..............).

ALTERNATIVA: Que al amparo de lo dispuesto en el art. 602.1 TRLC, y durante el plazo que se reseña en dicho precepto, interesa a esta parte se extienda la suspensión de ejecuciones, judiciales o extrajudiciales, que se siguen contra bienes o derechos que no son necesarios para la continuidad de la actividad empresarial de mi mandante, contra las siguiente/s clases de acreedor/es (contra los siguiente/s acreedor/es:..............). Estas ejecuciones son las siguientes, con identificación del bien o el derecho, el acreedor (o la clase de acreedores) y el estado de la ejecución: ....

La referida extensión se solicita al entenderse necesaria para asegurar el buen fin de las negociaciones para alcanzar un plan de reestructuración, toda vez que .... Lo que se acredita con los DOCUMENTOS ...

Todo ello desglosado por cada una de las sociedades aquí comunicantes de forma conjunta del inicio de las negociaciones a que se refiere el art. 585 TRLC.

DECIMOSEGUNDO. EN SU CASO. Dado que el órgano de administración de mis mandantes se halla organizado a través de un Consejo de Administración, se acompaña como DOCUMENTO ..., certificación del respectivo acuerdo adoptado por dicho órgano, en su reunión del día ......, en orden a la presentación de la presente comunicación de apertura de negociaciones.

DECIMOTERCERO. EN SU CASO: A los efectos del art. 585.2 TRLC y hallándose mis mandantes en situación de insolvencia actual, se manifiesta que no consta a esta parte admitida a trámite solicitud alguna de concurso necesario dirigida contra ninguno de mis principales.

ALTERNATIVA A los efectos del art. 585.2 TRLC se hace constar que solo la sociedad ...... SL se halla en situación de insolvencia actual, manifestándose que no consta a esta parte admitida a trámite solicitud alguna de concurso necesario dirigida contra la citada sociedad.

En virtud de lo expuesto,

SUPLICO AL TRIBUNAL que tenga por presentado este escrito, junto a los documentos a él unidos y sus copias, se sirva admitirlo y previos los oportunos trámites legales, se sirva tener por puesto en conocimiento de este Tribunal, que mis mandantes han aperturado (o tiene intención de aperturar de inmediato) negociaciones con sus acreedores para un plan de reestructuración, en los términos de este escrito y acordando cuanto proceda en derecho al efecto. Todo ello a los efectos y con el alcance establecido en los arts. 585 ss. y concordantes TRLC.

Es Justicia que pido en .... a ...... de .... de dos mil ......

(En su caso) OTROSÍ DIGO: Que como se ha indicado en el cuerpo de este escrito, esta parte solicita expresamente el carácter reservado de la presente comunicación de negociaciones, por lo que no procede que por el Letrado de la Administración de Justicia se ordene la publicación en el Registro Público Concursal de la resolución dejando constancia de su presentación.

Ello sin perjuicio de la facultad que se reserva esta parte de solicitar el levantamiento del citado carácter reservado de la comunicación en los términos y de conformidad con el art. 591 TRLC.

En su virtud,

SUPLICO AL TRIBUNAL que tenga por presentado este escrito, se sirva admitirlo y tener por efectuadas las anteriores manifestaciones a los efectos legales oportunos, acordándose en el sentido expuesto en el cuerpo de este escrito.

Es Justicia que pido en el lugar y fecha señaladas ut supra.

(En su caso) OTROSÍ DIGO: Que a efectos de la suspensión de la totalidad de las ejecuciones reseñadas en el cuerpo de este escrito por el Tribunal que conoce de las mismas, y de las garantías de terceros igualmente reseñadas en este escrito, se solicita su reseña en el Decreto dejando constancia de la presentación de esta comunicación y la remisión de la resolución teniendo por presentada la presente comunicación a que se refiere el art. 590.2 TRLC, y a efectos de lo prevenido en este precepto.

En su virtud,

SUPLICO AL TRIBUNAL que tenga por presentado este escrito, se sirva admitirlo y tener por efectuadas las anteriores manifestaciones a los efectos legales oportunos, acordándose en el sentido expuesto en el presente otrosí.

Es justicia que suplico en el lugar y fecha señalados "ut supra".

(En su caso) OTROSÍ DIGO: Que se solicita la designación de experto en la reestructuración a efectos que, de conformidad con el art. 679 y concordantes TRLC, desempeñe las siguientes funciones:

a) Asista al deudor y los acreedores en las negociaciones actualmente en curso para alcanzar un plan de reestructuración.

b) Elabore y presente a este Tribunal al que respetuosamente nos dirigimos, cuantos informes sean exigidos por la Ley, y aquellos otros que el Tribunal considere necesarios o convenientes. Todo ello, con relación a las citadas negociaciones, el plan de reestructuración que eventualmente se alcance y, en su caso, su homologación judicial.

c) Cualesquiera otra función que, conforme la Ley, le corresponda llevar a cabo con relación al proceso reestructurador antes señalado y en su condición de experto en reestructuraciones.

En este sentido y dando cumplimiento a lo señalado en la Ley se solicita la designación como experto en la reestructuración de referencia a D. ...., letrado nº ...... del Ilustre Colegio de Abogados de ......, con domicilio a efecto de notificaciones en ....

Se peticiona el nombramiento de la citada persona por cumplir las condiciones establecidas en el art. 674 del TRLC, ya que se trata de una persona natural española que posee los conocimientos especializados, tanto jurídicos, como financieros y empresariales acreditables en materia de la insolvencia en general, y en reestructuraciones, desde el año ......

Igualmente ostenta la condición de Administrador Concursal, habiendo sido designado en múltiples procedimientos concursales.

Su experiencia dilatada queda constatada no solo de sus continuos nombramientos por parte de los Tribunales de Instancia de todo el territorio nacional en todo asuntos mercantiles, societarios y concursales, sino, además, a la vista de su extensa bibliografía y publicaciones editoriales sobre estos asuntos; siendo un referente en el ámbito de la insolvencia, tanto preconcursal como concursal, así como en materia societaria y mercantil.

Y no solo desde una perspectiva privatista, sino del resto de áreas del derecho (fiscalidad, contabilidad, derecho laboral, etc), así como del ámbito financiero y de la empresa.

Junto a lo anterior, posee dilatada experiencia en materia de refinanciaciones de deudas y reestructuraciones de activo y pasivo, así como en modificaciones operacionales de las estructuras societarias; sobre todo en empresas en situación próxima a la insolvencia.

Se acompaña como DOCUMENTO...... curriculum vitae de Don ......

En cumplimiento de los requisitos establecidos en el art. 672.2 del TRLC, junto al presente escrito donde se razona que el experto solicitado reúne las condiciones establecidas en la Ley para el ejercicio del cargo, se acompaña como DOCUMENTO ...... copia de la póliza de seguro de responsabilidad civil o garantía equivalente que posee vigente el experto en reestructuración para responder de posibles daños que el experto pudiera causar en el ejercicio de las funciones propias del cargo.

Se hace constar expresamente que todos los honorarios devengados por el experto en la reestructuración serán asumidos por la deudora.

Del mismo modo, se hace constar que el presente escrito queda firmado y presentado tanto por las sociedades ...., a través de su representación procesal, como por Don ...., en este ultimo caso, en señal de aceptación del nombramiento de experto, y de aceptación del importe y plazos de devengo de la retribución pactada entre ambas partes, DOCUMENTO ..., así como a los efectos legales procedentes.

Por lo expuesto,

SUPLICO AL TRIBUNAL que tenga por presentado este escrito se sirva admitirlo y en su virtud tenga por efectuadas las anteriores manifestaciones para que, tras los trámites legales oportunos, en su momento y por el Tribunal se dicte resolución por la que nombre como experto en la reestructuración a D. ....

Es justicia que suplico en el lugar y fecha señalados "ut supra".

F018. COMUNICACIÓN AL TRIBUNAL DE LA APERTURA DE NEGOCIACIONES PLANTEADA POR VARIOS DEUDORES QUE FORMAN GRUPO DE SOCIEDADES. INSOLVENCIA INMINENTE

AL TRIBUNAL DE INSTANCIA DE .... SECCIÓN DE LO MERCANTIL

.............., Procurador de los Tribunales y de las compañías ...., con domicilio en ...., calle ...., C.P. ...., y CIF ...., respectivamente, sociedades que todas ellas configuran grupo de sociedades, cuya representación acredito mediante la escritura original de poder de representación de cada una de ellas, que se acompañan a este escrito, ante este Tribunal comparezco bajo la dirección letrada de Don ...., abogado del Ilustre Colegio de .... (núm. .... de colegiado), y como mejor proceda en Derecho DIGO:

PRIMERO. Mis poderdantes son las citadas compañías ...., que como más adelante se dirá, constituyen un grupo de sociedades a la vista del art. 42.1 C.Com y la Disposición Adicional 1ª TRLC.

A) La sociedad ....

Mi principal, la sociedad ...., se constituyó como sociedad de nueva creación, beneficiaria de la escisión total de la mercantil .... acordada en la Junta General Extraordinaria y Universal de la sociedad que se escindió totalmente de fecha ...... de ...... de ......, cuyos acuerdos fueron elevados a públicos, mediante escritura autorizada en ...., por el Notario de ......, Don ...., el ...... de .... de ...... (número de su protocolo ......), subsanada por otra otorgada ante el mismo Notario, el ...... de ...... de ...... (número de su protocolo ......).

Datos de Inscripción Registral: La sociedad está inscrita en el Registro Mercantil de la provincia de ...... al tomo ......, libro ......, folio ......, Hoja ....

CIF ......

Domicilio social: El domicilio social de la compañía se halla en ...... (......), calle ......, C.P. ...... En dicho lugar se halla el centro de intereses principales de la deudora.

Objeto social: consiste en: ....

Órgano de Administración: La Administración de la sociedad esta confiada a un ......

B) La sociedad ......

La sociedad ......, resultó de la escisión total de la originaria con el mismo nombre ......, acordada en la Junta General Extraordinaria y Universal de la sociedad que se escindió totalmente de fecha ...... de ...... de ......, cuyos acuerdos fueron elevados a públicos, mediante escritura autorizada en ......, por el Notario de ......, Don L ......, el ...... de ...... de ...... (número de su protocolo ...), subsanada por otra otorgada ante el mismo Notario, el ...... de ...... de ...... (número de su protocolo ......).

Datos de Inscripción Registral: La sociedad está inscrita en el Registro Mercantil de la provincia de ...... al tomo ......, libro ......, folio ......, Hoja ...

Domicilio social: El domicilio social de la compañía también se halla en ...... (......), calle ......, nº ......, C.P. ...... En dicho lugar se halla el centro de intereses principales de la deudora.

Su objeto social consiste en ....

CIF ....

Órgano de Administración: Desde su constitución, el órgano de administración de la compañía se halla conformado ....

C) La sociedad ....

La sociedad ...., resultó de la escisión total de la mercantil ...... acordada en la Junta General Extraordinaria y Universal de la sociedad que se escindió totalmente de fecha ...... de ...... de ......, cuyos acuerdos fueron elevados a público, mediante escritura autorizada en ......, por el Notario de ......, Don ...., el ...... de ...... de ...... (número de su protocolo ......), subsanada por otra otorgada ante el mismo Notario, el ...... de ...... de ...... (número de su protocolo ......).

Datos de Inscripción Registral: La sociedad está inscrita en el Registro Mercantil de la provincia de ...... al tomo ......, libro ......, folio ......, Hoja ...

Domicilio social: El domicilio social de la compañía se halla en ......, calle ......, nº ......, C.P. .... En dicho lugar se halla el centro de intereses principales de la deudora.

Su objeto social consiste en: ....

CIF ....

Órgano de Administración: Desde su constitución, el órgano de administración de la compañía se halla conformado por ....

D) La sociedad ....

La sociedad ...., se constituyó el ...... de ...... de ......, mediante escritura otorgada ante el notario de ......, Don .... (número de su protocolo ....).

Datos de Inscripción Registral: La sociedad está inscrita en el Registro Mercantil de la provincia de ...., al tomo ......, libro ......, folio ......, Hoja ....

Domicilio social: El domicilio social de la compañía se halla en ...., calle ...., nº ...., C.P. ...... En dicho lugar se halla el centro de intereses principales de la deudora.

Su objeto social consiste en: ....

CIF ....

Órgano de Administración: Desde su constitución, el órgano de administración de la compañía se halla conformado por ....

E) La sociedad ....

La sociedad ...., se constituyó el ...... de .... de ......, mediante escritura otorgada ante el notario de ......, Don ...... (número de su protocolo ......).

Datos de Inscripción Registral: La sociedad está inscrita en el Registro Mercantil de la provincia de ...., al tomo ......, libro ......, folio ......, Hoja ......

Domicilio social: El domicilio social de la compañía se halla en ...., calle ......, nº ......, C.P. ...... En dicho lugar se halla el centro de intereses principales de la deudora.

Su objeto social consiste en: ....

CIF: ....

Órgano de Administración: El órgano de administración de la compañía se halla conformado por un .... (núm. ...... de su protocolo).

Se acompaña como Documento ... A ...... certificación literal del Registro Mercantil de cada una de las sociedades.

SEGUNDO. Como se dijo arriba, las mercantiles .... constituyen un grupo de sociedades, ya que concurran los presupuestos que recoge el artículo 42.1 del CCom, en conexión a la DA 1° TRLC:

A) Tienen el mismo socio único la sociedad ....

B) Son regidas por los mismos administradores, cargo que recaen en las mismas personas, Don ...., Don .... y Don ....

C) Tiene el mismo domicilio social, sito en ...., calle ...., nº ......, C.P. ......

D) ....

Ello les habilita para solicitar la declaración conjunta de concurso voluntario de acreedores a la vista del art. 38 TRLC.

TERCERO. Al tener mis poderdantes, las compañías ...., el domicilio social en ...., calle ...., nº ......, lugar donde se halla el centro de sus intereses principales, incluida la sociedad dominante, ... S.L., el Tribunal competente para conocer de su declaración de concurso, a la vista de lo establecido en el artículo 46.1 TRLC es el Tribunal de Instancia, sección de lo Mercantil.

CUARTO. Que mis principales se hallan en estado de insolvencia inminente y pretenden obtener un plan de reestructuración que les permita superar la situación en que se encuentran.

QUINTO. Que conforme establece el art. 585, apartados 1 y 2 TRLC, el deudor, que sea persona natural o jurídica, podrá comunicar al tribunal competente para la declaración del concurso la existencia de negociaciones con sus acreedores, o la intención de iniciarlas de inmediato, para alcanzar un plan de reestructuración que permita superar la situación en que se encuentra. Si se hallara en situación de insolvencia actual, podrá efectuar la citada comunicación, en tanto no se haya admitido a trámite solicitud de declaración de concurso necesario.

Y a la vista de lo dispuesto en el art. 587.1 TRLC, las personas que pueden solicitar la declaración conjunta de los respectivos concursos de acreedores podrán realizar una comunicación conjunta. En el caso de grupos de sociedades, podrá efectuarse la comunicación sin necesidad de incluir a la sociedad dominante ni a todas las sociedades del grupo.

Como expuse anteriormente, mis mandantes forman parte de un grupo de sociedades y, a la vista de lo dispuesto en el art. 38 TRLC, quedan facultados para solicitar la declaración conjunta de concurso voluntario de acreedores.

Por lo tanto, mis principales pueden formular la presente comunicación conjunta de apertura de comunicaciones a que se refiere el art. 585 y ss. TRLC.

SEXTO. Que por medio del presente escrito, esta parte pone en conocimiento de este Tribunal, que es el competente para la declaración de concurso de mis mandantes, la apertura de negociaciones con sus acreedores para obtener un plan de reestructuración. Ello a los efectos y con el alcance establecido en los arts. 585 ss. y concordantes TRLC.

SÉPTIMO. Dando cumplimiento a lo dispuesto en el art. 586.1 TRLC, se hace constar lo siguiente, en su caso, desglosada por cada una de las sociedades que aquí efectúan conjuntamente la comunicación:

I. Se justifica la presentación de esta comunicación en la situación de insolvencia inminente en que actualmente se hallan mis mandantes, que se pretenden superar a través de la obtención de un plan de reestructuración y, además, ...

II. Este Tribunal es el competente, internacional, objetiva y territorialmente, para conocer de la presente comunicación, al ser el competente para conocer del concurso de mis mandantes, que tienen su domicilio social y centro de interés principales en la ciudad española de ...., que es el de la sociedad dominante, y que viene incluida en la comunicación. Ello de conformidad con lo establecido en el art. 593 TRLC en conexión los arts. 44, 45 y 49 TRLC.

III. Se acompaña, por cada una de las sociedades que aquí efectúan conjuntamente la comunicación y como DOCUMENTOS ...... relación de los acreedores con los que se iniciado (o se tiene intención de iniciar) negociaciones, en la que consta su nombre y dirección, CIF, teléfono y dirección de mail, así como el importe de los créditos de cada uno de ellos y el importe total de los créditos.

Se hace contar que en las citadas relaciones SI figuran acreedores especialmente relacionados con los deudores, y que se reseñan en el apartado ..., epígrafe núm. ..., titulado "acreedores especialmente relacionados".

Se hace constar a los efectos oportunos que el supuesto de los créditos de derecho público reseñados en cada una de las expresadas relaciones, figuran la fecha de devengo de los mismos.

IV. Que NO existen ni se estima que puedan sobrevenir circunstancias susceptibles de afectar al desarrollo o al buen fin de las negociaciones.

ALTERNATIVA: Esta parte considera que existen (y/o pueden sobrevenir) las circunstancias que a continuación se reseñan, todas ellas, en opinión de esta parte, susceptibles de afectar al desarrollo o al buen fin de las negociaciones...........

V. Que mis mandantes desarrollan la actividad de ....

Se hace constar que el importe del activo y del pasivo, la cifra de negocios y el número de trabajadores al cierre del ejercicio inmediatamente anterior a aquel en que presente la comunicación de mis mandantes, se reseña en los documentos que se acompañan señalados de NÚMERO ...., desglosados por cada una de las sociedades que aquí efectúan conjuntamente la comunicación.

VI. Que esta parte considera necesarios para la continuidad de su actividad empresarial o profesional los siguientes bienes y derechos que a continuación se reseñan, desglosados por cada una de las sociedades que aquí efectúan conjuntamente la comunicación:...............

En la actualidad, se siguen las ejecuciones que a continuación se reseñan, desglosadas por cada una de las sociedades que aquí efectúan conjuntamente la comunicación, indicando el bien contra el que recae, la autoridad ejecutante, identificación del procedimiento y el estado de tramitación de la respectiva ejecución...........

ALTERNATIVA: Se acompaña como DOCUMENTOS ...... relación de los bienes y derechos que esta parte considera necesarios para la continuidad de la actividad empresarial, con expresión e identificación de las ejecuciones seguidas contra esos bienes, y el estado en que se encuentra su tramitación. Todo ello desglosado por cada una de las sociedades que aquí efectúan conjuntamente la comunicación

VII. Que los contratos necesarios para la continuidad de la actividad empresarial de mis mandantes, desglosados por cada una de las sociedades que aquí efectúan conjuntamente la comunicación, son los siguientes:...........

ALTERNATIVA: Se acompaña como DOCUMENTO CINCO relación de los contratos necesarios para la continuidad de la actividad empresarial de mis mandantes, desglosados por cada una de las sociedades que aquí efectúan conjuntamente la comunicación.

VIII. EN SU CASO. Se solicita por mis mandante el nombramiento de un experto en la reestructuración en los términos que se exponen en el otrosí digo del presente escrito.

IX. EN SU CASO. Se solicita el carácter reservado de la comunicación.

OCTAVO. Igualmente en el DOCUMENTO que se acompaña bajo el número ......, se detallan las relaciones existentes entre todas y cada una de mis mandantes, los créditos y las deudas recíprocos y las garantías de cualquier clase que se hubieran otorgado.

NOVENO. EN SU CASO: Que se solicita la suspensión de las garantías que a continuación se reseñan prestada por la sociedad......, que forma parte del mismo grupo de sociedades que mis mandantes, dado que la ejecución de la garantía puede causar la insolvencia del garante y de la propia deudora, lo que se justifica ...

Estas garantías son las siguientes ....

DÉCIMO. EN SU CASO: Dado que se pretende por esta parte que el plan de reestructuración afecte al crédito público, se acredita que mis principales se encuentran al corriente en el cumplimiento de las obligaciones tributarias y frente a la Seguridad Social, con las pertinentes certificaciones emitidas por la Agencia Estatal de Administración Tributaria y la Tesorería General de la Seguridad Social que se acompañan como DOCUMENTOS ...... y ...... Ello dando cumplimiento a lo peticionado por el art. 586.1.10° TRLC

ALTERNATIVA: A los efectos de lo establecido en el art. 586.1.10° TRLC, esta parte hace constar mis principales NO se encuentran al corriente en el cumplimiento de las obligaciones tributarias y frente a la Seguridad Social.

DÉCIMO PRIMERO. EN SU CASO. Que al amparo de lo dispuesto en el art. 602.1 TRLC, interesa a esta parte se extienda la prohibición de la iniciación de ejecuciones, judiciales o extrajudiciales, a aquellos bienes o derechos que no son necesarios para la continuidad de la actividad empresarial de mi mandante.

ALTERNATIVA: Que al amparo de lo dispuesto en el art. 602.1 TRLC, y durante el plazo que se reseña en dicho precepto, interesa a esta parte se extienda la prohibición de la iniciación de ejecuciones, judiciales o extrajudiciales, a los bienes y derechos que a continuación se reseñan, pese a no ser necesarios para la continuidad de la actividad empresarial de mi mandante. Estos bienes y derechos son...........

ALTERNATIVA: Que al amparo de lo dispuesto en el art. 602.1 TRLC, y durante el plazo que se reseña en dicho precepto, interesa a esta parte se extienda la suspensión de ejecuciones, judiciales o extrajudiciales, que se siguen bienes o derechos que no son necesarios para la continuidad de la actividad empresarial de mi mandante y que son las siguientes, con identificación del bien o el derecho y el estado de la ejecución: ....

ALTERNATIVA: Que al amparo de lo dispuesto en el art. 602.1 TRLC, y durante el plazo que se reseña en dicho precepto, interesa a esta parte se extienda la prohibición de la iniciación de ejecuciones, judiciales o extrajudiciales, a aquellos bienes o derechos que no son necesarios para la continuidad, contra las siguiente/s clases de acreedor/es (contra los siguiente/s acreedor/es:...............).

ALTERNATIVA: Que al amparo de lo dispuesto en el art. 602.1 TRLC, y durante el plazo que se reseña en dicho precepto, interesa a esta parte se extienda la suspensión de ejecuciones, judiciales o extrajudiciales, que se siguen contra bienes o derechos que no son necesarios para la continuidad de la actividad empresarial de mi mandante, contra las siguiente/s clases de acreedor/es (contra los siguiente/s acreedor/es:..............). Estas ejecuciones son las siguientes, con identificación del bien o el derecho, el acreedor (o la clase de acreedores) y el estado de la ejecución: ....

La referida extensión se solicita al entenderse necesaria para asegurar el buen fin de las negociaciones para alcanzar un plan de reestructuración, toda vez que .... Lo que se acredita con los DOCUMENTOS ...

Todo ello desglosado por cada una de las sociedades aquí comunicantes de forma conjunta del inicio de las negociaciones a que se refiere el art. 585 TRLC.

DÉCIMO SEGUNDO. EN SU CASO. Dado que el órgano de administración de mis mandantes se halla organizado a través de un Consejo de Administración, se acompaña como DOCUMENTO ..., certificación del respectivo acuerdo adoptado por dicho órgano, en su reunión del día ......, en orden a la presentación de la presente comunicación de apertura de negociaciones.

En virtud de lo expuesto,

SUPLICO AL TRIBUNAL que tenga por presentado este escrito, junto a los documentos a él unidos y sus copias, se sirva admitirlo y previos los oportunos trámites legales, se sirva tener por puesto en conocimiento de este Tribunal, que mis mandantes han aperturado (o tiene intención de aperturar de inmediato) negociaciones con sus acreedores para un plan de reestructuración, en los términos de este escrito y acordando cuanto proceda en derecho al efecto. Todo ello a los efectos y con el alcance establecido en los arts. 585 ss. y concordantes TRLC.

Es Justicia que pido en .... a ...... de .... de dos mil ......

(En su caso) OTROSÍ DIGO: Que como se ha indicado en el cuerpo de este escrito, esta parte solicita expresamente el carácter reservado de la presente comunicación de negociaciones, por lo que no procede que por el Letrado de la Administración de Justicia se ordene la publicación en el Registro Público Concursal de la resolución dejando constancia de su presentación.

Ello sin perjuicio de la facultad que se reserva esta parte de solicitar el levantamiento del citado carácter reservado de la comunicación en los términos y de conformidad con el art. 591 TRLC.

En su virtud,

SUPLICO AL TRIBUNAL que tenga por presentado este escrito, se sirva admitirlo y tener por efectuadas las anteriores manifestaciones a los efectos legales oportunos, acordándose en el sentido expuesto en el cuerpo de este escrito.

Es Justicia que pido en el lugar y fecha señaladas ut supra.

(En su caso) OTROSÍ DIGO: Que a efectos de la suspensión de la totalidad de las ejecuciones reseñadas en el cuerpo de este escrito por el Tribunal que conoce de las mismas, y de las garantías de terceros igualmente reseñadas en este escrito, se solicita su reseña en el Decreto dejando constancia de la presentación de esta comunicación y la remisión de la resolución teniendo por presentada la presente comunicación a que se refiere el art. 590.2 TRLC, y a efectos de lo prevenido en este precepto.

En su virtud,

SUPLICO AL TRIBUNAL que tenga por presentado este escrito, se sirva admitirlo y tener por efectuadas las anteriores manifestaciones a los efectos legales oportunos, acordándose en el sentido expuesto en el presente otrosí.

Es justicia que suplico en el lugar y fecha señalados "ut supra".

(En su caso) OTROSÍ DIGO: Que se solicita la designación de experto en la reestructuración a efectos que, de conformidad con el art. 679 y concordantes TRLC, desempeñe las siguientes funciones:

a) Asista al deudor y los acreedores en las negociaciones actualmente en curso para alcanzar un plan de reestructuración.

b) Elabore y presente a este Tribunal al que respetuosamente nos dirigimos, cuantos informes sean exigidos por la Ley, y aquellos otros que el Tribunal considere necesarios o convenientes. Todo ello, con relación a las citadas negociaciones, el plan de reestructuración que eventualmente se alcance y, en su caso, su homologación judicial.

c) Cualesquiera otra función que conforme la Ley, le corresponda llevar a cabo con relación al proceso reestructurador antes señalado y en su condición de experto en reestructuraciones.

En este sentido y dando cumplimiento a lo señalado en la Ley se solicita la designación como experto en la reestructuración de referencia a D. ...., letrado nº ...... del Ilustre Colegio de Abogados de ......, con domicilio a efecto de notificaciones en ....

Se peticiona el nombramiento de la citada persona por cumplir las condiciones establecidas en el art. 674 del TRLC, ya que se trata de una persona natural española que posee los conocimientos especializados, tanto jurídicos, como financieros y empresariales acreditables en materia de la insolvencia en general, y en reestructuraciones, desde el año ......

Igualmente ostenta la condición de Administrador Concursal, habiendo sido designado en múltiples procedimientos concursales.

Su experiencia dilatada queda constatada no solo de sus continuos nombramientos por parte de los Tribunales de Instancia de todo el territorio nacional en todo asuntos mercantiles, societarios y concursales, sino, además, a la vista de su extensa bibliografía y publicaciones editoriales sobre estos asuntos; siendo un referente en el ámbito de la insolvencia, tanto preconcursal como concursal, así como en materia societaria y mercantil. Y no solo desde una perspectiva privatista, sino del resto de áreas del derecho (fiscalidad, contabilidad, derecho laboral, etc), así como del ámbito financiero y de la empresa.

Junto a lo anterior, posee dilatada experiencia en materia de refinanciaciones de deudas y reestructuraciones de activo y pasivo, así como en modificaciones operacionales de las estructuras societarias; sobre todo en empresas en situación próxima a la insolvencia.

Se acompaña como DOCUMENTO...... curriculum vitae de Don ......

En cumplimiento de los requisitos establecidos en el art. 672.2 del TRLC, junto al presente escrito donde se razona que el experto solicitado reúne las condiciones establecidas en la Ley para el ejercicio del cargo, se acompaña como DOCUMENTO ...... copia de la póliza de seguro de responsabilidad civil o garantía equivalente que posee vigente el experto en reestructuración para responder de posibles daños que el experto pudiera causar en el ejercicio de las funciones propias del cargo.

Se hace constar expresamente que todos los honorarios devengados por el experto en la reestructuración serán asumidos por la deudora.

Del mismo modo, se hace constar que el presente escrito queda firmado y presentado tanto por las sociedades ...., a través de su representación procesal, como por Don ...., en este ultimo caso, en señal de aceptación del nombramiento de experto, y de aceptación del importe y plazos de devengo de la retribución pactada entre ambas partes, DOCUMENTO ..., así como a los efectos legales procedentes.

Por lo expuesto,

SUPLICO AL TRIBUNAL que tenga por presentado este escrito se sirva admitirlo y en su virtud tenga por efectuadas las anteriores manifestaciones para que, tras los trámites legales oportunos, en su momento y por el Tribunal se dicte resolución por la que nombre como experto en la reestructuración a D. ....

Es justicia que suplico en el lugar y fecha señalados "ut supra".

F019. COMUNICACIÓN AL TRIBUNAL DE LA APERTURA DE NEGOCIACIONES PLANTEADA POR VARIOS DEUDORES QUE FORMAN GRUPO DE SOCIEDADES. PROBABILIDAD DE INSOLVENCIA

AL TRIBUNAL DE INSTANCIA DE .... SECCIÓN DE LO MERCANTIL

.............., Procurador de los Tribunales y de las compañías ...., con domicilio en ...., calle ...., C.P. ...., y CIF ...., respectivamente, sociedades que todas ellas configuran grupo de sociedades, cuya representación acredito mediante la escritura original de poder de representación de cada una de ellas, que se acompañan a este escrito, ante este Tribunal comparezco bajo la dirección letrada de Don ...., abogado del Ilustre Colegio de .... (núm. .... de colegiado), y como mejor proceda en Derecho DIGO:

PRIMERO. Mis poderdantes son las citadas compañías ...., que como más adelante se dirá, constituyen un grupo de sociedades a la vista del art. 42.1 C.Com y la Disposición Adicional 1ª TRLC.

A) La sociedad ....

Mi principal, la sociedad ...., se constituyó como sociedad de nueva creación, beneficiaria de la escisión total de la mercantil .... acordada en la Junta General Extraordinaria y Universal de la sociedad que se escindió totalmente de fecha ...... de ...... de ......, cuyos acuerdos fueron elevados a públicos, mediante escritura autorizada en ...., por el Notario de ......, Don ...., el ...... de .... de ...... (número de su protocolo ......), subsanada por otra otorgada ante el mismo Notario, el ...... de ...... de ...... (número de su protocolo ......).

Datos de Inscripción Registral: La sociedad está inscrita en el Registro Mercantil de la provincia de ...... al tomo ......, libro ......, folio ......, Hoja ....

CIF ......

Domicilio social: El domicilio social de la compañía se halla en ...... (......), calle ......, C.P. ...... En dicho lugar se halla el centro de intereses principales de la deudora.

Objeto social: consiste en: ....

Órgano de Administración: La Administración de la sociedad esta confiada a un ......

B) La sociedad ......

La sociedad ......, resultó de la escisión total de la originaria con el mismo nombre ......, acordada en la Junta General Extraordinaria y Universal de la sociedad que se escindió totalmente de fecha ...... de ...... de ......, cuyos acuerdos fueron elevados a públicos, mediante escritura autorizada en ......, por el Notario de ......, Don L ......, el ...... de ...... de ...... (número de su protocolo ...), subsanada por otra otorgada ante el mismo Notario, el ...... de ...... de ...... (número de su protocolo ......).

Datos de Inscripción Registral: La sociedad está inscrita en el Registro Mercantil de la provincia de ...... al tomo ......, libro ......, folio ......, Hoja ...

Domicilio social: El domicilio social de la compañía también se halla en ...... (......), calle ......, nº ......, C.P. ...... En dicho lugar se halla el centro de intereses principales de la deudora.

Su objeto social consiste en ....

CIF ....

Órgano de Administración: Desde su constitución, el órgano de administración de la compañía se halla conformado ....

C) La sociedad ....

La sociedad ...., resultó de la escisión total de la mercantil ...... acordada en la Junta General Extraordinaria y Universal de la sociedad que se escindió totalmente de fecha ...... de ...... de ......, cuyos acuerdos fueron elevados a público, mediante escritura autorizada en ......, por el Notario de ......, Don ...., el ...... de ...... de ...... (número de su protocolo ......), subsanada por otra otorgada ante el mismo Notario, el ...... de ...... de ...... (número de su protocolo ......).

Datos de Inscripción Registral: La sociedad está inscrita en el Registro Mercantil de la provincia de ...... al tomo ......, libro ......, folio ......, Hoja ...

Domicilio social: El domicilio social de la compañía se halla en ......, calle ......, nº ......, C.P. .... En dicho lugar se halla el centro de intereses principales de la deudora.

Su objeto social consiste en: ....

CIF ....

Órgano de Administración: Desde su constitución, el órgano de administración de la compañía se halla conformado por ....

D) La sociedad ....

La sociedad ...., se constituyó el ...... de ...... de ......, mediante escritura otorgada ante el notario de ......, Don .... (número de su protocolo ....).

Datos de Inscripción Registral: La sociedad está inscrita en el Registro Mercantil de la provincia de ...., al tomo ......, libro ......, folio ......, Hoja ....

Domicilio social: El domicilio social de la compañía se halla en ...., calle ...., nº ...., C.P. ...... En dicho lugar se halla el centro de intereses principales de la deudora.

Su objeto social consiste en: ....

CIF ....

Órgano de Administración: Desde su constitución, el órgano de administración de la compañía se halla conformado por ....

E) La sociedad ....

La sociedad ...., se constituyó el ...... de .... de ......, mediante escritura otorgada ante el notario de ......, Don ...... (número de su protocolo ......).

Datos de Inscripción Registral: La sociedad está inscrita en el Registro Mercantil de la provincia de ...., al tomo ......, libro ......, folio ......, Hoja ......

Domicilio social: El domicilio social de la compañía se halla en ...., calle ......, nº ......, C.P. ...... En dicho lugar se halla el centro de intereses principales de la deudora.

Su objeto social consiste en: ....

CIF: ....

Órgano de Administración: El órgano de administración de la compañía se halla conformado por un .... (núm. ...... de su protocolo).

Se acompaña como Documento ... A ...... certificación literal del Registro Mercantil de cada una de las sociedades.

SEGUNDO. Como se dijo arriba, las mercantiles .... constituyen un grupo de sociedades, ya que concurran los presupuestos que recoge el artículo 42.1 del CCom, en conexión a la DA 1ª TRLC:

A) Tienen el mismo socio único la sociedad ....

B) Son regidas por los mismos administradores, cargo que recaen en las mismas personas, Don ...., Don .... y Don ....

C) Tiene el mismo domicilio social, sito en ...., calle ...., nº ......, C.P. ......

D) ....

Ello les habilita para solicitar la declaración conjunta de concurso voluntario de acreedores a la vista del art. 38 TRLC.

TERCERO. Al tener mis poderdantes, las compañías ...., el domicilio social en ...., calle ...., nº ......, lugar donde se halla el centro de sus intereses principales, incluida la sociedad dominante, ... S.L., el Tribunal competente para conocer de su declaración de concurso, a la vista de lo establecido en el artículo 46.1 TRLC es el Tribunal Instancia, sección de lo Mercantil, de ....

CUARTO. Que mis principales se hallan en estado de probabilidad de insolvencia y pretenden obtener un plan de reestructuración que les permita superar la situación en que se encuentran.

QUINTO. Que conforme establece el art. 585, apartados 1 y 2 TRLC, el deudor, que sea persona natural o jurídica, podrá comunicar al tribunal competente para la declaración del concurso la existencia de negociaciones con sus acreedores, o la intención de iniciarlas de inmediato, para alcanzar un plan de reestructuración que permita superar la situación en que se encuentra. Si se hallara en situación de insolvencia actual, podrá efectuar la citada comunicación, en tanto no se haya admitido a trámite solicitud de declaración de concurso necesario.

Y a la vista de lo dispuesto en el art. 587.1 TRLC, las personas que pueden solicitar la declaración conjunta de los respectivos concursos de acreedores podrán realizar una comunicación conjunta. En el caso de grupos de sociedades, podrá efectuarse la comunicación sin necesidad de incluir a la sociedad dominante ni a todas las sociedades del grupo.

Como expuse anteriormente, mis mandantes forman parte de un grupo de sociedades y, a la vista de lo dispuesto en el art. 38 TRLC, quedan facultados para solicitar la declaración conjunta de concurso voluntario de acreedores.

Por lo tanto, mis principales pueden formular la presente comunicación conjunta de apertura de comunicaciones a que se refiere el art. 585 y ss. TRLC.

SEXTO. Que por medio del presente escrito, esta parte pone en conocimiento de este Tribunal, que es el competente para la declaración de concurso de mis mandantes, la apertura de negociaciones con sus acreedores para obtener un plan de reestructuración. Ello a los efectos y con el alcance establecido en los arts. 585 ss. y concordantes TRLC.

SÉPTIMO. Dando cumplimiento a lo dispuesto en el art. 586.1 TRLC, se hace constar lo siguiente, en su caso, desglosada por cada una de las sociedades que aquí efectúan conjuntamente la comunicación:

I. Se justifica la presentación de esta comunicación en la situación de insolvencia actual/inminente/probable en que actualmente se hallan mis mandantes, que se pretenden superar a través de la obtención de un plan de reestructuración y, además, ...

II. Este Tribunal es el competente, internacional, objetiva y territorialmente, para conocer de la presente comunicación, al ser el competente para conocer del concurso de mis mandantes, que tienen su domicilio social y centro de interés principales en la ciudad española de ...., que es el de la sociedad dominante, y que viene incluida en la comunicación. Ello de conformidad con lo establecido en el art. 593 TRLC en conexión los arts. 87 LOPJ, 44, 45 y 49 TRLC.

III. Se acompaña, por cada una de las sociedades que aquí efectúan conjuntamente la comunicación y como DOCUMENTOS ...... relación de los acreedores con los que se iniciado (o se tiene intención de iniciar) negociaciones, en la que consta su nombre y dirección, CIF, teléfono y dirección de mail, así como el importe de los créditos de cada uno de ellos y el importe total de los créditos.

Se hace contar que en las citadas relaciones SI figuran acreedores especialmente relacionados con los deudores, y que se reseñan en el apartado ..., epígrafe núm. ..., titulado "acreedores especialmente relacionados".

Se hace constar a los efectos oportunos que el supuesto de los créditos de derecho público reseñados en cada una de las expresadas relaciones, figuran la fecha de devengo de los mismos.

IV. Que NO existen ni se estima que puedan sobrevenir circunstancias susceptibles de afectar al desarrollo o al buen fin de las negociaciones.

ALTERNATIVA: Esta parte considera que existen (y/o pueden sobrevenir) las circunstancias que a continuación se reseñan, todas ellas, en opinión de esta parte, susceptibles de afectar al desarrollo o al buen fin de las negociaciones...........

V. Que mis mandantes desarrollan la actividad de ....

Se hace constar que el importe del activo y del pasivo, la cifra de negocios y el número de trabajadores al cierre del ejercicio inmediatamente anterior a aquel en que presente la comunicación de mis mandantes, se reseña en los documentos que se acompañan señalados de NÚMERO ...., desglosados por cada una de las sociedades que aquí efectúan conjuntamente la comunicación.

VI. Que esta parte considera necesarios para la continuidad de su actividad empresarial o profesional los siguientes bienes y derechos que a continuación se reseñan, desglosados por cada una de las sociedades que aquí efectúan conjuntamente la comunicación:..............

En la actualidad, se siguen las ejecuciones que a continuación se reseñan, desglosadas por cada una de las sociedades que aquí efectúan conjuntamente la comunicación, indicando el bien contra el que recae, la autoridad ejecutante, identificación del procedimiento y el estado de tramitación de la respectiva ejecución...........

ALTERNATIVA: Se acompaña como DOCUMENTOS ...... relación de los bienes y derechos que esta parte considera necesarios para la continuidad de la actividad empresarial, con expresión e identificación de las ejecuciones seguidas contra esos bienes, y el estado en que se encuentra su tramitación. Todo ello desglosado por cada una de las sociedades que aquí efectúan conjuntamente la comunicación

VII. Que los contratos necesarios para la continuidad de la actividad empresarial de mis mandantes, desglosados por cada una de las sociedades que aquí efectúan conjuntamente la comunicación, son los siguientes:...........

ALTERNATIVA: Se acompaña como DOCUMENTO ...... relación de los contratos necesarios para la continuidad de la actividad empresarial de mis mandantes, desglosados por cada una de las sociedades que aquí efectúan conjuntamente la comunicación.

VIII. EN SU CASO. Se solicita por mis mandante el nombramiento de un experto en la reestructuración en los términos que se exponen en el otrosí digo del presente escrito.

IX. EN SU CASO. Se solicita el carácter reservado de la comunicación.

OCTAVO. Igualmente en el DOCUMENTO que se acompaña bajo el número ......, se detallan las relaciones existentes entre todas y cada una de mis mandantes, los créditos y las deudas recíprocos y las garantías de cualquier clase que se hubieran otorgado.

NOVENO. EN SU CASO: Que se solicita la suspensión de las garantías que a continuación se reseñan prestada por la sociedad......, que forma parte del mismo grupo de sociedades que mis mandantes, dado que la ejecución de la garantía puede causar la insolvencia del garante y de la propia deudora, lo que se justifica ...

Estas garantías son las siguientes ....

DÉCIMO. EN SU CASO: Dado que se pretende por esta parte que el plan de reestructuración afecte al crédito público, se acredita que mis principales se encuentra al corriente en el cumplimiento de las obligaciones tributarias y frente a la Seguridad Social, con las pertinentes certificaciones emitidas por la Agencia Estatal de Administración Tributaria y la Tesorería General de la Seguridad Social que se acompañan como DOCUMENTOS ...... y ...... Ello dando cumplimiento a lo peticionado por el art. 586.1.10° TRLC

ALTERNATIVA: A los efectos de lo establecido en el art. 586.1.10° TRLC, esta parte hace constar mis principales NO se encuentran al corriente en el cumplimiento de las obligaciones tributarias y frente a la Seguridad Social.

DECIMOPRIMERO. EN SU CASO. Que al amparo de lo dispuesto en el art. 602.1 TRLC, interesa a esta parte se extienda la prohibición de la iniciación de ejecuciones, judiciales o extrajudiciales, a aquellos bienes o derechos que no son necesarios para la continuidad de la actividad empresarial de mi mandante.

ALTERNATIVA: Que al amparo de lo dispuesto en el art. 602.1 TRLC, y durante el plazo que se reseña en dicho precepto, interesa a esta parte se extienda la prohibición de la iniciación de ejecuciones, judiciales o extrajudiciales, a los bienes y derechos que a continuación se reseñan, pese a no ser necesarios para la continuidad de la actividad empresarial de mi mandante. Estos bienes y derechos son...........

ALTERNATIVA: Que al amparo de lo dispuesto en el art. 602.1 TRLC, y durante el plazo que se reseña en dicho precepto, interesa a esta parte se extienda la suspensión de ejecuciones, judiciales o extrajudiciales, que se siguen bienes o derechos que no son necesarios para la continuidad de la actividad empresarial de mi mandante y que son las siguientes, con identificación del bien o el derecho y el estado de la ejecución: ....

ALTERNATIVA: Que al amparo de lo dispuesto en el art. 602.1 TRLC, y durante el plazo que se reseña en dicho precepto, interesa a esta parte se extienda la prohibición de la iniciación de ejecuciones, judiciales o extrajudiciales, a aquellos bienes o derechos que no son necesarios para la continuidad, contra las siguiente/s clases de acreedor/es (contra los siguiente/s acreedor/es:...............).

ALTERNATIVA: Que al amparo de lo dispuesto en el art. 602.1 TRLC, y durante el plazo que se reseña en dicho precepto, interesa a esta parte se extienda la suspensión de ejecuciones, judiciales o extrajudiciales, que se siguen contra bienes o derechos que no son necesarios para la continuidad de la actividad empresarial de mi mandante, contra las siguiente/s clases de acreedor/es (contra los siguiente/s acreedor/es:...............). Estas ejecuciones son las siguientes, con identificación del bien o el derecho, el acreedor (o la clase de acreedores) y el estado de la ejecución: ....

La referida extensión se solicita al entenderse necesaria para asegurar el buen fin de las negociaciones para alcanzar un plan de reestructuración, toda vez que .... Lo que se acredita con los DOCUMENTOS ...

Todo ello desglosado por cada una de las sociedades aquí comunicantes de forma conjunta del inicio de las negociaciones a que se refiere el art. 585 TRLC.

DECIMOSEGUNDO. EN SU CASO. Dado que el órgano de administración de mis mandantes se halla organizado a través de un Consejo de Administración, se acompaña como DOCUMENTO ..., certificación del respectivo acuerdo adoptado por dicho órgano, en su reunión del día ......, en orden a la presentación de la presente comunicación de apertura de negociaciones.

En virtud de lo expuesto,

SUPLICO AL TRIBUNAL que tenga por presentado este escrito, junto a los documentos a él unidos y sus copias, se sirva admitirlo y previos los oportunos trámites legales, se sirva tener por puesto en conocimiento de este Tribunal, que mis mandantes han aperturado (o tiene intención de aperturar de inmediato) negociaciones con sus acreedores para un plan de reestructuración, en los términos de este escrito y acordando cuanto proceda en derecho al efecto. Todo ello a los efectos y con el alcance establecido en los arts. 585 ss. y concordantes TRLC.

Es Justicia que pido en .... a ...... de .... de dos mil ......

(En su caso) OTROSÍ DIGO: Que como se ha indicado en el cuerpo de este escrito, esta parte solicita expresamente el carácter reservado de la presente comunicación de negociaciones, por lo que no procede que por el Letrado de la Administración de Justicia se ordene la publicación en el Registro Público Concursal de la resolución dejando constancia de su presentación.

Ello sin perjuicio de la facultad que se reserva esta parte de solicitar el levantamiento del citado carácter reservado de la comunicación en los términos y de conformidad con el art. 591 TRLC.

En su virtud,

SUPLICO AL TRIBUNAL que tenga por presentado este escrito, se sirva admitirlo y tener por efectuadas las anteriores manifestaciones a los efectos legales oportunos, acordándose en el sentido expuesto en el cuerpo de este escrito.

Es Justicia que pido en el lugar y fecha señaladas ut supra.

(En su caso) OTROSÍ DIGO: Que a efectos de la suspensión de la totalidad de las ejecuciones reseñadas en el cuerpo de este escrito por el Tribunal que conoce de las mismas, y de las garantías de terceros igualmente reseñadas en este escrito, se solicita su reseña en el Decreto dejando constancia de la presentación de esta comunicación y la remisión de la resolución teniendo por presentada la presente comunicación a que se refiere el art. 590.2 TRLC, y a efectos de lo prevenido en este precepto.

En su virtud,

SUPLICO AL TRIBUNAL que tenga por presentado este escrito, se sirva admitirlo y tener por efectuadas las anteriores manifestaciones a los efectos legales oportunos, acordándose en el sentido expuesto en el presente otrosí.

Es justicia que suplico en el lugar y fecha señalados "ut supra".

(En su caso) OTROSÍ DIGO: Que se solicita la designación de experto en la reestructuración a efectos que, de conformidad con el art. 679 y concordantes TRLC, desempeñe las siguientes funciones:

a) Asista al deudor y los acreedores en las negociaciones actualmente en curso para alcanzar un plan de reestructuración.

b) Elabore y presente a este Tribunal al que respetuosamente nos dirigimos, cuantos informes sean exigidos por la Ley, y aquellos otros que el Tribunal considere necesarios o convenientes. Todo ello, con relación a las citadas negociaciones, el plan de reestructuración que eventualmente se alcance y, en su caso, su homologación judicial.

c) Cualesquiera otra función que, conforme la Ley, le corresponda llevar a cabo con relación al proceso reestructurador antes señalado y en su condición de experto en reestructuraciones.

En este sentido y dando cumplimiento a lo señalado en la Ley se solicita la designación como experto en la reestructuración de referencia a D. ...., letrado nº ...... del Ilustre Colegio de Abogados de ......, con domicilio a efecto de notificaciones en ....

Se peticiona el nombramiento de la citada persona por cumplir las condiciones establecidas en el art. 674 del TRLC, ya que se trata de una persona natural española que posee los conocimientos especializados, tanto jurídicos, como financieros y empresariales acreditables en materia de la insolvencia en general, y en reestructuraciones, desde el año ......

Igualmente ostenta la condición de Administrador Concursal, habiendo sido designado en múltiples procedimientos concursales.

Su experiencia dilatada queda constatada no solo de sus continuos nombramientos por parte de los Tribunales de Instancia de todo el territorio nacional en todo asuntos mercantiles, societarios y concursales, sino, además, a la vista de su extensa bibliografía y publicaciones editoriales sobre estos asuntos; siendo un referente en el ámbito de la insolvencia, tanto preconcursal como concursal, así como en materia societaria y mercantil. Y no solo desde una perspectiva privatista, sino del resto de áreas del derecho (fiscalidad, contabilidad, derecho laboral, etc), así como del ámbito financiero y de la empresa.

Junto a lo anterior, posee dilatada experiencia en materia de refinanciaciones de deudas y reestructuraciones de activo y pasivo, así como en modificaciones operacionales de las estructuras societarias; sobre todo en empresas en situación próxima a la insolvencia.

Se acompaña como DOCUMENTO...... curriculum vitae de Don ......

En cumplimiento de los requisitos establecidos en el art. 672.2 del TRLC, junto al presente escrito donde se razona que el experto solicitado reúne las condiciones establecidas

en la Ley para el ejercicio del cargo, se acompaña como DOCUMENTO ...... copia de la póliza de seguro de responsabilidad civil o garantía equivalente que posee vigente el experto en reestructuración para responder de posibles daños que el experto pudiera causar en el ejercicio de las funciones propias del cargo.

Se hace constar expresamente que todos los honorarios devengados por el experto en la reestructuración serán asumidos por la deudora.

Del mismo modo, se hace constar que el presente escrito queda firmado y presentado tanto por las sociedades ...., a través de su representación procesal, como por Don ...., en este último caso, en señal de aceptación del nombramiento de experto, y de aceptación del importe y plazos de devengo de la retribución pactada entre ambas partes, DOCUMENTO ..., así como a los efectos legales procedentes.

Por lo expuesto,

SUPLICO AL TRIBUNAL que tenga por presentado este escrito se sirva admitirlo y en su virtud tenga por efectuadas las anteriores manifestaciones para que, tras los trámites legales oportunos, en su momento y por el Tribunal se dicte resolución por la que nombre como experto en la reestructuración a D. ....

Es justicia que suplico en el lugar y fecha señalados "ut supra".

F020. COMUNICACIÓN DE APERTURA DE NEGOCIACIONES PARA PREPACK Y PLAN DE REESTRUCTURACIÓN

AL TRIBUNAL DE INSTANCIA DE .... SECCIÓN DE LO MERCANTIL

..............., Procurador de los Tribunales (núm. .... de colegiado) y de la compañía .... S.A., con domicilio en ...., calle .... núm. .... y CIF ...., cuya representación acredito mediante la escritura original de poder de representación que se acompaña a este escrito, ante este Tribunal comparezco bajo la dirección letrada de Don ...., abogado del Ilustre Colegio de .... (núm. .... de colegiado), y como mejor proceda en Derecho DIGO:

I.– DE LAS CIRCUNSTANCIAS DE MI MANDANTE, LA COMPAÑÍA .... S.A.

I.1. Que mi principal, la sociedad .... S.A., se constituyó el .... de .... de ...., mediante escritura otorgada ante el notario de ...., Don .... (número de su protocolo ....).

Datos de Inscripción Registral: La sociedad está inscrita en el Registro Mercantil de la provincia de .... al tomo ...., General .... de la sección .... del Libro de sociedades, Folio ...., hoja .... CIF ....

Su objeto social consiste en ....

El domicilio social de la compañía se halla en ...., calle ...., lugar en que se halla el centro de los intereses principales de la deudora. Por lo tanto, el Tribunal competente para conocer de su declaración de concurso, a la vista de lo establecido en el art. 44, 45 y 49 TRLC es el Tribunal de Instancia, sección de lo Mercantil, de .... al que nos dirigimos.

El órgano de administración esta confiado a ....

Se acompaña como DOCUMENTO ...... certificación del Registro Mercantil de la provincia de .... relativa a la expresada sociedad.

I.2. EN SU CASO. Mi mandante forma parte de un grupo de sociedades, en el que la dominante es ......, y las dominadas son las mercantiles ...., concurriendo los presupuestos que recoge el artículo 42.1 del CCom, en conexión con la DA 1ª TRLC:

A) Tienen el mismo socio único la sociedad ....

B) Son regidas por los mismos administradores, cargo que recaen en las mismas personas, Don ...., Don .... y Don ....

C) Tiene el mismo domicilio social, sito en ...., calle ...., nº ......, C.P. ......

D) ....

Lo anterior se acredita .... (DOCUMENTOS ... a ....)

II.– DE LA SITUACIÓN DE INSOLVENCIA EN QUE SE HALLA MI PRINCIPAL.

II.1. Que mi principal se halla en estado de insolvencia actual (o insolvencia inminente) (o probabilidad de insolvencia) y pretende obtener bien ofertas para la adquisición de la unidad productiva que a continuación se dirá y en los términos de los arts. 224 Ter y ss. TRLC, bien un plan de reestructuración de los del art. 614 TRLC.

II.2.– Que .... S.A ha devenido a la referida insolvente situación como consecuencia de ....

III. SOLICITUD DE NOMBRAMIENTO DE EXPERTO PARA RECABAR OFERTAS DE ADQUISICIÓN DE UNIDAD PRODUCTIVA.

III.1 Mi mandante, que como se acaba señalar se encuentra en situación de insolvencia actual (o inminente) (o probable), es propietario de la siguiente unidad productiva: ....

Dicha unidad productiva ha cesado (no ha cesado) en su actividad.

El valor de la citada unidad productiva es de ....euros.

Lo anterior se acredita con los DOCUMENTOS que se acompañan como número ...., consistentes en ....

III.2 Esta parte pretende y solicita en este acto y de este Tribunal, que es el competente para la declaración de concurso de mi mandante, que al amparo de los arts. 224 ter y ss. TRLC, designe un experto que recabe ofertas para la adquisición de la referida unidad productiva, con pago al contado y en los términos de los referidos preceptos legales.

III.3 Las ofertas a recabar deberán cumplir lo dispuesto en los arts. 224 septies y concordantes TRLC, y en especial, la obligación de continuar (o reiniciar) la actividad con la unidad productiva en cuestión por un mínimo de dos años.

III.4. A tal efecto designatorio:

a) Se propone como experto para su designación por este Tribunal, a Don ...., abogado, con domicilio en ......, calle ......, y DNI/MIF .... Se hace constar que el profesional propuesto reúne los requisitos peticionados para ejercer el citado cargo expertual, pues reúne las condiciones para para ser nombrado administrador concursal o experto en reestructuraciones, tal y como se acredita con el currículum que se acompaña como DOCUMENTO ....

b) Esta parte y Don .... han pactado los siguientes honorarios para retribuir el encargo: .... Ello atendiendo al valor de la unidad productiva ....

c) Esta parte entiende que la duración del encargo debe ser de ... meses, prorrogables previa autorización de este Tribunal por otros .... meses adicionales a los primeros.

d) En señal de conformidad y aceptación de lo expuesto en este apartado, Don .... firma el presente escrito.

Todo ello se propone sin perjuicio de lo que pueda acordar este Tribunal al que respetuosamente nos dirigimos en orden al nombramiento aquí peticionado.

IV.– DE LA COMUNICACIÓN DE APERTURA DE NEGOCIACIONES.

IV.1. Que sin perjuicio de lo anterior, conforme establece el art. 585, apartados 1 y 2 TRLC, el deudor, que sea persona natural o jurídica, y se halle en insolvencia inminente o probabilidad de insolvencia, podrá comunicar al tribunal competente para la declaración del concurso la existencia de negociaciones con sus acreedores, o la intención de iniciarlas de inmediato, para alcanzar un plan de reestructuración que permita superar la situación en que se encuentra. Si se hallara en situación de insolvencia actual, podrá efectuar la citada comunicación, en tanto no se haya admitido a trámite solicitud de declaración de concurso necesario.

IV.2 Que por medio del presente escrito, esta parte también pone en conocimiento de este Tribunal, que es el competente para la declaración de concurso de mi mandante, la apertura de negociaciones con sus acreedores para obtener un plan de reestructuración. Ello a los efectos y con el alcance establecido en los arts. 585 ss. y concordantes TRLC.

IV.3 Dando cumplimiento a lo dispuesto en el art. 586.1 TRLC, se hace constar lo siguiente:

a) Se justifica la presentación de esta comunicación en la situación de insolvencia actual (probabilidad de insolvencia) (insolvencia inminente) en que se halla mi mandante, que se pretende superar bien mediante la figura del prepack anteriormente reseñada, bien a través de la obtención de un plan de reestructuración y, además, ...

b) Este Tribunal de Instancia, sección de lo Mercantil, de ... es el competente, internacional, objetiva y territorialmente, para conocer de la presente comunicación, al ser el competente para conocer del concurso de mi mandante, que tiene su domicilio social y centro de interés principales en la ciudad española de .... Ello de conformidad con lo establecido en los artículos 585 y 593 TRLC en conexión los arts. 44, 45 y 49 TRLC.

c) Se acompaña como DOCUMENTO ...... una relación de los acreedores con los que se iniciado (o se tiene intención de iniciar) negociaciones, en la que consta su nombre y dirección, CIF, teléfono y dirección de mail, así como el importe de los créditos de cada uno de ellos y el importe total de los créditos.

Se hace constar que en la citada relación NO figuran acreedores especialmente relacionados con el deudor.

ALTERNATIVA: Se hace contar que en la citada relación SI figuran acreedores especialmente relacionados con el deudor, y que son los siguientes: ....

ALTERNATIVA: Se hace contar que en la citada relación SI figuran acreedores especialmente relacionados con el deudor, y que se reseñan en la citada relación, en el apartado ..., epígrafe núm. ..., titulado "acreedores especialmente relacionados".

Se hace constar a los efectos oportunos que el supuesto de los créditos de derecho público reseñados en la expresada relación, figura la fecha de devengo de los mismos.

d) Que NO existen ni se estima que puedan sobrevenir circunstancias susceptibles de afectar al desarrollo o al buen fin de las negociaciones.

ALTERNATIVA: Esta parte considera que existen (y/o pueden sobrevenir) las circunstancias que a continuación se reseñan, todas ellas, en opinión de esta parte, susceptibles de afectar al desarrollo o al buen fin de las negociaciones...........

e) Que mi mandante desarrolla la actividad de ....

Se hace constar que el importe del activo y del pasivo, la cifra de negocios y el número de trabajadores al cierre del ejercicio inmediatamente anterior a aquel en que presente la comunicación se reseña en el documento que se acompaña señalado de NÚMERO ....

f) Que esta parte considera necesarios para la continuidad de su actividad empresarial o profesional los siguientes bienes y derechos ....

En la actualidad, se siguen las ejecuciones que a continuación se reseñan, indicando el bien contra el que recae, la autoridad ejecutante, identificación del procedimiento y el estado de tramitación de la respectiva ejecución...........

ALTERNATIVA: Se acompaña como DOCUMENTO ...... relación de los bienes y derechos que esta parte considera necesarios para la continuidad de su actividad empresarial, con expresión e identificación de las ejecuciones seguidas contra esos bienes, y el estado en que se encuentra su tramitación.

g) Que los contratos necesarios para la continuidad de la actividad empresarial de mi mandante son los siguientes:...........

ALTERNATIVA: Se acompaña como DOCUMENTO ...... relación de los contratos necesarios para la continuidad de la actividad empresarial de mi mandante.

h) Se solicita el carácter reservado de la comunicación.

IV.4 EN SU CASO: Dado que se pretende por esta parte que el plan de reestructuración afecte al crédito público, se acredita que mi principal se encuentra al corriente en el cumplimiento de las obligaciones tributarias y frente a la Seguridad Social, con las pertinentes certificaciones emitidas por la Agencia Estatal de Administración Tributaria y la Tesorería General de la Seguridad Social que se acompañan como DOCUMENTOS ...... Ello dando cumplimiento a lo peticionado por el art. 586.1.10° TRLC

IV.5. EN SU CASO. Que se solicita la suspensión de la ejecución de las garantías que a continuación de reseñan, prestadas por ...., sociedad matriz del que forma parte mi principal, a favor de .... y en garantía del cumplimiento por mi mandante de ....

Caso de no suspenderse la citada ejecución se produciría la insolvencia del citado garante y de mi principal a la vista que ....

IV.6. EN SU CASO. Que al amparo de lo dispuesto en el art. 602.1 TRLC, interesa a esta parte se extienda la prohibición de la iniciación de ejecuciones, judiciales o extrajudiciales, a aquellos bienes o derechos que no son necesarios para la continuidad de la actividad empresarial de mi mandante.

ALTERNATIVA: Que al amparo de lo dispuesto en el art. 602.1 TRLC, y durante el plazo que se reseña en dicho precepto, interesa a esta parte se extienda la prohibición de la iniciación de ejecuciones, judiciales o extrajudiciales, a los bienes y derechos que a continuación se reseñan, pese a no ser necesarios para la continuidad de la actividad empresarial de mi mandante. Estos bienes y derechos son...........

ALTERNATIVA: Que al amparo de lo dispuesto en el art. 602.1 TRLC, y durante el plazo que se reseña en dicho precepto, interesa a esta parte se extienda la suspensión de ejecuciones, judiciales o extrajudiciales, que se siguen bienes o derechos que no son necesarios para la continuidad de la actividad empresarial de mi mandante y que son las siguientes, con identificación del bien o el derecho y el estado de la ejecución: ....

ALTERNATIVA: Que al amparo de lo dispuesto en el art. 602.1 TRLC, y durante el plazo que se reseña en dicho precepto, interesa a esta parte se extienda la prohibición de la iniciación de ejecuciones, judiciales o extrajudiciales, a aquellos bienes o derechos que no son necesarios para la continuidad, contra las siguiente/s clases de acreedor/es (contra los siguiente/s acreedor/es:...............).

ALTERNATIVA: Que al amparo de lo dispuesto en el art. 602.1 TRLC, y durante el plazo que se reseña en dicho precepto, interesa a esta parte se extienda la suspensión de ejecuciones, judiciales o extrajudiciales, que se siguen contra bienes o derechos que no son necesarios para la continuidad de la actividad empresarial de mi mandante, contra las siguiente/s clases de acreedor/es (contra los siguiente/s acreedor/es:...............). Estas ejecuciones son las siguientes, con identificación del bien o el derecho, el acreedor (o la clase de acreedores) y el estado de la ejecución: ....

La referida extensión se solicita al entenderse necesaria para asegurar el buen fin de las negociaciones para alcanzar un plan de reestructuración, toda vez que .... Lo que se acredita con los DOCUMENTOS ...

IV.7. EN SU CASO. Dado que el órgano de administración de mi mandante se halla organizado a través de un Consejo de Administración, se acompaña como DOCUMENTO ...., certificación del acuerdo adoptado por dicho órgano, en su reunión del día ......, en orden a la presentación de la presente comunicación de apertura de negociaciones.

En virtud de lo expuesto,

SUPLICO AL TRIBUNAL que tenga por presentado este escrito, junto a los documentos a él unidos y sus copias, se sirva admitirlo y previos los oportunos trámites legales, se sirva a) *tener por solicitado, al amparo de los dispuesto en los arts. 224 ter y ss. TRLC, el nombramiento de experto para recabar ofertas de adquisición de la unidad productiva arriba reseñada, y previos los oportunos trámites legales, se sirva dictar resolución acordando tal nombramiento en la persona de Don .... y con la duración del encargo y la retribución procedente a percibir por el experto reseñada en el cuerpo de este escrito, o, en su defecto, en la persona y condiciones del encargo que tenga por conveniente y b)* tener por puesto en conocimiento de este Tribunal, que .... S.A. ha aperturado (o tiene intención de aperturar de inmediato) negociaciones con sus acreedores en los términos de este escrito, y, en ambos casos a) y b) acordando cuanto proceda en derecho al efecto. Todo ello a los efectos y con el alcance establecido en los arts. Arts. 224 Ter y ss. TRLC y los arts. 585 ss. y concordantes TRLC.

Es Justicia que pido en .... a ...... de .... de dos mil ......

(En su caso) OTROSÍ DIGO: Que como se ha indicado en el cuerpo de este escrito, esta parte solicita expresamente el carácter reservado de la presente comunicación de negociaciones, por lo que no procede que por el Letrado de la Administración de Justicia se ordene la publicación en el Registro Público Concursal de la resolución dejando constancia de su presentación.

Ello sin perjuicio de la facultad que se reserva esta parte de solicitar el levantamiento del citado carácter reservado de la comunicación en los términos y de conformidad con el art. 591 TRLC.

En su virtud,

SUPLICO AL TRIBUNAL que tenga por presentado este escrito, se sirva admitirlo y tener por efectuadas las anteriores manifestaciones a los efectos legales oportunos, acordándose en el sentido expuesto en el cuerpo de este escrito.

Es Justicia que pido en el lugar y fecha señaladas ut supra.

(En su caso) OTROSÍ DIGO: Que a efectos de la suspensión de la totalidad de las ejecuciones reseñadas en el cuerpo de este escrito por el Tribunal que conoce de las mismas, se solicita su reseña en el Decreto dejando constancia de la presentación de esta comunicación y la remisión de la resolución teniendo por presentada la presente comunicación a que se refiere el art. 590.2 TRLC, y a efectos de lo prevenido en este precepto.

En su virtud,

SUPLICO AL TRIBUNAL que tenga por presentado este escrito, se sirva admitirlo y tener por efectuadas las anteriores manifestaciones a los efectos legales oportunos, acordándose en el sentido expuesto en el presente otrosí.

Es justicia que suplico en el lugar y fecha señalados "ut supra".

F021. COMUNICACIÓN DEL ART. 585 TRLC A EFECTOS DEL PREPACK

AL TRIBUNAL DE INSTANCIA DE .... SECCIÓN DE LO MERCANTIL

..............., Procurador de los Tribunales (núm. .... de colegiado) y de la compañía .... S.A., con domicilio en ...., calle .... núm. .... y CIF ...., cuya representación acredito mediante la escritura original de poder de representación que se acompaña a este escrito, ante este Tribunal comparezco bajo la dirección letrada de Don ...., abogado del Ilustre Colegio de .... (núm. .... de colegiado), y como mejor proceda en Derecho DIGO:

PRIMERO.– Que mi principal, la sociedad .... S.A., se constituyó el .... de .... de ...., mediante escritura otorgada ante el notario de ...., Don .... (número de su protocolo ....).

Datos de Inscripción Registral: La sociedad está inscrita en el Registro Mercantil de la provincia de .... al tomo ...., General .... de la sección .... del Libro de sociedades, Folio ...., hoja .... CIF ....

Su objeto social consiste en ....

El domicilio social de la compañía se halla en ...., calle ...., lugar en que se halla el centro de los intereses principales de la deudora. Por lo tanto, el Tribunal competente para conocer de su declaración de concurso, a la vista de lo establecido en el art. 44, 45 y 49 TRLC es el Tribunal Instancia, sección de lo Mercantil, de .... al que nos dirigimos.

El órgano de administración esta confiado a ....

Se acompaña como DOCUMENTO ...... certificación del Registro Mercantil de la provincia de .... relativa a la expresada sociedad.

SEGUNDO.– EN SU CASO. Mi mandante forma parte de un grupo de sociedades, en el que la dominante es ......, y las dominadas son las mercantiles ...., concurriendo los presupuestos que recoge el artículo 42.1 del CCom, en conexión con la DA 1ª TRLC:

A) Tienen el mismo socio único la sociedad ....

B) Son regidas por los mismos administradores, cargo que recaen en las mismas personas, Don ...., Don .... y Don ....

C) Tiene el mismo domicilio social, sito en ...., calle ...., nº ......, C.P. ......

D) ....

Todo lo anterior se acredita .... (DOCUMENTOS ...... a ....)

TERCERO.– Que conforme establece el art. 585, apartados 1 y 2 TRLC, el deudor, que sea persona natural o jurídica, y se halle en insolvencia inminente o probabilidad de insolvencia, podrá comunicar al tribunal competente para la declaración del concurso la existencia de negociaciones con sus acreedores, o la intención de iniciarlas de inmediato, para alcanzar un plan de reestructuración que permita superar la situación en que se encuentra. Si se hallara en situación de insolvencia actual, podrá efectuar la citada comunicación, en tanto no se haya admitido a trámite solicitud de declaración de concurso necesario.

No obstante lo anterior, no deja de ser menos cierto que tanto jurisprudencial como doctrinalmente se admite el empleo de la referida comunicación a efectos del procedimiento establecido en los arts. 224 Ter, ss. y concordantes TRLC.

Por ello, esta parte ha solicitado de este Tribunal, que es el competente para la declaración de concurso de mi mandante, y mediante escrito de fecha ...., que se acompaña como DOCUMENTO ...., que al amparo de los arts. 224 ter y ss. TRLC, designe un experto que recabe ofertas para la adquisición de la referida unidad productiva, con pago al contado y en los términos de los referidos preceptos legales.

ALTERNATIVA: Por ello, en este acto, se solicita la designación del referido experto que recabe ofertas de adquisición de la unidad productiva que a continuación se dirá, haciéndose constar lo siguiente:

1.– *Mi mandante, que como se acaba señalar se encuentra en situación de insolvencia actual (o inminente) (o probable), es propietario de la siguiente unidad productiva:* ....

2.– Dicha unidad productiva ha cesado (no ha cesado) en su actividad.

3.– Valor de la citada unidad productiva es de ....euros.

Lo anterior se acredita con los DOCUMENTOS que se acompañan como número ...., consistentes en ....

4.– Las ofertas a recabar deberán cumplir lo dispuesto en los arts. 224 septies y concordantes TRLC, y en especial, la obligación de continuar (o reiniciar) la actividad con la unidad productiva en cuestión por un mínimo de dos años.

5.– A tal efecto designatorio:

a) Se propone como experto para su designación por este Tribunal, a Don ...., abogado, con domicilio en ......, calle ......, y DNI/MIF .... Se hace constar que el profesional propuesto reúne los requisitos peticionados para ejercer el citado cargo expertual, pues reúne las condiciones para para ser nombrado administrador concursal o experto en reestructuraciones, tal y como se acredita con el curriculum que se acompaña como DOCUMENTO ....

b) Esta parte y Don .... han pactado los siguientes honorarios para retribuir el encargo: .... Ello atendiendo al valor de la unidad productiva ....

c) Esta parte entiende que la duración del encargo debe ser de ... meses, prorrogables previa autorización de este Tribunal por otros .... meses adicionales a los primeros.

d) En señal de conformidad y aceptación de lo expuesto en este apartado, Don .... firma el presente escrito.

Todo ello se propone sin perjuicio de lo que pueda acordar este Tribunal al que respetuosamente nos dirijimos en orden al nombramiento aquí peticionado.

CUARTO.– Y a la vista de todo ello, y por medio del presente escrito, esta parte pone en conocimiento de este Tribunal, que es el competente para la declaración de concurso de mi mandante, la presente comunicación a los efectos y con el alcance establecido en los arts. 585 ss. y concordantes TRLC, en conexión con los artículos 224 Ter y ss. TRLC.

QUINTO.– Dando cumplimiento a lo dispuesto en el art. 586.1 TRLC, se hace constar lo siguiente:

a) Se justifica la presentación de esta comunicación en la situación de insolvencia actual (probabilidad de insolvencia) (insolvencia inminente) en que se halla mi mandante.

b) Este Tribunal de Instancia, Sección de lo Mercantil de ... es el competente, internacional, objetiva y territorialmente, para conocer de la presente comunicación, al ser el competente para conocer del concurso de mi mandante, que tiene su domicilio social y centro de interés principales en la ciudad española de .... Ello de conformidad con lo establecido en los artículos 585 y 593 TRLC en conexión los arts. 44, 45 y 49 TRLC.

c) Se acompaña como DOCUMENTO ...... una relación de los acreedores de la deudora, en la que consta su nombre y dirección, CIF, teléfono y dirección de mail, así como el importe de los créditos de cada uno de ellos y el importe total de los créditos.

Se hace constar que en la citada relación NO figuran acreedores especialmente relacionados con el deudor.

ALTERNATIVA: Se hace contar que en la citada relación SI figuran acreedores especialmente relacionados con el deudor, y que son los siguientes: ....

ALTERNATIVA: Se hace contar que en la citada relación SI figuran acreedores especialmente relacionados con el deudor, y que se reseñan en la citada relación, en el apartado ..., epígrafe núm. ..., titulado "acreedores especialmente relacionados".

Se hace constar a los efectos oportunos que el supuesto de los créditos de derecho público reseñados en la expresada relación, figura la fecha de devengo de los mismos.

d) Que NO existen ni se estima que puedan sobrevenir circunstancias susceptibles de afectar al desarrollo o al buen fin de las negociaciones.

ALTERNATIVA: Esta parte considera que existen (y/o pueden sobrevenir) las circunstancias que a continuación se reseñan, todas ellas, en opinión de esta parte, susceptibles de afectar al desarrollo o al buen fin de las negociaciones...........

e) Que mi mandante desarrolla la actividad de ....

Se hace constar que el importe del activo y del pasivo, la cifra de negocios y el número de trabajadores al cierre del ejercicio inmediatamente anterior a aquel en que presente la comunicación se reseña en el documento que se acompaña señalado de NÚMERO ....

f) Que esta parte considera necesarios para la continuidad de su actividad empresarial o profesional los siguientes bienes y derechos ....

En la actualidad, se siguen las ejecuciones que a continuación se reseñan, indicando el bien contra el que recae, la autoridad ejecutante, identificación del procedimiento y el estado de tramitación de la respectiva ejecución...........

ALTERNATIVA: Se acompaña como DOCUMENTO ...... relación de los bienes y derechos que esta parte considera necesarios para la continuidad de su actividad empresarial, con expresión e identificación de las ejecuciones seguidas contra esos bienes, y el estado en que se encuentra su tramitación.

g) Que los contratos necesarios para la continuidad de la actividad empresarial de mi mandante son los siguientes:...........

ALTERNATIVA: Se acompaña como DOCUMENTO ...... relación de los contratos necesarios para la continuidad de la actividad empresarial de mi mandante.

h) EN SU CASO. Se solicita el carácter reservado de la comunicación.

SEXTO.– EN SU CASO. Que se solicita la suspensión de la ejecución de las garantías que a continuación de reseñan, prestadas por ...., sociedad matriz del que forma parte mi principal, a favor de .... y en garantía del cumplimiento por mi mandante de ....

Caso de no suspenderse la citada ejecución se produciría la insolvencia del citado garante y de mi principal a la vista que ....

SÉPTIMO.– EN SU CASO. Que al amparo de lo dispuesto en el art. 602.1 TRLC, interesa a esta parte se extienda la prohibición de la iniciación de ejecuciones, judiciales o extrajudiciales, a aquellos bienes o derechos que no son necesarios para la continuidad de la actividad empresarial de mi mandante.

ALTERNATIVA: Que al amparo de lo dispuesto en el art. 602.1 TRLC, y durante el plazo que se reseña en dicho precepto, interesa a esta parte se extienda la prohibición de la iniciación de ejecuciones, judiciales o extrajudiciales, a los bienes y derechos que a continuación se reseñan, pese a no ser necesarios para la continuidad de la actividad empresarial de mi mandante. Estos bienes y derechos son...........

ALTERNATIVA: Que al amparo de lo dispuesto en el art. 602.1 TRLC, y durante el plazo que se reseña en dicho precepto, interesa a esta parte se extienda la suspensión de ejecuciones, judiciales o extrajudiciales, que se siguen bienes o derechos que no son necesarios para la continuidad de la actividad empresarial de mi mandante y que son las siguientes, con identificación del bien o el derecho y el estado de la ejecución: ....

ALTERNATIVA: Que al amparo de lo dispuesto en el art. 602.1 TRLC, y durante el plazo que se reseña en dicho precepto, interesa a esta parte se extienda la prohibición de la iniciación de ejecuciones, judiciales o extrajudiciales, a aquellos bienes o derechos que no son necesarios para la continuidad, contra las siguiente/s clases de acreedor/es (contra los siguiente/s acreedor/es:...............).

ALTERNATIVA: Que al amparo de lo dispuesto en el art. 602.1 TRLC, y durante el plazo que se reseña en dicho precepto, interesa a esta parte se extienda la suspensión de ejecuciones, judiciales o extrajudiciales, que se siguen contra bienes o derechos que no son necesarios para la continuidad de la actividad empresarial de mi mandante, contra las siguiente/s clases de acreedor/es (contra los siguiente/s acreedor/es:...............). Estas ejecuciones son las siguientes, con identificación del bien o el derecho, el acreedor (o la clase de acreedores) y el estado de la ejecución: ....

La referida extensión se solicita al entenderse necesaria para asegurar el buen fin de las negociaciones toda vez que .... Lo que se acredita con los DOCUMENTOS ...

OCTAVO.– EN SU CASO. Dado que el órgano de administración de mi mandante se halla organizado a través de un Consejo de Administración, se acompaña como DOCUMENTO ...., certificación del acuerdo adoptado por dicho órgano, en su reunión del día ......, en orden a la presentación de la presente comunicación.

En virtud de lo expuesto,

SUPLICO AL TRIBUNAL que tenga por presentado este escrito, junto a los documentos a él unidos y sus copias, se sirva admitirlo y previos los oportunos trámites legales, se sirva tener por formulada a) la comunicación a que se refiere el art. 585 TRLC y, b) EN SU CASO (si no ha solicitado ya la designación de Prepacker) a tenerlo *por solicitado, al amparo de los dispuesto en los arts. 224 ter y ss. TRLC, el nombramiento de experto para recabar ofertas de adquisición de la unidad productiva arriba reseñada, y previos los oportunos trámites legales, se sirva dictar resolución acordando tal nombramiento en la persona de Don .... y con la duración del encargo y la retribución procedente a percibir por el experto reseñada en el cuerpo de este escrito, o, en su defecto, en la persona y condiciones del encargo que tenga por conveniente,* acordándose cuanto proceda en derecho al efecto. Todo ello a los efectos y con el alcance establecido en los arts. Arts. 224 Ter y ss. TRLC y los arts. 585 ss. y concordantes TRLC.

Es Justicia que pido en .... a ...... de .... de dos mil ......

(En su caso) OTROSÍ DIGO: Que como se ha indicado en el cuerpo de este escrito, esta parte solicita expresamente el carácter reservado de la presente comunicación de negociaciones, por lo que no procede que por el Letrado de la Administración de Justicia se ordene la publicación en el Registro Público Concursal de la resolución dejando constancia de su presentación.

Ello sin perjuicio de la facultad que se reserva esta parte de solicitar el levantamiento del citado carácter reservado de la comunicación en los términos y de conformidad con el art. 591 TRLC.

En su virtud,

SUPLICO AL TRIBUNAL que tenga por presentado este escrito, se sirva admitirlo y tener por efectuadas las anteriores manifestaciones a los efectos legales oportunos, acordándose en el sentido expuesto en el cuerpo de este escrito.

Es Justicia que pido en el lugar y fecha señaladas ut supra.

(En su caso) OTROSÍ DIGO: Que a efectos de la suspensión de la totalidad de las ejecuciones reseñadas en el cuerpo de este escrito por el Tribunal que conoce de las mismas, se solicita su reseña en el Decreto dejando constancia de la presentación de esta comunicación y la remisión de la resolución teniendo por presentada la presente comunicación a que se refiere el art. 590.2 TRLC, y a efectos de lo prevenido en este precepto.

En su virtud,

SUPLICO AL TRIBUNAL que tenga por presentado este escrito, se sirva admitirlo y tener por efectuadas las anteriores manifestaciones a los efectos legales oportunos, acordándose en el sentido expuesto en el presente otrosí.

Es justicia que suplico en el lugar y fecha señalados "ut supra".

I.3. TRAMITACIÓN PROCESAL DE LA COMUNICACIÓN DE APERTURA DE NEGOCIACIONES

F022. DILIGENCIA DE ORDENACIÓN DEL LETRADO DE LA ADMINISTRACIÓN DE JUSTICIA SOBRE SUBSANACIÓN DE DEFECTO EN LA COMUNICACIÓN

Diligencia de Ordenación que pongo, yo, Don ...., Letrado de la Administración de Justicia, Tribunal de Instancia de ...., Sección de lo mercantil (plaza núm. ....)

En .... a ... de .... de ....

Por presentada por la procuradora de los Tribunales, Doña......, y en nombre de la compañía ... S.L, comunicación de apertura de negociaciones del art. 585 y ss. TRLC. Procédase al oportuno registro. Y con carácter previo a tenerla por presentada, con formación de los correspondientes autos, requiriera a la Sra ...... a fin que en el plazo de DOS (2) DÍAS subsane el siguiente defecto del que adolece la citada comunicación: ...., y a la vista de su resultado se acordará lo procedente.

Doy cuenta a su Señoría.

Contra la presente Diligencia cabe recurso de revisión a interponer en el plazo de CINCO (5) DÍAS a contar desde el día siguiente de la notificación. De conformidad con lo establecido en la Disposición Adicional 15ª LOPJ (según la redacción dada por la LO 1/09), la interposición de recurso contra resoluciones judiciales no podrá ser admitida a trámite sin la acreditación del depósito previsto en la citada Ley a efectos de recurrir, debiendo presentarse copia o resguardo de tal depósito en la cuenta de consignaciones de este Tribunal.

Lo dispongo y firmo. Doy fe.

F023. ESCRITO DEL DEUDOR SUBSANANDO DEFECTOS APRECIADOS EN LA COMUNICACIÓN

AL TRIBUNAL DE INSTANCIA DE .... SECCIÓN DE
LO MERCANTIL (PLAZA NÚM. ....)

..............., Procurador de los Tribunales (núm. .... de colegiado) y de la compañía .... S.A., con domicilio en ...., calle .... núm. .... y CIF ...., cuya representación acredito en el expediente de constancia de comunicación núm. autos ...., ante este Tribunal comparezco en las citadas actuaciones bajo la dirección letrada de Don ...., abogado del Ilustre Colegio de .... (núm. .... de colegiado), y como mejor proceda en Derecho DIGO:

I. Que mi principal, mediante escrito de fecha ...., comunicó a este Tribunal que había iniciado negociaciones para alcanzar un plan de reestructuración. Todo ello a los efectos y con el alcance establecido en los arts. 585 ss. y concordantes TRLC.

II. Que mediante diligencia de ordenación de fecha......, y con carácter previo a tenerla por presentada, con formación de los correspondientes autos, el Letrado de la Administración de Justicia requirió a esta parte a fin que en el plazo de DOS (2) DÍAS subsanase el siguiente defecto del que adolecía la citada comunicación: ....

III. Que por medio del presente escrito se procede a la referida subsanación en los siguientes términos: ....

En virtud de lo expuesto,

SUPLICO AL TRIBUNAL que tenga por presentado este escrito, junto a los documentos a él unidos y sus copias, se sirva admitirlo y previos los oportunos trámites legales, se sirva tener por subsanados los defectos apreciados por el Letrado de la Administración de Justicia.

Es Justicia que pido en .... a ...... de .... de dos mil ......

F024. DECRETO DEL LETRADO DE LA ADMINISTRACIÓN DE JUSTICIA TENIENDO POR NO EFECTUADA LA COMUNICACIÓN DE APERTURA DE NEGOCIACIONES. PERSONA JURÍDICA

Decreto del Letrado de la Administración de Justicia, Don .... Tribunal de Instancia de ...., Sección de lo mercantil (plaza núm. ....)

En la ciudad de .... a ...... de .... de ....,

ANTECEDENTES DE HECHO

PRIMERO. Que en fecha ...... de .... de .... por el Procurador de los Tribunales, Don ...., y en representación de la compañía .... S.L., se presentó escrito al amparo de lo dispuesto en el art. 585 TRLC, comunicando a este Tribunal la apertura de negociaciones con sus acreedores a efectos de obtener un plan de reestructuración que le permita superar la situación de insolvencia actual/inminente/ en que se halla (o la probabilidad de insolvencia que le acecha). Ello en los términos de dicha comunicación y a los efectos de lo establecido en el art. 585 ss. y concordantes TRLC.

SEGUNDO. Que en fecha ...... se dictó por este Letrado de la Administración de Justicia, diligencia de ordenación por la que estimando que la referida comunicación presentaba determinados defectos, se concedió al solicitante un plazo de dos días para su subsanación.

TERCERO. Que ha transcurrido el expresado término, sin que la comunicante, ... S.L, haya procedido a la referida subsanación.

FUNDAMENTOS DE DERECHO

PRIMERO. Que este Letrado de la Administración de Justicia es competente para conocer de la citada comunicación, al ser este Tribunal de Instancia, sección de lo Mercantil, de .... el competente internacional, objetiva y territorialmente para conocer de la declaración de concurso de dicha sociedad, a la vista que el domicilio social y el centro de intereses principales del deudor se halla en la localidad de ...... (arts. 585, 588, 589 y 593 TRLC en conexión con los arts. 44, 45 y 49 TRLC).

SEGUNDO. Que conforme establece el art. 585.1 TRLC, en caso de probabilidad de insolvencia o de insolvencia inminente, el deudor, sea persona natural o jurídica, podrá comunicar al tribunal competente para la declaración del concurso la existencia de negociaciones con sus acreedores, o la intención de iniciarlas de inmediato, para alcanzar un plan de reestructuración que permita superar la situación en que se encuentra. Continúa el art. 585.2 TRLC, señalando que el deudor que se encuentre en estado de insolvencia actual podrá efectuar la comunicación a que se refiere el apartado anterior en tanto no se haya admitido a trámite solicitud de declaración de concurso necesario.

TERCERO. Que igualmente, y como establece el art. 588.1 TRLC, presentada la comunicación, y en el plazo máximo de dos días, si el letrado de la Administración de Justicia estima que, con arreglo a las normas sobre competencia internacional o territorial, el tribunal es competente y comprueba que la comunicación no presenta defectos formales, la tendrá por efectuada por medio de decreto con efectos a la fecha en la que se hubiera presentado, con formación de los correspondientes autos.

Pero conforme al art. 588.2 TRLC, si estimase que la comunicación presenta defectos, concederá al solicitante el plazo de dos días para que la subsane. Una vez subsanados los defectos, dictará resolución teniendo por realizada la comunicación con efectos desde la fecha en que se hubiera presentado. En caso de falta de subsanación, el letrado de la Administración de Justicia dictará resolución teniéndola por no efectuada.

CUARTO. En el supuesto de autos, la comunicación presentada por ... S.L, presentaba los siguientes defectos ...

Para su subsanación, y por diligencia de ordenación de fecha ..., se le confirió al solicitante el plazo de dos días que ha trascurrido con creces sin que se haya procedido a la referida subsanación, por lo que procede dictar resolución no teniendo por presentada la referida comunicación.

Visto lo expuesto y demás normativa de aplicación:

DISPONGO

Tener por no efectuada la comunicación presentada el día ... de ...... de ..., por la compañía .... S.L., con domicilio social, en ...., calle ......, inscrita en el Registro Mercantil de la provincia de ......, al ......, CIF ...., poniendo en conocimiento de este Tribunal la existencia (o el inicio inmediato) de negociaciones para alcanzar un plan de reestructuración que le permita superar la insolvencia actual/inminente en que se halla (o la probabilidad de insolvencia que le acecha).

Notifíquese la resolución a .... S.L. a través de su representación procesal.

Y firme que sea la presente resolución procédase al archivo de las actuaciones en unión de testimonio del presente decreto y con devolución de originales a ...... S.L., previo su desglose. Y dense de baja las presentes actuaciones en los libros de este Tribunal, previo cumplimiento de los preceptivos trámites.

La presente resolución no es firme y contra la misma cabe recurso de revisión en el plazo de cinco días a contar desde su notificación.

De conformidad con lo establecido en la Disposición Adicional 15° LOPJ (según la redacción dada por la LO 1/09), la interposición de recurso contra resoluciones judiciales no podrá ser admitida a trámite sin la acreditación del depósito previsto en la citada Ley a efectos de recurrir, debiendo presentarse copia o resguardo de tal depósito en la cuenta de consignaciones de este Tribunal.

Todo lo cual dispongo y firmo yo, Don ...., Letrado de la Administración de Justicia.

F025. DECRETO DEL LETRADO DE LA ADMINISTRACIÓN DE JUSTICIA TENIENDO POR NO EFECTUADA LA COMUNICACIÓN DE APERTURA DE NEGOCIACIONES. PERSONA NATURAL

Decreto del Letrado de la Administración de Justicia, Don ....Tribunal de Instancia de ...., Sección de lo mercantil (plaza núm. ....)

En la ciudad de .... a ...... de .... de ....,

ANTECEDENTES DE HECHO

PRIMERO. Que en fecha ...... de .... de .... por el Procurador de los Tribunales, Don ...., y en representación de Don ...... se presentó escrito al amparo de lo dispuesto en el art. 585 TRLC, comunicando a este Tribunal la apertura de negociaciones con sus acreedores a efectos de obtener un plan de reestructuración que le permita superar la situación de insolvencia actual/inminente/ en que se halla (o la probabilidad de insolvencia que le acecha). Ello en los términos de dicha comunicación y a los efectos de lo establecido en el art. 585 ss. y concordantes TRLC.

SEGUNDO. Que en fecha ...... se dictó por este Letrado de la Administración de Justicia, diligencia de ordenación por la que estimando que la referida comunicación presentaba determinados defectos, se concedió al solicitante un plazo de dos días para su subsanación.

TERCERO. Que ha transcurrido el expresado término, sin que el comunicante, Don ..., haya procedido a la referida subsanación.

FUNDAMENTOS DE DERECHO

PRIMERO. Que este Letrado de la Administración de Justicia es competente para conocer de la citada comunicación, al ser este Tribunal de Instancia, sección de lo Mercantil, de .... el competente internacional, objetiva y territorialmente para conocer de la declaración de concurso de Don......, a la vista que el domicilio y el centro de intereses principales del deudor se halla en la localidad de ...... (Arts. 585, 588, 589 y 593 TRLC en conexión con los arts. 44, 45 y 49 TRLC).

SEGUNDO. Que conforme establece el art. 585.1 TRLC, en caso de probabilidad de insolvencia o de insolvencia inminente, el deudor, sea persona natural o jurídica, podrá comunicar al tribunal competente para la declaración del concurso la existencia de negociaciones con sus acreedores, o la intención de iniciarlas de inmediato, para alcanzar un plan de reestructuración que permita superar la situación en que se encuentra. Continúa el art. 585.2 TRLC, señalando que el deudor que se encuentre en estado de insolvencia actual podrá efectuar la comunicación a que se refiere el apartado anterior en tanto no se haya admitido a trámite solicitud de declaración de concurso necesario.

Por otro lado, y a la vista del art. 583.1 TRLC resulta preciso para efectuar la reseñada comunicación preconcursal que la persona natural comunicante lleve a cabo una actividad empresarial o profesional, lo que expresamente se reseña por Don .... en su escrito de comunicación.

TERCERO. Que igualmente, y conforme al art. 588.1 TRLC, presentada la comunicación, y en el plazo máximo de dos días, si el letrado de la Administración de Justicia estima que, con arreglo a las normas sobre competencia internacional o territorial, el tribunal es competente y comprueba que la comunicación no presenta defectos formales, la tendrá por efectuada por medio de decreto con efectos a la fecha en la que se hubiera presentado, con formación de los correspondientes autos.

Pero a la vista del art. 588.2 TRLC, si estimase que la comunicación presenta defectos, concederá al solicitante el plazo de dos días para que la subsane. Una vez subsanados los defectos, dictará resolución teniendo por realizada la comunicación con efectos desde la fecha en que se hubiera presentado. En caso de falta de subsanación, el letrado de la Administración de Justicia dictará resolución teniéndola por no efectuada.

CUARTO. En el supuesto de autos, la comunicación presentada por Don ......, presentaba los siguientes defectos ...

Para su subsanación, y por diligencia de ordenación de fecha ..., se le confirió al solicitante el plazo de dos días que ha trascurrido con creces sin que se haya procedido a la referida subsanación, por lo que procede dictar resolución no teniendo por presentada la referida comunicación.

Visto lo expuesto y demás normativa de aplicación:

DISPONGO

Tener por no efectuada la comunicación presentada el día ... de ...... de ..., por Don ...., con domicilio, en ...., calle ......, y DNI/NIF ...., poniendo en conocimiento de este Tribunal la existencia (o el inicio inmediato) de negociaciones para alcanzar un plan de reestructuración que le alcance a superar la insolvencia actual/inminente en que se halla (o la probabilidad de insolvencia que le acecha).

Notifíquese la resolución a Don............ a través de su representación procesal.

Y firme que sea la presente resolución procédase al archivo de las actuaciones en unión de testimonio del presente decreto y con devolución de originales a ......, previo su desglose. Y dense de baja las presentes actuaciones en los libros de este Tribunal, previo cumplimiento de los preceptivos trámites.

La presente resolución no es firme y contra la misma cabe recurso de revisión en el plazo de cinco días a contar desde su notificación.

De conformidad con lo establecido en la Disposición Adicional 15ª LOPJ (según la redacción dada por la LO 1/09), la interposición de recurso contra resoluciones judiciales no podrá ser admitida a trámite sin la acreditación del depósito previsto en la citada Ley

a efectos de recurrir, debiendo presentarse copia o resguardo de tal depósito en la cuenta de consignaciones de este Tribunal.

Todo lo cual dispongo y firmo yo, Don ...., Letrado de la Administración de Justicia.

F026. DECRETO DEL LETRADO DE LA ADMINISTRACIÓN DE JUSTICIA TENIENDO POR NO EFECTUADA LA COMUNICACIÓN DE APERTURA DE NEGOCIACIONES. GRUPO DE SOCIEDADES

Decreto Letrado de la Administración de Justicia, Don......... Tribunal de Instancia de ....., Sección de lo mercantil (plaza núm. ....)

En la ciudad de .... a ...... de .... de ....,

ANTECEDENTES DE HECHO

PRIMERO. Que en fecha ...... de .... de .... por el Procurador de los Tribunales, Don ...., y en representación de las mercantiles ...... se presentó escrito al amparo de lo dispuesto en el art. 585 TRLC, comunicando conjuntamente a este Tribunal la apertura de negociaciones con sus acreedores a efectos de obtener un plan de reestructuración que le permita superar la situación de insolvencia actual/inminente/ en que se hallan (o la probabilidad de insolvencia que les acecha). Ello en los términos de dicha comunicación y a los efectos de lo establecido en el art. 585 ss. y concordantes TRLC.

SEGUNDO. Que en fecha ...... se dictó por este Letrado de la Administración de Justicia, diligencia de ordenación por la que estimando que la referida comunicación presentaba determinados defectos, se concedió al solicitante un plazo de dos días para su subsanación.

TERCERO. Que ha transcurrido el expresado término, sin que las comunicantes, ... hayan procedido a la referida subsanación.

FUNDAMENTOS DE DERECHO

PRIMERO. Que este Letrado de la Administración de Justicia es competente para conocer de la citada comunicación, al ser este Tribunal de Instancia, sección de lo Mercantil, de .... el competente internacional, objetiva y territorialmente para conocer de la declaración de concurso de dicha sociedad, a la vista que el domicilio social y el centro de intereses principales de los deudores, incluido el de la sociedad dominante, la antedicha mercantil ... SL, se halla en la localidad de ...... (arts. 587.3, 589 y 593 TRLC).

SEGUNDO. Que conforme establece el art. 585.1 TRLC, en caso de probabilidad de insolvencia o de insolvencia inminente, el deudor, sea persona natural o jurídica, podrá comunicar al tribunal competente para la declaración del concurso la existencia de negociaciones con sus acreedores, o la intención de iniciarlas de inmediato, para alcanzar un plan de reestructuración que permita superar la situación en que se encuentra. Continúa el art. 585.2 TRLC, señalando que el deudor que se encuentre en estado de insolvencia actual podrá efectuar la comunicación a que se refiere el apartado anterior en tanto no se haya admitido a trámite solicitud de declaración de concurso necesario.

Por otro lado, el art. 587.1 TRLC señala que las personas que pueden solicitar la declaración conjunta de los respectivos concursos de acreedores, esto es, las reseñadas en el art. 38 TRLC, podrán realizar una comunicación conjunta.

En este sentido, las entidades comunicantes, a la vista de lo que se desprende de lo consignado en su escrito de comunicación y del referido art. 38 TRLC en conexión con la disposición adicional 1° de dicha norma y el art. 42.1 C.Com, están facultadas para formular la comunicación conjunta de apertura de negociaciones a que se refiere el art. 585.1 TRLC, sin que al efecto sea preciso incluir a la sociedad dominante ni a todas las sociedades del grupo (art. 587.1 TRLC).

TERCERO. Que igualmente, y conforme al art. 588.1 TRLC, presentada la comunicación, en el plazo máximo de dos días, si el letrado de la Administración de Justicia estima que, con arreglo a las normas sobre competencia internacional o territorial, el tribunal es competente y comprueba que la comunicación no presenta defectos formales, la tendrá por efectuada por medio de decreto con efectos a la fecha en la que se hubiera presentado, con formación de los correspondientes autos.

Pero según establece el art. 588.2 TRLC, si estimase que la comunicación presenta defectos, concederá al solicitante el plazo de dos días para que la subsane. Una vez subsanados los defectos, dictará resolución teniendo por realizada la comunicación con efectos desde la fecha en que se hubiera presentado. En caso de falta de subsanación, el letrado de la Administración de Justicia dictará resolución teniéndola por no efectuada.

CUARTO. En el supuesto de autos, la comunicación presentada por ......, presentaba los siguientes defectos ...

Para su subsanación, y por diligencia de ordenación de fecha ..., se le confirió a los solicitantes un plazo de dos días, que ha trascurrido con creces sin que se haya procedido a la referida subsanación, por lo que procede dictar resolución no teniendo por presentada la referida comunicación.

Visto lo expuesto y demás normativa de aplicación:

DISPONGO

Tener por no efectuada la comunicación conjunta presentada el día ... de ...... de ..., por ...., todas ellas con domicilio, en ...., calle ......, y respectivo CIF ...., poniendo en conocimiento de este Tribunal la existencia (o el inicio inmediato) de negociaciones para alcanzar un plan de reestructuración que le alcance a superar la insolvencia actual/inminente en que se halla (o la probabilidad de insolvencia que le acecha).

Notifíquese la resolución a .... a través de su representación procesal.

Y firme que sea la presente resolución procédase al archivo de las actuaciones en unión de testimonio del presente decreto y con devolución de originales a ......, previo su desglose. Y dense de baja las presentes actuaciones en los libros de este Tribunal, previo cumplimiento de los preceptivos trámites.

La presente resolución no es firme y contra la misma cabe recurso de revisión en el plazo de cinco días a contar desde su notificación.

De conformidad con lo establecido en la Disposición Adicional 15ª LOPJ (según la redacción dada por la LO 1/09), la interposición de recurso contra resoluciones judiciales no podrá ser admitida a trámite sin la acreditación del depósito previsto en la citada Ley a efectos de recurrir, debiendo presentarse copia o resguardo de tal depósito en la cuenta de consignaciones de este Tribunal.

Todo lo cual dispongo y firmo yo, Don ...., Letrado de la Administración de Justicia.

F027. DECRETO DEL LETRADO DE LA ADMINISTRACIÓN DE JUSTICIA TENIENDO POR EFECTUADA LA COMUNICACIÓN DE APERTURA DE NEGOCIACIONES PREVIA SUBSANACIÓN. PERSONA JURÍDICA

Decreto Letrado de la Administración de Justicia, Don........ Tribunal de Instancia de ....., Sección de lo mercantil (plaza núm. ....)

En la ciudad de .... a ...... de .... de ....,

ANTECEDENTES DE HECHO

PRIMERO. Que en fecha ...... de .... de .... por el Procurador de los Tribunales, Don ...., y en representación de la compañía .... S.L., se presentó escrito al amparo de lo dispuesto en el art. 585 TRLC, comunicando a este Tribunal la apertura de negociaciones con sus acreedores a efectos de obtener un plan de reestructuración que le permita superar la situación de insolvencia actual/inminente en que se halla (o probabilidad de insolvencia que le acecha). Ello en los términos de dicha comunicación y a los efectos de lo establecido en el art. 585 ss. y concordantes TRLC.

SEGUNDO. Que en fecha ...... se dictó por este Letrado de la Administración de Justicia, diligencia de ordenación por la que estimando que la referida comunicación presentaba determinados defectos, se concedió al solicitante un plazo de dos días para su subsanación.

TERCERO. Que mediante escrito de fecha ..., ... S.L, procedió a la referida subsanación.

CUARTO. En dicho escrito comunicatorio, ... S.L. ha solicitado expresamente (o no ha solicitado) el carácter reservado de la comunicación por dicha compañía presentada.

(En su caso). También reseñó sobre los contratos que, a su juicio, eran necesarios para la continuación de su actividad empresarial y que constan en la referida comunicación.

(En su caso). Finalmente, ... S.L indicó en su comunicación determinados bienes y derechos necesarios para la continuidad de su actividad empresarial, y las ejecuciones que se siguen contra ellos, en los términos de dicho escrito.

(En su caso) ....

FUNDAMENTOS DE DERECHO

PRIMERO. Que este Letrado de la Administración de Justicia es competente para conocer de la citada comunicación, al ser este Tribunal de Instancia, sección de lo Mercantil de .... el competente internacional, objetiva y territorialmente para conocer de la declaración de concurso de dicha sociedad, a la vista que el domicilio social y el centro de intereses principales del deudor se halla en la localidad de ...... (arts. 585, 588, 589 y 593 TRLC en conexión con los arts. 44, 45 y 49 TRLC).

SEGUNDO. Que conforme establece el art. 585.1 TRLC, en caso de probabilidad de insolvencia o de insolvencia inminente, el deudor, sea persona natural o jurídica, podrá comunicar al tribunal competente para la declaración del concurso la existencia de negociaciones con sus acreedores, o la intención de iniciarlas de inmediato, para alcanzar un plan de reestructuración que permita superar la situación en que se encuentra. Continúa el art. 585.2 TRLC, señalando que el deudor que se encuentre en estado de insolvencia actual podrá efectuar la comunicación a que se refiere el apartado anterior en tanto no se haya admitido a trámite solicitud de declaración de concurso necesario.

TERCERO. Que la comunicación origen de las presentes actuaciones, cumple con lo establecido en los arts. 585 ss. y concordantes TRLC, especialmente, lo establecido en el arts. 586 TRLC, no siendo preciso, en este momento, la acreditación de los presupuestos establecidos en dicho artículo para formular la misma. En especial, la insolvencia actual/ inminente (o la probabilidad de insolvencia) en que se halla el deudor comunicante.

En este sentido, y conforme al art. 588.1 TRLC, en el plazo máximo de dos días, si el Letrado de la Administración de Justicia estima que, con arreglo a las normas sobre competencia internacional o territorial, el tribunal es competente y comprueba que la comunicación no presenta defectos formales, la tendrá por efectuada mediante decreto con efectos a la fecha en la que se hubiera presentado, y con formación de los correspondientes autos

Pero, art. 588.2 TRLC, si estimase que la comunicación presenta defectos, concederá al solicitante el plazo de dos días para que la subsane. Una vez subsanados los defectos, dictará resolución teniendo por realizada la comunicación con efectos desde la fecha en que se hubiera presentado. En caso de falta de subsanación, el letrado de la Administración de Justicia dictará resolución teniéndola por no efectuada.

En el supuesto de autos, la comunicación presentada por ... S.L, presentaba los siguientes defectos ...

Para su subsanación, y por diligencia de ordenación de fecha ..., se le confirió al solicitante el plazo de dos días. Tal requerimiento fue evacuado mediante escrito de fecha..., subsanatorio satisfactoriamente de los defectos apreciados por este Letrado de la Administración de Justicia, por lo que procede tener por formulada la referida comunicación por medio de decreto y con efectos a la fecha en que se presentó.

La resolución teniendo por efectuada la comunicación se dictará sin necesidad de que el deudor acredite el estado de insolvencia en que se encuentre que hubiera alegado (art. 588.3 TRLC).

Finalmente, la comunicación reseñada también resulta respetuosa en lo relativo al respeto del plazo de un año contemplado en el art. 609 TRLC.

CUARTO. (En su caso y para el supuesto de insolvencia actual) Manifiesta el deudor, y no consta lo contrario a esta Letrado de la Administración de Justicia, la inexistencia de solicitud de concurso necesario dirigida contra el deudor y que se halle admitida a trámite. Ello a los efectos de lo dispuesto en el art. 588.4 TRLC.

QUINTO. En las presentes actuaciones, ... S.L. no ha solicitado (ha solicitado) el citado carácter reservado, y, por lo tanto, procede (no procede) la publicación de la presente resolución en el Registro Público Concursal. Ello de conformidad con lo establecido en el art. 591 TRLC.

SEXTO. Procede dejar constancia en la presente resolución de las ejecuciones que se siguen contra .... S.L, que han sido indicadas en su solicitud y, según manifiesta dicha sociedad, recaen sobre bienes necesarios para la continuidad de su actividad empresarial. Ello de conformidad y a lo dispuesto en el art. 590.2 TRLC.

(En su caso) Formando la sociedad ...... S.L de un grupo de sociedades en el sentido de la DA1ª TRLC y 42.1 C.Com, procede dejar constancia de las garantías prestadas por ...... a que se refieren el art. 596.3 TRLC, dado que su ejecución causaría, según manifiesta la actora, la insolvencia suya y la del garante a la vista que ....

SÉPTIMO. Se deja constancia de la solicitud de extensión de prohibición de inicio o suspensión de ejecuciones sobre los citados bienes y derechos no necesarios para la continuación de la actividad empresarial del deudor, de conformidad y a los efectos de lo previsto en el art. 602.1 TRLC y con el siguiente alcance: ....

OCTAVO. (En su caso) Se deja constancia que, según manifiesta la actora, los contratos necesarios para la continuidad de su actividad empresarial son los siguientes: ....

NOVENO. (En su caso). Se deja constancia de la solicitud formulada por el deudor de designación de experto en reestructuraciones en la persona de ....

DÉCIMO. (En su caso). Se tienen por presentadas las certificaciones de la Agencia Estatal de Administración Tributaria a que se refiere el art. 586.1.10° TRLC.

ALTERNATIVA: se tiene por efectuada por la actora la manifestación que no se encuentra al corriente en el cumplimiento de las obligaciones tributarias y frente a la Seguridad Social.

Visto lo expuesto y demás normativa de aplicación:

DISPONGO

Tener por efectuada la comunicación presentada el día ... de ...... de ..., por la compañía .... S.L., con domicilio social, en ...., calle ......, inscrita en el Registro Mercantil de la provincia de ......, al ......, CIF ...., poniendo en conocimiento de este Tribunal la existencia (o el inicio inmediato) de negociaciones para alcanzar un plan de reestructuración que le alcance a superar la insolvencia actual/inminente en que se halla (o la probabilidad de insolvencia que le acecha). Todo ello a los efectos y con el alcance establecido en los arts. 585 ss. y concordantes TRLC.

Fórmense los correspondientes autos en este Tribunal.

Déjese constancia que el importe del pasivo total expresado en la comunicación asciende a la suma de .... euros.

(En su caso). Téngase por efectuada por la actora la manifestación sobre los contratos que, a su juicio, son necesarios para la continuación de su actividad empresarial y que son: ...

(En su caso) Ténganse por aportada las certificaciones a que se refiere el art. 586.1.10° TRLC (o por hecha la declaración a que se refiere el art. 586.1.10° TRLC).

(En su caso) Téngase por extendida la prohibición de iniciación de ejecución de ejecuciones judiciales o extrajudiciales, o la suspensión de las ya iniciadas a que se refiere el art. 602.1 TRLC en los siguientes términos: ....

Identifíquense en el presente decreto a los efectos de los arts. 600 y 601 TRLC las ejecuciones que se siguen contra bienes o derechos que el deudor considera necesarios para la continuidad de su actividad empresarial y que son las siguientes:.........

(En su caso) Y también las ejecuciones de garantías a que se refiere el art. 586.3° TRLC y que son las siguientes: ....

(En su caso). Y también las ejecuciones contra bienes no necesarios para la referida continuidad empresarial anteriormente reseñadas y que son ....

Y, en el mismo día de hoy, remítase la presente resolución por medios electrónicos a cada una de los Tribunales que están conociendo de las ejecuciones a efectos de proceder a su suspensión.

(En su caso). Dese cuenta al Tribunal de la petición de designación de experto en reestructuraciones en la persona de ...., a efectos que, en su caso, y en lugar oportuno, acuerde cuanto proceda en orden a la referida petición designatoria.

ALTERNATIVA. Habiéndose dado cuenta al Tribunal de la petición formulada por la deudora en su comunicación de designación de experto en la reestructuración en la persona de ...., a efectos que, en su caso, acordara cuanto procediese en orden a la referida petición designatoria, hágase constar que su señoría, mediante auto de hoy día ... de ... de ......, ha nombrado al referido. ..., experto en la reestructuración.

Notifíquese la resolución a .... S.L. a través de su representación procesal. Publíquese en el Registro Público Concursal. (ALTERNATIVA: No procede la publicación del extracto de esta resolución en el Registro Público Concursal al haber solicitado expresamente el deudor el carácter reservado de la comunicación, cuya constancia se deja en el presente Decreto).

La presente resolución no es firme y contra la misma cabe recurso de revisión en el plazo de cinco días a contar desde su notificación en los términos y plazo del art. 590.3 TRLC.

De conformidad con lo establecido en la Disposición Adicional 15ª LOPJ (según la redacción dada por la LO 1/09), la interposición de recurso contra resoluciones judiciales no podrá ser admitida a trámite sin la acreditación del depósito previsto en la citada Ley a efectos de recurrir, debiendo presentarse copia o resguardo de tal depósito en la cuenta de consignaciones de este Tribunal.

Todo lo cual dispongo y firmo yo, Don ...., Letrado de la Administración de Justicia.

F028. DECRETO DEL LETRADO DE LA ADMINISTRACIÓN DE JUSTICIA TENIENDO POR EFECTUADA LA COMUNICACIÓN DE APERTURA DE NEGOCIACIONES PREVIA SUBSANACIÓN. PERSONA NATURAL

Decreto Letrado de la Administración de Justicia, Don........ Tribunal de Instancia de ....., Sección de lo mercantil (plaza núm. ....)

En la ciudad de .... a ...... de .... de ....,

ANTECEDENTES DE HECHO

PRIMERO. Que en fecha ...... de .... de .... por el Procurador de los Tribunales, Don ...., y en representación de Doña ...., se presentó escrito al amparo de lo dispuesto en el art. 585 TRLC, comunicando a este Tribunal la apertura de negociaciones con sus acreedores a efectos de obtener un plan de reestructuración que le permita superar la situación de insolvencia actual/inminente en que se halla (o probabilidad de insolvencia que le acecha). Ello en los términos de dicha comunicación y a los efectos de lo establecido en el art. 585 ss. y concordantes TRLC.

SEGUNDO. Que en fecha ...... se dictó por este Letrado de la Administración de Justicia, diligencia de ordenación por la que estimando que la referida comunicación presentaba determinados defectos, se concedió al solicitante un plazo de dos días para su subsanación.

TERCERO. Que mediante escrito de fecha ..., Doña ..., procedió a la referida subsanación.

CUARTO. En dicho escrito comunicatorio, Doña......... ha solicitado expresamente (o no ha solicitado) el carácter reservado de la comunicación por dicha compañía presentada.

(En su caso). También reseñó sobre los contratos que, a su juicio, eran necesarios para la continuación de su actividad empresarial y que constan en la referida comunicación.

(En su caso). Finalmente, Doña............ indicó en su comunicación determinados bienes y derechos necesarios para la continuidad de su actividad empresarial, y las ejecuciones que se siguen contra ellos, en los términos de dicho escrito.

(En su caso) ....

FUNDAMENTOS DE DERECHO

PRIMERO. Que este Letrado de la Administración de Justicia es competente para conocer de la citada comunicación, al ser este Tribunal de Instancia, sección de lo Mercantil, de .... el competente internacional, objetiva y territorialmente para conocer de la declaración de concurso de Doña......, a la vista que el domicilio social y el centro de intereses principales del deudor se halla en la localidad de ...... (arts. 585, 588, 589 y 593 TRLC en conexión con los arts. 44, 45 y 49 TRLC).

SEGUNDO. Que conforme establece el art. 585.1 TRLC, en caso de probabilidad de insolvencia o de insolvencia inminente, el deudor, sea persona natural o jurídica, podrá comunicar al tribunal competente para la declaración del concurso la existencia de negociaciones con sus acreedores, o la intención de iniciarlas de inmediato, para alcanzar un plan de reestructuración que permita superar la situación en que se encuentra. Continúa el art. 585.2 TRLC, señalando que el deudor que se encuentre en estado de insolvencia actual podrá efectuar la comunicación a que se refiere el apartado anterior en tanto no se haya admitido a trámite solicitud de declaración de concurso necesario.

Por otro lado, y a la vista del art. 583.1 TRLC resulta preciso para efectuar la reseñada comunicación preconcursal que la persona natural comunicante lleve a cabo una actividad empresarial o profesional, lo que expresamente se reseña por Doña .... en su escrito de comunicación.

TERCERO. Que la comunicación origen de las presentes actuaciones, cumple con lo establecido en los arts. 585 ss. y concordantes TRLC, especialmente, lo establecido en el arts. 586 TRLC, no siendo preciso, en este momento, la acreditación de los presupuestos establecidos en dicho artículo para formular la misma. En especial, la insolvencia actual/ inminente (o la probabilidad de insolvencia) en que se halla el deudor comunicante.

En este sentido, y conforme al art. 588.1 TRLC, en el plazo máximo de dos días, si el Letrado de la Administración de Justicia estima que, con arreglo a las normas sobre competencia internacional o territorial, el tribunal es competente y comprueba que la comunicación no presenta defectos formales, la tendrá por efectuada por medio de decreto con efectos a la fecha en la que se hubiera presentado, con formación de los correspondientes autos

Pero, art. 588.2 TRLC, si estimase que la comunicación presenta defectos, concederá al solicitante el plazo de dos días para que la subsane. Una vez subsanados los defectos, dictará resolución teniendo por realizada la comunicación con efectos desde la fecha en que se hubiera presentado. En caso de falta de subsanación, el letrado de la Administración de Justicia dictará resolución teniéndola por no efectuada.

En el supuesto de autos, la comunicación presentada por Doña ......, presentaba los siguientes defectos ...

Para su subsanación, y por diligencia de ordenación de fecha ..., se le confirió al solicitante el plazo de dos días. Tal requerimiento fue evacuado mediante escrito de fecha..., subsanatorio satisfactoriamente de los defectos apreciados por este Letrado de la Administración de Justicia, por lo que procede tener por formulada la referida comunicación por medio de decreto y con efectos a la fecha en que se presentó.

La resolución teniendo por efectuada la comunicación se dictará sin necesidad de que el deudor acredite el estado de insolvencia en que se encuentre que hubiera alegado (art. 588.3 TRLC).

Finalmente, la comunicación reseñada también resulta respetuosa en lo relativo al respeto del plazo de un año contemplado en el art. 609 TRLC.

CUARTO. (En su caso y para el supuesto de insolvencia actual) Manifiesta la deudora, y no consta nada en sentido contrario a esta Letrado de la Administración de Justicia, la inexistencia de solicitud de concurso necesario dirigida contra el deudor y que se halle admitida a trámite. Ello a los efectos de lo dispuesto en el art. 588.4 TRLC.

QUINTO. En las presentes actuaciones, Doña .... no ha solicitado (ha solicitado) el citado carácter reservado, y, por lo tanto, procede (no procede) la publicación de la presente resolución en el Registro Público Concursal. Ello de conformidad con lo establecido en el art. 591 TRLC.

SEXTO. Procede dejar constancia en la presente resolución de las ejecuciones que se siguen contra Doña........., que han sido indicadas en su solicitud y, según manifiesta dicha sociedad, recaen sobre bienes necesarios para la continuidad de su actividad empresarial. Ello de conformidad y a lo dispuesto en el art. 590.2 TRLC, en conexión con los arts. 600 y 601 TRLC.

SÉPTIMO. Se deja constancia de la solicitud de extensión de prohibición de inicio o suspensión de ejecuciones sobre los citados bienes y derechos no necesarios para la continuación de la actividad empresarial del deudor, de conformidad y a los efectos de lo previsto en el art. 602.1 TRLC y con el siguiente alcance: ....

OCTAVO. (En su caso) Se deja constancia que, según manifiesta la actora, los contratos necesarios para la continuidad de su actividad empresarial son los siguientes: ....

NOVENO. (En su caso). Se deja constancia de la solicitud formulada por el deudor de designación de experto en reestructuraciones en la persona de ....

DÉCIMO. (En su caso). Se tienen por presentadas las certificaciones de la Agencia Estatal de Administración Tributaria a que se refiere el art. 586.1.10° TRLC.

ALTERNATIVA: se tiene por efectuada por la actora la manifestación que no se encuentra al corriente en el cumplimiento de las obligaciones tributarias y frente a la Seguridad Social.

Visto lo expuesto y demás normativa de aplicación:

DISPONGO

Tener por efectuada la comunicación presentada el día ... de ...... de ..., por Doña ...., con domicilio en ...., calle ......, y DNI/NIF......, poniendo en conocimiento de este Tribunal la existencia (o el inicio inmediato) de negociaciones para alcanzar un plan de reestructuración que le alcance a superar la insolvencia actual/inminente en que se halla (o la probabilidad de insolvencia que le acecha). Todo ello a los efectos y con el alcance establecido en los arts. 585 ss. y concordantes TRLC.

Fórmense los correspondientes autos en este Tribunal.

Déjese constancia que el importe del pasivo total expresado en la comunicación asciende a la suma de .... euros.

(En su caso). Téngase por efectuada por la actora manifestación sobre los contratos que, a su juicio, son necesarios para la continuación de su actividad empresarial y que son: ...

(En su caso) Ténganse por aportadas las certificaciones a que se refiere el art. 586.1.10º TRLC (o por hecha la declaración a que se refiere el art. 586.1.10º TRLC).

(En su caso) Téngase por extendida la prohibición de iniciación de ejecución de ejecuciones judiciales o extrajudiciales, o la suspensión de las ya iniciadas a que se refiere el art. 602.1 TRLC en los siguientes términos: ....

Identifíquense en el presente decreto las ejecuciones que se siguen contra bienes o derechos que el deudor considera necesarios para la continuidad de su actividad empresarial a los efectos de los arts. 600 y 601 TRLC, y que son las siguientes:.........

(En su caso). Y también las ejecuciones contra bienes no necesarios para la referida continuidad empresarial anteriormente reseñadas y que son ....

Y, en el mismo día de hoy, remítase la presente resolución por medios electrónicos a cada uno de los Tribunales que están conociendo de las ejecuciones a efectos de proceder a su suspensión.

(En su caso). Dese cuenta al Tribunal de la petición de designación de experto en reestructuraciones en la persona de ...., a efectos que, en su caso, y en lugar oportuno, acuerde cuanto proceda en orden a la referida petición designatoria.

ALTERNATIVA. Habiéndose dado cuenta al Tribunal de la petición formulada por la deudora en su comunicación de designación de experto en la reestructuración en la persona de ...., a efectos que, en su caso, acordara cuanto procediese en orden a la referida petición designatoria, hágase constar que su señoría, mediante auto de hoy día ... de ... de ......, ha nombrado al referido. ..., experto en la reestructuración.

Notifíquese la resolución a .... a través de su representación procesal. Publíquese en el Registro Público Concursal. (ALTERNATIVA: No procede la publicación del extracto de esta resolución en el Registro Público Concursal al haber solicitado expresamente el deudor el carácter reservado de la comunicación, cuya constancia se deja en el presente Decreto).

La presente resolución no es firme y contra la misma cabe recurso de revisión en el plazo de cinco días a contar desde su notificación en los términos y plazo del art. 590.3 TRLC.

De conformidad con lo establecido en la Disposición Adicional 15ª LOPJ (según la redacción dada por la LO 1/09), la interposición de recurso contra resoluciones judiciales no podrá ser admitida a trámite sin la acreditación del depósito previsto en la citada Ley a efectos de recurrir, debiendo presentarse copia o resguardo de tal depósito en la cuenta de consignaciones de este Tribunal.

Todo lo cual dispongo y firmo yo, Don ...., Letrado de la Administración de Justicia.

F029. DECRETO DEL LETRADO DE LA ADMINISTRACIÓN DE JUSTICIA TENIENDO POR EFECTUADA LA COMUNICACIÓN DE APERTURA DE NEGOCIACIONES PREVIA SUBSANACIÓN. GRUPO DE SOCIEDADES

Decreto Letrado de la Administración de Justicia, Don........ Tribunal de Instancia de ....., Sección de lo mercantil (plaza núm. ....)

En la ciudad de .... a ...... de .... de ....,

ANTECEDENTES DE HECHO

PRIMERO. Que en fecha ...... de .... de .... por el Procurador de los Tribunales, Don ...., y en representación de las mercantiles ...... se presentó escrito al amparo de lo dispuesto en el art. 585 TRLC, comunicando conjuntamente a este Tribunal la apertura de negociaciones con sus acreedores a efectos de obtener un plan de reestructuración que le permita superar la situación de insolvencia actual/inminente/ en que se hallan (o la probabilidad de insolvencia que les acecha). Ello en los términos de dicha comunicación y a los efectos de lo establecido en el art. 585 ss. y concordantes TRLC.

SEGUNDO. Que en fecha ...... se dictó por este Letrado de la Administración de Justicia, diligencia de ordenación por la que estimando que la referida comunicación presentaba determinados defectos, se concedió al solicitante un plazo de dos días para su subsanación.

TERCERO. Que mediante escrito de fecha ..., se procedió a la referida subsanación.

CUARTO. En dicho escrito comunicatorio, las mercantiles .... han solicitado expresamente (o no han solicitado) el carácter reservado de la comunicación.

(En su caso). También reseñaron sobre los contratos que, a su juicio, eran necesarios para la continuación de su actividad empresarial y que constan en la referida comunicación.

(En su caso). Finalmente, indicaron en su comunicación determinados bienes y derechos necesarios para la continuidad de su actividad empresarial, y las ejecuciones que se siguen contra ellos, en los términos de dicho escrito.

(En su caso) ....

FUNDAMENTOS DE DERECHO

PRIMERO. Que este Letrado de la Administración de Justicia es competente para conocer de la citada comunicación, al ser este Tribunal de instancia, sección de lo Mercantil de .... el competente internacional, objetiva y territorialmente para conocer de la declaración de concurso de dicha sociedad, a la vista que el domicilio social y el centro de intereses principales de los deudores, incluido el de la sociedad dominante, la antedicha mercantil ... SL, se halla en la localidad de ...... (arts. 587.3, 589 y 593 TRLC).

SEGUNDO. Que conforme establece el art. 585.1 TRLC, en caso de probabilidad de insolvencia o de insolvencia inminente, el deudor, sea persona natural o jurídica, podrá comunicar al tribunal competente para la declaración del concurso la existencia de negociaciones con sus acreedores, o la intención de iniciarlas de inmediato, para alcanzar un plan de reestructuración que permita superar la situación en que se encuentra. Continúa el art. 585.2 TRLC, señalando que el deudor que se encuentre en estado de insolvencia actual podrá efectuar la comunicación a que se refiere el apartado anterior en tanto no se haya admitido a trámite solicitud de declaración de concurso necesario.

Por otro lado, el art. 587.1 TRLC señala que las personas que pueden solicitar la declaración conjunta de los respectivos concursos de acreedores, esto es, las reseñadas en el art. 38 TRLC, podrán realizar una comunicación conjunta.

En este sentido, las entidades comunicantes, a la vista de lo que se desprende de lo consignado en su escrito de comunicación y del referido art. 38 TRLC en conexión con la disposición adicional 1° de dicha norma y el art. 42.1 C.Com, están facultadas para formular la comunicación conjunta de apertura de negociaciones a que se refiere el art. 585.1 TRLC, sin que al efecto sea preciso incluir a la sociedad dominante ni a todas las sociedades del grupo (art. 587.1 TRLC).

TERCERO. Que la comunicación origen de las presentes actuaciones, cumple con lo establecido en los arts. 585 ss. y concordantes TRLC, especialmente, lo establecido en el arts. 586 TRLC, no siendo preciso, en este momento, la acreditación de los presupuestos establecidos en dicho artículo para formular la misma. En especial, la insolvencia actual/inminente (o la probabilidad de insolvencia) en que se hallan los deudores comunicantes.

En este sentido, y conforme al art. 588.1 TRLC, en el plazo máximo de dos días, si el Letrado de la Administración de Justicia estima que, con arreglo a las normas sobre competencia internacional o territorial, el tribunal es competente y comprueba que la comunicación no presenta defectos formales, la tendrá por efectuada por medio de decreto con efectos a la fecha en la que se hubiera presentado, con formación de los correspondientes autos

Pero, art. 588.2 TRLC, si estimase que la comunicación presenta defectos, concederá al solicitante el plazo de dos días para que la subsane. Una vez subsanados los defectos, dictará resolución teniendo por realizada la comunicación con efectos desde la fecha en que se hubiera presentado. En caso de falta de subsanación, el letrado de la Administración de Justicia dictará resolución teniéndola por no efectuada.

En el supuesto de autos, la comunicación conjunta presentada por ..., presentaba los siguientes defectos ...

Para su subsanación, y por diligencia de ordenación de fecha ..., se les confirió a los conjuntos solicitantes el plazo de dos días. Tal requerimiento fue evacuado mediante escrito de fecha..., subsanatorio satisfactoriamente de los defectos apreciados por este

Letrado de la Administración de Justicia, por lo que procede tener por formulada la referida comunicación por medio de decreto y con efectos a la fecha en que se presentó.

La resolución teniendo por efectuada la comunicación se dictará sin necesidad de que el deudor acredite el estado de insolvencia en que se encuentre que hubiera alegado (art. 588.3 TRLC).

Finalmente, la comunicación reseñada también resulta respetuosa en lo relativo al respeto del plazo de un año contemplado en el art. 609 TRLC.

CUARTO. (En su caso y para el supuesto de insolvencia actual) Manifiestan los deudores anunciatorios de su intención de apertura de negociaciones, y no consta lo contrario a este Letrado de la Administración de Justicia, la inexistencia de solicitud de concurso necesario dirigida contra cualquiera de los deudores y que se halle admitida a trámite. Ello a los efectos de lo dispuesto en el art. 588.4 TRLC.

QUINTO. Se deja constancia que en la comunicación origen de estas actuaciones, se facilita la información requerida en el art. 586 TRLC desglosada por cada una de las sociedades comunicantes conjuntos, así como de las relaciones existentes entre todas y cada una de ellas, los créditos y las deudas recíprocos, y las garantías de cualquier clase que se hubieran otorgado. Ello en los siguientes términos y alcance: ....

SEXTO. En las presentes actuaciones, las mercantiles .... no han solicitado (han solicitado) el citado carácter reservado, y, por lo tanto, procede (no procede) la publicación de la presente resolución en el Registro Público Concursal. Ello de conformidad con lo establecido en el art. 591 TRLC.

SÉPTIMO. Procede dejar constancia en la presente resolución de las ejecuciones que se siguen contra ...., que han sido indicadas en su solicitud y que, según manifiestan dichas sociedades, recaen sobre bienes necesarios para la continuidad de su respectiva actividad empresarial. Ello de conformidad y a lo dispuesto en el art. 590.2 TRLC en conexión con los arts. 600 y 601 TRLC.

(En su caso) Formando las sociedades .... de un grupo de sociedades en el sentido de la DA1ª TRLC y 42.1 C.Com, procede dejar constancia de las garantías prestadas por cada una de ellas a que se refieren el art. 596.3 TRLC, dado que su ejecución, según manifiestan y acreditan las actoras, causaría la insolvencia de cada una de las deudoras garantizadas y la de su respectivo garante a la vista que ....

OCTAVO. Se deja constancia de la solicitud de extensión de prohibición de inicio o suspensión de ejecuciones sobre los citados bienes y derechos no necesarios para la continuación de la actividad empresarial de cada uno de los deudores, indicados por cada uno de ellos, de conformidad y a los efectos de lo previsto en el art. 602.1 TRLC y con el siguiente respectivo alcance: ....

NOVENO. (En su caso) Se deja constancia que los contratos necesarios para la continuidad de la actividad empresarial de cada una de las comunicantes son los siguientes: ....

DÉCIMO. (En su caso). Se deja constancia de la solicitud formulada por los deudores de designación de experto en reestructuraciones en la persona de ....

UNDÉCIMO. (En su caso). Se tienen por presentadas las certificaciones de la Agencia Estatal de Administración Tributaria a que se refiere el art. 586.1.10° TRLC.

ALTERNATIVA: se tiene por efectuada por la actora la manifestación que no se encuentra al corriente en el cumplimiento de las obligaciones tributarias y frente a la Seguridad Social.

Visto lo expuesto y demás normativa de aplicación:

DISPONGO

Tener por efectuada la comunicación presentada el día ... de ...... de ..., por las compañías ...., con domicilio social todas ellas en ...., calle ......, inscritas en el Registro Mercantil de la provincia de ......, al ......, y respectivo CIF ...., poniendo en conocimiento de este Tribunal la existencia (o el inicio inmediato) de negociaciones para alcanzar un plan de reestructuración que le alcance a superar la insolvencia actual/ inminente en que se halla (o la probabilidad de insolvencia que le acecha). Todo ello a los efectos y con el alcance establecido en los arts. 585 ss. y concordantes TRLC.

Fórmense los correspondientes autos en este Tribunal.

Déjese constancia que el importe del pasivo total expresado en la comunicación asciende a la suma de .... euros, importe éste comprensivo del conjunto de todas las sociedades, siendo, por el contrario, el pasivo total de cada una de ellas el siguiente: ....

(En su caso). Téngase por efectuada por cada una de las actora la manifestación sobre los contratos que, a su juicio, son necesarios para la continuación de su respectiva actividad empresarial y que son los siguientes: ...

(En su caso) Ténganse por aportada las certificaciones a que se refiere el art. 586.1.10° TRLC (o por hecha la declaración a que se refiere el art. 586.1.10° TRLC).

(En su caso) Téngase por extendida la prohibición de iniciación de ejecución de ejecuciones judiciales o extrajudiciales, o la suspensión de las ya iniciadas a que se refiere el art. 602.1 TRLC en los siguientes términos: ....

Identifíquense en el presente decreto las ejecuciones que se siguen contra bienes o derechos que cada uno de los deudores consideran necesarios para la continuidad de su actividad empresarial, y que son las siguientes:.........

(En su caso) Y también las ejecuciones de garantías a que se refiere el art. 586.3° TRLC y que son las siguientes: ....

(En su caso). Y también las ejecuciones contra bienes y derechos de cada uno de los deudores no necesarios para la referida continuidad de su respectiva actividad empresarial y que son ....

Y, en el mismo día de hoy, remítase la presente resolución por medios electrónicos a cada uno de los Tribunales que está conociendo de las ejecuciones a efectos de proceder a su suspensión.

(En su caso). Dese cuenta al Tribunal de la petición de designación de experto en reestructuraciones en la persona de ...., a efectos que, en su caso, y en lugar oportuno, acuerde cuanto proceda en orden a la referida petición designatoria.

ALTERNATIVA: Habiéndose dado cuenta al Tribunal de la petición formulada por las deudoras en su comunicación de designación de experto en reestructuraciones en la persona de ...., a efectos que, en su caso, acordara cuanto procediese en orden a la referida petición designatoria, hágase constar que su señoría, mediante auto de hoy día ... de ... de ......, ha nombrado al referido. ..., experto en la reestructuración.

Notifíquese la resolución a .... a través de su representación procesal. Publíquese en el Registro Público Concursal. (ALTERNATIVA: No procede la publicación del extracto de esta resolución en el Registro Público Concursal al haber solicitado expresamente el deudor el carácter reservado de la comunicación, cuya constancia se deja en el presente Decreto).

La presente resolución no es firme y contra la misma cabe recurso de revisión en el plazo de cinco días a contar desde su notificación en los términos y plazo del art. 590.3 TRLC.

De conformidad con lo establecido en la Disposición Adicional 15ª LOPJ (según la redacción dada por la LO 1/09), la interposición de recurso contra resoluciones judiciales no podrá ser admitida a trámite sin la acreditación del depósito previsto en la citada Ley a efectos de recurrir, debiendo presentarse copia o resguardo de tal depósito en la cuenta de consignaciones de este Tribunal.

Todo lo cual dispongo y firmo yo, Don ...., Letrado de la Administración de Justicia.

F030. DECRETO DEL LETRADO DE LA ADMINISTRACIÓN DE JUSTICIA TENIENDO POR EFECTUADA LA COMUNICACIÓN DE APERTURA DE NEGOCIACIONES. PERSONA JURÍDICA

Decreto Letrado de la Administración de Justicia, Don........ Tribunal de Instancia de ....., Sección de lo mercantil (plaza núm. ....)

En la ciudad de .... a ...... de .... de ....,

ANTECEDENTES DE HECHO

PRIMERO. Que en fecha ...... de .... de .... por el Procurador de los Tribunales, Don ...., y en representación de la compañía .... S.L., se presentó escrito al amparo de lo dispuesto en el art. 585 TRLC, comunicando a este Tribunal la apertura de negociaciones con sus acreedores a efectos de obtener un plan de reestructuración que le permita superar la situación de insolvencia actual/inminente en que se halla (o probabilidad de insolvencia que le acecha). Ello en los términos de dicha comunicación y a los efectos de lo establecido en el art. 585 ss. y concordantes TRLC.

SEGUNDO. En dicho escrito comunicatorio, ... S.L. ha solicitado expresamente (o no ha solicitado) el carácter reservado de la comunicación por dicha compañía presentada.

(En su caso). También reseñó sobre los contratos que, a su juicio, eran necesarios para la continuación de su actividad empresarial y que constan en la referida comunicación.

(En su caso). Finalmente, ... S.L indicó en su comunicación determinados bienes y derechos necesarios para la continuidad de su actividad empresarial, y las ejecuciones que se siguen contra ellos, en los términos de dicho escrito.

(En su caso) ....

FUNDAMENTOS DE DERECHO

PRIMERO. Que este Letrado de la Administración de Justicia es competente para conocer de la citada comunicación, al ser este Tribunal de Instancia, sección de lo Mercantil, de .... el competente internacional, objetiva y territorialmente para conocer de la declaración de concurso de dicha sociedad, a la vista que el domicilio social y el centro de intereses principales del deudor se halla en la localidad de ...... (arts. 585, 588, 589 y 593 TRLC en conexión con los arts. 44, 45 y 49 TRLC).

SEGUNDO. Que conforme establece el art. 585.1 TRLC, en caso de probabilidad de insolvencia o de insolvencia inminente, el deudor, sea persona natural o jurídica, podrá comunicar al tribunal competente para la declaración del concurso la existencia de negociaciones con sus acreedores, o la intención de iniciarlas de inmediato, para alcanzar un plan de reestructuración que permita superar la situación en que se encuentra. Continúa

el art. 585.2 TRLC, señalando que el deudor que se encuentre en estado de insolvencia actual podrá efectuar la comunicación a que se refiere el apartado anterior en tanto no se haya admitido a trámite solicitud de declaración de concurso necesario.

TERCERO. Que la comunicación origen de las presentes actuaciones, cumple con lo establecido en los arts. 585 ss. y concordantes TRLC, especialmente, lo establecido en el arts. 586 TRLC, no siendo preciso, en este momento, la acreditación de los presupuestos establecidos en dicho artículo para formular la misma. En especial, la insolvencia actual/ inminente (o la probabilidad de insolvencia) en que se halla el deudor comunicante.

En este sentido, y conforme al art. 588.1 TRLC, en el plazo máximo de dos días, si el Letrado de la Administración de Justicia estima que, con arreglo a las normas sobre competencia internacional o territorial, el tribunal es competente y comprueba que la comunicación no presenta defectos formales, la tendrá por efectuada mediante decreto con efectos a la fecha en la que se hubiera presentado, y con formación de los correspondientes autos

Pero, art. 588.2 TRLC, si estimase que la comunicación presenta defectos, concederá al solicitante el plazo de dos días para que la subsane. Una vez subsanados los defectos, dictará resolución teniendo por realizada la comunicación con efectos desde la fecha en que se hubiera presentado. En caso de falta de subsanación, el letrado de la Administración de Justicia dictará resolución teniéndola por no efectuada.

La comunicación de ...... no presenta defecto u anomalía alguna a juicio de este Letrado de la Administración de Justicia.

La resolución teniendo por efectuada la comunicación se dictará sin necesidad de que el deudor acredite el estado de insolvencia en que se encuentre que hubiera alegado (art. 588.3 TRLC).

Finalmente, la comunicación reseñada también resulta respetuosa en lo relativo al respeto del plazo de un año contemplado en el art. 609 TRLC.

CUARTO. (En su caso y para el supuesto de insolvencia actual) Manifiesta el deudor, y no consta lo contrario a esta Letrado de la Administración de Justicia, la inexistencia de solicitud de concurso necesario dirigida contra el deudor y que se halle admitida a trámite. Ello a los efectos de lo dispuesto en el art. 588.4 TRLC.

QUINTO. En las presentes actuaciones, ... S.L. no ha solicitado (ha solicitado) el citado carácter reservado, y, por lo tanto, procede (no procede) la publicación de la presente resolución en el Registro Público Concursal. Ello de conformidad con lo establecido en el art. 591 TRLC.

SEXTO. Procede dejar constancia en la presente resolución de las ejecuciones que se siguen contra .... S.L, que han sido indicadas en su solicitud y, según manifiesta dicha sociedad, recaen sobre bienes necesarios para la continuidad de su actividad empresarial. Ello de conformidad y a lo dispuesto en el art. 590.2 TRLC.

(En su caso) Formando la sociedad ...... S.L de un grupo de sociedades en el sentido de la DA1° TRLC y 42.1 C.Com, procede dejar constancia de las garantías prestadas por ...... a que se refieren el art. 596.3 TRLC, dado que su ejecución causaría, según manifiesta la actora, la insolvencia suya y la del garante a la vista que ....

SÉPTIMO. Se deja constancia de la solicitud de extensión de prohibición de inicio o suspensión de ejecuciones sobre los citados bienes y derechos no necesarios para la continuación de la actividad empresarial del deudor, de conformidad y a los efectos de lo previsto en el art. 602.1 TRLC y con el siguiente alcance: ....

OCTAVO. (En su caso) Se deja constancia que, según manifiesta la actora, los contratos necesarios para la continuidad de su actividad empresarial son los siguientes: ....

NOVENO. (En su caso). Se deja constancia de la solicitud formulada por el deudor de designación de experto en reestructuraciones en la persona de ....

DÉCIMO. (En su caso). Se tienen por presentadas las certificaciones de la Agencia Estatal de Administración Tributaria a que se refiere el art. 586.1.10° TRLC.

ALTERNATIVA: se tiene por efectuada por la actora la manifestación que no se encuentra al corriente en el cumplimiento de las obligaciones tributarias y frente a la Seguridad Social.

Visto lo expuesto y demás normativa de aplicación:

DISPONGO

Tener por efectuada la comunicación presentada el día ... de ...... de ..., por la compañía .... S.L., con domicilio social, en ...., calle ......, inscrita en el Registro Mercantil de la provincia de ......, al ......, CIF ...., poniendo en conocimiento de este Tribunal la existencia (o el inicio inmediato) de negociaciones para alcanzar un plan de reestructuración que le alcance a superar la insolvencia actual/inminente en que se halla (o la probabilidad de insolvencia que le acecha). Todo ello a los efectos y con el alcance establecido en los arts. 585 ss. y concordantes TRLC.

Fórmense los correspondientes autos en este Tribunal.

Déjese constancia que el importe del pasivo total expresado en la comunicación asciende a la suma de .... euros.

(En su caso). Téngase por efectuada por la actora sobre los contratos que, a su juicio, son necesarios para la continuación de su actividad empresarial y que son: ...

(En su caso) Ténganse por aportada las certificaciones a que se refiere el art. 586.1.10° TRLC (o por hecha la declaración a que se refiere el art. 586.1.10° TRLC).

(En su caso) Téngase por extendida la prohibición de iniciación de ejecución de ejecuciones judiciales o extrajudiciales, o la suspensión de las ya iniciadas a que se refiere el art. 602.1 TRLC en los siguientes términos: ....

Identifíquense en el presente decreto a los efectos de los arts. 600 y 601 TRLC las ejecuciones que se siguen contra bienes o derechos que el deudor considera necesarios para la continuidad de su actividad empresarial y que son las siguientes:.........

(En su caso) Y también las ejecuciones de garantías a que se refiere el art. 586.3° TRLC y que son las siguientes: ....

(En su caso). Y también las ejecuciones contra bienes no necesarios para la referida continuidad empresarial anteriormente reseñadas y que son ....

Y, en el mismo día de hoy, remítase la presente resolución por medios electrónicos a cada uno de los Tribunales que está conociendo de las ejecuciones a efectos de proceder a su suspensión.

(En su caso). Dese cuenta al Tribunal de la petición de designación de experto en reestructuraciones en la persona de ...., a efectos que, en su caso, y en lugar oportuno, acuerde cuanto proceda en orden a la referida petición designatoria.

ALTERNATIVA. Habiéndose dado cuenta al Tribunal de la petición formulada por la deudora en su comunicación de designación de experto en la reestructuración en la persona de ...., a efectos que, en su caso, acordara cuanto procediese en orden a la referida petición designatoria, hágase constar que su señoría, mediante auto de hoy día ... de ... de ......, ha nombrado al referido. ..., experto en la reestructuración.

Notifíquese la resolución a .... S.L. a través de su representación procesal. Publíquese en el Registro Público Concursal. (ALTERNATIVA: No procede la publicación del extracto de esta resolución en el Registro Público Concursal al haber solicitado expresamente el deudor el carácter reservado de la comunicación, cuya constancia se deja en el presente Decreto).

La presente resolución no es firme y contra la misma cabe recurso de revisión en el plazo de cinco días a contar desde su notificación en los términos y plazo del art. 590.3 TRLC.

De conformidad con lo establecido en la Disposición Adicional 15° LOPJ (según la redacción dada por la LO 1/09), la interposición de recurso contra resoluciones judiciales no podrá ser admitida a trámite sin la acreditación del depósito previsto en la citada Ley a efectos de recurrir, debiendo presentarse copia o resguardo de tal depósito en la cuenta de consignaciones de este Tribunal.

Todo lo cual dispongo y firmo yo, Don ...., Letrado de la Administración de Justicia.

F031. DECRETO DEL LETRADO DE LA ADMINISTRACIÓN DE JUSTICIA TENIENDO POR EFECTUADA LA COMUNICACIÓN DE APERTURA DE NEGOCIACIONES. PERSONA NATURAL

Decreto Letrado de la Administración de Justicia, Don........ Tribunal de Instancia de ....., Sección de lo mercantil (plaza núm. ....)

En la ciudad de .... a ...... de .... de ....,

ANTECEDENTES DE HECHO

PRIMERO. Que en fecha ...... de .... de .... por el Procurador de los Tribunales, Don ...., y en representación de Doña ...., se presentó escrito al amparo de lo dispuesto en el art. 585 TRLC, comunicando a este Tribunal la apertura de negociaciones con sus acreedores a efectos de obtener un plan de reestructuración que le permita superar la situación de insolvencia actual/inminente en que se halla (o probabilidad de insolvencia que le acecha). Ello en los términos de dicha comunicación y a los efectos de lo establecido en el art. 585 ss. y concordantes TRLC.

SEGUNDO. En dicho escrito comunicatorio, Doña......... ha solicitado expresamente (o no ha solicitado) el carácter reservado de la comunicación por dicha compañía presentada.

(En su caso). También reseñó sobre los contratos que, a su juicio, eran necesarios para la continuación de su actividad empresarial y que constan en la referida comunicación.

(En su caso). Finalmente, Doña........... indicó en su comunicación determinados bienes y derechos necesarios para la continuidad de su actividad empresarial, y las ejecuciones que se siguen contra ellos, en los términos de dicho escrito.

(En su caso) ....

FUNDAMENTOS DE DERECHO

PRIMERO. Que este Letrado de la Administración de Justicia es competente para conocer de la citada comunicación, al ser este Tribunal de Instancia, sección de lo Mercantil de .... el competente internacional, objetiva y territorialmente para conocer de la declaración de concurso de Doña......, a la vista que el centro de intereses principales del deudor se halla en la localidad de ...... (arts. 585, 588, 589 y 593 TRLC en conexión con los arts. 44, 45 y 49 TRLC).

SEGUNDO. Que conforme establece el art. 585.1 TRLC, en caso de probabilidad de insolvencia o de insolvencia inminente, el deudor, sea persona natural o jurídica, podrá comunicar al tribunal competente para la declaración del concurso la existencia de negociaciones con sus acreedores, o la intención de iniciarlas de inmediato, para alcanzar un plan de reestructuración que permita superar la situación en que se encuentra. Continúa

el art. 585.2 TRLC, señalando que el deudor que se encuentre en estado de insolvencia actual podrá efectuar la comunicación a que se refiere el apartado anterior en tanto no se haya admitido a trámite solicitud de declaración de concurso necesario.

Por otro lado, y a la vista del art. 583.1 TRLC resulta preciso para efectuar la reseñada comunicación preconcursal que la persona natural comunicante lleve a cabo una actividad empresarial o profesional, lo que expresamente se reseña por Doña .... en su escrito de comunicación.

TERCERO. Que la comunicación origen de las presentes actuaciones, cumple con lo establecido en los arts. 585 ss. y concordantes TRLC, especialmente, lo establecido en el arts. 586 TRLC, no siendo preciso, en este momento, la acreditación de los presupuestos establecidos en dicho artículo para formular la misma. En especial, la insolvencia actual/inminente (o la probabilidad de insolvencia) en que se halla el deudor comunicante.

En este sentido, y conforme al art. 588.1 TRLC, en el plazo máximo de dos días, si el Letrado de la Administración de Justicia estima que, con arreglo a las normas sobre competencia internacional o territorial, el tribunal es competente y comprueba que la comunicación no presenta defectos formales, la tendrá por efectuada por medio de decreto con efectos a la fecha en la que se hubiera presentado, con formación de los correspondientes autos

Pero, art. 588.2 TRLC, si estimase que la comunicación presenta defectos, concederá al solicitante el plazo de dos días para que la subsane. Una vez subsanados los defectos, dictará resolución teniendo por realizada la comunicación con efectos desde la fecha en que se hubiera presentado. En caso de falta de subsanación, el letrado de la Administración de Justicia dictará resolución teniéndola por no efectuada.

La comunicación de Doña...... no presenta defecto u anomalía alguna a juicio de este Letrado de la Administración de Justicia.

La resolución teniendo por efectuada la comunicación se dictará sin necesidad de que el deudor acredite el estado de insolvencia en que se encuentre que hubiera alegado (art. 588.3 TRLC).

Finalmente, la comunicación reseñada también resulta respetuosa en lo relativo al respeto del plazo de un año contemplado en el art. 609 TRLC.

CUARTO. (En su caso y para el supuesto de insolvencia actual) Manifiesta la deudora, y no consta nada en sentido contrario a esta Letrado de la Administración de Justicia, la inexistencia de solicitud de concurso necesario dirigida contra el deudor y que se halle admitida a trámite. Ello a los efectos de lo dispuesto en el art. 588.4 TRLC.

QUINTO. En las presentes actuaciones, Doña .... no ha solicitado (ha solicitado) el citado carácter reservado, y, por lo tanto, procede (no procede) la publicación de la presente resolución en el Registro Público Concursal. Ello de conformidad con lo establecido en el art. 591 TRLC.

SEXTO. Procede dejar constancia en la presente resolución de las ejecuciones que se siguen contra Doña........., que han sido indicadas en su solicitud y, según manifiesta dicha sociedad, recaen sobre bienes necesarios para la continuidad de su actividad empresarial. Ello de conformidad y a lo dispuesto en el art. 590.2 TRLC, en conexión con los arts. 600 y 601 TRLC.

SÉPTIMO. Se deja constancia de la solicitud de extensión de prohibición de inicio o suspensión de ejecuciones sobre los citados bienes y derechos no necesarios para la continuación de la actividad empresarial del deudor, de conformidad y a los efectos de lo previsto en el art. 602.1 TRLC y con el siguiente alcance: ....

OCTAVO. (En su caso) Se deja constancia que, según manifiesta la actora, los contratos necesarios para la continuidad de su actividad empresarial son los siguientes: ....

NOVENO. (En su caso). Se deja constancia de la solicitud formulada por el deudor de designación de experto en reestructuraciones en la persona de ....

DÉCIMO. (En su caso). Se tienen por presentadas las certificaciones de la Agencia Estatal de Administración Tributaria a que se refiere el art. 586.1.10° TRLC.

ALTERNATIVA: se tiene por efectuada por la actora la manifestación que no se encuentra al corriente en el cumplimiento de las obligaciones tributarias y frente a la Seguridad Social.

Visto lo expuesto y demás normativa de aplicación:

DISPONGO

Tener por efectuada la comunicación presentada el día ... de ...... de ..., por Doña ...., con domicilio en ...., calle ......, y DNI/NIF......, poniendo en conocimiento de este Tribunal la existencia (o el inicio inmediato) de negociaciones para alcanzar un plan de reestructuración que le alcance a superar la insolvencia actual/inminente en que se halla (o la probabilidad de insolvencia que le acecha). Todo ello a los efectos y con el alcance establecido en los arts. 585 ss. y concordantes TRLC.

Fórmense los correspondientes autos en este Tribunal.

Déjese constancia que el importe del pasivo total expresado en la comunicación asciende a la suma de .... euros.

(En su caso). Téngase por efectuada por la actora manifestación sobre los contratos que, a su juicio, son necesarios para la continuación de su actividad empresarial y que son: ...

(En su caso) Ténganse por aportadas las certificaciones a que se refiere el art. 586.1.10° TRLC (o por hecha la declaración a que se refiere el art. 586.1.10° TRLC).

(En su caso) Téngase por extendida la prohibición de iniciación de ejecución de ejecuciones judiciales o extrajudiciales, o la suspensión de las ya iniciadas a que se refiere el art. 602.1 TRLC en los siguientes términos: ....

Identifíquense en el presente decreto las ejecuciones que se siguen contra bienes o derechos que el deudor considera necesarios para la continuidad de su actividad empresarial a los efectos de los arts. 600 y 601 TRLC, y que son las siguientes:.........

(En su caso). Y también las ejecuciones contra bienes no necesarios para la referida continuidad empresarial anteriormente reseñadas y que son ....

Y, en el mismo día de hoy, remítase la presente resolución por medios electrónicos a cada uno de los Tribunales que está conociendo de las ejecuciones a efectos de proceder a su suspensión.

(En su caso). Dese cuenta al Tribunal de la petición de designación de experto en reestructuraciones en la persona de ...., a efectos que, en su caso, y en lugar oportuno, acuerde cuanto proceda en orden a la referida petición designatoria.

ALTERNATIVA. Habiéndose dado cuenta al Tribunal de la petición formulada por la deudora en su comunicación de designación de experto en la reestructuración en la persona de ...., a efectos que, en su caso, acordara cuanto procediese en orden a la referida petición designatoria, hágase constar que su señoría, mediante auto de hoy día ... de ... de ......, ha nombrado al referido. ..., experto en la reestructuración.

Notifíquese la resolución a .... a través de su representación procesal. Publíquese en el Registro Público Concursal. (ALTERNATIVA: No procede la publicación del extracto de esta resolución en el Registro Público Concursal al haber solicitado expresamente el deudor el carácter reservado de la comunicación, cuya constancia se deja en el presente Decreto).

La presente resolución no es firme y contra la misma cabe recurso de revisión en el plazo de cinco días a contar desde su notificación en los términos y plazo del art. 590.3 TRLC.

De conformidad con lo establecido en la Disposición Adicional 15ª LOPJ (según la redacción dada por la LO 1/09), la interposición de recurso contra resoluciones judiciales no podrá ser admitida a trámite sin la acreditación del depósito previsto en la citada Ley a efectos de recurrir, debiendo presentarse copia o resguardo de tal depósito en la cuenta de consignaciones de este Tribunal.

Todo lo cual dispongo y firmo yo, Don .... Letrado de la Administración de Justicia.

F032. DECRETO DEL LETRADO DE LA ADMINISTRACIÓN DE JUSTICIA TENIENDO POR EFECTUADA LA COMUNICACIÓN DE APERTURA DE NEGOCIACIONES. GRUPO DE SOCIEDADES

Decreto Letrado de la Administración de Justicia, Don........ Tribunal de Instancia de ....., Sección de lo mercantil (plaza núm. ....)

En la ciudad de .... a ...... de .... de ....,

ANTECEDENTES DE HECHO

PRIMERO. Que en fecha ...... de .... de .... por el Procurador de los Tribunales, Don ...., y en representación de las mercantiles ...... se presentó escrito al amparo de lo dispuesto en el art. 585 TRLC, comunicando conjuntamente a este Tribunal la apertura de negociaciones con sus acreedores a efectos de obtener un plan de reestructuración que le permita superar la situación de insolvencia actual/inminente/ en que se hallan (o la probabilidad de insolvencia que les acecha). Ello en los términos de dicha comunicación y a los efectos de lo establecido en el art. 585 ss. y concordantes TRLC.

SEGUNDO. En dicho escrito comunicatorio, las mercantiles .... han solicitado expresamente (o no han solicitado) el carácter reservado de la comunicación.

(En su caso). También reseñaron sobre los contratos que, a su juicio, eran necesarios para la continuación de su actividad empresarial y que constan en la referida comunicación.

(En su caso). Finalmente, indicaron en su comunicación determinados bienes y derechos necesarios para la continuidad de su actividad empresarial, y las ejecuciones que se siguen contra ellos, en los términos de dicho escrito.

(En su caso) ....

FUNDAMENTOS DE DERECHO

PRIMERO. Que este Letrado de la Administración de Justicia es competente para conocer de la citada comunicación, al ser este Tribunal de Instancia, sección de lo Mercantil de .... el competente internacional, objetiva y territorialmente para conocer de la declaración de concurso de dicha sociedad, a la vista que el domicilio social y el centro de intereses principales de los deudores, incluido el de la sociedad dominante, la antedicha mercantil ... SL, se halla en la localidad de ...... (arts. 587.3, 589 y 593 TRLC).

SEGUNDO. Que conforme establece el art. 585.1 TRLC, en caso de probabilidad de insolvencia o de insolvencia inminente, el deudor, sea persona natural o jurídica, podrá comunicar al tribunal competente para la declaración del concurso la existencia de negociaciones con sus acreedores, o la intención de iniciarlas de inmediato, para alcanzar un plan de reestructuración que permita superar la situación en que se encuentra. Continúa

el art. 585.2 TRLC, señalando que el deudor que se encuentre en estado de insolvencia actual podrá efectuar la comunicación a que se refiere el apartado anterior en tanto no se haya admitido a trámite solicitud de declaración de concurso necesario.

Por otro lado, el art. 587.1 TRLC señala que las personas que pueden solicitar la declaración conjunta de los respectivos concursos de acreedores, esto es, las reseñadas en el art. 38 TRLC, podrán realizar una comunicación conjunta.

En este sentido, las entidades comunicantes, a la vista de lo que se desprende de lo consignado en su escrito de comunicación y del referido art. 38 TRLC en conexión con la disposición adicional 1° de dicha norma y el art. 42.1 C.Com, están facultadas para formular la comunicación conjunta de apertura de negociaciones a que se refiere el art. 585.1 TRLC, sin que al efecto sea preciso incluir a la sociedad dominante ni a todas las sociedades del grupo (art. 587.1 TRLC).

TERCERO. Que la comunicación origen de las presentes actuaciones, cumple con lo establecido en los arts. 585 ss. y concordantes TRLC, especialmente, lo establecido en el arts. 586 TRLC, no siendo preciso, en este momento, la acreditación de los presupuestos establecidos en dicho artículo para formular la misma. En especial, la insolvencia actual/inminente (o la probabilidad de insolvencia) en que se hallan los deudores comunicantes.

En este sentido, y conforme al art. 588.1 TRLC, en el plazo máximo de dos días, si el Letrado de la Administración de Justicia estima que, con arreglo a las normas sobre competencia internacional o territorial, el tribunal es competente y comprueba que la comunicación no presenta defectos formales, la tendrá por efectuada por medio de decreto con efectos a la fecha en la que se hubiera presentado, con formación de los correspondientes autos

Pero, art. 588.2 TRLC, si estimase que la comunicación presenta defectos, concederá al solicitante el plazo de dos días para que la subsane. Una vez subsanados los defectos, dictará resolución teniendo por realizada la comunicación con efectos desde la fecha en que se hubiera presentado. En caso de falta de subsanación, el letrado de la Administración de Justicia dictará resolución teniéndola por no efectuada.

La comunicación conjunta de ...... no presenta defecto u anomalía alguna a juicio de este Letrado de la Administración de Justicia.

La resolución teniendo por efectuada la comunicación se dictará sin necesidad de que el deudor acredite el estado de insolvencia en que se encuentre que hubiera alegado (art. 588.3 TRLC).

Finalmente, la comunicación reseñada también resulta respetuosa en lo relativo al respeto del plazo de un año contemplado en el art. 509 TRLC.

CUARTO. (En su caso y para el supuesto de insolvencia actual) Manifiestan los deudores anunciatorios de su intención de apertura de negociaciones, y no consta lo contrario a este Letrado de la Administración de Justicia, la inexistencia de solicitud de concurso necesario dirigida contra cualquiera de los deudores y que se halle admitida a trámite. Ello a los efectos de lo dispuesto en el art. 588.4 TRLC.

QUINTO. Se deja constancia que en la comunicación origen de estas actuaciones, se facilita la información requerida en el art. 586 TRLC desglosada por cada una de las sociedades comunicantes conjuntos, así como de las relaciones existentes entre todas y cada una de ellas, los créditos y las deudas recíprocos, y las garantías de cualquier clase que se hubieran otorgado. Ello en los siguientes términos y alcance: ....

SEXTO. En las presentes actuaciones, las mercantiles .... no han solicitado (han solicitado) el citado carácter reservado, y, por lo tanto, procede (no procede) la publicación de la presente resolución en el Registro Público Concursal. Ello de conformidad con lo establecido en el art. 591 TRLC.

SÉPTIMO. Procede dejar constancia en la presente resolución de las ejecuciones que se siguen contra ...., que han sido indicadas en su solicitud y que, según manifiestan dichas sociedades, recaen sobre bienes necesarios para la continuidad de su respectiva actividad empresarial. Ello de conformidad y a lo dispuesto en el art. 590.2 TRLC en conexión con los arts. 600 y 601 TRLC.

(En su caso) Formando las sociedades .... de un grupo de sociedades en el sentido de la DA1ª TRLC y 42.1 C.Com, procede dejar constancia de las garantías prestadas por cada una de ellas a que se refieren el art. 596.3 TRLC, dado que su ejecución, según manifiestan y acreditan las actoras, causaría la insolvencia de cada una de las deudoras garantizadas y la de su respectivo garante a la vista que ....

OCTAVO. Se deja constancia de la solicitud de extensión de prohibición de inicio o suspensión de ejecuciones sobre los citados bienes y derechos no necesarios para la continuación de la actividad empresarial de cada uno de los deudores, indicados por cada uno de ellos, de conformidad y a los efectos de lo previsto en el art. 602.1 TRLC y con el siguiente respectivo alcance: ....

NOVENO. (En su caso) Se deja constancia que los contratos necesarios para la continuidad de la actividad empresarial de cada una de las comunicantes son los siguientes: ....

DÉCIMO. (En su caso). Se deja constancia de la solicitud formulada por los deudores de designación de experto en reestructuraciones en la persona de ....

UNDÉCIMO. (En su caso). Se tienen por presentadas las certificaciones de la Agencia Estatal de Administración Tributaria a que se refiere el art. 586.1.10º TRLC.

ALTERNATIVA: se tiene por efectuada por la actora la manifestación que no se encuentra al corriente en el cumplimiento de las obligaciones tributarias y frente a la Seguridad Social.

Visto lo expuesto y demás normativa de aplicación:

DISPONGO

Tener por efectuada la comunicación presentada el día ... de ...... de ..., por las compañía ...., con domicilio social todas ellas en ...., calle ......, inscritas en el Registro Mercantil de la provincia de ......, al ......, y respectivo CIF ...., poniendo en conocimiento de este Tribunal la existencia (o el inicio inmediato) de negociaciones para alcanzar un plan de reestructuración que le alcance a superar la insolvencia actual/ inminente en que se halla (o la probabilidad de insolvencia que le acecha). Todo ello a los efectos y con el alcance establecido en los arts. 585 ss. y concordantes TRLC.

Fórmense los correspondientes autos en este Tribunal.

Déjese constancia que el importe del pasivo total expresado en la comunicación asciende a la suma de .... euros, importe éste comprensivo del conjunto de todas las sociedades, siendo, por el contrario, el pasivo total de cada una de ellas el siguiente: ....

(En su caso). Téngase por efectuada por cada una de las autoras la manifestación sobre los contratos que, a su juicio, son necesarios para la continuación de su respectiva actividad empresarial y que son los siguientes: ...

(En su caso) Ténganse por aportada las certificaciones a que se refiere el art. 586.1.10° TRLC (o por hecha la declaración a que se refiere el art. 586.1.10° TRLC).

(En su caso) Téngase por extendida la prohibición de iniciación de ejecución de ejecuciones judiciales o extrajudiciales, o la suspensión de las ya iniciadas a que se refiere el art. 602.1 TRLC en los siguientes términos: ....

Identifíquense en el presente decreto las ejecuciones que se siguen contra bienes o derechos que cada uno de los deudores consideran necesarios para la continuidad de su actividad empresarial, y que son las siguientes:.........

(En su caso) Y también las ejecuciones de garantías a que se refiere el art. 586.3° TRLC y que son las siguientes: ....

(En su caso). Y también las ejecuciones contra bienes y derechos de cada uno de los deudores no necesarios para la referida continuidad de su respectiva actividad empresarial y que son ....

Y, en el mismo día de hoy, remítase la presente resolución por medios electrónicos a cada uno de los Tribunales que esta conociendo de las ejecuciones a efectos de proceder a su suspensión.

(En su caso). Dese cuenta al Tribunal de la petición de designación de experto en reestructuraciones en la persona de ...., a efectos que, en su caso, y en lugar oportuno, acuerde cuanto proceda en orden a la referida petición designatoria.

ALTERNATIVA: Habiéndose dado cuenta al Tribunal de la petición formulada por las deudoras en su comunicación de designación de experto en reestructuraciones en la persona de ...., a efectos que, en su caso, acordara cuanto procediese en orden a la referida petición designatoria, hágase constar que su señoría, mediante auto de hoy día ... de ... de ......, ha nombrado al referido. ..., experto en la reestructuración.

Notifíquese la resolución a .... a través de su representación procesal. Publíquese en el Registro Público Concursal. (ALTERNATIVA: No procede la publicación del extracto de esta resolución en el Registro Público Concursal al haber solicitado expresamente el deudor el carácter reservado de la comunicación, cuya constancia se deja en el presente Decreto).

La presente resolución no es firme y contra la misma cabe recurso de revisión en el plazo de cinco días a contar desde su notificación en los términos y plazo del art. 590.3 TRLC.

De conformidad con lo establecido en la Disposición Adicional 15ª LOPJ (según la redacción dada por la LO 1/09), la interposición de recurso contra resoluciones judiciales no podrá ser admitida a trámite sin la acreditación del depósito previsto en la citada Ley a efectos de recurrir, debiendo presentarse copia o resguardo de tal depósito en la cuenta de consignaciones de este Tribunal.

Todo lo cual dispongo y firmo yo, Doña ……, Letrada de la Administración de Justicia.

I.4. IMPUGNACIÓN DEL DECRETO TENIENDO POR EFECTUADA LA COMUNICACIÓN DEL ART. 585 TRLC

F033. RECURSO DE REVISIÓN CONTRA DECRETO TENIENDO POR FORMULADA LA COMUNICACIÓN DE APERTURA DE NEGOCIACIONES. GENERAL

AL TRIBUNAL DE INSTANCIA DE .... SECCIÓN DE LO MERCANTIL (PLAZA NÚM. ......)

........., en nombre y representación de D. ...., tal y como consta debidamente acreditado, en los autos del procedimiento de comunicación de apertura de negociaciones al margen referenciados, bajo la dirección letrada de D........., ante este Tribunal comparezco y, como mejor en Derecho proceda, DIGO:

Que de conformidad a lo dispuesto en el artículo 590 TRLC, hemos sido conocedores de la existencia de Decreto nº .... del Tribunal de Instancia, sección de lo Mercantil nº .... de ...., que incoó expediente por el que se dejaba constancia de la comunicación del artículo 585 y ss. del T.R.L.C presentada por ...., para el inicio de negociaciones con los acreedores con el fin de intentar alcanzar un plan de reestructuración, siendo parte interesada en el presente procedimiento, por medio del presente interpongoi RECURSO DE REVISIÓN (EN ALGUNOS TRIBUNAL NO ES REVISIÓN Y ES OPOSICIÓN) por el siguiente motivo:

(Seleccionar de acuerdo al caso y desarrollar)

1.° Que el deudor hubiese presentado una comunicación dentro del año anterior;

2.° Que los bienes o derechos contra los que se siguen ejecuciones o frente a los que se pretende iniciarlas no son necesarios para la continuidad de la actividad empresarial o profesional del deudor;

3.° Que los efectos de la comunicación no deben extenderse a determinadas garantías otorgadas por terceros.

A los efectos probatorios adjuntamos como DOCUMENTO UNO...., COMO DOCUMENTO DOS....

Por todo ello,

AL TRIBUNAL SUPLICO: Que tenga por presentado este escrito junto con sus copias y documentos acompañados, se sirva admitirlos y en su virtud, tenga por formulado recurso de revisión (depende del tipo de resolución OPOSICIÓN) AL DECRETO dictaminado respecto del inicio de negociaciones con los acreedores con el fin de intentar alcanzar un plan de reestructuración, por parte de la mercantil.......en nombre de D. ....

En ...., a ....

F034. RECURSO DE REVISIÓN CONTRA DECRETO TENIENDO POR FORMULADA LA COMUNICACIÓN DE APERTURA DE NEGOCIACIONES. PRESENTACIÓN DE COMUNICACIÓN DENTRO DEL AÑO ANTERIOR

AL TRIBUNAL DE INSTANCIA DE .... SECCIÓN DE LO MERCANTIL (PLAZA NÚM.....)

..............., Procurador de los Tribunales (núm. .... de colegiado) y de la compañía .... S.A., con domicilio en ...., calle .... núm. .... y CIF ...., cuya representación acredito con la escritura de poder que acompaño a este escrito como DOCUMENTO UNO, ante este Tribunal comparezco en el expediente de constancia de comunicación preconcursal núm. autos ......, bajo la dirección letrada de Don ...., abogado del Ilustre Colegio de .... (núm. ...... de colegiado), y como mejor proceda en Derecho DIGO:

Que por medio del presente escrito, y al amparo de lo dispuesto en el art. 590.1.1° TRLC se interpone RECURSO DE REVISIÓN contra el Decreto de fecha ... de... de........., que se acompaña como DOCUMENTO ..., dictado por el Letrado de la Administración de Justicia en las presentes actuaciones, dejando constancia de la comunicación presentada por .... S.L al amparo y a los efectos de lo prevenido en los arts. 585 y ss. TRLC al infringir, dicho sea con el debido respeto, y en estrictos términos de defensa, lo dispuesto en el art. 609 TRLC, efectuándose al efecto las siguientes:

ALEGACIONES

PRIMERA. Que mi mandante, ... S.A, es una sociedad que, desde hace más de treinta años, se dedica a la actividad de ....

Como consecuencia del suministro de determinadas partidas de ...., la sociedad .... S.L contrajo con mi poderdante una deuda por importe total y conjunto (IVA incluido) de ....euros, con el siguiente desglose:

A) El ... día de ... de ..., le vendió ... del citado producto, por un precio total de ....euros (IVA incluido).

B) El ... día de ... de ..., le vendió ... del citado producto, por un precio total de ....euros (IVA incluido).

C) Y el ... día de ... de ..., le vendió ... del citado producto, por un precio total de ....euros (IVA incluido).

Las referidas facturas debieron ser pagadas el día ..., mediante trasferencia bancaria a la cuenta reseñada en las mismas. Pero no lo fueron.

Por ello, el importe adeudado resulto objeto del oportuno reconocimiento de deuda por ...... S.L mediante escritura de otorgada en fecha ... de ...... de ......, ante el Notario de ......, Don ...., en la que se fijó como nuevo día de pago de la citada deuda el ... de...... de......

Sin embargo, llegada tal fecha, la citada deuda resultó de nuevo impagada, pese a su carácter de vencida, liquida y exigible

Todo lo anterior se acredita con los siguientes DOCUMENTOS que se acompañan a este escrito señalados de NÚMERO ......, y que a continuación se reseñan: ....

SEGUNDA. Que en fecha ...., la aquí deudora, la sociedad .... S.L comunicó a este Tribunal al que respetuosamente nos dirigimos, y al amparo de lo dispuesto en los arts. 585 y ss. TRLC, su voluntad de iniciar negociaciones con sus acreedores a efectos de alcanzar un plan de reestructuración que le permitiera eludir la situación de insolvencia inminente en la que dice estar.

Este Tribunal, mediante Decreto del Letrado de la Administración de Justicia de fecha ... de ... de ......, tuvo por efectuada la citada comunicación en los términos y a los efectos de los citados arts. 585 y ss. TRLC. Este decreto fue objeto de la oportuna publicidad en el Registro Público Concursal, mediante la inscripción en dicho Registro de la expresada resolución el día ... de ...... de ......

Sin embargo, del referido Registro Público Concursal también resulta que previamente a la comunicación preconcursal que ha dado origen al Decreto objeto de la presente impugnación, la deudora también presentó la comunicación a que se refiere el art. 585 TRLC, esta vez, en fecha ... y ante el Tribunal de Instancia, sección de lo Mercantil, núm. ... de esta ciudad, expediente autos ......, comunicación que fue tenida por efectuada mediante decreto de fecha ...

Acreditando lo anterior se acompaña como DOCUMENTO señalado de NÚMERO ...... información del citado Registro Público Concursal referida a las citadas comunicaciones preconcursales y decretos teniéndolas por efectuadas.

TERCERA. Que conforme establece el art. 590.3 TRLC cualquier acreedor podrá interponer recurso de revisión contra la resolución del letrado de la administración de justicia por los siguientes motivos:

1.° Que el deudor hubiese presentado una comunicación dentro del año anterior;

2.° Que los bienes o derechos contra los que se siguen ejecuciones o frente a los que se pretende iniciarlas no son necesarios para la continuidad de la actividad empresarial o profesional del deudor; o

3.° Que los efectos de la comunicación no deben extenderse a determinadas garantías otorgadas por terceros.

El plazo para la interposición del recurso será de cinco días a contar desde la inscripción de la resolución en el Registro público concursal o, en el caso de ejecuciones en tramitación, desde la notificación de la resolución por la que la autoridad judicial que estuviera conociendo de la ejecución la suspenda.

Por otro lado, el art. 609 TRLC señala que una vez formulada la comunicación, no podrá presentarse otra por el mismo deudor en el plazo de un año, a contar desde la presentación

CUARTA. A la vista de todos lo expuesto y las referidas normas legales, parece evidente que el deudor, actuando de mala fe y torticeramente, ha obviado y ocultado que previamente a la comunicación tenida por presentada en este expediente ......, a través del decreto cuya revisión aquí se interesa, ya había presentado otra anterior, en fecha ...... (expediente ...), sin que entre esta y aquella hubiera transcurrido el plazo anual a que se refiere el art. 609 TRLC.

Por tal motivo, la comunicación objeto del decreto aquí impugnado no debió ser tenida por presentada sino rechazada de plano por el letrado de la administración de justicia.

QUINTA. A los efectos legales oportunos se hace constar:

A. Que mi mandante está legitimado para interponer el presente recurso de revisión a la vista de su condición de acreedor de ... S.L.

B. Que el presente recurso de revisión se interpone dentro del plazo de cinco días reseñado en el art. 590.3 TRLC, a contar desde la inscripción del decreto impugnado en el RPC.

En su virtud,

SUPLICO AL TRIBUNAL que tenga por presentado este escrito, junto a los documentos a él acompañados y copias de todo ello, se sirva admitirlo, y tener por interpuesto RECURSO DE REVISIÓN contra el Decreto de fecha ... de... de........., dictado por el Letrado de la Administración de Justicia en las presentes actuaciones, dejando constancia de la comunicación presentada por .... S.L al amparo y a los efectos de lo prevenido en los arts. 585 y ss. TRLC al infringir, dicho sea, con el debido respeto, y en estrictos términos de defensa, lo dispuesto en el art. 609 TRLC, y previos los oportunos trámites legales, se sirva dictar la oportuna resolución estimatoria del presente recurso, y anulando y dejando sin efecto el decreto reseñado, y acordando cuanto demás proceda en derecho.

Es Justicia que pido en .... a ...... de .... de dos mil ......

F035. RECURSO DE REVISIÓN CONTRA DECRETO TENIENDO POR FORMULADA LA COMUNICACIÓN DE APERTURA DE NEGOCIACIONES. BIENES O DERECHOS NO NECESARIOS PARA LA ACTIVIDAD EMPRESARIAL DEL DEUDOR

AL TRIBUNAL DE INSTANCIA DE .... SECCIÓN DE LO MERCANTIL (PLAZA NÚM. ......)

..............., Procurador de los Tribunales (núm. .... de colegiado) y de la compañía .... S.A., con domicilio en ...., calle .... núm. .... y CIF ...., cuya representación acredito con la escritura de poder que acompaño a este escrito como DOCUMENTO UNO, ante este Tribunal comparezco en el expediente de constancia de comunicación núm. autos ......, bajo la dirección letrada de Don ...., abogado del Ilustre Colegio de .... (núm. ... de colegiado), y como mejor proceda en Derecho DIGO:

Que por medio del presente escrito, y al amparo de lo dispuesto en el art. 590.1.2° TRLC, se interpone RECURSO DE REVISIÓN contra el Decreto de fecha ... de... de........, que se acompaña como DOCUMENTO ..., dictado por el Letrado de la Administración de Justicia en las presentes actuaciones, dejando constancia de la comunicación presentada por .... S.L al amparo y a los efectos de lo prevenido en los arts. 585 y ss. TRLC, al infringir, dicho sea, con el debido respeto, y en estrictos términos de defensa, lo dispuesto en el art. 601 TRLC, efectuándose al efecto las siguientes:

ALEGACIONES

PRIMERA. Que mi mandante, ... S.A, es una sociedad que, desde hace más de treinta años, se dedica a la actividad de ....

Como consecuencia del suministro de determinadas partidas de ...., la sociedad .... S.L contrajo con mi poderdante una deuda por importe total y conjunto (IVA incluido) de ....euros, con el siguiente desglose:

A) El ... día de ... de ..., le vendió ... del citado producto, por un precio total de ....euros (IVA incluido).

B) El ... día de ... de ..., le vendió ... del citado producto, por un precio total de ....euros (IVA incluido).

C) Y el ... día de ... de ..., le vendió ... del citado producto, por un precio total de ....euros (IVA incluido).

Las referidas facturas debieron ser pagadas el día ..., mediante trasferencia bancaria a la cuenta reseñada en las mismas. Pero no lo fueron.

Por ello, resulto objeto del oportuno reconocimiento de deuda por ...... S.L mediante escritura de otorgada en fecha ... de ...... de ......, ante el Notario de ......, Don ...., en la que se fijó como nuevo día de pago de la citada deuda el ... de...... de......

Sin embargo, llegado tal fecha, la deuda reseñada resulto de nuevo impagada, pese a su carácter de vencida, liquida y exigible.

Como consecuencia de la situación creada, mi mandante instó judicialmente el pago de la citada deuda. De este modo, y ante el Tribunal de Instancia, sección de lo civil, de .... se siguió el correspondiente juicio ordinario bajo el número de autos ... Sustanciado el citado procedimiento por todos sus trámites, en fecha ... de ... de ..., recayó sentencia por la que se condenaba a la sociedad .... S.L. a pagar a mi mandante la suma de ....euros, más sus correspondientes intereses legales. Igualmente, le fueron impuestas las costas procesales a la demandada. Dicha sentencia no fue recurrida por .... S.L. por lo que devino firme.

En fecha ... de ... de ..., mi mandante instó la ejecución de la sentencia reseñada anteriormente, ejecución que se sustancia ante el tribunal de Instancia, sección civil de......, autos ... En el citado procedimiento, y previa admisión de la demanda ejecutiva, se dictó auto de fecha ... de ... de ..., por el que se despachó ejecución contra .... S.L. ordenándose el embargo de bienes de la citada sociedad hasta cubrir ....euros de principal, ...euros de interés y costas.

Y en cumplimiento de ello le fue embargado a la citada deudora el siguiente bien inmueble de su propiedad: ....

Hasta dictarse el decreto aquí impugnado, la citada ejecución se hallaba en el siguiente estado procesal: ....

Todo lo anterior se acredita con los siguientes DOCUMENTOS que se acompañan a este escrito señalados de NÚMERO ......, y que a continuación se reseñan: ....

SEGUNDA. Que en fecha ...., la aquí deudora, la sociedad .... S.L comunicó a este Tribunal al que respetuosamente nos dirigimos, y al amparo de lo dispuesto en los arts. 585 y ss. TRLC, su voluntad de iniciar negociaciones con sus acreedores a efectos de alcanzar un plan de reestructuración que le permita eludir la situación de insolvencia inminente en la que dice estar.

Este Tribunal, mediante Decreto del letrado de la administración de Justicia de fecha ... de ... de ......, tuvo por efectuada la citada comunicación, en los términos y a los efectos de los citados arts. 585 y ss. TRLC. Este decreto fue objeto de la oportuna publicidad en el Registro Público Concursal, mediante la inscripción en dicho registro de la expresada resolución el día ...

En dicho Decreto y de conformidad con lo dispuesto en el art. 590.2 TRLC en relación con el art. 601 TRLC, se identifican, a efectos de su suspensión, las ejecuciones en curso expresadas por el deudor sobre bienes o derechos que éste considera necesarios para la continuación de su actividad empresarial. Entre las mismas se encontraba la ejecución antes reseñada y seguida por mi poderdante ante el referido Tribunal de Instancia sección de civil de ...... (autos de ejecución ...) que, como consecuencia de la comunicación de referencia y del despliegue de los efectos que le son propios, en esencia, y a los efectos que nos ocupa, los suspensorios del art. 601 TRLC, fue objeto de suspensión mediante auto del referido Tribunal de Instancia de fecha ... de ... de ......

Se hace constar que por el deudor no se solicitó la prohibición general o individual de iniciación o suspensión de ejecuciones a que se refiere el art. 602 TRLC.

Acreditando lo anterior se acompañan como DOCUMENTOS señalados de NÚMERO ...... el citado decreto teniendo por efectuada la expresa comunicación, y la información del citado Registro Público Concursal referida a todo ello. También el auto del Tribunal de Instancia sección de civil de ......, articulando la referida suspensión de la ejecución. Y ....

TERCERA. Que conforme establece el art. 590.3 TRLC cualquier acreedor podrá interponer recurso de revisión contra la resolución del letrado de la administración de justicia por los siguientes motivos:

1.° Que el deudor hubiese presentado una comunicación dentro del año anterior;

2.° Que los bienes o derechos contra los que se siguen ejecuciones o frente a los que se pretende iniciarlas no son necesarios para la continuidad de la actividad empresarial o profesional del deudor; o

3.° Que los efectos de la comunicación no deben extenderse a determinadas garantías otorgadas por terceros.

El plazo para la interposición del recurso será de cinco días a contar desde la inscripción de la resolución en el Registro público concursal o, en el caso de ejecuciones en tramitación, desde la notificación de la resolución por la que la autoridad judicial que estuviera conociendo de la ejecución la suspenda.

Por otro lado, señala el art. 601 TRLC que desde que reciban la resolución del tribunal teniendo por efectuada la comunicación de inicio de negociaciones con los acreedores, las autoridades que estuvieren conociendo de las ejecuciones judiciales o extrajudiciales sobre los bienes o derechos necesarios para la continuidad de la actividad empresarial o profesional las suspenderán automáticamente hasta que transcurran tres meses a contar desde la comunicación efectuada por el deudor al tribunal competente, salvo que el deudor acredite haber solicitado la prórroga.

Finalmente, el art. 604.1 TRLC señala que las ejecuciones no iniciadas o suspendidas podrán iniciarse o reanudarse si el tribunal, como consecuencia de la estimación del recurso de revisión contra el decreto del letrado de la Administración de Justicia teniendo por efectuada la comunicación, resolviera que los bienes o derechos no son necesarios para la continuidad de la actividad empresarial o profesional del deudor, salvo que los efectos de la comunicación se hubiesen extendido a estos bienes de conformidad con lo previsto en el capítulo II, del Titulo I, del Libro II TRLC.

CUARTA. A la vista de todos lo expuesto y las referidas normas legales, parece evidente que el deudor, actuando de mala fe y torticeramente, ha obviado y ocultado que el procedimiento de ejecución antes reseñado, esto es, el seguido por mi mandante contra la deudora ante el Tribunal de Instancia de ..., bajo el número de autos ......, no recae sobre bien alguno necesario para la continuación de su actividad empresarial.

En primer lugar, por cuanto ...... S.L ha cesado en su actividad empresarial desde ...., dado que .... Ello se acredita con los DOCUMENTOS que se acompañan como DOCUMENTOS ......

Y en cualquier caso, si lo anterior no fuere tenido en cuenta, y dada la actividad empresarial desempañada por la deudora, ..., el bien en cuestión no solo no resulta necesario para la misma sino que, incluso resulta ajeno y absolutamente prescindible para ella pues .... Todo cual se acredita con los DOCUMENTOS ......

Por lo tanto, la ejecución en cuestión, al no recaer sobre un bien necesario para la continuación de la actividad empresarial del deudor, más bien lo contrario, y no haberse solicitado la prohibición general ejecutoria del art. 602 TRLC, no debió de quedar afectada por los efectos de la comunicación preconcursal de referencia, por lo que, previa estimación de este recurso, debe procederse a su reanudación y continuación por todos sus trámites.

QUINTA. A los efectos legales oportunos se hace constar:

A. Que mi mandante está legitimado para interponer el presente recurso de revisión a la vista de su condición de acreedor de ... S.L.

B. Que el presente recurso de revisión se interpone dentro del plazo de cinco días reseñado en el art. 590.3 TRLC.

En su virtud,

SUPLICO AL TRIBUNAL que tenga por presentado este escrito, junto a los documentos a él acompañados y copias de todo ello, se sirva admitirlo, y tener por interpuesto RECURSO DE REVISIÓN contra el Decreto de fecha ... de... de........., dictado por el Letrado de la Administración de Justicia en las presentes actuaciones, dejando constancia de la comunicación presentada por .... S.L al amparo y a los efectos de lo prevenido en los arts. 585 y ss. TRLC al infringir, dicho sea, con el debido respeto, y en estrictos términos de defensa, lo dispuesto en el art. 601 TRLC, y previos los oportunos trámites legales, se sirva dictar la oportuna resolución estimatoria del presente recurso, anulando y dejando sin efecto la suspensión de la ejecución reseñada en el cuerpo de este escrito, y ordenándose su reanudación a la vista de lo dispuesto en el art. 604.1 TRLC, acordando cuanto demás proceda en derecho.

Es Justicia que pido en .... a ...... de .... de dos mil ......

F036. RECURSO DE REVISIÓN CONTRA DECRETO TENIENDO POR FORMULADA LA COMUNICACIÓN DE APERTURA DE NEGOCIACIONES. EXTENSIÓN DE EFECTOS A GARANTÍAS OTORGADAS POR TERCEROS

AL TRIBUNAL DE INSTANCIA DE .... SECCIÓN DE LO MERCANTIL (PLAZA NÚM. ......)

..............., Procurador de los Tribunales (núm. .... de colegiado) y de la compañía .... S.A., con domicilio en ...., calle .... núm. .... y CIF ...., cuya representación acredito con la escritura de poder que acompaño a este escrito como DOCUMENTO UNO, ante este Tribunal comparezco en el expediente de constancia de comunicación preconcursal núm. autos ......, bajo la dirección letrada de Don ...., abogado del Ilustre Colegio de .... (núm. .... de colegiado), y como mejor proceda en Derecho DIGO:

Que por medio del presente escrito, y al amparo de lo dispuesto en el art. 590.1.3º TRLC se interpone RECURSO DE REVISIÓN contra el Decreto de fecha ... de... de........., dictado por el Letrado de la Administración de Justicia en las presentes actuaciones, dejando constancia de la comunicación presentada por .... S.A al amparo y a los efectos de lo prevenido en los arts. 585 y ss. TRLC al infringir, dicho sea, con el debido respeto, y en estrictos términos de defensa, lo dispuesto en el art. 596.3 TRLC, efectuándose al efecto las siguientes:

ALEGACIONES

PRIMERA. Que mi mandante, ... S.A, es una sociedad que, desde hace más de treinta años, se dedica a la actividad de ....

Como consecuencia del suministro de determinadas partidas de ...., la sociedad .... S.L contrajo con mi poderdante una deuda por importe total y conjunto (IVA incluido) de ....euros, con el siguiente desglose:

A) El ... día de ... de ..., le vendió ... del citado producto, por un precio total de ....euros (IVA incluido).

B) El ... día de ... de ..., le vendió ... del citado producto, por un precio total de ....euros (IVA incluido).

C) Y el ... día de ... de ..., le vendió ... del citado producto, por un precio total de ....euros (IVA incluido).

Las referidas facturas debieron ser pagadas el día ..., mediante trasferencia bancaria a la cuenta reseñada en las mismas. Pero no lo fueron.

Por ello, el importe adeudado resulto objeto del oportuno reconocimiento de deuda por ...... S.L mediante escritura de otorgada en fecha ... de ...... de ......, ante el Notario de ......, Don ...., en la que se fijó como nuevo día de pago de la citada deuda el ... de...... de......

En dicha escritura, y en garantía del pago allí reconocido, se constituyó por la mercantil .... S.L, sociedad matriz de la deudora, y perteneciente al mismo grupo de sociedades en los términos de la DA 1° TRLC en relación con el art. 42.1 C.Com, aval a primer requerimiento en los siguientes términos: ....

Sin embargo, llegado tal fecha la referida deuda resultó de nuevo impagada, pese a su carácter de vencida, liquida y exigible. Por ello, mi mandante procedió a la ejecución del aval a primer requerimiento que garantizaba su pago, siendo la situación de la referida ejecución al tiempo de dictarse el decreto aquí impugnado la siguiente: ....

Todo lo anterior se acredita con los siguientes DOCUMENTOS que se acompañan a este escrito señalados de NÚMERO ......, y que a continuación se reseñan: ....

SEGUNDA. Que en fecha ...., la aquí deudora, la sociedad .... S.L comunicó a este Tribunal al que respetuosamente nos dirigimos, y al amparo de lo dispuesto en los arts. 585 y ss. TRLC, su voluntad de iniciar negociaciones con sus acreedores a efectos de alcanzar un plan de reestructuración que le permitiera eludir la situación de insolvencia inminente en la que dice estar.

Este Tribunal, mediante Decreto del Letrado de la Administración de Justicia de fecha ... de ... de ......, tuvo por efectuada la citada comunicación en los términos y a los efectos de los citados arts. 585 y ss. TRLC. Este decreto fue objeto de la oportuna publicidad en el Registro Público Concursal, mediante la inscripción en dicho Registro de la expresada resolución el día ... de ...... de ......

En el citado decreto, de conformidad con lo previsto en el art. 590.2 TRLC en conexión con los arts. 586.2 y 596 TRLC, se hizo constar las garantías otorgadas por terceros que, según el deudor, habían de quedar afectadas por la comunicación, entre las que se encuentra, el aval a primer requerimiento señalado anteriormente, limitándose a expresar, sin el más mínimo esfuerzo probatorio, tanto en la comunicación de referencia como en el Decreto, que la ejecución de la citada garantía puede causar la insolvencia del garante y la propia deudora.

Acreditando lo anterior se acompaña como DOCUMENTO señalado de NÚMERO ...... se acompaña la citada comunicación, decreto e información del citado Registro Público Concursal referida ambos.

TERCERA. Que conforme establece el art. 590.3 TRLC cualquier acreedor podrá interponer recurso de revisión contra la resolución del letrado de la administración de justicia por los siguientes motivos:

1.° Que el deudor hubiese presentado una comunicación dentro del año anterior;

2.° Que los bienes o derechos contra los que se siguen ejecuciones o frente a los que se pretende iniciarlas no son necesarios para la continuidad de la actividad empresarial o profesional del deudor; o

3.º Que los efectos de la comunicación no deben extenderse a determinadas garantías otorgadas por terceros.

El plazo para la interposición del recurso será de cinco días a contar desde la inscripción de la resolución en el Registro público concursal o, en el caso de ejecuciones en tramitación, desde la notificación de la resolución por la que la autoridad judicial que estuviera conociendo de la ejecución la suspenda.

Por otro, 596.1 TRLC la comunicación, por sí sola, no impedirá que el acreedor que disponga de garantía personal o real de un tercero para la satisfacción de su crédito pueda hacerla efectiva si el crédito garantizado hubiese vencido.

Los garantes no podrán invocar la comunicación en perjuicio del acreedor, incluso aunque este participe en las negociaciones (art. 596.2 TRLC)

Como excepción a lo establecido en el art. 596.1 TRLC, la comunicación suspenderá la ejecución de las garantías personales o reales prestadas por cualquier otra sociedad del grupo no incluida en la comunicación cuando así lo haya solicitado la sociedad deudora acreditando que la ejecución de la garantía pueda causar la insolvencia del garante y de la propia deudora (art. 596.3 TRLC).

CUARTA. A la vista de todos lo expuesto y las referidas normas legales, parece evidente que el deudor ha obtenido la suspensión de la ejecución del aval a primer requerimiento del que goza mi mandante y que antes se reseñó, en evidente abuso de la excepción prevista en el art. 596.3 TRLC.

En efecto, ... S.L se ha limitado a manifestar que la ejecución de la referida garantía puede causar la insolvencia del garante y la propia deudora sin apoyo acreditatorio alguno, recordando que conforme al referido art. 596.3 TRLC tal riesgo insolvente y su prueba recae, en exclusiva, sobre el deudor.

Por otro lado, y en cualquier caso, la ejecución de la referida garantía en modo alguno puede causar la insolvencia del garante y de la propia deudora pues .... Todo cual se acredita con los DOCUMENTOS ......

Por tal motivo, y previa estimación del presente recurso, procede dejar sin efecto la suspensión de la ejecución de la garantía prestada por ...... a favor de mi mandante y anteriormente reseñada

QUINTA. A los efectos legales oportunos se hace constar:

A. Que mi mandante está legitimado para interponer el presente recurso de revisión a la vista de su condición de acreedor de ... S.L.

B. Que el presente recurso de revisión se interpone dentro del plazo de cinco días reseñado en el art. 590.3 TRLC.

En su virtud,

SUPLICO AL TRIBUNAL que tenga por presentado este escrito, junto a los documentos a él acompañados y copias de todo ello, se sirva admitirlo, y tener por interpuesto RECURSO DE REVISIÓN contra el Decreto de fecha ... de... de......... dictado por el Letrado de la Administración de Justicia en las presentes actuaciones, y dejando constancia de la comunicación presentada por .... S.L al amparo y a los efectos de lo prevenido en los arts. 585 y ss. TRLC al infringir, dicho sea, con el debido respeto, y en estrictos términos de defensa, lo dispuesto en el art. 596.3 TRLC, y previos los oportunos trámites legales, se sirva dictar la oportuna resolución estimatoria del presente recurso, y anulando y dejando sin efecto la suspensión de la ejecución de la garantía reseñada en el cuerpo de este escrito, y acordando cuanto demás proceda en derecho.

Es Justicia que pido en .... a ...... de .... de dos mil ......

F037. RECURSO DE REVISIÓN CONTRA DECRETO TENIENDO POR FORMULADA LA COMUNICACIÓN DE APERTURA DE NEGOCIACIONES. CONTRATO NECESARIO PARA LA CONTINUIDAD EMPRESARIAL

AL TRIBUNAL DE INSTANCIA DE .... SECCIÓN DE
LO MERCANTIL (PLAZA NÚM. ......)

..............., Procurador de los Tribunales (núm. .... de colegiado) y de la compañía .... S.A., con domicilio en ...., calle .... núm. .... y CIF ...., cuya representación acredito con la escritura de poder que acompaño a este escrito como DOCUMENTO UNO, ante este Tribunal comparezco en el expediente de constancia de comunicación núm. autos ......, bajo la dirección letrada de Don ...., abogado del Ilustre Colegio de .... (núm. ... de colegiado), y como mejor proceda en Derecho DIGO:

Que por medio del presente escrito, y al amparo de lo dispuesto en el art. 598.2 TRLC, se interpone RECURSO DE REVISIÓN contra el Decreto de fecha ... de... de........., que se acompaña como DOCUMENTO ..., dictado por el Letrado de la Administración de Justicia en las presentes actuaciones, dejando constancia de la comunicación presentada por .... S.L al amparo y a los efectos de lo prevenido en los arts. 585 y ss. TRLC, al infringir, dicho sea, con el debido respeto, y en estrictos términos de defensa, lo dispuesto en los arts. 586.1.7º y 598 TRLC, efectuándose al efecto las siguientes:

ALEGACIONES

PRIMERA. Que mi mandante, ... S.A, es una sociedad que, desde hace más de treinta años, se dedica a la actividad de .... y que en fecha ......, suscribió con la aquí deudora un contrato por el que ......

El referido contrato se acompaña como DOCUMENTO ....

SEGUNDA. Que en fecha ...., la aquí deudora, la sociedad .... S.L comunicó a este Tribunal al que respetuosamente nos dirigimos, y al amparo de lo dispuesto en los arts. 585 y ss. TRLC, su voluntad de iniciar negociaciones con sus acreedores a efectos de alcanzar un plan de reestructuración que le permita eludir la situación de insolvencia inminente en la que dice estar.

Este Tribunal, mediante Decreto del letrado de la administración de Justicia de fecha ... de ... de ......, tuvo por efectuada la citada comunicación, en los términos y a los efectos de los citados arts. 585 y ss. TRLC. Este decreto fue objeto de la oportuna publicidad en el Registro Público Concursal, mediante la inscripción en dicho registro de la expresada resolución el día ...

En dicho Decreto, se identifican, a efectos de lo establecido en el art. 598.2 TRLC, los contratos que la deudora considera necesarios para la continuación de su actividad empresarial.

Acreditando lo anterior se acompañan como DOCUMENTOS señalados de NÚMERO ...... el citado decreto teniendo por efectuada la expresa comunicación, y la información del citado Registro Público Concursal referida a todo ello.

Se hace constar que, al tiempo de la presentación del presente escrito, se mantienen los efectos de la expresada comunicación sobre las acciones y los procedimientos ejecutivos.

TERCERA. Que conforme establece el art. 598.2 TRLC si se tratase de contratos necesarios para la continuidad de la actividad empresarial o profesional del deudor, las facultades de suspender el cumplimiento de las obligaciones de la contraparte o de modificar, resolver o terminar anticipadamente el contrato por incumplimientos anteriores a la comunicación no podrán ejercitarse mientras se mantengan los efectos de la comunicación sobre las acciones y los procedimientos ejecutivos. La contraparte afectada podrá interponer recurso de revisión si considera que su contrato no es necesario para la continuidad de la actividad empresarial o profesional del deudor.

CUARTA. A la vista de todos lo expuesto y las referidas normas legales, parece evidente que el deudor, actuando de mala fe y torticeramente, ha obviado y ocultado que el contrato de referencia no resulta necesario para la continuación de su actividad empresarial.

En primer lugar, por cuanto ...... S.L ha cesado en su actividad empresarial desde ...., dado que .... Ello se acredita con los DOCUMENTOS que se acompañan como DOCUMENTOS ......

Y en cualquier caso, si lo anterior no fuere tenido en cuenta, y dada la actividad empresarial desempañada por la deudora, ..., el contrato en cuestión no solo no resulta necesario para la misma sino que, incluso resulta ajeno y absolutamente prescindible para ella pues .... Todo cual se acredita con los DOCUMENTOS ......

ALTERNATIVA: En efecto, el citado contrato no presenta obligaciones recíprocas pendientes de cumplimiento pues ....

QUINTA. A los efectos legales oportunos se hace constar:

A. Que mi mandante está legitimado para interponer el presente recurso de revisión a la vista de su condición de contraparte del contrato de ...., suscrito en su día con ... S.L.

B. Que el presente recurso de revisión se interpone dentro del plazo de cinco días reseñado en el art. 590.3 TRLC.

En su virtud,

SUPLICO AL TRIBUNAL que tenga por presentado este escrito, junto a los documentos a él acompañados y copias de todo ello, se sirva admitirlo, y tener por interpuesto RECURSO DE REVISIÓN contra el Decreto de fecha ... de... de........., dictado por el Letrado de la Administración de Justicia en las presentes actuaciones, dejando constancia de la comunicación presentada por .... S.L al amparo y a los efectos de lo prevenido en los arts. 585 y ss. TRLC, y previos los oportunos trámites legales, se sirva dictar la oportuna resolución estimatoria del presente recurso, dejando sin efecto la consideración del referido contrato de fecha ...... como necesario para la actividad empresarial de ...., y por lo tanto, pudiendo ejercitarse por esta parte, con relación a dicho contrato, las facultades de suspender el cumplimiento de las obligaciones de la contraparte o de modificar, resolver o terminar anticipadamente el contrato por incumplimientos anteriores a la comunicación, acordando cuanto demás proceda en derecho.

Es Justicia que pido en .... a ...... de .... de dos mil ......

F038. AUTO ESTIMANDO RECURSO DE REVISIÓN CONTRA DECRETO TENIENDO POR FORMULADA LA COMUNICACIÓN DE APERTURA DE NEGOCIACIONES. PRESENTACIÓN DE COMUNICACIÓN DENTRO DEL AÑO ANTERIOR

En la ciudad de .... a ...... de .... de ....

ANTECEDENTES DE HECHO

PRIMERO. Que mediante escrito de fecha ......, la sociedad ....S.A comunico a este Tribunal que había iniciado negociaciones para alcanzar un plan de reestructuración. Todo ello a los efectos y con el alcance establecido en los arts. 585 ss. y concordantes TRLC.

SEGUNDO. Que mediante Decreto de fecha ...., por el Letrado de la Administración de Justicia se dejó constancia de la comunicación presentada por ....S.A, ordenándose la publicación en el Registro Público Concursal de la citada resolución.

TERCERO. Que la compañía .... S.L, y al amparo de lo dispuesto en el art. 590 TRLC, interpuso recurso de revisión contra el citado decreto por entender que infringía lo dispuesto en el art. 609 TRLC y la prohibición temporal anual de nuevas comunicaciones contenida en dicho precepto. Ello en los términos de dicho escrito, del que se extracta lo siguiente: ....

CUARTO. Del referido escrito se dio traslado a la sociedad deudora comunicadora, ... S.A, que se opuso al mismo en los términos obrantes en las presentes actuaciones.

FUNDAMENTOS DE DERECHO

PRIMERO. Que este Tribunal es competente para conocer del presente recurso de revisión, al ser el letrado de la administración de justicia de este Tribunal quien dictó el decreto aquí impugnado (art. 590.3 TRLC).

SEGUNDO. Que el recurso reúne los requisitos de forma, contenido y plazo legalmente requeridos, habiendo sido interpuesto dentro del término de cinco días a que se refiere el art. 590.3 TRLC, y, tal y como requiere este precepto, por persona legitimada al efecto, dada la condición acreedora de ...... S.L, profusamente acreditada en su recurso, y no rechazada por el deudor, que, en cualquier caso, ha incluido a la citada sociedad en la relación de acreedores acompañada a su comunicación. Finalmente, el motivo impugnatorio aducido por el acreedor recurrente, esto es, la infracción por el deudor de lo dispuesto en el art. 609 TRLC, es uno de los motivos que habilita la reacción revisoria frente al citado decreto (art. 590.2.1° TRLC).

TERCERO. El recurso debe ser estimado.

Conforme establece el art. 590.3 TRLC cualquier acreedor podrá interponer recurso de revisión contra la resolución del letrado de la administración de justicia por los siguientes motivos:

1.° Que el deudor hubiese presentado una comunicación dentro del año anterior;

2.° Que los bienes o derechos contra los que se siguen ejecuciones o frente a los que se pretende iniciarlas no son necesarios para la continuidad de la actividad empresarial o profesional del deudor; o

3.° Que los efectos de la comunicación no deben extenderse a determinadas garantías otorgadas por terceros.

El plazo para la interposición del recurso será de cinco días a contar desde la inscripción de la resolución en el Registro público concursal o, en el caso de ejecuciones en tramitación, desde la notificación de la resolución por la que la autoridad judicial que estuviera conociendo de la ejecución la suspenda.

Por otro lado, el art. 609 TRLC señala que, una vez formulada la comunicación, no podrá presentarse otra por el mismo deudor en el plazo de un año, a contar desde la presentación

CUARTO. Consta en las presentes actuaciones, a la vista de la documental acompañada al recurso y, esencialmente, la información del Registro Público Concursal, y ....,:

I. Que en fecha ...., la sociedad .... S.L comunicó a este Tribunal, al amparo de lo dispuesto en los arts. 585 y ss. TRLC, su voluntad de iniciar negociaciones con sus acreedores a efectos de alcanzar un plan de reestructuración que le permitiera eludir la situación de insolvencia inminente en la que dice estar.

II. Que este Tribunal, mediante Decreto del Letrado de la Administración de Justicia de fecha ... de ... de ......, tuvo por efectuada la citada comunicación en los términos y a los efectos de los citados arts. 585 y ss. TRLC.

III. Que este decreto fue objeto de la oportuna publicidad en el Registro Público Concursal, mediante la inscripción en dicho Registro de la expresada resolución el día ... de ...... de ......

IV. Que sin embargo que previamente a la comunicación preconcursal que ha dado origen al Decreto objeto de la presente impugnación, la deudora también presentó comunicación a que se refiere el art. 585 TRLC, esta vez, en fecha ... y ante el Tribunal de Instancia, sección de lo Mercantil, de ...., expediente autos ......, comunicación que fue tenida por efectuada mediante decreto de fecha ...

A la vista de todos lo expuesto y las referidas normas legales, parece evidente que el deudor ha obviado y ocultado que previamente a la comunicación tenida aquí por presentada a través del decreto cuya revisión se interesa, ya había presentado otra anterior, en fecha ...... (expediente ...), sin que entre esta y aquella hubiera transcurrido el plazo anual a que se refiere el art. 609 TRLC.

Por tal motivo, la comunicación objeto del decreto aquí impugnado no debió ser tenida por presentada sino rechazada de plano por el letrado de la administración de justicia.

Visto lo expuesto y demás normativa de aplicación

RESUELVO

Estimar el recurso de revisión interpuesto contra el Decreto de fecha ... de... de........., dictado por el Letrado de la Administración de Justicia en las presentes actuaciones núm. autos ...., anulando y dejando sin efecto el decreto reseñado. Sin imposición de costas.

Notifíquese por el Letrado de la Administración de Justicia la resolución a ...., y a ......a través de su respectiva representación procesal. Diríjase por el Sr. Letrado de la Administración de Justicia la presente resolución, en el día de hoy, a los efectos inscriptorios oportunos, y por medios electrónicos, al Registro público concursal, así como a cada una de los Tribunales o autoridades administrativas que esté conociendo de ejecuciones, haciéndoles conocedores del contenido de la presente resolución. Líbrense al efecto los oportunos edictos.

La presente resolución es firme y contra la misma no cabe recurso alguno.

De conformidad con lo establecido en la Disposición Adicional 15° LOPJ (según la redacción dada por la LO 1/09), la interposición de recurso contra resoluciones judiciales no podrá ser admitida a trámite sin la acreditación del depósito previsto en la citada Ley a efectos de recurrir, debiendo presentarse copia o resguardo de tal depósito en la cuenta de consignaciones de este Tribunal.

Todo lo cual pronuncia, manda y firma el Ilmo. Sr. ..., Magistrado Titular de la plaza núm. ...... de la Sección de lo Mercantil del Tribunal de Instancia de ....

F039. AUTO ESTIMANDO RECURSO DE REVISIÓN CONTRA DECRETO TENIENDO POR FORMULADA LA COMUNICACIÓN DE APERTURA DE NEGOCIACIONES. BIENES O DERECHOS NO NECESARIOS PARA LA ACTIVIDAD EMPRESARIAL DEL DEUDOR

En la ciudad de .... a ...... de .... de ....

ANTECEDENTES DE HECHO

PRIMERO. Que mediante escrito de fecha ......, la sociedad ....S.A, comunico a este Tribunal que había iniciado negociaciones para alcanzar un plan de reestructuración. Todo ello a los efectos y con el alcance establecido en los arts. 585 ss. y concordantes TRLC.

SEGUNDO. Que mediante Decreto de fecha ...., por el Letrado de la Administración de Justicia se dejó constancia de la comunicación presentada por esta parte, ordenándose la publicación en el Registro Público Concursal de la citada resolución.

TERCERO. Que la compañía .... S.L, y al amparo de lo dispuesto en el art. 590 TRLC, interpuso recurso de revisión contra el citado decreto por entender que infringía lo dispuesto en el art. 601 TRLC. Ello en los términos de dicho escrito, del que se extracta lo siguiente: ....

CUARTO. Del referido escrito se dio traslado a la sociedad deudora comunicadora, ... S.A, que se opuso al mismo en los términos obrantes en las presentes actuaciones.

FUNDAMENTOS DE DERECHO

PRIMERO. Que este Tribunal es competente para conocer del presente recurso de revisión, al ser el letrado de la administración de justicia de este Tribunal quien dictó el decreto aquí impugnado (art. 590.3 TRLC).

SEGUNDO. Que el recurso reúne los requisitos de forma, contenido y plazo legalmente requeridos, habiendo sido interpuesto dentro del término de cinco días a que se refiere el art. 590.3 TRLC, y, tal y como requiere este precepto, por persona legitimada al efecto, dada la condición acreedora de ...... S.L, profusamente acreditada en su recurso, y no rechazada por el deudor, que, en cualquier caso, ha incluido a la citada sociedad en la relación de acreedores acompañada a su comunicación. Finalmente, el motivo impugnatorio aducido por el acreedor recurrente, esto es, la infracción por el deudor de lo dispuesto en el art. 601 TRLC, es uno de los motivos que habilita la reacción revisoria frente al citado decreto (art. 590.3.2º TRLC).

TERCERO. El recurso debe ser estimado.

Que conforme establece el art. 590.3 TRLC cualquier acreedor podrá interponer recurso de revisión contra la resolución del letrado de la administración de justicia por los siguientes motivos:

1.° Que el deudor hubiese presentado una comunicación dentro del año anterior;

2.° Que los bienes o derechos contra los que se siguen ejecuciones o frente a los que se pretende iniciarlas no son necesarios para la continuidad de la actividad empresarial o profesional del deudor; o

3.° Que los efectos de la comunicación no deben extenderse a determinadas garantías otorgadas por terceros.

El plazo para la interposición del recurso será de cinco días a contar desde la inscripción de la resolución en el Registro público concursal o, en el caso de ejecuciones en tramitación, desde la notificación de la resolución por la que la autoridad judicial que estuviera conociendo de la ejecución la suspenda.

Por otro lado, señala el art. 601 TRLC que desde que reciban la resolución del tribunal teniendo por efectuada la comunicación de inicio de negociaciones con los acreedores, las autoridades que estuvieren conociendo de las ejecuciones judiciales o extrajudiciales sobre los bienes o derechos necesarios para la continuidad de la actividad empresarial o profesional las suspenderán automáticamente hasta que transcurran tres meses a contar desde la comunicación efectuada por el deudor al tribunal competente, salvo que el deudor acredite haber solicitado la prórroga.

Finalmente, el art. 604.1 TRLC señala que las ejecuciones no iniciadas o suspendidas podrán iniciarse o reanudarse si el tribunal, como consecuencia de la estimación del recurso de revisión contra el decreto del letrado de la Administración de Justicia teniendo por efectuada la comunicación, resolviera que los bienes o derechos no son necesarios para la continuidad de la actividad empresarial o profesional del deudor, salvo que los efectos de la comunicación se hubiesen extendido a estos bienes de conformidad con lo previsto en el capítulo II, del Titulo I, del Libro II TRLC.

CUARTO. Consta en las presentes actuaciones, en especial, de la documental aportada por el recurrente los siguientes extremos:

Que en fecha ...., la aquí deudora, la sociedad .... S.L comunicó a este Tribunal al amparo de lo dispuesto en los arts. 585 y ss. TRLC, su voluntad de iniciar negociaciones con sus acreedores a efectos de alcanzar un plan de reestructuración que le permita eludir la situación de insolvencia inminente en la que dice estar.

Este Tribunal, mediante Decreto del letrado de la administración de Justicia de fecha ... de ... de ......, tuvo por efectuada la citada comunicación, en los términos y a los efectos de los citados arts. 585 y ss. TRLC. Este decreto fue objeto de la oportuna publicidad en el Registro Público Concursal, mediante la inscripción en dicho registro de la expresada resolución el día ...

En dicho Decreto y de conformidad con lo dispuesto en el art. 590.2 TRLC en relación con el art. 601 TRLC, se identificaron, a efectos de su suspensión, las ejecuciones en curso expresadas por el deudor sobre bienes o derechos que éste considera necesarios para la continuación de su actividad empresarial.

Entre las mismas se encontraba la ejecución seguida por .... S.L ante el Tribunal de Instancia de ...... (autos de ejecución ...) que, como consecuencia de la comunicación de referencia y del despliegue de los efectos que le son propios, en esencia, y a los efectos que nos ocupa, los suspensorios del art. 601 TRLC, fue objeto de suspensión mediante auto del referido Tribunal de Instancia de fecha ... de ... de ......

Hago constar que por el deudor no se ha solicitado la prohibición general o individual de iniciación o suspensión de ejecuciones a que se refiere el art. 602 TRLC.

Sin embargo, el procedimiento de ejecución antes reseñado, esto es, el seguido por la aquí recurrente contra la deudora ante el Tribunal de Instancia de ..., bajo el número de autos ......, no recae sobre bien alguno necesario para la continuación de su actividad empresarial.

En primer lugar, por cuanto ...... S.L ha cesado en su actividad empresarial desde ...., dado que .... Y en cualquier caso, dada la actividad empresarial desempañada por la deudora, ..., el bien en cuestión no solo no resulta necesario para la misma sino que, incluso resulta ajeno y absolutamente prescindible para ella pues ....

Por lo tanto, la ejecución en cuestión, al no recaer sobre un bien necesario para la continuación de la actividad empresarial del deudor, más bien lo contrario, y no haberse solicitado la prohibición general ejecutoria del art. 602 TRLC, no debió de quedar afectada por los efectos de la comunicación preconcursal de referencia, por lo que, con estimación del recurso, debe procederse a su reanudación y continuación por todos sus trámites.

Visto lo expuesto y demás normativa de aplicación

RESUELVO

Estimar el recurso de revisión interpuesto por .... S.L contra el Decreto de fecha ... de... de........., dictado por el Letrado de la Administración de Justicia en las presentes actuaciones núm. autos ...., y como consecuencia de ello, queda anulada y sin efecto la suspensión de la ejecución .... reseñada en el cuerpo de este escrito, procediendo y ordenándose su reanudación a la vista y en los términos de lo dispuesto en el art. 604.1 TRLC. Sin imposición de costas.

Notifíquese por el Letrado de la Administración de Justicia la resolución a ...., y a ......a través de su respectiva representación procesal. Diríjase por el Sr. Letrado de la Administración de Justicia la presente resolución, en el día de hoy, a los efectos inscriptorios oportunos y por medios electrónicos, al Registro público concursal, así como al Tribunal de Instancia ante el que se sigue la ejecución ......, haciéndole conocedor del contenido de la presente resolución. Líbrense al efecto los oportunos edictos.

La presente resolución es firme y contra la misma no cabe recurso alguno.

Todo lo cual pronuncia, manda y firma el Ilmo. Sr. ..., Magistrado Titular de la plaza núm. ...... de la Sección de lo Mercantil del Tribunal de Instancia de ....

F040. AUTO ESTIMANDO RECURSO DE REVISIÓN CONTRA DECRETO TENIENDO POR FORMULADA LA COMUNICACIÓN DE APERTURA DE NEGOCIACIONES. EXTENSIÓN DE EFECTOS A DETERMINADAS GARANTÍAS DE TERCEROS

En la ciudad de .... a ...... de .... de ....

ANTECEDENTES DE HECHO

PRIMERO. Que mediante escrito de fecha ......, la sociedad ....S.A, comunico a este Tribunal que había iniciado negociaciones para alcanzar un plan de reestructuración. Todo ello a los efectos y con el alcance establecido en los arts. 585 ss. y concordantes TRLC.

SEGUNDO. Que mediante Decreto de fecha ...., por el Letrado de la Administración de Justicia se dejó constancia de la comunicación presentada por esta parte, ordenándose la publicación en el Registro Público Concursal de la citada resolución.

TERCERO. Que la compañía .... S.L, y al amparo de lo dispuesto en el art. 590 TRLC, interpuso recurso de revisión contra el citado decreto por entender que infringía lo dispuesto en el art. 596.3 TRLC. Ello en los términos de dicho escrito, del que se extracta lo siguiente: ....

CUARTO. Del referido escrito se dio traslado a la sociedad deudora comunicadora, ... S.A, que se opuso al mismo en los términos obrantes en las presentes actuaciones.

FUNDAMENTOS DE DERECHO

PRIMERO. Que este Tribunal es competente para conocer del presente recurso de revisión, al ser el letrado de la administración de justicia de este Tribunal quien dictó el decreto aquí impugnado (art. 590.3 TRLC).

SEGUNDO. Que el recurso reúne los requisitos de forma, contenido y plazo legalmente requeridos, habiendo sido interpuesto dentro del término de cinco días a que se refiere el art. 590.3 TRLC, y, tal y como requiere este precepto, por persona legitimada al efecto, dada la condición acreedora de ...... S.L, profusamente acreditada en su recurso, y no rechazada por el deudor, que, en cualquier caso, ha incluido a la citada sociedad en la relación de acreedores acompañada a su comunicación. Finalmente, el motivo impugnatorio aducido por el acreedor recurrente, esto es, la infracción por el deudor de lo dispuesto en el art. 596.3 TRLC, es uno de los motivos que habilita la reacción revisoria frente al citado decreto (art. 590.3.3° TRLC).

TERCERO. El recurso debe ser estimado.

Que conforme establece el art. 590.3 TRLC cualquier acreedor podrá interponer recurso de revisión contra la resolución del letrado de la administración de justicia por los siguientes motivos:

1.° Que el deudor hubiese presentado una comunicación dentro del año anterior;

2.° Que los bienes o derechos contra los que se siguen ejecuciones o frente a los que se pretende iniciarlas no son necesarios para la continuidad de la actividad empresarial o profesional del deudor; o

3.° Que los efectos de la comunicación no deben extenderse a determinadas garantías otorgadas por terceros.

El plazo para la interposición del recurso será de cinco días a contar desde la inscripción de la resolución en el Registro público concursal o, en el caso de ejecuciones en tramitación, desde la notificación de la resolución por la que la autoridad judicial que estuviera conociendo de la ejecución la suspenda.

Por otro, art. 596.1 TRLC, la comunicación, por sí sola, no impedirá que el acreedor que disponga de garantía personal o real de un tercero para la satisfacción de su crédito pueda hacerla efectiva si el crédito garantizado hubiese vencido.

Los garantes no podrán invocar la comunicación en perjuicio del acreedor, incluso aunque este participe en las negociaciones (art. 596.2 TRLC)

Como excepción a lo establecido en el art. 596.1 TRLC, la comunicación suspenderá la ejecución de las garantías personales o reales prestadas por cualquier otra sociedad del grupo no incluida en la comunicación cuando así lo haya solicitado la sociedad deudora acreditando que la ejecución de la garantía pueda causar la insolvencia del garante y de la propia deudora (art. 596.3 TRLC).

CUARTO. Consta en las presentes actuaciones, en especial, de la documental aportada por el recurrente los siguientes extremos:

Que en fecha ...., la aquí deudora, la sociedad .... S.L comunicó a este Tribunal al amparo de lo dispuesto en los arts. 585 y ss. TRLC, su voluntad de iniciar negociaciones con sus acreedores a efectos de alcanzar un plan de reestructuración que le permitiera eludir la situación de insolvencia inminente en la que dice estar.

Este Tribunal, mediante Decreto del Letrado de la Administración de Justicia de fecha ... de ... de ......, tuvo por efectuada la citada comunicación en los términos y a los efectos de los citados arts. 585 y ss. TRLC. Este decreto fue objeto de la oportuna publicidad en el Registro Público Concursal, mediante la inscripción en dicho Registro de la expresada resolución el día ... de ...... de ......

En el citado decreto, de conformidad con lo previsto en el art. 590.2 TRLC en conexión con los arts. 586.2 y 596.3 TRLC, se hizo constar las garantías otorgadas por terceros que, según el deudor, habían de quedar afectadas por la comunicación, entre las que se encuentra, el aval a primer requerimiento señalado anteriormente, limitándose a expresar, sin el más mínimo esfuerzo probatorio, tanto en la comunicación de referencia como en el

Decreto, que la ejecución de la citada garantía puede causar la insolvencia del garante y la propia deudora.

Sin embargo, resulta palmario a este Tribunal que el deudor ha obtenido la suspensión de la ejecución del aval a primer requerimiento que antes se reseñó, ello en evidente abuso de la excepción prevista en el art. 596.3 TRLC.

En efecto, ... S.L se ha limitado a manifestar que la ejecución de la referida garantía puede causar la insolvencia del garante y la propia deudora sin apoyo acreditatorio alguno, recordando que conforme al referido art. 596.3 tal riesgo insolvente y su prueba recae, en exclusiva, sobre el deudor.

Por otro lado, y en cualquier caso, a la vista de la pericial de Don .... y la documental ......, todo ello aportado por el recurrente, la ejecución de la referida garantía en modo alguno puede causar la insolvencia del garante y de la propia deudora pues ....

Por tal motivo, y con estimación del presente recurso, procede dejar sin efecto la suspensión de la ejecución de la garantía prestada por ...... a favor de mi mandante y anteriormente reseñada

Visto lo expuesto y demás normativa de aplicación

RESUELVO

Estimar el recurso de revisión interpuesto por .... S.L contra el Decreto de fecha ... de... de........., dictado por el Letrado de la Administración de Justicia en las presentes actuaciones núm. autos ...., y como consecuencia de ello, queda anulada y sin efecto la suspensión de la ejecución de la garantía .... Sin imposición de costas.

Notifíquese por el Letrado de la Administración de Justicia la resolución a ...., y a ......a través de su respectiva representación procesal. Diríjase por el Sr. Letrado de la Administración de Justicia la presente resolución, en el día de hoy, a los efectos inscriptorios oportunos y por medios electrónicos, al Registro público concursal, así como a .... haciéndole conocedor del contenido de la presente resolución. Líbrense al efecto los oportunos edictos.

La presente resolución es firme y contra la misma no cabe recurso alguno.

Todo lo cual pronuncia, manda y firma el Ilmo. Sr. ..., Magistrado Titular de la plaza núm. ...... de la Sección de lo Mercantil del Tribunal de Instancia de ....

F041. AUTO DESESTIMANDO RECURSO DE REVISIÓN CONTRA DECRETO TENIENDO POR FORMULADA LA COMUNICACIÓN DE APERTURA DE NEGOCIACIONES. PRESENTACIÓN DE COMUNICACIÓN DENTRO DEL AÑO ANTERIOR

En la ciudad de .... a ...... de .... de ....

ANTECEDENTES DE HECHO

PRIMERO. Que mediante escrito de fecha ......, la sociedad ....S.A comunico a este Tribunal que había iniciado negociaciones para alcanzar un plan de reestructuración. Todo ello a los efectos y con el alcance establecido en los arts. 585 ss. y concordantes TRLC.

SEGUNDO. Que mediante Decreto de fecha ...., por el Letrado de la Administración de Justicia se dejó constancia de la comunicación presentada por ....S.A, ordenándose la publicación en el Registro Público Concursal de la citada resolución.

TERCERO. Que la compañía .... S.L, y al amparo de lo dispuesto en el art. 590 TRLC, interpuso recurso de revisión contra el citado decreto por entender que infringía lo dispuesto en el art. 609 TRLC y la prohibición temporal anual de nuevas comunicaciones contenida en dicho precepto. Ello en los términos de dicho escrito, del que se extracta lo siguiente: ....

CUARTO. Del referido escrito se dio traslado a la sociedad deudora comunicadora, ... S.A, que se opuso al mismo en los términos obrantes en las presentes actuaciones.

FUNDAMENTOS DE DERECHO

PRIMERO. Que este Tribunal es competente para conocer del presente recurso de revisión, al ser el letrado de la administración de justicia de este Tribunal quien dictó el decreto aquí impugnado (art. 590.3 TRLC).

SEGUNDO. Que el recurso reúne los requisitos de forma, contenido y plazo legalmente requeridos, habiendo sido interpuesto dentro del término de cinco días a que se refiere el art. 590.3 TRLC, y, tal y como requiere este precepto, por persona legitimada al efecto, dada la condición acreedora de ...... S.L, profusamente acreditada en su recurso, y no rechazada por el deudor, que, en cualquier caso, ha incluido a la citada sociedad en la relación de acreedores acompañada a su comunicación. Finalmente, el motivo impugnatorio aducido por el acreedor recurrente, esto es, la infracción por el deudor de lo dispuesto en el art. 609 TRLC, es uno de los motivos que habilita la reacción revisoria frente al citado decreto (art. 590.2.1° TRLC).

TERCERO. El recurso debe ser desestimado.

Conforme establece el art. 590.3 TRLC cualquier acreedor podrá interponer recurso de revisión contra la resolución del letrado de la administración de justicia por los siguientes motivos:

1.° Que el deudor hubiese presentado una comunicación dentro del año anterior;

2.° Que los bienes o derechos contra los que se siguen ejecuciones o frente a los que se pretende iniciarlas no son necesarios para la continuidad de la actividad empresarial o profesional del deudor; o

3.° Que los efectos de la comunicación no deben extenderse a determinadas garantías otorgadas por terceros.

El plazo para la interposición del recurso será de cinco días a contar desde la inscripción de la resolución en el Registro público concursal o, en el caso de ejecuciones en tramitación, desde la notificación de la resolución por la que la autoridad judicial que estuviera conociendo de la ejecución la suspenda.

Por otro lado, el art. 609 TRLC señala que, una vez formulada la comunicación, no podrá presentarse otra por el mismo deudor en el plazo de un año, a contar desde la presentación

CUARTO. Consta en las presentes actuaciones, a la vista de la documental acompañada al recurso y por el deudor al oponerse al mismo, y esencialmente, de la información del Registro Público Concursal, y ....,:

I. Que en fecha ...., la sociedad .... S.L comunicó a este Tribunal, al amparo de lo dispuesto en los arts. 585 y ss. TRLC, su voluntad de iniciar negociaciones con sus acreedores a efectos de alcanzar un plan de reestructuración que le permitiera eludir la situación de insolvencia inminente en la que dice estar.

II. Que este Tribunal, mediante Decreto del Letrado de la Administración de Justicia de fecha ... de ... de ......, tuvo por efectuada la citada comunicación en los términos y a los efectos de los citados arts. 585 y ss. TRLC.

III. Que este decreto fue objeto de la oportuna publicidad en el Registro Público Concursal, mediante la inscripción en dicho Registro de la expresada resolución el día ... de ...... de ......

IV. Que sin embargo y previamente a la comunicación preconcursal que ha dado origen al Decreto objeto de la presente impugnación, la deudora también presentó comunicación a que se refiere el art. 585 TRLC, esta vez, en fecha ... y ante el Tribunal de Instancia, sección lo Mercantil, plaza núm. ... de esta ciudad, expediente autos ......, pero esta comunicación no fue tenida por efectuada por el Letrado de la Administración de Justicia a la vista que ....

Es cierto que previamente a la comunicación tenida aquí por presentada a través del decreto cuya revisión se interesa, el deudor ya había presentado otra anterior, en fecha ...... (expediente ...), sin que entre esta y aquella hubiera transcurrido el plazo anual a que se refiere el art. 609 TRLC. Pero la misma, en opinión de este Tribunal, no debe tenerse en cuenta dado que no fue tenida por presentada por el motivo expuesto, y, por lo tanto, no desplego ninguno de los efectos que le son propios.

Por tal motivo, la comunicación objeto del decreto aquí impugnado acertadamente ha sido tenida por presentada por el Sr. Letrado de la Administración de Justicia, y procede la desestimación del recurso de revisión reseñado.

Visto lo expuesto y demás normativa de aplicación

RESUELVO

Desestimar el recurso de revisión interpuesto por ...... contra el Decreto de fecha ... de... de........., dictado por el Letrado de la Administración de Justicia en las presentes actuaciones, núm. autos .... Sin imposición de costas.

Notifíquese por el Letrado de la Administración de Justicia la resolución a ...., y a ......a través de su respectiva representación procesal.

La presente resolución es firme y contra la misma no cabe recurso alguno.

Todo lo cual pronuncia, manda y firma el Ilmo. Sr. ..., Magistrado Titular de la plaza núm. ...... de la Sección de lo Mercantil del Tribunal de Instancia de ....

F042. AUTO DESESTIMANDO RECURSO DE REVISIÓN CONTRA DECRETO TENIENDO POR FORMULADA LA COMUNICACIÓN DE APERTURA DE NEGOCIACIONES. BIENES O DERECHOS NO NECESARIOS PARA LA ACTIVIDAD EMPRESARIAL DEL DEUDOR

En la ciudad de .... a ...... de .... de ....

ANTECEDENTES DE HECHO

PRIMERO. Que mediante escrito de fecha ......, la sociedad ....S.A, comunico a este Tribunal que había iniciado negociaciones para alcanzar un plan de reestructuración. Todo ello a los efectos y con el alcance establecido en los arts. 585 ss. y concordantes TRLC.

SEGUNDO. Que mediante Decreto de fecha ...., por el Letrado de la Administración de Justicia se dejó constancia de la comunicación presentada por esta parte, ordenándose la publicación en el Registro Público Concursal de la citada resolución.

TERCERO. Que la compañía .... S.L, y al amparo de lo dispuesto en el art. 590 TRLC, interpuso recurso de revisión contra el citado decreto por entender que infringía lo dispuesto en el art. 601 TRLC. Ello en los términos de dicho escrito, del que se extracta lo siguiente: ....

CUARTO. Del referido escrito se dio traslado a la sociedad deudora comunicadora, ... S.A, que se opuso al mismo en los términos obrantes en las presentes actuaciones.

FUNDAMENTOS DE DERECHO

PRIMERO. Que este Tribunal es competente para conocer del presente recurso de revisión, al ser el letrado de la administración de justicia de este Tribunal quien dictó el decreto aquí impugnado (art. 590.3 TRLC).

SEGUNDO. Que el recurso reúne los requisitos de forma, contenido y plazo legalmente requeridos, habiendo sido interpuesto dentro del término de cinco días a que se refiere el art. 590.3 TRLC, y, tal y como requiere este precepto, por persona legitimada al efecto, dada la condición acreedora de ...... S.L, profusamente acreditada en su recurso, y no rechazada por el deudor, que, en cualquier caso, ha incluido a la citada sociedad en la relación de acreedores acompañada a su comunicación. Finalmente, el motivo impugnatorio aducido por el acreedor recurrente, esto es, la infracción por el deudor de lo dispuesto en el art. 601 TRLC, es uno de los motivos que habilita la reacción revisoria frente al citado decreto (art. 590.3.2º TRLC).

TERCERO. El recurso debe ser desestimado.

Que conforme establece el art. 590.3 TRLC cualquier acreedor podrá interponer recurso de revisión contra la resolución del letrado de la administración de justicia por los siguientes motivos:

1.° Que el deudor hubiese presentado una comunicación dentro del año anterior;

2.° Que los bienes o derechos contra los que se siguen ejecuciones o frente a los que se pretende iniciarlas no son necesarios para la continuidad de la actividad empresarial o profesional del deudor; o

3.° Que los efectos de la comunicación no deben extenderse a determinadas garantías otorgadas por terceros.

El plazo para la interposición del recurso será de cinco días a contar desde la inscripción de la resolución en el Registro público concursal o, en el caso de ejecuciones en tramitación, desde la notificación de la resolución por la que la autoridad judicial que estuviera conociendo de la ejecución la suspenda.

Por otro lado, señala el art. 601 TRLC que desde que reciban la resolución del tribunal teniendo por efectuada la comunicación de inicio de negociaciones con los acreedores, las autoridades que estuvieren conociendo de las ejecuciones judiciales o extrajudiciales sobre los bienes o derechos necesarios para la continuidad de la actividad empresarial o profesional las suspenderán automáticamente hasta que transcurran tres meses a contar desde la comunicación efectuada por el deudor al tribunal competente, salvo que el deudor acredite haber solicitado la prórroga.

Finalmente, el art. 604.1 TRLC señala que las ejecuciones no iniciadas o suspendidas podrán iniciarse o reanudarse si el tribunal, como consecuencia de la estimación del recurso de revisión contra el decreto del letrado de la Administración de Justicia teniendo por efectuada la comunicación, resolviera que los bienes o derechos no son necesarios para la continuidad de la actividad empresarial o profesional del deudor, salvo que los efectos de la comunicación se hubiesen extendido a estos bienes de conformidad con lo previsto en el capítulo II, del Titulo I, del Libro II TRLC.

CUARTO. Consta en las presentes actuaciones, en especial, de la documental aportada por el recurrente, y la deudora en la oposición a la revisión aquí resuelta, los siguientes extremos:

Que en fecha ...., la aquí deudora, la sociedad .... S.L comunicó a este Tribunal, y al amparo de lo dispuesto en los arts. 585 y ss. TRLC, su voluntad de iniciar negociaciones con sus acreedores a efectos de alcanzar un plan de reestructuración que le permita eludir la situación de insolvencia inminente en la que dice estar.

Este Tribunal, mediante Decreto del letrado de la administración de Justicia de fecha ... de ... de ......, tuvo por efectuada la citada comunicación, en los términos y a los efectos de los citados arts. 585 y ss. TRLC. Este decreto fue objeto de la oportuna publicidad en el Registro Público Concursal, mediante la inscripción en dicho registro de la expresada resolución el día ...

En dicho Decreto y de conformidad con lo dispuesto en el art. 590.2 TRLC en relación con el art. 601 TRLC, se identificaron, a efectos de su suspensión, las ejecuciones en curso expresadas por el deudor sobre bienes o derechos que éste considera necesarios para la continuación de su actividad empresarial.

Entre las mismas se encontraba la ejecución seguida por .... S.L ante el Tribunal de Instancia de ...... (autos de ejecución ...) que, como consecuencia de la comunicación de referencia y del despliegue de los efectos que le son propios, en esencia, y a los efectos que nos ocupa, los suspensorios del art. 601 TRLC, fue objeto de suspensión mediante auto del referido Tribunal de Instancia de fecha ... de ... de ......

Hago constar que por el deudor no se ha solicitado la prohibición general o individual de iniciación o suspensión de ejecuciones a que se refiere el art. 602 TRLC.

Sin embargo, pese a lo alegado por el recurrente, que no dejan de ser meras manifestaciones carentes de soporte probatorio alguno, el procedimiento de ejecución antes reseñado, esto es, el seguido por la aquí recurrente contra la deudora ante el Tribunal de instancia bajo el número de autos ......, si recae sobre bien alguno necesario para la continuación de su actividad empresarial. Ello ......

Visto lo expuesto y demás normativa de aplicación

RESUELVO

Desestimar el recurso de revisión interpuesto por .... S.L contra el Decreto de fecha ... de... de........., dictado por el Letrado de la Administración de Justicia en las presentes actuaciones núm. autos ...., Sin imposición de costas.

Notifíquese por el Letrado de la Administración de Justicia la resolución a ...., y a ......a través de su respectiva representación procesal.

La presente resolución es firme y contra la misma no cabe recurso alguno.

Todo lo cual pronuncia, manda y firma el Ilmo. Sr. ..., Magistrado Titular de la plaza núm. ...... de la Sección de lo Mercantil del Tribunal de Instancia de ....

F043. AUTO DESESTIMANDO RECURSO DE REVISIÓN CONTRA DECRETO TENIENDO POR FORMULADA LA COMUNICACIÓN DE APERTURA DE NEGOCIACIONES. EXTENSIÓN DE EFECTOS A DETERMINADAS GARANTÍAS DE TERCEROS

En la ciudad de .... a ...... de .... de ....

ANTECEDENTES DE HECHO

PRIMERO. Que mediante escrito de fecha ......, la sociedad ....S.A, comunico a este Tribunal que había iniciado negociaciones para alcanzar un plan de reestructuración. Todo ello a los efectos y con el alcance establecido en los arts. 585 ss. y concordantes TRLC.

SEGUNDO. Que mediante Decreto de fecha ...., por el Letrado de la Administración de Justicia se dejó constancia de la comunicación presentada por esta parte, ordenándose la publicación en el Registro Público Concursal de la citada resolución.

TERCERO. Que la compañía .... S.L, y al amparo de lo dispuesto en el art. 590 TRLC, interpuso recurso de revisión contra el citado decreto por entender que infringía lo dispuesto en el art. 596.3 TRLC. Ello en los términos de dicho escrito, del que se extracta lo siguiente: ....

CUARTO. Del referido escrito se dio traslado a la sociedad deudora comunicadora, ... S.A, que se opuso al mismo en los términos obrantes en las presentes actuaciones.

FUNDAMENTOS DE DERECHO

PRIMERO. Que este Tribunal es competente para conocer del presente recurso de revisión, al ser el letrado de la administración de justicia de este Tribunal quien dictó el decreto aquí impugnado (art. 590.3 TRLC).

SEGUNDO. Que el recurso reúne los requisitos de forma, contenido y plazo legalmente requeridos, habiendo sido interpuesto dentro del término de cinco días a que se refiere el art. 590.3 TRLC, y, tal y como requiere este precepto, por persona legitimada al efecto, dada la condición acreedora de ...... S.L, profusamente acreditada en su recurso, y no rechazada por el deudor, que, en cualquier caso, ha incluido a la citada sociedad en la relación de acreedores acompañada a su comunicación. Finalmente, el motivo impugnatorio aducido por el acreedor recurrente, esto es, la infracción por el deudor de lo dispuesto en el art. 596.3 TRLC, es uno de los motivos que habilita la reacción revisoria frente al citado decreto (art. 590.3.3° TRLC).

TERCERO. El recurso debe ser desestimado.

Que conforme establece el art. 590.3 TRLC cualquier acreedor podrá interponer recurso de revisión contra la resolución del letrado de la administración de justicia por los siguientes motivos:

1.° Que el deudor hubiese presentado una comunicación dentro del año anterior;

2.° Que los bienes o derechos contra los que se siguen ejecuciones o frente a los que se pretende iniciarlas no son necesarios para la continuidad de la actividad empresarial o profesional del deudor; o

3.° Que los efectos de la comunicación no deben extenderse a determinadas garantías otorgadas por terceros.

El plazo para la interposición del recurso será de cinco días a contar desde la inscripción de la resolución en el Registro público concursal o, en el caso de ejecuciones en tramitación, desde la notificación de la resolución por la que la autoridad judicial que estuviera conociendo de la ejecución la suspenda.

Por otro, art. 596.1 TRLC, la comunicación, por sí sola, no impedirá que el acreedor que disponga de garantía personal o real de un tercero para la satisfacción de su crédito pueda hacerla efectiva si el crédito garantizado hubiese vencido.

Los garantes no podrán invocar la comunicación en perjuicio del acreedor, incluso aunque este participe en las negociaciones (art. 596.2 TRLC)

Como excepción a lo establecido en el art. 596.1 TRLC, la comunicación suspenderá la ejecución de las garantías personales o reales prestadas por cualquier otra sociedad del grupo no incluida en la comunicación cuando así lo haya solicitado la sociedad deudora acreditando que la ejecución de la garantía pueda causar la insolvencia del garante y de la propia deudora (art. 596.3 TRLC).

CUARTO. Consta en las presentes actuaciones, en especial, de la documental aportada por el recurrente los siguientes extremos:

Que en fecha ...., la aquí deudora, la sociedad .... S.L comunicó a este Tribunal al amparo de lo dispuesto en los arts. 585 y ss. TRLC, su voluntad de iniciar negociaciones con sus acreedores a efectos de alcanzar un plan de reestructuración que le permitiera eludir la situación de insolvencia inminente en la que dice estar.

Este Tribunal, mediante Decreto del Letrado de la Administración de Justicia de fecha ... de ... de ......, tuvo por efectuada la citada comunicación en los términos y a los efectos de los citados arts. 585 y ss. TRLC. Este decreto fue objeto de la oportuna publicidad en el Registro Público Concursal, mediante la inscripción en dicho Registro de la expresada resolución el día ... de ...... de ......

En el citado decreto, de conformidad con lo previsto en el art. 590.2 TRLC en conexión con los arts. 586.2 y 596.3 TRLC, se hizo constar las garantías otorgadas por terceros que, según el deudor, habían de quedar afectadas por la comunicación, entre las que se encuentra, el aval a primer requerimiento señalado anteriormente, indicando que la ejecución de la citada garantía puede causar la insolvencia del garante y la propia deudora.

En este sentido, ...

Por otro lado, y en cualquier caso, a la vista de la pericial de Don .... y la documental ......, todo ello aportado por el deudor, la ejecución de la referida garantía puede causar la insolvencia del garante y de la propia deudora pues ....

Por tal motivo, y con desestimación del presente recurso, procede mantener en vigor la suspensión de la ejecución de la garantía prestada por ...... a favor de ...., anteriormente reseñada

Visto lo expuesto y demás normativa de aplicación

RESUELVO

Desestimar el recurso de revisión interpuesto por .... S.L contra el Decreto de fecha ... de... de........., dictado por el Letrado de la Administración de Justicia en las presentes actuaciones núm. autos .... Sin imposición de costas.

Notifíquese por el Letrado de la Administración de Justicia la resolución a ...., y a ......a través de su respectiva representación procesal.

La presente resolución es firme y contra la misma no cabe recurso alguno.

Todo lo cual pronuncia, manda y firma el Ilmo. Sr. ..., Magistrado Titular de la plaza núm. ...... de la Sección de lo Mercantil del Tribunal de Instancia de ......

I.5. DECLINATORIA

F044. ESCRITO DE DECLINATORIA POR FALTA DE COMPETENCIA TERRITORIAL. COMUNICACIÓN INDIVIDUAL

AL TRIBUNAL DE INSTANCIA DE .... SECCIÓN
DE LO MERCANTIL (PLAZA NÚM. ......)

..........., Procurador de los Tribunales (núm. .... de colegiado) y de la compañía........... S.A., con domicilio en..........., calle........... núm. .... y CIF..........., cuya representación acredito mediante la escritura original de poder de representación que se acompaña a este escrito, ante este Tribunal comparezco en el expediente de comunicación preconcursal, núm. autos..., bajo la dirección letrada de Don..........., abogado del Ilustre Colegio de........... (núm. ... de colegiado), y como mejor proceda en Derecho DIGO:

I. Que esta parte ha tenido conocimiento el día ... a través de la publicidad del Registro Público Concursal, del Decreto del Letrado de la Administración de Justicia de este Tribunal, de fecha ......, teniendo por presentada comunicación de apertura de negociaciones para alcanzar un plan de reestructuración formulada por la sociedad.........S.L, a los efectos y con el alcance establecido en los arts. 585 ss. y concordantes TRLC.

Se acompaña la información del citado Registro Público Concursal como DOCUMENTO ...)

II. Que considerando que este Tribunal al que nos dirigimos, con el debido respeto y en estrictos términos de defensa, no es competente desde el punto de vista territorial para conocer de la citada comunicación, por medio del presente escrito formulo y planteo CUESTIÓN DE COMPETENCIA POR DECLINATORIA, solicitud que se funda en los HECHOS y FUNDAMENTOS DE DERECHO que a continuación se exponen.

HECHOS

PRIMERO. Mi principal, la sociedad........... S.A., se constituyó el........... de........... de........... mediante escritura otorgada ante el notario de..........., Don........... (número de su protocolo).

La sociedad está inscrita en el Registro Mercantil de la provincia de........... al tomo..........., General........... de la sección........... del Libro de sociedades, Folio..........., hoja...........

Acreditando lo anterior, se acompaña como DOCUMENTO........... la escritura de constitución de la Sociedad, y certificación literal del Registro Mercantil de la provincia de........... correspondiente a la precitada sociedad.

SEGUNDO. Que mi mandante es acreedor de la compañía........... S.L.

En efecto. Mi mandante, y ante el notario de..........., Don........... transmitió a........... S.L., por título de compraventa, el siguiente inmueble:...........

La escritura se otorgó el día........... de........... de..........., ante el notario de..........., Don........... (núm. .... de su protocolo). El precio de la compraventa se fijó en la suma de...........euros, impuestos excluidos. De tal precio, la suma de...........euros fue pagada simultáneamente al otorgamiento de la escritura de compraventa. La restante suma de...........euros debía ser abonada, en efectivo metálico o cheque bancario, no más tarde del día........... de........... de...........

Pues bien, transcurrido el plazo antes reseñado, ... S.L. no sólo no pagó la parte de precio que estaba pendiente de ello, sino que tampoco atendió los requerimientos dirigidos por mi principal al efecto.

Esto es, mi mandante ha cumplido con su obligación de entrega del inmueble, venció el plazo fijado por las partes para el pago de la parte del precio que restaba pendiente, sin que el mismo se verificase. Por lo tanto, la deuda contraída por........... S.L. con........... S.A. es una deuda vencida, líquida y exigible.

Acreditando lo anterior se acompaña como DOCUMENTO........... copia autorizada de la citada escritura de compraventa, certificación literal del Registro de la Propiedad de........... relativa al inmueble en cuestión y sendos burofaxes, el primero de ellos, de fecha........... de........... de........... y, el segundo, de fecha........... de........... de..........., por el que mi principal reclamaba a........... S.L. el pago de lo por ésta última adeudado.

TERCERO. Que como se dijo anteriormente, y según resulta del Registro Público Concursal, la sociedad .... S.L, en fecha ...... de... de......, comunicó a este Tribunal al que respetuosamente nos dirigimos, y al amparo de lo dispuesto en los arts. 585 y ss. TRLC, su voluntad de iniciar negociaciones con sus acreedores a efectos de alcanzar un plan de reestructuración que le permitiera eludir la situación de insolvencia inminente en la que dice estar.

Este Tribunal, mediante Decreto del Letrado de la Administración de Justicia de fecha ... de ... de ......, tuvo por efectuada la citada comunicación en los términos y a los efectos de los citados arts. 585 y ss. TRLC. Este decreto fue objeto de la oportuna publicidad en el Registro Público Concursal, mediante la inscripción en dicho Registro de la expresada resolución el día ... de ...... de ......

CUARTO. Que esta parte entiende que este Tribunal no es competente desde el punto de vista territorial para conocer de la referida comunicación preconcursal de........... S.L., sino que tal competencia corresponde al Tribunal de Instancia, sección de lo mercantil, de ...., toda vez que el centro de intereses principales de dicha compañía se halla en...........

No sólo es éste el domicilio social que figura en el Registro Mercantil de la provincia de..........., sino que, en cualquier caso, es en el referido inmueble donde, desde el año..........., ejerce de modo habitual y reconocible por terceros la administración de tales intereses.

En dicha nave, se hallan las oficinas y dirección de la empresa, se fabrica y comercializa..........., actividad que constituye el objeto social de la compañía, se atienden a los clientes y proveedores, remitiendo y recibiendo pedidos de ambos. Y también consta dicho domicilio como el de........... S.L. en el Ayuntamiento de..........., en la documentación social (facturas, pedidos, contratos, papelería corporativa), la guía telefónica, correos, etc. Y es la que consta a los clientes y proveedores.

Acreditando lo anterior se acompaña como DOCUMENTOS..........., la siguiente documentación:...........

QUINTO. Que a efectos de acreditar la competencia para conocer de este asunto del referido Tribunal de Instancia de ...., esta parte se sirve de:...........

A los relatados hechos aduzco los siguientes:

FUNDAMENTOS DE DERECHO

I. De conformidad con lo previsto en el art. 592 TRLC, es competente para conocer de esta cuestión de competencia territorial por declinatoria este Tribunal que conoce de la comunicación de apertura de negociaciones

II. La presente cuestión de competencia, a la vista del contenido del art. 592 TRLC, se interpone dentro del plazo de diez días a contar, en este caso, y al no tener la comunicación en cuestión el carácter de reservada, desde la publicación en el RPC de la resolución teniendo por formulada la comunicación preconcursal, y debe sustanciarse de conformidad con lo establecido en el art. 592 TRLC, que indica que la misma se tramitara y decidiría conforme a lo previsto en la legislación procesal civil.

III. Mi mandante, en su condición de acreedor, está legitimado para instar la presente cuestión de competencia territorial a la vista de lo dispuesto en el art. 592 TRLC.

IV. Según el art. 585.1 y 593 TRLC, la competencia territorial para conocer de la comunicación preconcursal de apertura de negociaciones, corresponde al Tribunal competente para conocer de la declaración de concurso del deudor comunicante.

Conforme establece el art. 45.1 TRLC, la competencia para declarar y tramitar el concurso corresponde al Tribunal de Instancia en cuyo territorio tenga el deudor el centro de sus intereses principales, entendiéndose por el mismo el lugar donde el deudor ejerce de modo habitual y reconocible por los terceros la administración de tales intereses. Como vimos arriba, la ciudad de..........., calle........... núm. ....

Es más. Establece el citado art. 45.2 TRLC que en el supuesto de deudor persona jurídica se presumirá que el centro de sus intereses principales se halla en el lugar del domicilio social.

Por ello, siendo el lugar en que se halla el centro de intereses principales de ....S.L, la ciudad de..........., corresponde el conocimiento de la comunicación preconcursal antes reseñada al Tribunal de Instancia, sección de lo mercantil, de ....

En su virtud

SUPLICO AL TRIBUNAL que tenga por presentado este escrito, junto a los documentos a él unidos y sus copias, se sirva admitirlo y tener por promovido en nombre y representación de mi mandante, CUESTIÓN DE COMPETENCIA TERRITORIAL POR DECLINATORIA en las presentes actuaciones.........../..........., y previos los oportunos trámites legales, incluida la audiencia al Ministerio Fiscal, se sirva dictar auto por el que, estimando la presente cuestión de competencia por declinatoria, se inhiba a favor del Tribunal de Instancia, sección de lo mercantil, de .... el conocimiento de la comunicación de apertura de negociaciones formulada por........... S.L., con emplazamiento de las partes y remisión de todo lo actuado, y cuanto demás proceda en derecho.

Lo que se SUPLICA en..........., a........... de........... de...........

F045. CUESTIÓN DE COMPETENCIA POR DECLINATORIA. COMUNICACIÓN CONJUNTA (I)

AL TRIBUNAL DE INSTANCIA DE .... SECCIÓN
DE LO MERCANTIL (PLAZA NÚM. ......)

..........., Procurador de los Tribunales (núm. .... de colegiado) y de la compañía........... S.A., con domicilio en..........., calle........... núm. .... y CIF..........., cuya representación acredito mediante la escritura original de poder de representación que se acompaña a este escrito, ante este Tribunal comparezco en el expediente de comunicación de apertura de negociaciones........... bajo la dirección letrada de Don..........., abogado del Ilustre Colegio de........... (núm. ... de colegiado), y como mejor proceda en Derecho DIGO:

I. Que esta parte ha tenido conocimiento el día ... a través de la publicidad del Registro Público Concursal, del Decreto del Letrado de la Administración de Justicia de este Tribunal, de fecha ......, teniendo por presentada comunicación conjunta de apertura de negociaciones para alcanzar un plan de reestructuración, formulada por las sociedades.........., a los efectos y con el alcance establecido en los arts. 585 ss. y concordantes TRLC.

Se acompaña la información del citado Registro Publico Concursal como DOCUMENTO ...)

II. Que considerando que este Tribunal al que nos dirigimos, con el debido respeto y en estrictos términos de defensa, no es competente desde el punto de vista territorial para conocer de la citada comunicación, por medio del presente escrito formulo y planteo CUESTIÓN DE COMPETENCIA POR DECLINATORIA, solicitud que se funda en los HECHOS y FUNDAMENTOS DE DERECHO que a continuación se exponen.

HECHOS

PRIMERO. Mi principal, la sociedad........... S.A., se constituyó el........... de........... de........... mediante escritura otorgada ante el notario de..........., Don........... (número de su protocolo...........).

La sociedad está inscrita en el Registro Mercantil de la provincia de........... al tomo..........., General........... de la sección........... del Libro de sociedades, Folio..........., hoja...........

Acreditando lo anterior, se acompaña como DOCUMENTO........... la escritura de constitución de la Sociedad, y certificación literal del Registro Mercantil de la provincia de........... correspondiente a la precitada sociedad.

SEGUNDO. Que mi mandante es acreedor de las compañías........... S.L., ...S.L. y........... S.L.

En efecto. Mi mandante, y ante el notario de..........., Don........... transmitió a........... S.L., ... S.L. y........... S.L., por título de compraventa y en proindiviso, el siguiente inmueble:...........

La escritura de compraventa se otorgó el día........... de........... de..........., ante el notario de........... Don........... (núm. .... de su protocolo). El precio de la compraventa se fijó en la suma de...........euros, impuestos excluidos. De tal precio, la suma de...........euros fue pagada simultáneamente al otorgamiento de la escritura de compraventa por las citadas sociedades en la siguiente proporción: La sociedad........... S.L., abonó...........euros; la sociedad........... S.L., abonó...........euros y la sociedad........... S.L., abonó...........euros.

La restante suma de...........euros debía ser abonada, en efectivo metálico o cheque bancario, no más tarde del día........... de........... de..........., con el siguiente desglose: la sociedad........... S.L., debía abonar...........euros; la sociedad........... S.L., debía abonar...........euros y la sociedad........... S.L., debía abonar...........euros.

Pues bien, transcurrido el plazo antes reseñado, las citadas sociedades no sólo no pagaron la parte de precio que estaba pendiente de ello y que era a cargo de cada una de ellas, sino que tampoco han atendido los requerimientos dirigidos por mi principal al efecto.

Esto es, mi mandante ha cumplido con su obligación de entrega del inmueble y venció el plazo fijado por las partes para el pago de la parte del precio que restaba pendiente, sin que el mismo se verificase. Por lo tanto, las deudas contraídas por........... S.L., ... S.L. y........... S.L. con........... S.A. son unas deudas vencidas, líquidas y exigibles.

Acreditando lo anterior se acompaña como DOCUMENTO........... copia autorizada de la citada escritura de compraventa, certificación literal del Registro de la Propiedad de........... relativa al inmueble en cuestión y........... burofaxes, por el que mi principal reclamaba a cada una de las citadas sociedades, las cantidades adeudadas por cada una de ellas.

TERCERO. Que como se dijo anteriormente, y según resulta del Registro Público Concursal, las sociedades ...., en fecha ...... de... de......, comunicaron conjuntamente a este Tribunal al que respetuosamente nos dirigimos, y al amparo de lo dispuesto en los arts. 585 y ss. TRLC, su voluntad de iniciar negociaciones con sus acreedores a efectos de alcanzar un plan de reestructuración que le permitiera eludir la situación de insolvencia inminente en la que dice estar.

Este Tribunal, mediante Decreto del Letrado de la Administración de Justicia de fecha ... de ... de ......, tuvo por efectuada la citada comunicación en los términos y a los efectos de los citados arts. 585 y ss. TRLC. Este decreto fue objeto de la oportuna publicidad en el Registro Público Concursal, mediante la inscripción en dicho Registro de la expresada resolución el día ... de ...... de ......

Se hace contar que, como resulta de la propia comunicación y, en cualquier caso, se acredita con los DOCUMENTOS ...., las citadas compañías integran, junto a otras, un grupo de sociedades a los efectos de lo establecido en la DA1ª TRLC en conexión con el art. 42.1 C.Com, aunque ninguna de las citadas sociedades comunicantes tiene la condición de sociedad dominante del grupo.

CUARTO. Que esta parte entiende que este Tribunal no es competente desde el punto de vista territorial para conocer de la citada comunicación conjunta formulada por las sociedades arriba mencionadas, sino que tal competencia corresponde al Tribunal de Instancia, sección de lo Mercantil, de..........., que es el de..........., lugar donde tiene su centro de intereses principales el deudor concursado con mayor pasivo, esto es, ... S.L.

La sociedad........... S.L. tiene su centro de intereses principales en..........., calle........... núm. .... y su pasivo asciende a...........euros. La sociedad........ ...S.L. tiene el mismo centro de intereses principales y su pasivo es ligeramente inferior al de........... S.L., concretamente, asciende a...........euros.

Por el contrario, la sociedad........... S.L. tiene su centro de intereses principales en..........., calle..........., núm. .... y su pasivo es superior al de........... S.L. y al de........... S.L., ascendiendo a...........euros.

El centro de intereses principales de esta última sociedad se halla en..........., calle..........., núm. .... No sólo es éste el domicilio social que figura en el Registro Mercantil de la provincia de..........., sino que, en cualquier caso, es en el referido local donde, desde el año........... ejerce de modo habitual y reconocible por terceros la administración de tales intereses.

En dicho local, se hallan las oficinas y dirección de la empresa, se fabrica y comercializa..........., actividad que constituye el objeto social de la compañía, se atienden a los clientes y proveedores, remitiendo y recibiendo pedidos de ambos. Y también consta dicho domicilio como el de........... S.L. en el Ayuntamiento de..........., en la documentación social (facturas, pedidos, contratos, papelería corporativa), la guía telefónica, correos, etc. Y es la que consta a los clientes y proveedores.

Acreditando lo anterior se acompaña como DOCUMENTOS..........., la siguiente documentación:...........

QUINTO. Que a efectos de acreditar la competencia para conocer de este asunto del Tribunal de Instancia, sección de lo mercantil, de..........., esta parte se sirve de:...........

A los relatados hechos aduzco los siguientes

FUNDAMENTOS DE DERECHO

I. De conformidad con lo previsto en el art. 592 TRLC, es competente para conocer de esta cuestión de competencia territorial por declinatoria este Tribunal que conoce de la comunicación de apertura de negociaciones.

II. La presente cuestión de competencia, a la vista del contenido del art. 592 TRLC, se interpone dentro del plazo de diez días a contar, dado que la comunicación en cuestión no tiene el carácter de reservada, desde la publicación en el RPC de la resolución teniendo por formulada la comunicación preconcursal, y debe sustanciarse de conformidad con lo establecido en el art. 592 TRLC, que indica que la misma se tramitara y decidiría conforme a lo previsto en la legislación procesal civil.

III. Mi mandante, en su condición de acreedor, está legitimado para instar la presente cuestión de competencia territorial a la vista de lo dispuesto en el art. 592 TRLC.

IV. Conforme establece el art. 587.3 TRLC, la competencia para conocer de la comunicación conjunta corresponde al Tribunal del lugar donde tenga su centro de intereses principales el deudor con mayor pasivo, y, si se trata de un grupo de sociedades, el de la sociedad dominante, o si no estuviera incluida en la comunicación, el de la sociedad de mayor pasivo.

En este caso, ninguna de las sociedades concursadas es dominante de grupo de sociedades.

Por ello, siendo el lugar en que se halla el centro de intereses principales de........... S.L., deudor con mayor pasivo, la ciudad de..........., corresponde comunicación conjunta de apertura de negociaciones formulada por las mercantiles .... S.L., ... S.L. y........... S.L., al Tribunal de Instancia, Sección de lo Mercantil, de ....

En su virtud

SUPLICO AL TRIBUNAL que tenga por presentado este escrito, junto a los documentos a él unidos y sus copias, se sirva admitirlo y tener por promovido en nombre y representación de mi mandante, CUESTIÓN DE COMPETENCIA TERRITORIAL POR DECLINATORIA en las presentes actuaciones.........../..........., y previos los oportunos trámites legales, incluida la audiencia al Ministerio Fiscal, se sirva dictar auto por el que, estimando la presente cuestión de competencia por declinatoria, se inhiba a favor del Tribunal de Instancia, sección de lo Mercantil, de........... del conocimiento de la comunicación conjunta preconcursal formulada por las sociedades........... S.L., ... S.L. y........... S.L., con emplazamiento de las partes y remisión de todo lo actuado, acordando cuanto demás proceda en derecho.

Lo que se SUPLICA en..........., a........... de........... de...........

F046. CUESTIÓN DE COMPETENCIA POR DECLINATORIA. COMUNICACIÓN CONJUNTA (II)

AL TRIBUNAL DE INSTANCIA DE .... SECCIÓN
DE LO MERCANTIL (PLAZA NÚM. ......)

..........., Procurador de los Tribunales (núm. .... de colegiado) y de la compañía........... S.A., con domicilio en..........., calle........... núm. .... y CIF..........., cuya representación acredito mediante la escritura original de poder de representación que se acompaña a este escrito, ante este Tribunal comparezco en el expediente de comunicación de apertura de negociaciones........... bajo la dirección letrada de Don..........., abogado del Ilustre Colegio de........... (núm. ... de colegiado), y como mejor proceda en Derecho DIGO:

I. Que esta parte ha tenido conocimiento el día ... a través de la publicidad del Registro Público Concursal, del Decreto del Letrado de la Administración de Justicia de este Tribunal, de fecha ......, teniendo por presentada comunicación conjunta de apertura de negociaciones para alcanzar un plan de reestructuración formulada por las sociedades........., a los efectos y con el alcance establecido en los arts. 585 ss. y concordantes TRLC.

Se acompaña la información del citado Registro Publico Concursal como DOCUMENTO ...)

II. Que considerando que este Tribunal al que nos dirigimos, con el debido respeto y en estrictos términos de defensa, no es competente desde el punto de vista territorial para conocer de la citada comunicación, por medio del presente escrito formulo y planteo CUESTIÓN DE COMPETENCIA POR DECLINATORIA, solicitud que se funda en los HECHOS y FUNDAMENTOS DE DERECHO que a continuación se exponen.

HECHOS

PRIMERO. Mi principal, la sociedad........... S.A., se constituyó el........... de........... de........... mediante escritura otorgada ante el notario de..........., Don........... (número de su protocolo...........).

La sociedad está inscrita en el Registro Mercantil de la provincia de........... al tomo..........., General........... de la sección........... del Libro de sociedades, Folio..........., hoja...........

Acreditando lo anterior, se acompaña como DOCUMENTO........... la escritura de constitución de la Sociedad, y certificación literal del Registro Mercantil de la provincia de........... correspondiente a la precitada sociedad.

SEGUNDO. Que mi mandante es acreedor de las compañías........... S.L., ...S.L. y........... S.L.

En efecto. Mi mandante, y ante el notario de..........., Don........... transmitió a........... S.L., ... S.L. y........... S.L., por título de compraventa y en proindiviso, el siguiente inmueble:...........

La escritura de compraventa se otorgó el día........... de........... de..........., ante el notario de........... Don........... (núm. .... de su protocolo). El precio de la compraventa se fijó en la suma de...........euros, impuestos excluidos. De tal precio, la suma de...........euros fue pagada simultáneamente al otorgamiento de la escritura de compraventa por las citadas sociedades en la siguiente proporción: La sociedad........... S.L., abonó...........euros; la sociedad........... S.L., abonó...........euros y la sociedad........... S.L., abonó...........euros.

La restante suma de...........euros debía ser abonada, en efectivo metálico o cheque bancario, no más tarde del día........... de........... de..........., con el siguiente desglose: la sociedad........... S.L., debía abonar...........euros; la sociedad........... S.L., debía abonar...........euros y la sociedad........... S.L., debía abonar...........euros.

Pues bien, transcurrido el plazo antes reseñado, las citadas sociedades no sólo no pagaron la parte de precio que estaba pendiente de ello y que era a cargo de cada una de ellas, sino que tampoco han atendido los requerimientos dirigidos por mi principal al efecto.

Esto es, mi mandante ha cumplido con su obligación de entrega del inmueble y venció el plazo fijado por las partes para el pago de la parte del precio que restaba pendiente, sin que el mismo se verificase. Por lo tanto, las deudas contraídas por........... S.L., ... S.L. y........... S.L. con........... S.A. son unas deudas vencidas, líquidas y exigibles.

Acreditando lo anterior se acompaña como DOCUMENTO........... copia autorizada de la citada escritura de compraventa, certificación literal del Registro de la Propiedad de........... relativa al inmueble en cuestión y........... burofaxes, por el que mi principal reclamaba a cada una de las citadas sociedades, las cantidades adeudadas por cada una de ellas.

TERCERO. Que como se dijo anteriormente, y según resulta del Registro Público Concursal, las sociedades ...., en fecha ...... de... de......, comunicaron conjuntamente a este Tribunal al que respetuosamente nos dirigimos, y al amparo de lo dispuesto en los arts. 585 y ss. TRLC, su voluntad de iniciar negociaciones con sus acreedores a efectos de alcanzar un plan de reestructuración que le permitiera eludir la situación de insolvencia inminente en la que dice estar.

Este Tribunal, mediante Decreto del Letrado de la Administración de Justicia de fecha ... de ... de ......, tuvo por efectuada la citada comunicación en los términos y a los efectos de los citados arts. 585 y ss. TRLC. Este decreto fue objeto de la oportuna publicidad en el Registro Público Concursal, mediante la inscripción en dicho Registro de la expresada resolución el día ... de ...... de ......

Se hace contar que, como resulta de la propia comunicación, y en cualquier caso se acredita con los DOCUMENTOS ...., las citadas compañías integran un grupo de sociedades a los efectos de lo establecido en la DA1ª TRLC en conexión con el art. 42.1C.Com, y que la sociedad también comunicante .... S.L tiene la condición de sociedad dominante del referido grupo.

CUARTO. Que esta parte entiende que este Tribunal no es competente desde el punto de vista territorial para conocer de la citada comunicación conjunta formulada por las sociedades arriba mencionadas, sino que tal competencia corresponde al Tribunal de Instancia, Sección de lo Mercantil de..........., que es el de..........., lugar donde tiene su centro de intereses principales el deudor que ostenta la condición de sociedad dominante del grupo, esto es, ... S.L.

La sociedad........... S.L. tiene su centro de intereses principales en..........., calle........... núm. .... y su pasivo asciende a...........euros. La sociedad......... ...S.L. tiene el mismo centro de intereses principales y su pasivo es ligeramente inferior al de........... S.L., concretamente, asciende a...........euros.

Por el contrario, la sociedad........... S.L. tiene su centro de intereses principales en..........., calle..........., núm. .... y su pasivo es inferior al de........... S.L. y al de........... S.L., pero ostenta la condición de sociedad dominante del grupo de sociedades.

El centro de intereses principales de .... se halla en..........., calle..........., núm. .... No sólo es éste el domicilio social que figura en el Registro Mercantil de la provincia de..........., sino que, en cualquier caso, es en el referido local donde, desde el año........... ejerce de modo habitual y reconocible por terceros la administración de tales intereses.

En dicho local, se hallan las oficinas y dirección de la empresa, se fabrica y comercializa..........., actividad que constituye el objeto social de la compañía, se atienden a los clientes y proveedores, remitiendo y recibiendo pedidos de ambos. Y también consta dicho domicilio como el de........... S.L. en el Ayuntamiento de..........., en la documentación social (facturas, pedidos, contratos, papelería corporativa), la guía telefónica, correos, etc. Y es la que consta a los clientes y proveedores.

Acreditando lo anterior se acompaña como DOCUMENTOS..........., la siguiente documentación:...........

QUINTO. Que a efectos de acreditar la competencia para conocer de este asunto del Tribunal de Instancia, sección de lo mercantil de........ esta parte se sirve de:...........

A los relatados hechos aduzco los siguientes

FUNDAMENTOS DE DERECHO

I. De conformidad con lo previsto en el art. 592 TRLC, es competente para conocer de esta cuestión de competencia territorial por declinatoria este Tribunal que conoce de la comunicación de apertura de negociaciones.

II. La presente cuestión de competencia, a la vista del contenido del art. 592 TRLC, se interpone dentro del plazo de diez días a contar, dado que la comunicación no cuenta con el carácter de reservado, desde la publicación en el RPC de la resolución teniendo por formulada la comunicación preconcursal, y debe sustanciarse de conformidad con lo establecido en el art. 592 TRLC, que indica que la misma se tramitara y decidiría conforme a lo previsto en la legislación procesal civil.

III. Mi mandante, en su condición de acreedor, está legitimado para instar la presente cuestión de competencia territorial a la vista de lo dispuesto en el art. 592 TRLC.

IV. Conforme establece el art. 587.3 TRLC, la competencia para conocer de la comunicación conjunta corresponde al Tribunal del lugar dónde tenga su centro de intereses principales el deudor con mayor pasivo, y, si se trata de un grupo de sociedades, el de la sociedad dominante, o si no estuviera incluida en la comunicación, el de la sociedad de mayor pasivo.

En este caso, la sociedad ...., aunque no ostenta el mayor pasivo, es la sociedad dominante de grupo de sociedades en cuestión.

Por ello, siendo el lugar en que se halla el centro de intereses principales de........... S.L., sociedad dominante del grupo, la ciudad de..........., corresponde el conocimiento de la comunicación conjunta de apertura de negociaciones formulada por las mercantiles .... S.L., ... S.L. y........... S.L., al Tribunal de Instancia de...........

En su virtud

SUPLICO AL TRIBUNAL que tenga por presentado este escrito, junto a los documentos a él unidos y sus copias, se sirva admitirlo y tener por promovido en nombre y representación de mi mandante, CUESTIÓN DE COMPETENCIA TERRITORIAL POR DECLINATORIA en las presentes actuaciones.........../..........., y previos los oportunos trámites legales, incluida la audiencia al Ministerio Fiscal, se sirva dictar auto por el que, estimando la presente cuestión de competencia por declinatoria, se inhiba a favor de los Tribunal de Instancia, Sección de lo Mercantil, de........... del conocimiento de la comunicación conjunta preconcursal formulada por las sociedades........... S.L., ... S.L. y........... S.L., con emplazamiento de las partes y remisión de todo lo actuado, acordando cuanto demás proceda en derecho.

Lo que se SUPLICA en..........., a........... de........... de...........

F047. AUTO ESTIMATORIO DE LA CUESTIÓN DE COMPETENCIA POR DECLINATORIA

En la ciudad de........... a........... de........... de...........

ANTECEDENTES DE HECHO

I. Que en fecha........... de........... de........... por el Procurador de los Tribunales, Doña..........., y en representación de la compañía........... S.A., se presentó escrito por el que esta mercantil comunicó a este Tribunal y al amparo de lo dispuesto en los arts. 585 y ss. TRLC, su voluntad de iniciar negociaciones con sus acreedores a efectos de alcanzar un plan de reestructuración que le permitiera eludir la situación de insolvencia inminente en la que dice estar.

II. Que este Tribunal, mediante Decreto del Letrado de la Administración de Justicia de fecha ... de ... de ......, tuvo por efectuada la citada comunicación en los términos y a los efectos de los citados arts. 585 y ss. TRLC.

III. Que este decreto fue objeto de la oportuna publicidad en el Registro Público Concursal, mediante la inscripción en dicho Registro de la expresada resolución el día ... de ...... de ......

IV. Que en fecha........... de........... de..........., por el Procurador de los Tribunales, Doña..........., y en representación de la compañía........... S.A., se planteó cuestión de competencia territorial por declinatoria al estimar que resulta competente territorialmente el Tribunal de Instancia, sección de lo mercantil, de .... para conocer de la referida comunicación preconcursal. Ello también en base a los HECHOS y FUNDAMENTOS DE DERECHO reseñados en su escrito.

V. Que mediante providencia de fecha........... de........... de........... se dio traslado de la cuestión de competencia territorial por declinatoria planteada por........... S.A. al resto de partes personadas en autos, y al Ministerio Fiscal a efectos que, en un plazo de cinco días, formularan, en su caso, alegaciones respecto a la cuestión planteada y con el resultado obrante en autos.

FUNDAMENTOS DE DERECHO

PRIMERO. Que este Tribunal es competente para conocer de la cuestión de competencia territorial por declinatoria planteada por........... S.A. (art. 592.2 TRLC).

SEGUNDO. Que........... S.A. reúne los requisitos de capacidad procesal, postulación, así como de legitimación para plantear la presente cuestión de competencia territorial por competencia, dada su condición de acreedor (art. 592.1 TRLC).

TERCERO. Que la expresada cuestión de competencia planteada por........... S.A. lo ha sido dentro del plazo de diez días a aquel en que se publicó en el Registro Público

Concursal la referida comunicación preconcursal, y la solicitud reúne los requisitos legalmente establecidos.

CUARTO. Que la cuestión de competencia planteada debe estimarse.

Según el art. 585.1 TRLC, la competencia territorial para conocer de la comunicación preconcursal de apertura de negociaciones, corresponde al Tribunal competente para conocer de la declaración de concurso del deudor comunicante.

Conforme establece el art. 45.1 TRLC, la competencia para declarar y tramitar el concurso corresponde al Tribunal de Instancia en cuyo territorio tenga el deudor el centro de sus intereses principales, entendiéndose por el mismo el lugar donde el deudor ejerce de modo habitual y reconocible por los terceros la administración de tales intereses.

.... entiende que la competencia territorial para conocer de la comunicación preconcursal de .... S.A. corresponde a este Tribunal al considerar que el centro de intereses de la concursada se halla en..........., calle..........., que es el domicilio social de........... S.A. que figura en el Registro Mercantil y no constar acreditado la existencia de otro.

Sin embargo........... S.A. no ocupa dicho inmueble desde hace más de tres años, pues el mismo, en el año..........., se halla cerrado y abandonado. Así resulta de la certificación del Ayuntamiento de..........., así como acta de presencia notarial, de fecha de........... de..........., otorgada ante el notario de..........., Don..........., comprensiva de........... fotografías, donde se observan el estado actual de tal inmueble, documentación obrante en autos.

Lo cierto es que el centro de intereses principales de........... S.A. se halla en..........., calle........... núm. ...., local que, desde el año........... tiene arrendado a Doña........... y en el que dicha compañía ejerce de modo habitual y reconocible por terceros la administración de tales intereses.

En dicho local, se hallan las oficinas y dirección de la empresa, se fabrica y comercializa..........., actividad que constituye el objeto social de........... S.A., se atienden a los clientes y proveedores, remitiendo y recibiendo pedidos de ambos. Aquí se halla el centro de trabajo de........... S.A., tal y como consta en la Seguridad Social. Y también consta dicho domicilio como el de........... S.A., tanto en hacienda, como en el Ayuntamiento de........... También en la documentación social (facturas, pedidos, contratos, papelería corporativa), la guía telefónica, correos, etc. Y es la que consta a los clientes y proveedores.

Todo lo cual consta debidamente acreditado en autos (vid...........).

QUINTO. Ciertamente, establece el citado art. 45.2 TRLC que en el supuesto de deudor persona jurídica se presumirá que el centro de sus intereses principales se halla en el lugar del domicilio social. Sin embargo, es sólo eso, una presunción que admite prueba en contrario.

SEXTO. Por ello, siendo el lugar en que se halla el centro de intereses principales de........... S.A., la ciudad de..........., corresponde conocer de la comunicación del art. 585 TRLC presentada por ...... al Tribunal de Instancia, Sección de lo Mercantil, de ....

Visto lo expuesto y demás normativa de aplicación:

DISPONGO

Estimando la cuestión de competencia territorial por declinatoria planteada por la Procuradora de los Tribunales Doña..........., en nombre y representación de la compañía........... S.A., dispongo inhibirme de conocer de la comunicación de apertura de negociaciones para alcanzar un acuerdo de reestructuración formulada el día ...... por la sociedad........... S.L, y tenida por presentada mediante Decreto del Letrado de la Administración de Justicia de este Tribunal de fecha ......, a favor del Tribunal de Instancia de .... , Sección de lo mercantil con emplazamiento de las partes y remisión de lo actuado.

Diríjase por el Sr. Letrado de la Administración de Justicia la presente resolución, en el día de hoy, a los efectos inscriptorios oportunos, y por medios electrónicos, al Registro público concursal, así como a cada uno de los Tribunales o autoridades administrativas que estén conociendo de ejecuciones, haciéndoles conocedores del contenido de la presente resolución. Líbrense al efecto los oportunos edictos.

Notifíquese la resolución al deudor, ... SA y demás partes personadas a través de su representación procesal, haciéndole saber que contra la misma cabe recurso de reposición en el plazo de cinco días a contar desde que se notifique la presente resolución.

De conformidad con lo establecido en la Disposición Adicional 15ª LOPJ (según la redacción dada por la LO 1/09), la interposición de recurso contra resoluciones judiciales no podrá ser admitida a trámite sin la acreditación del depósito previsto en la citada Ley a efectos de recurrir, debiendo presentarse copia o resguardo de tal depósito en la cuenta de consignaciones de este Tribunal.

Todo lo cual pronuncia, manda y firma el Ilmo. Sr. ...., Magistrado Titular de la plaza ....., de la sección de lo mercantil del Tribunal de Instancia de .....

F048. AUTO DESESTIMATORIO DE LA DECLINATORIA DE COMPETENCIA

En la ciudad de........... a........... de........... de...........

ANTECEDENTES DE HECHO

I. Que en fecha........... de........... de........... por el Procurador de los Tribunales, Doña..........., y en representación de la compañía........... S.A., se presentó escrito por el que esta mercantil comunicó a este Tribunal y al amparo de lo dispuesto en los arts. 585 y ss. TRLC, su voluntad de iniciar negociaciones con sus acreedores a efectos de alcanzar un plan de reestructuración que le permitiera eludir la situación de insolvencia inminente en la que dice estar.

II. Que este Tribunal, mediante Decreto del Letrado de la Administración de Justicia de fecha ... de ... de ......, tuvo por efectuada la citada comunicación en los términos y a los efectos de los citados arts. 585 y ss. TRLC.

III. Que este decreto fue objeto de la oportuna publicidad en el Registro Público Concursal, mediante la inscripción en dicho Registro de la expresada resolución el día ... de ...... de ......

IV. Que en fecha........... de........... de..........., por el Procurador de los Tribunales, Doña..........., y en representación de la compañía........... S.A., se planteó cuestión de competencia territorial por declinatoria al estimar que el Tribunal competente desde el punto de vista territorial para conocer de la referida comunicación preconcursal, resulta ser el Tribunal de Instancia, sección de lo mercantil, de ...... Ello también en base a los HECHOS y FUNDAMENTOS DE DERECHO reseñados en su escrito.

V. Que mediante providencia de fecha........... de........... de........... se dio traslado de la cuestión de competencia territorial por declinatoria planteada por........... S.A. al resto de partes personadas en autos, y al Ministerio Fiscal a efectos que, en un plazo de cinco días, formularan, en su caso, alegaciones respecto a la cuestión planteada y con el resultado obrante en autos.

FUNDAMENTOS DE DERECHO

PRIMERO. Que este Tribunal es competente para conocer de la cuestión de competencia territorial por declinatoria planteada por........... S.A. (art. 592.2 TRLC).

SEGUNDO. Que........... S.A. reúne los requisitos de capacidad procesal, postulación, así como de legitimación para plantear la presente cuestión de competencia territorial por competencia, dada su condición de acreedor (art. 592.1 TRLC).

TERCERO. Que la expresada cuestión de competencia planteada por........... S.A. lo ha sido dentro del plazo de diez días a aquel en que se publicó en el Registro Público

Concursal la referida comunicación preconcursal, y la solicitud reúne los requisitos legalmente establecidos.

CUARTO. Que la cuestión de competencia planteada debe desestimarse.

Según el art. 585.1 TRLC, la competencia territorial para conocer de la comunicación preconcursal de apertura de negociaciones, corresponde al Tribunal competente para conocer de la declaración de concurso del deudor comunicante.

Conforme establece el art. 45.1 TRLC, la competencia para declarar y tramitar el concurso corresponde al Tribunal de Instancia en cuyo territorio tenga el deudor el centro de sus intereses principales, entendiéndose por el mismo el lugar donde el deudor ejerce de modo habitual y reconocible por los terceros la administración de tales intereses.

.... S.A entiende que la competencia territorial para conocer de la comunicación preconcursal formulada por esta mercantil corresponde a este Tribunal al considerar que el centro de intereses de la comunicante se halla en..........., calle..........., que es el domicilio social de........... S.A. que figura en el Registro Mercantil.

Contra ello se alza........... S.L., y manifiesta que el domicilio social de la compañía comunicadora ha sido trasladado a la ciudad de..........., calle........... núm. ...., en virtud de acuerdo de la Junta general de la compañía del pasado........... de........... de..........., (esto es, de hace escasamente dos meses) que fue elevado a público mediante escritura autorizada el día........... de........... de........... por el notario de........... Dicha escritura no ha sido todavía presentada en el Registro Mercantil a efectos de su inscripción.

La realidad es que el instante de la presente cuestión no ha acreditado en modo alguno que el centro de los intereses principales de .... se halle en el lugar arriba indicado.

Y es cierto que el art. 45.2 TRLC establece que en el supuesto de deudor persona jurídica se presumirá que el centro de sus intereses principales se halla en el lugar del domicilio social. Sin embargo, es igual de cierto que el citado precepto continúa indicando que será ineficaz el cambio de domicilio inscrito dentro en los seis meses anteriores a la solicitud de concurso, cualquiera que sea la fecha en que se hubiera acordado o decidido.

QUINTO. Por ello, siendo el lugar en que se halla el centro de intereses principales de........... S.A., la ciudad de..........., corresponde conocer a este Tribunal de la comunicación de inicio de negociaciones formulada por dicha sociedad.

Visto lo expuesto y demás normativa de aplicación

DISPONGO

Desestimando la cuestión de competencia territorial por declinatoria planteada por la Procuradora de los Tribunales Doña..........., en nombre y representación de la compañía........... S.A., se declara y ratifica la competencia de este Tribunal de Instancia, sección de lo mercantil, de .... (plaza núm. ......) para conocer de la comunicación de apertura de negociaciones para alcanzar un acuerdo de reestructuración formulada el día

...... por la sociedad........... S.L, y tenida por presentada mediante Decreto del Letrado de la Administración de Justicia de este Tribunal de fecha ......

Notifíquese la resolución al deudor, a la sociedad .... y demás partes personadas a través de su representación procesal, haciéndole saber que contra la misma cabe recurso de reposición en el plazo de cinco días a contar desde que se notifique la presente resolución.

De conformidad con lo establecido en la Disposición Adicional 15ª LOPJ (según la redacción dada por la LO 1/09), la interposición de recurso contra resoluciones judiciales, no podrá ser admitida a trámite sin la acreditación del depósito previsto en la citada Ley a efectos de recurrir, debiendo presentarse copia o resguardo de tal depósito en las cuenta de consignaciones de este Tribunal.

Todo lo cual pronuncia, manda y firma el Ilmo. Sr. ...., Magistrado Titular de la plaza ....., de la sección de lo mercantil del Tribunal de Instancia de ....

I.6. CARÁCTER RESERVADO DE LA COMUNICACIÓN

F049. ESCRITO DEL DEUDOR SOLICITANDO EL LEVANTAMIENTO DEL CARÁCTER RESERVADO DE LA COMUNICACIÓN DE APERTURA DE NEGOCIACIONES

AL TRIBUNAL DE INSTANCIA DE ...... SECCIÓN DE LO MERCANTIL (PLAZA NÚM. ......)

..............., Procurador de los Tribunales (núm. .... de colegiado) y de la compañía .... S.A., con domicilio en ...., calle .... núm. .... y CIF ...., cuya representación acredito en el expediente de constancia de comunicación núm. autos ...., ante este Tribunal comparezco en las citadas actuaciones bajo la dirección letrada de Don ...., abogado del Ilustre Colegio de .... (núm. .... de colegiado), y como mejor proceda en Derecho DIGO:

I. Que mi principal, mediante escrito de fecha ...., comunico a este Tribunal que había iniciado negociaciones para alcanzar un plan de reestructuración. Todo ello a los efectos y con el alcance establecido en los arts. 585 ss. y concordantes TRLC.

En el citado escrito esta parte solicitó expresamente el carácter reservado de la referida comunicación de apertura de negociaciones.

II. Que mediante Decreto de fecha ...., por el Letrado de la Administración de Justicia se dictó Decreto dejando constancia de la comunicación presentada por esta parte, no ordenándose la publicación en el Registro Público Concursal de la citada resolución como consecuencia del citado carácter reservado requerido por mi principal.

III. Que es de interés de esta parte el levantamiento del carácter reservado de la citada comunicación, lo que, por medio del presente escrito y a la vista de lo dispuesto en el art. 591 TRLC, aquí expresamente se solicita.

En virtud de lo expuesto,

SUPLICO AL TRIBUNAL que tenga por presentado este escrito, junto a los documentos a él unidos y sus copias, se sirva admitirlo y previos los oportunos trámites legales, se sirva acordar en el sentido expuesto en el cuerpo de este escrito.

Es Justicia que pido en .... a ...... de .... de dos mil ......

F050. DILIGENCIA DE ORDENACIÓN DEL LETRADO DE LA ADMINISTRACIÓN DE JUSTICIA SOBRE LEVANTAMIENTO DEL CARÁCTER RESERVADO DE LA COMUNICACIÓN

Diligencia de Ordenación que pongo, yo, Don ...., Letrado de la Administración de Justicia. Tribunal de Instancia de ..... Sección de lo mercantil (plaza núm. ......)

En ...., a ... de .... de ....

Por presentado por la procuradora de los Tribunales, Doña......, y en nombre de la compañía ... S.L, escrito solicitando el levantamiento del carácter reservado de la comunicación de apertura de negociaciones del art. 585 y ss. TRLC por dicha compañía formulada el día ......, y tenida por presentada mediante Decreto de este Letrado de la Administración de Justicia de fecha ...

Y tal y como se ha peticionado y a la vista lo establecido en el art. 591 TRLC, se tiene por levantado el carácter reservado de la citada comunicación, procediendo de inmediato a la publicación del referido Decreto en el Registro Público Concursal.

Contra la presente Diligencia cabe recurso de revisión a interponer en el plazo de CINCO (5) DÍAS a contar desde el día siguiente de la notificación. De conformidad con lo establecido en la Disposición Adicional 15ª LOPJ (según la redacción dada por la LO 1/09), la interposición de recurso contra resoluciones judiciales no podrá ser admitida a trámite sin la acreditación del depósito previsto en la citada Ley a efectos de recurrir, debiendo presentarse copia o resguardo de tal depósito en la cuenta de consignaciones de este Tribunal.

Lo dispongo y firmo. Doy fe.

I.7. EFECTOS DE LA COMUNICACIÓN

F051. ESCRITO DEL DEUDOR AL TRIBUNAL QUE CONOCE DE LA EJECUCIÓN ANTES DE DICTARSE EL DECRETO DE COMUNICACIÓN DE NEGOCIACIONES Y A EFECTOS DE PARALIZAR LA MISMA Y PROCEDER AL ALZAMIENTO DE EMBARGOS

AL TRIBUNAL DE INSTANCIA DE ...... SECCIÓN ÚNICA

Ejecución de Títulos Judiciales nº ....

Dª. ...., Procuradora de los Tribunales, en nombre y representación de ...., S.L., bajo la dirección letrada de D. ...., nº colegiado .... del Ilustre Colegio de Abogados de ...., ante el Tribunal y en el procedimiento de Ejecución de Títulos Judiciales nº .... comparezco y como mejor proceda en derecho, DIGO:

Que mediante el presente escrito venimos a solicitar la PARALIZACIÓN DE LA EJECUCIÓN con devolución de las cuantías económicas embargadas, así como el ALZAMIENTO DE EMBARGO sobre los bienes de ...., S.L., al resultar bienes necesarios para la continuidad de la actividad empresarial, consecuencia de la presentación del procedimiento regulado en el art. 585 y concordantes del Texto Refundido de la Ley Concursal tramitado ante el Tribunal de Instancia, sección de lo mercantil, de .... en los Autos nº .... Todo ello en base a las siguientes

MANIFESTACIONES

PRIMERO.– Mi representada ...., S.L. ha iniciado el procedimiento regulado en el art. 585 y concordantes del Texto Refundido de la Ley Concursal relativo a la apertura de negociaciones con los acreedores para obtener adhesiones a una propuesta anticipada de convenio o para alcanzar un acuerdo de refinanciación.

Dicho procedimiento se tramita ante el Tribunal de Instancia, sección de lo mercantil, de ...... bajo los Autos nº .... La solicitud tuvo lugar en fecha ...., estando pendiente de resolución a fecha actual.

Por tanto, estando pendiente de resolución sobre la procedencia de la comunicación regulada en el art. 585 y concordantes del Texto Refundido de la Ley Concursal (TRLC en adelante), y al resultar los bienes embargados en el presente procedimiento necesarios para la continuidad de la actividad empresarial estando los mismos afectos a su actividad, por medio del presente escrito solicitamos la PARALIZACIÓN DE LA EJECUCIÓN con devolución de las cuantías económicas embargadas, así como el ALZAMIENTO DE EMBARGO sobre los bienes de ...., S.L.

SEGUNDO.– De la paralización de la ejecución sobre bienes afectos a la actividad de la concursada

Debemos tener presente lo establecido en los artículos 600, 601 y 602 del TRLC, según los cuales se paralizarán las ejecuciones que hubiere en marcha siempre que los mismos fuesen necesarios para el desarrollo de la actividad habitual. Dichos artículos rezan:

"Artículo 600. Prohibición legal de iniciación de ejecuciones.

Hasta que transcurran tres meses a contar desde la presentación de la comunicación, los acreedores no podrán iniciar ejecuciones judiciales o extrajudiciales sobre bienes o derechos necesarios para la continuidad de la actividad empresarial o profesional del deudor.

Artículo 601. Suspensión legal de las ejecuciones en tramitación.

Desde que reciban la resolución del tribunal teniendo por efectuada la comunicación de inicio de negociaciones con los acreedores, las autoridades que estuvieren conociendo de las ejecuciones judiciales o extrajudiciales sobre los bienes o derechos necesarios para la continuidad de la actividad empresarial o profesional las suspenderán automáticamente hasta que transcurran tres meses a contar desde la comunicación efectuada por el deudor al tribunal competente, salvo que el deudor acredite haber solicitado la prórroga.

Artículo 602. Prohibición general o individual de iniciación o suspensión de ejecuciones por decisión judicial.

1. A solicitud del deudor, presentada en cualquier momento, el tribunal podrá extender la prohibición de iniciación de ejecuciones, judiciales o extrajudiciales, o la suspensión de las ya iniciadas sobre todos o algunos de los demás bienes o derechos distintos de aquellos a los que se refiere el artículo anterior, contra uno o varios acreedores individuales o contra una o varias clases de acreedores, cuando resulte necesario para asegurar el buen fin de las negociaciones. La eficacia de esta medida se extenderá durante el plazo establecido en esta sección.

2. Cuando se haya designado experto en la reestructuración, la solicitud deberá ir acompañada de informe favorable del experto. La suspensión general o individual deberá adoptarse con su opinión favorable.

3. La resolución se adoptará mediante auto, separada de la resolución teniendo por efectuada la comunicación y, si es favorable a la solicitud, se publicará en el Registro público concursal. Contra esta resolución solo cabe interponer recurso de reposición."

Según se desprende de los anteriores preceptos, las ejecuciones de bienes afectos a la actividad profesional del deudor deben de paralizarse, independientemente del momento procesal en el que se encuentren.

Debemos indicar que la ejecución pretendida en los Autos de Ejecución de Títulos Judiciales nº .... se ha realizado, entre otros, en forma de embargo sobre las cuentas corrientes de mi representado, así como el embargo de los derechos de cobro y los activos de la mercantil deudora; es decir, sobre los activos necesarios para atender el día a día de la actividad.

Ha quedado patente por parte de la jurisprudencia más reciente que el saldo existente en las cuentas corrientes del deudor y demás emolumentos percibidos por el deudor destinado al tráfico comercial habitual, es un bien necesario e imprescindible para el día a día del deudor, ya que sin este serán difícilmente atendidas las obligaciones propias del mismo.

De este modo, la previsión del artículo 585 y ss. del Texto Refundido de la Ley Concursal bajo las rúbricas de *"De la Comunicación"* y *"De los efectos de la comunicación"* puso de manifiesto los principios de unidad de sistema y de procedimiento que consagra la Ley Concursal que han hecho inviable la ejecución separada ante los órganos de la jurisdicción civil o social cuando ello puede poner en peligro la continuidad de la actividad empresarial.

El espíritu de la norma contenida en el artículo 585 TRLC es que el deudor, en el presente caso ...., S.L., pueda tener posibilidades efectivas y reales de reconducir su situación financiera mediante una refinanciación y un plan de reestructuración, por lo que es necesario que pueda contar con un periodo general de espera de las ejecuciones, pudiendo así mantener una actividad productiva en funcionamiento.

En ese sentido, la ejecución de una sentencia dictada por un órgano del orden civil o social que contenga obligaciones económicas para un deudor en situación de pre-concurso y el no levantamiento de los embargos, no solo afectaría a la propia actividad que desarrolle el deudor, sino que también podría poner en peligro la finalidad principal del posible futuro concurso como es la satisfacción de los acreedores.

En este sentido, cabría traer a colación el Auto de 17 Mar. 2014, Rec. 386/2014 Juzgado de lo Mercantil nº 1 de Granada que acuerda tener por hecha la comunicación prevista en el artículo 585 del Texto Refundido de la Ley Concursal, dispone:

"En el presente caso se señala no solo la ejecución sino también que se ha acordado el embargo de bienes y saldo de cuentas y depósitos en entidades financieras y tesorería que también se señalan necesarios para la continuidad de la actividad. Es evidente que el citado embargo conlleva, de ser así y sin que se haya acreditado, una paralización de la actividad y en su propia naturaleza la necesidad de dichos bienes.

La norma nos habla de suspensión de las ejecuciones singulares (o imposibilidad de iniciar ejecución). El efecto será un acuerdo o refinanciación o el concurso, en caso de ser infructuoso. La operatividad de la medida sería escasa si no atendemos a que la suspensión conlleva igualmente la cancelación de embargos que pudieran pesar, a partir de la ejecución, sobre dichos bienes y derechos, embargos, anotaciones, etc. Pues de otra forma resultaría que la medida no es operativa.

(...) si se trata de otros bienes o derechos afectados la medida debería ser el levantamiento de dichos embargos puesto que de otra forma dificultaría o imposibilitaría el acuerdo o la misma continuidad de la actividad profesional o empresarial del deudor que es lo que se quiere mantener (analogía con el art. 55 LC)".

Es evidente, y además de la jurisprudencia lo ha expresado la doctrina, (que el artículo 585 TRLC, antiguo 5 bis de la Ley Concursal, denota una estipulación análoga al artículo 142 y 143 del mismo cuerpo legal.

Estos artículos establecen que se podrá acordar el levantamiento y cancelación de los embargos trabados cuando el mantenimiento de los mismos dificulte gravemente la continuidad de la actividad profesional o empresarial del deudor. De este modo, si los bienes son necesarios, como ocurre en el presente supuesto, las actuaciones quedarán en suspenso, siendo posible que se levanten y cancelen los embargos trabados por deudas cuando su mantenimiento dificulte gravemente la continuidad de la actividad empresarial de la mercantil.

La misma jurisdicción social pone en relación ambos preceptos del Texto Refundido de la Ley Concursal. Así, la Sentencia nº 924/2015 de 15 Diciembre de 2015, Rec. 435/2015 del Tribunal Superior de Justicia de Madrid, Sala de lo Social, Sección 3º, establece:

"el artículo 5 bis, que en su apartado 4 recoge expresamente que desde la presentación de la comunicación por el deudor que ha iniciado negociaciones para alcanzar un acuerdo de refinanciación de los previstos en el artículo 71 bis.1 y en la Disposición adicional cuarta o para obtener adhesiones a una propuesta anticipada de convenio en los términos previstos en esta Ley no podrán iniciarse o, en su caso, quedarán suspendidas las ejecuciones singulares promovidas con una serie de excepciones o limitaciones entre las que no se encontraría la presente y no sería obstáculo a lo anterior lo dispuesto en el artículo 55.1 de ese texto legal que invoca el recurrente y que dispone que "Declarado el concurso, no podrán iniciarse ejecuciones singulares, judiciales o extrajudiciales, ni seguirse apremios administrativos o tributarios contra el patrimonio del deudor.

Hasta la aprobación del plan de liquidación, podrán continuarse aquellos procedimientos administrativos de ejecución en los que se hubiera dictado diligencia de embargo y las ejecuciones laborales en las que se hubieran embargado bienes del concursado, todo ello con anterioridad a la fecha de declaración del concurso, siempre que los bienes objeto de embargo no resulten necesarios para la continuidad de la actividad profesional o empresarial del deudor."".

Por tanto, los bienes objeto de ejecución en el presente procedimiento ejecutorio son bienes afectos a la actividad de mi mandante, por ser bienes integrados en el tráfico diario del deudor y cuya posesión y utilidad es totalmente necesaria para el desarrollo de la actividad y la explotación económica de ...., S.L. Además, son bienes partícipes en la obtención del rendimiento generado en la actividad y que sin su mantenimiento causaría un grave perjuicio en la economía personal.

Por todo lo anterior, se debe paralizar la ejecución existente en los Autos del procedimiento de Ejecución de Títulos Judiciales nº 284/2023, dada la afección de los bienes ejecutados a la actividad y funcionamiento del deudor.

TERCERO.– En virtud de cuanto antecede, y en base a la tramitación del procedimiento regulado en el art. 585 TRLC seguido ante el Tribunal de Instancia, sección de lo Mercantil (plaza núm. ......) ...., en los Autos nº ...., venimos a solicitar a este Tribunal que proceda a la paralización de la ejecución instada contra ...., S.L. en base a las consecuencias jurídicas derivadas de la presentación del 585 del TRLC, en tanto no finalice el período legal establecido al efecto para alcanzar un plan de reestructuración con los acreedores societarios o bien para que solicite en dicho período el concurso de acreedore voluntario.

Del mismo modo, solicitamos el alzamiento de los embargos que pesan sobre los bienes del deudor; así como rogamos que suspenda cualquier tipo de actividad tendente al embargo de cantidades líquidas, derechos de cobro o cualquier otro activo que posee el ejecutado.

Por lo expuesto,

SUPLICO AL TRIBUNAL que, teniendo por presentado este escrito junto con sus documentos, se sirva a admitirlo y en su virtud, tenga por efectuadas las anteriores manifestaciones, para que tras los trámites legales oportunos, dicte resolución por la que proceda a:

1. Paralizar la ejecución instada de contrario contra ...., S.L., así como sus efectos.

2. El alzamiento de los embargos que pesan sobre los bienes del deudor.

3. La devolución de las cuantías económicas trabadas, al resultar bienes necesarios para la continuidad de la actividad profesional, consignadas estas en el tribunal al cual nos dirigimos.

OTROSÍ PRIMERO DIGO, Que atendiendo a lo dispuesto en el artículo 231 de la Ley de Enjuiciamiento Civil, esta parte manifiesta expresamente su voluntad de cumplir todos los requisitos exigidos en la misma, ofreciendo la subsanación de cualquier defecto en que hubiera podido incurrir tan pronto como sea requerida para ello por el Tribunal al que tenemos el honor de dirigirnos.

En su virtud,

SUPLICO AL TRIBUNAL, Que tenga por hecha la anterior manifestación y que actúe de conformidad con la misma.

Es Justicia que respetuosamente pido en ...., a ...... de ....de ....

Firma Letrado: Firma Procuradora:

F052. ESCRITO DEL DEUDOR AL TRIBUNAL QUE CONOCE DE LA EJECUCIÓN TRAS DICTARSE EL DECRETO DE COMUNICACIÓN DE NEGOCIACIONES Y A EFECTOS DE PARALIZAR LA MISMA Y PROCEDER AL ALZAMIENTO DE EMBARGOS

AL TRIBUNAL DE INSTANCIA DE ...... SECCIÓN ÚNICA

Ejecución de Títulos Judiciales nº ....

Dª. ...., Procuradora de los Tribunales, en nombre y representación de ...., S.L., bajo la dirección letrada de D. ...., nº colegiado .... del Ilustre Colegio de Abogados de ...., ante el Tribunal y en el procedimiento de Ejecución de Títulos Judiciales nº .... comparezco y como mejor proceda en derecho, DIGO:

Que mediante el presente escrito venimos a solicitar la PARALIZACIÓN DE LA EJECUCIÓN con devolución de las cuantías económicas embargadas, así como el ALZAMIENTO DE EMBARGO sobre los bienes de ...., al resultar bienes necesarios para la continuidad de la actividad empresarial, consecuencia del Decreto nº .... dictado por el Tribunal de Instancia, sección de lo Mercantil, plaza nº .... de ...., proveniente del procedimiento de Comunicación artículo 585 TRLC nº .... Todo ello en base a las siguientes

MANIFESTACIONES

PRIMERO.– Mi representada ...., S.L. ha iniciado el procedimiento regulado en el art. 585 y concordantes del Texto Refundido de la Ley Concursal relativo a la apertura de negociaciones con los acreedores para obtener adhesiones a una propuesta anticipada de convenio o para alcanzar un acuerdo de refinanciación a través de un plan de reestructuración.

Dicho procedimiento se tramita ante el Tribunal Instancia, Sección de lo Mercantil plaza nº ... de ......, bajo los Autos del procedimiento de Comunicación nº .... En dicho procedimiento se ha dictado el Decreto nº ...., el cual adjuntamos como Documento nº 1.

Si analizamos lo estipulado en el Decreto nº ...., podemos observar que en el mismo se establece el carácter necesario del activo de .... S.L. para la continuidad de la actividad empresarial, estipulando en el mismo que el presente procedimiento de Ejecución de Títulos Judiciales nº .... seguido ante el Tribunal de Instancia, sección civil, plaza nº ...... de ...... afecta a activos necesarios para la continuidad empresarial; es decir, son bienes afectos a su actividad profesional y necesarios para la viabilidad económica.

Por tanto, al resultar los bienes embargados en el presente procedimiento necesarios para la continuidad de la actividad empresarial estando los mismos afectos a su actividad, por medio del presente escrito solicitamos la PARALIZACIÓN DE LA EJECUCIÓN con devolución de las cuantías económicas embargadas, así como el ALZAMIENTO DE EMBARGO sobre los bienes de ...., S.L.

SEGUNDO.– De la paralización de la ejecución sobre bienes afectos a la actividad de la concursada

Debemos tener presente lo establecido en los artículos 600, 601 y 602 del TRLC, según los cuales se paralizarán las ejecuciones que hubiere en marcha siempre que los mismos fuesen necesarios para el desarrollo de la actividad habitual. Dichos artículos rezan:

"Artículo 600. Prohibición legal de iniciación de ejecuciones.

Hasta que transcurran tres meses a contar desde la presentación de la comunicación, los acreedores no podrán iniciar ejecuciones judiciales o extrajudiciales sobre bienes o derechos necesarios para la continuidad de la actividad empresarial o profesional del deudor.

Artículo 601. Suspensión legal de las ejecuciones en tramitación.

Desde que reciban la resolución del tribunal teniendo por efectuada la comunicación de inicio de negociaciones con los acreedores, las autoridades que estuvieren conociendo de las ejecuciones judiciales o extrajudiciales sobre los bienes o derechos necesarios para la continuidad de la actividad empresarial o profesional las suspenderán automáticamente hasta que transcurran tres meses a contar desde la comunicación efectuada por el deudor al tribunal competente, salvo que el deudor acredite haber solicitado la prórroga.

Artículo 602. Prohibición general o individual de iniciación o suspensión de ejecuciones por decisión judicial.

1. A solicitud del deudor, presentada en cualquier momento, el tribunal podrá extender la prohibición de iniciación de ejecuciones, judiciales o extrajudiciales, o la suspensión de las ya iniciadas sobre todos o algunos de los demás bienes o derechos distintos de aquellos a los que se refiere el artículo anterior, contra uno o varios acreedores individuales o contra una o varias clases de acreedores, cuando resulte necesario para asegurar el buen fin de las negociaciones. La eficacia de esta medida se extenderá durante el plazo establecido en esta sección.

2. Cuando se haya designado experto en la reestructuración, la solicitud deberá ir acompañada de informe favorable del experto. La suspensión general o individual deberá adoptarse con su opinión favorable.

3. La resolución se adoptará mediante auto, separada de la resolución teniendo por efectuada la comunicación y, si es favorable a la solicitud, se publicará en el Registro público concursal. Contra esta resolución solo cabe interponer recurso de reposición."

Según se desprende de los anteriores preceptos, las ejecuciones de bienes afectos a la actividad profesional del deudor deben de paralizarse, independientemente del momento procesal en el que se encuentren.

Debemos indicar que la ejecución pretendida en los Autos de Ejecución de Títulos Judiciales nº .... se ha realizado, entre otros, en forma de embargo sobre las cuentas corrientes de mi representado, así como el embargo de los derechos de cobro y los activos de la mercantil deudora; es decir, sobre los activos necesarios para atender el día a día de la actividad.

Ha quedado patente por parte de la jurisprudencia más reciente que el saldo existente en las cuentas corrientes del deudor y demás emolumentos percibidos por el deudor destinado al tráfico comercial habitual, es un bien necesario e imprescindible para el día a día del deudor, ya que sin este serán difícilmente atendidas las obligaciones propias del mismo.

De este modo, la previsión del artículo 585 y ss. del Texto Refundido de la Ley Concursal bajo las rúbricas de *"De la Comunicación"* y *"De los efectos de la comunicación"* puso de manifiesto los principios de unidad de sistema y de procedimiento que consagra la Ley Concursal que han hecho inviable la ejecución separada ante los órganos de la jurisdicción civil o social cuando ello puede poner en peligro la continuidad de la actividad empresarial.

El espíritu de la norma contenida en el artículo 585 TRLC es que el deudor, en el presente caso ...., S.L., pueda tener posibilidades efectivas y reales de reconducir su situación financiera mediante una refinanciación y un plan de reestructuración, por lo que es necesario que pueda contar con un periodo general de espera de las ejecuciones, pudiendo así mantener una actividad productiva en funcionamiento.

En ese sentido, la ejecución de una sentencia dictada por un órgano del orden civil o social que contenga obligaciones económicas para un deudor en situación de pre-concurso y el no levantamiento de los embargos, no solo afectaría a la propia actividad que desarrolle el deudor, sino que también podría poner en peligro la finalidad principal del posible futuro concurso como es la satisfacción de los acreedores.

En este sentido, cabría traer a colación el Auto de 17 Mar. 2014, Rec. 386/2014 Juzgado de lo Mercantil nº 1 de Granada que acuerda tener por hecha la comunicación prevista en el artículo 585 del Texto Refundido de la Ley Concursal, dispone:

"En el presente caso se señala no solo la ejecución sino también que se ha acordado el embargo de bienes y saldo de cuentas y depósitos en entidades financieras y tesorería que también se señalan necesarios para la continuidad de la actividad. Es evidente que el citado embargo conlleva, de ser así y sin que se haya acreditado, una paralización de la actividad y en su propia naturaleza la necesidad de dichos bienes.

La norma nos habla de suspensión de las ejecuciones singulares (o imposibilidad de iniciar ejecución). El efecto será un acuerdo o refinanciación o el concurso, en caso de ser infructuoso. La operatividad de la medida sería escasa si no atendemos a que la suspensión conlleva igualmente la cancelación de embargos que pudieran pesar, a partir de la ejecución, sobre dichos bienes y derechos, embargos, anotaciones, etc. Pues de otra forma resultaría que la medida no es operativa.

(...) si se trata de otros bienes o derechos afectados la medida debería ser el levantamiento de dichos embargos puesto que de otra forma dificultaría o imposibilitaría el

acuerdo o la misma continuidad de la actividad profesional o empresarial del deudor que es lo que se quiere mantener (analogía con el art. 55 LC)".

Es evidente, y además de la jurisprudencia lo ha expresado la doctrina, que el artículo 585 TRLC, antiguo 5 bis de la Ley Concursal, denota una estipulación análoga al artículo 142 y 143 del mismo cuerpo legal.

Estos artículos establecen que se podrá acordar el levantamiento y cancelación de los embargos trabados cuando el mantenimiento de los mismos dificulte gravemente la continuidad de la actividad profesional o empresarial del deudor. De este modo, si los bienes son necesarios, como ocurre en el presente supuesto, las actuaciones quedarán en suspenso, siendo posible que se levanten y cancelen los embargos trabados por deudas cuando su mantenimiento dificulte gravemente la continuidad de la actividad empresarial de la mercantil.

La misma jurisdicción social pone en relación ambos preceptos del Texto Refundido de la Ley Concursal. Así, la Sentencia nº 924/2015 de 15 Diciembre de 2015, Rec. 435/2015 del Tribunal Superior de Justicia de Madrid, Sala de lo Social, Sección 3º, establece:

"el artículo 5 bis, que en su apartado 4 recoge expresamente que desde la presentación de la comunicación por el deudor que ha iniciado negociaciones para alcanzar un acuerdo de refinanciación de los previstos en el artículo 71 bis.1 y en la Disposición adicional cuarta o para obtener adhesiones a una propuesta anticipada de convenio en los términos previstos en esta Ley no podrán iniciarse o, en su caso, quedarán suspendidas las ejecuciones singulares promovidas con una serie de excepciones o limitaciones entre las que no se encontraría la presente y no sería obstáculo a lo anterior lo dispuesto en el artículo 55.1 de ese texto legal que invoca el recurrente y que dispone que "Declarado el concurso, no podrán iniciarse ejecuciones singulares, judiciales o extrajudiciales, ni seguirse apremios administrativos o tributarios contra el patrimonio del deudor.

Hasta la aprobación del plan de liquidación, podrán continuarse aquellos procedimientos administrativos de ejecución en los que se hubiera dictado diligencia de embargo y las ejecuciones laborales en las que se hubieran embargado bienes del concursado, todo ello con anterioridad a la fecha de declaración del concurso, siempre que los bienes objeto de embargo no resulten necesarios para la continuidad de la actividad profesional o empresarial del deudor."".

Por tanto, los bienes objeto de ejecución en el presente procedimiento ejecutorio son bienes afectos a la actividad de mi mandante, por ser bienes integrados en el tráfico diario del deudor y cuya posesión y utilidad es totalmente necesaria para el desarrollo de la actividad y la explotación económica de …………, S.L. Además, son bienes partícipes en la obtención del rendimiento generado en la actividad y que sin su mantenimiento causaría un grave perjuicio en la economía personal.

Por todo lo anterior, se debe paralizar la ejecución existente en los Autos del procedimiento de Ejecución de Títulos Judiciales nº ………, dada la afección de los bienes ejecutados a la actividad y funcionamiento del deudor.

TERCERO.– Debemos tener presente que el presente Tribunal por medio de Diligencia de Ordenación de fecha 4 de octubre de 2023 estableció:

"Visto el estado de las presentes actuaciones y existiendo cantidades ingresadas en la cuenta de Consignaciones, requiérase a la parte ejecutante a fin de que proceda a la liquidar interese y costas y aporta cuenta bancaria/IBAN."

Al respecto, una vez expuesto cuanto antecede, esta parte quiere manifestar que en base al Decreto nº .... las cantidades consignadas no pueden ser transferidas a la parte ejecutante al resultar dichas cantidades bienes necesarios y afectos a la actividad de ...., S.L.

En el supuesto de su transferencia, por un lado, se estaría vulnerando las disposiciones legales establecidas en el art. 585 y concordante del Texto Refundido de la Ley Concursal para el supuesto de haber efectuado la comunicación regulada en el meritado artículo. Por otro lado, se estaría causando un real y efectivo perjuicio a ...., S.L. pues dichas cantidades están aplicadas a la explotación económica de la concursada, siendo además necesarias para la estructuración y acuerdo con los acreedores de ...., S.L. del plan de reestructuración oportuno.

Además, en el supuesto de efectuarse la transferencia, se estaría vulnerando las propias estipulaciones establecidas en el Decreto nº ...., por lo que existiría una nulidad de actuaciones al resultar las mismas contradictorias con las estipulaciones y limitaciones establecidas en el propio Decreto nº .... y en el Texto Refundido de la Ley Concursal.

No obstante lo anterior, para el supuesto de que este Tribunal de Instancia entienda procedente la transferencia, debemos enfatizar en que el art. 52 TRLC, el cual establece:

"1. La jurisdicción del tribunal del concurso será exclusiva y excluyente en las siguientes materias:

> *1.ª Las acciones civiles con trascendencia patrimonial que se dirijan contra el concursado, con excepción de las que se ejerciten en los procesos civiles sobre adopción de medidas judiciales de apoyo a personas con discapacidad, filiación, matrimonio y menores.*
>
> *2.ª Las ejecuciones relativas a créditos concursales o contra la masa sobre los bienes y derechos del concursado integrados o que se integren en la masa activa, cualquiera que sea el tribunal o la autoridad administrativa que las hubiera ordenado, sin más excepciones que las previstas en la legislación concursal.*
>
> *3.ª La determinación del carácter necesario de un bien o derecho para la continuidad de la actividad profesional o empresarial del deudor. (...)"*

Junto con lo anterior, se debe tener en cuenta el art. 87 de la Ley Orgánica del Poder Judicial, la cual establece la competencia exclusiva y excluyente de las secciones de lo mercantil de los Tribunal de Instancia respecto a toda acción civil con trascendencia patrimonial que afecte a sociedades en situación de preconcurso o concurso de acreedores.

Por lo expuesto, nos encontramos ante una situación de falta de competencia de este Tribunal relativo a la consignación y transferencia de las cantidades consignadas, debido a que por la situación preconcursal en la que se encuentra inmersa la mercantil ...., S.L., el tribunal conocedor de este procedimiento debe ser el mismo que el conocedor del concurso, es decir, el Tribunal Instancia, sección de lo Mercantil, de ...., al ser su competencia en la materia que nos ocupa exclusiva y excluyente.

CUARTO.– En virtud de cuanto antecede, y en base al Decreto nº .... dictado por el Tribunal Instancia, sección de lo Mercantil, de ......, venimos a solicitar de este Tribunal que proceda a la paralización de la ejecución instada contra ...., S.L. en base a las consecuencias jurídicas derivadas del dictado del Decreto nº .... relativo a la solicitud regulada en el art. 585 del TRLC, en tanto no finalice el período legal establecido al efecto para alcanzar un plan de reestructuración con los acreedores societarios o bien para que solicite en dicho período el concurso de acreedore voluntario.

Del mismo modo, solicitamos el alzamiento de los embargos que pesan sobre los bienes del deudor; así como rogamos que suspenda cualquier tipo de actividad tendente al embargo de cantidades líquidas, derechos de cobro o cualquier otro activo que posee el ejecutado.

Por lo expuesto,

SUPLICO AL TRIBUNAL que, teniendo por presentado este escrito junto con sus documentos, se sirva a admitirlo y en su virtud, tenga por efectuadas las anteriores manifestaciones, para que tras los trámites legales oportunos, dicte resolución por la que proceda a:

1. Paralizar la ejecución instada de contrario contra ...., S.L., así como sus efectos.
2. El alzamiento de los embargos que pesan sobre los bienes del deudor.
3. La devolución de las cuantías económicas trabadas, al resultar bienes necesarios para la continuidad de la actividad profesional, consignadas estas en el tribunal al cual nos dirigimos.

OTROSÍ PRIMERO DIGO, Que atendiendo a lo dispuesto en el artículo 231 de la Ley de Enjuiciamiento Civil, esta parte manifiesta expresamente su voluntad de cumplir todos los requisitos exigidos en la misma, ofreciendo la subsanación de cualquier defecto en que hubiera podido incurrir tan pronto como sea requerida para ello por el Tribunal al que tenemos el honor de dirigirnos.

En su virtud,

SUPLICO AL TRIBUNAL, Que tenga por hecha la anterior manifestación y que actúe de conformidad con la misma.

Es Justicia que respetuosamente pido en ...., a ....

Firma Letrado: Firma Procuradora:

F053. ESCRITO DEL DEUDOR COMUNICANDO SUSPENSIÓN DE EJECUCIÓN EX ART. 601 TRLC (I)

AL TRIBUNAL INSTANCIA DE .... SECCIÓN CIVIL (PLAZA NÚM. ....)

..............., Procurador de los Tribunales (núm. .... de colegiado) y de la compañía .... S.A., con domicilio en ...., calle .... núm. .... y CIF ...., cuya representación acredito con la copia de poder, ante este Tribunal comparezco en la ejecución núm. ... que se sigue contra mi mandante por .... bajo la dirección letrada de Don ...., abogado del Ilustre Colegio de .... (núm. .... de colegiado), y como mejor proceda en Derecho DIGO:

PRIMERO. Que ante este Tribunal, se sigue procedimiento de ejecución de titulo no judicial núm. ...., instado en su día contra mi principal por .... Actualmente dicho procedimiento se halla ....

SEGUNDO. Que mi principal, mediante escrito de fecha ...., comunicó al Tribunal de instancia, sección de lo mercantil, de ...., que había iniciado negociaciones para alcanzar un plan de reestructuración. Todo ello a los efectos y con el alcance establecido en los arts. 585 ss. y concordantes TRLC.

En la referida comunicación, y dando cumplimiento a lo establecido en el art. 586.1.6º TRLC, esta parte señaló los bienes o derechos considera necesarios para la continuidad de su actividad empresarial, identificando en la referida comunicación las ejecuciones que se siguen contra dichos bienes y que se encuentran en tramitación. Entre dichas ejecuciones se halla la origen de las presentes actuaciones ejecutorias núm. Autos ....

TERCERO. Que mediante Decreto de fecha ...., por el Letrado de la Administración de Justicia del Tribunal de Instancia de ...., autos ......, se tuvo por presentada la referida comunicación de apertura de negociaciones presentada por esta parte.

En dicho decreto, y como requiere el art. 590.2 TRLC, se identificaron las ejecuciones que se siguen contra bienes o derechos que mi mandante considera necesarios para la continuidad de su actividad empresarial, entre las que se incluyen las presentes actuaciones ..., seguidas contra mi mandante este Tribunal. Testimonio del citado decreto se acompaña como DOCUMENTO UNO.

Igualmente, en el citado Decreto se ordenaba por el Letrado de la Administración de Justicia la remisión del decreto, el mismo día y por medios electrónicos a cada una de los Tribunales que esté conociendo de las ejecuciones a efectos de proceder a su suspensión. Ello de conformidad con lo establecido en el art. 590.2 TRLC.

CUARTO. Que señala el art. 601 TRLC que desde que reciban la resolución del tribunal teniendo por efectuada la comunicación de inicio de negociaciones con los acreedores, las autoridades que estuvieren conociendo de las ejecuciones judiciales o extrajudiciales sobre los bienes o derechos necesarios para la continuidad de la actividad empresarial o profesional las suspenderán automáticamente hasta que transcurran tres meses a contar desde la comunicación efectuada por el deudor al tribunal competente, salvo que el deudor acredite haber solicitado la prórroga a que se refiere el art. 607 TRLC.

QUINTO. Que, por lo tanto, procede que por este Tribunal se acuerde la suspensión de la ejecución origen de las presentes actuaciones con la mera remisión a estas actuaciones de la resolución del Letrado de la Administración de Justicia teniendo por presentada la comunicación de inicio de negociaciones anteriormente reseñada. Y ello mientras no concurra causa legal de reanudación de la referida ejecución.

Todo lo cual se comunica y pone de manifiesto a este Tribunal, y sin perjuicio de la referida remisión del referido decreto, por el letrado de la Administración de Justicia y por medios electrónicos a efectos de la referida suspensión, tal y como ordena el art. 590.2 TRLC.

En virtud de lo expuesto,

SUPLICO AL TRIBUNAL que tenga por presentado este escrito, junto a los documentos a él unidos y sus copias, se sirva admitirlo y previos los oportunos trámites legales, se sirva acordar la suspensión del presente del procedimiento de ejecución de título no judicial núm......... seguido por ...... contra mi principal, acordando cuanto demás proceda en derecho.

Es Justicia que pido en .... a ...... de .... de dos mil ......

F054. ESCRITO DEL DEUDOR COMUNICANDO LA SUSPENSIÓN DE EJECUCIÓN EX ART. 601 TRLC (II)

Procedimiento: ....

De: ....

Procurador/a Sr/a. ....

Contra: ....

Procurador/a Sr/a. ....

AL TRIBUNAL INSTANCIA DE .... SECCIÓN CIVIL (PLAZA NÚM. ....)

D. ...., Procurador de los Tribunales en nombre y representación de ...., tal y como tengo acreditado en los autos de .... que se siguen a instancias de .... frente a mi mandante, ante el Tribunal comparezco y, como mejor proceda en Derecho, DIGO:

Primero. Que a través del traslado entre Procuradores realizado por la contraria, esta parte ha venido en conocimiento de que se ha presentado demanda de ejecución de sentencia firme dimanante de los presentes autos de ....

Segundo. Que esta parte vino a comunicar al Tribunal de Instancia, sección de lo Mercantil, de ...., la apertura de negociaciones para intentar alcanzar un plan de reestructuración con sus acreedores, ello en base a los arts. 585, 586 y concordantes, todos ellos Texto Refundido de la Ley Concursal (en adelante TRLC).

La comunicación fue presentada en fecha ....

Tercero. Que por el Tribunal de Instancia, sección de lo mercantil (plaza núm. ......), de ....., se dictó Decreto de fecha .... teniéndola por efectuada, tal y como se acredita con el documento nº 1 que adjunto se acompañada, dejando señalados a efectos probatorios los archivos del referido Tribunal.

Cuarto. Que conforme dispone el art. 600 TRLC, hasta que transcurran tres meses a contar desde la presentación de la comunicación, los acreedores no podrán iniciar ejecuciones judiciales o extrajudiciales sobre bienes o derechos necesarios para la continuidad de la actividad empresarial o profesional del deudor, añadiendo el art. 601 del citado texto legal que desde que reciban la resolución del tribunal teniendo por efectuada la comunicación de inicio de negociaciones con los acreedores, las autoridades que estuvieren conociendo de las ejecuciones judiciales o extrajudiciales sobre los bienes o derechos necesarios para la continuidad de la actividad empresarial o profesional las suspenderán automáticamente hasta que transcurran tres meses a contar desde la comunicación efectuada por el deudor al tribunal competente, salvo que el deudor acredite haber solicitado la prórroga.

Que al tratarse de una ejecución dineraria, recae la misma sobre recaer la ejecución sobre bienes o derechos necesarios para la continuidad de la actividad empresarial o profesional del deudor, ya que sin tales bienes es imposible continuar la actividad y/o alcanzar un acuerdo con la mayoría de los acreedores.

Quinto. Que la ejecutante no tiene la consideración de acreedor no afectado en virtud del art. 606 TRLC, por lo que debe quedar sujeta al régimen legal de prohibición de inicio de ejecución y/o, en su caso, suspensión legal de las ejecuciones en tramitación.

En virtud de lo expuesto,

AL TRIBUNAL SOLICITO: Que habiendo por presentado este escrito se sirva admitirlo, y acordar como se solicita disponiendo lo necesario, esto es, la prohibición de inicio de la ejecución interesada, y en otro caso su suspensión de darse trámite a la misma.

OTROSÍ DIGO PRIMERO: Que, al amparo del art. 231 LEC esta parte manifiesta su voluntad de corregir cualquier defecto de carácter procesal en que pudiera haber incurrido.

AL TRIBUNAL SOLICITO: Que tenga por efectuada la anterior manifestación y provea de conformidad.

Es de Justicia que pido en ...., a ...... de ...... de ......

F055. ESCRITO DEL DEUDOR COMUNICANDO SUSPENSIÓN DE EJECUCIÓN EX ART. 601 TRLC (III)

Ejecución de títulos judiciales ....

AL TRIBUNAL INSTANCIA DE .... SECCIÓN CIVIL (PLAZA NÚM. ....)

........., Procurador de los Tribunales, en nombre y representación de DON ...., (en adelante, "Don ....o "el deudor"), con N.I.F. ...., cuya representación se acredita por medio de la escritura de apoderamiento que se acompaña, actuando bajo la dirección letrado de DON .... (colegiado N.° ....), ante este Ilustre Tribunal comparezco, y, como mejor proceda en Derecho, DIGO:

Que habiéndose presentado por esta parte comunicación según lo previsto en el artículo 585 del texto Refundido de la Ley Concursal (TRLC), de conformidad con lo también previsto en los artículos 590.2 y 601 del TRLC, sin perjuicio de la comunicación que se efectúe por parte del Tribunal de Instancia, sección de lo Mercantil que por turno corresponda, solicitamos se proceda la suspensión de la presente ejecución.

Adjuntamos en acreditación de tal extremo la solicitud presentada como DOCUMENTO 1.

En su virtud,

SUPLICO AL TRIBUNAL, que tenga por presentado este escrito, con el documento que lo acompaña y en su mérito, tenga por comunicada la solicitud de apertura de negociaciones según lo previsto en el artículo 585, 590.2 y 601 del TRLC y suspenda la presente ejecución. Todo ello con cuanto más proceda en Derecho.

Es Justicia que solicito en ....a ....

F056. ESCRITO DEL ACREEDOR SOLICITANDO QUE SE LEVANTE LA SUSPENSIÓN DE EJECUCIÓN

AL TRIBUNAL INSTANCIA DE .... SECCIÓN CIVIL (PLAZA NÚM. ....)

.............., Procurador de los Tribunales (núm. .... de colegiado) y de la compañía .... S.A., con domicilio en ...., calle .... núm. .... y CIF ...., cuya representación acredito en las presentes actuaciones núm. autos ......, ante este Tribunal comparezco .... bajo la dirección letrada de Don ...., abogado del Ilustre Colegio de .... (núm. .... de colegiado), y como mejor proceda en Derecho DIGO:

PRIMERO. Que ante este Tribunal, se sigue ejecución de título no judicial núm. ...., instada en su día por mi mandante contra ....

SEGUNDO. Que la aquí demandada ...., mediante escrito de fecha ...., comunico al Tribunal de Instancia, sección de lo mercantil, de ......, que había iniciado negociaciones para alcanzar una plan de reestructuración. Todo ello a los efectos y con el alcance establecido en los arts. 585 ss. y concordantes TRLC.

TERCERO. Que mediante Decreto de fecha ...., por el Letrado de la Administración de Justicia del citado Tribunal de Instancia de ...., se tuvo por presentada la referida comunicación de apertura de negociaciones presentada por ....

En dicho decreto, y como requiere el art. 590.2 TRLC, se identificaron las ejecuciones que se siguen contra bienes o derechos que la deudora considera necesarios para la continuidad de su actividad empresarial, entre las que se incluyeron las presentes actuaciones ..., seguidas contra mi mandante ante este Tribunal.

Igualmente, en el citado Decreto se ordenaba por el Letrado de la Administración de Justicia la remisión del referido Decreto, el mismo día y por medios electrónicos, a cada una de los Tribunales que estuviese conociendo de las ejecuciones y a efectos de proceder a su suspensión. Ello de conformidad con lo establecido en el art. 590.2 TRLC.

Recibida la citada comunicación, y mediante auto de fecha ......, por este Tribunal se procedió a decretar la suspensión de las presentes actuaciones de ejecución de título no judicial núm. autos ...

CUARTO. Que no estando conforme esta parte con la consideración del bien sujeto por la presente ejecución como necesario para la continuidad de la actividad empresarial del deudor, y al amparo del art. 590.3.2° TRLC interpuso recurso de revisión frente a tal decreto. Ello ante el Tribunal de Instancia, sección de lo mercantil, de ...., que es el competente para conocer de la citada comunicación ....

El citado recurso, previo los oportunos trámites legales, fue estimado resolviéndose, de manera expresa y mediante auto de fecha ...., que dicho bien no es necesario para tal continuidad de la actividad empresarial de la aquí ejecutada, ... S.A.

Se acompaña el citado auto como DOCUMENTO UNO.

QUINTO. Que conforme al art. 604.1 TRLC las ejecuciones no iniciadas o suspendidas podrán iniciarse o reanudarse si el tribunal, como consecuencia de la estimación del recurso de revisión contra el decreto del letrado de la Administración de Justicia teniendo por efectuada la comunicación, resolviera que los bienes o derechos no son necesarios para la continuidad de la actividad empresarial o profesional del deudor, salvo que los efectos de la comunicación se hubiesen extendido a estos bienes de conformidad con lo previsto en TRLC, lo cual no ha sucedido.

SEXTO. Que, por lo tanto, procede que por este Tribunal se proceda a levantar la suspensión de la ejecución origen de las presentes actuaciones, reanudándose la misma al haberse resuelto por el Tribunal competente para conocer del concurso, que el bien objeto de esta ejecución no es necesario para la continuidad de la actividad empresarial del deudor.

En virtud de lo expuesto,

SUPLICO AL TRIBUNAL que tenga por presentado este escrito, junto a los documentos a él unidos y sus copias, se sirva admitirlo y previos los oportunos trámites legales, se dicte resolución por la que se sirva levantar la suspensión que pesa sobre el presente procedimiento de ejecución de título no judicial núm.......... seguido por mi mandante contra ......, continuando la sustanciación del mismo por todos sus trámites y acordando cuanto demás proceda en derecho.

Es Justicia que pido en .... a ...... de .... de dos mil ......

F057. ESCRITO DEL DEUDOR SOLICITANDO LA EXTENSIÓN DE LA PROHIBICIÓN DE INICIO DE EJECUCIONES A BIENES O DERECHOS NO NECESARIOS PARA LA CONTINUIDAD DE LA ACTIVIDAD EMPRESARIAL

AL TRIBUNAL DE INSTANCIA DE ... SECCIÓN DE
LO MERCANTIL (PLAZA NÚM. ....)

.............., Procurador de los Tribunales (núm. .... de colegiado) y de la compañía .... S.A., con domicilio en ...., calle .... núm. .... y CIF ...., cuya representación acredito en el expediente de constancia de comunicación núm. autos ...., ante este Tribunal comparezco en las citadas actuaciones bajo la dirección letrada de Don ...., abogado del Ilustre Colegio de .... (núm. .... de colegiado), y como mejor proceda en Derecho DIGO:

I. Que mi principal, mediante escrito de fecha ...., comunico a este Tribunal que había iniciado negociaciones para alcanzar un plan de reestructuración. Todo ello a los efectos y con el alcance establecido en los arts. 585 ss. y concordantes TRLC.

II. Que mediante Decreto de fecha ...., por el Letrado de la Administración de Justicia se dejó constancia de la comunicación presentada por esta parte, ordenándose la publicación en el Registro Público Concursal de la citada resolución.

En dicho decreto, y como requiere el art. 590.2 TRLC, se identificaron las ejecuciones que se siguen contra bienes o derechos que mi mandante considera necesarios para la continuidad de su actividad empresarial.

Igualmente, en el citado Decreto se ordenaba por el Letrado de la Administración de Justicia la remisión del decreto, el mismo día y por medios electrónicos a cada una de los Tribunales que esté conociendo de las ejecuciones a efectos de proceder a su suspensión. Ello de conformidad con lo establecido en el art. 590.2 TRLC.

III. Que al amparo de lo dispuesto en el art. 602.1 TRLC, interesa a esta parte se extienda la prohibición de la iniciación de ejecuciones, judiciales o extrajudiciales, a aquellos bienes o derechos que no son necesarios para la continuidad de la actividad empresarial de mi mandante.

ALTERNATIVA: Que al amparo de lo dispuesto en el art. 602.1 TRLC, y durante el plazo que se reseña en dicho precepto, interesa a esta parte se extienda la prohibición de la iniciación de ejecuciones, judiciales o extrajudiciales, a los bienes y derechos que a continuación se reseñan, pese a no ser necesarios para la continuidad de la actividad empresarial de mi mandante.

ALTERNATIVA: Que al amparo de lo dispuesto en el art. 602.1 TRLC, y durante el plazo que se reseña en dicho precepto, interesa a esta parte se extienda la prohibición de la iniciación de ejecuciones, judiciales o extrajudiciales, a aquellos bienes o derechos que no son necesarios para la continuidad de la actividad empresarial de mi mandante y contra el siguiente/s acreedores..............

ALTERNATIVA: Que al amparo de lo dispuesto en el art. 602.1 TRLC, y durante el plazo que se reseña en dicho precepto, interesa a esta parte se extienda la prohibición de la iniciación de ejecuciones, judiciales o extrajudiciales, a aquellos bienes o derechos que no son necesarios para la continuidad de la actividad empresarial de mi mandante y contra las siguiente/s clases de acreedor/es..............

IV. La referida extensión prohibitoria se solicita al entenderse necesaria para asegurar el buen fin de las negociaciones para alcanzar un plan de reestructuración, toda vez que ....

Acreditando lo anterior se acompaña como DOCUMENTOS ......

V. (EN SU CASO) Habiéndose designado experto en reestructuraciones por este Tribunal, se acompaña como DOCUMENTO ... informe favorable del citado experto.

En su virtud,

SUPLICO AL TRIBUNAL que tenga por presentado este escrito, junto a los documentos a él unidos y sus copias, se sirva admitirlo y previos los oportunos trámites legales, se sirva acordar la extensión de la prohibición de iniciación de ejecuciones anteriormente reseñada en el cuerpo de este escrito, acordándose cuanto demás proceda en derecho.

Es Justicia que pido en .... a ...... de .... de dos mil ......

F058. ESCRITO DEL DEUDOR SOLICITANDO LA EXTENSIÓN DE LA PROHIBICIÓN DE INICIO DE EJECUCIONES A BIENES O DERECHOS NO NECESARIOS PARA LA CONTINUIDAD DE LA ACTIVIDAD EMPRESARIAL. (II)

AL TRIBUNAL DE INSTANCIA DE ... SECCIÓN DE LO MERCANTIL (PLAZA NÚM. ....)

[******], Procurador/a de los Tribunales en nombre y representación de la mercantil "[******]", según tengo acreditado en los autos de referencia; ante el Tribunal comparezco y como mejor proceda en derecho, DIGO:

Que, por medio del presente escrito, en tiempo y forma, siguiendo instrucciones específicas de mi representada, conforme a lo previsto en el artículo 602 del Real Decreto Legislativo 1/20220, de 5 de mayo por el que se aprueba el texto refundido de la Ley Concursal (en adelante, TRLC), efectuamos solicitud de prohibición general o individual de iniciación o suspensión de ejecuciones; todo ello conforme a las siguientes:

ALEGACIONES

PRIMERO. Mediante Decreto [******] fue admitida a trámite la comunicación de apertura de negociaciones con los acreedores realizada por mi mandante, disponiendo ese Tribunal otorgar a la misma los efectos previstos en los artículos 594 y ss. del TRLC en la que se reconocía ....

SEGUNDO. Al amparo del artículo 602 TRLC, este deudor solicita la extensión de la prohibición de iniciación de ejecuciones, judiciales o extrajudiciales, o la suspensión de las ya iniciadas sobre todos los demás bienes o derechos distintos de aquellos necesarios para la continuidad de la actividad empresarial o profesional del deudor.

La adopción de dicha medida resulta de todo punto necesaria para asegurar el buen fin de las negociaciones en base a las siguientes razones:

– Asegurar la viabilidad de la empresa, y en particular el buen fin de las negociaciones, evitando tratos discriminatorios entre los créditos afectados, que puedan dejar vacío de contenido del plan de reestructuración propuesto a la extensión de sus efectos

[********]

Se acompaña como documento nº 1 Informe del experto en reestructuraciones designado favorable a esta solicitud.

Por lo expuesto,

SUPLICO AL TRIBUNAL, tenga por presentado este escrito, con los documentos que se acompañan, se digne admitirlo, dictando Auto por el que se acuerde solicitud de prohibición general o individual de iniciación o suspensión de ejecuciones, haciendo constar su adopción mediante publicación de edicto en el Registro Público Concursal.

Es justicia que respetuosamente pido y firmo en [******], a [******]

OTROSÍ DIGO que esta parte manifiesta su voluntad expresa de cumplir con todos y cada uno de los requisitos exigidos para la validez de los actos procesales y, si por cualquier circunstancia, esta representación hubiera incurrido en algún defecto, ofrece desde este momento su subsanación de forma inmediata y a su requerimiento, todo ello a los efectos prevenidos en el artículo 243.3 y 4 de la Ley Orgánica del Poder Judicial y artículo 231 de la Ley de Enjuiciamiento Civil.

SUPLICO AL TRIBUNAL que tenga por hecha la anterior manifestación a los efectos legalmente oportunos.

Es justicia que respetuosamente pido y firmo, en [******], a [******]

F059. ESCRITO DEL DEUDOR SOLICITANDO LA SUSPENSIÓN DE LA EJECUCIÓN DE GARANTÍAS DE SOCIEDADES DEL GRUPO

AL TRIBUNAL DE INSTANCIA DE ... SECCIÓN DE LO MERCANTIL (PLAZA NÚM. ....)

..............., Procurador de los Tribunales (núm. .... de colegiado) y de la compañía .... S.A., con domicilio en ...., calle .... núm. .... y CIF ...., cuya representación acredito en el expediente de constancia de comunicación núm. autos ...., ante este Tribunal comparezco en las citadas actuaciones bajo la dirección letrada de Don ...., abogado del Ilustre Colegio de .... (núm. .... de colegiado), y como mejor proceda en Derecho DIGO:

I. Que mi principal, mediante escrito de fecha ...., comunico a este Tribunal que había iniciado negociaciones para alcanzar un plan de reestructuración. Todo ello a los efectos y con el alcance establecido en los arts. 585 ss. y concordantes TRLC.

II. Que en fecha ...., por el Letrado de la Administración de Justicia se dictó Decreto dejando constancia de la comunicación presentada por esta parte, ordenándose la publicación en el Registro Público Concursal de la citada resolución.

III. Que mi mandante forma parte del grupo de sociedades conformado por la compañía ...... S.A, como dominante y las sociedades .... y mi mandante como dominadas. Ello a la vista que ....

Las referidas compañías por las razones expuestas constituyen grupo de sociedades de conformidad con lo dispuesto en el art. 42.1 C.Com y DA 1ª TRLC.

III. Que la referida sociedad ...... S.A prestó a favor del Banco ......, y en garantía del préstamo por importe de .... euros que le fue concedido en fecha ... a mi principal por la referida entidad de crédito, las siguientes garantías: ....

Dicha garantía es objeto de ejecución ante el Tribunal Instancia de ...., siendo el estado de tramitación de la referida ejecución el siguiente: ......

IV. Que la ejecución de las citadas garantías podría causar la insolvencia de mi mandante y el referido garante, la sociedad ...... S.A, por los siguientes motivos: ....

Acreditando lo anterior, se acompaña como DOCUMENTO ..., informe pericial emitido por ......, que concluye indicado que la ejecución de las garantías expuestas causaría la insolvencia de mi mandante y la sociedad ...... S.A.

En virtud de lo expuesto,

SUPLICO AL TRIBUNAL que tenga por presentado este escrito, junto a los documentos a él unidos y sus copias, se sirva admitirlo y previos los oportunos trámites legales, se sirva acordar la suspensión de la ejecución de las garantías reseñadas en el cuerpo de este escrito, en los términos y con el alcance del art. 596.3 TRLC, acordando cuando demás proceda en derecho.

Es Justicia que pido en .... a ...... de .... de dos mil ......

F060. RECURSO DE REPOSICIÓN CONTRA AUTO DEL TRIBUNAL IMPIDIENDO COMPENSACIÓN DE SALDOS Y LIMITACIÓN DE CIRCULANTE

AL TRIBUNAL DE INSTANCIA DE ...... SECCIÓN DE LO MERCANTIL (PLAZA NÚM. ....)

(...), Procurador de los Tribunales, en nombre y representación de (...); (...), Procurador de los Tribunales, en nombre y representación de (...); (...), Procuradora de los Tribunales, en nombre y representación de (...); (...), Procuradora de los Tribunales, en nombre y representación de (...); representación que consta debidamente acreditada en el procedimiento de referencia, ante el Tribunal comparecemos y como mejor proceda en Derecho,

DECIMOS

I.– Que con fecha (...) nos ha sido notificado Auto dictado por este Tribunal el día (...), en virtud del cual se requiere a nuestras mandantes, junto a otras entidades financieras acreedoras de las deudoras, a devolver determinadas cantidades y revertir determinadas actuaciones llevadas a cabo en el marco de la relación contractual que les vincula (...) (en adelante, las "(...)").

II.– Que no estando de acuerdo con lo dispuesto por el Auto mencionado en lo que respecta a las actuaciones que se pretenden imponer a nuestras mandantes en virtud del requerimiento efectuado, por entender que es lesivo para los legítimos intereses y derechos de nuestras representadas y no ajustado al principio general de vigencia de los contratos, en tanto que entiende esta parte que infringe lo dispuesto en los artículos 156 y 158 del Texto Refundido de la Ley Concursal ("TRLC"), así como los artículos 532 y ss. TRLC por una incorrecta aplicación del artículo 204 TRLC, dicho sea respetuosamente y en términos de estricta defensa, por medio del presente escrito, y dentro del plazo concedido al efecto, venimos a FORMALIZAR RECURSO DE REPOSICIÓN contra Auto dictado por este Tribunal el día (...), con base en los siguientes,

MOTIVOS

PRIMERO.– Infracción de lo dispuesto en los artículos 597 y 598 en relación con el artículo 153 TRLC sobre los efectos sobre los contratos con obligaciones recíprocas pendientes de cumplimiento por ambas partes.

El presente Recurso de Reposición se interpone en lo que respecta al requerimiento que se efectúa a nuestras mandantes (en adelante, conjuntamente, las "(...)") como consecuencia del auxilio judicial solicitado por (...) en su escrito de fecha (...), debido a que, como vamos a exponer a continuación, las actuaciones de las (...) que han sido impugnadas por las (...) y que justificamos en el presente escrito, son correctas y se encuentran plenamente amparadas por los contratos vigentes que las vinculan.

En las presentes actuaciones se han declarado como contratos necesarios para la continuación de la actividad, *ex* artículo 597 y siguientes del TRLC, los contratos de (...) que vinculan a (...) con nuestras representadas. Como consecuencia de ello, y en virtud del principio general de vigencia de los contratos recogido en el artículo 597 TRLC, los referidos contratos (...) se mantienen plenamente en vigor de acuerdo a sus propios términos y condiciones.

Por lo anterior, en el marco del procedimiento de negociación del plan de reestructuración de las (...) que se sigue bajo los presentes Autos, en el que nuestras representadas están siendo partícipes de buena fe, las (...) se han limitado seguir con su relación contractual con las (...) con normalidad y conforme a la práctica (...) habitual con cualquier cliente.

Es por ello que, con los referidos contratos (...) y plenamente en vigor, ante incumplimientos contractuales de las (...) que se han producido tras el inicio del presente procedimiento (es decir, incumplimientos producidos y mantenidos con carácter posterior al (...)), las (...) no han tenido más remedio que aplicar las disposiciones acordadas voluntariamente por las partes en los citados contratos como mecanismos destinados a minorar y/o remediar esas situaciones de incumplimiento.

La totalidad de las actuaciones de las (...) que han sido impugnadas por las Deudoras traen causa de incumplimientos o impagos previos de las propias sociedades (...), y resultan totalmente procedentes de acuerdo con lo acordado por las partes en los contratos que las vinculan. Por ello, si se tuvieran que revertir dichas actuaciones conforme al requerimiento efectuado por este Tribunal (objeto del presente recurso), se estaría facultando a las (...) a seguir incumplimiento unos contratos en vigor con obligaciones recíprocas pendientes de cumplimiento, sin que ello tuviera ninguna consecuencia para ellas y, por encima de todo, produciendo un perjuicio injustificado a las (...) que, ante la manifiesta situación de insolvencia inminente de las (...), es posible que no pueda ser remediado en el futuro.

Sobre la base de lo anteriormente expuesto, procedemos a exponer a continuación de forma razonada los motivos por los que las actuaciones de las (...) a las que se refieren las Deudoras en su Alegación Quinta de su escrito, son correctas y procedentes de conformidad con lo acordado contractualmente y, por tanto, ninguna de ellas supone una vulneración de los principios consagrados del derecho concursal (como alegan las Deudoras en su escrito):

A) Supuesta "compensación" de ingresos recibidos para cobrar posiciones (...).

Alegan las Deudoras que las (...) han procedido a la compensación de determinados ingresos y anticipos en las cuentas de las Deudoras con saldos acreedores, en incumplimiento de la prohibición de compensación establecida por el artículo 153 TRLC, solicitando asimismo la devolución de dichos importes compensados si bien, en nuestro criterio, entendemos que semejante pretensión no puede prosperar.

En primer lugar, la referencia al artículo 153 TRLC en la situación preconcursal en que se encuentran las Deudoras como consecuencia de la comunicación de inicio de negociaciones y sus efectos legales resulta absolutamente improcedente puesto que el citado precepto recoge uno de los efectos de la declaración del concurso sobre los créditos —basta comprobar la ubicación sistemática de dicha norma legal en el Libro Primero del TRLC_ que en modo alguno puede hacerse extensivo *sic et simpliciter* a la vigente situación preconcursal que, como es lógico, presenta su propia normativa especial en el Libro Segundo del TRLC, donde se regulan los concretos y específicos efectos de la comunicación de inicio de negociaciones en los arts. 594 y ss. TRLC y, en particular, respecto de los contratos en los citados arts. 597 y 598 TRLC.

En segundo lugar, debe señalarse que el artículo 153 TRLC establece en su apartado segundo una excepción para la compensación de aquellos créditos y deudas del concursado que procedan de la misma relación jurídica. La supuesta compensación de cantidades a la que hacen referencia las Deudoras no es más que la aplicación de los importes que se ingresan en cuenta a la regularización de importes adeudados en las mismas cuentas corrientes.

Estos movimientos se corresponden con el funcionamiento propio y estándar de cualquier cuenta bancaria, en el que se lleva a cabo de forma automática el neteo de los cargos con los ingresos recibidos en la misma cuenta prevenientes de los productos bancarios asociados a dicha cuenta.

En este sentido, encontrándose en vigor los contratos de los productos bancarios asociados a estas cuentas, no puede exigirse que los ingresos que tengan lugar en una determinada cuenta de las Deudoras no puedan netearse con los adeudos que consten en la misma, relacionados con el producto vinculado a la cuenta en cuestión, pues ello supondría desnaturalizar tanto el funcionamiento de una cuenta bancaria y el producto asociado a la misma; en definitiva de la propia relación jurídica entre las partes derivadas de los contratos bancarios en directa contravención de los artículos 597 y 598 TRLC.

Por consiguiente, la supuesta "compensación" llevada a cabo en las cuentas de las Deudoras (producidas de manera automática por los aplicativos de cada Entidad Financiera), consistente en destinar los ingresos recibidos en ellas a los impagos preexistentes asociados a dichas cuentas respectivamente, solo puede entenderse como una liquidación realizada en el marco de la misma relación jurídica y, en ningún caso como una vulneración de lo dispuesto en el artículo 153.1 TRLC.

Por otro lado, no se debe obviar que los contratos asociados a estas cuentas bancarias de las Deudoras se encuentran en vigor por haber sido declarados como contratos necesarios para la continuidad de la actividad de las Deudoras. En este escenario, entiende esta parte que ante los impagos o descubiertos que se han producido en todas las cuentas de (...) referidas en este apartado, tanto con carácter previo como con posterioridad al inicio de este procedimiento de inicio de negociaciones (es decir, después del (...)), las (...) se encuentran en cualquier caso habilitadas contractualmente a aplicar lo pactado libremente por las partes en los contratos que las vinculan y, en todos ellos, se incluye expresamente la facultad de compensación de cantidades. En otras palabras, la prohibición de compensación posterior a la declaración del concurso no afecta a la liquidación de una relación contractual en la que se hacen líquidos y se computan los créditos-deudas recíprocos del concursado y su contraparte derivados de esa relación, obteniéndose un resultado final, porque no existe realmente compensación sino liquidación del contrato, como había sostenido de forma reiterada la jurisprudencia (cfr. SSTS de 1 de diciembre de 2022, 21 de marzo de 2019, 20 de julio de 2017, 13 de marzo de 2017, 24 de julio de 2014 y 15 de abril de 2014).

Por lo anterior, limitar la facultad de liquidación de cantidades dentro de la misma relación jurídica, pactada respectivamente por las partes en cada uno de los contratos que les vincula, supondría dejar sin efecto injustificadamente la vigencia de determinadas cláusulas de los contratos en perjuicio de las (...), las cuales únicamente han aplicado los ingresos recibidos a regularizar impagos existentes y anotados en las cuentas para minorar y/o corregir situaciones de incumplimiento por parte de las Deudoras bajo los citados contratos.

Las actuaciones de las (...) que, según las Deudoras se corresponden con una indebida compensación de ingresos para cobrar posiciones Deudoras, y a las que se circunscribe el presente Recurso son las siguientes:

A efectos acreditativos, adjuntamos como ANEXO Nº (...) del presente escrito, los extractos de estas cuentas bancarias de las Deudoras, en los que se puede observar que los movimientos registrados en estas cuentas se corresponden con la operativa habitual de cualquier cuenta corriente bancaria y los productos financieros asociados a las mismas. Por ello, encontrándose plenamente en vigor los contratos asociados a los productos vinculados a estas cuentas bancarias, resulta evidente que la regularización de importes llevada a cabo por las (...) se ha producido en todo caso dentro de la misma relación jurídica conforme a lo permitido por el artículo 153.2 TRLC, incluso para el supuesto de que se hubiera declarado el concurso de acreedores, sin perjuicio de que —como hemos señalado— dicho precepto legal resulta inaplicable en la situación actual de las Deudoras.

B) Limitación de la facultad de disponer de determinadas Líneas de financiación de circulante

El único motivo por el que las Deudoras no están pudiendo hacer uso de la facultad de disposición bajo las líneas de circulante identificadas en su escrito de auxilio judicial (esto es, la (...) formalizadas con (...); la (...) formalizada con (...); la (...) formalizada con (...) y la (...) de (...)) es que todas y cada una ellas se encuentran impagadas a esta fecha.

Como es habitual en este tipo de productos (...), aunque el contrato se encuentre plenamente en vigor, ante una situación de incumplimiento por parte del deudor, se limita la posibilidad de seguir disponiendo del crédito hasta que la situación sea regularizada por el cliente, de nuevo, en estricta aplicación de las cláusulas contractuales vigentes y que, precisamente porque dichos contratos con obligaciones recíprocas pendientes de cumplimiento por ambas partes, deben seguir cumpliéndose por ambas partes de conformidad con su contenido contractual sin que puedan rescindirse, vencerse anticipada o modificarse de cualquier modo por el simple hecho de la comunicación de inicio de negociaciones por las Deudoras, la solicitud de suspensión general o singular de acciones y procedimientos ejecutivos o cualquier otra circunstancia análoga o directamente relacionada con las anteriores (art. 597 TRLC).

De conformidad con lo anterior, encontrándose estos contratos de (...) de (...) en vigor (sin que se haya declarado el vencimiento anticipado de los mismos por parte de las (...) aun teniendo en consideración los numerosos impagos y el tiempo transcurrido desde que acontecieron —en algunos supuestos, más de (...) días—), en el momento en que las Deudoras regularicen la situación de impago existente respectivamente en estos contratos, podrán seguir operando con normalidad de acuerdo con los términos y condiciones acordados por las partes en cada uno de los contratos, puesto que —como, con acierto, ha subrayado la mejor doctrina[1]— no se puede "*suspender el cumplimiento, resolver, acelerar y modificar de ninguna otra manera los contratos... durante el plazo de suspensión, siempre que el deudor cumpla sus obligaciones derivadas de aquellos contratos*"

Las actuaciones de las (...) que, según las Deudoras se corresponden con una indebida prohibición de disponer del límite disponible, y a las que se circunscribe el presente Recurso son las siguientes:

A efectos acreditativos de la situación de impago e incumplimiento en la que se encuentran las Deudoras bajo cada uno de los contratos que regulan estas líneas de financiación de circulante, adjuntamos como ANEXO Nº (...) del presente escrito, los extractos de los aplicativos de cada Entidad Financiera en los que consta el importe adeudado.

Es más, el supuesto de hecho amparado por el art. 598.2 TRLC en relación con los contratos necesarios no es sino "*la existencia de un contrato necesario para la continuidad de la actividad empresarial o profesional del deudor que ha sido incumplido con anterioridad a la comunicación*", de forma que dicho incumplimiento previo no puede ser utilizado como motivo para suspender o resolver el contrato por la contraparte del deudor, pero —como se subraya por la doctrina[2]— ello implica lógicamente la carga para el deudor de "*cumplir con sus obligaciones posteriores a la comunicación conforme a lo previsto en el contrato en vigor*", de forma que un incumplimiento posterior a la comunicación efectuada al Tribunal sí que habilitaría a la contraparte para aplicar con todo su rigor las consecuencias contractualmente pactadas ante dicho incumplimiento (suspensión, vencimiento anticipado, etc.).

En otras palabras. "la protección que brinda el precepto es que no cabe el ejercicio de facultades contractuales que tengan como presupuesto el incumplimiento previo a la comunicación, pero no en cambio cualquier incumplimiento posterior ya que eso equivaldría a dejar el contrato bilateral con prestación recíprocas pendientes para ambas partes, como vinculante y vigente sólo para una de ellas, lo que resulta a todas luces injustificado y no

---

1 PÉREZ-CRESPO PAYÁ, F., "Comentario al art. 597", en AA.VV., *Comentario a la Ley Concursal*, dir. por J. Pulgar, T. II, 3ª Ed., Madrid, 2023, p. 892, quien subraya como los arts. 7.4 y 7.6 de la Directiva 2019/1023 no dejan lugar a la duda.

2 PÉREZ-CRESPO PAYÁ, F., "Comentario al art. 598", en AA.VV., *Comentario a la Ley Concursal*, dir. por J. Pulgar, T. II, 3ª Ed., Madrid, 2023, p. 896.

amparado por el art. 598 TRLC, como se deduce también de la Directiva 2019/1023 objeto de transposición en estos preceptos, cuyo Considerando 41 establece con claridad que es preciso que el deudor "cumpla con sus obligaciones derivadas de aquellos contratos".

SEGUNDO.– Indebida tramitación de la solicitud de las Deudoras por el cauce del auxilio judicial ex artículo 204 TRLC, debiéndose haber tramitado en su caso por la vía del incidente concursal.

Sin perjuicio de que, conforme se ha argumentado razonadamente en el Motivo Primero, las actuaciones de las (...) impugnadas por las Deudoras se encuentran en todo caso ajustadas a derecho y respetan el principio general de vigencia de los contratos, entiende esta parte que se ha producido un error al tramitar procesalmente lo solicitado por las Deudoras por el cauce del auxilio judicial por aplicación analógica del artículo 204 TRLC y, a raíz de ello, sin dar previa audiencia a las Entidades Financieras afectadas.

En el artículo 204 TRLC se regula el auxilio judicial que, a fin de dar cumplimiento al deber de conservación de la masa activa, puede ser solicitado por parte de la Administración concursal, como órgano que garantiza imparcialidad e independencia en sus actuaciones (lo que resulta materialmente imposible cuando proviene de las Deudoras).

Teniendo en consideración el procedimiento en el que nos encontramos, entiende esta parte que, para una correcta aplicación analógica del artículo 204 TRLC, la solicitud de auxilio judicial debería proceder, en su caso, de un Experto en la Reestructuración (o, a lo sumo, de las Deudoras pero con el previo visto bueno del Experto en la Reestructuración) que pudiera garantizar, desde la independencia e imparcialidad, que lo solicitado por las Deudoras se ajusta a la realidad de lo ocurrido y resulta razonable.

En consecuencia, al encontrarnos en este caso con que la solicitud de auxilio proviene directamente de las Deudoras, que la misma se ha planteado sin acreditar debidamente la razonabilidad de lo solicitado y que ha sido íntegramente atendida por este Tribunal sin dar previo traslado a las (...) para manifestar lo que estimaran oportuno en defensa de sus intereses, entiende esta parte que se les ha dejado en una inevitable posición de indefensión procesal contraria a las exigencias más elementales del derecho a la tutela judicial efectiva (art. 24 de la Constitución Española).

Por todo lo anterior, teniendo en cuenta además que entre lo solicitado por las Deudoras se pone de manifiesto una controversia sobre la indebida aplicación del artículo 153 TRLC y, además, sobre la eventual concurrencia de los presupuestos de compensación previstos en dicho precepto, así como del alcance de los efectos previstos en los arts. 597 y 598 TRLC sobre los contratos tras la comunicación de inicio de negociaciones, entiende esta parte que el cauce adecuado para la tramitación de la solicitud de las deudoras era el del incidente concursal de conformidad con lo previsto en el propio artículo 153.3 TRLC y con las garantías procesales que para las partes se derivan del procedimiento establecido en el artículo 532 y siguientes del TRLC.

Por lo expuesto, SUPLICAMOS AL TRIBUNAL: Que tenga por presentado este escrito en tiempo y forma, y formalizado RECURSO DE REPOSICIÓN contra el Auto de fecha

(...), lo admita a trámite, y tras los trámites oportunos, se dicte resolución por la que, con estimación de los Motivos que se articula en este escrito proceda a

1°. Reponer el citado Auto, dejando sin efecto el requerimiento efectuado a las (...), resolviendo que no procede la devolución de importes a las deudoras, ni el cese de ninguna de las actuaciones llevadas a cabo por las (...) que han quedado debidamente justificadas a lo largo del presente escrito.

2°. Subsidiariamente, que estimando la indefensión causada a las (...), se reponga el citado Auto, dejándolo sin efecto, y habilitando el correspondiente trámite de alegaciones para que puedan alegar lo que a su derecho convengan respecto a la solicitud de auxilio judicial presentada por las Deudoras para, con posterioridad, dictar la resolución que considere más ajustada a Derecho.

Por ser Justicia que, respetuosamente, solicito en (...), a (...) de (...) de (...).

PRIMER OTROSÍ DIGO: Que esta parte cree haber cumplido con todos y cada uno de los requisitos exigidos por la Ley para la validez de los actos procesales como es su voluntad, si bien manifiesta desde este momento que si por cualquier circunstancia, de índole que fuere, esta representación hubiere incurrido en algún defecto, ofrece su subsanación inmediata a requerimiento de este Tribunal y a los efectos de lo dispuesto en el art. 231 de la LEC, por lo que,

SUPLICAMOS AL TRIBUNAL: Tenga por realizada la anterior manifestación a los efectos legales oportunos.

SEGUNDO OTROSÍ DIGO: Que, a los efectos de la admisión del presente recurso de reposición, junto con el mismo adjuntamos resguardo acreditativo del depósito correspondiente efectuado por esta parte en la Cuenta de Depósitos y Consignaciones de este Tribunal.

SUPLICAMOS AL TRIBUNAL: Que tenga por hecha la anterior manifestación a los efectos oportunos.

Es Justicia que respetuosamente reitero en el lugar y fecha indicados *ut supra*.

F061. ESCRITO DEL DEUDOR SOLICITANDO LA PRORROGA DE EFECTOS DE LA COMUNICACIÓN

AL TRIBUNAL DE INSTANCIA DE ... SECCIÓN DE
LO MERCANTIL (PLAZA NÚM. ....)

.............., Procurador de los Tribunales (núm. .... de colegiado) y de la compañía .... S.A., con domicilio en ...., calle .... núm. .... y CIF ...., cuya representación acredito en el expediente de constancia de comunicación núm. autos ...., ante este Tribunal comparezco en las citadas actuaciones bajo la dirección letrada de Don ...., abogado del Ilustre Colegio de .... (núm. .... de colegiado), y como mejor proceda en Derecho DIGO:

I. Que mi principal, mediante escrito de fecha ...., comunico a este Tribunal que había iniciado negociaciones para alcanzar un plan de reestructuración. Todo ello a los efectos y con el alcance establecido en los arts. 585 ss. y concordantes TRLC.

II. Que mediante Decreto de fecha ...., por el Letrado de la Administración de Justicia se dejó constancia de la comunicación presentada por esta parte, ordenándose la publicación en el Registro Público Concursal de la citada resolución.

III. Que al amparo de lo dispuesto en el art. 607.1 TRLC, esta parte solicita la concesión de prórroga de los efectos de esa comunicación por un periodo de hasta otros tres meses sucesivos.

A tal efecto se hace constar que la presente solicitud se verifica antes que finalice el periodo de tres meses a que se refiere el art. 607.1 TRLC.

IV. Dando cumplimiento a lo dispuesto en el art. 607.2 TRLC:

A. Se acompaña acta de conformidad a la petición firmada por acreedores que representan el porcentaje a que se refiere el art. 607.1 TRLC.

ALTERNATIVA: Se acompaña declaración responsable firmada por esta parte por la que manifieste que ha obtenido la conformidad de acreedores que representan el porcentaje reseñado en el art. 607.1 TRLC.

B. (En su caso). Se acompaña el informe del experto en reestructuraciones en su día designado en las presentes actuaciones, emitido en sentido favorable a la prórroga.

C. Se hace constar que el estado de las negociaciones y las cuestiones pendientes de acuerdo, es el siguiente: ......

D. Se hace constar la identidad de los acreedores que se han manifestado expresamente su oposición a la solicitud de prórroga o no se han pronunciado y que son: ....

ALTERNATIVA: Se hace constar que todos los acreedores afectos a la reestructuración se han manifestado expresamente a favor de la concesión de la prorroga.

En virtud de lo expuesto,

SUPLICO AL TRIBUNAL que tenga por presentado este escrito, junto a los documentos a él unidos y sus copias, se sirva admitirlo y previos los oportunos trámites legales, se sirva acordar la prórroga de efectos señalada en el cuerpo de este escrito, en los términos y con el alcance del art. 607 TRLC, acordando cuando demás proceda en derecho.

Es Justicia que pido en .... a ...... de .... de dos mil ......

F062. SOLICITUD POR EL DEUDOR DE PRORROGA DE LAS NEGOCIACIONES. CON EXPERTO INDEPENDIENTE Y DECLARACIÓN RESPONSABLE

AL TRIBUNAL DE INSTANCIA DE ... SECCIÓN DE
LO MERCANTIL (PLAZA NÚM. ....)

.............., Procurador de los Tribunales, obrando en nombre y representación de (DEUDOR) ante el Tribunal comparezco y como mejor proceda en derecho DIGO:

Que siguiendo expresas instrucciones de mi representada, y de conformidad con lo dispuesto en el art. 607 y siguientes del Texto Refundido de la Ley Concursal, formulo escrito de COMUNICACIÓN AL TRIBUNAL DE PRORROGA DEL PLAZO DE NEGOCIACIONES CON LOS ACREEDORES, y ello en base a las siguientes

ALEGACIONES

PRIMERA. Que el pasado ...... de .... de ......, y de conformidad con lo dispuesto en el artículo 585 del TRLC, esta parte presentó escrito de inicio de comunicación de negociaciones con sus acreedores ante el Tribunal al que me dirijo, con el objetivo de alcanzar un plan de reestructuración con el objetivo de superar la situación en la que se encuentra.

SEGUNDA. Que dentro del plazo de tres meses fijado, y dado que todavía no hemos alcanzado un acuerdo sobre el plan de reestructuraciones, queremos solicitar al amparo de lo previsto en el articulo 607 del TRLC, la prórroga por otros tres meses del plazo para la negociación entre deudor y acreedores.

TERCERA. Que de conformidad con lo dispuesto en el artículo 607 del TRLC, acompañamos la declaración responsable de esta parte en la que consta la conformidad de los acreedores que representan más del cincuenta (50) por ciento del pasivo que puede resultar afectado por el plan de reestructuración en la que se detalla el estado de las negociaciones, las cuestiones pendientes de acuerdo y la identidad de los acreedores que han manifestado expresamente su oposición a la solicitud de prórroga. Se acompaña la declaración responsable como documento nº 2

CUARTA. Dado que se ha nombrado experto en reestructuración, se acompaña su informe previsto en el artículo 607 del TRLC como documento nº 3.

Por lo expuesto,

SUPLICO AL TRIBUNAL, que teniendo por presentado este escrito, lo admita y, en su virtud, tenga por formulada comunicación de solicitud de prórroga del periodo de comunicación de negociaciones por periodo de tres meses del deudor ...... con sus acreedores, de conformidad con lo previsto en el art. 607 y siguientes del Texto Refundido de la Ley Concursal, y por desplegados los efectos que conlleva esta comunicación.

.... de ...... de 202...

F063. ESCRITO DE DEUDOR SOLICITANDO PRORROGA DE EFECTOS

Procedimiento: ......

Demandante: ......

Procurador: ....

AL TRIBUNAL DE INSTANCIA DE ... SECCIÓN DE LO MERCANTIL (PLAZA NÚM. ....)

DON ...., Procurador de los Tribunales, colegiado nº ...... del Ilustre Colegio de Procuradores de ...., y de la mercantil ...., con domicilio social en ...... (......), Calle ......, número ......, y provista de CIF nº ....; representación que tengo acreditada en el procedimiento ...., ante el Tribunal comparezco y, como mejor proceda en Derecho, DIGO:

PRIMERO. Que esta parte vino a comunicar al Tribunal al que me dirijo la apertura de negociaciones para intentar alcanzar un plan de reestructuración con sus acreedores, ello en base a los arts. 585, 586 y concordantes, todos ellos Texto Refundido de la Ley Concursal (en adelante TRLC).

La comunicación fue presentada en fecha .... y turnada a este Tribunal en fecha ....

SEGUNDO. Que turnada a este Tribunal la comunicación de inicio de negociaciones para alcanzar una reestructuración, se dictó Decreto de fecha .... teniéndola por efectuada, dando cuenta a este tribunal de la solicitud de nombramiento de Experto en la Reestructuración, dictándose Auto de .... por el que se acordó nombrar como experto en la reestructuración al Economista y Auditor de Cuentas D. ...., cuya aceptación consta en autos por escrito.

TERCERO. Que conforme dispone el art. 607 TRLC, antes de que finalice el periodo de tres meses a contar desde la comunicación de apertura de negociaciones con los acreedores, el deudor o los acreedores que representen más del cincuenta por ciento del pasivo que, en el momento de la solicitud de la prórroga, pueda resultar afectado por el plan de reestructuración, deducido el importe de los créditos que, en caso de concurso tendrían la consideración de subordinados, podrán solicitar del tribunal la concesión de prórroga de los efectos de esa comunicación por un periodo de hasta otros tres meses sucesivos a la ya concedida. La solicitud de prórroga deberá ir acompañada de informe favorable del experto en reestructuración, si hubiera sido nombrado.

Asimismo, se establece que la solicitud de prórroga presentada por el deudor deberá ir acompañada de acta de conformidad firmada por los acreedores que representen el porcentaje a que se refiere el apartado anterior, o de una declaración responsable firmada por el mismo por la que manifieste que ha obtenido la conformidad de los anteriores, y del informe del experto si hubiere sido nombrado, en la que se detallarán el estado de las negociaciones y las cuestiones pendientes de acuerdo, y se expresará la identidad de los acreedores que hayan manifestado expresamente oposición a la solicitud de prórroga o no se hubieran pronunciado.

Una vez presentada la solicitud de prórroga, los efectos iniciales de la comunicación continuarán en vigor hasta el que tribunal adopte una decisión.

CUARTO. Que en relación con el proceso de negociación en el marco de la elaboración y aprobación de un plan de reestructuración con los acreedores que asegure la continuidad de la compañía, comunicado por mi mandante en fecha ...., por medio del presente escrito vengo a solicitar la PRÓRROGA POR UN PLAZO DE TRES MESES DE LOS EFECTOS DE LA COMUNICACIÓN DE APERTURA DE NEGOCIACIONES CON LOS ACREEDORES PARA ALCANZAR UN PLAN DE REESTRUCTURACIÓN, al amparo de lo dispuesto en el artículo 607 del TRLC.

La decisión de presentar la presente solicitud de prórroga se ha adoptado tras recabar los oportunos asesoramientos externos y cumpliendo con los requisitos del artículo 607 antes mencionado, adjuntando a la misma como documento nº 1, declaración responsable firmada por el deudor dejando constancia que para la presente ha obtenido la conformidad de los acreedores que representan más del más del cincuenta por ciento del pasivo que, en el momento de la solicitud de la prórroga, pueda resultar afectado por el plan de reestructuración, deducido el importe de los créditos que, en caso de concurso tendrían la consideración de subordinados; y el informe favorable del experto nombrado (documento nº 2).

QUINTO. Al objeto de dejar constancia del estado de las negociaciones y las cuestiones pendientes de acuerdo, así como de la identidad de los acreedores que han manifestado expresamente oposición a la solicitud de prórroga o no se hubieran pronunciado, se manifiesta que se ha avanzado positivamente en las negociaciones con los siguientes acreedores: ....

No se han pronunciado respecto a la propuesta de plan de reestructuración los siguientes acreedores: ...., cuya adhesión implicaría alcanzar el ....% del pasivo que puede resultar afectado por el plan de reestructuración, deducido el importe de los créditos que, en caso de concurso tendrían la consideración de subordinados.

En consecuencia, la petición de esta prórroga persigue proteger los intereses de los acreedores y de la sociedad, habilitando un tiempo adicional para alcanzar los acuerdos necesarios con los acreedores que permita la viabilidad de la empresa y evitar el concurso de acreedores para lo cual resulta imprescindible continuar en la negociación que se ha establecido con las partes.

SEXTO. La prórroga ha sido instada por persona legitimada para solicitarla, la solicitud se ha formulado antes de finalizar el periodo de tres meses a contar desde la comunicación de apertura de las negociaciones del deudor con sus acreedores y se ha acompañado la documentación exigida por la ley.

En su virtud,

SUPLICO AL TRIBUNAL que, tenga por presentado este escrito, lo admita y previos los trámites correspondientes, estime la solicitud y conceda una prórroga de los efectos de la comunicación de apertura de negociaciones con los acreedores para alcanzar un plan de reestructuración del deudor .... por otros tres meses, sucesivos a los tres meses iniciales.

OTROSÍ DIGO, que esta parte manifiesta su voluntad de cumplir con los requisitos exigidos por la Ley, por lo que solicitamos a ese Tribunal que al amparo de lo contenido en el Art. 231 LEC subsane los posibles defectos procesales en los que se pudiese haber incurrido.

SUPLICO AL TRIBUNAL acuerde como se solicita, en su caso.

Es justicia que pido, en ...., a ... de ...... de ......

F064. ESCRITO DEL DEUDOR SOLICITANDO PRORROGA DE LOS EFECTOS

AL TRIBUNAL DE INSTANCIA DE ... SECCIÓN DE LO MERCANTIL (PLAZA NÚM. ....)

Dña. ...., Procuradora de los Tribunales, en nombre y representación de la mercantil ...., tal y como consta acreditado en los Autos arriba indicados, ante el Tribunal comparezco y, como mejor proceda en Derecho, DIGO:

I. Que en fecha .... de .... de .... mi mandante comunicó la apertura de negociaciones con los acreedores para alcanzar un plan de reestructuración, en virtud de lo dispuesto en el art. 585 y ss. del Real Decreto 1/2020, de 5 de mayo, por el que se aprueba el Texto Refundido de la Ley Concursal ("TRLC").

II. Que por medio de Decreto de .... de .... de .... se tuvo por efectuada la comunicación, declarándose competente el Tribunal internacional y territorialmente.

III. Que, estando próxima la expiración del plazo de tres meses previsto en el art. 607 del TRLC (.............. de .... de ....), y teniendo la conformidad de acreedores que representan la mayoría del pasivo, mi mandante tiene interés en SOLICITAR LA PRÓRROGA DE LOS EFECTOS DE LA COMUNICACIÓN POR UN PLAZO ADICIONAL DE TRES MESES, y ello en base a las siguientes

ALEGACIONES:

PRIMERA. ESTADO DE LAS NEGOCIACIONES CON LOS ACREEDORES.

A fecha actual .... sigue negociando con sus acreedores los términos en los que resultaría factible un plan de reestructuración con el fin de superar su situación de insolvencia inminente. Hasta el momento .... ha sustituido a su Dirección General y está implementando medidas de reestructuración operativa para optimizar la generación de tesorería que permita cumplir con el plan de reestructuración financiera que sigue en fase de negociación.

Atendido el relevante importe del pasivo de .... (.............. euros) el plazo inicial de tres meses ha resultado insuficiente, de modo que interesa solicitar la prórroga de tres meses adicionales prevista por el TRLC.

SEGUNDA. CONFORMIDAD DE LOS ACREEDORES.

El apartado 1 del art. 607 del TRLC establece que "antes de que finalice el periodo de tres meses a contar desde la comunicación de apertura de negociaciones con los acreedores, el deudor o los acreedores que representen más del cincuenta por ciento del pasivo que, en el momento de la solicitud de prórroga, pueda resultar afectado por el plan de reestructuración, deducido el importe de los créditos que, en caso de concurso tendrían la consideración de subordinados, podrán solicitar del tribunal la concesión de prórroga de los efectos de esa comunicación por un periodo de hasta otros tres meses sucesivos a la ya concedida".

Adicionalmente, dispone el apartado 2 del art. 607 del TRLC que "la solicitud de prórroga presentada por el deudor deberá ir acompañada de acta de conformidad firmada por los acreedores que representen el porcentaje a que se refiere el apartado anterior [...]".

Pues bien, en este sentido mi mandante ha obtenido la conformidad del acreedor que representa a la mayoría del pasivo, el ...., y cuyas deudas representan un porcentaje del ....% del pasivo que, en este momento, puede resultar afectado por el plan de reestructuración, deducido el importe de los créditos que, en caso de concurso, tendrían la consideración de subordinados.

A los efectos previstos en el señalado apartado 2 de art. 607 del TRLC se adjunta como Documento núm. 1 el acta firmada entre el .... y .... manifestando la conformidad con la solicitud de prórroga.

En su virtud,

SUPLICO AL TRIBUNAL que, teniendo por presentado este escrito junto con el documento acompañado y/o copias de todo ello, se sirva admitirlo, y, en su virtud, acuerde conceder la PRÓRROGA DE TRES MESES ADICIONALES Y SUCESIVOS a contar desde el .... de .... de .... de los efectos previstos en el art. 585 y ss. del TRLC, en virtud de lo dispuesto en el art. 607 del TRLC.

OTROSÍ DIGO que, de conformidad con los arts. 231 LEC y 243.3 LOPJ, es voluntad de esta parte de cumplir con lo previsto en la Ley y, por ello, hace expreso ofrecimiento de subsanar los posibles defectos en que se incurra según lo dispuesto en el art. 588.2 TRLC. Por lo que, nuevamente, SUPLICO AL TRIBUNAL que tenga por hecha la anterior manifestación a los efectos legales oportunos.

En ...., a .... de .... de ....

F065. SOLICITUD DE PRORROGA DE EFECTOS. ART. 607 TRLC

AL TRIBUNAL DE INSTANCIA DE ... SECCIÓN DE
LO MERCANTIL (PLAZA NÚM. ....)

[******], Procurador/a de los Tribunales y de la mercantil "[******]", según tengo acreditado en los autos de referencia; ante el Tribunal comparezco y como mejor proceda en derecho, DIGO:

Que, por medio del presente escrito, en tiempo y forma, siguiendo instrucciones específicas de mi representada, conforme a lo previsto en el artículo 607 del Real Decreto Legislativo 1/20220, de 5 de mayo por el que se aprueba el texto refundido de la Ley Concursal (en adelante, TRLC), efectuamos solicitud de concesión de prórroga de los efectos de esa comunicación de apertura de negociaciones por un periodo de tres meses sucesivos a la ya concedida, todo ello conforme a las siguientes

ALEGACIONES

PRIMERO. Mediante Decreto [******] dictado por ese Tribunal, se tuvo por efectuada la Comunicación de apertura de negociaciones presentada con efectos a la fecha de su presentación, en los siguientes términos: [******]

Asimismo por Auto de fecha [******], y de acuerdo con lo previsto en los artículos 586.1.8.° y 672 del TRLC, se procedió al nombramiento de un experto en reestructuración, quien ha expresado su conformidad con esta solicitud de prórroga.

Se acompaña como documento n° 1 el Informe del experto en la reestructuración sobre el estado de las negociaciones para alcanzar un plan de reestructuración

SEGUNDO. Durante el periodo concedido a tal efecto, se han ido realizando por parte del deudor negociaciones para alcanzar un plan de reestructuración que permitiera superar su situación de insolvencia, las cuales si bien encuentran muy avanzadas, no han podido ser concluidas, estando concretamente muy próximos a suscribir un plan de reestructuración con los créditos afectados.

En dicho Plan de reestructuración se contempla tanto la inyección de financiación nueva, como una reestructuración de la deuda mediante quitas y esperas e incluso la posibilidad de capitalizar todo o parte de los créditos concurriendo determinados requisitos.

TERCERO. En este sentido, el artículo 607 TRLC contempla la posibilidad de solicitar la prórroga de los efectos de la comunicación antes de que finalice el plazo inicial de tres (3) mese inicialmente concedido desde su inicial solicitud

"Artículo 607. Prórroga de los efectos de la comunicación.

1. Antes de que finalice el periodo de tres meses a contar desde la comunicación de apertura de negociaciones con los acreedores, el deudor o los acreedores que representen más del cincuenta por ciento del pasivo que, en el momento de la solicitud de la prórroga, pueda resultar afectado por el plan de reestructuración, deducido el importe de los créditos que, en caso de concurso tendrían la consideración de subordinados, podrán solicitar del tribunal la concesión de prórroga de los efectos de esa comunicación por un periodo de hasta otros tres meses sucesivos a la ya concedida. La solicitud de prórroga deberá ir acompañada de informe favorable del experto en reestructuración, si hubiera sido nombrado.

2. La solicitud de prórroga presentada por el deudor deberá ir acompañada de acta de conformidad firmada por los acreedores que representen el porcentaje a que se refiere el apartado anterior, o de una declaración responsable firmada por el mismo por la que manifieste que ha obtenido la conformidad de los anteriores, y del informe del experto si hubiere sido nombrado, en la que se detallarán el estado de las negociaciones y las cuestiones pendientes de acuerdo, y se expresará la identidad de los acreedores que hayan manifestado expresamente oposición a la solicitud de prórroga o no se hubieran pronunciado.

3. Una vez presentada la solicitud de prórroga, los efectos iniciales de la comunicación continuarán en vigor hasta que el tribunal adopte una decisión.

4. La resolución concediendo o denegando la prórroga solicitada se adoptará en forma de auto dentro de los cinco días siguientes a aquel en que se hubiera presentado. En el mismo día de la resolución, el letrado de la Administración de Justicia la remitirá por medios electrónicos al Registro público concursal, así como a cada uno de los Tribunales o autoridades administrativas que esté conociendo de las ejecuciones a fin de que mantengan la suspensión hasta que finalice el periodo de prórroga. La prórroga será objeto de inscripción en el Registro público concursal, incluso si la comunicación hubiese sido hecha inicialmente con carácter reservado.

5. La resolución denegatoria de la prórroga no será susceptible de recurso. La resolución que la conceda podrá ser impugnada mediante recurso de reposición."

CUARTO. La solicitud de prórroga cuenta con el respaldo de acreedores que representan más del cincuenta por ciento del pasivo que, en el momento de la solicitud de la prórroga, pueda resultar afectado por el plan de reestructuración, deducido el importe de los créditos que, en caso de concurso tendrían la consideración de subordinados (según se hace constar en declaración responsable firmada por el deudor).

Se acompaña como documento nº 2 Declaración Responsable del deudor [o, en su caso, acta de conformidad firmada por los acreedores que representen más del 50% del posible crédito afectado deducido el importe de los créditos que tendrían la consideración de subordinados en un concurso]

QUINTO. Documentación que se acompaña:

- Documento nº 1: Informe del Experto de Reestructuración sobre el estado de las negociaciones para alcanzar un plan de reestructuración

- Documento nº 2: Declaración Responsable del deudor [o, en su caso, acta de conformidad firmada por los acreedores que representen más del 50% del posible crédito afectado deducido el importe de los créditos que tendrían la consideración de subordinados en un concurso]

Por lo expuesto,

SUPLICO AL TRIBUNAL, tenga por presentado este escrito, con los documentos que se acompañan, lo admita y en su virtud, se dicte resolución por la que se acuerde conceder una prórroga de los efectos de la comunicación de apertura de negociaciones por un periodo de otros tres meses sucesivos a la ya concedida o subsidiariamente por el plazo que determine el Tribunal, con continuidad de los efectos iniciales de la comunicación, procediendo a tal efecto por medios electrónicos a comunicar dicha resolución al Registro público concursal para su inscripción, así como a cada uno de los Tribunales o autoridades administrativas que estén conociendo de las ejecuciones a fin de que mantengan la suspensión hasta que finalice el periodo de prórroga.

Es justicia que respetuosamente pido y firmo en [******], a [******]

OTROSÍ DIGO que esta parte manifiesta su voluntad expresa de cumplir con todos y cada uno de los requisitos exigidos para la validez de los actos procesales y, si por cualquier circunstancia, esta representación hubiera incurrido en algún defecto, ofrece desde este momento su subsanación de forma inmediata y a su requerimiento, todo ello a los efectos prevenidos en el artículo 243.3 y 4 de la Ley Orgánica del Poder Judicial y artículo 231 de la Ley de Enjuiciamiento Civil.

SUPLICO AL TRIBUNAL que tenga por hecha la anterior manifestación a los efectos legalmente oportunos.

Es justicia que respetuosamente pido y firmo, en [******], a [******]

F066. ESCRITO DE ACREEDORES SOLICITANDO LA PRORROGA DE EFECTOS DE LA COMUNICACIÓN

AL TRIBUNAL DE INSTANCIA DE ... SECCIÓN DE
LO MERCANTIL (PLAZA NÚM. ....)

.............., Procurador de los Tribunales (núm. .... de colegiado) y de .... cuya representación acredito en el expediente de constancia de comunicación núm. autos ...., ante este Tribunal comparezco en las citadas actuaciones bajo la dirección letrada de Don ...., abogado del Ilustre Colegio de .... (núm. .... de colegiado), y como mejor proceda en Derecho DIGO:

I. Que la compañía ...., mediante escrito de fecha ...., comunico a este Tribunal que había iniciado negociaciones para alcanzar un plan de reestructuración. Todo ello a los efectos y con el alcance establecido en los arts. 585 ss. y concordantes TRLC.

II. Que mediante Decreto de fecha ...., por el Letrado de la Administración de Justicia se dejó constancia de la comunicación presentada, ordenándose la publicación en el Registro Público Concursal de la citada resolución.

III. Que al amparo de lo dispuesto en el art. 607.1 TRLC, esta parte solicita la concesión de prórroga de los efectos de esa comunicación por un periodo de hasta otros tres meses sucesivos.

A tal efecto se hace constar:

A. La presente solicitud se verifica antes finalice el periodo de tres meses a que se refiere el art. 607.1 TRLC.

B. Que los acreedores peticionarios de la citada prorroga suponen el quorum reseñado en el art. 607.1 TRLC, tal y como consta en las presentes actuaciones (y/o se acredita con el DOCUMENTO ...).

C. (En su caso). Se acompaña el informe del experto en reestructuraciones en su día designado en las presentes actuaciones, emitido en sentido favorable a la prórroga.

En virtud de lo expuesto,

SUPLICO AL TRIBUNAL que tenga por presentado este escrito, junto a los documentos a él unidos y sus copias, se sirva admitirlo y previos los oportunos trámites legales, se sirva acordar la prorroga de efectos señalada en el cuerpo de este escrito, en los términos y con el alcance del art. 607 TRLC, acordando cuando demás proceda en derecho.

Es Justicia que pido en .... a ...... de .... de dos mil ......

F067. COMUNICACIÓN POR EL ACREEDOR DE PRORROGA DE LAS NEGOCIACIONES. SIN EXPERTO EN LA REESTRUCTURACIÓN

AL TRIBUNAL DE INSTANCIA DE ... SECCIÓN DE
LO MERCANTIL (PLAZA NÚM. ....)

..............., Procurador de los Tribunales, obrando en nombre y representación de (ACREEDORES QUE REPRESENTEN MAS DEL 50 POR CIENTO DEL PASIVO) ...., con CIF .... y domicilio en Calle ...., ..., representación que acredito mediante poder para pleitos, documento nº 1, y bajo la dirección letrada de D. ...., colegiado número .... del Ilustre Colegio de Abogados de ...., ante el Tribunal comparezco y como mejor proceda en derecho DIGO:

Que siguiendo expresas instrucciones de mi representada, y de conformidad con lo dispuesto en el art. 607 y siguientes del Texto Refundido de la Ley Concursal, formulo escrito de COMUNICACIÓN AL TRIBUNAL DE PRORROGA DEL PLAZO DE NEGOCIACIONES CON LOS ACREEDORES, y ello en base a las siguientes

ALEGACIONES

PRIMERA. Que el pasado ...... de .... de ......, y de conformidad con lo dispuesto en el articulo 585 del TRLC, el deudor .... presento escrito de inicio de comunicación de negociaciones con sus acreedores ante el Tribunal al que me dirijo, con el objetivo de alcanzar un plan de reestructuración con el objetivo de superar la situación en la que se encuentra.

SEGUNDA. Que dentro del plazo de tres meses fijado, y dado que todavía no hemos alcanzado un acuerdo sobre el plan de reestructuraciones, y representando a acreedores que representan mas del cincuenta (50) por ciento del pasivo que puede resultar afectado por el plan de reestructuración, queremos solicitar al amparo de lo previsto en el articulo 607 del TRLC, la prorroga por otros meses del plazo para la negociación entre deudor y acreedores.

TERCERA. Que de conformidad con lo dispuesto en el articulo 607 del TRLC, acompañamos el acta de conformidad de acreedores que representan mas del cincuenta (50) por ciento del pasivo que puede resultar afectado por el plan de reestructuración en la que se detalla el estado de las negociaciones, las cuestiones pendientes de acuerdo y la identidad de los acreedores que han manifestado expresamente su oposición a la solicitud de prorroga. Se acompaña el acta como documento nº 2

CUARTA. Dado que no se ha nombrado experto en reestructuración, no se acompaña su informe.

Por lo expuesto,

SUPLICO AL TRIBUNAL, que teniendo por presentado este escrito, lo admita y, en su virtud, tenga por formulada comunicación de solicitud de prórroga del periodo de comunicación de negociaciones por periodo de tres meses del deudor …… con sus acreedores, de conformidad con lo previsto en el art. 607 y siguientes del Texto Refundido de la Ley Concursal, y por desplegados los efectos que conlleva esta comunicación.

…………… de …… de 202…

F068. COMUNICACIÓN POR EL ACREEDOR DE PRORROGA DE LAS NEGOCIACIONES. CON EXPERTO EN LA REESTRUCTURACIÓN

AL TRIBUNAL DE INSTANCIA DE ... SECCIÓN DE
LO MERCANTIL (PLAZA NÚM. ....)

.............., Procurador de los Tribunales, obrando en nombre y representación de (ACREEDORES QUE REPRESENTEN MAS DEL 50 POR CIENTO DEL PASIVO) ...., con CIF .... y domicilio en Calle ...., ..., representación que acredito mediante poder para pleitos, documento nº 1, y bajo la dirección letrada de D. ...., colegiado número .... del Ilustre Colegio de Abogados de ...., ante el Tribunal comparezco y como mejor proceda en derecho DIGO:

Que siguiendo expresas instrucciones de mi representada, y de conformidad con lo dispuesto en el art. 607 y siguientes del Texto Refundido de la Ley Concursal, formulo escrito de COMUNICACIÓN AL TRIBUNAL DE PRORROGA DEL PLAZO DE NEGOCIACIONES CON LOS ACREEDORES, y ello en base a las siguientes

ALEGACIONES

PRIMERA. Que el pasado ...... de .... de ......, y de conformidad con lo dispuesto en el articulo 585 del TRLC, el deudor .... presento escrito de inicio de comunicación de negociaciones con sus acreedores ante el Tribunal al que me dirijo, con el objetivo de alcanzar un plan de reestructuración con el objetivo de superar la situación en la que se encuentra.

SEGUNDA. Que dentro del plazo de tres meses fijado, y dado que todavía no hemos alcanzado un acuerdo sobre el plan de reestructuraciones, y representando a acreedores que representan más del cincuenta (50) por ciento del pasivo que puede resultar afectado por el plan de reestructuración, queremos solicitar al amparo de lo previsto en el artículo 607 del TRLC, la prórroga por otros meses del plazo para la negociación entre deudor y acreedores.

TERCERA. Que de conformidad con lo dispuesto en el artículo 607 del TRLC, acompañamos el acta de conformidad de acreedores que representan más del cincuenta (50) por ciento del pasivo que puede resultar afectado por el plan de reestructuración en la que se detalla el estado de las negociaciones, las cuestiones pendientes de acuerdo y la identidad de los acreedores que han manifestado expresamente su oposición a la solicitud de prórroga. Se acompaña el acta como documento nº 2

CUARTA. Dado que se ha nombrado experto en reestructuración, se acompaña su informe previsto en el artículo 607 del TRLC como documento nº 3.

Por lo expuesto,

SUPLICO AL TRIBUNAL, que teniendo por presentado este escrito, lo admita y, en su virtud, tenga por formulada comunicación de solicitud de prórroga del periodo de comunicación de negociaciones por periodo de tres meses del deudor ...... con sus acreedores, de conformidad con lo previsto en el art. 607 y siguientes del Texto Refundido de la Ley Concursal, y por desplegados los efectos que conlleva esta comunicación.

.... de ...... de 202...

F069. DECLARACIÓN RESPONSABLE A QUE SE REFIERE EL ARTÍCULO 607 DEL TRLC PARA SOLICITAR LA PRÓRROGA DE EFECTOS

DON ...., con DNI número ...., como administrador solidario de la empresa ...., con domicilio social en ...., Calle ...., número ..., y provista de CIF ...., a los efectos de solicitar la prórroga contemplada en el art. 607 TRLC, DECLARA RESPONSABLEMENTE:

Que en fecha ...., la mercantil .... comunicó al Tribunal de Instancia de ...., sección de lo mercantil, la apertura de negociaciones para intentar alcanzar un Plan de Reestructuración con sus acreedores, ello en base a los arts. 585 y 586, ambos del Texto Refundido de la Ley Concursal (en adelante TRLC).

Que por el Tribunal se acordó nombrar experto en la reestructuración al Economista y Auditor de Cuentas D. ....

Que estando próximo a vencer el plazo de tres meses a contar desde la comunicación de apertura de negociaciones con los acreedores, y estando en marcha las negociaciones que se espera permitan alcanzar un Plan de Reestructuración con sus acreedores, se estima necesario habilitar un tiempo adicional para alcanzar los acuerdos necesarios con los acreedores que permita la viabilidad de la empresa y evitar el concurso de acreedores, para lo cual el art. 607 TRLC permite solicitar una prórroga de hasta tres meses.

Que conforme establece el citado art. 607 TRLC a la solicitud de prórroga se adjuntará la presente declaración responsable por la que como representante de la deudora se deja constancia de que tras las conversaciones mantenidas con los acreedores, los mismos y en porcentaje superior al 50% del pasivo que, en el momento de la solicitud de la prórroga, pueda resultar afectado por el plan de reestructuración, deducido el importe de los créditos que, en caso de concurso tendrían la consideración de subordinados, han trasladado a esta parte su conformidad.

Lo que se manifiesta a los efectos prevenidos en el art. 607 TRLC, dejando constancia, asimismo, de las siguientes cuestiones:

1. Estado de las negociaciones y las cuestiones pendientes de acuerdo: se ha avanzado positivamente en las negociaciones con los siguientes acreedores: ....

2. No se han pronunciado respecto a la propuesta de plan de reestructuración los siguientes acreedores: ...., cuya adhesión implicaría alcanzar el ....% del pasivo que puede resultar afectado por el plan de reestructuración, deducido el importe de los créditos que, en caso de concurso tendrían la consideración de subordinados.

3. No consta oposición expresa de ninguno.

En consecuencia, la petición de esta prórroga persigue proteger los intereses de los acreedores y de la sociedad, habilitando un tiempo adicional para alcanzar los acuerdos necesarios con los acreedores que permita la viabilidad de la empresa y evitar el concurso de acreedores para lo cual resulta imprescindible continuar en la negociación que se ha establecido con las partes.

En ......, a ... de ... de ......

F070. ACTA DE CONFORMIDAD DE LOS ACREEDORES A LA PRORROGA DE EFECTOS DE LA COMUNICACIÓN (I)

En la ciudad de ...., a las ... horas de hoy día ... de ...... de ..., se encuentran reunidos las siguientes personas y entidades: ....

Todos ellos ostentan la condición de acreedores de la entidad ...... S.L, figurando consignados en la relación de acreedores, que fue acompañada a la comunicación de inicio de negociaciones del art. 585 TRLC, que dicha compañía formalizó el día ... ante el Tribunal de Instancia de ......, sección de lo Mercantil, y que se tuvo por presentada mediante decreto de fecha ......, recaído en el expediente de comunicación preconcursal ......, decreto éste que fue publicado en el Registro Público Concursal el día ......

Que la deudora va a solicitar del referido Tribunal, la prórroga de los efectos propios la citada comunicación por un término de hasta otros tres meses sucesivos. Ello en los términos del escrito que se acompaña como ANEXO I de este escrito y que se da aquí por reproducido en aras a una mayor brevedad.

Que todos y cada uno de los aquí presentes mostramos nuestra CONFORMIDAD a la citada solicitud y a la concesión por este Tribunal de la prórroga de efectos reseñada en el párrafo precedente.

A los efectos oportunos se hace constar que los acreedores aquí presentes suponen más del CINCUENTA POR CIENTO del pasivo que, en el momento de la solicitud de la prórroga, puede ser afectado por el plan de reestructuración deducido, el importe de los créditos que, en caso de concurso tendrían la consideración de subordinados.

Y para que así conste, se expide la siguiente acta a los efectos de lo establecido en el art. 607.2 TRLC, que se aprueba y firma por todos los asistentes, en ...., hoy día ... de ...... de ....

F071. ACTA DE CONFORMIDAD DE LOS ACREEDORES A LA PRORROGA DE EFECTOS DE LA COMUNICACIÓN (II)

ACTA DE CONFORMIDAD ACREEDORES DE ...., S.L.

En ...., a ... de ...... de ......

PRIMERO. La mercantil ...., S.L., mediante escrito de fecha ...., comunicó al Tribunal Instancia de ...., sección de lo Mercantil, el inicio de negociaciones con sus acreedores para alcanzar un plan de reestructuración. Todo ello a los efectos y con el alcance establecido en los arts. 585 y ss. del Texto Refundido de la Ley Concursal.

En fecha ...., por el Letrado de la Administración de Justicia se dictó el Decreto nº ...... dejando constancia de la comunicación presentada por dicha sociedad, ordenándose la publicación en el Registro Público Concursal de la citada resolución.

SEGUNDO. Que, estando los acreedores de la mercantil en conversaciones con la sociedad para alcanzar un plan de reestructuración que satisfaga los intereses de todos los intervinientes, y de conformidad con lo estipulado en el art. 607 del Texto Refundido de la Ley Concursal, por medio del presente se suscribe ACTA DE CONFORMIDAD para solicitar la prórroga de los efectos de la comunicación del art. 585 y ss. TRLC por un período adicional de TRES MESES.

TERCERO. Que en prueba de la conformidad prestada, se firma el presente documento por aquellos acreedores que representan más del 50% del pasivo que pueden resultar afectados por el plan de reestructuración, de conformidad con el listado de acreedores aportado al momento inicial de la comunicación.

IDENTIDAD	FIRMA REPRESENTANTE LEGAL
BANCO ......, S.A.	
........., S.A.	
BANCO ...., S.A.	
............, S.A.	
............, S.A.	
........., S.A.	
........., S.L.	
....	
........., S.L.U.	
.... COOP V	
.... RENTING S.A	
...... SLU	

F072. ESCRITO DEL DEUDOR COMUNICANDO A ACREEDORES SU INTENCIÓN DE SOLICITAR PRORROGA DE EFECTOS DE LA COMUNICACIÓN PRECONCURSAL

Muy Sr. Nuestro.

Le dirigimos la presente en su condición de acreedor de nuestra entidad ......, habiéndosele reconocido tal condición mediante su inclusión en la relación de acreedores, que fue acompañada a la comunicación de inicio de negociaciones del art. 585 TRLC, y que esta compañía formalizó el día ... ante el Tribunal Instancia de ...., sección de lo Mercantil (plaza núm. ......), teniéndose por presentada mediante decreto de fecha ......, recaído en el expediente de comunicación preconcursal ......, decreto éste que fue publicado en el Registro Público Concursal el día ......

Actualmente estamos negociando con nuestros acreedores un plan de reestructuración que nos permita eludir la insolvente situación en que actualmente nos hallamos. Su compañía seria uno de los acreedores que resultaría afectado por el referido plan reestructuratorio.

Por medio del presente y a los efectos de lo dispuesto en el art. 607.2 TRLC, le informamos que vamos a solicitar del referido Tribunal de ......, la prórroga de los efectos propios de la citada comunicación, por un término de hasta otros tres meses sucesivos, por los motivos y con el alcance que se señalan a continuación ....

Quedamos a la espera de sus consideraciones sobre la solicitud prorrogatoria proyectada, en especial, si muestran su conformidad a la misma o si expresamente se oponen, así como cualquier otra consideración o pronunciamiento al respecto.

F073. AUTO DENEGANDO LA PRORROGA DE EFECTOS

En la ciudad de .... a ...... de .... de ....

ANTECEDENTES DE HECHO

I. Que en fecha ......, la sociedad .... y mediante escrito de fecha ...., comunico a este Tribunal que había iniciado negociaciones para alcanzar un plan de reestructuración. Todo ello a los efectos y con el alcance establecido en los arts. 585 ss. y concordantes TRLC.

II. Que mediante Decreto de fecha ...., por el Letrado de la Administración de Justicia se dejó constancia de la comunicación presentada, ordenándose la publicación en el Registro Público Concursal de la citada resolución.

III. Que al amparo de lo dispuesto en el art. 607 TRLC, y mediante escrito de fecha ... la sociedad deudora .... (o determinados acreedores) solicita/n la concesión de prórroga de los efectos de esa comunicación por un periodo de hasta otros tres meses sucesivos. Ello en los términos del referido escrito del que extracto los siguientes extremos:...............

IV. Que respecto a la citada petición se dio traslado a las partes personadas, con el resultado obrante en autos.

FUNDAMENTOS DE DERECHO

PRIMERO. Que este Tribunal es competente para conocer de la presente solicitud al ser éste el correspondiente al lugar donde se halla el centro de los intereses principales de .... S.L. (arts. 44, 45, 49, 593 y 607 TRLC).

SEGUNDO. Que conforme establece el art. 607.1 TRLC, y antes que finalice el periodo de tres meses a contar desde la comunicación de apertura de negociaciones con los acreedores, el deudor o los acreedores que representen más del cincuenta por ciento del pasivo que, en el momento de la solicitud de la prórroga, pueda resultar afectado por el plan de reestructuración, deducido el importe de los créditos que, en caso de concurso tendrían la consideración de subordinados, podrán solicitar del tribunal la concesión de prórroga de los efectos de esa comunicación por un periodo de hasta otros tres meses sucesivos a la ya concedida. La solicitud de prórroga deberá ir acompañada de informe favorable del experto en reestructuración, si hubiera sido nombrado.

Continua el art. 607.2 TRLC en el sentido que la solicitud de prórroga presentada por el deudor deberá ir acompañada de acta de conformidad firmada por los acreedores que representen el porcentaje a que se refiere el apartado anterior, o de una declaración responsable firmada por el mismo por la que manifieste que ha obtenido la conformidad de los anteriores, y del informe del experto si hubiere sido nombrado, en la que se detallarán el estado de las negociaciones y las cuestiones pendientes de acuerdo, y se expresará la identidad de los acreedores que hayan manifestado expresamente oposición a la solicitud de prórroga o no se hubieran pronunciado.

TERCERO. Que la solicitud prorrogatoria formulada por el deudor, lo es antes que finalice el periodo de tres meses a que se refiere el art. 607.1 TRLC, acompañándose a la misma, según requiere el referido art. 607. 2 TRLC, un acta de conformidad a la petición, según se indica, firmada por acreedores que representan el porcentaje a que se refiere el art. 607.1 TRLC (o la declaración responsable firmada por el propio deudor sobre la concurrencia del quorum acreedores reseñado en el art. 607.1 TRLC) y el informe del experto en reestructuraciones en su día designado en las presentes actuaciones, emitido en sentido favorable a la prórroga.

También se indica en la petición el estado de las negociaciones y las cuestiones pendientes de acuerdo en la reestructuración, y la identidad de los acreedores que se han manifestado expresamente su oposición a la solicitud de prórroga o no se han pronunciado.

Sin embargo, a la vista de todo ello entiendo que no procede la concesión de la referida prorroga pues, de lo obrante en las actuaciones, su petición no cuenta con el respaldo del quórum exigido por el art. 607.2 TRLC pues .... Además, y en cualquier caso, el inmaduro estado de las negociaciones, y las múltiples cuestiones pendientes de acuerdo en la reestructuración, aconsejan no prorrogar los efectos derivados de la comunicación en su día presentada por ...

ALTERNATIVA CASO DE ACREEDOR: Que la solicitud prorrogatoria formulada por los referidos acreedores, lo es antes que finalice el periodo de tres meses a que se refiere el art. 607.1 TRLC, acompañándose a la misma, el informe del experto en reestructuraciones en su día designado en las presentes actuaciones, aunque emitido en sentido negativo a la prórroga al entender que ....

Sin embargo, no procede la concesión de la referida prorroga pues, a la vista de lo obrante en las actuaciones, no contradicho por los instantes de la prórroga, su petición no cuenta con el respaldo del quórum exigido por el art. 607.1 TRLC. Ni tampoco, como dije antes, con la opinión favorable del referido experto en reestructuraciones.

Visto lo expuesto y demás normativa de aplicación

DISPONGO

Que desestimo la solicitud formulada por la procuradora de los Tribunales ...., en nombre y representación de ......, y por denegada la concesión de la prórroga peticionada de este Tribunal en las presentes actuaciones mediante escrito de ...

Notifíquese por el Letrado de la Administración de Justicia la resolución a ...., a través de su respectiva representación procesal.

Contra el presente auto no cabe recurso alguno.

Todo lo cual pronuncia, manda y firma el Ilmo. Sr. ..., Magistrado titular de la plaza núm.. ...., de la sección de lo mercantil del Tribunal de Instancia de .....

F074. AUTO ESTIMANDO LA PRORROGA DE EFECTOS

En la ciudad de .... a ...... de .... de ....

ANTECEDENTES DE HECHO

I. Que en fecha ......, la sociedad .... y mediante escrito de fecha ...., comunico a este Tribunal que había iniciado negociaciones para alcanzar un plan de reestructuración. Todo ello a los efectos y con el alcance establecido en los arts. 585 ss. y concordantes TRLC.

II. Que mediante Decreto de fecha ...., por el Letrado de la Administración de Justicia se dejó de la comunicación presentada, ordenándose la publicación en el Registro Público Concursal de la citada resolución.

III. Que al amparo de lo dispuesto en el art. 607.1 TRLC, y mediante escrito de fecha ... la sociedad deudora .... (o los acreedores ......) solicita/n la concesión de prórroga de los efectos de esa comunicación por un periodo de hasta otros tres meses sucesivos. Ello en los términos del referido del que extracto los siguientes extremos:.........

FUNDAMENTOS DE DERECHO

PRIMERO. Que este Tribunal es competente para conocer de la presente solicitud al ser éste el correspondiente al lugar donde se halla el centro de los intereses principales de .... S.L. (arts. 44, 45, 49, 585, 593 y 607 TRLC).

SEGUNDO. Que conforme establece el art. 607.1 TRLC y antes de que finalice el periodo de tres meses a contar desde la comunicación de apertura de negociaciones con los acreedores, el deudor o los acreedores que representen más del cincuenta por ciento del pasivo que, en el momento de la solicitud de la prórroga, pueda resultar afectado por el plan de reestructuración, deducido el importe de los créditos que, en caso de concurso tendrían la consideración de subordinados, podrán solicitar del tribunal la concesión de prórroga de los efectos de esa comunicación por un periodo de hasta otros tres meses sucesivos a la ya concedida. La solicitud de prórroga deberá ir acompañada de informe favorable del experto en reestructuración, si hubiera sido nombrado.

Continua el art. 607.2 TRLC en el sentido que La solicitud de prórroga presentada por el deudor deberá ir acompañada de acta de conformidad firmada por los acreedores que representen el porcentaje a que se refiere el apartado anterior, o de una declaración responsable firmada por el mismo por la que manifieste que ha obtenido la conformidad de los anteriores, y del informe del experto si hubiere sido nombrado, en la que se detallarán el estado de las negociaciones y las cuestiones pendientes de acuerdo, y se expresará la identidad de los acreedores que hayan manifestado expresamente oposición a la solicitud de prórroga o no se hubieran pronunciado.

Por otro lado, una vez presentada la solicitud de prórroga, los efectos iniciales de la comunicación continuarán en vigor hasta el que tribunal adopte una decisión (art. 607.3 TRLC).

Por otro lado, art. 607.4 TRLC, la resolución concediendo o denegando la prórroga solicitada se adoptará en forma de auto dentro de los cinco días siguientes a aquel en que se hubiera presentado. En el mismo día de la resolución, el letrado de la Administración de Justicia la remitirá por medios electrónicos al Registro público concursal, así como a cada una de los Tribunales o administrativas que esté conociendo de las ejecuciones a fin de que mantengan la suspensión hasta que finalice el periodo de prórroga. La prórroga será objeto de inscripción en el Registro público concursal, incluso si la comunicación hubiese sido hecha inicialmente con carácter reservado.

Finalmente, la resolución denegatoria de la prórroga no será susceptible de recurso. La resolución que la conceda podrá ser impugnada mediante recurso de reposición (art. 607.5 TRLC).

TERCERO. Que la solicitud prorrogatoria formulada por el deudor, lo ha sido antes que finalice el periodo de tres meses a que se refiere el art. 607.1 TRLC, y su duración no excede del ámbito trimestral a que se refiere dicho precepto, acompañándose a la misma, según requiere el referido art. 607. 2 TRLC, un acta de conformidad a la petición, según se indica, firmada por acreedores que representan el porcentaje a que se refiere el art. 607.1 TRLC (o la declaración responsable a que se refiere el art. 607.2 TRLC), y el informe del experto en reestructuraciones en su día designado en las presentes actuaciones, emitido en sentido favorable a la prórroga.

También se indica en la petición el estado de las negociaciones y las cuestiones pendientes de acuerdo en la reestructuración, y la identidad de los acreedores que se han manifestado expresamente su oposición a la solicitud de prórroga o no se han pronunciado.

Por todo ello, procede la concesión de la referida prorroga pues, a la vista de lo obrante en las actuaciones, su petición cuenta con el respaldo del quórum exigido por el art. 607.2 TRLC y acompaña el informe favorable a la prórroga emitido por el experto en reestructuraciones. Además, y en cualquier caso, el avanzado estado de las negociaciones y las cuestiones pendientes de acuerdo en la reestructuración aconsejan prorrogar los efectos derivados de la comunicación en su día presentada por ...

ALTERNATIVA: Que la solicitud prorrogatoria formulada por los referidos acreedores, lo ha sido antes que finalice el periodo de tres meses a que se refiere el art. 607.1 TRLC, y su duración no excede del ámbito trimestral a que se refiere dicho precepto, acompañándose a la misma, el informe del experto en reestructuraciones en su día designado en las presentes actuaciones, emitido en sentido favorable a la prorroga. Además, cuenta con el respaldo de acreedores que suponen el quórum requerido en el art. 607.1 TRLC. Por lo tanto, procede estimar la solicitud y conceder la prórroga peticionada.

Visto lo expuesto y demás normativa de aplicación

DISPONGO

Que estimo la solicitud formulada por la procuradora de los Tribunales ...., en nombre y representación de ......, y por concedida la prorroga peticionada de este Tribunal en las presentes actuaciones autos ...., mediante escrito de ..., por un término de hasta tres meses sucesivos a contar desde el ...., en los términos del art. 607 TRLC, en especial, lo dispuesto en su apartado tercero.

Notifíquese por el Letrado de la Administración de Justicia la resolución a ...., y demás partes personadas a través de su respectiva representación procesal.

Diríjase por el Sr. Letrado de la Administración de Justicia la presente resolución, en el día de hoy, y por medios electrónicos, al Registro público concursal, así como a cada uno de los Tribunales o autoridades administrativas que esté conociendo de las ejecuciones a fin de que mantengan la suspensión hasta que finalice el periodo de prórroga. Inscríbase la presente prorroga en el Registro público concursal, incluso si la comunicación hubiese sido hecha inicialmente con carácter reservado. Líbrense al efecto los oportunos edictos.

La presente resolución no es firme y contra la misma cabe recurso de reposición en el plazo de cinco días a contar desde su notificación en los términos y plazo del art. 607.5 TRLC.

De conformidad con lo establecido en la Disposición Adicional 15ª LOPJ (según la redacción dada por la LO 1/09), la interposición de recurso contra resoluciones judiciales no podrá ser admitida a trámite sin la acreditación del depósito previsto en la citada Ley a efectos de recurrir, debiendo presentarse copia o resguardo de tal depósito en la cuenta de consignaciones de este Tribunal.

Todo lo cual pronuncia, manda y firma el Ilmo. Sr. ..., Magistrado titular de la plaza núm.. ...., de la sección de lo mercantil del Tribunal de Instancia de .....

F075. ESCRITO DEL DEUDOR COMUNICANDO AL TRIBUNAL QUE CONOCE DE EJECUCIÓN QUE SE HA SOLICITADO PRORROGA DE EFECTOS Y SE MANTENGA LA PARALIZACIÓN DE LA EJECUCIÓN

AL TRIBUNAL DE INSTANCIA DE .... SECCIÓN CIVIL (PLAZA NÚM. ......)

Ejecución de Títulos Judiciales nº ....

Dº. ...., Procuradora de los Tribunales, en nombre y representación de ...., S.L., ante el Tribunal y en el procedimiento de Ejecución de Títulos Judiciales nº .... comparezco y como mejor proceda en derecho, DIGO:

Que mediante el presente escrito venimos a COMUNICAR la AMPLIACIÓN DEL PLAZO de los efectos del art. 585 TRLC del procedimiento de Comunicación nº .... tramitado ante el Tribunal de Instancia de ...., sección de lo Mercantil; de acuerdo a las estipulaciones del art. 607 TRLC. Todo ello en base a las siguientes

MANIFESTACIONES

PRIMERO.– Mi representada ...., S.L. inició el procedimiento regulado en el art. 585 del Texto Refundido de la Ley Concursal relativo a la apertura de negociaciones con los acreedores para obtener un plan de reestructuración. Este expediente se sigue ante el Tribunal de Instancia de ......, sección de lo mercantil, bajo los Autos del procedimiento de Comunicación nº .... En dicho procedimiento se dictó el Decreto nº .... teniendo por presentada esta comunicación, desplegándose los efectos propios de ello, incluida, la suspensión del inicio o continuación de ejecuciones.

SEGUNDO.– Que por medio de Decreto de fecha .... se dictaminó la prórroga de los efectos del art. 585 TRLC por un período adicional de tres meses sucesivos al período ya concedido. Se adjunta como Documento nº 1 el Decreto.

Dicha solicitud trae su razón de ser en la vigencia de las negociaciones y las cuestiones pendientes de determinar con los acreedores de ...., S.L. para alcanzar un plan de reestructuración.

TERCERO.– Debemos tener presente las disposiciones del art. 607.3 TRLC, el cual establece:

"3. Una vez presentada la solicitud de prórroga, los efectos iniciales de la comunicación continuarán en vigor hasta el que tribunal adopte una decisión"

Debemos resaltar que si bien a fecha actual no se ha dictado el oportuno Auto sobre la concesión de la ampliación del plazo, no existen motivos para entender que no se va a proceder con lo solicitado en aras al interés del procedimiento y de los acreedores.

Además, hasta la resolución sobre dicha ampliación de plazo, los efectos iniciales de la comunicación continuarán en vigor.

Por tanto, es procedente el mantenimiento de la PARALIZACIÓN DE LA EJECUCIÓN del procedimiento durante TRES MESES mas, hasta que exista resolución judicial del Tribunal de Instancia de ...., sección de lo Mercantil, así como el ALZAMIENTO DE EMBARGO sobre los bienes de ...., S.L.

Por lo expuesto,

SUPLICO AL TRIBUNAL que, teniendo por presentado este escrito junto con sus documentos, se sirva a admitirlo y en su virtud, tenga por efectuadas las anteriores manifestaciones, para que tras los trámites legales oportunos, decrete el mantenimiento de la paralización de la ejecución del procedimiento durante tres meses mas, así como el alzamiento de embargo sobre los bienes de ...., S.L.

Es Justicia que respetuosamente pido en ...., a ....

Firma Letrado: Firma Procuradora:

F076. ESCRITO DEL DEUDOR SOLICITANDO UNA SEGUNDA PRORROGA DE EFECTOS DE LA COMUNICACIÓN

AL TRIBUNAL DE INSTANCIA DE .... SECCIÓN MERCANTIL (PLAZA NÚM. ......)

..............., Procurador de los Tribunales (núm. .... de colegiado) y de la compañía .... S.A., con domicilio en ...., calle .... núm. .... y CIF ...., cuya representación acredito en el expediente de constancia de comunicación núm. autos ...., ante este Tribunal comparezco en las citadas actuaciones bajo la dirección letrada de Don ...., abogado del Ilustre Colegio de .... (núm. .... de colegiado), y como mejor proceda en Derecho DIGO:

PRIMERO.– Que mi principal, mediante escrito de fecha ...., comunico a este Tribunal que había iniciado negociaciones para alcanzar un plan de reestructuración. Todo ello a los efectos y con el alcance establecido en los arts. 585 ss. y concordantes TRLC.

SEGUNDO.– Que mediante Decreto de fecha ...., por el Letrado de la Administración de Justicia se dejó constancia de la comunicación presentada por esta parte, ordenándose la publicación en el Registro Público Concursal de la citada resolución.

TERCERO.– Que mediante escrito de fecha ...., y al amparo de lo dispuesto en el art. 607.1 TRLC por esta parte (o por ...., acreedores de mi mandante), se solicitó la concesión de una prórroga de los efectos de esa comunicación por un periodo de hasta otros tres meses sucesivos.

CUARTO.– Que dicha prorroga fue concedida mediante auto de fecha ...., que fue objeto de la pertinente publicación en el Registro Público Concursal.

QUINTO.– Que al amparo de lo establecido en el art. 607 TRLC, esta parte solicita la concesión de una nueva prórroga de los efectos de esa comunicación por un periodo de hasta otros tres meses sucesivos. A tal efecto se hace constar lo siguiente:

I.– Que la pretensión aquí formulada queda cobijada en el art. 607.1 TRLC, interpretado en conexión con lo dispuesto en materia de comunicación y prórroga de efectos en el art. 683 TRLC, respecto del régimen especial de los planes de reestructuración, y el art. 690.3° TRLC, en lo relativo a la comunicación en el procedimiento especial para microempresas. Y el art. 6 de la Directiva de la UE 2019/2023, de 20 de junio de 2019.

En efecto. El art. 607 TRLC guarda silencio sobre la posibilidad de solicitar una segunda prórroga de efectos de la comunicación preconcursal del art. 585 y ss. TRLC. Por el contrario, el primero de los citados preceptos (art. 683 TRLC), permite la prórroga efectual por una sola vez. Y el segundo (art. 690.3° TRLC), directamente, señala que los efectos de la comunicación no podrán prorrogarse. La interpretación a sensu contrario de lo dispuesto en estos dos últimos preceptos, en unión a que ese silencio del art. 607.1 TRLC debe ser interpretado como no obstativo de aplicar aquello que no prohíbe, así como el contenido del citado art. 6 Directiva 2019, señalando que la duración de todas las prórrogas no podrá exceder de doce meses, y las innegables bondades de una reestructuración llevada a buen término y la protección esencial del mantenimiento empresarial, permite la petición de esta parte en orden a que se conceda por este Tribunal una segunda prorroga, adicional a la inicialmente concedida, y por hasta otros tres meses sucesivos.

En este sentido, se manifiesta, entre otros, el Juzgado de lo Mercantil núm. 2 de Madrid, en su auto de fecha 1 de octubre de 2024. Y el Juzgado de lo Mercantil núm. 1 de Málaga, fechado el día 4 de noviembre de 2024.

II.– Que la presente solicitud se verifica antes que finalice el periodo de tres meses de la prórroga actualmente vigente.

III.– Dando cumplimiento a lo dispuesto en el art. 607.2 TRLC:

1. Se acompaña acta de conformidad a la presente petición nuevamente prorrogatoria, firmada por acreedores que representan el porcentaje a que se refiere el art. 607.1 TRLC.

ALTERNATIVA: Se acompaña declaración responsable firmada por esta parte por la que manifieste que ha obtenido la conformidad a la nueva prórroga de acreedores que representan el porcentaje reseñado en el art. 607.1 TRLC.

2. (En su caso). Se acompaña el informe del experto en reestructuraciones en su día designado en las presentes actuaciones, emitido en sentido favorable a esta segunda prórroga.

3. Se hace constar que el estado de las negociaciones y las cuestiones pendientes de acuerdo es el siguiente: ......

D. Se hace constar la identidad de los acreedores que han manifestado expresamente su oposición a la solicitud de esta nueva prórroga, o no se han pronunciado, y que son: ....

ALTERNATIVA: Se hace constar que todos los acreedores afectos a la reestructuración se han manifestado expresamente a favor de la concesión de esta prórroga adicional.

En virtud de lo expuesto,

SUPLICO AL TRIBUNAL que tenga por presentado este escrito, junto a los documentos a él unidos y sus copias, se sirva admitirlo y previos los oportunos trámites legales, se sirva acordar la nueva y segunda prórroga de efectos señalada en el cuerpo de este escrito, en los términos y con el alcance del art. 607 TRLC, acordando cuando demás proceda en derecho.

Es Justicia que suplico en ......, a ...., de ...., de ....

F077. ESCRITO DE ACREEDORES SOLICITANDO UNA SEGUNDA PRORROGA DE EFECTOS DE LA COMUNICACIÓN

AL TRIBUNAL DE INSTANCIA DE .... SECCIÓN MERCANTIL (PLAZA NÚM. ......)

..............., Procurador de los Tribunales (núm. .... de colegiado) y de .... cuya representación acredito en el expediente de constancia de comunicación núm. autos ...., ante este Tribunal comparezco en las citadas actuaciones bajo la dirección letrada de Don ...., abogado del Ilustre Colegio de .... (núm. .... de colegiado), y como mejor proceda en Derecho DIGO:

PRIMERO.– Que la compañía ...., mediante escrito de fecha ...., comunico a este Tribunal que había iniciado negociaciones para alcanzar un plan de reestructuración. Todo ello a los efectos y con el alcance establecido en los arts. 585 ss. y concordantes TRLC.

SEGUNDO.– Que mediante Decreto de fecha ...., por el Letrado de la Administración de Justicia se dejó constancia de la comunicación presentada por ...., ordenándose la publicación en el Registro Público Concursal de la citada resolución.

TERCERO.– Que al amparo de lo dispuesto en el art. 607.1 TRLC, esta parte (o el deudor) solicitó la concesión de una prórroga de los efectos de esa comunicación por un periodo de hasta tres meses sucesivos.

Dicha prorroga fue concedida mediante auto de fecha ... de .... de ...., que fue objeto de la pertinente publicación en el Registro Público Concursal.

CUARTO.– Que por medio del presente escrito, y al amparo de lo dispuesto en el citado art. 607.1 TRLC, esta parte solicita la concesión de una segunda prórroga de los efectos de esa comunicación por un periodo de hasta otros tres meses sucesivos. A tal efecto se hace constar:

I.– Que la pretensión aquí formulada queda cobijada en el art. 607.1 TRLC, interpretado en conexión con lo dispuesto en materia de comunicación y prórroga de efectos en el art. 683 TRLC, respecto del régimen especial de los planes de reestructuración, y el art. 690.3° TRLC, en lo relativo a la comunicación en el procedimiento especial para microempresas. Y el art. 6 de la Directiva de la UE 2019/2023, de 20 de junio de 2019.

En efecto. El art. 607 TRLC guarda silencio sobre la posibilidad de solicitar una segunda prórroga de efectos de la comunicación preconcursal del art. 585 y ss. TRLC. Por el contrario, el primero de los citados preceptos (art. 683 TRLC), permite la prórroga efectual por una sola vez. Y el segundo (art. 690.3° TRLC), directamente, señala que los efectos de la comunicación no podrán prorrogarse. La interpretación a sensu contrario de lo dispuesto en estos dos últimos preceptos, en unión a que ese silencio del art. 607.1 TRLC debe ser interpretado como no obstativo de aplicar aquello que no prohíbe, asi como el contenido del citado art. 6 Directiva 2019, señalando que la duración de todas las prórrogas no podrá exceder de doce meses, y las innegables bondades de una reestructuración llevada a buen término y la protección esencial del mantenimiento empresarial, permite la petición de esta parte en orden a que se conceda por este Tribunal una segunda prorroga, adicional a la inicialmente concedida, y por hasta otros tres meses sucesivos.

Así se manifiesta el Juzgado de lo Mercantil núm. 2 de Madrid, en su auto de fecha 1 de octubre de 2024. Y el Juzgado de lo Mercantil núm. 1 de Málaga, fechado el día 4 de noviembre de 2024.

II.– Que la presente solicitud se verifica antes que finalice el periodo de tres meses de la prórroga actualmente vigente.

III.– Que los acreedores peticionarios de la citada prorroga, están debidamente legitimados y suponen el quorum reseñado en el art. 607.1 TRLC, tal y como consta en las presentes actuaciones (y/o se acredita con el DOCUMENTO ...).

IV.– (En su caso). Se acompaña el informe del experto en reestructuraciones en su día designado en las presentes actuaciones, emitido en sentido favorable a la nueva prórroga.

En virtud de lo expuesto,

SUPLICO AL TRIBUNAL que tenga por presentado este escrito, junto a los documentos a él unidos y sus copias, se sirva admitirlo y previos los oportunos trámites legales, se sirva acordar la nueva y segunda prórroga de efectos señalada en el cuerpo de este escrito, en los términos y con el alcance del art. 607 TRLC, acordando cuando demás proceda en derecho.

Es Justicia que pido en .... a ...... de .... de dos mil ......

F078. DECLARACIÓN RESPONSABLE A QUE SE REFIERE EL ARTÍCULO 607 DEL TRLC PARA SOLICITAR LA SEGUNDA PRÓRROGA DE EFECTOS

DON ...., con DNI número ...., como administrador solidario de la empresa ...., con domicilio social en ...., Calle ...., número ..., y provista de CIF ...., a los efectos de solicitar la prórroga contemplada en el art. 607 TRLC, DECLARA RESPONSABLEMENTE:

Que en fecha ...., la mercantil .... comunicó al Tribunal de Instancia de ......, sección de lo Mercantil (plaza núm. ......), la apertura de negociaciones para intentar alcanzar un Plan de Reestructuración con sus acreedores, ello en base a los arts. 585 y ss, ambos del Texto Refundido de la Ley Concursal (en adelante TRLC).

Que por el Tribunal se acordó nombrar experto en la reestructuración al Economista y Auditor de Cuentas D. ....

Que antes del vencimiento del plazo trimestral de efectos de la citada comunicación., por .... se solicitó una prórroga efectual, de conformidad y en los términos del art. 607 TRLC, que fue concedida mediante auto de fecha ...... y se publicó en el Registro Público Concursal.

Que estando próximo a vencer esa prorroga inicialmente acordada, y estando en marcha las negociaciones que se espera permitan alcanzar un Plan de Reestructuración con sus acreedores, se estima necesario habilitar una nuevo tiempo adicional para alcanzar los acuerdos necesarios con los acreedores que permita la viabilidad de la empresa y evitar el concurso de acreedores, para lo cual el art. 607 TRLC permite solicitar una nueva y segunda prórroga de hasta tres meses sucesivos.

Que conforme establece el citado art. 607 TRLC a la solicitud de esta nueva prórroga se adjuntará la presente declaración responsable por la que como representante de la deudora se deja constancia de que tras las conversaciones mantenidas con los acreedores, los mismos y en porcentaje superior al 50% del pasivo que, en el momento de la solicitud de la prórroga, pueda resultar afectado por el plan de reestructuración, deducido el importe de los créditos que, en caso de concurso tendrían la consideración de subordinados, han trasladado a esta parte su conformidad.

Lo que se manifiesta a los efectos prevenidos en el art. 607 TRLC, dejando constancia, asimismo, de las siguientes cuestiones:

1.– Estado de las negociaciones y las cuestiones pendientes de acuerdo: se ha avanzado positivamente en las negociaciones con los siguientes acreedores: ....

2. No se han pronunciado respecto a la propuesta de plan de reestructuración los siguientes acreedores: ...., cuya adhesión implicaría alcanzar el% del pasivo que puede resultar afectado por el plan de reestructuración, deducido el importe de los créditos que, en caso de concurso tendrían la consideración de subordinados.

3. No consta oposición expresa de ninguno.

En consecuencia, la petición de esta nueva y segunda prórroga persigue proteger los intereses de los acreedores y de la sociedad, habilitando un tiempo adicional para alcanzar los acuerdos necesarios con los acreedores que permita la viabilidad de la empresa y evitar el concurso de acreedores para lo cual resulta imprescindible continuar en la negociación que se ha establecido con las partes.

En ......, a ... de ... de ......

F079. ACTA DE CONFORMIDAD DE LOS ACREEDORES A UNA SEGUNDA PRORROGA DE EFECTOS DE LA COMUNICACIÓN (I)

En la ciudad de ...., a las ... horas de hoy día ... de ...... de ..., se encuentras reunidos las siguientes personas y entidades: ....

Todos ellos ostentan la condición de acreedores de la entidad ...... S.L, figurando consignados en la relación de acreedores, que fue acompañada a la comunicación de inicio de negociaciones del art. 585 TRLC, que dicha compañía formalizó el día ... ante el Tribunal de Instancia de ....., sección de lo Mercantil, y que se tuvo por presentada mediante decreto de fecha ......, recaído en el expediente de comunicación preconcursal ......, decreto éste que fue publicado en el Registro Público Concursal el día ...... Los efectos de dicha comunicación fueron prorrogados por hasta tres meses sucesivos a instancia de .... mediante auto de fecha .... que fue publicado en el Registro Público Concursal.

Que la deudora va a solicitar del referido Tribunal, una nueva y segunda prórroga de los efectos propios la citada comunicación por un término adicional de hasta otros tres meses sucesivos. Ello en los términos del escrito que se acompaña como ANEXO I de este escrito y que se da aquí por reproducido en aras a una mayor brevedad.

Que todos y cada uno de los aquí presentes mostramos nuestra CONFORMIDAD a la citada solicitud y a la concesión por este Tribunal de la nueva prórroga de efectos reseñada en el párrafo precedente.

A los efectos oportunos se hace constar que los acreedores aquí presentes suponen más del CINCUENTA POR CIENTO del pasivo que, en el momento de la solicitud de la prórroga, puede ser afectado por el plan de reestructuración deducido, el importe de los créditos que, en caso de concurso tendrían la consideración de subordinados.

Y para que así conste, se expide la siguiente acta a los efectos de lo establecido en el art. 607.2 TRLC, que se aprueba y firma por todos los asistentes, en ...., hoy día ... de ...... de ....

F080. ACTA DE CONFORMIDAD DE LOS ACREEDORES A UNA SEGUNDA PRORROGA DE EFECTOS DE LA COMUNICACIÓN (II)

ACTA DE CONFORMIDAD ACREEDORES DE ...., S.L.

En ...., a ... de ...... de ......

PRIMERO. La mercantil ...., S.L., mediante escrito de fecha ...., comunicó al Tribunal de Instancia de ....., sección de lo Mercantil de .... el inicio de negociaciones con sus acreedores para alcanzar un plan de reestructuración. Todo ello a los efectos y con el alcance establecido en los arts. 585 y ss. del Texto Refundido de la Ley Concursal.

En fecha ...., por el Letrado de la Administración de Justicia se dictó el Decreto nº ...... dejando constancia de la comunicación presentada por dicha sociedad, ordenándose la publicación en el Registro Público Concursal de la citada resolución. Los efectos de dicha comunicación fueron prorrogados por hasta tres meses sucesivos a instancia de .... mediante auto de fecha ...., que fue publicado en el Registro Público Concursal.

SEGUNDO. Que, estando los acreedores de la mercantil en conversaciones con la sociedad para alcanzar un plan de reestructuración que satisfaga los intereses de todos los intervinientes, y de conformidad con lo estipulado en el art. 607 del Texto Refundido de la Ley Concursal, por medio del presente se suscribe ACTA DE CONFORMIDAD para solicitar una segunda prórroga de los efectos de la comunicación del art. 585 y ss. TRLC por un período adicional de TRES MESES.

TERCERO. Que en prueba de la conformidad prestada, se firma el presente documento por aquellos acreedores que representan más del 50% del pasivo que pueden resultar afectados por el plan de reestructuración, de conformidad con el listado de acreedores aportado al momento inicial de la comunicación.

IDENTIDAD	FIRMA REPRESENTANTE LEGAL
BANCO ......, S.A.	
........., S.A.	
BANCO ...., S.A.	
............, S.A.	
............, S.A.	
........., S.A.	
........., S.L.	
....	
........., S.L.U.	

.... COOP V	
.... RENTING S.A	
...... SLU	

F081. ESCRITO DEL DEUDOR COMUNICANDO A ACREEDORES SU INTENCIÓN DE SOLICITAR UNA SEGUNDA PRORROGA DE EFECTOS DE LA COMUNICACIÓN PRECONCURSAL

Muy Sr. Nuestro.

Le dirigimos la presente en su condición de acreedor de nuestra entidad ......, habiéndosele reconocido tal condición mediante su inclusión en la relación de acreedores, que fue acompañada a la comunicación de inicio de negociaciones del art. 585 TRLC, y que esta compañía formalizó el día ... ante el Tribunal de Instancia de ......, sección de lo Mercantil, teniéndose por presentada mediante decreto de fecha ......, recaído en el expediente de comunicación preconcursal ......, decreto éste que fue publicado en el Registro Público Concursal el día ...... Los efectos de dicha comunicación fueron prorrogados por hasta tres meses sucesivos a instancia de .... mediante auto de fecha ...., que fue publicado en el Registro Público Concursal.

Actualmente estamos negociando con nuestros acreedores un plan de reestructuración que nos permita eludir la insolvente situación en que actualmente nos hallamos. Su compañía seria uno de los acreedores que resultaría afectado por el referido plan reestructuratorio.

Por medio del presente y a los efectos de lo dispuesto en el art. 607.2 TRLC, le informamos que vamos a solicitar del referido Tribunal, la concesión de una nueva y segunda prórroga de los efectos propios de la citada comunicación, por un término de hasta otros tres meses sucesivos, por los motivos y con el alcance que se señalan a continuación ....

Quedamos a la espera de sus consideraciones sobre la solicitud prorrogatoria proyectada, en especial, si muestran su conformidad a la misma o si expresamente se oponen, así como cualquier otra consideración o pronunciamiento al respecto.

F082. AUTO DENEGANDO LA SEGUNDA PRORROGA DE EFECTOS

En la ciudad de .... a ...... de .... de ....

ANTECEDENTES DE HECHO

I.– Que en fecha ......, la sociedad .... y mediante escrito de fecha ...., comunico a este Tribunal que había iniciado negociaciones para alcanzar un plan de reestructuración. Todo ello a los efectos y con el alcance establecido en los arts. 585 ss. y concordantes TRLC.

II. Que mediante Decreto de fecha ...., por el Letrado de la Administración de Justicia se dejó constancia de la comunicación presentada, ordenándose la publicación en el Registro Público Concursal de la citada resolución.

III.– Que los efectos de dicha comunicación fueron prorrogados por hasta tres meses sucesivos a instancia de .... mediante auto de fecha ...., que fue objeto de publicación en el Registro Público Concursal.

IV. Que al amparo de lo dispuesto en el art. 607 TRLC, y mediante escrito de fecha ... la sociedad deudora .... (o determinados acreedores) solicita/n la concesión de una nueva y segunda prórroga de los efectos de esa comunicación por un periodo de hasta otros tres meses sucesivos. Ello en los términos del referido escrito del que extracto los siguientes extremos:..............

V. Que respecto a la citada petición se dio traslado a las partes personadas, con el resultado obrante en autos.

FUNDAMENTOS DE DERECHO

PRIMERO. Que este Tribunal es competente para conocer de la presente solicitud al ser éste el correspondiente al lugar donde se halla el centro de los intereses principales de .... S.L. (arts. 44, 45, 49, 593 y 607 TRLC).

SEGUNDO. Que conforme establece el art. 607.1 TRLC, y antes que finalice el periodo de tres meses a contar desde la comunicación de apertura de negociaciones con los acreedores, el deudor o los acreedores que representen más del cincuenta por ciento del pasivo que, en el momento de la solicitud de la prórroga, pueda resultar afectado por el plan de reestructuración, deducido el importe de los créditos que, en caso de concurso tendrían la consideración de subordinados, podrán solicitar del tribunal la concesión de prórroga de los efectos de esa comunicación por un periodo de hasta otros tres meses sucesivos a la ya concedida. La solicitud de prórroga deberá ir acompañada de informe favorable del experto en reestructuración, si hubiera sido nombrado.

Continua el art. 607.2 TRLC en el sentido que la solicitud de prórroga presentada por el deudor deberá ir acompañada de acta de conformidad firmada por los acreedores que representen el porcentaje a que se refiere el apartado anterior, o de una declaración responsable firmada por el mismo por la que manifieste que ha obtenido la conformidad de los anteriores, y del informe del experto si hubiere sido nombrado, en la que se detallarán el estado de las negociaciones y las cuestiones pendientes de acuerdo, y se expresará la identidad de los acreedores que hayan manifestado expresamente oposición a la solicitud de prórroga o no se hubieran pronunciado.

TERCERO. Que la nueva solicitud prorrogatoria formulada por el deudor, lo es antes que finalice el periodo de tres meses de la inicial prorroga a que se refiere el art. 607.1 TRLC, acompañándose a la misma, según requiere el referido art. 607. 2 TRLC, un acta de conformidad a la petición, según se indica, firmada por acreedores que representan el porcentaje a que se refiere el art. 607.1 TRLC (o la declaración responsable firmada por el propio deudor sobre la concurrencia del quorum acreedores reseñado en el art. 607.1 TRLC) y el informe del experto en reestructuraciones en su día designado en las presentes actuaciones, emitido en sentido favorable a la prórroga.

También se indica en la petición el estado de las negociaciones y las cuestiones pendientes de acuerdo en la reestructuración, y la identidad de los acreedores que se han manifestado expresamente su oposición a la solicitud de prórroga o no se han pronunciado.

Sin embargo, entiendo que no procede la concesión de la referida nueva y segunda prorroga pues, la misma no esta prevista legalmente, contemplándose únicamente en el art. 607 TRLC la concesión de una sola prorroga de efectos comunicatorios

Ciertamente, la redacción del art. 607 TRLC, y su conciliación con los arts. 683 y 690.3° TRLC, resulta francamente lastimosa. Sin embargo, negamos tal posibilidad de una segunda prorroga a la vista del tenor del art. 607 TRLC, en el que no sólo no se efectúa la más mínima mención a la "prórroga de la prórroga" sino que se refiere a la misma en singular, mientras los antecedentes legislativos de tal precepto sí contemplaban la posibilidad de sucesivas prorrogas que desapareció de la Ley 16/2022.

Además, entiendo que nuestra interpretación concilia mejor los diversos intereses convergentes en la negociación preconcursal, los del deudor y acreedores negociadores, interesados ambos en alcanzar esa reestructuración; los afectados por la misma que, legítimamente, pretenden escapar de una negociación en la que su derecho de cobro se encuentra impactado por los efectos desplegados a través de la comunicación de apertura negocial; o los del deudor que no le convence ni le gusta la proyectada reestructuración que se le exhibe y pretende desembocar cuanto antes en la solución concursal y asi resolver su insolvente situación. Entiendo que una única prorroga de hasta tres meses sucesivos, se antoja como un esfuerzo razonable y asumible por todos en orden a favorecer y permitir la obtención de un plan de reestructuración.

ALTERNATIVA: de lo obrante en las actuaciones, su petición no cuenta con el respaldo del quórum exigido por el art. 607.2 TRLC pues .... Además, y en cualquier caso, el inmaduro estado de las negociaciones, y las múltiples cuestiones pendientes de acuerdo en la reestructuración, aconsejan no prorrogar nuevamente los efectos derivados de la comunicación en su día presentada por ...

ALTERNATIVA CASO DE ACREEDOR: Que la solicitud prorrogatoria formulada por los referidos acreedores, lo es antes que finalice el periodo de tres meses a que se refiere el art. 607.1 TRLC, acompañándose a la misma, el informe del experto en reestructuraciones en su día designado en las presentes actuaciones, aunque emitido en sentido negativo a esta segunda prórroga al entender que ....

Sin embargo, no procede la concesión de la nueva prorroga pues, a la vista de lo obrante en las actuaciones, no contradicho por los instantes de la prórroga, su petición no cuenta con el respaldo del quórum exigido por el art. 607.1 TRLC. Ni tampoco, como dije antes, con la opinión favorable del referido experto en reestructuraciones.

Visto lo expuesto y demás normativa de aplicación

DISPONGO

Que desestimo la solicitud formulada por la procuradora de los Tribunales ...., en nombre y representación de ......, y por denegada la concesión de la segunda prórroga peticionada de este Tribunal en las presentes actuaciones mediante escrito de ...

Notifíquese por el Letrado de la Administración de Justicia la resolución a ...., a través de su respectiva representación procesal.

Contra el presente auto no cabe recurso alguno.

Todo lo cual pronuncia, manda y firma el Ilmo. Sr. ..., Magistrado titular de la plaza num...., de la sección de lo mercantil del Tribunal de instancia de ....

F083. AUTO ESTIMANDO LA SEGUNDA PRORROGA DE EFECTOS

En la ciudad de .... a ...... de .... de ....

ANTECEDENTES DE HECHO

I.– Que en fecha ......, la sociedad .... y mediante escrito de fecha ...., comunico a este Tribunal que había iniciado negociaciones para alcanzar un plan de reestructuración. Todo ello a los efectos y con el alcance establecido en los arts. 585 ss. y concordantes TRLC.

II. Que mediante Decreto de fecha ...., por el Letrado de la Administración de Justicia se dejó constancia de la comunicación presentada, ordenándose la publicación en el Registro Público Concursal de la citada resolución.

III.– Que los efectos de dicha comunicación fueron prorrogados por hasta tres meses sucesivos a instancia de .... mediante auto de fecha ....

IV. Que al amparo de lo dispuesto en el art. 607.1 TRLC, y mediante escrito de fecha ... la sociedad deudora .... (o los acreedores ......) solicita/n la concesión de una nueva y segunda prórroga de los efectos de esa comunicación por un periodo de hasta otros tres meses sucesivos. Ello en los términos del referido escrito del que extracto los siguientes extremos:.........

V. Que respecto a la citada petición se dio traslado a las partes personadas, con el resultado obrante en autos.

FUNDAMENTOS DE DERECHO

PRIMERO. Que este Tribunal es competente para conocer de la presente solicitud al ser éste Tribunal el correspondiente al lugar donde se halla el centro de los intereses principales de .... S.L. (arts. 87 LOPJ, y 44, 45, 49, 585, 593 y 607 TRLC).

SEGUNDO. Que conforme establece el art. 607.1 TRLC y antes de que finalice el periodo de tres meses a contar desde la comunicación de apertura de negociaciones con los acreedores, el deudor o los acreedores que representen más del cincuenta por ciento del pasivo que, en el momento de la solicitud de la prórroga, pueda resultar afectado por el plan de reestructuración, deducido el importe de los créditos que, en caso de concurso tendrían la consideración de subordinados, podrán solicitar del tribunal la concesión de prórroga de los efectos de esa comunicación por un periodo de hasta otros tres meses sucesivos a la ya concedida. La solicitud de prórroga deberá ir acompañada de informe favorable del experto en reestructuración, si hubiera sido nombrado.

Continua el art. 607.2 TRLC en el sentido que La solicitud de prórroga presentada por el deudor deberá ir acompañada de acta de conformidad firmada por los acreedores que representen el porcentaje a que se refiere el apartado anterior, o de una declaración responsable firmada por el mismo por la que manifieste que ha obtenido la conformidad de los anteriores, y del informe del experto si hubiere sido nombrado, en la que se detallarán el estado de las negociaciones y las cuestiones pendientes de acuerdo, y se expresará la identidad de los acreedores que hayan manifestado expresamente oposición a la solicitud de prórroga o no se hubieran pronunciado.

Por otro lado, una vez presentada la solicitud de prórroga, los efectos iniciales de la comunicación continuarán en vigor hasta el que tribunal adopte una decisión (art. 607.3 TRLC).

Por otro lado, art. 607.4 TRLC, la resolución concediendo o denegando la prórroga solicitada se adoptará en forma de auto dentro de los cinco días siguientes a aquel en que se hubiera presentado. En el mismo día de la resolución, el letrado de la Administración de Justicia la remitirá por medios electrónicos al Registro público concursal, así como a cada uno de los Tribunales o autoridades administrativas que esté conociendo de las ejecuciones a fin de que mantengan la suspensión hasta que finalice el periodo de prórroga. La prórroga será objeto de inscripción en el Registro público concursal, incluso si la comunicación hubiese sido hecha inicialmente con carácter reservado.

Finalmente, la resolución denegatoria de la prórroga no será susceptible de recurso. La resolución que la conceda podrá ser impugnada mediante recurso de reposición (art. 607.5 TRLC).

TERCERO. Entiende este Tribunal que la pretensión aquí formulada en orden a la solicitud de una nueva y segunda prórroga de los efectos de la comunicación de apertura de comunicaciones presentada el día .... por ...., queda cobijada en el art. 607.1 TRLC, interpretado en conexión con lo dispuesto en materia de comunicación y prórroga de efectos en el art. 683 TRLC, respecto del régimen especial de los planes de reestructuración, y el art. 690.3° TRLC, en lo relativo a la comunicación en el procedimiento especial para microempresas. Y el art. 6 de la Directiva de la UE 2019/2023, de 20 de junio de 2019.

En efecto. Ciertamente el art. 607 TRLC guarda silencio sobre la posibilidad de solicitar una segunda prórroga de efectos de la comunicación preconcursal del art. 585 y ss. TRLC. Por el contrario, el primero de los citados preceptos (art. 683 TRLC), permite la prórroga efectual por una sola vez. Y el segundo (art. 690.3° TRLC), directamente, señala que los efectos de la comunicación no podrán prorrogarse. La interpretación a sensu contrario de lo dispuesto en estos dos últimos preceptos, en unión a que ese silencio del art. 607.1 TRLC debe ser interpretado como no obstativo de aplicar aquello que no prohíbe, asi como el contenido del citado art. 6 Directiva 2019, señalando que la duración de todas las prórrogas no podrá exceder de doce meses, y las innegables bondades de una reestructuración llevada a buen término y la protección esencial del mantenimiento empresarial, permite estimar la petición de .... en orden a que se conceda por este Tribunal una segunda prorroga, adicional a la inicialmente concedida, y por hasta otros tres meses sucesivos.

Así se manifiesta el Juzgado de lo Mercantil núm. 2 de Madrid, en su auto de fecha 1 de octubre de 2024. Y el Juzgado de lo Mercantil núm. 1 de Málaga, fechado el día 4 de noviembre de 2024.

CUARTO.– Expuesto lo anterior, la solicitud nuevamente prorrogatoria formulada por el deudor, lo ha sido antes que finalice el periodo de tres meses a que se refiere el art. 607.1 TRLC, y su duración no excede del ámbito trimestral a que se refiere dicho precepto, acompañándose a la misma, según requiere el referido art. 607. 2 TRLC, un acta de conformidad a la petición, según se indica, firmada por acreedores que representan el porcentaje a que se refiere el art. 607.1 TRLC (o la declaración responsable a que se refiere el art. 607.2 TRLC), y el informe del experto en reestructuraciones en su día designado en las presentes actuaciones, emitido en sentido favorable a la prórroga.

También se indica en la petición el estado de las negociaciones y las cuestiones pendientes de acuerdo en la reestructuración, y la identidad de los acreedores que se han manifestado expresamente su oposición a la solicitud de prórroga o no se han pronunciado.

Por todo ello, procede la concesión de la referida nueva y segunda prorroga pues, a la vista de lo obrante en las actuaciones, su petición cuenta con el respaldo del quórum exigido por el art. 607.2 TRLC y acompaña el informe favorable a la prórroga emitido por el experto en reestructuraciones. Además, y en cualquier caso, el avanzado estado de las negociaciones y las cuestiones pendientes de acuerdo en la reestructuración aconsejan prorrogar los efectos derivados de la comunicación en su día presentada por ...

ALTERNATIVA: Que la nueva y segunda solicitud prorrogatoria formulada por los referidos acreedores, lo ha sido antes que finalice el periodo de tres meses a que se refiere el art. 607.1 TRLC, y su duración no excede del ámbito trimestral a que se refiere dicho precepto, acompañándose a la misma, el informe del experto en reestructuraciones en su día designado en las presentes actuaciones, emitido en sentido favorable a la prorroga. Además, cuenta con el respaldo de acreedores que suponen el quórum requerido en el art. 607.1 TRLC. Por lo tanto, procede estimar la solicitud y conceder la nueva prórroga peticionada.

Visto lo expuesto y demás normativa de aplicación

DISPONGO

Que estimo la solicitud formulada por la procuradora de los Tribunales ...., en nombre y representación de ......, y por concedida la nueva y segunda prórroga peticionada de este Tribunal en las presentes actuaciones autos ...., mediante escrito de ..., por un término de hasta tres meses sucesivos a contar desde el ...., en los términos del art. 607 TRLC, en especial, lo dispuesto en su apartado tercero.

Notifíquese por el Letrado de la Administración de Justicia la resolución a ...., y demás partes personadas a través de su respectiva representación procesal.

Diríjase por el Sr. Letrado de la Administración de Justicia la presente resolución, en el día de hoy, y por medios electrónicos, al Registro público concursal, así como a cada una de los Tribunales o autoridades administrativas que esté conociendo de las ejecuciones a fin de que mantengan la suspensión hasta que finalice el periodo de prórroga. Inscríbase la presente prorroga en el Registro público concursal, incluso si la comunicación hubiese sido hecha inicialmente con carácter reservado. Líbrense al efecto los oportunos edictos.

La presente resolución no es firme y contra la misma cabe recurso de reposición en el plazo de cinco días a contar desde su notificación en los términos y plazo del art. 607.5 TRLC.

De conformidad con lo establecido en la Disposición Adicional 15ª LOPJ (según la redacción dada por la LO 1/09), la interposición de recurso contra resoluciones judiciales no podrá ser admitida a trámite sin la acreditación del depósito previsto en la citada Ley a efectos de recurrir, debiendo presentarse copia o resguardo de tal depósito en la cuenta de consignaciones de este Tribunal.

Todo lo cual pronuncia, manda y firma el Ilmo. Sr. ..., Magistrado titular de la plaza núm. ...., de la sección de lo mercantil del Tribunal de instancia de ....

F084. ESCRITO DEL DEUDOR SOLICITANDO EL LEVANTAMIENTO DE LA PRORROGA DE EFECTOS DE LA COMUNICACIÓN

AL TRIBUNAL DE INSTANCIA DE ..... SECCIÓN DE
LO MERCANTIL (PLAZA NÚM. ......)

.............., Procurador de los Tribunales (núm. .... de colegiado) y de la compañía .... S.A., con domicilio en ...., calle .... núm. .... y CIF ...., cuya representación acredito en el expediente de constancia de comunicación núm. autos ...., ante este Tribunal comparezco en las citadas actuaciones bajo la dirección letrada de Don ...., abogado del Ilustre Colegio de .... (núm. .... de colegiado), y como mejor proceda en Derecho DIGO:

I. Que mi principal, mediante escrito de fecha ...., comunicó a este Tribunal que había iniciado negociaciones para alcanzar un plan de reestructuración. Todo ello a los efectos y con el alcance establecido en los arts. 585 ss. y concordantes TRLC.

II. Que mediante Decreto de fecha ...., por el Letrado de la Administración de Justicia se dejó constancia de la comunicación presentada por esta parte, ordenándose la publicación en el Registro Público Concursal de la citada resolución.

III. Que al amparo de lo dispuesto en el art. 607.1 TRLC, esta parte solicitó la concesión de prórroga de los efectos de esa comunicación por un periodo de hasta otros tres meses sucesivos,

IV. Dicha prorroga, que actualmente se halla en vigor, le fue concedida mediante auto de fecha ...... que fue objeto de publicidad en el Registro Publico Concursal...

V. Que de conformidad con lo dispuesto en el art. 608.1.1° TRLC esta parte solicita que se deje sin efecto la citada prórroga, dado que carece de sentido mantener la misma a la vista que ....

En virtud de lo expuesto,

SUPLICO AL TRIBUNAL que tenga por presentado este escrito, junto a los documentos a él unidos y sus copias, se sirva admitirlo y previos los oportunos trámites legales, se sirva acordar dejar sin efecto la prórroga en su día concedida mediante auto de fecha ......

Es Justicia que pido en .... a ...... de .... de dos mil ......

F085. ESCRITO DEL EXPERTO EN REESTRUCTURACIONES SOLICITANDO EL LEVANTAMIENTO DE LA PRORROGA DE EFECTOS DE LA COMUNICACIÓN

AL TRIBUNAL DE INSTANCIA DE ..... SECCIÓN DE
LO MERCANTIL (PLAZA NÚM. ......)

..............., experto en reestrutruraciones designado en el expediente de constancia de comunicación núm. autos ...., ante este Tribunal comparezco en las citadas actuaciones, y como mejor proceda en Derecho DIGO:

I. Que .... S.L, mediante escrito de fecha ...., comunicó a este Tribunal que había iniciado negociaciones para alcanzar un plan de reestructuración. Todo ello a los efectos y con el alcance establecido en los arts. 585 ss. y concordantes TRLC.

II. Que mediante Decreto de fecha ...., por el Letrado de la Administración de Justicia se dejó constancia de la comunicación presentada, ordenándose la publicación en el Registro Público Concursal de la citada resolución.

III. Que al amparo de lo dispuesto en el art. 607.1 TRLC, el deudor solicitó la concesión de prórroga de los efectos de esa comunicación por un periodo de hasta otros tres meses sucesivos,

IV. Dicha prorroga, que actualmente se halla en vigor, le fue concedida mediante auto de fecha ...... que fue objeto de publicidad en el Registro Publico Concursal...

V. Que de conformidad con lo dispuesto en el art. 608.1.1° TRLC este experto en reestructuraciones solicita que se deje sin efecto la citada prórroga, dado que carece de sentido mantener la misma a la vista que ....

En virtud de lo expuesto,

SUPLICO AL TRIBUNAL que tenga por presentado este escrito, junto a los documentos a él unidos y sus copias, se sirva admitirlo y previos los oportunos trámites legales, se sirva acordar dejar sin efecto la prórroga en su día concedida mediante auto de fecha ......

Es Justicia que pido en .... a ...... de .... de dos mil ......

F086. ESCRITO DE ACREEDORES SOLICITANDO EL LEVANTAMIENTO DE LA PRORROGA DE EFECTOS DE LA COMUNICACIÓN

AL TRIBUNAL DE INSTANCIA DE ..... SECCIÓN DE
LO MERCANTIL (PLAZA NÚM. ......)

..............., Procurador de los Tribunales (núm. .... de colegiado) y de las compañías ...., con domicilio en ...., calle .... núm. .... y CIF ...., cuya representación acredito en el expediente de constancia de comunicación núm. autos ...., ante este Tribunal comparezco en las citadas actuaciones bajo la dirección letrada de Don ...., abogado del Ilustre Colegio de .... (núm. .... de colegiado), y como mejor proceda en Derecho DIGO:

I. Que la sociedad ....S.L, mediante escrito de fecha ...., comunicó a este Tribunal que había iniciado negociaciones para alcanzar un plan de reestructuración. Todo ello a los efectos y con el alcance establecido en los arts. 585 ss. y concordantes TRLC.

II. Que mediante Decreto de fecha ...., por el Letrado de la Administración de Justicia se dejó constancia de la comunicación presentada, ordenándose la publicación en el Registro Público Concursal de la citada resolución.

III. Que al amparo de lo dispuesto en el art. 607.1 TRLC, la deudora solicitó la concesión de prórroga de los efectos de esa comunicación por un periodo de hasta otros tres meses sucesivos.

IV. Dicha prorroga, que actualmente se halla en vigor, le fue concedida mediante auto de fecha ...... que fue objeto de publicidad en el Registro Público Concursal...

V. Que de conformidad con lo dispuesto en el art. 608.1.2° TRLC esta parte solicita que se deje sin efecto la citada prórroga, dado que carece de sentido mantener la misma a la vista que ....

A los efectos oportunos, se deja expresa constancia que la citada petición levantatoria es formulada por esta parte en su condición acreedora representativa de, al menos, el cuarenta por cierto del pasivo que, al momento de esta solicitud, pueda quedan afectado por el plan de reestructuración deducidos los que, caso de posterior concurso, tendrían la consideración de subordinados. Concretamente, ... por ciento del referido pasivo así calculado. Así resulta de la lista de acreedores y pasivo comunicado por el deudor en las presentes actuaciones, que no han sido objeto de modificación, y de .... (DOCUMENTOS ......)

En virtud de lo expuesto,

SUPLICO AL TRIBUNAL que tenga por presentado este escrito, junto a los documentos a él unidos y sus copias, se sirva admitirlo y previos los oportunos trámites legales, se sirva acordar dejar sin efecto la prórroga en su día concedida mediante auto de fecha ......

Es Justicia que pido en .... a ...... de .... de dos mil ......

F087. ESCRITO DE ACREEDOR SOLICITANDO EL LEVANTAMIENTO DE LA PRORROGA DE EFECTOS DE LA COMUNICACIÓN

AL TRIBUNAL DE INSTANCIA DE ..... SECCIÓN DE
LO MERCANTIL (PLAZA NÚM. ......)

..............., Procurador de los Tribunales (núm. .... de colegiado) y de la compañía ...., con domicilio en ...., calle .... núm. .... y CIF ...., cuya representación acredito en el expediente de constancia de comunicación núm. autos ...., ante este Tribunal comparezco en las citadas actuaciones bajo la dirección letrada de Don ...., abogado del Ilustre Colegio de .... (núm. .... de colegiado), y como mejor proceda en Derecho DIGO:

I. Que la sociedad ....S.L, mediante escrito de fecha ...., comunicó a este Tribunal que había iniciado negociaciones para alcanzar un plan de reestructuración. Todo ello a los efectos y con el alcance establecido en los arts. 585 ss. y concordantes TRLC.

II. Que mediante Decreto de fecha ...., por el Letrado de la Administración de Justicia se dejó constancia de la comunicación presentada, ordenándose la publicación en el Registro Público Concursal de la citada resolución.

III. Que al amparo de lo dispuesto en el art. 607.1 TRLC, la deudora solicitó la concesión de prórroga de los efectos de esa comunicación por un periodo de hasta otros tres meses sucesivos.

IV. Dicha prórroga, que actualmente se halla en vigor, le fue concedida mediante auto de fecha ...... que fue objeto de publicidad en el Registro Público Concursal...

V. Que de conformidad con lo dispuesto en el art. 608.1.3° TRLC esta parte solicita que se deje sin efecto la citada prórroga, ya que ha dejado de cumplir el objetivo de favorecer las negociaciones del plan de reestructuración a la vista que .... Todo ello se acredita .... (DOCUMENTOS ...)

A los efectos oportunos, se deja expresa constancia que la citada petición levantatoria es formulada por esta parte en su condición acreedora de la mercantil .... S.L. Así resulta de la lista de acreedores y pasivo comunicado por el deudor en las presentes actuaciones, que no han sido objeto de modificación, y de .... (DOCUMENTOS ......)

En virtud de lo expuesto,

SUPLICO AL TRIBUNAL que tenga por presentado este escrito, junto a los documentos a él unidos y sus copias, se sirva admitirlo y previos los oportunos trámites legales, se sirva acordar dejar sin efecto la prórroga en su día concedida mediante auto de fecha ......

Es Justicia que pido en .... a ...... de .... de dos mil ......

F088. AUTO ESTIMANDO EL LEVANTAMIENTO DE LA PRORROGA DE EFECTOS. SOLICITUD DE DEUDOR

En la ciudad de .... a ...... de .... de ....

ANTECEDENTES DE HECHO

I. Que en fecha ......, la sociedad .... y mediante escrito de fecha ...., comunico a este Tribunal que había iniciado negociaciones para alcanzar un plan de reestructuración. Todo ello a los efectos y con el alcance establecido en los arts. 585 ss. y concordantes TRLC.

II. Que mediante Decreto de fecha ...., por el Letrado de la Administración de Justicia se dejó constancia de la comunicación presentada, ordenándose la publicación en el Registro Público Concursal de la citada resolución.

III. Que al amparo de lo dispuesto en el art. 607.1 TRLC, y mediante escrito de fecha ... la sociedad deudora .... (o los acreedores) solicito/solicitaron la concesión de prórroga de los efectos de esa comunicación por un periodo de hasta otros tres meses sucesivos, que fue concedida mediante auto de este Jugado de fecha ..., publicado en el Registro Público Concursal en fecha ......

IV. Que mediante escrito de fecha ..., la deudora ha solicitado, al amparo de lo dispuesto en el art. 608.1.1° TRLC, el levantamiento de la citada prórroga en los términos de dicho escrito.

V. Que a la referida solicitud levantatoria se ha tramitado conforme a las normas del recurso de reposición, dando traslado de la misma a ... y demás partes personadas, con el resultado obrante en autos.

FUNDAMENTOS DE DERECHO

PRIMERO. Que este Tribunal es competente para conocer de la presente solicitud al ser éste el correspondiente al lugar donde se halla el centro de los intereses principales de .... S.L y ser el que conoce de la comunicación de apertura de negociaciones reseñada en los antecedentes de hecho de esta resolución. (arts. 44, 45, 49, 585, 593 y 608 TRLC).

SEGUNDO. Que la referida solicitud cumple los requisitos formales peticionados al efecto, estando plenamente legitimada .... S.L para solicitar de este Tribunal el levantamiento prorrogatorio antes reseñado, dada su condición deudora (art. 608.1.1° TRLC).

TERCERO. Que conforme señala el art. 608.1 TRLC, el tribunal deberá dejar sin efecto la prórroga:

1.° A solicitud del deudor o del experto en la reestructuración si hubiera sido nombrado;

2.° A solicitud de los acreedores que representen al menos el cuarenta por ciento del pasivo que, en el momento de esta solicitud, pueda resultar afectado por el plan de reestructuración, deducido el importe de los créditos que en caso de concurso tendrían la consideración de subordinados; o

3.° A solicitud de cualquier acreedor, en cuyo caso este deberá acreditar que la prórroga de los efectos de la comunicación ha dejado de cumplir el objetivo de favorecer las negociaciones del plan de reestructuración.

Por otro lado, art. 608.3 TRLC, la citada solicitud se tramitará conforme a las normas del recurso de reposición, que podrá interponerse en cualquier momento mientras esté vigente la prórroga

TERCERO. Que a la vista de lo tajante del contenido del art. 608.1 TRLC, que no somete a requisito o condición alguna la solicitud levantatoria formulada por el deudor, este tribunal viene compelido ex lege a su apreciación sin más trámite o exigencia alguna. En cualquier caso, procede dejar sin efecto la citada prorroga a la vista que, tal y como señala la deudora, ...

Visto lo expuesto y demás normativa de aplicación

DISPONGO

Que estimo la solicitud formulada por la procuradora de los Tribunales ...., en nombre y representación de ......, y dejo sin efecto la prórroga acordada por este Tribunal en las presentes actuaciones autos ...., mediante auto de fecha ......

Notifíquese por el Letrado de la Administración de Justicia la resolución al deudor, al experto en reestructuraciones .... SLP, y demás partes personadas a través de su respectiva representación procesal.

Diríjase por el Sr. Letrado de la Administración de Justicia la presente resolución, en el día de hoy, y por medios electrónicos, al Registro público concursal, así como a cada uno de los Tribunales o autoridades administrativas que esté conociendo de las ejecuciones a fin de que tomen conocimiento del contenido de la presente resolución. Inscríbase la presente resolución en el Registro público concursal. Líbrense al efecto los oportunos edictos.

La presente resolución no es firme y contra la misma cabe recurso de reposición en el plazo de cinco días a contar desde su notificación, en los términos legalmente establecidos.

De conformidad con lo establecido en la Disposición Adicional 15° LOPJ (según la redacción dada por la LO 1/09), la interposición de recurso contra resoluciones judiciales no podrá ser admitida a trámite sin la acreditación del depósito previsto en la citada Ley a efectos de recurrir, debiendo presentarse copia o resguardo de tal depósito en la cuenta de consignaciones de este Tribunal.

Todo lo cual pronuncia, manda y firma el Ilmo. Sr. ..., Magistrado titular de la plaza ....., de la sección de lo mercantil del Tribunal de Instancia de ...

F089. AUTO ESTIMANDO EL LEVANTAMIENTO DE LA PRORROGA DE EFECTOS. SOLICITUD DE EXPERTO EN REESTRUCTURACIONES

En la ciudad de .... a ...... de .... de ....

ANTECEDENTES DE HECHO

I. Que en fecha ......, la sociedad .... y mediante escrito de fecha ...., comunico a este Tribunal que había iniciado negociaciones para alcanzar un plan de reestructuración. Todo ello a los efectos y con el alcance establecido en los arts. 585 ss. y concordantes TRLC.

II. Que mediante Decreto de fecha ...., por el Letrado de la Administración de Justicia se dejó constancia de la comunicación presentada, ordenándose la publicación en el Registro Público Concursal de la citada resolución.

III. Que mediante auto de fecha ......, y en las presentes actuaciones, Don .... fue designado experto en materia de reestructuración.

IV. Que al amparo de lo dispuesto en el art. 607.1 TRLC, y mediante escrito de fecha ... la sociedad deudora .... (o los acreedores) solicito/solicitaron la concesión de prórroga de los efectos de esa comunicación por un periodo de hasta otros tres meses sucesivos, que fue concedida mediante auto de este Jugado de fecha ..., publicado en el Registro Público Concursal en fecha ......

IV. Que mediante escrito de fecha ..., el experto en reestructuraciones ha solicitado, al amparo de lo dispuesto en el art. 608.1.1° TRLC, el levantamiento de la citada prórroga en los términos de dicho escrito.

V. Que a la referida solicitud levantatoria se ha tramitado conforme a las normas del recurso de reposición, dando traslado de la misma a ... y demás partes personadas, con el resultado obrante en autos.

FUNDAMENTOS DE DERECHO

PRIMERO. Que este Tribunal es competente para conocer de la presente solicitud al ser el correspondiente al lugar donde se halla el centro de los intereses principales de .... S.L y ser el que conoce de la comunicación de apertura de negociaciones reseñada en los antecedentes de hecho de esta resolución. (arts. 44, 45, 49, 585, 593 y 608 TRLC).

SEGUNDO. Que la referida solicitud cumple los requisitos formales peticionados al efecto, estando plenamente legitimado ...... para solicitar de este Tribunal el levantamiento prorrogatorio antes reseñado, dada su condición de experto en reestructuraciones nominado en los presentes autos ... (art. 608.1.1° TRLC).

TERCERO. Que conforme señala el art. 608.1 TRLC, el tribunal deberá dejar sin efecto la prórroga:

1.° A solicitud del deudor o del experto en la reestructuración si hubiera sido nombrado;

2.° A solicitud de los acreedores que representen al menos el cuarenta por ciento del pasivo que, en el momento de esta solicitud, pueda resultar afectado por el plan de reestructuración, deducido el importe de los créditos que en caso de concurso tendrían la consideración de subordinados; o

3.° A solicitud de cualquier acreedor, en cuyo caso este deberá acreditar que la prórroga de los efectos de la comunicación ha dejado de cumplir el objetivo de favorecer las negociaciones del plan de reestructuración.

Por otro lado, art. 608.3 TRLC, la citada solicitud se tramitará conforme a las normas del recurso de reposición, que podrá interponerse en cualquier momento mientras esté vigente la prórroga.

TERCERO. Que a la vista de lo tajante del contenido del art. 608.1 TRLC, que no somete a requisito o condición alguna la solicitud levantatoria formulada por el experto en reestrucuturaciones, este tribunal viene compelido ex lege a su apreciación sin más trámite ni exigencia alguna. En cualquier caso, procede dejar sin efecto la citada prorroga a la vista que, tal y como señala el referido experto, ...

Visto lo expuesto y demás normativa de aplicación

DISPONGO

Que estimo la solicitud formulada por Don ...., experto en reestructuraciones designado en las presentes actuaciones, y dejo sin efecto la prórroga acordada por este Tribunal mediante auto de fecha ......

Notifíquese por el Letrado de la Administración de Justicia la resolución al deudor, al experto en reestructuraciones ...., y demás partes personadas a través de su respectiva representación procesal.

Diríjase por el Sr. Letrado de la Administración de Justicia la presente resolución, en el día de hoy, y por medios electrónicos, al Registro público concursal, así como a cada uno de los Tribunales o autoridades administrativas que esté conociendo de las ejecuciones a fin de que tomen conocimiento del contenido de la presente resolución. Inscríbase la presente resolución en el Registro público concursal. Líbrense al efecto los oportunos edictos.

La presente resolución no es firme y contra la misma cabe recurso de reposición en el plazo de cinco días a contar desde su notificación, en los términos legalmente establecidos.

De conformidad con lo establecido en la Disposición Adicional 15ª LOPJ (según la redacción dada por la LO 1/09), la interposición de recurso contra resoluciones judiciales no podrá ser admitida a trámite sin la acreditación del depósito previsto en la citada Ley

a efectos de recurrir, debiendo presentarse copia o resguardo de tal depósito en la cuenta de consignaciones de este Tribunal.

Todo lo cual pronuncia, manda y firma el Ilmo. Sr. ..., Magistrado titular de la plaza ...., de la sección de lo mercantil del Tribunal de Instancia de ......

F090. AUTO ESTIMANDO EL LEVANTAMIENTO DE LA PRORROGA DE EFECTOS. SOLICITUD DE ACREEDORES

En la ciudad de .... a ...... de .... de ....

ANTECEDENTES DE HECHO

I. Que en fecha ......, la sociedad .... y mediante escrito de fecha ...., comunico a este Tribunal que había iniciado negociaciones para alcanzar un plan de reestructuración. Todo ello a los efectos y con el alcance establecido en los arts. 585 ss. y concordantes TRLC.

II. Que mediante Decreto de fecha ...., por el Letrado de la Administración de Justicia se dejó constancia de la comunicación presentada, ordenándose la publicación en el Registro Público Concursal de la citada resolución.

III. Que al amparo de lo dispuesto en el art. 607.1 TRLC, y mediante escrito de fecha ... la sociedad deudora .... (o los acreedores) solicito/solicitaron la concesión de prórroga de los efectos de esa comunicación por un periodo de hasta otros tres meses sucesivos, que fue concedida mediante auto de este Jugado de fecha ..., publicado en el Registro Público Concursal en fecha ......

IV. Que mediante escrito de fecha ..., las sociedades .... han solicitado, al amparo de lo dispuesto en el art. 608.1.2° TRLC, el levantamiento de la citada prórroga en los términos de dicho escrito.

V. Que a la referida solicitud levantatoria se ha tramitado conforme a las normas del recurso de reposición, dando traslado de la misma a ... y demás partes personadas, con el resultado obrante en autos.

FUNDAMENTOS DE DERECHO

PRIMERO. Que este Tribunal es competente para conocer de la presente solicitud al ser el correspondiente al lugar donde se halla el centro de los intereses principales de .... y ser el que conoce de la comunicación de apertura de negociaciones reseñada en los antecedentes de hecho de esta resolución. (arts. 44, 45, 49, 585, 593 y 608 TRLC).

SEGUNDO. Que la referida solicitud cumple los requisitos formales peticionados al efecto, estando plenamente legitimadas para solicitar de este Tribunal el levantamiento prorrogatorio efectual antes reseñado, dada su condición de acreedores que titularizan el ...... por ciento del pasivo determinado conforme señala el art. 608.1.2.° TRLC.

TERCERO. Que conforme señala el art. 608.1 TRLC, el tribunal deberá dejar sin efecto la prórroga:

1.° A solicitud del deudor o del experto en la reestructuración si hubiera sido nombrado;

2.° A solicitud de los acreedores que representen al menos el cuarenta por ciento del pasivo que, en el momento de esta solicitud, pueda resultar afectado por el plan de reestructuración, deducido el importe de los créditos que en caso de concurso tendrían la consideración de subordinados; o

3.ª A solicitud de cualquier acreedor, en cuyo caso este deberá acreditar que la prórroga de los efectos de la comunicación ha dejado de cumplir el objetivo de favorecer las negociaciones del plan de reestructuración.

Por otro lado, art. 608.3 TRLC, la citada solicitud se tramitará conforme a las normas del recurso de reposición, que podrá interponerse en cualquier momento mientras esté vigente la prórroga

CUARTO. Que a la vista de lo tajante del contenido del art. 608.1.2° TRLC, que no somete a requisito o condición alguna la solicitud levantatoria formulada por los citados acreedores, salvo la acreditación del referido quorum de pasivo y que resulta acreditado de la lista de acreedores y pasivo comunicado por el deudor en las presentes actuaciones, que no han sido objeto de modificación, y de ......, este tribunal viene compelido ex lege a su apreciación sin más trámite o exigencia alguna. En cualquier caso, procede dejar sin efecto la citada prorroga a la vista que, tal y como señalan las citadas compañías acreedoras, ...

Visto lo expuesto y demás normativa de aplicación

DISPONGO

Que estimo la solicitud formulada por la procuradora de los Tribunales ...., en nombre y representación de ......, y dejo sin efecto la prórroga acordada por este Tribunal en las presentes actuaciones autos ...., mediante auto de fecha ......

Notifíquese por el Letrado de la Administración de Justicia la resolución al deudor, al experto en reestructuraciones .... SLP, ... y demás partes personadas a través de su respectiva representación procesal.

Diríjase por el Sr. Letrado de la Administración de Justicia la presente resolución, en el día de hoy, y por medios electrónicos, al Registro público concursal, así como a cada uno de los Tribunales o entidades administrativas que esté conociendo de las ejecuciones a fin de que tomen conocimiento del contenido de la presente resolución. Inscríbase la presente resolución en el Registro público concursal. Líbrense al efecto los oportunos edictos.

La presente resolución no es firme y contra la misma cabe recurso de reposición en el plazo de cinco días a contar desde su notificación, en los términos legalmente establecidos.

De conformidad con lo establecido en la Disposición Adicional 15ª LOPJ (según la redacción dada por la LO 1/09), la interposición de recurso contra resoluciones judiciales no podrá ser admitida a trámite sin la acreditación del depósito previsto en la citada Ley

a efectos de recurrir, debiendo presentarse copia o resguardo de tal depósito en la cuenta de consignaciones de este Tribunal.

Todo lo cual pronuncia, manda y firma el Ilmo. Sr. ..., Magistrado titular de la plaza ...., de la sección de lo mercantil del Tribunal de Instancia de ......

F091. AUTO ESTIMANDO EL LEVANTAMIENTO DE LA PRORROGA DE EFECTOS. SOLICITUD DE ACREEDOR

En la ciudad de .... a ...... de .... de ....

ANTECEDENTES DE HECHO

I. Que en fecha ......, la sociedad .... y mediante escrito de fecha ...., comunico a este Tribunal que había iniciado negociaciones para alcanzar un plan de reestructuración. Todo ello a los efectos y con el alcance establecido en los arts. 585 ss. y concordantes TRLC.

II. Que mediante Decreto de fecha ...., por el Letrado de la Administración de Justicia se dejó constancia de la comunicación presentada, ordenándose la publicación en el Registro Público Concursal de la citada resolución.

III. Que al amparo de lo dispuesto en el art. 607.1 TRLC, y mediante escrito de fecha ... la sociedad deudora .... (o los acreedores) solicito/solicitaron la concesión de prórroga de los efectos de esa comunicación por un periodo de hasta otros tres meses sucesivos, que fue concedida mediante auto de este Jugado de fecha ..., publicado en el Registro Público Concursal en fecha ......

IV. Que mediante escrito de fecha ..., la sociedad .... han solicitado, al amparo de lo dispuesto en el art. 608.1.3° TRLC, el levantamiento de la citada prórroga en los términos de dicho escrito.

V. Que a la referida solicitud levantatoria se ha tramitado conforme a las normas del recurso de reposición, dando traslado de la misma a ... y demás partes personadas, con el resultado obrante en autos.

FUNDAMENTOS DE DERECHO

PRIMERO. Que este Tribunal es competente para conocer de la presente solicitud al ser el correspondiente al lugar donde se halla el centro de los intereses principales de .... y ser el que conoce de la comunicación de apertura de negociaciones reseñada en los antecedentes de hecho de esta resolución. (arts. 44, 45, 49, 585, 593 y 608 TRLC).

SEGUNDO. Que la referida solicitud cumple los requisitos formales peticionados al efecto, estando plenamente legitimada .... para solicitar de este Tribunal el levantamiento prorrogatorio efectual antes reseñado, dada su condición de acreedor en los términos del art. 608.1.3° TRLC.

TERCERO. Que conforme señala el art. 608.1 TRLC, el tribunal deberá dejar sin efecto la prórroga:

1.° A solicitud del deudor o del experto en la reestructuración si hubiera sido nombrado;

2.° A solicitud de los acreedores que representen al menos el cuarenta por ciento del pasivo que, en el momento de esta solicitud, pueda resultar afectado por el plan de reestructuración, deducido el importe de los créditos que en caso de concurso tendrían la consideración de subordinados; o

3.° A solicitud de cualquier acreedor, en cuyo caso este deberá acreditar que la prórroga de los efectos de la comunicación ha dejado de cumplir el objetivo de favorecer las negociaciones del plan de reestructuración.

Por otro lado, art. 608.3 TRLC, la citada solicitud se tramitará conforme a las normas del recurso de reposición, que podrá interponerse en cualquier momento mientras esté vigente la prórroga

CUARTO. Que a la vista de lo tajante del contenido del art. 608.1.3° TRLC, que no somete a requisito o condición alguna la solicitud levantatoria formulada por los ....S.L, salvo la acreditación que la comunicación ha dejado cumplir el objetivo de favorecer las negociaciones del plan de reestructuración, este tribunal viene compelido ex lege a su apreciación sin más trámite o exigencia alguna. Y la pérdida del citado objetivo es evidente a la vista que ...., lo que acreditado .... S.L a través de ....

Visto lo expuesto y demás normativa de aplicación

DISPONGO

Que estimo la solicitud formulada por la procuradora de los Tribunales ...., en nombre y representación de ......, y dejo sin efecto la prórroga acordada por este Tribunal en las presentes actuaciones autos ...., mediante auto de fecha ......

Notifíquese por el Letrado de la Administración de Justicia la resolución al deudor, al experto en reestructuraciones .... SLP, ..., y demás partes personadas a través de su respectiva representación procesal.

Diríjase por el Sr. Letrado de la Administración de Justicia la presente resolución, en el día de hoy, y por medios electrónicos, al Registro público concursal, así como a cada uno de los Tribunales o autoridades administrativas que esté conociendo de las ejecuciones a fin de que tomen conocimiento del contenido de la presente resolución. Inscríbase la presente resolución en el Registro público concursal. Líbrense al efecto los oportunos edictos.

La presente resolución no es firme y contra la misma cabe recurso de reposición en el plazo de cinco días a contar desde su notificación, en los términos legalmente establecidos.

De conformidad con lo establecido en la Disposición Adicional 15ª LOPJ (según la redacción dada por la LO 1/09), la interposición de recurso contra resoluciones judiciales no podrá ser admitida a trámite sin la acreditación del depósito previsto en la citada Ley a efectos de recurrir, debiendo presentarse copia o resguardo de tal depósito en la cuenta de consignaciones de este Tribunal.

Todo lo cual pronuncia, manda y firma el Ilmo. Sr. ..., Magistrado titular de la plaza ...., de la sección de lo mercantil del Tribunal de Instancia de ......

F092. AUTO DESESTIMANDO EL LEVANTAMIENTO DE LA PRORROGA DE EFECTOS. SOLICITUD DE ACREEDOR

En la ciudad de .... a ...... de .... de ....

ANTECEDENTES DE HECHO

I. Que en fecha ......, la sociedad .... y mediante escrito de fecha ...., comunico a este Tribunal que había iniciado negociaciones para alcanzar un plan de reestructuración. Todo ello a los efectos y con el alcance establecido en los arts. 585 ss. y concordantes TRLC.

II. Que mediante Decreto de fecha ...., por el Letrado de la Administración de Justicia se dejó constancia de la comunicación presentada, ordenándose la publicación en el Registro Público Concursal de la citada resolución.

III. Que al amparo de lo dispuesto en el art. 607.1 TRLC, y mediante escrito de fecha ... la sociedad deudora .... (o los acreedores) solicito/solicitaron la concesión de prórroga de los efectos de esa comunicación por un periodo de hasta otros tres meses sucesivos, que fue concedida mediante auto de este Jugado de fecha ..., publicado en el Registro Público Concursal en fecha ......

IV. Que mediante escrito de fecha ..., las sociedades ...... (o la sociedad ....) han solicitado, al amparo de lo dispuesto en el art. 608.1.2° TRLC (o en el art. 608.1.3° TRLC), el levantamiento de la citada prórroga en los términos de dicho escrito.

V. Que a la referida solicitud levantatoria se ha tramitado conforme a las normas del recurso de reposición, dando traslado de la misma a ... y demás partes personadas, con el resultado obrante en autos.

FUNDAMENTOS DE DERECHO

PRIMERO. Que este Tribunal es competente para conocer de la presente solicitud al ser el correspondiente al lugar donde se halla el centro de los intereses principales de .... y ser el que conoce de la comunicación de apertura de negociaciones reseñada en los antecedentes de hecho de esta resolución. (arts. 44, 45, 49, 585, 593 y 608 TRLC).

SEGUNDO. Que la referida solicitud cumple los requisitos formales peticionados al efecto, estando plenamente/s legitimada/s .... para solicitar de este Tribunal el levantamiento prorrogatorio efectual antes reseñado, dada su condición de acreedores que titularizan el ...... por ciento del pasivo determinado conforme señala el art. 608.1.2.° TRLC (o de acreedor en los términos del art. 608.1.3° TRLC).

TERCERO. Que conforme señala el art. 608.1 TRLC, el tribunal deberá dejar sin efecto la prórroga:

1.° A solicitud del deudor o del experto en la reestructuración si hubiera sido nombrado;

2.° A solicitud de los acreedores que representen al menos el cuarenta por ciento del pasivo que, en el momento de esta solicitud, pueda resultar afectado por el plan de reestructuración, deducido el importe de los créditos que en caso de concurso tendrían la consideración de subordinados; o

3.° A solicitud de cualquier acreedor, en cuyo caso este deberá acreditar que la prórroga de los efectos de la comunicación ha dejado de cumplir el objetivo de favorecer las negociaciones del plan de reestructuración.

Por otro lado, art. 608.3 TRLC, la citada solicitud se tramitará conforme a las normas del recurso de reposición, que podrá interponerse en cualquier momento mientras esté vigente la prórroga

CUARTO. Que a la vista de lo tajante del contenido del art. 608.1.2° TRLC (o art. 608.1.3° TRLC), que no somete a requisito o condición alguna la solicitud levantatoria formulada por los ....S.L, salvo la concurrencia del referido quorum acrediticio (o la acreditación que la comunicación ha dejado cumplir el objetivo de favorecer las negociaciones del plan de reestructuración), este tribunal viene compelido ex lege a su apreciación sin más trámite o exigencia alguna.

Pero, en este caso, vemos como no concurre el citado porcentaje de acreedores preciso para dejar sin efecto la referida prorroga. Así resulta del pasivo y lista de acreedores acompañada por el deudor a su comunicación de apertura de negociaciones, que no ha sido modificada, sin que las sociedades ...... hayan devirtuado el contenido de lo resultante de tal pasivo y lista comunicada

ALTERNATIVA: Pero en este caso, ... S.L no solo no ha acreditado la concurrencia de la pérdida del citado objetivo sino mas bien lo contrario dado ....

Visto lo expuesto y demás normativa de aplicación

DISPONGO

Que desestimo la solicitud formulada por la procuradora de los Tribunales ...., en nombre y representación de ......, y dejo sin efecto la prórroga acordada por este Tribunal en las presentes actuaciones autos ...., mediante auto de fecha ......

Notifíquese por el Letrado de la Administración de Justicia la resolución al deudor, al experto en reestructuraciones .... SLP, ..., y demás partes personadas a través de su respectiva representación procesal.

La presente resolución no es firme y contra la misma cabe recurso de reposición en el plazo de cinco días a contar desde su notificación, en los términos legalmente establecidos.

De conformidad con lo establecido en la Disposición Adicional 15ª LOPJ (según la redacción dada por la LO 1/09), la interposición de recurso contra resoluciones judiciales no podrá ser admitida a trámite sin la acreditación del depósito previsto en la citada Ley a efectos de recurrir, debiendo presentarse copia o resguardo de tal depósito en la cuenta de consignaciones de este Tribunal.

Todo lo cual pronuncia, manda y firma el Ilmo. Sr. ..., Magistrado titular de la plaza ...., de la sección de lo mercantil del Tribunal de Instancia de ......

F093. ESCRITO DEL DEUDOR SOLICITANDO EL LEVANTAMIENTO DE LA SEGUNDA PRORROGA DE EFECTOS DE LA COMUNICACIÓN

AL TRIBUNAL DE INSTANCIA DE .... SECCIÓN
DE LO MERCANTIL (PLAZA NÚM. ......)

..............., Procurador de los Tribunales (núm. .... de colegiado) y de la compañía .... S.A., con domicilio en ...., calle .... núm. .... y CIF ...., cuya representación acredito en el expediente de constancia de comunicación núm. autos ...., ante este Tribunal comparezco en las citadas actuaciones bajo la dirección letrada de Don ...., abogado del Ilustre Colegio de .... (núm. .... de colegiado), y como mejor proceda en Derecho DIGO:

I. Que mi principal, mediante escrito de fecha ...., comunicó a este Tribunal que había iniciado negociaciones para alcanzar un plan de reestructuración. Todo ello a los efectos y con el alcance establecido en los arts. 585 ss. y concordantes TRLC.

II. Que mediante Decreto de fecha ...., por el Letrado de la Administración de Justicia se dejó constancia de la comunicación presentada, ordenándose la publicación en el Registro Público Concursal de la citada resolución.

III. Que al amparo de lo dispuesto en el art. 607.1 TRLC, esta parte solicitó la concesión de prórroga de los efectos de esa comunicación por un periodo de hasta otros tres meses sucesivos, que fue concedida mediante auto de fecha ...., publicado en el Registro Público Concursal.

IV.– Que igualmente al amparo del art. 607.1 TRLC, se solicitó por ....la concesión de una nueva y segunda prórroga de los efectos de esa comunicación por un periodo de hasta otros tres meses sucesivos.

V. Dicha segunda prorroga, que actualmente se halla en vigor, le fue concedida mediante auto de fecha ...... que fue objeto de publicidad en el Registro Publico Concursal.

VI. Que de conformidad con lo dispuesto en el art. 608.1.1° TRLC esta parte solicita que se deje sin efecto la citada y nueva prórroga, dado que carece de sentido mantener la misma a la vista que ....

En virtud de lo expuesto,

SUPLICO AL TRIBUNAL que tenga por presentado este escrito, junto a los documentos a él unidos y sus copias, se sirva admitirlo y previos los oportunos trámites legales, se sirva acordar dejar sin efecto la segunda prórroga en su día concedida mediante auto de fecha ......

Es Justicia que pido en .... a ...... de .... de dos mil ......

F094. ESCRITO DEL EXPERTO EN REESTRUCTURACIONES SOLICITANDO EL LEVANTAMIENTO DE LA SEGUNDA PRÓRROGA DE EFECTOS DE LA COMUNICACIÓN

AL TRIBUNAL DE INSTANCIA DE .... SECCIÓN
DE LO MERCANTIL (PLAZA NÚM. ......)

.............., experto en reestructuraciones designado en el expediente de constancia de comunicación núm. autos ...., ante este Tribunal comparezco en las citadas actuaciones, y como mejor proceda en Derecho DIGO:

I. Que .... S.L, mediante escrito de fecha ...., comunicó a este Tribunal que había iniciado negociaciones para alcanzar un plan de reestructuración. Todo ello a los efectos y con el alcance establecido en los arts. 585 ss. y concordantes TRLC.

II. Que mediante Decreto de fecha ...., por el Letrado de la Administración de Justicia se dejó constancia de la comunicación presentada, ordenándose la publicación en el Registro Público Concursal de la citada resolución.

III. Que al amparo de lo dispuesto en el art. 607.1 TRLC, el deudor solicitó la concesión de prórroga de los efectos de esa comunicación por un periodo de hasta otros tres meses sucesivos, que fue concedida mediante auto de fecha ...., publicado en el Registro Público Concursal.

IV.– Que igualmente al amparo del art. 607.1 TRLC, se solicitó por ....la concesión de una nueva y segunda prórroga de los efectos de esa comunicación por un periodo de hasta otros tres meses sucesivos.

V. Dicha segunda prorroga, que actualmente se halla en vigor, le fue concedida mediante auto de fecha ...... que fue objeto de publicidad en el Registro Publico Concursal.

VI. Que de conformidad con lo dispuesto en el art. 608.1.1° TRLC este experto en reestructuraciones solicita que se deje sin efecto la citada nueva y segunda prórroga, dado que carece de sentido mantener la misma a la vista que ....

En virtud de lo expuesto,

SUPLICO AL TRIBUNAL que tenga por presentado este escrito, junto a los documentos a él unidos y sus copias, se sirva admitirlo y previos los oportunos trámites legales, se sirva acordar dejar sin efecto la segunda prórroga en su día concedida mediante auto de fecha ......

Es Justicia que pido en .... a ...... de .... de dos mil ......

F095. ESCRITO DE ACREEDORES SOLICITANDO EL LEVANTAMIENTO DE LA SEGUNDA PRORROGA DE EFECTOS DE LA COMUNICACIÓN

AL TRIBUNAL DE INSTANCIA DE .... SECCIÓN
DE LO MERCANTIL (PLAZA NÚM. ......)

..............., Procurador de los Tribunales (núm. .... de colegiado) y de las compañías ...., con domicilio en ...., calle .... núm. .... y CIF ...., cuya representación acredito en el expediente de constancia de comunicación núm. autos ...., ante este Tribunal comparezco en las citadas actuaciones bajo la dirección letrada de Don ...., abogado del Ilustre Colegio de .... (núm. .... de colegiado), y como mejor proceda en Derecho DIGO:

I. Que la sociedad ....S.L, mediante escrito de fecha ...., comunicó a este Tribunal que había iniciado negociaciones para alcanzar un plan de reestructuración. Todo ello a los efectos y con el alcance establecido en los arts. 585 ss. y concordantes TRLC.

II. Que mediante Decreto de fecha ...., por el Letrado de la Administración de Justicia se dejó constancia de la comunicación presentada, ordenándose la publicación en el Registro Público Concursal de la citada resolución.

III. Que al amparo de lo dispuesto en el art. 607.1 TRLC, la deudora solicitó la concesión de prórroga de los efectos de esa comunicación por un periodo de hasta otros tres meses sucesivos, que fue concedida mediante auto de fecha ...., publicado en el Registro Público Concursal.

IV.– Que igualmente al amparo del art. 607.1 TRLC, se solicitó por .... la concesión de una nueva y segunda prórroga de los efectos de esa comunicación por un periodo de hasta otros tres meses sucesivos.

V. Dicha segunda prorroga, que actualmente se halla en vigor, le fue concedida mediante auto de fecha ...... que fue objeto de publicidad en el Registro Público Concursal...

VI. Que de conformidad con lo dispuesto en el art. 608.1.2° TRLC esta parte solicita que se deje sin efecto la citada segunda prórroga, dado que carece de sentido mantener la misma a la vista que ....

A los efectos oportunos, se deja expresa constancia que la citada petición levantatoria es formulada por esta parte en su condición acreedora representativa de, al menos, el cuarenta por cierto del pasivo que, al momento de esta solicitud, pueda quedan afectado por el plan de reestructuración deducidos los que, caso de posterior concurso, tendrían la consideración de subordinados. Concretamente, ... por ciento del referido pasivo así calculado. Así resulta de la lista de acreedores y pasivo comunicado por el deudor en las presentes actuaciones, que no han sido objeto de modificación, y de .... (DOCUMENTOS ......)

En virtud de lo expuesto,

SUPLICO AL TRIBUNAL que tenga por presentado este escrito, junto a los documentos a él unidos y sus copias, se sirva admitirlo y previos los oportunos trámites legales, se sirva acordar dejar sin efecto la segunda prórroga en su día concedida mediante auto de fecha ......

Es Justicia que pido en .... a ...... de .... de dos mil ......

F096. ESCRITO DE ACREEDOR SOLICITANDO EL LEVANTAMIENTO DE LA SEGUNDA PRORROGA DE EFECTOS DE LA COMUNICACIÓN

AL TRIBUNAL DE INSTANCIA DE .... SECCIÓN
DE LO MERCANTIL (PLAZA NÚM. ......)

..............., Procurador de los Tribunales (núm. .... de colegiado) y de la compañía ...., con domicilio en ...., calle .... núm. .... y CIF ...., cuya representación acredito en el expediente de constancia de comunicación núm. autos ...., ante este Tribunal comparezco en las citadas actuaciones bajo la dirección letrada de Don ...., abogado del Ilustre Colegio de .... (núm. .... de colegiado), y como mejor proceda en Derecho DIGO:

I. Que la sociedad ....S.L, mediante escrito de fecha ...., comunicó a este Tribunal que había iniciado negociaciones para alcanzar un plan de reestructuración. Todo ello a los efectos y con el alcance establecido en los arts. 585 ss. y concordantes TRLC.

II. Que mediante Decreto de fecha ...., por el Letrado de la Administración de Justicia se dejó constancia de la comunicación presentada, ordenándose la publicación en el Registro Público Concursal de la citada resolución.

III. Que al amparo de lo dispuesto en el art. 607.1 TRLC, la deudora solicitó la concesión de prórroga de los efectos de esa comunicación por un periodo de hasta otros tres meses sucesivos, que fue concedida mediante auto de fecha ...., publicado en el Registro Público Concursal.

IV.– Que igualmente al amparo del art. 607.1 TRLC, se solicitó la concesión de una nueva y segunda prórroga de los efectos de esa comunicación por un periodo de hasta otros tres meses sucesivos.

V. Dicha segunda prórroga, que actualmente se halla en vigor, le fue concedida mediante auto de fecha ...... que fue objeto de publicidad en el Registro Público Concursal...

VI. Que de conformidad con lo dispuesto en el art. 608.1.3º TRLC esta parte solicita que se deje sin efecto la citada prórroga, ya que ha dejado de cumplir el objetivo de favorecer las negociaciones del plan de reestructuración a la vista que .... Todo ello se acredita .... (DOCUMENTOS ...)

A los efectos oportunos, se deja expresa constancia que la citada petición levantatoria es formulada por esta parte en su condición acreedora de la mercantil .... S.L. Así resulta de la lista de acreedores y pasivo comunicado por el deudor en las presentes actuaciones, que no han sido objeto de modificación, y de .... (DOCUMENTOS ......)

En virtud de lo expuesto,

SUPLICO AL TRIBUNAL que tenga por presentado este escrito, junto a los documentos a él unidos y sus copias, se sirva admitirlo y previos los oportunos trámites legales, se sirva acordar dejar sin efecto la prórroga en su día concedida mediante auto de fecha ......

Es Justicia que pido en .... a ...... de .... de dos mil ......

F097. AUTO ESTIMANDO EL LEVANTAMIENTO DE LA SEGUNDA PRORROGA DE EFECTOS. SOLICITUD DE DEUDOR

En la ciudad de .... a ...... de .... de ....

ANTECEDENTES DE HECHO

I. Que en fecha ......, la sociedad .... y mediante escrito de fecha ...., comunico a este Tribunal que había iniciado negociaciones para alcanzar un plan de reestructuración. Todo ello a los efectos y con el alcance establecido en los arts. 585 ss. y concordantes TRLC.

II. Que mediante Decreto de fecha ...., por el Letrado de la Administración de Justicia se dejó constancia de la comunicación presentada, ordenándose la publicación en el Registro Público Concursal de la citada resolución.

III. Que al amparo de lo dispuesto en el art. 607.1 TRLC, y mediante escrito de fecha ... la sociedad deudora .... (o los acreedores) solicito/solicitaron la concesión de prórroga de los efectos de esa comunicación por un periodo de hasta otros tres meses sucesivos, que fue concedida mediante auto de este Jugado de fecha ..., publicado en el Registro Público Concursal en fecha ......

IV. Que igualmente al amparo de lo dispuesto en el art. 607.1 TRLC, y mediante escrito de fecha ... la sociedad deudora .... (o los acreedores) solicito/solicitaron la concesión de una segunda prórroga de los efectos de esa comunicación por un periodo de hasta otros tres meses sucesivos, que fue concedida mediante auto de este Jugado de fecha ..., publicado en el Registro Público Concursal en fecha ......

V. Que mediante escrito de fecha ..., la deudora ha solicitado, al amparo de lo dispuesto en el art. 608.1.1° TRLC, el levantamiento de la citada prórroga en los términos de dicho escrito.

VI. Que a la referida solicitud levantatoria se ha tramitado conforme a las normas del recurso de reposición, dando traslado de la misma a ... y demás partes personadas, con el resultado obrante en autos.

FUNDAMENTOS DE DERECHO

PRIMERO. Que este Tribunal es competente para conocer de la presente solicitud al ser el correspondiente al lugar donde se halla el centro de los intereses principales de .... S.L y ser el que conoce de la comunicación de apertura de negociaciones reseñada en los antecedentes de hecho de esta resolución. (arts. 44, 45, 49, 585, 593 y 608 TRLC).

SEGUNDO. Que la referida solicitud cumple los requisitos formales peticionados al efecto, estando plenamente legitimada .... S.L para solicitar de este Tribunal el levantamiento prorrogatorio antes reseñado, dada su condición deudora (art. 608.1.1° TRLC).

TERCERO. Que conforme señala el art. 608.1 TRLC, el tribunal deberá dejar sin efecto la citada segunda prórroga acordada en las presentes actuaciones:

1.° A solicitud del deudor o del experto en la reestructuración si hubiera sido nombrado;

2.° A solicitud de los acreedores que representen al menos el cuarenta por ciento del pasivo que, en el momento de esta solicitud, pueda resultar afectado por el plan de reestructuración, deducido el importe de los créditos que en caso de concurso tendrían la consideración de subordinados; o

3.ª A solicitud de cualquier acreedor, en cuyo caso este deberá acreditar que la prórroga de los efectos de la comunicación ha dejado de cumplir el objetivo de favorecer las negociaciones del plan de reestructuración.

Por otro lado, art. 608.3 TRLC, la citada solicitud se tramitará conforme a las normas del recurso de reposición, que podrá interponerse en cualquier momento mientras esté vigente la prórroga

TERCERO. Que a la vista de lo tajante del contenido del art. 608.1 TRLC, que no somete a requisito o condición alguna la solicitud levantatoria formulada por el deudor, este tribunal viene compelido ex lege a su apreciación sin más trámite o exigencia alguna. En cualquier caso, procede dejar sin efecto la citada segunda prorroga a la vista que, tal y como señala la deudora, ...

Visto lo expuesto y demás normativa de aplicación

DISPONGO

Que estimo la solicitud formulada por la procuradora de los Tribunales ...., en nombre y representación de ......, y dejó sin efecto la segunda prórroga acordada por este Tribunal en las presentes actuaciones autos ...., mediante auto de fecha ......

Notifíquese por el Letrado de la Administración de Justicia la resolución al deudor, al experto en reestructuraciones .... SLP, y demás partes personadas a través de su respectiva representación procesal.

Diríjase por el Sr. Letrado de la Administración de Justicia la presente resolución, en el día de hoy, y por medios electrónicos, al Registro público concursal, así como a cada uno de los Tribunales o autoridades administrativas que esté conociendo de las ejecuciones a fin de que tomen conocimiento del contenido de la presente resolución. Inscríbase la presente resolución en el Registro público concursal. Líbrense al efecto los oportunos edictos.

La presente resolución no es firme y contra la misma cabe recurso de reposición en el plazo de cinco días a contar desde su notificación, en los términos legalmente establecidos.

De conformidad con lo establecido en la Disposición Adicional 15ª LOPJ (según la redacción dada por la LO 1/09), la interposición de recurso contra resoluciones judiciales no podrá ser admitida a trámite sin la acreditación del depósito previsto en la citada Ley a efectos de recurrir, debiendo presentarse copia o resguardo de tal depósito en la cuenta de consignaciones de este Tribunal.

Todo lo cual pronuncia, manda y firma el Ilmo. Sr. ..., Magistrado titular de la plaza ...., de la sección de lo mercantil del Tribunal de Instancia de ......

F098. AUTO ESTIMANDO EL LEVANTAMIENTO DE LA PRORROGA DE EFECTOS. SOLICITUD DE EXPERTO EN REESTRUCTURACIONES

En la ciudad de .... a ...... de .... de ....

ANTECEDENTES DE HECHO

I. Que en fecha ......, la sociedad .... y mediante escrito de fecha ...., comunico a este Tribunal que había iniciado negociaciones para alcanzar un plan de reestructuración. Todo ello a los efectos y con el alcance establecido en los arts. 585 ss. y concordantes TRLC.

II. Que mediante Decreto de fecha ...., por el Letrado de la Administración de Justicia se dejó constancia de la comunicación presentada, ordenándose la publicación en el Registro Público Concursal de la citada resolución.

III. Que mediante auto de fecha ......, y en las presentes actuaciones, Don .... fue designado experto en materia de reestructuración.

IV. Que al amparo de lo dispuesto en el art. 607.1 TRLC, y mediante escrito de fecha ... la sociedad deudora .... (o los acreedores) solicito/solicitaron la concesión de prórroga de los efectos de esa comunicación por un periodo de hasta otros tres meses sucesivos, que fue concedida mediante auto de este Jugado de fecha ..., publicado en el Registro Público Concursal en fecha ......

V. Que igualmente al amparo de lo dispuesto en el art. 607.1 TRLC, y mediante escrito de fecha ... la sociedad deudora .... (o los acreedores) solicito/solicitaron la concesión de una segunda prórroga de los efectos de esa comunicación por un periodo de hasta otros tres meses sucesivos, que fue concedida mediante auto de este Jugado de fecha ..., publicado en el Registro Público Concursal en fecha ......

VI. Que mediante escrito de fecha ..., el experto en reestructuraciones ha solicitado, al amparo de lo dispuesto en el art. 608.1.1° TRLC, el levantamiento de la citada segunda prórroga en los términos de dicho escrito.

VII. Que a la referida solicitud levantatoria se ha tramitado conforme a las normas del recurso de reposición, dando traslado de la misma a ... y demás partes personadas, con el resultado obrante en autos.

FUNDAMENTOS DE DERECHO

PRIMERO. Que este Tribunal es competente para conocer de la presente solicitud al ser el correspondiente al lugar donde se halla el centro de los intereses principales de .... S.L y ser el que conoce de la comunicación de apertura de negociaciones reseñada en los antecedentes de hecho de esta resolución. (arts. 44, 45, 49, 585, 593 y 608 TRLC).

SEGUNDO. Que la referida solicitud cumple los requisitos formales peticionados al efecto, estando plenamente legitimado ...... para solicitar de este Tribunal el levantamiento prorrogatorio antes reseñado, dada su condición de experto en reestructuraciones nominado en los presentes autos ... (art. 608.1.1° TRLC).

TERCERO. Que conforme señala el art. 608.1 TRLC, el tribunal deberá dejar sin efecto la segunda prórroga acordada en las presentes actuaciones:

1.° A solicitud del deudor o del experto en la reestructuración si hubiera sido nombrado;

2.° A solicitud de los acreedores que representen al menos el cuarenta por ciento del pasivo que, en el momento de esta solicitud, pueda resultar afectado por el plan de reestructuración, deducido el importe de los créditos que en caso de concurso tendrían la consideración de subordinados; o

3.° A solicitud de cualquier acreedor, en cuyo caso este deberá acreditar que la prórroga de los efectos de la comunicación ha dejado de cumplir el objetivo de favorecer las negociaciones del plan de reestructuración.

Por otro lado, art. 608.3 TRLC, la citada solicitud se tramitará conforme a las normas del recurso de reposición, que podrá interponerse en cualquier momento mientras esté vigente la prórroga

TERCERO. Que a la vista de lo tajante del contenido del art. 608.1 TRLC, que no somete a requisito o condición alguna la solicitud levantatoria formulada por el experto en reestrucuturaciones, este tribunal viene compelido ex lege a su apreciación sin más trámite ni exigencia alguna. En cualquier caso, procede dejar sin efecto la citada segunda prorroga a la vista que, tal y como señala el referido experto, ...

Visto lo expuesto y demás normativa de aplicación

DISPONGO

Que estimo la solicitud formulada por Don ...., experto en reestructuraciones designado en las presentes actuaciones, y dejo sin efecto la segunda prórroga acordada por este Tribunal mediante auto de fecha ......

Notifíquese por el Letrado de la Administración de Justicia la resolución al deudor, al experto en reestructuraciones ...., y demás partes personadas a través de su respectiva representación procesal.

Diríjase por el Sr. Letrado de la Administración de Justicia la presente resolución, en el día de hoy, y por medios electrónicos, al Registro público concursal, así como a cada uno de los Tribunales o autoridades administrativas que esté conociendo de las ejecuciones a fin de que tomen conocimiento del contenido de la presente resolución. Inscríbase la presente resolución en el Registro público concursal. Líbrense al efecto los oportunos edictos.

La presente resolución no es firme y contra la misma cabe recurso de reposición en el plazo de cinco días a contar desde su notificación, en los términos legalmente establecidos.

De conformidad con lo establecido en la Disposición Adicional 15ª LOPJ (según la redacción dada por la LO 1/09), la interposición de recurso contra resoluciones judiciales no podrá ser admitida a trámite sin la acreditación del depósito previsto en la citada Ley a efectos de recurrir, debiendo presentarse copia o resguardo de tal depósito en la cuenta de consignaciones de este Tribunal.

Todo lo cual pronuncia, manda y firma el Ilmo. Sr. ..., Magistrado titular de la plaza ...., de la sección de lo mercantil del Tribunal de Instancia de ......

F099. AUTO ESTIMANDO EL LEVANTAMIENTO DE LA SEGUNDA PRORROGA DE EFECTOS. SOLICITUD DE ACREEDORES

En la ciudad de .... a ...... de .... de ....

ANTECEDENTES DE HECHO

I. Que en fecha ......, la sociedad .... y mediante escrito de fecha ...., comunico a este Tribunal que había iniciado negociaciones para alcanzar un plan de reestructuración. Todo ello a los efectos y con el alcance establecido en los arts. 585 ss. y concordantes TRLC.

II. Que mediante Decreto de fecha ...., por el Letrado de la Administración de Justicia se dejó constancia de la comunicación presentada, ordenándose la publicación en el Registro Público Concursal de la citada resolución.

III. Que al amparo de lo dispuesto en el art. 607.1 TRLC, y mediante escrito de fecha ... la sociedad deudora .... (o los acreedores) solicito/solicitaron la concesión de prórroga de los efectos de esa comunicación por un periodo de hasta otros tres meses sucesivos, que fue concedida mediante auto de este Jugado de fecha ..., publicado en el Registro Público Concursal en fecha ......

IV. Que igualmente al amparo de lo dispuesto en el art. 607.1 TRLC, y mediante escrito de fecha ... la sociedad deudora .... (o los acreedores) solicito/solicitaron la concesión de una segunda prórroga de los efectos de esa comunicación por un periodo de hasta otros tres meses sucesivos, que fue concedida mediante auto de este Jugado de fecha ..., publicado en el Registro Público Concursal en fecha ......

V. Que mediante escrito de fecha ..., las sociedades .... han solicitado, al amparo de lo dispuesto en el art. 608.1.2º TRLC, el levantamiento de la citada segunda prórroga en los términos de dicho escrito.

V. Que a la referida solicitud levantatoria se ha tramitado conforme a las normas del recurso de reposición, dando traslado de la misma a ... y demás partes personadas, con el resultado obrante en autos.

FUNDAMENTOS DE DERECHO

PRIMERO. Que este Tribunal es competente para conocer de la presente solicitud al ser el correspondiente al lugar donde se halla el centro de los intereses principales de .... y ser el que conoce de la comunicación de apertura de negociaciones reseñada en los antecedentes de hecho de esta resolución. (arts. 44, 45, 49, 585, 593 y 608 TRLC).

SEGUNDO. Que la referida solicitud cumple los requisitos formales peticionados al efecto, estando plenamente legitimadas para solicitar de este Tribunal el levantamiento prorrogatorio efectual antes reseñado, dada su condición de acreedores que titularizan el ...... por ciento del pasivo determinado conforme señala el art. 608.1.2.° TRLC.

TERCERO. Que conforme señala el art. 608.1 TRLC, el tribunal deberá dejar sin efecto la segunda prórroga acordada en las presentes actuaciones:

1.° A solicitud del deudor o del experto en la reestructuración si hubiera sido nombrado;

2.° A solicitud de los acreedores que representen al menos el cuarenta por ciento del pasivo que, en el momento de esta solicitud, pueda resultar afectado por el plan de reestructuración, deducido el importe de los créditos que en caso de concurso tendrían la consideración de subordinados; o

3.° A solicitud de cualquier acreedor, en cuyo caso este deberá acreditar que la prórroga de los efectos de la comunicación ha dejado de cumplir el objetivo de favorecer las negociaciones del plan de reestructuración.

Por otro lado, art. 608.3 TRLC, la citada solicitud se tramitará conforme a las normas del recurso de reposición, que podrá interponerse en cualquier momento mientras esté vigente la prórroga

CUARTO. Que a la vista de lo tajante del contenido del art. 608.1.2° TRLC, que no somete a requisito o condición alguna la solicitud levantatoria formulada por los citados acreedores, salvo la acreditación del referido quorum de pasivo y que resulta acreditada de la lista de acreedores y pasivo comunicado por el deudor en las presentes actuaciones, que no han sido objeto de modificación, y de ......, este tribunal viene compelido ex lege a su apreciación sin más trámite o exigencia alguna. En cualquier caso, procede dejar sin efecto la citada segunda prorroga a la vista que, tal y como señalan las citadas compañías acreedoras, ...

Visto lo expuesto y demás normativa de aplicación

DISPONGO

Que estimo la solicitud formulada por la procuradora de los Tribunales ...., en nombre y representación de ......, y dejo sin efecto la segunda prórroga acordada por este Tribunal en las presentes actuaciones, autos ...., mediante auto de fecha ......

Notifíquese por el Letrado de la Administración de Justicia la resolución al deudor, al experto en reestructuraciones .... SLP, ... y demás partes personadas a través de su respectiva representación procesal.

Diríjase por el Sr. Letrado de la Administración de Justicia la presente resolución, en el día de hoy, y por medios electrónicos, al Registro público concursal, así como a cada uno de los Tribunales o autoridades administrativas que esté conociendo de las ejecuciones a fin de que tomen conocimiento del contenido de la presente resolución. Inscríbase la presente resolución en el Registro público concursal. Líbrense al efecto los oportunos edictos.

La presente resolución no es firme y contra la misma cabe recurso de reposición en el plazo de cinco días a contar desde su notificación, en los términos legalmente establecidos.

De conformidad con lo establecido en la Disposición Adicional 15ª LOPJ (según la redacción dada por la LO 1/09), la interposición de recurso contra resoluciones judiciales no podrá ser admitida a trámite sin la acreditación del depósito previsto en la citada Ley a efectos de recurrir, debiendo presentarse copia o resguardo de tal depósito en la cuenta de consignaciones de este Tribunal.

Todo lo cual pronuncia, manda y firma el Ilmo. Sr. ..., Magistrado titular de la plaza ...., de la sección de lo mercantil del Tribunal de Instancia de ......

F100. AUTO ESTIMANDO EL LEVANTAMIENTO DE LA SEGUNDA PRORROGA DE EFECTOS. SOLICITUD DE ACREEDOR

En la ciudad de .... a ...... de .... de ....

ANTECEDENTES DE HECHO

I. Que en fecha ......, la sociedad .... y mediante escrito de fecha ...., comunico a este Tribunal que había iniciado negociaciones para alcanzar un plan de reestructuración. Todo ello a los efectos y con el alcance establecido en los arts. 585 ss. y concordantes TRLC.

II. Que mediante Decreto de fecha ...., por el Letrado de la Administración de Justicia se dejó constancia de la comunicación presentada, ordenándose la publicación en el Registro Público Concursal de la citada resolución.

III. Que al amparo de lo dispuesto en el art. 607.1 TRLC, y mediante escrito de fecha ... la sociedad deudora .... (o los acreedores) solicito/solicitaron la concesión de prórroga de los efectos de esa comunicación por un periodo de hasta otros tres meses sucesivos, que fue concedida mediante auto de este Jugado de fecha ..., publicado en el Registro Público Concursal en fecha ......

IV. Que igualmente al amparo de lo dispuesto en el art. 607.1 TRLC, y mediante escrito de fecha ... la sociedad deudora .... (o los acreedores) solicito/solicitaron la concesión de una segunda prórroga de los efectos de esa comunicación por un periodo de hasta otros tres meses sucesivos, que fue concedida mediante auto de este Jugado de fecha ..., publicado en el Registro Público Concursal en fecha ......

V. Que mediante escrito de fecha ..., la sociedad .... han solicitado, al amparo de lo dispuesto en el art. 608.1.3° TRLC, el levantamiento de la citada segunda prórroga en los términos de dicho escrito.

VI. Que a la referida solicitud levantatoria se ha tramitado conforme a las normas del recurso de reposición, dando traslado de la misma a ... y demás partes personadas, con el resultado obrante en autos.

FUNDAMENTOS DE DERECHO

PRIMERO. Que este Tribunal es competente para conocer de la presente solicitud al ser el correspondiente al lugar donde se halla el centro de los intereses principales de .... y ser el que conoce de la comunicación de apertura de negociaciones reseñada en los antecedentes de hecho de esta resolución. (arts. 44, 45, 49, 585, 593 y 608 TRLC).

SEGUNDO. Que la referida solicitud cumple los requisitos formales peticionados al efecto, estando plenamente legitimada .... para solicitar de este Tribunal el levantamiento prorrogatorio efectual antes reseñado, dada su condición de acreedor en los términos del art. 608.1.3° TRLC.

TERCERO. Que conforme señala el art. 608.1 TRLC, el tribunal deberá dejar sin efecto la segunda prórroga acordada en estas actuaciones:

1.° A solicitud del deudor o del experto en la reestructuración si hubiera sido nombrado;

2.° A solicitud de los acreedores que representen al menos el cuarenta por ciento del pasivo que, en el momento de esta solicitud, pueda resultar afectado por el plan de reestructuración, deducido el importe de los créditos que en caso de concurso tendrían la consideración de subordinados; o

3.ª A solicitud de cualquier acreedor, en cuyo caso este deberá acreditar que la prórroga de los efectos de la comunicación ha dejado de cumplir el objetivo de favorecer las negociaciones del plan de reestructuración.

Por otro lado, art. 608.3 TRLC, la citada solicitud se tramitará conforme a las normas del recurso de reposición, que podrá interponerse en cualquier momento mientras esté vigente la prórroga.

CUARTO. Que a la vista de lo tajante del contenido del art. 608.1.3° TRLC, que no somete a requisito o condición alguna la solicitud levantatoria formulada por los ....S.L, salvo la acreditación que la comunicación ha dejado cumplir el objetivo de favorecer las negociaciones del plan de reestructuración, este tribunal viene compelido ex lege a su apreciación sin más trámite o exigencia alguna. Y la pérdida del citado objetivo es evidente a la vista que ...., lo que acreditado .... S.L a través de ....

Visto lo expuesto y demás normativa de aplicación.

DISPONGO

Que estimo la solicitud formulada por la procuradora de los Tribunales ...., en nombre y representación de ......, y dejo sin efecto la segunda prórroga acordada por este Tribunal en las presentes actuaciones, autos ...., mediante auto de fecha ......

Notifíquese por el Letrado de la Administración de Justicia la resolución al deudor, al experto en reestructuraciones .... SLP, ..., y demás partes personadas a través de su respectiva representación procesal.

Diríjase por el Sr. Letrado de la Administración de Justicia la presente resolución, en el día de hoy, y por medios electrónicos, al Registro público concursal, así como a cada una de los Tribunales o autoridades administrativas que esté conociendo de las ejecuciones a fin de que tomen conocimiento del contenido de la presente resolución. Inscríbase la presente resolución en el Registro público concursal. Líbrense al efecto los oportunos edictos.

La presente resolución no es firme y contra la misma cabe recurso de reposición en el plazo de cinco días a contar desde su notificación, en los términos legalmente establecidos.

De conformidad con lo establecido en la Disposición Adicional 15ª LOPJ (según la redacción dada por la LO 1/09), la interposición de recurso contra resoluciones judiciales no podrá ser admitida a trámite sin la acreditación del depósito previsto en la citada Ley a efectos de recurrir, debiendo presentarse copia o resguardo de tal depósito en la cuenta de consignaciones de este Tribunal.

Todo lo cual pronuncia, manda y firma el Ilmo. Sr. ..., Magistrado titular de la plaza ...., de la sección de lo mercantil del Tribunal de Instancia de ......

F101. AUTO DESESTIMANDO EL LEVANTAMIENTO DE LA PRORROGA DE EFECTOS. SOLICITUD DE ACREEDOR

En la ciudad de .... a ...... de .... de ....

ANTECEDENTES DE HECHO

I. Que en fecha ......, la sociedad .... y mediante escrito de fecha ...., comunico a este Tribunal que había iniciado negociaciones para alcanzar un plan de reestructuración. Todo ello a los efectos y con el alcance establecido en los arts. 585 ss. y concordantes TRLC.

II. Que mediante Decreto de fecha ...., por el Letrado de la Administración de Justicia se dejó constancia de la comunicación presentada, ordenándose la publicación en el Registro Público Concursal de la citada resolución.

III. Que al amparo de lo dispuesto en el art. 607.1 TRLC, y mediante escrito de fecha ... la sociedad deudora .... (o los acreedores) solicito/solicitaron la concesión de prórroga de los efectos de esa comunicación por un periodo de hasta otros tres meses sucesivos, que fue concedida mediante auto de este Jugado de fecha ..., publicado en el Registro Público Concursal en fecha ......

IV. Que igualmente al amparo de lo dispuesto en el art. 607.1 TRLC, y mediante escrito de fecha ... la sociedad deudora .... (o los acreedores) solicito/solicitaron la concesión de una segunda prórroga de los efectos de esa comunicación por un periodo de hasta otros tres meses sucesivos, que fue concedida mediante auto de este Jugado de fecha ..., publicado en el Registro Público Concursal en fecha ......

V. Que mediante escrito de fecha ..., las sociedades ...... (o la sociedad ....) han solicitado, al amparo de lo dispuesto en el art. 608.1.2° TRLC (o en el art. 608.1.3° TRLC), el levantamiento de la citada segunda prórroga en los términos de dicho escrito.

VI. Que a la referida solicitud levantatoria se ha tramitado conforme a las normas del recurso de reposición, dando traslado de la misma a ... y demás partes personadas, con el resultado obrante en autos.

FUNDAMENTOS DE DERECHO

PRIMERO. Que este Tribunal es competente para conocer de la presente solicitud al ser el correspondiente al lugar donde se halla el centro de los intereses principales de .... y ser el que conoce de la comunicación de apertura de negociaciones reseñada en los antecedentes de hecho de esta resolución. (arts. 44, 45, 49, 585, 593 y 608 TRLC).

SEGUNDO. Que la referida solicitud cumple los requisitos formales peticionados al efecto, estando plenamente/s legitimada/s .... para solicitar de este Tribunal el levantamiento prorrogatorio efectual antes reseñado, dada su condición de acreedores que titularizan el ...... por ciento del pasivo determinado conforme señala el art. 608.1.2.° TRLC (o de acreedor en los términos del art. 608.1.3° TRLC).

TERCERO. Que conforme señala el art. 608.1 TRLC, el tribunal deberá dejar sin efecto la segunda prórroga acordada en las presentes actuaciones:

1.° A solicitud del deudor o del experto en la reestructuración si hubiera sido nombrado;

2.° A solicitud de los acreedores que representen al menos el cuarenta por ciento del pasivo que, en el momento de esta solicitud, pueda resultar afectado por el plan de reestructuración, deducido el importe de los créditos que en caso de concurso tendrían la consideración de subordinados; o

3.ª A solicitud de cualquier acreedor, en cuyo caso este deberá acreditar que la prórroga de los efectos de la comunicación ha dejado de cumplir el objetivo de favorecer las negociaciones del plan de reestructuración.

Por otro lado, art. 608.3 TRLC, la citada solicitud se tramitará conforme a las normas del recurso de reposición, que podrá interponerse en cualquier momento mientras esté vigente la prórroga

CUARTO. Que a la vista de lo tajante del contenido del art. 608.1.2° TRLC (o art. 608.1.3° TRLC), que no somete a requisito o condición alguna la solicitud levantatoria formulada por los ....S.L, salvo la concurrencia del referido quorum acrediticio (o la acreditación que la comunicación ha dejado cumplir el objetivo de favorecer las negociaciones del plan de reestructuración), este tribunal viene compelido ex lege a su apreciación sin más trámite o exigencia alguna.

Pero, en este caso, vemos como no concurre el citado porcentaje de acreedores preciso para dejar sin efecto la referida segunda prorroga. Así resulta del pasivo y lista de acreedores acompañada por el deudor a su comunicación de apertura de negociaciones, que no ha sido modificada, sin que las sociedades ...... hayan devirtuado el contenido de lo resultante de tal pasivo y lista comunicada

ALTERNATIVA: Pero en este caso, ... S.L no solo no ha acreditado la concurrencia de la pérdida del citado objetivo sino mas bien lo contrario dado ....

Visto lo expuesto y demás normativa de aplicación

DISPONGO

Que desestimo la solicitud formulada por la procuradora de los Tribunales ...., en nombre y representación de ......, y dejo sin efecto la segunda prórroga acordada por este Tribunal en las presentes actuaciones, autos ...., mediante auto de fecha ......

Notifíquese por el Letrado de la Administración de Justicia la resolución al deudor, a ...., y demás partes personadas a través de su respectiva representación procesal.

La presente resolución no es firme y contra la misma cabe recurso de reposición en el plazo de cinco días a contar desde su notificación, en los términos legalmente establecidos.

De conformidad con lo establecido en la Disposición Adicional 15ª LOPJ (según la redacción dada por la LO 1/09), la interposición de recurso contra resoluciones judiciales no podrá ser admitida a trámite sin la acreditación del depósito previsto en la citada Ley a efectos de recurrir, debiendo presentarse copia o resguardo de tal depósito en la cuenta de consignaciones de este Tribunal.

Todo lo cual pronuncia, manda y firma el Ilmo. Sr. ..., Magistrado titular de la plaza ...., de la sección de lo mercantil del Tribunal de Instancia de ......

F102. ESCRITO DE ACREEDOR SOLICITANDO SU EXCLUSIÓN DE LA PRORROGA DE EFECTOS DE LA COMUNICACIÓN

AL TRIBUNAL DE INSTANCIA DE ..... SECCIÓN DE
LO MERCANTIL (PLAZA NÚM. ......)

.............., Procurador de los Tribunales (núm. .... de colegiado) y de la compañía ...., con domicilio en ...., calle .... núm. .... y CIF ...., cuya representación acredito en el expediente de constancia de comunicación núm. autos ...., ante este Tribunal comparezco en las citadas actuaciones bajo la dirección letrada de Don ...., abogado del Ilustre Colegio de .... (núm. .... de colegiado), y como mejor proceda en Derecho DIGO:

I. Que la sociedad ....S.L, mediante escrito de fecha ...., comunicó a este Tribunal que había iniciado negociaciones para alcanzar un plan de reestructuración. Todo ello a los efectos y con el alcance establecido en los arts. 585 ss. y concordantes TRLC.

II. Que mediante Decreto de fecha ...., por el Letrado de la Administración de Justicia se dejó constancia de la comunicación presentada, ordenándose la publicación en el Registro Público Concursal de la citada resolución.

III. Que al amparo de lo dispuesto en el art. 607.1 TRLC, la deudora solicitó la concesión de prórroga de los efectos de esa comunicación por un periodo de hasta otros tres meses sucesivos.

IV. Dicha prórroga le ha sido concedida mediante auto de fecha ...... que fue objeto de publicidad en el Registro Público Concursal...

V. Que de conformidad con lo dispuesto en el art. 608.2 TRLC esta parte solicita ser excluido de la citada prorroga a la vista que esta puede causarle un perjuicio injustificado pues .... En particular, su insolvencia actual (o una disminución del valor de la garantía que tiene el crédito del que resulta titular frente a......) a la vista que ....

ALTERNATIVA: solicita ser excluido de la citada prorroga a la vista que la suspensión o paralización de ejecuciones aquí acordadas solo afecta a las que recaen sobre bienes o derechos necesarios y, en este momento, los bienes de ejecución por parte de mi principal han perdido tal carácter.

Todo ello se acredita .... (DOCUMENTOS ...)

VI. A los efectos oportunos, se deja expresa constancia que la citada petición levantatoria es formulada por esta parte en su condición acreedora de la mercantil .... S.L. Así resulta de la lista de acreedores y pasivo comunicado por el deudor en las presentes actuaciones, que no han sido objeto de modificación, y de .... (DOCUMENTOS ......)

En virtud de lo expuesto,

SUPLICO AL TRIBUNAL que tenga por presentado este escrito, junto a los documentos a él unidos y sus copias, se sirva admitirlo y previos los oportunos trámites legales, se sirva acordar la exclusión de mi mandante de la prórroga en su día concedida mediante auto de fecha ......, acordando cuanto demás proceda en derecho.

Es Justicia que pido en .... a ...... de .... de dos mil ......

F103. AUTO ESTIMANDO LA EXCLUSIÓN DE LOS EFECTOS DE LA PRORROGA

En la ciudad de .... a ...... de .... de ....

ANTECEDENTES DE HECHO

I. Que en fecha ......, la sociedad .... y mediante escrito de fecha ...., comunico a este Tribunal que había iniciado negociaciones para alcanzar un plan de reestructuración. Todo ello a los efectos y con el alcance establecido en los arts. 585 ss. y concordantes TRLC.

II. Que mediante Decreto de fecha ...., por el Letrado de la Administración de Justicia se dejó constancia de la comunicación presentada, ordenándose la publicación en el Registro Público Concursal de la citada resolución.

III. Que al amparo de lo dispuesto en el art. 607.1 TRLC, y mediante escrito de fecha ... la sociedad deudora .... (o los acreedores) solicito/solicitaron la concesión de prórroga de los efectos de esa comunicación por un periodo de hasta otros tres meses sucesivos, que fue concedida mediante auto de este Jugado de fecha ..., publicado en el Registro Público Concursal en fecha ......

IV. Que mediante escrito de fecha ..., la sociedad .... ha solicitado su exclusión de los efectos de la referida prorroga en los términos de dicho escrito.

V. Que la referida solicitud exclusora se ha tramitado conforme a las normas del recurso de reposición, dando traslado de la misma a ... y demás partes personadas, con el resultado obrante en autos.

FUNDAMENTOS DE DERECHO

PRIMERO. Que este Tribunal es competente para conocer de la presente solicitud al ser el correspondiente al lugar donde se halla el centro de los intereses principales de .... y ser el que conoce de la comunicación de apertura de negociaciones reseñada en los antecedentes de hecho de esta resolución. (arts. 44, 45, 49, 585, 593 y 608 TRLC).

SEGUNDO. Que la referida solicitud cumple los requisitos formales peticionados al efecto, estando plenamente legitimada .... para solicitar de este Tribunal la exclusión prorrogatoria efectual antes reseñada, dada su condición de acreedor en los términos del art. 608.2 TRLC.

TERCERO. Que conforme señala el art. 608.2 TRLC, 2. Cualquier acreedor podrá solicitar ser excluido de los efectos de la prórroga si esta pudiera causarle un perjuicio injustificado, en particular, si pudiera provocar su insolvencia actual o una disminución significativa del valor de la garantía que tuviera el crédito de que fuera titular. También podrá solicitar ser excluido si la suspensión o paralización de las ejecuciones solo afectara a las que tuvieran por objeto bienes o derechos necesarios y, en el momento de solicitar su exclusión, los bienes objeto de ejecución hubieran perdido ese carácter.

Por otro lado, art. 608.3 TRLC, la citada solicitud se tramitará conforme a las normas del recurso de reposición, que podrá interponerse en cualquier momento mientras esté vigente la prórroga

CUARTO. Que a la vista de lo dispuesto en el art. 608.2 TRLC anteriormente trascrito procede acordar la exclusión del acreedor ...... S.L de los efectos de la citada prorroga dado que esta puede causarle un perjuicio injustificado pues .... En particular, su insolvencia actual (o una disminución del valor de la garantía que tiene el crédito del que resulta titular frente a......) a la vista que ....

ALTERNATIVA: CUARTO. Que a la vista de lo dispuesto en el art. 608.2 TRLC anteriormente trascrito procede acordar la exclusión del acreedor ...... S.L de los efectos de la citada prorroga dado que que la suspensión o paralización de ejecuciones aquí acordadas solo afectan a las que recaen sobre bienes o derechos necesarios y, en este momento, los bienes de ejecución por parte de ...... S.L han perdido tal carácter.

Todo ello se acreditado sobradamente en autos por .... mediante ....

Visto lo expuesto y demás normativa de aplicación

DISPONGO

Que estimo la solicitud formulada por la procuradora de los Tribunales ...., en nombre y representación de ...... S.L, y excluyo a dicha mercantil de los efectos de la prórroga acordada por este Tribunal en las presentes actuaciones autos ...., mediante auto de fecha ......

Notifíquese por el Letrado de la Administración de Justicia la resolución al deudor, al experto en reestructuraciones .... SLP, ..., y demás partes personadas a través de su respectiva representación procesal.

Diríjase por el Sr. Letrado de la Administración de Justicia la presente resolución, en el día de hoy, y por medios electrónicos, al Registro público concursal, (en su caso, así como a cada uno de los Tribunales o autoridades administrativas que esté conociendo a instancias de .... S.L de ejecuciones sobre bienes actualmente no necesarios para la continuación de la actividad empresarial de la deudora). Inscríbase la presente resolución en el Registro público concursal. Líbrense al efecto los oportunos edictos.

La presente resolución no es firme y contra la misma cabe recurso de reposición en el plazo de cinco días a contar desde su notificación, en los términos legalmente establecidos.

De conformidad con lo establecido en la Disposición Adicional 15ª LOPJ (según la redacción dada por la LO 1/09), la interposición de recurso contra resoluciones judiciales no podrá ser admitida a trámite sin la acreditación del depósito previsto en la citada Ley

a efectos de recurrir, debiendo presentarse copia o resguardo de tal depósito en la cuenta de consignaciones de este Tribunal.

Todo lo cual pronuncia, manda y firma el Ilmo. Sr. ..., Magistrado titular de la plaza ...., de la sección de lo mercantil del Tribunal de Instancia de ......

F104. AUTO DESESTIMANDO LA EXCLUSIÓN DE LOS EFECTOS DE LA PRORROGA

En la ciudad de .... a ...... de .... de ....

ANTECEDENTES DE HECHO

I. Que en fecha ......, la sociedad .... y mediante escrito de fecha ...., comunico a este Tribunal que había iniciado negociaciones para alcanzar un plan de reestructuración. Todo ello a los efectos y con el alcance establecido en los arts. 585 ss. y concordantes TRLC.

II. Que mediante Decreto de fecha ...., por el Letrado de la Administración de Justicia se dejó constancia de la comunicación presentada, ordenándose la publicación en el Registro Público Concursal de la citada resolución.

III. Que al amparo de lo dispuesto en el art. 607.1 TRLC, y mediante escrito de fecha ... la sociedad deudora .... (o los acreedores) solicito/solicitaron la concesión de prórroga de los efectos de esa comunicación por un periodo de hasta otros tres meses sucesivos, que fue concedida mediante auto de este Jugado de fecha ..., publicado en el Registro Público Concursal en fecha ......

IV. Que mediante escrito de fecha ..., la sociedad .... ha solicitado su exclusión de los efectos de la referida prorroga en los términos de dicho escrito.

V. Que la referida solicitud exclusora se ha tramitado conforme a las normas del recurso de reposición, dando traslado de la misma a ... y demás partes personadas, con el resultado obrante en autos.

FUNDAMENTOS DE DERECHO

PRIMERO. Que este Tribunal es competente para conocer de la presente solicitud al ser el correspondiente al lugar donde se halla el centro de los intereses principales de .... y ser el que conoce de la comunicación de apertura de negociaciones reseñada en los antecedentes de hecho de esta resolución. (arts. 44, 45, 49, 585, 593 y 608 TRLC).

SEGUNDO. Que la referida solicitud cumple los requisitos formales peticionados al efecto, estando plenamente legitimada .... para solicitar de este Tribunal la exclusión prorrogatoria efectual antes reseñada, dada su condición de acreedor en los términos del art. 608.2 TRLC.

TERCERO. Que conforme señala el art. 608.2 TRLC, 2. Cualquier acreedor podrá solicitar ser excluido de los efectos de la prórroga si esta pudiera causarle un perjuicio injustificado, en particular, si pudiera provocar su insolvencia actual o una disminución significativa del valor de la garantía que tuviera el crédito de que fuera titular. También podrá solicitar ser excluido si la suspensión o paralización de las ejecuciones solo afectara a las que tuvieran por objeto bienes o derechos necesarios y, en el momento de solicitar su exclusión, los bienes objeto de ejecución hubieran perdido ese carácter.

Por otro lado, art. 608.3 TRLC, la citada solicitud se tramitará conforme a las normas del recurso de reposición, que podrá interponerse en cualquier momento mientras esté vigente la prórroga

CUARTO. Que a la vista de lo dispuesto en el art. 608.2 TRLC anteriormente trascrito procede rechazar la exclusión del acreedor ...... S.L de los efectos de la citada prorroga dado que esta no le causa un perjuicio injustificado pues .... En particular, a la vista de lo obrante en autos, no produce su insolvencia actual (o una disminución del valor de la garantía que tiene el crédito del que resulta titular frente a......) a la vista que ....

ALTERNATIVA: CUARTO. Que a la vista de lo dispuesto en el art. 608.2 TRLC anteriormente trascrito procede rechazar la exclusión del acreedor ...... S.L de los efectos de la citada prorroga dado que la suspensión o paralización de ejecuciones aquí acordadas afectan a las que recaen sobre bienes o derechos necesarios y, en este momento, los bienes de ejecución por parte de ...... S.L no han perdido tal carácter pues ....

Visto lo expuesto y demás normativa de aplicación

DISPONGO

Que desestimo la solicitud formulada por la procuradora de los Tribunales ...., en nombre y representación de ...... S.L, y no excluyo a dicha mercantil de los efectos de la prórroga acordada por este Tribunal en las presentes actuaciones autos ...., mediante auto de fecha ......

Notifíquese por el Letrado de la Administración de Justicia la resolución al deudor, al experto en reestructuraciones .... SLP, ..., y demás partes personadas a través de su respectiva representación procesal.

La presente resolución no es firme y contra la misma cabe recurso de reposición en el plazo de cinco días a contar desde su notificación, en los términos legalmente establecidos.

De conformidad con lo establecido en la Disposición Adicional 15° LOPJ (según la redacción dada por la LO 1/09), la interposición de recurso contra resoluciones judiciales no podrá ser admitida a trámite sin la acreditación del depósito previsto en la citada Ley a efectos de recurrir, debiendo presentarse copia o resguardo de tal depósito en la cuenta de consignaciones de este Tribunal.

Todo lo cual pronuncia, manda y firma el Ilmo. Sr. ..., Magistrado titular de la plaza ...., de la sección de lo mercantil del Tribunal de Instancia de ......

F105. ESCRITO DE ACREEDOR SOLICITANDO SU EXCLUSIÓN DE LA SEGUNDA PRORROGA DE EFECTOS DE LA COMUNICACIÓN

AL TRIBUNAL DE INSTANCIA DE ...... SECCIÓN DE
LO MERCANTIL (PLAZA NÚM. ......)

..............., Procurador de los Tribunales (núm. .... de colegiado) y de la compañía ...., con domicilio en ...., calle .... núm. .... y CIF ...., cuya representación acredito en el expediente de constancia de comunicación núm. autos ...., ante este Tribunal comparezco en las citadas actuaciones bajo la dirección letrada de Don ...., abogado del Ilustre Colegio de .... (núm. .... de colegiado), y como mejor proceda en Derecho DIGO:

I. Que la sociedad ....S.L, mediante escrito de fecha ...., comunicó a este Tribunal que había iniciado negociaciones para alcanzar un plan de reestructuración. Todo ello a los efectos y con el alcance establecido en los arts. 585 ss. y concordantes TRLC.

II. Que mediante Decreto de fecha ...., por el Letrado de la Administración de Justicia se dejó constancia de la comunicación presentada, ordenándose la publicación en el Registro Público Concursal de la citada resolución.

III. Que al amparo de lo dispuesto en el art. 607.1 TRLC, la deudora solicitó la concesión de prórroga de los efectos de esa comunicación por un periodo de hasta otros tres meses sucesivos.

IV. Dicha prórroga le fue concedida mediante auto de fecha ...... que fue objeto de publicidad en el Registro Público Concursal...

V.– Que igualmente al amparo del art. 607.1 TRLC, se solicitó por la deduora la concesión de una nueva y segunda prórroga de los efectos de esa comunicación por un periodo de hasta otros tres meses sucesivos.

VI. Dicha segunda prórroga, que actualmente se halla en vigor, le fue concedida mediante auto de fecha ...... que fue objeto de publicidad en el Registro Público Concursal...

VI. Que de conformidad con lo dispuesto en el art. 608.2 TRLC esta parte solicita ser excluido de la citada segunda prorroga a la vista que esta puede causarle un perjuicio injustificado pues .... En particular, su insolvencia actual (o una disminución del valor de la garantía que tiene el crédito del que resulta titular frente a......) a la vista que ....

ALTERNATIVA: solicita ser excluido de la citada prorroga a la vista que la suspensión o paralización de ejecuciones aquí acordadas solo afecta a las que recaen sobre bienes o derechos necesarios y, en este momento, los bienes de ejecución por parte de mi principal han perdido tal carácter.

Todo ello se acredita .... (DOCUMENTOS ...)

VI. A los efectos oportunos, se deja expresa constancia que la citada petición levantatoria es formulada por esta parte en su condición acreedora de la mercantil .... S.L. Así resulta de la lista de acreedores y pasivo comunicado por el deudor en las presentes actuaciones, que no han sido objeto de modificación, y de .... (DOCUMENTOS ......)

En virtud de lo expuesto,

SUPLICO AL TRIBUNAL que tenga por presentado este escrito, junto a los documentos a él unidos y sus copias, se sirva admitirlo y previos los oportunos trámites legales, se sirva acordar la exclusión de mi mandante de la segunda prórroga en su día concedida en estas actuaciones mediante auto de fecha ......, acordando cuanto demás proceda en derecho.

Es Justicia que pido en .... a ...... de .... de dos mil ......

F106. AUTO ESTIMANDO LA EXCLUSIÓN DE LOS EFECTOS DE LA SEGUNDA PRORROGA

En la ciudad de .... a ...... de .... de ....

ANTECEDENTES DE HECHO

I. Que en fecha ......, la sociedad .... y mediante escrito de fecha ...., comunico a este Tribunal que había iniciado negociaciones para alcanzar un plan de reestructuración. Todo ello a los efectos y con el alcance establecido en los arts. 585 ss. y concordantes TRLC.

II. Que mediante Decreto de fecha ...., por el Letrado de la Administración de Justicia se dejó constancia de la comunicación presentada, ordenándose la publicación en el Registro Público Concursal de la citada resolución.

III. Que al amparo de lo dispuesto en el art. 607.1 TRLC, y mediante escrito de fecha ... la sociedad deudora .... (o los acreedores) solicito/solicitaron la concesión de prórroga de los efectos de esa comunicación por un periodo de hasta otros tres meses sucesivos, que fue concedida mediante auto de este Jugado de fecha ..., publicado en el Registro Público Concursal en fecha ......

IV.– Que igualmente al amparo de lo dispuesto en el art. 607.1 TRLC, y mediante escrito de fecha ... la sociedad deudora .... (o los acreedores) solicito/solicitaron la concesión de una segunda prórroga de los efectos de esa comunicación por un periodo de hasta otros tres meses sucesivos, que fue concedida mediante auto de este Jugado de fecha ..., publicado en el Registro Público Concursal en fecha ......

V. Que mediante escrito de fecha ..., la sociedad .... ha solicitado su exclusión de los efectos de la referida segunda prorroga en los términos de dicho escrito.

V. Que la referida solicitud exclusora se ha tramitado conforme a las normas del recurso de reposición, dando traslado de la misma a ... y demás partes personadas, con el resultado obrante en autos.

FUNDAMENTOS DE DERECHO

PRIMERO. Que este Tribunal es competente para conocer de la presente solicitud al ser el correspondiente al lugar donde se halla el centro de los intereses principales de .... y ser el que conoce de la comunicación de apertura de negociaciones reseñada en los antecedentes de hecho de esta resolución. (arts. 44, 45, 49, 585, 593 y 608 TRLC).

SEGUNDO. Que la referida solicitud cumple los requisitos formales peticionados al efecto, estando plenamente legitimada .... para solicitar de este Tribunal la exclusión prorrogatoria efectual antes reseñada, dada su condición de acreedor en los términos del art. 608.2 TRLC.

TERCERO. Que conforme señala el art. 608.2 TRLC, 2. Cualquier acreedor podrá solicitar ser excluido de los efectos de la prórroga si esta pudiera causarle un perjuicio injustificado, en particular, si pudiera provocar su insolvencia actual o una disminución significativa del valor de la garantía que tuviera el crédito de que fuera titular. También podrá solicitar ser excluido si la suspensión o paralización de las ejecuciones solo afectara a las que tuvieran por objeto bienes o derechos necesarios y, en el momento de solicitar su exclusión, los bienes objeto de ejecución hubieran perdido ese carácter.

Por otro lado, art. 608.3 TRLC, la citada solicitud se tramitará conforme a las normas del recurso de reposición, que podrá interponerse en cualquier momento mientras esté vigente la prórroga

CUARTO. Que a la vista de lo dispuesto en el art. 608.2 TRLC anteriormente trascrito procede acordar la exclusión del acreedor ...... S.L de los efectos de la citada segunda prorroga dado que esta puede causarle un perjuicio injustificado pues .... En particular, su insolvencia actual (o una disminución del valor de la garantía que tiene el crédito del que resulta titular frente a......) a la vista que ....

ALTERNATIVA: CUARTO. Que a la vista de lo dispuesto en el art. 608.2 TRLC anteriormente trascrito procede acordar la exclusión del acreedor ...... S.L de los efectos de la citada seguna prorroga dado que que la suspensión o paralización de ejecuciones aquí acordadas solo afectan a las que recaen sobre bienes o derechos necesarios y, en este momento, los bienes de ejecución por parte de ...... S.L han perdido tal carácter.

Todo ello se acreditado sobradamente en autos por .... mediante ....

Visto lo expuesto y demás normativa de aplicación

DISPONGO

Que estimo la solicitud formulada por la procuradora de los Tribunales ...., en nombre y representación de ...... S.L, y excluyo a dicha mercantil de los efectos de la segunda prórroga acordada por este Tribunal en las presentes actuaciones, autos ...., mediante auto de fecha ......

Notifíquese por el Letrado de la Administración de Justicia la resolución al deudor, al experto en reestructuraciones .... SLP, ..., y demás partes personadas a través de su respectiva representación procesal.

Diríjase por el Sr. Letrado de la Administración de Justicia la presente resolución, en el día de hoy, y por medios electrónicos, al Registro público concursal, (en su caso, así como a cada uno de los Tribunales o autoridades administrativas que esté conociendo a instancias de .... S.L de ejecuciones sobre bienes actualmente no necesarios para la continuación de la actividad empresarial de la deudora). Inscríbase la presente resolución en el Registro público concursal. Líbrense al efecto los oportunos edictos.

La presente resolución no es firme y contra la misma cabe recurso de reposición en el plazo de cinco días a contar desde su notificación, en los términos legalmente establecidos.

De conformidad con lo establecido en la Disposición Adicional 15ª LOPJ (según la redacción dada por la LO 1/09), la interposición de recurso contra resoluciones judiciales no podrá ser admitida a trámite sin la acreditación del depósito previsto en la citada Ley a efectos de recurrir, debiendo presentarse copia o resguardo de tal depósito en la cuenta de consignaciones de este Tribunal.

Todo lo cual pronuncia, manda y firma el Ilmo. Sr. ..., Magistrado titular de la plaza ...., de la sección de lo mercantil del Tribunal de Instancia de ......

F107. AUTO DESESTIMANDO LA EXCLUSIÓN DE LOS EFECTOS DE LA SEGUNDA PRORROGA

En la ciudad de .... a ...... de .... de ....

ANTECEDENTES DE HECHO

I. Que en fecha ......, la sociedad .... y mediante escrito de fecha ...., comunico a este Tribunal que había iniciado negociaciones para alcanzar un plan de reestructuración. Todo ello a los efectos y con el alcance establecido en los arts. 585 ss. y concordantes TRLC.

II. Que mediante Decreto de fecha ...., por el Letrado de la Administración de Justicia se dejó constancia de la comunicación presentada, ordenándose la publicación en el Registro Público Concursal de la citada resolución.

III. Que al amparo de lo dispuesto en el art. 607.1 TRLC, y mediante escrito de fecha ... la sociedad deudora .... (o los acreedores) solicito/solicitaron la concesión de prórroga de los efectos de esa comunicación por un periodo de hasta otros tres meses sucesivos, que fue concedida mediante auto de este Jugado de fecha ..., publicado en el Registro Público Concursal en fecha ......

IV.– Que igualmente al amparo de lo dispuesto en el art. 607.1 TRLC, y mediante escrito de fecha ... la sociedad deudora .... (o los acreedores) solicito/solicitaron la concesión de una segunda prórroga de los efectos de esa comunicación por un periodo de hasta otros tres meses sucesivos, que fue concedida mediante auto de este Jugado de fecha ..., publicado en el Registro Público Concursal en fecha ......

V. Que mediante escrito de fecha ..., la sociedad .... ha solicitado su exclusión de los efectos de la referida segunda prorroga en los términos de dicho escrito.

VI. Que la referida solicitud exclusora se ha tramitado conforme a las normas del recurso de reposición, dando traslado de la misma a ... y demás partes personadas, con el resultado obrante en autos.

FUNDAMENTOS DE DERECHO

PRIMERO. Que este Tribunal es competente para conocer de la presente solicitud al ser el correspondiente al lugar donde se halla el centro de los intereses principales de .... y ser el que conoce de la comunicación de apertura de negociaciones reseñada en los antecedentes de hecho de esta resolución. (arts. 44, 45, 49, 585, 593 y 608 TRLC).

SEGUNDO. Que la referida solicitud cumple los requisitos formales peticionados al efecto, estando plenamente legitimada .... para solicitar de este Tribunal la exclusión prorrogatoria efectual antes reseñada, dada su condición de acreedor en los términos del art. 608.2 TRLC.

TERCERO. Que conforme señala el art. 608.2 TRLC, 2. Cualquier acreedor podrá solicitar ser excluido de los efectos de la prórroga si esta pudiera causarle un perjuicio injustificado, en particular, si pudiera provocar su insolvencia actual o una disminución significativa del valor de la garantía que tuviera el crédito de que fuera titular. También podrá solicitar ser excluido si la suspensión o paralización de las ejecuciones solo afectara a las que tuvieran por objeto bienes o derechos necesarios y, en el momento de solicitar su exclusión, los bienes objeto de ejecución hubieran perdido ese carácter.

Por otro lado, art. 608.3 TRLC, la citada solicitud se tramitará conforme a las normas del recurso de reposición, que podrá interponerse en cualquier momento mientras esté vigente la prórroga.

CUARTO. Que a la vista de lo dispuesto en el art. 608.2 TRLC anteriormente trascrito procede rechazar la exclusión del acreedor ...... S.L de los efectos de la citada segunda prorroga dado que esta no le causa un perjuicio injustificado pues .... En particular, a la vista de lo obrante en autos, no produce su insolvencia actual (o una disminución del valor de la garantía que tiene el crédito del que resulta titular frente a......) a la vista que ....

ALTERNATIVA: CUARTO. Que a la vista de lo dispuesto en el art. 608.2 TRLC anteriormente trascrito procede rechazar la exclusión del acreedor ...... S.L de los efectos de la citada segunda prorroga dado que la suspensión o paralización de ejecuciones aquí acordadas afectan a las que recaen sobre bienes o derechos necesarios y, en este momento, los bienes de ejecución por parte de ...... S.L no han perdido tal carácter pues ....

Visto lo expuesto y demás normativa de aplicación.

DISPONGO

Que desestimo la solicitud formulada por la procuradora de los Tribunales ...., en nombre y representación de ...... S.L, y no excluyo a dicha mercantil de los efectos de la segunda prórroga acordada por este Tribunal en las presentes actuaciones, autos ...., mediante auto de fecha ......

Notifíquese por el Letrado de la Administración de Justicia la resolución al deudor, al experto en reestructuraciones .... SLP, ..., y demás partes personadas a través de su respectiva representación procesal.

La presente resolución no es firme y contra la misma cabe recurso de reposición en el plazo de cinco días a contar desde su notificación, en los términos legalmente establecidos.

De conformidad con lo establecido en la Disposición Adicional 15° LOPJ (según la redacción dada por la LO 1/09), la interposición de recurso contra resoluciones judiciales no podrá ser admitida a trámite sin la acreditación del depósito previsto en la citada Ley

a efectos de recurrir, debiendo presentarse copia o resguardo de tal depósito en la cuenta de consignaciones de este Tribunal.

Todo lo cual pronuncia, manda y firma el Ilmo. Sr. ..., Magistrado titular de la plaza ...., de la sección de lo mercantil del Tribunal de Instancia de ......

II. EL PLAN DE VIABILIDAD COMO FUNDAMENTO DE LOS PLANES DE REESTRUCTURACIÓN

SUMARIO: F108. CUESTIONARIO PARA LA REDACCIÓN DE UN PLAN DE VIABILIDAD. F109. PLAN DE VIABILIDAD. EJEMPLO NUMÉRICO. F110. PLAN DE VIABILIDAD. MODELO EXTENSO. F111. PLAN DE VIABILIDAD (II). F112. PLAN DE VIABILIDAD (III). III.1. NEGOCIACIÓN Y CONCLUSIÓN DEL PLAN DE REESTRUCTURACIÓN.

F108. CUESTIONARIO PARA LA REDACCIÓN DE UN PLAN DE VIABILIDAD

CUESTIONARIO SOBRE LOS FACTORES A CONSIDERAR DEL PLAN DE VIABILIDAD

INDICE

1. DEFINICIÓN DE PLAN DE VIABILIDAD

• Documento estratégico, de carácter público, cuyo objetivo es generar confianza en los agentes internos y externos afectados por situaciones de dificultad que atraviesa la empresa y que comprende la expresión ordenada de las acciones que, previa negociación, deben aplicarse para reconducir la empresa hacia una senda de equilibrio sostenible entre sus magnitudes básicas, recogidas en un modelo económico y financiero; equilibrio que debe permitir la continuidad de las actividades empresariales en un alcance temporal demedio plazo.

• Para confeccionarlo hay que:

– diagnosticar las condiciones que han provocado legar a la situación actual,

– definir las fortalezas de la compañia y

– diseñar el modelo de negocio futuro.

• Basado en la confección argumentada de un modelo de estados previsionales (MEP)

2. SOLICITUD DE INFORMACIÓN PREVIA

- las cuentas anuales y otros datos de interés en el Registro Mercantil,
- los informes de carácter comercial y financiero disponibles sobre la empresa, tanto gratuitos como onerosos (empresas de informes comerciales, etc.),
- la web de la propia empresa u otras del grupo,
- la información disponible, y la experiencia con la empresa, por parte de otros miembros de la organización del profesional o de partes significativas relacionadas con la peticionaria (accionistas, dirección, otras sociedades del grupo, etc.),
- las noticias publicadas sobre la empresa: prensa, Internet, etc.,
- las referencias disponibles sobre sus principales competidores,
- normativa que afecta a su actividad,
- los datos sectoriales que se pueden obtener de organismos públicos o de organizaciones empresariales.

3. CARTA DE ENCARGO

- Presentación del profesional legalmente habilitado
- Experiencia
- Independencia
- Capacidad
- Acuerdos básicos entre el cliente y el profesional:
- Responsabilidad de cada parte
- Alcance del trabajo
- Equipo del profesional
- Calendario
- Presupuesto

4. ÁREAS DE TRABAJO EN QUE SE DIVIDE EL PLAN DE VIABILIDAD

- planificación,
- obtención de conocimiento, diagnosis y DAFO,
- modelización y obtención de EEFFPP
- determinación de acciones,
- planificación de la negociación,
- negociación,
- seguimiento y control

4.1. PLANIFICACIÓN.

La planificación del trabajo es uno de los procedimientos más relevantes del profesional con el fin de reducir los riesgos, derivados de las siguientes tareas:

- detección de los problemas que realmente afectan a la empresa (diagnosis),
- determinación de las variables relevantes en la estructura económica y financiera de la empresa,
- fijación de las hipótesis más probables que pueden afectar a las variables exógenas y a las operativas
- análisis de la posibilidad real de aplicación de las acciones previstas,
- verificación de la adecuación del cálculo de los sacrificios exigidos a los agentes implicados,
- la previsión de la reacción de los agentes en el proceso de negociación.

4.2.1. DIAGNÓSTICO

- Causas de la crisis:
- El análisis económico-financiero y las conversaciones con la dirección de la compañía permiten identificar las causas directas e indirectas.
- Conocer al culpable no es la solución del problema
- Conocer las causas permite aplicar límites a las hipótesis del modelo.
- Punto de partida
- Es esencial establecer el balance inicial.
- Inputs relevantes para la viabilidad
- Funciones que afectan a las variables objetivo.
- Deudas estratégicas.
- Check-list para el diagnóstico

4.2.2. DAFO Y FUERZAS DE PORTER

DAFO: Debilidades, Amenazas, Fortalezas y Oportunidades de la empresa.

- Conocimiento del sector
- Amenazas y oportunidades relevantes en el triple ámbito temporal: 2 meses, 6 meses y 3 años.
- Ligarlas a las fuerzas de Porter:
- Poder de negociación de los clientes.
- Poder de negociación de los proveedores.
- Amenazas de nuevos competidores entrantes.

- Amenaza de nuevos productos sustitutivos.
- Rivalidad entre competidores.
- Conocimiento de la empresa
- Fortalezas y debilidades relacionadas con las A.O.
- Uso de check-list con amplio contenido.
- Es mejor muchos N/A (no aplica) que un N/S (no sabía que era importante)
- Establecer matriz (mapa) de límites alas hipótesis del modelo. Escenario.
- Afecta a las hipótesis sobre las variables instrumentales.

4.3. ESTADOS FINANCIEROS PREVISIONALES

Para comprender y explicar las acciones y sus efectos se precisa crear modelo de estados previsionales (MEP), atendiendo a los siguientes pasos:

1. Descripción del escenario
2. Determinación de las variables operativas relevantes
3. Establecimiento de las hipótesis que afectan a las variables
4. Fijación de funciones y fórmulas para generar los EEFFPP

- Cuenta de pérdidas y ganancias
- Balances de situación
- Estado de flujos de efectivo
- Previsión de tesorería a corto plazo
- Plan de pagos

4.3.1 MODELO DE ESTADOS FINANCIEROS PREVISIONALES

1. Descripción del escenario

- Perímetro inicial.
- Activos y pasivos actuales a valor razonable.
- Contratos vigentes (laborales, arrendamientos, suministros, otros)
- Variables exógenas
- Del marco legal: de carácter fiscal, laboral, mercantil.
- Del mercado: precios de venta, precios de compras, salarios, tipos de interés, estacionalidades, elasticidad de la demanda, etc.

2. Determinación de las variables operativas relevantes

- Variables objetivo (Ventas, Producción, Tesorería.)

- Variables instrumentales implicadas. Funciones que les afectan. Límites
- Variables instrumentales (Precios, inversiones, personal, gastos, etc)
- Relevancia y materialidad.

3. Establecimiento de las hipótesis que afectan a las variables.

- Las funciones básicas
- Ventas
- Producción
- Financieras: Cobros y pagos; Préstamos e Inversiones.
- Condiciones que deben cumplir. Deben ser
- Explícitas, con expresión dela fuente.
- Contrastables
- Modificables
- Interrelacionadas. Susceptibles de aplicar análisis de sensibilidad.

4. Fijación de funciones y fórmulas para construir los EEFFPP

- Explícitas (Hoja de cálculo abierta).
- Contables, matemáticas, financieras, maximización, optimización, etc.

4.3.2. PASOS PARA LA ELABORACIÓN DE LOS EEFFPP 1° Marco de referencia. Construir un MEP (Modelo de Estados Financieros Previsionales) a partir dela evolución del negocio si no se toman medidas o acciones. El proceso sigue estos pasos:

a) Balance inicial

b) Cuenta de explotación.

c) Estado de flujos de efectivo

d) Balance final.

2° Sobre el MEP (Modelo de Estados Financieros Previsionales) de referencia se aplican las acciones previstas, que en el modelo se corresponden con modificaciones

a) en el perímetro (desinversiones, resolución de contratos)

b) en el valor de las variables instrumentales.

4.4. ACCIONES ESPECÍFICAS DE REESTRUCTURACIÓN

Acciones urgentes:

- Nuevo perímetro de la Unidad Productiva: Productos y servicios en continuidad.
- Costes de discontinuidad y optimización de activos

- Clientes y ventas: Política de precios y condiciones de cobro.
- Política comercial y Canales de distribución
- Rentabilidad y costes
- Compras y logística. Optimización de stocks.
- Optimización de M.O.D. y M.O.I. (Flexibilidad, turnos, horas extras, ETT)
- Previsiones de tesorería
- Establecimiento de calendario y responsabilidades personales.
- Análisis de sensibilidad para descartar acciones no eficaces.

Acciones permanentes:

- De carácter económico
- De carácter financiero
- Que afecten al pasivo
- Que afecten al activo

Las acciones deben ser negociadas, pues suponen sacrificios para los agentes. Por eso éstos deben conocer el Plan de Viabilidad.

Las acciones deben ser explicadas en términos de sacrificio solicitado a los agentes y en términos de coste de oportunidad para éstos.

Coste de oportunidad: es el coste de elegir una opción alternativamente frente a otra que se desecha cuando se toma una decisión, dicho coste incluye los beneficios que se podrían haber obtenido si se hubiera elegido esa opción. Es decir, el coste de elegir una opción frente a otra.

4.5. LA NEGOCIACIÓN

Plan de negociación

Calendario y prioridades

Agentes estratégicos Agentes importantes Agentes sustituibles

Equipo negociador

Solvencia moral. Empatía. Conocimiento. Evitar voluntarismo.

4.5.2. EL FEED-BACK (EVALUACIÓN DE LA EMPRESA)

El resultado de las diversas etapas de la negociación implican modificaciones en las acciones y cambios en el MEP (Modelo de Estados Financieros Previsionales).

Debe atenderse siempre al estado de flujos de tesorería.

Deben aplicarse de nuevo análisis de sensibilidad para determinar las acciones efectivas.

4.6. CONTROL DE CALIDAD Y SEGUIMIENTO.

En la medida de lo posible, el Plan de Viabilidad debe someterse a un procedimiento de IBR (Independent Business Review) que controle la calidad de todo el procedimiento. El IBR consiste en un revisión del plan de negocio de la empresa por parte de un tercero independiente.

Periódicamente deben realizarse controles de cumplimiento del Plan, a los efectos de ajustar las hipótesis a la realidad.

En el caso de observarse desviaciones sobre las previsiones, deben tomarse nuevas acciones, que a su vez deberán ser consensuadas.

F109. PLAN DE VIABILIDAD. EJEMPLO NUMÉRICO

	2018	2019	2020	2021	2022	2023	2024	2025	2026
COMPRAS	3.075.751,94 €	2.846.487,79 €	3.091.751,43 €	3.126.161,99 €	3.188.685,23 €	3.252.458,93 €	3.317.508,11 €	3.383.858,27 €	3.451.535,44 €
VARIACIÓN DE EXISTENCIAS	-71.833,10 €	195.527,16 €							
GASTOS DE PERSONAL	210.514,59 €	246.132,81 €	230.229,67 €	234.834,27 €	239.530,95 €	244.321,57 €	249.208,00 €	254.192,16 €	259.276,00 €
Suelos y salarios	184.522,35 €	212.161,40 €	199.058,03 €	201.957,47 €	205.996,62 €	210.116,55 €	214.318,88 €	218.605,26 €	222.977,36 €
Seguridad social	25.992,24 €	33.971,41 €	31.171,64 €	32.876,80 €	33.534,33 €	34.205,02 €	34.889,12 €	35.586,90 €	36.298,64 €
Otros gastos sociales									
OTROS GASTOS DE EXPLOTACIÓN	490.295,47 €	525.733,51 €	429.059,31 €	361.738,70 €	373.886,42 €	383.480,07 €	395.095,12 €	406.485,31 €	418.817,68 €
SERVICIOS EXTERIORES	308.341,84 €	298.839,72 €	354.256,78 €	359.881,17 €	372.024,06 €	381.612,86 €	393.223,06 €	404.608,38 €	416.935,87 €
Arrendamientos	49.981,56 €	46.459,56 €	45.767,62 €	46.225,30 €	46.687,55 €	47.154,43 €	47.625,97 €	48.102,23 €	48.583,25 €
Transporte	84.031,28 €	107.100,15 €	113.936,83 €	116.147,20 €	118.400,46 €	120.697,42 €	123.038,95 €	125.425,91 €	127.859,17 €
Suministros	14.781,81 €	21.221,60 €	22.363,48 €	22.423,86 €	22.484,40 €	22.545,11 €	22.605,98 €	22.667,02 €	22.728,22 €
Seguros	24.143,77 €	16.596,06 €	21.928,98 €	19.262,52 €	20.595,75 €	19.929,13 €	20.262,44 €	20.095,79 €	20.179,11 €
Reparación/conservación	8.670,97 €	12.857,59 €	12.803,19 €	12.831,36 €	12.859,58 €	12.887,88 €	12.916,23 €	12.944,64 €	12.973,12 €
Serv. Prof. Independientes	110.179,04 €	60.835,65 €	112.257,27 €	118.992,70 €	126.132,27 €	133.700,20 €	141.722,21 €	150.225,55 €	159.239,08 €
Servicios Bancarios	2.911,58 €	2.282,66 €	5.036,60 €	3.659,63 €	4.348,12 €	4.003,87 €	4.176,00 €	4.089,93 €	4.132,96 €
Publicidad y propaganda	46,90 €	1.843,64 €	1.263,26 €	1.270,84 €	1.278,46 €	1.286,13 €	1.293,85 €	1.301,61 €	1.309,42 €
Otros servicios	13.594,93 €	29.642,81 €	18.899,56 €	19.067,77 €	19.237,47 €	19.408,68 €	19.581,42 €	19.755,70 €	19.931,52 €
TRIBUTOS	2.280,76 €	3.410,34 €	1.852,71 €	1.857,53 €	1.862,36 €	1.867,20 €	1.872,06 €	1.876,92 €	1.881,80 €
PERDIDAS, DETERIORO Y VARIACIÓN DE PROVISIONES POR OP. COMERCIALES		219.589,22 €	72.949,82 €						
OTROS GASTOS DE GESTIÓN CORRIENTE	179.672,87 €	3.894,23 €							
DETERIORO Y RESULTADO POR ENAJENACIONES DEL INMOVILIZADO	220,83 €								
GTOS EXPLOTACION	3.848.615,93 €	3.422.826,95 €	3.751.040,41 €	3.722.734,96 €	3.802.102,60 €	3.880.260,57 €	3.961.811,23 €	4.044.535,74 €	4.129.629,12 €
Importe de la cifra de ventas	4.326.714,29 €	3.606.922,76 €	4.086.486,26 €	4.168.215,98 €	4.251.580,30 €	4.336.611,91 €	4.423.344,15 €	4.511.811,03 €	4.602.047,25 €
Otros ingresos de explotación									
Otros resultados	49.216,33 €	-84,78 €	4.046,81 €						
INGRESOS EXPLOTACION	4.375.930,62 €	3.606.837,98 €	4.090.533,06 €	4.168.215,98 €	4.251.580,30 €	4.336.611,91 €	4.423.344,15 €	4.511.811,03 €	4.602.047,25 €
RESULTADO EXPLOTACION	509.480,79 €	174.486,06 €	329.967,68 €	445.481,03 €	449.477,71 €	456.351,34 €	461.532,92 €	467.275,29 €	472.418,13 €
Gtos financieros	221.113,99 €	5.198,48 €	16.330,42 €						
Diferencias de cambio	-1.300,39 €	-728,81 €	-196,12 €	-195,81 €	-195,49 €	-195,18 €	-194,87 €	-194,56 €	-194,24 €
Variación de valor razonable en instrumentos financieros									
Deterioro y resultado por enajenaciones de instrumentos financieros									
ingresos financieros*	163,15 €	75,96 €		0,00 €	0,00 €	0,00 €	0,00 €	0,00 €	0,00 €
RESULTADO FINANCIERO	222.251,23 €	5.851,33 €	16.526,54 €	195,81 €	195,49 €	195,18 €	194,87 €	194,56 €	194,24 €
Bº ANTES IMPTOS Y AMORT.	287.229,56 €	168.634,73 €	313.441,14 €	445.285,22 €	449.282,21 €	456.156,16 €	461.338,05 €	467.080,73 €	472.223,89 €
Amortizaciones	17.833,90	9.524,97	9.524,97	9.524,97	9.524,97	9.524,97	9.524,97	9.524,97	9.524,97
RESULTADO NETO	269.395,66 €	159.109,76 €	303.916,17 €	435.760,25 €	439.757,24 €	446.631,19 €	451.813,08 €	457.555,76 €	462.698,92 €
Ingreso financiero				241.938,73 €	241.938,73 €	241.938,73 €	241.938,73 €	241.938,73 €	392.195,48 €
BASES IMPONIBLES NEGATIVAS									

F110. PLAN DE VIABILIDAD. MODELO EXTENSO

ÍNDICE

0. INTRODUCCIÓN

a) Las razones objetivas por la que se realiza el presente "P.V.", obedecen a:...............

b) En la elaboración del "P.V." no hemos dispuesto de determinados datos e informaciones, referentes a: ....

c) La situación de insolvencia en que se encuentra ......, obedece a (máximo 3 párrafos): ...

d) En la elaboración del "P.V." han participado de forma activa:

D. .... (cargo)

D. .... (cargo)

....

y asesorados por la firma de consultoría ....

, actuando: D. .... (Responsable de...........)

D. ....

....

e) Terceros implicados en el "P.V.":

– Accionistas

– Instituciones financieras

– Acreedores

(y sus descripciones)

f) Contenido de cada capítulo

(descripción general)

g) Breve síntesis de conclusiones (de 3 a 5 párrafos)

h) Párrafo de agradecimiento a los colaboradores

1. ANTECEDENTES

a) Datos de identificación (descripción)

– Denominación social y domicilio social

– Nº de Registro Industrial

– C.I.F.

– Constitución, estructura, capital social, evolución

– Principales socios y accionistas

– Composición Consejo de Administración

– Composición Comité de Dirección

– Sector de actividad. Principales productos o servicios

– Breve historia de la sociedad, indicando los hechos más relevantes desde su constitución

b) Historia de la crisis financiera actual

– Origen temporal y causas

– Acciones correctoras emprendidas

– Relaciones e imagen afectadas respecto terceros: plantilla, socios, entidades financieras, acreedores, clientes, instituciones públicas, ...

c) Estado anímico de la sociedad

– Tipo de dirección y liderazgo

– Grado de alineamiento del Personal

– Cambios en la dirección

2. DIAGNÓSTICO DE SITUACIÓN

2.1 PRODUCTO-MERCADO

a) Descripción detallada de los productos y/o servicios

Las ventas de los productos básicos de la empresa en los tres últimos ejercicios han sido:

– Ventas- €

PRODUCTOS Y/O SERVICIOS	AÑOS			
	-2	-1	último	TOTAL
PRODUCTO A				
PRODUCTO B				
TOTALES				

b) La fabricación - Venta, es bajo pedido

El período normal desde la recepción (aceptación) del pedido y su venta, es:

Producto A ... (-) meses

Producto B.... (-) meses

c) EVOLUCIÓN VENTAS POR MERCADOS

– Ventas- €

PRODUCTOS	CONCEPTOS	ZONAS		TOTAL
		Nacional	Exterior	
PRODUCTO A	Ventas			
	Margen Bruto			
PRODUCTO B	Ventas			
	Margen Bruto			
TOTALES	Ventas			
	Margen Bruto			

d) VENTAS POR CLIENTES

CLIENTE	SEDE	AÑOS			TOTAL
		-2	-1	Último	
XXXXX					
XXXXX					
XXXXX					
XXXXX					
....					
SUMAS					
% S/ TOTAL		80.3	79.8	81.2	80.4

e) DESCRIPCIONES

i. Los productos tienen una pequeña estacionalidad, en los meses de marzo y abril, meses donde la cifra de facturación alcanza el 20% del total del año.

ii. Detalle de la cadena de valor de los productos hasta el consumidor final: Fabricante de..............

iii. Se dispone de los certificados de calidad al uso emitidos por AENOR..............

iv. La tecnología del producto es de nivel medio, donde el producto es de fabricación de procesos artesanales..............

v. La marca de la empresa, registrada, tiene una imagen ....

vi. La política de precios, bajo pedido, se determina de forma individual..............

Las condiciones de los cobros, generalmente son: ....% al pedido, el resto a .... días de la entrega.

vii. La política de marketing, se determina:

– Canales de distribución...........

– Publicidad y propaganda...........

– Asistencia a ferias..............

viii. El atractivo del sector queda condicionado por la propia madurez del mercado, donde la competencia..............

ANÁLISIS DE LA COMPETENCIA

CRITERIOS COMERCIALES	Valoración 1 a 10	Evaluación Empresa	Evaluación de Competidor	Evaluación de Competidor	Evaluación de Competidor ....
1. Precio					
2. Calidad					
3. Condiciones de pago					
4. Mantenimiento / SAT					
5. Consumo energía					
TOTALES					

ix. Perspectivas sobre la evolución del mercado y producto:

– Coyuntura económica (comentario)

– Aspectos políticos (comentario)

– Productos sustitutivos (comentario)

– Evolución tecnológica (comentario)

2.2 ADMINISTRACIÓN Y FINANZAS

a) Últimos balances de Situación (3 años)

D.A. nº 4 - EVOLUCIÓN DE LOS BALANCES DE SITUACIÓN				
	31.12 N-2	31.12 N-1	31.12 N	Fecha Actual
A. ACTIVO 1. Activo No Corriente – Inmovilizado Material – Inmovilizado Inmaterial – Inversiones Financieras – Otros Conceptos				

D.A. nº 4 - EVOLUCIÓN DE LOS BALANCES DE SITUACIÓN				
	31.12 N-2	31.12 N-1	31.12 N	Fecha Actual
2. Activo Corriente – Existencias – Deudores (Comerciales y Otros) – Anticipos a proveedores – Tesorería				
TOTAL ACTIVO B. PASIVO Y PATRIMONIO NETO 1. Capital y Reservas – Capital Emitido – Reservas – Ganancias (Pérdidas) acumuladas – Ingresos a distribuir en varios ejercicios 2. Pasivo No Corriente – Créditos y Préstamos – Impuestos Diferidos – Otros Conceptos 3. Pasivo Corrientes – Acreedores (Comerciales y Otros) – Créditos y Préstamos (c/p) – Provisiones				
TOTAL PASIVO Y PATRIMONIO NETO				

b) Últimas cuentas de resultados (3 años)

CUENTAS DE RESULTADOS

CONCEPTOS	AÑOS						FECHA ACTUAL	
	– 2		– 1		Último			
	Importe	%	Importe	%	Importe	%	Importe	%
6. Ventas → Nacional → Extranjero → Subvenciones								
2. Gastos de venta → Comisiones → Transportes de venta → Otros								
3. Ingresos netos (1-2)								
4. Variación de existencias (PC+PT)								
5. Valor creado (3 ± 4)								

CONCEPTOS	AÑOS						FECHA ACTUAL	
	– 2		– 1		Último			
	Importe	%	Importe	%	Importe	%	Importe	%
7. Compras y Subcontratación → Total compras → Total subcontratación → Variación de Existencia de Almacén								
7. Valor añadido (5-6)								
8. Gastos proporcionales → MOD → Compras Utillaje → Energía y gas								
9. Margen Bruto (7-8)								

CONCEPTOS	AÑOS						FECHA ACTUAL	
	– 2		– 1		Último			
	Importe	%	Importe	%	Importe	%	Importe	%
8. Gastos fijos de producción → MOI → Gastos de Taller → Reparaciones y Conservación → Otros → Amortizaciones								
11. Margen industrial (9-10)								
9. Gastos de estructura → Personal → Gastos generales → Gastos de viaje								
13. RESULTADO OPERATIVO (11-12)								
14. GASTOS FINANCIEROS → Préstamos, descuentos y aplazamientos								
15. Resultado ordinario (13-14)								
16. Extraordinarios y ejercicios anteriores								
17. Resultado (A.I.) (15 ±16)								
18. Impuesto s/Beneficios								
19. Resultado Final (17-18)								

c) Análisis Económico-Financiero (por ratios)

c.1) ANÁLISIS PARTRIMONIAL-LIQUIDEZ

CONCEPTOS	AÑOS		
	-2	-1	Último
R. LIQUIDEZ AC/PC			
R. TESORERÍA Disponible + AC / PC			
R. SOLVENCIA TOTAL ACT/PE			
R. SOLVENCIA TÉCNICA AC/PE			
R. DISPONILIDAD Disponible/PC			
FONDO MANIOBRA AC-PC			
R. ENDEUDAMIENTO PE/PATRIMONIO			
R. CALIDAD DEUDA PC/PE			
ROTACIÓN ACTIVO VENTAS/ACTIVOS FIJOS			
ROTACIÓN STOCK VENTAS/EXISTENCIAS			

c.2) ANÁLISIS DE MADURACIÓN

CONCEPTOS	AÑOS		
	-2	-1	Último
PERÍODO STOCK (Existencias/Ventas) x 365			
PLAZO MEDIO COBRO (Clientes/Ventas) x 365			
PLAZO MEDIO PAGO (Proveedor/Compras) x 365			

c.3) ANÁLISIS DE RENTABILIDAD

CONCEPTOS	AÑOS		
	-2	-1	Último
RENT. ECONÓMICA BAII/ACT			
RENT. FINANCIERA BAI/R. PROPIOS			
APALANC. FINANCIERO BAI x ACTIVO / BAII x R. PROPIOS			
MARGEN SEGURIDAD (1-UR/Ventas) x 100			

d) Comentarios sobre la situación económico-financiera

La situación económico-financiera de la empresa ha derivado en un deterioro progresivo en los últimos años, tal como lo evidencian la mayoría de los ratios analizados, ...

Los márgenes brutos por productos son distintos, predominando cierto equilibrio (si bien no consolidado) en el producto A ....

e) Los períodos de maduración del activo circulante (clientes más existencias) se han incrementado debido a la disminución de las rotaciones correspondientes..............

Por su parte el incremento de los saldos de proveedores no obedece a concesiones de mayores plazos por éstos, sino a los impagos por no atender en los plazos concertados.

f) La financiación bancaria se ha visto retraída por la situación de déficit económicos presentados..............

g) Se evidencia la necesidad de acordar un Plan de Reestructuración con los acreedores y de forma especial con las entidades financieras.........

Según los últimos datos los acreedores pueden clasificarse en:

CONCEPTO	TOTAL	ATRASOS
Hipotecarios	...	...
Administraciones Públicas	...	...
Personal	...	...
Acreedores Comerciales	...	...
TOTAL	...	...

h) Los locales e instalaciones están necesitados de una adecuada restauración. Se estiman necesario el desembolso de ....€.

i) El nivel de calidad de las labores administrativas se considera, de gran fiabilidad utilizándose medios y aplicaciones informáticas ("TIC") adecuados y de vanguardia ....

j) Sin embargo, se constatan carencias en la aplicación de sistemas de planificación de reflexión estratégica..............

2.3 PRODUCCIÓN e I+D+i

a) Se presenta a continuación el proceso productivo y distribución de planta/s (Lay -out).

(Gráfico y planos)

b) El sistema de planificación de producción y su seguimiento, se puede calificar de normal, si bien es rudimentario..............

c) La organización del sistema de producción no origina, en condiciones normales cuellos de botella..............

d) Los datos e índices de la gestión laboral, en los últimos tres años han sido:

CONCEPTO	AÑOS			Fecha actual
	– 2	– 1	Último	...
	Cuantía	Cuantía	Cuantía	Cuantía
Horas calendario				
Horas productivas				
Horas improductivas				
Horas Absentismo				
TOTALES				

El personal de M.O.D. contratado (fijo) ha sido en los últimos tres años:

Nº personas M.O.D.	AÑOS			Fecha actual
	– 2	– 1	Último	...
	Número	número	número	número
Nº inicial				
Altas				
Bajas				
Nº final				

e) El examen llevado a cabo sobre los medios productivos y plantas, muestra la siguiente situación:

Uno Estado y Grado de obsolescencia

Presentan un estado adecuado por las labores regulares de mantenimiento...............

Dos Niveles de automatización y mecanización

Su nivel es bajo, por la antigüedad de los medios productivos...............

Tres Los elementos productivos más importantes corresponden a:

BIEN	LABORES	PRECIO ADQUISICIÓN	ANTIGÜEDAD	OBSERVACIONES
....	...	...	...	...
....	...	...	...	...
....	...	...	...	...
....	...	...	...	...
TOTAL		...		

f) Las inversiones en medios productivos en los últimos 5 años han sido:

AÑO	Importe €
– 4	...
– 3	...
– 2	...
– 1	...
Último	...
TOTALES	...

Se evidencia y los directivos son conscientes de la necesidad de nuevas inversiones, calificándolas:

CONCEPTO	Importe €
– De urgencia	...
– A Corto y Medio plazo	...
TOTAL	...

g) El nivel máximo de producción por unidades de producto, y su referencia a lo realizado, en los 3 últimos años ha sido:

PRODUCTO	AÑOS						Fecha actual ...
	– 2		– 1		Último		
Producto "A" – Máximo posible – Realizado							
Producto "B" – Máximo posible – Realizado							

El nivel alcanzado sobre la máxima producción ha sido aceptable (...% y ...%) salvo en el último ejercicio por problemáticas diversas: ....

h) La ubicación de la planta productiva se considera adecuada, por diversas razones: con sede en un polígono industrial de fácil acceso y con comunicaciones ágiles, ...

i) En relación a la materia prima y componentes junto con los trabajos del exterior:

- Suponen un componente importante sobre la cifra de ventas, oscilando en torno al ...%.
- Los proveedores principales están identificados en número de ..., pudiendo considerar que se dispone de una adecuada diversificación..., además la selección de los mismos ....
- Los precios de estas adquisiciones no han sido fluctuantes, máxime en consonancia con la variación del índice de precios..............
- En otro orden de cosas, el coste de la energía, sí que es preocupante..............

j) La Sociedad cumple debidamente con la normativa de seguridad de máquinas e instalaciones, donde..............

Asimismo, la ley de Prevención de Riesgos Laborales, ...

Y respecto a la Normativa de Medio Ambiente, dispone de certificados homologados..............

2.4 PERSONAL Y ORGANIZACIÓN

a) Organización General de Empresas

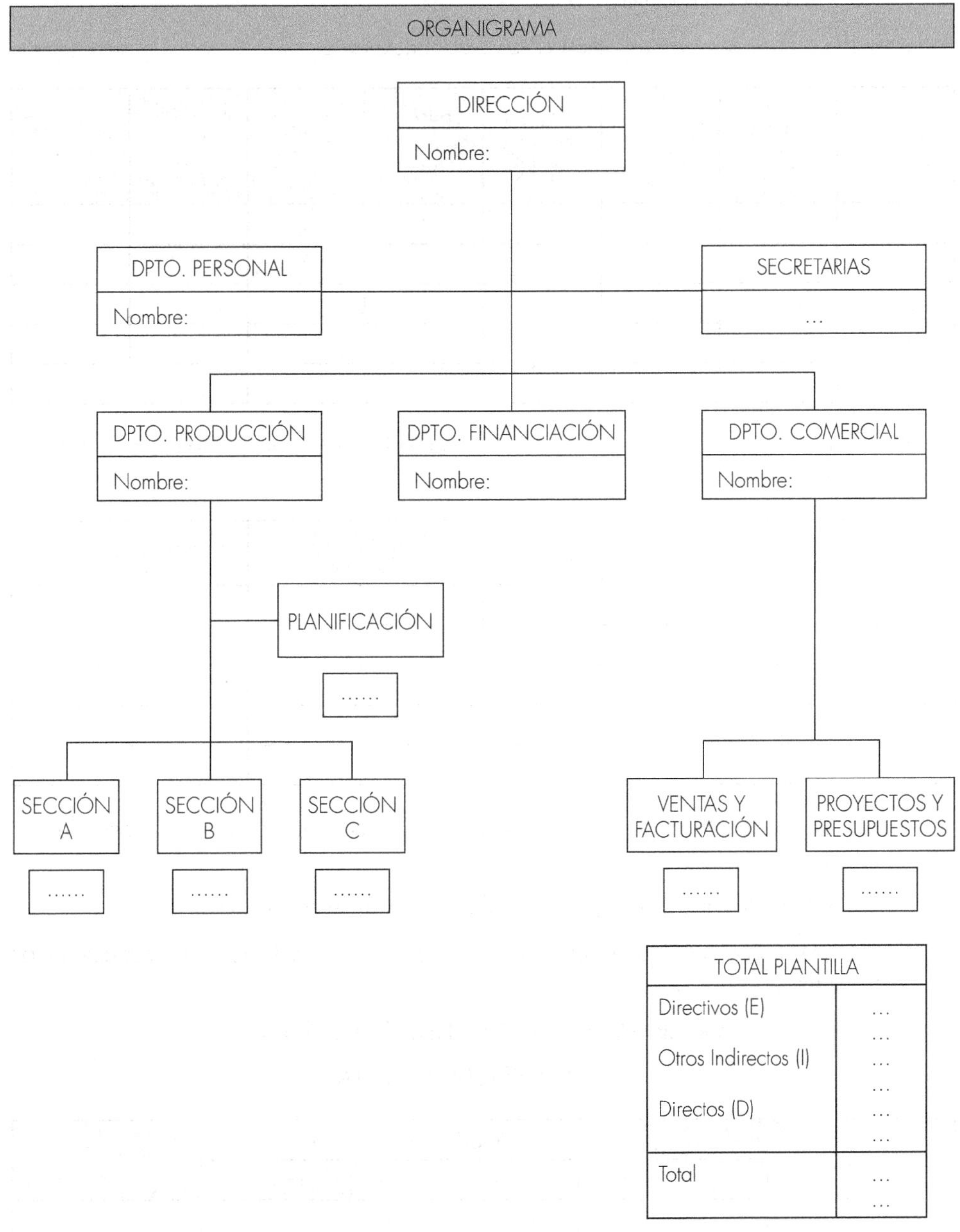

TOTAL PLANTILLA	
Directivos (E)	... ...
Otros Indirectos (I)	... ...
Directos (D)	... ...
Total	... ...

b) Según se desprende del anterior organigrama y considerando otros conceptos básicos el siguiente cuadro recoge:

PLANTILLA DEL PERSONAL

RANGOS	DIRECCIÓN	PERSONAL	DPTO. PRODUCCIÓN	DPTO. FINANCIERO	DPTO. VENTAS	PROYECTOS Y PRESUPUESTOS	PRODUCCIÓN
Directivos	1	1	1	1	1	-	-
Estructura	...	...	...	...	...	-	...
MOI	-	-	...		...	...	-
MOD	-	-	-	-	-	...	-
TOTAL	...	...	...	...	...	...	...

c) El coste de personal anual (salario + seguridad social) y en referencia a la antigüedad media es:

RANGOS	NÚMERO	ANTIGÜEDAD MEDIA (AÑOS)	COSTE MEDIO (AÑOS)
Directivos	4	...	...
Estructura	...	...	...
MOI	...	...	...
MOD	...	...	...
TOTAL	...	...	...

Como puede observarse la antigüedad tiene unas connotaciones especiales en relación a ....

El coste medio anual por tipo de nivel profesional se considera.........

El convenio colectivo aplicado corresponde a .... y tiene como aspectos más resultantes ....

d) La evolución de la plantilla durante los últimos 3 años ha sido:

EVOLUCIÓN PLANTILLA

RANGOS	AÑOS			Fecha actual
	– 2	– 1	Último	...
M.O.D.				
M.O.I.				
ESTRUCTURA				
TOTALES				

La variación sustancial registrada en el último año obedece al ....

e) Pirámide edades

Respecto al conjunto de la plantilla, la pirámide de edades actual es:

EDAD	Nº personas
Menor de 30 años	...
Entre 31 a 40 años	...
Entre 41 a 50 años	...
Entre 51 a 50 años	...
Más de 60 años	...
TOTALES	....

Gráfico (pirámide de edades)

f) Aspectos generales constatados en la plantilla

(i) Niveles de formación

NIVEL DE FORMACIÓN	Nº personas
Licenciados	...
Graduados	...
Formación Profesional	...
Especialistas	...
TOTALES	...

(ii) Polivalencias para cubrir puestos

Según la Dirección los puestos profesionales directivos, su sustitución requiere la contratación del exterior.

Respecto al resto de la plantilla, existe una insuficiencia en la polivalencia en las secciones de producción..............

(iii) Ambiente de trabajo. Grado de motivación del personal

Puede considerarse que el ambiente es bueno y motivado, sobre todo tras las reuniones informativas mantenidas con la totalidad del colectivo. Informaciones que han sido transparentes y dando lugar a diálogos abiertos.

Sin embargo, la propia situación de la empresa..............

La buena disposición física y ambiental de los puestos de trabajo, ayuda también a mantener el buen ambiente del trabajo.

(iv) Política de formación continuada

Salvo por las circunstancias que atañen al último ejercicio económico, la Sociedad ha mantenido como objetivo estratégico, una adecuada política de formación continuada. Únicamente sobresale como aspecto negativo..............

(v) En años precedentes se analizó la situación de equilibrio ente la vida laboral y familiar, cuestión de vital importancia por sus efectos beneficiosos que se mantienen a largo plazo, derivándose en mejoras productivas.

Resaltar que, sin embargo, en el último ejercicio..............

(vi) Regulaciones de trabajo temporal

En toda la historia de la Sociedad no se registran casos de ERTE's ni ERE's. Únicamente, aislados despidos disciplinarios.

Se pretende con la aplicación prevista del Plan de Reestructuración solventar..............

(vii) Acceso al mercado de trabajo

En los últimos años, la Sociedad ha visto restringida la localización de trabajadores, sobre todo de Formación Profesional.

Esta situación afecta al conjunto de empresas..............

(viii) Atrasos de Nómina

En el último ejercicio se dejaron de pagar las pagas extras de verano y navidad. Se estableció un plan de pagos..., que se está cumpliendo debidamente.

(ix) Área sindical

La política de diálogo que ha llevado la empresa con los sindicatos laborales ha permitido salvar muchos enfrentamientos.

Los sindicatos representativos del Comité de empresa son:

SINDICATO	Nº Representantes
...	...
...	...
...	...
...	...
TOTALES	...

(x) Otros aspectos

La empresa se ha comprometido con el cumplimiento de la Ley de Igualdad y sus derivaciones. Es preciso señalar, que...........

2.5 RELACIONES EXTERIORES

a) La Sociedad, ha contratado con sus asesores económico-financieros .... diversos estudios relativos a: Estudios de Mercado y Planteamientos Estratégicos, durante los últimos 3 años.

Las conclusiones de dichos estudios ....

b) Pertenece a la asociación empresarial ...., lo que le permite contactar con otras empresas, si bien la mayoría son de sectores distintos al de la misma. A través de esta asociación dispone de información y asesoramiento sobre ....

c) Está suscrita en diversas revistas de carácter financiero como técnico. Se duda de las informaciones que ha aprovechado .... y su actualización por parte de sus directivos y técnicos.

d) Salvo especiales acuerdos de desarrollo de productos con clientes, no dispone de alianzas con terceros: ....

e) A través de sus asesores económico-financieros ha obtenido ayudas de subvenciones para innovaciones vía CEDETI, siendo las concedidas en los últimos tres años: ....

f) No espera que en su sector de actividad se originen cambios de importancia. Sin embargo, el hecho de que sus productos sean maduros ....

3. RESUMEN DEL DIAGNÓSTICO "DAFO"

Tras los análisis interno y externo, que en gran parte han sido recogidos y comentados en el anterior apartado 2, se seleccionan los factores referidos a:

Debilidades

Amenazas

Fortaleza

Oportunidades

y ordenados por las cinco Áreas funcionales anteriormente desarrolladas:

DAFO				
ÁREA	DEBILIDADES	AMENAZAS	FORTALEZAS	OPORTUNIDADES
1. Producto-Mercado	10. .... 11. .... 12. .... 13. .... 5-	14. .... 15. .... 16. .... 17. .... 5-	18. .... 19. .... 20. .... 21. .... 5-	22. .... 23. .... 24. .... 25. .... 5- ....

DAFO				
ÁREA	DEBILIDADES	AMENAZAS	FORTALEZAS	OPORTUNIDADES
2. Administración y Finanzas	26. .... 27. .... 28. .... 29. .... 5-	30. .... 31. .... 32. .... 33. .... 5-	34. .... 35. .... 36. .... 37. .... 5-	38. .... 39. .... 40. .... 41. .... 5- ....
3. Producción	42. .... 43. .... 44. .... 45. .... 5-	46. .... 47. .... 48. .... 49. .... 5-	50. .... 51. .... 52. .... 53. .... 5-	54. .... 55. .... 56. .... 57. .... 5- ....
4. Personal y Organización	58. .... 59. .... 60. .... 61. .... 5-	62. .... 63. .... 64. .... 65. .... 5-	66. .... 67. .... 68. .... 69. .... 5-	70. .... 71. .... 72. .... 73. .... 5- ....
5. Relaciones Exteriores	74. .... 75. .... 76. .... 77. .... 5-	78. .... 79. .... 80. .... 81. .... 5-	82. .... 83. .... 84. .... 85. .... 5-	86. .... 87. .... 88. .... 89. .... 5- ....

4. OBJETIVOS ESTRATÉGICOS Y ACCIONES OPERATIVAS

Los objetivos estratégicos se han seleccionado tras las deliberaciones en el Consejo de Dirección, donde participan:

- El DIRECTOR GENERAL
- EL DIRECTOR DE RECURSOS HUMANOS
- EL DIRECTOR DE PRODUCCIÓN
- EL DIRECTOR FINANCIERO
- EL DIRECTOR COMERCIAL
- 6 personas clave (de cada una de las líneas)
- LOS CONSULTORES DE LA FIRMA ....

Todas las decisiones tomadas se han recogido en las correspondientes actas elaboradas oportunamente,

Los días de reuniones principales fueron: ....

Sirvió de gran ayuda la Matriz FODA, cuya representación gráfica-visual es la siguiente:

MATRIZ "FODA"		
	FORTALEZAS: "F" 1- 2- 3- 4- (Lista de Fortalezas) 5- 6- 7- 8-	DEBILIDADES: "D" 1- 2- 3- 4- (Lista de Debilidades) 5- 6- 7- 8-
OPORTUNIDADES: "O" 1- 2- 3- 4- (Lista de Oportunidades) 5- 6- 7- 8-	ESTRATEGIAS: "FO" 1- 2- 3- 4- Utilizar las Fortalezas para aprovechar 5- las Oportunidades 6- 7- 8-	ESTRATEGIAS: "DO" 1- 2- 3- 4- Superar las Debilidades al aprovechar 5- las Oportunidades 6- 7- 8-
AMENAZAS: "A" 1- 2- 3- 4- (Lista de Amenazas) 5- 6- 7- 8-	ESTRATEGIAS: "FA" 1- 2- 3- 4- Utilizar las Fortalezas para evitar 5- las Amenazas 6- 7- 8-	ESTRATEGIAS: "DA" 1- 2- 3- 4- Reducir al mínimo las Debilidades y 5- evitar las Amenazas 6- 7- 8-

Previamente el Comité de Planificación, del conjunto del DAFO, seleccionó, a efectos de practicidad, el siguiente número de factores:

– Oportunidades y Fortalezas: 12

– Amenazas y Debilidades: 8

Bajo el sistema de esta Matriz "FODA" se decidieron considerar los siguientes objetivos estratégicos, que se ordenan primero por ÁREAS y procediendo a la definición del FACTOR CLAVE DEL NEGOCIO (F.C.N.) oportuno.

A continuación, se recogen la distribución por Áreas y "F.C.N.", con sus correspondientes OBJETIVOS ESTRATÉGICOS.

(NOTA, a efectos de este formulario, únicamente presentamos un "F.C.N.", con asignación al área de PERSONAL y ORGANIZACIÓN, junto a las acciones y responsables correspondientes).

<table>
<tr><th colspan="2">ÁREA: PERSONAL, ORGANIZACIÓN Y LIDERAZGO</th></tr>
<tr><td>"F.C.N." IMPLANTACIÓN DE LAS (5) DISCIPLINAS DE PETER SENGE
– Constituye la vía para incrementar la supervivencia de la empresa, dotándola de (ALMA)
– Su implantación ha de ser progresiva en el tiempo y se logrará un nivel suficiente para integrar en la Organización y en la Cultura al menos de 3 a 5 años.
– Con ello la productividad de la empresa mejorará sustancialmente. Se señalan incrementos de productividad en los primeros años del orden del 20%.
– Las 5 disciplinas de Peter Senge:
UNO. PENSAMIENTO SISTÉMICO
DOS. PODER PERSONAL
TRES. MODELOS MENTALES
CUATRO. VISIÓN COMPARTIDA
CINCO. APRENDIZAJE EN EQUIPO</td><td>OBJETIVOS
1. MEJORA PROGRESIVA DE LA PLANTILLA, DONDE SE DA SEGURIDAD Y EMPODERAMIENTO A LOS DIVERSOS EQUIPOS DE TRABAJO.
2. INCREMENTOS ANUALES DEL NEGOCIO, DEL ORDEN MÍNIMO DEL 10%, CADA AÑO HASTA ALCANZAR COTAS EXCELENTES DE RENTABILIDAD</td></tr>
</table>

Por otra parte, cada objetivo o grupo de objetivos requiere de las diversas acciones operativas, donde se debe asignar responsables internos de la empresa, que en función de la complejidad ha de ser auxiliado por colaboradores (consultores externos).

Corresponde especificarlos en el siguiente cuadro:

ACCIONES	Responsable	Coste estimado acción	Fecha Inicio	Fecha Finalización
1. INTRODUCCIÓN EN LAS (5) DISCIPLINAS	....	....	....	....
2. PENSAMIENTO SISTÉMICO	....	....	....	....
3. PODER PERSONAL	....	....	....	....
4. MODELOS MENTALES	....	....	....	....
5. VISIÓN COMPARTIDA	....	....	....	....
6. APRENDIZAJE EN EQUIPO	....	....	....	....

La labor coordinadora y colaboradora la realizará la Consultora ....

5. PRESUPUESTOS ECONÓMICO-FINANCIEROS

Dentro del examen y análisis sobre los Objetivos Estratégicos, se han establecido las PREMISAS BÁSICAS a futuro, sobre la previsible evolución de las variables económico-financieras.

La variable de la inflación, se presume, dado el sector de .... Que pertenece la empresa, será repercutida, en gran medida, en los precios a nuestros clientes. Cualquier desviación al respecto se estima que será inmaterial y no incidirá en los resultados finales.

5.1 PREMISAS BÁSICAS-HIPÓTESIS

A continuación, se exponen dichas PREMISAS BÁSICAS asumidas para el presente "P.V.", ordenados por áreas:

A. GENERAL

Se considera racional llegar a un acuerdo con los acreedores, atendiendo a la siguiente previsión de clases:

Uno. CRÉDITOS CON GARANTÍA REAL

Se mantendrán todos los derechos, salvo la demora (aplazamiento) del plan de pagos que se reiniciará a partir de .... Meses.

Dos. CRÉDITO PÚBLICO

Asimismo, se mantendrán todos sus derechos, salvo el aplazamiento de la deuda a .... meses.

Tres. LOS CRÉDITOS FINANCIEROS (SIN GARANTÍA REAL)

Se prevé acordar una demora en el inicio de sus deudas de .... meses y un aplazamiento a .... Meses, manteniendo el tipo de interés acordado (no el de demora).

Para el descuento del Papel Comercial, se comprometerán a la financiación de hasta el ......% que se vaya originando, procediendo ...., como garantía.

Cuatro. ACREEDORES COMERCIALES

Se prevé acordar una quita del ......% y un aplazamiento de .... Meses.

Los créditos a favor de acreedores de importes menores de .... Euros, se satisfarán en su totalidad al cabo de .... meses.

No entrarán en el perímetro de sociedades afectadas, los créditos laborales ni los créditos de empresas con menos de .... trabajadores.

B. CIFRA DE NEGOCIOS

Como base prudencial, se estiman las siguientes evoluciones, para los dos productos ....

Año 1. Alcanzar el ......% de las ventas del ejercicio anterior al último. No se considera el efecto de la puesta en práctica de las (5) disciplinas de Peter Senge.

Año 2. Incremento del 5%, como crecimiento normal aumentado en un 10% más por los efectos positivos de la Organización de la "Quinta Disciplina", es decir, un total del 15%.

Año 3. Idem.

Año 4. Idem.

Año 5. Idem.

Para el Periodo Residual, se estima de los flujos de caja se incrementan el 1%, cada año.

C. COSTES VARIABLES

Se incrementarán al par de la evolución de la cifra de negocios, a partir del Año 2.

D. COSTES FIJOS

Se incrementarán en los años de planificación en un ...., cifra que engloba el típico incremento de los costes por inercia y correlación del aumento de la actividad.

E. FORMAS DE COBRO Y PAGO

Sería optimista plantear a los Clientes y Acreedores comerciales, mayores exigencias al respecto, es decir, reducir los plazos de cobro y por otra parte aumentar el plazo de los pagos.

F. POLÍTICA DE REDUCCIÓN DE COSTES

Aunque su incidencia positiva no se ha contemplado en las previsiones de los estados financieros, la Sociedad está concienciada en mantener con rigor los principios que emanan de los conceptos de Costes o Inversiones "Buenos" y "Malos". Es decir los costes "Buenos" se identifican con .... y los costes "Malos" se identifican con ....

G. INVERSIONES EN ACTIVO FIJO

Únicamente se contemplan las referidas a las Inversiones productivas.

Se han considerado:

- Los de urgencia: .... euros
- Los necesarios: .... Euros
- TOTAL .... euros

A su vez a partir del Año 2, como referencia de inversiones se "tomara la dotación a las amortizaciones del año anterior, en el nivel del ......% de la misma.

H. POTENCIACIÓN DEL PATRIMONIO NETO

Los Socios se comprometen a la supresión del reparto de dividendos mientras no se hayan satisfecho todas las deudas reconocidas ....

5.2 ESTADOS ECONÓMICO-FINANCIEROS

Los estados económico-financieros básicos de proyección previsional son:

- BALANCES
- CUENTAS DE PÉRDIDAS Y GANANCIAS
- PLANIFICACIÓN FINANCIERA

Tras el análisis de los soportes informáticos en EXCEL, elaborados a partir de los estados económico-financieros iniciales, y bajo la consideración de las Premisas Básicas asumidas por el Comité de Planificación, se han obtenido los correspondientes ESTADOS ECONÓMICO-FINANCIEROS PREVISIONALES.

5.2.1 CUENTAS DE RESULTADOS PREVISIONALES

Resultan los siguientes datos y su evolución en el periodo de planificación de 5 años.

CUENTAS DE RESULTADOS PREVISIONALES —€—

CONCEPTOS	AÑOS											
	1		2		3		4		5		TOTAL	
	Importe	%	Importe	%	Importe	%	Importe	%	Importe	%	Importe	%
90. Ventas → Nacional → Extranjero → Subvenciones												
2. Gastos de venta → Comisiones → Transportes de venta → Otros												
3. Ingresos netos (1-2)												
4. Variación de existencias (PC+PT)												
5. Valor creado (3 ± 4)												
91. Compras y Subcontratación → Total compras → Total subcontratación → Variación de Existencia de Almacén												
7. Valor añadido (5-6)												
8. Gastos proporcionales → MOD → Compras Utillaje → Energía y gas												
9. Margen Bruto (7-8)												
92. Gastos fijos de producción → MOI → Gastos de Taller → Reparaciones y Conservación → Otros → Amortizaciones												

CONCEPTOS	AÑOS											
	1		2		3		4		5		TOTAL	
	Importe	%	Importe	%	Importe	%	Importe	%	Importe	%	Importe	%
11. Margen industrial (9-10)												
93. Gastos de estructura → Personal → Gastos generales → Gastos de viaje												
13. RESULTADO OPERATIVO (11-12)												
14. GASTOS FINANCIEROS → Préstamos, descuentos y aplazamientos												
15. Resultado ordinario (13-14)												
16. Extraordinarios y ejercicios anteriores (difíciles de prever)												
17. Resultado (A.I.) (15 ±16)												
18. Impuesto s/ Beneficios												
19. Resultado Final (17-18)												

5.2.2 PRESUPUESTOS DE TESORERÍA

Cuya proyección temporal es de un año, dividido en fases de 12 meses.

PRESUPUESTO TESORERÍA (AÑO ...) —€—

CONCEPTOS	MESES												
	1	2	3	4	5	6	7	8	9	10	11	12	TOTALES
1. Entradas 1.1. Clientes actuales (por vtos) 1.2. Clientes s/pedidos (por vtos) 1.3. Otros 1.4. Previsión Ventas (por vtos) 1.5. Financiación saldos comerciales													

CONCEPTOS	MESES												
	1	2	3	4	5	6	7	8	9	10	11	12	TOTALES
1.6. Vencimiento efectos negociados 1.7. Ampliación de Capital y similares 1.8. Créditos, Préstamos y Leasing 1.9. Otras aportaciones estructurales													
Total Entradas													
2. Salidas 2.1. Proveedores y Acreedores Antiguos (n.a.p.r) 2.2. Proveedores y Acreedores Pedidos pendientes 2.3. Proveedores y Acreedores varios (previsión) 2.4. Nóminas atrasos 2.5. Nóminas 2.6. IRPF (atrasos) 2.7. IRPF 2.8. IVA (atrasos) 2.9. IVA 2.10. Otros impuestos (atrasos) 2.11. Otros impuestos 2.12. Seguridad Social (atrasos) 2.13. Seguridad Social 2.14. Gastos generales (resto) (n.a.p.r) 2.15. Gastos financieros 2.16. Créditos y Préstamos (atrasos) (n.a.p.r) 2.17. Créditos y Préstamos (n.a.p.r) 2.18. Inversiones 2.19. Otros conceptos 2.20. Plan Reestructuración													
Total Salidas													
3. Diferencia período (1-2)													

CONCEPTOS	MESES												
	1	2	3	4	5	6	7	8	9	10	11	12	TOTALES
4. Tesorería anterior													
5. Tesorería Final (3+4)													

5.2.3 PLAN FINANCIERO

(Nota - Por hábito profesional se utiliza este modelo, cuyo contenido es similar al ESTADO DE FLUJOS DE EFECTIVO (EFE) del Plan General de Contabilidad.

Las previsiones establecidas son:

PLAN FINANCIERO —€—

CONCEPTOS	AÑOS					TOTALES
	1	2	3	4	5	
Ingresos 1. Resultados del ejercicio (+/-) 2. Amortización del Inmovilizado (+) 3. Imputación de subvenciones (-) 4. Resultados Financieros P. Reestructuración (-) 5. Ampliaciones de capital (+) 6. Créditos a Largo (+) 7. Créditos a corto (+) 8. Financiación de saldos comerciales (+/-) 9. Ventas de Inmovilizado (+) 10. Otros Ingresos Estructurales (+)						
A. TOTAL INGRESOS						
Necesidades 1. Fondo de Maniobra (+/-) 2. Inversiones (-) 3. Préstamos C/P (-) 4. Leasing (-) 5. Cuentas de Crédito (-) 6. Amortización créditos L/P (-) 7. Obligaciones Plan de Reestructuración (-) 8. Otros Conceptos (-)						
B. TOTAL NECESIDADES						
C. FLUJOS DE EFECTIVO (A-B)						
D. EFECTIVO INICIAL						
E. EFECTIVO FINAL						
F. LÍMITE DE CRÉDITO BANCARIO						
G. CRÉDITO BANCARIO UTILIZADO						
H. SALDO BANCARIO DISPONIBLE (F-G)						
I. SALDO FINAL (E+/-H)						

Este estado financiero previsional, muestra las posibilidades en la disposición de Tesorería por parte de las empresas a futuro, en su renglón de E-EFECTIVO FINAL. Como puede constatarse las cuantías estimadas ...., tienen suficiente cobertura, tras atender los compromisos de pago establecidos tanto en el Plan de Reestructuración como los contraídos por la propia actividad del negocio.

5.2.4 BALANCES PREVISIONALES

Como resultado de conjugar el balance inicial y los estados económico-financieros anteriores se desprende la siguiente evolución de los Balances previsionales.

BALANCES PREVISIONALES —€—

CONCEPTOS	AÑOS									
	1		2		3		4		5	
	Importe	%	Importe	%	Importe	%	Importe	%	Importe	%
94. Activos no corrientes → Inmovilizado Intangible → Inmovilizado Material → Inversiones Financieras → Otros conceptos										
2. Activos corrientes → Otros conceptos → Existencias → Deudores (comerciales y otros) → Anticipos a Proveedores → Tesorería										
TOTAL ACTIVO										
95. PATRIMONIO NETO → Capital → Reservas → Ganancias (Pérdidas) acumuladas → Ingresos a distribuir en varios ejercicios → Subvenciones y similares										
2. Pasivo no corriente → Provisiones a L/P → Pasivo Plan Reestructuración → Créditos y préstamos y otros financieros → Impuestos diferidos → Otros conceptos										

CONCEPTOS	AÑOS									
	1		2		3		4		5	
	Importe	%	Importe	%	Importe	%	Importe	%	Importe	%
96. Pasivo corriente → Provisiones → Acreedores (Comerciales y otros) → Pasivo Plan de Reestructuración → Créditos y Préstamos y otros financieros										
TOTAL PATRIMONIO NETO y PASIVO										

6. ANÁLISIS DE SENSIBILIDAD

Antes de iniciar el análisis de sensibilidad, es preciso determinar que las proyecciones económico-financieras establecidas no se han basado en criterios optimistas, más bien son consideradas como normales, y en algún caso ....

A su vez, como se ha señalado, se dispone del posible colchón que se derivaría de recurrir, en última instancia, a la Financiación Interna (art. 665 TRLC) y sobre todo a la Nueva Financiación (art. 666 TRLC).

A través del modelo establecido en EXCEL, se procederá únicamente al enfoque sobre efectos negativos. Por su importancia se analizan los inputs, considerando únicamente visiones muy negativas sobre los mismos.

- La cifra de negocio

  Considerando no alcanzable el 10% de incremento en Ventas, por fallar en la implantación del citado modelo de Peter Senge (La quinta disciplina)

- El coste de la Materia prima y componentes

  Que por circunstancias no controlables de la empresa se eleve un 5% más de lo contemplado en el Plan.

En ambos casos, debido al objetivo de atender los compromisos de pago totales, las variaciones consideradas en dichos Input se relacionan con el Output apartado E-EFECTIVO FINAL del Plan Financiero.

Tras la aplicación del análisis de sensibilidad se tiene:

SALDOS FINALES TESORERÍA —€—

INPUTS	AÑOS				
	1	2	3	4	5
1 - Reducción 10% Ventas	....	....	....	....	....
2 - Incrementos 5% Materias Primas y Componentes	....	....	....	....	....
Conjunto: (1) + (2)	....	....	....	....	....

De lo que se desprende que, considerando cada efecto de las variaciones de Input, de forma individual, no incide en situaciones precarias sobre la Tesorería final.

Sin embargo, el conjunto de los dos inputs, sí que afecta a la situación del año 1 y 2, pero a posteriori ....

7. TEST DE VALIDEZ ECONÓMICO-FINANCIERO DEL PLAN DE VIABILIDAD

Este Test de Validez, se realiza bajo dos métodos:

- La evolución de ratios
- Alertas tempranas

7.1 ANÁLISIS DE RATIOS

a) ANÁLISIS PATRIMONIAL - LIQUIDEZ

RATIOS	AÑOS				
	1	2	3	4	5
LIQUIDEZ					
TESORERÍA					
SOLVENCIA TOTAL					
SOLVENCIA TÉCNICA					
DISPONIBILIDAD					
FONDO MANIOBRA					
ENDEUDAMIENTO					
CALIDAD DEUDA					
ROTACIÓN ACTIVO					
ROTACIÓN STOCK					

b) ANÁLISIS MADURACIÓN

RATIOS	AÑOS				
	1	2	3	4	5
PERIODO STOCKS					
PLAZO MEDIO COBRO					
PLAZO MEDIO PAGO					

c) ANÁLISIS RENTABILIDAD

RATIOS	AÑOS				
	1	2	3	4	5
RENT. ECONÓMICA					
RENT. FINANCIERA					
APALANCAMIENTO FINANCIERO					
MARGEN SEGURIDAD					

La evolución de la situación económico-financiera que presentan los ratios precedentes ....

Únicamente, señalar la posición pendiente de alcanzar el equilibrio del ratio ....

7.2 ALERTAS TEMPRANAS

A continuación, aplicamos los métodos de alerta temprana para detectar situaciones probables de insolvencia, utilizados en la práctica profesional:

- Método de Edward Altman
- Muestra Española (Oriol Amat y otros)

7.2.1 EDWARD ALTMANT

$Z2 = 6{,}56\ X_1 + 3{,}26\ X_2 + 6{,}72\ X_3 + 1{,}05\ X_4$

Resultando al término de los cinco años previstos los siguientes valores de Z2:

RATIOS	AÑOS				
	1	2	3	4	5
Z2	....	....	....	....	....

Si bien en los 3 primeros años el Z2 supera progresivamente la cota del 1,10, sin embargo, a partir del 4 año su aproximación al 2,60. Lo cual es saludable ya que las probabilidades ......

7.2.2 MUESTRA ESPAÑOLA

$"Z" = -3{,}9 + 1{,}28\ X_1 + 6{,}10\ X_2 + 6{,}5\ X_3 + 4{,}8\ X_4$

Sus resultados se recogen en el siguiente cuadro:

RATIOS	AÑOS				
	1	2	3	4	5
"Z"	....	....	....	....	....

La "Z" si bien en el año 1 y 2 no alcanza la cota 1, en cambio a partir del año 3 se supera progresivamente la cota 1. Por lo que la empresa tiene buenas probabilidades de ....

9. CONCLUSIONES AL PLAN DE VIABILIDAD ("P.V.")

A modo de síntesis, procedemos a la exposición de los aspectos más relevantes establecidos en el presente "P.V." de .... y sus enfoques de ....

A modo de Diagnóstico de Situación (veáse apartado .... De la MATRIZ DAFO), donde se pueden extraer los factores más representativos:

DEBILIDADES

1. Situación de insolvencia, con deterioro de imagen en el mercado.
2. ....

AMENAZAS

1. El panorama de la coyuntura económica, donde han surgido graves situaciones no previstas. COVID, Guerra Ucrania, fallos en la globalización ...
2. ....

FORTALEZAS

1. Imagen de marca todavía solvente, junto con la calidad profesional de la plantilla que ....
2. ....

OPORTUNIDADES

1. La reforma en la Ley Concursal que permite el acceso al Plan de Reestructuración, dado que ....
2. ....

Los planteamientos estratégicos básicos aprobados en el Plan de Viabilidad, se resumen en:

Uno. La implantación de los cinco factores componentes (Disciplinas) orientadas por PETER SENGE (LA QUINTA DISCIPLINA). Véase páginas: ....

Dos. Los acuerdos con los acreedores que permitirán el reflotamiento de la empresa ...., siendo las pautas de dichos acuerdos:

a) ....

b) ....

c) ....

etc

Véase páginas: ....

Tres. OTROS OBJETIVOS ESTRATÉGICOS ESTABLECIDOS:

a) ....

b) ....

c) ....

etc

Véase páginas: ....

Cuatro. Razonabilidad de los estados económico-financieros previsionales a futuro. Lo cual ....

Por todo ello, la deudora .... Constituye una empresa viable económicamente, con grandes probabilidades de seguir como actividad en continuidad en situaciones de normalidad, siempre que se apruebe y homologue el Plan de Reestructuración previsto acometer.

10. ANEXOS

(Nota aclaratoria. Obvia señalar que no forma parte del Formulario.

Los siguientes ANEXOS conviene incluirlos como complementos informativos en el "P.V.", siempre que sea posible su disposición. Téngase en cuenta que una fase es la elaboración del "P.V.", que un principio es un avance, y su posterior actualización para establecer el definitivo Plan de Reestructuración. Cabe introducir modificaciones al "P.V." para adecuarlo al Plan de Reestructuración).

Se aconsejan los siguientes anexos:

- Formación de Clases: Art. 622 y ss. del TRLC.
- Acuerdos de la Reestructuración Financiera.
- Valoración como Empresa en Funcionamiento.
- Valoración de la Empresa en Liquidación.
- La superación de la prueba interés superior de los acreedores (Art. 654. 7º TRLC)
- Regla de la prioridad absoluta (Art. 655.2. 3º y 4º).

F111. PLAN DE VIABILIDAD (II)

PLAN DE VIABILIDAD DE.............. S.L.

1. INTRODUCCIÓN

2. ESTUDIO DEL BALANCE DE SITUACIÓN DE LA EMPRESA: ACTIVOS Y ESTRUCTURA FINANCIERA.

3. ESTRUCTURA DE INGRESOS Y GASTOS.

4. PROYECCIÓN A FUTURO BAJO LA HIPÓTESIS EXTREMA DE VENTAS CERO.

5. INCORPORACIÓN DE HIPÓTESIS DE VENTAS AL ESCENARIO VENTAS CERO.

6. CONCLUSIONES.

1. INTRODUCCIÓN

El presente documento se ha elaborado en aras de establecer una negociación con las entidades.............. a efectos de alcanzar un plan de reestructuración para refinanciar la deuda actual con dichas compañías y obtener financiación de cara a llevar a buen fin el proyecto de empresa que mantenemos, actualmente en situación de probabilidad de insolvencia a la vista que ....

Que duda cabe que los tiempos actuales son tiempos difíciles debido a la profunda crisis que estamos sufriendo y que se agrava en cuanto a que su vertiente financiera se nos presenta como variable novedosa la cual está causando a las empresas del sector un verdadero quebradero de cabeza debido a la dificultad de acceder al crédito por las mismas y en especial por sus clientes lo que deviene en una dificultad añadida para la venta del producto que desarrollamos.

El documento se ha estructurado en cuatro partes. La primera recoge un análisis del activo y del pasivo de la empresa, en el que se analizan los puntos fuertes y débiles del balance. La segunda parte se centra en el estudio de la estructura de ingresos y gastos así como los cobros e ingresos y por último la tercera parte elabora un escenario bajo la hipótesis de ventas cero para luego introducir la variable ventas a fin de ver el efecto conjunto en el peor de los escenarios y en otros más posibles pero a día de hoy inciertos. La última parte a modo de recopilatorio ofrece unas conclusiones.

2. ESTUDIO DEL BALANCE DE SITUACIÓN DE LA EMPRESA: ACTIVOS Y ESTRUCTURA FINANCIERA

Como ANEXO I se acompañan los balances de situación de la sociedad correspondientes a los ejercicios.............. y uno cerrado a fecha.............. de........... de........... (un mes antes de la emisión del presente plan).

El cuadro siguiente muestra la composición del activo de la empresa ordenándose la inversión por su naturaleza. Se ha establecido los grupos que son:

ESTRUCTURA DE INVERSIÓN DE LA EMPRESA

INMUEBLES

Suelo Urbano Residencial. Es aquel apto para edificar inmediatamente

Plazas de Garaje. Como su nombre indica, corresponde a plazas de aparcamiento ya construidas.

Naves viviendas y otras construcciones: Corresponde a edificaciones ya hechas y que son aptas para el uso.

Suelo Industrial: Corresponde con el suelo para la instalación de industrias y que puede ser ocupado desde ya o le falta poco para finalizar su urbanización.

Suelo Industrial urbanizable. Aquel suelo con destino para Industrias cuya tramitación urbanística esta en tramite.

INVERSIONES FINANCIERAS

Corresponde con un préstamo a una sociedad dedicada al desarrollo urbanístico de un proyecto industrial.

DEUDORES Y OTRAS CUENTAS A COBRAR

Como su nombre indica, corresponde a cuentas a cobrar de terceros que están pendiente pero que en el corto plazo se harán dinero.

SUELO URBANO RESIDENCIAL					
DESCRIPCIÓN PROPIEDAD	SUPERFICIE M2		VALOR MERCADO	HIPOTECA	ENTIDAD

PLAZO DE GARAJE					
DESCRIPCIÓN PROPIEDAD	SUPERFICIE M2		VALOR MERCADO	HIPOTECA	ENTIDAD

NAVES, VIVIENDAS Y OTRAS CONSTRUCCIONES					
DESCRIPCIÓN PROPIEDAD	SUPERFICIE M2		VALOR MERCADO	HIPOTECA	ENTIDAD

SUELO INDUSTRIAL					
DESCRIPCIÓN PROPIEDAD	SUPERFICIE M2		VALOR MERCADO	HIPOTECA	ENTIDAD

SUELO INDUSTRIAL URBANIZABLE					
DESCRIPCIÓN PROPIEDAD	SUPERFICIE M2		VALOR MERCADO	HIPOTECA	ENTIDAD

INVERSIONES FINANCIERAS

DEUDORES Y OTRAS CUENTAS A COBRAR	
CLIENTES	IMPORTE
TOTAL DEUDORES Y OTRAS CUENTAS A COBRAR	
TOTAL ACTIVO EMPRESA	

De la relación de activos podemos sacar las siguientes conclusiones:

No tenemos activos financieros líquidos que nos permitan afrontar el futuro con reservas de liquidez. Más bien diría que son escasos y reflejan las tensiones actuales de tesorería que, respecto a los vencimientos de los dos próximos años se acentuarán, de tal forma que la empresa no podrá cumplir regularmente los mismos.

La inversión se concentra casi toda en suelos, ya que las plazas de garaje, van íntimamente vinculadas al suelo del..............

Los suelos prácticamente en su totalidad tienen calificación urbanística. Esto es muy bueno pues tienen valor y mercado en la medida que este se reactive.

Los suelos están diversificados en Residencial e Industrial.

El cuadro siguiente nos muestra la estructura del pasivo de la empresa.

ESTRUCTURA FINANCIERA DE LA EMPRESA

FONDOS PROPIOS			
Capital Social			
Reserva Legal			
Reserva Voluntaria			
Reserva por Revalorización			
TOTAL FONDOS PROPIOS			
DEUDAS A LARGO PLAZO CON ENTIDADES DE CRÉDITO (La deuda de los préstamos es sólo el capital, no están incluidos los intereses)			
ENTIDAD	IMPORTE	VENCIMIENTO	FORMA DE PAGO
	PRÉSTAMO HIPOTECARIO		.... Sólo intereses. (Es trimestral) A partir de.............. serán cuotas de interés + capital. (Y será mensual)
	PRÉSTAMO HIPOTECARIO		..............Sólo intereses. (Es trimestral) A partir de.............. serán cuotas de interés + capital. (Y será mensual)
	PRÉSTAMO HIPOTECARIO		Cuota de intereses + capital mensual
	PRÉSTAMO HIPOTECARIO		Intereses mensuales. Amortización del capital en una única cuota el..............
	PRÉSTAMO HIPOTECARIO		Cuota de intereses + capital mensual
	TOTAL	€	

DEUDAS A CORTO PLAZO CON ENTIDADES DE CRÉDITO (La deuda de los préstamos es sólo el capital, no están incluidos los intereses)			
ENTIDAD	IMPORTE	VENCIMIENTO	FORMA DE PAGO
	PÓLIZA DE CRÉDITO		Intereses trimestrales
	PRÉSTAMO HIPOTECARIO		Intereses trimestrales. Amortización del capital en una única cuota el..............
	PÓLIZA DE CRÉDITO		Intereses trimestrales
	TOTAL	€	
PROVEEDORES			
	IMPORTE	VENCIMIENTO	FORMA DE PAGO
			Pagaré avalado por..............
			Pagaré avalado por..............
			Pagaré avalado por..............
	TOTAL		
	TOTAL PASIVO		

En primer lugar, hay que destacar del estudio del pasivo la existencia de unos recursos propios importantes de........... millones de euros después de considerar como valor de los activos el valor de mercado que estimamos en la actualidad. Este valor que refleja la diferencia entre el valor del activo y el endeudamiento de la empresa, nos permite afrontar la situación actual con holgura patrimonial la cual refuerza la solvencia de la empresa de cara a afrontar las dificultades que no cabe duda nos están afectando.

Otro punto bien distinto es el de la liquidez. Si del estudio del activo de la empresa, ya deducíamos una incipiente falta de liquidez por la naturaleza de estos, ver el pasivo corrobora las dificultades que padecerá la empresa en cuanto a liquidez para hacer frente a los pagos en sus correspondientes vencimientos durante los próximos dos años. Por un lado tenemos:

Endeudamiento bancario: El vencimiento de deuda dentro del ejercicio.............. asciende a unos...........euros de los cuales.............. corresponden a las entidades.............. y el resto...........euros a la Caja..............

Pago de deuda con proveedores y acreedores para el..............: Hay previsto el pago de.............. € a.............. por vencimiento de pagares, derramas a favor de.............. por importe de...........euros y vendrán en el ejercicio facturas para el pago de la urbanización con los limites previstos en el pasivo en la partida..............

Como se puede ver, los vencimientos del.............. son imposibles de atender con la liquidez con la que cuenta la empresa en estos momentos, salvo que se materialice la venta de algún suelo que en estos momentos llevamos en marcha y que nunca se puede descartar. En cualquier caso, resultara preciso una inyección financiera de, al menos, ...euros.

Por tal motivo, es preciso aplazar los citados vencimientos durante......... años, tanto de principal como de intereses.

3. ESTRUCTURA DE INGRESOS Y GASTOS

Vista la situación patrimonial de la empresa, tanto en su vertiente de solvencia como de capacidad para hacer frente a sus obligaciones a corto plazo, nos toca adentrarnos en la estructura de ingresos y gastos para completar el estudio de la situación actual y poder pasar así realizar previsiones a futuro. Los cuadros siguientes muestran los costes generados en la empresa en el año.............. así como los pagos comprometidos de modo que es un mix ya que se mezclan los gastos con el pago de la deuda comprometida de cualquier naturaleza. No obstante esta estructura de exposición mejora nuestra percepción de la realidad de la empresa.

GASTOS CORRIENTES DE LA EMPRESA			
CONCEPTO			TOTAL PAGOS
TOTALES			€

PAGOS PENDIENTES A "PROVEEDORES Y OTROS"				
CONCEPTO	VTO.	SALDO DEUDA	TOTAL PAGOS	SALDO

PAGOS FACTURAS PENDIENTES				
CONCEPTO	VTO.	SALDO DEUDA	TOTAL PAGOS	SALDO

PAGOS PRÉSTAMOS COMPROMETIDOS "INTERESES"			
ENTIDAD	VTO.	SALDO DEUDA	TOTAL PAGOS

Nota: La hipótesis es que se paga la deuda a su vencimiento, por lo que no genera intereses desde su pago la parte que vence. Más adelante hay un apartado que refleja el coste financiero del déficit financiero que se genera mes a mes.

PAGOS PRÉSTAMOS COMPROMETIDOS "AMORTIZACIÓN"				
CONCEPTO	VTO.	SALDO DEUDA	TOTAL PAGOS	SALDO

CUADRO RESUMEN DE PAGOS DEL EJERCICIO			
ENTIDAD			TOTAL PAGOS
Gastos del ejercicios (sin financieros)			
Gastos financieros			
Pago deuda a proveedores			
Devolución préstamos			

CUADRO RESUMEN DE PAGOS DEL EJERCICIO			
ENTIDAD			TOTAL PAGOS
Pago facturas pendientes			
TOTAL PAGOS DEL EJERCICIO			
TOTAL PAGOS DEL EJERCICIO ACUMULADOS			

CUADRO RESUMEN DE INGRESOS DEL EJERCICIO		
CONCEPTO	TOTAL COBROS	SALDO

CUADRO RESUMEN DE INGRESOS Y GASTOS DEL EJERCICIO..............		
CONCEPTO	TOTAL	SALDO
INGRESOS		
PAGOS		
DÉFICIT MENSUAL ACUMULADO		
INTERÉS DE LOS DÉFICIT GENERADOS (4%)		
TOTAL DÉFICIT INCLUIDO INTERÉS DE LOS DÉFICIT GENERADOS (4%)		

De los cuadros anteriores deducimos:

99. EN CUANTO A LOS INGRESOS: (Ver cuadro "Cuadro resumen de ingresos del ejercicio......)

La sociedad no tiene ingresos recurrentes como alquileres por lo que sus ingresos vendrán de la comercialización del suelo que ha desarrollado o bien de las promociones de viviendas y naves industriales que emprenda en el futuro. Actualmente esta en fase de culminar varios desarrollos urbanísticos, pero no hay emprendido ningún proyecto de edificación de viviendas o naves industriales.

Dada la situación del mercado inmobiliario, es desaconsejable el inicio de cualquier proyecto de promoción de viviendas o naves industriales.

Los ingresos previstos provienen de la devolución de un préstamo a una sociedad que desarrolla un proyecto inmobiliario importante que es.............. y de la cual somos socios.

No obstante, si bien no se ha contemplado, no se descarta la venta de algún suelo en el ejercicio.............. dado que la calidad de los suelos de la empresa es alta y la gran mayoría son finalistas. El hecho de no contemplar la venta de suelo se basa en el hecho de exponer la situación limite y más difícil con la que nos podríamos encontrar y no porque creamos que no se venderá nada.

El dinero que nos debe el Ayuntamiento por el convenio con.............. se mantiene pendiente hasta la liquidación final.

100. La empresa sigue en funcionamiento lo cual induce a incurrir en un coste anual estimado de unos...........euros que sirven para mantener operativa la sociedad.

El coste financiero de las tablas aparece en dos partidas. En primer lugar en el cuadro titulado PAGOS PRÉSTAMOS COMPROMETIDOS INTERESES". Aquí aparecen los gastos financieros según esta pactado en cada uno de los préstamos y que asciende a un total de...........euros. Dado que algunos vencen en el.............., se ha establecido una partida de gastos financieros para cubrir el déficit acumulado de la empresa que se refleja en la penúltima línea del cuadro "Cuadro Resumen de Ingresos y Gastos del ejercicio.............." y que asciende a un total de...........euros calculados al........% para el ejercicio..............

c) EN CUANTO A LOS PAGOS A REALIZAR deberá verse los siguientes cuadros:

c.1) cuadro "pagos pendientes a proveedores y otros"

Reflejan básicamente la deuda con.............. por la adquisición y desarrollo de las parcelas.............. sitas en.............. La deuda total a pagar en el ejercicio.............. asciende a...........euros.

c.2) cuadro "facturas pendientes"

Contempla la retención hecha a.............. por la ejecución de la obra. Se prevé el pago en el ejercicio..............

Contempla las facturas el proyecto que se estiman están pendientes de recibir aproximadamente...........euros y un saldo en litigio de importe.............. En la hipótesis de trabajo contemplada, se realiza el pago de todo.

De todo lo anterior se deduce:

La empresa considerando que devuelve todos los préstamos que le vencen en el.............. y hace frente a sus obligaciones comprometidas y considerando que no sea capaz de vender ninguno de los suelos finalistas que tiene a la venta, generará un déficit de caja de.............. millones de euros. Este déficit se deberá a:

– Gastos del ejercicio (sin financieros):.................€

– Gastos financieros del ejercicio: ....€

– Pago Fras. UTE...€

– Pago saldo de proveedores (todos): ....€

– Devolución Ptamos ....€

Total desembolsos:...€

– Ingresos mínimos esperados:............................€

DÉFICIT ACUMULADO A FINANCIAR: ....€

4. PROYECCIÓN A FUTURO BAJO LA HIPÓTESIS EXTREMA DE VENTAS CERO

El objetivo de esta proyección es establecer el fondo del problema financiero de la empresa de modo que se vea el aguante que tiene su solvencia. Que duda cabe que es un escenario poco probable dada la calidad de los activos con que cuenta la empresa básicamente suelo finalista diversificado en Residencial e Industrial. No obstante se ha querido hacer así para que el banco se sitúe en el peor de los casos y pueda comprobar la consistencia de la empresa pese al escenario extremo.

ESCENARIO 1

HIPÓTESIS 1.1.

Los socios aumentan el capital social en la suma de...........euros y las entidades asumen parcialmente el déficit total de la empresa y aporta financiación necesaria para su continuidad

Préstamos en Vigor..............

para el..............

	vto.	Importe	mor./...........

El cuadro anterior refleja el saldo actual de la deuda con.............. y la amortización prevista para el ejercicio en curso.

Evolución deuda de.............. en los últimos cinco años:

	......		......		......		......		......
Nuevo saldo...........									

El cuadro de evolución de deuda, refleja la evolución de deuda con las entidades.............. bajo dos hipótesis principales: 1) No tenemos ningún ingreso, 2) todo el déficit anual que se genere por el pago de proveedores y los costes de mantener operativa la empresa los cubre con nueva financiación de las citadas entidades.............. y el aumento de capital antes reseñado. En el año...... habría que renovar los.............. millones que vencen y ampliar la financiación en unos.............. millones.

Evolución deuda de Resto Entidades Financieras y Acreedores en los últimos cinco años:

	......		......		......		......		......
Total Resto Bancos									

La evolución de la deuda restante de la empresa, refleja un mantenimiento de la misma ya que habría que pactar una carencia en la devolución del principal para un periodo de tres a cuatro años.

ENDEUDAMIENTO TOTAL DE LA EMPRESA	

El endeudamiento total de la empresa tiene una tendencia ascendente dado los costes financieros y de mantenimiento de la estructura de la misma. No obstante al finalizar el cuarto año, la misma asciende a unos.............. millones, valor muy por debajo de el valor de los activos a fecha de hoy que oscilarían entorno a los........... millones de euros.

GASTOS CORRIENTES DE LA EMPRESA	año......		año......		año......
CONCEPTO	TOTAL		TOTAL		TOTAL

Este cuadro refleja el coste de mantenimiento de cada uno de los tres años de la proyección a falta de los costes financieros.

GASTOS FINANCIEROS		año...		año...		año...	
	SALDO...	TOTAL	SALDO...	TOTAL	SALDO...	TOTAL	SALDO...
							€ € € € € € € € € € € €
							€

El coste financiero se ha establecido bajo las siguientes hipótesis: El resto de bancos, nos dan carencia de amortización por el periodo de...... años y el tipo de interés aplicado es el 4%.............., financian los posibles déficits de financiación que se generen año a años siempre bajo la hipótesis de ventas cero que es en la que se basa esta proyección. Después veremos el efecto que produciría sobre las mismas la realización de ventas o bien la puesta en marcha de alguno de los proyectos de edificación sobre el suelo del que es dueño la empresa.

PAGO FRAS. PENDIENTES			
ENTIDAD	SALDO......		SALDO......
Nuevo saldo..............			

Pagos pendientes por la ejecución de obras de urbanización cuyo pago se prevé para el ejercicio..............

RESUMEN CUADRO DE PAGOS						
		año...		año...		año...
ENTIDAD		TOTAL		TOTAL		TOTAL

Este cuadro refleja el déficit anual que se genera siempre bajo el escenario de ventas cero y que se debería cubrir con financiación bancaria tal y como refleja el cuadro de evolución de la deuda de la empresa.

5. INCORPORACIÓN DE HIPÓTESIS DE VENTAS AL ESCENARIO VENTAS CERO

Establecido el escenario de ventas cero como punto de partida para determinar las necesidades futuras de financiación máximas y determinación del grado de solvencia de la empresa, hemos llegado a la conclusión que al cuarto año nos situaríamos con una deuda de.............. millones frente a un activo a precios de hoy de.............. millones. Esto nos daría que el valor del activo sería.............. veces el pasivo. Esto nos habla de una solvencia elevada en el peor de los escenarios posibles.

Ahora toca hablar de unos escenarios más creíbles en los que las ventas son factibles y que podrían oscilar entre vender suelo desarrollado finalista y desarrollar las distintas promociones de viviendas y naves industriales en los suelos disponibles.

El cuadro siguiente presenta un escenario en el que se desarrolla la edificación de viviendas en todos los suelos disponibles en.............. y su consiguiente comercialización junto con las plazas de garaje ya existentes. La hipótesis básica es la de fijar un precio de venta conservador de unos...........euros el metro cuadrado que consideramos razonable para el momento actual más si pensamos que la propia edificación nunca se empezaría antes de dos años. También es cierto que no se acometerían todos los proyectos, pero el reflejar un cuadro con todos los proyectos nos da una idea del potencial de la empresa.

VIVIENDAS						
Parcela						
Superficie a construir						
Estudio de costes de llevar a cabo la promoción						

	C o s t . Unit.	Coste	Coste	Coste	Coste	Coste
Coste del suelo						
Coste del suelo						
Presupuesto de obra						
Licencia de Obra						
Arquitecto						
Aparejador						
Ingeniero+teleco						
Seguro Decena						
Seguro Obra						
AJD obra Nueva						
AJD Div. Horizontal						
Notaría y Registro						
Coste de comercialización						
Coste financiero						
TOTAL COSTES						
Estudio de Ingresos y beneficio de la promoción						
	P. Unit.	Valor de venta	Valor de venta	Valor de venta	Valor de venta	Total venta
Precio de venta						
Precio de venta						
TOTAL INGRESOS						
RDO.						
Fondos generados por proyecto (valor suelo+ bº)						
Estudio de ingresos por la venta de las plazas de garaje						
Plazas de garaje disponibles						
Precio de venta unitario						
Valor de venta de las plazas						

Si trabajásemos con la hipótesis de no vender ningún suelo y solo desarrollar la parcela.............. de.............. m^2 de techo junto con la venta de.............. plazas de garaje obtendríamos la siguiente cuenta de resultados y generación de fondos:

Ventas de viviendas:.............. €

Venta de plazas de garaje:.............. €..............

Total ingresos.............. €

Total costes-coste suelo:.............. € (el coste del suelo es un coste ya incurrido por lo que no afecta a tesorería)

.... €

Fondos generados.............. €

Como se puede ver, solo ejecutando esta promoción y vendiendo a precios más que razonables (.............. el m^2) eliminaríamos de golpe el...........% de la deuda de la empresa y dispondríamos a precios de hoy de un patrimonio de.............. millones.............. millones (Valor suelo edificado) de.............. millones frente a una deuda de.............. millones. El ratio valor activo/deuda sería de..............

Que duda cabe que todo mejora con el desarrollo de cualquier otro suelo o la combinación de venta de suelo y promoción.

Extrapolando las conclusiones del proyecto anterior se ve claramente que el proyecto de empresa es más que viable en el corto y en el medio plazo y que la evolución del endeudamiento es muy probable que no llegue a valores extremos planteados en el escenario de ventas cero, si no más bien se reduzca aunque en los primeros meses se incremente.

6. CONCLUSIONES

1. La empresa a día de hoy y usando los nuevos parámetros que rigen a la banca presenta un elevado endeudamiento. No por su ratio pero si por la capacidad de generar ingresos de las empresas de nuestro sector.

Valor del activo:.............. millones

Pasivo total:.............. millones

Ratio Activo/Pasivo:...........

Pese a ello es una empresa viable aunque precisa alcanzar un plan de reestructuración para evitar la probabilidad de insolvencia que le acecha.

2. La generación de ingresos a medio plazo se presenta complicada en tanto que los mercados financieros se muestren cerrados. Lo que vendemos requiere de fuertes inversiones y financiación para el comprador.

3. La cartera de inmuebles de la empresa es buena pues casi todo el suelo es finalista y se ha desarrollado en estos últimos años. Hay una buena diversificación en suelo residencial e industrial lo que nos permite tener los huevos en varias cestas.

4. Con un escenario de ventas cero llegaríamos a un endeudamiento máximo dentro de cuatro años de........... millones lo que con los valores actuales del activo.............. millones alcanzaríamos un ratio Activo/Pasivo de..............

5. Cualquier venta de suelo incidiría directamente en la reducción de la deuda y dado que la deuda de las entidades que no son.............., se apoyan sobre activos que no son suelo, esta venta incidiría directamente en la reducción de la deuda de.............., con lo que su esfuerzo por mantener la empresa se reduciría de forma sustancial.

6. El hecho de desarrollar un proyecto como el de la parcela.............. del.............. nos llevaría a reducir la deuda a la mitad y si se desarrollasen todos con las hipótesis de la tabla adjunta en el punto 5 vemos como la deuda de la empresa desaparecería casi completamente, quedándole un activo importante.

Por todo lo expuesto pensamos que la empresa presenta viabilidad no solo a corto y a medio plazo, sino también a largo plazo y por ello apostamos por obtener un plan de reestructuración consistente, en esencia,........., para atacar la probabilidad de insolvencia en un escenario de .... en los términos de este plan de viabilidad.

Para ello se precisaría refinanciar la deuda de la sociedad y obtener nueva financiación en los siguientes términos:..............

En........., a........., de.............. de.....

F112. PLAN DE VIABILIDAD (III)

PLAN DE VIABILIDAD

"........................, S.L."

1º.-OBJETO DEL INFORME.-

D. ...., Economista y Auditor Censor Jurado de Cuentas, miembro del Ilustre Colegio de Economistas de .... y del Registro Oficial de Auditores de Cuentas con número ...., respectivamente, emite informe sobre viabilidad de .... S.L

2º.– DESCRIPCIÓN DE LA EMPRESA.-

2.1.– DESCRIPCIÓN DEL NEGOCIO.-

La mercantil ...., S.L., (en lo sucesivo, ...) es una empresa constituida el ...., con domicilio social en ...., C/ ...., CP ...... y cuyo objeto social lo constituye: (i).........................., (ii) .... y (iii) ....

Los principales de clientes de .... son multinacionales ubicadas en España y en el extranjero, a quienes le realizan ventas de productos fabricados, adquiridos a terceros y distribuidos por la empresa o trabajos de .... El principal proveedor de la compañía es el grupo de sociedades ...., de quien: (i) obtiene ...., o (ii) adquiere ....

En fecha ...., ... se encuentra al corriente de pago con las Administraciones públicas y sus trabajadores, siendo el origen de su deuda el siguiente:

– Deudas con entidades financieras: .... €, de los cuales .... € se encuentran vencidos y el resto pendiente de vencimiento.

– Deudas con proveedores: .... €, de los cuales .... € están vencidos y el resto pendiente de vencimiento.

2.2.– ANÁLISIS DAFO.-

DEBILIDADES

AMENAZAS

DAFO

FORTALEZAS

OPORTUNIDADES

DEBILIDADES: 1) Exceso de deuda.

2) Tensiones de tesorería.

3) Necesidad de circulante.

4) Disminución de los márgenes.

AMENAZAS: 1) Competencia de otras empresas

2) Deslocalización de algunas líneas de bajo coste, como consecuencia de la subida de costes laborales y la incertidumbre política.

3) Conflictos bélicos, en especial Ucrania-Rusia, Israel-Palestina e inestabilidad en los precios de la energía.

4) Incremento precio materias primas.

FORTALEZAS: 1) Muchos años de experiencia en el sector.

2) Marca reconocida y con prestigio.

3) Clientes de referencia y renombre, con potencial de crecimiento y muy posicionados en el mercado.

4) Instalación flexible y adaptable, con capacidad productiva óptima

5) Productos competitivos.

6) Acceso a las mejores fuentes de materias primas.

OPORTUNIDADES 1) Cambio geopolítico: pérdida de peso de China como proveedor, e incremento de producción más cercana. Interés por las marcas de "no depender de Asia" e interés creciente de incrementar proveedores cercanos.

2) Cambio tecnológico: industria 4.0, digitalización, energías renovables: oportunidad de ganar eficiencia, reducir costes e innovar en aportar valor, ganar eficiencia y reducir costes.

3) Apertura global e internacional a las grandes cuentas globales, que a día de hoy se pueden abordar.

2.3.– ESTADOS FINANCIEROS

La evolución del Balance de Situación y la Cuenta de Resultados que se desprenden de las últimas cuentas anuales publicadas y su comparativa con los ejercicios anteriores, son:

BALANCE DE SITUACIÓN

ACTIVO			
11000 - A) ACTIVO NO CORRIENTE			
11100 - I. Inmovilizado intangible			
11200 - II. Inmovilizado material			
11300 - III. Inversiones inmobiliarias			
11400 - IV. Inversiones en empresas del grupo y asociadas a largo plazo			

11500 - V. Inversiones financieras a largo plazo			
11600 - VI. Activos por impuesto diferido			
11700 - VII. Deudas comerciales no corrientes			
12000 - B) ACTIVO CORRIENTE			
12100 - I. Activos no corrientes mantenidos para la venta			
12200 - II. Existencias			
12300 - III. Deudores comerciales y otras cuentas a cobrar			
12400 - IV. Inversiones en empresas del grupo y asociadas a corto plazo			
12500 - V. Inversiones financieras a corto plazo			
12600 - VI. Periodificaciones a corto plazo			
12700 - VII. Efectivo y otros activos líquidos equivalentes			
10000 - TOTAL ACTIVO (A + B)			

PASIVO			
20000 - A) PATRIMONIO NETO			
21000 - A-1) Fondos propios			
21100 - I. Capital			
21200 - II. Prima de emisión			
21300 - III. Reservas			
21500 - V. Resultados de ejercicios anteriores			
21600 - VI. Otras aportaciones de socios			
21700 - VII. Resultado del ejercicio			
22000 - A-2) Ajustes por cambios de valor			
23000 - A-3) Subvenciones, donaciones y legados recibidos			
31000 - B) PASIVO NO CORRIENTE			
31100 - I. Provisiones a largo plazo			
31200 - II. Deudas a largo plazo			
31220 - 2. Deudas con entidades de crédito			
31230 - 3 Acreedores por arrendamiento financiero			
31250 - 3. Otros pasivos financieros			
31300 - III. Deudas con empresas del grupo y asociadas a largo plazo			
31400 - IV. Pasivos por impuesto diferido			
31500 - V. Periodificaciones a largo plazo			

31600 - VI. Acreedores comerciales no corrientes			
31700 - VII. Deuda con características especiales a largo plazo			
32000 - C) PASIVO CORRIENTE			
32100 - I. Pasivos vinculados con activos no corrientes mantenidos para la venta			
32200 - II. Provisiones a corto plazo			
32300 - III. Deudas a corto plazo			
32400 - IV. Deudas con empresas del grupo y asociadas a corto plazo			
32500 - V. Acreedores comerciales y otras cuentas a pagar			
32600 - VI. Periodificaciones a corto plazo			
32700 - VII. Deuda con características especiales a corto plazo			
30000 - TOTAL PATRIMONIO NETO Y PASIVO (A + B + C)			

CUENTA DE PÉRDIDAS Y GANANCIAS

PERDIDAS Y GANANCIAS			
40100 - 1. Importe neto de la cifra de negocios			
40200 - 2. Variación de existencias de productos terminados y en curso			
40300 - 3. Trabajos realizados por la empresa para su activo			
40400 - 4. Aprovisionamientos			
40500 - 5. Otros ingresos de explotación			
40600 - 6. Gastos de personal			
40700 - 7. Otros gastos de explotación			
40800 - 8. Amortización del inmovilizado			
40900 - 9. Imputación de subvenciones de inmovilizado no financiero y otras			
41000 - 10. Excesos de provisiones			
41100 - 11. Deterioro y resultado por enajenaciones del inmovilizado			
41200 - 12. Diferencia negativa de combinaciones de negocio			
41300 - 13. Otros resultados			
49100 - A) RESULTADO DE EXPLOTACIÓN (1 + 2 + 3 + 4 + 5 + 6 + 7 + 8 + 9 + 10 + 11 + 12 + 13)			
41400 - 14. Ingresos financieros			
41500 - 15. Gastos financieros			
41600 - 16. Variación de valor razonable en instrumentos financieros			

41700 - 17. Diferencias de cambio			
41800 - 18. Deterioro y resultado por enajenaciones de instrumentos financieros			
49200 - B) RESULTADO FINANCIERO (14 + 15 + 16 + 17 + 18)			
49300 - C) RESULTADO ANTES DE IMPUESTOS (A + B)			
41900 - 19. Impuestos sobre beneficios			
49500 - D) RESULTADO DEL EJERCICIO (C + 19)			

2.4.– ANÁLISIS FINANCIERO

Con respecto al activo, debido a la naturaleza de la actividad, está compuesto en su mayoría por activos corrientes, en concreto existencias (...... %) y cuentas con deudores comerciales (....... %). Por su parte, la mayoría del activo no corriente lo componen el inmovilizado material (...... %), esto es, maquinaria e instalaciones técnicas necesarias para la actividad, así como por activos por impuesto diferido (...... %).

A este respecto, cabe comentar que el crédito fiscal se genera en el ejercicio ...., debido a que .... decidió proceder a regularizar el inventario que había venido manteniendo en contabilidad desde los ejercicios anteriores. En concreto, esta regularización se debe a la acumulación de un tipo de existencias que, en la actualidad, no tiene demanda. Para ello, se practicó un ajuste de más de .... € (parte correspondiente al caucho obsoleto y otra parte a una reducción de inventario motivada por determinados momentos de tensión de liquidez durante el ejercicio), que desvirtúa los datos comparativos del ejercicio 2023 con respecto a los anteriores.

Precisamente, en el análisis del pasivo, es donde más se aprecia la desviación de los datos debido a la extraordinaria variación de existencias y su efecto sobre la totalidad del pasivo y patrimonio neto. Por ello, en la comparación, vamos a relacionar la suma del pasivo corriente y no corriente con las subcategorías más importantes:

Magnitudes		
Deuda financiera a LP	......	....
Deuda financiera a CP	......	....
Acreedores comerciales	....	....

Se puede apreciar cómo se han reducido las deudas financieras al largo plazo y con proveedores comerciales, no obstante, las tensiones de liquidez sufridas durante el ejercicio sumado a los vencimientos del calendario de amortizaciones, ha provocado que se aumenten las deudas con entidades financieras al corto plazo.

3º.-PLAN DE VIABILIDAD.-

Introducción:

Un plan de viabilidad es un documento que permite a la compañía evaluar la rentabilidad económica de su proyecto. Para ello, se analizan tanto las inversiones y gastos que el negocio ocasionará como los ingresos que se prevén obtener.

A este respecto, cabe indicar que .... posee un importante fondo de comercio basado en los clientes nacionales e internacionales con reputación de su marca en España y en el extranjero, es más, entre sus clientes se encuentran gran parte de multinacionales cotizadas con un riesgo de impagados del 0%.

En esencia, la actividad de la empresa consiste en producción de todo tipo .... a partir de desechos de .... y compraventa de ....

Durante el ejercicio .... la compañía adquirió una nueva máquina, cuya puesta a punto ha concluido en el primer semestre del año, que les permitirá realizar las labores de maquila de forma más eficiente. En este sentido, desde comienzos del ejercicio ......, ... ha entablado conversaciones formales con una importante empresa para otorgar un contrato plurianual por el que realizar labores de ...., todo ello con un mínimo de facturación garantizada. Tras realizar determinadas pruebas de producto para cerciorarse de que la empresa es capaz de producir un .... con las propiedades .... que necesita el cliente potencial, han concluido suscribir el citado contrato, empezando la producción en el último trimestre del ejercicio ....

La suscripción del contrato con el cliente estadounidense implica abrir una nueva línea de negocio (..........), que aumentará la facturación de .... (se estima un incremento de unos .... € anuales) y también su rentabilidad (según los cálculos de la empresa, estaría cercana al ....% del importe facturado, esto es, alrededor de .... €). Lo interesante de esta línea de negocio es que, a diferencia de las anteriores, no comprometería la liquidez de la empresa, puesto que la .... consiste en los trabajos de transformación del producto del cliente, sin haber realizado ninguna compra de materia prima. Ello implica que la empresa no soportará pérdidas de liquidez por la adquisición del producto, sino que simplemente realizará la transformación del mismo para el cliente.

Situación financiera actual:

Como se indicará en mayor profundidad en el siguiente apartado, la viabilidad de la empresa para la aprobación de una operación de reestructuración de la deuda, basada fundamentalmente en "*prestamizar*" y convertir al largo plazo determinadas deudas con vencimientos en el corto plazo que existen en las distintas Entidades Financieras.

Con respecto a la deuda con origen financiera, cabe destacar las siguientes operaciones de circulante:

BANCO	
- Anticipo fact COMEX	
- Anticipo cred. descto.	
- Financiación importac.	
- Tarjetas	
- Cuenta corrinte	
BANCO	
- Confirming y LIPO	

- Financiación importac.	
CAJA..........	
- Financiación importac.	
BANCO	
- Confirming	

Además de los préstamos descritos, la empresa posee otros préstamos con entidades financieras por un importe de .... euros, que no se verá afectada por la reestructuración.

Respecto del detalle de los préstamos con entidades financieras, actualmente son los siguientes:

Entidad	Producto	Importe inicial	Interés	Vencimiento	Capital pendiente
Banco	PRÉSTAMO				
Banco	PRÉSTAMO				
Banco	PÓLIZA CRÉDITO				
Banco	PRÉSTAMO				
Banco	PRÉSTAMO				
Banco	PRÉSTAMO				
Banco	PRÉSTAMO				
Banco	PRÉSTAMO				
Banco	PRÉSTAMO				
Banco	PRÉSTAMO				
Banco	PRÉSTAMO				
Banco	PRÉSTAMO				
Banco	PÓLIZA CRÉDITO				
Banco	PÓLIZA CRÉDITO				
Banco	PRÉSTAMO				
Banco	PRÉSTAMO				
Caja	PRÉSTAMO				
IVF	PRÉSTAMO				
Banco	PRÉSTAMO				

Todo lo anterior hace que el total de endeudamiento bancario de .... alcanza la cifra de .... €.

Propuesta:

Como se ha adelantado, la viabilidad de la empresa requiere de "*prestamizar*" y convertir al largo plazo las deudas, de origen comercial, con vencimientos en el corto plazo, que existen en las distintas Entidades Financieras. Por ello, se propone (i) mantener los vencimientos de la totalidad de los préstamos de las entidades y (ii) prestamizar en 6 años, siendo el primero de ellos de carencia, la deuda por un importe de .... €, correspondientes al siguiente detalle:

BANCO	
- Anticipo fact COMEX	
- Anticipo cred. descto.	
- Financiación importac.	
- Tarjetas	
- Cuenta corriente	
BANCO	
- Confirming y LIPO	
- Financiación importac.	
CAJA	
- Financiación importac.	
BANCO	
- Confirming	
BANCO	
- Anticipo fact COMEX	
- Anticipo cred. descto.	
- Financiación importac.	
- Tarjetas	
- Cuenta corriente	
BANCO	
- Confirming y LIPO	
- Financiación importac.	
CAJA	
- Financiación importac.	
BANco	
- Confirming	
BANCO	
- Anticipo fact COMEX	

- Anticipo cred. descto.	
- Financiación importac.	
- Tarjetas	
- Cuenta corriente	
BANCO	
- Confirming y LIPO	
- Financiación importac.	
CAJA	
- Financiación importac.	
BANco	
- Confirming	

Es decir, la propuesta consistiría en:

Prestamización	......€
Periodo de duración	6 años, desde la firma
Periodo de carencia	1 año, el primero desde la firma
Tipo de interés	...... %
Liquidación de interés	Mensual

Medidas en el corto plazo y reorientación de la estrategia:

.... es consciente de la necesidad de completar con su trabajo el esfuerzo de las entidades financieras, por ello, antes de suscribir el plan de reestructuración, ya está implementando (incluso desde el ejercicio pasado) determinadas acciones tendentes al aumento de los márgenes y la eficiencia en el proceso productivo:

A.– REDUCCIÓN GASTOS ESTRUCTURALES Y DE APROVISIONAMIENTOS

Desde la dirección, se está realizando una reducción de la estructura de costes fijos, con reducción de plantilla, gastos de gestión y administración y otras partidas como suministros. De esta forma, ... reducirá sustancialmente los gastos de personal y de energía. Contemplamos una reducción de personal y gastos generales estructurales "fijos" por un total cercano a .... € para este ejercicio ...., y progresivamente en los ejercicios posteriores. Las medidas se han empezado a tomar y empezarán a dar resultados desde este momento.

B.– MEDIDAS DE FLEXIBILIDAD.

Se está realizando un ajuste de plantilla inmediato. Para reducir en ...... euros la carga de personal, incluso, para el caso de nuevas contrataciones, recurriremos a trabajos de temporada o fijos discontinuos.

Existe industria local para apoyar mediante subcontratación determinadas puntas de trabajo si las hubiera, sin necesidad de incrementar plantilla.

C.– MEDIDAS OPERATIVAS E INCREMENTO DE MARGEN

Incremento selectivo de precios y selección de los clientes más rentables en función del volumen de trabajo y el margen de producción, reduciendo de esta forma el nivel de tiempo y de incidencias de producción, focalizando el trabajo.

Focalización en la producción de los productos de más margen y subcontratación de algunas líneas menos rentables o su eliminación.

D.– COMPRA SELECTIVA DE MATERIAS PRIMAS Y ENFOQUE EN EL MARGEN Y SEGMENTOS DE VALOR.

Con todo ello, se prevé que el coste de aprovisionamientos para este ejercicio ...... se sitúe en el entorno del ....% incrementando el diferencial y en el periodo comprendido entre los ejercicios ......-.... se va a mantener estable en un porcentaje del ....%.

En el cálculo de este coste, se ha tenido en cuenta los aumentos de facturación como consecuencia de la explotación de la nueva línea de negocio de ...., la cual, por el momento, solo trabajará con un cliente (contrato garantizado durante el periodo que dura el plan de reestructuración). No obstante, ... prevé que se puedan captar otros clientes del sector para realizar más trabajos de ...., pudiendo asumir dichos trabajos sin necesidad de realizar ninguna inversión (más allá de la contratación de personal), siendo esta previsión no tenida en cuenta a efectos del Plan.

E.– IMPLANTACIÓN DE HERRAMIENTAS DIGITALIZADAS DE CONTROL DE GESTIÓN PARA MAYOR EFICIENCIA OPERATIVA Y MEJORA DEL CONTROL FINANCIERO.

La empresa prevé mejorar la gestión operativa y económica de escandallos, inventarios y costes con la implantación (ya en marcha) de herramientas digitalizadas mucho más actuales de control de gestión, con el fin de un control mucho más exhaustivo de los consumos de productos químicos, las mermas de producción, los inventarios y los escandallos. Así como un seguimiento presupuestario.

De esta forma, nuestra intención es priorizar el margen en la selección de clientes, concentrándonos más en el valor y en segmentos de más crecimiento. Contemplamos de esta forma una mejora en el margen de aprovisionamiento (diferencia entre ventas y costes de aprovisionamiento).

En marcha implantaciones de Power BI, digitalización operativa de inventarios, control online de tiempos de trabajo y CRM. Todas estas herramientas permitirán mejorar la gestión significativamente.

En el plan de digitalización contemplamos especialmente la incorporación de herramientas de aseguramiento de la calidad para reducir la tasa de incidencias y devoluciones, lo que debe repercutir en la mejora de los márgenes.

F.– APERTURA DE MERCADOS DE EXPORTACIÓN EN LOS SEGMENTOS ELEGIDOS.

Otra de las prioridades estratégicas en la apertura de nuevos canales y ampliación de la red comercial a otros países y zonas geográficas. Siempre con los criterios de segmentación referidos (alta gama y técnico).

4º.– EVOLUCIÓN DEL PROYECTO.

Si trasladamos las medidas anteriormente indicadas, deberían de resultar las siguientes hipótesis:

- Coste de aprovisionamiento.: En el ejercicio .... se ha considerado un ......% de acuerdo con los datos que se tienen actualmente en este ejercicio, el cual, a diferencia del ejercicio anterior, no se encuentra viciado por las consecuencias de las desviaciones del sobredimensionamiento del stock y el elevado coste de adquisición de las materias primas. Se estima que dicho porcentaje se puede reducir y, por ello, se prevé que alcance la cifra del ......%, manteniéndose estable entre los años .... a ......
- Gastos de personal. Con la reducción realizada en este ejercicio .... se considera que los gastos de personal y de seguridad social ascendería a .... €, importe sensiblemente inferior al del ejercicio .... ya que se han producido despidos para la reducción de esta partida, se ha considerado un crecimiento anual del ....% de esta partida a partir de la cifra del año ....
- Gastos generales. Durante este ejercicio se piensa que se van a reducir en unos .... mil euros respecto del ejercicio anterior y se ha considerado un crecimiento del ....% anual de esta partida.
- Se ha reducido la cifra de ventas esperada para el ejercicio ...., aunque consideramos que se puede superar ya que, por ejemplo, en el ejercicio .... la cifra de facturación ascendió a .... €. No obstante, en aplicación del criterio de prudencia, se ha considerado una cifra mínima de .... €[3] y luego se ha considerado un crecimiento importante en el ...... (como consecuencia del incremento de facturación por los trabajos de maquila) y, en los años siguientes, un incremento lineal del ....% y del ....%.

EVOLUCIÓN INMOVILIZADO MATERIAL							
CONCEPTOS	2024	2025	2026	2027	2028	2029	2030
Valor Contable							
Dotación Amortización							
Inversiones							

3 Según las previsiones de la empresa, la facturación del .... se situará por encima de la del .... Esto se fundamenta en que .... trabaja sobre ventas no consolidadas, que en el momento de su consolidación (si se produce) podrán alterar la tendencia proyectada en el presente análisis.

Amortización Inversiones							
Amortización Acumulada							
Valor Neto Contable							
IVA Soportado	–	–	–	–	–	–	–

EVOLUCIÓN CAPITAL CIRCULANTE							
EXISTENCIAS							
CONCEPTOS	2024	2025	2026	2027	2028	2029	2030
Saldo Final							
Variación							
CLIENTES							
CONCEPTOS	2024	2025	2026	2027	2028	2029	2030
Saldo Final							
Rotación s/vtas							
Variación							
PROVEEDORES							
CONCEPTOS	2024	2025	2026	2027	2028	2029	2030
Saldo Final							
Variación							
ADMINISTRACIONES PÚBLICAS							
CONCEPTOS	2024	2025	2026	2027	2028	2029	2030
IVA (4° TRIM)							
IRPF (4° TRIM) + SS							
IMPUESTO SOCIEDADES							
TOTAL							
Variación							
NECESIDADES CIRCULANTE	–	–	–	–	–	–	–

FLUJOS DE CAJA PREVISTOS (euros)							
	2024	2025	2026	2027	2028	2029	2030
Resultado del ejercicio	–	–	–	–	–	–	–
+ Amortizaciones	–	–	–	–	–	–	–
Necesidades Capital Circulante	–	–	–	–	–	–	–
FLUJOS OPERATIVOS	–	–	–	–	–	–	–
+Dinero							
–Inversiones	–	–	–	–	–	–	–
+Desinversiones							
Ampliaciones Capital							
Pago BANCOS							
Pago acreedores ejercicio 2023							
Pago acreedores							
IS					–	–	–
Ahorro bases imponible	–	–	–	–	–	–	–
FLUJO LIBRE CAJA	–	–	–	–	–	–	–
Tesorería Inicial							
Tesorería Final							

5º.– CONCLUSIONES

Partiendo de las estimaciones realizadas en el presente plan, se concluye que la tesorería al final de cada periodo permite afirmar la viabilidad del proyecto. La propuesta de reestructuración de la deuda financiera de origen comercial, por un importe de .... €, permitiría a .... no solo evolucionar favorablemente sin estrangulamientos financieros, sino también mantener una estabilidad financiera significativa en su producción. Además, esta reestructuración facilitaría la devolución del riesgo financiero que actualmente está asfixiando a la empresa, haciendo inviable su continuidad sin el apoyo financiero de las Entidades de Crédito.

Nótese que, desde el prisma de negocio, el proyecto de .... presenta perspectivas muy positivas. La empresa opera en un sector alineado con la sostenibilidad, ya que recicla los desechos de .... y los transforma en .... Esta labor no solo contribuye al medio ambiente, sino que también posiciona a .... como una de las pocas empresas especializadas en este proceso. Además, la adquisición de una nueva máquina permitirá incrementar significativamente la facturación y la rentabilidad de la empresa, consolidando su posición en el mercado y asegurando un crecimiento sostenido a largo plazo. Siendo estas cuestiones no reconocidas económicamente en el Plan, si se consideran como factores intangibles que podrían reflejar el potencial oculto de la empresa.

En resumen, la reestructuración de la deuda financiera propuesta es esencial para garantizar la viabilidad y el crecimiento sostenido de .... Las perspectivas económicas del proyecto son prometedoras, gracias a su enfoque en la sostenibilidad y la innovación tecnológica. La combinación de una gestión financiera sólida y la capacidad de incrementar la producción y rentabilidad con la nueva maquinaria, posiciona a .... en un lugar privilegiado para afrontar los desafíos futuros y aprovechar las oportunidades del mercado. Por lo tanto, se recomienda la aprobación de esta reestructuración para asegurar el éxito continuo de la empresa.

III. PLANES DE REESTRUCTURACIÓN

LOS PLANES DE REESTRUCTURACIÓN. III.2.1. SOLICITUD DE HOMOLOGACIÓN Y ADMISIÓN A TRÁMITE. F150. ESCRITO SOLICITANDO LA HOMOLOGACIÓN DE PLAN DE REESTRUCTURACIÓN (I). F151. ESCRITO DE HOMOLOGACIÓN DE PLAN DE REESTRUCTURACIÓN (II). F152. ESCRITO DE HOMOLOGACIÓN PLAN DE REESTRUCTURACIÓN POR VARIOS DEUDORES. F153. ESCRITO DE HOMOLOGACIÓN DE PLAN NO CONSENSUAL. F154. ESCRITO HOMOLOGACIÓN PREVIA COMUNICACIÓN APERTURA. F155. ESCRITO HOMOLOGACIÓN SIN COMUNICACIÓN INCIDENTE CONTRADICTORIO. F156. ESCRITO HOMOLOGACIÓN SIN PREVIA COMUNICACIÓN APERTURA. F157. SOLICITUD DE HOMOLOGACIÓN DE PLAN DE REESTRUCTURACIÓN. CONJUNTO. F158. SOLICITUD DE HOMOLOGACIÓN DE PLAN DE REESTRUCTURACIÓN. CLASE ÚNICA. F159. SOLICITUD DEL ACREEDOR DE HOMOLOGACIÓN DE UN PLAN DE REESTRUCTURACIÓN APROBADO POR TODAS LAS CLASES DE CRÉDITOS CON FASE DE CONTRADICCIÓN PREVIA. FINANCIACIÓN INTERINA. F160. SOLICITUD DEL ACREEDOR DE HOMOLOGACIÓN DE UN PLAN DE REESTRUCTURACIÓN APROBADO POR TODAS LAS CLASES DE CRÉDITOS CON FASE DE CONTRADICCIÓN PREVIA. RESOLUCIÓN CONTRATOS. F161. SOLICITUD DEL DEUDOR DE HOMOLOGACIÓN DE UN PLAN DE REESTRUCTURACIÓN APROBADO POR TODAS LAS CLASES DE CRÉDITOS CON FASE DE CONTRADICCIÓN PREVIA. PROTECCIÓN FINANCIERA INTERINA. F162. SOLICITUD DEL DEUDOR DE HOMOLOGACIÓN DE UN PLAN DE REESTRUCTURACIÓN APROBADO POR TODAS LAS CLASES DE CRÉDITOS CON FASE DE CONTRADICCIÓN PREVIA. RESOLUCIÓN CONTRATOS. F163. SOLICITUD DEL ACREEDOR DE HOMOLOGACIÓN DE UN PLAN DE REESTRUCTURACIÓN APROBADO POR UNA CLASE DE CRÉDITOS CON FASE DE CONTRADICCIÓN PREVIA. EXTENSIÓN EFECTOS A TODAS LAS CLASES. F164. SOLICITUD DEL ACREEDOR DE HOMOLOGACIÓN DE UN PLAN DE REESTRUCTURACIÓN APROBADO POR MAYORÍA SIMPLE DE CLASES DE CRÉDITOS CON FASE DE CONTRADICCIÓN PREVIA. PROTECCIÓN FINANCIACIÓN. F165. SOLICITUD DEL ACREEDOR DE HOMOLOGACIÓN DE UN PLAN DE REESTRUCTURACIÓN APROBADO POR MAYORÍA SIMPLE DE CLASES DE CRÉDITOS CON FASE DE CONTRADICCIÓN PREVIA. RESOLUCIÓN CONTRATOS. F166. SOLICITUD DEL DEUDOR DE HOMOLOGACIÓN DE UN PLAN DE REESTRUCTURACIÓN APROBADO POR MAYORÍA SIMPLE DE CLASES DE CRÉDITOS CON FASE DE CONTRADICCIÓN PREVIA. EXTENSIÓN EFECTOS A TODAS LAS CLASES. F167. SOLICITUD DEL DEUDOR DE HOMOLOGACIÓN DE UN PLAN DE REESTRUCTURACIÓN APROBADO POR UNA CLASE DE CRÉDITOS CON FASE DE CONTRADICCIÓN PREVIA. PROTECCIÓN A LA FINANCIACIÓN. F168. SOLICITUD DEL DEUDOR DE HOMOLOGACIÓN DE UN PLAN DE REESTRUCTURACIÓN APROBADO POR MAYORÍA SIMPLE DE CLASES DE CRÉDITOS CON FASE DE CONTRADICCIÓN PREVIA. EXTENSIÓN RESOLUCIÓN CONTRATOS. F169. SOLICITUD DEL ACREEDOR DE HOMOLOGACIÓN DE UN PLAN DE REESTRUCTURACIÓN APROBADO POR UNA CLASE DE CRÉDITOS CON FASE DE CONTRADICCIÓN PREVIA. EXTENSIÓN EFECTOS A TODAS LAS CLASES. F170. SOLICITUD DEL ACREEDOR DE HOMOLOGACIÓN DE UN PLAN DE REESTRUCTURACIÓN APROBADO POR UNA CLASE DE CRÉDITOS CON FASE DE CONTRADICCIÓN PREVIA. PROTECCIÓN FINANCIACIÓN. F171. SOLICITUD DEL ACREEDOR DE HOMOLOGACIÓN DE UN PLAN DE REESTRUCTURACIÓN APROBADO POR MAYORÍA SIMPLE DE CLASES DE CRÉDITOS CON FASE DE CONTRADICCIÓN PREVIA. RESOLUCIÓN CONTRATOS. F172. SOLICITUD DEL DEUDOR DE HOMOLOGACIÓN DE UN PLAN DE REESTRUCTURACIÓN APROBADO POR UNA CLASE DE CRÉDITOS CON FASE DE CONTRADICCIÓN PREVIA. EXTENSIÓN EFECTOS A TODAS LAS CLASES. F173. SOLICITUD DEL DEUDOR DE HOMOLOGACIÓN DE UN PLAN DE REESTRUCTURACIÓN APROBADO POR UNA CLASE DE CRÉDITOS CON FASE DE CONTRADICCIÓN PREVIA. RESOLUCIÓN CONTRATOS. F174. SOLICITUD DEL DEUDOR DE HOMOLOGACIÓN DE UN PLAN DE REESTRUCTURACIÓN APROBADO POR UNA CLASE DE CRÉDITOS CON FASE DE CONTRADIC-

CIÓN PREVIA. PROTECCIÓN A LA FINANCIACIÓN. F175. PROVIDENCIA ADMITIENDO A TRAMITE LA SOLICITUD DE HOMOLOGACIÓN. F176. EDICTO PARA DAR PUBLICIDAD A LA SOLICITUD DE HOMOLOGACIÓN. F177. COMUNICACIÓN DE LA HOMOLOGACIÓN DEL PLAN DE REESTRUCTURACIÓN AL TRIBUNAL EN EL QUE SE SIGUE EJECUCIÓN SINGULAR. III.2.2. IMPUGNACIÓN DE LA COMPETENCIA PARA LA HOMOLOGACIÓN. F178. DECLINATORIA DE IMPUGNACIÓN DE LA COMPETENCIA DEL TRIBUNAL RESPECTO A LA HOMOLOGACIÓN DEL PLAN DE REESTRUCTURACIÓN REALIZADO POR EL DEUDOR POR CENTRO DE INTERESES PRINCIPALES. F179. DECLINATORIA DE IMPUGNACIÓN DE LA COMPETENCIA DEL TRIBUNAL RESPECTO A LA HOMOLOGACIÓN DEL PLAN DE REESTRUCTURACIÓN REALIZADO POR UN ACREEDOR POR CENTRO DE INTERESES PRINCIPALES. F180. DECLINATORIA DE IMPUGNACIÓN DE LA COMPETENCIA DEL TRIBUNAL RESPECTO A LA HOMOLOGACIÓN DEL PLAN DE REESTRUCTURACIÓN REALIZADO POR EL ACREEDOR POR CAMBIO DE DOMICILIO SEIS MESES ANTES. F181. DECLINATORIA DE IMPUGNACIÓN DE LA COMPETENCIA DEL TRIBUNAL RESPECTO A LA HOMOLOGACIÓN DEL PLAN DE REESTRUCTURACIÓN REALIZADO POR EL DEUDOR POR CAMBIO DE DOMICILIO SEIS MESES ANTES. F182. OPOSICIÓN A DECLINATORIA POR FALTA DE COMPETENCIA. III.2.3. OPOSICIÓN A LA HOMOLOGACIÓN CON CONTRADICCIÓN PREVIA. F183. OPOSICIÓN A LA HOMOLOGACIÓN CON FASE DE CONTRADICCIÓN PREVIA. III.2.4. EJECUCIÓN GARANTÍA REAL TRAS HOMOLOGACIÓN PLAN DE REESTRUCTURACIÓN. F184. SOLICITUD POR ACREEDOR DE EJECUCIÓN DE BIENES CON GARANTÍA REAL. III.2.5. IMPUGNACIÓN DE LA HOMOLOGACIÓN. F185. IMPUGNACIÓN AUTO DE HOMOLOGACIÓN DEL PLAN DE REESTRUCTURACIÓN. F186. IMPUGNACIÓN DEL AUTO DE HOMOLOGACIÓN DEL PLAN DE REESTRUCTURACIÓN APROBADO POR TODAS LAS CLASES DE CRÉDITOS. F187. IMPUGNACIÓN DEL AUTO DE HOMOLOGACIÓN DEL PLAN DE REESTRUCTURACIÓN POR PARTE AFECTADA EN CONTRATO RESUELTO. INADECUACIÓN DE LA INDEMNIZACIÓN. F188. IMPUGNACIÓN DEL AUTO DE HOMOLOGACIÓN DEL PLAN DE REESTRUCTURACIÓN POR PARTE AFECTADA EN CONTRATO RESUELTO. NO ES NECESARIO PARA BUEN FIN DE LA REESTRUCTURACIÓN. F189. IMPUGNACIÓN AUTO HOMOLOGACIÓN DEL PLAN DE REESTRUCTURACIÓN NO APROBADO POR LOS SOCIOS DE LA SOCIEDAD DEUDORA.

III.1. NEGOCIACIÓN Y CONCLUSIÓN DEL PLAN DE REESTRUCTURACIÓN

F113. ANÁLISIS CONTABLE Y ECONÓMICO PARA LA ELABORACIÓN DEL PLAN DE REESTRUCTURACIÓN

EL PLAN DE REESTRUCTURACIÓN ELABORACIÓN DEL PLAN

ESTRATEGIAS DE GESTIÓN EFICIENTE DE TESORERÍA

ANÁLISIS CONTABLE

- Interpretación de ratios liquidez.
- Métodos de gestión de tesorería presupuestaria.
- Análisis del Fondo de Maniobra.
- Análisis de las NOF.
- El Capital Circulante Operativo y el Pasivo Circulante Operativo.
- Gestión eficiente de las NOF - Interacción FM vs NOF

APLICACIÓN PRÁCTICA

- Probabilidad de Insolvencia. Se produce cuando es objetivamente previsible que, si el deudor no consigue un plan de reestructuración, no podrá cumplir las obligaciones que venzan en los próximos dos años.
- Insolvencia actual o inminente. Se encuentra en estado de insolvencia actual el deudor que no puede cumplir regularmente sus obligaciones exigibles. Se encuentra en estado de insolvencia inminente el deudor que prevea que dentro de los tres meses siguientes no podrá cumplir regular y puntualmente sus obligaciones.
- Plan de Reestructuración.
- Régimen Especial.
- Procedimiento de Continuación.
- Convenio Concursal.

Artículo 614. Concepto. Plan de Reestructuración.

Se considerarán planes de reestructuración los que tengan por objeto la modificación de la composición, de las condiciones o de la estructura del activo y del pasivo del deudor, o de sus fondos propios, incluidas las transmisiones de activos, unidades productivas o de la totalidad de la empresa en funcionamiento, así como cualquier cambio operativo necesario, o una combinación de estos elementos.

- GESTIÓN EFICIENTE DE LA TESORERÍA:
- La gestión de tesorería abarca todos los métodos y estrategias de gestión de los recursos financieros de una empresa. Su objetivo es garantizar la rentabilidad de la estructura, mediante el seguimiento y el análisis de los indicadores.
- Se trata de optimizar la liquidez y hacer eficiente el uso del dinero, ya sea en efectivo o vía cuenta bancaria y similares, con el fin de garantizar la disponibilidad de los fondos necesarios para la realización de los pagos comprometidos por la empresa en la divida adecuada y en el momento preciso.

Una correcta gestión de la tesorería empresarial permite:

- Saber la caja que tienes en cada momento y qué está pasando con tus flujos de tesorería.
- Evitar problemas de liquidez.
- Administrar recursos monetarios eficientemente.
- Disposición de efectivo.
- Conocer la previsión de cobros y las obligaciones de pago
- Evitar el riesgo de insolvencia.
- Anticiparse a las necesidades de financiación.
- Optimizar los costes.
- Viabilidad económica de la empresa.

- RATIOS DE LIQUIDEZ:

La liquidez es la capacidad de los activos de una empresa de generar activos líquidos, dinero, con los que hacer frente a obligaciones financieras.

Son unos indicadores de la capacidad que un negocio tiene para hacer frente a sus obligaciones en el corto plazo.

Todos los datos utilizados para calcularlos provienen del balance de situación, concretamente de los activos corriente y pasivo corriente, las partidas más líquidas del balance.

Los ratios que estudian la liquidez son análisis del corto y del largo plazo. Los más significativos son los siguientes:

– Ratio de Liquidez o razón = $\dfrac{\text{ACTIVO CORRIENTE}}{\text{PASIVO CORRIENTE}}$ [1,5 – 2]

– Ratio de tesorería = $\dfrac{\text{REALIZABLE / DISPONIBLE}}{\text{PASIVO CORRIENTE}}$ [0,8 - 1,2]

– Ratio disponibilidad o liquidez imediata = $\frac{\text{DISPONIBLE}}{\text{PASIVO CORRIENTE}}$ [0,2 – 0,4]

– Solvencia o garantía = $\frac{\text{ACTIVO TOTAL}}{\text{PASIVO TOTAL}}$ [1,5 – 2]

– Endeudamiento = $\frac{\text{PASIVO TOTAL}}{\text{PATRIMONIO NETO}}$ [1,5 – 2]

ANÁLISIS INTERPRETATIVO DE LOS RATIOS DE LIQUIDEZ

Hay que tener en cuenta que los valores óptimos y su interpretación, dependerá del sector y la actividad de la empresa:

- El ratio de liquidez suele adoptar los valores entre 1,50 y 2 como óptimos, esto quiere decir que:
  - Si el resultado es muy inferior a 1,50 la entidad no cuenta con la solvencia adecuada para hacer frente a su deuda a corto plazo.
  - Si el resultado es muy superior a 2 la entidad sí que posee circulante suficiente para cumplir con sus obligaciones más inmediatas.
  - Sin embargo, un resultado muy por encima de lo señalado indicaría un exceso de bienes sin invertir y, por tanto, sin ser productivos, lo que recibe el nombre de: "exceso de recursos ociosos".
- El ratio de tesorería permite la comparación con otras empresas del sector, lo que sirve para conocer la situación de la empresa respecto a la competencia. Los valores óptimos se encuentran entre 0,8 y 1,2.
  - Si es inferior a 0,8 indica que la solvencia de la empresa a corto plazo no es suficiente, por lo tanto, cuanto más bajo sea el ratio de tesorería, mayor dificultad para hacer frente las deudas que vencen a corto plazo y, por lo tanto, mayor posibilidad de incurrir en impagos si no se toman medidas.
  - Si el ratio de tesorería es inferior a 0,3 deben tomarse medidas urgentes, como acortar los plazos de cobro o alargar los de pago, transformar en dineroactivos menos líquidos o renegociar la devolución de los pasivos inmediatos.
- El ratio de disponibilidad o liquidez inmediata, los valores óptimos se estiman entre 0,2 y 0,4, aunque depende mucho del tipo de actividad de la empresa, ya que la tesorería suele fluctuar mucho.
- El ratio de solvencia indica cuantos euros tiene la empresa, incluyendo bienes y derechos, por cada euro que tiene de deuda. Los valores óptimos se encuentran entre 1,5 y 2. Por lo tanto, si el resultado es mayor que 1,5 la empresa cuenta con un activo suficiente como para satisfacer todas sus deudas.

- El ratio de endeudamiento evalúa la proporción de financiación ajena que posee una empresa frente a su patrimonio. Los valores óptimos están entre 0,3 y 0,6, si es inferior la empresa puede tener un exceso de capitales propios.

- MÉTODOS DE GESTIÓN PRESUPUESTARIA:

Un presupuesto es un plan de acción dirigido a cumplir una meta prevista expresada en valores financieros. Los presupuestos deben referirse a un determinado periodo y están condicionados por el plan estratégico de cada empresa.

Es un cálculo estimativo que se realiza con el fin de determinar cuáles son los posibles ingresos y gastos futuros.

La gestión presupuestaria se relaciona con el sistema de planificación, la organización contable y la estructura jerárquica de la empresa.

Es el resultado de un análisis sobre los datos históricos y los resultados económicos y financieros, alcanzados y por alcanzar, en un período previamente definido.

Además, ayuda a definir estrategias y acciones futuras basadas en objetivos, bien definidos, con el objetivo de reducir costes y optimizar las operaciones empresariales.

En función de la adaptación al nivel de actividad:

- Presupuesto fijo o rígido. Estimación de gastos e ingresos predeterminados que no sufren cambios con las variaciones en los niveles de actividad alcanzados. Es adecuado para empresas que se desarrollan en economías estables y sin inflación. Este modelo presupuestal se suele realizar de forma trimestral.

- Presupuesto flexible o variable. Consiste en la elaboración de un presupuesto posterior, de cuando se conocen los niveles de producción y ventas reales. Estas producciones y ventas físicas reales valoradas en costes y precios unitarios presupuestados son lo que se denominan "presupuesto sobre bases flexibles".

El presupuesto flexible compara resultados reales con los rendimientos presupuestados para un determinado periodo

– En función de la técnica de elaboración:

- Presupuesto basado en actividades (ABB). El presupuesto basado en actividades se elabora a partir de los resultados que se desean obtener y, seguidamente, se establecen las actividades para alcanzar los resultados. Este método permite a las empresas realizar ajustes sobre las actividades que impliquen un mayor coste.

- Presupuesto incremental. Este método consiste en establecer un plan anual basado en el informe anual del ejercicio anterior tomando estas cifras reales. Es decir, se pronostica el presupuesto futuro de una empresa sobre la base del presupuesto de años anteriores y datos históricos.

Este método es muy útil para empresas situadas en sectores donde no es muy probable que ocurran cambios inesperados en la demanda.

- Presupuesto basado en cero. Este método consiste en determinar que el presupuesto de cada departamento de la empresa es cero y así, cada coste y gasto que aparezca, deberá ser estudiado y se decidirá si realmente tiene un valor para la empresa como para ser contemplado en el presupuesto.
- Es una buena elección para las empresas de pequeña escala debido a su atención detallada para reducir costes e invertir recursos de manera efectiva.
- ANÁLISIS DEL FONDO DE MANIOBRA:

Fondo de maniobra se refiere al dinero necesario para financiar las operaciones comerciales que son diarias. Es la parte del activo corriente que está financiada con el pasivo no corriente o los fondos propios de la empresa.

Fondo Maniobra = Activo Corriente – Pasivo corriente

Lo que estamos calculando es si los recursos con los que la empresa puede hacer frente a sus pagos (activo corriente) son mayores o menores que el importe de las deudas que vencen a corto plazo (pasivo corriente) y en qué medida.

- INTERPRETACIÓN DEL FONDO DE MANIOBRA:
- Fondo de maniobra positivo

La empresa se encuentra en situación de equilibrio financiero. (AC > PC).

El fondo de maniobra será positivo, cuando el activo corriente es superior al pasivo corriente. Esta es la situación ideal para la empresa porque indica que posee la liquidez suficiente para hacer frente a los pagos que tiene que realizar en menos de un año.

- Fondo de maniobra negativo

La empresa se encuentra en situación de desequilibrio financiero. (AC < PC).

La empresa está adquiriendo compromisos de pago a corto plazo (PC) por lo que no va a poder cubrir con el AC. Se está generando un problema de insolvencia.

- Fondo de maniobra igual a cero

Si las deudas a corto plazo de la empresa suman exactamente lo mismo que los bienes más líquidos de los que dispone la situación no es nada buena. En cuanto haya un retraso en un cobro o una partida de mercancía que no se venda según lo previsto no se podrá cumplir con las obligaciones de pago.

FONDO MANIOBRA

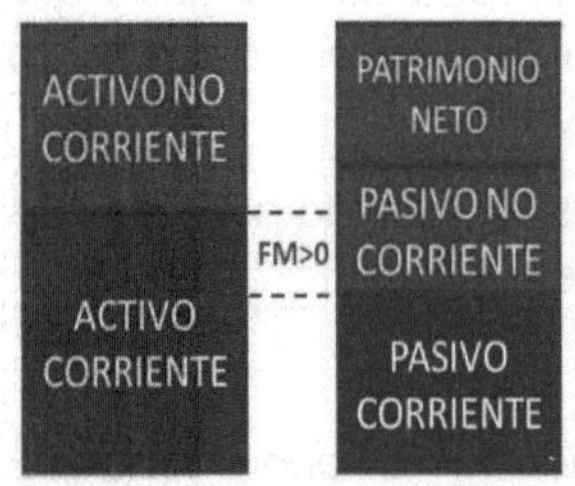

FM > 0 : Situación de equilibrio financiero

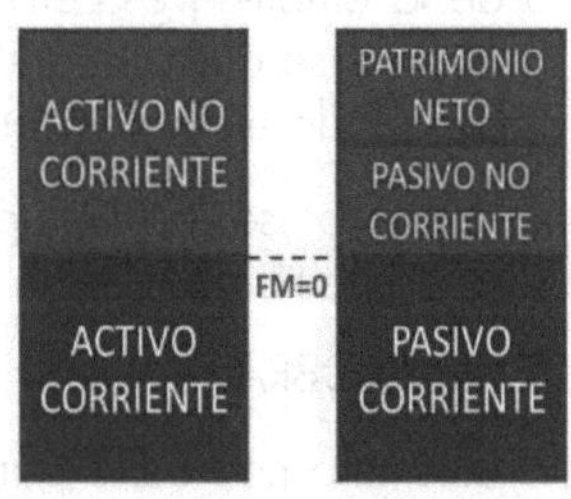

FM = 0 : Inicio de una situación de riesgo financiero

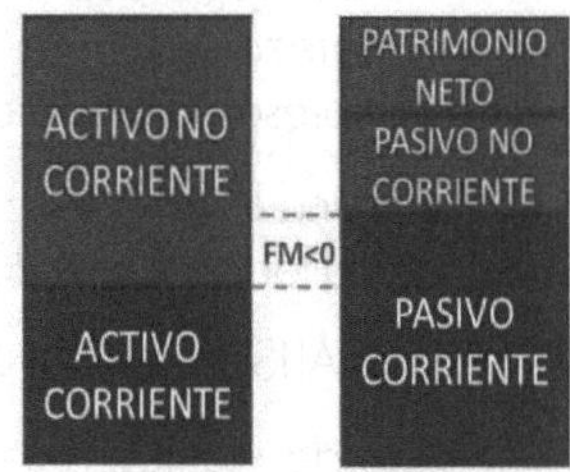

FM < 0 : Situación de desequilibrio financiero

NOF: Las Necesidades Operativas de Fondos.

Representan el volumen de fondos que la empresa necesita para desarrollar sus operaciones corrientes sin que se produzcan desequilibrios de tesorería.

Para desarrollar la actividad productiva las empresas tienen una serie de procesos repetitivos que reciben el nombre de ciclo productivo o ciclo de explotación. Este ciclo afecta a elementos del activo corriente.

Las empresas necesitan fondos para financiar inversiones del activo corriente, ya que mantener este activo en condiciones óptimas conlleva una serie de exigencias:

- Mantener stock en el almacén de existencias para la producción y la venta (materias primeras, productos en curso, semiterminados y finales).
- Conceder días de plazo de pago a sus clientes que implica financiarlos durante estos días.
- Disponer de un mínimo de tesorería para hacer frente a los pagos que surjan.

• Cálculo de las NOF:

NOF = Existencias + Clientes + Tesorería – Recursos espontáneos.

Los recursos espontáneos hacen referencia a la financiación que se obtiene de forma automática y sin coste explícito. Por ejemplo, cuando los proveedores o ciertos acreedores les conceden una serie de días para el pago de las compras, impuestos, servicios, etc.

En las finanzas operativas, a la suma de existencias, clientes y tesorería se le conoce como Activo Corriente Operativo (ACO) y a la financiación espontánea como Pasivo Corriente Operativo (PCO):

NOF = ACO – PCO

- En resumen las NOF comprenden las inversiones netas que necesitan las empresas realizar en su activo corriente operativo para realizar sus operaciones corrientes, una vez deducida la financiación espontánea.

¿Cómo pueden las empresas financiar las necesidades operativas de fondos NOF?

Por un lado tenemos el exceso de los recursos a largo plazo (recursos permanentes), una vez que han cubierto las inversiones a largo plazo (el Activo fijo).

Y por otro lado, tenemos los recursos bancarios a corto plazo. Nos referimos a las pólizas de crédito, descuentos bancarios, etc. que las empresas deben negociar con las entidades bancarias para conseguir financiación a corto plazo. Estos se conocen como recursos negociados a corto plazo (RNC).

Cabe destacar que no tendrán la consideración de operativos los recursos a corto plazo procedentes de algún crédito bancario. Tampoco el crédito de proveedores en exceso a los plazos pactados, resultantes del incumplimiento en los pagos por parte de la empresa.

- GESTIÓN EFICIENTE DE LAS NOF- INTERACCIÓN FM vs NOF:

El FM es un concepto que analizando el Balance de una compañía podemos conocerlo. No obstante, las NOF es un concepto más operativo relacionado con el negocio y la cuenta de resultados.

Sin embargo si relacionamos ambos conceptos vemos elementos en común:

FM = Existencias + Clientes +Tesorería – Pasivos a corto plazo.

NOF = Existencias + Clientes +Tesorería Operativa – Recursos espontáneos.

Vemos que ambos conceptos se diferencian en la Tesorería y los pasivos a corto plazo.

Según la tesorería, en general, se dice que el FM considera la tesorería real, la que hay en el Balance en un momento dado y las NOF consideran la tesorería ideal, la que debería haber conforme al periodo medio de maduración óptimo.

El periodo medio de maduración (PMM) es el tiempo medio que transcurre entre la salida y la recuperación de dinero que se ha empleado para atender las necesidades de financiación propias del ciclo de explotación de una empresa.

FM < NOF	FM > NOF
Significa que el exceso que da de recursos permanentes, una vez financiado el activo fijo (el FM), no es suficiente para financiar las operaciones del activo corriente operativo y que, por lo tanto, la empresa tendrá que negociar recursos a corto plazo. Se dice que la empresa tiene unas necesidades de recursos negociados (NRN).	Significa que el excedente de financiación provenientes del activo fijo (el FM) es más que suficiente para financiar las operaciones corrientes de la empresa (el activo corriente operativo) y que, por lo tanto, existirá un sobrante materializado como excedente de tesorería (ET).
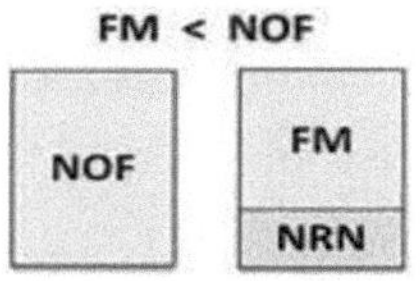 **FM < NOF** NOF FM / NRN	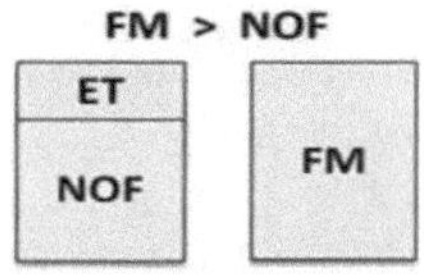 **FM > NOF** ET / NOF FM
Si: FM < NOF, existirá unas necesidades de recursos negociados: N R N = N OF – F M	Si: FM > NOF, existirá un excedente de tesorería: ET = FM – N OF

En el siguiente cuadro se ven con mayor claridad todas las diferencias previamente comentadas entre el FM y las NOF:

Fondo de Maniobra	Necesidades Operativas de Fondos	
Concepto pasivo de financiación, forma parte del	Concepto de inversión, forma parte del activo.	
Se puede conocer a través del Balance.	Se puede conocer a través de la Cuenta de Resultados.	
Tiene en cuenta la tesorería real.	Tiene en cuenta la tesorería ideal.	
Considera todo el pasivo circulante.	Considera la financiación proveedores, recursos espontáneos.	espontánea:

En resumen: el ciclo operativo de la empresa genera unas necesidades operativas de fondos (NOF) que pueden ser cubiertas con el Fondo de Maniobra (FM) y con recursos financieros negociados a corto plazo (RNC).

CONSIDERACIONES DESDE EL PUNTO DE VISTA DE LOS PROCEDIMIENTOS DE INSOLVENCIA

- Importancia de que las CCAA representen la imagen fiel.
- La insolvencia debe advertirse del análisis de los anteriores indicativos que deberán ser corregidos ante el plan de reestructuración propuesto.
- Para un correcto análisis deben tomarse en consideración los factores internos y externos.
- El plan de reestructuración debe fundamentarse en el análisis DAFO.
- Las empresas que recurren al plan de reestructuración deben tener en cuenta el pasivo y activo reestructurado.
- Consecuencias del plan de reestructuración sobre la liquidez.
- Especial importancia en las clases de créditos.
- ¿Fondo de Maniobra o NOF?
- ¿Plan de Reestructuración o Plan de Continuación/ Convenio Concursal?

F114. CARTA DE POTENCIAL INTERESADO EN ADQUIRIR PARTICIPACIÓN EN LA DEUDORA MANIFESTANDO LA NECESIDAD DE QUE SE APRUEBE AL EFECTO PLAN DE REESTRUCTURACIÓN

En .... (.........) a ....

.........., sociedad de nacionalidad española, con domicilio social en .... y provista de CIF ...., debidamente representada por Don ...., mayor de edad, de nacionalidad española, vecino de .... con domicilio a estos efectos en .... y provisto de DNI/NIF nº- ....

DICE

Que .... mantiene conversaciones con ...., sociedad de nacionalidad española, con domicilio social en ....y provista de CIF ...., dirigidas a la eventual adquisición de una participación en el capital social de .... por parte de .... en un porcentaje a determinar y una vez finalizada la fase de análisis y estudio que llevará a cabo ....

Que ....considera que un posible acuerdo entre las dos empresas puede llegar a convertirse en una alianza estratégica beneficiosa para ambas partes. .... ha podido tener acceso al Plan de Viabilidad y de Reestructuración de .... En todo caso, sería necesaria la aprobación de dicho Plan para poder clarificar la real situación de .... y contar con un escenario evaluable por parte de ....

Que, en el marco de las conversaciones y negociaciones que están llevando a cabo voluntariamente por ambas partes, ... expresamente manifiesta que no existe obligación alguna para .... de acometer la operación de compra de participaciones de .... y, por tanto, este documento no es vinculante.

En ....a ....

....

p.p.

F115. FORMACIÓN DE CLASES DE ACREEDORES (I)

La formación de las Clases de Acreedores se ha realizado atendiendo al interés común que existe entre los integrantes de cada clase, a la diferente naturaleza de los créditos de cada uno de ellos y a la existencia de garantías reales una vez determinado su importe por el experto en reestructuraciones que ha realizado la valoración de aquellas, dividiéndose, por tanto, conforme a lo previsto en los artículos 623 y 624 del Texto Refundido de la Ley Concursal, en (número de acreedores) Clases de Acreedores.

Se aporta como ANEXO (............) identificación de las diferentes Clases, así como los acreedores que pertenecen a cada una de ellas con su importe correspondiente. Las Clases en las que se han distribuido los acreedores son las siguientes:

CLASES	CATEGORÍA	TIPO (deuda financiera, crédito público...)	IMPORTE

F116. FORMACIÓN DE CLASES DE ACREEDORES (II)

Tal y como se prevé en el artículo 622 (Clases de créditos) de la Ley Concursal, los Acreedores Afectados deberán votar agrupados por clases en cada uno de los Deudores.

A tales efectos, los Acreedores Participantes entienden que la formación de las Clases que a continuación se reseña es el criterio más objetivo teniendo en cuenta la tipología de los Créditos Afectados y el mantenimiento de las Garantías Existentes, dado que (i) se entiende que la formación de clases debe atender a la existencia de un interés común, y según el artículo 623 de la Ley Concursal se considera que existe interés común entre los créditos de igual rango determinado por el orden de pago en el concurso de acreedores, en este caso separados entre créditos financieros de créditos comerciales; (ii) los Créditos Afectados con garantía real sobre bienes de los Deudores constituirán una clase única conforme al art.; y (iii) los Créditos Afectados con Garantía ICO parece conveniente que también formen una única clase independiente con voto separado del resto de clases, dadas las especialidades en cuanto a derechos de voto que para esta tipología de créditos afectados introduce el apartado 7° de la DA8ª de la Ley 16/2022, de 5 de septiembre.

En atención a lo dispuesto anteriormente, las Partes han aceptado que los Acreedores Afectados titulares de Créditos Afectados correspondientes al Deudor .... se agruparán en las siguientes clases:

(i) Clase 1:

La Clase 1 la conforman el importe de los Créditos Afectados de .... titularidad de la entidad financiera, ... hasta donde cubre la garantía real según informe de valoración de las Garantías Existentes incluido en el Informe del Experto en la Reestructuración de acuerdo con el artículo 272 (Límite del privilegio especial) y 273 (Determinación del valor razonable) de la Ley Concursal, que tienen la condición de créditos con privilegio especial garantizados, forman una única clase por imperativo legal de conformidad con el artículo 624 de la Ley Concursal (la "Clase 1").

(ii) Clase 2:

La Clase 2 la conforman la totalidad de los Créditos Afectados de .... que tienen la condición de crédito financiero ordinario avalado con Garantía ICO de conformidad con la Disposición Adicional 8 apartado 2 de la Ley 16/2022 (la "Clase 2") y que forman una única clase por la conveniencia de salvaguardar las especialidades en cuanto al ejercicio del derecho de voto que para esta tipología de créditos afectados introduce el apartado 7° de la DA8ª de la Ley 16/2022, de 5 de septiembre, entre los que se incluirían los Créditos Afectados por operaciones de: (i) "Préstamos sin garantía real y con aval ICO", (ii) "Pólizas de crédito sin garantía real y con aval ICO", (iii) "Líneas de descuento comercial sin garantía real y con aval ICO" y (iv) "Líneas de confirming sin garantía real y con aval ICO".

Dichos Créditos Afectados incluidos en la Clase 2 se encuentran garantizados con Garantía ICO en cuanto a un porcentaje de los mismos. En la presente Clase 2 se incluyen dichos créditos totalmente y en su integridad, y por ello se integra dentro de esta Clase 2 tanto la parte de dichos créditos que se encuentra avalada con Garantía ICO, como la parte restante de dichos créditos no avalada con Garantía ICO que corresponde a dichos Acreedores Afectados.

Por tanto, se incluye dentro de esta Clase 2 la totalidad de las operaciones con Garantía ICO, incluyendo tanto la parte avalada como la no avalada, y todo ello dentro de esta misma Clase 2.

A efectos aclaratorios, se indica expresamente respecto de la votación unánime a favor de aprobar el Plan de Reestructuración que los Créditos Afectados que cuentan con la Garantía ICO, han votado a favor tanto por la parte de crédito avalada por Garantía ICO, como por la parte de dichos créditos no avalada por Garantía ICO.

(iii) Clase 3:

La Clase 3 la conforman el importe de los Créditos Afectados del Deudor .... que tienen todos ellos la condición de crédito financiero ordinario y que no están avalados con la Garantía ICO de conformidad con el artículo 269.3 (Clases de Créditos) y 623.3 de la Ley Concursal (la "Clase 3"), entre los que se incluirían los Créditos Afectados por operaciones de: (i) "Préstamos sin garantía real y sin aval ICO", (ii) "Créditos sin garantía real por descubiertos en pólizas de crédito", (iii) "Líneas de descuento comercial sin garantía real y sin aval ICO", (iv) "Líneas de confirming sin garantía real y sin aval ICO" y (v) "Pasivos financieros contingentes derivados de avales solidarios de deudas financieras de sociedades participadas".

(iv) Clase 4:

La Clase 4 la conforman el importe de los Créditos Afectados del Deudor .... que no tienen garantía real titularidad de Proveedores; que tienen todos ellos la condición de crédito ordinario de naturaleza comercial de conformidad con el artículo 269.3 (Clases de Créditos) y 623.3 de la Ley Concursal (la "Clase 4").

F117. SOLICITUD POR EL DEUDOR DE CONFIRMACIÓN JUDICIAL DE LAS CLASES

AL TRIBUNAL DE INSTANCIA DE .... SECCIÓN DE LO MERCANTIL (PLAZA NÚM. ......)

.............., Procurador de los Tribunales (núm. .... de colegiado) y de la compañía .... S.A., con domicilio en ...., calle .... núm. .... y CIF ...., y cuya representación acredito con la copia de escritura de poder que acompaño al presente, ante este Tribunal comparezco en las citadas actuaciones bajo la dirección letrada de Don ...., abogado del Ilustre Colegio de .... (núm. .... de colegiado), y como mejor proceda en Derecho DIGO:

Que por medio del presente escrito y en la representación que ostento, solicito la confirmación judicial de la correcta formación de clases de acreedores (o de la clase/s reseñada/s en el precedente hecho cuatro, bajo la/s letra/s ...) a las que se refieren los arts. 625 y 626 TRLC en base a los siguientes:

HECHOS

PRIMERO. Que mi principal, mediante escrito de fecha ...., comunicó a este Tribunal que había iniciado negociaciones para alcanzar un plan de reestructuración. Todo ello a los efectos y con el alcance establecido en los arts. 585 ss. y concordantes TRLC.

La citada comunicación se acompaña como DOCUMENTO ......

SEGUNDO. Que mediante Decreto de fecha ...., por el Letrado de la Administración de Justicia se dejó constancia de la comunicación presentada por esta parte, ordenándose la publicación en el Registro Público Concursal (RPC) de la citada resolución, dando lugar a los autos ......

El citado decreto y la información del RPC relativa a su inscripción se acompañan como DOCUMENTO ...

TERCERO. Que por mi mandante y los acreedores ...., se está negociando un plan de reestructuración que permita a mi mandante eludir la situación de insolvencia actual/inminente en que se halla (o la probabilidad de insolvencia que le acecha).

El citado plan sólo afecta a los acreedores anteriormente reseñados, que constituyen el perímetro del plan de reestructuración en los siguientes términos: ....

Quedan excluidos del citado perímetro los acreedores que a continuación se reseñan, y por los motivos que igualmente también se exponen seguidamente: ....

CUARTO. Que conforme establece el art. 622 TRLC, los acreedores afectados por el plan de reestructuración votaran agrupados por clases de créditos. A tal efecto, y de conformidad con lo establecido en los arts. 623 y ss. TRLC, se ha procedido por esta parte (y/o los acreedores ....), a la FORMACIÓN DE LAS SIGUIENTES CLASES DE ACREEDORES: ....

La formación de las citadas clases se justifica y fundamenta en ....

QUINTO. Que al amparo de lo dispuesto en los arts. 625 y 626 TRLC, esta parte pretende e insta de este Tribunal la confirmación judicial de la correcta formación de clases (o la confirmación de la clase/s reseñada/s en el precedente hecho cuatro, bajo la/s letra/s ...), haciéndose constar que la propuesta de formación de clase/s, y la intención de solicitar la presente confirmación judicial, ha sido comunicada a las partes afectadas por la misma, tal y como se acredita con los DOCUMENTOS acompañados a este escrito bajo el NÚMERO ......

A los anteriores hechos aduzco los siguientes

FUNDAMENTOS DE DERECHO

I. Es competente, internacional y territorialmente, este Tribunal a la vista de los arts. 626.1 y 641 TRLC en conexión con los arts. 44, 45 y 49 TRLC, y en cuanto resulta ser el Tribunal competente para la homologación del plan de reestructuración.

II. La legitimación de mi mandante resulta de su condición de deudor (art. 625 TRLC).

III. Art. 622 TRLC, según el cual, los acreedores titulares de créditos afectados por el plan de reestructuración votarán agrupados por clases de créditos.

IV. Sobre la formación de clases, vid arts. 623 y ss. TRLC.

Art. 625 TRLC, al señalar que el deudor y los acreedores que representen más del cincuenta por ciento del pasivo que vaya a quedar afectado por el plan de reestructuración estarán legitimados para solicitar la confirmación judicial de la correcta formación de las clases con carácter previo a la solicitud de homologación del plan de reestructuración.

V. Sobre el procedimiento confirmatorio a seguir, vid art. 626 TRLC, según el cual:

> 1. Cualquiera de los legitimados podrá solicitar la confirmación de una o varias clases al tribunal competente para conocer de la homologación del plan. A la solicitud deberá acompañarse la acreditación de la comunicación de la propuesta de formación de la clase o clases a las partes afectadas por la confirmación judicial, donde se les haya anunciado la presentación de esta solicitud.
>
> 2. El tribunal, si considera que posee competencia internacional y territorial, dictará providencia admitiendo la solicitud a trámite. La providencia se publicará en el Registro público concursal.
>
> 3. Los acreedores que puedan verse afectados por la formación de clases solicitada podrán presentar escrito de oposición dentro de los diez días siguientes a la publicación de la providencia. El tribunal resolverá por medio de sentencia dentro

de los cinco días siguientes a la conclusión del plazo de oposición. La resolución judicial no será susceptible de recurso alguno.

4. En el caso de que se hayan confirmado las clases propuestas por el solicitante, la formación de clases no podrá invocarse como motivo de impugnación u oposición a la homologación judicial del plan.

En virtud de lo expuesto,

SUPLICO AL TRIBUNAL que tenga por presentado este escrito, junto a los documentos a él unidos y sus copias, se sirva admitirlo y previos los oportunos trámites legales, se sirva confirmar la correcta formación de clases propuesta y que consta en el cuerpo de este escrito (o la confirmación de la clase/s reseñada/s en el precedente hecho cuatro, bajo la/s letra/s ...), acordando cuanto demás proceda en derecho.

Es Justicia que pido en .... a ...... de .... de dos mil ......

F118. SOLICITUD POR ACREEDORES DE CONFIRMACIÓN JUDICIAL DE CLASES

AL TRIBUNAL DE INSTANCIA DE .... SECCIÓN DE LO MERCANTIL

..............., Procurador de los Tribunales (núm. .... de colegiado) y de las compañías ...., cuya representación acredito con la copia de escritura de poder que acompaño al presente, ante este Tribunal comparezco en las citadas actuaciones bajo la dirección letrada de Don ...., abogado del Ilustre Colegio de .... (núm. .... de colegiado), y como mejor proceda en Derecho DIGO:

Que por medio del presente escrito y en la representación que ostento, solicito la confirmación judicial de clases de acreedores (o de la clase/s reseñada/s en el precedente hecho cuatro, bajo la/s letra/s ...), a la que se refieren los arts. 625 y 626 TRLC en base a los siguientes:

HECHOS

PRIMERO. Que, entre otros, por mis mandantes y la deudora, ...S.A, se está negociando un plan de reestructuración que permita a esta última eludir la situación de insolvencia actual/inminente en que se halla (o la probabilidad de insolvencia que le acecha).

El citado plan afecta a los acreedores que a continuación se reseñan y que constituyen el perímetro del plan de reestructuración en los siguientes términos: ....

Quedan excluidos del citado perímetro los acreedores que pasamos a relacionar, y por lo motivos que igualmente también se exponen seguidamente: ....

La condición de acreedores de mi mandante de la sociedad ......S.A resulta de .... (DOCUMENTOS ... acompañados a este escrito), haciéndose constar que sus créditos representan más del cincuenta por ciento del pasivo que va a quedar afectado por el plan reestructuratorio, concretamente, el ... por ciento del pasivo, lo que se acredita .... (DOCUMENTOS ...). Y ambos aspectos, mediante la pericial emitida por ......, que se acompaña como DOCUMENTO......

SEGUNDO. Que conforme establece el art. 622 TRLC, los acreedores afectados por el plan de reestructuración votaran agrupados por clases de créditos.

A tal efecto, y de conformidad con lo establecido en los arts. 623 y ss. TRLC, se ha procedido por esta parte (y/o los acreedores ....), a la FORMACIÓN DE LAS SIGUIENTES CLASES DE ACREEDORES: ....

La formación de las citadas clases se justifica y fundamenta en ....

TERCERO. Que al amparo de lo dispuesto en los arts. 625 y 626 TRLC, esta parte pretende e insta de este Tribunal la confirmación judicial de la correcta formación de clases (o la confirmación de la clase/s reseñada/s en el precedente hecho cuatro, bajo la/s letra/s ...), haciéndose constar que la propuesta de formación de clase/s, y la intención de solicitar la presente confirmación judicial, ha sido comunicada a las partes afectadas por la misma, tal y como se acredita con los DOCUMENTOS acompañados a este escrito bajo el NÚMERO ......

A los anteriores hechos aduzco los siguientes

FUNDAMENTOS DE DERECHO

I. Es competente, internacional y territorialmente, este Tribunal a la vista de los arts. 626.1 y 641 TRLC en conexión con los arts. 44, 45 y 49 TRLC, y en cuanto resulta ser el Tribunal competente para la homologación del plan de reestructuración.

II. La legitimación de mis mandantes resulta de su respectiva condición acreedora, titular de más del cincuenta por ciento del pasivo afectado por la confirmación. (art. 625 TRLC).

III. Art. 622 TRLC, según el cual, los acreedores titulares de créditos afectados por el plan de reestructuración votarán agrupados por clases de créditos.

IV. Sobre la formación de clases, vid arts. 623 y ss. TRLC.

Art. 625 TRLC, al señalar que el deudor y los acreedores que representen más del cincuenta por ciento del pasivo que vaya a quedar afectado por el plan de reestructuración estarán legitimados para solicitar la confirmación judicial de la correcta formación de las clases con carácter previo a la solicitud de homologación del plan de reestructuración.

V. Sobre el procedimiento confirmatorio a seguir, vid art. 626 TRLC, según el cual:

> 1. Cualquiera de los legitimados podrá solicitar la confirmación de una o varias clases al tribunal competente para conocer de la homologación del plan. A la solicitud deberá acompañarse la acreditación de la comunicación de la propuesta de formación de la clase o clases a las partes afectadas por la confirmación judicial, donde se les haya anunciado la presentación de esta solicitud.
>
> 2. El tribunal, si considera que posee competencia internacional y territorial, dictará providencia admitiendo la solicitud a trámite. La providencia se publicará en el Registro público concursal.
>
> 3. Los acreedores que puedan verse afectados por la formación de clases solicitada podrán presentar escrito de oposición dentro de los diez días siguientes a la publicación de la providencia. El tribunal resolverá por medio de sentencia dentro de los cinco días siguientes a la conclusión del plazo de oposición. La resolución judicial no será susceptible de recurso alguno.
>
> 4. En el caso de que se hayan confirmado las clases propuestas por el solicitante, la formación de clases no podrá invocarse como motivo de impugnación u oposición a la homologación judicial del plan.

En virtud de lo expuesto,

SUPLICO AL TRIBUNAL que tenga por presentado este escrito, junto a los documentos a él unidos y sus copias, se sirva admitirlo y previos los oportunos trámites legales, se sirva confirmar la correcta formación de clases que consta en el cuerpo de este escrito (o la confirmación de la clase/s reseñada/s en el precedente hecho cuatro, bajo la/s letra/s ...), acordando cuanto demás proceda en derecho.

Es Justicia que pido en .... a ...... de .... de dos mil ......

F119. SOLICITUD POR DEUDOR Y ACREEDORES DE CONFIRMACIÓN JUDICIAL DE FORMACIÓN DE CLASES

AL TRIBUNAL DE INSTANCIA DE .... SECCIÓN DE
LO MERCANTIL (PLAZA NÚM. ......)

.............., Procurador de los Tribunales (núm. .... de colegiado) y de las compañías ...., cuya representación acredito con la copia de escritura de poder que acompaño al presente, ante este Tribunal comparezco en las citadas actuaciones bajo la dirección letrada de Don ...., abogado del Ilustre Colegio de .... (núm. .... de colegiado), y como mejor proceda en Derecho DIGO:

Que por medio del presente escrito y en la representación que ostento, solicito la confirmación judicial de clases de acreedores (o la confirmación de la clase/s reseñada/s en el precedente hecho cuatro, bajo la/s letra/s ...), a la que se refieren los arts. 625 y 626 TRLC en base a los siguientes:

HECHOS

PRIMERO. Que .... S.L, mediante escrito de fecha ...., comunicó a este Tribunal que había iniciado negociaciones para alcanzar un plan de reestructuración. Todo ello a los efectos y con el alcance establecido en los arts. 585 ss. y concordantes TRLC.

La citada comunicación se acompaña como DOCUMENTO ......

SEGUNDO. Que mediante Decreto de fecha ...., por el Letrado de la Administración de Justicia se dejó constancia de la comunicación presentada por esta parte, ordenándose la publicación en el Registro Público Concursal (RPC) de la citada resolución.

El citado decreto y la información del RPC relativa a su inscripción se acompañan como DOCUMENTO ...

TERCERO. Que por mis mandantes, tanto la sociedad deudora ......S.L como los acreedores ...., se está negociando un plan de reestructuración que permita a mi mandante eludir la situación de insolvencia actual/inminente en que se halla (o la probabilidad de insolvencia que le acecha).

El citado plan afecta a los acreedores que se relacionan y que constituyen el perímetro del plan de reestructuración en los siguientes términos: ....

Quedan excluidos del citado perímetro los acreedores que a continuación se reseñan, y por lo motivos que igualmente también se exponen seguidamente: ....

La condición de acreedores de mis mandantes resulta de .... (DOCUMENTOS ... acompañados a este escrito), haciéndose constar que sus créditos representan más del cincuenta por ciento del pasivo que va a quedar afectado por el plan reestructuratorio, concretamente, el ... por ciento del pasivo, lo que se acredita .... (DOCUMENTOS ...). Y ambos aspectos, también se acredita mediante la pericial emitida por ......, que se acompaña como DOCUMENTO......

CUARTO. Que conforme establece el art. 622 TRLC, los acreedores afectados por el plan de reestructuración votaran agrupados por clases de créditos. A tal efecto, y de conformidad con lo establecido en los arts. 623 y ss. TRLC, se ha procedido por esta parte (y/o los acreedores ....), a la FORMACIÓN DE LAS SIGUIENTES CLASES DE ACREEDORES: ....

La formación de las citadas clases se justifica y fundamenta en ....

QUINTO. Que al amparo de lo dispuesto en los arts. 625 y 626 TRLC, esta parte pretende e insta de este Tribunal la confirmación judicial de la correcta formación de clases (o la confirmación de la clase/s reseñada/s en el precedente hecho cuatro, bajo la/s letra/s ...), haciéndose constar que la propuesta de formación de clase/s, y la intención de solicitar la presente confirmación judicial, ha sido comunicada a las partes afectadas por la misma, tal y como se acredita con los DOCUMENTOS acompañados a este escrito bajo el NÚMERO ......

A los anteriores hechos aduzco los siguientes

FUNDAMENTOS DE DERECHO

I. Es competente, internacional y territorialmente, este Tribunal a la vista de los arts. 626.1 y 641 TRLC en conexión con los arts. 44, 45 y 49 TRLC, y en cuanto resulta ser el Tribunal competente para la homologación del plan de reestructuración.

II. La legitimación de mis mandantes, ... S.A y ...., resulta de su condición de deudor (art. 625 TRLC), así como de acreedor, ya que se trata de una solicitud conjunta.

III. Art. 622 TRLC, según el cual, los acreedores titulares de créditos afectados por el plan de reestructuración votarán agrupados por clases de créditos.

IV. Sobre la formación de clases, vid arts. 623 y ss. TRLC.

V. Art. 625 TRLC, al señalar que el deudor y los acreedores que representen más del cincuenta por ciento del pasivo que vaya a quedar afectado por el plan de reestructuración estarán legitimados para solicitar la confirmación judicial de la correcta formación de las clases con carácter previo a la solicitud de homologación del plan de reestructuración.

VI. Sobre el procedimiento a seguir, vid art. 626 TRLC, según el cual:

> 1. Cualquiera de los legitimados podrá solicitar la confirmación de una o varias clases al tribunal competente para conocer de la homologación del plan. A la solicitud deberá acompañarse la acreditación de la comunicación de la propuesta de formación de la clase o clases a las partes afectadas por la confirmación judicial, donde se les haya anunciado la presentación de esta solicitud.

2. El tribunal, si considera que posee competencia internacional y territorial, dictará providencia admitiendo la solicitud a trámite. La providencia se publicará en el Registro público concursal.

3. Los acreedores que puedan verse afectados por la formación de clases solicitada podrán presentar escrito de oposición dentro de los diez días siguientes a la publicación de la providencia. El tribunal resolverá por medio de sentencia dentro de los cinco días siguientes a la conclusión del plazo de oposición. La resolución judicial no será susceptible de recurso alguno.

4. En el caso de que se hayan confirmado las clases propuestas por el solicitante, la formación de clases no podrá invocarse como motivo de impugnación u oposición a la homologación judicial del plan.

En virtud de lo expuesto,

SUPLICO AL TRIBUNAL que tenga por presentado este escrito, junto a los documentos a él unidos y sus copias, se sirva admitirlo y previos los oportunos trámites legales, se sirva confirmar la correcta formación de clases que consta en el cuerpo de este escrito (o la confirmación de la clase/s reseñada/s en el precedente hecho cuatro, bajo la/s letra/s ...), acordando cuanto demás proceda en derecho.

Es Justicia que pido en .... a ...... de .... de dos mil ......

F120. SOLICITUD DE CONFIRMACIÓN JUDICIAL FACULTATIVA DE CLASES DE ACREEDORES. VARIOS PLANES

AL TRIBUNAL DE INSTANCIA DE .... SECCIÓN DE
LO MERCANTIL (PLAZA NÚM. ......)

D. ...., Procurador de los Tribunales y de las mercantiles ...., ... y .... (en adelante, "las Sociedades") tal y como acredito mediante copia de los poderes para pleitos que adjunto como Documentos nº........., ante el Tribunal comparezco y, como mejor proceda en derecho, DIGO:

Que, por medio de presente escrito, y siguiendo expresas instrucciones de mis mandantes, solicitamos la CONFIRMACIÓN JUDICIAL DE CLASES DE ACREEDORES, regulada en los artículos 625 y 626 del Real Decreto Legislativo 1/2020, de 5 de mayo, por el que se aprueba el texto refundido de la Ley Concursal (en adelante, el TRLC), de conformidad con las siguientes

ALEGACIONES

PRIMERA. ANTECEDENTES DEL PROCESO DE REESTRUCTURACIÓN DE LOS SOCIEDADES CON SUS ACREEDORES

El pasado .... de .... de ...., este Tribunal acordó el nombramiento de experto en reestructuraciones de las Sociedades por medio de Auto nº ....

Que, en el transcurso de las negociaciones con sus acreedores, es intención de las Sociedades obtener del Tribunal la confirmación judicial previa de las clases de acreedores que se indican a continuación.

SEGUNDA.– PERÍMETRO DE LA DEUDA DE LAS SOCIEDADES OBJETO DE REESTRUCTURACIÓN

La intención de mis mandantes es la suscripción de planes de reestructuración individuales (uno por Sociedad) que sean objeto de solicitud de homologación conjunta al amparo del artículo 642 de[TRLC.

El pasivo que se pretende reestructurar (y, por ende, agrupar en clases de acreedores conforme a las reglas de los artículos 622 y siguientes dcl TRLC) es el derivado de diferentes instrumentos de deuda suscritos por las Sociedades y, en particular, la deuda existente frente a mis mandantes al amparo de los siguientes Contratos (en adelante, los Contratos):

(A) ....

(B) ....

(C) ....

Se acompaña a efectos aclaratorios tabla en la que se reflejan cada uno de los Contratos de los que cada Sociedad es contratante deudora de conformidad:

....

TERCERA.– CLASES DE ACREEDORES PROPUESTAS PARA CADA UNA DE LAS SOCIEDADES

Las clases de acreedores de las que se pretende l·aconfinación por parte de este Tribunal son, para cada uno de las Sociedades, las siguientes:

A) Propuesta de clases de acreedores de ....:

El plan de reestructuración de ...., se someterá a votación de las siguientes clase conformadas por los siguientes créditos ....

B) Propuesta de clases de acreedores de ....:

El plan de reestructuración de ...., se someterá a votación de las siguientes clase conformadas por los siguientes créditos ....

C) Propuesta de clases de acreedores de ....:

El plan de reestructuración de ...., se someterá a votación de las siguientes clase conformadas por los siguientes créditos ....

CUARTA.– EXISTENCIA DE UN INTERES COMÚN EN CADA CLASE DE ACREEDORES PROPUESTA

En este apartado analizaremos la existencia de un interés común de las clases de acreedores propuestas para las Sociedades pues, si bien los créditos por Sociedades variarían por no ser los mismos Contratos dentro del perímetro de reestructuración, las clases propuestas se fundamentarían en la existencia de un mismo interés común (cifrado en la eventual calificación concursal de los créditos).

En primer lugar, el articulo 623.2 TRLC establece que existe interés común entre acreedores (y, por tanto, causa válida para la conformación de clases) cuando estos gozan de igual rango determinado por el orden de pago en el concurso de acreedores. En consecuencia, se propone una división de las clases de acreedores basada en la eventual calificación crediticia de la deuda afectada por el plan de reestructuración en un eventual escenario concursal (a saber, créditos con privilegio especial, créditos ordinarios y créditos subordinados).

QUINTA.-COMUNICACIÓN DE LA FORMACIÓN DE CLASES PROPUESTA A LOS ACREEDORES AFECTADOS

De conformidad con lo exigido por el articulo 626.1 TRLC, la propuesta de fonación de clases junto con el anuncio de presentación del presente escrito ha sido comunicada de manera individual a las partes afectadas.

Que, en particular, los acreedores a los que se han realizado las comunicaciones son los siguientes:

....

SEXTA.– CUESTIONES PROCESALES DE LA SOLICITUD DE CONFIRMACIÓN JUDICIAL DE CLASES

1. Competencia y jurisdicción

Según el artículo 626.1 del TRLC, será competente para conocer del procedimiento para la confirmación judicial de clases el tribunal competente para conocer de la homologación del plan. Por su parte, el articulo 641 TRLC establece que:

> *"La competencia para conocer de la homologación de un plan de reestructuración corresponderá al Juzgado de lo mercantil que fuera competente para la declaración del concurso deudor. Si el deudor o deudores hubieran efectuado la comunicación de inicio de negociaciones con los acreedores, la competencia corresponderá al tribunal titular actual del tribunal que hubiera tenido por efectuada esa comunicación"*

Conforme a lo dispuesta en el art. 45.1 TRLC, el tribunal competente para la declaración de concurso de acreedores de la sociedad dominante corresponde al Tribunal de Instancia, Sección de lo mercantil del territorio donde el deudor tenga el centro de sus intereses principales, y en este supuesto, el centro de intereses principales de todas las Sociedades (que, asimismo, es coincidente con el de su domicilio social) se encuentra en .... y, por ende, el de la sociedad dominante. Por lo tanto, este Tribunal de Instancia de, sección de lo mercantil, resulta territorialmente competente para conocer la solicitud de confirmación judicial de clases de las Sociedades al amparo de los artículos 626 y siguientes TRLC.

2. Capacidad y legitimación

........., ... y .... ostentan legitimación activa en virtud del artículo 625 TRLC, como deudores solicitantes de la confinación judicial de clases.

Las Entidades Solicitantes tienen la capacidad para ser parte en el presente proceso de conformidad con lo establecido en el artículo 6.1.3° de la Ley 1/2000, de 7 de enero, de Enjuiciamiento Civil (LEC), aplicable al presente procedimiento en a atención a lo establecido en el articulo 521 del TRLC.

3. Representación procesal y defensa técnica

Las Solicitantes están representadas por el procurador que suscribe y defendida por el letrado cuyos dalos identificativos constan en el pie de firma del presente escrito.

4 Procedimiento

La presente solicitud de confirmación judicial de clases debe sustanciarse para los trámites que se prescriben en el artículo 625 y 626 del TRLC.

Por todo lo expuesto,

SUPLICO AL TRIBUNAL que, teniendo por presentado este escrito, junto con sus documentos, se sirva admitirlo, me tenga por comparecido y parte en las presentes actuaciones en la representación que ostento, ordenando que se tengan conmigo las sucesivas diligencias, y por solicitada de confirmación judicial de clases en nombre de cada uno de las deudores ...., ... y ...., y, en previos los trámites oportunos, acuerde confirmación de las siguientes clases de acreedores de conformidad con los artículos 625 y 626 del TRLC:

- Con respecto al plan de reestructuración de la deuda de ...., la denominada Clase .... conformada por los créditos derivados de ....; la denominada Clase .... conformada por los créditos derivados de ....; y la denominada Clase .... conformada por los créditos derivados de ....
- Con respecto al plan de reestructuración de la deuda de ...., la denominada Clase .... conformada por los créditos derivados de ....; la denominada Clase .... conformada por los créditos derivados de ....; la denominada Clase .... conformada por los créditos derivados de .... y la denominada Clase .... conformada por los créditos derivados de ....
- Con respecto al plan de reestructuración de la deuda de ...., la denominada Clase .... conformada por los créditos derivados de ....; y la denominada Clase .... conformada por los créditos derivados de ....

OTROSÍ DIGO que, de conformidad con el artículo 626.2 del TRLC, solicitamos expresamente que la providencia que admita a trámite la solicitud de confirmación judicial de clases objeto de este escrito sea publicada en el Registro Público Concursal.

SUPLICO AL TRIBUNAL que tenga par hecha la anterior manifestación a los efectos oportunos.

SEGUNDO OTROSÍ DIGO que en virtud de lo dispuesto en el artículo 231 de la LEC, manifestamos expresamente nuestra voluntad de cumplir todos los requisitos exigidos en la misma, ofreciendo la subsanación de cualquier defecto en que se hubiera podido incurrir, tan pronto como seamos requeridos para ello por el Tribunal, y

SUPLICO AL TRIBUNAL que tenga por hecha la anterior manifestación a los efectos oportunos.

Es Justicia que respetuosamente pido en ...., a .... de abril de 2023.

F121. COMUNICACIÓN DE LA PROPUESTA DE FORMACIÓN DE CLASES PREVIA A LA SOLICITUD DE SU CONFIRMACIÓN JUDICIAL

Muy Sres. nuestros:

Con relación a la negociación del plan de reestructuración de la sociedad......SL, con domicilio en ...... y CIF ...., y de conformidad con lo establecido en los arts. 625 y 626 TRLC, se le remite la propuesta de formación de clases formulada por esta parte, en su condición de deudor (o acreedores titulares de más del cincuenta por ciento del pasivo que va a quedar afectado por el plan de reestructuración), haciéndole saber nuestra decisión de presentar la citada propuesta a su confirmación por el Tribunal competente para conocer de la homologación de referido plan.

A los efectos oportunos, se hace constar que la presente comunicación se le remite por su condición de parte afectada por la referida confirmación.

F122. PROVIDENCIA ADMITIENDO A TRAMITE LA SOLICITUD DE CONFIRMACIÓN JUDICIAL DE CLASES

Providencia del Magistrado..............

En..............., a...... de.............. de.........

Que en fecha...... de.............. de.............., por la procuradora de los Tribunales, Doña..............., y en nombre y representación de la sociedad.............. S.L., se ha presentado escrito solicitando la confirmación judicial de la correcta formación de clases de acreedores conforme a la propuesta que acompaña al mismo (o la confirmación de la/s clase/s reseñada/s en dicho escrito), referido al plan de reestructuración de ......, y de conformidad y a los efectos de lo previsto en los arts. 625 y 626 TRLC, y con el alcance peticionado en dicha solicitud, a la que se acompaña acreditación de la previa comunicación a las partes afectadas por la confirmación de la propuesta de clase o clases y la anunciación de la presentación de la solicitud origen de etas actuaciones.

Que poseyendo este Tribunal a la vista de lo establecido en los arts. 626.1 y 641 TRLC, competencia internacional y territorial para conocer de la cuestión peticionada, se tiene por personada a la sociedad.............. S.L., y en su nombre y representación a la procuradora de los Tribunales Doña.............., en virtud del poder adjuntado por dicha compañía a la solicitud origen de este procedimiento, procuradora con la que se entenderán y seguirán las sucesivas diligencias y comunicaciones, y se tiene por solicitada por el deudor.............. S.L., la citada confirmación judicial de clases de acreedores, la cual, cumpliendo los requisitos y presupuestos legalmente establecidos y por medio de la presente resolución, se admite a trámite, y se ordena la publicación de la presente resolución en el Registro Público Concursal, librándose el oportuno edicto, haciéndose saber que los acreedores que puedan verse afectados por la formación de clases solicitada podrán presentar escrito de oposición dentro de los diez días siguientes a la referida publicación.

Contra la presente resolución cabe recurso de reposición a interponer en el plazo de cinco días a contar desde su notificación.

De conformidad con lo establecido en la Disposición Adicional 15ª LOPJ (según la redacción dada por la LO 1/09), la interposición de recurso contra resoluciones judiciales, no podrá ser admitida a trámite sin la acreditación del depósito previsto en la citada Ley a efectos de recurrir, debiendo presentarse copia o resguardo de tal depósito en las cuenta de consignaciones de este Tribunal.

Todo lo cual pronuncia, manda y firma el Ilmo. Sr. ..., Magistrado titular de la plaza ...., de la sección de lo mercantil del Tribunal de Instancia de ......

F123. COMUNICACIÓN DE LA PROPUESTA DE PLAN DE REESTRUCTURACIÓN (I)

Muy Sres. nuestros:

Con relación a la negociación del plan de reestructuración de la sociedad……SL, con domicilio en …… y CIF ………, y de conformidad con lo establecido en el artículo 627.1 TRLC y a efectos de su aprobación, le remitimos adjunto a la presente la propuesta del plan de reestructuración cuyo contenido es el siguiente: …………

A los efectos oportunos, se hace constar que la presente comunicación se le remite en su condición de acreedor cuyo crédito puede quedar afectado por el Plan.

De conformidad con el art. 627.2 TRLC, los acreedores que acrediten legitimación podrán examinar el contenido del plan en ……………

F124. COMUNICACIÓN DE LA PROPUESTA DE PLAN DE REESTRUCTURACIÓN (II)

....

Calle ....

ASUNTO: PLAN DE REESTRUCTURACIÓN DE LA MERCANTIL ....

En ...., a .... de ....

Estimados Sres.,

Nos ponemos en contacto con Uds., en calidad de letrados de la mercantil ...., y por medio del presente venimos a informarles que por Decreto nº .... del Tribunal de Instancia de ....., sección de lo Mercantil (plaza núm. ......), se incoó expediente por el que se dejaba constancia de la comunicación del artículo 585 y ss. del T.R.L.C presentada por ...., para el inicio de negociaciones con los acreedores con el fin de intentar alcanzar un plan de reestructuración de los artículos 614 y ss. del TRLC.

Por medio del presente, y en virtud de lo establecido en el artículo 627 del TRLC, les hacemos llegar la propuesta de Plan de reestructuración de ...., quedando a la espera de que nos indiquen si se adhieren o no al mismo en el plazo de 48h.

Un cordial saludo

....

F125. SOLICITUD DEL DEUDOR AL LETRADO DE LA ADMINISTRACIÓN DE JUSTICIA A EFECTOS DE DICTAR EDICTO PARA COMUNICAR LA PROPUESTA DE PLAN DE REESTRUCTURACIÓN

AL TRIBUNAL DE INSTANCIA DE .... SECCIÓN DE LO MERCANTIL (PLAZA NÚM. ......)

.............., Procurador de los Tribunales (núm. .... de colegiado) y de la compañía .... S.A., con domicilio en ...., calle .... núm. .... y CIF ...., y cuya representación acredito con la copia de escritura de poder que acompaño al presente, ante este Tribunal comparezco en las citadas actuaciones bajo la dirección letrada de Don ...., abogado del Ilustre Colegio de .... (núm. .... de colegiado), y como mejor proceda en Derecho DIGO:

Que por medio del presente, solicito la publicación de edicto en el Registro público concursal sobre la propuesta de plan de reestructuración, de conformidad y a los efectos del art. 627.2 TRLC, y en base a los siguientes:

HECHOS

PRIMERO. Que mi principal, mediante escrito de fecha ...., comunicó a este Tribunal que había iniciado negociaciones para alcanzar un plan de reestructuración. Todo ello a los efectos y con el alcance establecido en los arts. 585 ss. y concordantes TRLC.

La citada comunicación se acompaña como DOCUMENTO ......

SEGUNDO. Que mediante Decreto de fecha ...., por el Letrado de la Administración de Justicia se dejó constancia de la comunicación presentada por esta parte, dando lugar a los autos ......y ordenándose la publicación en el Registro Público Concursal (RPC) de la citada resolución.

El citado decreto y la información del RPC relativa a su inscripción se acompañan como DOCUMENTO ...

TERCERO. Que tras la citada negociación se ha formulado una propuesta de plan de reestructuración, que se acompaña como DOCUMENTO ......

Esta parte, en su condición de deudor, y previa aprobación de la referida propuesta, pretende solicitar la homologación judicial del plan de reestructuración,

CUARTO. Que el art. 627.1 TRLC señala que la propuesta del plan de reestructuración deberá ser comunicada a todos los acreedores cuyos créditos pudieran quedar afectados. Esa comunicación deberá ser individual, por vía postal o electrónica; o, si no fuera posible por desconocerse su identidad o dirección, mediante anuncio en la página web de la sociedad, con indicación del lugar donde los acreedores que acrediten legitimación podrán examinar el contenido del plan.

Sin embargo, tal comunicación, en los términos arriba reseñados, no resulta posible a la vista que ....

Por ello, y al amparo de lo dispuesto en el art. 627.2 TRLC, se solicita del letrado de la Administración de Justicia de este Tribunal, que es el competente para conocer de la citada homologación que ordene la publicación de un edicto en el Registro público concursal, con indicación que los acreedores que acrediten legitimación podrán examinar el contenido de la referida propuesta en el siguiente lugar:............

A los anteriores hechos aduzco los siguientes

FUNDAMENTOS DE DERECHO

I. Es competente el letrado de la Administración de Justicia de este Tribunal a la vista de los arts. 627.2 y 641 TRLC en conexión con los arts. 44, 45 y 49 TRLC y en cuanto resulta ser el Tribunal competente para la homologación del plan de reestructuración.

II. La legitimación de mi mandante resulta de su condición de deudor (art. 627.2 y 643.1 TRLC).

III. Sobre la comunicación de la propuesta de plan de reestructuración, art. 627 TRLC, según el cual:

> "1. La propuesta del plan de reestructuración deberá ser comunicada a todos los acreedores cuyos créditos pudieran quedar afectados.
>
> 2. La comunicación deberá ser individual, por vía postal o electrónica; o, si no fuera posible por desconocerse su identidad o dirección, mediante anuncio en la página web de la sociedad, con indicación del lugar donde los acreedores que acrediten legitimación podrán examinar el contenido del plan. Si no fuera posible la comunicación por estos medios, el experto en la reestructuración, cuando haya sido nombrado, o en su defecto quienes vayan a pedir la homologación del plan, solicitarán al letrado de la Administración de Justicia del tribunal competente para conocer de la homologación que ordene la publicación de un edicto en el Registro público concursal, con indicación del lugar donde los acreedores que acrediten legitimación podrán examinar el contenido del plan.
>
> En el caso de los acreedores públicos, la comunicación se realizará, en todo caso, mediante el servicio establecido en la sede electrónica de cada entidad, y a través del cual se podrá aportar la información del correspondiente formulario normalizado.
>
> 3. En el caso de acreedores vinculados por un pacto de sindicación, se aplicarán las reglas contractuales sobre comunicación del deudor con los acreedores, si las hubiera."

En virtud de lo expuesto,

SUPLICO AL TRIBUNAL que tenga por presentado este escrito, junto a los documentos a él unidos y sus copias, se sirva admitirlo y previos los oportunos trámites legales, se sirva dictar por el letrado de la Administración de Justicia de este Tribunal, que es el competente para conocer de la citada homologación que ordene la publicación de un edicto en el Registro público concursal, con indicación que los acreedores que acrediten legitimación podrán examinar el contenido del plan reseñado en el cuerpo en el siguiente lugar: ...., acordando cuanto demás proceda en derecho.

Es Justicia que pido en .... a ...... de .... de dos mil ......

F126. SOLICITUD DEL ACREEDOR AL LETRADO DE LA ADMINISTRACIÓN DE JUSTICIA A EFECTOS DE DICTAR EDICTO PARA COMUNICAR LA PROPUESTA DE PLAN DE REESTRUCTURACIÓN

AL TRIBUNAL DE INSTANCIA DE .... SECCIÓN DE
LO MERCANTIL (PLAZA NÚM. ......)

..............., Procurador de los Tribunales (núm. .... de colegiado) y de la compañía .... S.A., con domicilio en ...., calle .... núm. .... y CIF ...., y cuya representación acredito con la copia de escritura de poder que acompaño al presente, ante este Tribunal comparezco en las citadas actuaciones bajo la dirección letrada de Don ...., abogado del Ilustre Colegio de .... (núm. .... de colegiado), y como mejor proceda en Derecho DIGO:

Que por medio del presente, solicito la publicación de edicto en el Registro público concursal sobre la propuesta de plan de reestructuración, de conformidad y a los efectos del art. 627.2 TRLC, y en base a los siguientes:

HECHOS

PRIMERO. Que la compañía ......, mediante escrito de fecha ...., comunicó a este Tribunal que había iniciado negociaciones para alcanzar un plan de reestructuración. Todo ello a los efectos y con el alcance establecido en los arts. 585 ss. y concordantes TRLC.

La citada comunicación se acompaña como DOCUMENTO ......

SEGUNDO. Que mediante Decreto de fecha ...., por el Letrado de la Administración de Justicia se dejó constancia de la comunicación presentada por ....S.L, ordenándose la publicación en el Registro Público Concursal (RPC) de la citada resolución.

El citado decreto y la información del RPC relativa a su inscripción se acompañan como DOCUMENTO ...

TERCERO. Que tras la citada negociación se ha formulado una propuesta de plan de reestructuración, que se acompaña como DOCUMENTO ......, y que afecta al crédito de mi mandante.

Esta parte, en su condición de acreedor, y previa aprobación de la referida propuesta, pretende solicitar la homologación judicial del plan de reestructuración.

La condición acreedora de mi poderdante y la afectación de su crédito por la citada propuesta resulta de .... (DOCUMENTOS ...).

CUARTO. Que el art. 627.1 TRLC señala que la propuesta del plan de reestructuración deberá ser comunicada a todos los acreedores cuyos créditos pudieran quedar afectados. Esa comunicación deberá ser individual, por vía postal o electrónica; o, si no fuera posible por desconocerse su identidad o dirección, mediante anuncio en la página web de la sociedad, con indicación del lugar donde los acreedores que acrediten legitimación podrán examinar el contenido del plan.

Sin embargo, tal comunicación, en los términos arriba reseñados, no resulta posible a la vista que ....

Por ello, y al amparo de lo dispuesto en el art. 627.2 TRLC, se solicita del letrado de la Administración de Justicia de este Tribunal, que es el competente para conocer de la citada homologación que ordene la publicación de un edicto en el Registro público concursal, con indicación que los acreedores que acrediten legitimación podrán examinar el contenido de la referida propuesta en el siguiente lugar:............

A los anteriores hechos aduzco los siguientes

FUNDAMENTOS DE DERECHO

I. Es competente el letrado de la Administración de Justicia de este Tribunal a la vista de los arts. 627.2 y 641 TRLC en conexión con los arts. 44, 45 y 49 TRLC y en cuanto resulta ser el Tribunal competente para la homologación del plan de reestructuración.

II. La legitimación de mi mandante resulta de su condición de acreedor afectado por el plan, que pretende firmar (art. 627.2 y 643.1 TRLC).

III. Sobre la comunicación de la propuesta de plan de reestructuración, art. 627 TRLC, según el cual:

> "1. La propuesta del plan de reestructuración deberá ser comunicada a todos los acreedores cuyos créditos pudieran quedar afectados.
>
> 2. La comunicación deberá ser individual, por vía postal o electrónica; o, si no fuera posible por desconocerse su identidad o dirección, mediante anuncio en la página web de la sociedad, con indicación del lugar donde los acreedores que acrediten legitimación podrán examinar el contenido del plan. Si no fuera posible la comunicación por estos medios, el experto en la reestructuración, cuando haya sido nombrado, o en su defecto quienes vayan a pedir la homologación del plan, solicitarán al letrado de la Administración de Justicia del tribunal competente para conocer de la homologación que ordene la publicación de un edicto en el Registro público concursal, con indicación del lugar donde los acreedores que acrediten legitimación podrán examinar el contenido del plan.
>
> En el caso de los acreedores públicos, la comunicación se realizará, en todo caso, mediante el servicio establecido en la sede electrónica de cada entidad, y a través del cual se podrá aportar la información del correspondiente formulario normalizado.
>
> 3. En el caso de acreedores vinculados por un pacto de sindicación, se aplicarán las reglas contractuales sobre comunicación del deudor con los acreedores, si las hubiera."

En virtud de lo expuesto,

SUPLICO AL TRIBUNAL que tenga por presentado este escrito, junto a los documentos a él unidos y sus copias, se sirva admitirlo y previos los oportunos trámites legales, se sirva dictar por el letrado de la Administración de Justicia de este Tribunal, que es el competente para conocer de la citada homologación que ordene la publicación de un edicto en el Registro público concursal, con indicación que los acreedores que acrediten legitimación podrán examinar el contenido del plan reseñado en el cuerpo en el siguiente lugar: ...., acordando cuanto demás proceda en derecho.

Es Justicia que pido en .... a ...... de .... de dos mil ......

F127. SOLICITUD DEL DEUDOR Y ACREEDOR AL LETRADO DE LA ADMINISTRACIÓN DE JUSTICIA A EFECTOS DE DICTAR EDICTO PARA COMUNICAR LA PROPUESTA DE PLAN DE REESTRUCTURACIÓN

AL TRIBUNAL DE INSTANCIA DE .... SECCIÓN DE
LO MERCANTIL (PLAZA NÚM. ......)

.............., Procurador de los Tribunales (núm. .... de colegiado) y de la compañía .... S.A., con domicilio en ...., calle .... núm. .... y CIF ...., y cuya representación acredito con la copia de escritura de poder que acompaño al presente, ante este Tribunal comparezco en las citadas actuaciones bajo la dirección letrada de Don ...., abogado del Ilustre Colegio de .... (núm. .... de colegiado), y como mejor proceda en Derecho DIGO:

Que por medio del presente, solicito la publicación de edicto en el Registro público concursal sobre la propuesta de plan de reestructuración, de conformidad y a los efectos del art. 627.2 TRLC, y en base a los siguientes:

HECHOS

PRIMERO. Que mi principal, mediante escrito de fecha ...., comunicó a este Tribunal que había iniciado negociaciones para alcanzar un plan de reestructuración. Todo ello a los efectos y con el alcance establecido en los arts. 585 ss. y concordantes TRLC.

La citada comunicación se acompaña como DOCUMENTO ......

SEGUNDO. Que mediante Decreto de fecha ...., por el Letrado de la Administración de Justicia se dejó constancia de la comunicación presentada por esta parte, dando lugar a los autos ......y ordenándose la publicación en el Registro Público Concursal (RPC) de la citada resolución.

El citado decreto y la información del RPC relativa a su inscripción se acompañan como DOCUMENTO ...

TERCERO. Que tras la citada negociación se ha formulado una propuesta de plan de reestructuración, que se acompaña como DOCUMENTO ......, y que afecta a mis mandantes, ... S.L y .... S.L, que, en su respectiva condición de deudor y acreedor, y previa aprobación de la referida propuesta, pretenden solicitar la homologación judicial del plan de reestructuración.

La condición acreedora de mi poderdante y la afectación de su crédito por la citada propuesta resulta de .... (DOCUMENTOS ...).

CUARTO. Que el art. 627.1 TRLC señala que la propuesta del plan de reestructuración deberá ser comunicada a todos los acreedores cuyos créditos pudieran quedar afectados. Esa comunicación deberá ser individual, por vía postal o electrónica; o, si no fuera posible por desconocerse su identidad o dirección, mediante anuncio en la página web de la sociedad, con indicación del lugar donde los acreedores que acrediten legitimación podrán examinar el contenido del plan.

Sin embargo, tal comunicación, en los términos arriba reseñados, no resulta posible a la vista que ....

Por ello, y al amparo de lo dispuesto en el art. 627.2 TRLC, se solicita del letrado de la Administración de Justicia de este Tribunal, que es el competente para conocer de la citada homologación que ordene la publicación de un edicto en el Registro público concursal, con indicación que los acreedores que acrediten legitimación podrán examinar el contenido de la referida propuesta en el siguiente lugar:............

A los anteriores hechos aduzco los siguientes

FUNDAMENTOS DE DERECHO

I. Es competente el letrado de la Administración de Justicia de este Tribunal a la vista de los arts. 627.2 y 641 TRLC en conexión con los arts. 44, 45 y 49 TRLC y en cuanto resulta ser el Tribunal competente para la homologación del plan de reestructuración.

II. La legitimación de mi mandante resulta de su condición de deudor y acreedor en los términos de los arts. 627.2 y 643.1 TRLC).

III. Sobre la comunicación de la propuesta de plan de reestructuración, art. 627 TRLC, según el cual:

> "1. La propuesta del plan de reestructuración deberá ser comunicada a todos los acreedores cuyos créditos pudieran quedar afectados.
>
> 2. La comunicación deberá ser individual, por vía postal o electrónica; o, si no fuera posible por desconocerse su identidad o dirección, mediante anuncio en la página web de la sociedad, con indicación del lugar donde los acreedores que acrediten legitimación podrán examinar el contenido del plan. Si no fuera posible la comunicación por estos medios, el experto en la reestructuración, cuando haya sido nombrado, o en su defecto quienes vayan a pedir la homologación del plan, solicitarán al letrado de la Administración de Justicia del tribunal competente para conocer de la homologación que ordene la publicación de un edicto en el Registro público concursal, con indicación del lugar donde los acreedores que acrediten legitimación podrán examinar el contenido del plan.
>
> En el caso de los acreedores públicos, la comunicación se realizará, en todo caso, mediante el servicio establecido en la sede electrónica de cada entidad, y a través del cual se podrá aportar la información del correspondiente formulario normalizado.
>
> 3. En el caso de acreedores vinculados por un pacto de sindicación, se aplicarán las reglas contractuales sobre comunicación del deudor con los acreedores, si las hubiera."

En virtud de lo expuesto,

SUPLICO AL TRIBUNAL que tenga por presentado este escrito, junto a los documentos a él unidos y sus copias, se sirva admitirlo y previos los oportunos trámites legales, se sirva dictar por el letrado de la Administración de Justicia de este Tribunal, que es el competente para conocer de la citada homologación que ordene la publicación de un edicto en el Registro público concursal, con indicación que los acreedores que acrediten legitimación podrán examinar el contenido del plan reseñado en el cuerpo en el siguiente lugar: ...., acordando cuanto demás proceda en derecho.

Es Justicia que pido en .... a ...... de .... de dos mil ......

F128. SOLICITUD DEL EXPERTO AL LETRADO DE LA ADMINISTRACIÓN DE JUSTICIA A EFECTOS DE DICTAR EDICTO PARA COMUNICAR LA PROPUESTA DE PLAN DE REESTRUCTURACIÓN (I)

AL TRIBUNAL DE INSTANCIA DE .... SECCIÓN DE
LO MERCANTIL (PLAZA NÚM. ......)

Don..............., experto en reestructuraciones designado en el expediente de comunicación preconcursal ...., ante este Tribunal comparezco y como mejor proceda en Derecho DIGO:

Que por medio del presente, solicito la publicación de edicto en el Registro público concursal sobre la propuesta de plan de reestructuración, de conformidad y a los efectos del art. 627.2 TRLC, y en base a los siguientes:

HECHOS

PRIMERO. Que la compañía ......, mediante escrito de fecha ...., comunicó a este Tribunal que había iniciado negociaciones para alcanzar un plan de reestructuración. Todo ello a los efectos y con el alcance establecido en los arts. 585 ss. y concordantes TRLC.

La citada comunicación se acompaña como DOCUMENTO ......

SEGUNDO. Que mediante Decreto de fecha ...., por el Letrado de la Administración de Justicia se dejó constancia de la comunicación presentada por ....S.L, ordenándose la publicación en el Registro Público Concursal (RPC) de la citada resolución, y dando lugar a los autos ...

Que en los citados autos, y mediante auto de fecha ..., quien suscribe fue designado experto en reestructuraciones.

El citado decreto, el auto y la información del RPC relativa a su inscripción se acompañan como DOCUMENTO ...

TERCERO. Que tras la citada negociación se ha formulado una propuesta de plan de reestructuración, que se acompaña como DOCUMENTO ......

CUARTO. Que el art. 627.1 TRLC señala que la propuesta del plan de reestructuración deberá ser comunicada a todos los acreedores cuyos créditos pudieran quedar afectados. Esa comunicación deberá ser individual, por vía postal o electrónica; o, si no fuera posible por desconocerse su identidad o dirección, mediante anuncio en la página web de la sociedad, con indicación del lugar donde los acreedores que acrediten legitimación podrán examinar el contenido del plan.

Sin embargo, tal comunicación, en los términos arriba reseñados, no resulta posible a la vista que ....

Por ello, y al amparo de lo dispuesto en el art. 627.2 TRLC, se solicita del letrado de la Administración de Justicia de este Tribunal, que es el competente para conocer de la citada homologación que ordene la publicación de un edicto en el Registro público concursal, con indicación que los acreedores que acrediten legitimación podrán examinar el contenido de la referida propuesta en el siguiente lugar:............

A los anteriores hechos aduzco los siguientes

FUNDAMENTOS DE DERECHO

I. Es competente el letrado de la Administración de Justicia de este Tribunal a la vista de los arts. 627.2 y 641 TRLC en conexión con los arts. 44, 45 y 49 TRLC, y en cuanto resulta ser el Tribunal competente para la homologación del plan de reestructuración.

II. La legitimación de mi mandante resulta de su condición de experto en reestructuraciones designado en el citado procedimiento reestructurador de ...... S.L (art. 627.2 y 643.1 TRLC).

III. Sobre la comunicación de la propuesta de plan de reestructuración, art. 627 TRLC, según el cual:

> "1. La propuesta del plan de reestructuración deberá ser comunicada a todos los acreedores cuyos créditos pudieran quedar afectados.
>
> 2. La comunicación deberá ser individual, por vía postal o electrónica; o, si no fuera posible por desconocerse su identidad o dirección, mediante anuncio en la página web de la sociedad, con indicación del lugar donde los acreedores que acrediten legitimación podrán examinar el contenido del plan. Si no fuera posible la comunicación por estos medios, el experto en la reestructuración, cuando haya sido nombrado, o en su defecto quienes vayan a pedir la homologación del plan, solicitarán al letrado de la Administración de Justicia del tribunal competente para conocer de la homologación que ordene la publicación de un edicto en el Registro público concursal, con indicación del lugar donde los acreedores que acrediten legitimación podrán examinar el contenido del plan.
>
> En el caso de los acreedores públicos, la comunicación se realizará, en todo caso, mediante el servicio establecido en la sede electrónica de cada entidad, y a través del cual se podrá aportar la información del correspondiente formulario normalizado.
>
> 3. En el caso de acreedores vinculados por un pacto de sindicación, se aplicarán las reglas contractuales sobre comunicación del deudor con los acreedores, si las hubiera."

En virtud de lo expuesto,

SUPLICO AL TRIBUNAL que tenga por presentado este escrito, junto a los documentos a él unidos y sus copias, se sirva admitirlo y previos los oportunos trámites legales, se sirva dictar por el letrado de la Administración de Justicia de este Tribunal, que es el competente para conocer de la citada homologación que ordene la publicación de un edicto en el Registro público concursal, con indicación que los acreedores que acrediten legitimación podrán examinar el contenido del plan reseñado en el cuerpo en el siguiente lugar: ...., acordando cuanto demás proceda en derecho.

Es Justicia que pido en .... a ...... de .... de dos mil ......

F129. SOLICITUD DEL EXPERTO AL LETRADO DE LA ADMINISTRACIÓN DE JUSTICIA A EFECTOS DE DICTAR EDICTO PARA COMUNICAR LA PROPUESTA DE PLAN DE REESTRUCTURACIÓN (II)

AL TRIBUNAL DE INSTANCIA DE .... SECCIÓN DE
LO MERCANTIL (PLAZA NÚM. ......)

.... (en adelante, ...), designado experto en la reestructuración de ....; según consta en los autos .... y como mejor proceda en Derecho, DIGO:

I. Que, por parte del deudor ...., se ha comunicado a .... la existencia de una propuesta formal final de plan de reestructuración (en adelante, la "Propuesta").

II. Que, dicho deudor, ha comunicado a .... que, pese a los esfuerzos realizados, por diversas circunstancias personales de sus acreedores, no les resulta posible garantizar la comunicación individualizada a todos los acreedores cuyos créditos pudieran quedar afectados por la Propuesta de Texto Refundido de Planes Individuales de Reestructuración de acuerdo con lo requerido en el apartado 1 del artículo 627 del Real Decreto Legislativo 1/2020, de 5 de mayo, por el que se aprueba el texto refundido de la Ley Concursal (en adelante, el "TRLC").

III. Que, en atención a esta circunstancia, y a los efectos establecidos en el apartado 2 del artículo 627 del TRLC, el deudor ha interesado a .... para que, en su condición de experto en la reestructuración, solicite a ese digno Tribunal la publicación de edicto en el Registro Público Concursal en el que se recojan los datos identificativos precisos donde los acreedores legitimados de las Sociedades Reestructuradas podrán examinar el contenido de la Propuesta de Planes de Reestructuración.

A tal fin, el deudor ha comunicado a .... que:

a. la Propuesta podrá ser consultada por los acreedores legitimados en (i) las oficinas centrales del deudor en ....sitas en calle ....; y (ii) la Notaría .... (.........@..........com) en ...., sita en calle ....

En ambos casos, previa petición al efecto a la dirección electrónica........., con acreditación de su condición de acreedor. Para garantizar el buen orden del procedimiento, rogamos pongan también en copia la dirección electrónica del experto en la reestructuración ....

A estos efectos, los datos identificativos del instrumento de elevación a público de la Propuesta son póliza intervenida por la Notaria de........., Don ...., el día ...., con el número .... de su libro registro de operaciones;

b. aquellos acreedores afectados por la Propuesta de Texto Refundido de Planes Individuales de Reestructuración podrán adherirse a ésta durante los diez (10) días hábiles siguientes a la publicación del último edicto de comunicación del plan de reestructuración para todas y cada una de las Sociedades Reestructuradas en el Registro Público Concursal; y

c. una vez finalizado el período de adhesiones descrito anteriormente, las Sociedades Reestructuradas procederán a verificar el resto de formalidades previstas en la elevación a público de la Propuesta y, en su caso, solicitar su homologación judicial ante los Tribunal competentes (esto es, el Tribunal de Instancia, Sección de lo mercantil de ....).

En virtud de lo anteriormente expuesto,

SOLICITO AL TRIBUNAL, que tenga por presentado este escrito, lo admita y, en su virtud, el Letrado de la Administración de Justicia ACUERDE LA PUBLICACIÓN DE EDICTO EN EL REGISTRO PÚBLICO CONCURSAL a los efectos del apartado 2 del artículo 627 del TRLC incluyendo los siguientes extremos:

a. Deudor: ....

b. Autos: ....

c. Contenido de la publicación: A los efectos de lo previsto en el apartado 2 del artículo 627 del TRLC, los acreedores de .... *que pudieran resultar afectados por la propuesta de planes de reestructuración formulado, podrán consultar ésta en (i) las oficinas centrales de las sociedades sitas en calle* ....*; y (ii) la Notaría de* .... (.........@..........com) en ...., en calle ....*; en ambos casos, previa petición al efecto a la dirección electrónica* ....*, con acreditación de su condición de acreedor. Para garantizar el buen orden del procedimiento, rogamos pongan también en copia la dirección electrónica del experto en la reestructuración* ....

La propuesta de plan de reestructuración ha sido elevada a público mediante póliza intervenida por dicho Notario de fecha .... *con el número* .... *de su libro registro de operaciones.*

Aquellos acreedores afectados por el plan de reestructuración pueden adherirse a éste durante los diez (10) días hábiles siguientes a la publicación en el Registro Público Concursal del edicto de comunicación del plan de reestructuración.

Finalizado el período de adhesiones, el deudor procederá a verificar el resto de formalidades previstas en la elevación a público de la propuesta y, en su caso, solicitar su homologación judicial ante el Tribunal de Instancia competente.

* * * * *

OTROSÍ DIGO: que a los efectos de los dispuesto en el artículo 231 de la Ley 1/2000, de 7 de enero, de Enjuiciamiento Civil (en adelante, la "LEC"), esta parte manifiesta su voluntad de subsanar los posibles defectos en que incurra el presente escrito a fin de que los actos cumplan con los requisitos exigidos por la ley, y

SUPLICO AL TRIBUNAL: que tenga por realizada la anterior manifestación.

Es Justicia que pido en ...., a ....

F130. SOLICITUD DEL EXPERTO AL LETRADO DE LA ADMINISTRACIÓN DE JUSTICIA A EFECTOS DE DICTAR EDICTO PARA COMUNICAR LA PROPUESTA DE PLAN DE REESTRUCTURACIÓN (III)

AL TRIBUNAL DE INSTANCIA DE ...... SECCIÓN DE LO MERCANTIL. PLAZA ...

D [...], con DNI [...], Economista colegiado en el Colegio de Economistas de [...] con núm. [...], como representante persona natural y en nombre de [...], con NIF [...]; en mi condición de EXPERTO EN REESTRUCTURACIÓN nombrado en el procedimiento de referencia ......, ante el Tribunal comparezco y, como mejor proceda en Derecho, DIGO:

Mediante Auto de fecha [...], este Tribunal acordó mi nombramiento como experto en la reestructuración de "[...]" (en adelante, "[...]"), a propuesta de la citada sociedad en el marco del procedimiento de comunicación de apertura de negociaciones [...].

El artículo 627.2 del *Real Decreto Legislativo 1/2020, de 5 de mayo, por el que se aprueba el texto refundido de la Ley Concursal* ("TRLC"), establece que:

> *"Si no fuera posible la comunicación por estos medios, el experto en la reestructuración, cuando haya sido nombrado, o en su defecto quienes vayan a pedir la homologación del plan, solicitarán al letrado de la Administración de Justicia del tribunal competente para conocer de la homologación que ordene la publicación de un edicto en el Registro Público Concursal, con indicación del lugar donde los acreedores que acrediten legitimación podrán examinar el contenido del plan.*

En virtud de lo anterior, y ante la imposibilidad de efectuar comunicación individual, por medio del presente solicito al Letrado de la Administración de Justicia que ordene la publicación de un edicto en el Registro Público Concursal, indicando a estos efectos como lugar donde los acreedores que acrediten legitimación podrán examinar el contenido del Plan la calle [...].

A estos efectos, los acreedores que acrediten interés legítimo y que manifiesten su voluntad de adherirse al Plan de Reestructuración deberán —de forma incondicional e irrevocable— mediante la cumplimentación y envío al Experto en la Reestructuración ([...]) de la comunicación de adhesión que se adjunta al Plan de Reestructuración como Anexo 12, no más tarde de los [...] días naturales siguientes desde su publicación en el Registro Público Concursal.

En su virtud,

SUPLICO AL TRIBUNAL, que teniendo por presentado este escrito, se sirva admitirlo y, de conformidad con lo manifestado, ordene la publicación de un edicto en el Registro Público Concursal, designando como donde los acreedores que acrediten legitimación puedan examinar el contenido del Plan la Calle [...].

Se suscribe el presente escrito en [...], a [...].

F131. EDICTO DEL LETRADO DE LA ADMINISTRACIÓN DE JUSTICIA PARA COMUNICAR LA PRESENTACIÓN DE PLAN DE REESTRUCTURACIÓN

Edicto suscrito por Doña.............., Letrada de la Administración de Justicia. Tribunal de Instancia de ... Sección de lo mercantil

A efectos de dar la oportuna publicidad en el Registro Público Concursal de la presentación de plan de reestructuración, y al efecto, se reseña lo siguiente:

DEUDOR: .... S.L, con domicilio en.............., calle.............., y CIF..............

ÓRGANO JURISDICCIONAL COMPETENTE: Tribunal Instancia, sección de lo mercantil, (plaza núm. ......) de ....

FUNDAMENTO DE LA COMPETENCIA: Art. 627 y 641 TRLC en conexión con los arts. 44, 45 y 49 TRLC, y a la vista que el centro de sus intereses principales, que es coincidente con el lugar del domicilio social, se halla en ....

FECHA DEL PLAN DE REESTRUCTURACIÓN: ......

Todo lo cual se comunica de conformidad con lo previsto en el art. 627.2 TRLC, haciendo constar que el referido plan de reestructuración se halla para su examen por los acreedores que acrediten legitimacion en el siguiente lugar...........

En ......, hoy día ... de ...... de ....

F132. SUPUESTOS SOBRE APROBACIÓN DEL PLAN DE REESTRUCTURACIÓN

Supuesto Práctico I: Mayorías necesarias intraclase para la aprobación de un plan de reestructuración correspondiente a una clase SIN garantía real.

Nos encontramos con la siguiente Clase de acreedores quienes no gozan de garantías reales para el aseguramiento de sus créditos y que conforme al art. 623.1 TRLC han quedado agrupados por disponer el interés común de haber sido clasificados como créditos ordinarios en un concurso posterior del deudor reestructurado:

	Importe del crédito (miles de €)
Acreedor A	150
Acreedor B	300
Acreedor C	969
Acreedor D	700
Acreedor E	600
Acreedor F	200
TOTAL CLASE	2.919

El plan de reestructuración ha sido votado favorablemente por todos los acreedores de la clase a excepción del "Acreedor C".

Lo primero que deberemos tener en consideración es la determinación del peso relativo (%) que ostentan los créditos de cada uno de los citados acreedores dentro de la clase.

Para ello simplemente dividimos el importe de cada uno de los créditos pertenecientes a la clase entre el importe total de los créditos que forman la misma:

	Importe del crédito (miles de €)	% Intraclase
Acreedor A	150	5,14%
Acreedor B	300	10,28%
Acreedor C	969	33,20%
Acreedor D	700	23,98%
Acreedor E	600	20,55%
Acreedor F	200	6,85%
TOTAL CLASE	2.919	100,00%

Una vez obtenido el peso relativo de cada uno de los acreedores dentro de la clase agrupamos los mismos entre acreedores que han prestado voto favorable y acreedores que no han votado o han votado en contra del plan de reestructuración:

	Importe del crédito (miles de €)	% Intraclase	Firmante PR	Favorable	No Favorable
Acreedor A	150	5,14%	SÍ	5,14%	
Acreedor B	300	10,28%	SÍ	10,28%	
Acreedor C	969	33,20%	NO		33,20%
Acreedor D	700	23,98%	SÍ	23,98%	
Acreedor E	600	20,55%	SÍ	20,55%	
Acreedor F	200	6,85%	SÍ	6,85%	
TOTAL CLASE	2.919	100,00%		66,80%	33,20%

En el anterior supuesto el plan de reestructuración habría sido aprobado por dicha Clase en tanto en cuanto el voto favorable representaría un 66,80% y por tanto sería un porcentaje superior a los 2/3 del importe del pasivo total de la misma.

¿Qué sucedería en el caso de que además del Acreedor C, también hubiera votado en contra, por ejemplo, el Acreedor A?

	Importe del crédito (miles de €)	% Intraclase	Firmante PR	Favorable	No Favorable
Acreedor A	150	5,14%	NO		5,14%
Acreedor B	300	10,28%	SÍ	10,28%	
Acreedor C	969	33,20%	NO		33,20%
Acreedor D	700	23,98%	SÍ	23,98%	
Acreedor E	600	20,55%	SÍ	20,55%	
Acreedor F	200	6,85%	SÍ	6,85%	
TOTAL CLASE	2.919	100,00%		61,66%	38,34%

En este caso como se puede observar, no se alcanzaría la mayoría necesaria para la aprobación del plan de reestructuración por los acreedores pertenecientes a dicha Clase, pudiéndose considerar una clase disidente y por ende a efectos de poder homologar el contenido del plan de reestructuración a la misma, se deberá constatar alguna de las mayorías de clases establecidas en el art. 639 TRLC.

Supuesto Práctico II: Mayorías necesarias intraclase para la aprobación de un plan de reestructuración correspondiente a una clase CON garantía real.

Partiendo de la misma estructura de pasivos pertenecientes a la Clase del ejemplo anterior, pero considerando que se tratase de una clase cuyos créditos gozasen de garantía real para su aseguramiento, se deberán constatar las mayorías necesarias del apartado 2º del art. 629 TRLC, por lo que la configuración de acreedores firmantes inicial no sería suficiente para la aprobación por parte de la Clase del plan de reestructuración, en tanto en cuanto sería necesario el voto favorable de al menos un 75% del importe de los créditos que forman la misma.

En este caso para considerar que la Clase aprueba el plan de reestructuración, sería necesario una combinación de voto favorable diferente, siendo determinante por su peso relativo la adhesión de al menos los Acreedores C, D y E al plan de reestructuración, dada la importante ponderación que sus créditos ostentan dentro de la misma.

Serían varias las combinaciones de voto que factibilizarían la aprobación del plan de reestructuración por la Clase con la consecución de al menos un 75% de los créditos, así:

Serviría el voto a favor de los acreedores C, D y E:

	Importe del crédito (miles de €)	% Intraclase	Firmante PR	Favorable	No Favorable
Acreedor A	150	5,14%	NO		5,14%
Acreedor B	300	10,28%	NO		10,28%
Acreedor C	969	33,20%	SÍ	33,20%	
Acreedor D	700	23,98%	SÍ	23,98%	
Acreedor E	600	20,55%	SÍ	20,55%	
Acreedor F	200	6,85%	NO		6,85%
TOTAL CLASE	2.919	100,00%		77,73%	22,27%

También serviría el voto a favor de todos los acreedores salvo el del acreedor D:

	Importe del crédito (miles de €)	% Intraclase	Firmante PR	Favorable	No Favorable
Acreedor A	150	5,14%	SÍ	5,14%	
Acreedor B	300	10,28%	SÍ	10,28%	
Acreedor C	969	33,20%	SÍ	33,20%	
Acreedor D	700	23,98%	NO		23,98%
Acreedor E	600	20,55%	SÍ	20,55%	
Acreedor F	200	6,85%	SÍ	6,85%	
TOTAL CLASE	2.919	100,00%		76,02%	23,98%

O el voto a favor de todos los acreedores salvo el del acreedor E:

	Importe del crédito (miles de €)	% Intraclase	Firmante PR	Favorable	No Favorable
Acreedor A	150	5,14%	SÍ	5,14%	
Acreedor B	300	10,28%	SÍ	10,28%	
Acreedor C	969	33,20%	SÍ	33,20%	
Acreedor D	700	23,98%	SÍ	23,98%	
Acreedor E	600	20,55%	NO		20,55%

	Importe del crédito (miles de €)	% Intraclase	Firmante PR	Favorable	No Favorable
Acreedor F	200	6,85%	SÍ	6,85%	
TOTAL CLASE	2.919	100,00%		79,45%	20,55%

En cambio, cualquier otra combinación que supusiera no alcanzar el umbral del 75% conduciría a la no aprobación del plan de reestructuración por la Clase, por ejemplo:

	Importe del crédito (miles de €)	% Intraclase	Firmante PR	Favorable	No Favorable
Acreedor A	150	5,14%	NO		5,14%
Acreedor B	300	10,28%	SÍ	10,28%	
Acreedor C	969	33,20%	SÍ	33,20%	
Acreedor D	700	23,98%	NO		23,98%
Acreedor E	600	20,55%	SÍ	20,55%	
Acreedor F	200	6,85%	SÍ	6,85%	
TOTAL CLASE	2.919	100,00%		70,88%	29,12%

	Importe del crédito (miles €)	% Intraclase	Firmante PR	Favorable	No Favorable
Acreedor A	150	5,14%	SÍ	5,14%	
Acreedor B	300	10,28%	NO		10,28%
Acreedor C	969	33,20%	SÍ	33,20%	
Acreedor D	700	23,98%	SÍ	23,98%	
Acreedor E	600	20,55%	NO		20,55%
Acreedor F	200	6,85%	SÍ	6,85%	
TOTAL CLASE	2.919	100,00%		69,17%	30,83%

	Importe del crédito (miles €)	% Intraclase	Firmante PR	Favorable	No Favorable
Acreedor A	150	5,14%	NO		5,14%
Acreedor B	300	10,28%	SÍ	10,28%	
Acreedor C	969	33,20%	SÍ	33,20%	
Acreedor D	700	23,98%	SÍ	23,98%	
Acreedor E	600	20,55%	NO		20,55%
Acreedor F	200	6,85%	NO		6,85%
TOTAL CLASE	2.919	100,00%		67,45%	32,55%

En este caso la relevancia de la no aprobación del plan de reestructuración por una clase garantizada radica en que, en caso de aprobación del plan en virtud del art. 639.2 TRLC, por aplicación del art. 651 TRLC, los acreedores titulares de derechos de garantía real que hayan votado en contra del plan y pertenezcan a una clase en la que el voto favorable hubiera sido inferior al voto disidente, tendrán derecho a instar la realización de los bienes o derechos gravados en el plazo de un mes a contar desde la publicación del auto de homologación en el Registro público concursal. El plan podrá prever la sustitución de este derecho por la opción de cobrar en efectivo, en un plazo no superior a ciento veinte días, la parte del crédito cubierta por el valor de la garantía conforme a lo establecido en el título V del libro primero. En caso de falta de pago del crédito, el acreedor tendrá derecho a la ejecución de la garantía.

Supuesto Práctico III: Cálculo del Límite del Privilegio Especial para el caso de préstamos sindicados.

Supongamos que en el contexto de un plan de reestructuración nos encontramos con un préstamo sindicado por importe total de 2.600.000,00 € formalizado por el deudor con seis entidades financieras:

Préstamo Sindicado	Importe del crédito (miles €)	% Participación sindicado
Banco A	400	15,38%
Banco B	600	23,08%
Banco C	800	30,77%
Banco D	250	9,62%
Banco E	300	11,54%
Banco F	250	9,62%
TOTAL	2.600	100,00%

Para el aseguramiento del anterior préstamo sindicado el deudor formalizó garantías hipotecarias sobre tres bienes inmuebles de su propiedad que, de acuerdo con los informes de tasación emitidos por la entidad .... (sociedad de tasación homologada e inscrita en el Registro especial del Banco de España), tendrían los siguientes valores razonables conforme a lo establecido en el art. 273 TRLC:

Bien	Valor Razonable (miles €)
Inmueble 1	800
Inmueble 2	600
Inmueble 3	700
TOTAL	2.100

El valor razonable conjunto de los bienes inmuebles ascendería a un total de 2.100.000,00 €.

Lo primero que se deberá determinar es la deducción del 10% definida en el art. 275 TRLC sobre el valor razonable:

Bien	Valor Razonable (miles €)	(9/10 VR) (miles €)
Inmueble 1	800	720
Inmueble 2	600	540
Inmueble 3	700	630
TOTAL	2.100	1.890

A partir de lo anterior, conforme al art. 277 TRLC se deberá determinar para cada inmueble el valor de la garantía atribuible para cada entidad perteneciente al sindicado, en proporción al importe de sus créditos:

Inmueble 1:

Acreedor	Importe crédito (miles €)	% Participación sindicado	Inmueble 1	(9/10) VR Atribuible (miles €)
Banco A	400	15,38%	Banco A	111
Banco B	600	23,08%	Banco B	166
Banco C	800	30,77%	Banco C	222
Banco D	250	9,62%	Banco D	69
Banco E	300	11,54%	Banco E	83
Banco F	250	9,62%	Banco F	69
TOTAL	2.600	100,00%	TOTAL	720

Inmueble 2:

Acreedor	Importe crédito (miles €)	% Participación sindicado	Inmueble 2	(9/10) VR Atribuible (miles €)
Banco A	400	15,38%	Banco A	83
Banco B	600	23,08%	Banco B	125
Banco C	800	30,77%	Banco C	166
Banco D	250	9,62%	Banco D	52
Banco E	300	11,54%	Banco E	62
Banco F	250	9,62%	Banco F	52
TOTAL	2.600	100,00%	TOTAL	540

Inmueble 3:

Acreedor	Importe crédito (miles €)	% Participación sindicado	Inmueble 3	(9/10) VR Atribuible (miles €)
Banco A	400	15,38%	Banco A	97
Banco B	600	23,08%	Banco B	145
Banco C	800	30,77%	Banco C	194
Banco D	250	9,62%	Banco D	61
Banco E	300	11,54%	Banco E	73
Banco F	250	9,62%	Banco F	61
TOTAL	2.600	100,00%	TOTAL	630

Determinada la participación de cada acreedor del sindicado sobre el valor de la garantía de cada inmueble, por aplicación del art. 276 TRLC, se acumularán las mismas a efectos de constatar el valor total de garantías que dispone cada acreedor del sindicado:

Acreedor	Importe crédito (miles €)	Valor Garantía Inmueble 1 (miles €)	Valor Garantía Inmueble 2 (miles €)	Valor Garantía Inmueble 3 (miles €)	Crédito cubierto con Valor Total Garantías (miles €)	Exceso Crédito Valor Garantías (miles €)
Banco A	400	111	83	97	291	109
Banco B	600	166	125	145	436	164
Banco C	800	222	166	194	582	218
Banco D	250	69	52	61	182	68
Banco E	300	83	62	73	218	82
Banco F	250	69	52	61	182	68
TOTAL	2.600	720	540	630	1.890	710

En el anterior caso, conforme a lo establecido en el art. 617.5 TRLC de los 2.600.000,00 € de importe total del préstamo sindicado, a efectos de la formación de clases, un importe de 1.890.000,00 € tendrán la consideración de crédito garantizado y 710.000,00 € lo serán de crédito no garantizado.

Supuesto Práctico IV: Funcionamiento del régimen de mayorías en los créditos vinculados por un pacto de sindicación. Supuesto de arrastre por aprobación de una mayoría de los créditos del sindicado.

Partamos del crédito sindicado que se analizaba anteriormente

Préstamo Sindicado	Importe del crédito (miles €)	% Participación sindicado
Banco A	400	15,38%
Banco B	600	23,08%
Banco C	800	30,77%
Banco D	250	9,62%
Banco E	300	11,54%
Banco F	250	9,62%
TOTAL	2.600	100,00%

De acuerdo con la determinación del valor de las garantías, nos encontraríamos que el crédito sindicado quedaría diferenciado conforme al art. 617.5 TRLC entre crédito garantizado por un importe de 1.890.000,00 € y no garantizado por un importe 710.000,00 €.

Acreedor	Crédito Garantizado (miles €)	Crédito No Garantizado (miles €)
Banco A	291	109
Banco B	436	164
Banco C	582	218
Banco D	182	68
Banco E	218	82
Banco F	182	68
TOTAL	1.890	710

Consideremos ahora que conforme al art. 624 TRLC la parte de créditos sindicados garantizados quedarían encuadrados en la misma clase junto los créditos garantizados bilaterales de las entidades G, H e I.

<table>
<tr><th>Acreedor</th><th>Importe crédito (miles €)</th><th>% Intraclase</th><th></th><th></th></tr>
<tr><td>Banco A</td><td>291</td><td>11,54%</td><td rowspan="6">1.890</td><td rowspan="6">Préstamo Sindicado</td></tr>
<tr><td>Banco B</td><td>436</td><td>17,31%</td></tr>
<tr><td>Banco C</td><td>582</td><td>23,08%</td></tr>
<tr><td>Banco D</td><td>182</td><td>7,21%</td></tr>
<tr><td>Banco E</td><td>218</td><td>8,65%</td></tr>
<tr><td>Banco F</td><td>182</td><td>7,21%</td></tr>
<tr><td>Banco G</td><td>200</td><td>7,94%</td><td>200</td><td>Bilateral</td></tr>
<tr><td>Banco H</td><td>250</td><td>9,92%</td><td>250</td><td>Bilateral</td></tr>
<tr><td>Banco I</td><td>180</td><td>7,14%</td><td>180</td><td>Bilateral</td></tr>
<tr><td>TOTAL CLASE</td><td>2.520</td><td>100,00%</td><td>2.520</td><td></td></tr>
</table>

Si en la citada clase contásemos únicamente con el voto a favor de las entidades B, C, D y E (pertenecientes al sindicado bancario) y el voto en contra del resto de entidades (A y F pertenecientes al sindicado y G, H e I con operaciones bilaterales), sin aplicar la regla del art. 630 TRLC, observaríamos que conforme al art. 629 TRLC el plan de reestructuración no alcanzaría las mayorías necesarias establecidas por segundo apartado del citado artículo para las clases con créditos con garantía real (≥ 75,00%) para que esta clase lo considerase aprobado, en tanto en cuanto sólo se dispondría de un voto favorable del 56,25% de los créditos que forman la misma.

Acreedor	Importe crédito (miles €)	% Intraclase	Firmante PR	Favorable	No Favorable
Banco A	291	11,54%	NO		11,54%
Banco B	436	17,31%	SÍ	17,31%	
Banco C	582	23,08%	SÍ	23,08%	
Banco D	182	7,21%	SÍ	7,21%	
Banco E	218	8,65%	SÍ	8,65%	
Banco F	182	7,21%	NO		7,21%
Banco G	200	7,94%	NO		7,94%
Banco H	250	9,92%	NO		9,92%
Banco I	180	7,14%	NO		7,14%
TOTAL CLASE	2.520	100,00%		56,25%	43,75%

Ahora bien, dado que nos encontramos ante un préstamo sindicado, por aplicación del art. 630 TRLC, se deberá constatar en primer lugar el régimen de mayorías existente dentro de los citados créditos, así;

Acreedor	Importe crédito (miles €)	% Intraclase	Firmante PR	Favorable	No Favorable
Banco A	291	15,38%	NO		15,38%
Banco B	436	23,08%	SÍ	23,08%	
Banco C	582	30,77%	SÍ	30,77%	
Banco D	182	9,62%	SÍ	9,62%	
Banco E	218	11,54%	SÍ	11,54%	
Banco F	182	9,62%	NO		9,62%
Sindicado	1.890	100,00%		75,00%	25,00%

Como se puede observar, dentro del sindicado, las entidades aceptantes representan un 75% del total de los créditos que están vinculados por el pacto de sindicación, por lo que sí que se alcanzaría la mayoría necesaria fijada por el art. 629.2 TRLC para la aprobación en las clases con garantía real, mayoría que el art. 630.1 TRLC nos dice que se tendría que constatar en el seno del sindicado, salvo que las reglas internas del mismo fijasen un umbral de mayorías inferior.

Al alcanzarse el 75% del voto favorable del sindicado, el art. 630.2 TRLC establece que se entenderá que aceptan el plan de reestructuración la totalidad de los créditos sindicados por lo que el quorum inicial de cómputo de mayorías de la clase en el que únicamente se constataba un 56,25% de voto favorable, pasaría a quedar del siguiente modo:

Acreedor	Importe crédito (miles €)	% Intraclase	Firmante PR	Favorable	No Favorable
Banco A	291	11,54%	SÍ	11,54%	
Banco B	436	17,31%	SÍ	17,31%	
Banco C	582	23,08%	SÍ	23,08%	
Banco D	182	7,21%	SÍ	7,21%	
Banco E	218	8,65%	SÍ	8,65%	
Banco F	182	7,21%	SÍ	7,21%	
Banco G	200	7,94%	NO		7,94%
Banco H	250	9,92%	NO		9,92%
Banco I	180	7,14%	NO		7,14%
TOTAL CLASE	2.520	100,00%		75,00%	25,00%

En el anterior ejercicio numérico se observa un doble efecto arrastre, en primer lugar, de los acreedores disidentes dentro del sindicado (entidades A y F) y en segundo lugar de los acreedores garantizados bilaterales disidentes que completaban la clase (G, H e I). Con el cómputo del voto favorable de la totalidad de los créditos del sindicado, la clase pasaría a contar con una adhesión favorable al plan de reestructuración del 75% y por tanto se alcanzarían las mayorías necesarias establecidas por el art. 629.2 TRLC, considerándose que esta clase garantizada habría aprobado el plan de reestructuración.

En un caso como el anterior, parecería conveniente no aislar a los créditos vinculados por el pacto de sindicación en una clase única, dado que en un escenario como el anterior, nos habríamos encontrado con dos clases garantizadas, una que habría aprobado el plan de reestructuración y otra que no lo habría hecho (resto de acreedores bilaterales garantizados), lo que daría lugar a un escenario probablemente no deseable al disponer de una clase disidente, debiendo contar para la aprobación del plan con una mayoría de clases conforme lo establecido en el art. 639 TRLC.

Por el contrario, al unificar en este caso todos los créditos garantizados en una única clase (sindicado y bilaterales) obtenemos como resultado la no existencia de una clase disidente, lo que podría facilitar, llegado el caso, la aprobación del plan.

Supuesto Práctico V: Funcionamiento del régimen de mayorías en los créditos vinculados por un pacto de sindicación. Supuesto de no aprobación por una mayoría suficiente de los créditos del sindicado.

Consideremos ahora que, ante el mismo préstamo sindicado del Supuesto anterior, el voto favorable al plan de reestructuración se hubiera prestado únicamente por las entidades A, B y C.

Acreedor	Importe crédito (miles €)	% Intraclase	Firmante PR	Favorable	No Favorable
Banco A	291	15,38%	SÍ	15,38%	
Banco B	436	23,08%	SÍ	23,08%	
Banco C	582	30,77%	SÍ	30,77%	
Banco D	182	9,62%	NO		9,62%
Banco E	218	11,54%	NO		11,54%
Banco F	182	9,62%	NO		9,62%
Sindicado	1.890	100,00%		69,23%	30,77%

En este caso internamente el préstamo sindicado no habría alcanzado la mayoría necesaria del 75% establecida en el art. 629.2 TRLC para una clase de créditos con garantía real. En este caso, además, si el préstamo sindicado hubiera formado una clase única, se entendería que esta clase no habría aprobado el plan de reestructuración.

Imaginemos ahora que, en lugar de una clase única, los créditos vinculados por el pacto de sindicación estuvieran encuadrados en una clase junto el resto de créditos bilaterales de acreedores garantizados del supuesto anterior. Consideremos además que los citados acreedores bilaterales han prestado su voto favorable al plan de reestructuración.

En este caso el quorum de mayorías quedaría del siguiente modo:

Acreedor	Importe crédito (miles €)	% Intraclase	Firmante PR	Favorable	No Favorable
Banco A	291	11,54%	SÍ	11,54%	
Banco B	436	17,31%	SÍ	17,31%	
Banco C	582	23,08%	SÍ	23,08%	
Banco D	182	7,21%	NO		7,21%
Banco E	218	8,65%	NO		8,65%
Banco F	182	7,21%	NO		7,21%
Banco G	200	7,94%	SÍ	7,94%	
Banco H	250	9,92%	SÍ	9,92%	
Banco I	180	7,14%	SÍ	7,14%	
TOTAL PF	2.520	100,00%		76,92%	23,08%

Conforme a lo establecido por el art. 630.2 TRLC, al no haberse alcanzado la mayoría necesaria en el seno de los créditos vinculados por el pacto de sindicación, se computarán los votos individualmente de cada acreedor perteneciente al sindicado dentro de la clase en la que estén encuadrados.

En virtud de la anterior regla de independencia del voto de los acreedores pertenecientes al sindicado cuando no se alcanza la mayoría necesaria dentro del mismos, permite que estos se computen junto con el resto de los acreedores de la clase (en este caso el de las entidades G, H e I), permitiendo con ello la obtención de un voto favorable del 76,92%

de créditos pertenecientes a la clase garantizada y, por tanto, se consideraría aprobado el plan de reestructuración por esta.

Así se produciría el arrastre de los acreedores disidentes D, E y F (en este caso todos ellos pertenecientes al sindicado), rompiéndose la unidad del sentido del voto prevista en el inciso primero del art. 630.2 TRLC, que únicamente opería cuando el voto es mayoritariamente favorable en el seno del sindicado, pero no en el caso de no alcanzarse las mayorías necesarias, dónde la norma habilita una suerte de independencia para el acreedor aceptante del plan de reestructuración, permitiendo que su voto favorable compute en el quorum sin verse arrastrado por la mayoría de los miembros del sindicado disidente, es decir que la regla de arrastre de mayoría sobre minoría no aplica en sentido negativo.

F133. ACTA NOTARIAL SOBRE VOTO A FAVOR O EN CONTRA DE UN ACREEDOR AL PLAN DE REESTRUCTURACIÓN

COMPARECE

DON/DOÑA ....

INTERVIENE

En nombre y representación de la sociedad ...., con CIF en vigor número .... y domiciliada en ....

Constituida, por plazo indefinido en escritura autorizada el ...., por el Notario de ...., con el número de protocolo ....

Inscrita en el Registro Mercantil de ...., al tomo........, folio ...., hoja ....

Actúa con poder conferido a su favor el ...., en escritura autorizada el .... por el Notario de ...., con el número de protocolo ...., inscrito bajo la inscripción .... de la hoja registral de la sociedad.

Me exhibe copia de dicha escritura del citado poder y en la misma se le atribuyen facultades que, a mi juicio, resultan suficientes para otorgar la presente.

....

Actúa en virtud de su cargo de ...., para el que fue nombrado, por plazo indefinido, en escritura autorizada el .... por el Notario de ...., con el número de protocolo ...., inscrito bajo la inscripción .... de la hoja registral de la sociedad.

Dicho cargo le atribuye, a mi juicio, facultades que resultan suficientes para otorgar la presente.

Además, el compareciente manifiesta que sus facultades no le han sido revocadas, limitadas ni suspendidas, que no han variado las circunstancias de capacidad de la sociedad representada y que los datos de identificación, objeto social y domicilio de la misma no han variado respecto a los documentos fehacientes presentados.

Le identifico por su expresado documento de identidad, que me exhibe y le juzgo con capacidad para otorgar la presente ....escritura antes calificada y a tal efecto.

DICE Y OTORGA

1°.– Que, por lectura del mismo, conoce el contenido del Plan de Reestructuración de la sociedad española ...., S.L., protocolizado en acta autorizada el ..... de

......de dos mil veinticinco, por el Notario de ...., Don ...., con el número ...... de protocolo.

2º.– Que, en la representación que ostenta, se ADHIERE al Plan de Reestructuración VOTANDO A FAVOR por razón de la parte no avalada de los créditos incluidos en la Clase .... garantizado, en parte, por avales otorgados en virtud de los Reales Decretos-leyes 8/2020, de 17 de marzo, de medidas urgentes extraordinarias para hacer frente al impacto económico y social del COVID-19, 25/2020, de 3 julio, de medidas urgentes para apoyar la reactivación económica y el empleo y 6/2022, de 29 de marzo, por el que se adoptan medidas urgentes en el marco del Plan Nacional de respuesta a las consecuencias económicas y sociales de la guerra en Ucrania ("Avales ICO"), que ostenta ...., S.A. frente a la sociedad ...., S.L.

3º.– Que, asimismo, y con respecto a la parte avalada de los créditos referido en el apartado anterior, en virtud de los avales otorgados conforme de los Reales Decretos-leyes 8/2020, de 17 de marzo, de medidas urgentes extraordinarias para hacer frente al impacto económico y social del COVID-19, 25/2020, de 3 julio, de medidas urgentes para apoyar la reactivación económica y el empleo y 6/2022, de 29 de marzo, por el que se adoptan medidas urgentes en el marco del Plan Nacional de respuesta a las consecuencias económicas y sociales de la guerra en Ucrania ("Avales ICO"), expresa su NO ADHESIÓN Y SU VOTO EN CONTRA al Plan de Reestructuración de acuerdo a lo dispuesto en la Disposición Adicional 8 de la Ley 16/2022, de 5 de septiembre, en su versión vigente a esta fecha, y posterior nota emitida por Banc@ICO con fecha 15 de febrero de 2023.

OTORGAMIENTO

Así lo dice y otorga, una vez hechas las reservas y advertencias legales pertinentes.

De acuerdo con lo establecido en la Ley Orgánica 3/2018, de 5 de diciembre, de Protección de Datos Personales y garantía de los derechos digitales, así como en su normativa de desarrollo y el Reglamento 2016/679 del Parlamento Europeo y del Consejo de 27 de Abril de 2016, el Señor compareciente quedan informados y aceptan la incorporación obligatoria de sus datos a los ficheros automatizados existentes en la Notaría, que se conservarán en la misma con carácter confidencial, sin perjuicio de las remisiones de obligado cumplimiento. Su finalidad es realizar la formación de la presente escritura, su facturación y seguimiento posterior y las funciones propias de la actividad notarial. La persona responsable de ello será el Notario bajo cuya custodia se encuentre este protocolo. Queda, así mismo, informado de sus derechos de acceso, rectificación, supresión, limitación, portabilidad y oposición al tratamiento que podrá ejercitar por correo postal ante la Notaría autorizante, sita en Avenida de La Libertad, 10-4º de San Sebastián, y de su derecho a presentar una reclamación ante una autoridad de control.

Leo esta escritura al Señor compareciente, por su elección, previa advertencia de su derecho a leerla por sí mismo, que no usa; y contando, a mi juicio, con el discernimiento necesario, presta libremente su consentimiento informado y firma.

AUTORIZACIÓN

De haber identificado al Señor compareciente por su documento de identidad, de su capacidad y legitimación para el presente otorgamiento, que, a mi juicio, se adecua a la legalidad y a la voluntad debidamente informada de aquel, y de todo lo demás consignado en este instrumento público, extendido en folios de papel timbrado de uso exclusivo para documentos notariales, serie B, números, doy fe.

F134. ACTA DEL CONSEJO DE ADMINISTRACIÓN SOBRE APROBACIÓN Y HOMOLOGACIÓN DE PLAN DE REESTRUCTURACIÓN

En.............., siendo las...... horas del día......... de.............. De......, y en el domicilio social, sito en.............., calle.............. núm..............., se celebra reunión del Consejo de Administración de la sociedad.............. S.L.

La presente reunión del Consejo de Administración fue convocada en fecha........... de.............. de.............. mediante telegrama remitido a los Sres. Consejeros en legal forma y plazo con el siguiente tenor literal "Por el presente, se le convoca a la reunión del Consejo de Administración a celebrar, en el domicilio social, el próximo día...... de.............. de.............., a las........... horas, para deliberar y, en su caso, adoptar acuerdos con relación al siguiente orden del día: 1. Situación económico-financiera de la compañía. Aprobación plan de reestructuración negociado ...... y posteriormente, y en su caso, homologación judicial del mismo."

Asisten a la presente reunión, personalmente, la totalidad de los miembros del consejo de administración de la sociedad, esto es:

Presidente: Don..............

Secretario: Don..............

Vocal: Doña..............

Vocal: Doña..............

Vocal: Doña..............

Actúan como Presidente y Secretario de la presente reunión del Consejo de Administración, Don.............. y Don.............., respectivamente.

El Sr. Presidente declara válidamente constituida la presente reunión del Consejo de Administración y se entra en el debate de los distintos puntos del orden del día. Toma la palabra el Sr. Presidente quien señala que a la vista de la situación económica de la sociedad resulta necesario reestructurar el pasivo social y adoptar otras medidas operativas reestructuradoras tales como ... habiéndose alcanzado un plan de reestructuración con ..., cuyas líneas maestras son ....

Tras la citada deliberación por el Sr. Presidente se efectúa la siguiente PROPUESTA DE ACUERDOS:

PRIMERO. Aprobar el plan de reestructuración negociado entre la sociedad y ....

SEGUNDO. Como consecuencia de ello, y al amparo y a los efectos de lo dispuesto en los arts. 635 y ss. TRLC, solicitar la homologación del citado plan de reestructuración ante el Tribunal de Instancia, sección de lo mercantil, de ...., competente territorialmente al efecto.

TERCERO. Facultar a los Consejeros Delegados para que, en ambos supuestos recogidos en los acuerdos precedentes, cualquiera de ellos, indistintamente, puedan llevar a cabo cuantos trámites y actuaciones fueran precisos para la ejecución y buen fin de los acuerdos anteriormente reseñados, suscribiendo cuantos documentos públicos y privados se requiriesen al efecto, incluyendo el otorgamiento de poder procesal, a favor de los abogados y procuradores que tengan por conveniente.

Votan a favor de la propuesta todos los consejeros...... A la vista de ello, se entiende aprobada por UNANIMIDAD la citada propuesta de acuerdos, que, por lo tanto, se tienen por adoptados.

Y para que así conste se extiende la presente acta que, leída, es aprobada por todos los consejeros por unanimidad, en.............. hoy día de......... de...............

F135. CERTIFICACIÓN DEL CONSEJO DE ADMINISTRACIÓN SOBRE APROBACIÓN Y HOMOLOGACIÓN DE PLAN DE REESTRUCTURACIÓN

.... Secretario del Consejo de Administración de la sociedad.............. S.L. domiciliada en.............., calle.............. núm. ......, e inscrita en el Registro Mercantil de la provincia de........., al tomo............, folio........., hoja............, y CIF...........

CERTIFICO: Que según resulta del libro de actas de la sociedad, en la reunión del Consejo de Administración de..........., S.L. reunida en el domicilio social, sito en..........., el día...... de........... de..........., encontrándose presentes la totalidad de los consejeros, esto es,......, Don..........., Don..........., Don........... y Doña........... y figurando en el acta el nombre y la firma de los asistentes, actuando como presidente de la misma Don........... y como secretario,........... y aceptaron celebrar dicha reunión del Consejo de Administración con el fin de deliberar y, en su caso, adoptar acuerdos sobre: 1. Situación económico-financiera de la compañía. Aprobación plan de reestructuración negociado ...... y posteriormente, y en su caso, homologación judicial del mismo, se adoptaron por UNANIMIDAD los siguientes ACUERDOS que fueron proclamados por el Sr. Presidente:

PRIMERO. Aprobar el plan de reestructuración negociado entre la sociedad y ....

SEGUNDO. Como consecuencia de ello, y al amparo y a los efectos de lo dispuesto en los arts. 635 y ss. TRLC, solicitar la homologación del citado plan de reestructuración ante el Tribunal de Instancia, sección de lo mercantil, de ...., competente territorialmente al efecto.

TERCERO. Facultar a los Consejeros Delegados para que, en ambos supuestos recogidos en los acuerdos precedentes, cualquiera de ellos, indistintamente, puedan llevar a cabo cuantos trámites y actuaciones fueran precisos para la ejecución y buen fin de los acuerdos anteriormente reseñados, suscribiendo cuantos documentos públicos y privados se requiriesen al efecto, incluyendo el otorgamiento de poder procesal, a favor de los abogados y procuradores que tengan por conveniente.

Y para que conste libro la presente certificación, con el Visto Bueno del Presidente, haciendo constar que el acta de la reunión en que se adoptaron los acuerdos que se certifican, fue aprobada por unanimidad al final de la misma, en.............., a..............

V. B. PRESIDENTE SECRETARIO

F136. ACTA JUNTA GENERAL CONVOCADA SOBRE APROBACIÓN /HOMOLOGACIÓN DE PLAN DE REESTRUCTURACIÓN

Que hoy día........... de........... de..........., a las........... horas, y en el domicilio social, sito en la localidad de..........., calle........... s/n, se celebra JUNTA GENERAL EXTRAORDINARIA de accionistas de la sociedad........... S.A.

La convocatoria de la presente Junta General Extraordinaria de accionistas, ha sido acordada por el administrador único, Don...........

Forma de la convocatoria: La convocatoria de la presente Junta General ha sido objeto de la oportuna publicidad, de conformidad con lo establecido en el art. 173.1 TRLSC, mediante anuncio publicado en el Boletín Oficial del Registro Mercantil, del día........... de........... de........... (núm. ....), y en el diario..........., en su edición del día........... de........... de..........., al carecer la sociedad de página web.

El tenor literal de la convocatoria se transcribe a continuación: "Por medio del presente se convoca a los señores accionistas a la celebración de Junta General Extraordinaria de la sociedad........... S.A., que se celebrará, en primera convocatoria el día........... de........... de..........., a las........... horas, y en segunda convocatoria el día........... del mismo mes y año, a la misma hora, en ambos casos, en..........., a efectos de deliberar y, en su caso, adoptar acuerdos con relación al siguiente orden del día: 1. Aprobación plan de reestructuración negociado ...... y homologación judicial del mismo. En..........., hoy día........... de........... de........... el administrador único de........... S.A. Don...........".

Lista de asistentes: Asisten a la presente Junta General Extraordinaria, personalmente o representados, los siguientes accionistas:

I. Accionistas presentes:

Don..........., titular de........... acciones nominativas, núm. .... a..........., incluidos, con un valor nominal cada una de ellas de...........euros (en su conjunto........... euros), que suponen el........... por ciento del capital social.

Don..........., titular de........... acciones nominativas, núm. .... a..........., incluidos, con un valor nominal cada una de ellas de...........euros (en su conjunto........... euros), que suponen el........... por ciento del capital social.

Doña..........., titular de........... acciones nominativas, núm. .... a..........., incluidos, con un valor nominal cada una de ellas de...........euros (en su conjunto...........euros), que suponen el........... por ciento del capital social.

Por lo tanto, asisten de forma personal........... accionistas, titulares, en conjunto, de........... acciones que suponen el........... por ciento del capital social.

II. Accionistas representados:

Don..........., titular de........... acciones nominativas, núm. .... a..........., incluidos, con un valor nominal cada una de ellas de...........euros (en su conjunto........... euros), que suponen el........... por ciento del capital social. Asiste el expresado accionista representado por Doña...........

Don..........., titular de........... acciones nominativas, núm. .... a..........., incluidos, con un valor nominal cada una de ellas de...........euros (en su conjunto........... euros), que suponen el........... por ciento del capital social. Asiste el expresado accionista representado por Doña...........

Doña..........., titular de........... acciones nominativas, núm. .... a..........., incluidos, con un valor nominal cada una de ellas de...........euros (en su conjunto...........euros), que suponen el........... por ciento del capital social. Asiste la expresada accionista por Doña...........

Asiste representados, ... accionistas, que titularizan........... acciones que suponen el........... por ciento del capital social suscrito.

En conjunto, asisten, personalmente o representados, ... accionistas, titulares de........... acciones que suponen el........... por ciento del capital social suscrito.

Otros asistentes; Igualmente asiste el administrador único de la compañía Don...........

Mesa de la Junta General. Son presidente y secretario de la presente Junta General, Don........... y Don..........., respectivamente. Ello de conformidad con lo establecido en el art. 191 TRLSC, el art........... de los Estatutos Sociales y ser los citados señores los accionistas designados por los concurrentes al comienzo de la reunión.

Abierta la sesión por el Sr. Presidente, sin que nadie se oponga a la válida constitución y celebración de la presente Junta General, se entra en el debate y deliberación de los diversos puntos del orden del día que ninguno de los presentes haga uso de su derecho a que conste en el acta el contenido de su intervención.

Proposición de adopción de acuerdos: Se propone por el Sr. presidente la adopción de los siguientes acuerdos:

PRIMERO. Aprobar el plan de reestructuración negociado entre la sociedad y ....

SEGUNDO. Como consecuencia de ello, y al amparo y a los efectos de lo dispuesto en los arts. 635 y ss. TRLC, solicitar la homologación del citado plan de reestructuración ante el Tribunal de Instancia, sección de lo mercantil, de ...., competente territorialmente al efecto.

Lo establecido en los acuerdos anteriores debe entenderse sin perjuicio del más absoluto respeto y salvaguarda de las competencias que la Ley reconoce al órgano de administración social respecto a a la aprobación/homologación del plan de reestructuración (y/o, en su caso, lo establecido en los acuerdos anteriores procede por tener encomendada tal competencia esta Junta General conforme a lo establecido en los arts. .... de los Estatutos Sociales).

TERCERO. Facultar al administrador único para que pueda llevar a cabo cuantos trámites y actuaciones fueran precisos para la ejecución y buen fin de los acuerdos anteriormente reseñados, suscribiendo cuantos documentos públicos y privados se requiriesen al efecto, incluyendo el otorgamiento de poder procesal, a favor de los abogados y procuradores que tengan por conveniente.

Votan a favor de la propuesta todos los socios...... A la vista de ello, se entiende aprobada por UNANIMIDAD la citada propuesta de acuerdos, que, por lo tanto, se tienen por adoptados.

Y no habiendo más asuntos que tratar, se procede a la redacción de la presente acta que es aprobada de forma unánime por los asistentes, y finaliza la presente Junta General Extraordinaria, levantándose la reunión en..........., a las........... horas del día........... de........... de...........

F137. ACTA JUNTA GENERAL UNIVERSAL SOBRE APROBACIÓN /HOMOLOGACIÓN DE PLAN DE REESTRUCTURACIÓN

Que hoy día........... de........... de..........., a las........... horas, y en el domicilio social, sito en la localidad de..........., calle........... s/n, se celebra JUNTA GENERAL EXTRAORDINARIA de accionistas de la sociedad........... S.A.

Se encuentran presentes, en el referido lugar, y, por lo tanto, concurren la totalidad de socios de la compañía, decidiendo y dando su conformidad los asistentes a constituirse, con el carácter de universal, en Junta General Extraordinaria de accionistas de la compañía, para deliberar y, en su caso, adoptar acuerdos con relación al siguiente orden del día: 1. Aprobación plan de reestructuración negociado ...... y homologación judicial del mismo. En señal de conformidad firman seguidamente todos los asistentes...........

Igualmente asiste el administrador único de la compañía Don...........

Mesa de la Junta General. Son presidente y secretario de la presente Junta General, Don........... y Don..........., respectivamente. Ello de conformidad con lo establecido en el art. 191 TRLSC, art........... de los Estatutos Sociales y ser los citados señores los accionistas designados por los concurrentes al comienzo de la reunión.

Abierta la sesión por el Sr. Presidente, sin que nadie se oponga a la válida constitución y celebración de la presente Junta General, se entra en el debate y deliberación de los diversos puntos del orden del día que ninguno de los presentes haga uso de su derecho a que conste en el acta el contenido de su intervención.

Proposición de adopción de acuerdos: Se propone por el Sr. Presidente la adopción de los siguientes acuerdos:

PRIMERO. Aprobar el plan de reestructuración negociado entre la sociedad y ....

SEGUNDO. Como consecuencia de ello, y al amparo y a los efectos de lo dispuesto en los arts. 635 y ss. TRLC, solicitar la homologación del citado plan de reestructuración ante el Tribunal de Instancia, sección de lo mercantil, de ...., competente territorialmente al efecto.

Lo establecido en los acuerdos anteriores debe entenderse sin perjuicio del más absoluto respeto y salvaguarda de las competencias que la Ley reconoce al órgano de administración social respecto a la aprobación/homologación del plan de reestructuración (y/o, en su caso, lo establecido en los acuerdos anteriores procede por tener encomendada tal competencia esta Junta General conforme a lo establecido en los arts. .... de los Estatutos Sociales).

TERCERO. Facultar al administrador único para que pueda llevar a cabo cuantos trámites y actuaciones fueran precisos para la ejecución y buen fin de los acuerdos anteriormente reseñados, suscribiendo cuantos documentos públicos y privados se requiriesen al efecto, incluyendo el otorgamiento de poder procesal, a favor de los abogados y procuradores que tengan por conveniente.

Previa la oportuna votación, la citada propuesta de acuerdos sociales es aprobada por UNANIMIDAD, con el voto favorable de todos los asistentes.

Y no habiendo más asuntos que tratar, se procede a la redacción de la presente acta que es aprobada de forma unánime por los asistentes, y finaliza la presente Junta General Extraordinaria, levantándose la reunión en…………, a las………… horas del día………… de………… de…………

F138. CERTIFICACIÓN JUNTA GENERAL UNIVERSAL SOBRE APROBACIÓN / HOMOLOGACIÓN DE PLAN DE REESTRUCTURACIÓN

.... Secretario del Consejo de Administración de la sociedad........... S.L. domiciliada en..........., calle........... núm. ...., e inscrita en el Registro Mercantil de la provincia de..........., al tomo..........., folio..........., hoja..........., y CIF...........

CERTIFICO: Que según resulta del libro de actas de la sociedad, en la reunión de la Junta General Extraordinaria de........... S.L. celebrada en el domicilio social, sito en..........., el día........... de........... de..........., encontrándose presentes la totalidad de los socios, esto es, ..., Don..........., Don..........., Don........... y Doña........... y figurando en el acta el nombre y la firma de los asistentes, actuando como presidente de la misma Don........... y como secretario, ... y aceptaron celebrar dicha reunión de la Junta General con el fin de deliberar y, en su caso, adoptar acuerdos sobre: 1. Aprobación plan de reestructuración negociado ...... Homologación judicial del mismo, se adoptaron por UNANIMIDAD los siguientes ACUERDOS que fueron proclamados por el Sr. Presidente:

PRIMERO. Aprobar el plan de reestructuración negociado entre la sociedad y ....

SEGUNDO. Como consecuencia de ello, y al amparo y a los efectos de lo dispuesto en los arts. 635 y ss. TRLC, solicitar la homologación del citado plan de reestructuración ante el Tribunal de Instancia, sección de lo mercantil, de ...., competente territorialmente al efecto.

Lo establecido en los acuerdos anteriores debe entenderse sin perjuicio del más absoluto respeto y salvaguarda de las competencias que la Ley reconoce al órgano de administración social respecto a la aprobación/homologación del plan de reestructuración (o, en su caso, lo establecido en los acuerdos anteriores procede por tener encomendada tal competencia esta Junta General conforme a lo establecido en los arts. .... de los Estatutos Sociales).

TERCERO. Facultar al administrador único para que pueda llevar a cabo cuantos trámites y actuaciones fueran precisos para la ejecución y buen fin de los acuerdos anteriormente reseñados, suscribiendo cuantos documentos públicos y privados se requiriesen al efecto, incluyendo el otorgamiento de poder procesal, a favor de los abogados y procuradores que tengan por conveniente.

Y para que conste libro la presente certificación, con el Visto Bueno del presidente, haciendo constar que el acta de la reunión en que se adoptaron los acuerdos que se certifican, fue aprobada por unanimidad al final de la misma, en..........., a...........

VB. PRESIDENTE SECRETARIO

F139. PLAN DE REESTRUCTURACIÓN (I)

Plan de Reestructuración de (............)

En (............), a (............) de (............) de (............).

INTERVIENEN

De una parte,

1. (............) sociedad debidamente constituida conforme a la legislación de (............), inscrita en el Registro Mercantil de (............), con domicilio social en (............), con N.I.F. (............) ("(............)").

En adelante, será denominado "el Deudor".

Y, de otra parte,

2. (............) ("(............)"), sociedad debidamente constituida conforme a la legislación (............), con domicilio social en (............) y con N.I.F (............).

3. (............), ("(............)"), sociedad constituida de acuerdo con la legislación (............), con domicilio social en (............), con N.I.F. (............) e inscrita en el Registro Mercantil de (............) con el número (............).

En adelante, (............) y (............), serán denominados "Financiadores de Nueva Financiación".

4. (............), ("(............)"), sociedad constituida de acuerdo con la legislación (............), con domicilio social en (............), con N.I.F. (............) e inscrita en el Registro Mercantil de (............) con el número (............).

5. (............) ("(............)"), sociedad debidamente constituida conforme a la legislación (............), con domicilio social en (............) y con N.I.F. (............).

6. (............) ("(............)"), sociedad debidamente constituida conforme a la legislación (............), con domicilio social en (............) y con N.I.F. (............).

Las entidades enumeradas de los puntos 4 a 6, ambos inclusive, serán consideradas las "Entidades Acreedoras de Deuda Financiera".

7. (............) ("(............)"), sociedad de nacionalidad (............), con domicilio social en (............), y con N.I.F. (............).

8. (............) ("(............)"), sociedad de nacionalidad (............), con domicilio social en (............) y con NIF (............).

9. (............) ("(............)"), sociedad de nacionalidad (............), domiciliada en (............) y con NIF (............).

10. ACREEDORES COMERCIALES, que se identifican en el ANEXO (............).

En adelante, los intervinientes identificados de los puntos (...) a (...) ambos inclusive serán denominados, "Acreedores de Deuda Afectada".

Los intervinientes recibirán asimismo la denominación conjunta de las "Partes" e individual de una "Parte".

Actúan en nombre y representación de las entidades intervinientes señaladas anteriormente las personas referidas en la diligencia de intervención notarial de la póliza en que se instrumenta el presente Plan de Reestructuración, estando las mismas debidamente facultadas o apoderadas para el otorgamiento de este.

EXPONEN

Que, a día de hoy, el deudor se encuentra en una situación de insolvencia [actual/ inminente/probable], como consecuencia de un elevado nivel de apalancamiento (deuda) y de las necesidades de liquidez para hacer frente a sus obligaciones financieras vencidas o próximas a vencer. La pandemia de COVID-19, junto con la guerra en Ucrania y las tasas de inflación inéditas en los últimos años, han provocado la situación de insolvencia del Deudor, afectando gravemente a su actividad empresarial y a los flujos de caja, reduciendo sus ingresos y aumentando sus costes y riesgos.

Que, teniendo en cuenta esta situación de insolvencia, atendiendo a sus dificultades para hacer frente a sus obligaciones financieras, el Deudor ha manifestado a sus acreedores la necesidad de llevar a cabo una reestructuración en los términos y condiciones y con el alcance establecidos en este Plan de Reestructuración, de conformidad con lo dispuesto en los artículos 614 y siguientes de la Ley Concursal (la Reestructuración). El objetivo de la Reestructuración es asegurar la viabilidad del el Deudor, a corto y medio plazo, y maximizar el valor para los acreedores.

Que es la intención de las Partes que la Reestructuración se formalice conforme al presente Plan de Reestructuración y al régimen previsto en los artículos 614 y siguientes del texto refundido de la Ley Concursal, se homologue a los efectos de los artículos 635 y siguientes de la Ley Concursal y se proteja frente a eventuales acciones rescisorias a los efectos de los artículos 667 y siguientes de la Ley Concursal. En particular, es condición esencial para la concesión de la Financiación Interina y de la Nueva Financiación que éstas se beneficien del régimen y privilegios establecidos en los artículos 665 y 666 de la Ley Concursal, respectivamente, así como de la protección frente a eventuales acciones rescisorias conforme a lo previsto en el artículo 667 de la Ley Concursal de todas las actuaciones previstas en el presente Plan de Reestructuración.

Que la Reestructuración se basa, entre otros, en los siguientes principios esenciales:

(a) Garantizar la viabilidad de acuerdo con el Plan de Negocio, permitiendo la continuidad de la actividad empresarial en el corto y medio plazo.

(d) La concesión de la Financiación Interina y de la Nueva Financiación.

(e) El mantenimiento de los Contratos Necesarios.

(f) La Homologación Judicial a los efectos de obtener las protecciones y efectos jurídicos previstos en los artículos 635 y siguientes de la Ley Concursal, de modo que la vinculación plena de todos los acreedores titulares de Deuda Afectada a este Plan de Reestructuración se convierta en un elemento clave y esencial para el mismo.

(I) Que, en consideración de lo anteriormente expuesto, y a los efectos de formalizar la Reestructuración, las Partes convienen suscribir el presente plan de reestructuración (el Plan de Reestructuración) que, en lo sucesivo, se regirá por las siguientes

CLÁUSULAS

1. DEFINICIONES

Los términos utilizados en mayúscula tendrán el significado que se les atribuye en los Expositivos de este Plan de Reestructuración o se reconozca conforme al ANEXO (............).

2. CARÁCTER DE PLAN DE REESTRUCTURACIÓN

(............) expresamente declara que el Plan de Reestructuración, formalizado a través del presente documento, cumple los requisitos previstos en los artículos 614, 615 y 633 del Texto Refundido de la Ley Concursal.

En consecuencia, se hace constar que, una vez el Auto dictado por el Tribunal acordando la homologación judicial les será de aplicación, el régimen especial previsto en el Título III del Libro Segundo del Texto Refundido de la Ley Concursal, y en particular (pero sin limitarse a) será de aplicación lo previsto en los artículos 615, 649, 666 (extensión de sus efectos frente a acreedores de créditos afectados que no hayan votado a favor del plan y nueva financiación necesaria en cumplimiento del Plan de Viabilidad) y 667 (protección frente acciones rescisorias) de la misma.

3. COMUNICACIÓN Y APROBACIÓN DE PLAN DE REESTRUCTURACIÓN

A los efectos de acreditar la comunicación y aprobación del Plan de Reestructuración en los términos previstos en los artículos 627 y siguientes del Texto Refundido de la Ley Concursal, las Partes hacen constar lo siguiente:

(i) La propuesta del Plan de Reestructuración ha sido comunicada a todos los acreedores cuyos créditos van a quedar afectados por el mismo de forma previa a su votación.

[A los acreedores sujetos a un pacto de sindicación se les ha notificado, de acuerdo con el artículo 627 del Texto Refundido de la Ley Concursal, conforme a las reglas contractualmente previstas].

(ii) La comunicación se ha realizado de manera individual a cada acreedor y de forma electrónica, de manera que pueda verificarse.

(iii) Aprobación del Plan: Los acreedores que han votado a favor del Plan de Reestructuración, representan:

i. más de los dos tercios del importe del pasivo correspondiente a cada una de las Clases de Créditos de cada una de las Financiadas (artículo 629.1 del Texto Refundido de la Ley Concursal); y

ii. al menos, el cincuenta y uno por ciento del pasivo total a los efectos de la protección frente a acciones rescisorias prevista en el artículo 667.1 del Texto Refundido de la Ley Concursal.

(iv) Certificado acreditando el cumplimiento de mayorías: A los efectos de lo previsto en el artículo 634.1 del Texto Refundido de la Ley Concursal, se adjuntará mediante diligencia Notarial antes de la solicitud de la homologación judicial el informe emitido por el Experto en la Reestructuración, acreditando:

i. el cumplimiento de las mayorías exigidas para la aprobación del Plan de Reestructuración, tal y como exige el artículo 642.2 del Texto Refundido de la Ley Concursal; y

ii. que los créditos afectados por el Plan representan, al menos, el cincuenta y uno por ciento de pasivo total y por tanto resultan protegidos frente a acciones rescisorias conforme prevé el artículo 667.1 del Texto Refundido de la Ley Concursal.

[caso financiación nueva o interna concedida por persona especialmente relacionadas. iii. que los créditos afectados por el Plan representan, al menos, el sesenta por ciento del pasivo total de acuerdo con el artículo 280.6° y 242.17° del Texto Refundido de la Ley Concursal.]

CONTENIDO NECESARIO DEL PLAN DE REESTRUCTURACIÓN

I. Identidad de la sociedad deudora

(............) es una sociedad con domicilio social en (............).

II. Identidad del Experto en la Reestructuración

A propuesta de (............), el Tribunal ha acordado el nombramiento, mediante auto de fecha (............) de (............) de (............), a (............) como Experto en la reestructuración en la comunicación conjunta de negociaciones tramitadas en el Tribunal de las diferentes sociedades encabezadas por (............).

El Experto en la Reestructuración ha asistido en la elaboración del Plan de Reestructuración, tal y como indica el artículo 679 del Texto Refundido de la Ley Concursal. El Experto en la Reestructuración ha procedido a valorar las garantías de (............) para la configuración de las Clases, ha confirmado la configuración de las Clases, así como va a certificar que se cuenta con las mayorías necesarias para la homologación del Plan de Reestructuración.

III. Descripción de la situación económica y de la situación de los trabajadores. Causas y alcance de las dificultades de la sociedad deudora

(i) Descripción de la situación económica

(............) se encuentra en una situación de insolvencia como consecuencia, principalmente, de (............).

Todo ello ha generado tensiones en la tesorería de la (............) que impiden satisfacer sus obligaciones a corto plazo por lo que, para remediar dicha situación de insolvencia actual, resulta imprescindible ejecutar el presente Plan de Reestructuración.

(ii) Descripción de la situación de los trabajadores.

En la actualidad (............) tiene una plantilla de (............) trabajadores encontrándose al día en el pago de nóminas.

(iii) Causas y alcance de las dificultades de la sociedad deudora

Las obligaciones inmediatamente exigibles a (............) son actualmente inasumibles por su capacidad económica de generación de caja. Su condición de garante de la financiación sindicada obtenida por su filial con sede en (............), (............), hace imprescindible acometer una reestructuración global del negocio para asegurar su viabilidad.

IV. Activo y Pasivo de la sociedad deudora

En el último cierre disponible —(............)— previo al presente Plan de Reestructuración, (............) presenta la estructura y cifras de activo ("Activo") y pasivo ("Pasivo") incluida en el ANEXO (............) y (............), respectivamente.

V. Acreedores Afectados por el Plan de Reestructuración y clases

Acreedores Afectados

Se aporta como ANEXO (............) listado de acreedores identificando el importe afectado y sus intereses en caso de que existan.

Clases de Acreedores

La formación de las Clases de Acreedores se ha realizado atendiendo al interés común que existe entre los integrantes de cada clase, a la diferente naturaleza de los créditos de cada uno de ellos y a la existencia de garantías reales una vez determinado su importe por el experto en reestructuraciones que ha realizado la valoración de aquellas, dividiéndose, por tanto, conforme a lo previsto en los artículos 623 y 624 del Texto Refundido de la Ley Concursal, en (número de acreedores) Clases de Acreedores.

Se aporta como ANEXO (............) identificación de las diferentes Clases, así como los acreedores que pertenecen a cada una de ellas con su importe correspondiente. Las Clases en las que se han distribuido los acreedores son las siguientes:

CLASES	CATEGORÍA	TIPO (deuda financiera, crédito público...)	IMPORTE

VI. Contratos con obligaciones recíprocas pendientes de cumplimiento que, en su caso, vayan a quedar resueltos en virtud del Plan de Reestructuración

No existen contratos con obligaciones recíprocas pendientes de cumplimiento que vayan a quedar resueltos en virtud del Plan de Reestructuración.

VII. Acreedores No Afectados por el Plan de Reestructuración

No van a quedar afectos al plan la deuda correspondiente a los Rentings por la necesidad de mantener dichos instrumentos vigentes tras la reestructuración. Se trata de los proveedores de vehículos necesarios para la ejecución de los servicios que prestan las sociedades del Grupo Reestructurado.

La falta de afección de estos acreedores al Plan de Reestructuración no impacta en el Plan de Viabilidad ni en el éxito de la reestructuración.

VIII. Reestructuración

(i) Nueva Financiación.

Se otorgará a (............) un instrumento de Nueva Financiación por los Financiadores de Nueva Financiación por importe de (............) ((............) €) para poder ejecutar el Plan de Viabilidad.

La Nueva Financiación resulta necesaria para el cumplimiento del Plan de Viabilidad y, por tanto, para el éxito de la reestructuración. Es voluntad las partes que la Nueva Financiación tenga la consideración de nueva financiación al amparo del artículo 666 del Texto Refundido de la Ley Concursal.

Los principales términos de dicho instrumento ya han sido acordados y se recogen a continuación:

Amortización anual de acuerdo con el siguiente calendario:

[......]

Tipo de interés: EURIBOR ((............)) más (............) puntos básicos.

Dicha Nueva Financiación tendrá, además, la consideración de "nueva financiación" del artículo 666 y siguientes del Texto Refundido de la Ley Concursal. A los efectos del artículo 669 las Partes manifiestan que la Nueva Financiación no perjudica injustamente sus intereses.

Los Financiadores de Nueva Financiación se comprometen a otorgar la Nueva Financiación a (............) tan pronto sea posible, pero siempre y cuando se hayan cumplido las condiciones listadas a continuación salvo que la totalidad de los Financiadores de Nueva Financiación eximan del cumplimiento de una o varias de las siguientes:

Condiciones previas o simultáneas a la Disposición

(a) La puesta a disposición por parte de los Financiadores de Nueva Financiación a (............) estará condicionado al cumplimiento previo de todas y cada una de las condiciones que se establecen a continuación, las cuales son esenciales para la suscripción del contrato de Nueva Financiación:

(i) Que no existan, ni puedan existir con ocasión de la disposición, eventos que constituyan un efecto sustancial adverso o un supuesto de incumplimiento, o un incumplimiento por parte de (............) o de los garantes de dicha financiación de cualesquiera otros contratos suscritos por los mismos;

(ii) Que todas las declaraciones y garantías, que se recojan en el contrato, así como cualesquiera otras declaraciones y garantías contenidas en los Documentos de la Reestructuración, sean completas, veraces y exactas;

(iii) Que se haya obtenido resolución firme relativa a la homologación del Plan de Reestructuración

(iv) Reestructuración de la Deuda Afectada de (...........).

1. CLASES (...........)

Por medio del presente Plan de Reestructuración se novan los créditos derivados de las operaciones financieras existentes Acreedores de Endeudamiento Financiero. Los términos de la nueva deuda serán los siguientes:

Se dividirá el nominal de los importes adeudados en un Tramo (...........) y en Deuda No sostenible.

Tramo (...........):

✓ Importe: (...........)% de la Deuda Financiera Afectada.

✓ Vencimiento (...........) de (...........) de (...........)

✓ Calendario de amortización:

Fecha	Importe a amortizar
(...........)	(......)% del importe de Principal
(...........)	(......)% del importe de Principal
(...........)	(......)% del importe de Principal

✓ Interés: EURIBOR a (...........) meses + (...........) pbs.

✓ Garantías: se mantendrán las garantías que disfrutara n los anteriores instrumentos de deuda y se otorgarán las garantías siguientes:

o Garantía a primer requerimiento de (...........)

o Prenda sobre los derechos derivados del Contrato (...........)

o Prenda de las acciones de (...........)

El importe restante correspondiente al (...........)% del nominal de los créditos, se considerará Deuda No Sostenible y recibirán el tratamiento que se señala más adelante.

2. Proveedores Comerciales CLASE - (...........)

✓ A los créditos derivados de operaciones comerciales se les aplicará una quita del (...........)% sobre el nominal.

Pagaderos en (...........) mensualidades de igual importe comenzando en el mes de (...........) de (...........).

Se hace mención de que se suscribirá el Contrato (............) para regular los términos y condiciones de la reestructuración del endeudamiento comercial de (............) con (............), (............) y (............) que a diferencia del resto de deuda comercial será repagado en (............) mensualidades con una carencia hasta el (............) de (............) de (............).

IX. Exposición de las condiciones necesarias para el éxito del Plan De Reestructuración y de las razones por las que ofrece una perspectiva razonable de garantizar la viabilidad de la empresa, en el corto y medio plazo, y evitar el concurso del deudor.

De acuerdo con el Plan de Viabilidad aportado como ANEXO (............) es condición necesaria para el éxito del Plan de Reestructuración la homologación de todos y cada uno de los Planes Individuales, la suscripción de todos los Documentos de la Reestructuración y el cumplimiento de las previsiones recogidas en el referido Plan de Viabilidad. La Nueva Financiación se recoge como imprescindible en el Plan de Viabilidad para su cumplimiento.

El Plan de Viabilidad confirma que la reestructuración ofrece una perspectiva razonable para garantizar la viabilidad en el corto y medio plazo siendo idónea para evitar su concurso.

X. Las medidas de información y consulta con los trabajadores que, de conformidad con la legislación laboral aplicable, se hayan adoptado o se vayan a adoptar, incluida la información de contenido económico relativa al plan de reestructuración, así como las previstas en los casos de adopción de las medidas de reestructuración operativas.

No se prevén medidas de información y consulta con los trabajadores.

5. HOMOLOGACIÓN JUDICIAL DEL PLAN DE REESTRUCTURACIÓN

(i) Homologación judicial del Plan de Reestructuración

A los efectos de lo previsto en el artículo 635 del Texto Refundido de la Ley Concursal, las Partes hacen constar que, una vez formalizado en instrumento público, cumpliendo con todos y cada uno de los requisitos exigidos por el artículo 634 del Texto Refundido de la Ley Concursal, se solicitará al Tribunal la homologación Judicial del presente Plan de Reestructuración.

Se solicita la homologación judicial del presente Plan de Reestructuración puesto que se pretende:

a) extender sus efectos a acreedores que no voten a favor del plan,

b) su protección frente a acciones rescisorias de acuerdo con el artículo 667 del Texto Refundido de la Ley Concursal,

c) reconocimiento y protección de la Financiación Interina de acuerdo con los artículos 665 y 666 del Texto Refundido de la Ley Concursal,

d) reconocimiento y protección de la Nueva Financiación prevista en este Plan de Reestructuración de acuerdo con el artículo 666 del Texto Refundido de la Ley Concursal.

e) así como los actos, operaciones y negocios realizados en el contexto de dicho Plan frente a acciones rescisorias en los términos previsto en el Título III del Texto Refundido de la Ley Concursal.

Por medio de la presente se hace constar que el presente Plan de Reestructuración cumple los requisitos previstos en el Texto Refundido de la Ley Concursal para su homologación judicial, haciéndose constar expresamente,

a) Que (............) se encuentra en insolvencia actual, y el Plan de Viabilidad ofrece una perspectiva razonable de evitar el concurso y asegurar la viabilidad de esta en el corto y medio plazo.

b) Que el Plan de Reestructuración cumple con los requisitos de contenido y de forma exigidos en el Título III del Texto Refundido de la Ley Concursal.

c) Que el Plan de Reestructuración cuenta con el apoyo de (............), accionista de referencia del grupo.

d) Que los créditos dentro de la misma Clase son tratados de forma paritaria.

e) Que ha sido comunicado a todos los acreedores afectados conforme a lo establecido en el Texto Refundido de la Ley Concursal.

f) Este Plan de Reestructuración se instrumenta en documento público (póliza).

Por tanto, de conformidad con lo dispuesto en el artículo 638 del Texto Refundido de la Ley Concursal, a este Plan de Reestructuración se han unido todos los documentos que justifican tanto su contenido como el cumplimiento de los requisitos legalmente previstos para la aplicación del régimen especial de homologación judicial establecido en el Título III del Texto Refundido de la Ley Concursal.

(ii) Procedimiento de solicitud de homologación judicial y régimen aplicable a los Acreedores Disidentes.

a. Solicitud de homologación judicial y extensión de efectos a Acreedores Disidentes

(............) se compromete, expresa e irrevocablemente, a solicitar la homologación judicial del Plan de Reestructuración ante el Tribunal.

El incumplimiento de esta obligación se considerará un incumplimiento grave de las obligaciones de (............) y facultará a los Acreedores Firmantes para, a su elección y previo acuerdo de la Mayoría de las Entidades Financieras, (i) declarar la resolución del Plan de Reestructuración sin que éste produzca efectos extintivos o novatorios sobre los créditos afectados; o (ii) solicitar ellas mismas la homologación judicial.

En todos los casos, incluso si la solicitud fuera realizada por los Acreedores Firmantes conforme a lo previsto en el párrafo anterior, las Sociedades del Grupo Reestructurado asumirán, con carácter solidario, todos los gastos y costes que se deriven del procedimiento de homologación judicial.

De conformidad con el artículo 649 del Texto Refundido de la Ley Concursal una vez homologado, los efectos del Plan de Reestructuración se extenderán inmediatamente a todo el pasivo afectado por el Plan de Reestructuración, aunque el Auto no sea firme.

La no obtención de la homologación judicial del Plan de Reestructuración facultará a los Acreedores Firmantes para, previo acuerdo de la Mayoría de las Entidades Financieras (y salvo que éstas acuerden otra cosa), mantener los Contratos Refinanciados en vigor conforme a sus propios términos vigentes antes de la aprobación del Plan de Reestructuración configurándose por tanto la ausencia de la homologación judicial como una condición resolutoria.

El hecho de que por parte del Tribunal se dicte Auto decretando la homologación del Plan de Reestructuración, pero sin extensión de efectos a los Acreedores Disidentes facultará a los Acreedores Firmantes a declarar la resolución del Plan de Reestructuración, con los mismos efectos antedichos, previo acuerdo de la Mayoría de las Entidades Financieras.

6. CONFIDENCIALIDAD

Las Partes quedan obligadas por el presente Plan de Reestructuración a guardar confidencialidad sobre la presente operación en los términos legalmente exigibles a cada una de ellas, siendo dicha obligación exigible con carácter indefinido incluso tras el cumplimiento de todas las obligaciones a cargo de las Sociedades del Grupo Reestructurado dimanantes de los Documentos de la Reestructuración. Cualquier traspaso de información obtenida a consecuencia de la presente operación realizada por una de las Partes requerirá el consentimiento expreso del resto de Partes.

No obstante lo anterior, todos los Acreedores Afectados podrán traspasar cuanta información disfruten sobre la presente operación y su documentación a:

(iii) Aquellas autoridades, órganos administrativos o judiciales o, en general, personas, a las que vengan obligadas a facilitársela conforme a la legislación o normativa que les sea aplicable.

(iv) Aquellas personas o entidades a las que (o a través de las que) cualquier Acreedor Afectado ceda o transfiera (o potencialmente pueda ceder o transferir) todos, o parte, de sus derechos y obligaciones bajo el presente Plan de Reestructuración y/o el resto de los Documentos de la Reestructuración (siempre que, del mismo modo, suscriban un compromiso de confidencialidad).

Del mismo modo las Sociedades del Perímetro Reestructurado podrán traspasar cuanta información disponga sobre la presente operación financiera y su documentación a aquellas autoridades, órganos administrativos o judiciales o, en general, personas, a las que vengan obligadas a facilitársela conforme a la legislación o normativa que les sea aplicable.

Del mismo modo, todas las Partes podrán ceder la información relativa a este Plan de Reestructuración y al resto de Documentos de la Reestructuración a sus abogados, auditores o asesores legales o financieros, internos o externos, para el adecuado ejercicio de sus derechos y obligaciones bajo este Contrato y el resto de Documentos de la Reestructuración (incluida la posible cesión o subparticipación) o para la reclamación de cualquier cantidad que se les adeude. En el caso de asesores externos, la cesión sólo se considerará autorizada si están sujetos a una obligación legal de "secreto profesional" o asumen una obligación de confidencialidad mediante la firma del correspondiente acuerdo.

Todas y cada una de las Partes también podrá ceder la información relativa a los Documentos de la Reestructuración al Agente o a las entidades con las que se esté negociando su eventual nombramiento como Agente, debiendo la entidad de que se trate asumir una obligación de confidencialidad mediante la suscripción del preceptivo acuerdo.

7. LEGISLACIÓN APLICABLE

El presente Plan de Reestructuración está sometido a la legislación común española y se reputa de carácter mercantil, regulándose, en primer término, por las condiciones aquí establecidas y, en lo no previsto en ellas, se atendrán las Partes al Real Decreto Legislativo 1/2020, de 5 de mayo, por el que se aprueba el texto refundido de la Ley Concursal, la Ley 16/2022, de 5 de septiembre, de reforma del texto refundido de la Ley Concursal, a las disposiciones del Código de Comercio, a los usos y costumbres mercantiles, y a lo dispuesto en el Código Civil, todo ello referido a la legislación española.

8. FUERO

Las Partes, con renuncia al fuero que pudiera corresponderles, se someten expresamente a la jurisdicción y competencia de los Tribunales de la ciudad de (…………).

ANEXO

Definiciones

"Acreedores Afectados", significa los titulares de Créditos Afectados.

"Acreedores Firmantes" significa los Acreedores Afectados que han suscrito la Reestructuración.

"Acreedores No Afectados", significa los titulares de Créditos No Afectados por los Planes de Reestructuración.

"Acreedores No Firmantes" significa los Acreedores Afectados que no han suscrito la Reestructuración.

"Clase", significa Clase de Créditos.

"Clases de Créditos", significa la clasificación de los Créditos Afectados por el Plan de Reestructuración realizada conforme al artículo 623 del Texto Refundido de la Ley Concursal.

"Créditos Afectados", significa los créditos que, en virtud del Plan de Reestructuración, sufran una modificación de sus términos y condiciones, en particular la fecha de vencimiento, la modificación del principal o los intereses, o la modificación o extinción de las garantías personales o reales que garanticen el crédito, entre otros aspectos.

"Créditos No Afectados", significa los créditos que quedan al margen de los Planes de Reestructuración.

"Deuda Total Afectada", significa la deuda de os Acreedores Afectados que va a quedar afectada por alguno de los Planes Individuales.

"Experto en la Reestructuración", significa la sociedad (............). con C.I.F. nº (............), con domicilio en la calle (............), según designación realizada por auto de (............) de (............) de (............) del Tribunal.

"Fecha de Efectividad", significa la fecha en que dicte el Auto Homologando los Planes Individuales de Reestructuración.

"Tribunal", significa el Tribunal de de Instancia, sección de lo mercantil, de ....

"Plan de Viabilidad", significa el documento incluido bajo el Anexo (............)

F140. PLAN DE REESTRUCTURACIÓN (II)

Plan de reestructuración entre ......y...........

ÍNDICE

7. Aprobación del Plan por el resto de los Acreedores Afectados

8. Obligaciones

9. Cesiones

10. Vencimiento anticipado

11. Modificaciones y renuncias

12. Impuestos y gastos

13. Confidencialidad

14. Notificaciones

15. Protección de datos

15.1. Tratamiento de datos de carácter personal

15.2. Finalidad del tratamiento de los datos de carácter personal

15.3. Plazo

15.4. Derechos de los titulares de los datos personales

16. Ley aplicable y jurisdicción

17. Cláusula de cierre

PLAN DE REESTRUCTURACIÓN

En (...), a (...) de (...) de (...).

Con la intervención de D./Dña (...), notario/a de (...).

De una parte,

1. (...) S.L., sociedad española, con domicilio en calle (...) y con NIF (...).

2. (...) S.L., sociedad española, con domicilio en calle (...) y con NIF (...).

3. (...) S.L., sociedad española, con domicilio en calle (...) y con NIF (...).

4. (...) S.L., sociedad española, con domicilio en calle (...) y con NIF (...).

Intervienen en calidad de deudores y garantes y en lo sucesivo, se denominarán conjuntamente como los "Deudores".

De otra parte,

1. D. (...), mayor de edad, soltero, de nacionalidad española, y domicilio en calle (...) y NIF nº (...)

2. D. (...), mayor de edad, casado en régimen de separación de bienes, de nacionalidad española, con domicilio en calle (...) y NIF nº (...).

Intervienen en calidad de garantes y, en adelante, se denominarán conjuntamente como los "Garantes".

De otra parte,

1. (...) S.A. sociedad española, con domicilio en (...) y con NIF (...).

2. (...), S.A. sociedad española, con domicilio en (...) y con NIF (...).

3. (...) S.A, sociedad española con domicilio en (...) y con NIF (...).

4. (...) S.A., sociedad española, con domicilio (...) y con NIF (...).

5. (...) S.A., sociedad española, con domicilio (...) y con NIF (...).

6. (...) S.A., sociedad española, con domicilio (...) y con NIF (...).

7. (...) S.A., sociedad española, con domicilio (...) y con NIF (...).

Intervienen en calidad de acreedores afectados por el Plan de Reestructuración y otorgantes de Nueva Financiación y, en adelante, se denominarán conjuntamente como los "Acreedores".

En lo sucesivo, los Deudores, los Garantes y los Acreedores se denominarán conjuntamente como las "Partes".

Todas las entidades antes referidas actúan debidamente representadas por las personas referidas en la diligencia de intervención notarial de la póliza en la que se instrumenta este Plan de Reestructuración.

EXPONEN

Que es intención de las Partes formalizar el presente Plan de Reestructuración, de acuerdo con las previsiones del Título III del Libro Segundo del Real Decreto Legislativo 1/2020, de 5 de mayo, por el que se aprueba el Texto Refundido de la Ley Concursal (en adelante, TRLC) y conforme a las siguientes

CLÁUSULAS

1. Objeto

Este documento establece el Plan de Reestructuración que los Deudores presentan conjuntamente a los Acreedores para modificar las condiciones del pasivo y garantizar la viabilidad del negocio en el corto y medio plazo y evitar un escenario de insolvencia.

De conformidad con lo previsto en el art. 642.2 del TRLC, los requisitos para la homologación se cumplen en relación con cada uno de los Deudores. De esta forma, si bien se realiza, primero, una exposición conjunta del Plan, se realiza luego en cada apartado la identificación concreta respecto a cada Sociedad Deudora.

2. Definiciones

Los términos utilizados en mayúscula en el presente Plan de Reestructuración tendrán el significado establecido a tal efecto en el Anexo 1.

3. Contenido

Se relaciona seguidamente el contenido necesario del Plan de Reestructuración, conforme a lo previsto en el art. 633 del Texto TRLC.

4. Identidad de los Deudores

Las Sociedades Deudoras del presente Plan son:

– (...)

– (...)

– (...)

– (...)

Los domicilios y números de identificación de cada una de ellas se han relacionado al inicio del presente documento.

5. Experto en la Reestructuración

No ha sido designado.

6. Descripción de la situación económica y laboral. Causas y alcance de las dificultades

Los Deudores constituyen un holding español que agrupa a diferentes sociedades del sector de (...) y otros servicios asociados (...) con origen en el año (...). Las líneas de negocio del Grupo se centran ....

Tal como se plasma con mayor detalle en el Plan de Viabilidad que se adjunta como Anexo 2, como consecuencia de la pandemia del COVID-19 la situación económica y financiera de los Deudores se ha deteriorado notablemente durante los años (...), resultando en la necesidad de tomar medidas de reestructuración para garantizar la viabilidad de los mismos. A estos efectos, nos remitimos al análisis interno que se efectúa en dicho Plan de Viabilidad.

En la actualidad, los Deudores tienen una plantilla aproximada de (...) trabajadores. No se contempla en el presente Plan ninguna medida que afecte a los mismos.

7. Activo y Pasivo de los Deudores

Los Deudores presentan el activo y pasivo recogidos, respectivamente, en los Anexos 3 y 4 de este Plan con carácter independiente para cada sociedad deudora.

La estructura y cifras recogidos presentan la situación a fecha del último cierre contable antes de la formalización del Plan, esto es, a (...) de (...) de (...).

8. Acreedores Afectados por el Plan. Clases

a) Acreedores Afectados

Se relacionan conjuntamente para todos los Deudores en el siguiente cuadro los Acreedores Afectados por el Plan, identificando el importe del correspondiente pasivo objeto de afectación, tanto total por Acreedor como por la naturaleza y características de dicho pasivo:

(...)

Seguidamente, se exponen, siguiendo el mismo criterio, los Acreedores Afectados por el Plan respecto a cada Sociedad Deudora:

(...)

(...)

(...)

(...)

El importe consolidado del grupo es menor que las cuantías desglosadas por cada sociedad, dado que algunos de los créditos tienen varios codeudores o avalistas del grupo. De esta forma, el importe desglosado por sociedad recoge lo que efectivamente adeuda cada una.

b) Clases de Acreedores

La formación de las Clases de Acreedores se ha realizado atendiendo al tipo de financiación que componen los créditos que integran cada clase, el propio tipo de crédito, así como el distinto modo en que van a quedar afectados por el Plan de Reestructuración. De esta forma, se cumple con la exigencia prevista en el art. 623.3 del TRLC.

En consecuencia, se forman las siguientes 5 clases de acreedores:

1. Clase A: formada por créditos derivados de préstamos bilaterales, sin garantía ICO, cuyo plazo de amortización se extenderá por el Plan hasta el año (...).

Se relacionan en el siguiente cuadro los créditos que conjuntamente conforman esta Clase A, identificando Acreedor e importe afectado:

(...)

2. Clase B: formada por créditos derivados de préstamos bilaterales con garantía ICO, cuyo plazo de amortización se fija por el Plan hasta el año (...).

Se relacionan en el siguiente cuadro los créditos que conjuntamente conforman esta Clase B, identificando Acreedor e importe afectado:

(...)

3. Clase C: formada por créditos derivados de préstamos bilaterales con garantía ICO, cuyo plazo de amortización ya se extendía previamente al Plan hasta el año (...), reconfigurándose su calendario de amortización en virtud del presente Plan.

Se relacionan en el siguiente cuadro los créditos que conjuntamente conforman esta Clase B, identificando Acreedor e importe afectado:

(...)

4. Clase D: formada por créditos derivados de productos de circulante.

Se relacionan en el siguiente cuadro los créditos que conjuntamente conforman esta Clase D, identificando Acreedor e importe afectado:

(...)

5. Clase E: formada por créditos de (...) con proveedores comerciales con los que ha llegado a un acuerdo específico.

Se relacionan en el siguiente cuadro los créditos que conforman esta Clase E, identificando titular del crédito e importe afectado:

(...)

En consecuencia, todas las clases configuradas expuestas, ateniendo al rango concursal, serían ordinarias. Por su parte, las clases A a D se corresponden con créditos de naturaleza financiera y la clase E a créditos comerciales.

Una vez realizada la exposición conjunta de las Clases de Acreedores, seguidamente, se exponen, siguiendo el mismo criterio, las Clases de Acreedores respecto a cada Sociedad Deudora:

(...):

1. Clase A: formada por créditos derivados de préstamos bilaterales, sin garantía ICO, cuyo plazo de amortización se extenderá por el Plan hasta el año (...).

Se relacionan en el siguiente cuadro los créditos que conforman esta Clase A, identificando Acreedor e importe afectado:

(...)

2. Clase B: formada por créditos derivados de préstamos bilaterales con garantía ICO cuyo plazo de amortización se fija por el Plan hasta el año (...).

Se relacionan en el siguiente cuadro los créditos que conforman esta Clase B, identificando Acreedor e importe afectado:

(...)

3. Clase C: formada por créditos derivados de préstamos bilaterales con garantía ICO, cuyo plazo de amortización ya se extendía previamente al Plan hasta el año (...), reconfigurándose su calendario de amortización en virtud del presente Plan.

Se relacionan en el siguiente cuadro los créditos que conforman esta Clase C, identificando Acreedor e importe afectado:

(...)

(...)

(...)

(...)

9. Resolución de contratos con obligaciones recíprocas

No se contempla en el presente Plan la resolución de contratos con obligaciones recíprocas pendientes de cumplimiento.

10. Afectación de los derechos de los socios

El Plan no afecta a los derechos de los socios, por lo que no se requiere su aprobación por las respectivas Juntas generales de socios de los Deudores, de conformidad con el art. 631 del TRLC.

11. Acreedores No Afectados por el Plan.

El Anexo 8 relaciona el pasivo no afectado.

Se han alcanzado acuerdos con los proveedores que conforman la clase E de (...). No obstante, no queda afectada por el Plan la deuda con los restantes proveedores comerciales al resultar esenciales para el mantenimiento de la actividad.

Tampoco se va a afectar por el presente Plan al crédito público, dada la dificultad que presenta dicha categoría de deuda para ser afectada conforme a la normativa vigente. En todo caso, se trata de deuda de poca entidad que no justifica su afectación.

Tampoco se va a afectar la deuda laboral, dada la prohibición legal recogida en el art. 616.2 TRLC.

La falta de afectación de estos créditos por el Plan no resulta relevante para el cumplimiento del Plan de Viabilidad en el que el mismo se basa.

12. Medidas de reestructuración

a) Medidas de reestructuración operativas

El Plan no contempla medidas de reestructuración operativas.

a) Medidas financieras

Se exponen, a continuación, las medidas de reestructuración financiera de la deuda, así como la nueva financiación prevista en el Plan, con justificación de su necesidad.

El contenido de estas medidas alcanzará igualmente, en las condiciones previstas en este Plan, a las garantías personales o reales prestadas por cualquier otra sociedad del mismo grupo y a sus socios o accionistas, sea en su condición de avalistas sea en su condición de cotitular de las deudas respectivas.

I. Reestructuración de la Deuda Afectada

1. Clase A:

Los créditos afectados de la Clase A se reestructurarán, desde la fecha de Entrada en Vigor del Plan, estableciéndose un calendario de amortización hasta el año (...) y que se recoge conjuntamente en el siguiente cuadro:

(...)

Las amortizaciones se realizarán mediante cuatro (4) cuotas trimestrales, a abonar el último día de cada trimestre, con excepción de la amortización correspondiente a 2023 que se realizará mediante dos (2) cuotas trimestrales a abonar el último día de cada trimestre.

(...)

2. Clase B:

Los créditos afectados de la Clase B se reestructurarán, desde la fecha de Entrada en Vigor del Plan, regularizándose en dicho momento los importes vencidos a dicha fecha y estableciéndose un calendario de amortización hasta el año (...) y que se recoge conjuntamente en el siguiente cuadro:

(...)

Las amortizaciones se realizarán mediante cuatro (4) cuotas trimestrales, a abonar el último día de cada trimestre, con excepción de la amortización correspondiente a (...) que se realizará mediante dos (2) cuotas trimestrales a abonar el último día de cada trimestre.

Se hace expresa mención, por la particularidad propia de la financiación con aval ICO, que no se establece por este Plan ninguno de los efectos expresamente prohibidos por el apartado 4 de la Disposición Adicional Octava de la Ley 16/2022, de 5 de septiembre, de reforma del Texto Refundido de la Ley Concursal, de acuerdo con la redacción dada por el Real Decreto-Ley 20/2022, de 27 de diciembre.

En particular, no se modifica la ley aplicable, ni los Deudores, ni se modifican o extinguen las garantías que tienen, ni se produce la conversación de los créditos en acciones o participaciones sociales, en créditos o préstamos participativos o en cualquier otro crédito de características o de rango distintas de aquellos que tuviere el crédito originario.

Seguidamente, se exponen, siguiendo el mismo criterio, el calendario de amortización de los créditos incluidos en la Clase B respecto a cada Sociedad Deudora:

(...)

3. Clase C:

Los créditos afectados de la Clase C se reestructurarán, desde la fecha de Entrada en Vigor del Plan, regularizándose en dicho momento los importes vencidos a dicha fecha y estableciéndose un calendario de amortización hasta el año 2028 y que se recoge conjuntamente en el siguiente cuadro:

(...)

Las amortizaciones se realizarán mediante cuatro (4) cuotas trimestrales, a abonar el último día de cada trimestre, con excepción de la amortización correspondiente a (...) que se realizará mediante dos (2) cuotas trimestrales a abonar el último día de cada trimestre.

Como en el supuesto de la clase anterior, se hace expresa mención, por la particularidad propia de la financiación con aval ICO, que no se establece por este Plan ninguno de los efectos expresamente prohibidos por el apartado 4 de la Disposición Adicional Octava de la Ley 16/2022, de 5 de septiembre, de reforma del Texto Refundido de la Ley Concursal, de acuerdo con la redacción dada por el Real Decreto-Ley 20/2022, de 27 de diciembre.

En particular, no se modifica la ley aplicable, ni los Deudores, ni se modifican o extinguen las garantías que tienen, ni se produce la conversación de los créditos en acciones o participaciones sociales, en créditos o préstamos participativos o en cualquier otro crédito de características o de rango distintas de aquellos que tuviere el crédito originario.

Seguidamente, se exponen, siguiendo el mismo criterio, el calendario de amortización de los créditos incluidos en la Clase B respecto a cada Sociedad Deudora:

(...)

4. Clase D:

Las líneas bilaterales de circulante existentes se regularizarán ...., conforme se expone en el siguiente cuadro:

(...)

En el apartado 3.5 referente a los Acreedores Afectados por el Plan se exponen, las líneas de circulante existentes en cada Sociedad Deudora sobre las que se realizará la medida prevista en el párrafo anterior.

La renovación anual de las líneas queda condiciona al cumplimiento del Plan de Viabilidad incorporado como Anexo 2 así como al mantenimiento del aval ICO, en el caso de las líneas que tengan esta garantía. A fin de acreditar este requisito, los Deudores remitirán a los Acreedores, tan pronto como estén disponibles, y en todo caso dentro de los seis meses siguientes al final de cada ejercicio social cerrado a 31 de diciembre de cada anualidad, los Estados Financieros anuales individuales y los Estados Financieros Consolidados (junto con el correspondiente informe de auditoría, aunque los Deudores no estén legalmente obligados a auditar sus cuentas anuales). Junto con los Estados Financieros y dentro del mismo período de tiempo se deberá remitir una actualización del Plan de Viabilidad.

5. Clase E:

Los créditos incluidos en esta Clase se satisfarán mediante un pago inicial del (...)% del importe de su crédito (esto es, (...) euros a (...), (...) euros a (...) SL y (...) euros a (...) y el resto mediante 60 mensualidades iguales (esto es, de (...) euros cada una de ellas respecto a (...), de (...) euros cada una de ellas respecto a (...) SL y de (...) euros cada una de ellas respecto a (...).

(...) abonará un interés del (...)% sobre el total del importe adeudado (esto es, (...) euros respecto a (...), (...) euros respecto a (...) SL y (...) euros respecto a (...) que serán abonados con el pago de la última mensualidad.

II. Nueva Financiación

Tras la Entrada en vigor del Plan, los Acreedores otorgarán nuevas líneas bilaterales de financiación de circulante a (...) por un importe conjunto de (...) euros conforme a la distribución y tipo de producto que se establece en el siguiente cuadro:

(...)

La renovación anual de estas líneas queda condiciona al cumplimiento del Plan de Viabilidad incorporado como Anexo 2. A fin de acreditar este requisito, los Deudores remitirán a los Acreedores, tan pronto como estén disponibles, y en todo caso dentro de los seis meses siguientes al final de cada ejercicio social cerrado a 31 de diciembre de cada anualidad, los Estados Financieros anuales individuales y los Estados Financieros Consolidados (junto con el correspondiente informe de auditoría, aunque los Deudores no estén legalmente obligados a auditar sus cuentas anuales). Junto con los Estados Financieros y dentro del mismo período de tiempo se deberá remitir una actualización del Plan de Viabilidad.

Estas líneas de financiación de circulante tendrán la consideración de "nueva financiación" conforme al art. 666 y siguientes del TRLC, al ser absolutamente necesaria para el cumplimiento de este Plan y garantizar la viabilidad de los Deudores en el corto y medio plazo. A los efectos del art. 669 del mismo texto legal, las Partes manifiestan expresamente que la Nueva Financiación no perjudica injustamente sus intereses.

A efectos de lo dispuesto en los artículos 242.1.17ª, 280.6° y 667.1 del TRLC, se pone de manifiesto que el pasivo de (...) afectado por el Plan de Reestructuración representa más del cincuenta y uno por ciento de su pasivo total. En este sentido, se incluirá en el documento público en el que se formalice el Plan el certificado del auditor de cuentas sobre la superación del porcentaje previsto en la Ley.

III. Intereses (excepto para Clase E ya expuesta)

– Tipo de Interés aplicable:

(:)

- Períodos de Interés: 3 meses.
- Pago de Intereses: Los intereses devengados se pagarán al final de cada período de interés y se calcularán en función de los días realmente transcurridos en el mismo sobre la base de un año de 360 días.
- Tipo de Interés de Demora: El tipo de interés de demora que se aplicará sobre las cantidades debidas e impagadas ya sea en concepto de principal, intereses, comisiones o cualquier otro concepto, será el resultante de sumar un margen adicional de 3 puntos porcentuales al tipo de interés ordinario aplicable en cada momento.

IV. Flujo de caja excedentario

Los Deudores destinarán a la amortización anticipada de los créditos (a prorrata del importe del que cada Acreedor Afectado sea titular), el (...)% del flujo de caja excedentario de cada uno de ellos.

El cálculo del flujo de caja excedentario se realizará sobre la base de los estados financieros auditores de los Deudores en cada ejercicio. En caso de que los Deudores estén obligados a amortizar anticipadamente de conformidad con este apartado, los Deudores deberán notificarlo (incluyendo la fecha en la que prevé realizar la amortización anticipada) a los Acreedores no más tarde del día hábil siguiente a la fecha en la que esté disponible el certificado del auditor sobre los referidos estadios financieros de los Deudores del ejercicio contable que corresponda que, en todo caso, deberá emitirse con anterioridad al 30 de junio de cada año.

Los Acreedores que mantengan préstamos y créditos frente a los Deudores afectados por este Plan con garantía del ICO deberán destinar prioritariamente los importes percibidos a satisfacer los referidos préstamos y créditos.

V. Garantías personales

Los propios Deudores entre sí y los Garantes actuarán como garantes personales solidarios en los términos previstos en este apartado.

Sin perjuicio de la responsabilidad universal de los Deudores establecida en el artículo 1.911 del Código Civil, los Deudores entre sí (por cualquiera de las operaciones de este Plan en las que no tengan directamente la condición de prestatario, acreditado o financiado) y los Garantes garantizan en favor de los Acreedores, de forma personal, solidaria, ilimitada e irrevocable, todas y cada una de las obligaciones presentes y futuras derivadas de este Plan y los restantes contratos o documentos que se suscriban en desarrollo, ejecución o novación del mismo.

La garantía personal otorgada en virtud de esta cláusula será vinculante para los Deudores y los Garantes y sus sucesores legales y se otorga en favor de los Acreedores, sus sucesores legales y, en su caso, cesionarios de sus respectivos créditos.

Esta garantía personal será válida y se mantendrá en vigor hasta en tanto las obligaciones de los Acreedores en virtud de este Plan y de los restantes contratos o documentos que lo desarrollen no hayan sido íntegra, incondicional, irrevocable y definitivamente canceladas o cumplidas, haciéndose extensiva, por tanto, a cualesquiera prórrogas, renovaciones, novaciones o modificaciones de cualquier tipo, expresas o tácitas, que pudieran producirse respecto de las obligaciones garantizadas.

Los Garantes autorizan y consienten desde este momento la dispensa, prórroga, novación o refinanciación de las obligaciones garantizadas que pudiera ser convenida en el futuro entre los Acreedores y los Deudores, sin que ello extinga o perjudique la garantía personal aquí prestada.

Los Garantes aceptan expresamente que las cantidades que los Deudores pudieran adeudarles como consecuencia de la subrogación, repetición, reembolso o regreso, quedarán subordinadas al completo pago de las obligaciones garantizadas por esta garantía personal, de manera que los Deudores no podrán pagar cantidad alguna a los Garantes, si no se ha procedido previamente a la total satisfacción de las obligaciones garantizadas.

Si los Garantes, por virtud de la garantía personal aquí prestada, pagasen parcialmente a los Acreedores la cantidad debida por los Deudores, los Acreedores tendrán derecho a reclamar a los deudores (además de a los Garantes) la parte no pagada por el Garante con preferencia al ejercicio por este último de los derechos derivados de la subrogación por el pago parcial efectuado, todo ello conforme al artículo 1.213 del Código Civil.

En caso de concurso de acreedores de los Deudores serán de aplicación las reglas siguientes.

(i) La suspensión del devengo de intereses que pueda producirse respecto de las obligaciones garantizadas no beneficiará a los Garantes.

(ii) La suspensión de cualesquiera ejecuciones seguidas contra Deudores en concurso no perjudicará el derecho de los Acreedores a exigir de los Garantes, en cualquier momento, el pago de dichas obligaciones.

A los efectos de lo dispuesto en el art. 399.2 del TRLC y en el art. 652 del mismo texto legal, los Garantes permanecerán vinculados por esta garantía personal. En el supuesto de que se alcance un convenio entre los Deudores y sus acreedores concursales en el contexto de un procedimiento concursal o un plan de reestructuración, el Garante no podrá beneficiarse de su contenido ni oponerlo a los Acreedores, incluidas cualesquiera ventajas como la quita o la espera que se hayan previsto en dicho convenio o plan. Esta garantía personal, en consecuencia, deberá continuar en pleno vigor y efecto con respecto a las obligaciones garantizada por ésta aseguradas, tal y como eran antes de la modificación, independientemente del sentido del voto o adhesión de los Acreedores a dicho convenio o plan de reestructuración.

b) Consecuencias globales para el empleo

El Plan no contempla medidas que afecten a los trabajadores ni a sus condiciones laborales.

13. Condiciones necesarias para el éxito del Plan

En el Anexo 2 se incorpora el Plan de Viabilidad y conforme a lo expuesto en el mismo, las medidas financieras previstas en el presente Plan constituyen las condiciones necesarias para su éxito, ofreciendo una perspectiva razonable de garantizar la viabilidad de la empresa, en el corto y medio plazo, y evitar el concurso de acreedores.

14. Medidas de información y consulta con los trabajadores

No se contemplan medidas de información y consulta con los trabajadores, dado que no se han adoptado ni se contempla en el Plan la adopción de medidas operativas o que afecten al empleo.

15. Crédito Público

El Plan no afecta al crédito público, por lo que no precisa la incorporación de los certificados de encontrarse al corriente en el cumplimiento de las obligaciones tributarias y frente a la Seguridad Social.

16. Formalización del Plan

De conformidad con lo dispuesto en el art. 634 del TRLC, el Plan de Reestructuración se formaliza en instrumento público por quienes lo suscriben. Asimismo, se incluirá como anexo a dicho documento público el certificado del auditor de cuentas sobre la suficiencia de las mayorías para aprobar el presente Plan.

17. Homologación judicial del Plan

18. Objeto

Las Partes acuerdan que el presente Plan de Reestructuración deberá ser objeto de homologación judicial, de conformidad con lo dispuesto en los art. 635 y siguientes del TRLC.

Con la homologación judicial se pretende proteger la nueva financiación que prevé el Plan, así como los actos, operaciones o negocios realizados en el contexto del mismo frente a acciones rescisorias, así como reconocer a esa financiación las preferencias de cobro previstas en el Libro I del TRLC.

19. Requisitos para la homologación

Se hace constar que el presente Plan de Reestructuración cumple con los requisitos previstos en el TRLC para la homologación judicial del mismo. En concreto:

a) Los Deudores se encuentran en probabilidad de insolvencia y el Plan ofrece una perspectiva razonable para evitar el concurso y asegurar la viabilidad de las empresas en el corto y medio plazo, tal como se acredita con el Plan de Viabilidad incorporado como Anexo 2.

b) El Plan cumple con los requisitos de contenido y de forma exigidos por el TRLC, para lo cual nos remitimos a los dos apartados anteriores del presente documento.

c) El Plan es aprobado por todas las clases de créditos o, en su defecto, resulta aprobado por, al menos, una clase que, de acuerdo con la clasificación de créditos prevista por el TRLC, pueda razonablemente presumirse que hubiese recibido algún pago tras una valoración de la deudora como empresa en funcionamiento, lo que se acreditará, en tal caso, mediante el informe emitido por el informe del experto en la reestructuración.

d) Los créditos dentro de la misma clase son tratados de forma paritaria, conforme se acredita en el apartado 3.9 del presente documento, al exponer las medidas de reestructuración financiera.

e) El Plan ha sido previamente comunicado a todos los acreedores afectados.

20. Procedimiento

Los Deudores se obligan a presentar la solicitud conjunta de homologación judicial del Plan de Reestructuración ante el Tribunal de Instancia, Sección de lo Mercantil de (...), plaza núm. ...... dentro de los 3 días hábiles siguientes a la elevación a público del mismo y de la incorporación al instrumento público del certificado del auditor de cuentas sobre la suficiencia de las mayorías.

El incumplimiento de esta obligación por los Deudores constituirá un incumplimiento grave y será causa de resolución del presente Plan. No obstante, cualquiera de los Acreedores podrá presentar la solicitud de homologación judicial en caso de incumplimiento por los Deudores.

21. Entrada en vigor. Condición suspensiva

La entrada en vigor del Plan quedará condicionada a que lo firmen, voten a favor o se adhieran al mismo el (:)% de los Acreedores Afectados, lo que se acreditará mediante el certificado del auditor sobre suficiencia de mayorías que se incorporará al instrumento público.

Asimismo, la entrada en vigor del Plan quedará también condicionada a la efectiva presentación en el tribunal competente de la solicitud de homologación judicial del Plan. Los Deudores remitirán al notario autorizante copia de la solicitud de homologación judicial presentada junto con el justificante de su presentación.

Las partes requieren al Notario interviniente para que extienda diligencia una vez recibidos los documentos que acreditan el cumplimiento de las condiciones anteriores conforme se indica.

Las Partes se comprometen a formalizar los acuerdos bilaterales y documentos que sean precisos para la efectividad del Plan en el plazo máximo de un mes desde la entrada en vigor del mismo.

Si los Acreedores no pudieran instrumentar los vencimientos en las fechas acordadas en el Plan, se instrumentará en las fechas más próximas que lo permita su operativa, respetando los criterios marco del Plan. Asimismo los Acreedores podrán establecer nuevos productos análogos para articular el Plan si, por cuestiones operativas, no pueden modificar el préstamo o crédito anterior.

Como se ha expuesto en el apartado 3.4, el presente Plan recoge las cifras conforme a la situación a la fecha del último cierre contable antes de la formalización del plan, esto es, el (...) de (...) de (...) y los últimos datos contrastados con los Acreedores. No obstante, para la aplicación de las medidas previstas en el Plan y la formalización de los documentos oportunos, se tendrán en cuenta las cantidades efectivamente debidas a la fecha de su entrada en vigor, las cuales podrán sufrir ligeras variaciones no significativas respecto a las cuantías recogidas en el Plan derivadas, principalmente del vencimiento de cuotas o devengo de intereses.

Las Partes acuerdan que, en el caso de discordancia o conflicto entre los términos del presente Plan y los acuerdos bilaterales y documentos que se formalicen en ejecución del mismo prevalecerán los términos de este Plan.

22. Aprobación del Plan por el resto de los Acreedores Afectados

Con carácter previo a la elevación a público del presente Plan, se ha remitido el mismo a todos los Acreedores Afectados, solicitando su voto a favor junto con un formulario para ser cumplimentado.

Asimismo, al día siguiente de la elevación a público del Plan, los Deudores remitirán a aquellos Acreedores Afectados distintos de los aquí intervinientes y de los que ya hubieren votado a favor del Plan, una copia del mismo que ha sido objeto de elevación a público junto con una invitación a votar a favor o adherirse al mismo en un plazo de 7 días hábiles.

El voto a favor se llevará a cabo mediante correo electrónico adjuntando el formulario cumplimentado junto con copia de la escritura de poder suficiente de quien firme el mismo remitido a los Deudores. También será válida la adhesión en escritura pública por parte del Acreedor Afectado, debiéndose remitir copia de la misma en el plazo indicado en el párrafo anterior, al notario ante el que se eleva a público el Plan para su incorporación al mismo mediante diligencia.

23. Obligaciones

Los deudores se obligan, durante toda la vigencia del presente Contrato, a:

(a) mantener en todo momento plenamente vigentes todas las autorizaciones exigidas para el desarrollo de su actividad;

(b) no concertar cualquier otro tipo de endeudamiento y/o garantías con terceros sin el previo consentimiento de la Mayoría de los Acreedores —computado conforme a su respectivo pasivo objeto de afectación por el Plan— y, en tal caso, deberán ofrecerse igualmente tales garantías a los Acreedores. Se excepciona la financiación que por importe de (...) euros se va a otorgar a través del Fondo de Recapitalización de empresas afectadas por la COVID-19 (FONREC), gestionado por (...);

(c) no otorgar préstamos y créditos a terceros (sin incluir en esta prohibición la financiación de índole comercial a clientes en condiciones habituales de mercado);

(d) no modificar el objeto social ni la actividad de los Deudores, ni las características y derechos inherentes a sus acciones o participaciones, salvo:

– que sea necesario para adecuarlo a la legislación vigente; o

– que cuente con la previa autorización de la Mayoría de los Acreedores;

(e) cumplir con de toda la normativa aplicable y realizar en todo caso todas las transacciones en las que sean partes en condiciones de mercado;

(f) regla "pari passu", lo que implica mantener las obligaciones derivadas del Plan y de los documentos que lo desarrollen al menos con el mismo rango y nivel de preferencia y privilegios crediticios que las obligaciones de pago que para los Deudores se deriven o puedan derivarse de cualquier contrato no subordinado, ahora o en el futuro, salvo los acreedores que tengan carácter privilegiado o preferente en virtud de la normativa concursal aplicable.

(g) no efectuar, hasta el momento en que se haya repagado íntegramente la financiación objeto del presente Plan, entregas de fondos a los accionistas directos o indirectos de los Deudores en concepto de distribución de dividendos, pago de interés, comisiones, devolución de aportaciones en caso de reducción de capital social, distribución de cualquier tipo de reservas o cualquier otra forma de distribución directa, indirecta o encubierta;

(h) mantener todas sus participaciones directas e indirectas en otras entidades sin realizar adquisiciones ni enajenaciones.

(i) no adoptar ningún acuerdo tendente a la fusión, escisión, disolución, liquidación o cualquier otra modificación estructural (excepto los supuestos obligatorios según ley) salvo:

– que se trate de una operación entre sociedades del Grupo; o

– que la operación cuente con la previa autorización de la Mayoría de los Acreedores;

(k) no reducir su capital social ni sus reservas salvo que:

– medie autorización de la Mayoría de los Acreedores; o

– tenga la obligación legal de hacerlo;

(l) no realizar disposiciones de ningún tipo de los activos, establecimientos, bienes o derechos de cobro de los Deudores, salvo aquellas transacciones dentro del curso ordinario de su actividad.

(m) que no se produzca en los Deudores ningún Cambio de Control.

24. Cesiones

Los Acreedores podrán ceder libremente su participación en el Plan y los documentos que lo desarrollen en todo o en parte, sin necesidad de consentimiento previo de los Deudores a favor de cualquier tercero siempre que la cesión no suponga incremento de costes para los Deudores.

Los Deudores no podrá ceder su posición contractual derivada del presente Plan y los documentos que lo desarrollen.

25. Vencimiento anticipado

Los Acreedores podrán declarar vencidos los Créditos Afectados, así como la Nueva Financiación en los siguientes supuestos:

(a) incumplimiento por parte de los Deudores del pago de cualquier cantidad adeudada a cualquiera de los Acreedores, ya sea por principal, intereses, comisiones, costes o gastos o por cualquier concepto, salvo que la falta de pago esté provocada por un error administrativo o técnico y el pago se realiza en el plazo de tres (3) días hábiles desde su vencimiento;

(b) incumplimiento grave de cualquier otro compromiso u obligación;

(c) falsedad o inexactitud de cualquiera de las manifestaciones o afirmaciones realizada por los Deudores en la preparación del presente Plan o de los documentos que lo desarrollen;

(d) nulidad, resolución, terminación anticipada, vencimiento, extinción, suspensión o no homologación judicial del presente Plan de Reestructuración;

(e) ineficacia de cualquier garantía o de su correspondiente novación;

(f) cuando no se hubiera empleado la cantidad correspondiente de una subvención no reintegrable al propósito con el que ha sido otorgada dentro de los 180 días que siguen al cobro de la misma;

(g) cese del negocio;

(h) salvedades de carácter material en el informe de auditoría u opinión denegada en el mismo;

(i) Cambio Material Adverso, tal y como se define este concepto en el Anexo 1 del Plan.

(j) Cambio de Control, tal y como se define este concepto en el Anexo 1 del presente Plan.

26. Modificaciones y renuncias

Toda modificación del presente Plan deberá formalizarse por escrito e ir firmada por cada una de las Partes para ser válida, salvo que en el presente Plan se establezca otra cosa.

Los derechos que corresponden a cada Acreedor podrán ser ejercitados por cada uno de ellos con total autonomía e independencia de los derechos cuyo ejercicio corresponda a otro Acreedor, salvo que otra cosa se prevea expresamente en el presente Plan.

El no ejercicio o el retraso en el ejercicio de un derecho o recurso previsto en el presente Plan no podrá interpretarse como una renuncia al derecho o recurso de que se trate ni como una renuncia a cualesquiera otros derechos o recursos, y el ejercicio individual o parcial de un derecho o recurso previsto en el presente Plan no impedirá el ejercicio ulterior de ese derecho o recurso o de cualquier otro derecho o recurso.

27. Impuestos y gastos

Con independencia de las obligaciones de pago contraídas en el Plan de Reestructuración y los documentos que lo desarrollen por principal, intereses y comisiones o cualquier otro concepto, los Deudores asumen, a su cargo la obligación de pagar todos los gastos, tributos, arbitrios, cargas y demás conceptos actuales o futuros que se originen o devenguen como consecuencia del otorgamiento y formalización del presente Plan y de los demás Documentos de la Reestructuración, incluyendo a título no limitativo:

(i) los honorarios, corretajes y suplidos de los fedatarios públicos que intervengan en el otorgamiento y modificación del presente Plan de Reestructuración, así como por el otorgamiento o elevación a público de otros Documentos de la Reestructuración;

(ii) los gastos, costes y aranceles notariales derivados de la solicitud y emisión de primeras copias del presente Plan y de los correspondientes Documentos de la Reestructuración;

(ii) los tributos, arbitrios, recargos y tasas ya sean supraestatales, estatales, autonómicos o locales, que graven ahora o en el futuro y mientras subsista vigente, los Documentos de la Reestructuración, su constitución, inscripción, modificación, ejecución, cesión y extinción, excepto en relación con el Impuesto sobre Sociedades que grave los rendimientos de los Acreedores;

(iii) los gastos y costas judiciales y extrajudiciales, incluidos los honorarios de fedatarios públicos, tasas judiciales y letrados y procuradores, aunque no fuese preceptiva su intervención, que se devenguen como consecuencia de la ejecución de los Documentos de la Reestructuración, así como de la solicitud de homologación judicial.

28. Confidencialidad

Los Acreedores podrán transferir cualquier información de que dispongan sobre los Deudores y los Garantes a:

a) autoridades, órganos administrativos o judiciales o aquellas personas a las que venga obligado a facilitársela conforme a la legislación o normativa aplicable;

b) entidades de su grupo;

c) entidades cesionarias o que pudieran ser cesionarias de sus derechos y obligaciones en virtud del Plan o documentos que lo desarrollen;

d) entidades con quienes celebre o pueda celebrar contratos de sub-participación u otras operaciones semejantes referenciadas a los pagos que deban efectuar los Deudores en virtud del Plan de Reestructuración y documentos que lo desarrollen.

Para traspasar la información, el Acreedores deberá haber celebrado un acuerdo de confidencialidad con el receptor de la información o, en otro caso, tener la obligación legal de proporcionar dicha información.

29. Notificaciones

Todas las solicitudes, notificaciones, avisos y comunicaciones en general entre las Partes, que se refieran al presente Plan o deriven del mismo y no tuvieran prevista en él una formalidad especial, se entenderán debidamente realizadas cuando, se lleven a cabo mediante Burofax o correo electrónico dirigidos a los respectivos domicilios o direcciones en cada caso designados, sin perjuicio de que posteriormente se confirmen por carta suscrita por persona facultada o se acuse recibo en la misma forma en la que se reciben. Dichas comunicaciones se entenderán debidamente realizadas aun cuando sean rehusadas o no recogidas.

Constituye prueba suficiente de la comunicación respectivamente, el justificante del burofax en el que conste su recepción en los domicilios señalados o el comprobante de recepción de correo electrónico.

(2) Los domicilios y correo electrónico de las Partes son los que se relacionan en el Anexo (:).

(3) Cualquier modificación en los domicilios o correo electrónico reseñados no tendrá ningún efecto mientras no haya sido notificada por escrito entre las Partes y éstas acusen recibo de igual forma.

30. Protección de datos

31. Tratamiento de datos de carácter personal

Las partes intervinientes quedan informadas de que los datos de carácter personal recogidos en virtud del presente Plan y el resto de documentos que lo desarrollen y todos aquellos relativos a representantes o empleados de una Parte que se comuniquen a la otra durante la relación contractual, se tratarán bajo la responsabilidad de la parte receptora para la celebración, ejecución, cumplimiento y control de este Plano y el resto de documentos financieros y el cumplimiento de sus respectivas obligaciones legales de conformidad con lo dispuesto en la Ley Orgánica 3/2018, de 5 de diciembre, de Protección de Datos Personales y garantía de los derechos digitales y demás normativa aplicable

Los datos serán tratados únicamente por las partes intervinientes y por aquellos terceros a los que las partes estén legal o contractualmente obligadas a comunicarlos. Igualmente, las partes podrán ceder los datos personales en caso de cesión por parte de los Acreedores y/o constitución de gravámenes o garantías sobre sus derechos de crédito derivados del presente Plan.

Antes de que cada parte comunique a la otra datos personales de terceros, la parte que comunique habrá cumplido con los requisitos aplicables a dicha comunicación, incluidos los deberes de información y amparo en una base legal, sin que la parte receptora deba realizar actuación adicional alguna a los interesados.

32. Finalidad del tratamiento de los datos de carácter personal

El tratamiento de los datos es necesario para las finalidades referidas en la cláusula anterior y su base jurídica es la celebración, ejecución, gestión y cumplimiento de la presente relación contractual y, en su caso, el cumplimiento de obligaciones legales. En particular, en caso de ser aplicable por obligación legal, los datos personales se tratarán para la prevención del blanqueo de capitales y financiación del terrorismo a los efectos de que puedan cumplir con las obligaciones de recogida de información e identificación, así como de suministro de información sobre operaciones de pago a las autoridades de otros países, dentro y fuera de la Unión Europea, sobre la base de la legislación de algunos países y acuerdos firmados entre los mismos. En este sentido, siendo las Entidades Financieras sujetos obligados en virtud de la normativa de prevención del blanqueo de capitales y financiación del terrorismo, se tratarán los datos de los obligados con la finalidad de cumplir con sus obligaciones como tal. La base legal que legitima dicho tratamiento es la Ley 10/2010 en su versión vigente tras la modificación introducida tras la publicación del Real Decreto-Ley 7/2021 en materia de prevención del blanqueo de capitales. Además, y en cumplimiento de dichas obligaciones, se podrá comunicar datos de los obligados a organismos de control estatales como el SEPBLAC, en caso de ser necesario.

33. Plazo

Los datos personales se tratarán durante la duración del presente Plan y, tras ello, por un período de cinco años salvo que, excepcionalmente, fuera de aplicación a las partes un plazo de prescripción de cualesquiera acciones legales o contractuales superior.

34. Derechos de los titulares de los datos personales

Los titulares de los datos personales podrán ejercitar los derechos de acceso, rectificación, supresión, limitación, oposición y portabilidad, así como retirar el consentimiento prestado o cualesquiera otros reconocidos por la ley, mediante notificación escrita a la Parte correspondiente, a la atención del responsable o delegado de protección de datos, dirigida a las direcciones expuestas en el Anexo 11.

Los titulares de los datos personales tienen derecho a presentar reclamaciones ante la Agencia Española de Protección de Datos.

35. Ley aplicable y jurisdicción

La ejecución e interpretación de presente Plan de Reestructuración queda sometido a la legislación común española.

Para la solución de cuantas controversias puedan surgir en relación con el cumplimiento, ejecución e interpretación del presente Plan, de acuerdo con lo establecido en el art. 545 de la Ley de Enjuiciamiento Civil, queda convenida la sumisión de las Partes a la jurisdicción de los Tribunales de la ciudad de (...).

36. Cláusula de cierre

De la póliza en que se formalice el presente Plan se expedirán tantas copias simples como Acreedores lo firman. Asimismo, los Prestatarios/Acreditados/Financiados, Fiadores, y Garantes reales y/o personales, autorizan de forma expresa a cada uno de los Acreedores para solicitar del notario interviniente o autorizante, testimonios con fuerza ejecutiva, a los efectos previstos en el artículo 517.2.5° de la Ley de Enjuiciamiento Civil, el artículo 17 de la Ley de 28 de mayo de 1862 del Notariado y el artículo 250 del Real Decreto 45/2007 del Reglamento Notarial.

F141. PLAN DE REESTRUCTURACIÓN (III)

PLAN DE REESTRUCTURACIÓN

entre

[...............]

como los "Acreedores Firmantes"

y

[...............]

como el "Deudor"

En ...., a .... de .... de ....

ÍNDICE

7.1. Homologación

7.2. Compromisos

7.3. Extensión de efectos a los Acreedores No Participantes

8. Garantías

8.1. Responsabilidad universal del Deudor

8.2. Garantías Existentes. Ratificación y extensión

8.3. Subsistencia de las Garantías

8.4. Garantía ICO

9. Cesión.

9.1. Cesión por los Acreedores Afectados

9.2. Cesión por el Obligado

10. Gastos y tributos

11. Notificaciones

12. General

12.1. Confidencialidad

12.2. Comunicados de prensa y anuncios

12.3. Renuncias y derechos

12.4. Idioma

12.5. Nulidad parcial o ilegalidad sobrevenida

12.6. Compromiso de colaboración

12.7. Fechas y plazos

13. Protección de datos

13.1. Tratamiento de datos de carácter personal

13.2. Finalidad del tratamiento de los datos de carácter personal

13.3. Plazo

13.4. Derechos de los titulares de los datos personales

13.5. Cesión de datos personales al ICO

13.6. Identificación y contacto de ICO

14. Legislación aplicable y jurisdicción

En ...., a .... de .... de ....

COMPARECEN

De una parte,

(A) ....

La entidad referida en el apartado (A) será denominada como el "Deudor", sin perjuicio de la definición de este término según se indica en la Cláusula 1.1. (Definiciones).

De otra parte,

(B) ....

(C) [•]

En adelante, las entidades referidas en los apartados (B) a la [•], serán denominados conjuntamente como los "Acreedores Firmantes" e individualmente cada uno de ellos como el "Acreedor Firmante".

Y de otra parte,

(X a XX) ACREEDORES COMERCIALES ADHERIDOS MEDIANTE EMISIÓN DE VOTO ESCRITA.

En adelante, las entidades referidas en los apartados (X) a la (XX), serán denominados conjuntamente como los "Acreedores Participantes" e individualmente cada uno de ellos como el "Acreedor Participante".

En adelante a los Acreedores Firmantes, los Acreedores Participantes, y los Acreedores no Participantes una vez arrastrados por la homologación judicial, serán referidos conjuntamente como las "Partes" y cada uno de ellos, individualmente, como la "Parte".

Las personas intervinientes por cada entidad, así como las facultades representativas de las mismas y los datos de cada entidad constan en la diligencia de intervención de esta póliza en virtud de los poderes mencionados en la misma.

Las Partes se reconocen recíprocamente, según intervienen, la capacidad legal necesaria para el otorgamiento del presente contrato y, al efecto,

EXPONEN

I. Que el Deudor es una entidad dedicada a ....

II. Que el Deudor está afrontando problemas de liquidez coyunturales cuyos factores causantes están recogidos en el Plan de Viabilidad ("Plan de Viabilidad"), donde se pone de manifiesto que no son problemas económicos y financieros estructurales, si bien son necesarias las propuestas que se describen a continuación para afrontarlos y no dar lugar a que se convierta o transforme en un problema de liquidez definitiva que aboque a la situación concursal.

Que, en aras de mantener el curso ordinario del negocio y la continuidad de la empresa mediante la renovación y utilización de las líneas de circulante, los Deudores se ha dirigido a los Acreedores Afectados solicitándoles una novación modificativa no extintiva de una deuda que en conjunto asciende a .... euros ("Deuda Afectada"), que se identifica en el Anexo ...., y teniendo en cuenta el límite de disposición a un importe global de .... euros.

III. A los efectos del artículo 616 (Créditos afectados) de la Ley Concursal, se deja expresa constancia de que la Deuda Afectada deriva de los instrumentos financieros de deuda y de la relación de deudas de naturaleza comercial (los "Créditos Afectados") que se identifican de nuevo en el Anexo ....

IV. Que, accediendo a lo solicitado, a través de la suscripción del presente Plan de Reestructuración, sujeto a la ratificación y extensión de las Garantías Existentes, los Acreedores Participantes han aceptado otorgar el presente Plan de Reestructuración (la "Reestructuración"), respetando la prioridad de rango. En este contexto, teniendo en cuenta el evidente riesgo de colapso del Deudor ante la dificultad de hacer frente a sus obligaciones financieras en caso de no alcanzarse el mismo, los Acreedores Participantes han acordado apoyar el Presente Plan de Reestructuración de conformidad con lo previsto en la Ley Concursal, que, según indica en el Plan de Viabilidad 2023, que se adjunta como Anexo .... (Plan de Viabilidad 2023), mejora la viabilidad del Deudor, disminuyendo así el riesgo de insolvencia del mismo.

V. Que el Deudor, en fecha .... de .... de ...., presentó en el Tribunal de Instancia, sección de lo mercantil, de .... la comunicación de inicio de negociaciones con sus acreedores para alcanzar un plan de reestructuración que le alcance para superar el estado de insolvencia actual en el que se halla, en virtud de lo previsto en el artículo 585 TRLC.

Dicha comunicación fue tenida por presentada, en fecha .... de .... de .... y mediante Decreto núm. ....

VI. Así mismo, en fecha .... de .... de ...., el Deudor presentó una solicitud de nombramiento de experto en reestructuración al Experto en la Reestructuración (tal y como dicho término se define en la Cláusula 1 siguiente), al amparo de lo dispuesto en el artículo 672, apartados 1.1° y 4, de la Ley Concursal a efectos del presente Plan de Reestructuración.

VII. Que de acuerdo con lo previsto en la Cláusula 4.2. (Notificación del Plan de Reestructuración) del presente Plan de Reestructuración, el Deudor ha comunicado los términos de este Plan de Reestructuración a los Acreedores No Participantes de conformidad con lo previsto en el artículo 627 de la Ley Concursal (Comunicación de la Propuesta) con la finalidad de llegar a un acuerdo con ellos, lo que finalmente no ha sido posible a pesar de los mejores esfuerzos empleados por el Deudor y los Acreedores Participantes.

VIII. Que es condición esencial para la aprobación del Plan de Reestructuración, atendiendo al riesgo inherente de la misma, que, sin perjuicio de la responsabilidad patrimonial universal e ilimitada del Obligado de conformidad con el artículo 1911 del Código Civil; (1) que con carácter previo o simultáneo a la suscripción del presente Plan de Reestructuración, el Deudor haya procedido a la entrega de la documentación indicada en la Cláusula 5 (Condiciones previas o simultaneas a la firma del Plan de Reestructuración) a los Acreedores Participantes, así como la acreditación del cumplimiento de las condiciones indicadas en dicha cláusula, las cuales constituyen condiciones previas o simultáneas, según el caso, esenciales para la firma y otorgamiento de este Plan de Reestructuración; (2) se mantenga las condiciones operativas y términos de todo los Créditos Afectados, novando única y exclusivamente los términos que por la presente póliza se modifican; y (3) se solicite y se obtenga la Homologación Judicial del presente Plan de Reestructuración, así como su extensión a los Acreedores No Participantes que no han suscrito o se hayan adherido mediante voto favorable por escrito, el presente Plan de Reestructuración.

IX. Todas las Partes manifiestan que el presente Plan de Reestructuración responde a un plan de viabilidad con objeto de permitir la continuidad en el corto y medio plazo, que se incluye en el Plan de Viabilidad 2023 que será objeto igualmente de Homologación Judicial.

X. Que, en virtud de cuanto antecede, y con sujeción a los términos y condiciones que se relacionan en el clausulado que se incluye seguidamente, las Partes han convenido en suscribir el presente Plan de Reestructuración, que se regirá por las siguientes,

CLÁUSULAS

1. Definiciones

"Acreedores Afectados" significa conjuntamente, los Acreedores Participantes y los Acreedores No Participantes que no suscriben el presente Plan de Reestructuración pero que será arrastrado por la Homologación Judicial, así como los posibles cesionarios de éstos, al amparo de la Cláusula 11 (Cesión) del Plan de Reestructuración.

"Acreedores Firmantes" significan las Entidades Financieras .... así como todos sus sucesores y cesionarios autorizados de conformidad a la Cláusula 11 (Cesión) que firman este Plan de Reestructuración ante notario.

"Acreedores No Participantes" significa los acreedores ....

"Acreedores Participantes" significan las Entidades Financieras .... en su condición de Acreedores Firmantes y los acreedores comerciales .... así como todos sus sucesores y cesionarios autorizados de conformidad a la Cláusula 11 (Cesión) del Plan de Reestructuración.

"Asesor Financiero" significa ....; o la entidad que le sustituya en el futuro designadas por la Mayoría de los Acreedores Afectados.

"Asesor Legal" significa "..........."; o la entidad que le sustituya en el futuro designadas por la Mayoría de los Acreedores Afectados.

"Certificación de Mayorías" tiene el significado que se le atribuye en la Cláusula (Mayorías) del presente Plan de Reestructuración.

"Clases" tiene el significado que se le atribuye en la Cláusula (Formación de Clases) del presente Plan de Reestructuración.

"Código Civil" significa el Real Decreto de 24 de julio de 1889 por el que se publica el Código Civil, tal y como es modificado en cada momento, así como aquella otra norma que pudiese reemplazarle en el futuro.

"Código de Comercio" significa el Real decreto de 22 de agosto de 1885 por el que se publica el Código de Comercio, tal y como es modificado en cada momento, así como aquella otra norma que pudiese reemplazarle en el futuro.

"Condición Resolutoria" tiene el significado que se le atribuye en la Cláusula 14 (Condición Resolutoria) del presente Plan de Reestructuración.

"Créditos Afectados" significa, a los efectos del artículo 616 (Créditos Afectados) de la Ley Concursal, todos los créditos existentes frente al Deudor ....

"Créditos Afectados con Garantía ICO" los créditos financieros existentes frente al Deudor derivados de [...] Clase 2.

"Deuda Afectada" significa el saldo vivo de los Créditos Afectados con los Acreedores Afectados que a Fecha de Firma asciende en su conjunto a .... euros en la proporción establecida en el Anexo .... con indicación del tipo de operación financiera importe dispuesto pendiente de amortización y/o reembolso por los Deudores a Fecha de Firma.

"Deudor" significa ....

"Día Hábil" significa cada día que no sea un sábado, domingo u otro día en el que las entidades bancarias en Valencia y Madrid tengan autorización legal para cerrar.

"Documentos de la Reestructuración" significa conjuntamente (i) el presente Plan de Reestructuración; (ii) la Solicitud de Homologación; (iii) Instrumentos Bilaterales y (iv) cualquier otro documento que el Deudor y los Acreedores Afectados designen como tal o que pueda modificar, desarrollar, sustituir o complementar a los ya otorgados.

"Documento Público" significa escritura o póliza intervenida por fedatario público.

"Experto en la Reestructuración" significa .... con CIF núm. .... y domicilio social en ...., nombrado en virtud del Auto de fecha .... de .... de .... en el Procedimiento de Comunicación de negociaciones núm. .... que se sigue en el Tribunal de Instancia, sección de lo Mercantil, de .... o cualquier otro experto en la reestructuración que sea nombrado por el Tribunal Competente de conformidad con el artículo 672.3 de la Ley Concursal].

"Fecha de Efectos" significa el .... de .... de ....

"Fecha de Firma" significa el día de hoy, esto es, el .... de .... de ....

"Garantías Existentes" significa, conjuntamente, la Garantía Personal y Garantía ICO.

"Garantía ICO" tiene el significado previsto en el Expositivo III.

"Garantía Personal" significa la garantía otorgada por los Garantes de conformidad con lo previsto en el apartado del apartado (i) del Expositivo.

"Homologación" significa la homologación por el Tribunal Competente del presente Plan de Reestructuración con arreglo al artículo 635 (Homologación judicial) y siguientes de la Ley Concursal.

"Informe del Experto en la Reestructuración" informe emitido por el Experto en la Reestructuración para establecer las clases garantizadas atendiendo al valor de las Garantías Existente que ha sido determinado de conformidad con los artículos 617.5 y 272 (Límite de privilegio especial) de la Ley Concursal para determinar su valoración y cómputo, que se adjunta como Anexo ....

"Instrumento Público de Formalización" tiene el significado que se le atribuye en la Cláusula (Formalización del Plan de Reestructuración).

"Tribunal Competente" significa el tribunal de Instancia competente para conocer de la Homologación, de conformidad con el artículo 641 (Competencia para la homologación) de la Ley Concursal.

"Ley Concursal" significa la Ley 16/2022, de 5 de septiembre, de reforma del texto refundido de la Ley Concursal, aprobado por el Real Decreto Legislativo 1/2020, de 5 de mayo, para la transposición de la Directiva (UE) 2019/1023 del Parlamento Europeo y del Consejo, de 20 de junio de 2019, sobre marcos de reestructuración preventiva, exoneración de deudas e inhabilitaciones, y sobre medidas para aumentar la eficiencia de los procedimientos de reestructuración, insolvencia y exoneración de deudas, y por la que se modifica la Directiva (UE) 2017/1132 del Parlamento Europeo y del Consejo, sobre determinados aspectos del Derecho de sociedades (Directiva sobre reestructuración e insolvencia), tal y como el mismo haya sido o pueda ser en cada momento, novado, refundido y/o sustituido.

"Ley de Enjuiciamiento Civil" significa la Ley 1/2000, de 7 de enero, de Enjuiciamiento Civil, tal y como resulte modificada en cada momento.

"Notario" significa el Notario de ...., D. ....

"Obligado" significa el Deudor.

"Obligaciones Garantizadas" significa todas las obligaciones y responsabilidades pecuniarias presentes y futuras, debidas o incurridas por el Obligado en virtud de los Documentos de la Reestructuración en los términos más amplios, y los restantes Obligado (entre sí), todas y cada una de las obligaciones y responsabilidades presentes y futuras derivadas de los Documentos de la Reestructuración (ya sea como consecuencia de su resolución anticipada o a su vencimiento ordinario) las Comisiones, principal, intereses ordinarios, intereses de demora capitalizados o no, comisiones, gastos, Costes de Ruptura o cualquier otro concepto, asumidas por el Deudor en virtud de los Documentos de la Reestructuración frente a los Acreedores Afectados por cualquier concepto, incluidas las obligaciones asumidas por el Deudor en virtud de cualquier novación o prórroga de los mismos, así como cualquier cantidad pagada en nombre del Deudor en relación con las Garantías.

"Plan de Viabilidad 2023" significa el plan de viabilidad, entendiéndolo como las proyecciones financieras acerca de la evolución del negocio de los Deudores para los ejercicios .... a ...., facilitado y elaborado por un tercero independiente a partir de la documentación e información facilitada por los Deudores. La versión vigente a la Fecha de Firma de este Plan de Reestructuración es la que se recoge en el Anexo ....

"Plan de Reestructuración" tiene el significado que se le atribuye en el Expositivo de conformidad con la Cláusula 2.1 (Objeto).

"Solicitud de Homologación" significa la solicitud de Homologación del presente Plan de Reestructuración a presentar por los Acreedores Participantes ante el Tribunal Competente con arreglo a la Cláusula 8.1.2.

2. Objeto y naturaleza del presente Plan de Reestructuración

2.1. Objeto

2.1.1. El presente documento contiene el plan de reestructuración del Deudor respecto a la totalidad de los Créditos Afectados; que presenta el mismo a los Acreedores Afectados para modificar desde la Fecha de Efectos, las condiciones de sus respectivos Créditos Afectados y garantizar el Negocio del Deudor y la viabilidad de dicha sociedad en el corto y medio plazo (conjuntamente el "Plan de Reestructuración").

2.1.2. El presente Plan de Reestructuración se estructura conforme a lo dispuesto en el artículo 633 del Real Decreto Legislativo 1/2020, de 5 de mayo, por el que se aprueba la Ley Concursal, y está sujeto a los términos y condiciones previstos en este documento. En lo no expresamente previsto, resultará de aplicación subsidiaria la Ley Concursal.

2.1.3. El Plan de Reestructuración ha sido aprobado a Fecha de Firma por el órgano de administración del Deudor y por sus Socios, en virtud de los acuerdos que se adjuntan al presente como Anexo ....

2.2. Naturaleza del Plan de Reestructuración

2.2.1. Las Partes manifiestan que su intención es que el presente Plan de Reestructuración constituya un plan de reestructuración a los efectos de los artículos 614 (Concepto) y siguientes de la Ley Concursal, homologable a los efectos de los artículos 635 (Homologación judicial) con los efectos en caso de concurso de los Deudores establecidos en los Arts. 665 y siguientes de la Ley Concursal.

2.2.2. El Plan de Reestructuración se apoya y es consistente con el Plan de Viabilidad 2023 que se adjunta como Anexo .... (Plan de Viabilidad 2023).

2.2.3. En virtud de los artículos 614 (Concepto) y siguientes de la Ley Concursal, la Reestructuración tendrá como objetivo el procurar, entre otras cosas:

(i) intentar la continuidad del negocio del Deudor en el corto y medio plazo y evitar así su concurso; y

(ii) el mantenimiento de la actividad y empleo y su viabilidad en los términos actuales.

2.2.4. El objetivo de la Reestructuración se ajusta a lo dispuesto en el Título II (planes de reestructuración) de la Ley Concursal.

2.2.5. De conformidad con los artículos 615 (Ámbito Objetivo) y 635 (Homologación judicial) de la Ley Concursal, en virtud de la Homologación se pretenderá:

(i) según lo previsto en el artículo 635.1° de la Ley Concursal y, de conformidad con la Cláusula 7.3. (Extensión de efectos a los Acreedores no Participantes) posterior, en su caso, extender los efectos del Plan de Reestructuración a los Acreedores Afectados que no sean Acreedores Participantes o que no hubiera votado a favor del Plan de Reestructuración, esto es, los Acreedores No Participantes;

(ii) dado que según manifiesta el Deudor el importe de los Créditos Afectados supera el 51% del pasivo total de cada uno de los Deudores a los efectos de lo previsto en el artículo 667 (Protección frente a acciones rescisorias) de la Ley Concursal, proteger todos los actos y negocios jurídicos que se lleven a cabo para implementar la Reestructuración.

Al Instrumento Público de Formalización se unirá, a los efectos de los artículos 634 y 667 de la Ley Concursal, por diligencia, el certificado del Auditor acreditativo del quórum de pasivo de cada uno de los Deudores que representan los Acreedores Afectados en la Fecha de Firma. Lo que las Partes autorizan al Notario expresamente.

3. Formación de clases

3.1. Criterios generales de formación de clases

3.1.1. Tal y como se prevé en el artículo 622 (Clases de créditos) de la Ley Concursal, los Acreedores Afectados deberán votar agrupados por clases en cada uno de los Deudores.

3.1.2. A tales efectos, los Acreedores Participantes entienden que la formación de las Clases prevista en la Cláusula (Clases) es el criterio más objetivo teniendo en cuenta la tipología de los Créditos Afectados y el mantenimiento de las Garantías Existentes, dado que (i) se entiende que la formación de clases debe atender a la existencia de un interés común, y según el artículo 623 de la Ley Concursal se considera que existe interés común entre los créditos de igual rango determinado por el orden de pago en el concurso de acreedores, en este caso separados entre créditos financieros de créditos comerciales; (ii) los Créditos Afectados con garantía real sobre bienes de los Deudores constituirán una clase única conforme al art.; y (iii) los Créditos Afectados con Garantía ICO parece conveniente que también formen una única clase independiente con voto separado del resto de clases, dadas las especialidades en cuanto a derechos de voto que para esta tipología de créditos afectados introduce el apartado 7° de la DA8ª de la Ley 16/2022, de 5 de septiembre.

3.2. Clases

3.2.1. En atención a lo dispuesto en la Cláusula (Criterios generales de formación de clases), las Partes han aceptado que los Acreedores Afectados titulares de Créditos Afectados correspondientes al Deudor .... se agruparán en las siguientes clases:

(i) Clase 1:

La Clase 1 la conforman el importe de los Créditos Afectados de .... titularidad de la entidad financiera, ... hasta donde cubre la garantía real según informe de valoración de las Garantías Existentes incluido en el Informe del Experto en la Reestructuración de acuerdo con el artículo 272 (Límite del privilegio especial) y 273 (Determinación del valor razonable) de la Ley Concursal, que tienen la condición de créditos con privilegio especial garantizados, forman una única clase por imperativo legal de conformidad con el artículo 624 de la Ley Concursal (la "Clase 1").

(ii) Clase 2:

La Clase 2 la conforman la totalidad de los Créditos Afectados de .... que tienen la condición de crédito financiero ordinario avalado con Garantía ICO de conformidad con la Disposición Adicional 8 apartado 2 de la Ley 16/2022 (la "Clase 2") y que forman una única clase por la conveniencia de salvaguardar las especialidades en cuanto al ejercicio del derecho de voto que para esta tipología de créditos afectados introduce el apartado 7° de la DA8ª de la Ley 16/2022, de 5 de septiembre, entre los que se incluirían los Créditos Afectados por operaciones de: (i) "Préstamos sin garantía real y con aval ICO", (ii) "Pólizas de crédito sin garantía real y con aval ICO", (iii) "Líneas de descuento comercial sin garantía real y con aval ICO" y (iv) "Líneas de confirming sin garantía real y con aval ICO".

Dichos Créditos Afectados incluidos en la Clase 2 se encuentran garantizados con Garantía ICO en cuanto a un porcentaje de los mismos. En la presente Clase 2 se incluyen dichos créditos totalmente y en su integridad, y por ello se integra dentro de esta Clase 2 tanto la parte de dichos créditos que se encuentra avalada con Garantía ICO, como la parte restante de dichos créditos no avalada con Garantía ICO que corresponde a dichos Acreedores Afectados.

Por tanto, se incluye dentro de esta Clase 2 la totalidad de las operaciones con Garantía ICO, incluyendo tanto la parte avalada como la no avalada, y todo ello dentro de esta misma Clase 2.

A efectos aclaratorios, se indica expresamente respecto de la votación unánime a favor de aprobar el Plan de Reestructuración que los Créditos Afectados que cuentan con la Garantía ICO, han votado a favor tanto por la parte de crédito avalada por Garantía ICO, como por la parte de dichos créditos no avalada por Garantía ICO.

(iii) Clase 3:

La Clase 3 la conforman el importe de los Créditos Afectados del Deudor .... que tienen todos ellos la condición de crédito financiero ordinario y que no están avalados con la Garantía ICO de conformidad con el artículo 269.3 (Clases de Créditos) y 623.3

de la Ley Concursal (la "Clase 3"), entre los que se incluirían los Créditos Afectados por operaciones de: (i) "Préstamos sin garantía real y sin aval ICO", (ii) "Créditos sin garantía real por descubiertos en pólizas de crédito", (iii) "Líneas de descuento comercial sin garantía real y sin aval ICO", (iv) "Líneas de confirming sin garantía real y sin aval ICO" y (v) "Pasivos financieros contingentes derivados de avales solidarios de deudas financieras de sociedades participadas".

(iv) Clase 4:

La Clase 4 la conforman el importe de los Créditos Afectados del Deudor .... que no tienen garantía real titularidad de Proveedores; que tienen todos ellos la condición de crédito ordinario de naturaleza comercial de conformidad con el artículo 269.3 (Clases de Créditos) y 623.3 de la Ley Concursal (la "Clase 4").

3.3. Aprobación del Plan de Reestructuración. Mayorías

3.3.1. De conformidad con los artículos 629 (Aprobación del Plan de Reestructuración) y 634 (Formación del Plan de Reestructuración) de la Ley Concursal, el Experto en la Reestructuración ha emitido una certificación de las mayorías de Clases (la "Certificación de Mayorías") que se adjunta al presente como Anexo ...., y de la que se deriva que el Plan de Reestructuración respecto a .... ha sido aprobado por .... Clases de Acreedores Afectados, que representa el porcentaje en cada una de ellas que se indica en el Informe emitido por el Experto en Reestructuraciones. De la Certificación de Mayorías se desprende que el presente Plan de Reestructuración es suscrito por una mayoría superior al 51% del pasivo y ello a efectos de lo previsto en el art. 667 ("protección frente a acciones rescisorias") de la Ley Concursal.

Asimismo, las Partes manifiestan que con relación a la Clase 2 (Créditos Afectados garantizados con Garantía ICO) el voto favorable de cada uno de los Acreedores Afectados se emite favorablemente de forma separada tanto por la parte de crédito avalado con Garantía ICO como respecto de la parte restante del crédito no avalado que corresponde a cada entidad financiera.

Se deja expresa constancia de que los votos se han emitido por separado para cada una de las Clases.

3.3.2. En consecuencia de conformidad con las mayorías confirmadas en las Certificaciones de Mayorías que ha emitido el Experto en Reestructuraciones, el Plan de Reestructuración se entiende aprobado para el Deudor, de conformidad con lo previsto en el artículo de conformidad con lo previsto en el artículo 639.1 (Requisitos para la homologación del plan de reestructuración no aprobado por todas las clases de acreedores) de la Ley Concursal en el caso, dado que no ha sido aprobado por todas las clases, sino por una mayoría de las mismas, entre las que una de ellas es una clase con privilegio especial.

3.3.3. Al Instrumento Público de Formalización se unirá, a los efectos de los artículos 634 y 667 de la Ley Concursal por diligencia, el certificado del Auditor acreditativo del quórum de pasivo que representan los Acreedores Afectados en la Fecha de Firma. Lo que las Partes autorizan al Notario expresamente.

4. Cumplimiento de requisitos del plan de reestructuración

4.1. Requisitos de contenido

A efectos de acreditar y hacer constar el cumplimiento de los requisitos de contenido previstos en el artículo 633 (Contenido del plan de reestructuración) de la Ley Concursal, como Anexo .... (Requisitos del Art. 633 de la Ley Concursal), las siguientes cuestiones, a los efectos de que el presente Plan de Reestructuración cumpla con las condiciones necesarias para ser considerado un plan de reestructuración a los efectos de la Ley Concursal:

(iv) La identidad del Deudor, esto es, ... es la que se hace constar en la comparecencia del presente Plan de Reestructuración y en la diligencia notarial de la póliza en la que se instrumenta el mismo;

(v) Ha sido nombrado experto encargado de la reestructuración que consta en la definición de Experto en Reestructuraciones;

(vi) La descripción de la situación económica de ...., la situación de los trabajadores de las misma, así como la descripción de las causas y el alcance de las dificultades del Deudor se hacen constar en el Plan de Viabilidad 2023;

(vii) El activo y el pasivo de .... en el momento de la formalización del Plan de Reestructuración, esto es, en la Fecha de Firma, se hace constar en el Anexo ...., sin perjuicio de que a efectos del Plan de Reestructuración se haya tomado como Fecha de Efectos del mismo el .... de .... de ....;

(viii) Respecto de los acreedores cuyos créditos van a aquedar afectados por el Plan de Reestructuración:

a. Son los Acreedores Firmantes identificados en la comparecencia de este Plan de Reestructuración y en la póliza notarial en la que se instrumenta el mismo, los Acreedores Participantes que han prestado su adhesión o voto favorable al Plan de Reestructuración de manera expresa, aunque no sean firmantes de la póliza y los Acreedores No Participantes, ...;

b. El importe de sus créditos que va a quedar afectado por el Plan de Reestructuración es el que deriva de los Créditos Afectados y cuyo importe, a Fecha de Efectos, se ha hecho constar en el Anexo .... y que supone en global ....; y,

c. Las clases a la que pertenecen, respecto de cada Deudor, es la indicada en la Cláusula 3.2.

(ix) No existen contratos con obligaciones recíprocas pendientes de cumplimiento que vayan a quedar resueltos en virtud del Plan de Reestructuración.

(x) El Plan de Reestructuración no afecta a los derechos de los socios del Deudor.

(xi) Como se ha indicado anteriormente, los únicos acreedores afectados por el Plan de Reestructuración son los Acreedores Participantes y los Acreedores No Participantes, por lo que los demás acreedores del Deudor —incluyendo los acreedores laborales y públicos— no van a quedar afectados por el Plan de Reestructuración, por cuanto se considera a la vista del Plan de Viabilidad 2023 que con la reestructuración de la Deuda Afectada es suficiente para estimar una probabilidad razonable de éxito del Plan de Reestructuración. El detalle de los acreedores que no vayan a quedar afectados por el Plan de Reestructuración, mencionados individualmente, así como las razones de la no afectación se indican en el Anexo ....

(xii) No existen medidas de reestructuración operativa propuestas ni consecuencias globales para el empleo. Respecto a las medidas de reestructuración financiera, son las que se hacen constar en el Plan de Viabilidad 2023 y en este Plan de Reestructuración. El referido Plan de Viabilidad 2023 contienen la justificación de su necesidad.

(xiii) A tenor de lo previsto en el Plan de Viabilidad 2023, las medidas de reestructuración del pasivo del Deudor acordadas en el presente Plan de Reestructuración son consideradas suficientes para estimar, con una probabilidad razonable de éxito, la viabilidad del Deudor en el corto y medio plazo y evitar así su concurso de acreedores. El Plan de Viabilidad 2023 contiene una descripción de las condiciones necesarias para el éxito del mismo y las razones por las cuales las medidas propuestas se consideran como razonables y necesarias para la viabilidad de las sociedades del Grupo a corto y medio plazo y evitar su declaración en concurso de acreedores.

(xiv) Por cuanto la reestructuración afecta exclusivamente a los Acreedores Financieros y Comerciales, no existen medidas de información y consulta con los trabajadores que deban adoptarse.

(xv) El Plan de Reestructuración no afectará a ningún crédito público.

4.2. Notificación del Plan de Reestructuración

4.2.1. Con la finalidad de dar cumplimento a los requisitos de notificación previstos en el artículo 627 (Comunicación de la propuesta) de la Ley Concursal, las Partes manifiestan que el Plan de Reestructuración ha sido comunicado a todos los Acreedores Afectados, incluido a los Acreedores No Participantes.

4.2.2. A estos efectos, las Partes dejan constancia que (i) el 100% de los Acreedores Participantes, han votado a favor del presente Plan de Reestructuración, mediante su firma ante notario público en la Fecha de Firma o mediante la presentación de su voto favorable por escrito a través de sus legales representantes, y (ii) se manifiesta que se ha procedido a la notificación postal y electrónica del Acreedor No Participante mediante [carta postal con acuse de recibo y contenido] / [correo electrónico de fecha .... con confirmación de lectura].

4.2.3. [Asimismo, a los efectos de garantizar la efectiva notificación a la totalidad de los Acreedores Afectados, se ha procedido igualmente a publicar la notificación en la página web del Deudor (............)- en fecha ....].

4.2.4. Se deja expresa constancia de que los votos se emiten por separado para cada una de las Clases.

4.3. Formalización del Plan de Reestructuración

Con la finalidad de cumplir con lo previsto en el artículo 634 (Formalización del plan de reestructuración) de la Ley Concursal, el presente Plan de Reestructuración será objeto de formalización en instrumento público en el día de hoy por los Deudores y los Acreedores Participantes a efectos de que conste formalizado en Documento Público español (la "Instrumento Público de Formalización") en el que se le incluirá el Informe del Experto en Reestructuración y la Certificación de Mayorías. Al Instrumento Público de Formalización se unirá, por diligencia, el certificado del Auditor acreditativo del quórum de pasivo que representan los Acreedores Afectados en la Fecha de Firma en el plazo máximo de .... Días Hábiles. Lo que las Partes autorizan al Notario expresamente.

5. Condiciones previas o simultáneas a la firma del plan de reestructuración

La formalización de este Plan de Reestructuración se ha condicionado al cumplimiento previo y/o simultáneo de todas y cada una de las condiciones que se establecen a continuación en la Fecha de Firma, las cuales son esenciales para la suscripción por los Acreedores Participantes de este Plan de Reestructuración:

(i) que los Acreedores Participantes hayan obtenido las aprobaciones necesarias por parte de sus comités correspondientes (de riesgos, de precios, de liquidez, etc.) para la suscripción de los Documentos de la Reestructuración;

(ii) que el Obligado hayan entregado a los Acreedores Participantes el Plan de Viabilidad 2023;

(iii) que se hayan otorgado todos los Documentos de la Reestructuración que, de conformidad con lo previsto en este Plan de Reestructuración, deban otorgarse en la Fecha de Firma de forma que sean plenamente válidos y eficaces (incluyendo, a efectos aclaratorios, su formalización en Documento Público en caso de que así lo prevea el Documento de la Reestructuración correspondiente);

(iv) que el Obligado hayan entregado a los Acreedores Participantes copia de; (i) la escritura de constitución y demás documentos necesarios para acreditar la denominación, personalidad, forma jurídica, domicilio y objeto social del Deudor, así como (ii) la identidad de las personas naturales que actúan en su nombre y representación del Deudor para la firma de los Documentos de la Reestructuración;

(v) que el Obligado hayan entregado a los Acreedores Participantes copia de los certificados de los acuerdos adoptados por los órganos sociales (junta general y consejo de administración o equivalentes, según corresponda) del Deudor, aprobando y ratificando todas las operaciones comprendidas en los Documentos de la Reestructuración, así como el mantenimiento, ratificación y extensión de las correspondientes Garantías Existentes y las pertinentes aprobaciones societarias para la presentación del escrito firmado electrónicamente por el asesor legal del Deudor mediante el que solicite la Homologación Judicial del Plan de Reestructuración al amparo de lo dispuesto en el artículo 635 y siguientes de la Ley Concursal, solicitando la protección frente a la acción de reintegración concursal, en su caso, la suspensión de acciones ejecutivas y la extensión de los efectos al Acreedor No Participante;

(vi) que el Obligado hayan entregado a los Acreedores Participantes la documentación relativa a el Obligado necesaria a fin de que éstos puedan dar cumplimiento a la Normativa de prevención del blanqueo de capitales y procedimientos de "know your customer" que les resulte de aplicación;

(vii) que todas las Manifestaciones y Garantías mencionadas en la Cláusula 12 (Manifestaciones y Garantías) son a Fecha de Firma veraces y exactas y continúan siéndolo después de la suscripción de este Plan de Reestructuración, lo que se acredita y certifica mediante declaración de la Acreditada con la firma del presente Plan de Reestructuración;

(viii) que el Deudor haya entregado a los Acreedores Participantes los últimos Estados Financieros auditados del Obligado;

(ix) que no exista en la Fecha de firma eventos que constituyan (o como consecuencia de la firma del presente Plan de Reestructuración) un Cambio Material Adverso en los mercados financieros y/o en la situación financiera, operativa o de Negocio del Deudor, lo que se acredita y certifica mediante declaración de la Acreditada con la firma del presente Plan de Reestructuración;

(x) que no exista en la Fecha de Firma eventos que dé lugar a una Amortización Anticipada Obligatoria, lo que se acredita y certifica mediante declaración de la Acreditada con la firma del presente Plan de Reestructuración;

(xi) que no se haya otorgado ninguna financiación a favor de cualquiera del Obligado garantizada con aval de Instituto de Crédito Oficial (ICO) distinta a la que incluye en la presente Reestructuración;

(xii) que se haya entregado a los Acreedores Participantes una opinión legal emitida por el asesor legal del Deudor en la Fecha de Firma en materia de capacidad y legalidad en relación con el Deudor;

(xiii) que se haya entregado a los Acreedores Participantes una opinión legal emitida por el Asesor Legal de los Acreedores Participantes en la Fecha de Firma en materia de validez, eficacia y ejecutabilidad de los Documentos de la Reestructuración;

(xiv) que el Deudor mantenga abiertas todas y cada una de las Cuentas del Deudor en los Acreedores Afectados.

6. Reestructuración

6.1. Descripción general de la Reestructuración

A los efectos del artículo 622 y siguientes de la Ley Concursal, las Partes reconocen y acuerdan que la Reestructuración se realizará con arreglo al presente Plan de Reestructuración y al resto de los Documentos de la Reestructuración.

6.2. Términos de la Reestructuración

A continuación, se describen los términos del presente Plan de Reestructuración, que hará posible ejecutar el Plan de Viabilidad 2023, y, en consecuencia, garantizar la viabilidad del Deudor en los próximos años.

6.2.1. Condiciones de reestructuración para cada tipología de créditos afectados agrupados en las Clases.

Las condiciones de reestructuración para cada tipología de créditos afectados por Plan de Reestructuración integrados en cada Clase son las que se indican a continuación:

(i) Préstamos con garantía real y sin aval ICO:

En este caso se plantea la novación modificativa de las operaciones vigentes mediante extensión del vencimiento por un plazo adicional de 60 meses, siendo los 12 primeros de carencia de amortización de principal y únicamente de pago de intereses y los 48 meses restantes de amortización del principal.

(ii) Préstamos sin garantía real y con aval ICO:

En este caso se plantea la novación modificativa de las operaciones vigentes mediante extensión del vencimiento hasta el plazo máximo legal aplicable a cada operación de acuerdo con las condiciones del Código de Buenas Prácticas del ICO y las EEFF, regulado mediante Acuerdo del Consejo de Ministros de 11 de mayo de 2021, Acuerdo del Consejo de Ministros de 30 de noviembre de 2021 y Acuerdo del Consejo de Ministros de 29 de mayo de 2022 y la concesión de un periodo de carencia de 12 meses adicionales.

(iii) Préstamos sin garantía real y sin aval ICO:

En este caso se plantea la novación modificativa de las operaciones vigentes mediante extensión del vencimiento por un plazo adicional de 60 meses, siendo los 12 primeros de carencia de amortización de principal y únicamente de pago de intereses y los 48 meses restantes de amortización del principal.

(iv) Pólizas de crédito sin garantía real y con aval ICO:

En este caso se plantea la novación modificativa de las operaciones vigentes mediante extensión del vencimiento hasta el plazo máximo legal aplicable a cada operación de acuerdo con las condiciones del Código de Buenas Prácticas del ICO y las EEFF, regulado mediante Acuerdo del Consejo de Ministros de 11 de mayo de 2021, Acuerdo del Consejo de Ministros de 30 de noviembre de 2021 y Acuerdo del Consejo de Ministros de 29 de mayo de 2022.

(v) Créditos sin garantía real por descubiertos en pólizas de crédito:

En este caso se plantea la novación modificativa de las operaciones vigentes mediante extensión del vencimiento por un plazo adicional de 60 meses, siendo los 12 primeros de carencia de amortización de principal y únicamente de pago de intereses y los 48 meses restantes de amortización del principal.

(vi) Líneas de descuento comercial sin garantía real y con aval ICO:

En este caso se plantea la novación modificativa de las operaciones vigentes mediante extensión del vencimiento hasta el plazo máximo legal aplicable a cada operación de acuerdo con las condiciones del Código de Buenas Prácticas del ICO y las EEFF, regulado mediante Acuerdo del Consejo de Ministros de 11 de mayo de 2021, Acuerdo del

Consejo de Ministros de 30 de noviembre de 2021 y Acuerdo del Consejo de Ministros de 29 de mayo de 2022.

(vii) Líneas de descuento comercial sin garantía real y sin aval ICO:

En este caso se plantea la novación modificativa de las operaciones vigentes mediante extensión del vencimiento por un plazo adicional de 24 meses, con posibilidad de dos renovaciones posteriores de 12 meses cada una de ellas.

(viii) Líneas de confirming sin garantía real y con aval ICO:

En este caso se plantea la novación modificativa de las operaciones vigentes mediante extensión del vencimiento original y la prestamización de los saldos vencidos pendientes de pago, amortizando los mismos en un plazo de 60 meses, siendo los 12 primeros de carencia de amortización de principal y únicamente de pago de intereses y los 48 meses restantes de amortización del principal.

(ix) Líneas de confirming sin garantía real y sin aval ICO:

En este caso se plantea la novación modificativa de las operaciones vigentes mediante extensión del vencimiento original y la prestamización de los saldos vencidos pendientes de pago amortizando los mismos en un plazo de 60 meses, siendo los 12 primeros de carencia de amortización de principal y únicamente de pago de intereses y los 48 meses restantes de amortización del principal.

(x) Pasivos financieros contingentes derivados de avales solidarios de deudas financieras de sociedades participadas:

En este caso se plantea la novación modificativa de las operaciones vigentes en las sociedades participadas mediante extensión del vencimiento original para adecuar el mismo al plazo de extensión de las operaciones que garantizan los avales otorgados.

(xi) Deuda comercial mantenida con proveedores.

En este caso se plantea para los saldos pendientes de pago con proveedores y acreedores no estratégicos la aplicación de una quita equivalente al 50% del importe de los créditos y el pago del 50% de los créditos subsistentes tras la aplicación de la quita en un plazo de 24 mensualidades, iniciando el pago de la primera mensualidad en el mes de enero de 2024 y finalizando en el mes de enero de 2026.

6.2.2. Aportación de dinero nuevo para la ejecución del Plan de Reestructuración por la entrada de un nuevo inversor según lo establecido en el artículo 666 TRLC.

6.2.3. Homologación del Plan de Viabilidad 2023

El presente Plan de Reestructuración responde a un plan de viabilidad con objeto de permitir la continuidad en el corto y medio plazo adaptado a la nueva realidad del Negocio del Deudor que se incluye en el Plan de Viabilidad 2023. Las Partes acuerdan que será objeto igualmente de Homologación Judicial el citado Plan de Viabilidad 2023 junto con el presente Plan de Reestructuración.

7. Homologación y extensión de efectos

7.1. Homologación

7.1.1. Objeto

El Deudor y los Acreedores Participantes acuerdan que el presente Plan de Reestructuración deberá ser objeto de Homologación de conformidad con lo previsto en los artículos 635 (Homologación judicial) y siguientes de la Ley Concursal, a los efectos previstos en la Cláusula 2.2.5.

7.1.2. Solicitud de Homologación

El Deudor y los Acreedores Participantes acuerdan realizar sus mejores esfuerzos a fin de presentar la Solicitud de Homologación ante el Tribunal Competente en un plazo máximo de 10 Días Hábiles desde la Fecha de Firma para que la Homologación judicial del presente Plan de Reestructuración sea efectiva en el menor tiempo posible.

Y el Deudor se obliga a coadyuvar procesal y judicialmente para la obtención de la homologación en la medida de ser necesario y sean requeridos al efecto por cualquiera de los Acreedores Participantes.

La Solicitud de Homologación deberá incorporar una copia autorizada del Plan de Reestructuración suscrito en Documento Público mediante su elevación a público a través del Instrumento Público de Formalización. Adicionalmente, la Solicitud de Homologación deberá incorporar los Documentos de la Reestructuración, la Certificación de Mayorías emitidas por el Experto en la Reestructuración conforme a lo previsto en la Cláusula 3.3.(Aprobación del Plan de la Reestructuración. Mayorías) del presente Plan de Reestructuración y el Informe del Experto en la Reestructuración que se adjunta como Anexo ....

Asimismo, dentro de la Solicitud de Homologación se indicará que para todos los Acreedores Afectados el presente Plan de Reestructuración tiene como Fecha de Efectos la Fecha de Firma.

7.1.3. Cumplimiento de requisitos para la Homologación Judicial

En relación con el cumplimiento de los requisitos legalmente exigibles previstos en los artículos 638 (Requisitos para la homologación del plan de reestructuración aprobado por todas las clases de acreedores) y 639 (Requisitos para la homologación del plan de reestructuración no aprobado por todas las clases de acreedores) de la Ley Concursal, las Partes hacen constar que:

(i) El Deudor se encuentran en estado de insolvencia inminente, de conformidad con el artículo 2 (Presupuesto Objetivo) de la Ley Concursal. Asimismo, el Plan de Reestructuración ofrece una perspectiva razonable de evitar el concurso y hacer lo posible para asegurar el Negocio del Deudor y mantener el empleo, la operación y la actividad del Deudor en los términos actuales.

(ii) De conformidad con lo previsto en la Cláusula (Cumplimiento de Requisitos del Plan de Reestructuración) y en la Cláusula 7.1.2. (Solicitud de Homologación), el presente Plan de Reestructuración cumple con los requisitos de contenido y forma exigidos en la Ley Concursal.

(iii) De conformidad con lo previsto en la Cláusula 3.2 (Clases) y 3.3 (Aprobación del Plan de Reestructuración. Mayorías) el presente Plan de Reestructuración cuenta con una mayoría suficiente para aprobar el presente Plan de Reestructuración, tal y como se evidencia en la Certificación de Mayorías emitida por el Experto en la Reestructuración.

(iv) Los créditos dentro de la misma clase han sido tratados de forma paritaria.

(v) El presente Plan de Reestructuración ha sido comunicado a todos los Acreedores Afectados conforme a lo establecido en el artículo 627 TRLC.

7.2. Compromisos

Cada Parte se compromete a adoptar las medidas que sean necesarias o convenientes de manera razonable para obtener la Homologación del presente Plan de Reestructuración y para apoyar, facilitar, implementar, consumar o de otro modo dar cumplimiento a la Reestructuración y a la Homologación.

Con arreglo a lo anterior, las Partes, mediante la suscripción o adhesión al presente Plan de Reestructuración, acuerdan y se comprometen a implementar la Reestructuración tan pronto como sea razonablemente posible después de la Fecha de Firma mediante la realización de todos aquellos actos y la suscripción de todos los Documentos de la Reestructuración que sean necesarios o convenientes a tales efectos, de conformidad con el presente Plan de la Reestructuración. En particular las Partes acuerdan suscribir todos los Documentos de la Reestructuración en el plazo de quince (15) Días Hábiles desde la Fecha de Firma.

7.3. Extensión de efectos a los Acreedores No Participantes

En la Solicitud de Homologación se solicitará la extensión de los efectos del presente Plan de Reestructuración a los Crédito Afectados titularidad de los Acreedores No Participantes en la presente Reestructuración, de conformidad con lo establecido en el artículo 635.1° de la Ley Concursal, con efectos desde la Fechad de Efectos.

8. Garantías

8.1. Responsabilidad universal del Deudor

8.1.1. En garantía del completo y puntual cumplimiento de las Obligaciones Garantizadas y responsabilidades derivadas o que pudieran derivarse en el futuro de los Documentos de la Reestructuración, responde personal e ilimitadamente el Deudor en los términos del artículo 1911 del Código Civil.

8.1.2. Sin perjuicio de lo establecido en el apartado anterior, los Acreedores Afectados y el Deudor han convenido como un elemento esencial y determinante de su consentimiento para la concesión de la Reestructuración, la ratificación y mantenimiento de las Garantías Existentes.

8.2. Garantías Existentes. Ratificación y extensión

El Obligado y los Acreedores Participantes pactan expresamente, que mientras no hayan sido satisfechas todas y cada una de las Obligaciones Garantizadas derivadas de la Deuda Financiera, se ratifican y se mantienen las Garantías Existentes a favor de los Acreedores Participantes a cuyo favor estén constituidas en los mismos términos. Por tanto, se consideran mediante la firma del presente Plan de Reestructuración por parte del Obligado reiteradas, ampliadas, ratificadas y prorrogadas, ratificando en consecuencia, la posición de cualquier avalista, fianzas, prenda de fondos de inversión y/o cualquier otra garantía real o personal que se hubiera constituido en garantía de los mismos.

8.3. Subsistencia de las Garantías

8.3.1. Nulidad o ineficacia del pago de las Obligaciones Garantizadas. Los Deudores, los Garantes y los Acreedores Afectados convienen en que las Garantías quedarán íntegramente vigentes, válidas y eficaces, en el caso de que, habiéndose pagado todas las Obligaciones Garantizadas, el referido pago fuese después declarado nulo o ineficaz en el marco de un procedimiento de insolvencia de la entidad que hizo dicho pago (sea cualquiera de los Deudores, de los Garantes o cualquier otra entidad con el consentimiento de los Acreedores Afectados), y que dicha declaración de nulidad fuese anterior al otorgamiento por parte de los Acreedores Afectados de los documentos de cancelación de las Garantías que procediese.

8.3.2. Prórroga de las Obligaciones Garantizadas. Las Garantías Existentes se harán extensivas a cualesquiera prórrogas, renovaciones, novaciones o modificaciones de cualquier tipo, expresas o tácitas que pudiera producirse con respecto a las obligaciones contenidas en este Plan de Reestructuración o los Documentos de la Reestructuración, hasta la total extinción de las Obligaciones Garantizadas.

8.4. Garantía ICO

8.4.1. Bien entendido que la garantía ofrecida por el ICO está amparado en una de las líneas referidas en el art. 29 del Real Decreto-ley 8/2020 y únicamente opera a favor de las Acreedores Afectados, no de los Deudores, quienes adeudan a los Acreedores Afectados la totalidad de las sumas acreditadas en cada momento (por capital, intereses, comisiones y gastos).

8.4.2. Las Partes pactan expresamente que cada una de las Garantías ICO podrá ser ejecutada de manera individual por cada una de las Entidades Financieras, sin necesidad de comparecer conjuntamente ni de realizar actuaciones conjuntas con el resto de los Acreedores Afectados, sino de conformidad con los términos y condiciones de cada Garantía ICO Convenios Bilaterales entre ICO y las Entidades Financieras y de lo previsto en cada uno de los Instrumentos Bilaterales ICO.

9. Cesión.

9.1. Cesión por los Acreedores Afectados

9.1.1. Los Acreedores Afectados podrán ceder o transferir, total o parcialmente, su participación en los Documentos de la Reestructuración o su posición contractual, sin necesidad de consentimiento previo del Obligado a favor de cualquier tercero siempre y cuando la cesión no suponga incremento de costes para el Obligado y la cesión de su posición contractual bajo los Documentos de la Reestructuración sea simultánea a la cesión de la parte correspondiente de la deuda.

A efectos aclaratorios y con carácter adicional a cualesquiera otros derechos que pudieran corresponder a los Acreedores Afectados conforme a los Documentos de la Reestructuración, los Acreedores Afectados podrán, en cualquier momento durante su vigencia, ceder o constituir cualquier tipo de garantía o gravamen sobre los derechos de crédito que tienen frente al Deudor derivadas de los Documentos de la Reestructuración sin necesidad del consentimiento previo de los Deudores. En particular, los Acreedores Afectados estarán expresamente facultados para:

(a) ceder o constituir cualquier tipo de gravamen, carga o garantía a favor de bancos centrales o reservas federales o instituciones crediticias o monetarias nacionales o internacionales equivalentes; y

(b) en el caso de que el Acreedores Afectado de que se trate sea un fondo, ceder o constituir cualquier tipo de gravamen, carga o garantía a favor de los titulares de obligaciones, bonos o valores emitidos al efecto (o a favor de su agente o trustee);

10.1.2. En el entendido, no obstante, de que la constitución de dicho gravamen o garantía:

(a) no liberará al Acreedor Afectado de que se trate del cumplimiento de las obligaciones que hubiera asumido conforme a los Documentos de la Reestructuración;

(b) no podrá suponer un gasto ni incremento de costes para el Obligado; y

(c) el ejercicio del correspondiente gravamen, carga o garantía no podrá dar lugar a una cesión de las no autorizadas conforme a lo previsto en los Documentos de la Operación.

9.2. Cesión por el Obligado

El Obligado no podrán ceder o transferir su posición contractual derivada de este Plan de Reestructuración, ni los Documentos de la Reestructuración, el Plan de Reestructuración mismo, ni los derechos y obligaciones derivados del mismo, sin el consentimiento previo y por escrito de la Mayoría de los Acreedores Afectados.

El Obligado no podrán ceder, transferir, sustituir ni subrogar los derechos y obligaciones contraídas por los Documentos de la Reestructuración y por el presente Plan de Reestructuración, ni subrogar en un tercero la posición de los Acreedores Afectados en los Documentos de la Reestructuración y en el presente Acuerdo, sin el consentimiento previo expreso, escrito y unánime de la totalidad de los Acreedores Afectados.

10. Gastos y tributos

Con independencia de las obligaciones de pago contraídas por principal, intereses, comisiones, indemnizaciones y gastos, relacionadas todas ellas en las cláusulas que preceden, el Obligado asumen a su cargo la obligación de pagar cualesquiera otros honorarios, aranceles, remuneraciones, gastos, tributos y demás cantidades que ahora o en el futuro que razonable y justificadamente sean debidas o se devenguen, como consecuencia de la preparación, celebración, cumplimiento, modificación, cesión por parte del Obligado, ejecución y extinción del presente Plan de Reestructuración y los restantes Documentos de la Reestructuración, entre otros, y con carácter meramente enunciativo, los siguientes:

(i) los aranceles y gastos de notarios utilizados para la formalización en Documento Público de este Plan de Reestructuración, o cualquier otro Documento de la Reestructuración, incluidos los de emisión de copias, y sus respectivas modificaciones, salvo que otra cosa esté prevista en este Plan de Reestructuración;

(ii) la remuneración y gastos correspondientes razonable y justificadamente devengados al Asesor Legal de los Acreedores Afectados, el Asesor Financiero, el Experto de la Reestructuración y el Auditor en los términos pactados con cada uno de ellos —previo presupuesto acordado con los Deudores que no podrá ser denegado si es de mercado—;

(iii) los gastos, costas y tasas judiciales y extrajudiciales, —previo presupuesto acordado con el Deudor que no podrá ser denegado si es de mercado— incluidos los honorarios de letrados y procuradores aun cuando su intervención no fuera preceptiva y los aranceles de notarios, que se devenguen como consecuencia directa de la ejecución, incumplimiento o resolución de este Plan de Reestructuración y los restantes Documentos de la Reestructuración;

(iv) Impuestos: Correrán a cargo del Deudor tanto el Impuesto sobre Actos Jurídicos Documentados como cualesquiera otros tributos derivados de la formalización de esta operación y/o Documentos de la Reestructuración. En los casos en que el sujeto pasivo fuesen los Acreedores Afectados, el Deudor se obliga a satisfacer a éstos un importe equivalente al del tributo que haya de soportar, autorizándola irrevocablemente para cargar tal importe en cualquier cuenta de su titularidad única o indistinta.

Esta estipulación ha sido esencial para la conformación del pacto del tipo de interés aplicable a la operación. Si por cualquier causa fuese nula o inaplicable, las partes convienen que el tipo de interés se incrementará en la medida necesaria para cubrir la percepción adicional por los Acreedores Afectados, en concepto de intereses, durante el plazo restante de la operación, de un importe equivalente al soportado por el tributo del que se trate.

11. Notificaciones

11.1. Todas las notificaciones, requerimientos y cualesquiera otras comunicaciones que sean o puedan ser realizados en relación con este Plan de Reestructuración tendrán forma escrita o electrónica (incluyendo el correo electrónico sin perjuicio de que posteriormente se confirmen por carta suscrita por persona facultada, en cuanto a las comunicaciones que se realicen, o se acuse recibo en la misma forma de las que se reciben) y serán realizados en español (a excepción de la documentación cuya redacción original fuera en otro idioma y haya sido enviada por una Parte a la otra, en cuyo caso la traducción al español no será necesaria).

11.2. Cuando la notificación se dirija a una Parte, a la dirección correspondiente establecida en el Anexo .... (o a cualquier otra dirección que esa Parte, de acuerdo con esta Cláusula 14, designe por escrito y con un preaviso a la otra Parte de cinco Días Hábiles) y se haga referencia de forma expresa y notoria a este Contrato, se considerará como fecha de entrega de la notificación: (a) la fecha de entrega, cuando se entregue por conducto notarial, burofax con acuse de recibo y certificado de contenido; o (b) la fecha en la que fuera enviada, cuando la notificación sea enviada por correo electrónico en el horario comercial habitual del lugar de recepción y, en caso de llegar fuera de este horario, el Día Hábil inmediatamente siguiente, salvo que con anterioridad al Día Hábil inmediatamente siguiente, la Parte destinataria confirmase haber recibido la comunicación por lo que dicho día se reputará como fecha de entrega.

11.3. Para reputarse válidas las notificaciones enviadas por correo electrónico habrán de dirigirse necesariamente a todas y cada una de las direcciones de correo electrónico que figuran en el Anexo .... para cada una de las Partes.

11.4. Si alguna comunicación se remitiese por un medio distinto del correo electrónico, deberá enviarse igualmente a la Parte que corresponda y, a la mayor brevedad posible, copia de la referida notificación por correo electrónico a las direcciones de correo electrónico correspondientes.

12. General

12.1. Confidencialidad

12.1.1. Los términos y condiciones de este Plan de Reestructuración, incluyendo su existencia, son confidenciales y así deberán ser tratados por las Partes. Asimismo, cualquier otra información entregada por una de las Partes a la otra relacionada con este Plan de Reestructuración que, antes de su entrega, haya sido calificada por la Parte que la entrega como confidencial o privilegiada (o sus equivalentes en inglés), o bien, deba ser entendida como tal utilizando criterios comercialmente razonables (la "Información Confidencial") deberá ser tratada como información confidencial por la Parte que la reciba. En consecuencia, las Partes tratarán y conservarán en todo momento la Información Confidencial recibida de la otra y los términos y condiciones de este Contrato (incluyendo su existencia) como secretos y confidenciales, y no los comunicarán ni revelarán directa ni indirectamente (tanto en forma oral o escrita) a ninguna otra Persona con la única excepción de a sus administradores, empleados, agentes, asesores profesionales externos (legales o de otro tipo) y auditores (los "Representantes") en la medida en que dicha comunicación sea necesaria para la suscripción, consumación, ejecución y cumplimiento de este Contrato o se requiera con fines de auditoría, contabilidad o de control interno de cada una de las Partes. Para que una Parte pueda realizar esta comunicación a cualquiera de sus Representantes será necesario que previamente suscriba con el Representante de que se trate, salvo que las normas jurídicas que regulan su profesión lo hagan innecesario, un contrato de confidencialidad en los mismos términos de la presente cláusula, excepto, precisamente, la posibilidad de comunicar la información a Representantes.

12.1.2. No tendrá el carácter de Información Confidencial, (i) la información que pase a ser de dominio público, salvo que adquiera este carácter a causa de un incumplimiento de este Contrato imputable a la Parte receptora de la información o a sus Representantes; (ii) la información no confidencial de la que la Parte receptora dispusiera con anterioridad a que la otra Parte se la proporcionase, o haya sido conocida de forma independiente por la Parte receptora; y (iii) aquella información que sea recibida por una Parte a través de terceros sin que implique incumplimiento de este Contrato.

12.1.3. No obstante lo anterior, cada Parte podrá revelar Información Confidencial recibida de la otra Parte o los términos y condiciones de este Contrato (incluyendo su existencia) además de a cualquier agencia de rating y sus asesores, cuando y en la medida en que:

12.1.4. Dicha revelación sea necesaria para realizar cualquier actuación, cumplir cualquier obligación, o ejercitar cualquier derecho previsto en este Plan de Reestructuración o en las Garantías, incluyendo expresamente a los efectos de perfeccionar una eventual cesión por parte de cualquier Acreditante en los términos previstos en la Cláusula 11 (Cesión) anterior y siempre y cuando el eventual cesionario formalice un acuerdo de confidencialidad en términos equivalentes a los aquí previstos; o que

12.1.5. Dicha revelación sea requerida por la Normativa aplicable, por una resolución administrativa o judicial, o por las normas o reglamentos de cualquier bolsa de valores o de otro organismo regulador a las que dicha Parte esté sujeta; en el bien entendido de que en este segundo supuesto —(ii)— y en la medida en que sea comercialmente razonable:

(i) la Parte que vaya a revelar la Información Confidencial o términos y condiciones de este Contrato (incluida su existencia) informe a la otra Parte con carácter previo de que va a proceder a dicha revelación para que esta última tenga la oportunidad de adoptar cualquier medida tendente a impedir dicha revelación, y

(ii) de que en caso de que no fuese posible o no se previniese dicha revelación por cualquier otro motivo, la Parte que vaya a proceder a realizar la revelación comunique exclusivamente aquella parte de la Información Confidencial o de los términos y condiciones del Contrato que sea legalmente requerida y empleará los esfuerzos comercialmente razonables para que la información revelada reciba un tratamiento acorde con su carácter confidencial.

(iii) La obligación de comunicar previamente a la otra Parte que asume la Parte que vaya a revelar la Información Confidencial o los términos y condiciones de este Plan de Reestructuración (incluyendo su existencia) se entiende sin perjuicio del derecho que esta tiene a revelar posteriormente toda o parte de la Información Confidencial o de los términos y condiciones de este Contrato (incluyendo su existencia) que sea necesaria para cumplir con las leyes, reglamentos o resoluciones citadas.

12.1.6. La presente obligación de confidencialidad se mantendrá vigente durante toda la vigencia del Plan de Reestructuración.

12.1.7. Esta cláusula constituye el acuerdo íntegro de las Partes respecto a las obligaciones en relación con la Información Confidencial y prevalecerá sobre cualquier acuerdo anterior, expreso o tácito, relacionado con la misma.

12.2. Comunicados de prensa y anuncios

Sin perjuicio de lo dispuesto en la Cláusula 12.1 anterior, ninguna de las Partes podrá, sin el consentimiento previo y por escrito de la otra Parte, emitir un comunicado de prensa o una declaración pública en relación con las operaciones contempladas en este Plan de Reestructuración. En el supuesto de que por las normas o reglamentos de cualquier bolsa de valores o de otro organismo regulador a las que una o ambas Partes estén sujetas, se deba publicar un anuncio o declaración sobre la celebración de este Plan de Reestructuración, las Partes deberán adoptar todas las medidas razonables para ponerse de acuerdo sobre el contenido del mismo.

12.3. Renuncias y derechos

Ninguna de las Partes podrá renunciar a un derecho o disposición de este Contrato, otorgar su consentimiento o aprobación en los términos que exija este Contrato u otorgar su consentimiento o aprobación para que la otra Parte desista, total o parcialmente, de la ejecución o cumplimiento del mismo, a menos que conste por escrito y lo firme la Parte contra la que la aplicación de dicha renuncia, consentimiento o aprobación se solicita. Dicha renuncia, consentimiento o aprobación será efectiva sólo para el caso específico y para los fines para los cuales fue otorgada. En ningún momento se interpretará la falta de ejercicio o el retraso de alguna de las Partes para ejercer o ejecutar cualquier condición, disposición, remedio, medida, derecho o parte de este Plan de Reestructuración, como (i) una renuncia de la condición, disposición, remedio, medida, derecho o parte del mismo o (ii) una pérdida del derecho a exigir su cumplimiento en el futuro.

Excepto que se prevea lo contrario, los derechos que le correspondan a cada una de las Partes han de entenderse que tienen carácter cumulativo y, el ejercicio de uno de ellos no debe entenderse que restringe el ejercicio de otro derecho concedido en virtud de este Plan de Reestructuración o por virtud de la Normativa aplicable.

12.4. Idioma

Este Plan de Reestructuración ha sido redactado, negociado y firmado en español.

Cualquier traducción del contenido de este Plan de Reestructuración a cualquier idioma tendrá carácter meramente informativo y no vinculante y las Partes acuerdan que dicha traducción no podrá ser empleada a efectos interpretativos de la versión española del Plan de Reestructuración ni siquiera cuando haya surgido una controversia o discrepancia entre las Partes en torno a la interpretación de una cláusula concreta de este Plan de Reestructuración.

12.5. Nulidad parcial o ilegalidad sobrevenida

Si cualquiera de las estipulaciones de este Plan de Reestructuración es o se convirtiera en nula, ilegal o ineficaz, la validez, legalidad y eficacia de las restantes estipulaciones en ningún caso se verán afectadas o perjudicadas. En tal caso, las Partes negociarán de buena fe los nuevos términos de la estipulación nula, ilegal o ineficaz correspondiente de tal forma que sus efectos sean lo más parecidos posibles.

12.6. Compromiso de colaboración

Cada Parte de este Plan de Reestructuración deberá, a requerimiento de la otra Parte, firmar, tomar razón, entregar, presentar o registrar y hacer que se firme, tome razón, entregue, presente o registre, cualesquiera certificados, modificaciones, instrumentos o documentos, así como realizar cualesquiera otras actuaciones que sean requeridas por la Normativa aplicable o sean necesarias o aconsejables, según la opinión razonable de la Parte solicitante, a los efectos de dar efectivo cumplimiento a lo dispuesto en este Plan de Reestructuración.

12.7. Fechas y plazos

Las Partes hacen constar que todas las fechas y plazos previstos o referidos en este Contrato son esenciales para el otorgamiento y cumplimento de este Plan de Reestructuración por las Partes.

13. Protección de datos

13.1. Tratamiento de datos de carácter personal

Las Partes quedan informadas de que los datos de carácter personal recogidos en virtud del presente Plan de Reestructuración y el resto de Documentos de la Reestructuración y todos aquellos relativos a representantes o empleados de una Parte que se comuniquen a la otra durante la relación contractual, se tratarán bajo la responsabilidad de la Parte receptora para la celebración, ejecución, cumplimiento y control de este Plan de Reestructuración y el resto de Documentos de la Reestructuración y el cumplimiento de sus respectivas obligaciones legales.

Los datos serán tratados únicamente por las Partes y por aquellos terceros a los que las Partes estén legal o contractualmente obligadas a comunicarlos. Igualmente, las Partes podrán ceder los datos personales en caso de cesión por parte de los Acreedores Afectados y/o constitución de gravámenes o garantías sobre sus derechos de crédito derivados del presente Plan de Reestructuración.

Antes de que cada Parte comunique a la otra datos personales de terceros, la parte que comunique habrá cumplido con los requisitos aplicables a dicha comunicación, incluidos los deberes de información y amparo en una base legal, sin que la Parte receptora deba realizar actuación adicional alguna vis-à-vis los interesados.

El Obligado declaran conocer, y consentir expresamente cuando la normativa aplicable de protección de datos así lo requiera, la comunicación de sus datos personales a otras sociedades del Grupo de los Acreedores Afectados junto con cualquier información relevante de operaciones que permita el cumplimiento por dichas sociedades de (i) la normativa interna de su Grupo en materia de prevención del crimen financiero, (ii) sus obligaciones legales de prevención del blanqueo de capitales y de la financiación del terrorismo y (iii) el reporte regulatorio a las autoridades supervisoras.

13.2. Finalidad del tratamiento de los datos de carácter personal

El tratamiento de los datos es necesario para las finalidades referidas en el apartado anterior y su base jurídica es la celebración, ejecución, gestión y cumplimiento de la presente relación contractual y, en su caso, el cumplimiento de obligaciones legales. En particular, en caso de ser aplicable por obligación legal, los datos personales se tratarán para la prevención del blanqueo de capitales y financiación del terrorismo a los efectos de que puedan cumplir con las obligaciones de recogida de información e identificación, así como de suministro de información sobre operaciones de pago a las autoridades de otros países, dentro y fuera de la Unión Europea, sobre la base de la legislación de algunos países y acuerdos firmados entre los mismos.

13.3. Plazo

Los datos personales se tratarán durante la duración del Plan de Reestructuración y, tras ello, por un período de diez (10) años salvo que, excepcionalmente, fuera de aplicación a las Partes un plazo de prescripción de cualesquiera acciones legales o contractuales superior.

13.4. Derechos de los titulares de los datos personales

Los titulares de los datos personales podrán ejercitar los derechos de acceso, rectificación, supresión, limitación, oposición y portabilidad, así como retirar el consentimiento prestado o cualesquiera otros reconocidos por la ley, mediante notificación escrita a la Parte correspondiente, a la atención del responsable o delegado de protección de datos, de conformidad con la Cláusula 17 y dirigida a las direcciones expuestas en el Anexo …………

Los titulares de los datos personales tienen derecho a presentar reclamaciones ante la Agencia Española de Protección de Datos.

13.5. Cesión de datos personales al ICO

13.5.1. A los efectos de cumplir con la Normativa vigente de protección de datos de carácter personal, los Deudores queda informada de la cesión de sus datos, que afectan a los instrumentos bilaterales con Garantía ICO, al ICO u otros organismos o terceros a los efectos de gestión, control y seguimiento de estas operaciones de financiación, así como para que dichos datos puedan ser utilizados a efectos estadísticos. Asimismo, los Deudores queda informado de que ICO, siempre en beneficio de los Deudores, puede facilitar a aquellos organismos públicos con los que tenga suscritos o pueda suscribir acuerdos o convenios relativos a sus líneas de financiación, cuanta información concerniente a las operaciones formalizadas en virtud de los Instrumentos Bilaterales con Garantía ICO pudiera serle requerida. Los Deudores queda informada de que las mencionadas cesiones son necesarias para la formalización del presente Contrato y de los instrumentos bilaterales con Garantía ICO.

13.5.2. El Obligado autorizan a las Entidades Financieras la cesión al ICO de los datos personales reflejados en este Plan de Reestructuración y los Instrumentos Bilaterales con Garantía ICO (en particular, los correos electrónicos reseñados por el Obligado en este Plan de Reestructuración), para que ICO pueda enviarle las respectivas newsletter de ICO, así como cuanta información relacionada con ICO o sus líneas que éste considere oportuno remitirles y, en especial, para el envío de comunicaciones publicitarias o promocionales de ICO por cualquier medio, incluido mediante comunicaciones comerciales electrónicas o equivalentes, aún concluida la relación contractual entre las Partes en virtud del presente

Plan de Reestructuración y los Instrumentos Bilaterales con Garantía ICO, de conformidad con lo establecido en la Ley 34/2002, de servicios de la sociedad de la información y comercio electrónico. Desde el contenido de la newsletter el Obligado se podrán dar de baja si así lo desean.

13.5.3. Asimismo, el Obligado autorizan a ICO a emplear la información facilitada y a solicitar información a otros departamentos de la Administración Central y Territorial (entre otros, RETA, Dirección General de Aduanas, Seguridad Social) para llevar a cabo las comprobaciones oportunas.

13.6. Identificación y contacto de ICO

13.6.1. ICO será responsable de los datos de carácter personal anteriormente citados en aquellos aspectos que sean de su competencia de acuerdo con la Normativa aplicable. Asimismo, los datos serán tratados de acuerdo con la Normativa vigente en materia de protección de datos; y en el caso de las cesiones autorizadas, mientras permanezcan vigentes las autorizaciones de uso otorgadas.

13.6.2. En su cumplimiento estos datos serán conservados (durante el plazo de prescripción de las acciones derivadas de las solicitudes, o de las relaciones derivadas del servicio y/o contractuales suscritas) a los únicos efectos de cumplir las obligaciones legales requeridas, y para la formulación, ejercicio o defensa de reclamaciones, en su caso.

13.6.3. Asimismo, en relación con los datos personales cedidos al ICO, el Obligado podrán ejercitar los derechos de acceso, rectificación, supresión (derecho al olvido), limitación al tratamiento, portabilidad y oposición mediante petición escrita al ICO, en Paseo del Prado, 4 - 28014 (Madrid) España o enviando un correo electrónico a delegado. protecciondatos@ico.es

14. Legislación aplicable y jurisdicción

14.1. La interpretación y cumplimiento del presente Plan de Reestructuración se regirá en su totalidad por las leyes generalmente aplicables en España.

14.2. Las Partes, con renuncia expresa a cualquier otra jurisdicción que pudiera corresponderles, expresamente acuerdan someter cualquier asunto referente a la interpretación, validez o cumplimiento del presente Plan de Reestructuración, incluidos los Garantes, con renuncia expresa a cualquier otro fuero que les pudiera corresponder, a los Tribunales de la ciudad de Alicante.

Las Partes manifiestan su conformidad al presente contrato que otorgan y firman con mi intervención en un ejemplar, formalizado a un solo efecto y para su entrega a las mismas, quedando un ejemplar en mi archivo.

Y yo, el Notario Colegiado, hechas las advertencias legales y en particular las de carácter fiscal y las relativas al conocimiento y aprobación expresa por las partes intervinientes de las condiciones generales, no inscritas, que se hallan incorporadas al contrato, doy fe de la identidad y capacidad de las partes, de la legitimidad de sus firmas y de todo lo convenido en la presente póliza que firmo y sello en el lugar y fecha al comienzo indicados.

[HOJA DE FIRMAS A CONTINUACIÓN]

.... D.	.... D.
....	....
....	....
....	....
....	....
....	....

F142. PLAN DE REESTRUCTURACIÓN (IV)

1. Introducción y Antecedentes

1.1. Introducción

El presente documento describe el Plan de Reestructuración diseñado por [Nombre de la Empresa] en cumplimiento de lo establecido en el Texto Refundido de la Ley Concursal (TRLC). Este plan tiene como principal objetivo abordar la situación de insolvencia actual de la empresa, a través de medidas concretas que permitan restablecer su viabilidad financiera y garantizar la continuidad de su actividad.

El plan se sustenta en un análisis detallado de la situación económica de la empresa, una proyección de su capacidad de generación de ingresos y una propuesta de reestructuración que equilibra los intereses de los acreedores afectados y de otros grupos de interés. Además, se han considerado alternativas como la liquidación, concluyendo que este plan ofrece una recuperación sustancialmente mayor para los acreedores y protege los activos esenciales de la empresa.

El documento detalla:

1. La situación financiera actual de la empresa y su impacto en los acreedores.
2. Las medidas propuestas para reestructurar la deuda y optimizar la operativa.
3. Los beneficios del plan frente a otros escenarios.
4. La forma en que el plan cumple con los requisitos normativos del TRLC.

1.2. Descripción de la Empresa

[Nombre de la Empresa] es una entidad con una sólida trayectoria en el mercado, dedicada a [detallar actividad principal]. Su importancia dentro del sector se refleja en su capacidad para [describir impacto en el mercado o ventaja competitiva].

Datos Generales

- Nombre completo: [Nombre]
- CIF: [Número de Identificación Fiscal]
- Domicilio Social: [Dirección completa]
- Año de fundación: [Año]
- Número de empleados:
    - Contratados directamente: [Número].
    - Indirectos: [Número].

Estructura Organizativa

La empresa cuenta con las siguientes divisiones operativas:

1. [Nombre del área 1]: Descripción breve de las funciones.
2. [Nombre del área 2]: Descripción breve de las funciones.

Ámbito de Operación

- Mercado local: [Detalles del alcance local, clientes principales, sectores cubiertos].
- Mercado internacional: [Países donde opera, porcentaje de ingresos internacionales].

Productos o Servicios Clave

1. [Producto/Servicio 1]: Descripción de características principales.
2. [Producto/Servicio 2]: Detalles de su importancia para la generación de ingresos.

1.3. Contexto de la Reestructuración

La situación actual de la empresa responde a una serie de factores tanto internos como externos que han afectado su estabilidad financiera y operativa. Este apartado describe en detalle las causas, el impacto de dichas circunstancias y las acciones preliminares adoptadas antes de la elaboración del plan de reestructuración.

Causas Internas

- Incremento de costes operativos: Durante el último año, los costes asociados a [detallar áreas específicas, como suministros, transporte, mano de obra] aumentaron un [porcentaje], afectando la rentabilidad.
- Falta de adaptación tecnológica: La ausencia de inversión en tecnología para optimizar procesos ha generado una pérdida de competitividad frente a los principales competidores.
- Problemas de gestión: Decisiones estratégicas incorrectas relacionadas con [detallar, como expansión desmedida, errores en la política de precios].

Causas Externas

- Crisis económica global: La desaceleración del mercado debido a [ejemplo: inflación, pandemia] redujo significativamente la demanda de [producto/servicio principal].
- Alteraciones en la cadena de suministro: Retrasos y sobrecostes en [materias primas, transporte], lo que aumentó los plazos de entrega y afectó la confianza de los clientes.
- Cambios regulatorios: Nuevas normativas que impactaron los costos de operación o la fiscalidad de la empresa.

Acciones Preliminares Adoptadas

Antes de la elaboración del plan de reestructuración, la empresa implementó una serie de medidas para mitigar los efectos de la crisis, entre ellas:

1. Reducción temporal de costes: Incluyó [describir medidas específicas, como renegociación de contratos de arrendamiento, reducción de gastos en marketing].

2. Renegociación de contratos de deuda: Ajustes en plazos y tasas de interés con algunos acreedores financieros.

3. Suspensión de proyectos no prioritarios: Detención temporal de [proyectos o iniciativas].

Aunque estas medidas lograron reducir parcialmente el impacto negativo, no fueron suficientes para revertir la tendencia de insolvencia, lo que hace necesario este plan de reestructuración.

2. Situación Financiera Actual

2.1. Análisis del Pasivo Total

La empresa presenta un pasivo total de [Importe Total], distribuido de la siguiente manera:

Clasificación de los Créditos

1. Créditos financieros:
   - o Instituciones bancarias: [Importe].
   - o Bonos emitidos: [Importe].
2. Créditos comerciales:
   - o Proveedores locales: [Importe].
   - o Proveedores internacionales: [Importe].
3. Créditos laborales:
   - o Sueldos atrasados: [Importe].
   - o Indemnizaciones pendientes: [Importe].
4. Créditos públicos:
   - o Deuda tributaria: [Importe].
   - o Deuda con la seguridad social: [Importe].

2.2. Análisis del Pasivo Afectado y No Afectado

Deuda Afectada

- Importe Total: [Especificar].
- Motivos de inclusión: La deuda afectada corresponde a [describir tipos de créditos, como financieros, comerciales], cuya reestructuración es imprescindible para garantizar la viabilidad de la empresa.

Deuda No Afectada

- Importe Total: [Especificar].
- Justificación de exclusión:

1. Créditos laborales protegidos conforme al TRLC.

2. Obligaciones esenciales para el mantenimiento operativo de la empresa, como [describir pagos críticos].

2.3. Impacto de la Situación Financiera en los Acreedores

La situación actual de la empresa afecta de manera directa e indirecta a los siguientes grupos:

1. Acreedores financieros: [Describir el impacto].
2. Acreedores comerciales: Pérdida de confianza en la continuidad de los pagos.
3. Acreedores laborales: Retrasos en pagos salariales que afectan el clima laboral y la motivación del personal.

3. Medidas del Plan de Reestructuración

El plan propuesto incluye un conjunto de medidas estructuradas en tres áreas principales: financieras, operativas y estratégicas, diseñadas para abordar tanto la carga de deuda como los problemas de eficiencia y rentabilidad que afectan a la empresa. Cada medida se justifica con base en la viabilidad futura de la empresa y el beneficio que aportará a los acreedores afectados.

3.1. Medidas Financieras

Estas medidas están orientadas a reestructurar la deuda existente, ajustando su carga al flujo de ingresos proyectado de la empresa.

Quita de Deuda

La quita consiste en una reducción del [porcentaje] sobre el importe principal de los créditos afectados, con el objetivo de alinear la deuda a la capacidad real de generación de caja de la empresa. Esta medida impacta directamente en la estructura de pasivo de la siguiente manera:

1. Créditos Ordinarios:
    - o Importe previo a la quita: [Importe].
    - o Importe tras la quita: [Importe].
    - o Porcentaje de reducción: [Porcentaje].
2. Créditos Subordinados:
    - o Importe previo: [Importe].
    - o Importe tras la quita: [Importe].
    - o Porcentaje de reducción: [Porcentaje].

3. Créditos con Garantía Real (en su caso):

    o Modificación limitada a los intereses moratorios y condiciones accesorias, preservando el derecho principal.

Justificación:

La quita busca asegurar que los acreedores obtengan una recuperación superior a la que se derivaría en un escenario de liquidación, maximizando así su interés económico.

Esperas y Reestructuración del Calendario de Pagos

Se propone un ajuste en los plazos de pago de la deuda restante, distribuyéndolos en un período de [duración total], con las siguientes características:

1. Período de carencia inicial: [Meses o años] sin pagos de principal ni intereses, para permitir la estabilización operativa y financiera.
2. Pagos escalonados:
    o Año 1: [Porcentaje del total].
    o Año 2: [Porcentaje del total].
    o Años posteriores: [Detalles].

Proyección de Flujo de Caja Ajustado

Los pagos proyectados están alineados con la capacidad de generación de ingresos de la empresa según el plan de viabilidad adjunto (ver Anexo).

Nueva Financiación

Para respaldar la implementación del plan, se ha asegurado una línea de financiación adicional de [Importe Total], proporcionada por [fuente de financiación: inversores, bancos].

- Destino de los fondos:
    o [Porcentaje] para capital de trabajo.
    o [Porcentaje] para inversiones en activos operativos.
    o [Porcentaje] para cubrir obligaciones críticas (pago de acreedores no afectados).
- Condiciones de la nueva financiación:
    o Tipo de interés: [Porcentaje].
    o Plazo: [Duración].
    o Garantías asociadas: [Especificar].

Impacto esperado:

El acceso a estos recursos permitirá mejorar la liquidez inmediata, evitar interrupciones en la cadena de suministro y garantizar la continuidad de las operaciones.

3.2. Medidas Operativas

Estas medidas complementan la reestructuración financiera, asegurando que la empresa alcance niveles óptimos de eficiencia operativa.

Reorganización del Modelo Operativo

1. Reestructuración del personal:
   - o Reducción de [Número] puestos de trabajo no esenciales.
   - o Redistribución del personal clave hacia áreas estratégicas.
   - o Implementación de planes de formación para mejorar la productividad.
2. Optimización de la producción:
   - o Modernización de instalaciones mediante la adquisición de [equipos/tecnología].
   - o Externalización de procesos secundarios (por ejemplo, [detallar]).

Reducción de Costes

Se implementarán medidas específicas para reducir los costes operativos en un [porcentaje esperado]:

1. Contratación y proveedores:
   - o Negociación de nuevos contratos con condiciones más favorables.
   - o Sustitución de proveedores no estratégicos.
2. Eficiencia energética:
   - o Instalación de sistemas más eficientes.
   - o Ahorros estimados de [Importe anual].

Venta de Activos No Estratégicos

1. Lista de activos identificados:
   - o Activo 1: [Descripción y valor estimado].
   - o Activo 2: [Descripción y valor estimado].
2. Impacto esperado:
   - o Reducción de la deuda en [Importe].
   - o Mejora inmediata del ratio de liquidez en [Porcentaje].

3.3. Medidas Estratégicas

Estas medidas buscan reforzar la posición competitiva de la empresa en el mercado y asegurar su sostenibilidad a largo plazo.

1. Revisión de la cartera de productos/servicios:
   - o Enfoque en líneas de negocio más rentables.
   - o Eliminación gradual de productos con bajo margen.
2. Expansión en mercados internacionales:
   - o Identificación de nuevos mercados objetivo ([Regiones o países específicos]).
   - o Estimación de ingresos adicionales: [Proyección en% o importe].
3. Digitalización:
   - o Implementación de un sistema integral de gestión (ERP).
   - o Automatización de procesos internos clave: [Ejemplos].

4. Justificación y Viabilidad

4.1. Comparación con Escenario de Liquidación

En caso de optar por la liquidación, la recuperación estimada para los acreedores sería sustancialmente menor, según el análisis siguiente:

Recuperación en Liquidación

1. Créditos con garantía real: [Porcentaje o importe].
2. Créditos ordinarios: [Porcentaje o importe].
3. Créditos subordinados: [Porcentaje o importe].

Total estimado: [Importe total en liquidación].

Recuperación en Reestructuración

1. Créditos con garantía real: [Porcentaje o importe].
2. Créditos ordinarios: [Porcentaje o importe].
3. Créditos subordinados: [Porcentaje o importe].

Total estimado: [Importe total en reestructuración].

Conclusión: El plan de reestructuración ofrece una recuperación [superior en X porcentaje] para los acreedores, además de preservar la continuidad de la empresa y sus empleos.

4.2. Plan de Viabilidad

El plan de viabilidad establece las proyecciones financieras y operativas de la empresa durante los próximos [Número] años, considerando las medidas incluidas en el plan de reestructuración.

Proyección de Ingresos

1. Ingresos esperados en el año 1: [Importe].

2. Crecimiento proyectado en años posteriores: [Porcentaje anual].

Costes Operativos

1. Costes iniciales ajustados: [Importe].

2. Ahorros esperados por medidas operativas: [Importe o porcentaje].

Ratios Clave

1. EBITDA proyectado: [Importe o porcentaje].

2. Ratio de endeudamiento (deuda/EBITDA): [Ratio esperado].

5. Cumplimiento Normativo

Este apartado detalla cómo el plan de reestructuración cumple con los requisitos legales establecidos en el Texto Refundido de la Ley Concursal (TRLC), incluyendo la formación de clases, la obtención de mayorías y el respeto al principio de trato equitativo entre acreedores.

5.1. Formación de Clases de Acreedores

Conforme al artículo 622 del TRLC, los acreedores han sido clasificados en clases homogéneas, atendiendo a la naturaleza de sus derechos y su posición en la estructura de pasivos. Este proceso garantiza un trato justo y equitativo, alineado con las exigencias legales.

Criterios de Clasificación

1. Créditos con Garantía Real

   Los acreedores incluidos en esta clase tienen derechos preferentes sobre bienes específicos del patrimonio de la empresa. Esta clase incluye a [número de acreedores], con un importe total de [importe].

2. Créditos Ordinarios

   Acreedores que no poseen derechos preferentes ni subordinados. Esta clase incluye a [número de acreedores], con un importe total de [importe].

3. Créditos Subordinados

   Acreedores cuyo rango se encuentra por debajo de los créditos ordinarios, conforme al artículo 281 del TRLC. Esta clase incluye a [número de acreedores], con un importe total de [importe].

Homogeneidad dentro de las Clases

Cada clase incluye únicamente acreedores que comparten características similares en cuanto a sus derechos de crédito, asegurando un trato equitativo y proporcional dentro de cada grupo.

5.2. Mayorías Alcanzadas

Conforme al artículo 639 del TRLC, el plan ha sido sometido a votación en las distintas clases de acreedores, obteniéndose las siguientes mayorías:

1. Clase 1: Créditos con Garantía Real
    - o Total de votos emitidos: [Número].
    - o A favor: [Porcentaje].
    - o En contra: [Porcentaje].
2. Clase 2: Créditos Ordinarios
    - o Total de votos emitidos: [Número].
    - o A favor: [Porcentaje].
    - o En contra: [Porcentaje].
3. Clase 3: Créditos Subordinados
    - o Total de votos emitidos: [Número].
    - o A favor: [Porcentaje].
    - o En contra: [Porcentaje].

Cumplimiento de las Reglas de Mayoría

El plan cumple con los requisitos establecidos en el artículo 639 del TRLC, alcanzando las mayorías exigidas en las clases clave para proceder con su homologación judicial.

5.3. Principios de Equidad y Proporcionalidad

Equidad entre Acreedores de una Misma Clase

Dentro de cada clase, el plan garantiza que los acreedores reciban un trato proporcional a su crédito, sin generar ventajas indebidas para ningún acreedor en particular.

Proporcionalidad entre Clases

La distribución de los pagos y la aplicación de quitas y esperas se ha realizado respetando el orden de prelación establecido en el artículo 281 del TRLC, asegurando que las clases con mayor rango reciban una recuperación adecuada antes de atender a las clases subordinadas.

Prueba de Interés Superior

El plan ofrece una recuperación sustancialmente mayor para los acreedores en comparación con un escenario de liquidación, conforme al análisis descrito en el apartado 4. Este criterio cumple con el requisito del artículo 630 del TRLC, justificando la implementación del plan incluso en presencia de acreedores disidentes.

5.4. Opinión del Experto en Reestructuración

Un experto independiente designado conforme al artículo 683 del TRLC ha emitido un informe que respalda la viabilidad del plan y su cumplimiento normativo.

Identificación del Experto

- Nombre: [Nombre del Experto]
- Número de Registro: [Número]
- Vinculación con el deudor: Declaración de independencia adjunta.

Conclusiones del Informe del Experto

1. El plan cumple con todos los requisitos legales establecidos en el TRLC.
2. Se ha respetado el principio de trato equitativo entre acreedores.
3. El análisis de viabilidad confirma que el plan es económicamente sostenible.
4. La recuperación proyectada para los acreedores es superior a la que se obtendría en un escenario de liquidación.

6. Anexos

A continuación, se adjunta la documentación complementaria que sustenta las afirmaciones y proyecciones incluidas en el plan de reestructuración.

6.1. Documentos Financieros

1. Balance General Auditado: Último balance anual y balance intermedio más reciente.

2. Cuenta de Resultados: Estados financieros detallados de los últimos tres ejercicios.

3. Proyecciones Financieras: Documento que incluye los flujos de caja proyectados para los próximos [número] años.

6.2. Relación de Acreedores

1. Listado de Acreedores Afectados:
    - Acreedor 1: [Nombre, importe adeudado, clasificación].
    - Acreedor 2: [Nombre, importe adeudado, clasificación].
2. Listado de Acreedores No Afectados:
    - Acreedor 1: [Nombre, importe excluido, motivo de exclusión].
    - Acreedor 2: [Nombre, importe excluido, motivo de exclusión].

6.3. Informes y Actas

1. Informe del Experto Independiente: Opinión técnica sobre la viabilidad del plan y su cumplimiento normativo.

2. Actas de las Reuniones de Acreedores: Detalle de las votaciones realizadas por cada clase de acreedores, incluyendo los porcentajes de aprobación y los votos emitidos.

6.4. Documentos Adicionales

1. Contratos asociados a la nueva financiación, incluyendo condiciones y plazos.
2. Justificación técnica de la venta de activos no estratégicos, con tasaciones independientes.
3. Certificados de cumplimiento tributario y de la Seguridad Social.

F143. PLAN DE REESTRUCTURACIÓN (V)

[Nombre de la Empresa Deudora]

Índice de Contenido

1. Comparecencia
2. Expositivos
3. Objeto y Naturaleza del Plan de Reestructuración
4. Formación de Clases y Aprobación del Plan
   4.1. Criterios generales de formación de clases
   4.2. Detalle de Clases
5. Medidas Financieras y Operativas
   5.1. Medidas Financieras
   5.2. Medidas Operativas
6. Cumplimiento de los Requisitos Legales
7. Homologación del Plan
8. Costes, Gastos e Impuestos
9. Confidencialidad
10. Ley Aplicable y Jurisdicción
11. Anexos

1. Comparecencia

De una parte:

[Nombre de la Empresa Deudora], sociedad de nacionalidad española, constituida en fecha [Fecha de Constitución], inscrita en el Registro Mercantil de [Ciudad], Tomo [Tomo], Folio [Folio], Hoja [Hoja], con domicilio social en [Dirección Completa] y con N.I.F. [Número de Identificación Fiscal] (en adelante, la "Deudora").

De otra parte:

Los acreedores enumerados en el Anexo 1, cuyos créditos han quedado total o parcialmente afectados por el presente Plan de Reestructuración (en adelante, los "Acreedores Afectados Participantes").

Ambas partes, en calidad de Deudora y Acreedores Afectados Participantes, acuerdan suscribir el presente Plan de Reestructuración en virtud de lo dispuesto en el Libro Segundo del Texto Refundido de la Ley Concursal (TRLC), y en particular conforme a los artículos 614 y siguientes del TRLC, con el objetivo de alcanzar un acuerdo que permita restablecer la viabilidad financiera y económica de la Deudora.

2. Expositivos

2.1. Descripción de la Deudora

[Nombre de la Empresa Deudora] es una sociedad dedicada a [descripción detallada de la actividad principal], que incluye:

- [Actividad 1], detallando [productos, servicios].
- [Actividad 2], especificando [mercados, sectores].

La empresa opera en [Mercados Nacionales/Internacionales], destacándose por:

1. Impacto económico en el sector: [Porcentaje del mercado].
2. Empleos generados: [Número].
3. Facturación promedio en los últimos tres años: [Cifras].

2.2. Situación Económica y Financiera

La Deudora atraviesa una situación de insolvencia como consecuencia de una combinación de factores internos y externos, incluyendo:

- Factores Internos:
  1. Incremento de costes operativos: [Detalles].
  2. Problemas en la cadena de suministro: [Impactos específicos].
- Factores Externos:
  1. Impacto de la pandemia: [Reducción en ventas, interrupciones logísticas].
  2. Inflación y aumento de tasas de interés: [Consecuencias financieras].

2.3. Necesidad del Plan de Reestructuración

El presente plan es indispensable para:

1. Evitar la liquidación de la empresa: Minimizar el impacto económico y social.
2. Restablecer la viabilidad económica: Permitir la continuidad de las operaciones comerciales.
3. Garantizar la recuperación de los acreedores: Maximizar el valor de los activos en beneficio de las partes interesadas.

3. Objeto y Naturaleza del Plan de Reestructuración

3.1. Objeto del Plan

El Plan de Reestructuración tiene como objetivos principales:

1. Ajustar la estructura de deuda: Implementando quitas y esperas que permitan a la Deudora cumplir con sus obligaciones.
2. Garantizar la sostenibilidad operativa: A través de medidas financieras y operativas diseñadas para estabilizar y fortalecer las bases económicas de la empresa.
3. Proteger el interés de los acreedores: Asegurando una recuperación superior en comparación con un escenario de liquidación.
4. Promover la inversión: Mediante la entrada de nueva financiación para impulsar el crecimiento futuro.

3.2. Naturaleza Jurídica

El presente plan tiene naturaleza contractual, integrándose dentro de las disposiciones del Libro Segundo del TRLC, específicamente en lo relativo a los artículos 614 a 639, y se somete a los principios de transparencia, proporcionalidad y equidad en su aplicación.

3.3. Ámbito de Aplicación

1. Ámbito objetivo: Créditos financieros, comerciales y otros especificados en el artículo 616 del TRLC.
2. Ámbito subjetivo: Acreedores afectados definidos en los anexos, excluyendo créditos laborales y públicos conforme al artículo 617 del TRLC.

4. Formación de Clases y Aprobación del Plan

4.1. Criterios Generales de Formación de Clases

La clasificación de los acreedores se ha realizado con base en los principios de homogeneidad y equidad establecidos en el artículo 622 del TRLC. Cada clase agrupa a acreedores que comparten características similares en términos de:

- Naturaleza de los créditos: Garantizados, financieros, comerciales o subordinados.
- Rango jurídico: Privilegio especial, ordinario o subordinado.
- Derechos económicos: Porcentaje del pasivo y recuperación proyectada.

4.2. Detalle de Clases

Clase 1: Créditos con Garantía Real

- Importe total de créditos: [Importe].
- Acreedores principales: [Lista de Acreedores].
- Medidas propuestas:

1. Quita del [Porcentaje]%.
2. Amortización escalonada en [Número de años].

Clase 2: Créditos Ordinarios

- Importe total de créditos: [Importe].
- Acreedores principales: [Lista de Acreedores].
- Medidas propuestas:

1. Quita del [Porcentaje]%.
2. Pago diferido en [Plazo de espera].

Clase 3: Créditos Subordinados

- Importe total de créditos: [Importe].
- Medidas propuestas:

1. Extinción parcial de créditos subordinados.
2. Reconversión parcial en instrumentos financieros.

Conclusión sobre la Formación de Clases:

El Plan cumple con los requisitos legales para la formación de clases, respetando los derechos de los acreedores conforme al artículo 622 del TRLC.

5. Medidas Financieras y Operativas

5.1. Medidas Financieras

1. Quita y Espera: Reducción del pasivo en un [Porcentaje]% y diferimiento del pago durante [Duración].
2. Nueva Financiación: Inyección de [Importe], proveniente de [Nombre del Inversor].

5.2. Medidas Operativas

1. Optimización de Recursos: Implementación de un plan de reducción de costes, que incluye:
   - Reorganización del personal.
   - Externalización de procesos secundarios.
2. Expansión Comercial: Apertura de nuevos mercados en [Regiones/Países].

6. Cumplimiento de los Requisitos Legales

El plan se ajusta a los requisitos del Libro Segundo del TRLC, incluyendo:

1. Contenido mínimo: Identificación de las medidas financieras y operativas.
2. Transparencia: Comunicación adecuada a los acreedores afectados.
3. Equidad: Trato justo y proporcional para todas las clases de acreedores.

7. Homologación del Plan

7.1. Solicitud de Homologación

El presente Plan de Reestructuración será sometido a homologación judicial conforme a lo dispuesto en los artículos 635 a 639 del TRLC, con el objetivo de:

1. Extensión de Efectos: Asegurar que las medidas adoptadas sean vinculantes para todos los acreedores afectados, incluidos aquellos que no hayan participado en las negociaciones.
2. Protección frente a Acciones Rescisorias: Otorgar seguridad jurídica a las transacciones realizadas bajo el amparo del plan.

7.2. Procedimiento

1. Presentación ante el Tribunal Competente:
   - o El plan será presentado junto con la documentación exigida por el artículo 636 del TRLC, incluyendo:
     - Relación de créditos afectados y no afectados.
     - Actas de las reuniones con los acreedores.
     - Informe del experto en reestructuración.
2. Notificación a los Acreedores:
   - o Se garantizará que todos los acreedores afectados sean notificados de la solicitud de homologación, conforme al artículo 638 del TRLC.
3. Resolución Judicial:
   - o Una vez evaluada la legalidad del plan y constatada la obtención de las mayorías requeridas, el Tribunal de Instancia de......, sección de la concursal, dictará resolución homologando el plan y extendiendo sus efectos.

7.3. Efectos de la Homologación

La homologación del plan tendrá los siguientes efectos:

1. Carácter Vinculante:
   - o Las medidas adoptadas serán obligatorias para todos los acreedores afectados, incluidos los disidentes, conforme al artículo 638 del TRLC.
2. Suspensión de Ejecuciones Individuales:
   - o Durante el periodo de ejecución del plan, se suspenderán las acciones de ejecución individual, garantizando la estabilidad financiera de la Deudora.
3. Protección de la Nueva Financiación:
   - o Los fondos aportados como nueva financiación estarán protegidos frente a posibles acciones de reintegración, conforme al artículo 639 del TRLC.

Conclusión: La homologación judicial garantiza la viabilidad y efectividad del Plan de Reestructuración, ofreciendo seguridad jurídica tanto a la Deudora como a los acreedores.

8. Costes, Gastos e Impuestos

8.1. Costes Asociados al Plan

El coste total del proceso de reestructuración, incluyendo honorarios profesionales, gastos administrativos y costos de homologación judicial, asciende a [Importe Total]. Este importe incluye:

1. Honorarios del Experto en Reestructuración:
   - o Importe: [Importe], conforme a los términos pactados en el contrato de servicios.
2. Costes Legales y Administrativos:
   - o Gastos de notificación a acreedores, redacción de actas y presentación judicial: [Importe].
3. Costes Financieros:
   - o Comisiones asociadas a la obtención de nueva financiación: [Importe].

8.2. Responsabilidad por el Pago de Costes

1. Responsabilidad de la Deudora:
   - o Todos los costes serán asumidos por [Nombre de la Empresa Deudora], salvo acuerdo expreso en contrario con los acreedores participantes.
2. Distribución de Costes:
   - o En caso de aprobación de la nueva financiación, parte de los costes serán cubiertos con los fondos obtenidos.

8.3. Implicaciones Fiscales

1. Impacto Tributario de las Quitas:
   - o La reducción de deuda generará un ingreso contable sujeto al Impuesto sobre Sociedades, salvo que la Deudora acredite la compensación de bases imponibles negativas.
2. Tributación de los Acreedores:
   - o Los acreedores deberán reflejar los ajustes en la valoración de sus créditos conforme a las normas del Impuesto sobre Sociedades o del IRPF, según corresponda.

Conclusión: Los costes e impuestos derivados del Plan de Reestructuración han sido evaluados y son asumibles por la Deudora sin comprometer su viabilidad financiera.

9. Confidencialidad

9.1. Alcance de la Obligación de Confidencialidad

Las Partes acuerdan que toda la información relacionada con el presente Plan de Reestructuración, incluyendo:

1. Los términos y condiciones del plan.
2. Las proyecciones financieras y documentos anexos.
3. La identidad de los acreedores participantes.

Será tratada con carácter estrictamente confidencial y no podrá ser divulgada sin el consentimiento previo y por escrito de las Partes, salvo en los siguientes casos:

1. Requerimientos Legales: Cuando la divulgación sea exigida por la normativa aplicable o por mandato judicial.
2. Terceros Involucrados: En el caso de asesores legales, financieros o auditores, siempre que estén sujetos a la misma obligación de confidencialidad.

9.2. Duración de la Obligación de Confidencialidad

La obligación de confidencialidad permanecerá vigente durante un periodo de [Número de Años] desde la fecha de suscripción del presente plan o hasta que toda la información confidencial pierda su relevancia comercial.

Conclusión: La obligación de confidencialidad asegura la protección de los intereses comerciales y financieros de la Deudora y de los Acreedores Afectados Participantes.

10. Ley Aplicable y Jurisdicción

10.1. Ley Aplicable

El presente Plan de Reestructuración se regirá por las disposiciones del Texto Refundido de la Ley Concursal (TRLC) y, en su defecto, por el Código Civil y la normativa mercantil española aplicable.

10.2. Jurisdicción Competente

Para la resolución de cualquier controversia derivada del presente plan, las Partes acuerdan someterse expresamente a la jurisdicción de los Tribunales de [Ciudad], renunciando a cualquier otro fuero que pudiera corresponderles.

Conclusión: La elección de la legislación y jurisdicción aplicable garantiza la coherencia legal del plan y su ejecución conforme al marco normativo español.

11. Anexos

1. Anexo 1: Relación de Acreedores Participantes.
    - o Detalle de los acreedores afectados, indicando importe adeudado y clase correspondiente.
2. Anexo 2: Detalle de Clases y Créditos Afectados.
    - o Información sobre los créditos agrupados en cada clase, incluyendo características específicas.
3. Anexo 3: Proyecciones Financieras.

   - Flujos de caja proyectados para los próximos [Número] años, con supuestos económicos y financieros.

4. Anexo 4: Informe del Experto en Reestructuración.
   - Documento que respalda la viabilidad y cumplimiento normativo del plan.

5. Anexo 5: Certificación de Mayorías.
   - Documento que acredita la aprobación del plan conforme al artículo 629 del TRLC.

F144. PLAN DE REESTRUCTURACIÓN (VI)

"PLAN DE REESTRUCTURACIÓN"

.... SL

.........., a .... de .... de ....

CONTENIDO

1.– OBJETO Y ALCANCE

2.– DEFINICIONES

3.– IDENTIDAD SOCIEDAD DEUDORA

4.– IDENTIDAD EXPERTO REESTRUCTURADOR

5.– DESCRIPCIÓN SITUACIÓN ECONÓMICA Y SITUACIÓN TRABAJADORES. CAUSAS Y ALCANCE DIFICULTADES SOCIEDAD DEUDORA

6.– ACTIVO Y PASIVO SOCIEDAD DEUDORA

7.– ACREEDORES AFECTADOS POR EL PLA DE REESTRUCTURACIÓN

7.1.– CLASES DE CRÉDITOS

7.2.– EFECTOS DEL PLAN DE REESTRUCTURACIÓN

8.– ACREEDORES NO AFECTADOS POR EL PLAN DE REESTRUCTURACIÓN.

9.– CONTRATOS OBJETO DE RESOLUCIÓN CONTRACTUAL.

10.– EXPOSICIÓN DE LAS CONDICIONES NECESARIAS PARA EL ÉXITO DEL PLAN DE REESTRUCTURACIÓN. RAZONES POR LAS QUE EL PLAN OFRECE UNA PERSPECTIVA RAZONABLE PARA GARANTIZAR LA VIABILIDAD EN EL CORTO Y MEDIO PLAZO EVITANDO EL CONCURSO DE ACREEDORES

10.1.– EXPOSICIÓN DE LAS CONDICIONES NECESARIAS PARA EL ÉXITO DEL PLAN DE REESTRUCTURACIÓN

10.2.– RAZONES POR LAS QUE EL PLAN OFRECE UNA PERSPECTIVA RAZONABLE PARA GARANTIZAR LA VIABILIDAD EN EL CORTO Y MEDIO PLAZO, EVITANDO EL CONCURSO DE ACREEDORES.

11.– MEDIDAS DE REESTRUCTURACIÓN OPERATIVAS PROPUESTAS: DURACIÓN, FLUJOS DE CAJA ESTIMADOS DEL PLAN, MEDIDAS REESTRUCTURACIÓN FINANCIERA DE LA DEUDA.

12.– MEDIDAS DE INFORMACIÓN Y CONSULTA CON LOS TRABAJADORES QUE, DE CONFORMIDAD CON LA LEGISLACIÓN LABORAL APLICABLE, SE HAYAN ADOPTADO O SE VAYAN A ADOPTAR

13.– HOMOLOGACIÓN JUDICIAL DEL PLAN DE REESTRUCTURACIÓN

14.– LISTADO DE ANEXOS

1.– OBJETO Y ALCANCE

Este documento contiene el plan de reestructuración ("Plan de Reestructuración") que la Sociedad Deudora —tal y como se define más adelante— presenta a los Acreedores Afectados —según la definición del apartado 2— para modificar las condiciones de su pasivo, garantizar la viabilidad del negocio en el corto y medio plazo y evitar su concurso de acreedores.

El presente Plan de Reestructuración, en su estructura interna y alcance. está sujeto a los términos y condiciones previstos en este documento. En lo no expresamente previsto, o cuando el texto del Plan de Reestructuración no permita optar por otra interpretación, resultará de aplicación subsidiaria el Texto Refundido de la Ley Concursal o "TRLC" (en especial, los artículos 614 a 671).

2.– DEFINICIONES

"Activo", significa las magnitudes señaladas como Activo en el Anexo 1.

"Acreedores Afectados", significa los titulares de Créditos Afectados.

"Acreedores No Afectados", significa los titulares de Créditos No Afectados.

"Clases de Créditos", significa la clasificación de los Créditos Afectados por el Plan de Reestructuración realizada conforme al artículo 623 TRLC.

"Clase «Acreedores Financieros»", significa la clase formada por los Créditos Afectados.

"Créditos Afectados"·. significa los créditos que, en virtud del Plan de Reestructuración, sufran una modificación de sus términos y condiciones, en particular la fecha de vencimiento, la modificación del principal o los intereses, o la modificación o extinción de las garantías personales o reales que garanticen el crédito, entre otros aspectos.

"Créditos No Afectados", significa los créditos a los que el Plan de Reestructuración no modifica en sus términos y condiciones.

"Efectos del Plan de Reestructuración", significa los efectos de este Plan de Reestructuración.

"Experto en la Reestructuración", significa Don ......, con N.I.F. nº ...., con domicilio en ...., según designación realizada por auto de fecha ...... dictado por el Tribunal de Instancia de ......, sección de lo mercantil.

"Tribunal", significa el Tribunal de Instancia, sección de lo mercantil, de ......

"Pasivo", significa las magnitudes señaladas como Pasivo en el Anexo 3.

"Plan de Reestructuración" o "Plan", significa este documento.

"Plan de Viabilidad", significa el documento incluido bajo el Anexo 4, elaborado por la Dirección de la Sociedad Deudora.

"Sociedad Deudora", significa .... SL, o simplemente ....

"TRLC", significa Texto Refundido de la Ley Concursal.

3.– IDENTIDAD DEL DEUDOR.-

.... SL (en adelante ....), tiene su domicilio social en ...., C/ ...., CP ....

Fue constituida en virtud de escritura pública otorgada el .... de .... de ...., ante el Notario de ...., D. ...., obrante al número .... de su Protocolo.

Su duración es indefinida, e inició sus operaciones mercantiles el mismo día de la firma de la escritura fundacional.

Su capital social actual es de .... €.

Su objeto social es ....

C.N.A.E.: ....– ....

Su órgano de administración está compuesto por un administrador único, DON ...., con NIF ....

Está provista de CIF nº ....

Está inscrita en el Registro Mercantil de ...., Hoja ...., tomo ...., folio ....

4.– IDENTIDAD DEL EXPERTO EN REESTRUCTURACIONES.

Por Decreto número .... de fecha ...., por el Letrado de la Administración de Justicia del Tribunal de Instancia de ...., sección de lo Mercantil,y en los autos de Comunicación art. 585 TRLC ...../...., se tuvo por comunicado por .... la existencia de negociaciones con sus acreedores, o la intención de iniciarlas de inmediato, para alcanzar un plan de reestructuración que permitiera superar la situación en que se encuentra.

Y por Auto de fecha .... se acordó nombrar experto en la reestructuración a DON ...., con domicilio en ...., y provisto de NIF ....

La designación del Experto en la Reestructuración es oportuna pues, de acuerdo con los términos y condiciones de este Plan de Reestructuración y una vez que las negociaciones con los Acreedores Afectados están suficientemente avanzadas, se ha constatado que:

- El presente Plan de Reestructuración precisa su homologación y es obligatorio el nombramiento de experto de acuerdo con lo establecido en el artículo 672.1.1° TRLC.
- El Experto en la Reestructuración debe informar, en concreto, sobre si Plan de Reestructuración ofrece una perspectiva razonable de evitar el concurso y asegurar la viabilidad de la Sociedad Deudora en el corto y medio plazo,

5.– DESCRIPCIÓN DE LA SITUACIÓN ECONÓMICA DE LA DEUDORA Y DE SUS TRABAJADORES. CAUSAS Y ALCANCE DE LAS DIFICULTADES DE LA SOCIEDAD DEUDORA.

En el momento de la solicitud de apertura de negociaciones, ... se encontraba en situación de insolvencia inminente.

.... es una compañía que se ha mantenido en un sector de negocio muy específico como es la comercialización de productos de ...., con unos crecimientos de las ventas y del tamaño de la empresa muy importantes, pasando de una facturación en el .... de ....€ a una facturación de ......€ en el ejercicio ...., pasando de un total pasivo en el ejercicio ...... de ....€ euros a un total pasivo que asciende a ......€ en el ejercicio ......, pero el circulante ascendía a ....€ en el ejercicio ......€ y supone .... € en el ejercicio ...., lo que ha supuesto un incremento del endeudamiento a corto plazo que hace insostenible la situación financiera de la entidad.

Entre las circunstancias que le han afectado y que justifican la necesidad de proponer y aprobar el presente Plan de Reestructuración pueden citarse, como más relevantes, las siguientes: a) un estancamiento de las existencias que ha provocado que existan muchas deterioradas que no tienen como valor de mercado el que aparece en balance; b) la falta de liquidez con la que llevar a cabo los aprovisionamientos de los establecimientos; y c) dificultades para atender los pasivos vencidos por el estrangulamiento financiero que se ha provocado como consecuencia del endeudamiento.

Con fecha .... la sociedad deudora presentó una comunicación de apertura de negociaciones ante el Tribunal de Instancia de ...., sección de lo mercantil. Mediante Decreto de fecha .... dicho órgano jurisdiccional dejó constancia de la comunicación al órgano judicial del inicio de negociaciones con los acreedores, acordando el carácter reservado de dicha comunicación.

Durante el periodo .... la Sociedad Deudora había recibido notificaciones por parte de proveedores esenciales en el sentido de que los mismos se disponían a cancelar el crédito comercial que mantenían con la entidad.

En esa situación, era necesario acometer un plan de reestructuración de .... que, con ayuda de expertos y haciendo uso de las herramientas legales adecuadas, mantuviera el negocio de la sociedad deudora en funcionamiento. Ante esta situación de urgencia, y teniendo en cuenta que —en todo caso— el Vencimiento Anticipado de la Deuda hubiera conducido al concurso de acreedores.

La Sociedad Deudora, con ayuda de sus asesores, ha diseñado un plan de reestructuración dividido en tres (3) fases, en las que la denominada «Fase 1» comprende la formulación, aprobación y homologación del presente Plan de Reestructuración.

Tras los análisis realizados por la Dirección de .... y sus asesores, se concluye que las dificultades de la Sociedad Deudora tienen carácter coyuntural, aunque su alcance es profundo, lo que exige una intensa reestructuración del pasivo existente, en varias direcciones que permitan reducir las obligaciones de pago fundamentalmente en el corto y medio plazo, y obtener nuevos recursos financieros.

Durante la «Fase 1» del plan de rescate, se han llevado a cabo las siguientes medidas: Renegociación del plazo de la deuda financiera bancaria para adecuarla al nivel de cash flow generado por la empresa.

El presente Plan de Reestructuración contempla medidas que posibilitan que las negociaciones llevadas a cabo en este tiempo puedan fructificar, coadyuvando a superar y dejar atrás las dificultades experimentadas por el negocio de ...., con una adecuada y rigurosa gestión de optimización de costes y de ingresos, además de una estructura operativa y financiera profesional y aquilatada en sus recursos.

Por ello, se hace necesario proceder a una reestructuración de la deuda con la finalidad de alcanzar un nivel de endeudamiento sostenible y optimizar su calendario de pagos, de forma que éste se ajuste a su capacidad actual y futura de generación de tesorería, así como de obtener nuevos ingresos de circulante para poder financiar su actividad productiva.

Sólo de este modo, con la aprobación de un Plan de Reestructuración realista y adecuado a las circunstancias actuales, se podrá asegurar la continuidad de la actividad de la empresa, superando su situación de insolvencia, pues en otro caso, se verá abocada al concurso de acreedores y a su liquidación.

Por último, con respecto a la situación de los trabajadores, la Sociedad Deudora, desde el inicio de negociaciones ha venido ajustando los recursos humanos a sus necesidades y, en la actualidad, considera que cuenta con los recursos óptimos para el desarrollo de la actividad en los términos que se indican en el presente Plan. A los efectos oportunos, se acompaña Informe de plantilla media de Trabajadores en Alta que se aporta a este escrito como Anexo 1.

6.-ACTIVO Y PASIVO DE LA SOCIEDAD DEUDORA.

El patrimonio de la deudora se compone de una serie de bienes y derechos que se valoran en una cantidad aproximada de .... € (valor del patrimonio de la sociedad deudora), a la que debe sumarse la perspectiva de futuros ingresos con el mantenimiento de la actividad de la deudora. En este sentido, el presente Plan prevé, como se indicará, la continuación de la actividad empresarial, con el mantenimiento de la planta de trabajo sita en ...., y sin que se prevea la amortización de ningún puesto de trabajo.

El patrimonio actual se compone de los bienes y derechos que se incluyen en el apartado "Activo" en el Anexo 2.

El pasivo de la deudora, con un importe global de .... €, está compuesto por los acreedores que figuran en el apartado "Pasivo" en el Anexo 3.

7.– ACREEDORES QUE VAN A QUEDAR AFECTADOS POR EL PLAN DE REESTRUCTURACIÓN.

Los acreedores que van a quedar afectados por este Plan de Reestructuración van a conformar una única clase, de conformidad con los criterios establecidos en el artículo 622 TRLC:

1.– CLASE FINANCIERA ORDINARIA (RANGO ORDINARIO).

Y dentro de esta única clase van a resultar afectadas las siguientes entidades bancarias acreedoras de ...., en concreto: BANCO ...., BANCO ...., CAJA .... y BANCO ......

A continuación, se contiene la relación de Acreedores Afectados por el Plan de Reestructuración, con expresión del importe de su crédito afectado y la Clase (única) a que pertenecen.

En concreto, dentro de esta única clase estarán integrados los siguientes créditos:

1. CRÉDITO 1: Formado por el crédito del acreedor BANCO .... por un importe de .... euros, del que: a) .... € corresponden a riesgo comercial por financiación de exportación; b) .... € a riesgo de anticipo de crédito; c) .... € a riesgo de financiación de importación; d) .... € a tarjetas de crédito; y e) .... € a posición en descuenta de la cuenta corriente terminada en ....

La totalidad de estos créditos tendrían la calificación en concurso de créditos ordinarios.

Los anteriores créditos se identifican con las siguientes operaciones:

– Póliza multiproducto de financiación comercial, con número ...., suscrita el ...., la cual fue objeto de adenda con fecha ...., con número de asiento ...... y protocolizada ante el Notario de la Ciudad de ...., D. ....

2. CRÉDITO 2: Formado por el crédito del BANCO ...., por un importe de .... euros, del que; a) .... euros corresponden a riesgo comercial por financiación de importación; y b) ...... euros corresponden a riesgo de confirming de proveedores y línea LIPO.

La totalidad de estos créditos tendrían la calificación en concurso de créditos ordinarios.

Los anteriores créditos se identifican con las siguientes operaciones:

– Póliza para operaciones bancarias con número ...., suscrita el ...., con número de asiento .... y protocolizada ante el Notario de la Ciudad de ...., D. ....

3. CRÉDITO 3: Formado por el crédito de CAJA .... por un importe de .... euros, que corresponden a riesgo comercial por financiación de importación.

Dicho crédito tendría la calificación en concurso de créditos ordinarios.

Los anteriores créditos se identifican con las siguientes operaciones:

– Contrato de cobertura de riesgos multiproductos, con número ...., suscrita el ...., con adenda firmada el ...., con número de asiento ...., ambas protocolizadas ante el Notario de la Ciudad de ......, D. ....

4. CRÉDITO 4: Formado por el crédito de BANCO .... por un importe de .... euros, que corresponden a riesgo de confirming de proveedores.

Este crédito tendría la calificación en concurso de crédito ordinario.

Los anteriores créditos se identifican con las siguientes operaciones:

– Póliza de crédito con número ...., suscrita en fecha ...., con adenda firmada el ...., con el número de asiento ...... y protocolizada ante el Notario de la Ciudad de ...., D. ......, más concretamente la modalidad de pronto pago suscrita mediante Anexo firmado el ....

El total, pues, de los créditos incluidos en esta clase (única) asciende a .... EUROS (.........€), y que, por tanto, serán los únicos afectados por el presente Plan de Reestructuración.

Se hace constar que los acreedores no han hecho uso de la facultad de solicitar la confirmación judicial de las clases, prevista en los arts. 625 y 626 TRLC.

Los créditos afectados por el presente Plan de Reestructuración, y a los que se ha hecho referencia, no sufrirán quita alguna, y serán satisfechos en el plazo de seis años, a computar desde la fecha del Auto que apruebe la homologación del Plan.

La primera anualidad (a contar desde la fecha en que se dicte el Auto de homologación judicial del presente Plan de Reestructuración) será de carencia de capital, durante el cual únicamente se satisfarán mensualmente intereses remuneratorios al tipo del ....% anual.

Una vez transcurra el primer año de carencia, el importe correspondiente a cada acreedor (por principal e intereses) será pagado en 60 cuotas mensuales iguales y sucesivas, aplicándose el mismo tipo de interés remuneratorio del ......% anual.

Una vez se dicte el Auto que homologue el Plan de reestructuración, se procederá por .... y por las entidades financieras titulares de los créditos afectados por el presente Plan de Reestructuración a suscribir los contratos oportunos en ejecución del mismo.

DON .... y DON ...., únicos socios de ...., y que firman el presente Plan de Reestructuración, mantienen íntegramente sus garantías en relación a las operaciones a reestructurar, y se obligan en este acto a suscribir todos y cada uno de los contratos a que se refiere el párrafo anterior, en concepto de fiadores solidarios de ...., garantizando todas y cada una de las obligaciones derivadas de los mismos, por todos los conceptos, con expresa renuncia a los beneficios de división, orden y excusión.

El incumplimiento por dichos socios de su obligación de afianzar solidariamente dichas operaciones será causa expresa de resolución del presente Plan de Reestructuración, aun cuando hubiere sido homologado judicialmente, lo que expresamente se pacta como condición esencial.

Si por cualquier circunstancia quedara sin efecto el presente Plan de Reestructuración, o si finalmente el mismo no fuera homologado judicialmente, subsistirán plenas las garantías contraídas por DON .... y DON .... en todas y cada una de las actuales operaciones a reestructurar.

Los créditos no afectados por el presente Plan de Reestructuración no sufrirán novación ni modificación alguna, y mantendrán las actuales garantías constituidas a su favor.

De acuerdo con lo establecido en el art. 616.3 TRLC, los créditos que se puedan generar con motivo de acciones de repetición, subrogación o regreso quedarán afectados por el Plan de Reestructuración, en las mismas condiciones que el crédito principal.

7.2.- EFECTOS DEL PLAN DE REESTRUCTURACIÓN

El presente Plan de Reestructuración afectará al Pasivo y a la Clase de Crédito Afectado del modo que se describe en el subapartado anterior.

8.- ACREEDORES NO AFECTADOS POR EL PLAN DE REESTRUCTURACIÓN.

Se identifican a continuación los acreedores que no van a quedar afectados por el plan, mencionados individualmente —o descritos por clases—, así como las razones de la no afectación:

i. Acreedores comerciales

La Sociedad Deudora ha verificado que la renegociación de las condiciones con aquellos acreedores comerciales en términos de viabilidad, un impacto muy poco significativo en el éxito del Plan de Reestructuración. Adicionalmente. la afectación por el Plan de acreedores con este tipo de saldos mínimos terminarla por afectar, además, a un buen número de pequeñas y medianas empresas, autónomos y particulares.

No obstante, la Sociedad Deudora ha conseguido a renegociar con el acreedor comercial más importante un plan de pagos específico que permita continuar con la relación comercial habitual de suministro de materia prima, beneficiando ello a la consecución del Plan de Reestructuración.

En consecuencia, los créditos de los proveedores, en general, no se verán afectados por el Plan de Reestructuración, por cuanto dada la índole de la actividad de .... son estratégicos, y el cese de las relaciones comerciales con éstos supondría, sin duda, el cese de la actividad de la empresa.

ii. Acreedores por crédito público

No quedarán afectados por el Plan de Reestructuración la Agencia Estatal de Administración Tributaria ("AEAT") ni la Tesorería General de la Seguridad Social ("TGSS").

No obstante, la Sociedad tiene previsto alcanzar acuerdos para aplazar o fraccionar las deudas tributarias y de Seguridad Social que se encuentren en periodo voluntario o ejecutivo, mediante la presentación de las solicitudes de aplazamiento y fraccionamiento una vez homologado el Plan de Reestructuración, de conformidad con la legislación aplicable a ese tipo de acuerdos.

iii. Acreedores laborales.

Los acreedores laborales no quedarán tampoco afectados por este Plan de Reestructuración, pues los mismos son inexistentes en la actualidad, ya que a día de hoy se están satisfaciendo puntualmente sus salarios.

iv. Acreedores financieros

No quedarán afectados por el Plan de Reestructuración los créditos de los que sean titulares las entidades financieras que consistan en operaciones o líneas de descuento de facturas. En el Anexo 3 se especifican todas y cada una de estas operaciones que no van a resultar afectadas por el Plan de Reestructuración.

v.– *Socios*

De igual forma, el capital social de .... asciende a .... €, y se encuentra dividido en .... participaciones sociales, del número ...... a la ...., siendo los socios D. .... y D. .... que ostentan el 100% del capital. No se prevé la afectación del Plan de Reestructuración sobre estos socios.

9.– CONTRATOS OBJETO DE RESOLUCIÓN CONTRACTUAL.

No se contempla en el presente Plan la resolución de ningún contrato, al ser todos necesarios para la continuación de la actividad empresarial.

10.– EXPOSICIÓN DE LAS CONDICIONES NECESARIAS PARA EL ÉXITO DEL PLAN DE REESTRUCTURACIÓN. RAZONES POR LAS QUE EL PLAN OFRECE UNA PERSPECTIVA RAZONABLE PARA GARANTIZAR LA VIABILIDAD EN EL CORTO Y MEDIO PLAZO EVITANDO EL CONCURSO DE ACREEDORES.

10.1.– EXPOSICIÓN DE LAS CONDICIONES NECESARIAS PARA EL ÉXITO DEL PLAN DE REESTRUCTURACIÓN

El Plan de Reestructuración de la Sociedad Deudora se puede ver condicionado por la materialización de forma cumulativa o independiente de cualquiera de las circunstancias siguientes, que podrían incidir en el cumplimiento de las condiciones previstas para su éxito:

i. Pérdida del Fondo de Comercio y prestigio en el mercado por las dificultades operativas que se han atravesado como consecuencia de la actual situación.

ii. El aprovechamiento por parte de los competidores de la actual situación de debilidad de la Sociedad Deudora que lleven a un deterioro del Fondo de Comercio.

iii. Pérdida de confianza de los distintos acreedores y proveedores que implique la exigencia de un mayor esfuerzo en los compromisos que se adquieran y que podría afectar negativamente a las relaciones comerciales y al resultado económico.

iv. Niveles de rating de riesgo alto con compañías aseguradoras de crédito y entidades bancarias que dificultarían la obtención de financiación distinta y como refuerzo de la incluida en el Plan de Viabilidad.

v. La Imposibilidad por cualquier motivo de mantener niveles de existencias ajustados que requerirán del mantenimiento de una rotación alta de producto y una monitorización muy restrictiva del stock.

vi. La imposibilidad de gestionar la estacionalidad inherente al negocio ya que las fluctuaciones del precio de la materia prima provocan oportunidades o sobrecostes en determinados momentos que se podrían controlar con el plan propuesto mediante el control exhaustivo de la tesorería y el cumplimiento del plan de ajustes de costes durante el ejercicio ....

vii. La imposibilidad de reforzar el equipo directivo una vez se haya concretado el Plan de Reestructuración. Incapacidad de la Sociedad Deudora para negociar, acordar o aprobar medidas temporales de carácter laboral durante que, llegado el caso, aliviasen eventuales déficits de tesorería.

viii. Imposibilidad de la Sociedad Deudora para negociar. acordar o aprobar aplazamientos y fraccionamientos de los saldos a favor de los Acreedores por crédito público.

ix. La incertidumbre sobre la evolución del mercado energético y su impacto en el resultado.

x. Los efectos de la inflación sobre los distintos gastos y costes de la Sociedad Deudora y la imposibilidad de trasladar su impacto al cliente a través del precio de venta.

10.2.– RAZONES POR LAS QUE EL PLAN OFRECE UNA PERSPECTIVA RAZONABLE PARA GARANTIZAR LA VIABILIDAD EN EL CORTO Y MEDIO PLAZO, EVITANDO EL CONCURSO DE ACREEDORES

i) Negocio históricamente rentable y proyecciones de viabilidad.

La situación actual de imposibilidad de atender los compromisos de pago de deuda, tanto comercial como financiera, en las condiciones inicialmente pactadas, se produce por una circunstancia totalmente excepcional en la gestión de la tesorería de la Sociedad Deudora.

En ese sentido, aislando el efecto descrito en los movimientos de caja, y a partir de los datos históricos, se desprende que el negocio es generador de caja en un escenario de funcionamiento normal. Es de destacar que los FLUJOS OPERATIVIS DE CAJA en este año .... ascenderían a .... euros y por encima de los .... euros en el periodo comprendido entre ......-...... según figura en la cuenta de resultados previsional que figura anexa en el Anexo 4.-.

ii) Marca notoria y de prestigio: "................".

La marca principal de la Sociedad Deudora, ".........." tiene un reconocimiento por parte de la clientela de nuestro tipo de producto.

iii) Un equipo profesional comprometido.

A pesar de las grandes dificultades que está atravesando, la Sociedad Deudora mantiene prácticamente toda su red de compras y clientes activos y con necesidades de producto, está operativa a falta de obtener los recursos que requiere para poner al día los pagos operativos críticos y realizar los aprovisionamientos que le permitan, en el corto plazo afrontar la campaña navideña, y en el medio plazo apuntalar la continuidad del negocio.

En la medida de lo posible, y considerando el deterioro que suponen los impagos acumulados, tanto la plantilla como la Dirección de la Sociedad Deudora se han mostrado decididamente comprometidos con el proyecto de viabilidad que representa este Plan de Reestructuración.

iv) Mantenimiento de las relaciones comerciales con proveedores.

Los principales proveedores de la Sociedad Deudora se han mostrado muy receptivos para la continuidad, aunque ya son conocedores de la delicada situación financiera de la entidad, han decido apoyarla concediendo condiciones de pago más flexibles.

v) Apoyo de la actual propiedad.

El firme compromiso de los socios con la reestructuración solicitada para la reactivación de la actividad y continuidad del negocio.

- Refinanciación de los créditos afectados por el presente Plan de Reestructuración: Lo que se solicita a las entidades de crédito es que el riesgo financiero de la entidad derivado de las operaciones antes indicadas y que no quedarán excluidas de la reestructuración, sea refinanciado en un plazo de 6 años, de los que el primero será de carencia y la devolución en los otros cinco, de la siguiente forma:

BANCO							
- Anticipo fact COMEX							
- Anticipo cred. descto.							
- Financiación importac.							
- Tarjetas							
- Cuenta corriente							
BANCO							
- Confirming y LIPO							
- Financiación importac.							
CAJA							
- Financiación importac.							
BANCO							
- Confirming							

A los efectos oportunos, se hace constar que la deuda de Banco .... se refinanciará mediante la cancelación de toda la deuda afectada y su sustitución por un préstamo nuevo.

11.– MEDIDAS DE REESTRUCTURACIÓN OPERATIVAS PROPUESTAS: DURACIÓN, FLUJOS DE CAJA ESTIMADOS DEL PLAN, MEDIDAS REESTRUCTURACIÓN FINANCIERA DE LA DEUDA, INCLUYENDO FINANCIACIÓN INTERINA Y LA NUEVA FINANCIACIÓN CON JUSTIFICACIÓN DE SU NECESIDAD

Al tratarse de una actividad que fluctúa con el precio de la materia prima que sufre oscilaciones importantes, es muy de destacar que las compras son lo más importante, y fruto de todo ello, si se compra con un elevado precio lastra el resultado de las cuentas de resultados y en espera que el precio mejore se almacena en la empresa lo que provoca que no se pueda gestionar de manera eficiente el inventario.

El consumo sobre ventas se ha mejorado mucho en el último ejercicio y sobre todo en este ejercicio .... aunque hemos de resaltar que se han producido unas elevadas pérdidas como consecuencia del afloramiento del sobredimensionamiento que tenían las existencias acumuladas en los inventarios con precios muy elevados lo que ha conllevado a que se produzcan unas pérdidas para aclarar esta situación a efectos contables.

También se han realizado reducciones de costes de personal en este ejercicio ...... se ha producido una rebaja de los costes de personal superiores a los ...... euros al mes y se espera que se reduzcan hasta los ...... euros al mes estos costes.

Los gastos generales de la empresa también se esperan reducir en un ......% lo que provocaría que el beneficio esperado para este ejercicio .... ascendiera a ....€ y superando los ......€ en el ejercicio .... y siguientes ya que se ha realizado un acuerdo con la empresa .... para la ejecución de trabajos de ...... lo que esperamos que aporte como mínimo un beneficio de unos ....€ anuales.

Adjunto se acompaña como Anexo 4 Plan de Negocio Financiero de ....

El Plan de Reestructuración contiene las siguientes medidas para la única clase de acreedores, CLASE FINANCIERA ORDINARIA (RANGO ORDINARIO), que conforme al artículo 615.1 TRLC, procede extender a los acreedores que no hayan votado a favor del Plan.

- No se establece quita alguna.
- Serán satisfechos en el plazo de seis años, a computar desde la fecha de la homologación del Plan, siendo la primera anualidad de carencia.
- Durante el plazo de espera al que se verán sometidos los créditos afectados por el Plan de Reestructuración, se devengarán intereses remuneratorios al tipo del ....% anual.
- Durante el primer año, de carencia, sólo se devengarán mensualmente los intereses remuneratorios al tipo indicado.
- Una vez transcurra el primer año de carencia, el importe correspondiente a cada acreedor (por principal e intereses) será pagado en 60 cuotas mensuales iguales y sucesivas.
- Para el supuesto de aprobación del Plan de Reestructuración por la mayoría de los acreedores afectados por el mismo, se concederá un periodo de adhesión al resto de acreedores de una semana desde la comunicación fehaciente de la aprobación por la mayoría, de lo contrario podrán ser arrastrados por homologación del Plan.

12.- MEDIDAS DE INFORMACIÓN Y CONSULTA CON LOS TRABAJADORES QUE, DE CONFORMIDAD CON LA LEGISLACIÓN LABORAL APLICABLE, SE HAYAN ADOPTADO O SE VAYAN A ADOPTAR.

No contempla el presente Plan de Reestructuración la afectación de ningún crédito derivado de las relaciones laborales. Tampoco contempla la ejecución concreta de ninguna medida operativa de carácter laboral, por lo que no es preciso llevar a cabo ningún tipo de actuación especial de las contempladas por el Articulo 628.bis TRLC.

En todo caso, cualquier modificación o extinción de la relación laboral que pudiera tener lugar en el contexto del plan de reestructuración se llevará a cabo de acuerdo con la legislación laboral aplicable, incluyendo, en particular las normas de información y consulta de las personas trabajadoras.

13.- HOMOLOGACIÓN JUDICIAL DEL PLAN DE REESTRUCTURACIÓN.

Una vez formalizado en instrumento público, con los requisitos del articulo 634 TRLC, el presente Plan de Reestructuración será sometido a homologación judicial, que es necesaria toda vez que el presente Plan prevé:

a. La extensión de efectos a Acreedores Afectados o Clases de Acreedores que pueden no votar a favor del Plan de Reestructuración (artículo 635.1° TRLC);

Se hace constar que el presente Plan de Reestructuración cumple todos y cada uno de los requisitos previstos en el TRLC para su homologación judicial.

.... se compromete, expresa e irrevocablemente, a solicitar la homologación judicial del Plan ante el Tribunal. El incumplimiento de esta obligación se considerará incumplimiento grave de sus obligaciones y facultará a los Acreedores Firmantes para, a su elección y previo acuerdo de la mayoría de las entidades financieras: a) declarar la resolución del Plan de Reestructuración sin que éste produzca efectos extintivos o novatorios sobre los créditos afectados, o b) solicitar dichas entidades al Tribunal competente la homologación judicial.

En cualquiera de los casos, incluso si la solicitud fuera de las entidades financieras, ... asumirá todos los gastos y costes que se deriven de dicho procedimiento de homologación judicial.

De conformidad con lo dispuesto en el art. 649 TRLC, una vez homologado el Plan de Reestructuración, sus efectos se extenderán inmediatamente a todo el pasivo afectado por el Plan de Reestructuración, aunque el Auto no sea firme. Los efectos económicos del plan de reestructuración, una vez homologado judicialmente, se retrotraerán a la fecha de hoy.

En el momento en que adquiera eficacia el Plan de Reestructuración, conforme a lo establecido en el párrafo precedente, deberán formalizarse por ...., sus fiadores solidarios y por las Entidades financieras afectadas los oportunos contratos en ejecución del contenido del Plan de Reestructuración.

En el supuesto de que el Plan de Reestructuración no fuera homologado judicialmente, quedarán facultados los acreedores firmantes para, previo acuerdo de la mayoría de las entidades financieras (y salvo que otra cosa acordaren) mantener los contratos refinanciados en vigor conforme a sus propios términos vigentes antes de la aprobación del Plan de Reestructuración, subsistiendo plenas todas las garantías existentes, configurándose por tanto la no homologación judicial como una condición resolutoria.

El hecho de que por parte del Tribunal se dicte auto decretando la homologación del Plan de Reestructuración, pero sin extensión de efectos a los acreedores disidentes, facultará a los acreedores firmantes a declarar la resolución del Plan de Reestructuración, con los mismos efectos indicados en el párrafo precedente, previo acuerdo de la mayoría de las entidades financieras.

Si existiendo acreedores disidentes, se dictara Sentencia por la Audiencia Provincial decretando no haber lugar a la extensión de efectos en los términos solicitados, dicha circunstancia será considerada como causa de resolución y/o vencimiento anticipado de la reestructuración y sus condiciones financieras, que podrá ser ejecutada por cualquiera de las entidades financieras respecto de su(s) financiación (es).

El art. 671 TRLC establece que, una vez homologado el Plan, no se podrá pedir su resolución por incumplimiento, ni la desaparición de sus efectos extintivos o novatorios en relación a los créditos afectados, salvo que en el propio Plan se prevea otra cosa. Expresamente se hace constar al efecto, que si el Plan de Reestructuración fuera incumplido por .... con posterioridad a su homologación judicial, los acreedores firmantes sí podrán pedir su resolución por incumplimiento y la desaparición de los efectos novatorios y extintivos de los créditos afectados.

En ...., a ......, de ...... de ....

F145. PLAN DE REESTRUCTURACIÓN (VII)

De una parte ...., provista de CIF ...., y domicilio en ....

Interviene en calidad de deudora y garante (en adelante la "Deudora")

De otra parte,

1. .... S.L. sociedad española, con domicilio en .... y con NIF.........

2. .... S.L. sociedad española, con domicilio en ...... y con NIF ....

(...) Etc

Intervienen en calidad de acreedores afectados por el Plan de Reestructuración y, (en adelante "Acreedores")

Las Partes se reconocen recíprocamente, según intervienen, la capacidad legal necesaria para el otorgamiento del presente contrato y, al efecto,

EXPONEN:

El presente Plan de Reestructuración tiene como objeto establecer los términos y condiciones para garantizar la viabilidad del deudor, salvaguardando los derechos de los acreedores conforme a la Ley Concursal.

Las partes involucradas se comprometen a cumplir de manera íntegra y diligente con los términos establecidos en este Plan, asumiendo las obligaciones específicas que les correspondan.

Que es intención de las Partes formalizar el presente Plan de Reestructuración, de acuerdo con las previsiones del Título III del Libro Segundo del Real Decreto Legislativo 1/2020, de 5 de mayo, por el que se aprueba el Texto Refundido de la Ley Concursal (en adelante, TRLC) y conforme a las siguientes:

CLÁUSULAS:

PRIMERO.– Que el Deudor es una mercantil dedicada a la ....

SEGUNDO.– Que la Deudora está afrontando problemas de solvencia (explicar qué tipo de insolvencia es) ...

TERCERO.– Este documento establece el Plan de Reestructuración que la Deudora presenta a los Acreedores para modificar las condiciones de pago del pasivo y garantizar la viabilidad del negocio y evitar de esa manera el estado de insolvencia.

CUARTO.– Por medio del presente se relaciona el contenido necesario del Plan de Reestructuración, conforme a lo preceptuado en el art. 633 del Texto TRLC, y en concreto:

a) Identidad de la deudora

Denominación de la Sociedad Deudora:

– ...., provista de CIF ...., y domicilio en .... nº ...., ...

b) Experto en la Reestructuración No ha sido designado.

Ha sido designado D/Dª.... en fecha....

c) La Deudora en fecha..., presentó ante el Tribunal de Instancia de ...., sección de lo mercantil, la comunicación de inicio de negociaciones, en virtud de lo previsto en el artículo 583 de la Ley Concursal. Y fue dictado Decreto al respecto en fecha.... por el citado Tribunal.

– La Deudora no ha presentado solicitud el 583 TRLC.

d) Descripción de la situación económica y laboral. (Especie de Memoria)

– La deudora es una empresa dedicada ....

– Dispone de sucursales ....

– Plantilla trabajadores... y circunstancias laborales

– Causas de la insolvencia

– Más datos relevantes

e) Activo y Pasivo de la Deudora

– La Deudora presenta el activo de:

– La Deudora presenta un pasivo total de ... euros.

– Se adjunta Anexo ....Activo, y Anexo ....Pasivo.

QUINTO.– Acreedores afectados por el Plan. Clases

Las Partes han aceptado que los Acreedores Afectados titulares de Créditos Afectados correspondientes a la Deudora. se agruparán en las siguientes .... clases:

1. Clase A: formada por créditos con proveedores comerciales.

Se relacionan los créditos que conforman esta Clase A,

Acreedor....importe...naturaleza...

Acreedor....importe...naturaleza...

OJO, pueden haber varias clases dependiendo si son estratégicos o no.

2. Clase B: formada por créditos derivados de operaciones financieras:

Banco.... importe.... naturaleza

Banco....

Banco....

OJO, pueden salir más clases si lo dividimos en créditos financieros con garantía sin garantía, ICO....

SEXTO.– Acreedores No Afectados por el Plan

– La deuda laboral, según lo preceptuado en el art. 616.2 TRLC

– El crédito público.

– El Plan de Reestructuración no afecta a los derechos de los socios de la Deudora.

SÉPTIMO.– Medidas y/o medidas para la reestructuración:

Las mismas son fijadas dependiendo de la tipología de los créditos afectados agrupados en las distintas clases:

Clase B) Medidas financieras

– Por ejemplo:

1.– novación modificativa de las operaciones vigentes mediante extensión del vencimiento por un plazo adicional de ... meses, siendo los ...meses de carencia ....

2.– novación modificativa de las operaciones vigentes mediante extensión del vencimiento hasta el plazo máximo legal aplicable (si hay ICO)

Clase A) Proveedores (pueden ser estratégicos y no estratégicos y las quitas y esperas variar)

Se fija para los saldos pendientes de pago con proveedores y acreedores la aplicación de una quita del 50% del importe de los créditos y una espera de .... Anualidades, pago mensual, etc....

OTRAS MEDIDAS POSIBLES:

– Conversión de deuda en capital: Los acreedores podrán optar por convertir parte de su deuda en participaciones sociales de la mercantil....según los términos descritos en el Anexo ....

– Nueva financiación: Se establecerá una línea de crédito adicional por un importe de ...., con prioridad de cobro conforme lo regulado en el TRLC.

– Venta de activos: La empresa se compromete a realizar la enajenación de activos no estratégicos, detallados en el Anexo ...., para generar liquidez destinada al pago de deudas.

OCTAVO.– Teniendo en cuanta las medidas previstas y los créditos afectados al presente plan se adjunta el preceptuado Plan de Viabilidad como Anexo...

NOVENO.– Formalización del Plan

De conformidad con lo dispuesto en el art. 634 del TRLC, el Plan de Reestructuración se formaliza en instrumento público por quienes lo suscriben. Asimismo, se incluirá como anexo a dicho documento público el certificado del auditor de cuentas (634 TRLC) sobre la suficiencia de las mayorías para aprobar el presente Plan. (OJO si se ha nombrado experto, se adjuntará el Informe del Experto como Anexo 4.)

DÉCIMO.– Homologación judicial del Plan. Objeto y requisitos:

Las Partes acuerdan que será objeto igualmente de Homologación Judicial el citado Plan de Viabilidad 2023 junto con el presente Plan de Reestructuración., según lo preceptuado en el artículo 635 y siguientes del TRLC.

Se hace constar que el presente Plan de Reestructuración cumple con los requisitos previstos de los artículos 638 y 639 del TRLC, las Partes hacen constar que:

a) El Deudor se encuentran en probabilidad de insolvencia y el Plan ofrece una perspectiva razonable para evitar el concurso y asegurar la viabilidad de la empresa en el corto y medio plazo, tal como se acredita.

b) El Plan cumple con los requisitos de contenido y de forma exigidos por el TRLC, para lo cual nos remitimos a los dos apartados anteriores del presente documento.

c) El Plan es aprobado por todas las clases de créditos o, en su defecto, resulta aprobado por, al menos, una clase que, de acuerdo con la clasificación de créditos prevista por el TRLC, pueda razonablemente presumirse que hubiese recibido algún pago tras una valoración de la deudora como empresa en funcionamiento, lo que se acreditará, en tal caso, mediante el informe emitido por el informe del experto en la reestructuración.

d) Los créditos dentro de la misma clase son tratados de forma paritaria.

e) El Plan ha sido previamente comunicado a todos los acreedores afectados, conforme al 627 del TRLC.

El deudor se obliga a presentar la solicitud de homologación judicial del Plan de Reestructuración ante el Tribunal de Instancia de …., sección de lo mercantil, en el plazo máximo de….días.

UNDÉCIMO.– Incumplimiento plan reestructuración

En caso de incumplimiento del presente acuerdo por parte de la Deudora, los acreedores podrán solicitar la declaración de concurso de acreedores o ejercer los derechos que les correspondan según la normativa vigente.

DUODÉCIMO.– Modificaciones.

1. El presente Plan de Reestructuración podrá ser modificado únicamente por acuerdo expreso de las partes afectadas.

2. Cualquier modificación deberá realizarse por escrito, especificando de manera clara y precisa los cambios realizados.

3. Las modificaciones sustanciales que afecten a los derechos de los acreedores deberán ser notificadas a todos los acreedores afectados, quienes tendrán derecho a formular objeciones o solicitar aclaraciones dentro del plazo indicado en la notificación.

DECIMOTERCERO.– Renuncia de Derechos

Cualquier renuncia de derechos prevista en este Plan de Reestructuración deberá ser otorgada expresamente por escrito y firmada por la parte que renuncie a dichos derechos.

La renuncia a un derecho o disposición específica de este Plan no implicará la renuncia a otros derechos o disposiciones, salvo que se exprese lo contrario de manera explícita en el acto de renuncia.

Ninguna omisión o retraso en el ejercicio de un derecho por parte de las partes implicará una renuncia a dicho derecho, ni se interpretará como una modificación tácita de los términos del Plan.

DECIMOCUARTO.– Confidencialidad

En el marco del presente Plan de Reestructuración las partes acuerdan las siguientes disposiciones en relación con la confidencialidad de la información intercambiada durante las negociaciones y ejecución del presente plan:

La presente cláusula tiene como objetivo garantizar que toda la información de carácter confidencial compartida entre las partes involucradas en el proceso de reestructuración no sea divulgada ni utilizada para fines distintos a los expresamente contemplados en este plan.

Se considerará información confidencial, de manera enunciativa pero no limitativa, toda aquella información financiera, contable, jurídica, comercial, estratégica, técnica, operativa o de cualquier otro tipo relativa a la mercantil....:

Queda excluida de la consideración de información confidencial aquella que:

a) Sea de dominio público al momento de su divulgación.

b) Haya sido obtenida legítimamente por la parte receptora de un tercero sin restricciones de confidencialidad.

c) Deba ser divulgada en cumplimiento de una obligación legal o requerimiento judicial.

El incumplimiento de las obligaciones de confidencialidad por cualquiera de las partes dará lugar a:

– La obligación de indemnizar los daños y perjuicios ocasionados.

– La adopción de las medidas judiciales o extrajudiciales que correspondan, incluyendo la posibilidad de solicitar la adopción de medidas cautelares.

DECIMOQUINTO.– Notificaciones

Cualquier notificación u otra comunicación que pueda o deba darse de acuerdo con el presente Plan, se hará por escrito y deberá ser entregada por correo electrónico, con acuse de recibo, a las siguientes direcciones de correo electrónico:

....

....

....

(O adjuntar Anexo ...cuadro de direcciones físicas y correos electrónicos a los efectos de notificaciones).

Cualquier modificación en los correos electrónicos reseñados no tendrá ningún efecto mientras no haya sido notificada por escrito entre las Partes de forma fehaciente.

DECIMOSÉXTO.– Protección de datos

En cumplimiento a lo dispuesto en la Reglamento (UE) 2016/679 del Parlamento Europeo y del Consejo, de 27 de abril de 2016, relativo a la protección de las personas físicas en lo que respecta al tratamiento de datos personales y a la libre circulación de estos datos (RGPD), así como la Ley Orgánica 3/2018, de Protección de Datos Personales y garantía de los derechos digitales y su normativa de desarrollo, y/o aquellas que las pudieran sustituir o actualizar en el futuro, ... informa que mediante la firma del presente Plan de Reestructuración consiente que todos los datos personales recogidos por la Deudora en virtud del Plan de reestructuración y la ejecución del presente documento, sean tratados por la entidad.... como Responsable del Tratamiento con la única y exclusiva finalidad del Tratamiento de dar debido cumplimiento o correcta ejecución de la relación que se deriva acuerdo, y sólo serán cedidos a terceros cuando sea imprescindible para la citada finalidad. El Responsable del Tratamiento manifiesta que los datos personales cedidos serán conservados por un plazo de diez (10) años adicionales tras la finalización del Acuerdo a los efectos de poder cumplir con cualquier exigencia legal, fiscal o administrativa que se derive del mismo. No obstante, dispone de sus derechos de acceso, rectificación, supresión, limitación y oposición que podrá ejercer en nuestro domicilio de conformidad con la normativa vigente.

DECIMOSÉPTIMO.– Ley aplicable y jurisdicción

La ejecución e interpretación de presente Plan de Reestructuración queda sometido a la legislación española.

Las Partes harán todos los esfuerzos razonables para resolver cualquier disputa de forma amistosa. En caso de no poder resolver un conflicto de forma amistosa, las Partes acuerdan someterse a la jurisdicción exclusiva de los Tribunales de .... El sometimiento de los conflictos entre las Partes a la jurisdicción aquí prevista no da derecho a ninguna de ellas a suspender el cumplimiento de sus obligaciones en virtud del Plan.

F146. ESCRITURA DE ELEVACIÓN A PÚBLICO DE UN PLAN DE REESTRUCTURACIÓN

NÚMERO ....

ESCRITURA DE ELEVACIÓN A PÚBLICO DE PLAN DE REESTRUCTURACIÓN.

En Valencia, mi residencia, a ....

Ante mí, ..., Notario del Ilustre Colegio Notarial de ....,

COMPARECEN

....

INTERVIENEN

....

Me aseguro de su identidad por la documentación reseñada. Tiene, a mi juicio, en el concepto en que interviene, la aptitud necesaria para otorgar la presente ESCRITURA DE ELEVACIÓN DE ACUERDOS DE REESTRUCTURACIÓN, y al efecto:

OTORGAN

Que, a efectos de lo dispuesto en el artículo 634 de la Ley Concursal, elevan a público el documento de Plan de Reestructuración, de fecha .... de .... de 2....., formalizado entre las mercantiles "........", "........", y "........" en cuyo contenido se ratifican, y del que me entregan un ejemplar suscrito por los interesados, en la representación que ostentan; y sus anejos, incorporo todo ello a la presente, para su reproducción en las copias que de la misma se expidan.

CLÁUSULA DE INFORMACIÓN DE DATOS

De acuerdo con lo previsto en el Reglamento (UE) 2016/679 del Parlamento Europeo y del Consejo, de 27 de abril de 2016, relativo a la protección de las personas físicas en lo que respecta al tratamiento de datos personales y a la libre circulación de estos datos, informo los comparecientes de que los datos personales resultantes de esta Escritura serán incorporados al Fichero de Protocolos y Documentación y al Fichero de Administración y Organización de esta Notaría, de que las finalidades del tratamiento son el estricto desempeño de la función pública notarial, la facturación y el seguimiento posterior de la presente, y de que dichos datos se conservarán en la Notaría con carácter confidencial y amparados por el secreto de protocolo, sin perjuicio de las remisiones impuestas por Ley a las Administraciones Públicas y, en su caso al Notario sucesor en la actual plaza.

Asimismo, en caso de que alguno de los interesados encargue la gestión del presente documento a la propia notaría, manifiesta expresamente el consentimiento a que ésta pueda ceder los datos de dicho interesado y copias de la presente a la gestoría que la notaría elija para llevar a cabo dicha gestión; y en caso de que alguno de los interesados encargue la gestión a una gestoría concreta, el interesado consiente expresamente la cesión de datos y de copias se hará a la misma con dicha finalidad.

Si se facilitaran datos de personas distintas a el/los interviniente/s, este/os deberá/n haberle/s informado previamente de lo contenido en el artículo 14 del citado Reglamento.

El responsable del Fichero es el Notario autorizante, con domicilio a estos efectos en esta Oficina, ante quien podrá ejercer el interesado sus derechos de acceso, rectificación, cancelación y oposición en los términos previstos por el citado Reglamento y por la legislación notarial específica vigente.

Frente a cualquier eventual vulneración de dichos derechos, los interesados pueden presentar la pertinente reclamación ante la Agencia Española de Protección de Datos.

Se ha dado cumplimiento a las prevenciones de la Ley 10/2010, de 28 de abril.

OTORGAMIENTO Y AUTORIZACIÓN

Hago las reservas y advertencias legales, en especial las pertinentes fiscales, y leo esta escritura a los comparecientes, previa advertencia y renuncia de su derecho a hacerlo por sí, la encuentran conforme, otorgan y firman conmigo, el Notario, que DOY FE de que el consentimiento ha sido prestado libremente, de que este otorgamiento se adecua a la legalidad y a la voluntad debidamente informada de los otorgantes y de todo lo demás contenido en este instrumento público extendido en siete folios de papel timbrado exclusivo para documentos notariales, el presente y los seis siguientes correlativos, yo el Notario, DOY FE.

DILIGENCIA DE INCORPORACIÓN Y DE COTEJO DEL INSTRUMENTO N.° 597/24 En el día de hoy, ..., doy fe de haber realizado la íntegra incorporación de esta matriz al protocolo electrónico y de su concordancia con el protocolo en papel, con lo cual doy por concluida esta diligencia que redacto el mismo día de su práctica de cuyo contenido, así como de que queda extendida en el presente y único folio de papel timbrado notarial, DOY FE.

DILIGENCIA DE DEPÓSITO DEL INSTRUMENTO N.° .... En el día de hoy, ..., deposito con firma electrónica cualificada esta matriz en la sede electrónica del Consejo General del Notariado, que me devuelve el hash ....correspondiente a la matriz, con lo cual doy por concluida esta diligencia que redacto el mismo día de su práctica de cuyo contenido, así como de que queda extendida en el presente y único folio de papel timbrado notarial, DOY FE

NOTA: En ...., a ....de .... de dos .... expido copia; a utilidad de LOS COMPARECIENTES, extendida en cincuenta y siete folios de papel timbrado exclusivo para documentos notariales, el .... y los cincuenta y seis anteriores correlativos. DOY FE.

F147. ESCRITURA DE ELEVACIÓN A PÚBLICO DE UN PLAN DE REESTRUCTURACIÓN. EXTENSO

ESCRITURA DE ELEVACIÓN A PÚBLICO DE PLAN DE REESTRUCTURACIÓN PROPUESTO POR "(...) ".

NÚMERO

En (...), a ....

Ante mí, (...), Notario del Ilustre Colegio de (...), con residencia en esta capital,

COMPARECEN:

De una parte (Deudora y Garantes):

(...), mayor de edad, casado, industrial, con domicilio a estos efectos en ..., con D.N.I. número (...).

(...), mayor de edad, ...soltero, ...empresario en el sector de elevadores, con domicilio a estos efectos en ..., con D.N.I. número (...).

Y de otra parte (Acreedores Firmantes):

Por "(...)":

(...), mayor de edad, empleado de banca, con domicilio a estos efectos en (...), con D.N.I. número (...).

(...), mayor de edad, empleada de banca, con domicilio a estos efectos en (...), con D.N.I. número (...).

Por "(...)":

DON/DÑA. [...], ambos mayores de edad, empleado/s de banca, y con domicilio a efectos de la presente en [...], [...], número [...]; con DNI/s y NIF/s número/s [...] /y [...], respectivamente.

Por "(...)":

(...), mayor de edad, (...), con domicilio a estos efectos en (...), con D.N.I. número (...).

(...), mayor de edad, (...), con domicilio a estos efectos en (...), con D.N.I. número (...).

Por "(...)":

(...), mayor de edad, (...) con domicilio a estos efectos en (...), con D.N.I. número (...).

(...), mayor de edad, (...), con domicilio a estos efectos en (...), con D.N.I. número (...).

Por "(...)":

(...), mayor de edad, (...), con domicilio a estos efectos en (...), con D.N.I. número (...).

(...), mayor de edad, (...), con domicilio a estos efectos en (...), con D.N.I. número (...).

Circunstancias personales que me constan por sus declaraciones.

INTERVIENEN:

1.– (...), en nombre y representación de:

.– La mercantil "(...)." (en adelante, "(...)" o la "(...)" indistintamente) con N.I.F.(...) (constituida inicialmente como (...)) española, de duración indefinida, con domicilio en (...); constituida en virtud de escritura autorizada por el Notario de (...)(...), el día (...).

Fueron adaptados sus Estatutos Sociales a la entonces vigente legislación mediante escritura autorizada por el Notario de (...), (...), el día (...), con el número (...) de su protocolo.

Fue transformada en sociedad (...) mediante escritura autorizada por el Notario de (...), (...), el día (...), con el número (...) de protocolo.

Inscrita en el Registro Mercantil de (...), en el tomo (...), folio (...), hoja número (...).

La sociedad tiene como objeto social (...).

Resulta facultado para este acto en virtud de su cargo de Administrador (...) en el que asegura se encuentra vigente, y para el que fue nombrado por tiempo indefinido y aceptó, en virtud de los acuerdos adoptados por la Junta General Universal de la sociedad, en su sesión celebrada el día (...), elevados a público mediante escritura autorizada el día (...), por el Notario de (...), (...), con el número (...) de protocolo, que causó la inscripción (...) de la citada hoja social, cuya copia autorizada me exhibe y devuelvo, teniendo a mi juicio facultades representativas suficientes para el otorgamiento de la presente escritura de elevación a público de plan de reestructuración.

La denominación, objeto, domicilio y forma social resultan de la documentación antes citada, que tengo a la vista. El representante de la sociedad, asegura que los datos que anteceden, especialmente el objeto social, no han variado respecto a los que resultan de los documentos exhibidos, así como la subsistencia y capacidad de su representada.

Titularidad Real, Vigencia del N.I.F, Congelación de Fondos y Registro Público Concursal.

Yo, el Notario, hago constar que a través del "Sistema Integrado de Gestión del Notariado" (SIGNO), he consultado la Base de Datos de Titular Real y las listas siguientes:

a.– En cumplimiento de la Ley 10/2010, de 28 de abril, de prevención del blanqueo de capitales y de la financiación del terrorismo y del Real Decreto 304/2014, de 5 de mayo, por el que se aprueba su Reglamento, la Base de Datos de Titular Real, resultando que el contenido que en la misma consta como *manifestado por propiedad* coincide con la información que el compareciente me aporta y que resulta del acta autorizada por el Notario de (...), (...), el día (...), con el número (...) de protocolo, cuya copia autorizada me exhibe y devuelvo, manifestando no haberse modificado el contenido de la misma.

b.– En cumplimiento de lo dispuesto en el artículo 23 de la Ley del Notariado, la lista de N.I.F revocados, no constando en la misma el de la sociedad interviniente.

c.– Y la lista de Congelación de fondos y la lista sobre procedimientos concursales de personas jurídicas del Registro Concursal, no constando en las mismas la sociedad interviniente.

Yo, la Notario, imprimo el resultado de los "DATOS COTEJADOS" y lo incorporo a la presente (Anexo 0).

.– Y de la mercantil "(...), con N.I.F. (...), domiciliada en (...), constituida por tiempo indefinido, mediante escritura otorgada ante el Notario de (...), (...), el día (...), con el número .... de protocolo, inscrita en el Registro Mercantil de ..., al tomo ....

La sociedad tiene por objeto, entre otros, (...).

Su representación y facultades para este acto resultan de ..., cuya copia autorizada debidamente inscrita me exhibe y devuelvo, teniendo a mi juicio facultades representativas suficientes para el otorgamiento de la presente escritura de ....

La denominación, objeto, domicilio y forma social resultan de la documentación antes citada, que tengo a la vista. El representante de la sociedad, asegura que los datos que anteceden, especialmente el objeto social, no han variado respecto a los que resultan de los documentos exhibidos, así como la subsistencia y capacidad de su representada.

Titularidad Real, Vigencia del N.I.F, Congelación de Fondos y Registro Público Concursal.

Yo, el Notario, hago constar que a través del "Sistema Integrado de Gestión del Notariado" (SIGNO), he consultado la Base de Datos de Titular Real y las listas siguientes:

a.– En cumplimiento de la Ley 10/2010, de 28 de abril, de prevención del blanqueo de capitales y de la financiación del terrorismo y del Real Decreto 304/2014, de 5 de mayo, por el que se aprueba su Reglamento, la Base de Datos de Titular Real, resultando que el contenido que en la misma consta como *manifestado por propiedad* no coincide con la información que el compareciente me aporta. A tal efecto manifiesta que la titularidad real correcta es la que consta en el acta autorizada por el Notario de (...), (...), el día (...), con el número (...) de protocolo, cuya copia autorizada me exhibe y devuelvo, manifestando no haberse modificado el contenido de la misma y procediendo yo la Notario, a comunicar a dicha Base la discrepancia.

b.– En cumplimiento de lo dispuesto en el artículo 23 de la Ley del Notariado, la lista de N.I.F revocados, no constando en la misma el de la sociedad interviniente.

c.– Y la lista de Congelación de fondos y la lista sobre procedimientos concursales de personas jurídicas del Registro Concursal, no constando en las mismas la sociedad interviniente.

Yo, la Notario, imprimo el resultado de los "DATOS COTEJADOS" y lo incorporo a la presente (Anexo 0).

2.– Y (...), en nombre y representación de "(...)." (en adelante, "(...)"), con N.I.F. (...), domiciliada en (...), constituida por tiempo indefinido mediante escritura otorgada el día (...), ante el Notario de (...) (...), con el número (...) de protocolo; inscrita en el Registro Mercantil de (...), Tomo (...), folio (...), Sección (...), hoja número (...), inscripción (...).

La Sociedad tiene por objeto (...).

Su representación y facultades para este acto resultan de su cargo de Administrador Solidario para el que fue nombrado por tiempo indefinido, y aceptó, en virtud de los acuerdos adoptados por la Junta General Universal, en su sesión celebrada el día (...), elevados a público en virtud de escritura autorizada el día (...), por el Notario de (...), don (...), con el número (...) de protocolo, que causó la inscripción (...), cuya copia autorizada, debidamente inscrita me exhibe y devuelvo, teniendo a mi juicio facultades representativas suficientes para el otorgamiento de la presente escritura de elevación a público de plan de reestructuración.

La denominación, objeto, domicilio y forma social resultan de la documentación antes citada, que tengo a la vista. El representante de la sociedad, asegura que los datos que anteceden, especialmente el objeto social, no han variado respecto a los que resultan de los documentos exhibidos, así como la subsistencia y capacidad de su representada.

Titularidad Real, Vigencia del N.I.F, Congelación de Fondos y Registro Público Concursal.

Yo, la Notario, hago constar que a través del "Sistema Integrado de Gestión del Notariado" (SIGNO), he consultado la Base de Datos de Titular Real y las listas siguientes:

a.– En cumplimiento de la Ley 10/2010, de 28 de abril, de prevención del blanqueo de capitales y de la financiación del terrorismo y del Real Decreto 304/2014, de 5 de mayo, por el que se aprueba su Reglamento, la Base de Datos de Titular Real, resultando que el contenido que en la misma consta como *acreditado por propiedad* no coincide con la información que el compareciente me aporta. A tal efecto manifiesta que la titularidad real correcta es la que consta en el acta autorizada por el Notario de (...), (...), el día (...), con el número (...) de protocolo, cuya copia autorizada me exhibe y devuelvo, manifestando no haberse modificado el contenido de la misma y procediendo yo la Notario, a comunicar a dicha Base la discrepancia.

b.– En cumplimiento de lo dispuesto en el artículo 23 de la Ley del Notariado, la lista de N.I.F revocados, no constando en la misma el de la sociedad interviniente.

c.– Y la lista de Congelación de fondos y la lista sobre procedimientos concursales de personas jurídicas del Registro Concursal, no constando en las mismas la sociedad interviniente.

Yo, la Notario, imprimo el resultado de los "DATOS COTEJADOS" y lo incorporo a la presente (Anexo 0).

En adelante, "(...)" y "(...)"serán denominadas conjuntamente las "(...)".

3.– (...), en nombre y representación de:

a).– "(...)", (en lo sucesivo, "(...)") con domicilio social en (...), con N.I.F número (...), constituida por tiempo indefinido, fundada el (...) mediante escritura pública otorgada ante el Notario de (...), (...), ratificada y parcialmente modificada por otra de (...), ante el Notario de la misma Capital (...) y transformada en sociedad anónima de crédito por escritura otorgada ante el Notario de (...), (...) el día (...).

Cambió su denominación por la de (...) y fueron adaptados sus estatutos a la vigente ley de Sociedades Anónimas por escritura otorgada en (...), el (...), ante el Notario (...), con el número (...) de protocolo, inscrita en el Registro Mercantil de (...), al tomo (...), sección general, folio (...), hoja (...), inscripción primera de adaptación.

Y por escritura otorgada ante el Notario de (...), (...), de fecha (...), con el número (...) de protocolo, modificó la anterior denominación por la de (...)", denominación que ha cambiado por la actual, según escritura otorgada ante el Notario de (...), (...), de fecha (...), con el número (...) de protocolo, inscrita en el Registro Mercantil de (...), al tomo (...), hoja (...), folio (...), inscripción (...), de fecha (...).

(...), hace uso del poder, cuyas facultades asegura vigentes, conferido a su favor en virtud de escritura autorizada el día (...), por el Notario de (...), (...), con el número (...) de protocolo, que causó la inscripción (...) en el Registro Mercantil de (...).

(...), hace uso del poder "TIPO DOS", cuyas facultades asegura vigentes, conferido a su favor en virtud de escritura autorizada el día (...), por el Notario de (...), (...), con el número (...) de protocolo, que causó la inscripción (...) en el Registro Mercantil de (...).

Copia autorizada de dichas escrituras tengo a la vista, resultando de las mismas facultades representativas suficientes para el otorgamiento de la presente escritura de elevación a público de plan de reestructuración.

b).– Y de "(...)", (en lo sucesivo, "........."), domiciliada en (...), con N.I.F. (...), cuyo objeto principal son (...)"; constituida por tiempo indefinido, con la denominación "(...)", mediante escritura autorizada por el que fue notario de (...), (...), el día (...), con el número (...) de su protocolo; habiendo cambiado dicha denominación por la de "(...)", en escritura autorizada por el notario de (...), (...), el día (...), con el número (...) de su protocolo; adaptados sus estatutos a la Ley de Sociedades Anónimas, mediante escritura otorgada igualmente ante el citado notario, (...), el día (...), con el número (...) de su protocolo; cambiada su denominación por la de "(...)" y ampliado su objeto mediante escritura otorgada ante el mencionado notario de (...), (...), el día (...), con el número (...) de su protocolo; cambiada nuevamente su denominación por la de "(...)", mediante otra escritura también otorgada ante el repetido notario, (...), el día (...), con el número (...) de su protocolo; cambiada su denominación por la de "(...)", por otra escritura otorgada ante el notario de (...), (...), el día (...), con el número (...) de su protocolo; y esta sociedad ha adoptado la denominación que actualmente ostenta de "(...)" por otra escritura otorgada en (...), el día (...), ante el notario, (...), con el número (...) de su protocolo.

Inscrita en el Registro Mercantil de esta Provincia, al tomo (...), folio (...), hoja (...), inscripción (...).

Mediante escritura otorgada el día (...), ante el notario de (...), (...), con el número (...) de su protocolo, se formalizó una segregación de (...) a favor de "(...)", en la que se transmitieron a esta última, entre otros, todos los derechos y obligaciones que para el (...), se derivaban del Contrato de (...), que se inscribió en el Registro Mercantil de (...), al tomo (...), folio (...), hoja (...), inscripción (...).

Su representación y facultades para este acto resultan:

Del poder, cuyas facultades asegura vigentes, conferido por "(...)" (hoy por cambio de denominación "(...)" a favor de "(...)" hoy "(...)" con N.I.F. número (...), formalizado en virtud de escritura, cuya copia autorizada tengo a la vista, otorgada el día (...), ante el Notario de (...), (...), con el número (...) de protocolo, inscrita en el Registro Mercantil de (...) al tomo (...), folio (...), hoja (...), inscripción (...).

Y de los poderes, cuyas facultades aseguran vigentes, conferidos por "(...)" a favor de (...) que han sido anteriormente.

Copia autorizada de dichas escrituras tengo a la vista, resultando de las mismas facultades representativas suficientes para el otorgamiento de la presente escritura de elevación a público de plan de reestructuración.

4.- (...) en nombre y representación como apoderados mancomunados de "(...)", (en lo sucesivo, "..."), de nacionalidad (...), con domicilio en (...); constituida por tiempo indefinido con la denominación de (...), mediante escritura autorizada por el Notario de (...), (...), el día (...), modificada su denominación varias veces, y adoptado el nombre de (...), mediante escritura autorizada por el Notario de (...), (...), el día (...), número (...) de orden de protocolo. Cambiado su domicilio social al actual en virtud de escritura autorizada por el Notario de (...), (...), el día (...), con el número (...) de protocolo, inscrita en el Registro Mercantil de (...), al tomo (...), folio (...), hoja (...), inscripción (...), con el código (...). Su C.I.F. número: (...).

Mediante escritura autorizada por el Notario de (...), (...), el día (...), con el número (...) de orden de protocolo, (...), cedió a (...), los activos y pasivos integrantes de su actividad (...), y ésta última, entre otros acuerdos, asumió como propios los apoderamientos otorgados por aquella a favor de los distintos apoderados por medio de los cuales (...), realiza en el tráfico jurídico los actos propios de su actividad (...).

Mediante escritura autorizada por el Notario de (...), (...), el día (...), número (...) de protocolo; (...) y la (...) se fusionaron mediante la absorción de la segunda por la primera, con extinción de la personalidad jurídica de (...), sin liquidación y traspaso en bloque a título universal de su patrimonio a (...), la que a su vez adoptó la denominación de (...) y entre otros acuerdos asumió como propios los apoderamientos otorgados por la (...) a favor de los distintos apoderados por medio de los cuales (...) realiza en el tráfico jurídico los actos propios de su actividad (...).

(...) es una (...) de las expresamente excluidas de la obligación prevista en el artículo 4 de la Ley 10/2010 de 28 de abril, de prevención del blanqueo de capitales y financiación del terrorismo.

DON ..., hace uso del poder, cuyas facultades asegura vigentes, conferido a su favor en virtud de escritura autorizada por el Notario de ..., el día ..., con el número ... de protocolo que causó la inscripción ...ª en el Registro Mercantil de ....

DON ..., hace uso del poder, cuyas facultades asegura vigentes, conferido a su favor en virtud de escritura autorizada por el Notario de ..., el día ..., con el número ... de protocolo que causó la inscripción ...ª en el Registro Mercantil de ....

Copia autorizada de dichas escrituras tengo a la vista, resultando de las mismas facultades representativas suficientes para el otorgamiento de la presente escritura de elevación a público de plan de reestructuración.

5.– (...), como apoderados mancomunados, en nombre y representación de "(...)" (en lo sucesivo, "(...)"), domiciliada en (...), fue constituida con duración indefinida y con la denominación de (...), por escritura autorizada el día (...), por el Notario de (...), (...).

Se halla inscrita en el Registro Mercantil de (...), en el tomo (...), libro (...) de la sección (...) de Sociedades, folio (...), hoja número (...), inscripción (...), con N.I.F. número (...).

Adaptados sus Estatutos Sociales Ley de Sociedades Anónimas mediante escritura otorgada el día (...) ante el Notario de (...), (...), bajo el número (...) de su protocolo. Inscrita en el Registro Mercantil de (...) al Tomo (...) general, libro (...), Folio (...), hoja número (...), inscripción (...).

Adoptó su actual denominación en escritura de fecha (...), autorizada por el citado Notario (...), con el número (...) de su protocolo. Inscrita en el Registro Mercantil de (...), al tomo (...), Hoja (...), inscripción (...).

De la última citada escritura resulta que el "(...)" ha absorbido a "(...)", adoptando su actual denominación de "(...)". La Sociedad absorbida ha quedado disuelta, sin liquidación, e integrado todo su patrimonio Activo y Pasivo en el de "(...)", de tal modo que éste ostenta la titularidad de todos los bienes de aquél. Igualmente resulta de la citada escritura que el "(...)" sucede a (...) disuelto en todas las relaciones jurídicas y de hecho del mismo, en igual posición jurídica, serán continuadas por el (...), incluso en cuanto a cualesquiera procedimientos o reclamaciones y recursos judiciales, administrativos, contencioso-administrativos o de cualquier otra índole que se hallen en curso.

(...), hace uso del poder, cuyas facultades asegura vigentes, conferido a su favor en virtud de escritura autorizada el día (...), por el Notario de (...), (...), con el número (...) de protocolo, que causó la inscripción (...) en el Registro Mercantil de (...).

(...), hace uso del poder, cuyas facultades asegura vigentes, conferido a su favor en virtud de escritura autorizada el día (...), por el Notario de (...), (...), con el número (...) de protocolo, que causó la inscripción (...) en el Registro Mercantil de (...).

Copia autorizada de dichas escrituras tengo a la vista, resultando de las mismas facultades representativas suficientes para el otorgamiento de la presente escritura de elevación a público de plan de reestructuración.

6.– (...), como apoderados (...), en representación de "(...)", de duración indefinida, domiciliada en (...); con N.I.F. número (...), constituida con la denominación de (...) ((...)), (...), sometido al decreto Ley de 29 de noviembre de 1962, mediante escritura otorgada en (...), el día (...), ante el que fue Notario de (...), (...) y ampliada su anterior denominación ante el Notario que también fue de (...), (...) el día (...), bajo el número (...) de su protocolo.

Inscrita en el Registro Mercantil de (...), al tomo (...) general, (...) de la sección (...) del Libro de Sociedades, folio (...), hoja número (...), inscripción (...).

Adaptada a la vigente Ley de Sociedades Anónimas en escritura autorizada por el Notario de (...), (...), el día (...), con el número (...) de orden de su protocolo, en la cual adoptó su actual denominación de (...), inscrita en el Registro Mercantil de (...), al folio (...), tomo (...), hoja número (...), inscripción (...).

Refundidos posteriormente sus estatutos, se rige actualmente por los que constan protocolizados en escritura autorizada por el citado Notario (...), el día (...), con el número (...) de protocolo, que causó la inscripción (...) de la citada hoja social.

Manifiestan los señores apoderados comparecientes que (...) tiene por objeto social (...).

(...), hace uso del poder, cuyas facultades asegura vigentes, conferido a su favor en virtud de escritura autorizada por el Notario de (...), don (...), el día (...), con el número (...) de protocolo que causó la inscripción (...) de la hoja (...) en el Registro Mercantil de Madrid.

(...), hace uso del poder, cuyas facultades asegura vigentes, conferido a su favor en virtud de escritura autorizada por el Notario de (...), (...), el día (...), con el número (...) de protocolo que causó la inscripción (...) de la hoja (...) en el Registro Mercantil de (...).

Copia autorizada de dichas escrituras tengo a la vista, resultando de las mismas facultades representativas suficientes para el otorgamiento de la presente escritura de elevación a público de plan de reestructuración.

7.– (...), en nombre y representación de (...), constituida mediante escritura de SEGREGACIÓN, ELEVACIÓN A PÚBLICO DE ACUERDOS SOCIALES Y CONSTITUCIÓN, autorizada el día (...), por el notario del Ilustre Colegio de (...), (...), con el número (...) de órden de su protocolo, en virtud de la cual se produjo la segregación del conjunto de elementos patrimoniales y accesorios integrantes del negocio bancario de (...), y su traspaso a favor de (...), quien se subrogó en todos los derechos, acciones, obligaciones y responsabilidades cargas de dicho negocio.

(...), está domiciliado en (...); Inscrita en el Registro Mercantil de (...), al tomo (...), folio (...) hoja número (...), inscripción (...), de fecha (...). Su N.I.F. es el (...), y su objeto social es (...)

(...), hace uso del poder, cuyas facultades asegura vigentes, conferido a su favor en virtud de escritura autorizada el día (...), por el Notario de (...), (...), con el número (...) de protocolo, que causó la inscripción (...) en el Registro Mercantil de (...).

(...), hace uso del poder, cuyas facultades asegura vigentes, conferido a su favor en virtud de escritura autorizada el día (...), por el Notario de (...), (...), con el número (...) de protocolo, que causó la inscripción (...) en el Registro Mercantil de (...).

Copia autorizada de dichas escrituras tengo a la vista, resultando de las mimas facultades representativas suficientes para el otorgamiento de la presente escritura de elevación a público de plan de reestructuración.

En adelante, las (...) detalladas en los ordinales (3) a (7) anteriores, ambas incluidas, se denominarán, conjuntamente, los "(...)" o, individualmente, el o un "(...)".

Tienen, a mi juicio, según intervienen, capacidad y legitimación para otorgar esta escritura de ELEVACIÓN A PÚBLICO DE PLAN DE REESTRUCTURACIÓN y, a tal efecto,

EXPONEN:

I.– Que "(...)" es una sociedad dedicada al (...).

II.– Que las inversiones fallidas realizadas fuera de España, en especial en .... durante el año (...); la declaración de concurso de la filial "(...)"de la que era avalista en gran parte de sus deudas y la financiación de obras de (...) a clientes con periodos de cobros de hasta (...) años, ha provocado problemas de liquidez y un elevado endeudamiento de la sociedad "(...).".

III.– Que dicha sociedad lleva varios meses en negociaciones con los acreedores que pudieran quedar afectados por el Plan de Reestructuración, por lo que con fecha (...), solicitó el nombramiento como Experto en Reestructuración de "(...)" y por auto dictado por el Magistrado Titular de plaza ... de la sección concursal del Tribunal de Instancia de ......, se acordó su nombramiento.

IV.– Que con el asesoramiento de "(...)" ha elaborado un Plan de Negocio y Viabilidad que le permita superar la situación de insolvencia.

V.– Que a la vista del Plan de Viabilidad y la evolución del negocio que en el mismo se prevé, las partes han alcanzado un acuerdo y han suscrito un Plan de Reestructuración, con fecha (...), al amparo de lo previsto en los artículos 614 y siguientes del Texto Refundido de la Ley Concursal (en adelante "TRLC") y que cumple con los requisitos establecidos en el artículo 633 de dicho texto legal.

VI.– Que todas las condiciones previas o simultáneas previstas en dicho Plan para la suscripción del mismo se han cumplido.

VII.– Que para llevar a cabo la reestructuración está previsto que además del Plan, se suscriban los instrumentos, contratos y escrituras que constan en el mismo ("Documentos de la Reestructuración").

VIII.– Que la deudora, "(...)", presenta un Activo y Pasivo a efectos del Plan de Reestructuración de (...) euros (se recoge en Anexo (...) del Plan).

IX.– Que los Acreedores afectados por el Plan se han agrupado en (...) clases y son además de los que firman la presente escritura los que constan en la Cláusula (...) del Plan.

Los Acreedores no afectados por el Plan son los que constan en el Anexo (...) del mismo

X.– Que las medidas de reestructuración para cada uno de los Acreedores afectados son las que constan en la Cláusula (...) del Plan.

XI.– Que el Plan de Reestructuración no afecta a los trabajadores de la deudora ni al crédito público.

XII.– Que el Plan de Reestructuración ha sido comunicado a todos los acreedores cuyos créditos han quedado afectados, así como a los Garantes, dándose los Acreedores y Garantes comparecientes en este acto como debidamente notificados.

Que respecto los Acreedores Afectados que no comparecen, también denominados Acreedores No Firmantes Afectados, es decir, (...), el Plan les ha sido debidamente notificado en la fecha y forma que consta en el Anexo (...) del mismo.

XIII.– Que el Experto en Reestructuración ha emitido el informe sobre el valor de la Deudora como empresa en funcionamiento que consta en el Anexo (...) del Plan y que el día de hoy emitirá el Certificado de Mayorías para aprobar el Plan a que se refiere los artículos 634.1 y 643.3 del TRLC y se unirá por diligencia a la presente.

Que de acuerdo con ese Certificado de Mayorías, el Plan de Reestructuración resultará aprobado por al menos una clase de acreedores que según la clasificación de créditos prevista en el TRLC, pueda razonablemente presumirse que hubiese recibido algún pago tras la valoración de la deudora, de conformidad con el artículo 639.2 del TRLC.

Asimismo el Experto en la Reestructuración emitirá el Certificado sobre el porcentaje de pasivo afectado por el Plan en relación con el pasivo total, de conformidad con los arts. 635.3º y 667 del TRLC

XIV.– Que el Plan de Reestructuración y las medidas propuestas en relación con la Deudora, han sido aprobadas por los socios de la misma, en virtud de acuerdo de la Junta General Extraordinaria y Universal, por unanimidad, en su reunión celebrada el día (...), según resulta del certificado de dicho acuerdo que consta en el Anexo (...) de dicho Plan.

Que las sociedades Garantes han aprobado también el Plan de Reestructuración y las medidas adoptadas en relación a dichas sociedades, según resulta del Anexo (...) de dicho Plan.

XV.– Y que deseando las partes elevar a documento público el "(...)" citado, los señores comparecientes por la presente escritura

DISPONEN:

PRIMERO.– Los comparecientes, según intervienen, RATIFICAN en todas sus partes Y ELEVAN A PÚBLICO el "PLAN DE REESTRUCTURACIÓN", suscrito en (...), el día (...), que tiene por finalidad establecer el marco contractual y procedimiento a través del cual han acordado llevar a cabo la reestructuración de la deuda de la sociedad "(...)", de conformidad con los previsto en los artículos 614 y siguientes del TRLC:

Me entregan a mí el Notario, dicho Plan junto con sus Anexos, que quedan incorporados a esta matriz.

El Plan, extendido en ... folios de papel común, está firmado por los señores comparecientes que reconocen sus firmas como auténticas en este acto; y los Anexos del Plan están extendidos en ... folios de papel común.

SEGUNDO.– "(...)." se compromete a solicitar con fecha (...), la homologación judicial del Plan de Reestructuración y solicitar del Tribunal competente que dicte Auto por el que se acuerde:

.– La extensión de efectos a los Acreedores que no hubieran votado a favor.

.– Y la protección frente a acciones rescisorias de los actos, operaciones o negocios que se lleven a cabo en el contexto del Plan de Reestructuración por resultar necesarias para el éxito del mismo.

Si la Deudora no presentase en plazo la solicitud de homologación judicial del Plan, éste quedaría automáticamente resuelto y sin efecto, salvo la constitución de las garantías a favor de los Acreedores Afectados.

TERCERO.– El Plan entrará en vigor en la fecha de presentación de la solicitud de homologación judicial del Plan.

A tal efecto para acreditar el cumplimiento de esta condición suspensiva el Experto en Reestructuración remitirá, entre otros, al Notario ante el que se eleva a público el Plan por correo electrónico a su dirección ..., copia del escrito de solicitud de homologación judicial y el justificante de su presentación, y éste hará constar por diligencia que ha recibido dichos documentos y que la condición suspensiva se ha cumplido.

CUARTO.– La Deudora no podrá ceder, transferir, sustituir ni subrogar los derechos y obligaciones contraídas en virtud de los Documentos de la Reestructuración y por el Plan, ni subrogar en un tercero la posición de los Acreedores afectados, sin el consentimiento previo, expreso, escrito y unánime de la totalidad de los Acreedores afectados.

QUINTO.– La Deudora faculta en este acto a cada uno de los Acreedores afectados por el Plan de Reestructuración para solicitar por si solo y a su costa, copias con eficacia ejecutiva de la presente escritura, aunque ya se hubiesen expedido otras, para lo cual otorga su consentimiento expreso e irrevocable.

SEXTO.– Todos los gastos derivados del otorgamiento de la presente escritura serán satisfechos por "(...)".

SÉPTIMO.– El Plan de Reestructuración elevado a público por la presente escritura se rige por el Derecho común, con expresa exclusión de cualquier legislación civil foral o especial que pudiera ser aplicable, sometiéndose todas las partes, con renuncia expresa al fuero que pudiera corresponderles, a la jurisdicción de los Tribunales de (...).

Así lo dicen y otorgan los señores comparecientes, según actúan, a quienes hago de palabra las reservas y advertencias legales pertinentes; las fiscales y, entre ellas, la de las obligaciones y responsabilidades tributarias que incumben a las partes en sus aspectos material, formal y sancionador, y de las consecuencias de toda índole que se derivarían de la inexactitud de sus declaraciones; la de la afección de los bienes al pago de las deudas tributarias, de conformidad con lo establecido en el artículo 41 de la Ley General Tributaria; y la del párrafo 3° del punto 7 del artículo 111 de la Ley Reguladora de las Haciendas Locales, a cuyos efectos les advierto expresamente del plazo dentro del cual están obligados los interesados a presentar declaración por el Impuesto sobre el Incremento del Valor de los Terrenos de Naturaleza Urbana, así como las responsabilidades en que incurrirán por la falta de presentación de dicha declaración y en particular la de que los actos contenidos en esta escritura no tendrán acceso al Registro de la Propiedad sin acreditar la oportuna liquidación del Impuesto sobre Incremento del Valor de los Terrenos de Naturaleza Urbana ("plusvalía municipal") o su declaración conforme al art. 110-6-b de la Ley Reguladora de Haciendas Locales.

Los comparecientes quedan informados de lo siguiente:

De conformidad con lo previsto en el Reglamento General de Protección de Datos (RGPD), se informa de que los datos personales de los intervinientes serán tratados por la Notario autorizante, cuyos datos de contacto figuran en el presente documento. Si se facilitan datos de personas distintas de los intervinientes, dichos intervinientes son responsables de haberles informado previamente de todo lo previsto en el artículo 14 del RGPD.

La finalidad del tratamiento es realizar las actividades propias de la función pública notarial, de las que puede derivarse la existencia de decisiones automatizadas, autorizadas por la Ley, llevadas a cabo por las Administraciones Públicas competentes, incluida la elaboración de perfiles para la prevención e investigación en materia de prevención del blanqueo de capitales y de la financiación del terrorismo. Asimismo, los datos serán tratados por la Notaría para la facturación y gestión de clientes.

A los efectos indicados, se realizarán las comunicaciones de datos previstas en la Ley a las Administraciones Públicas competentes, incluyendo el acceso común desde las Notarías, con los fines antes descritos, a documentos identificativos de los intervinientes.

Los datos se conservarán durante los plazos previstos en la normativa aplicable y, en cualquier caso, mientras se mantenga la relación con los interesados. Los intervinientes tienen derecho a solicitar el acceso a sus datos personales, su rectificación, su supresión, su portabilidad y la limitación de su tratamiento, así como oponerse a este. Frente a cualquier eventual vulneración de derechos, puede presentarse una reclamación ante la Agencia Española de Protección de Datos, cuyos datos de contacto son accesibles en www.aepd.es.

Leída la presente escritura por los comparecientes, por su elección, de conformidad con lo dispuesto en el artículo 193 del Reglamento Notarial, y después de las explicaciones realizadas por mí, la Notario de la misma, la encuentran conforme, prestan su consentimiento y la firman.

AUTORIZACIÓN

Yo, la Notario, doy fe de que los comparecientes me han acreditado su identidad personal, conforme lo establecido en el párrafo c) del artículo 23 de nuestra Ley Orgánica, mediante exhibición de la documentación reseñada en la comparecencia, de que han prestado libremente el consentimiento a la presente escritura, la cual se adecúa a la legalidad y a la voluntad debidamente informada de los mismos y de todo lo demás consignado en este instrumento público que dejo extendido en ... folios de papel de uso exclusivo para documentos notariales, números ... cuya expresión informática quedará incorporada con la misma fecha y bajo el mismo número, en el correspondiente protocolo electrónico.

Y yo, el Notario, autorizo esta escritura con mi firma, signo y rúbrica.

F148. ESCRITO AL TRIBUNAL APORTANDO ACTUALIZACIÓN DEL CERTIFICADO DE MAYORÍAS DEL EXPERTO

AL TRIBUNAL DE INSTANCIA DE ... SECCIÓN DE LO MERCANTIL

[...], Procurador de los Tribunales, actuando en nombre y representación de [...] (en adelante "[...]" o el "Deudor"); según tengo acreditado en estos autos, ante el Tribunal comparezco y, como mejor proceda en Derecho, DIGO:

Que, de conformidad con lo dispuesto en los arts. 627.2 y 645 del *Real Decreto Legislativo 1/2020, de 5 de mayo, por el que se aprueba el texto refundido de la Ley Concursal* ("TRLC"), con fecha [...] fue publicada en el Registro Público Concursal la Providencia de [...], por la que se admitía a trámite la solicitud de homologación del Plan de Reestructuración de [...]., indicando como lugar donde los acreedores que acreditasen legitimación podrían examinar el contenido del mismo la Calle [...].

Que, habiendo transcurrido el plazo de adhesión de [...] días naturales contenido en la en la cláusula DECIMOSEXTA.– del Plan de Reestructuración desde la publicación de la referida Providencia en el Registro Público Concursal, y de conformidad con lo dispuesto en la cláusula DECIMOQUINTA.– del citado Plan, por medio del presente se acompañan como documentos nº 1 y 2 Adenda al informe sobre la suficiencia de mayorías requeridas por el Texto Refundido de la Ley Concursal y certificados de mayorías actualizados, que nos ha hecho llegar para su aportación a Autos el Experto en Reestructuraciones, [...] en el ejercicio de las funciones que le son propias.

En su virtud,

SUPLICO AL TRIBUNAL, que teniendo por presentado este escrito, se sirva admitirlo y, al amparo de lo dispuesto en la cláusula DECIMOQUINTA.– del Plan de Reestructuración de [...], tenga por aportada la Adenda al Informe sobre la suficiencia de mayorías requeridas por el Texto Refundido de la Ley Concursal y los certificados de mayorías actualizados.

Se suscribe el presente escrito en [...], a [...].

F149. OPINIÓN LEGAL SOBRE CAPACIDAD Y PLAN DE REESTRUCTURACIÓN

OPINIÓN LEGAL DE CAPACIDAD RELATIVO AL PLAN DE REESTRUCTURACIÓN DE ...., S.L. y ...., S.L.

En ...., a ....

Att: Acreedores Participantes (tal y como dicho término se define más adelante)

INTRODUCCIÓN

Muy Sres. Nuestros:

Por medio del presente, procedemos a emitir la oportuna OPINIÓN LEGAL DE CAPACIDAD ("legal opinion") relativo al Plan de Reestructuración del Grupo .... en cuando a la intervención de las mercantiles ...., S.L. y ...., S.L.

Como bien sabrán, esta parte ha actuado como asesores legales exclusivamente en el ámbito del Derecho español de las mercantiles ...., S.L. y ...., S.L. (en adelante, "Deudor" o "Los Deudores") y de las sociedades ...., S.L.,........... y .... (en adelante, "Garantes") en relación con:

a) El Plan de Reestructuración suscrito en escritura pública notarialmente intervenida entre el Deudor y las entidades financieras .... (indistintamente, los "Acreedores Participantes" o los "Acreedores Afectados"), en virtud del cual (y con sujeción a los términos y condiciones previstos en el mismo) el Deudor y los Acreedores Participantes han acordado la reestructuración de la deuda del Deudor y la concesión y/o mantenimiento de nueva financiación, distinguiéndose a tal efecto los siguientes Tramos:

i) Tramo A. Un Tramo A por importe de .... euros que se corresponden con la deuda financiera pendiente del préstamo sindicado a largo plazo del tramo A de la Restructuración habida en el Grupo .... en el año ...., dividido en 4 subtramos:

1. Un Subtramo A1 por importe de .... euros, un Subtramo A1.2 por importe de .... euros que se corresponden con la deuda financiera pendiente del Subtramo A1 de la Reestructuración ...... Los Acreedores Financieros del Subtramo A1 y Subtramo A1.2, por medio del Plan de Reestructuración, novan de forma modificativa y no extintiva en la Fecha de Firma sus términos económicos y operativos previstos para el Subtramo A1 en la Refinanciación ..., ratificando la vigencia de la Refinanciación ......

2. Un Subtramo A2 por importe de .... euros y un Subtramo A2.2 por importe de .... euros que se corresponden con la deuda financiera pendiente del Subtramo A2 de la Refinanciación ...... Los Acreedores Financieros del Subtramo A2, por medio del Plan de Reestructuración, novan de forma modificativa y no extintiva en la Fecha de Firma los términos económicos y operativos previstos para el Subtramo A2 en la Refinanciación ......, ratificando la vigencia de la Refinanciación ......

ii) Tramo B. Un Tramo B por importe de .... euros dividido en dos subtramos que se corresponde con la deuda financiera pendiente del préstamo sindicado a largo plazo del tramo B de la Refinanciación ...... Los Acreedores Financieros del Subtramo B por importe de .... euros y del Subtramo B.1 por importe de ...... euros, por medio del Plan de Reestructuración, novan de forma modificativa y no extintiva en la Fecha de Firma los términos económicos y operativos previstos para el Tramo B en la Refinanciación 2019, ratificando la vigencia de la Refinanciación ......

iii) Tramo C. Un Tramo C de línea de circulante con un límite global para ...., S.L. y de ...., S.L de .... euros, —de los cuales se ha dispuesto a Fecha de Firma del plan de reestructuración por los Deudores .... euros— que se corresponde con la deuda financiera derivada de las líneas bilaterales de financiación de circulante (pólizas de crédito, descuento de pagarés) del Tramo C de la Refinanciación ...... de los Deudores.

El Tramo C engloba la línea de circulante de ...., cuya Deuda Viva a Fecha de Firma del plan de reestructuración asciende a .... euros —de los que a Fecha de Firma del plan de reestructuración ha dispuesto .... euros—.

Así mismo se hace constar que dentro del Tramo C, en relación con .... S.A. se encuentra comprendida la cuenta de crédito número .... de límite máximo .... euros, con titularidad conjunta y solidaria de los Deudores .... S.L. y .... S.L., en la que opera un límite conjunto para ambas hasta la cifra máxima expresada.

Los Acreedores Financieros del Tramo C, por medio del Plan de Reestructuración, novan de forma modificativa y no extintiva en la Fecha de Firma los términos y condiciones previstos para el Tramo C en la Refinanciación ......, ratificando la vigencia de la Refinanciación ......

iv) Tramo D. Un Tramo D por importe de ...... euros dividido en dos subtramos que se corresponde con la deuda financiera pendiente de la Deuda ICO 2020, en virtud del cual cada una de las Entidades Financieras suscribió un contrato de préstamo bilateral con los Deudores. Los Acreedores Financieros del subtramo D por importe de ...... euros y del Subtramo D.1 por importe de ...... euros, por medio del Plan de Reestructuración, novan de forma modificativa y no extintiva en la Fecha de Firma los términos y condiciones económicos y operativos, ratificando la vigencia de la Deuda ICO 2020.

v) Tramo E. Un Tramo E por importe de ...... euros que se corresponde con el precio aplazado de la compraventa pendiente de abonar derivado de la Deuda .... Las Partes acuerdan la novación modificativa no extintiva de los términos económicos de la Deuda ....

Estos tramos han sido concedidos por los Acreedores Participantes a las mercantiles Deudoras.

El Plan de Reestructuración se suscribió en fecha .... en póliza notarial intervenida. Dicho plan de reestructuración se incluyó entre las escrituras públicas suscritas y elevadas a público ante el Notario del Ilustre Colegio de Notarios de .... D. ...., número ..., ..., y...... de protocolo.

b) Las garantías constituidas a favor de los Acreedores Participantes para garantizar el cumplimiento de las obligaciones del Deudor derivadas del Plan de Reestructuración, que son las siguientes:...............

Las Garantías se han otorgado en fecha ...., en escrituras pública elevadas ante el Notario del Ilustre Colegio de Notarios de ...., D. ...., número .... de protocolo. Todas ellas con carácter simultáneo o inmediatamente posterior a la suscripción del Plan de Reestructuración, pero en todo caso en unidad de acto.

A efectos de esta opinión legal, todos los términos utilizados en mayúscula sin justificación gramatical tendrán el significado que se les atribuya en este mismo documento o, en su defecto, el que les corresponda conforme al Plan de Reestructuración o el que resulte claramente del contexto en el que hayan sido utilizados.

Dejamos constancia que, en el supuesto de posibles discrepancias aritméticas, de cuantías o inexacta descripción, nos remitimos al Plan de Reestructuración suscrito en fecha .... entre la totalidad de los intervinientes para su correcto detalle y definición.

A continuación, procedemos a detallar los puntos de nuestra Opinión Legal de Capacidad en diferentes apartados.

1. DOCUMENTACIÓN REVISADA

Para la emisión de la presente opinión legal, hemos analizado exclusivamente la siguiente documentación:

(a) Escrituras de constitución y estatutos sociales del Deudor y de los Garantes, facilitadas por las propias sociedades;

(b) Copia simple a efectos informativos de la póliza en que se ha formalizado el Plan de Reestructuración;

(c) Copia simple a efectos informativos de las escrituras en que se ha formalizado las Hipotecas tanto inmobiliarias como mobiliarias.

(d) Consulta realizada telemáticamente al Registro Público Concursal, el día ...., en relación con el Deudor; y

(e) Nota simple expedida telemáticamente por el Registro Mercantil de .... en fecha ...., en relación con el Deudor.

Los documentos incluidos en los apartados (b) y (c) anteriores serán denominados, en lo sucesivo, los "Documentos de la Reestructuración".

2. LEGISLACIÓN Y JURISPRUDENCIA APLICABLE

Esta opinión se refiere únicamente a la capacidad del Deudor y Garantes para suscribir los Documentos de la Reestructuración conforme a la legislación común española en vigor en el día de la fecha, teniendo en cuenta la jurisprudencia aplicable a las cuestiones a las que hace referencia tal y como se recoge en las fuentes de Jurisprudencia comúnmente utilizadas en España (a los efectos de la presente opinión, se entiende por "Jurisprudencia" aquélla recogida en, al menos, dos sentencias dictadas sobre dicha materia por el Tribunal Supremo español). Esta opinión no contiene, ni pretende contener:

(a) Ninguna afirmación o valoración jurídica de ninguna ley o normativa aplicable en cualquier jurisdicción excepto la española; ni

(b) Ninguna afirmación o valoración sobre el contenido económico-financiero de los documentos incorporados al Plan de Reestructuración, o referenciados en el mismo; ni

(c) Ninguna afirmación o valoración relativa a cuestiones de hecho; ni

(d) Ninguna afirmación o valoración relativa a la validez, eficacia y ejecutabilidad de las obligaciones y derechos dimanantes de los Documentos de la Reestructuración.

3. ASUNCIONES

Esta opinión se realiza bajo las siguientes asunciones o premisas:

(a) La legitimidad de todas las firmas y sellos que aparecen tanto en el Plan de Reestructuración y los restantes Documentos de la Reestructuración como en el resto de la documentación revisada;

(b) La autenticidad de los documentos originales que hemos revisado, así como la plena conformidad y fidelidad con los mismos de las copias o certificaciones que nos han sido facilitadas;

(c) Todas las declaraciones de hechos realizadas por las partes en el Plan de Reestructuración o en las certificaciones o documentación que se nos ha facilitado son veraces, correctas, completas y exactas;

(d) Toda la información incluida en los anexos del Plan de Reestructuración es veraz, exacta, correcta y completa;

(e) No existen hechos que no nos hayan sido revelados y que puedan afectar a las conclusiones contenidas en esta opinión;

(f) Los Garantes no se encuentran actualmente en situación de insolvencia en el sentido establecido por el artículo 2 y concordantes del Texto Refundido de la Ley Concursal aprobado por el Real Decreto Legislativo 1/2020, de 5 de mayo ("LC" o la "Ley Concursal") y ninguna demanda o solicitud de concurso ha sido presentada en relación con la misma, haciéndose constar que hemos verificado que no aparece inscrita en el Registro Público Concursal dependiente del Ministerio de Justicia y que, a efectos de esta opinión legal, asumimos que la información disponible en dicho Registro Público Concursal es veraz, completa, correcta y actualizada;

(g) Los Deudores se encontraba en situación de insolvencia, tal y como se describe en el Plan de Reestructuración, si bien ninguna demanda o solicitud de concurso ha sido presentada en relación con el Deudor, haciéndose constar que hemos verificado que no aparece inscrito en el Registro Público Concursal dependiente del Ministerio de Justicia y que, a efectos de esta opinión legal, asumimos que la información disponible en dicho Registro Público Concursal es veraz, completa, correcta y actualizada. Cabe destacar que la mercantil ...., S.L. hizo uso de la facultad prevista en el art. 585 TRLC tramitándose la misma ante el Tribunal de Instancia, sección de lo mercantil (plaza núm...) de..... en el procedimiento Comunicación preconcursal nº ...... No obstante, con la suscripción del plan de reestructuración de la deuda de dicha mercantil y del Grupo ...... y con los efectos de la homologación del plan de reestructuración se erradicará la situación de insolvencia y de cualquier tipo de situación de posibilidad de quiebra; lo que se deja constancia a los efectos oportunos pero insistiendo en que no existe a fecha actual situación de insolvencia ni se prevé ninguna demanda o solicitud de concurso de acreedores;

(h) Ni el Deudor ni Garantes se encuentra en situación de disolución obligatoria, según lo previsto en la normativa aplicable;

(i) Las operaciones descritas o contempladas en el Plan de Reestructuración no son contrarias al interés social del Deudor o de Garantes, ni a los deberes de diligencia y lealtad de sus administradores; y

(j) No existe ningún documento, decisión, contrato o acto de cualquier tipo que modifique o altere cualquier término o condición de los Documentos de la Reestructuración o que invalide o impida la ejecutabilidad de los derechos y obligaciones contenidos en los mismos.

4. OPINIÓN LEGAL

Teniendo en cuenta lo señalado anteriormente, y con las salvedades que se señalan más adelante, nuestra opinión es que:

(a) Las mercantiles deudoras .... y las sociedades que prestan garantía .... son entidades de derecho privado constituidas de acuerdo con la normativa estatal aplicable según su territorio, y se encuentran debidamente inscritas en el Registro Mercantil oportuno sin que conste en el mismo circunstancia alguna que impida la inscripción de los actos societarios inscribibles;

(b) El Deudor y Garantes tienen la capacidad jurídica y de obrar necesaria para firmar los Documentos de la Reestructuración, habiendo adoptado todas las decisiones y trámites necesarios para la válida firma de los mismos, y disponiendo de todos los permisos, licencias, autorizaciones o aprobaciones legalmente requeridos para ello;

(c) No consta la iniciación de ningún procedimiento concursal contra el Deudor ni contra Garantes por parte de ningún acreedor, ni tampoco por parte de las propias sociedades;

(d) En relación a las obligaciones que se señalan respectivamente asumidas por el Deudor y Garantes en el Plan de Reestructuración, los representantes de cada una de dichas sociedades se hallan debidamente facultados o apoderados, por representación orgánica o apoderamiento voluntario o notarial, para la suscripción de los mismos; y

(e) Los Documentos de la Reestructuración han sido debidamente firmados por el Deudor y Garantes.

5. CUALIFICACIONES O RESERVAS

La presente opinión legal está sujeta a las siguientes salvedades o cualificaciones:

(a) La incoación de un proceso penal ante un tribunal español o europeo respecto de la falsificación de documentos o cualquier otra cuestión relacionada con el Plan de Reestructuración o los Documentos de la Reestructuración podría suponer la suspensión de la eficacia y cumplimiento de los mismos, o afectar a dicha eficacia, hasta que el tribunal penal competente emita una resolución firme al respecto;

(b) Los derechos y obligaciones de las partes en virtud del Plan de Reestructuración y los Documentos de la Reestructuración están sujetos al principio de buena fe recogido en el artículo 7 del Código Civil, que proscribe igualmente el abuso de derecho o el ejercicio antisocial del mismo, por lo que en determinadas circunstancias el comportamiento de las partes (sea anterior, coetáneo o posterior a la firma de los Documentos de la Reestructuración) podría afectar a la eficacia y cumplimiento del Plan de Reestructuración;

(c) Las notas simples emitidas por el Registro Mercantil han sido emitidas a efectos meramente informativos no garantizando el referido Registro que esta reproduzca fielmente el contenido de las inscripciones correspondientes o de los documentos presentados y pendientes de inscripción. Asimismo, dichas notas simples sólo desplegarán fuerza probatoria como "documento público" ante un tribunal si no fuera impugnada por la contraparte, conforme a lo dispuesto en el artículo 318 de la Ley de Enjuiciamiento Civil;

(d) Esta opinión se refiere exclusivamente a los aspectos relevantes del Derecho español en vigor en el día de la fecha en relación a la capacidad del Deudor y de Garantes para suscribir los Documentos de la Reestructuración;

(e) Esta opinión se refiere exclusivamente a las materias señaladas en la misma, por lo que no debe inferirse o deducirse ninguna opinión más allá de los términos expresamente señalados en ella. En este sentido, en ningún caso deberá entenderse que su contenido se puede aplicar analógicamente a otros asuntos a los que no hace expresa referencia;

(f) No asumimos ningún compromiso de actualización de la presente opinión en caso de modificación de las normas o criterios aplicables o referidos; y

(g) En ningún caso se entenderá que la presente opinión se refiere a cualquier manifestación o garantía u otra información o documento analizado en relación con ella, salvo que expresamente se indique lo contrario.

6. DESTINATARIOS DE LA OPINIÓN

Esta opinión se emite para su distribución a los Acreedores Afectados, y sólo podrá ser utilizada por éstos a los fines y efectos previstos en los Documentos de la Reestructuración, no pudiendo ser utilizada, revelada, entregada ni referida a terceros para cualquier fin sin nuestra previa autorización por escrito. Por excepción, el contenido de esta opinión podrá ser revelado con carácter meramente informativo y sin que dicha revelación implique ninguna responsabilidad por parte de este Despacho frente a la entidad a la que se revele esta opinión:

(a) En cumplimiento de un deber legal o de un mandato ejecutivo contenido en una resolución judicial o administrativa (incluyendo, pero sin limitarse a, resoluciones dictadas por alguna entidad supervisora nacional o comunitaria que tenga atribuida competencia sobre la actividad de los Acreedores Afectados);

(b) A terceros con los que cualquiera de los Acreedores Afectados se encuentre negociando una cesión, subparticipación u otro negocio jurídico sobre sus derechos dimanantes del Plan de Reestructuración, así como a los asesores legales o financieros de cualquiera de los Acreedores Afectados que estén participando en la operación de que se trate, siempre que se encuentren legal o contractualmente sujetos a obligaciones de confidencialidad;

(c) A los auditores de cuentas de los Acreedores Afectados; y

(d) A agencias de rating y calificación.

Y en prueba de conformidad de las manifestaciones efectuadas en la Opinión Legal de Capacidad, se firma el presente documento en el lugar y fecha figurados en el encabezamiento.

Atentamente,

D. ....

Letrado de ...., S.L. y ...., S.L.

III.2. HOMOLOGACIÓN DE LOS PLANES DE REESTRUCTURACIÓN

III.2.1. Solicitud de homologación y admisión a trámite

F150. ESCRITO SOLICITANDO LA HOMOLOGACIÓN DE PLAN DE REESTRUCTURACIÓN (I)

AL TRIBUNAL DE INSTANCIA DE ... SECCIÓN DE LO MERCANTIL (PLAZA NÚM. ......)

D. ...., procurador de los tribunales y de (Denominación del Deudor) tal como se acredita mediante copias autorizadas de escrituras de poder para pleitos que se acompañan como Documento nº X, ante el Tribunal comparezco y, como mejor proceda en Derecho, MANIFIESTO:

1. Que la deudora .... hallándose en situación de insolvencia inminente, con fecha ...... comunicó, a ese Tribunal al que me dirijo, la existencia de negociaciones con sus acreedores para alcanzar un Plan de Reestructuración que permita la solución de la situación de insolvencia en la que se encuentra.

2. (Hacer referencia al artículo 586 TRLC- "contenido de la comunicación")

3. ....

4. ....

Que en atención al artículo de referencia 633 TRLC, se exponen los comentarios referidos a las doce menciones mínimas señaladas en el mismo:

1) Identidad del deudor

(a desarrollar)

2) Identidad del experto encargado de la reestructuración

3) Descripción de la situación económica del deudor y de la situación de los trabajadores, y una descripción de las causas y del alcance de las dificultades del deudor (a desarrollar).

4) ....

5) ...... hasta 12)

(Con sus Anexos correspondientes)

A su vez, con el fin de salvar los motivos de las impugnaciones a la homologación recogidas en los siguiente cuatro artículos del TRLC.

Uno Artículo 654. Impugnación del auto de homologación del Plan aprobado por todas las clases.

(Cumplimentar la descripción justificativa de los apartados: 1° a 8° de dicho artículo)

Dos Artículo 655. Impugnación del auto de homologación del plan no aprobado por todas las clases de crédito.

(Cumplimentar la descripción justificativa de los apartados 1, 2 y 3)

Tres Artículo 656. Impugnación del auto de homologación no aprobado por los socios.

(Cumplimentar la descripción justificativa de los apartados 1 y 2).

Cuatro Artículo 670. Motivos de impugnación u oposición de efecto limitado.

(Cumplimentar la descripción de los apartados 1, 2 y 3).

(Asimismo con sus Anexos correspondientes)

Por lo expuesto, ...

SUPLICO AL TRIBUNAL, que tenga por presentada la solicitud de homologación judicial del Plan de Reestructuración suscrito en fecha .... y proceda con los trámites legales oportunos de conformidad a lo regulado en el artículo 644 del TRLC.

OTROSÍ PRIMERO..............

OTROSÍ SEGUNDO..............

....

ULTIMO OTROSÍ.........(Meter párrafo de subsanación)

En ....a......... de...........de 2023.

F151. ESCRITO DE HOMOLOGACIÓN DE PLAN DE REESTRUCTURACIÓN (II)

AL TRIBUNAL DE INSTANCIA DE ... SECCIÓN DE LO MERCANTIL (PLAZA NÚM. ......)

Procedimiento: Comunicación art. 585 Ley Concursal nº ....

Dª. ...., Procuradora de los Tribunales y de la mercantil ...., S.L. y la sociedad ...., S.L., ante el Tribunal comparezco en los Autos del procedimiento de Comunicación art. 585 Ley Concursal nº ...., y bajo la dirección letrada de ...., nº colegiado ... del Ilustre Colegio de Abogados de ....; y como mejor proceda en derecho, DIGO:

Que por medio del presente escrito se formula SOLICITUD DE HOMOLOGACIÓN JUDICIAL DEL PLAN DE REESTRUCTURACIÓN NO APROBADO POR TODAS LAS CLASES DE CRÉDITOS respecto a las mercantiles ...., S.L. y ...., S.L. Todo ello en base a los siguientes

HECHOS

PRIMERO. Mi representada .... S.L., mediante escrito de fecha ...., comunicó a este Tribunal el inicio de negociaciones con sus acreedores para alcanzar un plan de reestructuración en aras a solventar su situación de insolvencia. Todo ello a los efectos y con el alcance establecido en los arts. 585 y ss. del Texto Refundido de la Ley Concursal (TRLC en adelante).

SEGUNDO. Que en fecha ...., el Letrado de la Administración de Justicia dictó el Decreto nº .... por el cual se dejaba constancia de la comunicación presentada por esta parte, ordenándose la publicación en el Registro Público Concursal de la citada resolución.

En fecha ...., dentro del plazo y al amparo de lo dispuesto en el art. 607.1 TRLC, ... S.L. solicitó la concesión de prórroga de los efectos de la comunicación del art. 583 TRLC por un periodo de tres meses sucesivos.

TERCERO. Durante el período de seis meses estipulado en el art. 585 y 607.1 TRLC, y cumpliendo todos los requisitos establecidos en la ley, se procedió a aprobar un plan de reestructuración que permitiese resolver la situación de insolvencia de la mercantil.

Dicho plan de reestructuración fue suscrito por la totalidad de las mercantiles que integran el Grupo......, formado por las sociedades ...., con las entidades bancarias ....

A efectos oportunos, dejar constancia que .... intervinieron en calidad de deudores (en adelante, a estas sociedades se les denominará "Deudor" o "Los Deudores"). Las sociedades .... intervinieron en calidad de garantes (en adelante, "Garantes").

De conformidad con lo estipulado en el TRLC, el citado plan de reestructuración se suscribió en fecha .... entre los meritados intervinientes. Se adjunta como Documento nº 1 el plan de reestructuración.

El plan de reestructuración se incluyó entre las escrituras públicas suscritas y elevadas a público ante el Notario del Ilustre Colegio de Notarios de .... D. .... en fecha ...., número...........de protocolo.

CUARTO. De antemano, queremos manifestar que la presente solicitud de homologación judicial de plan de reestructuración no aprobado por la totalidad de las clases se realiza únicamente respecto a las sociedades deudoras ....

Tal y como se puede observar en el apartado 1) del plan de reestructuración relativo a las Definiciones del propio plan, se define como "Deudores" a efectos del plan y su homologación respecto al Tramo A, Tramo B, Tramo D y Tramo E, únicamente la entidad .... S.L.

Respecto al Tramo C, únicamente se incluyen dentro de la Solicitud de Homologación del presente Plan de Reestructuración la parte del Tramo C de la Refinanciación ...... en la que es deudor ...., S.L. Por tanto, no forma parte de la Solicitud de Homologación, la parte del Tramo C de la Refinanciación 2019 en la que es deudor ...., aunque se nova por medio del plan de reestructuración.

Como se puede observar del cuerpo del presente escrito y en el propio plan de reestructuración, si bien las mercantiles .... intervienen y participan en el plan de reestructuración como garantes, no se solicita la homologación del presente plan de reestructuración a dichas sociedades.

Por tanto, reiteramos que la presente solicitud de homologación se realiza única y exclusivamente respecto a las sociedades deudoras ....

QUINTO. Como se puede observar, el plan de reestructuración contenía todas las especificaciones recogidas en el artículo 633 TRLC; concretamente todos los requisitos de contenidos y forma exigidos en el Título III del libro segundo del Texto Refundido de la Ley Concursal.

La formación de las clases se ha realizado de conformidad con el artículo 623 y ss. del TRLC, atendiendo a la existencia de un interés común de los integrantes de cada clase al tratarse de créditos de igual rango, que el que determinaría el orden de pago en el concurso de acreedores.

Al respecto, debemos manifestar que el plan no ha sido aprobado por la totalidad de las clases de créditos establecidas en el plan de reestructuración. No obstante, tal y como se puede observar del Certificado emitido por el experto en reestructuración, el plan de reestructuración está aprobado por una mayoría simple de las clases de créditos formadas, habiendo votado más de los dos tercios del importe del pasivo correspondiente a cada clase. Así mismo, estando formada una de las clases —Clase 1— por créditos que habrían sido calificados con privilegio con garantía real, el plan de reestructuración ha sido aprobado al haber votado a favor tres cuartos del importe del pasivo correspondiente a esta clase; todo ello de conformidad con lo estipulado en los art. 629 y 639 TRLC.

El resultado de las votaciones ha sido el siguiente:

.............., S.L.

- Clase 1: ha votado a favor el 100% del pasivo correspondiente a esta clase.
- Clase 2: ha votado a favor el 100% del pasivo correspondiente a esta clase.
- Clase 3: ha votado a favor el 100% del pasivo correspondiente a esta clase.
- Clase 4: no se ha adherido a la reestructuración.

.............., S.L.

- Clase única: ha votado a favor el 100% del pasivo correspondiente a esta clase.

Debemos manifestar que el plan de reestructuración ha sido aprobado tanto por los acreedores meritados como por el deudor y por todas las mercantiles intervinientes tanto en su condición de deudores como en la de garantes, según el caso; todo ello según lo estipulado en el art. 629 TRLC.

Del mismo modo, comunicamos que el plan de reestructuración ha sido comunicado a todos los acreedores afectados conforme a lo establecido en el 627 TRLC. Dejar constancia que el único acreedor que no se ha manifestado al respecto ha sido la mercantil .........S.L.

SEXTO. La formación de las clases se ha efectuado según el tipo de acreedor y su distribución se encuentran desarrolladas en el propio Plan de reestructuración, al cual nos remitimos en aras a una correcta economía procesal.

No obstante, dado que con la homologación del plan de reestructuración se pretende, entre otros que posteriormente se describirá, extender los efectos del plan de reestructuración a las clases de acreedores —Clase 4— que no se han adherido al plan de reestructuración, queremos manifestar que la Clase 4 de acreedores está incluida únicamente por el acreedor ...., S.L.

La Clase 4 la conforman los Créditos Afectados de ...., S.L. titularidad de ...., S.L. derivados de la Deuda ...., que no tiene garantía real y no cuenta con Garantía ICO, y que tienen la condición de crédito subordinado, de conformidad con el artículo 281.1.3°, 281.1.5° y 283 TRLC.

Para la inclusión de dicho acreedor en esa Clase 4, se ha tenido en cuenta que ...., S.L. en fecha ...., siendo socio del .....% de ...., S.L. vendió con precio aplazado el ...% de ...., S.L. a la entidad ...., S.L.U, mediante escritura pública de compraventa otorgada ante el notario de ......, don .... con número ...... de su protocolo, es decir, ... participaciones sociales del Deudor ...., S.L. En dicha escritura se pactó que las participaciones se irían liberando y transmitiendo su propiedad a medida que se fuese pagando.

Posteriormente, ... cedió y transmitió al Deudor ...., S.L todos los derechos y obligaciones (es decir, la total posición jurídica contractual), derivados de la antedicha escritura de compraventa con precio aplazado.

Actualmente, tal y como dice la Sentencia del Tribunal Supremo respecto a dicha compraventa solo se ha perfeccionado y es eficaz la compraventa respecto a las participaciones pagadas y transmitidas en escritura pública. Por lo que ...., S.L. es titular a fecha actual del ......% de ......, S.L.

El argumento seguido en el plan de reestructuración para considerar el crédito de ...., S.L. como crédito subordinado, es el artículo 283 TRLC; el cual establece:

"Artículo 283. Personas especialmente relacionadas con el concursado persona jurídica.

1. Se consideran personas especialmente relacionadas con el concursado persona jurídica: 1.º Los socios que conforme a la ley sean personal e ilimitadamente responsables de las deudas sociales y aquellos otros que, en el momento del nacimiento del derecho de crédito, sean titulares, directa o indirectamente, de, al menos, un cinco por ciento del capital social, si la sociedad declarada en concurso tuviera valores admitidos a negociación en el mercado secundario oficial, o un diez por ciento si no los tuviera. Cuando los socios sean personas naturales se considerarán también personas especialmente relacionadas con la persona jurídica concursada las personas que lo sean con los socios conforme a lo dispuesto en el artículo anterior."

En el momento del nacimiento del crédito, ..., S.L. era titular de más del 5% del Deudor ...., S.L.; poseyendo actualmente el ...% del capital social.

Por ello, se formó una Clase 4 a efectos de incluir los acreedores cuyo crédito tuviese la consideración de créditos subordinados de conformidad con lo estipulado en el art. 283 TRLC; estando incluido únicamente por el acreedor ...., S.L. el cual, como hemos meritado, no se ha pronunciado ni adherido al plan de reestructuración.

SÉPTIMO. Para la aprobación del plan de reestructuración, se han constituido diversas garantías a favor de los acreedores participantes en aras a garantizar el cumplimiento de las obligaciones del Deudor derivadas del plan de reestructuración. Dichas garantías son las siguientes:

i) Garantía solidaria Personal de .... de conformidad con la cláusula 12 del Plan de reestructuración. Cada uno de los Garantes garantiza, sin perjuicio de la responsabilidad universal de los Obligados establecida en el artículo 1.911 del Código Civil, en favor de cada uno de los Acreedores Afectados, de forma expresa, irrevocable e incondicional, y solidariamente con carácter irrevocable, incondicional, solidario y con renuncia expresa a los beneficios y excepciones que pudieran corresponderles, con los Deudores y los restantes Obligados (entre sí), todas y cada una de las Obligaciones Garantizadas derivadas de los Documentos de la Reestructuración frente a los Acreedores Afectados a primer requerimiento de los Acreedores Afectados, previa aprobación por Mayoría de los Acreedores Afectados

ii) Derecho real de hipoteca inmobiliaria de primer rango de máximo en los términos del artículo 153 bis de la Ley Hipotecaria en mano común y reserva de rango a la hipoteca Inmobiliaria de ...., S.L. sobre los siguientes inmuebles propiedad de los Deudores ...., a favor de las Entidades Financieras: ....

iii) Promesa de Derecho real de hipoteca inmobiliaria de primer rango sobre los siguientes inmuebles propiedad de los Deudores ...., S.L. a favor del Acreedor Disidente, ..., S.L: ....

iv) Derecho real de hipoteca mobiliaria en mano común de máximo de primer rango sobre los siguientes activos propiedad de los Deudores a favor de las Entidades Financieras y reserva de rango a la hipoteca Inmobiliaria de ...., S.L. de ....

v) Promesa de Derecho real de hipoteca de primer rango sobre los siguientes activos propiedad de los Deudores a favor del Acreedor No Participante, ..., S.L de ....

Las Garantías se han otorgado en fecha ...., en escrituras pública elevadas ante el Notario del Ilustre Colegio de Notarios de .... D. ...., número .... de protocolo. Todas ellas con carácter simultáneo o inmediatamente posterior a la suscripción del Plan de Reestructuración, pero en todo caso en unidad de acto.

OCTAVO. Una vez expuesto cuanto antecede y según lo establecido en el art. 635 TRLC, por medio del presente escrito solicitamos la HOMOLOGACIÓN JUDICIAL DEL PLAN DE REESTRUCTURACIÓN en base a los siguientes motivos:

1.° Se pretende extender los efectos del plan de reestructuración a la totalidad de los acreedores que no han votado a favor y/o no se han adherido al plan de reestructuración, concretamente a la Clase 4 de acreedores.

2.° Así mismo, con la homologación judicial se pretende proteger la financiación interina y la nueva financiación que se prevé en el plan, así como los actos, operaciones o negocios realizados en el contexto de este frente a posibles acciones rescisorias en los términos previstos en el TRLC.

NOVENO. Efectos concretos cuya extensión se solicita a los acreedores no participantes.

Con la homologación del presente plan de reestructuración se pretende extender los efectos del plan de reestructuración a la Clase 4 de acreedores que no han votado a favor ni se han adherido al plan de reestructuración.

Como se ha indicado anteriormente, los únicos acreedores afectados por el Plan de Reestructuración son las Entidades Financieras y el Acreedor no Participante de la Clase 4, es decir, la mercantil ...., S.L.

A través de la suscripción del Plan de Reestructuración, se novó y reestructuró la deuda del Grupo ...., concretamente la de los Deudores ....

Los créditos Afectados por la reestructuración son, a los efectos de definición del artículo 616 TRLC, todos los créditos financieros y comerciales existentes frente al Deudor en virtud de todos los tramos de la Refinanciación ......, de la Deuda ICO 2020 y de la Deuda ......, S.L., de la que derivan la Deuda Afectada y que quedan afectados por la presente Reestructuración. Los Créditos Afectados son el préstamo sindicado del Tramo A de la Refinanciación ......, el préstamo del Tramo B de la Refinanciación ......, los Instrumentos Bilaterales del Tramo C, los Préstamos Bilaterales que se adjuntaron en el plan de reestructuración y la Deuda ...., S.L.

La delimitación de los créditos afectados se recoge en el cuerpo del plan de reestructuración.

Una vez tenido en cuenta los créditos afectados por la reestructuración, se delimitaron y determinaron los Tramos de afección de la reestructuración de la deuda. Así se confeccionaron los Tramos A, B, C, D, y E.

Respecto al Tramo E, engloba la totalidad de la Clase 4 de Acreedores Afectados, es decir, la totalidad de las operaciones comerciales que quedan afectas al Plan de Reestructuración y que únicamente es el crédito Afectado derivado de la Deuda Comercial ...., S.L. Un Tramo E que se corresponde con el precio aplazado de la compraventa pendiente de abonar derivado de la Deuda Comercial ......, S.L.

Así, Las Partes han acordado por medio del plan de reestructuración la novación modificativa no extintiva de los términos económicos de la Deuda Comercial ...., S.L., a fin de que los mismos pasen a tener los términos económicos que se detallan en la Cláusula 6.4. (Condiciones comunes a todos los Tramos) 6.5. (Fecha de Vencimiento Final de la Reestructuración) y 6.6. (Amortización) del Plan de Reestructuración.

Por tanto, con la homologación judicial del presente Plan de Reestructuración, se pretende extender los efectos del mismo al Acreedor No Participante .... S.L. para que se apliquen los Tramos, Garantías y condicionantes de la totalidad del plan de reestructuración a la deuda. Dicha extensión derivada del no pronunciamiento ni adhesión al plan de reestructuración.

DÉCIMO. Junto con lo anterior, debemos manifestar que se cumplen con todos los requisitos establecidos en el art. 636 y 639 TRLC, a saber:

1.° Que el deudor se encuentre en situación de insolvencia y el plan de reestructuración y su homologación ofrece una perspectiva clara, inequívoca y razonable de evitar el concurso de acreedores; asegurando la viabilidad empresarial tanto a corto como a medio plazo.

2.° Que se cumple con los requisitos de contenido y de forma exigidos en el Título III del Texto Refundido de la Ley Concursal relativo a la aprobación de los planes de reestructuración.

3.° Que si bien el plan de reestructuración no ha sido aprobado por todas las clases de créditos de conformidad con las previsiones del TRLC, sí que ha sido aprobado por la mayoría de las clases de acreedores, por el deudor y por las mercantiles intervinientes tanto en su posición de deudores como garantes. Se deja constancia que la Clase 1 de los acreedores está formada por créditos que en el concurso habrían sido calificados como créditos con privilegio especial; por lo que se cumple con los requisitos del art. 629 y 639, 1° del TRLC.

4.° Que los créditos dentro de la misma clase han sido tratados de forma paritaria.

5.° Que se ha comunicado a todos los acreedores afectados el plan de reestructuración, conforme a lo establecido en el TRLC.

UNDÉCIMO. De conformidad con lo previsto en el art. 643.1 TRLC, el plan de reestructuración aprobado se encuentra disposición de los acreedores legitimados y del deudor en la dirección Calle .... y en la dirección del Notario del Ilustre Colegio de Notarios de .... D. .... sita en Calle de ......

Del mismo modo, se comunica la posibilidad de recibir la documentación vía telemática previo requerimiento por escrito a la dirección ....

DUODÉCIMO. Según lo estipulado en el art. 643.2 TRLC, el Consejo de Administración de .... S.L. aprobó el acuerdo de solicitar la homologación judicial del plan de reestructuración en su reunión de fecha ....

Debemos tener presente que el Órgano de Administración está compuesto por un Consejo de Administración compuesto por tres miembros de duración indefinida, recayendo dicho cargo en la mercantil ...., S.L., en la persona de D. .... y en la mercantil ....

DECIMOTERCERO. A los efectos del art. 643.3 TRLC, se acompaña a la presente solicitud la siguiente documentación:

1. Se adjunta como Documento n° ... copia del plan de reestructuración suscrito entre los intervinientes meritados. Debemos tener presente que dicho plan de reestructuración se incluyó entre las escrituras públicas suscritas y elevadas a público ante el Notario del Ilustre Colegio de Notarios de ... D. .... en fecha ...., número 3........ de protocolo. Por ello, se adjunta como Documento n° ...... copia de las meritadas escrituras.

2. Como Documento n° ... el certificado de acuerdo del Consejo de Administración relativo a la solicitud de homologación del plan de reestructuración.

3. Se anexa como Documento n° ... la certificación del experto en reestructuración sobre la suficiencia de las mayorías.

4. Como Documento n° ... se acompaña Informe emitido por el experto de reestructuración.

5. Como Documento n° ... y ... se adjunta certificado del Auditor acreditativo del quórum de pasivo de cada uno de los Deudores que representan los Acreedores Afectados en la Fecha de Firma.

DECIMOCUARTO. El art. 641 TRLC establece que la competencia para conocer de la homologación de un plan de reestructuración corresponderá al Tribunal que fuera competente para la declaración del concurso del deudor. Si el deudor hubiera efectuado la comunicación de inicio de negociaciones con los acreedores, la competencia corresponderá al Tribunal que hubiera tenido por efectuada esa comunicación.

En virtud de ello, para la homologación del plan de reestructuración de ...., S.L. y de ...., S.L. corresponde exclusiva y excluyentemente al Tribunal de Instancia de ..., sección de lo mercantil, al estar tramitándose el procedimiento Comunicación art. 585 Ley Concursal nº ....

DECIMOQUINTO. El presente procedimiento de homologación deberá sustanciarse según lo previsto en la Sección 2º del Capítulo 5 del Título II del Libro II del Texto Refundido de la Ley Concursal.

En virtud de lo expuesto,

SUPLICO AL TRIBUNAL que tenga por presentado este escrito, junto a los documentos a él unidos y sus copias, se sirva a admitirlo y, previos los oportunos trámites legales, dicte resolución por la que proceda a:

1. HOMOLOGACIÓN JUDICIAL DEL PLAN DE REESTRUCTURACIÓN de ...., S.L. y ...., S.L. de conformidad con lo establecido en el cuerpo del presente escrito, a los efectos de lo dispuesto en los artículos 647, 649 y concordantes del Texto Refundido de la Ley Concursal (TRLC).

2. Acordar la IRRESCINDIBILIDAD DEL PLAN DE REESTRUCTURACIÓN en los términos previstos en el artículo 667 TRLC declarando la irrescindibilidad del propio Plan, así como de los actos, negocios jurídicos, pagos o garantías que se hubieran realizado, prestado o constituido al amparo del mismo, particularmente, la Garantía Personal y las Garantías Reales —hipotecas inmobiliarias y mobiliarias— y promesas y las garantías que se constituyan en cumplimiento de estas, todas ellas identificadas en el Hecho Séptimo de este escrito; así como la aplicación a los nuevos ingresos de tesorería lo previsto en los artículos 667.1.2º, 242.1.17º y 280.6º TRLC.

3. ACUERDE LA EXTENSIÓN DE LOS EFECTOS DEL PLAN DE REESTRUCTURACIÓN A LA TOTALIDAD DE LOS ACREEDORES, concretamente a la Clase 4 de acreedores que no han votado a favor y/o no se han adherido al plan de reestructuración.

4. Como consecuencia de la extensión forzosa anterior, el acreedor disidente de la Clase 4 de acreedores resultará vinculado por los Documentos de la Reestructuración que, en ejecución del Plan, se suscriban, debiendo ser considerados parte de los mismos a todos los efectos.

5. En base a lo estipulado en el art. 644 TRLC, desde la admisión a trámite de este escrito, se solicita la PARALIZACIÓN DE EJECUCIONES SINGULARES que los acreedores no firmantes hubieran podido iniciar.

6. La publicación de la resolución judicial referida en la petición primera mediante anuncio insertado en el Registro Público Concursal y en el Boletín Oficial del Estado por medio de extracto según prevé el artículo 648 TRLC.

OTROSÍ DIGO, Que atendiendo a lo dispuesto en el artículo 231 de la Ley de Enjuiciamiento Civil, esta parte manifiesta expresamente su voluntad de cumplir todos los requisitos exigidos en la misma, ofreciendo la subsanación de cualquier defecto en que hubiera podido incurrir tan pronto como sea requerida para ello por el Tribunal al que tenemos el honor de dirigirnos.

En su virtud,

SUPLICO AL TRIBUNAL, Que tenga por hecha la anterior manifestación y que actúe de conformidad con la misma.

Es Justicia que respetuosamente pido en Valencia, a ....

Fdo. Letrado: Fdo. Procuradora:

F152. ESCRITO DE HOMOLOGACIÓN PLAN DE REESTRUCTURACIÓN POR VARIOS DEUDORES

AL TRIBUNAL DE INSTANCIA DE ... SECCIÓN DE LO MERCANTIL

........., Procuradora de las tribunales, en nombre y representación de:

1. ...., con domicilio social en ...., y con N.I.F. numero .... ("........").

2. ...., con domicilio social en ...., y con N.I.F. numero .... ("........").

según acredito mediante comparecencia *apud acta* electrónica copia de la cual acompaño, ante el Tribunal comparezco y, bajo la dirección letrada de .... con número de colegiado ...., como mejor proceda en Derecho, comparezco y DIGO:

Que, según estipula el Título III del Libro Segundo del Texto Refundido de la Ley Concursal aprobado por el Real Decreto Legislativo 1/2020, de 5 de mayo ("LC" o la "Ley Concursal") en su redacción vigente en la fecha de presentación del presente escrito, y en particular de acuerdo con lo dispuesto en su Capítulo V (artículos 635 y siguientes), por media del presente formulo SOLICITUD DE HOMOLOGACIÓN DE PLAN DE REESTRUCTURACIÓN CON EXTENSIÓN DE EFECTOS A ACREEDORES AFECTADOS No FIRMANTES O DISIDENTES, que se describe en los hechos siguientes, con el reconocimiento de los efectos *ex lege* asociados a la homologación, con arreglo a los siguientes

HECHOS

PREVIO.– DESCRIPCIÓN DE LAS DEUDORAS Y DEFINICIONES DEL PRESENTE ESCRITO

Las sociedades solicitantes, esto es, ... (conjuntamente, las "Deudoras") tienen par actividad principal ....

A efectos de facilitar la identificación de las Deudoras, adjuntamos como Documento nº .... notas simples relativas a cada una de dichas sociedades.

Interesa especialmente destacar que en dichas notas simples consta la designación de la entidad .... (el "Auditor de Cuentas") coma Auditor de Cuentas de las cuentas de las Deudoras.

Dado que todas las Deudoras (i) tienen una dirección conjunta y (ii) forman parte de un mismo "grupo empresarial" (a efectos de la Disposición Adicional Primera de la Ley Concursal y artículo 42 del Código de Comercio) por cuestiones de economía procesal y para facilitar la tramitación y resolución coordinada de las solicitudes de homologación, se hace constar que el Plan de Reestructuración al que se hará referencia posteriormente tiene el carácter de "conjunto" para todas las Deudoras y, por tanto, se acumulan en un mismo escrito las solicitudes de homologación realizadas por parte de cada una de las Deudoras respecto de dicho Plan de Reestructuración conjunto, haciéndose constar a las efectos del artículo 642.2 de la Ley Concursal que las requisitos de la homologación judicial se cumplen respecto de todas y cada una de dichas Deudoras.

Definiciones. Por último, a las efectos de claridad y evitar repeticiones innecesarias, se hace constar que todo termino en mayúscula que no tenga justificación gramatical y no se encuentre expresamente definido en este escrito tendrá la definición contenida en la Cláusula .... del Plan de Reestructuración (tal y como este término se define posteriormente}.

PRIMERO.-ANTECEDENTES DE LA FIRMA DEL PLAN DE REESTRUCTURACIÓN

En la actualidad la estructura de la deuda financiera de las Deudoras no se ajusta a la previsión de flujos de caja para el presente y próximos ejercicios, y en concreto, es objetivamente previsible que, de no alcanzarse un Plan de Reestructuración, no puedan cumplir regularmente con las obligaciones financieras que venzan en las próximos .... [meses/ años], incurriendo por tanto en ["probabilidad de insolvencia"/ "insolvencia inminente], tal y coma dicho termino se define en el artículo [584.2 / 2.3] de la Ley Concursal. En este sentido, desde hace algún tiempo las Deudoras han venido atravesando dificultades financieras y han venido negociando con sus Acreedores Afectados (identificados posteriormente) una solución a su situación financiera.

Para adecuar la estructura de su endeudamiento a las previsiones de caja del presente y futuros ejercicios, y facilitar la elaboración de una propuesta de refinanciación adaptada a la evolución de su endeudamiento, las Deudoras han elaborado un plan de viabilidad que han entregado a las Acreedores Afectados (el "Plan de Viabilidad"), el cual ha sido revisado por .... actuando como ....

Tras varies meses de negociación y análisis entre las diversas partes involucradas, durante las que se elaboraron diversos documentos que fueron actualizándose conforme a la evolución del proceso, y respecto de los que se mantuvo puntualmente informados a todos las Acreedores Afectados, se alcanzó un acuerdo relativo a un plan de reestructuración de .... de las Deudoras en términos consistentes con las previsiones financieras del Plan de Viabilidad de forma que la reestructuración del endeudamiento .... titularidad de los Acreedores Afectados es suficiente para estimar, con una probabilidad razonable de éxito, que se cumplirá el Pian de Viabilidad y que por tanto se superará la situación de insolvencia descrita anteriormente para las Deudoras.

El Plan de Reestructuración se plasma en las contratos a las que se hace referencia en el Hecho .... siguiente.

Los Acreedores Afectados son los siguientes:

....

Dichos Acreedores Afectados han tenido la oportunidad de participar en las negociaciones y, con carácter previo a la suscripción del Plan de Reestructuración, fueron informados de su contenido mediante [comunicación individual y electrónica en las direcciones de correo electrónico] indicadas por cada uno de ellos en estricto cumplimiento de lo dispuesto en el artículo 627.2 LC y 638.5 de la LC.

De esta manera, alcanzado un principio de acuerdo comercial entre una mayoría sustancial de los Acreedores Afectados y las Deudoras, se invitó a todos las Acreedores Afectados a participar en las negociaciones y en la propuesta de Plan de Reestructuración.

No obstante, y en la medida en que se preveía la posibilidad de que algún acreedor no suscribiera el Plan de Reestructuración y que la viabilidad de las Deudoras pasaba, necesariamente, porque la totalidad de la Deuda Afectada par el Plan quedara reestructurada en las términos descritos en éste, se contempló la homologación del Plan de Reestructuración al trámite de la homologación judicial y extensión de sus efectos a los acreedores disidentes. En todo caso, y como se desarrollará en los Fundamentos de Derecho de este escrito, dicha extensión de efectos se basaría en el principio de igualdad de trato a los Acreedores Afectados que se encontraran en idéntica posición y en el respeto a la regla de prioridad absoluta.

SEGUNDO.– FORMACIÓN DE CLASES DE CRÉDITOS

Como paso previo al planteamiento del Plan de Reestructuración se procedió a la formación de clases de acreedores, siempre atendiendo a los criterios previstos en el artículo 623 y siguientes de la Ley Concursal.

En consecuencia, se ha realizado atendiendo a los siguientes criterios objetivos (tal y como se indica asimismo en la Cláusula .... del Plan de Reestructuración):

1. Para la formación de la Clase ...., ésta se ha basado en ....

2. Para la formación de la Clase ...., ésta se ha basado en ....

3. Para la formación de la Clase ...., ésta se ha basado en ....

Las Clases de Acreedores formadas, respecto de cada una de las Deudoras, son por tanto las siguientes:

1. Clase .... - ....

2. Clase .... - ....

3. Clase .... - ....

Se hace constar expresamente que las créditos derivados de .... no conforman ninguna clase de acreedores, puesto que las mismos constituyen nueva financiación concedida al amparo del Plan de Reestructuración y no son objeto de reestructuración. En este sentido, dichas operaciones no constituyen "créditos afectados" por el Plan de Reestructuración tal y como el artículo 616.1 de la Ley Concursal define dicho término, sino que nacen y se conceden a .... (o se compromete su concesión) tras la firma, y en ejecución, del Plan de Reestructuración, de acuerdo con lo establecido en el artículo 666 de la Ley Concursal.

Los criterios que se han utilizado para definir las Clases de Acreedores han sido incluidos de forma expresa en la Cláusula .... del Plan de Reestructuración.

Del mismo modo, y por acuerdo entre todas las Deudoras y los Acreedores Afectados Firmantes y siguiendo lo previsto en el Plan de Viabilidad, se ha decidido excluir del ámbito del Plan de Reestructuración las siguientes categorías de acreedores por los motivos que se exponen a continuación:

1. Se ha excluido a .... por ....

2. Se ha excluido a .... por ....

En suma, se ha considerado que la reestructuración de estos pasivos no era necesaria a efectos del Plan de Viabilidad. Dichas exclusiones también se detallan de forma expresa en el Plan de Reestructuración.

TERCERO.-EL PLAN DE REESTRUCTURACIÓN

Firma del Plan: Con fecha .... (la "Fecha de Firma"), mediante .... [intervenida / autorizada] por el Notario de ...., ..., con el número .... de su ...., las Deudoras y las Acreedores Afectados Firmantes, suscribieron un plan de reestructuración basada en las criterios antedichos (el "Plan de Reestructuración") al objeto de reestructurar el endeudamiento .... de las Deudoras. Se acompaña como Documento nº .... copia del Plan de Reestructuración.

Los Acreedores Afectadas Firmantes fueron ....

Se hace constar que el imparte de la Deuda Afectada corresponde a principal, intereses ordinarios, intereses de demora, costes gastos y comisiones a ....

El Plan de Reestructuración fue también suscrito por .... en su condición de ....

Votación y aprobación del Plan de Reestructuración: Los créditos de las Acreedores Afectados Firmantes más los Acreedores Afectados Adheridos, representan los siguientes porcentajes de adhesión para las Clases de Acreedores de las Deudoras (art. 629.1 Ley Concursal):

1. Clase .... - ....

2. Clase .... - ....

3. Clase .... - ....

En consecuencia, el Plan de Reestructuración ha sido aprobado por [*incluir supuesto habilitante para la homologación a los efectos de los artículos 629 y 639 de la Ley Concursal)*]. Se acredita el cumplimiento de dichas mayorías en el certificado del Auditor de Cuentas adjunto por diligencia a la elevación a público del Plan de Reestructuración.

[Asimismo, los créditos de las Acreedores Afectados por el Plan de Reestructuración (tanto Firmantes coma No Firmantes), representan, al menos, el cincuenta y uno por ciento (51%) del pasivo total de cada Deudora, a las efectos de la protección frente a acciones rescisorias prevista en el artículo 667.1 de la Ley Concursal. De nuevo, se acredita el cumplimiento de dichas mayorías en las certificados emitidos par el Auditor de Cuentas respecta de cada Deudora adjunto por diligencia a la elevación a público del Plan de Reestructuración.]

Periodo de adhesión para las entidades disidentes: El Plan de Reestructuración preveía en la Cláusula .... un plazo de .... [días] a contar desde ....para la adhesión al mismo de las Acreedores Afectados que inicialmente no hubieran suscrito el Plan de Reestructuración.

Dentro del referido plazo de adhesión, ...

Finalizado el plazo de adhesión, los únicos Acreedores Afectados que no se adhirieran al Plan de Reestructuración y por tanto ostentan la condición de "Disidentes" son:

1. ....

2. ....

3. ....

(conjuntamente los "Acreedores Afectados no Firmantes" o los "Acreedores Disidentes").

En cuanto a la reestructuración de la Deuda Afectada, según se describe en la Cláusula .... del Plan, se acordó lo siguiente:

1. ....

2. ....

3. ....

Como consecuencia de la novación y el otorgamiento de la financiación mencionada en los apartados anteriores, la Deuda Afectada de las Deudoras ha quedada dividida en las siguientes Tramos por los siguientes importes:

1. ....

2. ....

3. ....

En cuanto a las garantías de la Deuda Afectada, se novaron, ratificaron y extendieron las siguientes garantías:

1. ....

2. ....

3. ....

Se cancelaron las siguientes garantías:

1. ....

2. ....

3. ....

Se otorgaron las siguientes nuevas garantías:

1. ....

2. ....

3. ....

En este sentido, se adjunta como Documento nº .... copia de los documentos notariales de novación, extensión y ratificación, cancelación y otorgamiento de las garantías indicadas anteriormente.

CUARTO.-LOS ACREEDORES DISIDENTES

Como se ha indicado anteriormente, los Acreedores Disidentes fueron informados puntualmente del proceso y del contenido del Plan de Reestructuración, y han dispuesto del mismo plazo que el resto de Acreedores Afectados para la suscripción y/o adhesión al Plan de Reestructuración. A fin de acreditar este extremo, en fecha .... se otorgó un acta notarial de notificación ante el Notario de ...., ... bajo el número .... de su protocolo (el "Acta Notarial").

Del mismo modo, interesa destacar que los Acreedores Disidentes (igual que el resto de Acreedores Afectados) fueron informados de que el Plan de Reestructuración preveía expresamente la posibilidad de que, si se cumplían las condiciones legalmente previstas al respecto, se procedería a solicitar la homologación judicial del Plan de Reestructuración con extensión de efectos para que toda la deuda reestructurada recibiera el tratamiento pactado entre las Deudoras y la mayoría de las Acreedores Afectados, tal y coma consta en el Acta Notarial.

Los Acreedores Disidentes mantienen suscritos en la Fecha de Firma los siguientes instrumentos frente a las Deudoras (y por los importes que se indican):

1. ....

2. ....

3. ....

La financiación de los Acreedores Afectados No Firmantes tiene el tratamiento que fue aplicado al resto de deuda de semejantes características de conformidad con lo previsto en el Plan de Reestructuración.

En virtud del Plan de Reestructuración se han acordado los siguientes efectos para la deuda de los Acreedores Disidentes:

1. ....

2. ....

3. ....

En cuanto a las garantías de la Deuda Afectada, se ha previsto para los Acreedores Disidentes ....

Por tanto respecto de los pasivos titularidad de los Acreedores Disidentes que se indican anteriormente, se solicita la extensión de los siguientes efectos:

1. ....

2. ....

3. ....

Dichos efectos resultan necesarios para poder estimar con una probabilidad razonable de éxito que se cumplirán las previsiones de Plan de Viabilidad y por tanto se evitará el concurso de las Deudoras.

QUINTO.-CONCURRENCIA DE LOS REQUISITOS LEGALMENTE PREVISTOS PARA LA HOMOLOGACIÓN DEL PLAN DE REESTRUCTURACIÓN

1. Concurren todos los requisitos previstos en el artículo 638 de la Ley Concursal para gue se apruebe la homologación del Plan de Reestructuración, por cuanto que:

(i) Las Deudoras se encuentran en probabilidad de insolvencia, siendo objetivamente previsible que, de no alcanzarse un Plan de Reestructuración, no puedan cumplir regularmente con las obligaciones financieras que venzan en las próximos dos (2) años y el Plan de Viabilidad ofrece una perspectiva razonable de evitar el concurso y asegurar la viabilidad de las Deudoras en el corto y media plaza (art. 638.1° Ley Concursal).

a. El Plan de Reestructuración cumple con los requisitos de contenido y forma exigidos en el citado Titulo III, Libro II, de la Ley Concursal (art. 638.2° Ley Concursal) ya que:

b. El Plan de Reestructuración tiene por objeto la modificación de la composición, condiciones y estructura del pasivo del deudor (art. 614 Ley Concursal);

c. El contenido del Plan de Reestructuración ha sido comunicado a todos las acreedores cuyos créditos pudieran quedar afectados por el mismo (art. 627 y 638 Ley Concursal), tal y coma consta en el Acta Notarial que se adjunta como DOCUMENTO ....;

d. El Plan de Reestructuración incluye todas las menciones que le sean aplicables, previstas en el artículo 633 de la Ley Concursal;

e. El Plan de Reestructuración ha sido formalizado en documento público e incluye el certificado del auditor sabre la suficiencia de las mayorías exigidas para su aprobación respecto de cada Deudora a nivel individual (arts. 634.1 y 642.2 Ley Concursal). Dicho certificado acredita, respecto de cada Deudora, la aprobación del Plan de Reestructuración par cada Clase de Créditos y que los créditos afectados por el Plan de Reestructuración representan, al menos, el cincuenta y uno par cien (51%) del pasivo total de cada una de las Deudoras.

(ii) El Plan de Reestructuración ha sido aprobado por todas las Clases de Créditos y por las Deudoras, por lo que se da cumplimiento a las previsiones del Titulo III, Libro II de la Ley Concursal, (art. 638.3 Ley Concursal).

(iii) Los créditos dentro de la misma clase, es decir, dentro de cada una de las Clases de créditos, son tratados de forma paritaria (art. 638.4 Ley Concursal).

(iv) El Plan de Reestructuración ha sido comunicado a todos las Acreedores Afectados conforme a lo establecido en la Ley Concursal (art. 638.5 Ley Concursal)

2. En virtud de lo expuesto, procede que este Tribunal acuerde la homologación del Plan de Reestructuración a los efectos legalmente previstos y en particular, pero sin limitarse a ello, a efectos de lo previsto en el artículo 667 de la Ley Concursal, declarando la

irrescindibilidad del propio Plan de Reestructuración y de los actos, operaciones, negocios jurídicos y pagos que se realizaran en ejecución del mismo y de las garantías otorgadas y mantenidas, as[coma del Nuevo Circulante y la Nueva Financiación Adicional.

3. Del mismo modo, y por cuanto el Nuevo Circulante y la Nueva Financiación Adicional cumplen los requisitos previstos en el artículo 666 para ser considerados "nueva financiacion", precede que se les reconozca dicha condición a efectos de que en un eventual concurso consecutivo se le otorgue el tratamiento previsto en los artículo 242.1.17° y 280.6° de la Ley Concursal.

4. Del mismo modo, en virtud de lo expuesto, procede que este Tribunal acuerde:

a. Con la mera admisión a trámite de esta solicitud, la prohibición de iniciar ejecuciones judiciales o extrajudiciales sobre los bienes de las Deudoras y la paralización de las ejecuciones singulares que los Acreedores Afectados no Firmantes hubieran podido iniciar, conforme al artículo 644.1 de la Ley Concursal.

b. La extensión de efectos a las Acreedores Afectados no Firmantes, para que la deuda financiera que dichos acreedores mantienen frente a las Deudoras reciba el tratamiento que corresponda conforme a lo previsto en el Plan de Reestructuración.

c. La extensión, durante el periodo correspondiente, de la paralización de ejecuciones singulares decretada en relación a los Contratos Refinanciados afectados par la extensión de efectos, por cuanto cualquier incumplimiento del Plan de Reestructuración o de las obligaciones de las Deudoras frente a las Acreedores Afectados no Firmantes derivadas de los Contratos Refinanciados afectados por la extensión de efectos deberá resolverse conforme a lo dispuesto en el artículo 671.

SEXTO.- EFECTOS CONCRETOS CUYA EXTENSIÓN SE SOLICITA A LOS ACREEDORES AFECTADOS NO FIRMANTES

Como ya se ha señalado, los efectos concretos cuya extensión se solicita a las Acreedores Afectados no Firmantes es la novación de las condiciones económico-financieras de la deuda que las Deudoras tienen frente a las Acreedores Afectados no Firmantes, a fin de:

....

SÉPTIMO.– RELACIÓN DE DOCUMENTOS ACOMPAÑADOS A ESTE ESCRITO

Dado el volumen de documentación acompañado a este escrito, a efectos de facilitar la revisión de la misma se incluye a continuación una relación conjunta de dicha documentación:

DOCUMENTO 1: Notas simples del Registro Mercantil de cada una de las Deudoras

DOCUMENTO 2: Copia simple, a efectos informativos, de la póliza notarialmente intervenida en que se ha formalizado el Plan de Reestructuración que incluye la certificación acreditando el cumplimiento de mayorías; y

DOCUMENTO 3: Copia simple, a efectos informativos, de la escritura de ....

DOCUMENTO 4: Copia simple, a efectos informativos, de la poliiza de constitución de ....

DOCUMENTO 5: Copia simple, a efectos informativos, del Acta Notarial.

A las anteriores hechos resultan de aplicación las siguientes

FUNDAMENTOS DE DERECHO

I. Jurídico-procesales

PRIMERO.-CAPACIDAD Y LEGITIMACIÓN

Por aplicación de los artículos 642.1 y 643.1 de la Ley Concursal, las Deudoras están legitimadas para solicitar la homologación del Plan de Reestructuración conjunto.

Mis representadas ostentan, par tanto, capacidad para ser parte en el presente proceso en virtud del artículo 6.1.3°de la LEC, aplicable al presente procedimiento según el artículo 521 de la Ley Concursal.

SEGUNDO.-POSTULACIÓN PROCESAL

El presente escrito se presenta a través de procurador y bajo la dirección letrada del abogado firmante de este escrito.

TERCERO.-JURISDICCIÓN Y COMPETENCIA

El artículo 641 de la Ley Concursal dispone que la competencia para conocer de la homologación de un plan de reestructuración corresponderá al Tribunal que fuera competente para la declaración del concurso del deudor.

El artículo 45.1 de la Ley Concursal atribuye la competencia para declarar y tramitar el concurso al Tribunal de Instancia, Sección de lo Mercantil en cuyo territorio tenga el deudor el *"centro de sus intereses principales"*. El artículo 45.2 de la Ley Concursal establece que: *"en caso de deudor persona jurídica, se presume que el centro de sus intereses principales se ha/la en el lugar de/ domicilio social"*.

Asimismo, el artículo 46.1 de la Ley Concursal atribuye la competencia para declarar y tramitar conjuntamente el concurso de varios deudores al Tribunal de Instancia, Sección de lo Mercantil en cuyo territorio tenga (el subrayado es nuestro): *"el centro de sus intereses principales el deudor con mayor pasivo y, si se trata de un grupo de sociedades, el de la sociedad dominante a, en supuestos en que el concurso no se solicite respecto de esta, el de la sociedad de mayor pasivo. [...]"*.

En el presente caso, las Deudoras pertenecen a un grupo de sociedades conforme al articulo 42.1 del Código de Comercio en el que la sociedad dominante es .... No obstante, esta solicitud de homologación no se presenta en representación de tal sociedad dominante dado que como se ha indicado antes, dicha sociedad no es deudora de ningún crédito afectado par el Plan de Reestructuración, sino de sus filiales.

En consecuencia, el tribunal de Instancia, Sección de lo mercantil territorialmente competente para conocer de esta solicitud de homologación conjunta del Plan de Reestructuración es aquel en cuyo territorio tenga su centro de intereses la sociedad del grupo con mayor pasivo. En este caso, el tribunal territorialmente competente seria aquel al que se dirige este escrito y que se indica en el encabezamiento, puesto que la sociedad con mayor pasivo de las Deudoras, tal y coma se indica en el Anexo 5 del Plan de Reestructuración, es ...., la cual tiene su centro de intereses principales, y domicilio social, en la ciudad de .... (tal y como se indica en el encabezado del presente escrito).

CUARTO.-CLASE DE JUICIO Y NORMAS PROCESALES

La presente solicitud habría de iniciar el procedimiento regulado en las artículos 641 y siguientes de la Ley Concursal. Las normas procesales por las que se regirá la presente solicitud serán las allí previstas, resultando de aplicación supletoria, en lo no previsto en aquellas, la LEC, tal y coma dispone el artículo 521 de la Ley Concursal.

II. Jurídico-materiales

PRIMERO.– PROCEDENCIA DE LA HOMOLOGACIÓN

Según dispone el 647.1 de la ley Concursal, el Tribunal homologará el Plan de Reestructuración siempre que reúna los requisitos previstos en la Sección III del Capítulo V, Título III, Libro Segundo de la Ley Concursal.

En este sentido, y aunque referido a la regulación anteriormente vigente en materia de "acuerdos de refinanciación" (pero con conclusiones que siguen siendo plenamente aplicables a las planes de reestructuración consensuales), creemos conveniente citar el Auto de homologación del acuerdo de refinanciación de Metrovacesa del Juzgado de lo Mercantil nº3 de Madrid, publicado en el Boletín Oficial del Estado de fecha 28 de junio de 2014, par la notable claridad con que explica que en este tipo de circunstancias no cabe analizar la concurrencia de ningún requisito adicional, sino que basta con acreditar la concurrencia de dichas mayorías.

SEGUNDO.-PROHIBICIÓN TEMPORAL DE SOLICITUDES DE HOMOLOGACIÓN Y PUESTA A DISPOSICIÓN DE ACREEDORES DEL PLAN DE REESTRUCTURACIÓN

A las efectos de lo establecido en el artículo 664 de la LC, las Deudoras manifiestan que ni ellas mismas (ni ninguno de las Acreedores Afectados respecto de ellas) han solicitado otra homologación judicial dentro del último año.

A los efectos de lo establecido en el artículo 643.1 de la LC, se hace constar que el lugar donde el Plan de Reestructuración está a disposición de los acreedores que acrediten su legitimación con posibilidad de acceder a su contenido por medias telemáticos es el domicilio social de .... y, en caso de solicitarlo y acreditar su legitimación, les será remitido por correo electrónico a la dirección indicada a tal efecto par dichos acreedores.

Del mismo modo, se deja constancia de que el Plan de Reestructuración se encuentra a disposición de aquellos acreedores que acrediten su legitimación en la Notaría donde se firmó el mismo, conforme se les comunicó en el Acta Notarial.

TERCERO.– PROCEDENCIA DE LA EXTENSIÓN DE EFECTOS Y LA PARALIZACIÓN DE EJECUCIONES.

Según se deriva de los artículos 635 y 649 de la Ley Concursal, junta con la homologación el Tribunal acordara la extensión de efectos solicitada a aquellos acreedores que no hubieran votado a favor del Plan de Reestructuración, dado que este también es eficaz frente a ellos.

Como se desprende de las HECHOS, y en concreto del HECHO CUARTO, procede acordar dicha extensión de efectos respecto de todos las Acreedores Afectados no Firmantes.

En cuanto a la extensión de efectos de la paralización de ejecuciones singulares, es una consecuencia necesaria de la extensión de efectos par cuanto, producida esta, ya no existen deudas vencidas, liquidas y exigibles y cualquier incumplimiento posterior debe tratarse conforme a lo previsto en el actual artículo 671 de la Ley Concursal

En su virtud,

SUPLICO AL TRIBUNAL, que teniendo por instada por las Deudoras la solicitud conjunta de incoación de procedimiento para la homologación del Plan de Reestructuración en las términos del presente escrito, con los documentos que se acompañan, se sirva:

1. Registrar el correspondiente procedimiento de homologación del Plan de Reestructuración.

2. Tener por personado y parte al procurador que suscribe la misma, en la representación que ostento de las Deudoras, debiendo entenderse conmigo las sucesivas diligencias en el modo y forma establecidos en la Ley.

3. Desde la admisión a trámite de este escrito, decretar la prohibición de iniciar ejecuciones judiciales o extrajudiciales sabre las bienes de las Deudoras y ordenar la paralización de las ejecuciones que los Acreedores Afectados no Firmantes hubieran podido iniciar.

4. Acordar la homologación del Plan de Reestructuración a las efectos de lo dispuesto en las artículos 647, 649 y concordantes de la Ley Concursal, y acordar en consecuencia la irrescindibilidad del Plan de Reestructuración en las términos previstos en el artículo 667 de la Ley Concursal declarando la irrescindibilidad del propio Plan, as[coma de las actos, operaciones, negocios jurídicos, pagos o garantías que se hubieran realizado, prestado o constituido al amparo del mismo, así coma la aplicación a las nuevos ingresos de tesorería (el Nuevo Circulante y la Nueva Financiación Adicional) del régimen previsto en las artículos 667.1.2°, 242.1.17° y 280.6° de la Ley Concursal.

5. Extender los efectos del Plan de Reestructuración a las Acreedores Afectados no Firmantes conforme a lo previsto en el Plan de Reestructuración a fin de modificar las condiciones económico-financieras, en las siguientes términos:

....

6. Ordenar la publicación de la providencia de admisión a trámite, en el Registro Publico Concursal según preve el artículo 645 de la Ley Concursal y, posteriormente, publicar el

auto de homologación del Plan de Reestructuración en el Registro Público Concursal, según prescribe el artículo 648 de la Ley Concursal.

OTROSI DIGO que en virtud de lo dispuesto en el artículo 231 de la LEC, manifestamos expresamente nuestra voluntad de cumplir todos los requisitos exigidos en la misma, ofreciendo la subsanación de cualquier defecto en que se hubiera podido incurrir, tan pronto como seamos requeridos para ello por el Tribunal, y

SUPLICO AL TRIBUNAL que tenga por hecha la anterior manifestación a los efectos oportunos.

Es Justicia que respetuosamente pido y firmo en ...., a .... de .... de ....

F153. ESCRITO DE HOMOLOGACIÓN DE PLAN NO CONSENSUAL

[Lugar], [Fecha]

AL TRIBUNAL DE INSTANCIA DE ... SECCIÓN DE LO MERCANTIL

D./Dña......., Procurador de los Tribunales y de [Nombre de la Empresa], con CIF [Número], y con domicilio social en [Dirección Completa de la Empresa], comparece y, como mejor proceda en derecho, DICE:

I. OBJETO DE LA SOLICITUD

Que mediante el presente escrito se solicita la homologación judicial de un plan de reestructuración no consensual de la empresa [Nombre de la Empresa] aprobado conforme a lo dispuesto en el artículo 639.1 del Texto Refundido de la Ley Concursal (TRLC), alcanzando las mayorías necesarias en algunas clases de acreedores afectadas. Dicha solicitud de homologación busca otorgar fuerza vinculante al plan para la totalidad de los acreedores incluidos en el perímetro de reestructuración, incluyendo a los acreedores disidentes que han votado en contra del mismo.

II. ANTECEDENTES DE HECHO

1. Situación Financiera de la Empresa y Necesidad del Plan de Reestructuración
   - La empresa [Nombre de la Empresa] ha enfrentado dificultades financieras significativas a raíz de [detallar circunstancias como cambios en el mercado, caída de ingresos, incremento en costos operativos, etc.], que han comprometido su capacidad para atender regularmente sus compromisos financieros y, por tanto, la viabilidad de sus operaciones.
   - Ante este escenario, la empresa tomó la iniciativa de elaborar un plan de reestructuración que permitiera adaptar su estructura financiera a su capacidad de generar ingresos, buscando con ello asegurar la continuidad de sus operaciones y ofrecer a sus acreedores una alternativa de recuperación superior a la que obtendrían en una eventual liquidación.
2. Proceso de Negociación y Aprobación del Plan
   - La empresa, en colaboración con asesores financieros y legales, diseñó un plan de reestructuración en el que se establecieron diversas medidas de ajuste y refinanciación. Para su aprobación, se procedió a convocar reuniones con cada una de las clases de acreedores, cumpliendo con las disposiciones de la Ley Concursal en cuanto a la información y tiempos requeridos para asegurar

la transparencia y el conocimiento adecuado de los términos del plan por parte de todos los acreedores.

- o Pese a los esfuerzos de la empresa y a las negociaciones sostenidas con todos los grupos de interés, no fue posible alcanzar la unanimidad en la aprobación del plan. Sin embargo, el plan fue aprobado por las mayorías requeridas en las clases clave de acreedores, conforme a lo estipulado en el artículo 639.1 del TRLC.

3. Medidas Principales del Plan de Reestructuración

- o El plan de reestructuración tiene por objeto garantizar la viabilidad económica de la empresa mediante una combinación de quitas, esperas, y la inyección de nuevos recursos financieros. Las medidas clave del plan son las siguientes:
  - Reducción de la Deuda (Quita): Con el fin de ajustar la carga de deuda a la capacidad de generación de ingresos de la empresa, se ha acordado una quita del [porcentaje de reducción] en las deudas ordinarias y subordinadas.
  - Ajuste en el Calendario de Pagos (Espera): Se ha establecido un período de espera de [plazo de la espera] que permitirá a la empresa reequilibrar su flujo de caja antes de retomar los pagos a los acreedores.
  - Nueva Financiación: Se prevé una inyección de capital de [importe] por parte de [nombre del inversor o grupo de financiamiento], cuya entrada de fondos permitirá llevar a cabo las inversiones necesarias para la reactivación de la empresa.
  - Venta de Activos No Estratégicos: Con el fin de reducir el endeudamiento sin comprometer la operativa de la empresa, el plan contempla la venta de ciertos activos no esenciales, cuyo valor estimado es de [valor aproximado].

4. Clasificación de Acreedores y Resultado de las Votaciones

- o Conforme al artículo 622 del TRLC, se procedió a clasificar a los acreedores en distintas clases en función de la naturaleza de sus créditos y derechos, asegurando así una distribución equitativa y homogénea. El desglose de las clases y los resultados de las votaciones son los siguientes:
  - Clase 1: Acreedores con garantía real. Aprobación del plan por [porcentaje de aprobación], alcanzando las mayorías requeridas.
  - Clase 2: Acreedores ordinarios. Aprobación del plan por [porcentaje de aprobación], superando la mayoría exigida por el artículo 639.1 TRLC.
  - Clase 3: Acreedores subordinados. El plan no fue aprobado por la mayoría en esta clase.
  - [Incluir otras clases si aplica].

o La obtención de las mayorías en las clases principales permite que el plan de reestructuración sea homologado y extendido a las clases disidentes, conforme a lo previsto en el artículo 639.1 TRLC.

5. Impacto de la Homologación Judicial

o La homologación del plan permitirá que este sea eficaz y vinculante para todos los acreedores incluidos en el perímetro de reestructuración, incluidos aquellos que votaron en contra. Esta homologación es necesaria para garantizar que las disposiciones del plan puedan ser implementadas de forma ordenada y sin interferencias, proporcionando así la seguridad jurídica requerida para llevar a cabo la reestructuración.

III. FUNDAMENTOS DE DERECHO

1. Competencia del Tribunal: Este Tribunal es competente para conocer de la presente solicitud de homologación conforme al artículo 84 del TRLC, en relación con el artículo 10 de la Ley Orgánica del Poder Judicial.
2. Legitimación del Deudor para Solicitar la Homologación: En virtud del artículo 596 del TRLC, el deudor está facultado para solicitar la homologación judicial del plan de reestructuración. En este caso, [Nombre de la Empresa], como deudor, cumple con los requisitos establecidos para presentar esta solicitud.
3. Homologación de Planes No Consensuales: Conforme al artículo 639.1 del TRLC, el plan de reestructuración puede ser homologado cuando ha sido aprobado por las mayorías necesarias en algunas clases de acreedores. En el presente caso, el plan ha sido aprobado por las mayorías exigidas en las clases principales, lo que habilita su homologación y extensión a las clases disidentes.
4. Efectos de la Homologación: La homologación judicial dotará de eficacia vinculante a todas las disposiciones del plan de reestructuración, permitiendo su aplicación a todos los acreedores afectados y garantizando su cumplimiento en favor de la estabilidad financiera de la empresa.

IV. DOCUMENTACIÓN QUE SE ACOMPAÑA

Se adjuntan los siguientes documentos en soporte físico y digital, en caso de ser admitido:

1. Plan de Reestructuración Completo: Documento que incluye las medidas de quita, espera, nueva financiación, y condiciones generales del plan.
2. Actas de las Reuniones de Aprobación: Detalle de los resultados de las votaciones en cada clase de acreedores.
3. Informe de Viabilidad: Documento de análisis económico y financiero que respalda la viabilidad del plan.

4. Listado de Acreedores Clasificados: Relación detallada de acreedores agrupados por clases conforme a sus derechos y características crediticias.
5. Otros Documentos Relevantes: [Incluir cualquier otro documento que sustente la solicitud].

V. PETICIÓN

Por lo expuesto, SUPLICO AL TRIBUNAL:

Que, teniendo por presentado este escrito con sus copias y documentos adjuntos, se sirva admitirlo y, previos los trámites legales oportunos, dicte resolución por la que se homologue judicialmente el plan de reestructuración no consensual de la empresa [Nombre de la Empresa], aprobado conforme a las mayorías establecidas en el artículo 639.1 del TRLC, otorgando fuerza vinculante al mismo para todos los acreedores incluidos en el perímetro de reestructuración, incluyendo a los acreedores disidentes.

Es justicia que pido en [Lugar], a [Fecha].

F154. ESCRITO HOMOLOGACIÓN PREVIA COMUNICACIÓN APERTURA

AL TRIBUNAL DE INSTANCIA....... SECCIÓN DE LO MERCANTIL (PLAZA NÚM. ......)

[******], Procurador/a de los Tribunales y de [******], bajo la dirección letrada de Abogado/a [******], con número de colegiado/a [******], tal y como acredito mediante copia [(escritura de poder notarial)/(apoderamiento apud acta)] que se acompaña como documento previo; ante este Tribunal comparezco y, como mejor proceda en Derecho, DIGO:

Que, de acuerdo con lo establecido en los artículos 635 y siguientes del Real Decreto Legislativo 1/2020, de 5 de mayo, por el que se aprueba el texto refundido de la Ley Concursal, en redacción dada por la Ley 16/2022, de 5 de septiembre (en adelante, el "TRLC"), se solicita la homologación judicial y extensión de sus efectos del plan de reestructuración, con fundamento en las siguientes

ALEGACIONES

PRIMERO. Competencia

La mercantil [******], se constituyó en fecha [******] mediante escritura otorgada ante el Notario [******] bajo su número de su protocolo [******].

La sociedad figura inscrita en el Registro Mercantil de [******]. al tomo [******], folio [******], hoja social y dispone del NIF nº [******]

El domicilio social se encuentra en [******]

Su objeto social consiste en [******]

Se acompaña como documento nº 1, Nota simple del Registro Mercantil de [******]

Dicha sociedad comunicó en fecha [******] el inicio de negociaciones con sus acreedores para alcanzar un Plan de Reestructuración, de conformidad con el artículo 585 TRLC; que se tuvo por presentada por Decreto de fecha [******] dictado en estos autos

Por lo tanto, el Tribunal competente para conocer de la solicitud de homologación de un plan de reestructuración, de conformidad con el artículo 641 in fine corresponde al Tribunal de Instancia de ......, sección de lo mercantil (plaza núm. ......), que hubiera tenido por efectuada dicha comunicación:

SEGUNDO. Solicitud homologación Plan de Reestructuración

Con fecha [******] ha perfeccionado un plan de reestructuración con sus acreedores en los términos previstos en el Texto Refundido de la Ley Concursal que le permite superar la situación de insolvencia [actual/inminente o probable], evitar su declaración de concurso [insolvencia actual o inminente] y asegurar la viabilidad de su actividad empresarial a empresas en el corto y medio plazo

En este sentido, aunque el artículo 5.1 del Texto Refundido de la Ley Concursal impera que el deudor deberá solicitar la declaración de concurso dentro de los dos meses siguientes a la fecha en que hubiera conocido o debido conocer su estado de insolvencia actual; el 636.2 del Texto Refundido de la Ley Concursal le permite solicitar la homologación del plan siempre que no hubiera sido admitida a trámite solicitud de concurso necesario.

En cumplimiento de lo establecido en el artículo 643.1 TRLC se informa que el Plan cuya homologación se solicita está a disposición de los acreedores legitimados en el domicilio social, pudiendo acceder a su contenido telemático en la siguiente dirección web [******]

TERCERO. Documentación complementaria

En cumplimentación del artículo 643 del Texto Refundido de la Ley Concursal se acompaña al presente escrito:

(i.) Documento nº 2: Copia de las comunicaciones individualizadas de la propuesta dirigidas a los acreedores afectados, y su publicación en la página web de la sociedad; ello en cumplimiento de lo prescrito en el artículo 627 TRLC

(ii.) Documento nº 3: Copia íntegra del instrumento público en el que se ha formalizado el Plan de Reestructuración.

(iii.) Documento nº 4: Certificación de auditor sobre la suficiencia de las mayorías exigidas para la aprobación del Plan (en su caso ex artículo 634 TRLC) e informe de valoración de empresa en funcionamiento en el supuesto

(iv.) Documento nº 5: (Caso de nombramiento) Informe del experto en reestructuración.

(v.) Documento nº 6: Certificaciones emitidas por la Administración Estatal de Administración Tributaria y la Tesorería General de la Seguridad Social de estar al corriente en el cumplimiento de las obligaciones frente a dichas Administraciones (caso de que el crédito público este dentro del perímetro de afectación)

(vi.) Documento nº 7: Certificación del acuerdo del órgano de administración de la sociedad de solicitud de homologación

En su virtud,

AL TRIBUNAL SUPLICO que tenga por presentado este escrito, junto con los documentos que se acompañan, los admita y, de conformidad con lo expuesto, tenga por solicitada por parte de [******] la homologación del Plan de Reestructuración que se acompaña, y previos los trámites oportunos, se dicte Auto de homologación con los efectos establecidos por los artículos 647 y siguientes del Texto Refundido de la Ley Concursal.

OTROSÍ DIGO que esta parte manifiesta su voluntad expresa de cumplir con todos y cada uno de los requisitos exigidos para la validez de los actos procesales y si por cualquier circunstancia esta representación hubiera incurrido en algún defecto, ofrece desde este momento su subsanación de forma inmediata y a su requerimiento, todo ello a los efectos prevenidos en el artículo 243.3 y 4 de la Ley Orgánica del Poder Judicial y artículo 231 de la Ley de Enjuiciamiento Civil.

SUPLICO AL TRIBUNAL que tenga por hecha la anterior manifestación a los efectos legalmente oportunos.

Es justicia que respetuosamente pido y firmo, en [******], a [******]

F155. ESCRITO HOMOLOGACIÓN SIN COMUNICACIÓN INCIDENTE CONTRADICTORIO

AL TRIBUNAL DE INSTANCIA DE .... SECCIÓN
DE LO MERCANTIL (PLAZA NÚM. ......)

[******], Procurador/a de los Tribunales y de [******], bajo la dirección letrada del abogado/a [******], con número de colegiado/a [******], tal y como acredito mediante copia [(escritura de poder notarial)/(apoderamiento apud acta)] que se acompaña como documento previo; ante este Tribunal comparezco y, como mejor proceda en Derecho, DIGO:

Que, de acuerdo con lo establecido en los artículos 635 y siguientes del Real Decreto Legislativo 1/2020, de 5 de mayo, por el que se aprueba el texto refundido de la Ley Concursal, en redacción dada por la Ley 16/2022, de 5 de septiembre (en adelante, el "TRLC"), se solicita la homologación judicial y extensión de sus efectos del plan de reestructuración, previa tramitación del expediente de contradicción previa a la homologación regulado en los artículos 662 y ss. del TRLC, con base a las siguientes

ALEGACIONES

PRIMERO. Competencia

La mercantil [******], se constituyó en fecha [******] mediante escritura otorgada ante el Notario [******] bajo su número de su protocolo [******].

La sociedad figura inscrita en el Registro Mercantil de [******]. al tomo [******], folio [******], hoja social y dispone del CIF nº [******]

El domicilio social se encuentra en [******]

Su objeto social consiste en [******]

Se acompaña como documento nº 1, Nota simple del Registro Mercantil de [******]

Dicha sociedad comunicó en fecha [******] el inicio de negociaciones con sus acreedores para alcanzar un Plan de Reestructuración, de conformidad con el artículo 585 TRLC; que se tuvo por presentada por Decreto de fecha [******] dictado en estos autos

Por lo tanto, el Tribunal competente para conocer de la solicitud de homologación de un plan de reestructuración, de conformidad con el artículo 641 in fine corresponde al Tribunal de Instancia de ......, sección de lo mercantil (plaza núm. ......), que hubiera tenido por efectuada dicha comunicación:

SEGUNDO. Solicitud homologación Plan de Reestructuración

Con fecha [******] ha perfeccionado un plan de reestructuración con sus acreedores en los términos previstos en el Texto Refundido de la Ley Concursal que le permite superar la situación de insolvencia [actual/inminente o probable], evitar su declaración de concurso [insolvencia actual o inminente] y asegurar la viabilidad de su actividad empresarial a empresas en el corto y medio plazo

En este sentido, aunque el artículo 5.1 del Texto Refundido de la Ley Concursal impera que el deudor deberá solicitar la declaración de concurso dentro de los dos meses siguientes a la fecha en que hubiera conocido o debido conocer su estado de insolvencia actual; el 636.2 del Texto Refundido de la Ley Concursal le permite solicitar la homologación del plan siempre que no hubiera sido admitida a trámite solicitud de concurso necesario.

En cumplimiento de lo establecido en el artículo 643.1 se informa que el Plan cuya homologación se solicita está a disposición de los acreedores legitimados en el domicilio social, pudiendo acceder a su contenido telemático en la siguiente dirección web [******]

TERCERO. Documentación complementaria

En cumplimentación del artículo 643 del Texto Refundido de la Ley Concursal se acompaña al presente escrito:

(i.) Documento nº 2: Copia de las comunicaciones individualizadas de la propuesta dirigidas a los acreedores afectados, y su publicación en la página web de la sociedad; ello en cumplimiento de lo prescrito en el artículo 627 TRLC

(ii.) Documento nº 3: Copia íntegra del instrumento público en el que se ha formalizado el Plan de Reestructuración.

(iii.) Documento nº 4: Certificación de auditor sobre la suficiencia de las mayorías exigidas para la aprobación del Plan (en su caso ex artículo 634) e informe de valoración de empresa en funcionamiento en el supuesto

(iv.) Documento nº 5: (Caso de nombramiento) Informe del experto en reestructuración.

(v.) Documento nº 6: Certificaciones emitidas por la Administración Estatal de Administración Tributaria y la Tesorería General de la Seguridad Social de estar al corriente en el cumplimiento de las obligaciones frente a dichas Administraciones (caso de que el crédito publico este dentro del perímetro de afectación)

(vi.) Documento nº 7: Certificación del acuerdo del órgano de administración de la sociedad de solicitud de homologación

CUARTO. Del trámite de contradicción previa del art. 662 TRLC

De conformidad con lo previsto en el artículo 662 TRLC, esta parte interesa la tramitación del expediente de contradicción previa a la homologación del Plan de Reestructuración.

En este sentido, huelga recordar que el TRLC habilita una doble vía impugnatoria, de carácter excluyente, en la medida que el plan de reestructuración puede ser objeto de impugnación:

(i) bien tras el Auto de homologación, por las causas y con las condiciones previstas en los Arts. 653 y siguientes del TRLC; o

(ii) bien instando los solicitantes de la homologación la apertura de un trámite de contradicción —previo a la homologación— de manera que los afectados puedan oponerse a esta, de manera que tras su tramitación se dicte sentencia no susceptible de recurso (art. 663.4ª TRLC).

En su virtud,

SUPLICO AL TRIBUNAL que tenga por presentado este escrito, junto con los documentos que se acompañan, los admita y, de conformidad con lo expuesto, tenga por solicitada por parte de [******] la homologación del Plan de Reestructuración que se acompaña, y previa tramitación del expediente de contradicción previa contemplado en el art. 662 TRLC para que puedan oponerse los afectados, se dicte resolución de homologación con los efectos establecidos por los artículos 647 y siguientes del Texto Refundido de la Ley Concursal.

Es justicia que respetuosamente pido y firmo, en [******], a [******]

OTROSÍ DIGO que esta parte manifiesta su voluntad expresa de cumplir con todos y cada uno de los requisitos exigidos para la validez de los actos procesales y, si por cualquier circunstancia, esta representación hubiera incurrido en algún defecto, ofrece desde este momento su subsanación de forma inmediata y a su requerimiento, todo ello a los efectos prevenidos en el artículo 243.3 y 4 de la Ley Orgánica del Poder Judicial y artículo 231 de la Ley de Enjuiciamiento Civil.

SUPLICO AL TRIBUNAL que tenga por hecha la anterior manifestación a los efectos legalmente oportunos.

Es justicia que respetuosamente pido y firmo, en [******], a [******]

F156. ESCRITO HOMOLOGACIÓN SIN PREVIA COMUNICACIÓN APERTURA

AL TRIBUNAL DE INSTANCIA DE .... SECCIÓN DE LO MERCANTIL

[******], Procurador/a de los Tribunales y de [******], bajo la dirección letrada del/de la Abogado/a [******], con número de colegiado/a [******], tal y como acredito mediante copia [(escritura de poder notarial)/(apoderamiento apud acta)] que se acompaña como documento previo; ante este Tribunal comparezco y, como mejor proceda en Derecho, DIGO

Por medio del presente escrito, de conformidad con lo dispuesto en el artículo 643 del Real Decreto Legislativo 1/2020 de 5 de mayo por el que se aprueba el texto refundido de la Ley Concursal (en adelante TRLC), y siguiendo instrucciones de mi mandante, formulo solicitud de homologación y extensión de efectos del Plan de Reestructuración de la mercantil [******] sobre la base de los hechos y los fundamentos de derecho que serán seguidamente desarrollados.

HECHOS

PRIMERO. Antecedentes

La mercantil [******], se constituyó en fecha [******] mediante escritura otorgada ante el Notario [******] bajo su número de su protocolo [******].

La sociedad figura inscrita en el Registro Mercantil de [******]. al tomo [******], folio [******], hoja social y dispone del CIF nº [******]

El domicilio social se encuentra en [******]; que además se corresponde con el centro de sus intereses principales.

Su objeto social consiste en [******]

Se acompaña como documento nº 1, Nota simple del Registro Mercantil de [******]

SEGUNDO. Solicitud homologación Plan de Reestructuración

Con fecha [******] ha perfeccionado un plan de reestructuración con sus acreedores en los términos previstos en el TRLC que le permite superar la situación de insolvencia [actual/inminente o probable], evitar su declaración de concurso [insolvencia actual o inminente] y asegurar la viabilidad de su actividad empresarial a empresas en el corto y medio plazo

En este sentido, aunque el artículo 5.1 TRLC impera que el deudor deberá solicitar la declaración de concurso dentro de los dos meses siguientes a la fecha en que hubiera conocido o debido conocer su estado de insolvencia actual; el 636.2 TRLC le permite solicitar la homologación del plan siempre que no hubiera sido admitida a trámite solicitud de concurso necesario.

En cumplimiento de lo establecido en el artículo 643.1 TRLC se informa que el plan de reestructuración cuya homologación se solicita está a disposición de los acreedores legitimados en el domicilio social, pudiendo acceder a su contenido telemático en la siguiente dirección web [******]

TERCERO. Documentación complementaria

En cumplimentación del artículo 643 del Texto Refundido de la Ley Concursal se acompaña al presente escrito:

(i.) Documento nº 2: Copia de las comunicaciones individualizadas de la propuesta dirigidas a los acreedores afectados, y su publicación en la página web de la sociedad; ello en cumplimiento de lo prescrito en el artículo 627 TRLC

(ii.) Documento nº 3: Copia íntegra del instrumento público en el que se ha formalizado el Plan de Reestructuración.

(iii.) Documento nº 4: Certificación de auditor sobre la suficiencia de las mayorías exigidas para la aprobación del Plan (en su caso ex artículo 634 TRLC) e informe de valoración de empresa en funcionamiento (en el supuesto del 639 2º TRLC)

(iv.) Documento nº 5: (Caso de nombramiento) Informe del experto en reestructuración.

(v.) Documento nº 6: Certificaciones emitidas por la Administración Estatal de Administración Tributaria y la Tesorería General de la Seguridad Social de estar al corriente en el cumplimiento de las obligaciones frente a dichas Administraciones (caso de que el crédito público esté dentro del perímetro de afectación)

(vi.) Documento nº 7: Certificación del acuerdo del órgano de administración de la sociedad de solicitud de homologación

A los anteriores hechos les son de aplicación los siguientes

FUNDAMENTOS DE DERECHO

A) JURÍDICO-PROCESALES

—I—

CAPACIDAD PROCESAL Y REPRESENTACIÓN

Mi mandante es persona jurídica por lo que, conforme disponen los artículos 6.1.3º y 7.4 de la Ley de Enjuiciamiento Civil, tiene capacidad, por sí, para ser parte en este proceso y para comparecer en juicio.

—II—

POSTULACIÓN Y DEFENSA

La mercantil deudora se encuentra asistida por letrado y representada por procurador, como previene el artículo 643.1 TRLC.

—III—

LEGITIMACIÓN

Mi mandante se encuentra legitimado para dicha solicitud de declaración de concurso, según establece el art. 643.1 TRLC, adoptando el órgano de administración de la sociedad el acuerdo de solicitud de homologación que se acompaña como documento nº 7.

—IV—

JURISDICCIÓN Y COMPETENCIA OBJETIVA

Los artículos 641 TRLC y 87 LOPJ, configuran la competencia objetiva de los Tribunales de Instancia Sección de lo mercantil, en materia de los planes de reestructuración.

—V—

COMPETENCIA TERRITORIAL

Es competente para declarar y tramitar el concurso el tribunal al que nos dirigimos, de conformidad con lo dispuesto en el artículo 641 TRLC, cohonestado con el artículo 45 TRLC al que se remite.

—VI—

PROCEDIMIENTO

La solicitud de declaración de concurso presentada se tramitará en la forma que establecen los artículos 644 y ss. TRLC.

B) JURÍDICO-MATERIALES

—VII—

A partir de la documentación acompañada, conforme al art. 643 TRLC se desprende la aprobación del Plan de reestructuración y la concurrencia de los requisitos exigidos para su homologación por los artículo 638 / 639 TRLC [según se haya aprobado o no por todas las clases de acreedores].

Por ello, de conformidad con el artículo 647 TRLC, procede dictar auto de homologación; con los pronunciamientos determinados en el artículo 647.3 del mismo texto legal, y la extensión de sus efectos a todos los acreedores afectados ex artículo 635 y 649 TRLC.

Por lo expuesto,

En su virtud,

SUPLICO AL TRIBUNAL que tenga por presentado este escrito, junto con los documentos que se acompañan, los admita y, de conformidad con lo expuesto, tenga por solicitada por parte de [******] la homologación del Plan de Reestructuración que se acompaña, y previos los trámites oportunos, se dicte Auto de homologación con los efectos establecidos por los artículos 647 y siguientes TRLC.

Es justicia que respetuosamente pido y firmo, en [******], a [******]

OTROSÍ DIGO que esta parte manifiesta su voluntad expresa de cumplir con todos y cada uno de los requisitos exigidos para la validez de los actos procesales y, si por cualquier circunstancia, esta representación hubiera incurrido en algún defecto, ofrece desde este momento su subsanación de forma inmediata y a su requerimiento, todo ello a los efectos prevenidos en el artículo 243.3 y 4 de la Ley Orgánica del Poder Judicial y artículo 231 de la Ley de Enjuiciamiento Civil.

SUPLICO AL TRIBUNAL que tenga por hecha la anterior manifestación a los efectos legalmente oportunos.

Es justicia que respetuosamente pido y firmo, en [******], a [******]

F157. SOLICITUD DE HOMOLOGACIÓN DE PLAN DE REESTRUCTURACIÓN. CONJUNTO

AL TRIBUNAL DE INSTANCIA DE .... SECCIÓN DE LO MERCANTIL

D./DÑA (...), Procurador/a de los Tribunales, actuando en nombre y representación de (...), según acredito mediante los apoderamientos que acompaño como Documento nº 1, bajo la dirección letrada de D./Dña (...), ante este Tribunal comparezco y, como mejor proceda en Derecho, DIGO:

Que, por medio del presente escrito, al amparo de lo dispuesto en los artículos 643 y siguientes del Texto Refundido de la Ley Concursal (en adelante, "TRLC"), solicito la HOMOLOGACIÓN DEL PLAN DE REESTRUCTURACIÓN de fecha (...) de (...) de (...) suscrito entre las siguientes mercantiles que forman el "GRUPO (...)":, estos son, (...) "los Deudores"; (...), que son "los Garantes" y (...)."las Entidades financieras".

HECHOS

PRIMERO. GRUPO (...)

El "GRUPO (...)" está formado por la siguientes mercantiles:

– La mercantil (...) tiene su centro de negocios y domicilio social en calle (...) y su CIF es (...).

– La mercantil (...) tiene su centro de negocios y domicilio social en calle (...) y su CIF es (...).

– La mercantil (...) tiene su centro de negocios y domicilio social en calle, (...) y su CIF es (...).

Los Deudores constituyen un holding español que agrupa a diferentes sociedades del sector de (...) y otros servicios asociados de (...) con origen en el año (...). Las líneas de negocio del Grupo se centran tanto en (...) como en (...).

Se adjunta como Documento nº 2 la escritura de elevación a público del plan de reestructuración objeto de homologación, con todos sus anexos, incluidas las certificaciones del auditor sobre la suficiencia de las mayorías que se exigen para que se homologue el plan, en virtud de lo dispuesto en el artículo 643.3 del TRLC.

Se trata de un plan conjunto de reestructuración que afecta a las sociedades antes indicadas y en el que los requisitos para la homologación se cumplen, de conformidad con el artículo 642.2 del TRLC, en relación con cada uno de los Deudores.

Se adjuntan como Documento nº 3 los acuerdos del órgano de administración de las sociedades indicadas, autorizando la presentación de la solicitud de homologación judicial del plan de reestructuración suscrito y elevado a público, con fecha (...), ante el notario D./Dña (...), bajo el número (...) de su protocolo.

Por otra parte, no se aportan certificaciones emitidas por la TGSS y la AEAT dado que el plan objeto de homologación no afecta al crédito público.

Finalmente, se pone de manifiesto que no se ha designado en la presente operación experto en la reestructuración.

SEGUNDO. EL PLAN DE REESTRUCTURACIÓN SUSCRITO

Tras numerosas conversaciones con sus diversos acreedores, en fecha (...) de (...) de (...) se suscribe el plan de reestructuración alcanzado entre las siguientes mercantiles que forman el "GRUPO (...)":(...), como entidades financiadas; (...), como garantes; y (...), como entidades financiadoras.

Este plan de reestructuración fue elevado a público el mismo día 00 de junio de 202X mediante escritura pública intervenida por el notario del Ilustre Colegio Notarial (...), D./Dña (...) y con número de protocolo (...). (Vid. Doc. 2).

Este Plan de Reestructuración ha sido aprobado no solo por todas las clases de acreedores sino también por todos los acreedores afectados. Se trata, por tanto de un Plan de Reestructuración consensual, según se acredita en las certificaciones del auditor sobre la suficiencia de las mayorías que se exigen para que se homologue el plan, que se anexan al final del Plan de Reestructuración recogido en instrumento público (Vid. doc. 2 en su pág. 35, in fine). No obstante, se aportan dichas certificaciones también por separado como Documento nº 4.

Asimismo se acompaña como Documento nº 5 el plan de viabilidad elaborado por (...), que se incorpora como Anexo 2 del Plan de Reestructuración recogido en instrumento público (Vid. doc. 2), adverando que el plan ofrece una perspectiva razonable de garantizar la viabilidad de la empresa, en el corto y medio plazo, y evitar el concurso, de conformidad con lo dispuesto en el artículo 633.10º del TRLC.

A continuación se copia un resumen de las certificaciones del auditor sobre la suficiencia de las mayorías que se exigen para que se homologue el plan (artículos 629, 638 y concordantes del TRLC) en relación con cada una de las sociedades deudoras:

a) GRUPO (...):

(...)

(...)

b) (...) SL/SA:

(...)

(...)

c) (...) SL/SA:

(...)

(...)

TERCERO. CONTENIDO DEL PLAN DE REESTRUCTURACIÓN

Dado que el plan consta protocolizado en instrumento público y está acompañado a este escrito, resultaría reiterativo reproducir en esta solicitud el contenido literal del mismo. No obstante, sí consideramos oportuno incluir, a modo de síntesis y para ilustrar al Tribunal, un resumen de las características más relevantes del Plan de Reestructuración que se somete a homologación judicial:

- No se contempla quita alguna.
- No se contempla la resolución de contratos con obligaciones recíprocas pendientes de cumplimiento.
- El Plan no afecta a los derechos de los socios, por lo que no es necesaria su aprobación por las respectivas Juntas generales de los Deudores (artículo 631 del TRLC).
- No se contempla afectación al crédito público.
- Tampoco se contemplan medidas de reestructuración operativa.
- Es un Plan que incluye (...) clases de Acreedores Afectados. Dentro de cada clase, los créditos son tratados de forma paritaria, y la formación de dichas clases responde a la existencia de un interés común entre los integrantes de cada clase, determinado según criterios objetivos.
- El importe consolidado de deuda del grupo es menor que las cuantías desglosadas por cada sociedad, dado que alguno de los créditos tienen varios codeudores o avalistas del grupo. De esta forma, el importe desglosado por sociedad recoge lo que efectivamente adeuda cada una.
- La formación de Clases de Acreedores se ha realizado atendiendo al tipo de financiación que componen los créditos que integran cada clase, el propio crédito, así como el distinto modo en el que van a quedar afectados por el Plan de Reestructuración. De esta forma, se cumple con la exigencia prevista en el artículo 623.3 del TRLC.
- Los créditos afectados de la Clase A, formada por créditos derivados de préstamos sin aval..............., se reestructurarán estableciendo un calendario de amortización hasta el año (...), realizándose mediante (...) cuotas trimestrales que se abonarán el último día de cada trimestre, con excepción de la amortización correspondiente a (...), que se realizará mediante (...) cuotas trimestrales a abonar el último día de cada trimestre.
- Los créditos afectados de la Clase B, formada por créditos derivados de préstamos con aval..............., cuyo plazo de reestructuración se fija por el Plan hasta el año (...), Las amortizaciones se realizarán mediante (...) cuotas trimestrales, a abonar el último día de cada trimestre, con excepción de la amortización correspondiente a (...), que se realizará mediante (...) cuotas trimestrales a abonar el último día de cada trimestre.

- Del mismo modo, los créditos afectados de la clase C, formada por préstamos con aval.............., cuyo plazo de amortización ya se extendía —previamente al Plan— hasta el año (...), reconfigurándose su calendario de amortización en virtud del presente Plan. Las amortizaciones se realizarán mediante (...) cuotas trimestrales, a abonar el último día de cada trimestre, con excepción de la amortización correspondiente a (...), que se realizará mediante (...) cuotas trimestrales a abonar el último día de cada trimestre.
- En cuanto a la Clase D, formada por créditos derivados de productos de circulante, se establece que ....
- Por último, la Clase E, está formada por créditos de (...) con proveedores comerciales con los que ha llegado a un acuerdo específico.
- En consecuencia, todas las clases configuradas expuestas, atendiendo al rango concursal, serían ordinarias. Por su parte, las clases A a D se corresponden con créditos de naturaleza financiera y la clase E a créditos comerciales.
- Respecto de la nueva financiación, se otorgarán nuevas líneas bilaterales de financiación de circulante a (...), que tendrán una duración de un año desde la entrada en vigor del Plan y con el compromiso de su mantenimiento hasta el (...) de (...) de (...) (improrrogable) si se dan las condiciones para su renovación anual.
- Es un Plan que ha sido notificado a todos los acreedores afectados.
- Es un plan aprobado por las cinco (5) Clases de Acreedores, es decir, por unanimidad de clases de acreedores, por lo que se trata de un Plan de Reestructuración consensual. A este respecto, debe subrayarse que el Plan ha recibido, además, la aprobación por parte de todos los acreedores afectados de forma igualmente unánime.
- Es un Plan que cuenta con las certificaciones del auditor sobre la suficiencia de las mayorías que se exigen para aprobar el mismo, que han sido unidas al Plan y protocolizadas como anexos.
- Es un Plan que no afecta a determinados acreedores (denominados "Acreedores No Afectados") que están descritos en el Plan (y en su Anexo V), incluyendo las razones de su no afección.
- El Plan no afecta a créditos laborales, alimenticios ni extracontractuales.

CUARTO. ACREEDORES NO AFECTADOS POR EL PLAN

Se han alcanzado acuerdos con los proveedores que conforman la clase E de (...). No obstante, no queda afectada por el Plan la deuda con los restantes proveedores comerciales al resultar esenciales para el mantenimiento de la actividad.

Tampoco se va a afectar por el Plan al crédito público, dada la dificultad que presenta dicha categoría de deuda para ser afectada conforme a la normativa vigente. En todo caso, se trata de deuda de poca entidad que no justifica su afectación.

Tampoco se va a afectar la deuda laboral, dada la prohibición legal recogida en el art. 616.2 del TRLC.

La falta de afectación de estos créditos por el Plan no resulta relevante para el cumplimiento del Plan de Viabilidad en el que el mismo se basa.

QUINTO. PROTECCIÓN FRENTE A ACCIONES RESCISORIAS Y NUEVA FINANCIACIÓN

Como se ha expuesto con anterioridad al exponer el contenido del plan, (...) recibe nueva financiación. En este sentido, con la solicitud de homologación se pretende proteger a la nueva financiación que prevé el Plan, así como los actos, operaciones o negocios realizado en ejecución del mismo yo reconocer a esta nueva financiación las preferencias de cobro previstas en el Libro I del TRLC.

A estos efectos, en el certificado del auditor de (...) se acredita, conforme al artículo 667 del TRLC, que los créditos afectados representan al menos el cincuenta y uno por ciento del pasivo total. Dicho certificado consta incorporado en el instrumento público en que se formaliza el plan (doc. 2) y para mayor facilitad se adjunta también como documento 6.

SEXTO. EJECUCIONES

Se tiene constancia de la existencia de dos ejecuciones singulares frente a las financiadas, que deben quedar paralizadas tras la admisión a trámite de esta solicitud, conforme a lo dispuesto en el artículo 644.1 del TRLC:

(...)

(...)

Por otra parte, estos procedimientos ejecutivos instados por (...) tienen por objeto créditos que han quedado afectados por el Plan de Reestructuración que ha sido aprobado igualmente por dicha entidad financiera, por lo que deberán ser no sólo suspendidos sino sobreseídos al haber quedado novados los créditos objeto de ejecución desde la firma del presente Plan por (...) el pasado (...) de junio de (...).

SÉPTIMO. DEL LUGAR EN QUE EL PLAN DE REESTRUCTURACIÓN ESTÁ A DISPOSICIÓN DE LOS ACREEDORES

Dado que el Plan de Reestructuración cuenta con el apoyo unánime de todos los acreedores afectados, lógicamente todos ellos recibieron la propuesta del plan conforme a lo dispuesto en el artículo 627.1 del TRLC.

No obstante lo anterior, a fin de cumplir con lo dispuesto en el artículo 643.1 del TRLC, se indica que el plan está a disposición de los acreedores que acrediten su legitimación mediante remisión de solicitud a la dirección de email (...), desde donde se le remitirá el Plan, previa verificación de su condición.

A los anteriores Hechos son de aplicación los siguientes,

FUNDAMENTOS DE DERECHO

PRIMERO. Legitimación

Está legitimado mi mandante para la solicitud de la homologación, conforme al artículo 636.1 del TRLC:

> "La homologación judicial del plan de reestructuración aprobado de conformidad con lo previsto en este título se podrá solicitar cuando el deudor se encuentre en probabilidad de insolvencia o en estado de insolvencia inminente".

Además, el artículo 643.1 del TRLC, dispone que:

> "La solicitud de homologación del plan de reestructuración podrá ser presentada por el deudor..."

SEGUNDO. Jurisdicción y competencia

La jurisdicción y competencia de este Tribunal es incuestionable a tenor de lo dispuesto en el artículo 585 del TRLC, según el cual la competencia para alcanzar un plan de reestructuración que permita superar la situación de insolvencia inminente corresponderá "al tribunal competente para la declaración de concurso".

En este sentido, el artículo 45 del TRLC establece que:

> "1. La competencia para declarar y tramitar el concurso corresponde al tribunal de instancia, en cuyo territorio tenga el deudor el centro de sus intereses principales. Por centro de los intereses principales se entenderá el lugar donde el deudor ejerce de modo habitual y reconocible por terceros la administración de tales intereses.
>
> 2. En caso de deudor persona jurídica, se presume que el centro de sus intereses principales se halla en el lugar del domicilio social. Será ineficaz a estos efectos el cambio del domicilio social efectuado en los seis meses anteriores a la solicitud del concurso (...)".

El artículo 87 LOPJ y los artículos 44, 52 y 53 del TRLC atribuyen el conocimiento del concurso de acreedores a los Tribunales de Instancia.

En nuestro caso, la mayoría de los Deudores tiene su domicilio social en (...) y éste coincide además con el centro de sus intereses principales, por lo que la competencia de este Tribunal para conocer de la presente solicitud es clara. Asimismo, las sociedades con mayor pasivo son (...), ambas con sede en (...) y las mismas serían las que se pueden considerar cabecera del grupo.

TERCERO. Postulación y defensa

Las mercantiles deudoras se encuentran asistidas por letrado y representadas por procuradora, todo ello conforme disponen los artículos 23 y 31 de la Ley de Enjuiciamiento Civil y artículo 643.1 del TRLC.

CUARTO. Presupuesto objetivo

El artículo 636 del TRLC establece que:

"1. La homologación judicial del plan de reestructuración aprobado de conformidad con lo previsto en este título se podrá solicitar cuando el deudor se encuentre en probabilidad de insolvencia o en estado de insolvencia inminente.

2. Cuando el deudor se encuentre en estado de insolvencia actual, se podrá solicitar la homologación del plan siempre que no hubiera sido admitida a trámite solicitud de concurso necesario".

En el supuesto que nos ocupa se cumplen los requisitos que establece el precepto citado, dado que los deudores se encuentran en probabilidad de insolvencia, el Plan (Vid. Doc 2) ofrece una perspectiva razonable para evitar el concurso y asegurar la viabilidad de las empresas en el corto y medio plazo, tal como se acredita con el Plan de Viabilidad (Vid. Doc 5).

QUINTO. Homologación judicial y requisitos para la homologación del plan de reestructuración aprobado por todas las clases de acreedores.

El artículo 647 del TRLC establece que:

"1. Salvo que de la documentación presentada se deduzca manifiestamente que no se cumplen los requisitos exigidos en la sección 1.ª de este capítulo, el tribunal homologará el plan de reestructuración.

2. La homologación tendrá lugar mediante auto que se adoptará dentro de los quince días siguientes a la publicación de la providencia de admisión a trámite de la solicitud en el Registro público concursal. En el auto, se identificarán los acreedores con garantía real que hayan votado en contra del plan y que pertenezcan a una clase que no lo haya aprobado.

3. El auto de homologación determinará el alzamiento de la suspensión de los procedimientos de ejecución de créditos no afectados por el plan de reestructuración, así como el sobreseimiento de los restantes procedimientos de ejecución.

4. Si el propio plan de reestructuración conllevase alguna operación societaria, el control de legalidad lo realizará el tribunal y dejará constancia de ello en el auto".

El artículo 638 del TRLC dispone que:

"El plan de reestructuración, para ser homologado, deberá reunir los siguientes requisitos:

1.° Que el deudor se encuentre en probabilidad de insolvencia, insolvencia inminente o actual y el plan ofrezca una perspectiva razonable de evitar el concurso y asegurar la viabilidad de la empresa en el corto y medio plazo.

2.° Que cumpla con los requisitos de contenido y de forma exigidos en este título.

3.° Que haya sido aprobado por todas las clases de créditos de conformidad con las previsiones de este título, por el deudor o, en su caso, por los socios.

4.° Que los créditos dentro de la misma clase sean tratados de forma paritaria.

5.° Que haya sido comunicado a todos los acreedores afectados conforme a lo establecido en esta ley."

En este sentido, el Auto del Juzgado de lo Mercantil n° 9 de Barcelona núm. 65/2023, 20 de abril de 2023, establece en su Fundamento de Derecho Segundo (la negrita es nuestra):

"Homologación judicial. Dispone el art. 647 TRLC:

1. Salvo que de la documentación presentada se deduzca manifiestamente que no se cumplen los requisitos exigidos en la sección 1.ª de este capítulo, el tribunal homologará el plan de reestructuración.

2. La homologación tendrá lugar mediante auto que se adoptará dentro de los quince días siguientes a la publicación de la providencia de admisión a trámite de la solicitud en el Registro público concursal. En el auto, se identificarán los acreedores con garantía real que hayan votado en contra del plan y que pertenezcan a una clase que no lo haya aprobado.

3. El auto de homologación determinará el alzamiento de la suspensión de los procedimientos de ejecución de créditos no afectados por el plan de reestructuración, así como el sobreseimiento de los restantes procedimientos de ejecución.

4. Si el propio plan de reestructuración conllevase alguna operación societaria, el control de legalidad lo realizará el tribunal y dejará constancia de ello en el auto.

En consecuencia, la homologación es imperativa para el tribunal, que sólo podrá denegarla si de la documentación presentada se deduce manifiestamente que no se cumplen los requisitos exigidos en la sección 1ª. En el presente caso, tratándose de un plan consensual, los requisitos que deben cumplirse para la homologación se contienen en el art. 638 TRLC (dentro de dicha sección 1ª), que exige:

1. que el deudor se encuentre en probabilidad de insolvencia, insolvencia inminente o actual y el plan ofrezca una perspectiva razonable de evitar el concurso y asegurar la viabilidad de la empresa en el corto y medio plazo.

2. que cumpla con los requisitos de contenido y de forma exigidos en este título.

3. que haya sido aprobado por todas las clases de créditos de conformidad con las previsiones de este título, por el deudor o, en su caso, por los socios.

4. que los créditos dentro de la misma clase sean tratados de forma paritaria.

5. que haya sido comunicado a todos los acreedores afectados conforme a lo establecido en esta ley".

Además, el Auto de homologación del Juzgado de lo Mercantil n° 13 de Madrid núm. 238/2023 de 30 mayo de 2023 [JUR\2023\256601] en su Fundamento de Derecho Segundo, que trata sobre el control judicial en la homologación de los planes de reestructuración (la negrita es nuestra):

"A pesar de ello, en mi opinión, aunque la labor del tribunal es más amplia que antaño, considero que si no hay trámite de contradicción previa, el tribunal, a la hora de decidir si homologa o no el plan de reestructuración, debe limitarse a la verificación formal de los requisitos que indica la norma, lo que supone, respecto de los requisitos de índole sustantiva, una revisión somera de si los motivos ofrecidos por el deudor a la hora de justificar, por ejemplo, cómo ha elegido el perímetro de afectación, la formación de clases, etc. son objetivos y fácilmente comprobables, sin tener que ir más allá ni mucho menos, cuestionar la proporcionalidad de las medidas.

Por eso, salvo en supuestos manifiestamente groseros y burdos, contrarios a la ley o al orden público, el tribunal debe homologar el plan, dejando en manos de los acreedores la carga de alegar y probar, vía impugnación o bien, de oposición si hay contradicción previa, el carácter razonable o no de las medidas propuestas o si las mismas le imponen un sacrificio patrimonial injustificado. Y ello es lógico pues no podemos olvidar que en los planes de reestructuración, se tutelan intereses privados por lo que son las partes quienes deben hacer valer sus derechos y defender sus legítimos intereses".

De la documentación aportada se deduce el cumplimiento de todos estos requisitos, pues los Deudores solicitantes alegan encontrase en probabilidad de insolvencia y acompañan al plan de reestructuración (formalizado en escritura pública) un plan de viabilidad para asegurar la viabilidad de la empresa en el corto y medio plazo, así como las certificaciones emitidas por auditor de cuentas que indica que el plan de reestructuración ha sido respaldado por todas las clases de acreedores, al alcanzarse en cada una de ellas las mayorías legales necesarias para su aprobación y homologación judicial sobre el cálculo del ratio exigido en el artículo 629.2 del TRLC ("El plan de reestructuración se considerará aprobado por una clase de créditos afectados si hubiera votado a favor más de los dos tercios del importe del pasivo correspondiente a esa clase"), en relación con el artículo 638 del TRLC.

También se indica que, con anterioridad a la presentación de esta solicitud, los Deudores han comunicado individualmente el Plan de Reestructuración a todos los acreedores afectados. Asimismo, los deudores han puesto a disposición de los acreedores el Plan de Reestructuración mediante remisión de solicitud a la dirección de email (...), desde donde se le remite el Plan, previa verificación de su condición.

En consecuencia, la homologación del plan se impone de modo imperativo y con eficacia inmediata. En efecto, conforme al artículo 649 TRLC "Una vez homologado, los efectos del plan de reestructuración se extienden inmediatamente a todos los créditos afectados, al propio deudor y, si fuera sociedad, a sus socios, aunque el auto no sea firme".

En su virtud,

SOLICITO AL TRIBUNAL que tenga por presentado este escrito, junto con los documentos que se adjuntan, me tenga por personado y parte en las presentes actuaciones en la representación que ostento, entendiéndose conmigo las sucesivas actuaciones a que haya lugar; y tenga por presentada SOLICITUD DE HOMOLOGACIÓN JUDICIAL DE PLAN DE REESTRUCTURACIÓN, y conforme a lo expuesto:

(i) Dicte providencia admitiendo a trámite la solicitud y decretando la prohibición de iniciar ejecuciones judiciales o extrajudiciales sobre los bienes de (...) así como la paralización de las ejecuciones ya iniciadas hasta que se resuelva sobre la homologación, de conformidad con lo detallado en el Primer Otrosí Digo de este escrito (artículo 644.1 TRLC);

(ii) Ordenar la publicación de la providencia de admisión a trámite en el Registro Público Concursal por medio de edicto que contendrá los datos que identifiquen al deudor, el Tribunal, el número de procedimiento judicial de homologación, la fecha del plan de reestructuración, con indicación de que el Plan está a disposición de los acreedores en el Tribunal con posibilidad de acceder a su contenido por medios telemáticos (artículo 645 TRLC).

(iii) Y, tras los trámites anteriores, dicte auto HOMOLOGANDO JUDICIALMENTE EL PLAN DE REESTRUCTURACIÓN de fecha (...) de (...) de (...) de las sociedades deudoras (...);

(iv) Declare que no podrá ser objeto de acción de rescisión concursal el Plan de Reestructuración Homologado, ni los actos, operaciones y negocios realizados en el contexto de éste, ni la Financiación Interina y/o la Nueva Financiación de la sociedad deudora (...) (artículo 635.3° TRLC);

(v) Reconozca a la nueva financiación de (...). las preferencias de cobro previstas en los artículos 243.1 y 280 del TRLC en el supuesto de posterior entrada en concurso (art. 635.3° TRLC);

(vi) Acuerde el sobreseimiento de los procedimientos de ejecución relacionados en el Otrosí Primero al tener por objeto créditos afectados por el Plan (art. 647.3 TRLC);

(vii) Ordene la publicación inmediata del auto de homologación en el Registro Público Concursal (artículo 648 TRLC)

PRIMER OTROSÍ DIGO que, de conformidad con el artículo 644.1 TRLC, de modo simultáneo a la admisión a trámite de la solicitud de homologación, debe decretarse la prohibición de iniciar ejecuciones judiciales o extrajudiciales sobre los bienes de la solicitante, así como la paralización de las ejecuciones ya iniciadas; todo ello hasta que se resuelva sobre la homologación.

Que, a los efectos de que por ese digno Tribunal pueda remitirse atenta comunicación a los distintos órganos judiciales en que existen en curso procedimientos judiciales de naturaleza ejecutiva, a continuación se identifican los mismos, con el número de procedimiento:

- Procedimiento de Ejecución de títulos no judiciales (...)
- Procedimiento de Ejecución de títulos no judiciales (...)

Y es por lo que,

SOLICITO AL TRIBUNAL tenga por hecha la anterior solicitud y se sirva, junto con la providencia de admisión a trámite de la solicitud de homologación del Plan de Reestructuración de los Deudores a:

(i) Decretar la prohibición de iniciar ejecuciones judiciales o extrajudiciales sobre los bienes de la solicitante, así como la paralización de las ejecuciones ya iniciadas; todo ello en cumplimiento del artículo 644.1 TRLC y hasta que se resuelva sobre la homologación;

(ii) Librar atento exhorto a los órganos judiciales indicados en el Primer Otrosí de este escrito, para que, de conformidad con los artículos 169 a 177 de la Ley de Enjuiciamiento Civil, en adelante, "LEC" (sobre el "Auxilio Judicial"), adopten las medidas oportunas en cuanto a la paralización de los procedimientos de naturaleza ejecutiva que estuvieren en curso y de los que estuvieren conociendo.

SEGUNDO OTROSÍ DIGO que, se dejan designados a efectos probatorios los archivos de todas las personas públicas y privadas a que se ha hecho referencia en este escrito, y particularmente los siguientes:

(...)

(...)

(...)

Y es por lo que,

SOLICITO AL TRIBUNAL que tenga por hecha la anterior designación a los efectos probatorios oportunos.

TERCERO OTROSÍ DIGO que esta parte manifiesta expresamente su voluntad de cumplir con los requisitos exigidos por la ley, de conformidad con lo dispuesto en el artículo 231 de la LEC;

Y es por lo que,

SOLICITO AL TRIBUNAL que tenga por realizada la anterior manifestación a los efectos oportunos, concediendo en su caso plazo para la subsanación de aquellos defectos que se observen.

(...), a (...) de (...) de (...).

....	....
D./Dña (...)	D./Dña (...)
Abogado/a	Procurador/a de los Tribunales

F158. SOLICITUD DE HOMOLOGACIÓN DE PLAN DE REESTRUCTURACIÓN. CLASE ÚNICA

AL TRIBUNAL DE INSTANCIA DE .... SECCIÓN
DE LO MERCANTIL (PLAZA NÚM. ......)

Procedimiento: Comunicación .... nº ....

Dª. ...., Procuradora de los Tribunales, en nombre y representación de .... ante el Tribunal comparezco en los Autos del procedimiento ...., ante el Tribunal comparezco y como mejor proceda en derecho, DIGO:

Que por medio del presente escrito se formula SOLICITUD DE HOMOLOGACIÓN JUDICIAL DEL PLAN DE REESTRUCTURACIÓN APROBADO POR TODAS LAS CLASES DE CRÉDITOS respecto a la mercantil .... Todo ello en base a los siguientes

HECHOS

PRIMERO.– Mi representada, ..., en fecha ...., presentó la comunicación de la apertura de negociaciones con los acreedores de los Deudores prevista en el artículo 585 del Texto Refundido de la Ley Concursal (TRLC en adelante), al encontrarse en estado de insolvencia actual y/o inminente como consecuencia de no haber atendido alguno de los vencimientos previstos en cuanto a su deuda. Dicho procedimiento se tramita bajo los autos .... ante el Tribunal de Instancia de ....., sección de lo mercantil.

Mediante Decreto nº .... de fecha ...., por el Letrado de la Administración de Justicia se dejó constancia de la comunicación presentada por el Deudor, ordenándose la publicación en el Registro Público Concursal de la citada resolución.

SEGUNDO.– Asimismo, el Deudor solicitó en fecha .... la prórroga de la comunicación de la apertura de negociaciones con los acreedores que representan más del 51% del pasivo que quedará afectado por el presente Plan de Reestructuración.

Que mediante Decreto de fecha ...., y al amparo de las estipulaciones del art. 607.1 TRLC, se acordó la concesión de prórroga de los efectos de la comunicación del art. 585 TRLC por un periodo de tres meses sucesivos, finalizando el plazo de dicha prórroga el día ....

TERCERO.– Durante el período de seis meses estipulado en el art. 585 y 607.1 TRLC, y cumpliendo todos los requisitos establecidos en la ley, se procedió a aprobar un plan de reestructuración que permitiese resolver la situación de insolvencia de la mercantil.

Dicho plan de reestructuración fue suscrito por ...., con los acreedores participantes de la reestructuración, concretamente las sociedades ....

De conformidad con lo estipulado en el TRLC, el citado plan de reestructuración se suscribió en fecha .... entre los meritados intervinientes. Se adjunta como Documento nº 1 el plan de reestructuración.

CUARTO.– De antemano, queremos manifestar que la presente solicitud de homologación judicial de plan de reestructuración aprobado por la totalidad de las clases se realiza a los efectos de extender los efectos de la Reestructuración a los Acreedores No Participantes, así como para obtener la protección del Plan de Restructuración, de los actos u operaciones razonables y necesarios inmediatamente para el éxito de la negociación con los acreedores, de las novaciones existentes y de los actos, operaciones o negocios que sean razonables e inmediatamente necesarios para la ejecución del Plan de Restructuración y sus novaciones.

QUINTO.– Como se puede observar, el plan de reestructuración contenía todas las especificaciones recogidas en el artículo 633 TRLC; concretamente todos los requisitos de contenidos y forma exigidos en el Título III del libro segundo del Texto Refundido de la Ley Concursal.

La formación de las clases se ha realizado de conformidad con el artículo 623 y ss. del TRLC, atendiendo a la existencia de un interés común de los integrantes de cada clase al tratarse de créditos de igual rango, que el que determinaría el orden de pago en el concurso de acreedores.

Al respecto, debemos manifestar que el plan ha sido aprobado por más de los dos tercios del importe del pasivo correspondiente a cada clase, todo ello de conformidad con el artículo 629 del TRLC, debiendo solicitar su homologación judicial para poder extender sus efectos a aquellos acreedores que no hubieren votado a favor del plan de reestructuración o no hubiesen votado directamente.

Tal y como se puede observar del Certificado emitido por el experto en reestructuración, el plan de reestructuración está aprobado por la totalidad de las clases de créditos formadas, habiendo votado más de los dos tercios del importe del pasivo correspondiente a la Clase Única.

El resultado de las votaciones ha sido el siguiente:

- ....

– Clase Única: ha votado favorablemente a favor dos tercios del del importe del pasivo correspondiente a esa clase.

Nº	ACREEDOR	DEUDA	%	VOTO A FAVOR
1	.... S.C.P.	....	....	SÍ
2	............, S.L.	....	....	SÍ
3	......, S.L.U.	....	....	SÍ
4	D. .... y Dª.	....	....	NO HA VOTADO
5	D.	....	....	NO HA VOTADO

Nº	ACREEDOR	DEUDA	%	VOTO A FAVOR
6	D. …………	………	………	NO HA VOTado
TOTAL		………	………	

La suma de los votos a favor del plan de reestructuración asciende al 69.99%, es decir, han votado a favor más de dos terceros del importe del pasivo correspondiente a esta clase.

Debemos manifestar que el plan de reestructuración ha sido aprobado tanto por los acreedores meritados como por el deudor; todo ello según lo estipulado en el art. 629 TRLC.

Del mismo modo, comunicamos que el plan de reestructuración ha sido comunicado a todos los acreedores afectados conforme a lo establecido en el 627 TRLC. Dejar constancia que los acreedores que no se han manifestado al respecto hasta fecha actual ha sido los acreedores D. ………… y Dª. ……….., la persona de D. ………… y la persona de D. ………….

SEXTO.– La formación de la clase se ha efectuado según el tipo de acreedor y su distribución se encuentran desarrolladas en el propio Plan de reestructuración, al cual nos remitimos en aras a una correcta economía procesal.

No obstante, dado que con la homologación del plan de reestructuración se pretende, entre otros que posteriormente se describirá, extender los efectos del plan de reestructuración a la totalidad de los acreedores que no se han adherido ni votado a favor del plan de reestructuración, queremos manifestar que la formación de las clases del Plan de Reestructuración de la mercantil …………., S.L. se ha realizado de conformidad con el artículo 623 y ss. del TRLC, atendiendo a la existencia de un interés común de los integrantes de cada clase al tratarse de créditos de igual rango, que el que determinaría el orden de pago en el concurso de acreedores. De este modo, los acreedores afectados por el Plan se han agrupado en la siguiente clase:

i) Clase Única

- La Clase Única la conforman la totalidad de los créditos que posee …………., S.L., es decir, ……………….
- Son créditos que tienen la condición de crédito ordinario de conformidad con el artículo 269.3 TRLC.
- De conformidad con el artículo 624 del TRLC estos créditos constituirán una clase única.

SÉPTIMO.– Una vez expuesto cuanto antecede y según lo establecido en el art. 635 TRLC, por medio del presente escrito solicitamos la HOMOLOGACIÓN JUDICIAL DEL PLAN DE REESTRUCTURACIÓN en base a los siguientes motivos:

1.° Se pretende extender los efectos del plan de reestructuración a la totalidad de los acreedores que no han votado a favor y/o no se han adherido al plan de reestructuración, concretamente a los acreedores ....

2.° Así mismo, con la homologación judicial se pretende proteger los actos, operaciones o negocios realizados en el contexto de este frente a posibles acciones rescisorias en los términos previstos en el TRLC.

OCTAVO.– Efectos concretos cuya extensión se solicita a los acreedores no participantes.

Con la homologación del presente plan de reestructuración se pretende extender los efectos del plan de reestructuración a la totalidad de la Clase Única de acreedores que no han votado a favor ni se han adherido al plan de reestructuración.

Como se ha indicado anteriormente, los únicos acreedores afectados por el Plan de Reestructuración son las entidades ...., S.C.P., ..., S.L., ..., S.L.U., y las personas ....

A través de la suscripción del Plan de Reestructuración, se novó y reestructuró la deuda de ...., S.L.

Los créditos Afectados por la reestructuración son, a los efectos de definición del artículo 616 TRLC, todos los créditos comerciales existentes frente al Deudor en virtud de las relaciones comerciales existentes y suscritas entre el Deudor y sus Acreedores.

La delimitación de los créditos afectados se recoge en el cuerpo del plan de reestructuración.

Una vez tenido en cuenta los créditos afectados por la reestructuración, se delimitaron y determinaron los Tramos de afección de la reestructuración de la deuda. Así se confeccionaron los Tramos 1 y 2.

Así, Las Partes han acordado por medio del plan de reestructuración la novación modificativa de los términos económicos de la Deuda, materializándose la novación en los términos económicos de la deuda, a través de una quita de la deuda y una espera en el *tempus* temporal del pago.

Por tanto, con la homologación judicial del presente Plan de Reestructuración, se pretende extender los efectos del mismo a los Acreedores No Participantes para que se apliquen la Quita, los Tramos y condicionantes de la totalidad del plan de reestructuración a la deuda. Dicha extensión derivada del no pronunciamiento ni adhesión al plan de reestructuración.

NOVENO.– Junto con lo anterior, debemos manifestar que se cumplen con todos los requisitos establecidos en el art. 636 y 639 TRLC, a saber:

1.° Que el deudor se encuentre en situación de insolvencia y el plan de reestructuración y su homologación ofrece una perspectiva clara, inequívoca y razonable de evitar el concurso de acreedores; asegurando la viabilidad empresarial tanto a corto como a medio plazo.

2.° Que se cumple con los requisitos de contenido y de forma exigidos en el Título III del Texto Refundido de la Ley Concursal relativo a la aprobación de los planes de reestructuración.

3.° Que el plan de reestructuración ha sido aprobado por todas las clases de créditos de conformidad con las previsiones del TRLC.

4.° Que los créditos dentro de la misma clase han sido tratados de forma paritaria.

5.° Que se ha comunicado a todos los acreedores afectados el plan de reestructuración, conforme a lo establecido en el TRLC.

DÉCIMO.– De conformidad con lo previsto en el art. 643.1 TRLC, el plan de reestructuración aprobado se encuentra disposición de los acreedores legitimados y del deudor en la siguiente dirección .... y en la dirección del Notario del Ilustre Colegio de Notarios de .... D. ...., con domicilio en ....

Del mismo modo, se comunica la posibilidad de recibir la documentación vía telemática previo requerimiento por escrito a la dirección Calle ....

UNDÉCIMO.– Según lo estipulado en el art. 643.2 TRLC, la Junta de Socios de ...., S.L. aprobó el acuerdo de solicitar la homologación judicial del plan de reestructuración en su reunión de fecha 2 de abril de 2024.

DUODÉCIMO.– A los efectos del art. 643.3 TRLC, se acompaña a la presente solicitud la siguiente documentación:

1. Se adjunta como Documento n° 1 copia del plan de reestructuración suscrito entre los intervinientes meritados.
2. Como Documento n° 2 el certificado de acuerdo de la Junta de Socios relativo a la solicitud de homologación del plan de reestructuración.
3. Como Documento n° 3 se acompaña Informe emitido por el experto de reestructuración.
4. Se anexa como Documento n° 4 la certificación del experto en reestructuración sobre la suficiencia de las mayorías.

DECIMOTERCERO.– El art. 641 TRLC establece que la competencia para conocer de la homologación de un plan de reestructuración corresponderá al Tribunal de Instancia que fuera competente para la declaración del concurso del deudor. Si el deudor hubiera efectuado la comunicación de inicio de negociaciones con los acreedores, la competencia corresponderá al Tribunal que hubiera tenido por efectuada esa comunicación.

En virtud de ello, para la homologación del plan de reestructuración de ...., S.L. corresponde exclusiva y excluyentemente al Tribunal de Instancia, sección de lo mercantil, de ......, al estar tramitándose el procedimiento Comunicación n° ....

DECIMOCUARTO.– El presente procedimiento de homologación deberá sustanciarse según lo previsto en la Sección 2° del Capítulo 5 del Título II del Libro II del Texto Refundido de la Ley Concursal.

En virtud de lo expuesto,

SUPLICO AL TRIBUNAL que tenga por presentado este escrito, junto a los documentos a él unidos y sus copias, se sirva a admitirlo y, previos los oportunos trámites legales, dicte resolución por la que proceda a:

1. HOMOLOGACIÓN JUDICIAL DEL PLAN DE REESTRUCTURACIÓN de ...., S.L. de conformidad con lo establecido en el cuerpo del presente escrito, a los efectos de lo dispuesto en los artículos 647, 649 y concordantes del Texto Refundido de la Ley Concursal (TRLC).
2. Acordar la IRRESCINDIBILIDAD DEL PLAN DE REESTRUCTURACIÓN en los términos previstos en el artículo 667 TRLC declarando la irrescindibilidad del propio Plan, así como de los actos, negocios jurídicos, pagos, etc. que se hubieran realizado, prestado o constituido al amparo del mismo, así como la aplicación a los nuevos ingresos de tesorería lo previsto en los artículos 667, 242 y 280 TRLC.
3. ACUERDE LA EXTENSIÓN DE LOS EFECTOS DEL PLAN DE REESTRUCTURACIÓN A LA TOTALIDAD DE LOS ACREEDORES, concretamente a los acreedores que no han votado a favor y/o no se han adherido al plan de reestructuración.
4. Como consecuencia de la extensión forzosa anterior, los Acreedores No Participantes de la Clase Única de acreedores resultará vinculado por los Documentos de la Reestructuración que, en ejecución del Plan, se suscriban, debiendo ser considerados parte de los mismos a todos los efectos.
5. En base a lo estipulado en el art. 644 TRLC, desde la admisión a trámite de este escrito, se solicita la PARALIZACIÓN DE EJECUCIONES SINGULARES que los acreedores no firmantes hubieran podido iniciar.
6. La publicación de la resolución judicial referida en la petición primera mediante anuncio insertado en el Registro Público Concursal y en el Boletín Oficial del Estado por medio de extracto según prevé el artículo 648 TRLC.

OTROSÍ DIGO, Que atendiendo a lo dispuesto en el artículo 231 de la Ley de Enjuiciamiento Civil, esta parte manifiesta expresamente su voluntad de cumplir todos los requisitos exigidos en la misma, ofreciendo la subsanación de cualquier defecto en que hubiera podido incurrir tan pronto como sea requerida para ello por el Tribunal al que tenemos el honor de dirigirnos.

En su virtud,

SUPLICO AL TRIBUNAL, Que tenga por hecha la anterior manifestación y que actúe de conformidad con la misma.

Es Justicia que respetuosamente pido en ...., a ....

Fdo. Letrado: Fdo. Procuradora:

F159. SOLICITUD DEL ACREEDOR DE HOMOLOGACIÓN DE UN PLAN DE REESTRUCTURACIÓN APROBADO POR TODAS LAS CLASES DE CRÉDITOS CON FASE DE CONTRADICCIÓN PREVIA. FINANCIACIÓN INTERINA

AL TRIBUNAL DE INSTANCIA DE ..... SECCIÓN DE
LO MERCANTIL (PLAZA NÚM. ......)

Don ...., Procurador de los Tribunales y de ...., según se acredita mediante poder para pleitos que como DOCUMENTO Nº 1 se adjunta, dirigido por el abogado Don ...., ante el Tribunal comparezco y como mejor proceda en Derecho, DIGO:

Que en la representación que ostento, formulo escrito de SOLICITUD DE HOMOLOGACIÓN DE UN PLAN DE REESTRUCTURACIÓN APROBADO POR TODAS LAS CLASES DE CRÉDITOS CON FASE DE CONTRADICCIÓN PREVIA, que fundo en las siguientes:

ALEGACIONES

Primero. Que el deudor ...., se encuentra en una situación probable de insolvencia o solvencia inminente (Elegir la que corresponda) y procedió a comunicar al Tribunal el inicio de negociaciones con los acreedores para alcanzar un plan de reestructuración para superar la situación el pasado ... de ...... de ......, Se adjunta copia de la comunicación efectuada como documento número 2.

Segundo. Que dentro del periodo de tres meses (o seis si se prorrogó), y cumpliendo todos los requisitos establecidos en la ley, se procedió a aprobar un plan de reestructuración.

El citado plan se elevó a publico por el Notario de ...., don .... el día ......de ....de ...... Con número de protocolo ......, y contenía todas las especificaciones recogidas en el articulo 633 del TRLC. Se adjunta como documento nº 3

El plan aprobado cumple todos los requisitos de contenido y forma exigidos en el titulo III del libro segundo.

El plan ha sido aprobado por todas las clases de créditos, por el deudor y (en su caso) por los socios.

Todos los créditos de una misma clase se han tratado de forma paritaria

El plan se ha comunicado a todos los acreedores afectados conforme a lo establecido en el TRLC

Tercero. Que es necesario la homologación judicial del presente plan puesto que conforme a lo previsto en el articulo 635 del TRLC, se pretende proteger la financiación interina y la nueva financiación prevista en el plan y darle la preferencia recogida en el libro I, y a la que nos remitimos, así como a los siguientes actos, operaciones o negocios realizados en el contexto del plan a fin de evitar acciones rescisorias sobre los mismos. (Enumerarlos)

Cuarto. De conformidad con lo previsto en el articulo 643.1 del TRLC, el plan aprobado se encuentra a disposición de los acreedores legitimados y del deudor en su caso, en la siguiente dirección ...... y mediante acceso telemático al siguiente enlace ....

Quinto. De conformidad con lo previsto en el articulo 643.2 del TRLC, el Consejo de administración de la Sociedad aprobó el acuerdo de solicitar la homologación judicial del plan en su reunión de fecha

.... Se adjunta como documento nº 4, certificación de dicho acuerdo.

Sexto. De conformidad con lo previsto en el articulo 643.3 del TRLC se acompañan a la presente solicitud los siguientes documentos:

– Copia del instrumento publico autorizado por el Notario de ...., Don ...., con número de protocolo ... que incluye la certificación del auditor sobre la suficiencia de las mayorías. Se adjunta como documento nº 5.

– Informe del experto en reestructuraciones (Si se ha realizado). Se adjunta como documento nº 6.

– Certificaciones emitidas por la Agencia Estatal de Administración Tributaria y la Tesorería General de la Seguridad social acreditando que esta al corriente de pago y del cumplimiento de todas sus obligaciones (Solo tendrá que presentarlo si el plan afecta al crédito público). Se adjuntan como documentos nº 7 y 8).

Séptimo. Competencia: El articulo 641 del TRLC establece que corresponderá la competencia para conocer de la homologación de un plan de reestructuración al Tribunal de Instancia que fuera competente para la declaración de concurso del deudor, o en su caso al Tribunal que hubiese recibido la comunicación de existencia de negociaciones con los acreedores.

Octavo. Procedimiento: Se sustanciara por lo previsto en la sección 2º del capitulo 5 del titulo II del Libro II del TRLC.

Noveno: Con carácter previo y al amparo de lo dispuesto en el articulo 662 del TRLC, se tendrá que dar traslado del plan de reestructuración a todas las partes afectadas en el mismo, a fin de que se puedan oponer

Por lo expuesto,

SUPLICO AL TRIBUNAL: Que tenga por presentado este escrito de solicitud de homologación judicial del plan de reestructuración del deudor .... junto con los documentos y copias acompañados, por hechas las manifestaciones que en el mismo se contienen y con carácter previo a su homologación se de traslado a todas las partes afectadas a fin de que puedan oponerse al mismo, y posteriormente, y previos los tramites procesales y legales proceda a homologar mediante auto el plan de reestructuración aprobado.

Es justicia que pido en ...., a ... de ....de ....

F160. SOLICITUD DEL ACREEDOR DE HOMOLOGACIÓN DE UN PLAN DE REESTRUCTURACIÓN APROBADO POR TODAS LAS CLASES DE CRÉDITOS CON FASE DE CONTRADICCIÓN PREVIA. RESOLUCIÓN CONTRATOS

AL TRIBUNAL DE INSTANCIA DE ..... SECCIÓN DE LO MERCANTIL (PLAZA NÚM. ......)

Don ...., Procurador de los Tribunales y de ...., según se acredita mediante poder para pleitos que como DOCUMENTO Nº 1 se adjunta, dirigido por el abogado Don ...., ante el Tribunal comparezco y como mejor proceda en Derecho, DIGO:

Que en la representación que ostento, formulo escrito de SOLICITUD DE HOMOLOGACIÓN DE UN PLAN DE REESTRUCTURACIÓN APROBADO POR TODAS LAS CLASES DE CRÉDITOS CON FASE DE CONTRADICCIÓN PREVIA, que fundo en las siguientes:

ALEGACIONES

Primero. Que el deudor ...., se encuentra en una situación probable de insolvencia o solvencia inminente (Elegir la que corresponda) y procedió a comunicar al Tribunal el inicio de negociaciones con los acreedores para alcanzar un plan de reestructuración para superar la situación el pasado ... de ...... de ......, Se adjunta copia de la comunicación efectuada como documento número 2.

Segundo. Que dentro del periodo de tres meses (o seis si se prorrogó), y cumpliendo todos los requisitos establecidos en la ley, se procedió a aprobar un plan de reestructuración.

El citado plan se elevó a publico por el Notario de ...., don .... el día ......de ....de ...... Con número de protocolo ......, y contenía todas las especificaciones recogidas en el articulo 633 del TRLC. Se adjunta como documento nº 3

El plan aprobado cumple todos los requisitos de contenido y forma exigidos en el titulo III del libro segundo.

El plan ha sido aprobado por todas las clases de créditos, por el deudor y (en su caso) por los socios.

Todos los créditos de una misma clase se han tratado de forma paritaria

El plan se ha comunicado a todos los acreedores afectados conforme a lo establecido en el TRLC

Tercero. Que es necesario la homologación judicial del presente plan puesto que conforme a lo previsto en el articulo 635 del TRLC, se pretende la resolución de los siguientes contratos en interés de la reestructuración (Especificar los contratos).

Cuarto. De conformidad con lo previsto en el articulo 643.1 del TRLC, el plan aprobado se encuentra a disposición de los acreedores legitimados y del deudor en su caso, en la siguiente dirección ...... y mediante acceso telemático al siguiente enlace ....

Quinto. De conformidad con lo previsto en el articulo 643.2 del TRLC, el Consejo de administración de la Sociedad aprobó el acuerdo de solicitar la homologación judicial del plan en su reunión de fecha

.... Se adjunta como documento nº 4, certificación de dicho acuerdo.

Sexto. De conformidad con lo previsto en el articulo 643.3 del TRLC se acompañan a la presente solicitud los siguientes documentos:

- Copia del instrumento publico autorizado por el Notario de ...., Don ...., con número de protocolo ... que incluye la certificación del auditor sobre la suficiencia de las mayorías. Se adjunta como documento nº 5.
- Informe del experto en reestructuraciones (Si se ha realizado). Se adjunta como documento nº 6.
- Certificaciones emitidas por la Agencia Estatal de Administración Tributaria y la Tesorería General de la Seguridad social acreditando que esta al corriente de pago y del cumplimiento de todas sus obligaciones (Solo tendrá que presentarlo si el plan afecta al crédito público). Se adjuntan como documentos nº 7 y 8).

Séptimo. Competencia: El articulo 641 del TRLC establece que corresponderá la competencia para conocer de la homologación de un plan de reestructuración al Tribunal de Instancia que fuera competente para la declaración de concurso del deudor, o en su caso al Tribunal que hubiese recibido la comunicación de existencia de negociaciones con los acreedores.

Octavo. Procedimiento: Se sustanciara por lo previsto en la sección 2° del capitulo 5 del titulo II del Libro II del TRLC.

Noveno: Con carácter previo y al amparo de lo dispuesto en el articulo 662 del TRLC, se tendrá que dar traslado del plan de reestructuración a todas las partes afectadas en el mismo, a fin de que se puedan oponer

Por lo expuesto,

SUPLICO AL TRIBUNAL: Que tenga por presentado este escrito de solicitud de homologación judicial del plan de reestructuración del deudor .... junto con los documentos y copias acompañados, por hechas las manifestaciones que en el mismo se contienen y con carácter previo a su homologación se de traslado a todas las partes afectadas a fin de que puedan oponerse al mismo, y posteriormente, y previos los tramites procesales y legales proceda a homologar mediante auto el plan de reestructuración aprobado.

Es justicia que pido en ...., a ... de ....de ....

F161. SOLICITUD DEL DEUDOR DE HOMOLOGACIÓN DE UN PLAN DE REESTRUCTURACIÓN APROBADO POR TODAS LAS CLASES DE CRÉDITOS CON FASE DE CONTRADICCIÓN PREVIA. PROTECCIÓN FINANCIERA INTERINA

AL TRIBUNAL DE INSTANCIA DE ..... SECCIÓN DE
LO MERCANTIL (PLAZA NÚM. ......)

Don ...., Procurador de los Tribunales y de ...., según se acredita mediante poder para pleitos que como DOCUMENTO Nº 1 se adjunta, dirigido por el abogado Don ...., ante el Tribunal comparezco y como mejor proceda en Derecho, DIGO:

Que en la representación que ostento, formulo escrito de SOLICITUD DE HOMOLOGACIÓN DE UN PLAN DE REESTRUCTURACIÓN APROBADO POR TODAS LAS CLASES DE CRÉDITOS CON FASE DE CONTRADICCIÓN PREVIA, que fundo en las siguientes:

ALEGACIONES

Primero. Que el deudor ...., se encuentra en una situación probable de insolvencia o solvencia inminente (Elegir la que corresponda) y procedió a comunicar al Tribunal el inicio de negociaciones con los acreedores para alcanzar un plan de reestructuración para superar la situación el pasado ... de ...... de ......, Se adjunta copia de la comunicación efectuada como documento número 2.

Segundo. Que dentro del periodo de tres meses (o seis si se prorrogó), y cumpliendo todos los requisitos establecidos en la ley, se procedió a aprobar un plan de reestructuración.

El citado plan se elevo a publico por el Notario de ...., don .... el día ......de ....de ...... Con número de protocolo ......, y contenía todas las especificaciones recogidas en el articulo 633 del TRLC. Se adjunta como documento nº 3

El plan aprobado cumple todos los requisitos de contenido y forma exigidos en el titulo III del libro segundo.

El plan ha sido aprobado por todas las clases de créditos, por el deudor y (en su caso) por los socios.

Todos los créditos de una misma clase se han tratado de forma paritaria

El plan se ha comunicado a todos los acreedores afectados conforme a lo establecido en el TRLC

Tercero. Que es necesario la homologación judicial del presente plan puesto que conforme a lo previsto en el articulo 635 del TRLC, se pretende proteger la financiación interina y la nueva financiación prevista en el plan y darle la preferencia recogida en el libro I, y a la que nos remitimos, así como a los siguientes actos, operaciones o negocios realizados en el contexto del plan a fin de evitar acciones rescisorias sobre los mismos. (Enumerarlos)

Cuarto. De conformidad con lo previsto en el articulo 643.1 del TRLC, el plan aprobado se encuentra a disposición de los acreedores legitimados y del deudor en su caso, en la siguiente dirección ...... y mediante acceso telemático al siguiente enlace ....

Quinto. De conformidad con lo previsto en el articulo 643.2 del TRLC, el Consejo de administración de la Sociedad aprobó el acuerdo de solicitar la homologación judicial del plan en su reunión de fecha

.... Se adjunta como documento nº 4, certificación de dicho acuerdo.

Sexto. De conformidad con lo previsto en el articulo 643.3 del TRLC se acompañan a la presente solicitud los siguientes documentos:

- Copia del instrumento publico autorizado por el Notario de ...., Don ...., con número de protocolo ... que incluye la certificación del auditor sobre la suficiencia de las mayorías. Se adjunta como documento nº 5.
- Informe del experto en reestructuraciones (Si se ha realizado). Se adjunta como documento nº 6.
- Certificaciones emitidas por la Agencia Estatal de Administración Tributaria y la Tesorería General de la Seguridad social acreditando que esta al corriente de pago y del cumplimiento de todas sus obligaciones (Solo tendrá que presentarlo si el plan afecta al crédito público). Se adjuntan como documentos nº 7 y 8).

Séptimo. Competencia: El articulo 641 del TRLC establece que corresponderá la competencia para conocer de la homologación de un plan de reestructuración al Tribunal de Instancia que fuera competente para la declaración de concurso del deudor, o en su caso al tribunal que hubiese recibido la comunicación de existencia de negociaciones con los acreedores.

Octavo. Procedimiento: Se sustanciara por lo previsto en la sección 2º del capitulo 5 del titulo II del Libro II del TRLC.

Noveno: Con carácter previo y al amparo de lo dispuesto en el articulo 662 del TRLC, se tendrá que dar traslado del plan de reestructuración a todas las partes afectadas en el mismo, a fin de que se puedan oponer

Por lo expuesto,

SUPLICO AL TRIBUNAL: Que tenga por presentado este escrito de solicitud de homologación judicial del plan de reestructuración del deudor .... junto con los documentos y copias acompañados, por hechas las manifestaciones que en el mismo se contienen y con carácter previo a su homologación se de traslado a todas las partes afectadas a fin de que puedan oponerse al mismo, y posteriormente, y previos los tramites procesales y legales proceda a homologar mediante auto el plan de reestructuración aprobado.

Es justicia que pido en ...., a ... de ....de ....

F162. SOLICITUD DEL DEUDOR DE HOMOLOGACIÓN DE UN PLAN DE REESTRUCTURACIÓN APROBADO POR TODAS LAS CLASES DE CRÉDITOS CON FASE DE CONTRADICCIÓN PREVIA. RESOLUCIÓN CONTRATOS

AL TRIBUNAL DE INSTANCIA DE ..... SECCIÓN DE
LO MERCANTIL (PLAZA NÚM. ......)

Don ...., Procurador de los Tribunales y de ...., según se acredita mediante poder para pleitos que como DOCUMENTO Nº 1 se adjunta, dirigido por el abogado Don ...., ante el Tribunal comparezco y como mejor proceda en Derecho, DIGO:

Que en la representación que ostento, formulo escrito de SOLICITUD DE HOMOLOGACIÓN DE UN PLAN DE REESTRUCTURACIÓN APROBADO POR TODAS LAS CLASES DE CRÉDITOS CON FASE DE CONTRADICCIÓN PREVIA, que fundo en las siguientes:

ALEGACIONES

Primero. Que el deudor ...., se encuentra en una situación probable de insolvencia o solvencia inminente (Elegir la que corresponda) y procedió a comunicar al Tribunal el inicio de negociaciones con los acreedores para alcanzar un plan de reestructuración para superar la situación el pasado ... de ...... de ......, Se adjunta copia de la comunicación efectuada como documento número 2.

Segundo. Que dentro del periodo de tres meses (o seis si se prorrogó), y cumpliendo todos los requisitos establecidos en la ley, se procedió a aprobar un plan de reestructuración.

El citado plan se elevo a publico por el Notario de ...., don .... el día ......de ....de ...... Con número de protocolo ......, y contenía todas las especificaciones recogidas en el articulo 633 del TRLC. Se adjunta como documento nº 3

El plan aprobado cumple todos los requisitos de contenido y forma exigidos en el titulo III del libro segundo.

El plan ha sido aprobado por todas las clases de créditos, por el deudor y (en su caso) por los socios.

Todos los créditos de una misma clase se han tratado de forma paritaria

El plan se ha comunicado a todos los acreedores afectados conforme a lo establecido en el TRLC

Tercero. Que es necesario la homologación judicial del presente plan puesto que conforme a lo previsto en el articulo 635 del TRLC, se pretende la resolución de los siguientes contratos en interés de la reestructuración (Especificar los contratos).

Cuarto. De conformidad con lo previsto en el articulo 643.1 del TRLC, el plan aprobado se encuentra a disposición de los acreedores legitimados y del deudor en su caso, en la siguiente dirección ...... y mediante acceso telemático al siguiente enlace ....

Quinto. De conformidad con lo previsto en el articulo 643.2 del TRLC, el Consejo de administración de la Sociedad aprobó el acuerdo de solicitar la homologación judicial del plan en su reunión de fecha

.... Se adjunta como documento nº 4, certificación de dicho acuerdo.

Sexto. De conformidad con lo previsto en el articulo 643.3 del TRLC se acompañan a la presente solicitud los siguientes documentos:

- Copia del instrumento publico autorizado por el Notario de ...., Don ...., con número de protocolo ... que incluye la certificación del auditor sobre la suficiencia de las mayorías. Se adjunta como documento nº 5.
- Informe del experto en reestructuraciones (Si se ha realizado). Se adjunta como documento nº 6.
- Certificaciones emitidas por la Agencia Estatal de Administración Tributaria y la Tesorería General de la Seguridad social acreditando que esta al corriente de pago y del cumplimiento de todas sus obligaciones (Solo tendrá que presentarlo si el plan afecta al crédito público). Se adjuntan como documentos nº 7 y 8).

Séptimo. Competencia: El articulo 641 del TRLC establece que corresponderá la competencia para conocer de la homologación de un plan de reestructuración al Tribunal de Instancia que fuera competente para la declaración de concurso del deudor, o en su caso al tribunal que hubiese recibido la comunicación de existencia de negociaciones con los acreedores.

Octavo. Procedimiento: Se sustanciará por lo previsto en la sección 2º del capitulo 5 del titulo II del Libro II del TRLC.

Noveno: Con carácter previo y al amparo de lo dispuesto en el articulo 662 del TRLC, se tendrá que dar traslado del plan de reestructuración a todas las partes afectadas en el mismo, a fin de que se puedan oponer.

Por lo expuesto,

SUPLICO AL TRIBUNAL: Que tenga por presentado este escrito de solicitud de homologación judicial del plan de reestructuración del deudor .... junto con los documentos y copias acompañados, por hechas las manifestaciones que en el mismo se contienen y con carácter previo a su homologación se de traslado a todas las partes afectadas a fin de que puedan oponerse al mismo, y posteriormente, y previos los tramites procesales y legales proceda a homologar mediante auto el plan de reestructuración aprobado.

Es justicia que pido en ...., a ... de ....de ....

F163. SOLICITUD DEL ACREEDOR DE HOMOLOGACIÓN DE UN PLAN DE REESTRUCTURACIÓN APROBADO POR UNA CLASE DE CRÉDITOS CON FASE DE CONTRADICCIÓN PREVIA. EXTENSIÓN EFECTOS A TODAS LAS CLASES

AL TRIBUNAL DE INSTANCIA DE ..... SECCIÓN DE LO MERCANTIL (PLAZA NÚM. ......)

Don ...., Procurador de los Tribunales y de ...., según se acredita mediante poder para pleitos que como DOCUMENTO Nº 1 se adjunta, dirigido por el abogado Don ...., ante el Tribunal comparezco y como mejor proceda en Derecho, DIGO:

Que en la representación que ostento, formulo escrito de SOLICITUD DE HOMOLOGACIÓN DE UN PLAN DE REESTRUCTURACIÓN APROBADO POR MAYORÍA SIMPLE DE LAS CLASES DE CRÉDITOS CON FASE DE CONTRADICCIÓN PREVIA, que fundo en los siguientes:

ALEGACIONES

Primero. Que el deudor ...., se encuentra en una situación probable de insolvencia o insolvencia inminente (Elegir la que corresponda) y procedió a comunicar al Tribunal el inicio de negociaciones con los acreedores para alcanzar un plan de reestructuración para superar la situación el pasado ... de ...... de ......, Se adjunta copia de la comunicación efectuada como documento nº 2.

Segundo. Que dentro del periodo de tres meses (o seis si se prorrogó), y cumpliendo todos los requisitos establecidos en la ley, se procedió a aprobar un plan de reestructuración.

El citado plan se elevo a publico por el Notario de ...., don .... el día ......de ....de ...... Con número de protocolo ......, y contenía todas las especificaciones recogidas en el articulo 633 del TRLC. Documento nº 3

El plan aprobado cumple todos los requisitos de contenido y forma exigidos en el titulo III del libro segundo.

El plan no ha sido aprobado por todas las clases de créditos, habiéndose aprobado, conforme a lo dispuesto en el articulo 639 del TRLC, por una mayoría simple de las clases, y por la siguiente clase calificada como privilegio especial o general...........

Ha sido aprobado por el deudor y (en su caso) por los socios.

Todos los créditos de una misma clase se han tratado de forma paritaria

El plan se ha comunicado a todos los acreedores afectados conforme a lo establecido en el TRLC

Tercero. Que es necesario la homologación judicial del presente plan puesto que conforme a lo previsto en el articulo 635 del TRLC, se pretende extender sus efectos a los acreedores o clases de acreedores que no han votado a favor del plan o a los socios de la deudora.

Cuarto. De conformidad con lo previsto en el articulo 643.1 del TRLC, el plan aprobado se encuentra a disposición de los acreedores legitimados y del deudor en su caso, en la siguiente dirección ...... y mediante acceso telemático al siguiente enlace ....

Quinto. De conformidad con lo previsto en el articulo 643.3 del TRLC se acompañan a la presente solicitud los siguientes documentos:

- Copia del instrumento publico autorizado por el Notario de ...., Don ...., con número de protocolo ... que incluye la certificación del auditor sobre la suficiencia de las mayorías. Se adjunta como documento nº 4.
- Informe del experto en reestructuraciones (Si se ha realizado). Se adjunta como documento nº 5.
- Certificaciones emitidas por la Agencia Estatal de Administración Tributaria y la Tesorería General de la Seguridad social acreditando que esta al corriente de pago y del cumplimiento de todas sus obligaciones (Solo tendrá que presentarlo si el plan afecta al crédito público). Se adjuntan como documentos nº 6 y 7).

Sexto. Competencia: El articulo 641 del TRLC establece que corresponderá la competencia para conocer de la homologación de un plan de reestructuración al tribunal de instancia mercantil que fuera competente para la declaración de concurso del deudor, o, en su caso, al tribunal que hubiese recibido la comunicación de existencia de negociaciones con los acreedores.

Séptimo. Procedimiento: Se sustanciara por lo previsto en la sección 2º del capitulo 5 del titulo II del Libro II del TRLC.

Octavo. Con carácter previo y al amparo de lo dispuesto en el articulo 662 del TRLC, se tendrá que dar traslado del plan de reestructuración a todas las partes afectadas en el mismo, a fin de que se puedan oponer.

Por lo expuesto,

SUPLICO AL TRIBUNAL: Que tenga por presentado este escrito de solicitud de homologación judicial del plan de reestructuración del deudor .... junto con los documentos y copias acompañados, por hechas las manifestaciones que en el mismo se contienen y con carácter previo a su homologación se de traslado a todas las partes afectadas a fin de que puedan oponerse al mismo, y posteriormente, y previos los tramites procesales y legales proceda a homologar mediante auto el plan de reestructuración aprobado.

Es justicia que pido en ...., a ... de ....de ....

F164. SOLICITUD DEL ACREEDOR DE HOMOLOGACIÓN DE UN PLAN DE REESTRUCTURACIÓN APROBADO POR MAYORÍA SIMPLE DE CLASES DE CRÉDITOS CON FASE DE CONTRADICCIÓN PREVIA. PROTECCIÓN FINANCIACIÓN

AL TRIBUNAL DE INSTANCIA DE ..... SECCIÓN DE
LO MERCANTIL (PLAZA NÚM. ......)

Don ...., Procurador de los Tribunales y de ...., según se acredita mediante poder para pleitos que como DOCUMENTO Nº 1 se adjunta, dirigido por el abogado Don ...., ante el Tribunal comparezco y como mejor proceda en Derecho, DIGO:

Que en la representación que ostento, formulo escrito de SOLICITUD DE HOMOLOGACIÓN DE UN PLAN DE REESTRUCTURACIÓN APROBADO POR UNA MAYORÍA SIMPLE DE CLASES DE CRÉDITOS CON FASE DE CONTRADICCIÓN

PREVIA PARA PROTEGER LA FINANCIACIÓN, que fundo en los siguientes:

ALEGACIONES

Primero. Que el deudor ...., se encuentra en una situación probable de insolvencia o insolvencia inminente (Elegir la que corresponda) y procedió a comunicar al Tribunal el inicio de negociaciones con los acreedores para alcanzar un plan de reestructuración para superar la situación el pasado ... de ...... de ......, Se adjunta copia de la comunicación efectuada como documento número 2.

Segundo. Que dentro del periodo de tres meses (o seis si se prorrogó), y cumpliendo todos los requisitos establecidos en la ley, se procedió a aprobar un plan de reestructuración.

El citado plan se elevo a publico por el Notario de ...., don .... el día ......de ....de ...... Con número de protocolo ......, y contenía todas las especificaciones recogidas en el articulo 633 del TRLC

El plan aprobado cumple todos los requisitos de contenido y forma exigidos en el titulo III del libro segundo.

El plan no ha sido aprobado por todas las clases de créditos, habiéndose aprobado, conforme a lo dispuesto en el articulo 639 del TRLC, por una mayoría simple de las clases, y por la siguiente clase calificada como privilegio especial o general...........

Ha sido aprobado por el deudor y (en su caso) por los socios.

Todos los créditos de una misma clase se han tratado de forma paritaria

El plan se ha comunicado a todos los acreedores afectados conforme a lo establecido en el TRLC

Tercero. Que es necesario la homologación judicial del presente plan puesto que conforme a lo previsto en el articulo 635 del TRLC, se pretende proteger la financiación interina y la nueva financiación prevista en el plan y darle la preferencia recogida en el libro I, y a la que nos remitimos, así como a los siguientes actos, operaciones o negocios realizados en el contexto del plan a fin de evitar acciones rescisorias sobre los mismos. (Enumerarlos)

Cuarto. De conformidad con lo previsto en el articulo 643.1 del TRLC, el plan aprobado se encuentra a disposición de los acreedores legitimados y del deudor en su caso, en la siguiente dirección ...... y mediante acceso telemático al siguiente enlace ....

Quinto. De conformidad con lo previsto en el articulo 643.3 del TRLC se acompañan a la presente solicitud los siguientes documentos:

- Copia del instrumento publico autorizado por el Notario de ...., Don ...., con número de protocolo ... que incluye la certificación del auditor sobre la suficiencia de las mayorías. Se adjunta como documento nº 3.
- Informe del experto en reestructuraciones (Si se ha realizado). Se adjunta como documento nº 4.
- Certificaciones emitidas por la Agencia Estatal de Administración Tributaria y la Tesorería General de la Seguridad social acreditando que esta al corriente de pago y del cumplimiento de todas sus obligaciones (Solo tendrá que presentarlo si el plan afecta al crédito público). Se adjuntan como documentos nº 5 y 6).

Sexto. Competencia: El articulo 641 del TRLC establece que corresponderá la competencia para conocer de la homologación de un plan de reestructuración al tribunal de instancia que fuera competente para la declaración de concurso del deudor, o en su caso al tribunal que hubiese recibido la comunicación de existencia de negociaciones con los acreedores.

Séptimo. Procedimiento: Se sustanciara por lo previsto en la sección 2º del capitulo 5 del titulo II del Libro II del TRLC.

Octavo: Con carácter previo y al amparo de lo dispuesto en el articulo 662 del TRLC, se tendrá que dar traslado del plan de reestructuración a todas las partes afectadas en el mismo, a fin de que se puedan oponer.

Por lo expuesto,

SUPLICO AL TRIBUNAL: Que tenga por presentado este escrito de solicitud de homologación judicial del plan de reestructuración del deudor .... junto con los documentos y copias acompañados, por hechas las manifestaciones que en el mismo se contienen y con carácter previo a su homologación se de traslado a todas las partes afectadas a fin de que puedan oponerse al mismo, y posteriormente, y previos los tramites procesales y legales proceda a homologar mediante auto el plan de reestructuración aprobado.

Es justicia que pido en ...., a ... de ....de ....

F165. SOLICITUD DEL ACREEDOR DE HOMOLOGACIÓN DE UN PLAN DE REESTRUCTURACIÓN APROBADO POR MAYORÍA SIMPLE DE CLASES DE CRÉDITOS CON FASE DE CONTRADICCIÓN PREVIA. RESOLUCIÓN CONTRATOS

AL TRIBUNAL DE INSTANCIA DE .... SECCIÓN DE LO MERCANTIL (PLAZA NÚM. ......)

Don ...., Procurador de los Tribunales y de ...., según se acredita mediante poder para pleitos que como DOCUMENTO Nº 1 se adjunta, dirigido por el abogado Don ...., ante el Tribunal comparezco y como mejor proceda en Derecho, DIGO:

Que en la representación que ostento, formulo escrito de SOLICITUD DE HOMOLOGACIÓN DE UN PLAN DE REESTRUCTURACIÓN APROBADO POR MAYORÍA SIMPLE DE CLASES DE CRÉDITOS CON FASE DE CONTRADICCIÓN PREVIA, que fundo en los siguientes:

ALEGACIONES

Primero. Que el deudor ...., se encuentra en una situación probable de insolvencia o insolvencia inminente (Elegir la que corresponda) y procedió a comunicar al Tribunal el inicio de negociaciones con los acreedores para alcanzar un plan de reestructuración para superar la situación el pasado ... de ...... de ......, Se adjunta copia de la comunicación efectuada como documento número 2.

Segundo. Que dentro del periodo de tres meses (o seis si se prorrogó), y cumpliendo todos los requisitos establecidos en la ley, se procedió a aprobar un plan de reestructuración.

El citado plan se elevo a publico por el Notario de ...., don .... el día ......de ....de ...... Con número de protocolo ......, y contenía todas las especificaciones recogidas en el articulo 633 del TRLC se adjunta como documento nº 3

El plan aprobado cumple todos los requisitos de contenido y forma exigidos en el titulo III del libro segundo.

El plan no ha sido aprobado por todas las clases de créditos, habiéndose aprobado, conforme a lo dispuesto en el articulo 639 del TRLC, por una mayoría simple de las clases, y por la siguiente clase calificada como privilegio especial o general...........

Ha sido aprobado por el deudor y (en su caso) por los socios.

Todos los créditos de una misma clase se han tratado de forma paritaria

El plan se ha comunicado a todos los acreedores afectados conforme a lo establecido en el TRLC

Tercero. Que es necesario la homologación judicial del presente plan puesto que conforme a lo previsto en el articulo 635 del TRLC, se pretende la resolución de los siguientes contratos en interés de la reestructuración (Especificar los contratos).

Cuarto. De conformidad con lo previsto en el articulo 643.1 del TRLC, el plan aprobado se encuentra a disposición de los acreedores legitimados y del deudor en su caso, en la siguiente dirección ...... y mediante acceso telemático al siguiente enlace ....

Quinto. De conformidad con lo previsto en el articulo 643.3 del TRLC se acompañan a la presente solicitud los siguientes documentos:

- Copia del instrumento publico autorizado por el Notario de ...., Don ...., con número de protocolo ... que incluye la certificación del auditor sobre la suficiencia de las mayorías. Se adjunta como documento nº 4.
- Informe del experto en reestructuraciones (Si se ha realizado). Se adjunta como documento nº 5.
- Certificaciones emitidas por la Agencia Estatal de Administración Tributaria y la Tesorería General de la Seguridad social acreditando que esta al corriente de pago y del cumplimiento de todas sus obligaciones (Solo tendrá que presentarlo si el plan afecta al crédito público). Se adjuntan como documentos nº 6 y 7).

Sexto. Competencia: El articulo 641 del TRLC establece que corresponderá la competencia para conocer de la homologación de un plan de reestructuración al tribunal de instancia que fuera competente para la declaración de concurso del deudor, o en su caso al tribunal que hubiese recibido la comunicación de existencia de negociaciones con los acreedores.

Séptimo. Procedimiento: Se sustanciara por lo previsto en la sección 2º del capitulo 5 del titulo II del Libro II del TRLC.

Octavo. Con carácter previo y al amparo de lo dispuesto en el articulo 662 del TRLC, se tendrá que dar traslado del plan de reestructuración a todas las partes afectadas en el mismo, a fin de que se puedan oponer.

Por lo expuesto,

SUPLICO AL TRIBUNAL: Que tenga por presentado este escrito de solicitud de homologación judicial del plan de reestructuración del deudor .... junto con los documentos y copias acompañados, por hechas las manifestaciones que en el mismo se contienen y con carácter previo a su homologación se de traslado a todas las partes afectadas a fin de que puedan oponerse al mismo, y posteriormente, y previos los tramites procesales y legales proceda a homologar mediante auto el plan de reestructuración aprobado.

Es justicia que pido en ...., a ... de ....de ....

F166. SOLICITUD DEL DEUDOR DE HOMOLOGACIÓN DE UN PLAN DE REESTRUCTURACIÓN APROBADO POR MAYORÍA SIMPLE DE CLASES DE CRÉDITOS CON FASE DE CONTRADICCIÓN PREVIA. EXTENSIÓN EFECTOS A TODAS LAS CLASES

AL TRIBUNAL DE INSTANCIA DE .... SECCIÓN
DE LO MERCANTIL (PLAZA NÚM. ......)

Don ...., Procurador de los Tribunales y de ...., según se acredita mediante poder para pleitos que como DOCUMENTO Nº 1 se adjunta, dirigido por el abogado Don ...., ante el Tribunal comparezco y como mejor proceda en Derecho, DIGO:

Que en la representación que ostento, formulo escrito de SOLICITUD DE HOMOLOGACIÓN DE UN PLAN DE REESTRUCTURACIÓN APROBADO POR MAYORÍA SIMPLE DE LAS CLASES DE CRÉDITOS CON FASE DE CONTRADICCIÓN PREVIA, que fundo en los siguientes:

ALEGACIONES

Primero. Que el deudor ...., se encuentra en una situación probable de insolvencia o insolvencia inminente (Elegir la que corresponda) y procedió a comunicar al Tribunal el inicio de negociaciones con los acreedores para alcanzar un plan de reestructuración para superar la situación el pasado ... de ...... de ......, Se adjunta copia de la comunicación efectuada como documento número 2.

Segundo. Que dentro del periodo de tres meses (o seis si se prorrogó), y cumpliendo todos los requisitos establecidos en la ley, se procedió a aprobar un plan de reestructuración.

El citado plan se elevo a publico por el Notario de ...., don .... el día ......de ....de ...... Con número de protocolo ......, y contenía todas las especificaciones recogidas en el articulo 633 del TRLC. Se adjunta como documento nº 3

El plan aprobado cumple todos los requisitos de contenido y forma exigidos en el titulo III del libro segundo.

El plan no ha sido aprobado por todas las clases de créditos, habiéndose aprobado, conforme a lo dispuesto en el articulo 639 del TRLC, por una mayoría simple de las clases, y por la siguiente clase calificada como privilegio especial o general...........

Ha sido aprobado por el deudor y (en su caso) por los socios.

Todos los créditos de una misma clase se han tratado de forma paritaria

El plan se ha comunicado a todos los acreedores afectados conforme a lo establecido en el TRLC

Tercero. Que es necesario la homologación judicial del presente plan puesto que conforme a lo previsto en el articulo 635 del TRLC, se pretende extender sus efectos a los acreedores o clases de acreedores que no han votado a favor del plan o a los socios de la deudora.

Cuarto. De conformidad con lo previsto en el articulo 643.1 del TRLC, el plan aprobado se encuentra a disposición de los acreedores legitimados en la siguiente dirección ...... y mediante acceso telemático al siguiente enlace ....

Quinto. De conformidad con lo previsto en el articulo 643.2 del TRLC, el Consejo de administración de la Sociedad aprobó el acuerdo de solicitar la homologación judicial del plan en su reunión de fecha .... Se adjunta como documento nº 4, certificación de dicho acuerdo.

Sexto. De conformidad con lo previsto en el articulo 643.3 del TRLC se acompañan a la presente solicitud los siguientes documentos:

- Copia del instrumento publico autorizado por el Notario de ...., Don ...., con número de protocolo ... que incluye la certificación del auditor sobre la suficiencia de las mayorías. Se adjunta como documento nº 5.
- Informe del experto en reestructuraciones (Si se ha realizado). Se adjunta como documento nº 6.
- Certificaciones emitidas por la Agencia Estatal de Administración Tributaria y la Tesorería General de la Seguridad social acreditando que esta al corriente de pago y del cumplimiento de todas sus obligaciones (Solo tendrá que presentarlo si el plan afecta al crédito público). Se adjuntan como documentos nº 7 y 8).

Séptimo. Competencia: El articulo 641 del TRLC establece que corresponderá la competencia para conocer de la homologación de un plan de reestructuración al Tribunal de Instancia que fuera competente para la declaración de concurso del deudor, o en su caso al Tribunal que hubiese recibido la comunicación de existencia de negociaciones con los acreedores.

Octavo. Procedimiento: Se sustanciara por lo previsto en la sección 2º del capitulo 5 del titulo II del Libro II del TRLC.

Noveno: Con carácter previo y al amparo de lo dispuesto en el articulo 662 del TRLC, se tendrá que dar traslado del plan de reestructuración a todas las partes afectadas en el mismo, a fin de que se puedan oponer.

Por lo expuesto,

SUPLICO AL TRIBUNAL: Que tenga por presentado este escrito de solicitud de homologación judicial del plan de reestructuración del deudor .... junto con los documentos y copias acompañados, por hechas las manifestaciones que en el mismo se contienen y con carácter previo a su homologación se de traslado a todas las partes afectadas a fin de que puedan oponerse al mismo, y posteriormente, y previos los tramites procesales y legales proceda a homologar mediante auto el plan de reestructuración aprobado.

Es justicia que pido en ...., a ... de ....de ....

F167. SOLICITUD DEL DEUDOR DE HOMOLOGACIÓN DE UN PLAN DE REESTRUCTURACIÓN APROBADO POR UNA CLASE DE CRÉDITOS CON FASE DE CONTRADICCIÓN PREVIA. PROTECCIÓN A LA FINANCIACIÓN

AL TRIBUNAL DE INSTANCIA DE .... SECCIÓN
DE LO MERCANTIL (PLAZA NÚM. ......)

Don ...., Procurador de los Tribunales y de ....(EL DEUDOR) (, según se acredita mediante poder para pleitos que como DOCUMENTO Nº 1 se adjunta, dirigido por el abogado Don ...., ante el Tribunal comparezco y como mejor proceda en Derecho, DIGO:

Que en la representación que ostento, formulo escrito de SOLICITUD DE HOMOLOGACIÓN DE UN PLAN DE REESTRUCTURACIÓN APROBADO POR MAYORÍA SIMPLE DE LAS CLASES DE CRÉDITOS CON FASE DE CONTRADICCIÓN PREVIA, que fundo en los siguientes:

ALEGACIONES

Primero. Que el deudor ...., se encuentra en una situación probable de insolvencia o insolvencia inminente (Elegir la que corresponda) y procedió a comunicar al Tribunal el inicio de negociaciones con los acreedores para alcanzar un plan de reestructuración para superar la situación el pasado ... de ...... de ......, Se adjunta copia de la comunicación efectuada como documento número 2.

Segundo. Que dentro del periodo de tres meses (o seis si se prorrogó), y cumpliendo todos los requisitos establecidos en la ley, se procedió a aprobar un plan de reestructuración.

El citado plan se elevo a publico por el Notario de ...., don .... el día ......de ....de ...... Con número de protocolo ......, y contenía todas las especificaciones recogidas en el articulo 633 del TRLC. Documento nº 3

El plan aprobado cumple todos los requisitos de contenido y forma exigidos en el titulo III del libro segundo.

El plano ha sido aprobado por la clase ..., que razonablemente y conforme al informe del experto en reestructuraciones sobre el valor de la deudora como empresa en funcionamiento, se pueda presumir que hubiese recibido algún pago

Ha sido aprobado por el deudor y (en su caso) por los socios.

Todos los créditos de una misma clase se han tratado de forma paritaria

El plan se ha comunicado a todos los acreedores afectados conforme a lo establecido en el TRLC

Tercero. Que es necesario la homologación judicial del presente plan puesto que conforme a lo previsto en el articulo 635 del TRLC, se pretende proteger la financiación interina y la nueva financiación prevista en el plan y darle la preferencia recogida en el libro I, y a la que nos remitimos, así como a los siguientes actos, operaciones o negocios realizados en el contexto del plan a fin de evitar acciones rescisorias sobre los mismos. (Enumerarlos)

Cuarto. De conformidad con lo previsto en el articulo 643.1 del TRLC, el plan aprobado se encuentra a disposición de los acreedores legitimados, en la siguiente dirección ...... y mediante acceso telemático al siguiente enlace ....

Quinto. De conformidad con lo previsto en el articulo 643.2 del TRLC, el Consejo de administración de la Sociedad aprobó el acuerdo de solicitar la homologación judicial del plan en su reunión de fecha .... Se adjunta como documento nº 4, certificación de dicho acuerdo.

Sexto. De conformidad con lo previsto en el articulo 643.3 del TRLC se acompañan a la presente solicitud los siguientes documentos:

- Copia del instrumento publico autorizado por el Notario de ...., Don ...., con número de protocolo ... que incluye la certificación del auditor sobre la suficiencia de las mayorías. Se adjunta como documento nº 5.
- Informe del experto en reestructuraciones. Se adjunta como documento nº 6.
- Certificaciones emitidas por la Agencia Estatal de Administración Tributaria y la Tesorería General de la Seguridad social acreditando que esta al corriente de pago y del cumplimiento de todas sus obligaciones (Solo tendrá que presentarlo si el plan afecta al crédito público). Se adjuntan como documentos nº 7 y 8).

Séptimo. Competencia: El articulo 641 del TRLC establece que corresponderá la competencia para conocer de la homologación de un plan de reestructuración al tribunal de instancia que fuera competente para la declaración de concurso del deudor, o en su caso al tribunal que hubiese recibido la comunicación de existencia de negociaciones con los acreedores.

Octavo. Procedimiento: Se sustanciara por lo previsto en la sección 2º del capitulo 5 del titulo II del Libro II del TRLC.

Noveno: Con carácter previo y al amparo de lo dispuesto en el articulo 662 del TRLC, se tendrá que dar traslado del plan de reestructuración a todas las partes afectadas en el mismo, a fin de que se puedan oponer.

Por lo expuesto,

SUPLICO AL TRIBUNAL: Que tenga por presentado este escrito de solicitud de homologación judicial del plan de reestructuración del deudor .... junto con los documentos y copias acompañados, por hechas las manifestaciones que en el mismo se contienen y con carácter previo a su homologación se de traslado a todas las partes afectadas a fin de que puedan oponerse al mismo, y posteriormente, y previos los tramites procesales y legales proceda a homologar mediante auto el plan de reestructuración aprobado.

Es justicia que pido en ...., a ... de ....de ....

F168. SOLICITUD DEL DEUDOR DE HOMOLOGACIÓN DE UN PLAN DE REESTRUCTURACIÓN APROBADO POR MAYORÍA SIMPLE DE CLASES DE CRÉDITOS CON FASE DE CONTRADICCIÓN PREVIA. EXTENSIÓN RESOLUCIÓN CONTRATOS

AL TRIBUNAL DE INSTANCIA DE .... SECCIÓN
DE LO MERCANTIL (PLAZA NÚM. ......)

Don ...., Procurador de los Tribunales y de ...., según se acredita mediante poder para pleitos que como DOCUMENTO Nº 1 se adjunta, dirigido por el abogado Don ...., ante el Tribunal comparezco y como mejor proceda en Derecho, DIGO:

Que en la representación que ostento, formulo escrito de SOLICITUD DE HOMOLOGACIÓN DE UN PLAN DE REESTRUCTURACIÓN APROBADO POR MAYORÍA SIMPLE DE CLASES DE CRÉDITOS CON FASE DE CONTRADICCIÓN PREVIA, que fundo en los siguientes:

ALEGACIONES

Primero. Que el deudor ...., se encuentra en una situación probable de insolvencia o insolvencia inminente (Elegir la que corresponda) y procedió a comunicar al Tribunal el inicio de negociaciones con los acreedores para alcanzar un plan de reestructuración para superar la situación el pasado ... de ...... de ......, Se adjunta copia de la comunicación efectuada como documento número 2.

Segundo. Que dentro del periodo de tres meses (o seis si se prorrogó), y cumpliendo todos los requisitos establecidos en la ley, se procedió a aprobar un plan de reestructuración.

El citado plan se elevo a publico por el Notario de ...., don .... el día ......de ....de ...... Con número de protocolo ......, y contenía todas las especificaciones recogidas en el articulo 633 del TRLC. Se adjunta como documento nº 3

El plan aprobado cumple todos los requisitos de contenido y forma exigidos en el titulo III del libro segundo.

El plan no ha sido aprobado por todas las clases de créditos, habiéndose aprobado, conforme a lo dispuesto en el articulo 639 del TRLC, por una mayoría simple de las clases, y por la siguiente clase calificada como privilegio especial o general...........

Ha sido aprobado por el deudor y (en su caso) por los socios.

Todos los créditos de una misma clase se han tratado de forma paritaria

El plan se ha comunicado a todos los acreedores afectados conforme a lo establecido en el TRLC

Tercero. Que es necesario la homologación judicial del presente plan puesto que conforme a lo previsto en el articulo 635 del TRLC, se pretende la resolución de los siguientes contratos en interés de la reestructuración (Especificar los contratos).

Cuarto. De conformidad con lo previsto en el articulo 643.1 del TRLC, el plan aprobado se encuentra a disposición de los acreedores legitimados y del deudor en su caso, en la siguiente dirección ...... y mediante acceso telemático al siguiente enlace ....

Quinto. De conformidad con lo previsto en el articulo 643.2 del TRLC, el Consejo de administración de la Sociedad aprobó el acuerdo de solicitar la homologación judicial del plan en su reunión de fecha .... Se adjunta como documento nº 4, certificación de dicho acuerdo.

Sexto. De conformidad con lo previsto en el articulo 643.3 del TRLC se acompañan a la presente solicitud los siguientes documentos:

- Copia del instrumento publico autorizado por el Notario de ...., Don ...., con número de protocolo ... que incluye la certificación del auditor sobre la suficiencia de las mayorías. Se adjunta como documento nº 5.
- Informe del experto en reestructuraciones (Si se ha realizado). Se adjunta como documento nº 6.
- Certificaciones emitidas por la Agencia Estatal de Administración Tributaria y la Tesorería General de la Seguridad social acreditando que esta al corriente de pago y del cumplimiento de todas sus obligaciones (Solo tendrá que presentarlo si el plan afecta al crédito público). Se adjuntan como documentos nº 7 y 8).

Séptimo. Competencia: El articulo 641 del TRLC establece que corresponderá la competencia para conocer de la homologación de un plan de reestructuración al tribunal de instancia que fuera competente para la declaración de concurso del deudor, o en su caso al tribunal que hubiese recibido la comunicación de existencia de negociaciones con los acreedores.

Octavo. Procedimiento: Se sustanciará por lo previsto en la sección 2º del capitulo 5 del titulo II del Libro II del TRLC.

Noveno: Con carácter previo y al amparo de lo dispuesto en el articulo 662 del TRLC, se tendrá que dar traslado del plan de reestructuración a todas las partes afectadas en el mismo, a fin de que se puedan oponer.

Por lo expuesto,

SUPLICO AL TRIBUNAL: Que tenga por presentado este escrito de solicitud de homologación judicial del plan de reestructuración del deudor .... junto con los documentos y copias acompañados, por hechas las manifestaciones que en el mismo se contienen y con carácter previo a su homologación se de traslado a todas las partes afectadas a fin de que puedan oponerse al mismo, y posteriormente, y previos los tramites procesales y legales proceda a homologar mediante auto el plan de reestructuración aprobado.

Es justicia que pido en ...., a ... de ....de ....

F169. SOLICITUD DEL ACREEDOR DE HOMOLOGACIÓN DE UN PLAN DE REESTRUCTURACIÓN APROBADO POR UNA CLASE DE CRÉDITOS CON FASE DE CONTRADICCIÓN PREVIA. EXTENSIÓN EFECTOS A TODAS LAS CLASES

AL TRIBUNAL DE INSTANCIA DE .... SECCIÓN
DE LO MERCANTIL (PLAZA NÚM. ......)

Don ...., Procurador de los Tribunales y de ....(EL DEUDOR) (, según se acredita mediante poder para pleitos que como DOCUMENTO N° 1 se adjunta, dirigido por el abogado Don ...., ante el Tribunal comparezco y como mejor proceda en Derecho, DIGO:

Que en la representación que ostento, formulo escrito de SOLICITUD DE HOMOLOGACIÓN DE UN PLAN DE REESTRUCTURACIÓN APROBADO POR UNA CLASE DE CRÉDITOS CON FASE DE CONTRADICCIÓN PREVIA, que fundo en los siguientes:

ALEGACIONES

Primero. Que el deudor ...., se encuentra en una situación probable de insolvencia o insolvencia inminente (Elegir la que corresponda) y procedió a comunicar al Tribunal el inicio de negociaciones con los acreedores para alcanzar un plan de reestructuración para superar la situación el pasado ... de ...... de ......, Se adjunta copia de la comunicación efectuada como documento n° 2.

Segundo. Que dentro del periodo de tres meses (o seis si se prorrogó), y cumpliendo todos los requisitos establecidos en la ley, se procedió a aprobar un plan de reestructuración.

El citado plan se elevo a publico por el Notario de ...., don .... el día ......de ....de ...... Con número de protocolo ......, y contenía todas las especificaciones recogidas en el articulo 633 del TRLC. Documento n° 3

El plan aprobado cumple todos los requisitos de contenido y forma exigidos en el titulo III del libro segundo.

El plan ha sido aprobado por la clase ..., que razonablemente y conforme al informe del experto en reestructuraciones sobre el valor de la deudora como empresa en funcionamiento, se pueda presumir que hubiese recibido algún pago

Ha sido aprobado por el deudor y (en su caso) por los socios.

Todos los créditos de una misma clase se han tratado de forma paritaria

El plan se ha comunicado a todos los acreedores afectados conforme a lo establecido en el TRLC

Tercero. Que es necesario la homologación judicial del presente plan puesto que conforme a lo previsto en el articulo 635 del TRLC, se pretende extender sus efectos a los acreedores o clases de acreedores que no han votado a favor del plan o a los socios de la deudora.

Cuarto. De conformidad con lo previsto en el articulo 643.1 del TRLC, el plan aprobado se encuentra a disposición de los acreedores legitimados y del deudor en su caso, en la siguiente dirección ...... y mediante acceso telemático al siguiente enlace ....

Quinto. De conformidad con lo previsto en el articulo 643.3 del TRLC se acompañan a la presente solicitud los siguientes documentos:

- Copia del instrumento publico autorizado por el Notario de ...., Don ...., con número de protocolo ... que incluye la certificación del auditor sobre la suficiencia de las mayorías. Se adjunta como documento nº 4.
- Informe del experto en reestructuraciones. Se adjunta como documento nº 5.
- Certificaciones emitidas por la Agencia Estatal de Administración Tributaria y la Tesorería General de la Seguridad social acreditando que esta al corriente de pago y del cumplimiento de todas sus obligaciones (Solo tendrá que presentarlo si el plan afecta al crédito público). Se adjuntan como documentos nº 6 y 7).

Sexto. Competencia: El articulo 641 del TRLC establece que corresponderá la competencia para conocer de la homologación de un plan de reestructuración al tribunal de instancia que fuera competente para la declaración de concurso del deudor, o en su caso al tribunal que hubiese recibido la comunicación de existencia de negociaciones con los acreedores.

Séptimo. Procedimiento: Se sustanciará por lo previsto en la sección 2º del capitulo 5 del titulo II del Libro II del TRLC.

Octavo. Con carácter previo y al amparo de lo dispuesto en el articulo 662 del TRLC, se tendrá que dar traslado del plan de reestructuración a todas las partes afectadas en el mismo, a fin de que se puedan oponer.

Por lo expuesto,

SUPLICO AL TRIBUNAL: Que tenga por presentado este escrito de solicitud de homologación judicial del plan de reestructuración del deudor .... junto con los documentos y copias acompañados, por hechas las manifestaciones que en el mismo se contienen y con carácter previo a su homologación se de traslado a todas las partes afectadas a fin de que puedan oponerse al mismo, y posteriormente, y previos los tramites procesales y legales proceda a homologar mediante auto el plan de reestructuración aprobado.

Es justicia que pido en ...., a ... de ....de ....

F170. SOLICITUD DEL ACREEDOR DE HOMOLOGACIÓN DE UN PLAN DE REESTRUCTURACIÓN APROBADO POR UNA CLASE DE CRÉDITOS CON FASE DE CONTRADICCIÓN PREVIA. PROTECCIÓN FINANCIACIÓN

AL TRIBUNAL DE INSTANCIA DE .... SECCIÓN
DE LO MERCANTIL (PLAZA NÚM. ......)

Don ...., Procurador de los Tribunales y de ....(ACREEDOR/ES) (, según se acredita mediante poder para pleitos que como DOCUMENTO N° 1 se adjunta, dirigido por el abogado Don ...., ante el Tribunal comparezco y como mejor proceda en Derecho, DIGO:

Que en la representación que ostento, formulo escrito de SOLICITUD DE HOMOLOGACIÓN DE UN PLAN DE REESTRUCTURACIÓN APROBADO POR UNA MAYORÍA SIMPLE DE CLASES DE CRÉDITOS CON FASE DE CONTRADICCIÓN PREVIA PARA PROTEGER LA FINANCIACIÓN, que fundo en los siguientes:

ALEGACIONES

Primero. Que el deudor ...., se encuentra en una situación probable de insolvencia o insolvencia inminente (Elegir la que corresponda) y procedió a comunicar al Tribunal el inicio de negociaciones con los acreedores para alcanzar un plan de reestructuración para superar la situación el pasado ... de ...... de ......, Se adjunta copia de la comunicación efectuada como documento número 2.

Segundo. Que dentro del periodo de tres meses (o seis si se prorrogó), y cumpliendo todos los requisitos establecidos en la ley, se procedió a aprobar un plan de reestructuración.

El citado plan se elevo a publico por el Notario de ...., don .... el día ......de ....de ...... Con número de protocolo ......, y contenía todas las especificaciones recogidas en el articulo 633 del TRLC

El plan aprobado cumple todos los requisitos de contenido y forma exigidos en el titulo III del libro segundo.

El plano ha sido aprobado por la clase ..., que razonablemente y conforme al informe del experto en reestructuraciones sobre el valor de la deudora como empresa en funcionamiento, se pueda presumir que hubiese recibido algún pago

Ha sido aprobado por el deudor y (en su caso) por los socios.

Todos los créditos de una misma clase se han tratado de forma paritaria

El plan se ha comunicado a todos los acreedores afectados conforme a lo establecido en el TRLC

Tercero. Que es necesario la homologación judicial del presente plan puesto que conforme a lo previsto en el articulo 635 del TRLC, se pretende proteger la financiación interina y la nueva financiación prevista en el plan y darle la preferencia recogida en el libro I, y a la que nos remitimos, así como a los siguientes actos, operaciones o negocios realizados en el contexto del plan a fin de evitar acciones rescisorias sobre los mismos. (Enumerarlos)

Cuarto. De conformidad con lo previsto en el articulo 643.1 del TRLC, el plan aprobado se encuentra a disposición de los acreedores legitimados y del deudor en su caso, en la siguiente dirección ...... y mediante acceso telemático al siguiente enlace ....

Quinto. De conformidad con lo previsto en el articulo 643.3 del TRLC se acompañan a la presente solicitud los siguientes documentos:

- Copia del instrumento publico autorizado por el Notario de ...., Don ...., con número de protocolo ... que incluye la certificación del auditor sobre la suficiencia de las mayorías. Se adjunta como documento nº 3.
- Informe del experto en reestructuraciones. Se adjunta como documento nº 4.
- Certificaciones emitidas por la Agencia Estatal de Administración Tributaria y la Tesorería General de la Seguridad social acreditando que esta al corriente de pago y del cumplimiento de todas sus obligaciones (Solo tendrá que presentarlo si el plan afecta al crédito público). Se adjuntan como documentos nº 5 y 6).

Sexto. Competencia: El articulo 641 del TRLC establece que corresponderá la competencia para conocer de la homologación de un plan de reestructuración al tribunal de instancia que fuera competente para la declaración de concurso del deudor, o en su caso al tribunal que hubiese recibido la comunicación de existencia de negociaciones con los acreedores.

Séptimo. Procedimiento: Se sustanciara por lo previsto en la sección 2º del capitulo 5 del titulo II del Libro II del TRLC.

Octavo: Con carácter previo y al amparo de lo dispuesto en el articulo 662 del TRLC, se tendrá que dar traslado del plan de reestructuración a todas las partes afectadas en el mismo, a fin de que se puedan oponer.

Por lo expuesto,

SUPLICO AL TRIBUNAL: Que tenga por presentado este escrito de solicitud de homologación judicial del plan de reestructuración del deudor .... junto con los documentos y copias acompañados, por hechas las manifestaciones que en el mismo se contienen y con carácter previo a su homologación se de traslado a todas las partes afectadas a fin de que puedan oponerse al mismo, y posteriormente, y previos los tramites procesales y legales proceda a homologar mediante auto el plan de reestructuración aprobado.

Es justicia que pido en ...., a ... de ....de ....

F171. SOLICITUD DEL ACREEDOR DE HOMOLOGACIÓN DE UN PLAN DE REESTRUCTURACIÓN APROBADO POR MAYORÍA SIMPLE DE CLASES DE CRÉDITOS CON FASE DE CONTRADICCIÓN PREVIA. RESOLUCIÓN CONTRATOS

AL TRIBUNAL DE INSTANCIA DE .... SECCIÓN
DE LO MERCANTIL (PLAZA NÚM. ......)

Don ...., Procurador de los Tribunales y de ....(EL DEUDOR) (, según se acredita mediante poder para pleitos que como DOCUMENTO Nº 1 se adjunta, dirigido por el abogado Don ...., ante el Tribunal comparezco y como mejor proceda en Derecho, DIGO:

Que en la representación que ostento, formulo escrito de SOLICITUD DE HOMOLOGACIÓN DE UN PLAN DE REESTRUCTURACIÓN APROBADO POR MAYORÍA SIMPLE DE CLASES DE CRÉDITOS CON FASE DE CONTRADICCIÓN PREVIA, que fundo en los siguientes:

ALEGACIONES

Primero. Que el deudor ...., se encuentra en una situación probable de insolvencia o insolvencia inminente (Elegir la que corresponda) y procedió a comunicar al Tribunal el inicio de negociaciones con los acreedores para alcanzar un plan de reestructuración para superar la situación el pasado ... de ...... de ......, Se adjunta copia de la comunicación efectuada como documento número 2.

Segundo. Que dentro del periodo de tres meses (o seis si se prorrogó), y cumpliendo todos los requisitos establecidos en la ley, se procedió a aprobar un plan de reestructuración.

El citado plan se elevo a publico por el Notario de ...., don .... el día ......de ....de ...... Con número de protocolo ......, y contenía todas las especificaciones recogidas en el articulo 633 del TRLC se adjunta como documento nº 3

El plan aprobado cumple todos los requisitos de contenido y forma exigidos en el titulo III del libro segundo.

El plano ha sido aprobado por la clase ..., que razonablemente y conforme al informe del experto en reestructuraciones sobre el valor de la deudora como empresa en funcionamiento, se pueda presumir que hubiese recibido algún pago

Ha sido aprobado por el deudor y (en su caso) por los socios.

Todos los créditos de una misma clase se han tratado de forma paritaria

El plan se ha comunicado a todos los acreedores afectados conforme a lo establecido en el TRLC

Tercero. Que es necesario la homologación judicial del presente plan puesto que conforme a lo previsto en el articulo 635 del TRLC, se pretende la resolución de los siguientes contratos en interés de la reestructuración (Especificar los contratos).

Cuarto. De conformidad con lo previsto en el articulo 643.1 del TRLC, el plan aprobado se encuentra a disposición de los acreedores legitimados y del deudor en su caso, en la siguiente dirección ...... y mediante acceso telemático al siguiente enlace ....

Quinto. De conformidad con lo previsto en el articulo 643.3 del TRLC se acompañan a la presente solicitud los siguientes documentos:

- Copia del instrumento publico autorizado por el Notario de ...., Don ...., con número de protocolo ... que incluye la certificación del auditor sobre la suficiencia de las mayorías. Se adjunta como documento n° 4.
- Informe del experto en reestructuraciones. Se adjunta como documento n° 5.
- Certificaciones emitidas por la Agencia Estatal de Administración Tributaria y la Tesorería General de la Seguridad social acreditando que esta al corriente de pago y del cumplimiento de todas sus obligaciones (Solo tendrá que presentarlo si el plan afecta al crédito público). Se adjuntan como documentos n° 6 y 7).

Sexto. Competencia: El articulo 641 del TRLC establece que corresponderá la competencia para conocer de la homologación de un plan de reestructuración al tribunal instancia que fuera competente para la declaración de concurso del deudor, o en su caso al tribunal que hubiese recibido la comunicación de existencia de negociaciones con los acreedores.

Séptimo. Procedimiento: Se sustanciara por lo previsto en la sección 2° del capitulo 5 del titulo II del Libro II del TRLC.

Octavo. Con carácter previo y al amparo de lo dispuesto en el articulo 662 del TRLC, se tendrá que dar traslado del plan de reestructuración a todas las partes afectadas en el mismo, a fin de que se puedan oponer.

Por lo expuesto,

SUPLICO AL TRIBUNAL: Que tenga por presentado este escrito de solicitud de homologación judicial del plan de reestructuración del deudor .... junto con los documentos y copias acompañados, por hechas las manifestaciones que en el mismo se contienen y con carácter previo a su homologación se de traslado a todas las partes afectadas a fin de que puedan oponerse al mismo, y posteriormente, y previos los tramites procesales y legales proceda a homologar mediante auto el plan de reestructuración aprobado.

Es justicia que pido en ...., a ... de ....de ....

F172. SOLICITUD DEL DEUDOR DE HOMOLOGACIÓN DE UN PLAN DE REESTRUCTURACIÓN APROBADO POR UNA CLASE DE CRÉDITOS CON FASE DE CONTRADICCIÓN PREVIA. EXTENSIÓN EFECTOS A TODAS LAS CLASES

AL TRIBUNAL DE INSTANCIA DE .... SECCIÓN
DE LO MERCANTIL (PLAZA NÚM. ......)

Don ...., Procurador de los Tribunales y de ....(EL DEUDOR) (, según se acredita mediante poder para pleitos que como DOCUMENTO Nº 1 se adjunta, dirigido por el abogado Don ...., ante el Tribunal comparezco y como mejor proceda en Derecho, DIGO:

Que en la representación que ostento, formulo escrito de SOLICITUD DE HOMOLOGACIÓN DE UN PLAN DE REESTRUCTURACIÓN APROBADO POR UNA CLASE DE CRÉDITOS CON FASE DE CONTRADICCIÓN PREVIA, que fundo en los siguientes:

ALEGACIONES

Primero. Que el deudor ...., se encuentra en una situación probable de insolvencia o insolvencia inminente (Elegir la que corresponda) y procedió a comunicar al Tribunal el inicio de negociaciones con los acreedores para alcanzar un plan de reestructuración para superar la situación el pasado ... de ...... de ......, Se adjunta copia de la comunicación efectuada como documento número 2.

Segundo. Que dentro del periodo de tres meses (o seis si se prorrogó), y cumpliendo todos los requisitos establecidos en la ley, se procedió a aprobar un plan de reestructuración.

El citado plan se elevo a publico por el Notario de ...., don .... el día ......de ....de ...... Con número de protocolo ......, y contenía todas las especificaciones recogidas en el articulo 633 del TRLC. Se adjunta como documento nº 3

El plan aprobado cumple todos los requisitos de contenido y forma exigidos en el titulo III del libro segundo.

El plano ha sido aprobado por la clase ..., que razonablemente y conforme al informe del experto en reestructuraciones sobre el valor de la deudora como empresa en funcionamiento, se pueda presumir que hubiese recibido algún pago

Ha sido aprobado por el deudor y (en su caso) por los socios.

Todos los créditos de una misma clase se han tratado de forma paritaria

El plan se ha comunicado a todos los acreedores afectados conforme a lo establecido en el TRLC

Tercero. Que es necesario la homologación judicial del presente plan puesto que conforme a lo previsto en el articulo 635 del TRLC, se pretende extender sus efectos a los acreedores o clases de acreedores que no han votado a favor del plan o a los socios de la deudora.

Cuarto. De conformidad con lo previsto en el articulo 643.1 del TRLC, el plan aprobado se encuentra a disposición de los acreedores legitimados en la siguiente dirección ...... y mediante acceso telemático al siguiente enlace ....

Quinto. De conformidad con lo previsto en el articulo 643.2 del TRLC, el Consejo de administración de la Sociedad aprobó el acuerdo de solicitar la homologación judicial del plan en su reunión de fecha .... Se adjunta como documento nº 4, certificación de dicho acuerdo.

Sexto. De conformidad con lo previsto en el articulo 643.3 del TRLC se acompañan a la presente solicitud los siguientes documentos:

- Copia del instrumento publico autorizado por el Notario de ...., Don ...., con número de protocolo ... que incluye la certificación del auditor sobre la suficiencia de las mayorías. Se adjunta como documento nº 5.
- Informe del experto en reestructuraciones. Se adjunta como documento nº 6.
- Certificaciones emitidas por la Agencia Estatal de Administración Tributaria y la Tesorería General de la Seguridad social acreditando que esta al corriente de pago y del cumplimiento de todas sus obligaciones (Solo tendrá que presentarlo si el plan afecta al crédito público). Se adjuntan como documentos nº 7 y 8).

Séptimo. Competencia: El articulo 641 del TRLC establece que corresponderá la competencia para conocer de la homologación de un plan de reestructuración al tribunal de instancia que fuera competente para la declaración de concurso del deudor, o en su caso al tribunal que hubiese recibido la comunicación de existencia de negociaciones con los acreedores.

Octavo. Procedimiento: Se sustanciara por lo previsto en la sección 2º del capitulo 5 del titulo II del Libro II del TRLC.

Noveno: Con carácter previo y al amparo de lo dispuesto en el articulo 662 del TRLC, se tendrá que dar traslado del plan de reestructuración a todas las partes afectadas en el mismo, a fin de que se puedan oponer.

Por lo expuesto,

SUPLICO AL TRIBUNAL: Que tenga por presentado este escrito de solicitud de homologación judicial del plan de reestructuración del deudor .... junto con los documentos y copias acompañados, por hechas las manifestaciones que en el mismo se contienen y con carácter previo a su homologación se de traslado a todas las partes afectadas a fin de que puedan oponerse al mismo, y posteriormente, y previos los tramites procesales y legales proceda a homologar mediante auto el plan de reestructuración aprobado.

Es justicia que pido en ...., a ... de ....de ....

F173. SOLICITUD DEL DEUDOR DE HOMOLOGACIÓN DE UN PLAN DE REESTRUCTURACIÓN APROBADO POR UNA CLASE DE CRÉDITOS CON FASE DE CONTRADICCIÓN PREVIA. RESOLUCIÓN CONTRATOS

AL TRIBUNAL DE INSTANCIA DE .... SECCIÓN
DE LO MERCANTIL (PLAZA NÚM. ......)

Don ...., Procurador de los Tribunales y de ....(EL DEUDOR) (, según se acredita mediante poder para pleitos que como DOCUMENTO Nº 1 se adjunta, dirigido por el abogado Don ...., ante el Tribunal comparezco y como mejor proceda en Derecho, DIGO:

Que en la representación que ostento, formulo escrito de SOLICITUD DE HOMOLOGACIÓN DE UN PLAN DE REESTRUCTURACIÓN APROBADO POR UNA CLASE DE CRÉDITOS CON FASE DE CONTRADICCIÓN PREVIA, que fundo en los siguientes:

ALEGACIONES

Primero. Que el deudor ...., se encuentra en una situación probable de insolvencia o insolvencia inminente (Elegir la que corresponda) y procedió a comunicar al Tribunal el inicio de negociaciones con los acreedores para alcanzar un plan de reestructuración para superar la situación el pasado ... de ...... de ......, Se adjunta copia de la comunicación efectuada como documento número 2.

Segundo. Que dentro del periodo de tres meses (o seis si se prorrogó), y cumpliendo todos los requisitos establecidos en la ley, se procedió a aprobar un plan de reestructuración.

El citado plan se elevo a publico por el Notario de ...., don .... el día ......de ....de ...... Con número de protocolo ......, y contenía todas las especificaciones recogidas en el articulo 633 del TRLC. Documento nº 3

El plan aprobado cumple todos los requisitos de contenido y forma exigidos en el titulo III del libro segundo.

El plano ha sido aprobado por la clase ..., que razonablemente y conforme al informe del experto en reestructuraciones sobre el valor de la deudora como empresa en funcionamiento, se pueda presumir que hubiese recibido algún pago

Ha sido aprobado por el deudor y (en su caso) por los socios.

Todos los créditos de una misma clase se han tratado de forma paritaria

El plan se ha comunicado a todos los acreedores afectados conforme a lo establecido en el TRLC

Tercero. Que es necesario la homologación judicial del presente plan puesto que conforme a lo previsto en el articulo 635 del TRLC, se pretende la resolución de los siguientes contratos en interés de la reestructuración (Especificar los contratos).

Cuarto. De conformidad con lo previsto en el articulo 643.1 del TRLC, el plan aprobado se encuentra a disposición de los acreedores legitimados, en la siguiente dirección ...... y mediante acceso telemático al siguiente enlace ....

Quinto. De conformidad con lo previsto en el articulo 643.2 del TRLC, el Consejo de administración de la Sociedad aprobó el acuerdo de solicitar la homologación judicial del plan en su reunión de fecha .... Se adjunta como documento nº 4, certificación de dicho acuerdo.

Sexto. De conformidad con lo previsto en el articulo 643.3 del TRLC se acompañan a la presente solicitud los siguientes documentos:

- Copia del instrumento publico autorizado por el Notario de ...., Don ...., con número de protocolo ... que incluye la certificación del auditor sobre la suficiencia de las mayorías. Se adjunta como documento nº 5.
- Informe del experto en reestructuraciones. Se adjunta como documento nº 6.
- Certificaciones emitidas por la Agencia Estatal de Administración Tributaria y la Tesorería General de la Seguridad social acreditando que esta al corriente de pago y del cumplimiento de todas sus obligaciones (Solo tendrá que presentarlo si el plan afecta al crédito público). Se adjuntan como documentos nº 7 y 8).

Séptimo. Competencia: El articulo 641 del TRLC establece que corresponderá la competencia para conocer de la homologación de un plan de reestructuración al tribunal de instancia que fuera competente para la declaración de concurso del deudor, o en su caso al tribunal que hubiese recibido la comunicación de existencia de negociaciones con los acreedores.

Octavo. Procedimiento: Se sustanciara por lo previsto en la sección 2º del capitulo 5 del titulo II del Libro II del TRLC.

Noveno: Con carácter previo y al amparo de lo dispuesto en el articulo 662 del TRLC, se tendrá que dar traslado del plan de reestructuración a todas las partes afectadas en el mismo, a fin de que se puedan oponer.

Por lo expuesto,

SUPLICO AL TRIBUNAL: Que tenga por presentado este escrito de solicitud de homologación judicial del plan de reestructuración del deudor .... junto con los documentos y copias acompañados, por hechas las manifestaciones que en el mismo se contienen y con carácter previo a su homologación se de traslado a todas las partes afectadas a fin de que puedan oponerse al mismo, y posteriormente, y previos los tramites procesales y legales proceda a homologar mediante auto el plan de reestructuración aprobado.

Es justicia que pido en ...., a ... de ....de ....

F174. SOLICITUD DEL DEUDOR DE HOMOLOGACIÓN DE UN PLAN DE REESTRUCTURACIÓN APROBADO POR UNA CLASE DE CRÉDITOS CON FASE DE CONTRADICCIÓN PREVIA. PROTECCIÓN A LA FINANCIACIÓN

AL TRIBUNAL DE INSTANCIA DE ..... SECCIÓN DE LO MERCANTIL (PLAZA NÚM. ......)

Don ...., Procurador de los Tribunales y de ....(EL DEUDOR) (, según se acredita mediante poder para pleitos que como DOCUMENTO Nº 1 se adjunta, dirigido por el abogado Don ...., ante el Tribunal comparezco y como mejor proceda en Derecho, DIGO:

Que en la representación que ostento, formulo escrito de SOLICITUD DE HOMOLOGACIÓN DE UN PLAN DE REESTRUCTURACIÓN APROBADO POR UNA CLASE DE CRÉDITOS CON FASE DE CONTRADICCIÓN PREVIA, que fundo en los siguientes:

ALEGACIONES

Primero. Que el deudor ...., se encuentra en una situación probable de insolvencia o insolvencia inminente (Elegir la que corresponda) y procedió a comunicar al Tribunal el inicio de negociaciones con los acreedores para alcanzar un plan de reestructuración para superar la situación el pasado ... de ...... de ......, Se adjunta copia de la comunicación efectuada como documento número 2.

Segundo. Que dentro del periodo de tres meses (o seis si se prorrogó), y cumpliendo todos los requisitos establecidos en la ley, se procedió a aprobar un plan de reestructuración.

El citado plan se elevo a publico por el Notario de ...., don .... el día ......de ....de ...... Con número de protocolo ......, y contenía todas las especificaciones recogidas en el articulo 633 del TRLC. Documento nº 3

El plan aprobado cumple todos los requisitos de contenido y forma exigidos en el titulo III del libro segundo.

El plano ha sido aprobado por la clase ..., que razonablemente y conforme al informe del experto en reestructuraciones sobre el valor de la deudora como empresa en funcionamiento, se pueda presumir que hubiese recibido algún pago

Ha sido aprobado por el deudor y (en su caso) por los socios.

Todos los créditos de una misma clase se han tratado de forma paritaria

El plan se ha comunicado a todos los acreedores afectados conforme a lo establecido en el TRLC

Tercero. Que es necesario la homologación judicial del presente plan puesto que conforme a lo previsto en el articulo 635 del TRLC, se pretende proteger la financiación interina y la nueva financiación prevista en el plan y darle la preferencia recogida en el libro I, y a la que nos remitimos, así como a los siguientes actos, operaciones o negocios realizados en el contexto del plan a fin de evitar acciones rescisorias sobre los mismos. (Enumerarlos)

Cuarto. De conformidad con lo previsto en el artículo 643.1 del TRLC, el plan aprobado se encuentra a disposición de los acreedores legitimados, en la siguiente dirección ...... y mediante acceso telemático al siguiente enlace ....

Quinto. De conformidad con lo previsto en el artículo 643.2 del TRLC, el Consejo de administración de la Sociedad aprobó el acuerdo de solicitar la homologación judicial del plan en su reunión de fecha .... Se adjunta como documento nº 4, certificación de dicho acuerdo.

Sexto. De conformidad con lo previsto en el articulo 643.3 del TRLC se acompañan a la presente solicitud los siguientes documentos:

- Copia del instrumento publico autorizado por el Notario de ...., Don ...., con número de protocolo ... que incluye la certificación del auditor sobre la suficiencia de las mayorías. Se adjunta como documento nº 5.
- Informe del experto en reestructuraciones. Se adjunta como documento nº 6.
- Certificaciones emitidas por la Agencia Estatal de Administración Tributaria y la Tesorería General de la Seguridad social acreditando que esta al corriente de pago y del cumplimiento de todas sus obligaciones (Solo tendrá que presentarlo si el plan afecta al crédito público). Se adjuntan como documentos nº 7 y 8).

Séptimo. Competencia: El articulo 641 del TRLC establece que corresponderá la competencia para conocer de la homologación de un plan de reestructuración al Tribunal de Instancia, Sección de lo Mercantil que fuera competente para la declaración de concurso del deudor, o en su caso al tribunal que hubiese recibido la comunicación de existencia de negociaciones con los acreedores.

Octavo. Procedimiento: Se sustanciara por lo previsto en la sección 2º del capitulo 5 del titulo II del Libro II del TRLC.

Noveno: Con carácter previo y al amparo de lo dispuesto en el articulo 662 del TRLC, se tendrá que dar traslado del plan de reestructuración a todas las partes afectadas en el mismo, a fin de que se puedan oponer.

Por lo expuesto,

SUPLICO AL TRIBUNAL: Que tenga por presentado este escrito de solicitud de homologación judicial del plan de reestructuración del deudor .... junto con los documentos y copias acompañados, por hechas las manifestaciones que en el mismo se contienen y con carácter previo a su homologación se de traslado a todas las partes afectadas a fin de que puedan oponerse al mismo, y posteriormente, y previos los tramites procesales y legales proceda a homologar mediante auto el plan de reestructuración aprobado.

Es justicia que pido en ...., a ... de ....de ....

F175. PROVIDENCIA ADMITIENDO A TRAMITE LA SOLICITUD DE HOMOLOGACIÓN

Providencia del Magistrado..............

En.............., a...... de.............. de........

Que en fecha...... de.............. de.............., por la procuradora de los Tribunales, Doña.............., y en nombre y representación de la sociedad.............. S.L., se ha presentado escrito solicitando la homologación de plan de reestructuración de fecha ..., firmado por el deudor, la citada sociedad ... S.L y los acreedores .... S.L e instrumentalizado ante el notario de ......, el día ... de ......de...... Ello de conformidad y a los efectos de lo previsto en los arts. 635 y ss. TRLC, y con el alcance peticionado en dicha solicitud, a la que se acompaña la documentación requerida por el art. 643.3 TRLC.

Que poseyendo este Tribunal a la vista de lo establecido en los art. 641 TRLC, competencia internacional y territorial para conocer de la referida pretensión homologatoria, pues ...., se tiene por personada a la sociedad.............. S.L., y en su nombre y representación a la procuradora de los Tribunales Doña.............., en virtud del poder adjuntado por dicha compañía a la solicitud origen de este procedimiento, procuradora con la que se entenderán y seguirán las sucesivas diligencias y comunicaciones, y se tiene por solicitada por el deudor.............. S.L., la citada homologación judicial del plan de reestructuración acompañado, la cual, cumpliendo los requisitos y presupuestos legalmente establecidos y por medio de la presente resolución, se admite a trámite, y se ordena la publicación de la presente resolución en el Registro Público Concursal, librándose el oportuno edicto con el contenido previsto en el art. 645 TRLC.

Decrétese la prohibición de iniciar ejecuciones judiciales o extrajudiciales sobre los bienes del deudor y la paralización de las ejecuciones ya iniciadas hasta que se resuelva sobre la homologación. Líbrénse al efecto los oportunos edictos a dirigir a las personas que están conociendo de las ejecuciones actualmente en marcha y que son ....

Contra la presente resolución cabe recurso de reposición a interponer en el plazo de cinco días a contar desde su notificación.

De conformidad con lo establecido en la Disposición Adicional 15ª LOPJ (según la redacción dada por la LO 1/09), la interposición de recurso contra resoluciones judiciales, no podrá ser admitida a trámite sin la acreditación del depósito previsto en la citada Ley a efectos de recurrir, debiendo presentarse copia o resguardo de tal depósito en las cuenta de consignaciones de este Tribunal.

Lo que acuerda, manda y firma su señoría Don.............., Magistrado titular de la plaza ...... de la sección de lo mercantil del Tribunal de Instancia de ......, en el lugar y fecha señalados "ut supra".

F176. EDICTO PARA DAR PUBLICIDAD A LA SOLICITUD DE HOMOLOGACIÓN

Edicto suscrito por Doña.............., Letrada de la Administración de Justicia. Tribunal de Instancia sección de lo mercantil de .....

A efectos de dar la oportuna publicidad en el Registro Público Concursal a la providencia de dicho Tribunal, de fecha........., admitiendo a trámite la solicitud de homologación judicial de plan de reestructuración que a continuación se reseña:

DEUDOR: .... S.L, con domicilio en.............., calle.............., y CIF..............

ÓRGANO JURISDICCIONAL COMPETENTE: Tribunal Instancia, sección de los mercantil (plaza núm. ......), de ....

FUNDAMENTO DE LA COMPETENCIA: Art. 641 TRLC en conexión con los arts. 44, 45 y 49 TRLC, y a la vista que el centro de sus intereses principales, que es coincidente con el lugar del domicilio social, se halla en ....

NÚMERO DE PROCEDIMIENTO JUDICIAL DE HOMOLOGACIÓN: procedimiento núm. autos......

FECHA DEL PLAN DE REESTRUCTURACIÓN: ......

Todo lo cual se comunica de conformidad con lo previsto en el art. 645 TRLC, haciendo constar que el referido plan de reestructuración se halla a disposición de los acreedores en el Tribunal de Instancia de Madrid, sección de lo mercantil, sito en ...., y que es el competente para conocer de la homologación, con posibilidad de acceder a su contenido por medios telemáticos mediante ....

ALTERNATIVA: Todo lo cual se comunica de conformidad con lo previsto en el art. 645 TRLC, haciendo constar que el referido plan de reestructuración se halla a disposición de los acreedores que acrediten su legitimación y, en su caso, el deudor, en el siguiente lugar ...., con posibilidad de acceder a su contenido por medios telemáticos mediante ....

En ......, hoy día ... de ...... de ....

F177. COMUNICACIÓN DE LA HOMOLOGACIÓN DEL PLAN DE REESTRUCTURACIÓN AL TRIBUNAL EN EL QUE SE SIGUE EJECUCIÓN SINGULAR

Ejecución Provisional nº ....

AL TRIBUNAL INSTANCIA DE .... SECCIÓN DE CIVIL (PLAZA NÚM. ......)

Dª. ...., Procuradora de los Tribunales, en nombre y representación de .... S.L., bajo la dirección letrada de D. ...., nº colegiado .... del Ilustre Colegio de Abogados de ...., ante este Tribunal y en el procedimiento de Ejecución Provisional nº .... comparezco y como mejor proceda en derecho, DIGO:

Que mediante el presente escrito venimos a COMUNICAR la HOMOLOGACIÓN DEL PLAN DE REESTRUCTURACIÓN de la mercantil ...., S.L., así como venimos a INFORMAR de la EXTENSIÓN DE LOS EFECTOS DEL PLAN DE REESTRUCTURACIÓN AL PRESENTE SUPUESTO de conformidad con lo dispuesto en los artículos 649 y concordantes del Texto Refundido de la Ley Concursal. Todo ello en base a las siguientes

MANIFESTACIONES

PRIMERO.– Como se ha puesto en conocimiento de este Tribunal en anteriores escritos, ..., S.L. inició el procedimiento regulado en el art. 585 del Texto Refundido de la Ley Concursal (TRLC en adelante) relativo a la apertura de negociaciones con los acreedores para obtener adhesiones a una propuesta anticipada de convenio o para alcanzar un acuerdo de refinanciación a través de un plan de reestructuración.

Dicho procedimiento se tramita ante el Tribunal de Instancia, Sección de lo Mercantil de ...... (plaza núm. ......) bajo los Autos del procedimiento de Comunicación artículo 585 de la Ley Concursal nº ...., deviniéndose en última instancia en los autos de Comunicación P. Reestructuración ....

En el citado procedimiento se solicitó la homologación judicial del Plan de Reestructuración a los efectos de su extensión a aquellos acreedores no participantes, así como para obtener la protección del Plan de Restructuración en cuanto a los actos u operaciones razonables y necesarias para el éxito de la negociación con los acreedores, para la protección de las novaciones existentes, así como para la protección de los actos, operaciones o negocios que sean razonables e inmediatamente necesarios para la ejecución del Plan de Restructuración y sus novaciones.

En virtud de dicha solicitud, el Tribunal de Instancia, sección de lo mercantil, de .... (Plaza núm. ......)dictó en el citado procedimiento el Auto nº .... de fecha ... de ... de .... Se adjunta como Documento nº 1 el citado Auto.

En la Parte Dispositiva de dicho Auto se acordó:

"1.– SE HOMOLOGA el Plan de reestructuración presentado por .... S.L. a los efectos de lo dispuesto en los artículos 647, 649 y concordantes del TRLC.

2. SE ACUERDA la IRRESCINDIBILIDAD DEL PLAN DE REESTRUCTURACIÓN en los términos previstos en el artículo 667 TRLC declarando la irrescindibilidad del propio Plan, así como de los actos, negocios jurídicos, pagos o garantías que se hubieran realizado, prestado o constituido al amparo del mismo, particularmente, la Garantía Personal y las Garantías Reales —hipotecas inmobiliarias y mobiliarias— y promesas y las garantías que se constituyan en cumplimiento de estas, así como la aplicación a los nuevos ingresos de tesorería.

3. SE ACUERDA LA EXTENSIÓN DE LOS EFECTOS DEL PLAN DE REESTRUCTURACIÓN A LA TOTALIDAD DE LOS ACREEDORES que no han votado a favor y/o no se han adherido al plan de reestructuración.

4. Como consecuencia de la extensión forzosa anterior, los acreedores disidentes de la Clase Única de acreedores resultarán vinculados por los Documentos de la Reestructuración que, en ejecución del Plan, se suscriban, debiendo ser considerados parte de los mismos a todos los efectos.

5. Dese a esta resolución la publicidad pertinente."

Por tanto, dicho Auto vincula a la totalidad de los acreedores establecidos en el Plan de Reestructuración, tanto aquellos que lo han suscrito como los que no han participado en el mismo o no han votado a su favor.

SEGUNDO.– Del Plan de Reestructuración.

El Plan de Reestructuración suscrito entre la mercantil ...., S.L. y sus acreedores tiene como fin reestructurar la deuda poseída por el Deudor mediante la concesión de mayores facilidades económicas para su devolución; materializándose mediante la novación de los términos económicos de la deuda a través de una quita de esta y una espera en el *tempus* temporal del pago.

Se adjunta como Documento nº 2 el Plan de reestructuración aprobado.

El Plan de Reestructuración forma parte de un acuerdo de Reestructuración global de la deuda que posee el Deudor con sus acreedores, los cuales han aceptado aprobar el Plan de Reestructuración respetando la prioridad de rango. El mismo responde a un plan de viabilidad que mejora la viabilidad económica de ...., S.L. contemplando la estabilidad durante el período proyectado y la obtención de mayores ingresos, disminuyendo así el riesgo de concurso de acreedores del Deudor. Al mismo tiempo, permite que los saldos comerciales evolucionen de acuerdo a los niveles de actividad previstos, así como a unos períodos medios de cobro y pago que permitan equilibrar la caja necesaria del Deudor para atender las obligaciones previstas.

El plan de reestructuración contenía todas las especificaciones recogidas en el artículo 633 TRLC; concretamente todos los requisitos de contenidos y forma exigidos en el Título III del libro segundo del Texto Refundido de la Ley Concursal.

La formación de las clases se realizó de conformidad con el artículo 623 y ss. del TRLC, atendiendo a la existencia de un interés común de los integrantes de cada clase al tratarse de créditos de igual rango, que el que determinaría el orden de pago en el concurso de acreedores.

De este modo, las Partes aceptaron, de conformidad con el Informe del Experto en la Reestructuración, que los Acreedores Afectados titulares de Créditos Afectados correspondientes al deudor ...., S.L. se agruparán en una Única Clase, conformada por la totalidad de los créditos comerciales que posee ...., S.L., al tratarse de créditos que tienen la condición de crédito ordinario de conformidad con el artículo 269.3 TRLC. Se incluyen en esta clase los siguientes acreedores:

Nº	ACREEDOR	DEUDA	%	VOTO A FAVOR
1		55.284,02	39,82%	SÍ
2		28.420,20	20,47%	SÍ
3		13.463,72	9,70%	SÍ
4		15.763,95	11,35%	NO HA VOTO
5		24.328,23	17,52%	NO HA VOTO
6		1.567,50	1,20%	NO HA VOTO
TOTAL		138.827,62	100%	

La suma de los votos a favor del plan de reestructuración asciende al 69.99%. Por tanto, el Plan de Reestructuración ha sido aprobado por más de los dos tercios del importe del pasivo correspondiente a cada clase, todo ello de conformidad con el artículo 629 del TRLC.

Por tanto, habiendo sido aprobado el Plan de Reestructuración y sus condiciones económicas y operativas, los acreedores conceden la reestructuración de la deuda estructurada en una quita del 50% de su crédito y en la concesión de un plazo de dos (2) años para la satisfacción del crédito minorado.

Para ello, una vez efectuada la reducción de los créditos, se han establecido dos (2) tramos de pago. Tanto el Tramo 1 como el Tramo 2 de la Reestructuración engloba la totalidad de los Acreedores Participantes como a la totalidad de los Acreedores No Participantes.

Tramo 1

El Tramo 1 incluye el pago del 50% de la deuda reestructurada, de conformidad con el cuadro expuesto a continuación.

Nº	ACREEDOR	DEUDA	DEUDA REESTRUCTURADA	PRIMER PAGO
1		55.284,02	27.642,01	13.821,01
2		28.420,20	14.210,10	7.105,05

Nº	ACREEDOR	DEUDA	DEUDA REESTRUCTURADA	PRIMER PAGO
3		13.463,72	6.731,86	3.365,93
4		15.763,95	7.881,97	3.940,98
5		24.328,23	12.164,11	6.082,06
6		1.567,50	783,75	391,87
	TOTAL	138.827,62	69.413,80	34.706,90

Esta deuda será pagada a la finalización del primer año tras la suscripción del Plan de Reestructuración. Por tanto, el primer pago de la deuda se efectuará una vez transcurridos doce (12) meses desde la suscripción del presente documento y su elevación a escritura pública. A efectos aclaratorios, el pago de la deuda del Tramo 1 a los Acreedores Afectados tendrá lugar a lo largo y durante el propio mes doce (12) tras la suscripción del presente documento y su elevación a escritura pública.

Tramo 2

El Tramo 2 incluye el pago del restante 50% de la deuda reestructurada, de conformidad con el cuadro expuesto a continuación.

Nº	ACREEDOR	DEUDA	DEUDA REESTRUCTURADA	SEGUNDO PAGO
1		55.284,02	27.642,01	13.821,01
2		28.420,20	14.210,10	7.105,05
3		13.463,72	6.731,86	3.365,93
4		15.763,95	7.881,97	3.940,98
5		24.328,23	12.164,11	6.082,06
6		1.567,50	783,75	391,87
	TOTAL	138.827,62	69.413,80	34.706,90

Esta deuda será pagada a la finalización del segundo año tras la suscripción del presente plan de reestructuración. Por tanto, el segundo pago de la deuda se efectuará una vez transcurridos doce (12) meses desde la finalización del Tramo 1. A efectos aclaratorios, el pago de la deuda del Tramo 2 a los Acreedores Afectados tendrá lugar a lo largo y durante el propio mes doce (12) desde la finalización del Tramo 1.

Estas condiciones y demás aplicables a la deuda reestructurada quedan determinados en el Documento nº 2 adjunto relativo al Plan de Reestructuración.

TERCERO.– De los efectos de la homologación del Plan de Reestructuración.

La homologación judicial de los planes de reestructuración aparece regulada en el TRLC, tras la reforma producida por ley 16/2022, en el Libro II denominado Derecho Preconcursal, Título III denominado Planes de reestructuración, capítulo V, artículos 635 a 664 TRLC y concordantes.

Una vez homologado y ratificado el Plan de Reestructuración, el mismo deviene vinculante para todos los acreedores afectados incluidos aquellos que votaron en contra o que no participaron en la votación. Esto significa que todos los acreedores deben respetar los términos y condiciones establecidos en el plan.

La extensión forzosa de los efectos del Plan de Reestructuración a todos los acreedores supone que aquellos acreedores disidentes de la Clase Única de acreedores resultarán vinculados por los Documentos de la Reestructuración que, en ejecución del Plan, se suscriban, debiendo ser considerados parte de los mismos a todos los efectos.

Junto a lo anterior, tal y como se establece en el Auto nº .... de fecha .... citado, en cuanto a los efectos de la homologación, se hacer constar los siguientes particulares:

1. Se determina el sobreseimiento de los procedimientos de ejecución.
2. Según dispone el art. 649 TRLC, los efectos del Plan de Reestructuración se extienden inmediatamente a todos los créditos afectados, al propio deudor y, si fuera necesario, a sus socios, aunque el auto no sea firme.
3. Conforme al art. 667 TRLC, se establece la protección frente a acciones rescisorias en las condiciones previstas en el citado artículo.

CUARTO.– De la aplicación de los efectos del Plan de Reestructuración al presente supuesto.

Una vez delimitado el Plan de Reestructuración, sus efectos y los efectos de su homologación, observamos que la deuda reclamada en el presente procedimiento de Ejecución Provisional nº .... por parte de D. .... y Dª. .... se encuentra afecta al Plan de Reestructuración aprobado y homologado judicialmente. Este hecho produce la novación de la deuda en los términos expuestos anteriormente, tanto en su cuantía como en su plazo de pago.

De conformidad con las estipulaciones del art. 649 TRLC, la aprobación y homologación del Plan de Reestructuración determina que los efectos del plan de reestructuración se extienden inmediatamente a todos los créditos afectados, hubiesen votado a favor o no. Por su parte, el art. 647.2 TRLC establece el sobreseimiento de los procedimientos de ejecución.

Por tanto, estando vinculadas las cantidades reclamadas en el presente procedimiento al Plan de Reestructuración, y amparándose en los art. 647 y 649 TRLC, debe determinarse el sobreseimiento del presente procedimiento al haberse producido una carencia sobrevenida del objeto del procedimiento pues las cantidades reclamadas en el presente procedimiento ya no son debidas en los términos reclamados de contrario, así como no son debidas al no haber transcurrido el plazo estipulado en los Tramos 1 y 2 del Plan de Reestructuración para su reclamación judicial. Es decir, que no se ha producido el vencimiento de la deuda para su reclamación.

De conformidad con el Plan de Reestructuración homologado, la Reestructuración vencerá según los tramos en las siguientes fechas de vencimiento final:

(i) Con respecto al Tramo 1 de la Reestructuración, los Acreedores y el Deudor establecen que este Tramo finalizará transcurrido 12 meses desde la suscripción del presente documento y su elevación a escritura pública, siendo el vencimiento final en fecha ....

(ii) En cuanto al Tramo 2 de la Reestructuración, los Acreedores y el Deudor establecen que este Tramo finalizará transcurrido 12 meses desde la finalización del Tramo 1, siendo el vencimiento final en fecha ....

Así mismo, las cantidades debidas y su pago queda delimitado de la siguiente forma:

ACREEDOR	DEUDA REESTRUCTURADA	PRIMER PAGO	SEGUNDO PAGO
....	7.881,97	3.940,98	3.940,98

En virtud de ello, la deuda reclamada en el presente procedimiento ha devenido invencida y, por ende, irreclamable; debiéndose decretar el sobreseimiento del procedimiento.

Junto a lo anterior, es procedente la devolución de las cuantías económicas trabadas en el presente procedimiento, al resultar bienes necesarios para la continuidad de la actividad profesional.

Reiteramos que el presente procedimiento ha sufrido una carencia sobrevenida en su objeto, pues las cuantías debidas en el presente procedimiento han sido novadas y no pueden ser reclamadas al no resultar las mismas vencidas. Por tanto, no pueden aplicarse las cuantías trabadas y consignadas judicialmente al pago de la deuda reclamada por D. .... y Dª. .... al devenir indebido su crédito. En caso contrario, se estaría vulnerando la normativa del Texto Refundido de la Ley Concursal así como el Auto dictado por el Tribunal de Instancia.

QUINTO.– Conclusión.

Expuesto cuanto antecede, y en base Auto nº .... de fecha ... de .... de .... dictado por el Tribunal de Instancia, sección de lo mercantil, (plaza núm. ......) de ...., proveniente del procedimiento Comunicación P. Reestructuración nº ...., venimos a comunicar la homologación judicial del Plan de Reestructuración de ...., S.L. así como la extensión y aplicación de sus efectos a la deuda reclamada en el presente procedimiento.

Por tanto, tras devenir novada la deuda reclamada en el procedimiento Ejecución Provisional nº .... por parte de D. .... y Dº. ...., comunicamos la carencia sobrevenida del objeto del presente procedimiento al resultar la misma irreclamable al no haberse producido su vencimiento.

En virtud de ello, solicitamos a este Tribunal que proceda a dictar el SOBRESEIMIENTO y ARCHIVO DEFINITIVO de la presente ejecución dada la aprobación y homologación del Plan de Reestructuración de ...., S.L., todo ello amparándose en los art. 647 y 649 TRLC.

Del mismo modo, solicitamos la DEVOLUCIÓN de las cuantías económicas trabadas y las depositadas en el presente procedimiento, al resultar bienes necesarios para la continuidad de la actividad profesional y al no resultar aplicables las mismas al pago de la deuda reclamada en el presente procedimiento.

Por lo expuesto,

SUPLICO AL TRIBUNAL que, teniendo por presentado este escrito junto con sus documentos, se sirva a admitirlo y en su virtud, tenga por efectuadas las anteriores manifestaciones, para que tras los trámites legales oportunos, dicte resolución por la que proceda a:

4. Tener por comunicado el Auto de homologación judicial del Plan de Reestructuración de ...., S.L. dictado por el Tribunal de Instancia, sección de lo mercantil, de ....
5. Decretar el sobreseimiento y archivo definitivo de la presente ejecución instada de contrario.
6. La devolución de las cuantías económicas trabadas y consignadas en el presente Tribunal, al resultar bienes necesarios para la continuidad de la actividad profesional, y al no resultar aplicables las mismas al pago de la deuda reclamada en el presente procedimiento.

OTROSÍ PRIMERO DIGO, Que atendiendo a lo dispuesto en el artículo 231 de la Ley de Enjuiciamiento Civil, esta parte manifiesta expresamente su voluntad de cumplir todos los requisitos exigidos en la misma, ofreciendo la subsanación de cualquier defecto en que hubiera podido incurrir tan pronto como sea requerida para ello por el Tribunal al que tenemos el honor de dirigirnos.

En su virtud,

SUPLICO AL TRIBUNAL, Que tenga por hecha la anterior manifestación y que actúe de conformidad con la misma.

Es Justicia que respetuosamente pido en ...., a ....

Firma Letrado: Firma Procuradora:

III.2.2. Impugnación de la competencia para la homologación

F178. DECLINATORIA DE IMPUGNACIÓN DE LA COMPETENCIA DEL TRIBUNAL RESPECTO A LA HOMOLOGACIÓN DEL PLAN DE REESTRUCTURACIÓN REALIZADO POR EL DEUDOR POR CENTRO DE INTERESES PRINCIPALES

AL TRIBUNAL DE INSTANCIA DE ..... SECCIÓN DE
LO MERCANTIL (PLAZA NÚM. ......)

Don ...., Procurador de los Tribunales y de ....(EL DEUDOR), según se acredita mediante poder para pleitos que como DOCUMENTO Nº 1 se adjunta, dirigido por el abogado Don ...., ante el Tribunal comparezco y como mejor proceda en Derecho, DIGO:

Que en la representación que ostento, formulo escrito de IMPUGNACIÓN DE LA COMPETENCIA DEL TRIBUNAL RESPECTO A LA HOMOLOGACIÓN DEL PLAN DE REESTRUCTURACIÓN, que fundo en las siguientes:

ALEGACIONES

Primero. Que respecto del deudor y cumpliendo todos los requisitos establecidos en la ley, se procedió a aprobar un plan de reestructuración y se elevó a publico por el Notario de ...., don .... el día ......de ....de ...... Con número de protocolo ......, y contenía todas las especificaciones recogidas en el articulo 633 del TRLC

Segundo. El articulo 641 del TRLC establece que corresponderá la competencia para conocer de la homologación de un plan de reestructuración al tribunal de instancia que fuera competente para la declaración de concurso del deudor, o en su caso al tribunal que hubiese recibido la comunicación de existencia de negociaciones con los acreedores.

Tercero. Que los acreedores .... han solicitado la homologación del plan de reestructuración, y no la parte que presenta la presente declinatoria.

Cuarto: Que la citada homologación se ha solicitado ante los Tribunal de Instancia de ..... de ......, cuando está parte entiende que conforme a lo expuesto en el artículo 641 correspondería a los tribunal de instancia de .... puesto que y conforme al artículo 45 de la Ley Concursal, el centro de los intereses principales del deudor se encuentra en .... y no en .... porque además de ser el centro de sus intereses, también coincide con su domicilio social que esta sito en .... Todo ello lo acreditamos con nota simple del Registro Mercantil de ...... como documento n 2 y con los siguientes documentos ....

Quinto: La declinatoria se tramitará y decidirá de conformidad con lo previsto en la legislación procesal civil, es decir conforme a lo previsto en la ley de Enjuiciamiento Civil en los artículos 63 y siguientes,

Se interpone ante el mismo Tribunal que esta conociendo de la homologación y al que se considera carente de jurisdicción o de competencia dentro del plazo de diez días desde la publicación de la providencia en el Registro Publico Concursal, que fue realizada el pasado ...... de .... de ....

Esta parte entiende que el Tribunal de Instancia será el de ....

Por lo expuesto,

SUPLICO AL TRIBUNAL: Que tenga por presentado este escrito de IMPUGNACIÓN DE LA COMPETENCIA DEL TRIBUNAL RESPECTO A LA HOMOLOGACIÓN DEL PLAN DE REESTRUCTURACIÓN del deudor .... junto con los documentos y copias acompañados, por hechas las manifestaciones que en el mismo se contienen y previos los tramites procesales y legales proceda a declarar el Tribunal de Instancia de ......, como el competente para homologar el plan de reestructuración de ...., acordando cuanto demás proceda en derecho.

Es justicia que pido en ...., a ... de ....de ....

F179. DECLINATORIA DE IMPUGNACIÓN DE LA COMPETENCIA DEL TRIBUNAL RESPECTO A LA HOMOLOGACIÓN DEL PLAN DE REESTRUCTURACIÓN REALIZADO POR UN ACREEDOR POR CENTRO DE INTERESES PRINCIPALES

AL TRIBUNAL DE INSTANCIA DE ..... SECCIÓN DE LO MERCANTIL (PLAZA NÚM. ......)

Don ...., Procurador de los Tribunales y de ...., según se acredita mediante poder para pleitos que como DOCUMENTO Nº 1 se adjunta, dirigido por el abogado Don ...., ante el Tribunal comparezco y como mejor proceda en Derecho, DIGO:

Que en la representación que ostento, formulo escrito de IMPUGNACIÓN DE LA COMPETENCIA DEL TRIBUNAL RESPECTO A LA HOMOLOGACIÓN DEL PLAN DE REESTRUCTURACIÓN, que fundo en las siguientes:

ALEGACIONES

Primero. Que respecto del deudor y cumpliendo todos los requisitos establecidos en la ley, se procedió a aprobar un plan de reestructuración y se elevó a publico por el Notario de ...., don .... el día ......de ....de ...... Con número de protocolo ......, y contenía todas las especificaciones recogidas en el articulo 633 del TRLC

Segundo. El articulo 641 del TRLC establece que corresponderá la competencia para conocer de la homologación de un plan de reestructuración al tribunal de Instancia que fuera competente para la declaración de concurso del deudor, o en su caso al tribunal que hubiese recibido la comunicación de existencia de negociaciones con los acreedores.

Tercero: Que la citada homologación se ha solicitado ante el Tribunal de Instancia, sección de lo mercantil, de ...., cuando está parte entiende que conforme a lo expuesto en el artículo 641 correspondería al Tribunal de Instancia de ......, puesto que y conforme al artículo 45 de la Ley Concursal, el centro de los intereses principales del deudor se encuentra en .... y no en .... porque además de ser el centro de sus intereses, también coincide con su domicilio social que esta sito en .... Todo ello lo acreditamos con nota simple del Registro Mercantil de ...... como documento nº 2 y con los siguientes documentos ....

Cuarto: La declinatoria se tramitará y decidirá de conformidad con lo previsto en la legislación procesal civil, es decir conforme a lo previsto en la ley de Enjuiciamiento Civil en los artículos 63 y siguientes,

Se interpone ante el mismo Tribunal que esté conociendo de la homologación y al que se considera carente de jurisdicción o de competencia dentro del plazo de diez días desde la publicación de la providencia en el Registro Publico Concursal, que fue realizada el pasado ...... de .... de ....

Esta parte entiende que el Tribunal de Instancia competente lo es el de ....

Por lo expuesto,

SUPLICO AL TRIBUNAL: Que tenga por presentado este escrito de IMPUGNACIÓN DE LA COMPETENCIA DEL TRIBUNAL RESPECTO A LA HOMOLOGACIÓN DEL PLAN DE REESTRUCTURACIÓN del deudor .... junto con los documentos y copias acompañados, por hechas las manifestaciones que en el mismo se contienen y previos los tramites procesales y legales proceda a declarar el Tribunal de Instancia de ...., como el competente para homologar el plan de reestructuración de ...., acoedando cuanto proceda en derecho al respecto.

Es justicia que pido en ...., a ... de ....de ....

F180. DECLINATORIA DE IMPUGNACIÓN DE LA COMPETENCIA DEL TRIBUNAL RESPECTO A LA HOMOLOGACIÓN DEL PLAN DE REESTRUCTURACIÓN REALIZADO POR EL ACREEDOR POR CAMBIO DE DOMICILIO SEIS MESES ANTES

AL TRIBUNAL DE INSTANCIA DE ..... SECCIÓN DE
LO MERCANTIL (PLAZA NÚM. ......)

Don ...., Procurador de los Tribunales y de ....(EL ACREEDOR), según se acredita mediante poder para pleitos que como DOCUMENTO Nº 1 se adjunta, dirigido por el abogado Don ...., ante el Tribunal comparezco y como mejor proceda en Derecho, DIGO:

Que en la representación que ostento, formulo escrito de IMPUGNACIÓN DE LA COMPETENCIA DEL TRIBUNAL RESPECTO A LA HOMOLOGACIÓN DEL PLAN DE REESTRUCTURACIÓN, que fundo en las siguientes:

ALEGACIONES

Primero. Que respecto del deudor y cumpliendo todos los requisitos establecidos en la ley, se procedió a aprobar un plan de reestructuración y se elevó a publico por el Notario de ...., don .... el día ......de ....de ...... Con número de protocolo ......, y contenía todas las especificaciones recogidas en el articulo 633 del TRLC

Segundo. El articulo 641 del TRLC establece que corresponderá la competencia para conocer de la homologación de un plan de reestructuración al tribunal de instancia que fuera competente para la declaración de concurso del deudor, o en su caso al tribunal que hubiese recibido la comunicación de existencia de negociaciones con los acreedores.

Tercero: Porque se ha inscrito el cambio del domicilio social del deudor, la Sociedad ...., el día ...... de .... de .... en el Registro Mercantil de .... es decir dentro de los seis meses anteriores a la solicitud de concurso, y por tanto no es el Tribunal competente el de su domicilio actual, sino el de ...., correspondiente al de su domicilio social anterior conforme a los dispuesto en el articulo 45.2 del TRLC. Se acredita mediante nota simple de la inscripción del cambio de domicilio que se acompaña como documento nº 2

Cuarto: La declinatoria se tramitará y decidirá de conformidad con lo previsto en la legislación procesal civil, es decir conforme a lo previsto en la ley de Enjuiciamiento Civil en los artículos 63 y siguientes,

Se interpone ante el mismo Tribunal que esta conociendo de la homologación y al que se considera carente de jurisdicción o de competencia dentro del plazo de diez días desde la publicación de la providencia en el Registro Publico Concursal, que fue realizada el pasado ...... de .... de ....

Esta parte entiende que resulta competente el Tribunal de Instancia de ....

Por lo expuesto,

SUPLICO AL TRIBUNAL: Que tenga por presentado este escrito de IMPUGNACIÓN DE LA COMPETENCIA DEL TRIBUNAL RESPECTO A LA HOMOLOGACIÓN DEL PLAN DE REESTRUCTURACIÓN del deudor .... junto con los documentos y copias acompañados, por hechas las manifestaciones que en el mismo se contienen y previos los tramites procesales y legales proceda a declarar al Tribunal de Instancia de ......, como el competente para homologar el plan de reestructuración de ...., acordando cuanto proceda en derecho al respecto.

Es justicia que pido en ...., a ... de ....de ....

F181. DECLINATORIA DE IMPUGNACIÓN DE LA COMPETENCIA DEL TRIBUNAL RESPECTO A LA HOMOLOGACIÓN DEL PLAN DE REESTRUCTURACIÓN REALIZADO POR EL DEUDOR POR CAMBIO DE DOMICILIO SEIS MESES ANTES

AL TRIBUNAL DE INSTANCIA DE ..... SECCIÓN DE
LO MERCANTIL (PLAZA NÚM. ......)

Don ...., Procurador de los Tribunales y de ....(EL DEUDOR), según se acredita mediante poder para pleitos que como DOCUMENTO N° 1 se adjunta, dirigido por el abogado Don ...., ante el Tribunal comparezco y como mejor proceda en Derecho, DIGO:

Que en la representación que ostento, formulo escrito de IMPUGNACIÓN DE LA COMPETENCIA DEL TRIBUNAL RESPECTO A LA HOMOLOGACIÓN DEL PLAN DE REESTRUCTURACIÓN, que fundo en las siguientes:

ALEGACIONES

Primero. Que respecto del deudor y cumpliendo todos los requisitos establecidos en la ley, se procedió a aprobar un plan de reestructuración y se elevó a publico por el Notario de ...., don .... el día ......de ....de ...... Con número de protocolo ......, y contenía todas las especificaciones recogidas en el articulo 633 del TRLC

Segundo. El articulo 641 del TRLC establece que corresponderá la competencia para conocer de la homologación de un plan de reestructuración al tribunal de Instancia que fuera competente para la declaración de concurso del deudor, o en su caso al tribunal que hubiese recibido la comunicación de existencia de negociaciones con los acreedores.

Tercero. Que los acreedores .... han solicitado la homologación del plan de reestructuración, y no la parte que presenta la presente declinatoria.

Cuarto: Porque se ha inscrito el cambio del domicilio social del deudor, la Sociedad ...., el día ...... de .... de .... en el Registro Mercantil de .... es decir dentro de los seis meses anteriores a la solicitud de concurso, y por tanto no es el Tribunal competente el de su domicilio actual, sino el de ...., correspondiente al de su domicilio social anterior conforme a los dispuesto en el articulo 45.2 del TRLC. Se acredita mediante nota simple de la inscripción del cambio de domicilio que se acompaña como documento n° 2

Quinto La declinatoria se tramitará y decidirá de conformidad con lo previsto en la legislación procesal civil, es decir conforme a lo previsto en la ley de Enjuiciamiento Civil en los artículos 63 y siguientes,

Se interpone ante el mismo Tribunal que esté conociendo de la homologación y al que se considera carente de jurisdicción o de competencia dentro del plazo de diez días desde la publicación de la providencia en el Registro Publico Concursal, que fue realizada el pasado ...... de .... de ....

Esta parte entiende que el Tribunal competente será el de ....

Por lo expuesto,

SUPLICO AL TRIBUNAL: Que tenga por presentado este escrito de IMPUGNACIÓN DE LA COMPETENCIA DEL TRIBUNAL RESPECTO A LA HOMOLOGACIÓN DEL PLAN DE REESTRUCTURACIÓN del deudor .... junto con los documentos y copias acompañados, por hechas las manifestaciones que en el mismo se contienen y previos los tramites procesales y legales proceda a declarar como Tribunal competente para homologar el plan de reestructuración al de ....

Es justicia que pido en ...., a ... de ....de ....

F182. OPOSICIÓN A DECLINATORIA POR FALTA DE COMPETENCIA

Comunicación apertura de negociaciones (...)

Oposición declinatoria

AL TRIBUNAL DE INSTANCIA .... SECCIÓN DE LO MERCANTIL (PLAZA NÚM. ......)

Don/Dña (...), Procuradora de los Tribunales, actuando en nombre y representación, ya acreditada, de (...), con la asistencia letrada de (...) (colegiado nº (...)ICAM), ante el Tribunal comparezco, y como mejor procedan en Derecho, DIGO:

I.– Que el pasado (...) me ha sido notificada Diligencia de Ordenación de (...), en virtud de la cual se acuerda dar traslado a las partes personadas de la declinatoria de competencia planteada por el acreedor (...) (en adelante, (...)), con el fin de formular alegaciones en el plazo de cinco días.

II.– Que, por medio del presente escrito, al amparo de lo dispuesto en los arts. 65.1 LEC y 646.2 y concordantes TRLC y dentro del plazo concedido al efecto, presentamos OPOSICIÓN A LA DECLINATORIA POR FALTA DE COMPETENCIA, presentada de contrario al amparo de los arts. 641 y 646 del Real Decreto Legislativo 1/2020, de 5 de mayo, por el que se aprueba el Texto Refundido de la Ley Concursal (en adelante, TRLC) y de los arts. 49 y 63 de la Ley 1/2000, de 7 de enero, de Enjuiciamiento Civil (en adelante, LEC), con base en las siguientes

ALEGACIONES

PRIMERA.– CRONOLOGÍA DE LOS HECHOS RELEVANTES PARA EL CASO

Conviene comenzar este escrito de oposición a la declinatoria presentada de contrario por la fijación cronológica de los hechos relevantes para el caso, ya que —a nuestro juicio— resultan determinantes de la obligada desestimación de la misma.

En efecto, dentro del proceso de negociación de un Plan de Reestructuración para la deudora, (...), y algunas de sus sociedades filiales, el primer hito de carácter procesal fue la solicitud de nombramiento de Experto presentada por esta parte mediante escrito de fecha (...), como se acredita con el Documento nº 1 adjunto a este escrito.

Dicha solicitud recayó en el Tribunal de Instancia, sección de lo mercantil, de .... (Plaza núm. ......) el cual —tras examinar de oficio su competencia conforme a los arts. 585, 589 y 592 TRLC y el art. 45 LEC en su Fundamento Jurídico Segundo— dictó Auto de nombramiento del Experto en la Reestructuración propuesto por esta parte en fecha (...), dictándose en esa misma fecha el Edicto para su publicación en el Registro Público Concursal, la cual se produjo el (...), como se acredita con los documentos nº 3 y 4 aportados con el escrito de declinatoria presentado de contrario.

La comunicación de inicio de negociaciones con sus acreedores al Tribunal por parte de (...) tuvo lugar, como se reconoce de contrario, el (...) y fue acordada por Decreto de fecha (...) por el Letrado de la Administración de Justicia del referido Tribunal de Instancia .....

Por tanto, es un hecho indiscutible que tanto la comunicación de inicio de negociaciones como el Decreto del Tribunal de Instancia de .... acordando sus efectos, son ambos de fecha posterior, no sólo a la solicitud de nombramiento de Experto presentada por esta parte sino también al propio Auto de este Tribunal que procedió al citado nombramiento.

Y, como expondremos a continuación, esta circunstancia es determinante de la competencia de este Tribunal para conocer de la solicitud de homologación del Plan de Reestructuración presentada por mi mandante, como se deriva de la interpretación finalista del art. 641 TRLC, como así lo han venido estableciendo las resoluciones judiciales que han abordado este asunto, así como la doctrina científica, establezcan nada distinto de los que son, por otra parte, los tres argumentos esgrimidos de contrario para sostener una interpretación interesada y parcial que sólo busca dilatar indebidamente en el tiempo los efectos que se derivarán de la homologación de este Plan y que, dado su contenido, puede perjudicar seriamente los intereses de esta parte al mantener en la gestión y administración de las sociedades deudoras afectadas a quienes ya conocen que dejarán de serlo tras dicha homologación judicial.

SEGUNDA.– EL ARTÍCULO 641 TRLC Y SU RECTA INTERPRETACIÓN TELEOLÓGICA Y SISTEMÁTICA

Se alega de contrario que la competencia para conocer de la solicitud de homologación debe corresponder al Tribunal de Instancia, Sección de lo Mercantil (plaza núm. ......) dado que (...) presentó comunicación de inicio de negociaciones el (...) y el art. 641 TRLC establece que

> *Si el deudor o deudores hubieran efectuado la comunicación de inicio de negociaciones con los acreedores, la competencia corresponderá al tribunal que hubiera tenido por efectuada esa comunicación.*

Pero la respuesta no es tan obvia. En efecto, resulta evidente que si un deudor ha solicitado comunicación de inicio de negociaciones, se turna a un Tribunal concreto y se dicta el correspondiente Decreto con sus efectos, toda posterior actuación procesal (solicitud de nombramiento de Experto, solicitud de confirmación previa de clases, solicitud de prórroga, solicitud de sustitución de Experto, impugnación de su nombramiento... y, finalmente, la solicitud de homologación del plan) deberá ya dirigirse a ese Tribunal que será el único competente para conocer de todas esas actuaciones que se pueden presentar durante un proceso de reestructuración.

Esto es justamente lo que establece la "Clase 1" de los Criterios de Reparto fijados por la Junta de Jueces de lo Mercantil de (...) a la que se hace también referencia de contrario en su escrito de declinatoria.

Pero lo que no se dice en ese escrito es que ni el art. 641 TRLC ni tampoco esa norma de reparto de los Jueces de lo Mercantil de (...) están contemplando el supuesto de que, sin previa comunicación de inicio de negociaciones, se presente solicitud de nombramiento de Experto o, por ejemplo, solicitud de confirmación de clases por los acreedores.

En efecto, nos encontramos ante una laguna legal en esta cuestión procesal, como tantas otras de las que adolece el Libro Segundo del TRLC, cuya falta de atención o esmero con las cuestiones procesales es ya un lugar común en las publicaciones sobre la materia, destacado tanto por académicos como por jueces y magistrados, derivado en parte de que no formó parte de la Comisión que preparó el Borrador de Anteproyecto de Ley ningún procesalista que podría haber advertido de dichas lagunas, incoherencias, descoordinaciones, etc.

Pero lo que sí tenemos es precisamente el citado art. 641 TRLC y su finalidad, que nos permite dar respuesta a un caso como el presente, desde una interpretación teleológica de la norma. En efecto, el art. 641 TRLC, por un lado, decide aplicar expresamente las mismas normas de competencia a las reestructuraciones preconcursales que a las previstas para la declaración del concurso de acreedores del deudor en proceso de reestructuración y, por otro lado, conforme a los principios de intervención judicial mínima, economía procesal y agilización de los procedimientos establece que, si ya se ha realizado la comunicación de inicio de negociaciones, sea ese mismo tribunal el que conozca de la posterior solicitud de homologación.

Pues bien, en aplicación de esos mismos principios que inspiran el art. 641 TRLC, nos parece obvio que si, con anterioridad a la comunicación de inicio de negociaciones, se ha solicitado ya el nombramiento de Experto y se ha turnado a un Tribunal, aun cuando no se hubiera dictado todavía auto de nombramiento —en nuestro caso, incluso, se había ya dictado dicho auto varios días antes de que se presentara de contrario dicha comunicación— o si, se hubiera solicitado la confirmación previa de clases y se estuviera ya tramitando en un tribunal concreto, resulta evidente que ese tribunal debe ser el competente para conocer posteriormente de la solicitud de homologación de un plan de reestructuración derivado de dicho proceso.

Es más, admitir la interpretación sostenida de contrario sería, a nuestro juicio, atentatoria incluso con el principio constitucional del tribunal predeterminado por la ley (cfr. arts. 24.2 y 117.6 de la Constitución Española y la jurisprudencia que los ha desarrollado), pues permitiría que el deudor, por su sola voluntad (presentando la citada comunicación) pudiera modificar el Tribunal legal o natural al que ha quedado sometido el procedimiento en cuestión.

Estas dos conclusiones (que el art. 641 TRLC no regula esta situación en concreto —laguna legal— y que la interpretación sistemática y teleológica debe ser la aquí defendida) son tan obvias que así lo ha puesto de manifiesto ya la doctrina al comentar precisamente dicho precepto[4], afirmando que

4 ORTÍZ GONZÁLEZ, M.A. "Comentario al art. 641", en AA.VV., *Comentarios al articulado del Libro Segundo del Texto Refundido de la Ley Concursal*, dir. por E. Sanjuán y J.I. Peinado, Las Rozas (Madrid), 2023, pág. 496.

"si no hubiera habido comunicación previa, pero se hubieran promovido otras actuaciones judiciales relacionadas con la negociación del plan de reestructuración (petición de nombramiento de experto, confirmación previa de clases), quizá la norma debería haber establecido que será el mismo tribunal que hubiera conocido de ellas el que resultará competente para la homologación (es previsible que las normas de reparto e los partidos judiciales de tribunal así lo dispongan, a través de la regla de reparto en base a antecedentes)".

Es decir, se concluye que el legislador no ha previsto este supuesto pero que la solución debe ser la misma que la establecida para el caso de que la primera actuación procesal haya sido dicha comunicación, hasta el punto de considerar más que previsible que dicha laguna se integre en esos términos por las reglas de reparto que se establezcan en los propios partidos judiciales.

Pero, como decíamos, de contrario se ha querido sostener que su interpretación —a nuestro juicio, sesgada y con evidente intencionalidad dilatoria del procedimiento— es la acogida por la jurisprudencia, la doctrina científica y por las normas de reparto de la Junta de Jueces de lo Mercantil de (...). Nada más lejos de la realidad. Como acreditaremos a continuación, es justamente lo contrario.

TERCERA.– LA INTERPRETACIÓN JURISPRUDENCIAL SOBRE LA CUESTIÓN PROCESAL DEBATIDA

Como precedente jurisprudencial se cita de contrario el Auto del Juzgado de lo Mercantil nº 5 de Madrid de 4 de mayo de 2023 (citado en el trabajo por J. García Marrero, al que aludiremos más adelante) que, parecería, es el único existente y —se nos dice de contrario— apoyaría su interpretación. Pues bien, ni una cosa ni la otra.

En efecto, lejos de ser el único precedente sobre la materia, existen ya otros —algunos de gran relevancia— que justamente apoyan la interpretación aquí defendida.

El primero sería el derivado del primer proceso de reestructuración que se inició justo el día que entró en vigor la Ley 16/2022: el conocido, mediático y, sobre todo, jurídicamente muy relevante, Caso Celsa.

Como es sabido, el mismo 26 de septiembre los acreedores de Celsa presentaron escrito solicitando designación de Experto en la Reestructuración con la intención de presentar posteriormente un Plan de Reestructuración apoyado por la mayoría del pasivo y contra la voluntad de la sociedad deudora y sus accionistas. Pues bien, en este caso, el Auto del Juzgado de lo Mercantil nº 3 de Barcelona de 13 de diciembre de 2022 declaró su incompetencia funcional para resolver sobre una demanda en la que se pedía que se declarara que no es posible aprobar un plan de reestructuración sin el consentimiento del deudor y que se condenase a los demandados a abstenerse de aprobarlo y solicitar su homologación porque previamente ya se había designado Experto en la reestructuración por el Juzgado de lo Mercantil nº 2 de Barcelona.

Es más, recurrido dicho auto en apelación, dicha falta de competencia funcional fue confirmada por el Auto de la Audiencia Provincial de Barcelona, Sección 15ª, de 26 de abril de 2023.

En este misma línea jurisprudencial se pueden citar otras resoluciones que directamente asumen su competencia para conocer de la homologación, por haber sido el tribunal que nombró previamente al Experto en la Reestructuración, sin necesidad de efectuar un nuevo control judicial de competencia —ya realizado al dictar aquel auto, al igual que efectuó este Tribunal en su Auto de pasado (...) de (...) de (...), aplicando los arts. 585 y ss. TRLC en relación con el art. 45 TRLC—, como acontece con el Auto del Juzgado de lo Mercantil nº 3 de Valencia de 18 de mayo de 2023 o también el Auto del Juzgado de lo Mercantil nº 11 de Barcelona de 12 de abril de 2023.

Y lo mismo puede decirse de la Sentencia del Juzgado de lo Mercantil nº 2 de Barcelona de 4 de septiembre de 2023 (Caso Celsa) que, en un proceso de contradicción previa, tampoco se planteó ya su propia competencia para conocer de la homologación del plan presentado por los acreedores, puesto que ya había procedido con anterioridad a nombrar al Experto en la Reestructuración.

Y, por último, debemos hacer referencia al Auto del Juzgado de lo Mercantil nº 5 de Madrid de 4 de mayo de 2024 que se cita de contrario como el precedente que apoyaría su interpretación.

Sin embargo, leído con atención dicho Auto no resulta posible afirmar con certeza que sostenga la interpretación defendida de contrario por varias razones. En primer lugar, porque es un Auto de nombramiento de Experto que resuelve sobre su propia competencia aplicando los arts. 45 y 46 TRLC —tal y como también hizo el Auto de este Tribunal de (...) de (...) de (...)— por lo que no había conflicto posible con otro tribunal al que se hubiera turnado una comunicación de inicio de negociaciones, como sucede en nuestro caso.

En segundo lugar, porque simplemente declara que dicho control de oficio de su propia competencia a la hora de nombrar al Experto se realiza

> *"sin perjuicio del control que se realice posteriormente en el caso de presentación de solicitud de comunicación de negociaciones, de presentación de solicitud de PR para su homologación o incluso de un hipotético concurso"*.

Es decir, lo único que dice es que en las sucesivas presentaciones de escritos judiciales resulta teóricamente posible volver a realizar un control de competencia y esta afirmación tampoco es contradictoria con nuestra interpretación.

En efecto, pensemos en un supuesto de reestructuración que afecta a varias sociedades deudoras de un mismo grupo —como el que resuelve ese Auto del Juzgado de lo Mercantil nº 5 de Madrid, donde 2 de ellas eran, además, extranjeras— y donde es perfectamente posible que, solicitado el nombramiento del Experto para una reestructuración para todas ellas, posteriormente se comunique el inicio de negociaciones o se presente un plan de homologación que no incluya a todas las que inicialmente se preveía en la solicitud de designación de Experto o en la comunicación de inicio de negociaciones. El cambio del perímetro de los deudores afectados puede hipotéticamente afectar a la competencia territorial del Tribunal de forma que fuera competente para nombrar el Experto o conocer de la comunicación de inicio de negociaciones y no serlo, en cambio, para la posterior homologación judicial (por ejemplo, porque la reestructuración no afecta a la sociedad matriz, cuyo domicilio social fue la razón por la que se consideró territorialmente competente el tribunal que designó al Experto, afectando el plan a las filiales domiciliadas todas en otras provincias o en el extranjero, como sucedía precisamente en el caso enjuiciado en el citado auto).

En conclusión, existen varias resoluciones judiciales que han considerado competente para conocer del resto de actuaciones procesales al Tribunal que nombró al Experto, sin previa comunicación de inicio de negociaciones e, incluso, una de la Audiencia Provincial donde se confirma el criterio del Tribunal de instancia sobre la falta de competencia de otro Tribunal precisamente por serlo el que había procedido ya al nombramiento del Experto en la Reestructuración, sin que exista ninguna que sostenga la interpretación defendida de contrario, ni siquiera la citada en ese sentido por el escrito de declinatoria presentado.

Por lo expuesto,

SUPLICO AL TRIBUNAL, que tenga por presentado este escrito, lo admita, por realizadas las manifestaciones que en él se contienen y, tras los trámites oportunos, desestime la Declinatoria por falta de competencia planteada por (...) con expresa imposición en costas del presente incidente a (...).

OTROSÍ DIGO que, a los a los efectos del artículo 231 de la LEC, manifiesto mi voluntad de cumplir los requisitos exigidos por la Ley, para que puedan ser subsanados los defectos en que puedan haber incurrido o incurran en el futuro los actos procesales de esta parte.

Por lo que SOLICITO AL TRIBUNAL que tenga por hecha la anterior manifestación, a los efectos legales oportunos.

(...), (...) de (...) de (...).

III.2.3. Oposición a la homologación con contradicción previa

F183. OPOSICIÓN A LA HOMOLOGACIÓN CON FASE DE CONTRADICCIÓN PREVIA

Comunicación previa concurso y homologación judicial (...)

Deudor: (...)

Oposición a la homologación

AL TRIBUNAL DE INSTANCIA DE ...... SECCIÓN DE
LO MERCANTIL (PLAZA NÚM. ......)

D./Dª. (...), D.Dª.(...), D./Dª (...), Procuradores de los Tribunales, en nombre y representación, ya acreditada, de (...), (...) Y (...) y (...), el primero, de (...), el segundo, de (...), el tercero, y de (...), el cuarto, con la asistencia letrada de D./Dª. (...) (col (...) del ......), ante el Tribunal comparezco y, como mejor proceda en Derecho, DIGO:

Que por medio del presente escrito interpongo, al amparo de lo dispuesto en los arts. 662 y siguientes del Real Decreto Legislativo 1/2020, de 5 de mayo, por el que se aprueba el Texto Refundido de la Ley Concursal (en adelante, TRLC), escrito de oposición a la solicitud de homologación con fase de contradicción previa del plan de reestructuración referente al deudor (...), y ello sobre la base de los motivos que serán seguidamente desarrollados.

MOTIVOS

Previo. Antecedentes. Legitimación. Informe pericial

En los presentes autos (...) (en adelante, (...)) ha solicitado la homologación del plan de reestructuración con fase de contradicción previa.

La Providencia de (...) de (...) de (...) de este Tribunal se limita a señalar que «se acuerda dar traslado por plazo de quince días al resto de partes a efectos de alegaciones».

Aunque esta resolución no expresa de manera manifiesta la admisión a trámite de la solicitud de homologación, expresando los motivos en los que se basa su competencia, como requiere el art. 646 en relación con los arts. 662 y ss. TRLC, entendemos que dicho análisis de oficio lo realiza de forma implícita puesto que no concurren circunstancias que pudieran implicar una falta de competencia de este Tribunal en el presente caso.

Posteriormente, con fecha (...) de (...) de (...) se ha publicado en el Registro Público Concursal dicha Providencia que, sin embargo, no indica el lugar donde el plan queda a disposición de los acreedores como prescribe el art. 663.1° TRLC. Se acompaña como documento 1 la publicación del edicto en el Registro.

En cualquier caso, mis mandantes se personaron y obtuvieron del Tribunal copia íntegra de los autos donde se incluía el plan con sus anexos, de forma que el plazo para formular alegaciones finaliza el (...) de (...) de (...), conforme a lo dispuesto en el art. 663.1° TRLC.

Mis mandantes están legitimados, en su condición de acreedores afectados por el plan de reestructuración, para oponerse a su homologación. Todos ellos se recogen en el apartado ...del plan referente a los «Acreedores afectados por el plan de reestructuración» y en los anexos .... y .... del plan donde se describen (doc. .... de la solicitud de homologación).

Ninguno de mis mandantes ha votado a favor del plan de reestructuración, de forma que, de conformidad con el art. 663.2° en relación con el art. 655.1 del TRLC, pueden formular oposición a la solicitud de homologación por los motivos previstos en el art. 654 del mismo texto legal.

Además, todas las entidades que formulan la presente oposición pertenecen a la clase «..................» que no ha aprobado el plan, por lo que también pueden oponerse a la solicitud de homologación por los motivos previstos en el art. 655.2 del TRLC.

Igualmente, al no haber votado a favor del plan, mis mandantes pueden oponer los motivos previstos en el art. 670 del TRLC.

Finalmente, esta parte, haciendo uso de las facultades previstas el art. 337 de la LEC, y dado que parte de los motivos de oposición presentan un indudable trasfondo económico-financiero, pretende valerse del dictamen pericial que ha encargado a (...), (...), dictamen que no se puede aportar en estos momentos al encontrarse en fase de elaboración, comprometiéndose esta parte a su aportación a los autos tan pronto como le sea posible y, en cualquier caso, con una antelación mínima de 5 días a la celebración de la vista.

Se adjunta como documento 2 comunicación del citado perito en la que pone de manifiesto la imposibilidad de finalizar el dictamen en el breve plazo existente para formular la oposición a la homologación.

Por todo lo expuesto, pasamos a desarrollar los distintos motivos por lo que consideramos que la presente solicitud de homologación con contradicción previa debe ser desestimada por el Tribunal al que tenemos el honor de dirigirnos.

Preliminar. Algunos principios y reglas generales del nuevo modelo legal de reestructuraciones preconcursales relevantes en relación con los motivos de impugnación alegados.

Consideramos conveniente exponer, de forma sucinta, algunos principios y reglas generales que se derivan del Libro Segundo del TRLC introducido por la Ley 16/2022 y que resultan esenciales para comprender adecuadamente la propia coherencia del modelo legal y, en particular, para entender la relevancia de la formación de clases y el principio de equidad sobre los que descansa el sistema de reestructuraciones preventivas y, por ello, lo justificado de los motivos de impugnación que expondremos a continuación: correcta formación de clases, principio de no discriminación y regla de la prioridad absoluta.

El modelo legal, como es sabido, descansa en el principio mayoritario, presumiendo que aquello que deciden los acreedores y el deudor de forma ampliamente mayoritaria es equitativo, lo que permite, a su vez, que el proceso se desarrolle bajo el principio de intervención mínima.

Pero, como nos recuerda la mejor doctrina (por todos, recientemente, THERY, A., "Comentario al art. 623", en AA.VV., *Comentario a la Ley Concursal*, dir, por J. Pulgar Ezquerra, coord. por A. Gutiérrez, J. Megías y E. Recamán, Las Rozas (Madrid), 3ª Ed., 2023, pág. 1022), para que funcione esa presunción el principio mayoritario debe descansar sobre dos requisitos: que la votación se produzca entre titulares de derechos iguales o similares y, además, que el trato sea idéntico para todos ellos. Si es así, no será necesario aplicar el test de equidad (regla de la prioridad absoluta y su corolario), sino sólo el test de interés superior de los acreedores, que siempre será un derecho individual de cada acreedor.

Esto significa que todo el modelo descansa, en primer lugar, sobre la correcta formación de las clases de acreedores, puesto que *"la correcta formación de clases permite concluir que el plan resulta equitativo cuando todas y cada una de las clases lo han aprobado mayoritariamente sin necesidad de aplicar entonces el test de equidad: la principal garantía de equidad viene constituida por la legitimidad democrática que ofrece el refrendo mayoritario de cada clase al tratamiento propuesto, sobre la base de un tratamiento homogéneo de cada clase"* (THERY, A., *op.cit.*, pág. 1022, la negrita es nuestra).

Si se forman de forma inadecuada o incorrecta las clases —sea por mera negligencia o, como la experiencia demuestra, de forma deliberada para poder homologar el plan por la vía de la creación artificial de una mayoría de clases favorable al mismo que permita arrastrar al resto— toda la estructura del modelo deja de operar de forma adecuada porque ni podremos presumir que el plan es equitativo porque lo aprueben todas las clases ni tampoco podremos estar seguros de que se han podido oponer las clases de acreedores que no lo consideran equitativo, justamente porque no se han conformado de forma correcta.

Igualmente, sólo una correcta formación de las clases nos asegurará que el principio mayoritario no resulta suficiente para garantizar la equidad del plan precisamente porque una o más clases se oponen al mismo por no considerarlo equitativo, lo que obligará a aplicar el test de equidad (regla de la prioridad absoluta, su corolario y el principio de no discriminación entre clases de igual rango concursal) para confirmar en su caso que, en efecto, sí resulta equitativo y, por ello, resulta legítimo arrastrar a la clase o clases disidentes.

Subraya esta importancia y relevancia de la correcta formación de las clases, el propio Preámbulo de la Ley 16/2022, cuando destaca *"una correcta configuración de las clases de acreedores afectados... a fin de asegurar el buen funcionamiento de cualquier mecanismo de decisión colectiva"* (III, párrafo 2º).

En segundo lugar, cuando el plan es no consensual —es decir, cuando se arrastra a clases enteras de acreedores que no han aprobado el plan— debe aplicarse en toda su extensión el test de equidad para que éste pueda ser homologado o confirmado en caso de impugnación. Este test de equidad resulta esencial puesto que *"nadie puede cobrar más de lo que se le debe, ni menos de lo que merece"*.

Y en este sentido, como se ha dicho con acierto, "*la APR es, junto con el principio de no discriminación entre clases del mismo rango, la esencia del test de equidad que debe aplicarse cuando el plan es no consensual. La APR busca garantizar que, pese a arrastrar el plan a una clase entera, esta clase reciba en todo caso un trato equitativo*" (THERY, A., *op.cit.*, pág. 1029).

Por tanto, cuando el plan es no consensual, como en el presente caso, ningún acreedor o parte interesada (lo que incluye, lógicamente, a los socios de la deudora) de rango inferior debe recibir nada en absoluto mientras algún acreedor disidente perteneciente a una clase arrastrada o disidente con mejor rango no sea satisfecho íntegramente en sus derechos y, por otro lado, los acreedores disidente de clases distintas pero de igual rango concursal no pueden sufrir un trato discriminatorio puesto que ello implicaría un reparto injusto o inequitativo del coste o sacrificio que implica siempre toda plan de reestructuración.

Como se ha dicho acertadamente, "*el trato que proponga el plan debe suponer un sacrificio parejo para todas ellas, pues de lo contrario se incurriría en causa de impugnación*" (RODRÍGUEZ ACHÚTEGUI, E., "Comentario al art. 655", en AA.VV., *Comentarios al articulado del Libro Segundo del Texto Refundido de la Ley Concursal*, dir. por E. Sanjuán y Muñoz y J.I. Peinado Gracia, Las Rozas (Madrid), 2023, pág. 584).

Pues bien, como expondremos en los motivos siguientes, en este caso no sólo se han conformado las clases de forma incorrecta, sino que no se cumplen las dos reglas fundamentales del test de equidad: la regla del trato no discriminatorio entre clases de igual rango concursal y la regla de la prioridad absoluta.

Asimismo conviene también poner de manifiesto, antes de entrar en los concretos motivos de oposición, que la regla general que preside el Libro II del TRLC, tras la reforma operada por la Ley 1/2022, es que la homologación lo sea de planes de reestructuración consensuales, es decir, los planes aprobados por todas las clases de acreedores y a los que se refiere el art. 638 del TRLC, si bien se admite como vía excepcional la aprobación de planes no consensuales mediante las vías de homologación que admite el artículo 639 del TRLC.

Ahora bien, partiendo de este esquema de regla general (aprobación por todas las clases) y excepción (aprobación por las vías del art. 639 TRLC), las causas de oposición que el artículo 655 del TRL atribuye a los acreedores que no votan a favor y que pertenecen a una clase que no ha aprobado el plan y se ve arrastrado por el mismo no pueden ser, en modo alguno, objeto de interpretación restrictiva que pretenda limitar su ámbito de aplicación en beneficio de un supuesto criterio interpretativo "pro reestructuración", precisamente por el carácter excepcional de los planes no consensuales en el conjunto del sistema. Precisamente por ello, estas causas de oposición se configuran como cláusulas de salvaguarda del sistema, indispensables para garantizar la eficiencia y equidad en el reparto de sacrificio que implica toda reestructuración, por lo que sólo cabe aplicarlas en toda la extensión que su clara redacción establece para garantizar así la propia lógica del sistema introducido en el nuevo Libro Segundo del TRLC.

Primero. Incorrecta formación de las clases (art. 654.2º TRLC)

Se alega por mis mandantes, como primer motivo de oposición, que la formación de clases se ha realizado en disconformidad con lo previsto en los capítulos III y IV del Título III (art. 654.2° en relación con los arts. 655.1 y 663.2° TRLC).

Que este precepto incluye, entre otras posibles vulneraciones de la normativa vigente, la incorrecta formación de clases, no hay duda alguna en la doctrina científica (por todos, SANCHO GARGALLO, I., "La impugnación u oposición previa a la homologación del plan de reestructuración y la protección frente a la rescisión concursal", en AA.VV., *Nuevo marco jurídico de las reestructuraciones de empresa en España*, 2022, dirigido por A. Cohen Benchetrit, pág. 4).

Seguidamente se exponen las 5 clases de créditos formadas en el plan y los efectos planteados sobre ellas, conforme se recoge en el apartado .... del plan y su anexo .... (doc. .... solicitud homologación):

a) Clase "Acreedores por Crédito Público": formada por la deuda de la AEAT. No se le aplica quita y será satisfecha mediante pagos mensuales en un plazo de 12 meses, a contar desde la fecha del auto de homologación, siempre que no exceda del plazo de 18 meses desde la fecha de la comunicación de la apertura de negociaciones ((...) de marzo de (...)).

b) Clase "..........": formada por dos préstamos con garantía hipotecaria del (...). No se le aplica quita ni espera, siendo abonados en su totalidad a los 10 días hábiles de la firmeza de la resolución por la que se homologue el plan.

c) Clase "Proveedores Esenciales": formada por la deuda de (...) y (...) (suministradores de maquinaria y piezas de repuestos y servicios). No se le aplica quita y se establece una espera de 64 meses (los 12 primeros meses de carencia del principal y luego mediante un calendario de amortización creciente), devengando un interés del 4% anual sobre el principal pendiente.

d) Clase "Socio Último": formada por la deuda de D./D°. (...), titular del 100% del capital social de (...) (socio único, a su vez, de (...)). Se le aplica una quita del 100%.

e) Clase "Acreedores Financieros": formada por la deuda de entidades financieras (con la excepción de los arrendamientos financieros y los préstamos hipotecarios). Se le aplica una quita del 88% sobre el principal y los intereses ordinarios y del 100% sobre los intereses de demora y gastos, siendo abonado el 12% de principal e intereses ordinarios a los 10 días hábiles de la firmeza de la resolución por la que se homologue el plan de reestructuración.

Aparentemente, la formación de clases propuesta en el plan se podría considerar correcta ya que obedece a criterios legales de aplicación imperativa (garantía real, crédito público) o bien que pueden considerarse razonables si obedecen a criterios objetivos y justificados (rango concursal, carácter financiero y no financiero), todos ellos mencionados en el art. 623 TRLC.

No obstante, esta apariencia inicial desaparece en cuanto se realiza un análisis más detallado de las citadas clases y su tratamiento.

En efecto, en la medida en que a la denominada clase "......" no se le aplica quita ni espera alguna, sino que, antes al contrario, se le paga el 100% del crédito a los 10 días de la firmeza de la homologación, se trata, en realidad, de un crédito no afectado y no de una clase que pueda legítimamente votar al plan.

En efecto, tal y como se les trata, en realidad, no existe prácticamente ninguna diferencia entre los acreedores no afectados (recogidos en el anexo ...) y la llamada clase ".........". Esto resulta particularmente evidente si se compara con la situación de los créditos derivados de contrato de leasing que, según se nos ha informado por el Experto en la Reestructuración, también están siendo impagados desde la comunicación de inicio de negociaciones hasta la fecha y se regularizarán muy probablemente tras la homologación, de forma simultánea al pago previsto a la clase "..........".

En este sentido, debemos destacar lo que ya ha establecido la sentencia de la Audiencia Provincial de Pontevedra, sección 1ª, de 10 de abril de 2023 (caso XELDIST) ante una situación similar:

"No se ha dado una explicación suficiente a [...] la inclusión en las clases de acreedores de la clase "Arrendadores", en las que podría cuestionarse si hay realmente una verdadera afectación de sus créditos en los términos del art. 616 TRLC, pues no se prevé en el plan quita alguna y se prevé en el plan un pago inmediato, que se estima sea el 31 de diciembre de 2023. Este retraso en el pago sería discutible que implicara una real afectación del crédito en el sentido del citado art. 616 TRLC".

En efecto, el concepto de créditos afectados, conforme al art. 616 TRLC, son los que —como nos recuerda la doctrina— *"como consecuencia del plan de reestructuración, sufren una modificación de sus términos o condiciones, y en particular, la fecha de vencimiento, la modificación del principal o los intereses, la conversión en crédito participativo o subordinado de las acciones o participaciones sociales, o en cualquier otro instrumento de características o rangos distintos de aquellos que tuviese el crédito originario, la modificación o extinción del garantías, personales o reales, que garanticen el crédito, el cambio de la persona del deudor o la modificación de ley aplicable al crédito"* (RODRÍGUEZ ACHÚTEGUI, E., "Comentario al art. 654", en AA.VV., *Comentarios al articulado del Libro Segundo del Texto Refundido de la Ley Concursal*, dir. por E. Sanjuán y Muñoz y J.I. Peinado Gracia, Las Rozas (Madrid), 2023, pág. 573). Pues bien, nada de esto acontece de forma material en los préstamos hipotecarios incluidos en la clase ....

Por otro lado, e incluido asimismo en este motivo de oposición, ponemos de manifiesto que la no afectación de los créditos derivados de los contratos de leasing tampoco se justifica suficientemente, siendo un crédito de naturaleza financiera como todos los demás que sí son afectados y, en concreto, privilegiado especial por su rango concursal como los préstamos incluidos en la clase ....L. El plan justifica la no afectación de estos créditos por las siguientes razones:

"A.1.– Una posible recalendarización de los mismos podría implicar una potencial afectación de la liquidez a corto plazo de la Sociedad Deudora, derivada de la pérdida de las ventajas fiscales que supone este instrumento de financiación.

A.2.– La heterogeneidad en importes de las cuotas y plazos de vencimiento.

A.3.– Potenciales contingencias por parte de los arrendadores financieros que pudiera implicar el vencimiento anticipado de los mismos.

A.4.– Efecto no material ante una potencial recalendarización sobre la liquidez de la Sociedad Deudora debido al montante total de deuda pendiente y al calendario actual de los mismos."

Estas razones que se aducen en el plan son muy vagas y no parecen suficientemente fuertes y detalladas como para excluir a los créditos de leasing o arrendamiento financiero, en cuanto que, como decimos, se trata de un crédito financiero como los demás que sí son afectados y privilegiado especial igual que el crédito hipotecario del (...).

En concreto, no cabe alegar riesgo de vencimiento anticipado por el hecho de que sean afectados dichos créditos porque cualquier cláusula contractual en tal sentido no tendría eficacia alguna y tampoco puede servir como fundamento para que queden excluidos de cualquier sacrificio —que, en cambio, sí se pide al resto de acreedores— el que dicha recalendarización no tendría un impacto significativo para la Deudora: que sean de mayor o menor importe no puede ser una excusa para no afectar un crédito que, conforme a los propios criterios utilizados por (...) para formar las clases de créditos, debería ser afectado de forma similar a la clase ...., por su naturaleza financiera y su rango concursal.

Se trata, en definitiva, de un nuevo ejemplo de la deficiente conformación de las clases de los créditos afectados, en este caso, por haber dejado fuera del perímetro de afectación a créditos idénticos a los que sí se han incluido, tanto por su igual rango concursal (privilegiado) por su particular naturaleza, en este caso financiera, de acuerdo con la propia definición legal de estos créditos, recogida en el art. 623.4 del TRLC.

Respecto a que la correcta delimitación del perímetro es parte integrante de la correcta formación de clases no puede cabernos ya duda alguna, puesto que así se deduce de la propia Directiva 2019/1023, objeto de transposición por la Ley 16/2022. En efecto, en su Considerando 46.4° se establece con claridad que *"debe examinar la clasificación por categorías, en particular la selección de acreedores afectados por el plan cuando un plan de reestructuración se presenta para su confirmación"* (la negrita es nuestra).

Esta misma idea es reiterada por la citada Ley 16/2022 en su propio Preámbulo cuando nos recuerda que *"el control judicial sobre cómo se han agrupado los créditos para formar las distintas clases presupone un control sobre cómo se ha delimitado ese «perímetro de afectación» y garantiza que responda a criterios objetivos y suficientemente justificados"* (Apartado III de dicho Preámbulo).

Y, finalmente, esta inclusión de la delimitación del perímetro en la correcta formación de clases ha sido recientemente confirmada por la primera (y hasta ahora, única) sentencia que ha resuelto sobre una impugnación a un Plan de reestructuración previamente homologado: la sentencia de la Audiencia Provincial de Pontevedra, Sección 1ª, de 10 de abril de 2023 (caso XELDIST) que, en aplicación del art. 654.2 en conexión con el art. 633.8° TRLC, considera igualmente que el juicio sobre la correcta formación de clases debe incluir el referencia a la delimitación del perímetro de afectación, analizando si las razones alegadas para la no afectación pueden considerarse o no objetivas y suficientemente justificadas (subraya esta misma idea YAÑEZ EVANGELISTA, J., "Comentario al art. 654", en AA.VV., *Comentario a la Ley Concursal*, dir, por J. Pulgar Ezquerra, coord. por A. Gutiérrez, J. Megías y E. Recamán, Las Rozas (Madrid), 3ª Ed., 2023, pág. 1309), afirmando de forma clara y contundente que "*una correcta formación del perímetro de afectación debe examinarse en el marco de la decisión sobre una correcta formación de las clases, lógicamente, resultaría afectada —al igual que, posiblemente, las mayorías para aprobar o no el plan— si se excluyen indebidamente clases de créditos que deberían formar parte del pasivo afectado, al igual que, si se incluyen créditos en la formación de clases que deberían haber quedado fuera del perímetro de afectación*".

Por tanto, si dichos créditos por leasing deben y pueden formar parte de clases incluidas en el Plan, no tiene justificación alguna que hayan quedado fuera del perímetro de afectación del mismo.

En definitiva, la formación defectuosa de las clases, así como la indebida configuración del perímetro (cuya impugnación se incluye en este motivo) debe implicar, conforme al artículo 661.2 del TRLC), la no homologación del Plan.

Adviértase que la combinación de ambos defectos hace que resulte materialmente imposible, a nuestro juicio, que no se estime este motivo de impugnación. Nos explicamos.

Si se argumentara por la Sociedad que, en realidad, se les da el mismo tratamiento porque —como nosotros mismos hemos expuesto en este motivo— la clase .... es, en realidad una falsa clase porque no se le afecta realmente a dichos créditos, estaría confirmando que se han formado mal las clases porque debería haberse dejado fuera del perímetro a dichos créditos hipotecarios. Y si, por el contrario, se argumenta que la clase .... es correcta porque sí se afectan dichos créditos en alguna medida —a diferencia de los créditos por leasing, que se dejan fuera del perímetro—, entonces deberá convenirse que se han conformado igualmente mal dicha clase al dejar sin afectar a créditos financieros y con privilegio especial que es, precisamente, el criterio utilizado para la conformación de la clase .... Lo que no se podrá sostener en ningún caso es una cosa y la contraria a la vez.

Por tanto, sea por una u otra de las razones alegadas, se deberá concluir que se han formado de forma incorrecta las clases en el presente plan de reestructuración.

Segundo. Trato desfavorable a acreedores disidentes del mismo rango concursal (art. 655.2.3° TRLC)

Como segundo motivo de oposición, se alega que la clase a la que pertenecen mis mandantes van a recibir un trato menos favorable que cualquier otra clase del mismo rango (art. 655.2.3° en relación con los arts. 655.1 y 663.2° TRLC).

Este motivo de impugnación, de hecho, ya se recogía en nuestro Derecho preconcursal antes de la reforma introducida por la Ley 16/2022, en el previgente art. 618 TRLC al considerar como un "sacrificio desproporcionado" que no debía ser soportado por acreedores disidentes el que se les impusiera un sacrificio que *"fuera diferente para acreedores iguales o semejantes"*. En realidad, tras la reforma, lo que ha venido a aclarar el art. 655 es que ese carácter de "igual o semejante" se concreta en los rangos concursales.

Como se ha dicho con acierto recientemente (YAÑEZ EVANGELISTA, J., "Comentario al art. 655", en AA.VV., *Comentario a la Ley Concursal*, dir, por J. Pulgar Ezquerra, coord. por A. Gutiérrez, J. Megías y E. Recamán, Las Rozas (Madrid), 3ª Ed., 2023, pág. 1339 y 1340), esta regla *"lo que excluye es un tratamiento discriminatorio entre acreedores del mismo rango concursal que no podrán tener un grado de recuperación de su crédito desigual o en condiciones más favorables una clase respecto de otra"*, añadiendo que esto significa que *"el valor de los derechos o créditos post reestructuración que se reciba una clase, no podrá tener un valor inferior a lo que reciba otra clase del mismo rango"*.

Pues bien, esto es justamente lo que ocurre con este Plan de reestructuración que la deudora presenta a este Tribunal para su homologación, como resulta evidente de su simple lectura.

En efecto, mis mandantes conforman íntegramente la clase de "Acreedores financieros". Es este sentido, se recogen en el anexo .... del plan que recoge los acreedores de esta clase (doc. .... solicitud):

(...) *(imagen de la tabla describiendo los acreedores financieros- la cantidad debido a cada uno y el porcentaje que cada uno representa en esta clase)*

Por su parte, la clase "Proveedores Esenciales (...) y (...)" recogen a dos proveedores, conforme se recoge en el anexo ... del plan (doc. .... solicitud):

(...) imagen de la tabla *describiendo los proveedores esenciales- la cantidad debido a cada uno y el porcentaje que cada uno representa en esta clae)*

La clase "Acreedores Financieros" y la clase "Proveedores Esenciales (...) y (...)" comparten el mismo rango concursal como créditos ordinarios en un hipotético concurso de acreedores de la Sociedad (salvo la parte de intereses que sería subordinado) y, sin embargo, la disparidad de trato entre ambas clases es manifiesta.

Mientras que la clase "Acreedores Financieros" sufre una quita del 88% del principal e intereses ordinarios (que se eleva al 100% en los intereses de demora) con un pago inmediato, la clase "Proveedores Esenciales (...) y (...)" no sufre quita alguna, se les aplica una carencia hasta (...) de (...), y a partir de dicho mes, se les pagará el 100% de lo adeudado mediante 64 cuotas mensuales, devengando además un interés del 4% anual que, en gran medida, compensa los efectos propios de la espera que se les aplica, limitando —si no eliminando directamente— el sacrificio potencial que se pudiera derivar de dicha espera.

Es, por tanto, patente y manifiesto que la clase "Acreedores financieros", a la que pertenecen mis mandantes, recibe un trato menos favorable que la clase "Proveedores Esenciales", con la que comparten el mismo rango.

Este trato discriminatorio está prohibido por el TRLC y por la Directiva 2019/1023, como también subrayan MARTÍNEZ BLAZQUEZ-SERRANO SÁNCHEZ-GRAGUERA VIVAS-ECHEVARRIA LARRAÑAGA ("Las clases de acreedores. Su formación", en AA.VV. *Reestructuraciones e Insolvencia*, dir. por E. Aznar Giner y Zubizarreta Urcelay, Valencia, 2023, pág. 784), quienes señalan que, aun en la hipótesis de que fuera admisible la subdivisión en varias clases de acreedores afectados que gocen de igual rango concursal, ambas clases debería sufrir el mismo sacrificio para no generar causa de impugnación.

Como ha afirmado la mejor doctrina (SANCHO GARGALLO, I., *op.cit.*, pág. 20), "*la razón de ser de esta causa de impugnación es que el plan no puede suponer un tratamiento discriminatorio entre créditos del mismo rango, pero que pertenecen a clases distintas, salvo que la clase menos favorecida lo haya consentido al aprobar el plan con las mayorías legales correspondientes*", cosa que, como es evidente, no ha sucedido en nuestro caso.

Incluso la sentencia de la Audiencia Provincial de Pontevedra, sección 1ª, de 10 de abril de 2023 (caso XELDIST) que adopta una postura flexible[5] en cuanto a la posibilidad de diferente trato entre acreedores del mismo rango lo rechaza si la diferencia es injusta y desproporcionada:

El respeto de la posición económica y los legítimos derechos de todos los acreedores, especialmente de los disidentes, en los planes no consensuales, conforman un sistema de controles y límites para evitar un tratamiento injusto y desproporcionado de unos acreedores en beneficio de otros. La carga económica de la reestructuración debe ser repartida de forma paritaria o equitativa entre los acreedores, sin que la apuesta a favor del plan, o la oposición al mismo, puedan tener relevancia al tomar en consideración estos límites de equidad.

De hecho, en el caso "Xeldist" en el que se estimó esta causa de impugnación el tratamiento era similar tanto de los acreedores financieros (quita del 85% con espera de 5 años) como del proveedor esencial, llamado "Proveedor Aportante" (sin quita y una espera de 5 años sin intereses). También se consideraba esencial al proveedor de energía que cobraba igualmente el 100% de su crédito con una espera de 4 años (sin intereses).

---

5 Lo cual ha sido severamente criticado por reputados autores que niegan tajantemente que en los planos no consensuales pueda existir diferencia alguna de trato económico entre acreedores del mismo rango, lo que enlaza precisamente con la idea ya apuntada con anterioridad en el Motivo Preliminar de este escrito respecto que de la correcta interpretación de los motivos de impugnación exige hacerlo en toda su amplitud, dado el carácter excepcional de los planes no consensuales dentro del sistema, donde falla por definición el principio mayoritario y, con ello, la presunción inicial de la equidad del plan consensual. Podemos citar, entre otros, a GARCIMARTIN, F. (28 de abril de 2023). Planes de reestructuración: algunas reflexiones sobre la práctica reciente (II). Almacén de Derecho. https://almacendederecho.org/planes-de-reestructuracion-algunas-reflexiones-sobre-la-practica-reciente-ii

Es más, en nuestro caso el trato es todavía más desproporcionado si cabe puesto que a la clase "Proveedores Esenciales (...) y (...)" —como hemos subrayado— se le conceden unos intereses remuneratorios del 4% que compensan generosamente la espera de (...) meses que se le impone, de forma que realmente no sufre prácticamente coste efectivo alguno, en valor financiero actualizado al momento presente, ya que esos intereses compensan la pérdida de poder adquisitivo por efecto de la inflación e, incluso, permitiría una cierta remuneración adicional con las actuales previsión de evolución de la inflación en España para los próximos años.

En consecuencia, la clase de nuestros representados recibe un trato peor o menos favorable que la otra clase que engloba créditos con igual preferencia o rango concursal en clara contravención del citado art. 655.2.3° del TRLC y, por ello, concurre la causa prevista en el mismo para la no extensión de los efectos del plan a mis mandantes, puesto que está absolutamente prohibido por el TRLC que, en los planes no consensuales, *"por un principio de justicia, en el reparto económico de las pérdidas o recortes"*, que se transmita —como aquí sucede de forma palmaria— *"a una clase de acreedores de modo sustancial el coste que para los acreedores supone la reestructuración"* (YAÑEZ EVANGELISTA, J., *op.ult.cit.*, pág. 1340).

Tercero. Incumplimiento de la regla de la prioridad absoluta (art. 655.2.4° TRLC)

Como tercer motivo de oposición se alega que la clase "Acreedores Financieros" en la que se integran mis mandantes van a mantener o recibir derechos con un valor inferior al importe de sus créditos mientras que una clase de rango inferior y los socios van a recibir cualquier pago y conservar cualquier derecho, acción o participación en el deudor en virtud del plan de reestructuración (art. 655.2.4° en relación con los arts. 655.1 y 663.2° TRLC). Esto implica el incumplimiento de la regla de la prioridad absoluta ("Absolute Priority Rule o "APR").

Esta regla —como ya hemos explicado con anterioridad— resulta de obligado cumplimiento en los denominados "planes no consensuales", es decir, cuando se produce un arrastre de clase o *"cross-class cram-down"* en terminología anglosajona, como es el caso, donde son arrastradas tres clases de acreedores que no han aprobado el plan de reestructuración (clase "Acreedores por Crédito Público", clase "......", clase "Acreedores Financieros"), pero a los que se pretende su extensión por aplicación del art. 639.2° del TRLC.

Como se ha afirmado con acierto por la mejor doctrina, ésta es la regla más justa en caso de plan no consensual (respeta los rangos crediticios) y más sencilla de aplicar: el derecho a participar en el excedente o prima de reestructuración es un derecho de clase o colectivo (no individual) y la APR *"determina quienes tienen derecho a quedarse con la compañía post-reestructuración (i.3., las clases que estén "dentro del dinero")"* (GARCIMARTÍN ALFÉREZ, F., "Sobre el nuevo régimen aplicable a los planes de reestructuración del Libro II del anteproyecto (y las novedades en el Libro IV)", en la *Revista General de Insolvencia y Reestructuraciones*, 2021, n° 3, pág. 76).

En definitiva, esta regla es la consecuencia lógica de la introducción en nuestro ordenamiento jurídico de la posibilidad de arrastrar a clases de acreedores disidentes e, incluso, a los propios socios de la deudora puesto que es la forma de garantizar que *"el valor de la compañía se reparta entre acreedores y socios con respeto a los rango crediticios de cada uno, y que el acuerdo no discrimine a cada clase de acreedores... Ninguna clase puede cobrar más de lo que se le debe, ni menos si una clase inferior recibe algo. Viene a decirse que, si hay que sacrificarse para salvar la continuidad de la empresa, que se sacrifiquen antes los acreedores de peor rango"* (YAÑEZ EVANGELISTA, J., *op.ult.cit.*, pág. 1341, la negrita es nuestra).

Ciertamente, la llamada clase "Socio Último" compuesta por los créditos de (...), titular del 100% del capital social de (...) (socio unipersonal de (...)) sufre una quita del 100% de sus créditos.

Sin embargo, constituye una clara vulneración de la regla de la prioridad absoluta que (...) (socio único de (...)) tenga la consideración de acreedor no afectado por el plan de reestructuración de modo que su crédito no se ve afectado en modo alguno por el plan.

Así, el anexo 3 del plan (doc. 21 de la solicitud) recoge a los acreedores no afectados entre los que figura el socio único de la deudora por un crédito de .... euros:

(...) Imagen de extracto de tabla representando la situación financiera mencionada

Por su parte, el apartado ...... del plan de reestructuración (págs. ...... y .... del doc. .... de la solicitud) expone las razones por las que no se ha afectado a determinados acreedores y lo hace exponiendo tales motivos por clases o grupos de acreedores no afectados. Así, diferencia entre:

a) Acreedores por arrendamientos financieros o "leasing".

b) Acreedores por créditos comerciales distintos de los créditos afectados de los proveedores esenciales.

c) Acreedores por asesoramiento relacionado con la reestructuración.

Por tanto, respecto a cada uno de estos grupos de acreedores se exponen las razones por la que no han sido afectados por el plan de reestructuración. Como se puede observar, ningún motivo o argumento se expone para no afectar el crédito del socio único del deudor (...), seguramente porque resulta imposible justificar dicho trato más favorable de un acreedor que sería subordinado en un hipotético concurso de acreedores de la deudora, dada su condición de persona especialmente relacionada con la misma.

Así, nos encontramos con que mis mandantes cuyo crédito tendría la consideración de ordinario en la parte de principal y de subordinado por los intereses —aunque también preferente respecto de los créditos de personas especialmente relacionadas con el deudor— sufren una quita del 88% (que se eleva al 100% en el caso de los intereses de demora) mientras que el socio único del deudor cuyo crédito sería aún más subordinado no sufre quita ni espera alguna.

Asimismo, consideramos que concurre igualmente esta causa de oposición por cuanto ni el socio directo de (...) ((...)) ni el socio último ((...)) sufren sacrificio o merma en sus participaciones (antes al contrario, fruto de la reestructuración, su participación valdrá más que antes de la reestructuración, puesto que se habrá garantizado hipotéticamente la viabilidad de la empresa de la que son propietarios y, en todo caso, se ha reducido drásticamente su pasivo financiero con las relevantes quitas impuestas a dicha clase disidente que, a la postre, redunda en beneficio de los acreedores más junior y, finalmente, de los socios de la deudora[6]).

En efecto, la regla de la prioridad absoluta no sólo exige que *"la clase a la que pertenezca el acreedor o acreedores impugnantes vaya a mantener o recibir derechos, acciones o participaciones con un valor inferior al importe de sus créditos si una clase de rango inferior"* recibe algún pago o derecho, por mínimo que sea, sino que también exige que tampoco *"los socios van a recibir cualquier pago o conservar cualquier derecho, acción o participación en el deudor en virtud del plan de reestructuración"* (art. 655.2.4° del TRLC). Es decir, la APR implica ineludiblemente que no se pueda nunca arrastrar a una clase entera, dejándole, a la vez, algo a los socios (GARCIMARTÍN, F., *op.cit.*, pág. 81, nota 42) y esto es justo lo que ocurre en nuestro caso.

En efecto, los socios que, a estos efectos, debe ser considerados como acreedores residuales o de rango inferior que nuestros mandantes mantienen íntegramente sus posiciones sin que, ni siquiera, se prevea una reducción de capital para enjugar pérdidas con la simultánea posibilidad de que los acreedores ordinarios capitalicen los créditos que no puedan ser pagados, es decir, la deuda no sostenible, como forma de obtener con ello una participación significativa en la sociedad deudora.

Lo explica muy bien el profesor GARCIMARTÍN (GARCIMARTÍN ALFÉREZ, F., "El Derecho Preconcursal: una visión general", *Anuario de Derecho Concursal* 2022, n° 57, pág. 9 y ss., en particular, p.37) en otro de sus recientes trabajos, cuando subraya como esta regla exige que *"ninguna clase discrepante vaya a recibir, en virtud del plan de reestructuración, "menos de lo que merece". Esta exigencia tiene una doble dimensión. Por un lado, ninguna clase discrepante debe recibir un trato menos favorable que cualquier otra clase del mismo rango (incluidas, en principio, las que no estén afectadas)... ninguna clase de acreedores de rango inferior, incluidos los socios, debería recibir nada, ni mantener derecho o interés alguno"* (la negrita es nuestra).

Es más, lo ejemplifica, para mayor claridad, con un supuesto muy claro y sencillo (*op. cit.*, págs. 37 y 38): *"los acreedores ordinarios no podrían imponer un plan que dejase algo de valor a los socios si les impone algún tipo de sacrificio económico a la clase de acreedores subordinados. No se estaría respetando la regla de la prioridad absoluta, ya que se está imponiendo un sacrificio a una clase de acreedores (los subordinados), al tiempo que se deja algo de valor a quienes están por debajo de ellos en el rango, a los socios"* (de nuevo, el subrayado es nuestro). Pues bien, nuestro caso es todavía más sangrante ya que se está dejando valor a los socios imponiendo un enorme sacrificio a una clase de créditos ordinarios, no subordinados.

---

6 Decimos hipotéticamente porque en otro motivo alegamos como causa de oposición a la homologación que el plan no asegura la viabilidad de la empresa en el medio y corto plazo.

El alcance de esta regla también a los socios no ofrece duda alguna en la doctrina, donde se afirma con rotundidad como la APR *"prohíbe no sólo pagos en favor de acreedores de rango inferior, sino también cualquier atribución de derechos o títulos (acciones o títulos valores o cualquier clase de derechos que se puedan hacer valer frente al patrimonio del deudor)...Esta regla aplica no sólo a la relación entre las clases de acreedores sino también entre acreedores y socios y por tanto se infringe en cualquier en cualquier supuesto en que los socios mantengan una participación siquiera mínima cuando los acreedores de cualquier rango han sufrido cualquier tipo de quebranto o disminución en el valor de sus créditos"* (YAÑEZ EVANGELISTA, J., *op.ult.cit.*, págs. 1342 y 1343, la negrita es nuestra).

Es cierto que, excepcionalmente, esta regla se podrá incumplir *"cuando sea imprescindible para asegurar la viabilidad de la empresa y los créditos de los acreedores afectados no se vean perjudicados injustificadamente"* (art. 655.3 TRLC), pero no se ha alegado tal cosa y no sería admisible que lo hicieran ahora en la contestación a nuestra oposición ya que nos causaría una evidente indefensión al no poder combatir dicha eventual argumentación, por habérsenos hurtado su conocimiento previo a nuestra oposición, al margen de que esta posible excepción debe aplicarse con el máximo rigor, precisamente porque viene a romper la justicia o equidad exigida a todo plan no consensual, como también ha destacado la mejor doctrina (YANEZ EVANGELISTA, J., *op.cit.*, pág. 1343, quien subraya cómo *"deberá aplicarse sólo en supuestos extraordinarios donde sea justificable un distinto reparto"*).

En efecto, debería haber sido el solicitante de la homologación el que —reconociendo el flagrante incumplimiento de esta regla de imperativa aplicación en los planes no consensuales con arrastre de clases— alegara la aplicación de la excepción contenida en el citado art. 655.3 TRLC, justificando y probando la concurrencia de su supuesto de hecho.

Acogerse a la excepción del art. 655.3 TRLC habría exigido, como expone acertadamente RODRÍGUEZ ACHÚTEGUI ("Comentario al art. 655..., *cit.*, pág. 585), que *"la solicitud de homologación habrá de exponer y justificar las razones que conducen a esa posibilidad excepcional, pues si no se presentan argumentos suficientes, los acreedores pertenecientes a clases de rango superior afectadas por esta desigualdad, podrán plantear ese trato como causa de impugnación"* (la negrita es nuestra).

En todo caso, y aun en el hipotético caso —que sólo admitimos a efectos puramente dialécticos— de que se admitiera dicha alegación que resultaba imprescindible para asegurar la viabilidad de la empresa, lo que en ningún caso se podría acreditar de contrario —al margen de su inadmisión por intempestiva, como hemos ya expuesto— es que los créditos de mis mandantes *"no se vean perjudicados injustificadamente"* y ello por la sencilla razón que el sacrificio al que se les somete es absolutamente desproporcionado al hacer recaer prácticamente en esa sola clase (acreedores financieros) el peso mayoritario de la reestructuración (quita del 88% que se eleva al 100% para los intereses de demora), cuando otros créditos de igual rango como los proveedores esenciales no sufren quita alguna y su espera se remunera con interés del 4%, e incluso el crédito del socio único tampoco sufre quita alguna por haberse dejado deliberadamente fuera del perímetro de afectación del plan y, finalmente, por dejarle al socio mantener íntegramente su participación en la estructura de capital de la Sociedad, a pesar del sacrificio exigido a los acreedores financieros ordinarios.

Igualmente, tampoco se ha alegado que la regla de la prioridad absoluta no resulta de aplicación por encajar la deudora en el concepto de Pyme que se recoge en el art. 682 del TRLC de cara a poder acogerse al "Régimen especial" previsto en el Título V del Libro Segundo del TRLC y, en particular, por lo que aquí interesa, para acogerse a la regla de la prioridad relativa, en sustitución de la regla de la prioridad absoluta, que se recoge en el art. 684.4 del TRLC, de forma que "*aunque no haya sido aprobado por todas las clases de acreedores, el plan de reestructuración podrá ser homologado si la clase o clases de acreedores que no lo hayan aprobado reciben un trato más favorable que cualquier otra clase de rango inferior*".

Como se observa, en este precepto —a diferencia del citado art. 655.2.4° TRLC— se hace referencia sólo a las clases de acreedores y sólo pide que la clase del acreedor impugnante hubiera recibido mejor trato "que cualquier otra clase de rango inferior", de forma que se permite que los socios mantengan o reciban alguna participación en la sociedad deudora aunque la clase disidente del acreedor impugnante no haya sido íntegramente pagada conforme al plan.

Pues bien, de nuevo, esta hipotética excepción ni ha sido alegada ni parece que pueda siquiera serlo por la sencilla razón de que la sociedad deudora supera los umbrales que se establecen en el citado art. 682.1 del TRLC para poder beneficiarse de dicho régimen especial.

En conclusión, se ha infringido abiertamente la regla de la prioridad absoluta tal y como ha sido incorporada en el art. 655.2.4° del TRLC, lo que implica un claro motivo de oposición del plan cuya estimación debe conducir a la aplicación del art. 661.1 del TRLC y, en consecuencia, a declarar "la no extensión de los efectos del plan únicamente frente a quien hubiera instado la [oposición], subsistiendo los efectos de la homologación frente a los demás acreedores y socios".

Cuarto. Incumplimiento de requisitos de contenido (art. 654.1° TRLC).

Se alega como cuarto motivo de oposición el incumplimiento de los requisitos de contenido que se exigen en el capítulo IV del título III (art. 654.1° TRLC en relación con los arts. 655.1 y 663.2° TRLC).

Como se ha apuntado en el motivo precedente, el plan de reestructuración cuya homologación se solicita no expone las razones por las que no resulta afectado el crédito del socio único del deudor.

Tampoco menciona el plan que los socios del deudor no van a quedar afectados por el plan y mucho menos expone las razones por las que no se ven afectados.

Todo ello supone una clara contravención de lo dispuesto en el artículo 633.8° del TRLC que exige que los planes «*contendrán, como mínimo, las siguientes menciones: 8° Los acreedores o socios que no vayan a quedar afectados por el plan, mencionados individualmente o descritos por clases, así como las razones de la no afectación*».

No existe ninguna justificación para que dicho contenido que como mínimo debe constar en el plan, tal como prevé el precepto legal, no figure en el mismo. Ello supone una clara contravención de los requisitos de contenido que exige el capítulo IV del Título III y, en consecuencia, su apreciación debe conllevar que no se extiendan los efectos del plan a los acreedores que formulan la presente oposición.

Quinto. Perjuicio injustificado a los intereses de los acreedores por la nueva financiación (art. 670.1.3° TRLC)

Como quinto motivo de oposición se alega que la nueva financiación perjudica injustificadamente los intereses de los acreedores (art. 670.1.3° TRLC).

El plan de reestructuración cuya homologación se solicita contempla nueva financiación. Así, se presenta la oferta de (...) que se compromete a aportar como nueva financiación a largo plazo (...) de euros, de los que (...) irían destinados al pago de los créditos financieros tras la quita propuesta, así como al pago de la totalidad de la Clase "......." y (...) para liquidez de la compañía.

Se fija la devolución del principal de esta nueva financiación en 72 meses con un calendario de amortización creciente y una carencia inicial de 12 meses. Se fija una comisión de apertura del 3%, un interés fijo del 10% anual sobre el principal y adicionalmente un 3% de interés anual en especie (PIK), así como un retorno variable del 4% de la facturación que supere (...) de euros anual con un mínimo de (...) euros al año.

En garantía de esta nueva financiación a largo plazo, se constituirán: primeras hipotecas sobre las naves; prenda sobre los equipos agrícolas e inventarios de piezas; prenda de todas las cuentas bancarias donde se producen todos los cobros y pagos con obligación de bloqueo en caso de incumplimiento; prenda de todos los derechos de crédito y cuentas a cobrar, tanto presentes como futuros; y, prenda sobre la participación en el capital social del prestatario (sic).

Esta constitución a favor del otorgante de nueva financiación a largo plazo ((...)) de tan importantes garantías (hipoteca sobre las naves, prenda sobre la maquinaria y piezas, cuentas, derechos de crédito presentes y futuros y capital social) implican que, prácticamente, todo el activo de (...) resulte hipotecado o pignorado a su favor.

Asimismo, los intereses pactados a favor del otorgante de esta nueva financiación, junto con su retorno variable con un mínimo garantizado constituye una retribución, a todas luces, excesiva y muy por encima de lo razonable en condiciones de mercado.

Esta desproporcionada constitución de garantías a favor de (...) unido a la elevada retribución que recibe por la financiación perjudica notoriamente a los acreedores de forma injustificada.

En definitiva, la operación de financiación de (...) constituye prácticamente una apropiación del deudor gracias a la constitución de garantías sobre prácticamente todo su activo unido a la excesiva retribución pactada.

La apreciación de este motivo debe conllevar, conforme al art. 670.3. del TRLC, que, en caso de concurso de (...), la financiación que otorgará el fondo (...) quede sometida a las normas sobre acciones concursales de rescisión contenidas en el libro primero del TRLC y que sus créditos sean clasificados conforme a lo establecido en ese libro, sin gozar de la protección prevista en el Libro Segundo frente a eventuales acciones rescisorias —que, a nuestro juicio, deberían ejercerse por la Administración concursal por el evidente perjuicio para la masa que constituye dicha desproporcionada constitución de garantías— y que tampoco, una vez rescindidas y dejadas ineficaces dichas garantías reales, goce del tratamiento preferente previsto en cuanto a su consideración como crédito contra la masa (50%) o crédito con privilegio general (el restante 50%).

Sexto. Que la reducción del valor de los créditos es manifiestamente mayor al que resulta necesario para garantizar la viabilidad de la empresa (art. 654.6° TRLC)

Como sexto motivo de oposición se alega que la reducción del valor de los créditos que se establece en el plan es manifiestamente mayor al que resulta necesario para garantizar la viabilidad de la empresa (art. 654.6° TRLC).

El plan de reestructuración cuya homologación se solicita establece un enorme sacrificio para los acreedores, especialmente, para mis mandantes, que como acreedores financieros sufren una quita del 88% de su crédito y que se eleva al 100% para los intereses de demora.

Entendemos que debe ser posible garantizar la viabilidad de la empresa sin que se imponga tal enorme sacrificio a los acreedores. En este sentido, hay que recordar, como se expone en el apartado precedente, que la financiación que va a otorgar (...) se va a ver retribuida de manera muy generosa, de forma que la Sociedad vendría obligada a destinar gran parte de sus recursos futuros a pagar dicha retribución, reduciendo las posibilidades de recuperación del resto de acreedores actuales de (...).

Para acreditar el presente motivo, así como que resulta posible garantizar la viabilidad de la empresa sin que sea necesario el enorme sacrificio requerido a los acreedores nos remitimos a las conclusiones que se extraigan del informe pericial encargado a (...).

Séptimo. Que el plan no supera la prueba del interés superior de los acreedores (art. 654.7° TRLC)

Como séptimo motivo de oposición se alega que el plan no supera la prueba del interés superior de los acreedores (BIC en su acrónimo anglosajón), es decir, que en el escenario alternativo de liquidación concursal se podría obtener un mayor valor de recuperación que el ofrecido en el plan de reestructuración (art. 654.1.7° TRLC).

Por parte del experto en reestructuración se nos ha facilitado el informe de valoración de (...) en un potencial escenario de liquidación que se adjunta como documento 3.

Conforme al citado informe, se establece un valor de liquidación de los activos de (...) de euros y se concluye que la potencial recuperación de los acreedores ordinarios en un escenario de liquidación ascendería a un escaso ....% de los mismos.

No compartimos el anterior informe y lo impugnamos de forma expresa, al no compartir la forma y método con la que se ha llevado a cabo la valoración de la empresa en un potencial escenario de liquidación ya que carece de las adecuadas notas de objetividad, imparcialidad, rigor técnico y contradicción que requiere todo informe que se precie de serlo.

En este sentido, nos remitimos igualmente a la valoración que en tal escenario de liquidación se realizará en el informe encargado a (...) y en el que se podrá acreditar que los créditos de mis mandantes se ven notoriamente perjudicados en comparación con su situación en caso de liquidación concursal de los bienes de (...).

Octavo. Que el plan de reestructuración no asegura la viabilidad de la empresa en el corto y medio plazo, evitando el concurso de acreedores (arts. 654.4°y 655.3 TRLC)

Como octavo y último motivo de oposición se alega que el plan no asegura la viabilidad de la empresa en el corto y medio plazo, evitando el concurso de acreedores (art. 654.4° TRLC).

Finalmente, entendemos que el plan propuesto no ofrece una perspectiva razonable de evitar el concurso y asegurar la viabilidad de la empresa en el corto y medio plazo.

En este sentido, no compartimos el plan de viabilidad que se incorpora como anexo .... del plan de reestructuración y entendemos que carece de soporte que acredite la viabilidad que pretende.

A estos efectos y a fin de acreditar la concurrencia de este motivo, nos remitimos también a las conclusiones que se extraigan al respecto en el informe encargado por esta parte a (...).

En su virtud, SOLICITO AL TRIBUNAL que tenga por interpuesta oposición a la solicitud de homologación del plan de reestructuración (...) con contradicción previa y, tras los trámites correspondientes, dicte sentencia estimatoria de la oposición declarando la ineficacia del plan o, subsidiariamente, la no extensión de los efectos del plan frente a mis mandantes, así como que, en caso de concurso posterior del deudor, la financiación que otorgará el fondo (...) quede sometida a las normas sobre acciones concursales de rescisión contenidas en el Libro Primero del TRLC y que sus créditos sean clasificados conforme a lo establecido en ese libro sin poder gozar del tratamiento preferente previsto en el Libro Segundo del TRLC, y todo ello con expresa imposición de costas a quienes contesten a la presente oposición.

OTROSÍ PRIMERO DIGO que, esta parte, haciendo uso de las facultades prescritas en el art. 337 de la Ley de Enjuiciamiento Civil, pretende valerse del informe que en estos momentos se encuentra encargado a (...), (...), el cual no se puede aportar en este momento al estar en fase de elaboración del mismo, por lo que,

SOLICITO AL TRIBUNAL que, de conformidad con lo dispuesto en el citado artículo, tenga por anunciada la aportación del citado informe pericial.

OTROSÍ SEGUNDO DIGO que, de conformidad con lo previsto en el art. 539 del TRLC en relación con el art. 663 del TRLC, se proponen los siguientes medios de prueba, considerándose necesaria la celebración de vista:

1° Documental aportada con el presente escrito y la presentada por el deudor con su solicitud de homologación.

2° Pericial consistente en el dictamen encargado a (...), (...) y que encuentra en fase de elaboración.

3° Interrogatorio de (...), como representante de (...) (experto en la reestructuración).

4° Interrogatorio del representante de (...), (...), autor del informe pericial encargado por mis mandantes.

5° Otros medios de prueba cuya relevancia o necesidad se ponga de manifiesto a raíz de la contestación o contestaciones que se formulen frente al presente escrito.

SOLICITO AL TRIBUNAL que tenga por efectuada la anterior manifestación, a los efectos legales oportunos.

OTROSÍ TERCERO DIGO que, a los efectos del artículo 231 de la LEC, manifiesto mi voluntad de cumplir los requisitos exigidos por la Ley, para que puedan ser subsanados los defectos en que puedan haber incurrido o incurran en el futuro los actos procesales de esta parte.

SOLICITO AL TRIBUNAL que tenga por hecha la anterior manifestación a los efectos legales oportunos.

(...), (...) de (...) de (...).

(...)

Procurador/a

(...)

Abogado/a

(...)

Procurador/a

(...)

Procurador/a

LISTA DE DOCUMENTOS

Documento 1 Publicación del edicto en el Registro Público Concursal

Documento 2 Comunicación del perito sobre la imposibilidad de finalizar el dictamen.

Documento 3 Informe de valoración de (...) en liquidación elaborado por (...)

III.2.4. Ejecución garantía real tras homologación plan de reestructuración

F184. SOLICITUD POR ACREEDOR DE EJECUCIÓN DE BIENES CON GARANTÍA REAL

AL TRIBUNAL DE INSTANCIA DE ...... SECCIÓN DE LO MERCANTIL

Don ...., Procurador de los Tribunales y de ....(ACREEDOR) (, según se acredita mediante poder para pleitos que como DOCUMENTO Nº 1 se adjunta, dirigido por el abogado Don ...., ante el Tribunal comparezco y como mejor proceda en Derecho, DIGO:

Que en la representación que ostento, formulo escrito de SOLICITUD DE REALIZACIÓN DE LOS BIENES QUE LUEGO SE ESPECIFICARAN, que fundo en las siguientes:

ALEGACIONES

Primero. Que respecto del deudor y cumpliendo todos los requisitos establecidos en la ley, se procedió a aprobar un plan de reestructuración del deudor y se elevó a publico por el Notario de ...., don .... el día ......de ....de ...... Con número de protocolo ......, y contenía todas las especificaciones recogidas en el articulo 633 del TRLC. Se adjunta como documento nº 2

Segundo. Que después de cumplirse todos los tramites legales tantos sustantivos como procesales, se procedió a homologar judicialmente el citado pan de reestructuración mediante auto de fecha ... De .... de. ..., que se procedió a publicar el pasado ...... de .... De .... En el Registro Publico Central. Se adjunta como documento nº 3 testimonio del auto aprobando la homologación.

Tercero. Que mi representada es titular del siguiente crédito ...., qué está garantizada con la siguiente garantía real (Describirla).

Cuarta. Que mi representada voto en contra del plan de reestructuración y pertenecen a la siguiente clase de créditos, ..., en los que el voto favorable ha sido inferior al disidente.

Quinto. Que este escrito de solicitud de ejecución se ha presentado dentro del plazo del mes desde la publicación de la homologación judicial del plan en el Registro Público Concursal.

Sexto. Que cumpliendo todos los requisitos establecidos en el articulo 651 del TRLC, instamos la ejecución de la garantía real descrita con forme a las siguientes normas de ejecución (Depende de tipo de garantía real sea la que se ejecuta dependerá la forma de ejecución)

....

Por lo expuesto,

SUPLICO AL TRIBUNAL: Que tenga por presentado este escrito de solicitud de instar la ejecución de las garantías reales antes descritas, con los documentos y copias acompañados, por hechas las manifestaciones que en el mismo se contienen y previos los tramites procesales y legales proceda a ejecutar la garantía y con el importe obtenido se proceda a darle el destino recogido en el articulo 651.3 del TRLC.

Es justicia que pido en ...., a ... de ....de ....

III.2.5. Impugnación de la homologación

F185. IMPUGNACIÓN AUTO DE HOMOLOGACIÓN DEL PLAN DE REESTRUCTURACIÓN

Audiencia Provincial de (...)

Impugnación de auto de homologación del plan de reestructuración

ANTE LA AUDIENCIA PROVINCIAL DE (...)

D./Dña (...), Procurador/a de los Tribunales, actuando en nombre y representación de las mercantiles (...) y (...), según acredito con las escrituras de poder (docs. 1 y 2) que acompañamos, con la asistencia letrada de D. .... (col. nº 00.000 ICAM), ante la Audiencia comparezco y, como mejor proceda en Derecho, DIGO:

Que por medio del presente escrito interpongo, al amparo de lo dispuesto en los arts. 653 y siguientes del Real Decreto Legislativo 1/2020, de 5 de mayo, por el que se aprueba el texto refundido de la Ley Concursal (en adelante, TRLC), escrito de impugnación del auto de homologación del plan de reestructuración dictado por el Tribunal de Instancia de .... con fecha ... de .... de ... referente al deudor ...., y ello sobre la base los hechos, motivos y fundamentos de derecho que serán seguidamente desarrollados.

HECHOS

Primero. Objeto

El objeto de la presente impugnación es el auto número (...), de (...) de (...) de (...), dictado por el Tribunal de Instancia de ...., sección de lo Mercantil (plaza núm. ......), bajo los autos del procedimiento sobre comunicación previa al concurso y homologación judicial núm. (...) que homologa el plan de reestructuración de la entidad mercantil (...).

Se adjunta como documento 3 copia del auto de homologación, de conformidad con lo exigido por el art. 658.1 del TRLC.

Segundo. Plazo para la impugnación

Con arreglo a lo dispuesto en el art. 655 en relación con el art. 654 del TRLC, el auto de homologación del plan de reestructuración podrá ser impugnado dentro de los 15 días siguientes a la publicación del auto de homologación en el Registro Público Concursal.

Se acompaña como documento 4 esta publicación del edicto en el Registro Público Concursal junto con el oficio y edicto remitido por el Tribunal adjunta a dicha publicación.

La publicación en el Registro tuvo lugar el (...) de (...) de (...) de forma que el plazo de 15 días para la impugnación finaliza el (...) de (...) de (...), en atención a la Disposición

Final 1ª de la Ley Orgánica 14/2022, de 22 de diciembre, que ha venido a dar nueva redacción al art. 183 de la Ley Orgánica 6/1985, de 1 de julio, del Poder Judicial.

Tercero. Identificación y carácter de los impugnantes

Los impugnantes en el presente escrito son (...). Ambas entidades tienen la condición de acreedores de (...).

En este sentido, se recogen en el anexo 2 del plan de reestructuración referente a los "Acreedores Afectados" y en el anexo 4 del plan que relaciona a la clase de "Acreedores Financieros".

Ninguno de los dos impugnantes ha votado a favor del plan de reestructuración de forma que, de conformidad con el art. 655.1 del TRLC, pueden impugnar el auto de homologación por los motivos previstos en los art. 654 del mismo texto legal.

Además, ambas entidades pertenecen a la clase de acreedores financieros que no ha aprobado el plan, por lo que también pueden impugnar el auto por los motivos previstos en el artículo 655.2 del TRLC.

Se adjunta como documento 5 el plan de reestructuración con sus anexos obtenida del Tribunal que ha conocido de la homologación.

Cuarto. Tramitación y resolución de la homologación

Resulta llamativa y sorprendente la rápida y acelerada tramitación y resolución de la homologación del plan de reestructuración llevada a cabo por el Tribunal de Instancia de ..., Sección de lo Mercantil (...).

En efecto, con fecha (...) de (...) de (...) se dictó providencia por el Tribunal de Instancia de ....., sección de lo por la que se acordaba poner en conocimiento de los acreedores interesados que el plan de reestructuración de la deudora (...) estaba a su disposición en la oficina del Tribunal así como por vía telemática en la dirección: (...) y dentro de los 15 días siguientes a la publicación de dicha resolución se pasaban a la vista los autos para resolver de acuerdo a lo previsto en los arts. 647 y ss. del TRLC.

La providencia extractada fue publicada el mismo día de su dictado en el Registro Público Concursal. Se acompaña como documento 6 la publicación en el Registro con el oficio y edicto adjunto.

Pues bien, con fecha (...) de (...) de (...), es decir, habiendo transcurrido un solo día hábil tras la admisión a trámite de la solicitud de homologación, se dicta el auto de homologación objeto de impugnación.

Ciertamente el propio auto explica las razones de urgencia de su dictado al estar próxima la campaña de navidad y la difícil situación de la compañía lo que obliga a su tramitación con tal celeridad.

Ahora bien, siendo muy loable el objetivo manifestado en el auto de homologación, entendemos que tal rapidez e inmediatez ha impedido al tribunal realizar un examen más concienzudo y exhaustivo del plan de reestructuración propuesto y de los documentos que lo acompañan que, quizá, podría haberle llevado a concluir de manera distinta en cuanto al control de legalidad que le correspondía efectuar en el momento de dicha homologación.

En todo caso, como acertadamente ha señalado algún destacado autor la impugnación ante la Audiencia Provincial "no equivale a un recurso de apelación... no se trata de revisar la procedencia del auto a la vista de la solicitud y la documentación aportada con esta, sino de permitir la contradicción de quienes se opongan a la homologación por razones tasadas, que incluyen algunas que no habrían podido ser revisadas de oficio por el tribunal que homologó" (SANCHO GARGALLO, I., "La impugnación u oposición previa a la homologación del plan de reestructuración y la protección frente a la rescisión concursal", en AA.VV., Nuevo marco jurídico de las reestructuraciones de empresa en España, 2022, dirigido por A. Cohen Benchetrit, p. 6).

MOTIVOS

La presente impugnación se basa en los motivos que seguidamente se desarrollan.

PRIMERO. FALTA DE CUMPLIMIENTO DE LOS REQUISITOS DE COMUNICACIÓN, CONTENIDO Y DE FORMA QUE SE EXIGEN EN EL CAPÍTULO IV DEL TÍTULO III DEDICADO A LOS PLANES DE REESTRUCTURACIÓN (ART. 655.1 EN RELACIÓN CON EL ART. 654.1° DEL TRLC).

Se alega, en primer lugar, la falta de cumplimiento de los requisitos de comunicación, contenido y de forma exigidos en el capítulo IV del Título III, de conformidad con lo previsto en el art. 655.1 del TRLC en relación con el art. 654.1° del mismo texto legal. En concreto, debido a la falta de inclusión en el instrumento público de la certificación del experto en la reestructuración.

El art. 634 del TRLC requiere que, en el instrumento público en el que se formalice el plan de reestructuración, se incluya la certificación del experto en la reestructuración (o, en su caso, del auditor de cuentas) sobre la suficiencia de las mayorías que se exigen para aprobar el plan.

Se adjunta como documento 9 el informe del experto independiente y como documento 10 el anexo 1 de dicho informe que contiene la certificación del experto sobre las suficiencias de las mayorías. Ambos documentos se han obtenido del Tribunal que ha conocido de la homologación.

No nos consta, sin embargo, y según la documentación que nos ha facilitado el propio Tribunal que ha homologado el plan, que el certificado del experto esté incluido en el instrumento público en el que se ha formalizado el mismo.

Siendo así las cosas, nos encontraríamos con una vulneración de los requisitos de forma exigidos en el capítulo IV del Título III dedicado a los planes de reestructuración que deberían haber dado lugar a la no homologación del plan, en concreto del art. 634 del TRLC.

Ante una posible alegación de contrario, sobre el carácter formal y accesorio de estos defectos, debemos recordar aquí que el nuevo libro Segundo del TRLC, incrementa la desjudicialización de los procedimientos preconcursales y el principio de intervención judicial mínima (como subraya SANCHO GARGALLO, op. cit., p. 8) pero, precisamente por eso, se debe ser muy escrupuloso en el cumplimiento de los pocos requisitos formales que se establecen dentro de un proceso esencialmente informal, en el que se deja gran libertad a las partes para su articulación en cada caso concreto (sobre este motivo y, en particular, sobre los requisitos de forma (SANCHO GARGALLO, I., op. cit., p. 12).

SEGUNDO. FORMACIÓN DE CLASES Y APROBACIÓN DEL PLAN EN DISCONFORMIDAD CON LO PREVISTO EN LOS CAPÍTULOS III Y IV DEL TÍTULO III DEDICADO A LOS PLANES DE REESTRUCTURACIÓN (ART. 655.1 EN RELACIÓN CON EL ART. 654.2° DEL TRLC).

Se alega, como segundo motivo de impugnación, que la formación de clases y la consiguiente aprobación del plan se ha realizado en disconformidad con lo previsto en los capítulos III y IV del Título III (art. 655.1 en relación con el art. 654.2 del TRLC). Que este precepto incluye, entre otras posibles vulneraciones de la normativa vigente, la incorrecta formación de clases, no hay duda alguna en la doctrina científica (por todos, SANCHO GARGALLO, I., op. cit., p. 4)

En efecto, nos encontramos con una formación de clases artificiosa llevada a cabo con el único objetivo de aprobar un plan de reestructuración con el voto a favor de un porcentaje minoritario del pasivo afectado.

En el supuesto que nos ocupa se han creado nada menos que (...) clases, de las cuales, además, (...) son de carácter unipersonal, es decir, más que (...) clases son (...) acreedores concretos que, a cambio de un trato claramente preferente y mejor que el dispensado a otros acreedores (incluso, de igual rango concursal) votaron a favor para, así, conseguir una aparente mayoría de clases a favor del plan de reestructuración propuesto.

En relación con este motivo, debemos subrayar aquí que el solicitante de la homologación no ha hecho uso del procedimiento previo para la confirmación judicial de las clases previsto en el art. 626 del TRLC, de forma que el tribunal que ha conocido de la homologación no ha tenido ocasión de examinar y resolver sobre la correcta o incorrecta formación de las clases de créditos afectados en relación con este plan.

Por ello, tiene que ser necesariamente ahora, en trámite de impugnación, cuando se entre a analizar judicialmente si la formación de clases realizada en el plan cumple con los requisitos de los arts. 623 y siguientes del TRLC.

Veamos, pues, las (...) clases de acreedores conforme se relacionan en el apartado (...) del plan de reestructuración y cuyos integrantes se relacionan en el anexo 2 del plan:

[...]

Deviene fundamental, por tanto, analizar si la formación de clases se ha realizado de forma correcta. En este sentido, el art. 623 del TRLC establece, en sus tres primeros apartados, que:

1. La formación de clases debe atender a la existencia de un interés común a los integrantes de cada clase determinado conforme a criterios objetivos.

2. Se considera que existe interés común entre los créditos de igual rango determinado por el orden de pago en el concurso de acreedores.

3. A su vez, los créditos de un mismo rango concursal podrán separarse en distintas clases cuando haya razones suficientes que lo justifiquen. A estos efectos se podrá atender, en particular, a la naturaleza financiera o no financiera del crédito, al conflicto de intereses que puedan tener los acreedores que formen parte de distintas clases, o a cómo los créditos vayan a quedar afectados por el plan de reestructuración. Cuando los acreedores sean pequeñas o medianas empresas y el plan de reestructuración suponga para ellas un sacrificio superior al cincuenta por ciento del importe de su crédito, deberán constituir una clase de acreedores separada.

En el caso que nos ocupa, nos encontramos con que la deudora ha llegado a un acuerdo con el proveedor (...) para el pago del (...)% de su crédito que se recoge en el anexo 15 del plan (documento 5).

[...]

No podemos, en modo alguno, considerar que concurran las razones suficientes que requiere el art. 623.3 del TRLC para separar a estos dos proveedores ya no solo del resto de acreedores del mismo rango sino del mismo tipo o naturaleza de los créditos que las conforman.

Debe destacarse que no ha habido ninguna voluntad de negociación con los acreedores de la deudora. Se trata de un plan impuesto que afecta a todo un amplio colectivo de acreedores, mediante la consecución de acuerdos bilaterales con algunos acreedores concretos y la creación artificiosa de clases para su formal homologación. Precisamente, lo contrario de lo que persigue la ley.

Es cierto que se trata de una normativa nueva en nuestro ordenamiento jurídico, por lo que contamos con pocos precedentes jurisprudenciales para enjuiciar nuestro caso, ni tampoco con un cuerpo doctrinal amplio y consolidado al respecto.

Sin embargo, si podemos contar, a estos efectos interpretativos, por un lado, con los precedentes jurisprudenciales del Reino Unido, país que —como es sabido— ha sido la inspiración de la Directiva 2019/1023 en este punto y, por otro lado, con la escasa doctrina científica que ya ha visto la luz (o está a punto de verla y a la que esta parte ha tenido acceso por gentileza de sus autores), a saber:

GARCIMARTÍN ALFÉREZ, F., "Sobre el nuevo régimen aplicable a los planes de reestructuración del Libro II del anteproyecto (y las novedades en el Libro IV)", en la Revista General de Insolvencia y Reestructuraciones, 2021, n° 3, p. 47 y ss.

GARCIMARTÍN ALFÉREZ, F., "Apuntes sobre la formación de clases en el Derecho preconcursal", Almacén de Derecho, 15 de noviembre de 2022.

VILLORIA RIVERA, I., "Clases de créditos en la reforma del Texto Refundido de la Ley Concursal: apuntes de Derecho inglés", en la Revista General de Insolvencia y Reestructuraciones, 2022, nº 8, p. 239 y ss.

SANCHO GARGALLO, I., "La impugnación u oposición previa a la homologación del plan de reestructuración y la protección frente a la rescisión concursal", en AA.VV., Nuevo marco jurídico de las reestructuraciones de empresa en España, 2022, dirigido por A. Cohen Benchetrit (en prensa).

NAVARRO GONZÁLEZ, A.J.-IBIZA GIMENO, J., "Los créditos afectados por el plan de reestructuración", en AA.VV. Reestructuraciones e Insolvencia, dir. por E. Aznar Giner y Zubizarreta Urcelay, Valencia, 2023, p. 733 y ss.

MARTÍNEZ BLÁZQUEZ, J.A.-SERRANO SÁNCHEZ, M.-GRAGUERA VIVAS, C.-ECHEVARRÍA LARRAÑAGA, J., "Las clases de acreedores. Su formación", en AA.VV. Reestructuraciones e Insolvencia, dir. por E. Aznar Giner y Zubizarreta Urcelay, Valencia, 2023, p. 759 y ss.

Pues bien, de esa jurisprudencia y doctrina científica se deduce con facilidad que no puede servir como fundamento para separar artificialmente en clases distintas a acreedores que, sustancialmente, tienen el mismo interés en el procedimiento cualquier diferencia accesoria o menor entre ellos sino que tiene que obedecer a "criterios objetivos" que acrediten que no existe una "comunidad de intereses suficiente basada en criterios comprobables" (conforme establece el art. 9.4 de la Directiva).

Así, por ejemplo, no puede servir como fundamento para separar en clases distintas "aspectos de orden subjetivo, que pueden afectar a cada acreedor, esto es lo que podríamos llamar el interés particular de cada uno" (VILLORIA RIVERA, op. cit., p. 247, que cita como ejemplos ser un accionista que no alcanza el porcentaje suficiente para su subordinación, el ser acreedor originario o derivativo, que un acreedor no pueda aprobar la reestructuración por razones personales).

Incluso diferencias objetivas entre los créditos como los intereses que devengan o los plazos de amortización se ha considerado que no son diferencias sustanciales que deban dar lugar a clases distintas (VILLORIA RIVERA, op. cit., p. 257).

Es más, incluso respecto al diferente rango concursal, se ha considerado que no es necesario dividir los créditos con privilegio general o los créditos subordinados en clases distintas por sus distintos sub-rangos concursales, pudiendo ser una parte de una misma clase como regla general (salvo que, en un caso concreto, se acredite que puede resultar relevante en cuanto a la probabilidad concreta de cobro o satisfacción dentro del concurso.)

Así, en el derecho inglés, el concepto es negativo: basta con que los intereses de los acreedores no sean tan distintos como para que sea imposible agruparlos en una misma clase (desde el asunto Charles Bowen LJ, 1892), es decir, deberán hacerse clases distintas cuando "lo que les separa es más de lo que les une" (APCOA parking Holding GmbH, 2015; cfr. VILLORIA RIVERA, op. cit., p. 255).

Como, con razón, afirma este autor, la primera conclusión que se puede extraer de la jurisprudencia inglesa es "la conveniencia de evitar una proliferación excesiva de clases" (VILLORIA RIVERA, op. cit., p. 256, quien añade que "formar clases distintas a partir de mínimas divergencias llevaría a constituir un número casi infinito de clases, tantas como créditos", que es precisamente lo que aquí sucede, pues la mitad son unipersonales), lo que contrasta con un caso como el aquí enjuiciado que, en una pyme con un pasivo de unos (...) millones de euros, se han formado hasta (...) clases distintas, de forma absolutamente innecesaria y artificial, justamente para darle un poder a una minoría que, de otra forma, no tendría.

Sólo si las diferencias son tan grandes o de tanta relevancia que hacen imposible identificar un interés común, habrá justificación para formar clases distintas. Así, se ha dicho (DX Holdings Ltd, 2010) que:

> "A difference is only sufficient to mandate the creation of a separate clase if it is sufficiently great to make consultation with a view to their commom interest impossible".

Como ha dicho la doctrina (MARTÍNEZ BLÁZQUEZ-SERRANO SÁNCHEZ-GRAGUERA VIVAS-ECHEVARRÍA LARRAÑAGA, op. cit., p. 765), la regla general para la formación de clases debe ser el rango concursal ya que "la ley presume y reconoce iuris et de iure la existencia del suficiente interés común habilitante para configurar una clase", de manera que en créditos del mismo rango —como se ha afirmado con acierto— "la agregación debe ser el punto de partida y la carga de la argumentación la tienen quienes pretendan otra cosa" (GARCIMARTÍN ALFÉREZ, op. cit.), es decir, "in dubio pro agregación".

En relación con la posibilidad de subdividir en distintas clases a acreedores del mismo rango concursal, se ha subrayado que ello, excepcionalmente, será posible siempre que, dadas las circunstancias concretas, sea "consecuencia de la imposibilidad de unir en un mismo rango a titulares de créditos cuyos intereses divergen en lo sustancial" (VILLORIA RIVERA, op. cit., p. 249, la negrita es nuestra; también MARTÍNEZ BLÁZQUEZ-SERRANO SÁNCHEZ-GRAGUERA VIVAS-ECHEVARRÍA LARRAÑAGA, op. cit., p. 785, que hablan de "excepción a la regla de conformar las clases con base en dichos rangos concursales").

Este es el sentido que debe darse a la expresión contenida en el art. 623.3 del TRLC cuando dicen que podrán separarse "cuando haya razones suficientes que lo justifiquen", aludiendo luego al carácter financiero o no de los créditos, a la existencia de un conflicto de intereses.

Es cierto que dicho precepto menciona también, como una posible causa de su separación en distintas clases "a cómo los créditos vayan a quedar afectados por el plan de reestructuración", pero obviamente, no ampara dicho precepto que dicha diferente afectación por el plan obedezca al capricho o arbitrariedad de los proponentes que, sin razón objetiva alguna, decidan proporcionarles un mejor trato a unos acreedores frente a otros de igual rango concursal, puesto que ello —como veremos en el motivo siguiente— está prohibido, siendo causa de impugnación de la homologación (como resaltan, MARTÍNEZ BLÁZQUEZ-SERRANO SÁNCHEZ-GRAGUERA VIVAS-ECHEVARRÍA LARRAÑAGA, op. cit., p. 784).

En este punto, de nuevo, la jurisprudencia inglesa nos da luz y nos apunta que, diferencias en cuanto a los efectos del plan, como recibir una comisión por adhesión temprana "(early bird fee") o por actuar como acreedores coordinadores del proceso o miembros del Comité de acreedores, aunque perciban comisiones u honorarios por ello e, incluso, —y esto es especialmente relevante en nuestro caso— si están dispuestos a aportar dinero fresco o nuevo a cambio de mejorar el tratamiento de su deuda antigua ("elevation" en terminología anglosajona), no son motivos válidos para separar en clases distintas a acreedores de la misma clase (VILLORIA RIVERA, op. cit., p. 257).

A este punto también se refiere expresamente VILLORIA RIVERA en su trabajo, donde se pregunta "si cabe dividir en clases créditos de igual rango concursal, a base de establecer tratos distintos a unos y otros (precisamente por ello)" y responde él mismo a este interrogante, lógicamente, que si ello acontece "de forma arbitraria (i.e., porque el acuerdo tenga a bien discriminar entre créditos de igual rango entre los que no existen diferencias objetivas y, por ello, conduzca a formar clases distintas entre ellos)... se trataría de un claro fraude de ley, dirigido a eludir la regla del trato paritario para los créditos de una misma clase" (p. 251, la negrita es nuestra; también, MARTÍNEZ BLÁZQUEZ-SERRANO SÁNCHEZ-GRAGUERA VIVAS-ECHEVARRÍA LARRAÑAGA, op. cit., p. subrayan que esta posibilidad debe entenderse "como residual, y siempre, con una justificación clara y objetiva").

Sólo cabrá si la separación obedece a criterios objetivos, como sucede con los créditos financieros y no financieros, pero "si atendiendo a razones objetivas, los créditos forman una sola clase... no cabe hacer dos clases para justificar la discriminación" (p. 251).

Pues bien, en nuestro caso, se han separado en (...) clases distintas a acreedores, no sólo del mismo rango concursal (créditos ordinarios), sino de la misma naturaleza (proveedores de servicios o mercancías) e, incluso, de exactamente del mismo contenido o carácter que el separado en una clase unipersonal, sin que exista ni se acredite de contrario ninguna circunstancia objetiva que permita justificar una separación en clases diferentes con el agravante adicional de que (...) de esas "clases", además, tienen poco de clases de crédito o de acreedores porque se forman con un único acreedor, por lo que tienen poco de clase o conjunto que deba tomar decisiones por mayoría entre los integrantes de la misma.

Y el mismo razonamiento cabe efectuar respecto de la separación en dos clases distintas de los créditos que gozan de garantía real, puesto que son igualmente, créditos que gozan del mismo rango concursal: son créditos con privilegio especial y que, por ello, presumiblemente cobrarían 100% de su crédito en un escenario concursal, al tener suficiente cobertura del mismo conforme al valor de su respectiva garantía.

En efecto, tanto la denominada Clase "...", formada por el titular de créditos comerciales que es proveedor logístico exclusivo y posee un derecho de prenda sobre la mercancía depositada en los almacenes, cuyo crédito asciende a (...) euros (clase unipersonal), como la denominada clase "Leasings", formada por los titulares de créditos derivados de contrato de arrendamiento financiero sobre equipamiento productivo esencial para la continuidad y viabilidad y de la que forman parte tres entidades financieras cuyos créditos titulan (...)

euros, son dos clases que se conforman por créditos con el mismo rango concursal y de los que tampoco se nos dan explicaciones o justificaciones adecuadas de dicha subdivisión.

Es cierto que, en sentido estricto, el arrendamiento financiero no es una garantía real pero, como ya sucediera en la interpretación de los anteriores arts. 90 y D.A. 4ª de la Ley Concursal de 2003, un amplio sector de la doctrina y de la jurisprudencia ya interpretaban que los conceptos "acreedor con garantía real" y "acreedor con privilegio especial" deben ser interpretados como coincidentes a estos efectos, precisamente por su idéntico tratamiento concursal a efectos de preferencia de cobro o rango concursal (MARTÍNEZ BLÁZQUEZ-SERRANO SÁNCHEZ-GRAGUERA VIVAS-ECHEVARRÍA LARRAÑAGA, op. cit., p. 773).

Pues bien, el art. 624 del TRLC establece que estos acreedores "constituirán una clase única, salvo que la heterogeneidad de los bienes o derechos gravados justifique su separación en dos o más clases" y, en este caso, no se ha justificado, ni poco ni mucho, la razón de dicha separación en contra de la regla general de formar "una clase única", como exige el precepto.

No parece, además, en nuestra opinión que el hecho de que un privilegio recaiga sobre las mercancías y el otro sobre maquinaria e inmuebles, derivado uno de una prenda y los otros de sendos contratos de leasing implique "a priori" y sin mayor explicación razones suficientes para dicha separación, puesto que su comunidad de intereses parece clara, puesto que son créditos que tienen una elevada probabilidad de ser íntegramente satisfechos en un escenario de liquidación concursal.

Por ello, de nuevo, el volver a separar uno de ellos en una clase unipersonal parece sólo obedecer a la necesidad de tener más clases de forma artificial para alcanzar la mayoría simple de clases a favor que exige el art. 639.1° del TRLC.

Es cierto que la Ley no prohíbe la existencia de clases unipersonales pero, como ya hemos expuesto, es algo que debe ser verdadera excepcional y, por ello, muy justificado desde un punto de vista objetivo (pensemos, por ejemplo, en un crédito sindicado, aunque aún en este ejemplo, habría varios acreedores, pero integrantes de un único crédito que puede tener un interés distinto a otros de igual rango concursal).

En consecuencia, si el Tribunal admitiera esta formación de clases crearía un precedente perverso, puesto que sería muy fácil en el futuro sacar adelante planes de reestructuración con un apoyo minoritario del pasivo afectado: Bastará con llegar a acuerdos particulares con determinados acreedores y configurarles como clases independientes a cada uno de ellos lo que nos permitirá el posterior arrastre de clases (arrastrando con ello la mayor parte del pasivo afectado contra su voluntad, como es el caso). Es decir, como afirma el autor citado, se estaría justificando un fácil fraude de ley en vulneración de la paridad de trato que impone el TRLC y la Directiva recientemente traspuesta por la Ley 16/2022.

TERCERO. LA CLASE DE LOS ACREEDORES IMPUGNANTES VAN A RECIBIR UN TRATO MENOS FAVORABLE QUE CUALQUIER OTRA CLASE DEL MISMO RANGO (ART. 655.2.3° DEL TRLC).

Como tercer motivo se alega que mis mandantes, los acreedores financieros (...) y (...), van a tener un tener un trato menos favorable que cualquier otra clase del mismo rango.

Mis mandantes tienen la consideración de "Acreedores Financieros". En este sentido, se recogen en el anexo 8 del plan que relaciona los acreedores de esta clase (documento 5):

(...)

Esta clase de "Acreedores Financieros" tendrían la consideración de acreedores ordinarios. El resto de acreedores con el mismo rango serían los pertenecientes a las clases de (...), (...), (...), (...) y (...).

Basta comparar dicha clasificación rango concursal con los efectos o sacrificios que se les imponen respectivamente, para comprobar sin mayor esfuerzo como nuestros mandantes reciben un trato peor que el resto de clases del mismo rango. En efecto, conforme al propio auto de homologación objeto de impugnación y al plan de reestructuración, el tratamiento del plan a cada una de estas clases de acreedores con rango de acreedor ordinario es el siguiente:

[...]

Es patente y manifiesto que la clase de "Acreedores financieros", a la que pertenecen mis mandantes reciben un trato menos favorable que cualquier otra clase del mismo rango, especialmente en el aspecto más relevante o de mayor sacrificio, como son las quitas.

Mientras el resto de clases de créditos ordinarios o bien no asumen quita alguna ((...) de las (...) clases) o asumen una quita de entre el (...) y el (...)%, la clase a la que pertenecen nuestros representado es la única que sufre una quita del (...)% de su importe.

En consecuencia, las clases de nuestros representados recibe un trato peor o menos favorable que todas las demás clases que engloban créditos con igual preferencia o rango concursal en clara contravención del citado art. 655.2.3º del TRLC y, por ello, concurre la causa prevista en el mismo para la no extensión de los efectos del plan a mis mandantes.

Como ya hemos expuesto en el motivo anterior, este trato discriminatorio sería un fraude de ley y está prohibido por el TRLC y por la Directiva 2019/1023, como también subrayan MARTÍNEZ BLÁZQUEZ-SERRANO SÁNCHEZ-GRAGUERA VIVAS-ECHEVARRÍA LARRAÑAGA, op. cit., p. 784, quienes señalan que, aun en la hipótesis de que fuera admisible la subdivisión en varias clases de acreedores afectados que gocen de igual rango concursal, ambas clases debería sufrir el mismo sacrificio para no generar causa de impugnación, lo que, según estos mismos autores, resta atractivo a la posibilidad de subdivisión en varias clases.

Como ha afirmado la mejor doctrina (SANCHO GARGALLO, I., op. cit., p. 20), "la razón de ser de esta causa de impugnación es que el plan no puede suponer un tratamiento discriminatorio entre créditos del mismo rango, pero que pertenecen a clases distintas, salvo que la clase menos favorecida lo haya consentido al aprobar el plan con las mayorías legales correspondientes", cosa que, como es evidente, no ha sucedido en nuestro caso.

CUARTO. INCUMPLIMIENTO DE LA REGLA DE LA PRIORIDAD ABSOLUTA ("ABSOLUTE PRIORITY RULE" O"APR"): QUE LA CLASE A LA QUE PERTENEZCA EL ACREEDOR O ACREEDORES IMPUGNANTES VAYA A MANTENER O RECIBIR DERECHOS, ACCIONES O PARTICIPACIONES CON UN VALOR INFERIOR AL IMPORTE DE SUS CRÉDITOS SI UNA CLASE DE RANGO INFERIOR O LOS SOCIOS VAN A RECIBIR CUALQUIER PAGO O CONSERVAR CUALQUIER DERECHO, ACCIÓN O PARTICIPACIÓN EN EL DEUDOR EN VIRTUD DEL PLAN DE REESTRUCTURACIÓN.

Finalmente, como cuarto motivo de impugnación, se alega la abierta infracción de la regla de la prioridad absoluta que resulta de obligado cumplimiento en los denominados "planes no consensuales", es decir, cuando se produce un arrastre de clase o "cross-class cram-down" en terminología anglosajona, como es el caso, donde son arrastradas tres clases de acreedores que no han aprobado el plan de reestructuración, pero a los que se pretende su extensión por aplicación del art. 639.1° del TRLC.

Como se ha afirmado con acierto por la mejor doctrina, ésta es la regla más justa en caso de plan no consensual (respeta los rangos crediticios) y más sencilla de aplicar: el derecho a participar en el excedente o prima de reestructuración es un derecho de clase o colectivo (no individual) y la APR "determina quienes tienen derecho a quedarse con la compañía post-reestructuración (i.3., las clases que estén "dentro del dinero")" (GARCIMARTÍN, 2021, p. 76).

Pues bien, aunque en un análisis superficial podría pensarse que no sucede tal cosa ya que, la única clase que es de peor rango concursal que aquella a la que pertenecen nuestros mandantes es la denominada clase (...), formada por... y, por ello persona especialmente relacionada a los efectos del art. 283 del TRLC, de forma que su crédito sería subordinado, puesto que dicho acreedor asume una quita del 100% de su crédito, es decir, una condonación plena y total del mismo, sí que se infringe la regla de la prioridad absoluta puesto que los socios de la deudora no sufren ningún sacrificio o merma (antes al contrario, fruto de la reestructuración, su participación valdrá más puesto que se habrá garantizado la viabilidad de la empresa de la que son propietarios).

En efecto, la regla de la prioridad absoluta no sólo exige que "la clase a la que pertenezca el acreedor o acreedores impugnantes vaya a mantener o recibir derechos, acciones o participaciones con un valor inferior al importe de sus créditos si una clase de rango inferior" recibe algún pago o derecho, por mínimo que sea, tras la reestructuración o como consecuencia de la misma sino que también exige que tampoco "los socios van a recibir cualquier pago o conservar cualquier derecho, acción o participación en el deudor en virtud del plan de reestructuración" (art. 655.2.4° del TRLC). Es decir, la APR implica ineludiblemente que no se pueda nunca arrastrar a una clase entera, dejándole, a la vez, algo a los socios (GARCIMARTÍN, 2021, p. 81, nota 42) y esto es justo lo que ocurre en nuestro caso.

Pues bien, en nuestro caso, los socios que, a estos efectos, debe ser considerados como acreedores residuales o de rango inferior que nuestros mandantes mantienen íntegramente sus posiciones sin que, ni siquiera, se prevea una reducción de capital para enjugar pérdidas con la simultánea posibilidad de que los acreedores ordinarios capitalicen los créditos que no puedan ser pagados, es decir, la deuda no sostenible, como forma de obtener con ello una participación significativa en la sociedad deudora.

Es cierto que, excepcionalmente, esta regla se podrá incumplir "cuando sea imprescindible para asegurar la viabilidad de la empresa y los créditos de los acreedores afectados no se vean perjudicados injustificadamente" (art. 655.3 TRLC), pero no se ha alegado tal cosa y no sería admisible que lo hicieran ahora en la oposición a nuestra impugnación ya que nos causaría una evidente indefensión al no poder combatir dicha eventual argumentación, por habérsenos hurtado su conocimiento previo a nuestra impugnación.

En efecto, deberían haber sido los solicitantes los que —reconociendo el flagrante incumplimiento de esta regla de imperativa aplicación en los planes no consensuales con arrastre de clases— alegaran la aplicación de la excepción contenida en el citado art. 655.3 TRLC, justificando y probando la concurrencia de su supuesto de hecho.

En todo caso, y aun en el hipotético caso —que sólo admitimos a efectos puramente dialécticos— de que se admitiera que resultaba imprescindible para asegurar la viabilidad de la empresa, lo que en ningún caso se podría acreditar de contrario —al margen de su inadmisión por intempestiva— es que los créditos de mis mandantes "no se vean perjudicados injustificadamente" y ello por la sencilla razón que el sacrificio al que se les somete es desproporcionado al hacer recaer prácticamente en esa sola clase (créditos financieros) el peso mayoritario de la reestructuración (quita del (...)% y espera de (...) años), cuando otros créditos de igual rango no sufren quita alguna, bien por haberse dejado deliberadamente fuera el perímetro de afectación del plan (a pesar de ser de igual naturaleza financiera y de igual rango concursal) o se han incluido en otras clases unipersonales a cambio de votar a favor como tal supuesta "clase" para asegurar el cumplimiento formal de lo establecido en el art. 639.1° del TRLC a cambio de no sufrir quita alguna con el citado plan de reestructuración.

En conclusión, se ha infringido abiertamente la regla de la prioridad absoluta tal y como ha sido incorporada en el art. 655.2.4° del TRLC, lo que implica un claro motivo de impugnación del plan homologado cuya estimación debe conducir a la aplicación del art. 661.1 del TRLC y, en consecuencia, a declarar "la no extensión de los efectos del plan únicamente frente a quien hubiera instado la impugnación, subsistiendo los efectos de la homologación frente a los demás acreedores y socios".

FUNDAMENTOS DE DERECHO

De orden procesal

—I—

JURISDICCIÓN Y COMPETENCIA

Corresponde la competencia objetiva y territorial de esta impugnación a la Audiencia Provincial de (...), de conformidad con lo dispuesto en el art. 653.1 del TRLC.

—II—

PROCEDIMIENTO Y POSTULACIÓN

De conformidad con lo dispuesto en el art. 658.1 del TRLC: "Todas las impugnaciones se tramitarán conjuntamente por los trámites del incidente concursal. En todo caso, al escrito de impugnación se acompañará copia del auto de homologación".

Esta parte comparece debidamente representada por Procurador y asistida por Letrado de acuerdo con lo dispuesto en los art. 23.1 y 31.1 de la Ley 1/2000 de 7 de enero, de Enjuiciamiento Civil (en adelante, "LEC").

—III—

CAPACIDAD PROCESAL

Reúnen los impugnantes los requisitos de capacidad para ser parte, en virtud de lo dispuesto en el art. 6 de la LEC y comparecer en juicio, según preceptúa el art. 7 de la LEC.

—IV—

LEGITIMACIÓN

El art. 655 del TRLC legitima a esta parte para presentar la presente impugnación del auto de homologación en cuanto titulares de créditos afectados por el plan que no han votado a favor del mismo y perteneciente a una clase que no lo ha aprobado.

—V—

COSTAS

La sentencia que recaiga en el incidente concursal se regirá en materia de costas por lo dispuesto en la LEC, tanto en cuanto a su imposición como en lo relativo a su exacción, y serán inmediatamente exigibles una vez firme la sentencia, según lo dispuesto en el art. 542.1 del TRLC, en relación con el art. 394 de la LEC.

De orden sustantivo

Nos remitimos a lo expuesto en sede de Motivos, no volviendo a reproducirlos a fin de evitar reiteraciones innecesarias.

En su virtud, SOLICITO A LA AUDIENCIA que tenga por interpuesta la impugnación del auto de homologación del plan de reestructuración de (...) dictado por el Tribunal de Instancia, seccion de lo mercantil, de (...) con fecha (...) de (...) de (...) y, tras los trámites correspondientes, dicte sentencia estimatoria de la impugnación declarando la ineficacia del plan o, subsidiariamente, la no extensión de los efectos del plan frente a (...) y (...), con expresa imposición de costas a quienes se oponga a la presente impugnación.

OTROSÍ PRIMERO DIGO que, en principio, no se considera necesaria la celebración de vista, pero para el supuesto de que se acuerde su celebración se proponen, aparte de la prueba documental aportada, los siguientes medios de prueba:

1° Interrogatorio del representante legal de (...) con conocimiento de los hechos.

2° Interrogatorio de D./Dña (...) (experto independiente).

3° Interrogatorio del representante legal de (...) con conocimiento de los hechos.

SOLICITO A LA AUDIENCIA que tenga por efectuada la anterior manifestación, a los efectos legales oportunos.

OTROSÍ SEGUNDO DIGO que, a los efectos del artículo 231 de la LEC, manifiesto mi voluntad de cumplir los requisitos exigidos por la Ley, para que puedan ser subsanados los defectos en que puedan haber incurrido o incurran en el futuro los actos procesales de esta parte.

SOLICITO A LA AUDIENCIA que tenga por hecha la anterior manifestación, a los efectos legales oportunos.

En (...), a (...) de (...) de (...).

D./Dña (...)	D./Dña (...)
Procurador/a	Abogado/a

F186. IMPUGNACIÓN DEL AUTO DE HOMOLOGACIÓN DEL PLAN DE REESTRUCTURACIÓN APROBADO POR TODAS LAS CLASES DE CRÉDITOS

A LA AUDIENCIA PROVINCIAL DE ....

Don ...., Procurador de los Tribunales y de ....(CUALQUIER ACREEDOR QUE NO HAYA VOTADO A FAVOR), según se acredita mediante poder para pleitos que como DOCUMENTO Nº 1 se adjunta, dirigido por el abogado Don ...., ante el Tribunal comparezco y como mejor proceda en Derecho, DIGO:

Que en la representación que ostento, formulo escrito de IMPUGNACIÓN DEL AUTO DE HOMOLOGACIÓN DEL PLAN DE REESTRUCTURACIÓN APROBADO POR TODAS LAS CLASES DE CRÉDITOS, que fundo en los siguientes:

HECHOS

Primero. Que respecto del deudor ...., se procedió a aprobar por toda la clase de créditos, un plan de reestructuración y que se elevó a publico por el Notario de ...., don .... el día ......de ....de ...... Con número de protocolo ......,

Segundo.-, Que se procedió a homologar judicialmente el citado pan de reestructuración mediante auto de fecha ... de .... de. ..., y que se procedió a publicar el pasado ...... de .... de .... en el Registro Publico Concursal. Se adjunta como documento nº 2 copia del auto aprobando la homologación.

Tercero. Que esta parte no ha votado a favor del plan de reestructuración

Cuarto. Que dentro de los 15 días siguientes a la publicación, presento está impugnación al auto de homologación por los siguientes motivos (Elegir el que corresponda y justificarlo)

1.º Que no se hayan cumplido los requisitos de comunicación, contenido y de forma que se exigen en el capítulo IV del titulo III del libro segundo de este TRLC.

2.º Que la formación de las clases de acreedores y la aprobación del plan, no se hayan producido de conformidad con lo previsto en los capítulos III y IV del titulo III del libro segundo de este TRLC.

3.º Que el deudor no se encuentre en probabilidad de insolvencia, insolvencia inminente o actual.

4.º Que el plan no ofrezca una perspectiva razonable de evitar el concurso y asegurar la viabilidad de la empresa en el corto y medio plazo.

5.º Que sus créditos no hayan sido tratados de forma paritaria con otros créditos de su clase.

6.° Que la reducción del valor de sus créditos sea manifiestamente mayor al que resulta necesario para garantizar la viabilidad de la empresa. En caso de cesión de créditos, se presumirá que no concurre esta circunstancia cuando el acreedor impugnante haya adquirido el crédito con un descuento superior a la reducción del valor que este padece.

7.° Que el plan no supere la prueba del interés superior de los acreedores.

Se considerará que el plan no supera esta prueba cuando sus créditos se vean perjudicados por el plan de reestructuración en comparación con su situación en caso de liquidación concursal de los bienes del deudor, individualmente o como unidad productiva. A los efectos de comprobar la satisfacción de esta prueba, se comparará el valor de lo que reciban conforme al plan de reestructuración con el valor de lo que pueda razonablemente presumirse que hubiesen recibido en caso de liquidación concursal. Para calcular este último valor, se considerará que el pago de la cuota de liquidación tiene lugar a los dos años de la formalización del plan.

8.° Que el deudor haya incumplido la obligación de encontrarse al corriente en el cumplimiento de sus obligaciones tributarias y frente a la Seguridad Social.

FUNDAMENTOS DE DERECHO

I. Jurisdicción y competencia

Corresponde a la Audiencia Provincial de ... conforme al Articulo 658.2 del TRLC.

II. Representación procesal y defensa técnica.

Esta parte comparece en la debida representación que exige el artículo 23 LEC.

III. Procedimiento.

Articulo 658.1 del TRLC, todas las impugnaciones se tramitaran conjuntamente por los tramites del incidente concursal.

IV. Cuantía del litigio.

V. Fondo del asunto.

El procedimiento para los casos de impugnación del auto de homologación se recoge en los artículos 653 y ss. del Texto Refundido de la Ley Concursal, los cuales regulan el procedimiento específico para los supuestos de impugnación del auto de homologación de un plan de reestructuración. En este caso ....

VI. Costas del proceso.

Las costas causadas en este proceso deberán ser impuestas a la demandada de acuerdo con lo dispuesto en el artículo 394 LEC.

Por todo ello,

SUPLICO A LA AUDIENCIA PROVINCIAL DE .... que tenga por presentado este escrito, junto con los documentos que lo acompañan, lo admita y tenga por interpuesta la impugnación del auto de homologación del plan de reestructuración del deudor, y que se tramitará conforme a los tramites del incidente concursal, y proceda a dictar sentencia estimando la impugnación solicitada, y en los términos expuestos en este escrito

Por lo expuesto,

Es justicia que pido en ...., a ... de ....de ....

F187. IMPUGNACIÓN DEL AUTO DE HOMOLOGACIÓN DEL PLAN DE REESTRUCTURACIÓN POR PARTE AFECTADA EN CONTRATO RESUELTO. INADECUACIÓN DE LA INDEMNIZACIÓN

A LA AUDIENCIA PROVINCIAL DE ....

Don ...., Procurador de los Tribunales y de ....(PARTE CONTRATANTE DE UN CONTRATO RESUELTO) (, según se acredita mediante poder para pleitos que como DOCUMENTO Nº 1 se adjunta, dirigido por el abogado Don ...., ante el Tribunal comparezco y como mejor proceda en Derecho, DIGO:

Que en la representación que ostento, formulo escrito de IMPUGNACIÓN DEL AUTO DE HOMOLOGACIÓN DEL PLAN DE REESTRUCTURACIÓN, que fundo en los siguientes:

HECHOS

Primero. Que respecto del deudor ...., se procedió a aprobar un plan de reestructuración y que se elevó a publico por el Notario de ...., don .... el día ......de ....de ...... Con número de protocolo ......, Se adjunta como documento nº 2

Segundo.-, Que se procedió a homologar judicialmente el citado pan de reestructuración mediante auto de fecha ... De .... de. ..., y que se procedió a publicar el pasado ...... de .... De .... En el Registro Publico Central. Se adjunta como documento nº 3 copia del auto aprobando la homologación.

Tercero. Que en el citado plan de reestructuración se acordó la resolución del contrato de ...., con obligaciones reciprocas para las partes cuya copia acompañamos como documento nº 4 y en el que mi representada era la parte ......

Conforme a lo dispuesto en el articulo 657 del TRLC, la parte afectada podrá impugnar esa resolución

Cuarto. Que dentro de los 15 días siguientes a la publicación, presento está impugnación al auto de homologación por el siguiente motivo, previsto en el articulo 657.2 del TRLC, la indemnización prevista en el plan de reestructuración no es la adecuada por los siguientes motivos:

Deben justificarse y fundamentarse

FUNDAMENTOS DE DERECHO

I. Jurisdicción y competencia

Corresponde a la Audiencia Provincial de ... conforme al Articulo 658.2 del TRLC.

II. Representación procesal y defensa técnica.

Esta parte comparece en la debida representación que exige el artículo 23 LEC.

III. Procedimiento.

Articulo 658.1 del TRLC, todas las impugnaciones se tramitaran conjuntamente por los tramites del incidente concursal.

IV. Cuantía del litigio.

V. Fondo del asunto.

El procedimiento para los casos de impugnación del auto de homologación del plan de reestructuración acordando la resolución de un contrato, se recoge en los artículos 657 y ss. del Texto Refundido de la Ley Concursal. En este caso, ...

VI. Costas del proceso.

Las costas causadas en este proceso deberán ser impuestas a la demandada de acuerdo con lo dispuesto en el artículo 394 LEC.

Por todo ello,

SUPLICO A LA AUDIENCIA PROVINCIAL DE .... que tenga por presentado este escrito, junto con los documentos que lo acompañan, lo admita y tenga por interpuesta la impugnación del auto de homologación del plan de reestructuración del deudor, y que se tramitará conforme a los tramites del incidente concursal, y proceda a dictar sentencia estimando la impugnación solicitada, y en los términos expuestos en este escrito

Por lo expuesto,

Es justicia que pido en ...., a ... de ....de ....

F188. IMPUGNACIÓN DEL AUTO DE HOMOLOGACIÓN DEL PLAN DE REESTRUCTURACIÓN POR PARTE AFECTADA EN CONTRATO RESUELTO. NO ES NECESARIO PARA BUEN FIN DE LA REESTRUCTURACIÓN

A LA AUDIENCIA PROVINCIAL DE ....

Don ...., Procurador de los Tribunales y de ....(PARTE CONTRATANTE DE UN CONTRATO RESUELTO) (, según se acredita mediante poder para pleitos que como DOCUMENTO Nº 1 se adjunta, dirigido por el abogado Don ...., ante el Tribunal comparezco y como mejor proceda en Derecho, DIGO:

Que en la representación que ostento, formulo escrito de IMPUGNACIÓN DEL AUTO DE HOMOLOGACIÓN DEL PLAN DE REESTRUCTURACIÓN, que fundo en los siguientes:

HECHOS

Primero. Que respecto del deudor ...., se procedió a aprobar un plan de reestructuración y que se elevó a publico por el Notario de ...., don .... el día ......de ....de ...... Con número de protocolo ......, Se adjunta como documento nº 2

Segundo.-, Que se procedió a homologar judicialmente el citado pan de reestructuración mediante auto de fecha ... De .... de. ..., y que se procedió a publicar el pasado ...... de .... De .... En el Registro Publico Central. Se adjunta como documento nº 3 copia del auto aprobando la homologación.

Tercero. Que en el citado plan de reestructuración se acordó la resolución del contrato de ...., con obligaciones reciprocas para las partes cuya copia acompañamos como documento nº 4 y en el que mi representada era la parte ......

Conforme a lo dispuesto en el articulo 657 del TRLC, la parte afectada podrá impugnar esa resolución

Cuarto. Que dentro de los 15 días siguientes a la publicación, presento está impugnación al auto de homologación por el siguiente motivo, previsto en el articulo 657.1 del TRLC, la resolución del contrato no resulte necesaria para asegurar el buen fin de la reestructuración y prevenir el concurso.

Debe justificarse y fundamentarse

FUNDAMENTOS DE DERECHO

I. Jurisdicción y competencia

Corresponde a la Audiencia Provincial de ... conforme al Articulo 658.2 del TRLC.

II. Representación procesal y defensa técnica.

Esta parte comparece en la debida representación que exige el artículo 23 LEC.

III. Procedimiento.

Articulo 658.1 del TRLC, todas las impugnaciones se tramitaran conjuntamente por los tramites del incidente concursal.

IV. Cuantía del litigio.

V. Fondo del asunto.

El procedimiento para los casos de impugnación de la homologación se recoge en los artículos 653 y ss. del Texto Refundido de la Ley Concursal.

VI. Costas del proceso.

Las costas causadas en este proceso deberán ser impuestas a la demandada de acuerdo con lo dispuesto en el artículo 394 LEC.

Por todo ello,

SUPLICO A LA AUDIENCIA PROVINCIAL DE .... que tenga por presentado este escrito, junto con los documentos que lo acompañan, lo admita y tenga por interpuesta la impugnación del auto de homologación del plan de reestructuración del deudor, y que se tramitará conforme a los tramites del incidente concursal, y proceda a dictar sentencia estimando la impugnación solicitada, y en los términos expuestos en este escrito

Por lo expuesto,

Es justicia que pido en ...., a ... de ....de ....

F189. IMPUGNACIÓN AUTO HOMOLOGACIÓN DEL PLAN DE REESTRUCTURACIÓN NO APROBADO POR LOS SOCIOS DE LA SOCIEDAD DEUDORA

A LA AUDIENCIA PROVINCIAL DE ....

Don ...., Procurador de los Tribunales y de ....(SOCIO QUE NO HAYA APROBADO EL PLAN) (, según se acredita mediante poder para pleitos que como DOCUMENTO Nº 1 se adjunta, dirigido por el abogado Don ...., ante el Tribunal comparezco y como mejor proceda en Derecho, DIGO:

Que en la representación que ostento, formulo escrito de IMPUGNACIÓN DEL AUTO DE HOMOLOGACIÓN DEL PLAN DE REESTRUCTURACIÓN NO APROBADO POR LOS SOCIOS DE LA SOCIEDAD DEUDORA, que fundo en los siguientes:

HECHOS

Primero.– Que respecto del deudor ...., se procedió a aprobar un plan de reestructuración y que se elevó a público por el Notario de ...., don .... el día ......de ....de ...... Con numero de protocolo ......, Se adjunta como documento nº 3

Segundo.-, Que se procedió a homologar judicialmente el citado pan de reestructuración mediante auto de fecha .... De .... de. ...., y que se procedió a publicar el pasado ...... de .... De .... En el Registro Público Concursal. Se adjunta como documento nº 4 copia del auto aprobando la homologación.

Tercero.– Que conforme a lo dispuesto en el artículo 640.2 del TRLC, los socios legalmente responsables de las deudas sociales de la Sociedad deudora debían aprobar el plan de reestructuración y esta parte no votó.

Cuarto.– Que dentro de los 15 días siguientes a la publicación, presento está impugnación al auto de homologación por el/los siguiente/s motivo/s:

Enumerar motivo/s del artículo 656 del TRLC:

"1.º Que el plan no cumpla los requisitos de contenido y de forma que se exigen en el capítulo IV de este título.

2.º Que no haya sido aprobado de conformidad con lo previsto en el capítulo IV de este título.

3.º Que el deudor no se encontrara en estado insolvencia actual o de insolvencia inminente.

4.° Que el plan no ofrezca una perspectiva razonable de evitar el concurso y asegurar la viabilidad de la empresa en el corto y medio plazo.

5.° Que una clase de acreedores afectados vaya a recibir, como consecuencia del cumplimiento del plan, derechos, acciones o participaciones, con un valor superior al importe de sus créditos."

**Justificar y fundamentar motivo/s.

FUNDAMENTOS DE DERECHO

I.– Jurisdicción y competencia

Corresponde a la Audiencia Provincial de .... conforme al Articulo 658.2 del TRLC.

II.– Representación procesal y defensa técnica.

Esta parte comparece en la debida representación que exige el artículo 23 LEC.

III.– Procedimiento.

Artículo 658.1 del TRLC, todas las impugnaciones se tramitaran conjuntamente por los tramites del incidente concursal.

IV.– Cuantía del litigio.

V.– Fondo del asunto.

VI.– Costas del proceso.

Las costas causadas en este proceso deberán ser impuestas a la demandada de acuerdo con lo dispuesto en el artículo 394 LEC.

VII.– *Iura Novit Curia.*

Por todo ello,

SUPLICO A LA AUDIENCIA PROVINCIAL DE .... que tenga por presentado este escrito, junto con los documentos que lo acompañan, lo admita y tenga por interpuesta la impugnación del auto de homologación del plan de reestructuración del deudor de fecha .... de .... de ...., y que se tramitará conforme a los tramites del incidente concursal, y proceda a dictar sentencia estimando la impugnación solicitada, y en los términos expuestos en este escrito

Es justicia que pido en ...., a .... de ....de ....

IV. INCUMPLIMIENTO DEL PLAN DE REESTRUCTURACIÓN

SUMARIO: F190. DEMANDA DEL ACREEDOR POR INCUMPLIMIENTO TOTAL DEL PLAN DE REESTRUCTURACIÓN RESPECTO A SU CRÉDITO. PASIVO. CON COMUNICACIÓN PREVIA. F191. DEMANDA DEL ACREEDOR POR INCUMPLIMIENTO TOTAL DEL PLAN DE REESTRUCTURACIÓN RESPECTO A SU CRÉDITO. ACTIVO. VENTA ELEMENTOS EMPRESA. CON COMUNICACIÓN PREVIA. F192. DEMANDA DEL ACREEDOR POR INCUMPLIMIENTO TOTAL DEL PLAN DE REESTRUCTURACIÓN RESPECTO A SU CRÉDITO. ACTIVO. VENTA UNIDAD PRODUCTIVA. CON COMUNICACIÓN PREVIA. F193. DEMANDA DEL ACREEDOR POR INCUMPLIMIENTO TOTAL DEL PLAN DE REESTRUCTURACIÓN RESPECTO A SU CRÉDITO. ACTIVO, TRANSMISIÓN DE EMPRESA. CON COMUNICACIÓN PREVIA. F194. DEMANDA DEL ACREEDOR POR INCUMPLIMIENTO DEL PLAN DE REESTRUCTURACIÓN RESPECTO A SU CRÉDITO. ACTIVO MODIFICACIONES ESTRUCTURALES. CON COMUNICACIÓN PREVIA. F195. DEMANDA DEL ACREEDOR POR INCUMPLIMIENTO PARCIAL DEL PLAN DE REESTRUCTURACIÓN RESPECTO A SU CRÉDITO. PASIVO. CON COMUNICACIÓN PREVIA. F196. DEMANDA DEL ACREEDOR POR INCUMPLIMIENTO TOTAL DEL PLAN DE REESTRUCTURACIÓN RESPECTO A SU CRÉDITO. PASIVO. SIN COMUNICACIÓN PREVIA. F197. DEMANDA DEL ACREEDOR POR INCUMPLIMIENTO TOTAL DEL PLAN DE REESTRUCTURACIÓN RESPECTO A SU CRÉDITO. ACTIVO, VENTA ELEMENTOS EMPRESA. SIN COMUNICACIÓN PREVIA. F198. DEMANDA DEL ACREEDOR POR INCUMPLIMIENTO TOTAL DEL PLAN DE REESTRUCTURACIÓN RESPECTO A SU CRÉDITO. ACTIVO VENTA UNIDAD PRODUCTIVA. SIN COMUNICACIÓN PREVIA. F199. DEMANDA DEL ACREEDOR POR INCUMPLIMIENTO TOTAL DEL PLAN DE REESTRUCTURACIÓN RESPECTO A SU CRÉDITO. ACTIVO, VENTA EMPRESA SIN COMUNICACIÓN PREVIA. F200. DEMANDA DEL ACREEDOR POR INCUMPLIMIENTO TOTAL DEL PLAN DE REESTRUCTURACIÓN RESPECTO A SU CRÉDITO. ACTIVO. MODIFICACIÓN ESTRUCTURAL SIN COMUNICACIÓN PREVIA. F201. DEMANDA DEL ACREEDOR POR INCUMPLIMIENTO PARCIAL DEL PLAN DE REESTRUCTURACIÓN RESPECTO A SU CRÉDITO. PASIVO. SIN COMUNICACIÓN PREVIA. F202. DEMANDA DE ACREEDOR PUBLICO POR INCUMPLIMIENTO DEL PLAN DE REESTRUCTURACIÓN POR EL DEUDOR.

F190. DEMANDA DEL ACREEDOR POR INCUMPLIMIENTO TOTAL DEL PLAN DE REESTRUCTURACIÓN RESPECTO A SU CRÉDITO. PASIVO. CON COMUNICACIÓN PREVIA

AL TRIBUNAL DE INSTANCIA DE ..... SECCIÓN DE LO MERCANTIL (PLAZA NÚM. ......)

Don ...., Procurador de los Tribunales y de ....(ACREEDOR CUYO CRÉDITO NO SE HA PAGADO), con domicilio en .... Y C.I.F /N.I.E. .... (, según se acredita mediante poder para pleitos que como DOCUMENTO Nº 1 se adjunta, dirigido por el abogado Don ...., ante el Tribunal comparezco y como mejor proceda en Derecho, DIGO:

Que en la representación que ostento, formulo escrito de DEMANDA POR INCUMPLIMIENTO DE LO PACTADO EN EL PLAN DE REESTRUCTURACIÓN contra la

Sociedad deudora ...., con domicilio en .... y C.I.F. ...., que fundo en los siguientes:

HECHOS

Primero. Que el pasado ...... de .... de ......, y de conformidad con lo dispuesto en el articulo 585 del TRLC, el deudor .... presento escrito de inicio de comunicación de negociaciones con sus acreedores ante el Tribunal al que me dirijo, con el objetivo de alcanzar un plan de reestructuración con el objetivo de superar la situación en la que se encuentra.

Segundo. Que respecto del deudor ...., se procedió a aprobar un plan de reestructuración y que se elevó a publico por el Notario de ...., don .... el día ......de ....de ...... Con número de protocolo ......, Se adjunta como documento nº 2

Que el citado plan de reestructuración se ha homologado judicialmente.

Tercero.-, Que antes de la aprobación del plan de reestructuración era titular del siguiente crédito, cuyo origen es ...., su cuantía .... Y su forma de pago ....

Se adjunta como documentos nº 3 y 4 contrato y factura donde se acredita el crédito debido.

Cuarto. Que conforme a lo pactado en el plan de reestructuración, el crédito de mi mandante se modificó, de tal forma que la cantidad debida ahora es de .... y la forma de pago del crédito es la siguiente ....

Quinto. Que el primer pago del crédito debió realizarse el día ...., y hasta la fecha, y después de varios requerimientos, que adjuntamos como documento nº 5, el deudor .... no ha realizado ningún pago y por tanto ha incumplido el plan de reestructuración aprobado, en cuanto a mi crédito se refiere.

Sexto. Que es por lo expuesto, por lo que presentamos la presente demanda, en la que y respecto al crédito de mi mandante instamos su resolución y que se reponga la situación existente anterior a la aprobación del plan de reestructuración

FUNDAMENTOS DE DERECHO

I. Jurisdicción y competencia

Corresponde a los Tribunales de Instancia, sección de lo mercantil, en virtud de lo dispuesto en el artículo 87 de la LOPJ.

Corresponde al Tribunal al que me dirijo puesto que es el que conoce de la comunicación de las negociaciones (art. 593 TRLC), y de la homologación del plan de reestructuración, debe conocer de todas sus vicisitudes.

II. Legitimación activa y representación procesal y defensa técnica.

Esta parte está legitimada conforme al artículo 616 del TRLC, ya que es titular de un crédito afectado por el plan de reestructuración y no se está cumpliendo lo previsto en el plan sobre su crédito

Esta parte comparece en la debida representación que exige el artículo 23 LEC.

III. Procedimiento.

Se tramitara por los tramites del incidente concursal, ya que es el procedimiento reservado por El TRLC (artículos 532 y ss) para solventar las cuestiones que se susciten en el concurso de acreedores y no exista señalada otra tramitación.

IV. Cuantía del litigio.

Importe del crédito que se ve afectado, que asciende a ....

V. Fondo del asunto.

La tramitación de la comunicación de la apertura de negociaciones se recoge en el artículo 585 del Texto Refundido de la Ley Concursal, el cual establece la posibilidad del deudor de comunicar al Tribunal la existencia de negociaciones con sus acreedores, o la intención de iniciarlas.

VI. Costas del proceso.

Las costas causadas en este proceso deberán ser impuestas a la demandada de acuerdo con lo dispuesto en el artículo 394 LEC.

Por todo ello,

SUPLICO AL TRIBUNAL, que tenga por presentado este escrito, junto con los documentos que lo acompañan, lo admita y tenga por interpuesta la demanda por incumplimiento del plan de reestructuración del deudor ...., y que se tramitará conforme a los tramites del incidente concursal, y proceda a dictar sentencia en los términos siguientes:

– Que el plan de reestructuración, y en la parte que afecte solo al crédito de mi mandante en la cuantía de .... y con la siguiente forma de pago ...., se resuelva y quede sin efecto, volviendo a tener efectos el crédito original cuyo importe era de ....y la forma de pago la siguiente

Todo ello con expresa imposición de costas a la demandada. Por lo expuesto,

Es justicia que pido en ...., a ... de ....de ....

F191. DEMANDA DEL ACREEDOR POR INCUMPLIMIENTO TOTAL DEL PLAN DE REESTRUCTURACIÓN RESPECTO A SU CRÉDITO. ACTIVO. VENTA ELEMENTOS EMPRESA. CON COMUNICACIÓN PREVIA

AL TRIBUNAL DE INSTANCIA DE .... SECCIÓN
DE LO MERCANTIL (PLAZA NÚM. ......)

Don ...., Procurador de los Tribunales y de ....(ACREEDOR), con domicilio en .... y C.I.F /N.I.E. .... (, según se acredita mediante poder para pleitos que como DOCUMENTO Nº 1 se adjunta, dirigido por el abogado Don ...., ante el Tribunal comparezco y como mejor proceda en Derecho, DIGO:

Que en la representación que ostento, formulo escrito de DEMANDA POR INCUMPLIMIENTO DE LO PACTADO EN EL PLAN DE REESTRUCTURACIÓN contra la Sociedad deudora ...., con domicilio en .... y C.I.F. ...., que fundo en los siguientes:

HECHOS

Primero. Que el pasado ...... de .... de ......, y de conformidad con lo dispuesto en el articulo 585 del TRLC, el deudor .... presento escrito de inicio de comunicación de negociaciones con sus acreedores ante el Tribunal al que me dirijo, con el objetivo de alcanzar un plan de reestructuración con el objetivo de superar la situación en la que se encuentra.

Segundo. Que respecto del deudor ...., se procedió a aprobar un plan de reestructuración y que se elevó a publico por el Notario de ...., don .... el día ......de ....de ...... Con número de protocolo ......, Se adjunta como documento nº 2

Que el citado plan de reestructuración no se ha homologado judicialmente.

Segunda. Que en el citado plan se estableció la venta de los siguientes elementos de la empresa deudora: Especificarla detalladamente

La citada venta debía ejecutarse antes del .... de ....de

Tercero. Que a fecha de hoy no se ha llevado a cabo la venta, y la misma es totalmente necesaria para conseguir la solvencia estable de la sociedad deudora (Especificar los motivos)

Cuarto. Que es por lo expuesto, por lo que presentamos la presente demanda, en la que pediremos que se cumpla por la sociedad deudora su obligación de hacer

FUNDAMENTOS DE DERECHO

I. Jurisdicción y competencia

Corresponde a los Tribunales de Instancia, sección de lo mercantil, en virtud de lo dispuesto en el artículo 87 de la LOPJ.

Corresponde al Tribunal al que me dirijo puesto que es el que conoce de la comunicación de las negociaciones (art. 593 TRLC), y de la homologación del plan de reestructuración, debe conocer de todas sus vicisitudes.

II. Legitimación activa y representación procesal y defensa técnica.

Esta parte está legitimada conforme al artículo 616 del TRLC, ya que es titular de un crédito afectado por el plan de reestructuración y no se está cumpliendo lo previsto en el plan sobre su crédito

Esta parte comparece en la debida representación que exige el artículo 23 LEC.

III. Procedimiento.

Se tramitara por los tramites del incidente concursal, ya que es el procedimiento reservado por El TRLC (artículos 532 y ss) para solventar las cuestiones que se susciten en el concurso de acreedores y no exista señalada otra tramitación.

IV. Cuantía del litigio.

Importe del crédito que se ve afectado, que asciende a ....

V. Fondo del asunto.

La tramitación de la comunicación de la apertura de negociaciones se recoge en el artículo 585 del Texto Refundido de la Ley Concursal, el cual establece la posibilidad del deudor de comunicar al Tribunal la existencia de negociaciones con sus acreedores, o la intención de iniciarlas.

VI. Costas del proceso.

Las costas causadas en este proceso deberán ser impuestas a la demandada de acuerdo con lo dispuesto en el artículo 394 LEC.

Por todo ello,

SUPLICO AL TRIBUNAL, que tenga por presentado este escrito, junto con los documentos que lo acompañan, lo admita y tenga por interpuesta la demanda por incumplimiento del plan de reestructuración del deudor ...., y que se tramitará conforme a los tramites del incidente concursal, y proceda a dictar sentencia en los términos siguientes:

– Que se obligue a ejecutar el plan de reestructuración, en cuanto a la venta de los siguientes elementos de la empresa ....

Todo ello con expresa imposición de costas a la demandada. Por lo expuesto,

Es justicia que pido en ...., a ... de ....de ....

F192. DEMANDA DEL ACREEDOR POR INCUMPLIMIENTO TOTAL DEL PLAN DE REESTRUCTURACIÓN RESPECTO A SU CRÉDITO. ACTIVO. VENTA UNIDAD PRODUCTIVA. CON COMUNICACIÓN PREVIA

AL TRIBUNAL DE INSTANCIA DE ...... SECCIÓN DE
LO MERCANTIL (PLAZA NÚM. ......)

Don ...., Procurador de los Tribunales y de ....(ACREEDOR, con domicilio en .... y C.I.F/N.I.E. .... (, según se acredita mediante poder para pleitos que como DOCUMENTO Nº 1 se adjunta, dirigido por el abogado Don ...., ante el Tribunal comparezco y como mejor proceda en Derecho, DIGO:

Que en la representación que ostento, formulo escrito de DEMANDA POR INCUMPLIMIENTO DE LO PACTADO EN EL PLAN DE REESTRUCTURACIÓN contra la Sociedad deudora ...., con domicilio en .... y C.I.F. ...., que fundo en los siguientes:

HECHOS

Primero. Que el pasado ...... de .... de ......, y de conformidad con lo dispuesto en el articulo 585 del TRLC, el deudor .... presento escrito de inicio de comunicación de negociaciones con sus acreedores ante el Tribunal al que me dirijo, con el objetivo de alcanzar un plan de reestructuración con el objetivo de superar la situación en la que se encuentra.

Segundo. Que respecto del deudor ...., se procedió a aprobar un plan de reestructuración y que se elevó a publico por el Notario de ...., don .... el día ......de ....de ...... Con número de protocolo ......, Se adjunta como documento nº 2

Que el citado plan de reestructuración se ha homologado judicialmente.

Tercero.-, Que en el citado plan se estableció la venta de la siguiente unidad productiva de la sociedad deudora: Especificarla detalladamente

La citada venta debía ejecutarse antes del .... de ....de

Cuarto. Que a fecha de hoy no se ha llevado a cabo la venta, y la misma es totalmente necesaria para conseguir la solvencia estable de la sociedad deudora (Especificar los motivos)

Quinto. Que es por lo expuesto, por lo que presentamos la presente demanda, en la que pediremos que se cumpla por la sociedad deudora su obligación de hacer.

FUNDAMENTOS DE DERECHO

I. Jurisdicción y competencia

Corresponde a los Tribunales de Instancia, sección de lo mercantil, en virtud de lo dispuesto en el artículo 87 de la LOPJ.

Corresponde al Tribunal al que me dirijo puesto que es el que conoce de la comunicación de las negociaciones (art. 593 TRLC), y de la homologación del plan de reestructuración, debe conocer de todas sus vicisitudes.

II. Legitimación activa y representación procesal y defensa técnica.

Esta parte está legitimada conforme al artículo 616 del TRLC, ya que es titular de un crédito afectado por el plan de reestructuración y no se está cumpliendo lo previsto en el plan sobre su crédito

Esta parte comparece en la debida representación que exige el artículo 23 LEC.

III. Procedimiento.

Se tramitará por los tramites del incidente concursal, ya que es el procedimiento reservado por El TRLC (artículos 532 y ss) para solventar las cuestiones que se susciten en el concurso de acreedores y no exista señalada otra tramitación.

IV. Cuantía del litigio.

Importe del crédito que se ve afectado, que asciende a ....

V. Fondo del asunto.

La tramitación de la comunicación de la apertura de negociaciones se recoge en el artículo 585 del Texto Refundido de la Ley Concursal, el cual establece la posibilidad del deudor de comunicar al Tribunal la existencia de negociaciones con sus acreedores, o la intención de iniciarlas.

VI. Costas del proceso.

Las costas causadas en este proceso deberán ser impuestas a la demandada de acuerdo con lo dispuesto en el artículo 394 LEC.

Por todo ello,

SUPLICO AL TRIBUNAL, que tenga por presentado este escrito, junto con los documentos que lo acompañan, lo admita y tenga por interpuesta la demanda por incumplimiento del plan de reestructuración del deudor ...., y que se tramitará conforme a los tramites del incidente concursal, y proceda a dictar sentencia en los términos siguientes:

– Que se obligue a ejecutar el plan de reestructuración, en cuanto a la venta de la siguiente unidad productiva...........

Todo ello con expresa imposición de costas a la demandada. Por lo expuesto,

Es justicia que pido en ...., a ... de ....de ....

F193. DEMANDA DEL ACREEDOR POR INCUMPLIMIENTO TOTAL DEL PLAN DE REESTRUCTURACIÓN RESPECTO A SU CRÉDITO. ACTIVO, TRANSMISIÓN DE EMPRESA. CON COMUNICACIÓN PREVIA

AL TRIBUNAL DE INSTANCIA DE ...... SECCIÓN DE
LO MERCANTIL (PLAZA NÚM. ......)

Don ...., Procurador de los Tribunales y de ....(ACREEDOR), con domicilio en .... y C.I.F/N.I.E. .... (, según se acredita mediante poder para pleitos que como DOCUMENTO Nº 1 se adjunta, dirigido por el abogado Don ...., ante el Tribunal comparezco y como mejor proceda en Derecho, DIGO:

Que en la representación que ostento, formulo escrito de DEMANDA POR INCUMPLIMIENTO DE LO PACTADO EN EL PLAN DE REESTRUCTURACIÓN contra la Sociedad deudora ...., con domicilio en .... y C.I.F. ...., que fundo en los siguientes:

HECHOS

Primero. Que el pasado ...... de .... de ......, y de conformidad con lo dispuesto en el articulo 585 del TRLC, el deudor .... presento escrito de inicio de comunicación de negociaciones con sus acreedores ante el Tribunal al que me dirijo, con el objetivo de alcanzar un plan de reestructuración con el objetivo de superar la situación en la que se encuentra.

Segundo. Que respecto del deudor ...., se procedió a aprobar un plan de reestructuración y que se elevó a publico por el Notario de ...., don .... el día ......de ....de ...... Con número de protocolo ......, Se adjunta como documento nº 2

Que el citado plan de reestructuración no se ha homologado judicialmente.

Tercero.-, Que en el citado plan se estableció la venta de la empresa de la sociedad deudora: Especificarla detalladamente

La citada venta debía ejecutarse antes del .... de ....de

Cuarto. Que a fecha de hoy no se ha llevado a cabo la venta, y la misma es totalmente necesaria para conseguir la solvencia estable de la sociedad deudora (Especificar los motivos)

Quinto. Que es por lo expuesto, por lo que presentamos la presente demanda, en la que pediremos que se cumpla por la sociedad deudora su obligación de hacer

FUNDAMENTOS DE DERECHO

I. Jurisdicción y competencia

Corresponde a los Tribunales de de Instancia en virtud de lo dispuesto en el artículo 87 de la LOPJ.

Corresponde al Tribunal al que me dirijo puesto que es el que conoce de la comunicación de las negociaciones (art. 593 TRLC), y de la homologación del plan de reestructuración, debe conocer de todas sus vicisitudes.

II. Legitimación activa y representación procesal y defensa técnica.

Esta parte está legitimada conforme al artículo 616 del TRLC, ya que es titular de un crédito afectado por el plan de reestructuración y no se está cumpliendo lo previsto en el plan sobre su crédito

Esta parte comparece en la debida representación que exige el artículo 23 LEC.

III. Procedimiento.

Se tramitara por los tramites del incidente concursal, ya que es el procedimiento reservado por El TRLC (artículos 532 y ss) para solventar las cuestiones que se susciten en el concurso de acreedores y no exista señalada otra tramitación.

IV. Cuantía del litigio.

Importe del crédito que se ve afectado, que asciende a ....

V. Fondo del asunto.

La tramitación de la comunicación de la apertura de negociaciones se recoge en el artículo 585 del Texto Refundido de la Ley Concursal, el cual establece la posibilidad del deudor de comunicar al Tribunal la existencia de negociaciones con sus acreedores, o la intención de iniciarlas.

VI. Costas del proceso.

Las costas causadas en este proceso deberán ser impuestas a la demandada de acuerdo con lo dispuesto en el artículo 394 LEC.

Por todo ello,

SUPLICO AL TRIBUNAL, que tenga por presentado este escrito, junto con los documentos que lo acompañan, lo admita y tenga por interpuesta la demanda por incumplimiento del plan de reestructuración del deudor ...., y que se tramitará conforme a los tramites del incidente concursal, y proceda a dictar sentencia en los términos siguientes:

– Que se obligue a ejecutar el plan de reestructuración, en cuanto a la venta de la empresa............

Todo ello con expresa imposición de costas a la demandada. Por lo expuesto,

Es justicia que pido en ...., a ... de ....de ....

F194. DEMANDA DEL ACREEDOR POR INCUMPLIMIENTO DEL PLAN DE REESTRUCTURACIÓN RESPECTO A SU CRÉDITO. ACTIVO MODIFICACIONES ESTRUCTURALES. CON COMUNICACIÓN PREVIA

AL TRIBUNAL DE INSTANCIA DE ...... SECCIÓN DE
LO MERCANTIL (PLAZA NÚM. ......)

Don ...., Procurador de los Tribunales y de ....(ACREEDOR), con domicilio en .... y C.I.F /N.I.E. .... (, según se acredita mediante poder para pleitos que como DOCUMENTO Nº 1 se adjunta, dirigido por el abogado Don ...., ante el Tribunal comparezco y como mejor proceda en Derecho, DIGO:

Que en la representación que ostento, formulo escrito de DEMANDA POR INCUMPLIMIENTO DE LO PACTADO EN EL PLAN DE REESTRUCTURACIÓN contra la Sociedad deudora ...., con domicilio en .... y C.I.F. ...., que fundo en los siguientes:

HECHOS

Primero. Que el pasado ...... de .... de ......, y de conformidad con lo dispuesto en el articulo 585 del TRLC, el deudor .... presento escrito de inicio de comunicación de negociaciones con sus acreedores ante el Tribunal al que me dirijo, con el objetivo de alcanzar un plan de reestructuración con el objetivo de superar la situación en la que se encuentra.

Segundo. Que respecto del deudor ...., se procedió a aprobar un plan de reestructuración y que se elevó a publico por el Notario de ...., don .... el día ......de ....de ...... Con número de protocolo ......, Se adjunta como documento nº 2

Que el citado plan de reestructuración se ha homologado judicialmente.

Tercero.-, Que en el citado plan se estableció la siguiente modificación estructural de la sociedad deudora: Especificarla detalladamente

La citada modificación debía ejecutarse antes del .... de ....de

Cuarto. Que a fecha de hoy no se ha llevado a cabo la modificación, y la misma es totalmente necesaria para conseguir la solvencia estable de la sociedad deudora (Especificar los motivos)

Quinto. Que es por lo expuesto, por lo que presentamos la presente demanda, en la que pediremos que se cumpla por la sociedad deudora su obligación de hacer

FUNDAMENTOS DE DERECHO

I. Jurisdicción y competencia

Corresponde a los Tribunales de Instancia, en virtud de lo dispuesto en el artículo 87 de la LOPJ.

Corresponde al Tribunal al que me dirijo puesto que es el que conoce de la comunicación de las negociaciones (art. 593 TRLC), y de la homologación del plan de reestructuración, debe conocer de todas sus vicisitudes.

II. Legitimación activa y representación procesal y defensa técnica.

Esta parte está legitimada conforme al artículo 616 del TRLC, ya que es titular de un crédito afectado por el plan de reestructuración y no se está cumpliendo lo previsto en el plan sobre la ejecución de la modificación estructural.

Esta parte comparece en la debida representación que exige el artículo 23 LEC.

III. Procedimiento.

Se tramitara por los tramites del incidente concursal, ya que es el procedimiento reservado por El TRLC (artículos 532 y ss) para solventar las cuestiones que se susciten en el concurso de acreedores y no exista señalada otra tramitación.

IV. Cuantía del litigio.

Importe del crédito que se ve afectado, que asciende a ....

V. Fondo del asunto.

La tramitación de la comunicación de la apertura de negociaciones se recoge en el artículo 585 del Texto Refundido de la Ley Concursal, el cual establece la posibilidad del deudor de comunicar al Tribunal la existencia de negociaciones con sus acreedores, o la intención de iniciarlas.

VI. Costas del proceso.

Las costas causadas en este proceso deberán ser impuestas a la demandada de acuerdo con lo dispuesto en el artículo 394 LEC.

Por todo ello,

SUPLICO AL TRIBUNAL, que tenga por presentado este escrito, junto con los documentos que lo acompañan, lo admita y tenga por interpuesta la demanda por incumplimiento del plan de reestructuración del deudor ...., y que se tramitará conforme a los tramites del incidente concursal, y proceda a dictar sentencia en los términos siguientes:

– Que se obligue a ejecutar el plan de reestructuración, en cuanto a la siguiente modificación estructural ....

Todo ello con expresa imposición de costas a la demandada. Por lo expuesto,

Es justicia que pido en ...., a ... de ....de ....

F195. DEMANDA DEL ACREEDOR POR INCUMPLIMIENTO PARCIAL DEL PLAN DE REESTRUCTURACIÓN RESPECTO A SU CRÉDITO. PASIVO. CON COMUNICACIÓN PREVIA

AL TRIBUNAL DE INSTANCIA DE ...... SECCIÓN DE LO MERCANTIL (PLAZA NÚM. ......)

Don ...., Procurador de los Tribunales y de ....(ACREEDOR CUYO CRÉDITO NO SE HA PAGADO), con domicilio en .... Y C.I.F /N.I.E. ...., según se acredita mediante poder para pleitos que como DOCUMENTO Nº 1 se adjunta, dirigido por el abogado Don ...., ante el Tribunal comparezco y como mejor proceda en Derecho, DIGO:

Que en la representación que ostento, formulo escrito de DEMANDA POR INCUMPLIMIENTO DE LO PACTADO EN EL PLAN DE REESTRUCTURACIÓN contra la Sociedad deudora ...., con domicilio en .... y C.I.F. ...., que fundo en los siguientes:

HECHOS

Primero. Que el pasado ...... de .... de ......, y de conformidad con lo dispuesto en el artículo 585 del TRLC, el deudor .... presento escrito de inicio de comunicación de negociaciones con sus acreedores ante el Tribunal al que me dirijo, con el objetivo de alcanzar un plan de reestructuración con el objetivo de superar la situación en la que se encuentra.

Segundo. Que respecto del deudor ...., se procedió a aprobar un plan de reestructuración y que se elevó a publico por el Notario de ...., don .... el día ......de ....de ...... Con número de protocolo ......, Se adjunta como documento nº 2

Que el citado plan de reestructuración se ha homologado judicialmente.

Tercero.-, Que antes de la aprobación del plan de reestructuración era titular del siguiente crédito, cuyo origen es ...., su cuantía .... Y su forma de pago ....

Se adjunta como documentos nº 3 y 4 contrato y factura donde se acredita el crédito debido.

Cuarto. Que conforme a lo pactado en el plan de reestructuración, el crédito de mi mandante se modificó, de tal forma que la cantidad debida ahora es de .... y la forma de pago del crédito es la siguiente ....

Quinto. Que la sociedad deudora realizo los pagos previstos en el plan de reestructuración hasta el día ...., a partir del cual dejo de pagar. La cantidad satisfecha hasta ese momento ascendió a ....

A día de hoy, y después de varios requerimientos, que adjuntamos como documento nº 5, el deudor .... no ha realizado ningún pago y por tanto ha incumplido el plan de reestructuración aprobado, en cuanto a mi crédito se refiere.

Sexto. Que es por lo expuesto, por lo que presentamos la presente demanda, en la que y respecto al crédito de mi mandante instamos su resolución y que se reponga la situación existente anterior a la aprobación del plan de reestructuración

FUNDAMENTOS DE DERECHO

I. Jurisdicción y competencia

Corresponde a los Tribunales de Instancia en virtud de lo dispuesto en el artículo 87 de la LOPJ.

Corresponde al Tribunal al que me dirijo puesto que es el que conoce de la comunicación de las negociaciones (art. 593 TRLC), y de la homologación del plan de reestructuración, debe conocer de todas sus vicisitudes.

II. Legitimación activa y representación procesal y defensa técnica.

Esta parte está legitimada conforme al artículo 616 del TRLC, ya que es titular de un crédito afectado por el plan de reestructuración y no se está cumpliendo lo previsto en el plan sobre su crédito

Esta parte comparece en la debida representación que exige el artículo 23 LEC.

III. Procedimiento.

Se tramitara por los tramites del incidente concursal, ya que es el procedimiento reservado por El TRLC (artículos 532 y ss) para solventar las cuestiones que se susciten en el concurso de acreedores y no exista señalada otra tramitación.

IV. Cuantía del litigio.

Importe del crédito que se ve afectado, que asciende a ....

V. Fondo del asunto.

La tramitación de la comunicación de la apertura de negociaciones se recoge en el artículo 585 del Texto Refundido de la Ley Concursal, el cual establece la posibilidad del deudor de comunicar al Tribunal la existencia de negociaciones con sus acreedores, o la intención de iniciarlas.

VI. Costas del proceso.

Las costas causadas en este proceso deberán ser impuestas a la demandada de acuerdo con lo dispuesto en el artículo 394 LEC.

Por todo ello,

SUPLICO AL TRIBUNAL, que tenga por presentado este escrito, junto con los documentos que lo acompañan, lo admita y tenga por interpuesta la demanda por incumplimiento del plan de reestructuración del deudor ...., y que se tramitará conforme a los tramites del incidente concursal, y proceda a dictar sentencia en los términos siguientes:

– Que el plan de reestructuración, y en la parte que afecte solo al crédito de mi mandante en la cuantía de .... y con la siguiente forma de pago ...., se resuelva y quede sin efecto, volviendo a tener efectos el crédito original cuyo importe era de ...., una vez descontada la cantidad de ...., pagada hasta este momento.y la forma de pago la siguiente

Todo ello con expresa imposición de costas a la demandada. Por lo expuesto,

Es justicia que pido en ...., a ... de ....de ....

F196. DEMANDA DEL ACREEDOR POR INCUMPLIMIENTO TOTAL DEL PLAN DE REESTRUCTURACIÓN RESPECTO A SU CRÉDITO. PASIVO. SIN COMUNICACIÓN PREVIA

AL TRIBUNAL DE INSTANCIA DE .... SECCIÓN DE LO MERCANTIL (PLAZA NÚM. ......)

Don ...., Procurador de los Tribunales y de ....(ACREEDOR CUYO CRÉDITO NO SE HA PAGADO), con domicilio en .... Y C.I.F /N.I.E. .... (, según se acredita mediante poder para pleitos que como DOCUMENTO Nº 1 se adjunta, dirigido por el abogado Don ...., ante el Tribunal comparezco y como mejor proceda en Derecho, DIGO:

Que en la representación que ostento, formulo escrito de DEMANDA POR INCUMPLIMIENTO DE LO PACTADO EN EL PLAN DE REESTRUCTURACIÓN contra la Sociedad deudora ...., con domicilio en .... y C.I.F. ...., que fundo en los siguientes:

HECHOS

Primero. Que respecto del deudor ...., se procedió a aprobar un plan de reestructuración y que se elevó a público por el Notario de ...., don .... el día ......de ....de ...... Con número de protocolo ......, Se adjunta como documento nº 2

Que el citado plan de reestructuración se ha homologado judicialmente, según resulta de ......

Segundo.-, Que antes de la aprobación del plan de reestructuración era titular del siguiente crédito, cuyo origen es ...., su cuantía .... Y su forma de pago ....

Se adjunta como documentos nº 3 y 4 contrato y factura donde se acredita el crédito debido.

Tercero. Que conforme a lo pactado en el plan de reestructuración, el crédito de mi mandante se modificó, de tal forma que la cantidad debida ahora es de .... y la forma de pago del crédito es la siguiente ....

Cuarto. Que el primer pago del crédito debió realizarse el día ...., y hasta la fecha, y después de varios requerimientos, que adjuntamos como documento nº 5, el deudor .... no ha realizado ningún pago y por tanto ha incumplido el plan de reestructuración aprobado, en cuanto a mi crédito se refiere.

Quinto. Que es por lo expuesto, por lo que presentamos la presente demanda, en la que y respecto al crédito de mi mandante instamos su resolución y que se reponga la situación existente anterior a la aprobación del plan de reestructuración

FUNDAMENTOS DE DERECHO

I. Jurisdicción y competencia

Corresponde a los Tribunales de Instancia en virtud de lo dispuesto en el artículo 87 de la LOPJ.

Corresponde al Tribunal al que me dirijo puesto que es el que conoció de la homologación del plan de reestructuración, y debe conocer de todas sus vicisitudes.

II. Legitimación activa y representación procesal y defensa técnica.

Esta parte está legitimada conforme al artículo 616 del TRLC, ya que es titular de un crédito afectado por el plan de reestructuración y no se está cumpliendo lo previsto en el plan sobre su crédito

Esta parte comparece en la debida representación que exige el artículo 23 LEC.

III. Procedimiento.

Se tramitara por los tramites del incidente concursal, ya que es el procedimiento reservado por El TRLC (artículos 532 y ss) para solventar las cuestiones que se susciten en el concurso de acreedores y no exista señalada otra tramitación.

IV. Cuantía del litigio.

Importe del crédito que se ve afectado, que asciende a ....

V. Fondo del asunto.

El procedimiento para los casos de incumplimiento del plan de reestructuración se recoge en el artículo 671 del Texto Refundido de la Ley Concursal, según el cual, los acreedores de derecho público afectados por el plan de reestructuración podrán instar la resolución de dicho plan, en caso de incumplimiento.

VI. Costas del proceso.

Las costas causadas en este proceso deberán ser impuestas a la demandada de acuerdo con lo dispuesto en el artículo 394 LEC.

Por todo ello,

SUPLICO AL TRIBUNAL, que tenga por presentado este escrito, junto con los documentos que lo acompañan, lo admita y tenga por interpuesta la demanda por incumplimiento del plan de reestructuración del deudor ...., y que se tramitará conforme a los tramites del incidente concursal, y proceda a dictar sentencia en los términos siguientes:

– Que el plan de reestructuración, y en la parte que afecte solo al crédito de mi mandante en la cuantía de .... y con la siguiente forma de pago ...., se resuelva y quede sin efecto, volviendo a tener efectos el crédito original cuyo importe era de ....y la forma de pago la siguiente

Todo ello con expresa imposición de costas a la demandada. Por lo expuesto,

Es justicia que pido en ...., a ... de ....de ....

F197. DEMANDA DEL ACREEDOR POR INCUMPLIMIENTO TOTAL DEL PLAN DE REESTRUCTURACIÓN RESPECTO A SU CRÉDITO. ACTIVO, VENTA ELEMENTOS EMPRESA. SIN COMUNICACIÓN PREVIA

AL TRIBUNAL DE INSTANCIA DE ... SECCIÓN DE LO MERCANTIL (PLAZA NÚM. ......)

Don ...., Procurador de los Tribunales y de ....(ACREEDOR), con domicilio en .... y C.I.F /N.I.E. .... (, según se acredita mediante poder para pleitos que como DOCUMENTO Nº 1 se adjunta, dirigido por el abogado Don ...., ante el Tribunal comparezco y como mejor proceda en Derecho, DIGO:

Que en la representación que ostento, formulo escrito de DEMANDA POR INCUMPLIMIENTO DE LO PACTADO EN EL PLAN DE REESTRUCTURACIÓN contra la Sociedad deudora ...., con domicilio en .... y C.I.F. ...., que fundo en los siguientes:

HECHOS

Primero. Que respecto del deudor ...., se procedió a aprobar un plan de reestructuración y que se elevó a público por el Notario de ...., don .... el día ......de ....de ...... Con número de protocolo ......, Se adjunta como documento nº 2

Que el citado plan de reestructuración se ha homologado judicialmente según resulta .....

Segundo. Que en el citado plan se estableció la venta de los siguientes elementos de la empresa deudora: Especificarla detalladamente

La citada venta debía ejecutarse antes del .... de ....de

Tercero. Que a fecha de hoy no se ha llevado a cabo la venta, y la misma es totalmente necesaria para conseguir la solvencia estable de la sociedad deudora (Especificar los motivos)

Cuarto. Que es por lo expuesto, por lo que presentamos la presente demanda, en la que pediremos que se cumpla por la sociedad deudora su obligación de hacer

FUNDAMENTOS DE DERECHO

I. Jurisdicción y competencia

Corresponde a los Tribunales de Instancia de ...., en virtud de lo dispuesto en el artículo 87 de la LOPJ.

Corresponde al Tribunal al que me dirijo puesto que es el que conoció de la homologación del plan de reestructuración, y debe conocer de todas sus vicisitudes.

II. Legitimación activa y representación procesal y defensa técnica.

Esta parte está legitimada conforme al artículo 616 del TRLC, ya que es titular de un crédito afectado por el plan de reestructuración y no se está cumpliendo lo previsto en el plan sobre su crédito

Esta parte comparece en la debida representación que exige el artículo 23 LEC.

III. Procedimiento.

Se tramitara por los tramites del incidente concursal, ya que es el procedimiento reservado por El TRLC (artículos 532 y ss) para solventar las cuestiones que se susciten en el concurso de acreedores y no exista señalada otra tramitación.

IV. Cuantía del litigio.

Importe del crédito que se ve afectado, que asciende a ....

V. Fondo del asunto.

El procedimiento para los casos de incumplimiento del plan de reestructuración se recoge en el artículo 671 del Texto Refundido de la Ley Concursal, según el cual, los acreedores de derecho público afectados por el plan de reestructuración podrán instar la resolución de dicho plan, en caso de incumplimiento.

VI. Costas del proceso.

Las costas causadas en este proceso deberán ser impuestas a la demandada de acuerdo con lo dispuesto en el artículo 394 LEC.

Por todo ello,

SUPLICO AL TRIBUNAL, que tenga por presentado este escrito, junto con los documentos que lo acompañan, lo admita y tenga por interpuesta la demanda por incumplimiento del plan de reestructuración del deudor ...., y que se tramitará conforme a los tramites del incidente concursal, y proceda a dictar sentencia en los términos siguientes:

– Que se obligue a ejecutar el plan de reestructuración, en cuanto a la venta de los siguientes elementos de la empresa ....

Todo ello con expresa imposición de costas a la demandada. Por lo expuesto,

Es justicia que pido en ...., a ... de ....de ....

F198. DEMANDA DEL ACREEDOR POR INCUMPLIMIENTO TOTAL DEL PLAN DE REESTRUCTURACIÓN RESPECTO A SU CRÉDITO. ACTIVO VENTA UNIDAD PRODUCTIVA. SIN COMUNICACIÓN PREVIA

AL TRIBUNAL DE INSTANCIA DE ...... SECCIÓN DE LO MERCANTIL (PLAZA NÚM. ......)

Don ...., Procurador de los Tribunales y de ....(ACREEDOR), con domicilio en .... y C.I.F. .... , según se acredita mediante poder para pleitos que como DOCUMENTO Nº 1 se adjunta, dirigido por el abogado Don ...., ante el Tribunal comparezco y como mejor proceda en Derecho, DIGO:

Que en la representación que ostento, formulo escrito de DEMANDA POR INCUMPLIMIENTO DE LO PACTADO EN EL PLAN DE REESTRUCTURACIÓN contra la Sociedad deudora ...., con domicilio en .... y C.I.F. ...., que fundo en los siguientes:

HECHOS

Primero. Que respecto del deudor ...., se procedió a aprobar un plan de reestructuración y que se elevó a público por el Notario de ...., don .... el día ......de ....de ...... Con número de protocolo ......, Se adjunta como documento nº 2

Que el citado plan de reestructuración se ha aprobado judicialmente.

Segunda. Que en el citado plan se estableció la venta de la siguiente unidad productiva de la sociedad deudora: Especificarla detalladamente

La citada venta debía ejecutarse antes del .... de ....de

Tercero. Que a fecha de hoy no se ha llevado a cabo la venta, y la misma es totalmente necesaria para conseguir la solvencia estable de la sociedad deudora (Especificar los motivos)

Cuarto. Que es por lo expuesto, por lo que presentamos la presente demanda, en la que pediremos que se cumpla por la sociedad deudora su obligación de hacer

FUNDAMENTOS DE DERECHO

I. Jurisdicción y competencia

Corresponde a los Tribunales de Instancia, sección de lo mercantil, en virtud de lo dispuesto en el artículo 87 de la LOPJ.

Corresponde al Tribunal al que me dirijo puesto que es el que conoció de la homologación del plan de reestructuración, y debe conocer de todas sus vicisitudes.

II. Legitimación activa y representación procesal y defensa técnica.

Esta parte está legitimada conforme al artículo 616 del TRLC, ya que es titular de un crédito afectado por el plan de reestructuración y no se está cumpliendo lo previsto en el plan sobre su crédito

Esta parte comparece en la debida representación que exige el artículo 23 LEC.

III. Procedimiento.

Se tramitara por los tramites del incidente concursal, ya que es el procedimiento reservado por El TRLC (artículos 532 y ss.) para solventar las cuestiones que se susciten en el concurso de acreedores y no exista señalada otra tramitación.

IV. Cuantía del litigio.

Importe del crédito que se ve afectado, que asciende a ....

V. Fondo del asunto.

El procedimiento para los casos de incumplimiento del plan de reestructuración se recoge en el artículo 671 del Texto Refundido de la Ley Concursal, según el cual, los acreedores de derecho público afectados por el plan de reestructuración podrán instar la resolución de dicho plan, en caso de incumplimiento.

VI. Costas del proceso.

Las costas causadas en este proceso deberán ser impuestas a la demandada de acuerdo con lo dispuesto en el artículo 394 LEC.

Por todo ello,

SUPLICO AL TRIBUNAL, que tenga por presentado este escrito, junto con los documentos que lo acompañan, lo admita y tenga por interpuesta la demanda por incumplimiento del plan de reestructuración del deudor ...., y que se tramitará conforme a los tramites del incidente concursal, y proceda a dictar sentencia en los términos siguientes:

– Que se obligue a ejecutar el plan de reestructuración, en cuanto a la venta de la siguiente unidad productiva...........

Todo ello con expresa imposición de costas a la demandada.

Por lo expuesto,

Es justicia que pido en ...., a ... de ....de ....

F199. DEMANDA DEL ACREEDOR POR INCUMPLIMIENTO TOTAL DEL PLAN DE REESTRUCTURACIÓN RESPECTO A SU CRÉDITO. ACTIVO, VENTA EMPRESA SIN COMUNICACIÓN PREVIA

AL TRIBUNAL DE INSTANCIA DE .... SECCIÓN DE LO MERCANTIL (PLAZA NÚM. ......)

Don ...., Procurador de los Tribunales y de ....(ACREEDOR, con domicilio en .... y C.I.F/N.I.E. .... (, según se acredita mediante poder para pleitos que como DOCUMENTO Nº 1 se adjunta, dirigido por el abogado Don ...., ante el Tribunal comparezco y como mejor proceda en Derecho, DIGO:

Que en la representación que ostento, formulo escrito de DEMANDA POR INCUMPLIMIENTO DE LO PACTADO EN EL PLAN DE REESTRUCTURACIÓN contra la Sociedad deudora ...., con domicilio en .... y C.I.F. ...., que fundo en los siguientes:

HECHOS

Primero. Que respecto del deudor ...., se procedió a aprobar un plan de reestructuración y que se elevó a público por el Notario de ...., don .... el día ......de ....de ...... Con número de protocolo ......, Se adjunta como documento nº 2

Que el citado plan de reestructuración se ha homologado judicialmente.

Segundo.-, Que en el citado plan se estableció la venta de la empresa de la sociedad deudora: Especificarla detalladamente

La citada venta debía ejecutarse antes del .... de ....de

Tercero. Que a fecha de hoy no se ha llevado a cabo la venta, y la misma es totalmente necesaria para conseguir la solvencia estable de la sociedad deudora (Especificar los motivos)

Cuarto. Que es por lo expuesto, por lo que presentamos la presente demanda, en la que pediremos que se cumpla por la sociedad deudora su obligación de hacer

FUNDAMENTOS DE DERECHO

I. Jurisdicción y competencia

Corresponde a los Tribunales de Instancia, sección de lo mercantil, en virtud de lo dispuesto en el artículo 87 de la LOPJ.

II. Legitimación activa y representación procesal y defensa técnica.

Esta parte está legitimada conforme al artículo 616 del TRLC, ya que es titular de un crédito afectado por el plan de reestructuración y no se está cumpliendo lo previsto en el plan sobre su crédito.

Corresponde al Tribunal al que me dirijo puesto que es el que conoció de la homologación del plan de reestructuración, y debe conocer de todas sus vicisitudes.

Esta parte comparece en la debida representación que exige el artículo 23 LEC.

III. Procedimiento.

Se tramitara por los tramites del incidente concursal, ya que es el procedimiento reservado por El TRLC (artículos 532 y ss) para solventar las cuestiones que se susciten en el concurso de acreedores y no exista señalada otra tramitación.

IV. Cuantía del litigio.

Importe del crédito que se ve afectado, que asciende a ....

V. Fondo del asunto.

El procedimiento para los casos de incumplimiento del plan de reestructuración se recoge en el artículo 671 del Texto Refundido de la Ley Concursal, según el cual, los acreedores de derecho público afectados por el plan de reestructuración podrán instar la resolución de dicho plan, en caso de incumplimiento.

VI. Costas del proceso.

Las costas causadas en este proceso deberán ser impuestas a la demandada de acuerdo con lo dispuesto en el artículo 394 LEC.

Por todo ello,

SUPLICO AL TRIBUNAL, que tenga por presentado este escrito, junto con los documentos que lo acompañan, lo admita y tenga por interpuesta la demanda por incumplimiento del plan de reestructuración del deudor ...., y que se tramitará conforme a los tramites del incidente concursal, y proceda a dictar sentencia en los términos siguientes:

– Que se obligue a ejecutar el plan de reestructuración, en cuanto a la venta de la empresa...........

Todo ello con expresa imposición de costas a la demandada. Por lo expuesto,

Es justicia que pido en ...., a ... de ....de ....

F200. DEMANDA DEL ACREEDOR POR INCUMPLIMIENTO TOTAL DEL PLAN DE REESTRUCTURACIÓN RESPECTO A SU CRÉDITO. ACTIVO. MODIFICACIÓN ESTRUCTURAL SIN COMUNICACIÓN PREVIA

AL TRIBUNAL DE INSTANCIA DE ..... SECCIÓN DE
LO MERCANTIL (PLAZA NÚM. ......)

Don ...., Procurador de los Tribunales y de ....(ACREEDOR, con domicilio en .... y C.I.F/N.I.E. .... (, según se acredita mediante poder para pleitos que como DOCUMENTO Nº 1 se adjunta, dirigido por el abogado Don ...., ante el Tribunal comparezco y como mejor proceda en Derecho, DIGO:

Que en la representación que ostento, formulo escrito de DEMANDA POR INCUMPLIMIENTO DE LO PACTADO EN EL PLAN DE REESTRUCTURACIÓN contra la Sociedad deudora ...., con domicilio en .... y C.I.F. ...., que fundo en los siguientes:

HECHOS

Primero. Que respecto del deudor ...., se procedió a aprobar un plan de reestructuración y que se elevó a público por el Notario de ...., don .... el día ......de ....de ...... Con número de protocolo ......, Se adjunta como documento nº 2

Que el citado plan de reestructuración se ha homologado judicialmente.

Segundo.-, Que en el citado plan se estableció la siguiente modificación estructural de la sociedad deudora: Especificarla detalladamente

La citada modificación debía ejecutarse antes del .... de ....de

Tercero. Que a fecha de hoy no se ha llevado a cabo la modificación, y la misma es totalmente necesaria para conseguir la solvencia estable de la sociedad deudora (Especificar los motivos)

Cuarto. Que es por lo expuesto, por lo que presentamos la presente demanda, en la que pediremos que se cumpla por la sociedad deudora su obligación de hacer

FUNDAMENTOS DE DERECHO

I. Jurisdicción y competencia

Corresponde a los Tribunales de Instancia, seccion de lo mercantil, en virtud de lo dispuesto en el artículo 87 de la LOPJ.

Corresponde al Tribunal al que me dirijo puesto que es el que conoció de la homologación del plan de reestructuración, y debe conocer de todas sus vicisitudes.

II. Legitimación activa y representación procesal y defensa técnica.

Esta parte está legitimada conforme al artículo 616 del TRLC, ya que es titular de un crédito afectado por el plan de reestructuración y no se está cumpliendo lo previsto en el plan sobre su crédito

Esta parte comparece en la debida representación que exige el artículo 23 LEC.

III. Procedimiento.

Se tramitara por los tramites del incidente concursal, ya que es el procedimiento reservado por El TRLC (artículos 532 y ss) para solventar las cuestiones que se susciten en el concurso de acreedores y no exista señalada otra tramitación.

IV. Cuantía del litigio.

Importe del crédito que se ve afectado, que asciende a ....

V. Fondo del asunto.

El procedimiento para los casos de incumplimiento del plan de reestructuración se recoge en el artículo 671 del Texto Refundido de la Ley Concursal, según el cual, los acreedores de derecho público afectados por el plan de reestructuración podrán instar la resolución de dicho plan, en caso de incumplimiento.

VI. Costas del proceso.

Las costas causadas en este proceso deberán ser impuestas a la demandada de acuerdo con lo dispuesto en el artículo 394 LEC.

Por todo ello,

SUPLICO AL TRIBUNAL, que tenga por presentado este escrito, junto con los documentos que lo acompañan, lo admita y tenga por interpuesta la demanda por incumplimiento del plan de reestructuración del deudor ...., y que se tramitará conforme a los tramites del incidente concursal, y proceda a dictar sentencia en los términos siguientes:

– Que se obligue a ejecutar el plan de reestructuración, en cuanto a la siguiente modificación estructural ....

Todo ello con expresa imposición de costas a la demandada. Por lo expuesto,

Es justicia que pido en ...., a ... de ....de ....

F201. DEMANDA DEL ACREEDOR POR INCUMPLIMIENTO PARCIAL DEL PLAN DE REESTRUCTURACIÓN RESPECTO A SU CRÉDITO. PASIVO. SIN COMUNICACIÓN PREVIA

AL TRIBUNAL DE INSTANCIA DE ..... SECCIÓN DE LO MERCANTIL (PLAZA NÚM. ......)

Don ...., Procurador de los Tribunales y de ....(ACREEDOR CUYO CRÉDITO NO SE HA PAGADO), con domicilio en .... Y C.I.F /N.I.E. .... (, según se acredita mediante poder para pleitos que como DOCUMENTO Nº 1 se adjunta, dirigido por el abogado Don ...., ante el Tribunal comparezco y como mejor proceda en Derecho, DIGO:

Que en la representación que ostento, formulo escrito de DEMANDA POR INCUMPLIMIENTO DE LO PACTADO EN EL PLAN DE REESTRUCTURACIÓN contra la Sociedad deudora ...., con domicilio en .... y C.I.F. ...., que fundo en los siguientes:

HECHOS

Primero. Que respecto del deudor ...., se procedió a aprobar un plan de reestructuración y que se elevó a publico por el Notario de ...., don .... el día ......de ....de ...... Con número de protocolo ......, Se adjunta como documento nº 2

Que el citado plan de reestructuración se ha homologado judicialmente tal y como resulta, ...

Segundo.-, Que antes de la aprobación del plan de reestructuración era titular del siguiente crédito, cuyo origen es ...., su cuantía .... Y su forma de pago ....

Se adjunta como documentos nº 3 y 4 contrato y factura donde se acredita el crédito debido.

Tercero. Que conforme a lo pactado en el plan de reestructuración, el crédito de mi mandante se modificó, de tal forma que la cantidad debida ahora es de .... y la forma de pago del crédito es la siguiente ....

Cuarto. Que la sociedad deudora realizo los pagos previstos en el plan de reestructuración hasta el día ...., a partir del cual dejo de pagar. La cantidad satisfecha hasta ese momento ascendió a ....

A día de hoy, y después de varios requerimientos, que adjuntamos como documento nº 5, el deudor .... no ha realizado ningún pago y por tanto ha incumplido el plan de reestructuración aprobado, en cuanto a mi crédito se refiere.

Quinto. Que es por lo expuesto, por lo que presentamos la presente demanda, en la que y respecto al crédito de mi mandante instamos su resolución y que se reponga la situación existente anterior a la aprobación del plan de reestructuración

FUNDAMENTOS DE DERECHO

I. Jurisdicción y competencia

Corresponde a los Tribunales de Instancia en virtud de lo dispuesto en el artículo 87 de la LOPJ.

Corresponde al Tribunal al que me dirijo puesto que es el que conoció de la homologación del plan de reestructuración, y debe conocer de todas sus vicisitudes.

II. Legitimación activa y representación procesal y defensa técnica.

Esta parte está legitimada conforme al artículo 616 del TRLC, ya que es titular de un crédito afectado por el plan de reestructuración y no se está cumpliendo lo previsto en el plan sobre su crédito

Esta parte comparece en la debida representación que exige el artículo 23 LEC.

III. Procedimiento.

Se tramitara por los tramites del incidente concursal, ya que es el procedimiento reservado por El TRLC (artículos 532 y ss.) para solventar las cuestiones que se susciten en el concurso de acreedores y no exista señalada otra tramitación.

IV. Cuantía del litigio.

Importe del crédito que se ve afectado, que asciende a ....

V. Fondo del asunto.

El procedimiento para los casos de incumplimiento del plan de reestructuración se recoge en el artículo 671 del Texto Refundido de la Ley Concursal, según el cual, los acreedores de derecho público afectados por el plan de reestructuración podrán instar la resolución de dicho plan, en caso de incumplimiento.

VI. Costas del proceso.

Las costas causadas en este proceso deberán ser impuestas a la demandada de acuerdo con lo dispuesto en el artículo 394 LEC.

Por todo ello,

SUPLICO AL TRIBUNAL, que tenga por presentado este escrito, junto con los documentos que lo acompañan, lo admita y tenga por interpuesta la demanda por incumplimiento del plan de reestructuración del deudor ...., y que se tramitará conforme a los tramites del incidente concursal, y proceda a dictar sentencia en los términos siguientes:

– Que el plan de reestructuración, y en la parte que afecte solo al crédito de mi mandante en la cuantía de .... y con la siguiente forma de pago ...., se resuelva y quede sin efecto, volviendo a tener efectos el crédito original cuyo importe era de ...., una vez descontada la cantidad de ...., pagada hasta este momento y la forma de pago la siguiente

Todo ello con expresa imposición de costas a la demandada. Por lo expuesto,

Es justicia que pido en ...., a ... de ....de ....

F202. DEMANDA DE ACREEDOR PUBLICO POR INCUMPLIMIENTO DEL PLAN DE REESTRUCTURACIÓN POR EL DEUDOR

AL TRIBUNAL DE INSTANCIA DE ...... SECCIÓN DE LO MERCANTIL (PLAZA NÚM. ......)

Doña ...., Procurador de los Tribunales y de ....(acreedor publico), según se acredita mediante poder para pleitos que como DOCUMENTO Nº 1 se adjunta, dirigido por el abogado Doña ...., ante el Tribunal comparezco y como mejor proceda en Derecho, DIGO:

Que en la representación que ostento, formulo escrito de SOLICITUD RESOLUCIÓN DEL PLAN DE REESTRUCTURACIÓN POR INCUMPLIMIENTO, que fundo en los siguientes:

HECHOS

Primero.– Que respecto del deudor ...., se procedió a aprobar por toda las clases de créditos, un plan de reestructuración y que se elevó a publico por el Notario de ...., don .... el día ......de ....de .... Con numero de protocolo ......, se adjunta como documento nº 2

Segundo.-, Que se procedió a homologar judicialmente el citado pan de reestructuración mediante auto de fecha .... De .... de. ...., y que se procedió a publicar el pasado ...... de .... De .... en el Registro Público Concursal. Se adjunta como documento nº 3 copia del auto aprobando la homologación.

Tercero.– Que este acreedor ostenta la condición de acreedor público, según se acredita con los siguientes documentos.......

Cuarto.– Que el deudor no ha cumplido con el plan puesto que ha impugnado los plazos de amortización de la deuda por los créditos ante este acreedor en las condiciones previstas en el artículo 616 bis TRLC.

Adjuntamos como documento nº. certificado con detalle de la deuda a la fecha y detalle de los impagos.

Por todo ello,

SUPLICO AL TRIBUNAL que tenga por presentado este escrito, junto con los documentos que lo acompañan, lo admita y tenga por SOLICITADA LA RESOLUCIÓN DEL PLAN DE REESTRUCTURACIÓN POR INCUMPLIMIENTO y acuerde de conformidad con todos los pronunciamientos que sean conformes a derecho.

Es justicia que pido en ...., a .... de ....de ....

V. EXPERTO EN REESTRUCTURACIONES

SUMARIO: V.1. SOLICITUD Y NOMBRAMIENTO. F203. SOLICITUD DE NOMBRAMIENTO DE EXPERTO EN REESTRUCTURACIONES. GENERAL. F204. SOLICITUD DE NOMBRAMIENTO DE EXPERTO EN REESTRUCTURACIONES. GENERAL (I). F205. SOLICITUD DE NOMBRAMIENTO DE EXPERTO EN REESTRUCTURACIONES A PETICIÓN DEL DEUDOR. F206. SOLICITUD NOMBRAMIENTO EXPERTO. DEUDOR. F207. ESCRITO SOLICITUD NOMBRAMIENTO EXPERTO POR ACREEDORES REPRESENTATIVOS DE MAS DEL CINCUENTA POR CIENTO DEL PASIVO. F208. ESCRITO SOLICITUD DE NOMBRAMIENTO EXPERTO POR ACREEDORES QUE SUPONEN EL TREINTA Y CINCO POR CIENTO DEL PASIVO. F209. SOLICITUD DE NOMBRAMIENTO DE EXPERTO EN LA REESTRUCTURACIÓN POR VARIOS DEUDORES. F210. ESCRITO DEL DEUDOR PROPONIENDO LA TERNA A QUE SE REFIERE EL ART. 676.2 TRLC. F211. DILIGENCIA DE ORDENACIÓN SOBRE LA SOLICITUD DE DESIGNACIÓN DE EXPERTO EN REESTRUCTURACIONES. F212. DILIGENCIA DE ORDENACIÓN SOBRE PRESENTACIÓN DE LA TERNA A QUE SE REFIERE EL ART. 676.2 TRLC. F213. PROVIDENCIA TENIENDO POR PRESENTADA SOLICITUD DE NOMBRAMIENTO ESPECIAL DE EXPERTO EN LA REESTRUCTURACIÓN Y DANDO TRASLADO A LOS ACREEDORES A EFECTOS DEL ART. 673 TRLC. F214. AUTO DESIGNANDO EXPERTO EN LA REESTRUCTURACIÓN A PETICIÓN DEL DEUDOR. F215. AUTO DESIGNANDO EXPERTO EN LA REESTRUCTURACIÓN A PETICIÓN DEL DEUDOR. COMUNICACIÓN CONJUNTA. F216. AUTO DESIGNANDO EXPERTO EN LA REESTRUCTURACIÓN A PETICIÓN DE ACREEDORES QUE SUPONEN MAS DEL CINCUENTA POR CIENTO DEL PASIVO. F217. AUTO DESIGNANDO EXPERTO EN LA REESTRUCTURACIÓN AL HABERSE SOLICITADO SUSPENSIÓN GENERAL DE EJECUCIONES SINGULARES (O SU PRÓRROGA). F218. AUTO DESIGNANDO EXPERTO EN LA REESTRUCTURACIÓN POR HOMOLOGACIÓN DE PLAN DE REESTRUCTURACIÓN NO VOTADO POR UNA CLASE DE ACREEDORES O POR LOS SOCIOS. F219. AUTO RECHAZANDO EXPERTO EN LA REESTRUCTURACIÓN PROPUESTO POR EL DEUDOR Y PETICIÓN DE TERNA DE EXPERTOS. F220. AUTO DESIGNANDO EXPERTO EN LA REESTRUCTURACIÓN DE ENTRE LA TERNA PROPUESTA POR EL DEUDOR. F221. AUTO DESIGNANDO EXPERTO EN LA REESTRUCTURACIÓN A PETICIÓN DEL TREINTA Y CINCO POR CIENTO DE LOS ACREEDORES. F222. AUTO DESIGNANDO EXPERTO EN LA REESTRUCTURACIÓN A PETICIÓN DEL TREINTA Y CINCO POR CIENTO DE LOS ACREEDORES. DESIGNACIÓN DE EXPERTO TAMBIÉN POR EL DEUDOR. F223. AUTO DESESTIMANDO LA DESIGNACIÓN DE EXPERTO EN LA REESTRUCTURACIÓN A PETICIÓN DEL TREINTA Y CINCO POR CIENTO DE LOS ACREEDORES. F224. ESCRITO ACEPTACIÓN EXPERTO EN REESTRUCTURACIÓN ART. 672.2.2° TRLC. F225. CERTIFICADO DE ACEPTACIÓN COMO EXPERTO EN LA REESTRUCTURACIÓN. F226. ACTA DE ACEPTACIÓN DEL CARGO POR EL EXPERTO EN LA REESTRUCTURACIÓN DESIGNADO DE ENTRE LA TERNA DEL ART. 676.2 TRLC. V.2. SUSTITUCIÓN DEL EXPERTO EN REESTRUCTURACIONES. F227. ESCRITO SUSTITUCIÓN EXPERTO POR LOS ACREEDORES (I). F228. AUTO ACORDANDO LA SUSTITUCIÓN DEL EXPERTO EN LA REESTRUCTURACIÓN. F229. ESCRITO SUSTITUCIÓN DE EXPERTO POR LOS ACREEDORES (II). V.3. INFORMES Y CERTIFICACIONES DEL EXPERTO EN REESTRUCTURACIONES. F230. INFORME FAVORABLE DEL EXPERTO SOBRE LA PRORROGA DE EFECTOS DE LA COMUNICACIÓN (I). F231. INFORME DEL EXPERTO EN LA REESTRUCTURACIÓN SOBRE PRORROGA DE EFECTOS DE LA COMUNICA-

CIÓN (II). F232. INFORME DEL EXPERTO INDEPENDIENTE SOBRE PRORROGA EFECTOS DE LA COMUNICACIÓN. F233. INFORME EXPERTO EN REESTRUCTURACIÓN SOBRE CONCESIÓN DE PRORROGA A INSTANCIA DE ACREEDORES. MENCIÓN DE EVENTUAL PERJUICIO A ACREEDORES O LEVANTAMIENTO DE LA PRÓRROGA. F234. INFORME DEL EXPERTO EN LA REESTRUCTURACIÓN SOBRE SEGUNDA PRORROGA A INSTANCIAS DEL DEUDOR. ART. 607.2 TRLC. F235. INFORME FAVORABLE DEL EXPERTO EN REESTRUCTURACIONES A LA EXTENSIÓN DE PROHIBICIÓN DE EJECUCIONES DEL ART. 602 TRLC. F236. INFORME DEL EXPERTO EN REESTRUCTURACIONES EX ART. 602 TRLC. EMBARGO INTERNACIONAL. F237. INFORME DEL EXPERTO EN REESTRUCTURACIÓN. PLAN DE REESTRUCTURACIÓN (I). F238. INFORME DEL EXPERTO EN LA REESTRUCTURACIÓN. PLAN DE REESTRUCTURACIÓN (II). F239. INFORME EXPERTO EN REESTRUCTURACIONES. PLAN DE REESTRUCTURACIÓN CONJUNTO Y CONSENSUAL. F240. INFORME GENERAL DEL EXPERTO EN REESTRUCTURACIONES NO CONSENSUAL. F241. INFORME GENERAL DEL EXPERTO EN REESTRUCTURACIONES. PLAN DE REESTRUCTURACIÓN NO CONSENSUAL (II). F242. ESCRITO DEL EXPERTO EN REESTRUCTURACIONES ACOMPAÑANDO INFORME SOBRE VALORACIÓN DE LA DEUDORA COMO EMPRESA EN FUNCIONAMIENTO (ART. 639.2° TRLC). F243. INFORME DE VALORACIÓN DE LA DEUDORA COMO EMPRESA EN FUNCIONAMIENTO. F244. INFORME DEL EXPERTO EN REESTRUCTURACIONES A SOLICITUD DEL TRIBUNAL Y RESPECTO DE ALEGACIONES FORMULADAS POR ACREEDOR PREVIAMENTE A LA HOMOLOGACIÓN. F245. CERTIFICACIÓN DEL EXPERTO SOBRE CONCURRENCIA DE MAYORÍAS. F246. CERTIFICACIÓN DEL EXPERTO SOBRE CONCURRENCIA MAYORÍAS. APROBACIÓN POR TODAS LAS CLASES. F247. CERTIFICACIÓN DEL EXPERTO SOBRE CONCURRENCIA MAYORÍAS. NO APROBACIÓN POR TODAS LAS CLASES. F248. CERTIFICACIÓN A LOS EFECTOS DE DAR CUMPLIMIENTO AL REQUERIMIENTO DE MAYORÍAS ESTABLECIDO EN LOS ARTÍCULOS 634.1 638.3° Y 639 TRLC. F249. CERTIFICADO MAYORÍAS EMITIDO POR EL EXPERTO EN REESTRUCTURACIONES EX 629 Y 639 TRLC. F250. CERTIFICACIÓN DE SUFICIENCIA DE MAYORÍAS A LOS EFECTOS DE DAR CUMPLIMIENTO AL REQUERIMIENTO DE MAYORÍAS ESTABLECIDO EN EL ARTÍCULO 629 Y 639 DEL TRLC. F251. CERTIFICACIÓN A LOS EFECTOS DE DAR CUMPLIMIENTO AL REQUERIMIENTO DE MAYORÍAS PARA HOMOLOGACIÓN DEL PLAN ESTABLECIDO EN EL ARTÍCULO 639.2 DE LA LEY CONCURSAL. F252. CERTIFICADO MAYORÍAS EMITIDO POR EXPERTO EN REESTRUCTURACIONES EX 667.1 TRLC. F253. CERTIFICACIÓN DEL EXPERTO EN REESTRUCTURACIONES A LOS EFECTOS DE DAR CUMPLIMIENTO AL REQUERIMIENTO DE MAYORÍAS ESTABLECIDO EN EL ARTÍCULO 667.1 TRLC. F254. CERTIFICADO DE MAYORÍAS A LOS EFECTOS DE DAR CUMPLIMIENTO AL REQUERIMIENTO DE MAYORÍAS ESTABLECIDO EN EL ARTÍCULO 667 DEL TRLC. V.4. IMPUGNACIÓN NOMBRAMIENTO DE EXPERTO INDEPENDIENTE. F255. CONTESTACIÓN A DEMANDA DE IMPUGNACIÓN DE NOMBRAMIENTO DE EXPERTO EN REESTRUCTURACIONES.

V.1. SOLICITUD Y NOMBRAMIENTO

F203. SOLICITUD DE NOMBRAMIENTO DE EXPERTO EN REESTRUCTURACIONES. GENERAL

AL TRIBUNAL DE INSTANCIA .... SECCIÓN DE LO MERCANTIL (PLAZA NÚM. ......)

Doña ...., Procuradora de los Tribunales y de ....(deudor/acreedore/s), según se acredita mediante poder para pleitos que como DOCUMENTO Nº 1 se adjunta, dirigido por la abogado Doña ...., ante el Tribunal comparezco y como mejor proceda en Derecho, DIGO:

Que en la representación que ostento, por medio del presente y según lo previsto en el artículo (672.1.1° o 672.1.2° o 673 TRLC) solicitó NOMBRAMIENTO DE EXPERTO EN LA REESTRUCTURACIÓN, que fundo en los siguientes:

HECHOS

Primero.– Que en fecha .... se dictó Decreto n° .... de fecha .... por el que se declara la apertura del periodo de comunicaciones con los acreedores de la mercantil .... para alcanzar un plan de reestructuración de conformidad con lo previsto en el artículo 585 y ss. del TRLC.

Segundo.-, Que por medio del presente y como deudor/acreedores que representamos más del 50% del pasivo/acreedores que representamos más del 35% del pasivo, se solicita la designación de experto en reestructuraciones.

**(Concretar acreedores, importes de sus créditos y porcentajes del total de créditos afectados por le plan.)*

Acreditamos tal condición con la siguiente documentación (............).

Tercero.– Solicitamos se nombre experto en la reestructuración a Doña .... abogada del Ilustre Colegio de Abogados de ...., en ejercicio profesional desde..............., la cual cumple los requisitos previstos en el artículo 674 y 62 TRLC, no hallándose incursa en ninguna de las incompatibilidades ni prohibiciones previstas en el artículo 675 TRLC.

Se acompaña como documento n°.... la aceptación de su nombramiento en caso de así ser acordado, aceptando en su caso el importe y plazos de devengo se su retribución convenida.

Se acompaña como documento n° ... escrito razonado de la experta en la reestructuración exponiendo los motivos por las que reúne las condiciones establecidas en el TRLC para ejercer dicho cargo.

Se acompaña como documento nº … Póliza de seguro de responsabilidad civil.

Por todo ello,

SUPLICO AL TRIBUNAL que tenga por presentado este escrito, junto con los documentos que lo acompañan, lo admita y tenga por SOLICITADO NOMBRAMIENTO DE EXPERTA EN LA REESTRUCTURACIÓN y acuerde de conformidad su nombramiento con todo lo demás que se procedente en derecho.

Es justicia que pido en ...., a .... de ....de ....

F204. SOLICITUD DE NOMBRAMIENTO DE EXPERTO EN REESTRUCTURACIONES. GENERAL (I)

AL TRIBUNAL DE INSTANCIA DE ... SECCIÓN DE LO MERCANTIL (PLAZA NÚM. ......)

[...], Procurador de los Tribunales, actuando en nombre y representación de representación de las siguientes entidades [...] (en adelante "[...]); según acredito con la escritura notarial de poder que acompaño como documento nº 1, bajo la dirección letrada de [...], ante el Tribunal comparezco y, como mejor proceda en Derecho, DIGO:

Que, por medio del presente escrito, en tiempo y forma, siguiendo instrucciones específicas de mi representada, conforme a lo previsto en el artículo 672.1 1° del Real Decreto Legislativo 1/20220, de 5 de mayo por el que se aprueba el texto refundido de la Ley Concursal (en adelante, "TRLC"), efectuamos la solicitud de nombramiento de experto en reestructuración de [...]; todo ello conforme a las siguientes

ALEGACIONES

PRIMERO.– Mediante Decreto de [...] fue admitida a trámite la comunicación de apertura de negociaciones con los acreedores realizada por mi mandante, disponiendo este Tribunal otorgar a la misma los efectos previstos en los artículos 594 y ss. del TRLC.

El Auto de [...] concedió la prórroga de la comunicación según lo dispuesto en el artículo 607 TRLC.

SEGUNDO.– Aunque inicialmente no se solicitó la designación de experto en la reestructuración dado el carácter facultativo de su nombramiento reconocido en el artículo 586.1 8° TRLC: por medio del presente solicitamos la designación como experto en la reestructuración de la [...].

Se acompaña como documento nº 2 aceptación de su nombramiento para este cargo, caso de ser designado; con expresa aceptación del importe y los plazos de devengo de la retribución convenida por su desempeño profesional.

Entre otros profesionales cualificados en dicha mercantil ejerce su actividad, D. [...], economista, miembro del Colegio de Economistas de Madrid con numero colegiado [...], con amplia y notoria experiencia en materia de reestructuraciones y refinanciaciones; cumpliendo asimismo con los requisitos para ser designado administración concursal ex art. 7 LC o 62 TRLC, según derecho transitorio en vigor en el momento, tal y como puede adverase con los documentos anexos al escrito razonado donde consta la publicación en el Registro Público Concursal de su designación como Administración concursal en más de [...] procedimientos concursales.

Concretamente, [...] cuenta con un equipo de trabajo integrado por [...] profesionales con un alto grado de especialización en el ámbito de las reestructuraciones empresariales, liderados por [...]. Asimismo, forma parte de la red de auditoría de [...], a nivel internacional. Eudita cuenta con más de [...] profesionales integrados en una red de [...] oficinas.

A estos efectos, ha formado parte de diversos procesos de refinanciación dentro del libro segundo Ley 16/2022, así como fuera del mismo y ha dado soporte a más de [...] concursos de acreedores con un alto porcentaje de convenios alcanzados, así como con una amplia experiencia en la venta de unidades productivas y realización de activos.

Concurren en dicha mercantil, en consecuencia, las condiciones subjetivas previstas en el artículo 674 TRLC.

No se encuentra además incursa en ninguna de las incompatibilidades y prohibiciones previstas en el artículo 675 TRLC y en concreto:

1° No ha prestado servicios profesionales relacionados con la reestructuración al deudor o a personas especialmente relacionadas con esta en los últimos dos años.

2.° No se encuentra en ninguna situación de incompatibilidad previstas en la legislación en materia de auditoría de cuentas en relación con el deudor o las personas especialmente relacionadas con este.

Se acompaña como documento n° 3 escrito y anexos justificativos razonando que el experto reúne las condiciones establecidas en esta ley para el ejercicio del cargo.

Por último, si bien el TRLC guarda solícito silencio en relación con cuál ha de ser la extensión de la cobertura de esa póliza para que se tenga por suficiente. Ante esta laguna legal, la Sentencia del Juzgado de lo Mercantil núm. 2 de Barcelona de 29 de noviembre de 2022 [Roj: SJM B 12802/2022] (asunto Celsa) optó por equiparar la responsabilidad civil del experto en la reestructuración con la del administrador concursal, incidiendo a su vez en el alcance limitado de la potencial responsabilidad del experto dada la naturaleza consultiva o mediadora —y no ejecutiva o decisoria— de sus funciones (a diferencia de las encomendadas a la administración concursal):

> *"CUARTO. La acreditación de la cobertura del riesgo por el seguro de responsabilidad civil. Por último, el Grupo Celsa cuestiona la cobertura y amplitud del seguro de responsabilidad civil del experto aportado por los Solicitantes (documento número 15) en cumplimiento de lo dispuesto los artículos 672 y 681 del TRLC. No resulta necesario extenderse en demasía respecto de esta cuestión. Resulta evidente que el certificado del seguro responsabilidad civil de Lexaudit que asciende a un importe de 4.000.000 € cumple sobradamente con las exigencias del artículo 681.2 de la Ley Concursal y del propio Real Decreto 1333/2012 en relación con el seguro y garantía de los administradores concursales. Es cierto que la póliza no menciona específicamente las funciones del experto en reestructuraciones, pero incluye la cobertura por responsabilidad civil en el desarrollo de los servicios profesionales del asegurado, incluyendo la Administración Concursal cuya equivalencia se equipara al experto en reestructuraciones en el artículo 675 del TRLC. Por lo demás, no ha de olvidarse que "el alcance potencial de los daños que el experto puede llegar a causar" ha de evaluarse atendiendo a la naturaleza de su función que es puramente consultiva o mediadora pero nunca ejecutiva o decisoria por*

lo que en cualquier caso el alcance de sus potenciales responsabilidades resulta extraordinariamente aminorado."

El Real Decreto 1333/2012, de 21 de septiembre, por el que se regula el seguro de responsabilidad civil y la garantía equivalente de los administradores, al que alude la anterior sentencia, señala que, con carácter general, cuando una persona jurídica actúe como administrador concursal la suma asegurada para cubrir su responsabilidad civil en el proceso será de 2.000.000€.

Se adjunta como documento nº 4 certificado y copia de la póliza de seguro de responsabilidad civil vigente para responder de posibles daños que el experto pudiera causar en el ejercicio de las funciones propias del cargo.

En el presente supuesto, como se puede comprobar a la vista del certificado y copia de la póliza expedida por la entidad aseguradora, las sumas aseguradas por la responsabilidad civil profesional cubren el referido importe, contemplando un límite anual asegurado de hasta un total de dos millones de euros (2.000.000 €).

Por otra parte, en ese mismo documento, la entidad aseguradora pone de manifiesto que no se trata de una póliza de responsabilidad civil profesional de carácter genérico, sino que ha sido emitida ad hoc para cubrir cualquier daño derivado de la actuación de [...] como experto en la reestructuración.

TERCERO.– El nombramiento de experto en la reestructuración no tendrá efecto alguno sobre las facultades y disposición sobre los bienes y derechos que integren el patrimonio de la mercantil deudora, de conformidad con lo dispuesto en el artículo 594 TRLC.

Asumiendo como experto las funciones inherentes de dicho encargo, de conformidad con el artículo 679 TRLC, en particular:

a) La emisión de los certificados de mayorías previstos en el artículo 634.1 TRLC, de conformidad con los artículos 629 y 639 TRLC.

b) La preparación y elaboración de informe sobre el valor de la deudora como empresa en funcionamiento ex artículo 639 2° Infine TRLC.

c) La emisión de un plan de viabilidad explicativo de las razones por las que el plan de reestructuración propuesto ofrece una perspectiva razonable de garantizar la viabilidad de la empresa en el corto y medio plazo, evitando su concurso, en cumplimiento del artículo 633 11ª TRLC.

En su virtud,

SUPLICO AL TRIBUNAL, tenga por presentado este escrito, con los documentos que se acompañan, lo admita, y dicte Auto por el que se acuerde el nombramiento de [...] como experto en reestructuración, haciendo constar su designación mediante publicación en el Registro Público Concursal.

Es justicia que respetuosamente pido y firmo, en [...], a [...].

OTROSÍ DIGO que esta parte manifiesta su voluntad expresa de cumplir con todos y cada uno de los requisitos exigidos para la validez de los actos procesales y, si por cualquier circunstancia, esta representación hubiera incurrido en algún defecto, ofrece desde este momento su subsanación de forma inmediata y a su requerimiento, todo ello a los efectos prevenidos en el artículo 243.3 y 4 de la Ley Orgánica del Poder Judicial y artículo 231 de la Ley de Enjuiciamiento Civil.

SUPLICO AL TRIBUNAL que tenga por hecha la anterior manifestación a los efectos legalmente oportunos.

Es justicia que respetuosamente pido y firmo, en [...], a [...].

F205. SOLICITUD DE NOMBRAMIENTO DE EXPERTO EN REESTRUCTURACIONES A PETICIÓN DEL DEUDOR

AL TRIBUNAL DE INSTANCIA .... SECCIÓN DE LO MERCANTIL (PLAZA NÚM. ......)

... ., Procuradora de los Tribunales y de la mercantil ...., S.L., ante el Tribunal comparezco en los Autos del procedimiento de Comunicación art. 585 y ss. TRLC [LC5] ...., y como mejor proceda en derecho, DIGO:

Que, por medio del presente escrito y en virtud de lo establecido en el art. 672 del Texto Refundido de la Ley Concursal (en adelante TRLC), se solicita NOMBRAMIENTO DE EXPERTO EN LA REESTRUCTURACIÓN. Todo ello en base a los siguientes

HECHOS

PRIMERO. Que en fecha...... de ...... de ...... se dictó Decreto nº ...... en virtud del cual se decretaba la apertura del período de comunicaciones con los acreedores de la mercantil ...., S.L. para alcanzar un plan de reestructuración de conformidad con lo establecido en el art. 585 ss. y concordantes del TRLC.

SEGUNDO. Que por medio del presente escrito, y en nuestra condición de deudor e instante de la referida comunicación preconcursal, se solicita la designación de experto en la reestructuración a efectos que, de conformidad con el art. 679 y concordantes TRLC, desempeñe las siguientes funciones:

d) Asista al deudor y los acreedores en las negociaciones actualmente en curso para alcanzar un plan de reestructuración.

e) Elabore y presente a este Tribunal al que respetuosamente nos dirigimos, cuantos informes sean exigidos por la Ley, y aquellos otros que el Tribunal considere necesarios o convenientes. Todo ello, con relación a las citadas negociaciones, el plan de reestructuración que eventualmente se alcance y, en su caso, su homologación judicial.

f) Cualesquiera otra función que, conforme la Ley, le corresponda llevar a cabo con relación al proceso reestructurador antes señalado y en su condición de experto en reestructuraciones.

TERCERO. Dando cumplimiento a lo señalado en la Ley se solicita de este Tribunal la designación como experto en la reestructuración de referencia a D. ...., letrado nº ...... del Ilustre Colegio de Abogados de ......, con domicilio a efecto de notificaciones en ....

Se peticiona el nombramiento de la citada persona por cumplir las condiciones establecidas en el art. 674 del TRLC, ya que se trata de una persona natural española que posee los conocimientos especializados, tanto jurídicos, como financieros y empresariales acreditables en materia de la insolvencia en general, y en reestructuraciones, desde el año ......

Igualmente ostenta la condición de Administrador Concursal, habiendo sido designado en múltiples procedimientos concursales.

Su experiencia dilatada queda constatada no solo de sus continuos nombramientos por parte de los Tribunales de Instancia de todo el territorio nacional en todo asuntos mercantiles, societarios y concursales, sino, además, a la vista de su extensa bibliografía y publicaciones editoriales sobre estos asuntos; siendo un referente en el ámbito de la insolvencia, tanto preconcursal como concursal, así como en materia societaria y mercantil. Y no solo desde una perspectiva privatista, sino del resto de áreas del derecho (fiscalidad, contabilidad, derecho laboral, etc), así como del ámbito financiero y de la empresa.

Junto a lo anterior, posee dilatada experiencia en materia de refinanciaciones de deudas y reestructuraciones de activo y pasivo, así como en modificaciones operacionales de las estructuras societarias; sobre todo en empresas en situación próxima a la situación de insolvencia.

Se acompaña como DOCUMENTO UNO curriculum vitae de Don ......

CUARTO. En cumplimiento de los requisitos establecidos en el art. 672.2 del TRLC, junto al presente escrito donde se razona que el experto solicitado reúne las condiciones establecidas en la Ley para el ejercicio del cargo, se acompaña como DOCUMENTO DOS copia de la póliza de seguro de responsabilidad civil o garantía equivalente que posee vigente el experto en reestructuración para responder de posibles daños que el experto pudiera causar en el ejercicio de las funciones propias del cargo.

QUINTO. Se hace constar expresamente que todos los honorarios devengados por el experto en la reestructuración serán asumidos por la deudora, la mercantil ...., S.L.

SEXTO. Del mismo modo, se hace constar que el presente escrito queda firmado y presentado tanto por ...., S.L., a través de su representación procesal, como por Don ...., en este ultimo caso, en señal de aceptación del nombramiento de experto, y de aceptación del importe y plazos de devengo de la retribución pactada entre ambas partes, DOCUMENTO TRES, así como a los efectos legales procedentes.

Por lo expuesto,

SUPLICO AL TRIBUNAL que tenga por presentado este escrito se sirva admitirlo y en su virtud tenga por efectuadas las anteriores manifestaciones para que, tras los trámites legales oportunos, dicte resolución por la que nombre como experto en la reestructuración a D. ....

Es Justicia que respetuosamente pido en ...., a ....

F206. SOLICITUD NOMBRAMIENTO EXPERTO. DEUDOR

AL TRIBUNAL DE INSTANCIA .... SECCIÓN DE LO MERCANTIL (PLAZA NÚM. ......)

[******], Procurador/a de los Tribunales en nombre y representación de la mercantil "[******]", según tengo acreditado en los autos de referencia; ante el Tribunal comparezco y como mejor proceda en derecho, DIGO:

Que, por medio del presente escrito, en tiempo y forma, siguiendo instrucciones específicas de mi representada, conforme a lo previsto en el artículo 672.1 1° del Real Decreto Legislativo 1/20220, de 5 de mayo por el que se aprueba el texto refundido de la Ley Concursal (en adelante, TRLC), efectuamos solicitud de nombramiento de experto en reestructuración en la persona de [******]; todo ello conforme a las siguientes

ALEGACIONES

PRIMERO. Mediante Decreto [******] fue admitida a trámite la comunicación de apertura de negociaciones con los acreedores realizada por mi mandante, disponiendo ese Tribunal otorgar a la misma los efectos previstos en los artículos 594 y ss. del TRLC en la que se reconocía

[******]

SEGUNDO. Aunque inicialmente no se solicitó la designación de experto en la reestructuración dado el carácter facultativo de su nombramiento reconocido en el artículo 586.1 8° TRLC: por medio del presente solicitamos la designación como experto en la reestructuración de la siguiente persona [física o jurídica]:

[******], [******] [abogado/economista...] miembro del Colegio de [******] de [******], en ejercicio profesional desde [******], con amplia y notoria experiencia en materia de reestructuraciones y refinanciaciones [o en su caso, cumplimiento de los requisitos para ser designado administración concursal ex art-27 LC o 62 TRLC, según derecho transitorio en vigor en el momento], titulado en [******]

Se acompaña como documento n° 1 aceptación de su nombramiento para este cargo, caso de ser designado; con expresa aceptación del importe y los plazos de devengo de la retribución convenida por su desempeño profesional.

Concurren en dicho profesional, en consecuencia, las condiciones subjetivas previstas en el artículo 674 TRLC.

No se encuentra además incurso en ninguna de las incompatibilidades y prohibiciones previstas en el artículo 675 TRLC y en concreto:

1° No ha prestado servicios profesionales relacionados con la reestructuración al deudor o a personas especialmente relacionadas con esta en los últimos dos años.

2.° No se encuentra en ninguna situación de incompatibilidad previstas en la legislación en materia de auditoría de cuentas en relación con el deudor o las personas especialmente relacionadas con este.

Se acompaña como documento n° 2 Escrito razonando que el experto reúne las condiciones establecidas en esta ley para el ejercicio del cargo; y como documento n° 3 copia de la póliza de seguro de responsabilidad civil o garantía equivalente que tuviera vigente para responder de posibles daños que el experto pudiera causar en el ejercicio de las funciones propias del cargo.

TERCERO. El nombramiento de experto en la reestructuración no tendrá efecto alguno sobre las facultades y disposición sobre los bienes y derechos que integren el patrimonio de la mercantil deudora, de conformidad con lo dispuesto en el artículo 594 TRLC.

Por lo expuesto,

SUPLICO AL TRIBUNAL, tenga por presentado este escrito, con los documentos que se acompañan, se digne admitirlo, dictando Auto por el que se acuerde el nombramiento de [...] como experto en reestructuración, haciendo constar su designación mediante publicación en el Registro Publico Concursal.

Es justicia que respetuosamente pido y firmo en [******], a [******]

OTROSÍ DIGO que esta parte manifiesta su voluntad expresa de cumplir con todos y cada uno de los requisitos exigidos para la validez de los actos procesales y, si por cualquier circunstancia, esta representación hubiera incurrido en algún defecto, ofrece desde este momento su subsanación de forma inmediata y a su requerimiento, todo ello a los efectos prevenidos en el artículo 243.3 y 4 de la Ley Orgánica del Poder Judicial y artículo 231 de la Ley de Enjuiciamiento Civil.

SUPLICO AL TRIBUNAL que tenga por hecha la anterior manifestación a los efectos legalmente oportunos.

Es justicia que respetuosamente pido y firmo, en [******], a [******]

[******]	[******]
Abogado/a	Procurador/a

F207. ESCRITO SOLICITUD NOMBRAMIENTO EXPERTO POR ACREEDORES REPRESENTATIVOS DE MAS DEL CINCUENTA POR CIENTO DEL PASIVO

AL TRIBUNAL DE INSTANCIA .... SECCIÓN DE LO MERCANTIL (PLAZA NÚM. ......)

[******], Procurador/a de los Tribunales en nombre y representación de las mercantiles "[******]", "[******]", "[******]", "[******]" y "[******]" según acredito en la escritura de poder que acompaño como documento previo; ante el Tribunal comparezco y como mejor proceda en derecho, DIGO:

Que, por medio del presente escrito, en tiempo y forma, siguiendo instrucciones específicas de mis representados, conforme a lo previsto en el artículo 673 del Real Decreto Legislativo 1/20220, de 5 de mayo por el que se aprueba el texto refundido de la Ley Concursal (en adelante, TRLC), efectuamos solicitud de nombramiento de experto en reestructuración en la persona de [******]; todo ello conforme a las siguientes

ALEGACIONES

PRIMERO. Mediante Decreto [******] fue admitida a trámite la comunicación de apertura de negociaciones con los acreedores realizada por mi mandante, disponiendo ese Tribunal otorgar a la misma los efectos previstos en los artículos 594 y ss. del TRLC en la que se reconocía

[******]

SEGUNDO. Las mercantiles "[******]", "[******]", "[******]", "[******]" y "[******]" constituyen una amplia mayoría de los acreedores del deudor; en particular ostentan créditos representativos de más del cincuenta por ciento (50%) del pasivo afectado por el plan de reestructuración.

Concretamente:

(i.) "[******]" es acreedora por un importe de [******], esto es [******]% del total de los créditos afectados por el plan;

(ii.) "[******]" es acreedora por un importe de [******], esto es [******]% del total de los créditos afectados por el plan;

(iii.) "[******]" es acreedora por un importe de [******], esto es [******]% del total de los créditos afectados por el plan;

(iv.) "[******]" es acreedora por un importe de [******], esto es [******]% del total de los créditos afectados por el plan; y

(v.) "[******]" es acreedora por un importe de [******], esto es [******]% del total de los créditos afectados por el plan.

Se acompaña a estos efectos, como documento nº 1 relación de créditos afectados por el plan de Reestructuración propuesto por la deudora.

TERCERO. No habiendo solicitado el deudor la designación de experto en la reestructuración dado el carácter facultativo de su nombramiento reconocido en el artículo 586.1 8º TRLC; por medio del presente solicitamos la designación como experto en la reestructuración de la siguiente persona [física o jurídica]:

[******], [******] [abogado/economista...] miembro del Colegio de [******] de [******], en ejercicio profesional desde [******], con amplia y reconocida experiencia en materia de reestructuraciones y refinanciaciones de elevada complejidad, así como en el análisis y valoración de empresas en crisis [o en su caso, cumplimiento de los requisitos para ser designado administración concursal ex art-27 LC o 62 TRLC, según derecho transitorio en vigor en el momento], titulado en [******]

Se acompaña como documento nº 2 aceptación de su nombramiento para este cargo, caso de ser designado; con expresa aceptación del importe y los plazos de devengo de la retribución convenida por su desempeño profesional.

Los acreedores solicitantes asumen expresamente la obligación de satisfacer la retribución del experto, en cumplimiento de lo dispuesto del artículo 673.2 TRLC.

Concurren en dicho profesional, en consecuencia las condiciones subjetivas previstas en el artículo 674 TRLC.

Entre la prolija y acrisolada experiencia adquirida durante su dilatada trayectoria profesional, cabe destacar su intervención en los siguientes expedientes preconcursales y concursales:

[******]

No se encuentra además incurso en ninguna de las incompatibilidades y prohibiciones previstas en el artículo 675 TRLC y en concreto:

1º No ha prestado servicios profesionales relacionados con la reestructuración al deudor o a personas especialmente relacionadas con esta en los últimos dos años.

2.º No se encuentra en ninguna situación de incompatibilidad previstas en la legislación en materia de auditoría de cuentas en relación con el deudor o las personas especialmente relacionadas con este.

Se acompaña como documento nº 3 escrito razonando que el experto reúne las condiciones establecidas en esta ley para el ejercicio del cargo y aceptación de su nombramiento para este cargo, caso de ser designado; con expresa aceptación del importe y lo plazos de devengo de la retribución convenida por su desempeño profesional; y como documento nº 4 copia de la póliza de seguro de responsabilidad civil o garantía equivalente que tuviera vigente para responder de posibles daños que el experto pudiera causar en el ejercicio de las funciones propias del cargo.

TERCERO. La designación del Experto en la Reestructuración es obligada, en la medida que el artículo 672.1 2º el TRLC prescribe su designación siendo la solicitud presentada por los "acreedores que representen más del cincuenta por ciento del pasivo que, en el momento de la solicitud, pudiera quedar afectado por el plan de reestructuración".

El nombramiento de experto en la reestructuración no tendrá efecto alguno sobre las facultades de administración y disposición sobre los bienes y derechos que integren el patrimonio de la mercantil deudora, de conformidad con lo dispuesto en el artículo 594 TRLC.

Por lo expuesto,

SUPLICO AL TRIBUNAL, tenga por presentado este escrito, con los documentos que se acompañan, se digne admitirlo, dictando Auto por el que se acuerde el nombramiento de [...] como experto en reestructuración, haciendo constar su designación mediante publicación de edicto en el Registro Público Concursal

Es justicia que respetuosamente pido y firmo en [******], a [******]

PRIMER OTROSÍ DIGO que, en la medida que los acreedores solicitantes titulan más del 50% del pasivo financiero afectado, se encuentran legitimados, de conformidad con el art. 637.1 TRLC, para solicitar que quede suspendida la solicitud de concurso voluntario durante el plazo previsto en el art. 637.2 TRLC.

SUPLICO AL TRIBUNAL que tenga por efectuada la anterior manifestación a los efectos oportunos, caso de solicitud de concurso voluntario.

SEGUNDO OTROSÍ DIGO que esta parte manifiesta su voluntad expresa de cumplir con todos y cada uno de los requisitos exigidos para la validez de los actos procesales y si por cualquier circunstancia esta representación hubiera incurrido en algún defecto, ofrece desde este momento su subsanación de forma inmediata y a su requerimiento, todo ello a los efectos prevenidos en el artículo 243.3 y 4 de la Ley Orgánica del Poder Judicial y artículo 231 de la Ley de Enjuiciamiento Civil.

SUPLICO AL TRIBUNAL que tenga por hecha la anterior manifestación a los efectos legalmente oportunos.

Es justicia que respetuosamente pido y firmo, en [******], a [******]

[******]	[******]
Abogado/a	Procurador/a

F208. ESCRITO SOLICITUD DE NOMBRAMIENTO EXPERTO POR ACREEDORES QUE SUPONEN EL TREINTA Y CINCO POR CIENTO DEL PASIVO

AL TRIBUNAL DE INSTANCIA .... SECCIÓN DE LO MERCANTIL (PLAZA NÚM. ......)

[******], Procurador/a de los Tribunales en nombre y representación de las mercantiles "[******]", "[******]", "[******]", "[******]" y "[******]" según acredito en la escritura de poder que acompaño como documento previo; ante el Tribunal comparezco y como mejor proceda en derecho, DIGO:

Que, por medio del presente escrito, en tiempo y forma, siguiendo instrucciones específicas de mis representadas, conforme a lo previsto en el artículo 673 del Real Decreto Legislativo 1/20220, de 5 de mayo, por el que se aprueba el texto refundido de la Ley Concursal (en adelante, TRLC), efectuamos solicitud de nombramiento de experto en reestructuración en la persona de [******]; todo ello conforme a las siguientes

ALEGACIONES

PRIMERO. Mediante Decreto [******] fue admitida a trámite la comunicación de apertura de negociaciones con los acreedores realizada por mi mandante, disponiendo este Tribunal otorgar a la misma los efectos previstos en los artículos 594 y ss. del TRLC en la que se reconocía.

[******]

SEGUNDO. Las mercantiles "[******]", "[******]", "[******]", "[******]" y "[******]" ostentan al menos el treinta y cinco (35%) del pasivo afectado por el plan de reestructuración.

Concretamente:

(i.) "[******]" es acreedora por un importe de [******], esto es [******]% del total de los créditos afectados por el plan;

(ii.) "[******]" es acreedora por un importe de [******], esto es [******]% del total de los créditos afectados por el plan;

(iii.) "[******]" es acreedora por un importe de [******], esto es [******]% del total de los créditos afectados por el plan;

(iv.) "[******]" es acreedora por un importe de [******], esto es [******]% del total de los créditos afectados por el plan; y

(v.) "[******]" es acreedora por un importe de [******], esto es [******]% del total de los créditos afectados por el plan.

Se acompaña a estos efectos, como documento nº 1 relación de créditos afectados por el plan de Reestructuración propuesto por la deudora.

TERCERO. No habiendo solicitado el deudor la designación de experto en la reestructuración dado el carácter facultativo de su nombramiento reconocido en el artículo 586.1 8° TRLC; por medio del presente solicitamos la designación como experto en la reestructuración de la siguiente persona [física o jurídica]:

[******], [******] [abogado/economista...] miembro del Colegio de [******] de [******], en ejercicio profesional desde [******], con amplia y notoria experiencia en materia de reestructuraciones y refinanciaciones de elevada complejidad, así como en el análisis y valoración de empresas en crisis [o en su caso, cumplimiento de los requisitos para ser designado administración concursal ex art-27 LC o 62 TRLC, según derecho transitorio en vigor en el momento], titulado en [******]

Se acompaña como documento n° 2 aceptación de su nombramiento para este cargo, caso de ser designado; con expresa aceptación del importe y los plazos de devengo de la retribución convenida por su desempeño profesional.

Los acreedores solicitantes asumen expresamente la obligación de satisfacer la retribución del experto, en cumplimiento de lo dispuesto del artículo 673.2 TRLC.

Concurren en dicho profesional, en consecuencia las condiciones subjetivas previstas en el artículo 674 TRLC.

Entre la prolija experiencia adquirida durante su dilatada trayectoria profesional, cabe destacar su intervención en los siguientes expedientes preconcursales y concursales:

[******]

No se encuentra además incurso en ninguna de las incompatibilidades y prohibiciones previstas en el artículo 675 TRLC y en concreto:

1° No ha prestado servicios profesionales relacionados con la reestructuración al deudor o a personas especialmente relacionadas con esta en los últimos dos años.

2.° No se encuentra en ninguna situación de incompatibilidad previstas en la legislación en materia de auditoría de cuentas en relación con el deudor o las personas especialmente relacionadas con este.

Se acompaña como documento n° 3 escrito razonando que el experto reúne las condiciones establecidas en esta ley para el ejercicio del cargo aceptación de su nombramiento para este cargo, caso de ser designado; con expresa aceptación del importe y lo plazos de devengo de la retribución convenida por su desempeño profesional; y como documento n° 4 copia de la póliza de seguro de responsabilidad civil o garantía equivalente que tuviera vigente para responder de posibles daños que el experto pudiera causar en el ejercicio de las funciones propias del cargo.

TERCERO. El nombramiento de experto en la reestructuración no tendrá efecto alguno sobre las facultades de administración y disposición sobre los bienes y derechos que integren el patrimonio de la mercantil deudora, de conformidad con lo dispuesto en el artículo 594 TRLC.

Por lo expuesto,

SUPLICO AL TRIBUNAL, tenga por presentado este escrito, con los documentos que se acompañan, se digne admitirlo, dictando Auto por el que se acuerde el nombramiento de [...] como experto en reestructuración, haciendo constar su designación mediante publicación de edicto en el Registro Público Concursal

Es justicia que respetuosamente pido y firmo en [******], a [******]

OTROSÍ DIGO que esta parte manifiesta su voluntad expresa de cumplir con todos y cada uno de los requisitos exigidos para la validez de los actos procesales y si por cualquier circunstancia esta representación hubiera incurrido en algún defecto, ofrece desde este momento su subsanación de forma inmediata y a su requerimiento, todo ello a los efectos prevenidos en el artículo 243.3 y 4 de la Ley Orgánica del Poder Judicial y artículo 231 de la Ley de Enjuiciamiento Civil.

SUPLICO AL TRIBUNAL que tenga por hecha la anterior manifestación a los efectos legalmente oportunos.

Es justicia que respetuosamente pido y firmo, en [******], a [******]

F209. SOLICITUD DE NOMBRAMIENTO DE EXPERTO EN LA REESTRUCTURACIÓN POR VARIOS DEUDORES

AL TRIBUNAL DE INSTANCIA DE .... SECCIÓN DE LO MERCANTIL (PLAZA NÚM. ......)

D. ...., Procurador de los Tribunales y de las mercantiles ...., ..., y ...., tal y como acredito mediante copia de los poderes para pleitos que adjunto como Documentos nº........., ante el Tribunal comparezco y, como mejor proceda en derecho, DIGO:

Que por medio del presente escrito y siguiendo expresas instrucciones de mis mandantes, solicito al Tribunal el NOMBRAMIENTO DE .... como EXPERTO EN REESTRUCTURACIONES de los deudores de conformidad con lo dispuesto en los artículos 672 y siguientes del Real Decreto Legislativo 1/2020, de 5 de mayo, por el que se aprueba el texto refundido de la Ley Concursal (en adelante, el TRLC) de conformidad con las siguientes

ALEGACIONES

PRIMERA.– DEUDORES QUE SOLICITAN EL NOMBRAMIENTO DE EXPERTO EN REESTRUCTURACIONES

.... es una sociedad anónima cuyo domicilio social está situado en .... Está inscrita en el Registro Mercantil de ...., Hoja ...., Torno .... y Folio ...., y con Numero de Identificación Fiscal (NIF) .... Sc adjunta coma Documento .... nota simple del Registro Mercantil de Madrid.

La actividad principal de .... es la ....

.... es una sociedad anónima cuyo domicilio social está situado en .... Está inscrita en el Registro Mercantil de ...., Hoja ...., Torno .... y Folio ...., y con Numero de Identificación Fiscal (NIF) .... Sc adjunta coma Documento .... nota simple del Registro Mercantil de Madrid.

La actividad principal de .... es la ....

Por último .... es una sociedad limitada cuyo domicilio social está situado en .... Está inscrita en el Registro Mercantil de ...., Hoja ...., Torno .... y Folio ...., y con Numero de Identificación Fiscal (NIF) .... Sc adjunta coma Documento .... nota simple del Registro Mercantil de Madrid.

La actividad principal de .... es la ....

Los deudores se encuentran actualmente en proceso de negociación con varios de sus acreedores para la reestructuración de su endeudamiento de conformidad con los artículos 614 y ss. TRLC, y que, en el caso de ser exitoso, sería objeto de homologación judicial al amparo de los artículos 635 y ss. del TRLC.

Con la finalidad de prestar asistencia a las partes en la negociación y elaboración de los planes de reestructuración, los deudores consideran conveniente la designación de un experto en reestructuraciones que permita facilitar el proceso y dar conocer a los diferentes agentes involucrados; que cumpla los requisitos legales para poder ser designado y que goce de una elevada experiencia y reputación en este tipo de procesos de procesos de alta sofisticación y complejidad, de manera que le permita de forma rápida la consecución del buen fin del proceso.

SEGUNDA.– CUMPLIMIENTO DE LOS REQUISITOS PARA EL NOMBRAMIENTO DE .... COMO EXPERTO EN REESTRUCTURACIONES DE LAS SOCIEDADES

1. Experiencia y conocimientos para el ejercicio del cargo (art. 672.2 1° TRLC)

El requisito establecido por el TRLC para el nombramiento de un experto en reestructuraciones consiste en acreditar tener conocimientos especializados y experiencia en materia de reestructuraciones y/o cumplir los requisitos para ser administrador concursal.

Así, de conformidad con el articulo 674 TRLC que regula las condiciones subjetivas para la designación:

"El nombramiento de experto deberá recaer en fa persona natural o jurídica, española o extranjera, que lenga los conocimientos especializados, jurídicos, financieros y empresariales, así como experiencia en mater/a de reestructuraciones o que acredite cumplir los requisitos para ser administrador concursal conforme a esta ley"

.... cumple ambas condiciones subjetivas para ser experto en reestructuración. En primer lugar, ... es Administrador concursal inscrito en la Sección 4ª del Registro Público Concursal y ha actuado como tal en numerosos concursos de acreedores relevantes.

En segundo lugar, es una firma con una acreditada experiencia en las reestructuraciones y la insolvencia, habiendo participado tanto como asesor o experto independiente de carácter económico-financiero, contando con abogados y economistas de primer nivel con capacidad y experiencia suficiente en proyectos análogos. Se adjunta como Documento .... informe de presentación con la acreditación profesional de este experto.

A su vez, manifestamos que no resulta de aplicación el régimen de incompatibilidades y prohibiciones del articulo 675 TRLC, toda vez que (i) .... no ha prestado servicios profesionales relacionados con la reestructuración de los deudores o a personas especialmente relacionadas con estos en los dos años anteriores a la presentación de este escrito; y (ii) .... no se encuentra en alguna de las situaciones de incompatibilidad previstas en la legislación en materia de auditoría de cuentas frente a las deudores o cualquier de las personas especialmente relacionadas con estos.

2. Aceptación del nombramiento, importe y plazos de devengo de la retribución del experto (art. 672.2.2° TRLC)

.... ha aceptado el encargo propuesto en lo relativo a los honorarios y los plazos de devengo de su retribución de conformidad con lo dispuesto en el artículo 672.2.2° del TRLC. Se aporta coma Documento n°......... carta firmada aceptando su nombramiento coma experto en reestructuraciones de las Sociedades y las condiciones de su retribución,

3. Seguro de responsabilidad civil vigente contratado (art. 672.2.3" TRLC)

.... tiene contratado un seguro de responsabilidad civil con una cobertura por importe de .... euros de los riesgos derivados de responsabilidad civil profesional por su labor coma experto en la reestructuración suscrito con la entidad aseguradora ...., importe suficiente para cubrir las potenciales responsabilidades en las que pudiera incurrir en el desempeño de sus funciones. Se aporta como Documento n°......... certificado de vigencia y copia de la póliza de responsabilidad civil vigente.

El TRLC no establece cual sea la cobertura "proporcional a la naturaleza y alcance del riesgo cubierto", ahora bien resulta razonable aplicar la regulación del seguro del administrador concursal de forma análoga, teniendo en cuenta que "los datos y perjuicios causados en el ejercicio de su función" son sustancialmente inferiores a las potencialmente concurrentes en un administrador concursal en el caso de un potencial procedimiento de insolvencia del deudor, atendiendo a la naturaleza de sus funciones y obligaciones.

En este punto, el artículo 8 del Real Decreto 1333/2012, de 21 de septiembre, por el que se regula el seguro de responsabilidad civil y la garantía equivalente de los administradores concursales, contempla el importe de cuatro millones de euros coma la máxima suma asegurada que se exige a los administradores concursales persona jurídica en el caso de complejidad máxima del concurso de acreedores en cuestión.

En consecuencia, el seguro contralado por .... sería suficiente, cumpliendo este requisito.

TERCERA.– CUESTIONES PROCESALES DE LA SOLICITUD DE NOMBRAMIENTO DE EXPERTO EN REESTRUCTURACIONES

1. Competencia y jurisdicción

La redacción del TRLC no establece regla específica alguna para la determinación de la competencia y jurisdicción para conocer del nombramiento del experto en reestructuraciones en los casos en los que dicha solicitud se realiza con anterioridad a la solicitud de homologación del plan de reestructuración y sin mediar comunicación de apertura de negociaciones con los acreedores del artículo 585 TRLC.

Consecuentemente, se debe acudir a las normas de competencia y jurisdicción aplicables a la solicitud de homologación de plan de reestructuración para determinar que Tribunal es competente para el citado nombramiento. Así, en virtud de lo dispuesto en el artículo 641 TRLC, la competencia para conocer de la homologación de un plan de reestructuración corresponderá al tribunal que fuera competente para la declaración del concurso del deudor. Si el deudor o deudores hubieran efectuado la comunicación de inicio de negociaciones con los acreedores. La competencia corresponderá al tribunal que hubiera tenido por efectuada esa comunicación.

Consecuentemente, es competente para conocer de la presente solicitud el Tribunal que resultaría competente para la declaración del concurso el cual, según se dispone por el art. 45.1 TRLC es el Tribunal de Instancia del territorio donde el deudor tenga el centro de sus intereses principales.

En este supuesto, el centro de intereses principales de todas los Deudores (coincidente con el de su domicilio social) se encuentra en ....

Por lo tanto, los Tribunales de Instancia de .... son territorialmente competentes para conocer de la solicitud de nombramiento de experto en las reestructuraciones de las Sociedades, al amparo de los artículos 672 y siguientes del TRLC.

2. Capacidad y legitimación

........., ..., y .... ostentan legitimación activa en virtud del artículo 672 del TRLC, en su condición de deudores solicitantes del nombramiento del experto de reestructuraciones.

Las Entidades Solicitantes tienen la capacidad para ser parte en el presente proceso, de conformidad con lo establecido en el artículo 6.1 3° de la Ley 1/2000, de 7 de enero, de Enjuiciamiento Civil (LEC), aplicable al presente procedimiento en atención a lo establecido en el artículo 521TRLC.

3. Representación procesal y defensa técnica

Las Entidades Solicitantes están representados por el procurador que suscribe y asistidos por el letrado cuyos datos identificativos constan en el pie de firma del presente escrito.

4. Procedimiento

La presente comunicación debe sustanciarse por los trámites que se recogen en los artículos 672 y ss. TRLC.

Si bien la redacción del TRLC no precisa el momento desde el cual el deudor (o bien los acreedores que cumplan los requisitos legales para ello) puede solicitar el nombramiento del experto en reestructuraciones, no existe impedimento alguno para que dicha solicitud se lleve a cabo antes de la incoación de las herramientas preconcursales (es decir, ya sea antes de la propia solicitud de homologación del plan de reestructuración, de la iniciación procedimiento de confirmación judicial de clases previo o de una eventual comunicación del artículo 585 TRLC).

Adicionalmente, destacamos que el articulo 672.4 TRLC prevé la posibilidad de designar un mismo experto para presentar una solicitud conjunta de homologación de distintos planes de reestructuración o de un plan de reestructuración conjunto de todos los deudores, para lo que solicitan el nombramiento de .... como experto común.

Por todo lo expuesto,

SUPLICO AL TRIBUNAL que, teniendo por presentado este escrito, junto con los documentos que se acompañan, lo admita, teniendo por comparecida y parte en las presentes actuaciones en la representación que ostento, acordando que se tengan conmigo las sucesivas diligencias, y tenga por solicitado el nombramiento de .... como experto en las reestructuraciones de ...., ... y ....

OTROSÍ DIGO que siendo la publicación del nombramiento del experto y su identidad en el Registro Público Concursal es preceptiva de conformidad con lo dispuesto en el artículo 672.3 TRLC.

SUPLICO AL TRIBUNAL que acuerde la publicación en el Registro Público Concursal del nombramiento de .... como experto en las reestructuraciones de ...., ... y ....

SEGUNDO OTROSÍ DIGO; que en virtud de lo dispuesto en el artículo 231 de la LEC, manifestamos expresamente nuestra voluntad de cumplir todos los requisitos exigidos en la misma, ofreciendo la subsanación de cualquier defecto en que se hubiera podido incurrir, tan pronto como seamos requeridos para ello por el Tribunal, y

SUPLICO AL TRIBUNAL que tenga por hecha la anterior manifestación a los efectos oportunos.

Es Justicia que respetuosamente pido y firmo en ...., a .... de .... de ....

F210. ESCRITO DEL DEUDOR PROPONIENDO LA TERNA A QUE SE REFIERE EL ART. 676.2 TRLC

AL TRIBUNAL DE INSTANCIA DE ..... SECCIÓN DE
LO MERCANTIL (PLAZA NÚM. ......)

... ., Procuradora de los Tribunales y de la mercantil ...., S.L., ante el Tribunal comparezco en los Autos del procedimiento de Comunicación art. 585 y ss. TRLC ...., y como mejor proceda en derecho, DIGO:

PRIMERO.– Que mediante escrito de fecha ..., por esta sociedad se comunicó la apertura de negociaciones para alcanzar un acuerdo con sus acreedores en orden a alcanzar un plan de reestructuración, a los efectos y en los términos del art. 585 y ss. TRLC, comunicación que fue tenida por efectuada mediante Decreto del Letrado de la Administración de Justicia de este Tribunal y se sustancia bajo el número .../.... de expediente.

SEGUNDO.– Que mediante escrito de fecha .... (ALTERNATIVA: en la propia comunicación), se solicitó de este Tribunal, y en el referido expediente, la designación de un experto en la reestructuración. Ello al amparo de lo previsto en el art. 672.1.1° TRLC.

TERCERO.– Que considerando este Tribunal que el experto propuesto no cumplía con las condiciones establecidas en el TRLC para el ejercicio de las funciones propias del cargo, mediante auto de fecha ... desestimó la citada solicitud, requiriéndose a esta parte la presentación de la terna expertual a que se refiere el art. 676.2 TRLC.

CUARTO.– Que por medio del presente escrito se evacúa el referido trámite y se presenta, a los efectos de los apartados 2 y del art. 676. TRLC, y como DOCUMENTO ......, terna de posibles expertos en los que realizar el referido nombramiento, integrada por ....

A estos efectos, se hace constar:

A.– Que las personas objeto de la terna cumplen las condiciones establecidas en el art. 674 del TRLC, ya que se tratan de personas naturales españolas que poseen los conocimientos especializados, tanto jurídicos, como financieros y empresariales acreditables en materia de la insolvencia en general, y en reestructuraciones, desde el año ...... Igualmente ostentan la condición de Administrador Concursal, habiendo sido designados en múltiples procedimientos concursales. Ello se acredita y justifica razonadamente con los DOCUMENTOS ... a ......

B.– Cada uno de los citados integrantes de la terna han manifestado su voluntad de aceptar el cargo y no hallarse en causa de incompatibilidad o prohibición a las que se refiere el art. 675 TRLC (DOCUMENTOS ... a ....). También han acreditado a esta parte detentar la respectiva póliza de seguro de responsabilidad civil o garantía equivalente, en vigor, para responder de posibles daños que el experto pudiera causar en el ejercicio de las funciones propias del cargo (DOCUMENTOS ... a ....).

C.– Finalmente esta parte ha pactado igualmente con cada uno de los profesionales propuestos, la retribución por el desempeño del cargo y los plazos de devengo de la misma.

En su virtud

SUPLICO AL TRIBUNAL que tenga por presentado este escrito se sirva admitirlo, por presentada la terna a que se refiere el art. 676.2 TRLC y por efectuadas las anteriores manifestaciones para que, tras los trámites legales oportunos, dicte resolución por la que nombre un experto en la reestructuración de entre los profesionales comprendidos en dicha terna, acordando cuanto demás proceda en derecho.

Es Justicia que respetuosamente pido en ...., a ....

F211. DILIGENCIA DE ORDENACIÓN SOBRE LA SOLICITUD DE DESIGNACIÓN DE EXPERTO EN REESTRUCTURACIONES

DILIGENCIA DE ORDENACIÓN

Diligencia que dicta y firma Don ...., Letrado de la Administración de Justicia. Tribunal de Instancia de ...... sección de lo mercantil.

Lugar: ......

Fecha: ......

Dada cuenta, por presentado el escrito de la procuradora Doña ...., en nombre y representación de la sociedad .... S.L, impretando el nombramiento de experto en la reestructuración, únase a los autos de su razón y queden los autos pendientes del dictado de la resolución que en derecho proceda.

Modo de impugnación: recurso de REPOSICIÓN ante el Letrado de la Administración de Justicia, mediante un escrito que se debe presentar en el plazo de CINCO días, contados desde el siguiente al de la notificación, en el que se debe expresar la infracción en que haya incurrido la resolución. Sin estos requisitos no se admitirá la impugnación. La interposición del recurso no tendrá efectos suspensivos respecto de la resolución recurrida (artículos 451 y 452 LEC).

Lo acuerdo y firmo. Don ...., Letrado de la Administración de Justicia.

F212. DILIGENCIA DE ORDENACIÓN SOBRE PRESENTACIÓN DE LA TERNA A QUE SE REFIERE EL ART. 676.2 TRLC

DILIGENCIA DE ORDENACIÓN

Diligencia que dicta y firma Don ...., Letrado de la Administración de Justicia. Tribunal de Instancia de ...... sección de lo mercantil.

Lugar: ......

Fecha: ......

Dada cuenta, por presentado el escrito de la procuradora Doña ...., en nombre y representación de la sociedad .... S.L, aportando la terna de profesionales a que se refiere el art. 676.2 TRLC, únase a los autos de su razón y queden los autos pendientes del dictado de la resolución que en derecho proceda.

Modo de impugnación: recurso de REPOSICIÓN ante el Letrado de la Administración de Justicia, mediante un escrito que se debe presentar en el plazo de CINCO días, contados desde el siguiente al de la notificación, en el que se debe expresar la infracción en que haya incurrido la resolución. Sin estos requisitos no se admitirá la impugnación. La interposición del recurso no tendrá efectos suspensivos respecto de la resolución recurrida (artículos 451 y 452 LEC).

Lo acuerdo y firmo. Don ...., Letrado de la Administración de Justicia.

F213. PROVIDENCIA TENIENDO POR PRESENTADA SOLICITUD DE NOMBRAMIENTO ESPECIAL DE EXPERTO EN LA REESTRUCTURACIÓN Y DANDO TRASLADO A LOS ACREEDORES A EFECTOS DEL ART. 673 TRLC

Providencia del Magistrado..............

En..............., a...... de.............. de.........

Que en fecha...... de.............. de.............., por la procuradora de los Tribunales, Doña.............., y en nombre y representación de la sociedad.............. S.L., se ha presentado escrito solicitando la designación de experto en la reestructuración al amparo del art. 673.1 TRLC.

Que cumpliendo la solicitud los requisitos y presupuestos legalmente establecidos, admítase la misma a trámite, y, dando cumplimiento a lo previsto en el art. 673.2 TRLC, dese traslado de la referida petición al deudor por plazo de dos días, a efectos de, si fuera de su interés, se oponga al nombramiento peticionado, razonando que no es necesario, o que el profesional propuesto no reúne las condiciones para el ejercicio del cargo. Igualmente, podrá solicitar el nombramiento de un experto distinto, en cuyo caso quien inste el nombramiento deberá asumir expresamente la obligación de satisfacer la retribución del que proponga.

Contra la presente resolución cabe recurso de reposición a interponer en el plazo de cinco días a contar desde su notificación. De conformidad con lo establecido en la Disposición Adicional 15ª LOPJ (según la redacción dada por la LO 1/09), la interposición de recurso contra resoluciones judiciales, no podrá ser admitida a trámite sin la acreditación del depósito previsto en la citada Ley a efectos de recurrir, debiendo presentarse copia o resguardo de tal depósito en las cuenta de consignaciones de este Tribunal.

Lo que acuerda, manda y firma su señoría Don.............., Magistrado titular de la plaza ...., de la sección de lo mercantil del Tribunal de Instancia de ......, en el lugar y fecha señalados "ut supra".

F214. AUTO DESIGNANDO EXPERTO EN LA REESTRUCTURACIÓN A PETICIÓN DEL DEUDOR

En la ciudad de......, hoy día .... de ...... de ....

ANTECEDENTES DE HECHO

PRIMERO.– Que mediante escrito de fecha ..., la sociedad .... S.L, comunicó la apertura de negociaciones para alcanzar un acuerdo con sus acreedores en orden a alcanzar un plan de reestructuración, a los efectos y en los términos del art. 585 y ss. TRLC, comunicación que fue tenida por efectuada mediante Decreto del Letrado de la Administración de Justicia de este Tribunal y se sustancia bajo el número .../.... de expediente.

SEGUNDO.– Que la sociedad ...., mediante escrito de fecha .... (ALTERNATIVA: en la propia comunicación), ha solicitado de este Tribunal, y en el referido expediente, la designación de un experto en la reestructuración. Ello al amparo de lo previsto en el art. 672.1.1° TRLC y en los términos del escrito (ALTERNATIVA: de la comunicación), y documentación aneja al mismo/a, del que extracto los siguientes extremos:.........

TERCERO.– En las presentes actuaciones no se ha designado experto en la reestructuración.

FUNDAMENTOS DE DERECHO

PRIMERO.– Nuestro TRLC, en su libro II, recoge la nueva figura paradigmática de los planes de reestructuración como herramienta con la que sanar, a través de su viabilidad, a las empresas afectadas por una insolvencia actual, inminente y, ahora también, en grado de probabilidad, siendo la figura estelar de esta nueva era del ámbito preconcursal la del experto en la reestructuración, cuyo régimen se establece en los arts. 672 y ss. TRLC, y que, en orden a su nombramiento, establece unos supuestos denominados obligatorios (art. 672 TRLC) y un supuesto especial (art. 673 TRLC).

En el presente caso, por la actora se interesa la designación de experto en la reestructuración bajo el amparo del art. 672.1.1° TRLC, y en su condición deudora.

SEGUNDO.– A la vista de lo anterior, señala el art. 672 TRLC que el nombramiento de experto en la reestructuración solo procederá en los siguientes casos 1.° Cuando lo solicite el deudor 2.° Cuando lo soliciten acreedores que representen más del cincuenta por ciento del pasivo que, en el momento de la solicitud, pudiera quedar afectado por el plan de reestructuración. En la solicitud, los acreedores, o algunos de ellos, deberán asumir expresamente la obligación de satisfacer la retribución del experto. La asunción de la obligación de pago quedará sin efecto si en el plan de reestructuración homologado por el tribunal se previera expresamente que la retribución del experto fuera a cargo del deudor. 3.° Cuando, solicitada por el deudor la suspensión general de ejecuciones singulares o la prórroga de esa suspensión, el tribunal considerase, y así lo razonara, que el nombramiento es necesario para salvaguardar el interés de los posibles afectados por la suspensión. 4.° Cuando el deudor o cualquier legitimado solicite la homologación judicial de un plan de reestructuración cuyos efectos se extiendan a una clase de acreedores o a los socios que no hubieran votado a favor del plan. (art. 672.1 TRLC)

Continua el art. 672.2 TRLC señalando que a la solicitud de nombramiento de experto deberá acompañarse: 1.° Escrito razonando que el experto reúne las condiciones establecidas en esta ley para el ejercicio del cargo. 2.° La aceptación de su nombramiento por el experto para el caso de ser designado, así como la aceptación del importe y los plazos de devengo de la retribución que se hubiese pactado. 3.° Copia de la póliza de seguro de responsabilidad civil o garantía equivalente que tuviera vigente para responder de posibles daños que el experto pudiera causar en el ejercicio de las funciones propias del cargo.

Y conforme al art. 672.3 TRLC, el nombramiento del experto se realizará por el tribunal mediante auto, que dictará a la mayor brevedad posible y, en todo caso, dentro del plazo de dos días a contar desde la solicitud. La designación del experto y su identidad se harán constar en el Registro público concursal.

Finalmente, art. 672.4 TRLC, en el caso de comunicación conjunta o de planes conjuntos de reestructuración, se podrá designar el mismo experto para todos los deudores afectados.

TERCERO.– A la vista del citado precepto, procede acceder a la designación de experto en la reestructuración peticionado por .... S.L, toda vez que cumplidos los presupuestos y requisitos establecidos en la norma, el nombramiento del experto, en este caso, deviene imperativo e ineludible para este Tribunal.

En ese sentido, el instante de la designación, en su condición de deudor, queda debidamente legitimado al efecto (art. 672.1.1° TRLC). Además, ha cumplido con su obligación de efectuar una propuesta de profesional en el que debe recaer el nombramiento (arts. 676.1 TRLC y 672.2 TRLC), en concreto Don ...., justificando de manera razonada, tal y como ordena el art. 672.2.1° TRLC, que el experto propuesto reúne los requisitos establecidos en los arts. 674, 675, ss. y concordantes TRLC. Finalmente, ha cumplido con la carga procesal de acreditar y presentar ante el Tribunal la aceptación del cargo por el experto propuesto, incluida la retribución pactada y los plazos de devengo, (art. 672.2.2° TRLC) y la póliza del seguro de responsabilidad civil que titulariza el profesional propuesto por la actora a efectos de responder de los posibles daños que el experto pudiera producir en el ejercicio del cargo (arts. 672.2.3° TRLC).

CUARTO.– El nombramiento del experto queda reservado al Tribunal, aunque su margen decisorio está fuertemente limitado y restringido, a la vista que el art. 676.1 TRLC le impone la designación de la persona propuesta por el deudor o los acreedores que hubieran formulado la solicitud, salvo que no reúna las condiciones establecidas en la Ley, en cuyo caso, procedería seguir el procedimiento de establecido en los apartados 2 y 3 del art. 676 TRLC.

En nuestro caso, el profesional propuesto es el abogado Don .... (ICAV ....), con domicilio en ...., calle ......, DNI/NIF .... Telf.... Correo electrónico: ...., que cumple sobradamente las condiciones subjetivas a que se refiere el art. 674 TRLC, procediendo, por lo tanto, su designación como experto en la reestructuración.

El Sr...... posee los conocimientos especializados, tanto jurídicos, como financieros y empresariales acreditables en materia de la insolvencia en general, y en reestructuraciones, desde el año.... Igualmente ostenta la condición de Administrador Concursal, habiendo sido designado en múltiples procedimientos concursales. Su experiencia dilatada queda constatada no solo por sus continuos nombramientos por parte de los Tribunales de Instancia de todo el territorio nacional en todo asuntos mercantiles, societarios y concursales, sino, además, a la vista de su extensa bibliografía y publicaciones cientificas sobre estos asuntos, siendo un referente en el ámbito de la insolvencia, tanto preconcursal como concursal, así como en materia societaria y mercantil. Y no solo desde una perspectiva privatista, sino del resto de áreas del derecho (fiscalidad, contabilidad, derecho laboral, etc), así como del ámbito financiero y de la empresa. Junto a lo anterior, posee dilatada experiencia en materia de refinanciaciones de deudas y reestructuraciones de activo y pasivo, así como en modificaciones operacionales de las estructuras societarias; sobre todo en empresas en situación próxima a la situación de insolvencia. Todo ello ha sido razonado por la actora en su escrito peticionario del nombramiento expertual del Sr. ....

Por otro lado, no incurre en causa de incompatibilidad o prohibición alguna de las que se reseñan en el art. 675 TRLC, ni en ninguna otra que le impida el ejercicio del cargo. Así lo declara en el escrito de aceptación, y no consta nada a este Tribunal en sentido contrario.

Finalmente, consta en autos la póliza de seguro de responsabilidad civil a que se refiere el art. 681 TRLC del Sr...., a efectos de responder de los eventuales daños que el experto cause en el ejercicio del cargo.

QUINTO.-El experto aquí designado asistirá al deudor y los acreedores en las negociaciones actualmente en curso para alcanzar un plan de reestructuración; elaborará y presentará a este Tribunal cuantos informes sean exigidos por la Ley, y aquellos otros que este Tribunal considere necesarios o convenientes y le recabe. También, cualesquiera otras funciones que, conforme la Ley, le corresponda llevar a cabo con relación al proceso reestructurador antes señalado y en su condición de experto en la reestructuración.

Visto lo expuesto y demás normativa de aplicación

DISPONGO

Que estimo la solicitud formulada por la procuradora de los Tribunales ...., en nombre y representación de ......, y designo EXPERTO EN LA REESTRUCTURACIÓN a Don .... (ICAV ....), con domicilio en ...., calle ......, DNI/NIF .... Telf.... Correo electrónico: ....

Notifíquese por el Letrado de la Administración de Justicia la resolución al experto, a ...., y demás partes personadas a través de su respectiva representación procesal.

Inscríbase la presente resolución en el Registro público concursal, en especial, la designación del experto y su identidad.

Líbrense al efecto los oportunos edictos.

Hágase saber que quien acredite interés legítimo podrá impugnar el nombramiento aquí acordado en los términos y de conformidad con lo establecido en el art. 677.1 TRLC, impugnación que se sustanciará por los cauces del incidente concursal (art. 677.2 TRLC).

Lo que acuerda, manda y firma su señoría Don..............., Magistrado titular de la plaza ...., de la sección de lo mercantil del Tribunal de Instancia de ......, en el lugar y fecha señalados "ut supra".

F215. AUTO DESIGNANDO EXPERTO EN LA REESTRUCTURACIÓN A PETICIÓN DEL DEUDOR. COMUNICACIÓN CONJUNTA

En la ciudad de......, hoy día .... de ...... de ....

ANTECEDENTES DE HECHO

PRIMERO.– Que mediante escrito de fecha ..., las sociedades .... S.L, ..., S.L y .... S.L, comunicaron de forma conjunta la apertura de negociaciones para alcanzar un acuerdo con sus respectivos acreedores en orden a alcanzar un plan de reestructuración conjunto, a los efectos y en los términos del art. 585 y ss. TRLC, comunicación que fue tenida por efectuada mediante Decreto del Letrado de la Administración de Justicia de este Tribunal y se sustancia bajo el número .../.... de expediente.

SEGUNDO.– Que las sociedades ...., mediante escrito de fecha ...., (ALTERNATIVA: en la propia comunicación) han solicitado de este Tribunal, y en el referido expediente, la designación de un experto en la reestructuración. Ello al amparo de lo previsto en el art. 672.1.1° TRLC y en los términos del escrito (ALTERNATIVA: de la comunicación), y documentación aneja al mismo/a, del que extracto los siguientes extremos:.........

TERCERO.– En las presentes actuaciones no se ha designado experto en la reestructuración.

FUNDAMENTOS DE DERECHO

PRIMERO.– Nuestro TRLC, en su libro II, recoge la nueva figura paradigmática de los planes de reestructuración como herramienta con la que sanar, a través de su viabilidad, a las empresas afectadas por una insolvencia actual, inminente y, ahora también, en grado de probabilidad, siendo la figura estelar de esta nueva era del ámbito preconcursal la del experto en la reestructuración, cuyo régimen se establece en los arts. 672 y ss. TRLC, y que, en orden a su nombramiento, establece unos supuestos denominados obligatorios (art. 672 TRLC) y un supuesto especial (art. 673 TRLC).

En el presente caso, por la actora se interesa la designación de experto en la reestructuración bajo el amparo del art. 672.1.1° TRLC, y en su condición deudora.

SEGUNDO.– Señala el art. 672 TRLC que el nombramiento de experto en la reestructuración solo procederá en los siguientes casos 1.° Cuando lo solicite el deudor 2.° Cuando lo soliciten acreedores que representen más del cincuenta por ciento del pasivo que, en el momento de la solicitud, pudiera quedar afectado por el plan de reestructuración. En la solicitud, los acreedores, o algunos de ellos, deberán asumir expresamente la obligación de satisfacer la retribución del experto. La asunción de la obligación de pago quedará sin efecto si en el plan de reestructuración homologado por el tribunal se previera expresamente que la retribución del experto fuera a cargo del deudor. 3.° Cuando, solicitada por el deudor la suspensión general de ejecuciones singulares o la prórroga de esa suspensión, el tribunal considerase, y así lo razonara, que el nombramiento es necesario para salvaguardar el interés de los posibles afectados por la suspensión. 4.° Cuando el deudor o cualquier legitimado solicite la homologación judicial de un plan de reestructuración cuyos efectos se extiendan a una clase de acreedores o a los socios que no hubieran votado a favor del plan. (art. 672.1 TRLC)

Continua el art. 672.2 TRLC señalando que a la solicitud de nombramiento de experto deberá acompañarse: 1.° Escrito razonando que el experto reúne las condiciones establecidas en esta ley para el ejercicio del cargo. 2.° La aceptación de su nombramiento por el experto para el caso de ser designado, así como la aceptación del importe y los plazos de devengo de la retribución que se hubiese pactado. 3.° Copia de la póliza de seguro de responsabilidad civil o garantía equivalente que tuviera vigente para responder de posibles daños que el experto pudiera causar en el ejercicio de las funciones propias del cargo.

Y conforme al art. 672.3 TRLC, el nombramiento del experto se realizará por el tribunal mediante auto, que dictará a la mayor brevedad posible y, en todo caso, dentro del plazo de dos días a contar desde la solicitud. La designación del experto y su identidad se harán constar en el Registro público concursal.

Finalmente, art. 672.4 TRLC, en el caso de comunicación conjunta o de planes conjuntos de reestructuración, se podrá designar el mismo experto para todos los deudores afectados.

TERCERO.– A la vista del citado precepto, procede acceder a la petición de designación de experto en la reestructuración peticionado por toda vez que cumplidos los presupuestos y requisitos establecidos en la norma, el nombramiento del experto, en este caso, deviene imperativo e ineludible para este Tribunal.

En ese sentido, los instantes de la designación, en su condición de deudora, quedan debidamente legitimados al efecto (art. 672.1.1° TRLC). Además, han cumplido con su obligación de efectuar una propuesta de persona en la que debe recaer el nombramiento (art. 676.1 TRLC y 672.2 TRLC), en concreto, Don ...., justificando de manera razonada, tal y como ordena el art. 672.2.1° TRLC, que el experto propuesto reúne los requisitos establecidos en los arts. 674, 675, ss. y concordantes TRLC. Finalmente, han cumplido con la carga procesal de acreditar y presentar ante el Tribunal la aceptación del cargo por el experto propuesto, incluida la retribución pactada y los plazos de devengo, (art. 672.2.2° TRLC) y la póliza del seguro de responsabilidad civil que titulariza el profesional propuesto por la actora a efectos de responder de los posibles daños que el experto pudiera producir en el ejercicio del cargo (arts. 672.2.3° TRLC).

Además, conforme al art. 672.4 TRLC, cabe designar un mismo experto para todos los deudores afectados en el supuesto de comunicación conjunta, concurrente en las presentes actuaciones.

CUARTO.– El nombramiento del experto deber ser realizado por el Tribunal, aunque su margen decisorio está fuertemente limitado y restringido a la vista que el art. 676.1 TRLC le impone la designación de la persona propuesta por el deudor o los acreedores que hubieran formulado la solicitud, salvo que no reúna las condiciones establecidas en la Ley, en cuyo caso, procedería seguir el procedimiento de establecido en los apartados 2 y 3 del art. 676 TRLC.

En nuestro caso, el propuesto es el abogado Don .... (ICAV ....), con domicilio en ...., calle ......, DNI/NIF .... Telf.... Correo electrónico: ...., que cumple sobradamente las condiciones subjetivas a que se refiere el art. 674 TRLC, procediendo su designación como experto en la reestructuración.

El Sr...... posee los conocimientos especializados, tanto jurídicos, como financieros y empresariales acreditables en materia de la insolvencia en general, y en reestructuraciones, desde el año ......Igualmente ostenta la condición de Administrador Concursal, habiendo sido designado en múltiples procedimientos concursales. Su experiencia dilatada queda constatada no solo de sus continuos nombramientos por parte de los Tribunales de Instancia de todo el territorio nacional en todo asuntos mercantiles, societarios y concursales, sino, además, a la vista de su extensa bibliografía y publicaciones editoriales sobre estos asuntos; siendo un referente en el ámbito de la insolvencia, tanto preconcursal como concursal, así como en materia societaria y mercantil. Y no solo desde una perspectiva privatista, sino del resto de áreas del derecho (fiscalidad, contabilidad, derecho laboral, etc), así como del ámbito financiero y de la empresa. Junto a lo anterior, posee dilatada experiencia en materia de refinanciaciones de deudas y reestructuraciones de activo y pasivo, así como en modificaciones operacionales de las estructuras societarias; sobre todo en empresas en situación próxima a la situación de insolvencia. Todo ello ha sido razonado por la actora en su escrito peticionario del nombramiento expertual del Sr. ....

Por otro lado, no incurre en causa de incompatibilidad o prohibición alguna de las que se reseñan en el art. 675 TRLC, ni en ninguna otra que le impida el ejercicio del cargo. Así lo declara en el escrito de aceptación, y no consta nada a este Tribunal en sentido contrario.

Finalmente, consta en autos la póliza de seguro de responsabilidad civil a que se refiere el art. 681 TRLC del Sr...., a efectos de responder de los eventuales daños que el experto cause en el ejercicio del cargo.

QUINTO.-El experto aquí designado asistirá a los deudores y los acreedores en las negociaciones actualmente en curso para alcanzar un plan de reestructuración; elaborará y presentará a este Tribunal cuantos informes sean exigidos por la Ley, y aquellos otros que este Tribunal considere necesarios o convenientes y le recabe. También, cualesquiera otras funciones que, conforme la Ley, le corresponda llevar a cabo con relación al proceso reestructurador antes señalado y en su condición de experto en la reestructuración.

Visto lo expuesto y demás normativa de aplicación

DISPONGO

Que estimo la solicitud formulada por la procuradora de los Tribunales ...., en nombre y representación de las sociedades ...., y designo EXPERTO EN LA REES-

TRUCTURACIÓN a Don .... (ICAV ....), con domicilio en ...., calle ......, DNI/NIF .... Telf.... Correo electrónico: ....

Notifíquese por el Letrado de la Administración de Justicia la resolución al experto a las sociedades ...., y demás partes personadas a través de su respectiva representación procesal.

Inscríbase la presente resolución en el Registro público concursal, en especial, la designación del experto y su identidad.

Líbrense al efecto los oportunos edictos.

Hágase saber que quien acredite interés legítimo podrá impugnar el nombramiento aquí acordado en los términos y de conformidad con lo establecido en el art. 677.1 TRLC, impugnación que se sustanciará por los cauces del incidente concursal (art. 677.2 TRLC).

Lo que acuerda, manda y firma su señoría Don.............., Magistrado titular de la plaza ...., de la sección de lo mercantil del Tribunal de Instancia de ......, en el lugar y fecha señalados "ut supra". Doy fe.

F216. AUTO DESIGNANDO EXPERTO EN LA REESTRUCTURACIÓN A PETICIÓN DE ACREEDORES QUE SUPONEN MAS DEL CINCUENTA POR CIENTO DEL PASIVO

En la ciudad de......, hoy día .... de ...... de ....

ANTECEDENTES DE HECHO

PRIMERO.– Que mediante escrito de fecha ..., la sociedad .... S.L, comunicó la apertura de negociaciones para alcanzar un acuerdo con sus acreedores en orden a alcanzar un plan de reestructuración, a los efectos y en los términos del art. 585 y ss. TRLC, comunicación que fue tenida por efectuada mediante Decreto del Letrado de la Administración de Justicia de este Tribunal y se sustancia bajo el número .../.... de expediente.

SEGUNDO.– Que las sociedades ...., mediante escrito de fecha ...., han solicitado de este Tribunal, y en el referido expediente, la designación de un experto en la reestructuración. Ello al amparo de lo previsto en el art. 672.1.2° TRLC y en los términos del escrito (ALTERNATIVA: de la comunicación), y documentación aneja al mismo/a, del que extracto los siguientes extremos:.........

TERCERO.– En las presentes actuaciones no se ha designado experto en la reestructuración.

FUNDAMENTOS DE DERECHO

PRIMERO.– Nuestro TRLC, en su libro II, recoge la nueva figura paradigmática de los planes de reestructuración como herramienta con la que sanar, a través de su viabilidad, a las empresas afectadas por una insolvencia actual, inminente y, ahora también, en grado de probabilidad, siendo la figura estelar de esta nueva era del ámbito preconcursal la del experto en la reestructuración, cuyo régimen se establece en los arts. 672 y ss. TRLC, y que, en orden a su nombramiento, establece unos supuestos denominados obligatorios (art. 672 TRLC) y un supuesto especial (art. 673 TRLC).

En el presente caso, se interesa conjuntamente por los actores la designación de experto en la reestructuración bajo el amparo del art. 672.1.2° TRLC, y en su condición de acreedores que representan más del cincuenta por ciento del pasivo que, en el momento de la solicitud, pudiera quedar afectado por el Plan de Reestructuración.

SEGUNDO.– Señala el art. 672 TRLC que el nombramiento de experto en la reestructuración solo procederá en los siguientes casos 1.° Cuando lo solicite el deudor 2.° Cuando lo soliciten acreedores que representen más del cincuenta por ciento del pasivo que, en el momento de la solicitud, pudiera quedar afectado por el plan de reestructuración. En la solicitud, los acreedores, o algunos de ellos, deberán asumir expresamente la obligación de satisfacer la retribución del experto. La asunción de la obligación de pago quedará sin efecto si en el plan de reestructuración homologado por el tribunal se previera expresamente que la retribución del experto fuera a cargo del deudor. 3.° Cuando, solicitada por el deudor la suspensión general de ejecuciones singulares o la prórroga de esa suspensión, el tribunal considerase, y así lo razonara, que el nombramiento es necesario para salvaguardar el interés de los posibles afectados por la suspensión. 4.° Cuando el deudor o cualquier legitimado solicite la homologación judicial de un plan de reestructuración cuyos efectos se extiendan a una clase de acreedores o a los socios que no hubieran votado a favor del plan. (art. 672.1 TRLC)

Continua el art. 672.2 TRLC señalando que a la solicitud de nombramiento de experto deberá acompañarse: 1.° Escrito razonando que el experto reúne las condiciones establecidas en esta ley para el ejercicio del cargo. 2.° La aceptación de su nombramiento por el experto para el caso de ser designado, así como la aceptación del importe y los plazos de devengo de la retribución que se hubiese pactado. 3.° Copia de la póliza de seguro de responsabilidad civil o garantía equivalente que tuviera vigente para responder de posibles daños que el experto pudiera causar en el ejercicio de las funciones propias del cargo.

Y conforme al art. 672.3 TRLC, el nombramiento del experto se realizará por el tribunal mediante auto, que dictará a la mayor brevedad posible y, en todo caso, dentro del plazo de dos días a contar desde la solicitud. La designación del experto y su identidad se harán constar en el Registro público concursal.

Finalmente, art. 672.4 TRLC, en el caso de comunicación conjunta o de planes conjuntos de reestructuración, se podrá designar el mismo experto para todos los deudores afectados.

TERCERO.– A la vista del citado precepto, procede acceder a la petición de designación de experto en la reestructuración peticionado por las compañías .... pues cumpliendo los requisitos establecidos en la norma, el nombramiento del experto deviene imperativo e ineludible para este Tribunal.

En ese sentido, las sociedades ...., ostentan legitimación a efectos de instar la designación de un experto en la reestructuración dada su condición de acreedores que representan más del cincuenta por ciento del pasivo que, en el momento de la solicitud, pudiera quedar afectado por el plan de reestructuración (art. 672.1.2° TRLC), tal y como resulta de la relación de acreedores afectados por el plan de reestructuración presentado por el deudor y que se acompañó al escrito peticionatorio del presente nombramiento.

Además, han cumplido con su obligación de efectuar una propuesta de persona en la que debe recaer el nombramiento (art. 676.1 TRLC y 672.2 TRLC), en concreto, Don ...., justificando de manera razonada, tal y como ordena el art. 672.2.1° TRLC, que el experto propuesto reúne los requisitos establecidos en los arts. 674, 675, ss. y concordantes TRLC. Finalmente, han cumplido con la carga procesal de acreditar y presentar ante el Tribunal la aceptación del cargo por el experto propuesto, incluida la retribución pactada y los plazos de devengo, (art. 672.2.2° TRLC) y la póliza del seguro de responsabilidad civil que titulariza el profesional propuesto por la actora a efectos de responder de los posibles daños que el experto pudiera producir en el ejercicio del cargo (arts. 672.2.3° TRLC).

En este sentido, también se cumple por los actores con lo establecido en el art. 672.1.2º TRLC, en tanto en cuanto en su escrito de fecha ...., todos ellos (ALTERNATIVA: o ....) asumieron expresamente la obligación de satisfacer la retribución del experto, asunción obligacional que, en su caso, quedará sin efecto si en el plan de reestructuración homologado por el Tribunal se previera expresamente que la retribución del experto resulta a cargo del deudor

CUARTO.– El nombramiento del experto deber ser realizado por el Tribunal aunque su margen decisorio está fuertemente limitado y restringido pues el art. 676.1 TRLC le impone la designación de la persona propuesta por el deudor o los acreedores que hubieran formulado la solicitud, salvo que no reúna las condiciones establecidas en la Ley, en cuyo caso, procedería seguir el procedimiento de establecido en los apartados 2 y 3 del art. 676 TRLC.

En nuestro caso, el propuesto es el abogado Don .... (ICAV ....), con domicilio en ...., calle ......, DNI/NIF .... Telf.... Correo electrónico: ...., que cumple sobradamente las condiciones subjetivas a que se refiere el art. 674 TRLC, procediendo su designación como experto en la reestructuración.

El Sr...... posee los conocimientos especializados, tanto jurídicos, como financieros y empresariales acreditables en materia de la insolvencia en general, y en reestructuraciones, desde el año ......Igualmente ostenta la condición de Administrador Concursal, habiendo sido designado en múltiples procedimientos concursales. Su experiencia dilatada queda constatada no solo de sus continuos nombramientos por parte de los Tribunales de Instancia de todo el territorio nacional en todo asuntos mercantiles, societarios y concursales, sino, además, a la vista de su extensa bibliografía y publicaciones editoriales sobre estos asuntos; siendo un referente en el ámbito de la insolvencia, tanto preconcursal como concursal, así como en materia societaria y mercantil. Y no solo desde una perspectiva privatista, sino del resto de áreas del derecho (fiscalidad, contabilidad, derecho laboral, etc), así como del ámbito financiero y de la empresa. Junto a lo anterior, posee dilatada experiencia en materia de refinanciaciones de deudas y reestructuraciones de activo y pasivo, así como en modificaciones operacionales de las estructuras societarias; sobre todo en empresas en situación próxima a la situación de insolvencia. Todo ello ha sido razonado por la actora en su escrito peticionario del nombramiento expertual del Sr. ....

Por otro lado, no incurre en causa de incompatibilidad o prohibición alguna de las que se reseñan en el art. 675 TRLC, ni en ninguna otra que le impida el ejercicio del cargo. Así lo declara en el escrito de aceptación, y no consta nada a este Tribunal en sentido contrario.

Finalmente, consta en autos la póliza de seguro de responsabilidad civil a que se refiere el art. 681 TRLC del Sr...., a efectos de responder de los eventuales daños que el experto cause en el ejercicio del cargo.

QUINTO.-El experto aquí designado asistirá a los deudores y los acreedores en las negociaciones actualmente en curso para alcanzar un plan de reestructuración; elaborará y presentará a este Tribunal cuantos informes sean exigidos por la Ley, y aquellos otros que este Tribunal considere necesarios o convenientes y le recabe. También, cualesquiera otras funciones que, conforme la Ley, le corresponda llevar a cabo con relación al proceso reestructurador antes señalado y en su condición de experto en la reestructuración.

Visto lo expuesto y demás normativa de aplicación.

DISPONGO

Que estimo la solicitud formulada por la procuradora de los Tribunales ...., en nombre y representación de las sociedades ...., y designo EXPERTO EN LA REESTRUCTURACIÓN a Don .... (ICAV ....), con domicilio en ...., calle ......, DNI/NIF .... Telf.... Correo electrónico: ....

Notifíquese por el Letrado de la Administración de Justicia la resolución al experto a las sociedades ...., y demás partes personadas a través de su respectiva representación procesal.

Inscríbase la presente resolución en el Registro público concursal, en especial, la designación del experto y su identidad.

Líbrense al efecto los oportunos edictos.

Hágase saber que quien acredite interés legítimo podrá impugnar el nombramiento aquí acordado en los términos y de conformidad con lo establecido en el art. 677.1 TRLC, impugnación que se sustanciará por los cauces del incidente concursal (art. 677.2 TRLC).

Lo que acuerda, manda y firma su señoría Don..............., Magistrado titular de la plaza ...., de la sección de lo mercantil del Tribunal de Instancia de ......, en el lugar y fecha señalados "ut supra".

F217. AUTO DESIGNANDO EXPERTO EN LA REESTRUCTURACIÓN AL HABERSE SOLICITADO SUSPENSIÓN GENERAL DE EJECUCIONES SINGULARES (O SU PRÓRROGA)

En la ciudad de......, hoy día .... de ...... de ....

ANTECEDENTES DE HECHO

PRIMERO.– Que mediante escrito de fecha ..., la sociedad .... S.L, comunicó la apertura de negociaciones para alcanzar un acuerdo con sus acreedores en orden a alcanzar un plan de reestructuración, a los efectos y en los términos del art. 585 y ss. TRLC, comunicación que fue tenida por efectuada mediante Decreto del Letrado de la Administración de Justicia de este Tribunal y se sustancia bajo el número .../.... de expediente.

SEGUNDO.– Que la deudora ha solicitado la suspensión general de las ejecuciones singulares a que se refiere el art. 602 TRLC (o la prórroga de la suspensión general de ejecuciones a que se refiere el art. 602 TRLC acordada el día ...), peticionándose la designación de experto en la reestructuración en la persona del abogado Don ....

TERCERO.– En las presentes actuaciones no se ha designado experto en la reestructuración.

FUNDAMENTOS DE DERECHO

PRIMERO.– Nuestro TRLC, en su libro II, recoge la nueva figura paradigmática de los planes de reestructuración como herramienta con la que sanar, a través de su viabilidad, a las empresas afectadas por una insolvencia actual, inminente y, ahora también, en grado de probabilidad, siendo la figura estelar de esta nueva era del ámbito preconcursal la del experto en la reestructuración, cuyo régimen se establece en los arts. 672 y ss. TRLC, y que, en orden a su nombramiento, establece unos supuestos obligatorios (art. 672 TRLC) y un supuesto especial (art. 673 TRLC).

SEGUNDO.– Señala el art. 672 TRLC que el nombramiento de experto en la reestructuración solo procederá en los siguientes casos 1.° Cuando lo solicite el deudor 2.° Cuando lo soliciten acreedores que representen más del cincuenta por ciento del pasivo que, en el momento de la solicitud, pudiera quedar afectado por el plan de reestructuración. En la solicitud, los acreedores, o algunos de ellos, deberán asumir expresamente la obligación de satisfacer la retribución del experto. La asunción de la obligación de pago quedará sin efecto si en el plan de reestructuración homologado por el tribunal se previera expresamente que la retribución del experto fuera a cargo del deudor. 3.° Cuando, solicitada por el deudor la suspensión general de ejecuciones singulares o la prórroga de esa suspensión, el tribunal considerase, y así lo razonara, que el nombramiento es necesario para salvaguardar el interés de los posibles afectados por la suspensión. 4.° Cuando el deudor o cualquier legitimado solicite la homologación judicial de un plan de reestructuración cuyos efectos se extiendan a una clase de acreedores o a los socios que no hubieran votado a favor del plan. (art. 672.1 TRLC)

Continua el art. 672.2 TRLC señalando que a la solicitud de nombramiento de experto deberá acompañarse: 1.° Escrito razonando que el experto reúne las condiciones establecidas en esta ley para el ejercicio del cargo. 2.° La aceptación de su nombramiento por el experto para el caso de ser designado, así como la aceptación del importe y los plazos de devengo de la retribución que se hubiese pactado. 3.° Copia de la póliza de seguro de responsabilidad civil o garantía equivalente que tuviera vigente para responder de posibles daños que el experto pudiera causar en el ejercicio de las funciones propias del cargo.

Y conforme al art. 672.3 TRLC, el nombramiento del experto se realizará por el tribunal mediante auto, que dictará a la mayor brevedad posible y, en todo caso, dentro del plazo de dos días a contar desde la solicitud. La designación del experto y su identidad se harán constar en el Registro público concursal.

Finalmente, art. 672.4 TRLC, en el caso de comunicación conjunta o de planes conjuntos de reestructuración, se podrá designar el mismo experto para todos los deudores afectados.

TERCERO.– A la vista del citado precepto, procede la designación de un experto en la reestructuración, toda vez que se ha solicitado por el deudor la suspensión general de ejecuciones singulares a que se refiere el art. 602 TRLC (o la prórroga de la suspensión de ejecuciones singulares a que se refiere el art. 602 TRLC, que fue acordada el día ....), y entiende este Tribunal que el nombramiento resulta necesario para salvaguardar el interés de los posibles afectados por la suspensión, toda vez que ....

CUARTO.– El nombramiento del experto debe ser realizado por este Tribunal, previa propuesta efectuada por el deudor, designándose para tal cargo al propuesto, el abogado Don .... (ICAV ....), con domicilio en ...., calle ......, DNI/NIF .... Telf.... Correo electrónico: ...., que cumple sobradamente las condiciones subjetivas a que se refiere el art. 674 TRLC, procediendo, por lo tanto, su nombramiento como experto en la reestructuración.

El Sr...... posee los conocimientos especializados, tanto jurídicos, como financieros y empresariales acreditables en materia de la insolvencia en general, y en reestructuraciones, desde el año ......Igualmente ostenta la condición de Administrador Concursal, habiendo sido designado en múltiples procedimientos concursales. Su experiencia dilatada queda constatada no solo de sus continuos nombramientos por parte de los Tribunales de Instancia de todo el territorio nacional en todo asuntos mercantiles, societarios y concursales, sino, además, a la vista de su extensa bibliografía y publicaciones editoriales sobre estos asuntos; siendo un referente en el ámbito de la insolvencia, tanto preconcursal como concursal, así como en materia societaria y mercantil. Y no solo desde una perspectiva privatista, sino del resto de áreas del derecho (fiscalidad, contabilidad, derecho laboral, etc), así como del ámbito financiero y de la empresa. Junto a lo anterior, posee dilatada experiencia en materia de refinanciaciones de deudas y reestructuraciones de activo y pasivo, así como en modificaciones operacionales de las estructuras societarias; sobre todo en empresas en situación próxima a la situación de insolvencia.

CIUARTO.– El experto aquí designado asistirá al deudor y los acreedores en las negociaciones actualmente en curso para alcanzar un plan de reestructuración; elaborará y presentará a este Tribunal cuantos informes sean exigidos por la Ley, y aquellos otros que este Tribunal considere necesarios o convenientes y le recabe. También, cualesquiera otras funciones que, conforme la Ley, le corresponda llevar a cabo con relación al proceso reestructurador antes señalado y en su condición de experto en la reestructuración. Especialmente, salvaguardará el interés de los posibles afectados por la referida suspensión de ejecuciones.

Visto lo expuesto y demás normativa de aplicación

DISPONGO

Que estimo la solicitud formulada por la procuradora de los Tribunales ...., en nombre y representación de ......, y designo EXPERTO EN LA REESTRUCTURACIÓN a Don .... (ICAV ....), con domicilio en ...., calle ......, DNI/NIF .... Telf.... Correo electrónico: ....

Notifíquese por el Letrado de la Administración de Justicia la resolución al experto, especialmente, en orden a la aceptación o rechazo del cargo, a ...., y demás partes personadas a través de su respectiva representación procesal.

Inscríbase la presente resolución en el Registro público concursal.

Líbrense al efecto los oportunos edictos.

Hágase saber que quien acredite interés legítimo podrá impugnar el nombramiento aquí acordado en los términos y de conformidad con lo establecido en el art. 677.1 TRLC, impugnación que se sustanciará por los cauces del incidente concursal (art. 677.2 TRLC).

Lo que acuerda, manda y firma su señoría Don.............., Magistrado titular de la plaza ...., de la sección de lo mercantil del Tribunal de Instancia de ......, en el lugar y fecha señalados "ut supra".

F218. AUTO DESIGNANDO EXPERTO EN LA REESTRUCTURACIÓN POR HOMOLOGACIÓN DE PLAN DE REESTRUCTURACIÓN NO VOTADO POR UNA CLASE DE ACREEDORES O POR LOS SOCIOS

En la ciudad de......, hoy día .... de ...... de ....

ANTECEDENTES DE HECHO

PRIMERO.– Que mediante escrito de fecha ..., la sociedad .... S.L, comunicó la apertura de negociaciones para alcanzar un acuerdo con sus acreedores en orden a alcanzar un plan de reestructuración, a los efectos y en los términos del art. 585 y ss. TRLC, comunicación que fue tenida por efectuada mediante Decreto del Letrado de la Administración de Justicia de este Tribunal y se sustancia bajo el número .../.... de expediente.

SEGUNDO.– Que por ...., mediante escrito de fecha ...., se ha solicitado ante este Tribunal la homologación de un plan de reestructuración cuyos efectos se extienden a una clase de acreedores (o a los socios) que no hubieran votado a favor del mismo.

TERCERO.– Que ...., mediante escrito de fecha ...., ha solicitado de este Tribunal, y en el referido expediente, la designación de un experto en la reestructuración. Ello al amparo de lo previsto en el art. 672.1.4° TRLC y en los términos del escrito (ALTERNATIVA: de la comunicación), y documentación aneja al mismo/a, del que extracto los siguientes extremos:.........

CUARTO.– En las presentes actuaciones no se ha designado experto en la reestructuración.

FUNDAMENTOS DE DERECHO

PRIMERO.– Nuestro TRLC, en su libro II, recoge la nueva figura paradigmática de los planes de reestructuración como herramienta con la que sanar, a través de su viabilidad, a las empresas afectadas por una insolvencia actual, inminente y, ahora también, en grado de probabilidad, siendo la figura estelar de esta nueva era del ámbito preconcursal la del experto en la reestructuración, cuyo régimen se establece en los arts. 672 y ss. TRLC, y que, en orden a su nombramiento, establece unos supuestos obligatorios (art. 672 TRLC) y un supuesto especial (art. 673 TRLC).

En el presente caso, se interesa por .... la designación de experto en la reestructuración bajo el amparo del art. 672.1.4° TRLC, a la vista que por .... se interesa la homologación por este Tribunal de un plan de reestructuración cuyos efectos se extienden a una clase (o a los socios) que no han votado a favor del plan.

SEGUNDO.– Señala el art. 672 TRLC que el nombramiento de experto en la reestructuración solo procederá en los siguientes casos 1.° Cuando lo solicite el deudor 2.° Cuando lo soliciten acreedores que representen más del cincuenta por ciento del pasivo que, en el momento de la solicitud, pudiera quedar afectado por el plan de reestructuración. En la solicitud, los acreedores, o algunos de ellos, deberán asumir expresamente la obligación de satisfacer la retribución del experto. La asunción de la obligación de pago quedará sin efecto si en el plan de reestructuración homologado por el tribunal se previera expresamente que la retribución del experto fuera a cargo del deudor. 3.° Cuando, solicitada por el deudor la suspensión general de ejecuciones singulares o la prórroga de esa suspensión, el tribunal considerase, y así lo razonara, que el nombramiento es necesario para salvaguardar el interés de los posibles afectados por la suspensión. 4.° Cuando el deudor o cualquier legitimado solicite la homologación judicial de un plan de reestructuración cuyos efectos se extiendan a una clase de acreedores o a los socios que no hubieran votado a favor del plan. (art. 672.1 TRLC)

Continua el art. 672.2 TRLC señalando que a la solicitud de nombramiento de experto deberá acompañarse: 1.° Escrito razonando que el experto reúne las condiciones establecidas en esta ley para el ejercicio del cargo. 2.° La aceptación de su nombramiento por el experto para el caso de ser designado, así como la aceptación del importe y los plazos de devengo de la retribución que se hubiese pactado. 3.° Copia de la póliza de seguro de responsabilidad civil o garantía equivalente que tuviera vigente para responder de posibles daños que el experto pudiera causar en el ejercicio de las funciones propias del cargo.

Y conforme al art. 672.3 TRLC, el nombramiento del experto se realizará por el tribunal mediante auto, que dictará a la mayor brevedad posible y, en todo caso, dentro del plazo de dos días a contar desde la solicitud. La designación del experto y su identidad se harán constar en el Registro público concursal.

Finalmente, art. 672.4 TRLC, en el caso de comunicación conjunta o de planes conjuntos de reestructuración, se podrá designar el mismo experto para todos los deudores afectados.

TERCERO.– A la vista del citado precepto, procede acceder a la petición de designación de experto en la reestructuración peticionado por .... pues cumpliendo los requisitos y presupuestos establecidos en la norma, el nombramiento del experto deviene imperativo e ineludible para este Tribunal.

En nuestro caso, en las presentes actuaciones no se ha designado experto en la reestructuración. Por otro lado, de una lectura del plan de reestructuración que se somete en estos autos a su homologación, resulta que la clase .... (o los socios ....) no han votado a favor del plan (arts. 639 y 640 TRLC), por lo que procede la designación de experto, tal y como ordena el art. 672.1.4° TRLC, sin que le quepa a este Tribunal margen alguno de discrecionalidad al respecto.

Además, los actores han cumplido con su obligación de efectuar una propuesta de persona en la que debe recaer el nombramiento (art. 672.2 TRLC y 676.1 TRLC), en concreto, Don ...., justificando de manera razonada ex art. 672.2.1° TRLC que el experto propuesto reúne los requisitos establecidos en los arts. 674, 675, ss. y concordantes TRLC. Finalmente, han cumplido con la carga procesal de acreditar y presentar ante el Tribunal la aceptación del cargo por el experto propuesto, incluida la retribución pactada y los plazos de devengo (art. 672.2.2° TRLC), y la póliza del seguro de responsabilidad civil que titulariza el profesional propuesto por la actora a efectos de responder de los posibles daños que el experto pudiera producir en el ejercicio del cargo (art. 672.2.3º TRLC).

CUARTO.– El nombramiento del experto deber ser realizado por el Tribunal aunque su margen decisorio está fuertemente limitado y restringido pues el art. 676.1 TRLC le impone la designación de la persona propuesta por el deudor o los acreedores que hubieran formulado la solicitud, salvo que no reúna las condiciones establecidas en la Ley, en cuyo caso, procedería seguir el procedimiento de establecido en los apartados 2 y 3 del art. 676 TRLC.

En nuestro caso, el propuesto es el abogado Don .... (ICAV ....), con domicilio en ...., calle ......, DNI/NIF .... Telf.... Correo electrónico: ...., que cumple sobradamente las condiciones subjetivas a que se refiere el art. 674 TRLC, procediendo su designación como experto en la reestructuración.

El Sr...... posee los conocimientos especializados, tanto jurídicos, como financieros y empresariales acreditables en materia de la insolvencia en general, y en reestructuraciones, desde el año ......Igualmente ostenta la condición de Administrador Concursal, habiendo sido designado en múltiples procedimientos concursales. Su experiencia dilatada queda constatada no solo de sus continuos nombramientos por parte de los Tribunales de Instancia de todo el territorio nacional en todo asuntos mercantiles, societarios y concursales, sino, además, a la vista de su extensa bibliografía y publicaciones editoriales sobre estos asuntos; siendo un referente en el ámbito de la insolvencia, tanto preconcursal como concursal, así como en materia societaria y mercantil. Y no solo desde una perspectiva privatista, sino del resto de áreas del derecho (fiscalidad, contabilidad, derecho laboral, etc), así como del ámbito financiero y de la empresa. Junto a lo anterior, posee dilatada experiencia en materia de refinanciaciones de deudas y reestructuraciones de activo y pasivo, así como en modificaciones operacionales de las estructuras societarias; sobre todo en empresas en situación próxima a la situación de insolvencia. Todo ello ha sido razonado por la actora en su escrito peticionario del nombramiento expertual del Sr. ....

Por otro lado, no incurre en causa de incompatibilidad o prohibición alguna de las que se reseñan en el art. 675 TRLC, ni en ninguna otra que le impida el ejercicio del cargo. Así lo declara en el escrito de aceptación, y no consta nada a este Tribunal en sentido contrario.

Finalmente, consta en autos la póliza de seguro de responsabilidad civil a que se refiere el art. 681 TRLC del Sr...., a efectos de responder de los eventuales daños que el experto cause en el ejercicio del cargo.

QUINTO.-El experto ejercerá las funciones que le impone la Ley y, en especial, la emisión del informe sobre el valor de la deudora como empresa en funcionamiento a que se refiere el art. 639 TRLC.

Visto lo expuesto y demás normativa de aplicación

DISPONGO

Que estimo la solicitud formulada por la procuradora de los Tribunales ...., en nombre y representación de ...., y designo EXPERTO EN LA REESTRUCTURACIÓN a Don .... (ICAV ....), con domicilio en ...., calle ......, DNI/NIF .... Telf.... Correo electrónico: ....

Notifíquese por el Letrado de la Administración de Justicia la resolución al experto, a ...., y demás partes personadas a través de su respectiva representación procesal.

Inscríbase la presente resolución en el Registro público concursal, en especial, la designación del experto y su identidad.

Líbrense al efecto los oportunos edictos.

Hágase saber que quien acredite interés legítimo podrá impugnar el nombramiento aquí acordado en los términos y de conformidad con lo establecido en el art. 677.1 TRLC, impugnación que se sustanciará por los cauces del incidente concursal (art. 677.2 TRLC).

Lo que acuerda, manda y firma su señoría Don.............., Magistrado titular de la plaza ...., de la sección de lo mercantil del Tribunal de Instancia de ......, en el lugar y fecha señalados "ut supra". Doy fe.

F219. AUTO RECHAZANDO EXPERTO EN LA REESTRUCTURACIÓN PROPUESTO POR EL DEUDOR Y PETICIÓN DE TERNA DE EXPERTOS

En la ciudad de......, hoy día .... de ...... de ....

ANTECEDENTES DE HECHO

PRIMERO.– Que mediante escrito de fecha ..., la sociedad .... S.L, comunicó la apertura de negociaciones para alcanzar un acuerdo con sus acreedores en orden a alcanzar un plan de reestructuración, a los efectos y en los términos del art. 585 y ss. TRLC, comunicación que fue tenida por efectuada mediante Decreto del Letrado de la Administración de Justicia de este Tribunal y se sustancia bajo el número .../.... de expediente.

SEGUNDO.– Que la sociedad ...., mediante escrito de fecha .... (ALTERNATIVA: en la propia comunicación), ha solicitado de este Tribunal, y en el referido expediente, la designación de un experto en la reestructuración. Ello al amparo de lo previsto en el art. 672.1.1° TRLC y en los términos del escrito (ALTERNATIVA: de la comunicación), y documentación aneja al mismo/a, del que extracto los siguientes extremos:........

TERCERO.– En las presentes actuaciones no se ha designado experto en la reestructuración.

FUNDAMENTOS DE DERECHO

PRIMERO.– Nuestro TRLC, en su libro II, recoge la nueva figura paradigmática de los planes de reestructuración como herramienta con la que sanar, a través de su viabilidad, a las empresas afectadas por una insolvencia actual, inminente y, ahora también, en grado de probabilidad, siendo la figura estelar de esta nueva era del ámbito preconcursal la del experto en la reestructuración, cuyo régimen se establece en los arts. 672 y ss. TRLC, y que, en orden a su nombramiento, establece unos supuestos denominados obligatorios (art. 672 TRLC) y un supuesto especial (art. 673 TRLC).

En el presente caso, por la actora se interesa la designación de experto en la reestructuración bajo el amparo del art. 672.1.1° TRLC, y en su condición deudora.

SEGUNDO.– A la vista de lo anterior, señala el art. 672 TRLC que el nombramiento de experto en la reestructuración solo procederá en los siguientes casos 1.° Cuando lo solicite el deudor 2.° Cuando lo soliciten acreedores que representen más del cincuenta por ciento del pasivo que, en el momento de la solicitud, pudiera quedar afectado por el plan de reestructuración. En la solicitud, los acreedores, o algunos de ellos, deberán asumir expresamente la obligación de satisfacer la retribución del experto. La asunción de la obligación de pago quedará sin efecto si en el plan de reestructuración homologado por el tribunal se previera expresamente que la retribución del experto fuera a cargo del deudor. 3.° Cuando, solicitada por el deudor la suspensión general de ejecuciones singulares o la prórroga de esa suspensión, el tribunal considerase, y así lo razonara, que el nombramiento es necesario para salvaguardar el interés de los posibles afectados por la suspensión. 4.° Cuando el deudor o cualquier legitimado solicite la homologación judicial de un plan de reestructuración cuyos efectos se extiendan a una clase de acreedores o a los socios que no hubieran votado a favor del plan. (art. 672.1 TRLC)

Continua el art. 672.2 TRLC señalando que a la solicitud de nombramiento de experto deberá acompañarse: 1.° Escrito razonando que el experto reúne las condiciones establecidas en esta ley para el ejercicio del cargo. 2.° La aceptación de su nombramiento por el experto para el caso de ser designado, así como la aceptación del importe y los plazos de devengo de la retribución que se hubiese pactado. 3.° Copia de la póliza de seguro de responsabilidad civil o garantía equivalente que tuviera vigente para responder de posibles daños que el experto pudiera causar en el ejercicio de las funciones propias del cargo.

Y conforme al art. 672.3 TRLC, el nombramiento del experto se realizará por el tribunal mediante auto, que dictará a la mayor brevedad posible y, en todo caso, dentro del plazo de dos días a contar desde la solicitud. La designación del experto y su identidad se harán constar en el Registro público concursal.

Finalmente, art. 672.4 TRLC, en el caso de comunicación conjunta o de planes conjuntos de reestructuración, se podrá designar el mismo experto para todos los deudores afectados.

TERCERO.– A la vista de lo expuesto, inciaalmente procede acceder a la designación de experto en la reestructuración peticionado por .... S.L, toda vez que cumplidos los presupuestos y requisitos establecidos en la norma, el nombramiento del experto, en este caso, deviene imperativo e ineludible para este Tribunal.

En ese sentido, el instante de la designación, en su condición de deudor, queda debidamente legitimado al efecto (art. 672.1.1° TRLC). Además, ha cumplido con su obligación de efectuar una propuesta de profesional en el que debe recaer el nombramiento (arts. 676.1 TRLC y 672.2 TRLC), en concreto Don ...., justificando de manera razonada, tal y como ordena el art. 672.2.1° TRLC, que el experto propuesto, en su opinión, reúne los requisitos establecidos en los arts. 674, 675, ss. y concordantes TRLC. Cuestión distinta es que, como a continuación expondré, este Tribunal no comparta las conclusiones a las que llega la actora sobre la ideoneidad del profesional propuesto. Finalmente, han cumplido con la carga procesal de acreditar y presentar ante el Tribunal la aceptación del cargo por el experto propuesto, incluida la retribución pactada y los plazos de devengo, (art. 672.2.2° TRLC) y la póliza del seguro de responsabilidad civil que titulariza el profesional propuesto por la actora a efectos de responder de los posibles daños que el experto pudiera producir en el ejercicio del cargo (arts. 672.2.3° TRLC).

CUARTO.– El nombramiento del experto queda reservado al Tribunal, aunque su margen decisorio está fuertemente limitado y restringido, a la vista que el art. 676.1 TRLC le impone la designación de la persona propuesta por el deudor o los acreedores que hubieran formulado la solicitud, salvo que no reúna las condiciones establecidas en la Ley, en cuyo caso, procedería seguir el procedimiento de establecido en los apartados 2 y 3 del art. 676 TRLC.

En nuestro caso, el profesional propuesto es Don .... (ICAV ....), con domicilio en ...., calle ......, DNI/NIF .... Telf.... Correo electrónico: .... abogado ciertamente de reconocido prestigio pero que entiendo no reúne las condiciones subjetivas requeridas en el art. 674 TRLC al carecer de conocimientos especializados, jurídicos, financieros y empresariales, y experiencia, en materia de reestructuraciones ni reunir las cualidades para ser administrador concursal conforme al TRLC. En este sentido, ...

En cualquier, no resulta lo contrario del propio escrito de la actora dado que ....

Como consecuencia de lo anterior, y a la vista del art. 676.2 TRLC procede requerir a la actora a efectos que, en el plazo de dos días, presente terna de posibles expertos de entre los cuales realizare el nombramiento peticionado, siempre que reúna las condiciones legalmente establecidas.

Visto lo expuesto y demás normativa de aplicación

DISPONGO

Que desestimo la solicitud formulada por la procuradora de los Tribunales ...., en nombre y representación de ......, y, con ello la propuesta de designación de Don .... como EXPERTO EN LA REESTRUCTURACIÓN, requiriendo a la actora la presentación de la terna de posibles expertos a que se refiere el art. 676.2 TRLC, de entre los cuales realizare el nombramiento peticionado, siempre que reúnan las condiciones legalmente establecidas.

Notifíquese por el Letrado de la Administración de Justicia la resolución a ...., y demás partes personadas a través de su respectiva representación procesal.

Contra la presente resolución cabe interponer recurso de REPOSICIÓN mediante un escrito que se debe presentar en el plazo de CINCO días, contados desde el siguiente al de la notificación.

Lo que acuerda, manda y firma su señoría Don.............., Magistrado titular de la plaza ...., de la sección de lo mercantil del Tribunal de Instancia de ......, en el lugar y fecha señalados "ut supra". Doy fe.

F220. AUTO DESIGNANDO EXPERTO EN LA REESTRUCTURACIÓN DE ENTRE LA TERNA PROPUESTA POR EL DEUDOR

En la ciudad de......, hoy día .... de ...... de ....

ANTECEDENTES DE HECHO

PRIMERO.– Que mediante escrito de fecha ..., la sociedad .... S.L, comunicó la apertura de negociaciones para alcanzar un acuerdo con sus acreedores en orden a alcanzar un plan de reestructuración, a los efectos y en los términos del art. 585 y ss. TRLC, comunicación que fue tenida por efectuada mediante Decreto del Letrado de la Administración de Justicia de este Tribunal y se sustancia bajo el número .../.... de expediente.

SEGUNDO.– Que la sociedad ...., mediante escrito de fecha .... (ALTERNATIVA: en la propia comunicación), solicitó de este Tribunal, y en el referido expediente, la designación de un experto en la reestructuración. Ello al amparo de lo previsto en el art. 672.1.1° TRLC y en los términos del escrito (ALTERNATIVA: de la comunicación), y documentación aneja al mismo/a, proponiendo para tal cargo a Don.......

TERCERO.– Que considerando este Tribunal que el experto propuesto no cumplía con las condiciones establecidas en el TRLC, mediante auto de fecha ... se desestimó la citada solicitud, requiriéndose a ...... la presentación de la terna expertual a que se refiere el art. 676.2 TRLC, trámite que evacuo mediante escrito de fecha ......

FUNDAMENTOS DE DERECHO

PRIMERO.– Nuestro TRLC, en su libro II, recoge la nueva figura paradigmática de los planes de reestructuración como herramienta con la que sanar, a través de su viabilidad, a las empresas afectadas por una insolvencia actual, inminente y, ahora también, en grado de probabilidad, siendo la figura estelar de esta nueva era del ámbito preconcursal la del experto en la reestructuración, cuyo régimen se establece en los arts. 672 y ss. TRLC, y que, en orden a su nombramiento, establece unos supuestos denominados obligatorios (art. 672 TRLC) y un supuesto especial (art. 673 TRLC).

En el presente caso, por la actora se interesa la designación de experto en la reestructuración bajo el amparo del art. 672.1.1° TRLC, y en su condición deudora.

SEGUNDO.– A la vista de lo anterior, señala el art. 672 TRLC que el nombramiento de experto en la reestructuración solo procederá en los siguientes casos 1.° Cuando lo solicite el deudor 2.° Cuando lo soliciten acreedores que representen más del cincuenta por ciento del pasivo que, en el momento de la solicitud, pudiera quedar afectado por el plan de reestructuración. En la solicitud, los acreedores, o algunos de ellos, deberán asumir expresamente la obligación de satisfacer la retribución del experto. La asunción de la obligación de pago quedará sin efecto si en el plan de reestructuración homologado por el tribunal se previera expresamente que la retribución del experto fuera a cargo del deudor. 3.° Cuando, solicitada por el deudor la suspensión general de ejecuciones singulares o la prórroga de esa suspensión, el tribunal considerase, y así lo razonara, que el nombramiento es necesario para salvaguardar el interés de los posibles afectados por la suspensión. 4.° Cuando el deudor o cualquier legitimado solicite la homologación judicial de un plan de reestructuración cuyos efectos se extiendan a una clase de acreedores o a los socios que no hubieran votado a favor del plan. (art. 672.1 TRLC)

Continua el art. 672.2 TRLC señalando que a la solicitud de nombramiento de experto deberá acompañarse: 1.° Escrito razonando que el experto reúne las condiciones establecidas en esta ley para el ejercicio del cargo. 2.° La aceptación de su nombramiento por el experto para el caso de ser designado, así como la aceptación del importe y los plazos de devengo de la retribución que se hubiese pactado. 3.° Copia de la póliza de seguro de responsabilidad civil o garantía equivalente que tuviera vigente para responder de posibles daños que el experto pudiera causar en el ejercicio de las funciones propias del cargo.

Y conforme al art. 672.3 TRLC, el nombramiento del experto se realizará por el tribunal mediante auto, que dictará a la mayor brevedad posible y, en todo caso, dentro del plazo de dos días a contar desde la solicitud. La designación del experto y su identidad se harán constar en el Registro público concursal.

Finalmente, art. 672.4 TRLC, en el caso de comunicación conjunta o de planes conjuntos de reestructuración, se podrá designar el mismo experto para todos los deudores afectados.

TERCERO.– El nombramiento del experto queda reservado al Tribunal, aunque su margen decisorio está fuertemente limitado y restringido, a la vista que el art. 676.1 TRLC le impone la designación de la persona propuesta por el deudor o los acreedores que hubieran formulado la solicitud, salvo que no reúna las condiciones establecidas en la Ley, en cuyo caso, procedería seguir el procedimiento de establecido en los apartados 2 y 3 del art. 676 TRLC, según los cuales, Si el tribunal considerase, y así lo razonara, que el propuesto no reúne las condiciones establecidas en esta ley para el ejercicio de las funciones propias del cargo, solicitará a quien lo hubiera propuesto que, en el plazo de dos días, presente terna de posibles expertos de entre los que efectuará el nombramiento, siempre que reúnan esas condiciones (art. 676.2 TRLC).

En los casos en los que el nombramiento recaiga en alguno de los que figuren en la terna, el nombramiento del experto será comunicado por el tribunal al designado por el medio más rápido. Dentro de los dos días siguientes a la recepción de la comunicación, el experto deberá comparecer ante el tribunal para aceptar o rechazar el cargo, con copia del documento en el que conste la retribución pactada y de la póliza de seguro de responsabilidad civil o garantía equivalente que tuviere vigente para responder de posibles daños que pudiera causar en el ejercicio de las funciones propias del cargo. La aceptación es voluntaria. Si el nombrado no aceptara o no compareciera, el tribunal procederá de inmediato a nuevo nombramiento, sin que esta circunstancia tenga consecuencia alguna para el experto inicialmente designado (art. 676.3 TRLC).

CUARTO.– Esto es lo que aconteció en las presentes actuaciones en las que aunque ciertamente la referida solicitud designatoria resultaba ajustada a la norma, el profesional propuesto para su nombramiento, por los motivos expuestos en mi auto de fecha ...., no reunía las condiciones previstas en el TRLC para el ejercicio de las funciones propias del cargo.

Y por ello, se requirió a ...., los efectos que aportará la terna de posibles expertos a que se refiere el art. 676.2 TRLC, tramite evacuado mediante escrito de fecha ..., en la que se proponen a los siguientes..............

QUINTO.– Una examen de la reseñada terna de posibles expertos basta para percatarse como los mismos reúnen los requisitos establecidos en la Ley para ejercicio de las funciones propias del cargo, y así lo razona justificadamente la actora. Por ello, tal y como ordena el art. 676.2 TRLC, el nombramiento del experto debe verificarse por este Tribunal de entre los integrantes de la terna si, como es el caso, reúnen tales condiciones, a la vista de lo cual, designó como experto en la reestructuración a Don ...., abogado (.... ICAV), con domicilio en ...., calle ..., correo electrónico .... y telf. ....

El Sr......, que figura en la terna propuesta, posee los conocimientos especializados, tanto jurídicos, como financieros y empresariales acreditables en materia de la insolvencia en general, y en reestructuraciones, desde el año ......Igualmente ostenta la condición de Administrador Concursal, habiendo sido designado en múltiples procedimientos concursales. Su experiencia dilatada queda constatada no solo de sus continuos nombramientos por parte de los Tribunales de Instancia de todo el territorio nacional en todo asuntos mercantiles, societarios y concursales, sino, además, a la vista de su extensa bibliografía y publicaciones editoriales sobre estos asuntos; siendo un referente en el ámbito de la insolvencia, tanto preconcursal como concursal, así como en materia societaria y mercantil. Y no solo desde una perspectiva privatista, sino del resto de áreas del derecho (fiscalidad, contabilidad, derecho laboral, etc), así como del ámbito financiero y de la empresa. Junto a lo anterior, posee dilatada experiencia en materia de refinanciaciones de deudas y reestructuraciones de activo y pasivo, así como en modificaciones operacionales de las estructuras societarias; sobre todo en empresas en situación próxima a la situación de insolvencia. Todo ello ha sido razonado por la actora en su escrito propositorio de la terna de posibles candidatos expertuales.

Procede pues comunicar el nombramiento al designado por el medio más rápido, a efectos que, dentro de los dos días siguientes a la recepción de la comunicación, comparezca ante este Tribunal para aceptar o rechazar el cargo, con copia del documento en el que conste la retribución pactada y de la póliza de seguro de responsabilidad civil o garantía equivalente que tuviere vigente para responder de posibles daños que pudiera causar en el ejercicio de las funciones propias del cargo, haciéndole saber que la aceptación es voluntaria y que si no aceptara o no compareciera, procederé de inmediato a nuevo nombramiento, sin que esta circunstancia tenga consecuencia alguna para el experto inicialmente designado.

Visto lo expuesto y demás normativa de aplicación

DISPONGO

Que estimo la solicitud formulada por la procuradora de los Tribunales ...., en nombre y representación de ......, y, a la vista de la terna propuesta, designo EXPERTO EN LA REESTRUCTURACIÓN a Don .... (ICAV ....), con domicilio en ...., calle ......, DNI/NIF .... Telf.... Correo electrónico: .... para el ejercicio de las siguientes funciones ....

Notifíquese el nombramiento al designado por el medio más rápido, a efectos que, dentro de los dos días siguientes a la recepción de la comunicación, comparezca ante este tribunal para aceptar o rechazar el cargo, con copia del documento en el que conste la retribución pactada y de la póliza de seguro de responsabilidad civil o garantía equivalente que tuviere vigente para responder de posibles daños que pudiera causar en el ejercicio de las funciones propias del cargo, haciéndole saber que la aceptación es voluntaria y que si no aceptara o no compareciera, procederé de inmediato a un nuevo nombramiento, sin que esta circunstancia tenga consecuencia alguna para el experto inicialmente designado.

Notifíquese por el Letrado de la Administración de Justicia la resolución a ...., y demás partes personadas a través de su respectiva representación procesal.

Inscríbase la presente resolución en el Registro público concursal.

Hágase saber que quien acredite interés legítimo podrá impugnar el nombramiento aquí acordado en los términos y de conformidad con lo establecido en el art. 677.1 TRLC, impugnación que se sustanciará por los cauces del incidente concursal (art. 677.2 TRLC).

Lo que acuerda, manda y firma su señoría Don.............., Magistrado titular de la plaza ...., de la sección de lo mercantil del Tribunal de Instancia de ......, en el lugar y fecha señalados "ut supra". Doy fe.

F221. AUTO DESIGNANDO EXPERTO EN LA REESTRUCTURACIÓN A PETICIÓN DEL TREINTA Y CINCO POR CIENTO DE LOS ACREEDORES

En la ciudad de......, hoy día .... de ...... de ....

ANTECEDENTES DE HECHO

PRIMERO.– Que mediante escrito de fecha ..., la sociedad .... S.L, comunicó la apertura de negociaciones para alcanzar un acuerdo con sus acreedores en orden a alcanzar un plan de reestructuración, a los efectos y en los términos del art. 585 y ss. TRLC, comunicación que fue tenida por efectuada mediante Decreto del Letrado de la Administración de Justicia de este Tribunal y se sustancia bajo el número .../.... de expediente.

SEGUNDO.– Que las sociedades ...., mediante escrito de fecha .... han solicitado de este Tribunal, y en el referido expediente, la designación de un experto en la reestructuración. Ello al amparo de lo previsto en el art. 673.1 TRLC y en los términos del escrito y documentación aneja al mismo/a, del que extracto los siguientes extremos: ....

TERCERO.– De la citada solicitud se dio traslado al deudor a efectos que por plazo de dos días, y si fuera de su interés, pudiera oponerse al nombramiento razonando que no resultaba necesario o que el profesional propuesto no reúne las condiciones para el ejercicio del cargo. Igualmente, podía solicitar el nombramiento de un experto distinto, en cuyo caso debía asumir expresamente la obligación de satisfacer la retribución del que proponga. Todo ello con el resultado obrante en autos.

CUARTO.– En las presentes actuaciones no se ha designado experto en la reestructuración.

FUNDAMENTOS DE DERECHO

PRIMERO.– Nuestro TRLC, en su libro II, recoge la nueva figura paradigmática de los planes de reestructuración como herramienta con la que sanar, a través de su viabilidad, a las empresas afectadas por una insolvencia actual, inminente y, ahora también, en grado de probabilidad, siendo la figura estelar de esta nueva era del ámbito preconcursal la del experto en la reestructuración, cuyo régimen se establece en los arts. 672 y ss. TRLC, y que, en orden a su nombramiento, establece unos supuestos denominados obligatorios (art. 672 TRLC) y un supuesto especial (art. 673 TRLC).

En el presente caso, por la actora se interesa la designación de experto en la reestructuración bajo el amparo del art. 673.1 TRLC, y en su condición acreedores que representan, al menos, el treinta y cinco por ciento del pasivo que, en el momento de la solicitud, pudiera quedar afectado por el plan de reestructuración.

SEGUNDO.– Conforme al art. 673.1 TRLC, si no hubiera sido nombrado experto en la reestructuración, los acreedores que representen, al menos, el treinta y cinco por ciento del pasivo que, en el momento de la solicitud, pudiera quedar afectado por el plan de reestructuración, podrán solicitar al tribunal el nombramiento de uno determinado, razonando en la solicitud las circunstancias concurrentes en el caso para que sea necesario ese nombramiento.

En este sentido, art. 673.2 TRLC, en la solicitud, que deberá acompañarse de los documentos referidos en el artículo anterior, los acreedores solicitantes o algunos de ellos deberán asumir expresamente la obligación de satisfacer la retribución del experto. La asunción de la obligación de pago quedará sin efecto si en el plan de reestructuración homologado por el tribunal se previera expresamente que la retribución del experto fuera a cargo del deudor.

El tribunal dará traslado al deudor de la solicitud de los acreedores por plazo de dos días, quien podrá oponerse al nombramiento razonando que no es necesario o que no reúne las condiciones para el ejercicio del cargo. Igualmente, podrán solicitar el nombramiento de un experto distinto, en cuyo caso deberá asumir expresamente la obligación de satisfacer la retribución del que proponga (art. 673.3 TRLC).

El tribunal, mediante auto, determinará si, atendiendo a las circunstancias del caso, procede o no el nombramiento solicitado y, en caso afirmativo, procederá al nombramiento del experto propuesto por los acreedores (art. 673.4 TRLC).

TERCERO.– A la vista del citado precepto, procede acceder a la designación de experto en la reestructuración peticionado por ......, que razona y fundamenta en las circunstancias concurrentes en el presente caso, y que, en su opinión, hacen necesario ese nombramiento. Concretamente, ...

Coincidimos con la actora sobre la concurrencia de esas circunstancias que aconsejan el nombramiento del experto en la reestructuración peticionado, sobre las que, por cierto, el deudor no ha efectuado alegación en sentido contrario, toda vez que ....

Expuesto lo anterior, resta por verificar el resto de los requisitos requeridos por la norma para nominar al experto en la reestructuración. En este sentido, los instantes de la designación, en su condición de acreedores que representan, al menos el treinta y cinco por ciento del pasivo que, en el momento de la solicitud, pudiera quedar afectado por el plan de reestructuración, concretamente, el .... por ciento, lo que acreditan en su escrito mediante los DOCUMENTOS ...., quedan debidamente legitimados al efecto (art. 673.1 TRLC). Además, han cumplido lo dispuesto en el art. 673.2 TRLC y su obligación de efectuar una propuesta de profesional en el que debe recaer el nombramiento (arts. 676.1 TRLC y 672.2 TRLC), en concreto Don ...., justificando de manera razonada, tal y como ordena el art. 672.2.1° TRLC, que el experto propuesto reúne los requisitos establecidos en los arts. 674, 675, ss. y concordantes TRLC. También con la carga procesal de acreditar y presentar ante el Tribunal la aceptación del cargo por el experto propuesto, incluida la retribución pactada y los plazos de devengo, (art. 672.2.2° TRLC) y la póliza del seguro de responsabilidad civil que titulariza el profesional propuesto por la actora a efectos de responder de los posibles daños que el experto pudiera producir en el ejercicio del cargo (arts. 672.2.3° TRLC).

Finalmente también consta la asunción del pago de la retribución del experto por los acreedores instantes del nombramiento, asunción obligacional esta que quedará sin efecto si en el plan de reestructuración homologado por el Tribunal se previera expresamente que la retribución del experto fuera de cargo del deudor.

CUARTO.– El nombramiento del experto queda reservado al Tribunal, aunque su margen decisorio está fuertemente limitado y restringido, a la vista que el art. 676.1 Ty 673.4 TRLC le impone la designación de la persona propuesta por el deudor o los acreedores que hubieran formulado la solicitud, salvo que no reúna las condiciones establecidas en la Ley, en cuyo caso, procedería seguir el procedimiento de establecido en los apartados 2 y 3 del art. 676 TRLC.

En nuestro caso, el profesional propuesto es el abogado Don .... (ICAV ....), con domicilio en ...., calle ......, DNI/NIF .... Telf.... Correo electrónico: ...., que cumple sobradamente las condiciones subjetivas a que se refiere el art. 674 TRLC, procediendo, por lo tanto, su designación como experto en la reestructuración.

El Sr...... posee los conocimientos especializados, tanto jurídicos, como financieros y empresariales acreditables en materia de la insolvencia en general, y en reestructuraciones, desde el año.... Igualmente ostenta la condición de Administrador Concursal, habiendo sido designado en múltiples procedimientos concursales. Su experiencia dilatada queda constatada no solo por sus continuos nombramientos por parte de los Tribunales de Instancia, Sección de lo mercantil de todo el territorio nacional en todo asuntos mercantiles, societarios y concursales, sino, además, a la vista de su extensa bibliografía y publicaciones cientificas sobre estos asuntos, siendo un referente en el ámbito de la insolvencia, tanto preconcursal como concursal, así como en materia societaria y mercantil. Y no solo desde una perspectiva privatista, sino del resto de áreas del derecho (fiscalidad, contabilidad, derecho laboral, etc), así como del ámbito financiero y de la empresa. Junto a lo anterior, posee dilatada experiencia en materia de refinanciaciones de deudas y reestructuraciones de activo y pasivo, así como en modificaciones operacionales de las estructuras societarias; sobre todo en empresas en situación próxima a la situación de insolvencia. Todo ello ha sido razonado por la actora en su escrito peticionario del nombramiento expertual del Sr. ....,

Por otro lado, no incurre en causa de incompatibilidad o prohibición alguna de las que se reseñan en el art. 675 TRLC, ni en ninguna otra que le impida el ejercicio del cargo. Así lo declara en el escrito de aceptación, y no consta nada a este Tribunal en sentido contrario.

Finalmente, consta en autos la póliza de seguro de responsabilidad civil a que se refiere el art. 681 TRLC del Sr...., a efectos de responder de los eventuales daños que el experto cause en el ejercicio del cargo.

Y el deudor no ha mostrado su oposición a la citada propuesta. (ALTERNATIVA: Y aunque ciertamente el deudor ha mostrado su oposición a la citada propuesta, lo ha hecho en base a argumentos genéricos carentes de prueba y, además, sin ejercer la facultad designatoria que le confiere el art. 673.3 TRLC.

QUINTO.-El experto aquí designado asistirá al deudor y los acreedores en las negociaciones actualmente en curso para alcanzar un plan de reestructuración; elaborará y presentará a este Tribunal cuantos informes sean exigidos por la Ley, y aquellos otros que este Tribunal considere necesarios o convenientes y le recabe. También, cualesquiera otras funciones que, conforme la Ley, le corresponda llevar a cabo con relación al proceso reestructurador antes señalado y en su condición de experto en la reestructuración.

Visto lo expuesto y demás normativa de aplicación

DISPONGO

Que estimo la solicitud formulada por la procuradora de los Tribunales ...., en nombre y representación de ......, y designo EXPERTO EN LA REESTRUCTURACIÓN a Don .... (ICAV ....), con domicilio en ...., calle ......, DNI/NIF .... Telf.... Correo electrónico: ....

Notifíquese por el Letrado de la Administración de Justicia la resolución al deudor, al experto, a ...., y demás partes personadas a través de su respectiva representación procesal.

Inscríbase la presente resolución en el Registro público concursal, en especial, la designación del experto y su identidad.

Líbrense al efecto los oportunos edictos.

Hágase saber que quien acredite interés legítimo podrá impugnar el nombramiento aquí acordado en los términos y de conformidad con lo establecido en el art. 677.1 TRLC, impugnación que se sustanciará por los cauces del incidente concursal (art. 677.2 TRLC).

Lo que acuerda, manda y firma su señoría Don.............., Magistrado titular de la plaza ...., de la sección de lo mercantil del Tribunal de Instancia de ......, en el lugar y fecha señalados "ut supra". Doy fe.

F222. AUTO DESIGNANDO EXPERTO EN LA REESTRUCTURACIÓN A PETICIÓN DEL TREINTA Y CINCO POR CIENTO DE LOS ACREEDORES. DESIGNACIÓN DE EXPERTO TAMBIÉN POR EL DEUDOR

En la ciudad de......, hoy día .... de ...... de ....

ANTECEDENTES DE HECHO

PRIMERO.– Que mediante escrito de fecha ..., la sociedad .... S.L, comunicó la apertura de negociaciones para alcanzar un acuerdo con sus acreedores en orden a alcanzar un plan de reestructuración, a los efectos y en los términos del art. 585 y ss. TRLC, comunicación que fue tenida por efectuada mediante Decreto del Letrado de la Administración de Justicia de este Tribunal y se sustancia bajo el número .../.... de expediente.

SEGUNDO.– Que las sociedades ...., mediante escrito de fecha .... han solicitado de este Tribunal, y en el referido expediente, la designación de un experto en la reestructuración. Ello al amparo de lo previsto en el art. 673.1 TRLC y en los términos del escrito y documentación aneja al mismo/a, del que extracto los siguientes extremos:.........

TERCERO.– De la citada solicitud se dio traslado al deudor a efectos que por plazo de dos días, y si fuera de su interés, pudiera oponerse al nombramiento razonando que no resultaba necesario o que el profesional propuesto no reúne las condiciones para el ejercicio del cargo. Igualmente, podía solicitar el nombramiento de un experto distinto, en cuyo caso debía asumir expresamente la obligación de satisfacer la retribución del que proponga. Todo ello con el resultado obrante en autos, en esencia mostrando su conformidad a la designación pero solicitando el nombramiento de un experto distinto al peticionado por los actores.

CUARTO.– En las presentes actuaciones no se ha designado experto en la reestructuración.

FUNDAMENTOS DE DERECHO

PRIMERO.– Nuestro TRLC, en su libro II, recoge la nueva figura paradigmática de los planes de reestructuración como herramienta con la que sanar, a través de su viabilidad, a las empresas afectadas por una insolvencia actual, inminente y, ahora también, en grado de probabilidad, siendo la figura estelar de esta nueva era del ámbito preconcursal la del experto en la reestructuración, cuyo régimen se establece en los arts. 672 y ss. TRLC, y que, en orden a su nombramiento, establece unos supuestos denominados obligatorios (art. 672 TRLC) y un supuesto especial (art. 673 TRLC).

En el presente caso, por la actora se interesa la designación de experto en la reestructuración bajo el amparo del art. 673.1 TRLC, y en su condición acreedores que representan, al menos, el treinta y cinco por ciento del pasivo que, en el momento de la solicitud, pudiera quedar afectado por el plan de reestructuración.

SEGUNDO.– Conforme al art. 673.1 TRLC, si no hubiera sido nombrado experto en la reestructuración, los acreedores que representen, al menos, el treinta y cinco por ciento del pasivo que, en el momento de la solicitud, pudiera quedar afectado por el plan de reestructuración, podrán solicitar al tribunal el nombramiento de uno determinado, razonando en la solicitud las circunstancias concurrentes en el caso para que sea necesario ese nombramiento.

En este sentido, art. 673.2 TRLC, en la solicitud, que deberá acompañarse de los documentos referidos en el artículo anterior, los acreedores solicitantes o algunos de ellos deberán asumir expresamente la obligación de satisfacer la retribución del experto. La asunción de la obligación de pago quedará sin efecto si en el plan de reestructuración homologado por el tribunal se previera expresamente que la retribución del experto fuera a cargo del deudor.

El tribunal dará traslado al deudor de la solicitud de los acreedores por plazo de dos días, quien podrá oponerse al nombramiento razonando que no es necesario o que no reúne las condiciones para el ejercicio del cargo. Igualmente, podrán solicitar el nombramiento de un experto distinto, en cuyo caso deberá asumir expresamente la obligación de satisfacer la retribución del que proponga (art. 673.3 TRLC).

El tribunal, mediante auto, determinará si, atendiendo a las circunstancias del caso, procede o no el nombramiento solicitado y, en caso afirmativo, procederá al nombramiento del experto propuesto por los acreedores (art. 673.4 TRLC).

TERCERO.– A la vista del citado precepto, procede acceder a la designación de experto en la reestructuración peticionado por ......, que razona y fundamenta en las circunstancias concurrentes en el presente caso, y que, en su opinión, hacen necesario ese nombramiento. Concretamente, ...

Coincidimos con la actora sobre la concurrencia de esas circunstancias que aconsejan el nombramiento del experto en la reestructuración peticionado, y que comparte la deudora, toda vez que ....

Expuesto lo anterior, resta por verificar el resto de los requisitos requeridos por la norma para nominar al experto en la reestructuración. En este sentido, los instantes de la designación, en su condición de acreedores que representan, al menos el treinta y cinco por ciento del pasivo que, en el momento de la solicitud, pudiera quedar afectado por el plan de reestructuración, concretamente, el .... por ciento, lo que acreditan en su escrito mediante los DOCUMENTOS ...., quedan debidamente legitimados al efecto (art. 673.1 TRLC).

Además, han cumplido lo dispuesto en el art. 673.2 TRLC y su obligación de efectuar una propuesta de profesional en el que debe recaer el nombramiento (arts. 676.1 TRLC y 672.2 TRLC), en concreto Don ...., justificando de manera razonada, tal y como ordena el art. 672.2.1° TRLC, que el experto propuesto reúne los requisitos establecidos en los arts. 674, 675, ss. y concordantes TRLC. También con la carga procesal de acreditar y presentar ante el Tribunal la aceptación del cargo por el experto propuesto, incluida la retribución pactada y los plazos de devengo, (art. 672.2.2° TRLC) y la póliza del seguro de responsabilidad civil que titulariza el profesional propuesto por la actora a efectos de responder de los posibles daños que el experto pudiera producir en el ejercicio del cargo (arts. 672.2.3° TRLC).

Finalmente también consta la asunción del pago de la retribución del experto por los acreedores instantes del nombramiento, asunción obligacional esta que quedará sin efecto si en el plan de reestructuración homologado por el Tribunal se previera expresamente que la retribución del experto fuera de cargo del deudor.

CUARTO.– El nombramiento del experto queda reservado al Tribunal, aunque su margen decisorio está fuertemente limitado y restringido, a la vista que el art. 676.1 y 673.4 TRLC le impone la designación de la persona propuesta por el deudor o los acreedores que hubieran formulado la solicitud, salvo que no reúna las condiciones establecidas en la Ley, en cuyo caso, procedería seguir el procedimiento de establecido en los apartados 2 y 3 del art. 676 TRLC. Por las sociedades .... se ha propuesto a Don .... (ICAV...), con domicilio en ...., calle ...., DNI/NIF ......, correo electrónico .... telf. ....

Sin embargo, en nuestro caso, nos encontramos con que la deudora, haciendo uso del derecho que le asiste conforme al art. 673.3 TRLC, ha solicitado el nombramiento de un profesional distinto por el propuesto por la actora, concretamente, el abogado Don .... (ICAV ....), con domicilio en ...., calle ......, DNI/NIF .... Telf.... Correo electrónico: ...., acompañando en su escrito los documentos a que se refieren los arts. 673 y 672.2 TRLC.

Ante esta situación, una interpretación conjunta y lógica de los apartados 3 y 4 del art. 673 TRLC conduce a que sea este Tribunal quien seleccione al experto en la reestructuración de entre los dos propuestos, siempre que reúnan las condiciones establecidas en el TRLC para el ejercicio de las funciones del cargo. Y lo cierto es que ambos cumplen sobradamente las condiciones subjetivas a que se refiere el art. 674 TRLC.

Los Sres...... poseen los conocimientos especializados, tanto jurídicos, como financieros y empresariales acreditables en materia de la insolvencia en general, y en reestructuraciones. Igualmente ostentan la condición de Administrador Concursal, habiendo sido designados en múltiples procedimientos concursales. Su respectiva experiencia dilatada queda constatada no solo por sus continuos nombramientos por parte de los Tribunales de Instancia de todo el territorio nacional en todo asuntos mercantiles, societarios y concursales, sino, además, a la vista de sus respectivas y extensas bibliografías y publicaciones científicas sobre estos asuntos, siendo referentes en el ámbito de la insolvencia, tanto preconcursal como concursal, así como en materia societaria y mercantil. Y no solo desde una perspectiva privatista, sino del resto de áreas del derecho (fiscalidad, contabilidad, derecho laboral, etc), así como del ámbito financiero y de la empresa. Junto a lo anterior, poseen dilatada experiencia en materia de refinanciaciones de deudas y reestructuraciones de activo y pasivo, así como en modificaciones operacionales de las estructuras societarias; sobre todo en empresas en situación próxima a la situación de insolvencia. Todo ello ha sido razonado por las autoras y el deudor en su respectivo escrito peticionario del nombramiento expertual.

Por otro lado, no incurren en causa de incompatibilidad o prohibición alguna de las que se reseñan en el art. 675 TRLC, ni en ninguna otra que les impida el ejercicio del cargo. Así lo declaran en su respectivo escrito de aceptación, y no consta nada a este Tribunal en sentido contrario.

Finalmente, constan en autos la póliza de seguro de responsabilidad civil a que se refiere el art. 681 TRLC, de cada uno de los propuestos...., a efectos de responder de los eventuales daños que el experto cause en el ejercicio del cargo.

Examinado todo lo anterior, y atendiendo a las concretas circunstancias concurrentes en este caso, opto por designar experto en la reestructuración a Don ....

QUINTO.-El experto aquí designado asistirá al deudor y los acreedores en las negociaciones actualmente en curso para alcanzar un plan de reestructuración; elaborará y presentará a este Tribunal cuantos informes sean exigidos por la Ley, y aquellos otros que este Tribunal considere necesarios o convenientes y le recabe. También, cualesquiera otras funciones que, conforme la Ley, le corresponda llevar a cabo con relación al proceso reestructurador antes señalado y en su condición de experto en la reestructuración.

Visto lo expuesto y demás normativa de aplicación

DISPONGO

Que estimo la solicitud formulada por la procuradora de los Tribunales ...., en nombre y representación de ......, y designo EXPERTO EN LA REESTRUCTURACIÓN a Don .... (ICAV ....), con domicilio en ...., calle ......, DNI/NIF .... Telf.... Correo electrónico: ....

Notifíquese por el Letrado de la Administración de Justicia la resolución al experto, al deudor, a ...., y demás partes personadas a través de su respectiva representación procesal.

Inscríbase la presente resolución en el Registro público concursal, en especial, la designación del experto y su identidad.

Líbrense al efecto los oportunos edictos.

Hágase saber que quien acredite interés legítimo podrá impugnar el nombramiento aquí acordado en los términos y de conformidad con lo establecido en el art. 677.1 TRLC, impugnación que se sustanciará por los cauces del incidente concursal (art. 677.2 TRLC).

Lo que acuerda, manda y firma su señoría Don.............., Magistrado titular de la plaza ...., de la sección de lo mercantil del Tribunal de Instancia de ......, en el lugar y fecha señalados "ut supra". Doy fe.

F223. AUTO DESESTIMANDO LA DESIGNACIÓN DE EXPERTO EN LA REESTRUCTURACIÓN A PETICIÓN DEL TREINTA Y CINCO POR CIENTO DE LOS ACREEDORES

En la ciudad de......, hoy día .... de ...... de ....

ANTECEDENTES DE HECHO

PRIMERO.– Que mediante escrito de fecha ..., la sociedad .... S.L, comunicó la apertura de negociaciones para alcanzar un acuerdo con sus acreedores en orden a alcanzar un plan de reestructuración, a los efectos y en los términos del art. 585 y ss. TRLC, comunicación que fue tenida por efectuada mediante Decreto del Letrado de la Administración de Justicia de este Tribunal y se sustancia bajo el número .../.... de expediente.

SEGUNDO.– Que las sociedades ...., mediante escrito de fecha .... han solicitado de este Tribunal, y en el referido expediente, la designación de un experto en la reestructuración. Ello al amparo de lo previsto en el art. 673.1 TRLC y en los términos del escrito y documentación aneja al mismo/a, del que extracto los siguientes extremos:.........

TERCERO.– De la citada solicitud se dio traslado al deudor a efectos que por plazo de dos días, y si fuera de su interés, pudiera oponerse al nombramiento razonando que no resultaba necesario o que el profesional propuesto no reúne las condiciones para el ejercicio del cargo. Igualmente, podía solicitar el nombramiento de un experto distinto, en cuyo caso debía asumir expresamente la obligación de satisfacer la retribución del que proponga. Todo ello con el resultado obrante en autos, en esencia mostrando su disconformidad con la petición al entender que no es necesaria la designación de experto.

CUARTO.– En las presentes actuaciones no se ha designado experto en la reestructuración.

FUNDAMENTOS DE DERECHO

PRIMERO.– Nuestro TRLC, en su libro II, recoge la nueva figura paradigmática de los planes de reestructuración como herramienta con la que sanar, a través de su viabilidad, a las empresas afectadas por una insolvencia actual, inminente y, ahora también, en grado de probabilidad, siendo la figura estelar de esta nueva era del ámbito preconcursal la del experto en la reestructuración, cuyo régimen se establece en los arts. 672 y ss. TRLC, y que, en orden a su nombramiento, establece unos supuestos denominados obligatorios (art. 672 TRLC) y un supuesto especial (art. 673 TRLC).

En el presente caso, por la actora se interesa la designación de experto en la reestructuración bajo el amparo del art. 673.1 TRLC, y en su condición acreedores que representan, al menos, el treinta y cinco por ciento del pasivo que, en el momento de la solicitud, pudiera quedar afectado por el plan de reestructuración.

SEGUNDO.– Conforme al art. 673.1 TRLC, si no hubiera sido nombrado experto en la reestructuración, los acreedores que representen, al menos, el treinta y cinco por ciento del pasivo que, en el momento de la solicitud, pudiera quedar afectado por el plan de reestructuración, podrán solicitar al tribunal el nombramiento de uno determinado, razonando en la solicitud las circunstancias concurrentes en el caso para que sea necesario ese nombramiento.

En este sentido, art. 673.2 TRLC, en la solicitud, que deberá acompañarse de los documentos referidos en el artículo anterior, los acreedores solicitantes o algunos de ellos deberán asumir expresamente la obligación de satisfacer la retribución del experto. La asunción de la obligación de pago quedará sin efecto si en el plan de reestructuración homologado por el tribunal se previera expresamente que la retribución del experto fuera a cargo del deudor.

El tribunal dará traslado al deudor de la solicitud de los acreedores por plazo de dos días, quien podrá oponerse al nombramiento razonando que no es necesario o que no reúne las condiciones para el ejercicio del cargo. Igualmente, podrán solicitar el nombramiento de un experto distinto, en cuyo caso deberá asumir expresamente la obligación de satisfacer la retribución del que proponga (art. 673.3 TRLC).

El tribunal, mediante auto, determinará si, atendiendo a las circunstancias del caso, procede o no el nombramiento solicitado y, en caso afirmativo, procederá al nombramiento del experto propuesto por los acreedores (art. 673.4 TRLC).

TERCERO.– A la vista del citado precepto, procede denegar la designación de experto en la reestructuración pues entiendo que no se antoja necesario ese nombramiento a la vista de las circunstancias concurrentes en el caso.

En efecto, es cierto que la actora razona y fundamenta su solicitud en las circunstancias concurrentes en el presente caso, y que, en su opinión, hacen necesario ese nombramiento. Concretamente, ...

Sin embargo, la anterior fundamentación no deja de ser más que meras manifestaciones genéricas, de parte, carentes del más mínimo soporte probatorio. Además, ... Como bien señala la deudora ....

Por ello, quedando condicionada la solicitud designatoria, entre otros motivos, a esa necesariedad a la vista de las circunstancias concurrentes en el caso, y no mostrándosenos la misma, más bien lo contrario, procede desestimar la petición sin necesidad de entrar a examinar el resto de requisitos requeridos por el art. 673 TRLC formulada por .... A que el nombramiento se

ALTERNATIVA: TERCERO.– A la vista del citado precepto, procede denegar la designación de experto en la reestructuración pues no concurre la mayoría acreedora requerida en el art. 673.1 TRLC a efectos de promover el nombramiento del experto.

En efecto. Los instantes de la designación actúan en su condición de acreedores que representan, al menos el treinta y cinco por ciento del pasivo que, en el momento de la solicitud, pudiera quedar afectado por el plan de reestructuración, concretamente, el .... por ciento, lo que acreditan, según dicen en su escrito, mediante los DOCUMENTOS

Pero lo cierto es que, a la vista de dichos documentos, lo único cierto es que los actores solo representan el .... por ciento de dicho pasivo, y por lo tanto, no alcanzan el porcentaje legitimatorio requerido en el art. 673.1 TRLC, pues .... Como bien señala la deudora ....

Por ello, quedando condicionada la solicitud designatoria, entre otros motivos, a ese porcentaje representatorio, y no concurriendo el mismo, más bien lo contrario, procede desestimar la petición sin necesidad de entrar a examinar el resto de los requisitos requeridos por el art. 673 TRLC formulada por ....

Visto lo expuesto y demás normativa de aplicación

DISPONGO

Que desestimo la solicitud formulada por la procuradora de los Tribunales ...., en nombre y representación de ......, y rechazo la petición de designación en las presentes actuación de experto en la reestructuración al amparo del art. 673 TRLC.

Notifíquese por el Letrado de la Administración de Justicia la resolución al deudor, a ...., y demás partes personadas a través de su respectiva representación procesal.

Contra la presente resolución cabe recurso de reposición a interponer en el plazo de cinco días a contar desde su notificación. De conformidad con lo establecido en la Disposición Adicional 15ª LOPJ (según la redacción dada por la LO 1/09), la interposición de recurso contra resoluciones judiciales, no podrá ser admitida a trámite sin la acreditación del depósito previsto en la citada Ley a efectos de recurrir, debiendo presentarse copia o resguardo de tal depósito en las cuenta de consignaciones de este Tribunal.

Lo que acuerda, manda y firma su señoría Don.............., Magistrado titular de la plaza ...., de la sección de lo mercantil del Tribunal de Instancia de ......, en el lugar y fecha señalados "ut supra". Doy fe.

F224. ESCRITO ACEPTACIÓN EXPERTO EN REESTRUCTURACIÓN ART. 672.2.2° TRLC

[*], con DNI [*], Letrado del Ilustre Colegio de Abogados de [*] con núm. de colegiado [*], por medio del presente COMPARECE Y EXPONE:

I. Ante el nombramiento propuesto por parte de "[*]" como experto en reestructuración para intervenir en el procedimiento sobre comunicación [*] núm. [*], seguido ante el Tribunal de Instancia, sección de lo Mercantil, de [*], manifiesto mi ACEPTACIÓN EXPRESA al cargo.

II. Cumplo con todas las condiciones legales establecidas en los artículos 672 y ss. del Real Decreto Legislativo 1/2020, de 5 de mayo, por el que se aprueba el texto refundido de la Ley Concursal ("TRLC") para el desempeño del cargo, al recaer sobre persona [*], al tener los conocimientos especializados, jurídicos, financieros y empresariales, así como cumplir los requisitos para ser administrador concursal conforme a esta ley.

III. Haberse acordado de mutuo acuerdo por las partes el importe para el desempeño del cargo, pagadera en los siguientes plazos (considerados plazos de devengo a efectos de lo dispuesto en el art. 672.2 2° TRLC):

[*]

IV. Dispongo de póliza de seguro de responsabilidad civil vigente para responder de posibles daños que pudiera causar en el ejercicio de las funciones propias del cargo para el que he sido propuesto.

Y para que conste y surta los efectos oportunos, se suscribe el presente escrito en [*], a [*].

F225. CERTIFICADO DE ACEPTACIÓN COMO EXPERTO EN LA REESTRUCTURACIÓN

[Nombre de la Entidad o Profesional Responsable]

[Dirección Completa]

[Ciudad], [Código Postal]

En [Ciudad], a [Fecha].

REF.: Aceptación del nombramiento de [Nombre del Experto o Entidad] como experto en la reestructuración de la sociedad [Nombre de la Empresa Deudora] y declaración sobre la no incursión en ninguna causa de incompatibilidad o prohibición en relación con dicho nombramiento.

Por la presente, [Nombre del Representante], actuando en nombre y representación de [Nombre de la Entidad], con N.I.F. [Número de Identificación Fiscal], y de conformidad con lo dispuesto en el artículo 672.2.° del Real Decreto Legislativo 1/2020, de 5 de mayo, por el que se aprueba el texto refundido de la Ley Concursal (TRLC), manifiesta lo siguiente:

1. Aceptación del Nombramiento

Declaro que acepto expresamente mi nombramiento como experto en la reestructuración de [Nombre de la Empresa Deudora], para el supuesto de que así sea designado por el Tribunal competente.

2. Aceptación de la Retribución

Declaro asimismo que acepto el importe y los plazos de devengo de la retribución que ha sido pactada con [Nombre de la Empresa Deudora] para el desempeño de las funciones asignadas como experto en la reestructuración.

3. Cumplimiento de las Condiciones Subjetivas

Declaro que [Nombre de la Entidad] cumple con las condiciones subjetivas exigidas en el artículo 674 del TRLC, y adjunto como Anexo I un currículum profesional que acredita la experiencia en materia de reestructuraciones y como administrador concursal en situaciones similares.

4. Declaración de Ausencia de Incompatibilidades

Declaro que [Nombre de la Entidad] no se encuentra incursa en ninguna de las causas de incompatibilidad o prohibición previstas en el artículo 675 del TRLC, conforme a lo siguiente:

o No haber prestado servicios profesionales relacionados con la reestructuración ni a [Nombre de la Empresa Deudora] ni a personas especialmente relacionadas con la misma en los últimos dos años, salvo [detallar excepciones si las hubiera].

o No estar incurso en situaciones de incompatibilidad relacionadas con auditorías o conflictos de interés conforme a la normativa vigente.

5. Compromiso de Actuación Profesional

Confirmo mi compromiso de ejercer las funciones asignadas con independencia, diligencia y profesionalidad, conforme a lo dispuesto en los artículos 680 y 681 del TRLC.

Atentamente,

[Nombre del Representante Legal]

[Nombre de la Entidad o Profesional Responsable]

[Firma del Representante Legal]

F226. ACTA DE ACEPTACIÓN DEL CARGO POR EL EXPERTO EN LA REESTRUCTURACIÓN DESIGNADO DE ENTRE LA TERNA DEL ART. 676.2 TRLC

TRIBUNAL DE INSTANCIA DE .... SECCIÓN DE LO MERCANTIL (PLAZA NÚM. ......)

N.I.G.:.........

Procedimiento: ...-/...

ACTA DE ACEPTACIÓN Y JURAMENTO DE EXPERTO EN LA REESTRUCTURACIÓN

En ...... a .... de dos mil ......

Ante el Ilmo/a. Sr./a. Magistrado titular de la plaza ...., de la sección de lo mercantil del Tribunal de Instancia de ......, asistido de mí el Letrado de la Administración de Justicia, comparece:

D./Dña. ...., con domicilio en ......, con D.N.I. Nº ......, teléfono ...... y mail ......@......., quien acepta el cargo de EXPERTO PARA LA REESTRUCTURACIÓN en el procedimiento de referencia, y ello de conformidad con el art. 676.3 TRLC.

Y manifiesta:

Que no afectándole causa de incapacidad, incompatibilidad o prohibición, en especial, las del art. 675 TRLC, ni conociendo la concurrencia de otra causa de recusación, ACEPTA el cargo para el que ha sido designado, y jura desempeñarlo de modo fiel y legal, ajustando su actuando a las prescripciones del Real Decreto Legislativo 1/2020 de 5 de mayo, en especial, los arts. 679 y ss. TRLC

- Que designa como lugar o despacho donde ejercerá el cargo en el territorio de la demarcación de este Tribunal en ....

Manifiesta igualmente que podrán practicarle las notificaciones y demás actos de comunicación en el correo electrónico arriba indicado a los efectos oportunos.

En este acto exhibe para su testimonio la póliza de seguros de responsabilidad civil y el recibo de la prima correspondiente al período del seguro en curso o, en su caso, del certificado de cobertura expedido por la entidad aseguradora, o garantía equivalente expedida por entidad de crédito, para responder de los posibles daños que pudiese causar en el ejercicio de las funciones propias del cargo.

Igualmente me exhibe para su testimonio, el documento en el que consta la retribución pactada con ....por el desempaño del cargo aquí aceptado.

Por S.Sª se instruye al compareciente del contenido y alcance del cargo para el que ha sido designado, y que debe ejercer las funciones propias del cargo con la diligencia propia de un profesional especializado en reestructuraciones, y con independencia e imparcialidad tanto del deudor como de los acreedores, de lo que éste queda enterado.

Con todo lo cual, se da por terminada la presente, firmando el compareciente después de su S.S^{a} y conmigo, que doy fe.

V.2. SUSTITUCIÓN DEL EXPERTO EN REESTRUCTURACIONES

F227. ESCRITO SUSTITUCIÓN EXPERTO POR LOS ACREEDORES (I)

AL TRIBUNAL DE INSTANCIA DE .... SECCIÓN DE LO MERCANTIL PLAZA ......

[******], Procurador/a de los Tribunales en nombre y representación de las mercantiles "[******]", "[******]", "[******]", "[******]" y "[******]" según acredito en la escritura de poder que acompaño como documento previo; ante el Tribunal comparezco y como mejor proceda en derecho, DIGO:

Que, por medio del presente escrito, en tiempo y forma, siguiendo instrucciones específicas de mi representada, conforme a lo previsto en el artículo 678 del Real Decreto Legislativo 1/20220, de 5 de mayo por el que se aprueba el texto refundido de la Ley Concursal (en adelante, TRLC), efectuamos solicitud de sustitución del experto en reestructuración designado; todo ello conforme a las siguientes

ALEGACIONES

PRIMERO. Mediante Decreto [******] dictado por ese Tribunal, se tuvo por efectuada la Comunicación de apertura de negociaciones presentada con efectos a la fecha de su presentación, en los siguientes términos: [******]

Asimismo por Auto de fecha [******], y de acuerdo con lo previsto en los artículos 586.1.8.° y 672 del TRLC, se procedió al nombramiento de un experto en reestructuración [a instancia del deudor/ de lo acreedores representativos de más del 35% —y menos del 50%— del pasivo afectado].

SEGUNDO. Las mercantiles "[******]", "[******]", "[******]", "[******]" y "[******]" ostentan más del cincuenta (50%) del pasivo afectado por el plan de reestructuración.

Concretamente:

(i.) "[******]" es acreedora por un importe de [******], esto es [******]% del total de los créditos afectados por el plan;

(ii.) "[******]" es acreedora por un importe de [******], esto es [******]% del total de los créditos afectados por el plan;

(iii.) "[******]" es acreedora por un importe de [******], esto es [******]% del total de los créditos afectados por el plan;

(iv.) "[******]" es acreedora por un importe de [******], esto es [******]% del total de los créditos afectados por el plan; y

(v.) "[******]" es acreedora por un importe de [******], esto es [******]% del total de los créditos afectados por el plan.

Se acompaña a estos efectos, como documento nº 1 relación de créditos afectados por el plan de Reestructuración propuesto por la deudora.

TERCERO. Por medio del presente, de conformidad con lo prescrito por el artículo 678 TRLC, solicitamos la sustitución del indicado experto y la designación como experto en la reestructuración de la siguiente persona [física o jurídica]:

[******], [******] [abogado/economista...] miembro del Colegio de [******] de [******], en ejercicio profesional desde [******], con amplia y notoria experiencia en materia de reestructuraciones y refinanciaciones [o en su caso, cumplimiento de los requisitos para ser designado administración concursal ex art-27 LC o 62 TRLC, según derecho transitorio en vigor en el momento], titulado en [******]

Se acompaña como documento nº 2 aceptación de su nombramiento para este cargo, caso de ser designado; con expresa aceptación del importe y los plazos de devengo de la retribución convenida por su desempeño profesional.

Los acreedores solicitantes asumen expresamente la obligación de satisfacer la retribución del experto, en cumplimiento de lo dispuesto del artículo 673.2 TRLC.

Concurren en dicho profesional, en consecuencia las condiciones subjetivas previstas en el artículo 674 TRLC.

No se encuentra además incurso en ninguna de las incompatibilidades y prohibiciones previstas en el artículo 675 TRLC y en concreto:

1° No ha prestado servicios profesionales relacionados con la reestructuración al deudor o a personas especialmente relacionadas con esta en los últimos dos años.

2.° No se encuentra en ninguna situación de incompatibilidad previstas en la legislación en materia de auditoría de cuentas en relación con el deudor o las personas especialmente relacionadas con este.

Se acompaña como documento nº 3 escrito razonando que el experto reúne las condiciones establecidas en esta ley para el ejercicio del cargo aceptación de su nombramiento para este cargo, caso de ser designado; con expresa aceptación del importe y lo plazos de devengo de la retribución convenida por su desempeño profesional; y como documento nº 4 copia de la póliza de seguro de responsabilidad civil o garantía equivalente que tuviera vigente para responder de posibles daños que el experto pudiera causar en el ejercicio de las funciones propias del cargo.

TERCERO. El nombramiento de experto en la reestructuración no tendrá efecto alguno sobre las facultades de administración y disposición sobre los bienes y derechos que integren el patrimonio de la mercantil deudora, de conformidad con lo dispuesto en el artículo 595 TRLC.

Por lo expuesto,

SUPLICO AL TRIBUNAL, tenga por presentado este escrito, con los documentos que se acompañan, se digne admitirlo, dictando Auto por el que se acuerde la sustitución del experto designado anteriormente en el citado Auto de [******] y el ulterior nombramiento de

[...] como experto en reestructuración, haciendo constar su respectiva sustitución y designación mediante publicación en el Registro Público Concursal.

Es justicia que respetuosamente pido y firmo en [******], a [******]

OTROSÍ DIGO que esta parte manifiesta su voluntad expresa de cumplir con todos y cada uno de los requisitos exigidos para la validez de los actos procesales y, si por cualquier circunstancia, esta representación hubiera incurrido en algún defecto, ofrece desde este momento su subsanación de forma inmediata y a su requerimiento, todo ello a los efectos prevenidos en el artículo 243.3 y 4 de la Ley Orgánica del Poder Judicial y artículo 231 de la Ley de Enjuiciamiento Civil.

SUPLICO AL TRIBUNAL que tenga por hecha la anterior manifestación a los efectos legalmente oportunos.

Es justicia que respetuosamente pido y firmo, en [******], a [******]

Fdo. [*]

F228. AUTO ACORDANDO LA SUSTITUCIÓN DEL EXPERTO EN LA REESTRUCTURACIÓN

En la ciudad de......, hoy día .... de ...... de ....

ANTECEDENTES DE HECHO

PRIMERO.– Que mediante escrito de fecha ..., la sociedad .... S.L, comunicó la apertura de negociaciones para alcanzar un acuerdo con sus acreedores en orden a alcanzar un plan de reestructuración, a los efectos y en los términos del art. 585 y ss. TRLC, comunicación que fue tenida por efectuada mediante Decreto del Letrado de la Administración de Justicia de este Tribunal y se sustancia bajo el número .../.... de expediente.

SEGUNDO.– Que el deudor (o ....) mediante escrito de fecha .... solicitó de este Tribunal y en el referido expediente, la designación de un experto en la reestructuración, nombramiento que fue acordado mediante auto de este Tribunal de fecha ....

TERCERO.– Que mediante escrito de fecha ...., y al amparo de lo previsto en el art. 678 TRLC, las sociedades ...... interesan la sustitución del citado experto por Don .... Ello en los términos del escrito, y documentación aneja al mismo, del que extracto los siguientes extremos: ....

FUNDAMENTOS DE DERECHO

PRIMERO.– Nuestro TRLC, en su libro II, recoge la nueva figura paradigmática de los planes de reestructuración como herramienta con la que sanar, a través de su viabilidad, a las empresas afectadas por una insolvencia actual, inminente y, ahora también, en grado de probabilidad, siendo la figura estelar de esta nueva era del ámbito preconcursal la del experto en la reestructuración, cuyo régimen se establece en los arts. 672 y ss. TRLC, y que, en orden a su nombramiento, establece unos supuestos denominados obligatorios (art. 672 TRLC) y un supuesto especial (art. 673 TRLC). Además, el art. 678 TRLC establece un sistema para sustituir al experto previamente designado.

SEGUNDO.- En efecto, conforme al art. 678.1 TRLC los acreedores que representen más del cincuenta por ciento del pasivo que, en el momento de la solicitud, pudiera quedar afectado por el plan de reestructuración podrán pedir al tribunal la sustitución del experto nombrado a solicitud del deudor o, en su caso, de una minoría de acreedores.

En este sentido, art. 678.2 TRLC, la solicitud deberá acompañarse de los documentos exigidos en el Titulo IV del Libro II TRLC y del compromiso expreso de los acreedores, o de algunos de ellos, de satisfacer la retribución del experto. La asunción de la obligación de pago quedará sin efecto si, en el plan de reestructuración homologado por el tribunal, se previera expresamente que la retribución del experto sustituto fuera a cargo del deudor.

Y, ex artículo 678.3 TRLC, el Tribunal acordará la sustitución mediante auto, que podrá impugnarse por los motivos y por el cauce previsto en el artículo anterior.

TERCERO.– A la vista del citado precepto, procede acceder a la sustitución del experto en la reestructuración designado por este Tribunal mediante auto de fecha …., y designar en su lugar experto a Don ……, propuesto por los promotores de la sustitución.

En este sentido, los instantes de la sustitución, en su condición de acreedores que representan, al menos el cincuenta por ciento del pasivo que, en el momento de la solicitud, pudiera quedar afectado por el plan de reestructuración, concretamente, el …. por ciento, lo que acreditan en su escrito mediante los DOCUMENTOS …., quedan debidamente legitimados al efecto (art. 678.1 TRLC). Además, han cumplido lo dispuesto en el art. 678.2 TRLC y su obligación de efectuar una propuesta de profesional sustituto en el que debe recaer el nombramiento (arts. 676.1 TRLC y 672.2 TRLC), en concreto Don ……., justificando de manera razonada, tal y como ordena el art. 672.2.1° TRLC, que el experto propuesto reúne los requisitos establecidos en los arts. 674, 675, ss. y concordantes TRLC. También con la carga procesal de acreditar y presentar ante el Tribunal la aceptación del cargo por el experto propuesto, incluida la retribución pactada y los plazos de devengo, (art. 672.2.2° TRLC) y la póliza del seguro de responsabilidad civil que titulariza el profesional propuesto por la actora a efectos de responder de los posibles daños que el experto pudiera producir en el ejercicio del cargo (arts. 672.2.3° TRLC).

Por otro lado, el experto aquí sustituido, fue designado a instancias del deudor (o de una minoría de acreedores), por lo que la ley habilita su permuta por otro que le sustituya (art. 678.1 TRLC).

Finalmente también consta la asunción del pago de la retribución del experto por los acreedores instantes del nombramiento, asunción obligacional esta que quedará sin efecto si en el plan de reestructuración homologado por el Tribunal se previera expresamente que la retribución del experto sustituto fuera de cargo del deudor.

CUARTO.– El nombramiento del experto sustituto del inicialmente designado queda reservado al Tribunal, aunque su margen decisorio está fuertemente limitado y restringido, a la vista que el art. 676.1 TRLC y 678TRLC le impone la designación de la persona propuesta por el deudor o los acreedores que hubieran formulado la solicitud, salvo que no reúna las condiciones establecidas en la Ley, en cuyo caso, procedería seguir el procedimiento de establecido en los apartados 2 y 3 del art. 676 TRLC.

En nuestro caso, el profesional propuesto es el abogado Don ………… (ICAV ….), con domicilio en …., calle ……, DNI/NIF ……… Telf…. Correo electrónico: ………………, que cumple sobradamente las condiciones subjetivas a que se refiere el art. 674 TRLC, procediendo, por lo tanto, su designación como experto en la reestructuración en sustitución del inicialmente designado, Don ….

El Sr.….. posee los conocimientos especializados, tanto jurídicos, como financieros y empresariales acreditables en materia de la insolvencia en general, y en reestructuraciones, desde el año…. Igualmente ostenta la condición de Administrador Concursal, habiendo sido designado en múltiples procedimientos concursales. Su experiencia dilatada queda constatada no solo por sus continuos nombramientos por parte de los Tribunales de Instancia de todo el territorio nacional en todo asuntos mercantiles, societarios y concursales, sino, además, a la vista de su extensa bibliografía y publicaciones científicas sobre estos asuntos, siendo un referente en el ámbito de la insolvencia, tanto preconcursal como concursal, así como en materia societaria y mercantil. Y no solo desde una perspectiva privatista, sino del resto de áreas del derecho (fiscalidad, contabilidad, derecho laboral, etc), así como del ámbito financiero y de la empresa. Junto a lo anterior, posee dilatada experiencia en materia de refinanciaciones de deudas y reestructuraciones de activo y pasivo, así como en modificaciones operacionales de las estructuras societarias; sobre todo en empresas en situación próxima a la situación de insolvencia. Todo ello ha sido razonado por la autora en su escrito peticionario del nombramiento expertual del Sr. ....,

Por otro lado, no incurre en causa de incompatibilidad o prohibición alguna de las que se reseñan en el art. 675 TRLC, ni en ninguna otra que le impida el ejercicio del cargo. Así lo declara en el escrito de aceptación, y no consta nada a este Tribunal en sentido contrario.

Finalmente, consta en autos la póliza de seguro de responsabilidad civil a que se refiere el art. 681 TRLC del Sr...., a efectos de responder de los eventuales daños que el experto cause en el ejercicio del cargo.

QUINTO.-El experto aquí designado asistirá al deudor y los acreedores en las negociaciones actualmente en curso para alcanzar un plan de reestructuración; elaborará y presentará a este Tribunal cuantos informes sean exigidos por la Ley, y aquellos otros que este Tribunal considere necesarios o convenientes y le recabe. También, cualesquiera otras funciones que, conforme la Ley, le corresponda llevar a cabo con relación al proceso reestructurador antes señalado y en su condición de experto en la reestructuración.

Visto lo expuesto y demás normativa de aplicación

DISPONGO

Que estimo la solicitud formulada por la procuradora de los Tribunales ...., en nombre y representación de ......, y designo EXPERTO EN LA REESTRUCTURACIÓN en sustitución del inicialmente por mi designado mediante auto de fecha ....., a Don .... (ICAV ....), con domicilio en ...., calle ......, DNI/NIF .... Telf.... Correo electrónico: ....

Notifíquese por el Letrado de la Administración de Justicia la resolución al deudor, al experto, a ...., y demás partes personadas a través de su respectiva representación procesal.

Inscríbase la presente resolución en el Registro público concursal, en especial, la designación del experto y su identidad.

Líbrense al efecto los oportunos edictos.

Hágase saber que, a la vista de lo dispuesto en el art. 678.3 TRLC, quien acredite interés legítimo podrá impugnar el nombramiento aquí acordado en los términos y de conformidad con lo establecido en el art. 677.1 TRLC, impugnación que se sustanciará por los cauces del incidente concursal (art. 677.2 TRLC).

Lo que acuerda, manda y firma su señoría Don..............., Magistrado titular de la plaza ...., de la sección de lo mercantil del Tribunal de Instancia de ......, en el lugar y fecha señalados "ut supra". Doy fe.

F229. ESCRITO SUSTITUCIÓN DE EXPERTO POR LOS ACREEDORES (II)

CLC Comunic. Previa Concurso y homologación Judic. ....

AL TRIBUNAL DE INSTANCIA DE .... SECCIÓN DE LO MERCANTIL PLAZA ......

........., Procurador/a de los Tribunales, actuando en nombre y representación de la sociedad de capital ...., según tengo debidamente acreditado en los autos arriba referenciados, [DATOS PROCURADOR], Procurador de los Tribunales, actuando en nombre y representación de ....; [DATOS PROCURADOR], Procurador de los Tribunales, actuando en nombre y representación de ....; [DATOS PROCURADOR], Procurador de los Tribunales, actuando en nombre y representación de ....; [DATOS PROCURADOR], Procurador de los Tribunales, actuando en nombre y representación de ....; [DATOS PROCURADOR], Procurador de los Tribunales, actuando en nombre y representación de ....; [DATOS PROCURADOR], Procurador de los Tribunales, actuando en nombre y representación de ....; [DATOS PROCURADOR], Procurador de los Tribunales, actuando en nombre y representación de ...., ante el Tribunal comparecen y como mejor proceda en Derecho, DICEN:

Que por medio del presente escrito solicitan, al amparo de lo dispuesto en el art. 678 TRLC, la sustitución del experto nombrado por el deudor, y ello sobre la base de las siguientes

ALEGACIONES

Primero.

........., ..., ..., ..., ..., ..., ..., y .... son acreedores de ....

En concreto, son titulares de [......... de deuda], deuda que representa un [......... %] del pasivo de .... Se adjunta como documento nº 1 cuadro del pasivo total de .... y del pasivo que representan los acreedores titulares de la presente solicitud de sustitución del experto.

Se cumple, de esta forma, con la exigencia del importe del pasivo previsto en el art. 678.1 TRLC para llevar a cabo la sustitución del experto nombrado por el deudor.

Segundo.

Que por medio del presente escrito, los acreedores firmantes solicitan la sustitución del experto designado por el deudor (.........) y que se designe como Experto en la Reestructuración, a ...., con CIF .... y domicilio social en .... y representada, a estos efectos, por ...., socio del Área de ....

Se adjuntan todos los documentos legalmente exigibles para llevar a cabo el nombramiento de .... como nuevo Experto:

- Escrito razonando que el experto reúne las condiciones establecidas en el TRLC para el ejercicio del cargo, incluyendo el Curriculum Vitae de las personas que llevarán a cabo la prestación de servicios propios del Experto en la Reestructuración. (Documento n° 2).
- Aceptación del nombramiento, para el caso de ser designado así como la aceptación del importe y los plazos de la retribución pactada. (Documento n° 3).
- Copia de la póliza de seguro de responsabilidad civil vigente suscrita por la persona jurídica cuyo nombramiento como experto se solicita (.........) para responder de posibles daños que el experto pudiera causar en el ejercicio de las funciones propias del cargo (Documento n° 4).
- Recibo bancario justificativo del abono de la cuota correspondiente a la póliza de seguro de responsabilidad civil vigente (Documento n° 5).

.... en su condición de acreedor firmante del presente escrito comunica expresamente al Tribunal que, a los efectos de lo establecido en el art. 678.2 del TRLC, asume el compromiso de satisfacer la retribución del nuevo Experto. Todo ello sin perjuicio de que la asunción de la obligación de pago quede sin efecto, si en el plan de reestructuración, homologado por el tribunal, se prevea expresamente que la retribución del experto sustituto sea a cargo del deudor.

Por todo lo expuesto,

SOLICITAMOS AL TRIBUNAL que, en aras a propiciar la continuidad empresarial de .... y asegurar su viabilidad, se proceda a la sustitución de .... como Experto en la Reestructuración de .... y al nombramiento en su lugar de ....

........., a .... de .... de ....

....

[DATOS LETRADO] [DATOS PROCURADOR]

[DATOS LETRADO] [DATOS PROCURADOR]

[DATOS LETRADO] [DATOS PROCURADOR]

[DATOS LETRADO] [DATOS PROCURADOR]

[DATOS LETRADO] [DATOS PROCURADOR]

V.3. INFORMES Y CERTIFICACIONES DEL EXPERTO EN REESTRUCTURACIONES

F230. INFORME FAVORABLE DEL EXPERTO SOBRE LA PRORROGA DE EFECTOS DE LA COMUNICACIÓN (I)

Procedimiento: ......

Demandante: ......

Procurador: ....

AL TRIBUNAL DE INSTANCIA DE .... SECCIÓN DE LO MERCANTIL PLAZA ......

DON ...., Economista y Auditor de Cuentas, designado Experto en Reestructuración de la mercantil ...., domiciliada en ...... (......), Calle ......, número ......, y provista de CIF nº ....; en el procedimiento ...., ante el Tribunal comparezco y, como mejor proceda en Derecho, DIGO:

PRIMERO. Que la mercantil .... comunicó al Tribunal la apertura de negociaciones para intentar alcanzar un Plan de Reestructuración con sus acreedores, en base a los arts. 585, 586 y concordantes del TRLC, la cual fue presentada en fecha .... y turnada a este Tribunal en fecha ....

SEGUNDO. Que por este Tribunal se dictó Decreto de fecha ...., así como Auto de fecha .... por el que se acordó el nombramiento como Experto en la Reestructuración, procediendo a la aceptación del cargo el día ....

TERCERO. Que inmediatamente inicié la ronda de comunicación con los acreedores, por todas las vías posibles, bien presencial, telemática como telefónica.

CUARTO. Que debo comunicar a este Tribunal, que el estado actual de las negociaciones esta inconcluso, habida cuenta que a esta fecha no se ha recibido la totalidad de la información solicitada a los acreedores, con el fin de realizar una ordenada conciliación de saldos.

QUINTO. Que la opinión de este Experto en Reestructuraciones es FAVORABLE a la solicitud de prórroga de la comunicación.

En su virtud,

SUPLICO AL TRIBUNAL que, tenga por presentado este INFORME FAVORABLE A LA SOLICITUD DE PRORROGA, lo admita y previos los trámites correspondientes, estime la solicitud y conceda una prórroga de los efectos de la comunicación por otros TRES MESES.

OTROSÍ DIGO, que esta parte manifiesta su voluntad de cumplir con los requisitos exigidos por la Ley, por lo que solicitamos a ese Tribunal que al amparo de lo contenido en el Art. 231 LEC subsane los posibles defectos procesales en los que se pudiese haber incurrido.

SUPLICO AL TRIBUNAL acuerde como se solicita, en su caso. Es justicia que pido, en ...., a .... de .... de ....

F231. INFORME DEL EXPERTO EN LA REESTRUCTURACIÓN SOBRE PRORROGA DE EFECTOS DE LA COMUNICACIÓN (II)

[Ciudad], [Fecha]

[Nombre de la Entidad/Profesional Responsable]

(Experto en la Reestructuración)

Índice de Contenido

1. Antecedentes
2. Objeto del Informe
3. Análisis del Cumplimiento de los Requisitos del Artículo 607 TRLC
    1. Estado actual de las negociaciones con los acreedores.
    2. Cuestiones pendientes para la formalización del Plan de Reestructuración.
    3. Constatación de adhesiones y manifestaciones de los acreedores.
4. Conclusiones

1. Antecedentes

El presente informe se emite en el ejercicio de las funciones conferidas al suscribiente como experto en la reestructuración de la mercantil [Nombre de la Empresa Deudora], en virtud de lo dispuesto en los artículos 672 a 681 del TRLC.

- Inicio de Negociaciones: La empresa deudora presentó, en fecha [Fecha de Comunicación], la comunicación de inicio de negociaciones conforme al artículo 585 del TRLC, con el objetivo de alcanzar un acuerdo para la aprobación de un Plan de Reestructuración.
- Resolución Judicial: Mediante Decreto núm. [Número de Decreto] de fecha [Fecha de Resolución], el Tribunal de Instancia, sección de lo mercantil, de [Ciudad] tuvo por comunicada la intención de la deudora de negociar un Plan de Reestructuración, fijando un plazo inicial de tres meses.
- Nombramiento del Experto: A solicitud de los acreedores y con la conformidad de la deudora, el suscribiente fue designado como experto en la reestructuración en fecha [Fecha de Nombramiento], según Auto emitido por el referido Tribunal.

El plazo inicial para la consecución de un acuerdo finaliza el día [Fecha de Finalización del Plazo Inicial], siendo esta solicitud de prórroga presentada con antelación a dicha fecha.

2. Objeto del Informe

El objeto del presente informe consiste en analizar y emitir una opinión sobre el cumplimiento de los requisitos establecidos en el artículo 607 del TRLC para la concesión de una prórroga de tres meses de los efectos de la comunicación de inicio de negociaciones.

En este contexto, se realiza un análisis detallado de:

1. El estado actual de las negociaciones con los acreedores cuyos créditos puedan quedar afectados por el Plan de Reestructuración.
2. Las cuestiones pendientes para la finalización del Plan de Reestructuración.
3. La constatación de adhesiones favorables y oposiciones por parte de los acreedores respecto a la solicitud de prórroga.

3. Análisis del Cumplimiento de los Requisitos del Artículo 607 TRLC

3.1. Estado Actual de las Negociaciones

Desde el inicio del periodo de negociación, la empresa deudora ha mantenido comunicaciones continuas con los acreedores cuyos pasivos se verán inicialmente afectados por el plan. A la fecha, se destacan los siguientes avances:

- Cambio de Gestión y Asesoría: La deudora ha implementado un nuevo enfoque en las negociaciones, contratando a [Nombre de la Asesoría], especializada en procesos de reestructuración.
- Avances en la Propuesta: Se han compartido con los acreedores las líneas generales del Plan de Reestructuración, destacándose cambios significativos respecto a versiones anteriores que fueron objeto de impugnaciones.

Los acreedores han sido informados del estado actual de la empresa y de la necesidad de la prórroga para consolidar un plan que contemple las mejores alternativas para todas las partes involucradas.

3.2. Cuestiones Pendientes para la Formalización del Plan de Reestructuración

A la fecha, las siguientes cuestiones se encuentran pendientes de resolución para la finalización del Plan de Reestructuración:

1. Elaboración del Informe Independiente (IBR): Documento técnico que visibiliza las necesidades financieras y los escenarios de viabilidad.
2. Redacción Definitiva del Plan: Integración de las condiciones negociadas con los acreedores, conforme al IBR y al plan de viabilidad.
3. Formalización del Plan: Elevación del plan a instrumento público, conforme al artículo 634 del TRLC.

Comentario: La extensión del plazo por tres meses adicionales resulta prudente y razonable para garantizar la conclusión de estas tareas.

3.3. Constatación de Adhesiones y Manifestaciones de los Acreedores

Conforme al artículo 607.1 del TRLC, se requiere la adhesión de acreedores que representen más del 50% del pasivo afectado no subordinado para justificar la prórroga.

- Adhesiones Recibidas:
- Acreedores que han manifestado su conformidad con la prórroga:
  - o [Nombre del Acreedor 1]: Representa el [Porcentaje del Pasivo].
  - o [Nombre del Acreedor 2]: Representa el [Porcentaje del Pasivo].
- Oposiciones:

  No se han recibido manifestaciones de oposición por parte de acreedores que representen al menos el 40% del pasivo afectado, conforme al artículo 608.1.2° del TRLC.
- Resumen:

  El [Porcentaje Total de Adhesiones Favorables] del pasivo afectado supera ampliamente el umbral requerido por la normativa.

4. Conclusiones

A la vista de lo expuesto, en nuestra condición de experto en la reestructuración, emitimos un informe favorable a la concesión de la prórroga de tres meses, con base en las siguientes razones:

1. Estado Activo de las Negociaciones: La deudora ha demostrado un esfuerzo continuo en sus negociaciones con los acreedores desde la comunicación inicial.
2. Cumplimiento del Umbral de Adhesiones: Se ha obtenido el apoyo necesario para la prórroga, conforme al artículo 607.1 del TRLC.
3. Impacto Positivo para los Acreedores: La extensión del plazo facilita la consecución de un acuerdo que maximice la recuperación de los créditos afectados, evitando un escenario de concurso de acreedores y posible liquidación.

Firmado:

[Nombre del Experto o Entidad Responsable]

[Cargo o Profesión]

[Fecha]

F232. INFORME DEL EXPERTO INDEPENDIENTE SOBRE PRORROGA EFECTOS DE LA COMUNICACIÓN

Procedimiento: Comunicación art. 585 Ley Concursal nº ....

INFORME DEL EXPERTO INDEPENDIENTE EX. ARTÍCULO 607 TRLC DIRIGIDO AL TRIBUNAL DE INSTANCIA DE ... SECCIÓN LO MERCANTIL PLAZA .....

DON ...., experto independiente en reestructuración nombrado en virtud del Auto de fecha .... en el Procedimiento de Comunicación de negociaciones nº ...... que se sigue en el Tribunal regulado en los artículos 585 y ss. del Real Decreto Legislativo 1/2020, de 5 de mayo, por el que se aprueba el texto refundido de la Ley Concursal (en adelante TRLC), emite el siguiente INFORME FAVORABLE a la prórroga de efectos de la comunicación solicitada por la entidad ...., S.L. (en adelante ....) ex. artículo 607 TRLC, ello por los motivos que a continuación se indican.

I. Que mediante auto de fecha ...., quien suscribe fue designado experto independiente en el proceso de reestructuración de la entidad ......, ello en el marco del proceso de comunicación de negociaciones ex. artículos 585 y ss. TRLC que se sigue en el Tribunal

II. Que la representación de ...., mediante escrito de fecha .... ha solicitado la concesión de prórroga de los efectos de la comunicación anteriormente indicada por un periodo de TRES MESES sucesivos, ello de conformidad con lo dispuesto en el artículo 607 TRLC.

Ante dicha solicitud, se ha dictado Diligencia de Ordenación de fecha .... en la que se requería al deudor para que acompañe el informe favorable del experto en reestructuración que prevé el artículo 607.1 TRLC.

III. Que, en cumplimiento del referido requerimiento se emite el presente INFORME FAVORABLE a la concesión de la prórroga de efectos solicitada por el plazo legal previsto, en los términos siguientes

INFORME

PRIMERO. Se establece en el artículo 607 TRLC que

"Artículo 607. Prórroga de los efectos de la comunicación.

1. Antes de que finalice el periodo de tres meses a contar desde la comunicación de apertura de negociaciones con los acreedores, el deudor o los acreedores que representen más del cincuenta por ciento del pasivo que, en el momento de la solicitud de la prórroga, pueda resultar afectado por el plan de reestructuración, deducido el importe de los créditos que, en caso de concurso tendrían la consideración de subordinados, podrán solicitar del tribunal la concesión de prórroga de los efectos de esa comunicación por un

periodo de hasta otros tres meses sucesivos a la ya concedida. La solicitud de prórroga deberá ir acompañada de informe favorable del experto en reestructuración, si hubiera sido nombrado.

2. La solicitud de prórroga presentada por el deudor deberá ir acompañada de acta de conformidad firmada por los acreedores que representen el porcentaje a que se refiere el apartado anterior, o de una declaración responsable firmada por el mismo por la que manifieste que ha obtenido la conformidad de los anteriores, y del informe del experto si hubiere sido nombrado, en la que se detallarán el estado de las negociaciones y las cuestiones pendientes de acuerdo, y se expresará la identidad de los acreedores que hayan manifestado expresamente oposición a la solicitud de prórroga o no se hubieran pronunciado. (...)".

SEGUNDO. A la vista de lo establecido en el referido precepto, y de la documentación e informaciones a las que ha tenido acceso esta parte, cabe afirmar en primer lugar que se cumple el presupuesto temporal exigido, esto es, que la solicitud de prórroga se hubiera presentado por el deudor antes de que finalizara el periodo de tres meses a contar desde la comunicación de apertura de negociaciones con los acreedores.

TERCERO. En segundo lugar, consta en el escrito del deudor, que se ha efectuado declaración responsable por la que se manifiesta que ha obtenido la conformidad del porcentaje de acreedores previsto en el artículo 607 TRLC, por lo que se cumple igualmente la previsión contenida en el referido precepto.

CUARTO. Así mismo, consta el estado avanzado de las negociaciones en el marco del proceso reestructurador, cuestión que también ha sido puesta de manifiesto por el deudor en su escrito de fecha ...., cumpliéndose de este modo también el último de los requisitos contenidos en el artículo 607 apartado 2 TRLC, ya que incluso se han llevado a cabo avances significativos en la concreción definitiva del plan de reestructuración.

QUINTO. En virtud de lo anteriormente expuesto, este experto independiente considera que la solicitud de prórroga de efectos presentada por el deudor cumple todos los requisitos legalmente previstos, y es conveniente y beneficiosa para el buen término de la negociación reestructuradora, máxime si cabe ante lo razonable y probable del buen fin de las negociaciones en curso para alcanzar el plan de reestructuración actualmente en negociación.

Lo que se deja constancia a los efectos oportunos, y en especial, a los efectos de lo dispuesto en el artículo 607 TRLC.

En Valencia a ....

Fdo. ....

F233. INFORME EXPERTO EN REESTRUCTURACIÓN SOBRE CONCESIÓN DE PRORROGA A INSTANCIA DE ACREEDORES. MENCIÓN DE EVENTUAL PERJUICIO A ACREEDORES O LEVANTAMIENTO DE LA PRÓRROGA

INFORME DE EXPERTO DE LA REESTRUCTURACIÓN DE LA MERCANTIL [...], S.L.U. RELATIVO AL ANÁLISIS DEL CUMPLIMIENTO DE LOS REQUISITOS DEL ART. 607 TRLC PARA LA CONCESIÓN DE LA PRÓRROGA DE LA COMUNICACIÓN DE INICIO DE NEGOCIACIONES PARA LA APROBACIÓN DE UN PLAN DE REESTRUCTURACIÓN.

[...], [...] de [...] de 202[...]

ANTECEDENTES

El presente informe se emite en el ejercicio de las funciones inherentes a nuestra condición de experto en la reestructuración conforme a los términos previstos en los arts. 672 a 681 TRLC.

En fecha [...] de [...] de 202[...] [...], S.À.R.L. (en adelante "[...]") en su condición de acreedor de la mercantil [...], S.L.U. (en adelante "[...]"), cuyos créditos representan más de un 50% del pasivo afectado por la comunicación, solicitó el nombramiento de [...], S.L.P. (en adelante "[...]") ante el Tribunal de Instancia, sección de lo Mercantil de [...] (en adelante "TI"). Que mediante Auto de fecha [...] de [...] de 202[...], el citado Tribunal nombró Experto en la Reestructuración de [...] a [...] sustanciándose el trámite como procedimiento de "Comunicación de apertura de negociaciones nº [...]/202[...]". El anterior nombramiento no ha sido revocado por el TI, por lo que hoy en día sigue en vigor el mismo.

En fecha [...] de [...] de 202[...] la mercantil [...], presentó nueva comunicación de inicio de negociaciones con los acreedores para la consecución de un plan de reestructuración de la deudora al amparo del art. 585 TRLC ante el TI.

El TI dictó Decreto nº [...]/202[...] de fecha [...] de [...] de 202[...], teniendo por efectuada la comunicación del art. 585 TRLC para el inicio de negociaciones para obtener un plan de reestructuración sustanciándose el trámite como procedimiento de "Comunicación de apertura de negociaciones nº [...]/202[...]".

Que [...] como acreedor cuyos créditos afectados representan más de un 50% del pasivo total que pueda llegar a quedar afectado por el plan de reestructuración, ha interesado la prórroga de los efectos de la comunicación por un plazo de tres meses adicionales, considerando que dicho plazo es necesario para poder culminar satisfactoriamente el acuerdo que se traducirá en la suscripción del Plan de Reestructuración (en adelante "PdR") de [...].

OBJETO DEL INFORME

El objeto del presente informe consiste en la emisión de nuestra opinión como experto en la reestructuración sobre el cumplimiento de los requisitos contenidos en art. 607.1 TRLC para la concesión de la prórroga de los efectos de la comunicación de inicio de negociaciones con los acreedores por un plazo adicional de tres meses, interesada por la mercantil [...] en su condición de acreedor cuyos créditos representan más de un 50% del pasivo que puede quedar afectado por el PdR.

Como parte integrante del objeto de este informe, en nuestra condición de experto en la reestructuración, se efectúa un análisis y una exposición detallada de:

i. El estado actual de las negociaciones entre [...] y los acreedores cuyos pasivos van a quedar inicialmente afectados por el PdR planteado por la deudora.

ii. Las cuestiones pendientes de acuerdo del contenido del PdR e hitos pendientes para la formalización de este.

iii. El pronunciamiento sobre la constatación material de haber conseguido la aquiescencia por parte de acreedores cuyos pasivos afectados por el PdR representen el porcentaje establecido en el art. 607.1.

Informe sobre el cumplimiento de los requisitos para la concesión de la prórroga del art. 607 TRLC por un plazo adicional de tres meses de los efectos de la comunicación de inicio de negociaciones formulada por [...] en fecha [...] de [...] de 202[...].

Sobre la situación económica en la que se encuentra [...] y del estado actual de las negociaciones entre [...] y los acreedores cuyos pasivos van a quedar inicialmente afectados por el PdR.

[...] se encuentra en estado de insolvencia actual, todo ello debido a los retrasos experimentados en las promociones inmobiliarias del proyecto de [...], lo que ha supuesto una constante reducción de ingresos y ventas, que ha tenido como consecuencia que [...] tenga paralizada su actividad de construcción.

La anterior situación ha venido generando un deterioro de los activos de la compañía, limitando su viabilidad por la suspensión de la ejecución de su proyecto inmobiliario. Esta suspensión ha provocado un encarecimiento del proyecto, que ha obligado a la adopción de medidas de reestructuración operativa que alivien las tensiones de tesorería y que permitan la continuidad de la actividad empresarial.

Las causas y dificultades en las que está inmersa [...] en la actualidad son principalmente la falta de recursos financieros para la continuación de la actividad y la finalización del proyecto inmobiliario, siendo necesaria la obtención de nueva financiación para el cumplimiento de dichos objetivos, la cual únicamente podrá ser facilitada bajo los términos y condiciones de un PdR homologado judicialmente que ofrezca a los financiadores las necesarias garantías previstas en el art. 667 TRLC.

En nuestra condición de experto en la reestructuración, desde la fecha de nuestro nombramiento el pasado [...] de [...] de 202[...], se nos ha venido informando en lo necesario del tracto de actuaciones a nivel operativo, comunicaciones y negociaciones que [...] han venido manteniendo con su principal acreedor [...] desde dicha fecha.

En primer lugar, es de destacar que [...] ya había acometido con anterioridad a la negociación del presente PdR un intento de aprobación de otro plan de reestructuración en virtud del procedimiento de "Comunicación apertura de negociaciones [...]/202[...]". Este plan fue denegado por el Tribunal de Instancia, sección de lo mercantil, de ... mediante Auto de fecha [...] de [...] de 202[...] y, en consecuencia, nunca desplegó sus efectos, habiendo quedado sin efecto las medidas adoptadas en dicho procedimiento de "Comunicación apertura de negociaciones [...]/202[...]" por el transcurso del tiempo.

Así pues, en el actual contexto, [...] ha implementado un cambio en la gestión del proceso respecto a la anterior negociación, que fue denegada. En este sentido, ha habido un cambio de órgano de administración, contando en la actualidad con la firma profesional [...], que ha sido designada con el fin de ejercer todas las funciones del órgano de administración y, en particular a los efectos del presente escrito, gestionar a la deudora en el proceso.

En estos momentos [...], en colaboración con su principal acreedor [...], se encuentra trabajando de la mano de la prestigiosa firma de arquitectura [...] para la finalización del nuevo y definitivo Plan de Negocio, el cual está siendo objeto de las últimas modificaciones y ajustes. Una vez se valide dicho Plan de Negocio, este servirá para terminar de definir los términos de un Plan de Viabilidad económico-financiero que será acompañado en el PdR que se va a proponer, ya sea por [...], ya sea por [...], todo ello conforme al art. 633 menciones 9ª y 10ª.

En el apartado 3.3 se analiza el grado de manifestación sobre la conformidad de los acreedores cuyos pasivos quedarían inicialmente afectados por el plan de reestructuración a la solicitud de prórroga de los efectos de la comunicación de inicio de negociaciones cursada por parte de [...], todo ello a los efectos del quorum necesario conforme al art. 607.1 TRLC.

Sobre las cuestiones pendientes de acuerdo del contenido del PdR e hitos pendientes para la formalización de este.

De acuerdo con la información manejada por nuestra parte como experto en la reestructuración, a la fecha de emisión del presente informe, los aspectos que estarían pendientes de acuerdo respecto al contenido del plan de reestructuración básicamente serían los siguientes:

i. Finalización del documento de Plan de Negocio por parte de [...] que servirá de base para visibilizar las necesidades financieras de la compañía y los escenarios en los que sería viable en el corto y medio plazo, con el fin de plantear el Plan de Viabilidad que se acompañará al PdR.

ii. Redacción de la versión final del PdR conforme a lo eventualmente acordado con los acreedores afectados por este y en base al Plan del Negocio y el Plan de Viabilidad de la compañía, conformando las Clases en las que quedarán encuadrados los acreedores afectados, así como las medidas aplicables a los pasivos afectados según cada una de las clases, de manera que se dé cumplimiento a las condiciones necesarias para el éxito del PdR garantizando con ello la viabilidad de [...], en el corto y medio plazo, y evitar con ello el concurso de acreedores.

iii. Emisión por nuestra parte como expertos en la reestructuración del certificado sobre la suficiencia de las mayorías que se exigen para aprobar el PdR *ex* art. 634 TRLC y de cuantos informes sean exigidos por el TRLC o el Tribunal considere necesarios o convenientes.

iv. La elevación a instrumento público del plan de reestructuración de acuerdo con lo establecido en el art. 634 TRLC.

En esencia, la prórroga se solicita con el fin de completar los principales hitos para diseñar y plantear un nuevo PdR tras la no homologación judicial del primero por lo que, de acuerdo con lo anterior, el plazo de tres meses adicionales se considera prudente, dado que en la práctica para la ejecución material de todos los anteriores hitos difícilmente requerirá un plazo menor.

Sobre la constatación material de haber conseguido la aquiescencia por parte de acreedores cuyos pasivos afectados por el PdR representen el porcentaje establecido en el art. 607.1.

La prórroga la solicita [...], quien en el momento de la emisión del presente informe representaría un voto favorable superior al [...]% del pasivo inicialmente afectado por el PdR. Aun cuando no se computaran los intereses no cubiertos por el valor de la garantía en el importe del crédito ostentado por [...], dicho acreedor superaría sobradamente el umbral de más del 50% del pasivo total afectado no subordinado, considerando que el peso conjunto del resto de acreedores afectados por el PdR de [...], sería de menos de un [...]%.

CONCLUSIONES

A la vista de lo expuesto en los anteriores apartados, [...], en nuestra condición de experto en la reestructuración designado por parte del TI emite INFORME FAVORABLE a la concesión de la prórroga de los efectos de la comunicación de negociaciones para alcanzar un PdR formulado por [...] o por [...] por un plazo adicional de tres meses, todo ello por las siguientes razones:

i. Se ha constatado la realidad de las negociaciones por parte de la deudora con su principal acreedor desde el principio del periodo de comunicación de inicio de negociaciones del art. 585 del TRLC.

ii. Las negociaciones respecto al contenido del PdR se encuentran en curso, al punto que a fecha actual no se encuentra 100% finalizado el documento Plan de Negocio cuya elaboración corre a cargo de la dirección de [...], en colaboración con su principal acreedor y con la asistencia de la firma de arquitectos [...], que sustente el Plan de Viabilidad a medio y largo plazo de la compañía.

iii. Se ha superado holgadamente el umbral de adhesiones favorables de pasivos afectados de naturaleza no subordinada fijado por el art. 607.1 TRLC, habiéndose alcanzado de forma fehaciente un porcentaje del [...]% del pasivo que puede quedar afectado por el PdR y superándose sobradamente el umbral de más del 50% del pasivo total afectado no subordinado y ello a fecha de la comunicación de inicio de negociaciones presentada por [...] el [...] de [...] de 202[...], siendo este porcentaje a la fecha superior por el devengo de nuevos intereses.

iv. En opinión del experto que suscribe, ningún perjuicio se causa a los acreedores que pueden ser afectados por el contenido del plan de reestructuración por la extensión por un periodo adicional de tres meses de los efectos de la comunicación de inicio de negociaciones del art. 585 TRLC. Más bien todo lo contrario, la posibilidad de la obtención de un acuerdo en el seno de un PdR se percibe como más conveniente a la alternativa de la solicitud del concurso de acreedores de la deudora (que debería formularse con anterioridad al [...] de [...] de 202[...], en caso de no extenderse el periodo de comunicación de inicio), con el riesgo de deterioro del valor del negocio y la entrada más que probable en liquidación que ello podría entrañar.

v. En virtud de lo anterior, no cabría la invocación por parte de los acreedores del levantamiento de la prórroga en caso de acordarse la misma por parte del JM núm. [...] de [...] en virtud del art. 608.2 TRLC, dado que a juicio del Experto que suscribe ningún perjuicio se estaría causando al acreedor afectado, mayor que el que arrojaría para los mismos la alternativa jurídica en caso de no aplicación de la prórroga, que no es otra que la probable entrada en concurso de acreedores.

vi. Tampoco cabría, en su caso, la instancia del levantamiento de la prórroga en virtud de lo dispuesto en el art. 608.1.2º TRLC, por cuenta de acreedores que representen un 40% del pasivo afectado no subordinado, en tanto en cuanto la conformidad a la prórroga ha superado el umbral de bloqueo del 60% que requeriría dicho supuesto.

Y para que conste a los efectos oportunos, salvo mejor opinión fundada en argumentos jurídico-técnicos, se emite el presente informe en virtud de lo establecido en el art. 607.2 TRLC, en

[...] a [...] de [...] de 202[...].

Firmado:

[...]

PP. D. [...]

F234. INFORME DEL EXPERTO EN LA REESTRUCTURACIÓN SOBRE SEGUNDA PRORROGA A INSTANCIAS DEL DEUDOR. ART. 607.2 TRLC

INFORME DE EXPERTO DE LA REESTRUCTURACIÓN DE [...] RELATIVO AL ANÁLISIS DEL CUMPLIMIENTO DE LOS REQUISITOS DEL ART. 607 TRLC PARA LA CONCESIÓN DE LA PRÓRROGA DE LA COMUNICACIÓN DE INICIO DE NEGOCIACIONES PARA LA APROBACIÓN DE UN PLAN DE REESTRUCTURACIÓN.

En (...), (...) de (...) de 202(...)

[Nombre Experto en la Reestructuración].

ANTECEDENTES

El presente informe se emite en el ejercicio de las funciones inherentes a nuestra condición de experto en la reestructuración conforme a los términos previstos en los arts. 672 a 681 el TRLC.

En fecha [...] de [...] de 202[...] la empresa [...] (en adelante "[...]" o "la deudora") presentó comunicación de inicio de negociaciones con los acreedores para la consecución de un plan de reestructuración al amparo del art. 585 TRLC ante el Tribunal de Instancia, sección de lo mercantil, de ...

En fecha [...] de [...] de 202[...] [...], ante el inminente final del plazo inicial de tres meses, solicitó la prórroga de las negociaciones con los acreedores. Dicha prórroga fue otorgada por Auto de [...] de [...] de 202[...], finalizando sus efectos en fecha [...] de [...] de 202[...]. [...] interesa en esta ocasión una segunda prórroga de las negociaciones, no prevista expresamente en el TRLC, si bien sí ha sido acogida por jurisprudencia reciente.

El Tribunal de Instancia referido dictó en fecha [...] de [...] de 202[...] Auto de nombramiento de la firma *[Nombre Experto en la Reestructuración]* como experto en la reestructuración de [...], habiéndose ordenado la publicación del citado nombramiento en el Registro Público Concursal, conforme a lo establecido por el art. 672.3 TRLC, por lo que el contenido de este informe, a fecha actual, es vinculante, al tener la condición de experto en la reestructuración.

OBJETO DEL INFORME

El objeto del presente informe consiste en la emisión de nuestra opinión como experto en la reestructuración sobre el cumplimiento de los requisitos contenidos en art. 607.2 TRLC para la concesión de la prórroga de los efectos de la comunicación de inicio de negociaciones con los acreedores por un plazo adicional de tres meses interesada por [...].

Como parte integrante del objeto de este informe, en nuestra condición de experto en la reestructuración, se efectúa un análisis y una exposición detallada de:

iv. El estado actual de las negociaciones entre [...] y los acreedores cuyos pasivos van a quedar inicialmente afectados por el plan de reestructuración planteado por la deudora.

v. Las cuestiones pendientes de acuerdo del contenido del plan de reestructuración e hitos pendientes para la formalización de este.

vi. El pronunciamiento sobre la constatación material de haber conseguido la aquiescencia por parte de acreedores cuyos pasivos afectados por el plan de reestructuración representen el porcentaje establecido en el art. 607.1, tal y como expresa la deudora en la declaración responsable realizada por su parte que se acompaña a la solicitud de prórroga, e identificación de los acreedores que, pudiendo quedar afectados sus pasivos por el plan de reestructuración, hayan manifestado expresamente oposición a la solicitud de prórroga o no se hubieran pronunciado.

Informe sobre el cumplimiento de los requisitos para la concesión de la prórroga del art. 607 TRLC por un plazo adicional de tres meses de los efectos de la comunicación de inicio de negociaciones formulada por [...] en fecha [...] de [...] de 202[...].

Sobre el estado actual de las negociaciones entre [...] y los acreedores cuyos pasivos van a quedar inicialmente afectados por el plan de reestructuración.

En nuestra condición de experto en la reestructuración, desde la fecha de nuestro nombramiento el pasado [...] de [...] de 202[...], hemos tenido conocimiento directo del tracto de comunicaciones y negociaciones que la deudora ha venido manteniendo con sus acreedores desde el pasado [...] de [...] de 202[...], así como de las medidas que están siendo adoptadas por [...] con el fin de abordar su reestructuración tanto operativa como financiera.

Respecto de la reestructuración operativa, [...] ha venido organizando su traslado a una nave de menor tamaño con el fin de ahorrar en costes operativos derivados del arrendamiento de la actual nave, de más de [...] m^2, cuando su nivel de actividad actual podría adecuarse a una cuarta parte de la superficie. Con dicho movimiento se espera desinvertir en maquinaria que no está siendo utilizada en la producción, y que puede proporcionar fondos a la deudora que permitan financiar el traslado de actividad.

Por otro lado, en cuanto a la reestructuración financiera, [...] ha focalizado sus esfuerzos negociadores en sus principales acreedores, que son [...]. Este experto ha asistido a reuniones con dichas entidades en fechas [...], [...] y [...] de diciembre.

Respecto al [...], dada la naturaleza de su crédito (público) su afectación tendría un notable impacto negativo sobre la tesorería de [...], dadas las limitaciones impuestas por el art. 616 bis del TRLC, y es que los términos actuales del pago de su crédito son mucho más benignos que las del art. 616 bis del TRLC (máximo de 18 meses), motivo [...] ha optado por su no afectación.

Como resultado de dichas reuniones, [...] remitió una propuesta tanto a [...] como a [...], así como un borrador del plan de viabilidad que sostiene la propuesta de pagos formulada a todos los acreedores. No obstante, tanto el [...] como [...] coinciden en que requieren de tiempo adicional para que sus respectivos comités de riesgos aprueben la propuesta remitida por [...]. Durante los meses de [...] y [...] [...] ha venido remitiendo al [...] los documentos requeridos por este organismo, lo cual ha sido compartido con este experto.

Finalmente, el pasado día [...] de [...] de 202[...] la representación letrada de [...] circularizó la solicitud de prórroga del artículo 607 TRLC (comunicación compartida con este experto).

En el apartado 3.3 se analiza el grado de manifestación sobre la conformidad de los acreedores cuyos pasivos quedarían inicialmente afectados por el plan de reestructuración a la solicitud de prórroga de los efectos de la comunicación de inicio de negociaciones cursada por parte de [...], todo ello a los efectos del quorum necesario conforme al art. 607.1 TRLC.

Sobre las cuestiones pendientes de acuerdo del contenido del plan de reestructuración e hitos pendientes para la formalización de este.

De acuerdo con la información manejada por nuestra parte como experto en la reestructuración, a la fecha de emisión del presente informe, los aspectos que estarían pendientes de acuerdo respecto al contenido del plan de reestructuración esencialmente serían los siguientes:

v. Ratificación por parte de los comités de riesgos de los acreedores a la versión final de la propuesta de plan de reestructuración, conforme a la versión circularizada el pasado [...] y [...] de [...] de 202[...].

vi. Incorporación, en su caso, de los cambios propuestos por los acreedores a la propuesta de plan de reestructuración.

Adicionalmente a lo anterior, una vez acordados los anteriores puntos pendientes, quedarían por ejecutar los siguientes hitos para la formalización del plan de reestructuración:

i. Redacción final del plan de reestructuración conforme al contenido del TS acordado con los acreedores afectados.

ii. Redacción de los instrumentos bilaterales de novación modificativa no extintiva y de los nuevos contratos de financiación en los que se formalizarían las operaciones contenidas en el plan de reestructuración aprobado.

iii. La aprobación por parte de la Junta General de [...] del contenido del plan de reestructuración negociado, así como la aprobación e instrumentalización de las operaciones acordadas en el plan de reestructuración que incluyen compromisos de los accionistas (ampliación de capital y contrato de financiación).

iv. Emisión por nuestra parte como expertos en la reestructuración del informe final del art. 679 TRLC sobre el cumplimiento de los requisitos del plan de reestructuración acordado por parte [...] con sus acreedores, para su aprobación y, en su caso, homologación judicial.

v. La elevación a instrumento público del plan de reestructuración de acuerdo con lo establecido en el art. 634 TRLC.

De acuerdo con lo anterior, el plazo de tres meses adicionales se considera prudente, dado que en la práctica para la ejecución prudencial de todos los anteriores hitos difícilmente requerirá un plazo menor.

Sobre la constatación material de haber conseguido la aquiescencia por parte de acreedores cuyos pasivos afectados por el plan de reestructuración representen el porcentaje establecido en el art. 607.1 e identificación de los acreedores que, pudiendo quedar afectados sus pasivos por el plan de reestructuración, han manifestado expresamente su oposición a la solicitud de prórroga o no se hubieran pronunciado.

Los pasivos que quedarían afectados dentro del perímetro del plan de reestructuración serían la totalidad de los pasivos financieros y comerciales, así como con partes vinculadas, a excepción del [...], por los motivos que expuestos anteriormente.

En la Tabla *I* se identifica el montante de los pasivos que a fecha de emisión del presente informe inicialmente quedarían afectados por el plan de reestructuración propuesto por [...], ostentado por cada acreedor y el porcentaje que representan los mismos sobre el total.

Tabla I. Importe del pasivo total afectado por el plan de reestructuración de [...].

Acreedor	€
[...]	[...]
[...]	[...]
[...]	[...]
[...]	[...]
[...]	[...]
[...]	[...]
[...]	[...]
[...]	[...]
[...]	[...]
[...]	[...]
[...]	[...]
[...]	[...]
[...]	[...]
[...]	[...]
Total créditos ordinarios	[...]
[...]	[...]
[...]	[...]
[...]	[...]
Total créditos subordinados	[...]
Total pasivo afectado	[...]

Considerando lo establecido en el art. 607.1 TRLC, del pasivo que pueda resultar afectado por el plan de reestructuración, habrá que deducir el importe de los créditos que, en caso de concurso de acreedores tendrían la consideración de subordinados.

De acuerdo con el análisis de los pasivos efectuado por nuestra parte, el importe de los pasivos afectados que habría que deducir a efectos del cómputo de mayorías para la obtención de la prórroga de los efectos de la comunicación de inicio de negociaciones por un periodo adicional de tres meses, sería la correspondiente a los intereses de la deuda financiera y las deudas con partes vinculadas, que tendrían la consideración de subordinado en un posterior concurso de [...], por aplicación del art. 281.1, ordinales 3° y 5° del TRLC. En la Tabla II se muestra el pasivo total no subordinado afectado por el plan de reestructuración propuesto por la deudora.

Tabla II. Importe del pasivo total afectado por el plan de reestructuración de [...] deducido el importe de los pasivos con consideración de subordinados.

Acreedor	€	%
[...]	[...]	[...]
[...]	[...]	[...]
[...]	[...]	[...]
[...]	[...]	[...]
[...]	[...]	[...]
[...]	[...]	[...]

Como experto en la reestructuración de [...] hemos tenido constancia de las comunicaciones mantenidas con los principales acreedores de la deudora ([...] y [...]), no constando que el resto de acreedores afectados se hayan manifestado al respecto de la solicitud de prórroga.

En la Tabla III se muestra un resumen de las manifestaciones de conformidad realizadas sobre la solicitud de prórroga efectuada por [...], constando en el momento de la emisión del presente informe un voto favorable del [...]% del pasivo no subordinado afectado por el plan de reestructuración, superándose con ello el umbral de más del 50% del pasivo afectado (la copia de los correos electrónicos manifestando la conformidad a la prórroga del [...] y la [...], [...] —[...]—, así como la carta remitida por [...] están en nuestra posesión como expertos de la reestructuración).

Tabla III. Importe del pasivo total afectado por el plan de reestructuración de [...] deducido el importe de los pasivos con consideración de subordinados.

Acreedor	Voto favorable	No manifestación	% voto favorable prórroga
[...]		X	
[...]	p		2,42%
[...]		X	

Acreedor	Voto favorable	No manifestación	% voto favorable prórroga
[...]	p		25,44%
[...]		X	
[...]		X	
[...]	p		23,10%
[...]		X	
Total			50,96%

CONCLUSIONES

A la vista de lo expuesto en los anteriores apartados, [...], en nuestra condición de experto en la reestructuración designado por parte del Tribunal de Instancia, Sección de lo mercantil (plaza núm......) emite INFORME FAVORABLE a la concesión de la prórroga de los efectos de la comunicación de negociaciones para alcanzar un plan de reestructuración formulado por [...] por un plazo adicional de tres meses, todo ello por las siguientes razones:

vii. Se ha constatado la realidad de las negociaciones por parte de la deudora con sus acreedores desde el principio del periodo de comunicación de inicio de negociaciones del art. 585 del TRLC.

viii. Las negociaciones respecto al contenido del plan de reestructuración se encuentran a punto de culminar, todo parece indicar que de manera favorable, si bien aún será necesario la ejecución de hitos materiales ligados a la tramitación interna de aprobación final por parte de los respectivos comités de riesgos de los principales acreedores, la formalización de documentos y la emisión de informes, que prudencialmente necesitarán de dicho plazo adicional para su culminación.

ix. Se ha superado holgadamente el umbral de adhesiones favorables de pasivos afectados de naturaleza no subordinada fijado por el art. 607.1 TRLC, habiéndose alcanzado de forma fehaciente un porcentaje del 50,96% del pasivo que puede quedar afectado por el plan de reestructuración.

x. En opinión del experto que suscribe, ningún perjuicio se causa a los acreedores que pueden ser afectados por el contenido del plan de reestructuración por la extensión por un periodo adicional de tres meses de los efectos de la comunicación de inicio de negociaciones del art. 585 TRLC. Más bien todo lo contrario, la posibilidad de la obtención de un acuerdo en el seno de un plan de reestructuración se percibe como más conveniente a la alternativa de la solicitud del concurso de acreedores de la deudora (que debería formularse con anterioridad al [...] de [...] de 202[...], en caso de no extenderse el periodo de negociaciones), con el riesgo de deterioro del valor del negocio y la entrada más que probable en liquidación, que ello podría entrañar.

Y para que conste a los efectos oportunos, salvo mejor opinión fundada en argumentos jurídico-técnicos, se emite el presente informe en virtud de lo establecido en el art. 607.2 TRLC, en

[...] a [...] de [...] de 202[...].

[...]

F235. INFORME FAVORABLE DEL EXPERTO EN REESTRUCTURACIONES A LA EXTENSIÓN DE PROHIBICIÓN DE EJECUCIONES DEL ART. 602 TRLC

INFORME DEL EXPERTO EN REESTRUCTURACIONES EX. ARTÍCULO 602 TRLC DIRIGIDO AL TRIBUNAL INSTANCIA DE ...., SECCIÓN DE LO MERCANTIL (PLAZA NÚM. .....)

DON ...., experto en reestructuración nombrado en virtud del Auto de fecha .... en el Procedimiento de Comunicación de negociaciones nº ...... que se sigue en el Tribunal, regulado en los artículos 585 y ss. del Real Decreto Legislativo 1/2020, de 5 de mayo, por el que se aprueba el texto refundido de la Ley Concursal (en adelante TRLC), emite el siguiente INFORME FAVORABLE a la extensión de inicio de ejecuciones y suspensión de las ya iniciadas que pretende solicitar la entidad ...., S.L. (en adelante ....) ex. artículo 602 TRLC, ello por los motivos que a continuación se indican.

I. Que mediante auto de fecha ...., quien suscribe fue designado experto independiente en el proceso de reestructuración de la entidad ......, ello en el marco del proceso de comunicación de negociaciones ex. artículos 585 y ss. TRLC que se sigue en el Tribunal.

II. Que se pretende por el deudor que se acuerde por este Tribunal la extensión de la prohibición de iniciación de ejecuciones, judiciales o extrajudiciales, o la suspensión de las ya iniciadas sobre todos o algunos de los demás bienes o derechos no necesarios para la continuidad de la actividad empresarial del deudor.

Ello en los siguientes términos: ....

III. Que con relación a tal pretensión se emite el presente INFORME FAVORABLE.

IV. Se establece en el artículo 602 TRLC lo siguiente: "1. A solicitud del deudor, presentada en cualquier momento, el tribunal podrá extender la prohibición de iniciación de ejecuciones, judiciales o extrajudiciales, o la suspensión de las ya iniciadas sobre todos o algunos de los demás bienes o derechos distintos de aquellos a los que se refiere el artículo anterior, contra uno o varios acreedores individuales o contra una o varias clases de acreedores, cuando resulte necesario para asegurar el buen fin de las negociaciones. La eficacia de esta medida se extenderá durante el plazo establecido en esta sección. 2. Cuando se haya designado experto en la reestructuración, la solicitud deberá ir acompañada de informe favorable del experto. La suspensión general o individual deberá adoptarse con su opinión favorable. 3. La resolución se adoptará mediante auto, separada de la resolución teniendo por efectuada la comunicación y, si es favorable a la solicitud, se publicará en el Registro público concursal. Contra esta resolución solo cabe interponer recurso de reposición.".

V. A la vista del estado de la negociación, entiende este experto que debe acordarse lo pretendido por el deudor a la vista que ...., siendo tal medida conveniente y beneficiosa para el buen término de la negociación reestructuradora, máxime si cabe ante lo razonable y probable del buen fin de las negociaciones en curso para alcanzar el plan de reestructuración actualmente en negociación.

La extensión de la citada prohibición ejecutoria entiende este experto que coadyuvara esencialmente en orden a cerrar los últimos flecos negociatorios del plan de reestructuración. En especial, en orden a las garantías a prestar por la deudora, dado que ....

Lo que se deja constancia a los efectos oportunos, y en especial, a los efectos de lo dispuesto en el artículo 602 TRLC.

En ...... a ....

Fdo. ....

F236. INFORME DEL EXPERTO EN REESTRUCTURACIONES EX ART. 602 TRLC. EMBARGO INTERNACIONAL

INFORME DE EXPERTO DE LA REESTRUCTURACIÓN DE [...] RELATIVO A LA SOLICITUD DE NULIDAD DEL EMBARGO TRABADO SOBRE CUENTAS CORRIENTES DE LA DEUDORA EN VIRTUD DE LA ORDEN EUROPEA DE RETENCIÓN DE CUENTAS CURSADA POR EL TRIBUNAL DE INSTANCIA, SECCIÓN CIVIL, DE [...] (AJN [...] /202[...]).

[...], [...] *de* [...] *de 202*[...]

[...].

ANTECEDENTES

El presente informe se emite en el ejercicio de las funciones inherentes a nuestra condición de experto en la reestructuración conforme a los términos previstos en los arts. 672 a 681 el TRLC.

En fecha [...] de [...] de 202[...] [...] (en adelante "[...]" o "la deudora") presentó comunicación de inicio de negociaciones con los acreedores para la consecución de un plan de reestructuración al amparo del art. 585 TRLC ante el Tribunal de Instancia, Sección de lo Mercantil, de [...].

Los efectos de la comunicación fueron extendidos por medio de sendos Autos de [...] de [...] de 202[...] y [...] de [...] de 202[...], extendiéndose sus efectos hasta el [...] de [...] de 202[...].

En fecha [...] de [...] de 202[...] se ha notificado el embargo de un importe de [...] euros en las cuentas corrientes de [...] en [...] ([...] euros) y Banco [...] ([...] euros). El embargo resulta de la Orden Europea de retención formulada por el Tribunal Judicial de [...] a solicitud de uno de los acreedores de [...], la entidad portuguesa [...], incluido en la lista de acreedores afectados por la reestructuración. La Orden Europea ha sido tramitada por el Tribunal de Instancia, sección civil, de [...] (Auxilio Judicial Nacional [...]/202[...]).

[...] tiene la intención de solicitar la nulidad de los embargos trabados, para lo cual requiere de la emisión de un informe por nuestra parte, al amparo del art. 602 del TRLC.

OBJETO DEL INFORME

El objeto del presente informe consiste en la emisión de nuestra opinión como experto en la reestructuración sobre la procedencia de la solicitud de extensión de la prohibición de continuar con el procedimiento de ejecución señalado, así como la nulidad y liberación de los embargos derivados del procedimiento de Orden Europea de retención de cuentas instada por el acreedor [...], a los efectos de lo previsto en el art. 602 del TRLC.

Informe sobre la procedencia de la solicitud de extensión de la prohibición de continuar con el procedimiento de ejecución y la nulidad y liberación de los embargos.

A fin de evaluar la procedencia del levantamiento de la Orden Europea de retención, se ha recurrido a los efectos acordados por el Decreto núm. [...]/202[...], teniendo por efectuada la comunicación de inicio de negociaciones, de [...] de [...] de 202[...]. Entre otras, se acuerdan las siguientes medidas:

> *"En cuanto a los bienes designados como necesarios para la continuidad de la actividad empresarial o profesional del deudor a los efectos del art. 600 LEC, se reseñan los siguientes:*
>
> *Tesorería y línea de circulante:*
>
> *Tanto (1) la tesorería existente en las cuentas corrientes/caja titularidad de* [...] *como (2) las líneas de circulante (descuento, confirming, exportación, crédito, etc) previamente concedidas a* [...] *y que están en vigor por las entidades financieras ([...], Banco* [...], [...] *y* [...]*) se configuran como activos necesarios para* [...] *por cuanto dichas cantidades son necesarias para el mantenimiento de la actividad empresarial y garantizar el buen fin de la reestructuración.*
>
> *[...]*
>
> *Adicionalmente, en aplicación del artículo 602 TRLC,* [...] *se reserva expresamente el derecho a solicitar la extensión de la prohibición de inicio o continuación de ejecuciones a bienes y derechos distintos de los referidos en la presente comunicación, cuando ello sea necesario para asegurar el buen fin de la reestructuración."* (el subrayado es nuestro).

La previsión contenida en el Decreto, conforme a lo expuesto anteriormente, no es más que la recogida en los artículos 600 y 601 del TRLC, que prohíben expresamente el inicio de ejecuciones y establecen la suspensión de las mismas, respecto de los bienes necesarios para la deudora en el marco de un proceso de reestructuración, como es el presente. Los efectos protectores, que se acordaron inicialmente tras la comunicación de inicio de negociaciones, se encuentran extendidos y amparados, adicionalmente, por la última prórroga otorgada por medio de Auto de [...] de [...] de 202[...].

En el presente caso, además, se da la circunstancia de que el instante del procedimiento ejecutivo es un acreedor de los incluidos en el perímetro del plan de reestructuración ([...]), y que se han embargado bienes declarados necesarios para la continuación de la actividad y el buen fin de las negociaciones, como es la tesorería de la deudora.

En particular, han sido retenidos [...] euros en la cuenta de Banco [...] y [...] euros en la cuenta de [...], en total [...] euros. Cabe señalar que ambas entidades incluidas expresamente en la previsión efectuada en el Decreto de [...] de [...]. Adicionalmente, resulta más perjudicial si cabe que la retención se haya efectuado por un importe superior al de la ejecución ([...] euros), habiéndose retenido por tanto [...] euros en exceso.

Así pues, considerando los efectos acordados por el Decreto teniendo por efectuada la comunicación de inicio de negociaciones, así como los fundamentos de la solicitud formulada por [...], habida cuenta la retención de dinero en efectivo de sus cuentas corrientes, necesario para el buen fin de las negociaciones, este experto INFORMA FAVORABLEMENTE sobre la solicitud formulada por la deudora respecto de la extensión de la prohibición y suspensión de ejecuciones y de nulidad y liberación de las retenciones efectuadas por importe de [...] euros.

Y para que conste a los efectos oportunos, salvo mejor opinión fundada en argumentos jurídico-técnicos, se emite el presente informe en virtud de lo establecido en el art. 602 del TRLC.

[...] a [...] de [...] de 202[...].

F237. INFORME DEL EXPERTO EN REESTRUCTURACIÓN. PLAN DE REESTRUCTURACIÓN (I)

1. Introducción

En cumplimiento de lo dispuesto en el artículo 683 del Texto Refundido de la Ley Concursal (TRLC) y de acuerdo con mi nombramiento como experto en reestructuración, se presenta este informe técnico con el propósito de analizar y evaluar el Plan de Reestructuración presentado por [Nombre de la Empresa], el cual ha sido sometido a votación en las clases de acreedores afectadas y se encuentra pendiente de homologación judicial.

Este informe tiene como finalidad proporcionar al Tribunal, a los acreedores y demás partes interesadas un análisis independiente y detallado sobre:

1. Cumplimiento normativo del plan conforme a las disposiciones del Libro Segundo del TRLC, incluyendo la formación de clases, la obtención de mayorías y el respeto a los principios de trato equitativo y proporcionalidad.
2. Viabilidad económica y financiera de las medidas propuestas en el plan, incluyendo su impacto en la continuidad de la actividad empresarial y en la capacidad de generar recursos para cumplir con las obligaciones pactadas.
3. Interés superior del plan, demostrando que este ofrece una recuperación mayor para los acreedores en comparación con un escenario alternativo de liquidación.

El presente informe se basa en la documentación proporcionada por [Nombre de la Empresa], las proyecciones financieras del plan, la información aportada por las partes implicadas y mi propio análisis técnico.

1.1. Marco Legal del Informe

Este informe ha sido elaborado en el marco del Libro Segundo del TRLC, que regula los planes de reestructuración, y específicamente en cumplimiento de los artículos 683 y 684 del TRLC, los cuales establecen:

- La obligación del experto de emitir un informe independiente.
- La evaluación de la viabilidad del plan y su cumplimiento normativo.
- La verificación de las mayorías y el trato equitativo entre los acreedores.

Además, se han considerado los criterios establecidos en la jurisprudencia aplicable y en las mejores prácticas en materia de reestructuración empresarial.

1.2. Limitaciones del Informe

El presente informe se ha elaborado con base en la información disponible al momento de su emisión. Cualquier variación en las proyecciones financieras, las circunstancias operativas de la empresa o las decisiones judiciales posteriores podría impactar las conclusiones aquí expuestas.

2. Identificación del Experto

Nombre completo: [Nombre del Experto]

Registro Profesional: [Número de Registro o Acreditación]

Formación Académica:

- [Título Académico Principal (e.g., Economía, Derecho, Administración de Empresas)].
- [Certificaciones relevantes, como reestructuración, análisis financiero, etc.].

Experiencia Profesional:

- Participación en [Número] procesos de reestructuración empresarial, incluyendo casos de homologación judicial de planes similares.
- Asesoramiento en la reestructuración de empresas de los sectores de [detallar sectores].

2.1. Declaración de Independencia

Como experto en reestructuración designado conforme al artículo 683.2 del TRLC, declaro que no tengo ningún vínculo económico, contractual, profesional ni personal con la empresa deudora, sus administradores, sus acreedores o cualquier otra parte interesada que pudiera comprometer mi independencia o imparcialidad en la elaboración de este informe.

3. Objeto del Informe

El objeto del presente informe es realizar un análisis exhaustivo del plan de reestructuración presentado por [Nombre de la Empresa], evaluando los siguientes aspectos:

3.1. Cumplimiento Normativo

Se analiza si el plan cumple con los requisitos establecidos en el Libro Segundo del TRLC, incluyendo:

- La formación de clases de acreedores conforme al artículo 622.
- El respeto al trato equitativo entre acreedores de una misma clase y la proporcionalidad entre clases conforme al artículo 623.
- La obtención de las mayorías necesarias en cada clase conforme al artículo 639.

3.2. Viabilidad Económica y Financiera

Se evalúa si las medidas propuestas en el plan (quitas, esperas, nueva financiación, venta de activos no estratégicos y reestructuración operativa) son razonables, factibles y sostenibles a largo plazo.

3.3. Interés Superior del Plan

Se realiza una comparación cuantitativa y cualitativa entre la recuperación prevista para los acreedores en el escenario de reestructuración y la recuperación esperada en un escenario alternativo de liquidación.

3.4. Identificación de Riesgos

El informe también incluye un análisis de los riesgos inherentes al plan, tanto desde el punto de vista financiero como operativo, y su posible impacto en su implementación.

4. Análisis del Plan de Reestructuración

4.1. Cumplimiento Normativo

4.1.1. Formación de Clases de Acreedores

Conforme al artículo 622 del TRLC, los acreedores han sido agrupados en clases homogéneas, atendiendo a la naturaleza y el rango de sus créditos. Esta clasificación garantiza un tratamiento equitativo entre los acreedores que comparten características similares y facilita la votación del plan.

Detalle de las Clases Formadas:

1. Clase 1: Créditos con Garantía Real
   - Importe total: [Importe].
   - Número de acreedores: [Número].
   - Características: Acreedores con derechos preferentes sobre activos específicos, conforme al artículo 270 del TRLC.
2. Clase 2: Créditos Ordinarios
   - Importe total: [Importe].
   - Número de acreedores: [Número].
   - Características: Créditos no privilegiados ni subordinados.
3. Clase 3: Créditos Subordinados
   - Importe total: [Importe].
   - Número de acreedores: [Número].
   - Características: Créditos subordinados conforme al artículo 281 del TRLC, incluyendo intereses contractuales devengados y sanciones.

Conclusión sobre la Formación de Clases:

La formación de clases cumple con los requisitos legales, agrupando a los acreedores en función de la homogeneidad de sus derechos. No se han identificado irregularidades en este aspecto.

4.1.2. Trato Equitativo y Proporcionalidad

El artículo 623 del TRLC establece que el plan debe garantizar:

1. Equidad dentro de cada clase: Los acreedores de una misma clase reciben un tratamiento proporcional al importe de sus créditos.

2. Proporcionalidad entre clases: Los acreedores de mayor rango reciben una recuperación preferente respecto a los acreedores subordinados.

Análisis Detallado:

1. Equidad en la Clase 1: Los créditos con garantía real han sido tratados proporcionalmente en relación con su importe nominal y las garantías asociadas.
2. Proporcionalidad entre Clases: Los créditos ordinarios reciben una recuperación mayor que los subordinados, respetando la prelación del artículo 281 del TRLC.

4.2. Viabilidad Económica y Financiera

Este apartado incluye un análisis detallado de las medidas propuestas en el plan, sus fundamentos económicos y su sostenibilidad financiera.

4.2.1. Quitas y Esperas

- Quita aplicada: Reducción del [Porcentaje] sobre el importe total de los créditos afectados, permitiendo reducir la deuda total en [Importe].
- Espera propuesta: Un período inicial de [Número] meses sin pagos de principal ni intereses, seguido de pagos escalonados conforme a un calendario proyectado.

4.2.2. Nueva Financiación

El plan incluye una nueva línea de financiación por [Importe], que se destinará a:

- Capital de trabajo ([Porcentaje]).
- Inversiones en tecnología y operativa ([Porcentaje]).

4.3. Interés Superior del Plan

El análisis del interés superior del plan se realiza conforme al artículo 630 del TRLC, el cual establece que un plan de reestructuración puede ser homologado incluso si existen acreedores disidentes, siempre que se demuestre que la recuperación ofrecida en el plan es superior a la que se obtendría en un escenario de liquidación. Este apartado incluye una comparación exhaustiva entre ambos escenarios, considerando tanto aspectos cuantitativos como cualitativos.

4.3.1. Escenario de Liquidación

En el caso de liquidación, se estima que la recuperación para los acreedores sería la siguiente, según los datos del balance de la empresa y las proyecciones asociadas al proceso de venta de activos:

- Créditos con Garantía Real:
  - Valor de realización de los bienes: [Importe].
  - Recuperación proyectada: [Porcentaje del crédito garantizado].
- Créditos Ordinarios:
  - Recuperación proyectada: [Porcentaje o importe].

- Créditos Subordinados:
    - o Recuperación proyectada: [Porcentaje, generalmente cercano a cero].

El valor total de los activos en un escenario de liquidación forzosa se estima en [Importe Total], con una pérdida significativa debido a la depreciación acelerada de bienes y la falta de tiempo para una comercialización adecuada.

Impactos Adicionales de la Liquidación:

1. Destrucción de empleo: Se perderían [Número] empleos directos y [Número] indirectos.
2. Ruptura de relaciones comerciales: La liquidación pondría fin a contratos con clientes clave y cadenas de suministro críticas.
3. Pérdida de valor intangible: La reputación de la empresa y su posición de mercado no serían recuperables.

4.3.2. Escenario de Reestructuración

En el escenario de reestructuración, el plan ofrece las siguientes recuperaciones proyectadas:

- Créditos con Garantía Real:
    - o Recuperación proyectada: [Porcentaje o importe].
- Créditos Ordinarios:
    - o Recuperación proyectada: [Porcentaje o importe].
- Créditos Subordinados:
    - o Recuperación proyectada: [Porcentaje o importe].

Adicionalmente, el plan garantiza:

1. Continuidad de la actividad empresarial: Conservando el [porcentaje] de los empleos actuales y manteniendo relaciones comerciales con proveedores y clientes.
2. Maximización del valor de los activos: A través de su explotación en condiciones normales de mercado y no mediante ventas forzosas.

4.3.3. Comparación y Conclusión

El análisis comparativo demuestra que el plan de reestructuración ofrece una recuperación significativamente mayor para todas las clases de acreedores en comparación con el escenario de liquidación, además de minimizar los efectos colaterales negativos como la pérdida de empleos y la interrupción de actividades económicas relacionadas.

Conclusión: El plan cumple con el criterio de interés superior establecido en el artículo 630 del TRLC, justificando su homologación incluso en presencia de acreedores disidentes.

4.4. Identificación de Riesgos

El éxito del plan de reestructuración está sujeto a ciertos riesgos que podrían impactar su implementación. Este apartado analiza los riesgos financieros, operativos y legales asociados, así como las medidas de mitigación propuestas.

4.4.1. Riesgos Financieros

1. Dependencia de la Nueva Financiación:
   - o El plan depende de la obtención de [Importe] en financiación adicional. Un retraso o incumplimiento en la disposición de estos fondos podría afectar la ejecución de las medidas operativas.
   - o Medida de Mitigación: Garantías contractuales y cláusulas específicas que aseguran la disponibilidad de fondos tras la homologación judicial.
2. Proyecciones de Ingresos:
   - o Existe el riesgo de que los ingresos proyectados no se materialicen debido a [factores específicos como disminución de demanda, competencia].
   - o Medida de Mitigación: Diversificación de mercados y ajuste dinámico de costes operativos.

4.4.2. Riesgos Operativos

1. Implementación de Medidas de Reestructuración Interna:
   - o La reorganización de personal y procesos operativos podría enfrentar resistencia interna o generar problemas temporales en la operativa diaria.
   - o Medida de Mitigación: Comunicación transparente con los empleados y capacitación específica para los equipos afectados.
2. Venta de Activos No Estratégicos:
   - o Existe el riesgo de que los activos no estratégicos no se vendan en los términos esperados, afectando la generación de liquidez.
   - o Medida de Mitigación: Colaboración con asesores especializados en ventas y ampliación del plazo de comercialización si es necesario.

4.4.3. Riesgos Legales

1. Impugnaciones al Plan:
   - o Algunos acreedores disidentes podrían intentar impugnar el plan, retrasando su implementación.
   - o Medida de Mitigación: Cumplimiento riguroso de los requisitos legales y respaldo documental exhaustivo.
2. Falta de Homologación Judicial:
   - o En caso de que el plan no sea homologado, se activaría un escenario de liquidación con impactos negativos generalizados.

- o Medida de Mitigación: Asegurar la validez técnica y legal del plan conforme al TRLC.

5. Conclusiones

El análisis detallado del plan de reestructuración permite concluir lo siguiente:

1. Cumplimiento Normativo: El plan cumple con los requisitos del Libro Segundo del TRLC, incluyendo la formación de clases, la obtención de mayorías y el respeto al principio de trato equitativo.
2. Viabilidad Económica y Financiera: Las medidas propuestas son razonables, sostenibles y adecuadas para la situación actual de la empresa.
3. Interés Superior: El plan garantiza una recuperación significativamente mayor para los acreedores en comparación con el escenario de liquidación, además de preservar la actividad económica y el empleo.
4. Riesgos Controlados: Aunque existen riesgos inherentes al proceso, las medidas de mitigación propuestas son razonables y adecuadas para garantizar su ejecución exitosa.

Recomendación Final: Proceder con la homologación judicial del plan, en virtud de lo dispuesto en el artículo 638 del TRLC para planes consensuados, o en su caso, conforme al artículo 639 del TRLC para planes no consensuados.

[Firma del Experto]

[Nombre y Registro]

Fecha: [Fecha de emisión]

F238. INFORME DEL EXPERTO EN LA REESTRUCTURACIÓN. PLAN DE REESTRUCTURACIÓN (II)

[Ciudad], [Fecha]

Índice de Contenido

1. Alcance del Informe

Este informe tiene como objetivo analizar el Plan de Reestructuración propuesto por [Nombre de la Empresa], presentado ante el Tribunal de Instancia, sección de lo mercantil, de [Ciudad], y emitir una opinión técnica independiente conforme a las disposiciones contenidas en el Libro Segundo del Texto Refundido de la Ley Concursal (TRLC).

El informe abarca:

1. Cumplimiento normativo: Revisión detallada del plan en relación con los artículos 614 a 639 del TRLC, garantizando que se ajusta a los requisitos legales en cuanto a contenido, formación de clases, obtención de mayorías y trato equitativo entre acreedores.
2. Viabilidad económica y financiera: Análisis exhaustivo de las medidas propuestas, su impacto en la estructura de deuda y su capacidad para garantizar la continuidad operativa de la empresa.
3. Prueba de interés superior: Evaluación comparativa entre la recuperación proyectada para los acreedores bajo el plan y en un escenario alternativo de liquidación.

El informe se emite en el ejercicio de las funciones conferidas al experto conforme al artículo 683 del TRLC, actuando con total independencia y objetividad en beneficio de todas las partes interesadas.

2. Objeto del Informe

El presente informe tiene por objeto proporcionar al Tribunal y a los acreedores afectados un análisis técnico detallado que permita valorar la idoneidad del Plan de Reestructuración presentado por [Nombre de la Empresa], evaluando:

1. El cumplimiento de los requisitos formales y materiales establecidos en el TRLC:
   - o Verificación del contenido mínimo exigido por el artículo 614 del TRLC.
   - o Análisis de la clasificación y distribución de los créditos afectados y no afectados.
   - o Revisión del proceso de formación de clases y su homogeneidad conforme al artículo 622 del TRLC.
2. La sostenibilidad económica del plan:
   - o Análisis de la viabilidad financiera a través de proyecciones de ingresos, flujos de caja y capacidades de pago.
   - o Evaluación de la razonabilidad de las quitas, esperas y otras medidas propuestas en el plan.
3. El impacto del plan sobre los acreedores:
   - o Garantía de trato equitativo entre acreedores de una misma clase y proporcionalidad entre clases.
   - o Verificación de que el plan no impone un sacrificio desproporcionado.
4. La prueba de interés superior:
   - o Comparación detallada entre la recuperación esperada bajo el plan y en un escenario de liquidación forzosa, asegurando que el plan beneficia a los acreedores afectados.

Este informe sirve como herramienta para respaldar la decisión judicial sobre la homologación del plan, proporcionando un análisis técnico fundamentado y ajustado a los estándares legales.

3. Antecedentes

[Nombre de la Empresa] es una sociedad constituida en el año [Año], dedicada a la [Descripción de la Actividad], que incluye:

1. Ámbito Operativo:
   - o Mercado nacional: Descripción de los principales sectores o clientes atendidos en el ámbito local.

- o Mercado internacional: Participación en mercados extranjeros, incluyendo [regiones o países clave].

2. Productos y Servicios:
   - o Producto/Servicio 1: [Descripción detallada].
   - o Producto/Servicio 2: [Descripción detallada].
3. Impacto en el Mercado:
   - o La empresa ocupa una posición relevante en el sector, representando un [Porcentaje] de participación en el mercado nacional y [Porcentaje] en el mercado internacional.

Situación Financiera Previa a la Reestructuración

La empresa enfrenta dificultades financieras significativas desde el año [Año], derivadas de:

- Factores Internos:
  - o Incremento de costes operativos en un [Porcentaje].
  - o Problemas en la gestión de inventarios, lo que resultó en [Consecuencia específica].
- Factores Externos:
  - o Impacto de la pandemia de COVID-19.
  - o Crisis en la cadena de suministro global, afectando la disponibilidad de materias primas clave.

Iniciativas Preliminares de Reestructuración

Antes de presentar el plan, la empresa implementó medidas internas para estabilizar su situación financiera, incluyendo:

1. Reducción de costes: Ajustes en [Detalles específicos].
2. Renegociación de contratos: Revisión de condiciones con proveedores clave.
3. Búsqueda de inversores: Contacto inicial con entidades interesadas en aportar capital.

4. Descripción del Plan de Reestructuración

4.1. Contenido del Plan conforme al art. 614 TRLC

El plan contempla las siguientes medidas financieras y operativas:

1. Quitas: Reducción del [Porcentaje]% sobre el importe nominal de los créditos afectados, con el fin de ajustar la carga de deuda a la capacidad de generación de ingresos de la empresa.

2. Esperas: Diferimiento de los pagos de principal durante un período inicial de [Duración], seguido de un calendario de amortización escalonado.
3. Conversión de Deuda: Transformación de parte de los créditos en instrumentos de capital, otorgando a los acreedores una participación minoritaria en la empresa.
4. Nueva Financiación: Inyección de capital por un importe de [Importe], asegurada por [Nombre de la Entidad o Inversor].
5. Venta de Activos No Estratégicos: Desinversión de [Descripción de activos] para generar liquidez adicional.

4.2. Formación de Clases de Acreedores (arts. 622-624 TRLC)

La formación de clases es un aspecto esencial del Plan de Reestructuración, conforme a lo dispuesto en los artículos 622 a 624 del TRLC, los cuales establecen que los acreedores deben agruparse en clases homogéneas atendiendo a la naturaleza y rango de sus créditos, así como a su posición jurídica frente a la empresa deudora.

El análisis realizado confirma que la clasificación de los acreedores en el presente plan cumple con los criterios de homogeneidad y proporcionalidad exigidos. A continuación, se describen las clases formadas:

Clase 1: Créditos con Garantía Real

- Total de créditos: [Importe].
- Número de acreedores: [Número].
- Criterios de inclusión: Acreedores cuyos créditos están garantizados con derechos reales sobre bienes específicos del patrimonio de la empresa, conforme al artículo 270 del TRLC.

Análisis de Homogeneidad:

Todos los acreedores incluidos en esta clase comparten la característica de poseer garantías reales, sin diferencias sustanciales en sus derechos frente al resto de los acreedores.

Clase 2: Créditos Ordinarios

- Total de créditos: [Importe].
- Número de acreedores: [Número].
- Criterios de inclusión: Créditos que no cuentan con privilegio especial ni subordinación, tal y como define el artículo 281 del TRLC.

Análisis de Homogeneidad:

La clase incluye únicamente créditos ordinarios, respetando los principios de equidad y proporcionalidad.

Clase 3: Créditos Subordinados

- Total de créditos: [Importe].

- Número de acreedores: [Número].
- Criterios de inclusión: Créditos subordinados por disposición legal o contractual, incluyendo intereses devengados y sanciones accesorias.

Análisis de Homogeneidad:

La subordinación de los créditos en esta clase asegura la igualdad en el trato entre los acreedores incluidos.

Conclusión sobre la Formación de Clases:

El análisis realizado confirma que la formación de clases en el presente plan se ajusta a los requisitos establecidos en el artículo 622 del TRLC, garantizando un trato homogéneo entre los acreedores de cada clase y respetando los principios de equidad y proporcionalidad entre las diferentes clases.

4.3. Créditos Afectados y No Afectados (arts. 616-617 TRLC)

El Plan de Reestructuración identifica con precisión los créditos afectados y no afectados, conforme a los artículos 616 y 617 del TRLC. Este apartado analiza la inclusión y exclusión de créditos, así como su justificación:

Créditos Afectados

1. Definición y Alcance:
   - o Los créditos afectados incluyen aquellas deudas sujetas a las medidas de reestructuración financiera propuestas en el plan, como quitas, esperas o conversión en capital.
2. Importe Total: [Especificar].
3. Distribución por Clases:
   - o Clase 1: Créditos con Garantía Real [Importe].
   - o Clase 2: Créditos Ordinarios [Importe].
   - o Clase 3: Créditos Subordinados [Importe].

Créditos No Afectados

1. Definición:
   - o Créditos excluidos del ámbito de reestructuración debido a su carácter esencial, estratégico o protegido conforme al TRLC.
2. Importe Total: [Especificar].
3. Motivación de la Exclusión:
   - o Créditos laborales: Excluidos conforme al artículo 616.2 del TRLC.
   - o Créditos públicos: Protegidos conforme al artículo 617 del TRLC.

Conclusión sobre la Inclusión y Exclusión de Créditos:

El plan realiza una identificación precisa de los créditos afectados y no afectados, respetando los criterios legales establecidos en los artículos 616 y 617 del TRLC.

4.4. Análisis de Mayorías Alcanzadas (art. 629 TRLC)

El artículo 629 del TRLC establece las mayorías necesarias para la aprobación de un Plan de Reestructuración dentro de cada clase de acreedores. Este análisis detalla los resultados de las votaciones en cada clase y evalúa el cumplimiento de las reglas de mayoría:

Clase 1: Créditos con Garantía Real

- Total de votos emitidos: [Número].
- Porcentaje de votos a favor: [Porcentaje].
- Porcentaje de votos en contra: [Porcentaje].
- Resultado: [Aprobado / No aprobado].

Clase 2: Créditos Ordinarios

- Total de votos emitidos: [Número].
- Porcentaje de votos a favor: [Porcentaje].
- Porcentaje de votos en contra: [Porcentaje].
- Resultado: [Aprobado / No aprobado].

Clase 3: Créditos Subordinados

- Total de votos emitidos: [Número].
- Porcentaje de votos a favor: [Porcentaje].
- Porcentaje de votos en contra: [Porcentaje].
- Resultado: [Aprobado / No aprobado].

Conclusión sobre las Mayorías:

El análisis confirma que las mayorías obtenidas en las clases aprobadas cumplen con los requisitos establecidos en el artículo 629 del TRLC, habilitando la homologación judicial del plan.

5. Viabilidad Económica y Financiera del Plan

La viabilidad del plan se fundamenta en un análisis detallado de las proyecciones financieras, las medidas de reestructuración y el impacto esperado en la estructura económica de la empresa:

1. Crecimiento de Ingresos:
   - o Proyección de ingresos: Incremento del [Porcentaje] en el período [Año-Año].
2. Reducción de Deuda:
   - o Impacto de la quita: Reducción del pasivo total en [Importe].

3. Capacidad de Pago:
   - o Flujo de caja operativo: Proyección positiva a partir de [Año].

Conclusión sobre la Viabilidad:

El plan es financieramente sostenible, con medidas realistas y adecuadas para garantizar la continuidad operativa de la empresa.

6. Prueba del Interés Superior (art. 654 TRLC)

Este apartado compara la recuperación esperada para los acreedores bajo el plan frente a un escenario alternativo de liquidación.

Escenario de Liquidación

1. Valor de los Activos: [Importe].
2. Recuperación para los Acreedores:
   - o Créditos con Garantía Real: [Porcentaje].
   - o Créditos Ordinarios: [Porcentaje].
   - o Créditos Subordinados: [Porcentaje].

Recuperación bajo el Plan

1. Créditos con Garantía Real: [Porcentaje].
2. Créditos Ordinarios: [Porcentaje].
3. Créditos Subordinados: [Porcentaje].

Conclusión sobre el Interés Superior:

El plan garantiza una recuperación significativamente mayor para todas las clases de acreedores, cumpliendo con el criterio de interés superior del artículo 654 del TRLC.

7. Declaraciones del Experto

7.1. Declaración de Independencia

En calidad de experto en la reestructuración, designado conforme al artículo 683 del TRLC, confirmo que no mantengo ninguna relación económica, profesional o personal con la empresa deudora, sus acreedores o cualquier otra parte interesada que pueda comprometer mi independencia o imparcialidad en el análisis y evaluación del presente Plan de Reestructuración.

7.2. Declaración de Cumplimiento de las Funciones Asignadas

Declaro que he ejercido mis funciones con la diligencia y profesionalidad requeridas, conforme a lo dispuesto en el artículo 680 del TRLC, incluyendo:

1. El análisis exhaustivo de la situación económica y financiera de la empresa deudora.

2. La evaluación del cumplimiento normativo del Plan de Reestructuración.
3. La elaboración de este informe técnico independiente, en el que se detallan las conclusiones derivadas de mi análisis.

7.3. Garantía de Conformidad Legal

Certifico que el Plan de Reestructuración presentado se ajusta plenamente a las disposiciones establecidas en el Libro Segundo del TRLC, incluyendo los requisitos relativos al contenido, formación de clases, mayorías necesarias y prueba de interés superior.

8. Conclusiones

A la vista del análisis realizado en los apartados anteriores, emito las siguientes conclusiones:

8.1. Cumplimiento Normativo

1. Contenido del Plan: El Plan de Reestructuración cumple con los requisitos mínimos establecidos en el artículo 614 del TRLC, proporcionando información detallada sobre las medidas propuestas, los créditos afectados y no afectados, y las proyecciones de viabilidad.
2. Formación de Clases: La clasificación de los acreedores en clases homogéneas respeta los principios de equidad y proporcionalidad exigidos en el artículo 622 del TRLC.
3. Mayorías Alcanzadas: Las mayorías obtenidas en las clases aprobadas son suficientes para permitir la homologación judicial del plan conforme al artículo 629 del TRLC.

8.2. Viabilidad Económica y Financiera

El plan presenta medidas razonables y sostenibles, incluyendo quitas, esperas, y la inyección de nueva financiación, que garantizan la capacidad de la empresa para cumplir con sus obligaciones reestructuradas. Las proyecciones financieras respaldan la viabilidad del plan a largo plazo.

8.3. Prueba del Interés Superior

El análisis comparativo entre la recuperación ofrecida bajo el plan y la recuperación esperada en un escenario de liquidación demuestra que el plan garantiza un interés superior para todas las clases de acreedores afectadas, cumpliendo con el artículo 654 del TRLC.

8.4. Beneficios Adicionales del Plan

1. Preservación del Empleo: La implementación del plan permite mantener [Número] empleos directos e indirectos.
2. Continuidad de la Actividad Empresarial: Se asegura la estabilidad de las operaciones comerciales y la relación con proveedores y clientes clave.

3. Maximización del Valor de los Activos: A través de su explotación en condiciones normales de mercado, evitando la depreciación acelerada derivada de una liquidación forzosa.

9. Anexos

A continuación, se incluye la documentación que respalda las conclusiones del presente informe:

9.1. Documentos Financieros

1. Balance General y Cuenta de Resultados:
   - o Últimos tres ejercicios: [Fechas de los periodos].
   - o Cierre intermedio más reciente: [Fecha].
2. Flujos de Caja Proyectados:
   - o Detalle de los flujos proyectados para los próximos [Número] años, incluyendo supuestos económicos y financieros.
3. Ratios Financieros Clave:
   - o Evolución esperada del ratio Deuda/EBITDA y del capital de trabajo operativo.

9.2. Relación de Acreedores

1. Listado de Acreedores Afectados:
   - o Detalle de los acreedores incluidos en cada clase, su posición crediticia y el importe adeudado.
2. Listado de Acreedores No Afectados:
   - o Identificación de créditos excluidos del plan, indicando su naturaleza y justificación de la exclusión.

9.3. Informes de Apoyo

1. Informe de Viabilidad Financiera:
   - o Elaborado por [Nombre del Consultor/Entidad], que detalla el impacto de las medidas propuestas y las proyecciones económicas.
2. Actas de las Reuniones de Acreedores:
   - o Registro de las votaciones realizadas por clase, incluyendo porcentajes de aprobación y votos emitidos.

9.4. Documentación Legal

1. Texto Completo del Plan de Reestructuración:
   - o Documento formal presentado ante el Tribunal de Instancia de ....., sección de lo Mercantil.

2. Certificación de Mayorías:
   - o Documento emitido por [Nombre del Responsable], que acredita el cumplimiento de las mayorías exigidas conforme al artículo 629 del TRLC.

Firmado:

[Nombre del Experto en Reestructuración]

[Número de Registro Profesional]

[Entidad o Firma Representada]

Fecha: [Fecha de emisión del informe]

F239. INFORME EXPERTO EN REESTRUCTURACIONES. PLAN DE REESTRUCTURACIÓN CONJUNTO Y CONSENSUAL

INFORME DE EXPERTO EN LA REESTRUCTURACIÓN DE
(... NOMBRE DEL DEUDOR/DEUDORES)

INFORME EMITIDO A SOLICITUD DE (......DEUDOR/DEUDORES).

(Ciudad), (día) de (mes) de (año)

(Nombre del Experto en la Reestructuración)

Índice de contenido

4.4.2 De la formación de Clases en .... de acuerdo con los criterios definidos en el PR 2023.

4.5 Aprobación del PR 2023 por cada clase de créditos.

4.5.1 Aprobación del PR 2023 por las clases de créditos en ....

4.5.2 Resumen sobre la aprobación del PR 2023 por las clases de créditos en .... y ....

4.6 Sobre el cumplimiento de los requisitos formales de contenido del PR 2023 formulado por .... y .... de acuerdo con el art. 633 TRLC.

4.7 Sobre el cumplimiento de los requisitos del PR 2023 formulado por .... y .... para ser homologado de acuerdo con el art. 638 TRLC.

5 Plan de viabilidad conjunto planteado por .... y ....

5.1 Fundamentos del PV 2023 de Grupo ....

5.2 Sobre la solidez y fundamentación del PV 2023.

5.3 Sobre la situación de probabilidad de insolvencia, insolvencia inminente o insolvencia actual de .... y .... en base al Plan de Viabilidad 2023.

5.4 Metodología para la valoración de .... y .... Descuento de Flujos de Caja.

5.5 Proyecciones de negocio individuales. Escenarios.

5.6 Valoración de negocio individual de ....

5.6.1 Tasa de descuento para el periodo

5.6.2 Escenario base

5.6.3 Escenario pesimista

5.6.4 Escenario optimista

5.7 Prueba del interés superior de los acreedores en ....

5.7.1 Valor de liquidación de ....

5.7.2 Prueba del interés superior de los acreedores en ....

5.8 Sobre el análisis de cumplimiento de trato paritario de los créditos dentro de su misma clase.

5.9 Sobre el análisis de la reducción del valor de los créditos para los acreedores planteado por el Plan de Reestructuración, a efectos de ponderar la existencia de un sacrificio desproporcionado para los mismos

6 Conclusiones. 17

7 Sobre el Experto en la Reestructuración.

Índice de Tablas

Tabla XIV. Distribución del LPE de vinculado al leasing.

Tabla XV. Composición de la Clase 2 de ...., según la tipología de Tramos con garantías reales del que procedería según el AMR 2020.

Tabla XVI. Composición de la Clase 2 de ...., según entidad Acreditante de los Tramos con garantías reales.

Tabla XVII. Detalle de la composición de la Clase 2 de ...., según Tramos y entidad Acreditante.

Tabla XVIII. Composición de la Clase 3 de ...., según la tipología de Tramos sin garantía real, pero con aval ICO, del que procedería según el AMR 2020.

Tabla XIX. Composición de la Clase 2 de ...., según entidad Acreditante de los Tramos sin garantía real, pero con aval ICO.

Tabla XX. Detalle de la composición de la Clase 3 de ...., según Tramos y entidad Acreditante.

Tabla XXI. Composición de la Clase 4 de ...., según la tipología de Tramos no garantizados del que procedería según el AMR 2020.

Tabla XXII. Composición de la Clase 3 de ...., según entidad Acreditante de los Tramos no garantizados.

Tabla XXIII. Detalle de la composición de la Clase 4 de ...., según Tramos y entidad Acreditante.

Tabla XXIV. Detalle de la posición de los Acreedores Afectados por el PR 2023.

Tabla XXV. Detalle de voto a favor y voto en contra del PR 2023 dentro de la Clase 1 de ....

Tabla XXVI. Detalle de voto a favor y voto en contra del PR 2023 dentro de la Clase 1 de ....

Tabla XXVII. Detalle de voto a favor y voto en contra del PR 2023 dentro de la Clase 3 de ....

Tabla XXVIII. Detalle de voto a favor y voto en contra del PR 2023 dentro de la Clase 3 de ....

Tabla XXIX. Resumen de voto a favor del PR 2023 dentro de la Clase en .... y ....

Tabla XLVIII. Revisión del cumplimiento de requisitos formales sobre el contenido del PR 2023 formulado por .... y ....

Tabla XXXI. Revisión del cumplimiento de requisitos del art. 638 para la homologación del PR 2023 formulado por .... y ....

Tabla XXXII. Fórmula del cálculo del Flujo de Caja Libre.

Tabla XXXIII. Comparación de las variables del PV 2023 y del modelo DFC.

1. Alcance del Informe

El presente informe se emite en el ejercicio de las funciones inherentes a nuestra condición de expertos en la reestructuración conforme a los términos previstos en los arts. 672 a 681 del TRLC.

Las mercantiles .... y .... en fecha .... de .... de ...., formularon solicitud de nombramiento ante el Tribunal de instancia, sección de lo Mercantil, de ...., para que se emitiera por nuestra parte el preceptivo informe respecto al Plan de Reestructuración conjunto formulado por las citadas sociedades a sus acreedores.

Mediante Auto núm. .... de .... de .... de .... el Tribunal de instancia, sección de lo Mercantil de .... ha procedido a nuestro nombramiento como Expertos en la Reestructuración de........... y ...., conforme a lo establecido por el art. 672.3 del TRLC, por lo que el presente Informe se emite en el ejercicio de las funciones establecidas en el art. 679 TRLC.

2. Objeto del Informe

El objeto del presente informe ha consistido en la emisión de nuestra opinión como expertos en la reestructuración sobre los siguientes aspectos del Plan de Reestructuración que .... y .... formulan conjuntamente a sus acreedores:

i. Sobre la adecuación del Plan de Reestructuración al contenido del art. 614 del TRLC.

ii. Sobre el cumplimiento del ámbito objetivo del Plan de Reestructuración conforme a lo establecido en el art. 615 del TRLC.

iii. Sobre la determinación del conjunto de créditos afectados dentro perímetro de la reestructuración de acuerdo con el art. 616 del TRLC, la corrección de las reglas de cómputo de estos de acuerdo con el art. 617 del TRLC y sobre la suficiencia del perímetro de créditos afectados por la reestructuración para la obtención de los beneficios contenidos en el art. 667 del TRLC.

iv. En relación con el art. 617.5 del TRLC como expertos en la reestructuración hemos determinado el valor razonable de las garantías otorgadas en aseguramiento de los créditos afectados por la reestructuración encuadradas en el art. 273.1.1°.

v. Sobre la adecuación de la formación de Clases realizada por las deudoras conforme a lo dispuesto en los arts. 622 y ss. del TRLC.

vi. Sobre la obtención de las mayorías necesarias para la aprobación por cada clase de créditos conforme a lo establecido en el art. 629 del TRLC.

vii. Sobre la adecuación del contenido del Plan de Reestructuración al contenido exigido por el art. 633 del TRLC.

viii. Sobre el cumplimiento del presupuesto objetivo del Plan de Reestructuración a efectos de lo establecido en el art. 636 del TRLC.

ix. Sobre el cumplimiento de los requisitos para la homologación del Plan de Reestructuración formulado por .... y .... a sus acreedores. En particular, sobre el cumplimiento de las mayorías necesarias conforme a lo establecido en los art. 638 o en su caso el art. 639 del TRLC.

x. Sobre el análisis de cumplimiento del tratamiento paritario de los créditos dentro de su misma clase.

xi. Sobre el análisis de la reducción del valor de los créditos para los acreedores planteado por el Plan de Reestructuración, a efectos de ponderar la existencia de un sacrificio desproporcionado para los mismos.

xii. Sobre el análisis del cumplimiento de la prueba de interés superior para los acreedores contenida en el art. 654.7° del TRLC.

3. Antecedentes

4. Sobre la estructura accionarial y la actividad de .... y ....

5. Sobre el Acuerdo Marco de Refinanciación formalizado el .... de .... de .... y homologado judicialmente

6. Contenido

Como consecuencia de la crisis sanitaria del COVID-19 y en aras de mantener el curso ordinario del negocio y la continuidad de la empresa, ... y .... solicitaron a sus acreedores financieros una reestructuración de su deuda financiera que afectaría a un montante de pasivos financieros por importe de ....

Dicha reestructuración se formalizó el .... de .... de .... ante notario mediante la formalización de un acuerdo marco de refinanciación, así como de las operaciones bilaterales en las que se desarrollaba el mismo y que, en términos sumarios, tuvo por objeto lo siguiente:

i. la novación o el otorgamiento de varios préstamos a largo plazo destinados a la cancelación de ciertos préstamos y créditos existentes, concediendo un año de carencia;

ii. el mantenimiento de los calendarios de amortización del leasing y del renting;

iii. con el objetivo de cubrir las necesidades de tesorería producidas por los impactos negativos del COVID-19, la concesión de varios préstamos parcialmente garantizados con la línea de aval de Instituto de Crédito Oficial (ICO) en el marco del Real Decreto-ley 8/2020, de 17 de marzo de medidas urgentes extraordinarias para hacer frente al impacto económico y social del COVID-19 ("RDL 8/2020") y del Real Decreto-ley 15/2020, de 21 de abril, de medidas urgentes complementarias para apoyar la economía y el empleo;

iv. la formalización de las pólizas de crédito con garantía parcial del aval del ICO con vencimiento a 6 meses;

v. la reducción (durante 6 meses) del límite compuesto por financiación de ventas en distintas modalidades (anticipo de facturas, anticipos de exportación, descuento de pagarés y efectos cambiarios, etc) por el importe equivalente a la disposición de financiación indicada en el apartado (iv) anterior;

vi. el mantenimiento de los límites de las líneas de confirming;

vii. el mantenimiento de factoring con y sin recurso; y

viii. la renovación de las pólizas de crédito parcialmente garantizadas con aval ICO.

7 Partes intervinientes.

Las entidades intervinientes en el anterior .... fueron las mostradas en la Tabla I, cada una de ellas según su posición en el mismo:

Tabla I. Partes intervinientes en el ....

Parte	Acreditada	Garante Solidaria	Acreditante firmante	Acreditante No firmante
....	√			
....	√	√		
....		√		
....		√		
....		√		

Parte	Acreditada	Garante Solidaria	Acreditante firmante	Acreditante No firmante
....			√	
....			√	
....			√	
....			√	
....			√	
....			√	
....			√	
....			√	
....			√	
....			√	
....				√
....				√
....				√

8. Deuda afectada y estructura de Tramos del AMR 2020

La deuda total afectada por el anterior AMR 2020 ascendió a .... y para su reestructuración se configuraron los siguientes tramos de deuda:

i. Un Tramo A por importe de ....:

a. Siendo acreditadas en dicho Tramo .... y ....,

b. consistente en la novación o formalización de nuevos contratos de préstamo a largo plazo para la cancelación de la deuda vinculada a las posiciones deudoras derivadas de los préstamos, créditos y, en su caso, sus respectivas novaciones suscritos con las Acreditantes denominados conjuntamente como los "Instrumentos Bilaterales del Tramo A".

c. Con una duración de nueve (9) años (1 año de carencia+ 8 de amortización) a contar desde la Fecha de Firma, con la única excepción de los siguientes contratos de préstamo suscritos por .... en los que .... es única acreditada y que por el presente Contrato ahora se novan, la fecha de vencimiento de cada uno de ellos será la siguiente:

ii. Un Tramo B por importe ....:

a. Siendo acreditada en dicho Tramo únicamente ....

b. consistente en el mantenimiento de los contratos de leasing y renting suscritos entre las Acreditantes del Tramo B y la Acreditada, respecto a sus condiciones y calendarios de amortización.

iii. Un Tramo C por importe de ....:

a. Siendo acreditada en dicho Tramo únicamente ....

b. consistente en la formalización de nuevos contratos de préstamos a largo plazo con Garantía ICO para cubrir las necesidades de tesorería producidas por los impactos económicos negativos como consecuencia de la situación producida por el COVID-19.

c. Con una duración de cinco (5) años (1 año de carencia + 4 de amortización) a contar desde la Fecha de Firma del AMR 2020.

iv. Un Tramo D por importe global inicial de hasta ....:

a. consistente en la formalización o en la novación modificativa y no extintiva de los contratos bilaterales de financiación de circulante existentes suscritos entre la Acreditada y las Acreditantes del Tramo D.

b. A su vez el anterior Tramo D queda dividido en los siguientes Subtramos:

1) Subtramo D1:

1. Correspondiente a la financiación de ventas (descuento de pagarés, descuentos SEPA y COMEX).

2. En el que figura como acreditadas .... y ...., salvo en la operación bilateral formalizada por parte de .... con número () y por importe de .... con garantía de aval ICO, en la que únicamente figura como acreditada ....

3. Este subtramo D1 se subdivide en el Subtramo D1.I para las operaciones que cuentas con aval ICO y en el Subtramo D1.II para las operaciones sin aval ICO.

2) Subtramo D2:

1. Correspondiente las operaciones de Factoring.

2. En el que figuran como acreditadas .... y ....

3) Subtramo D3:

1. Correspondiente a pólizas de crédito.

2. En el que figura como acreditada únicamente ....

3. Este subtramo D3 se subdivide en el Subtramo D3.I para las operaciones que cuentas con aval ICO y en el Subtramo D3.II para las operaciones sin aval ICO.

4) Subtramo D4:

1. Correspondiente a las operaciones de Confirming.

2. En el que figura como acreditada únicamente ....

3. Este subtramo D4 se subdivide en el Subtramo D4.I para las operaciones que cuentas con aval ICO y en el Subtramo D4.II para las operaciones sin aval ICO.

5) Subtramo D5:

1. Correspondiente a las operaciones de póliza de crédito a corto plazo.

2. En el que figura como acreditada únicamente ....

3. Este subtramo D5 se subdivide en el Subtramo D5.I para las operaciones que cuentas con aval ICO y en el Subtramo D5.II para las operaciones sin aval ICO.

c. La duración de los Subtramos D1, D2, D3 y D4, sería de tres (3) años a contar desde la Fecha de Firma del Contrato.

d. La duración del Subtramo D5, sería de seis (6) meses a contar en desde la Fecha de Firma. A fecha actual el Subtramo D5 se encuentra totalmente amortizado.

e. Llegada la Fecha de Vencimiento del Subtramo D1, D2, D3 y D4, las líneas que lo integran las Partes podrán prorrogarlas por períodos sucesivos de UN (1) año, hasta un máximo de cinco (5) renovaciones anuales más (es decir, hasta un total de duración máxima de este Contrato de ocho (8) años) siempre y cuando se verifique por la Mayoría de las Acreditan tes del subtramo DI, D2, D3 y D4 el cumplimiento de las siguientes condiciones;

1) no concurra ningún supuesto de vencimiento anticipado previsto en el presente Contrato o en cualquiera de los Instrumentos Bilaterales y/o Contratos de Circulante del Tramo D;

2) el Asesor Financiero confirme que se está dando debido cumplimiento al Plan de Negocio; y

3) el Asesor Financiero emita y entregue a las Acreditantes una Certificación de Cumplimiento de Ratios en el que se certifique que la Acreditada cumple los ratios de Ratio de Deuda Financiera Neta /EBITDA y Ratio EBITDA/Gasto Financiero Neto (Cumplimiento de Ratios).

De acuerdo con lo anterior, la distribución de la deuda reestructurada conforme al AMR 2020, sería la mostrada en las Tabla II Tabla III:

Tabla II. Distribución por Tramos de los pasivos reestructurados en el AMR 2020

Acreditantes	Tramo A	% TA	Tramo B	% TB	Tramo C	% TC	Tramo D	% TD	TOTAL	%
....	......	......	......	......	......	......	......	......	......	......
....	......	......	......	......	......	......	......	......	......	......
....	......	......	......	......	......	......	......	......	......	......
....	......	......	......	......	......	......	......	......	......	......
....	......	......	......	......	......	......	......	......	......	......
....	......	......	......	......	......	......	......	......	......	......
....	......	......	......	......	......	......	......	......	......	......
....	......	......	......	......	......	......	......	......	......	......
....	......	......	......	......	......	......	......	......	......	......
....	......	......	......	......	......	......	......	......	......	......
....	......	......	......	......	......	......	......	......	......	......
TOTAL	......	......	......	......	......	......	......	......	......	......

Tabla III. Distribución del Tramo D del AMR 2020 conforme a los diferentes Subtramos, según límites disponibles

Acreditantes	STD1 Financiación Vtas	% STD1	AVAL ICO	STD2 Factoring	% STD2	AVAL ICO	STD3 Pólizas crédito	% STD3	AVAL ICO	STD4 Confirming	% STD4	AVAL ICO	STD5 Póliza Crédito CP	% STD5	AVAL ICO	TOTAL TD	% TD	CON AVAL ICO	SIN AVAL ICO
......	......	......	......	......	......	......	......	......	......	......	......	......	......	......	......	......	......	......	......
......	......	......	......	......	......	......	......	......	......	......	......	......	......	......	......	......	......	......	......
......	......	......	......	......	......	......	......	......	......	......	......	......	......	......	......	......	......	......	......
......	......	......	......	......	......	......	......	......	......	......	......	......	......	......	......	......	......	......	......
......	......	......	......	......	......	......	......	......	......	......	......	......	......	......	......	......	......	......	......
......	......	......	......	......	......	......	......	......	......	......	......	......	......	......	......	......	......	......	......
......	......	......	......	......	......	......	......	......	......	......	......	......	......	......	......	......	......	......	......
......	......	......	......	......	......	......	......	......	......	......	......	......	......	......	......	......	......	......	......
......	......	......	......	......	......	......	......	......	......	......	......	......	......	......	......	......	......	......	......
TOTAL	......	......	......	......	......	......	......	......	......	......	......	......	......	......	......	......	......	......	......

9. Garantías constituidas en el AMR 2020

Las garantías constituidas para el aseguramiento de los créditos afectados por el AMR 2020 fueron las siguientes:

i. Responsabilidad universal de las acreditadas conforme a los términos del art. 1.911 del Código Civil.

ii. Garantías preexistentes:

a. Garantías preexistentes de las entidades Acreditantes del Tramo B.

iii. Garantías Reales:

a. Para el aseguramiento del Tramo A, del Tramo C, los Subtramos D3 (póliza de crédito ICO), D4 (confirming) y D5 (póliza crédito corto plazo):

– Derecho real de prenda de primer rango sobre las acciones sociales representativas 100% del capital social de .... en unidad de acto.

– Derecho real de prenda de primer rango sobre las participaciones sociales representativas del 100% del capital social de la entidad ....

– Derecho real de prenda de primer rango sobre las participaciones sociales representativas del 100% del capital social de ....

– Derecho real de prenda de primer rango sobre las participaciones sociales representativas del 100% del capital social de...........

– Derecho real de prenda de primer rango sobre las participaciones sociales representativas del 100% del capital social de ....

– Derecho real de hipoteca de primer rango sobre la Nave de ...., con número de finca registral .... inscrita en el Registro de la Propiedad de ...., donde se ubica la planta productiva de la Acreditada, propiedad de la ....

– Derecho real de hipoteca de primer rango sobre la finca registral .... inscrita en el Registro de la Propiedad de ...., donde se ubica una oficina comercial de ...., propiedad de ....

– Derecho real de hipoteca de segundo rango sobre la finca registral .... inscrita en el Registro de la Propiedad de ...., propiedad de .... a favor de las Acreditantes.

b. Los Subtramos D1 y D2, no quedarían asegurados por las anteriores garantías reales.

c. Asimismo, las operaciones correspondientes a .... como entidad no firmante del AMR 2020, correspondientes al Tramo A (Préstamos a Largo Plazo) y a los Subtramos D3.II (Pólizas de Crédito) y D4.II (Confirming), tampoco quedarían aseguradas por las anteriores garantías reales, al otorgarse las mismas únicamente como incentivo para las entidades firmantes del AMR 2020.

d. Las anteriores garantías reales están constituidas en igualdad de rango y a prorrata para el aseguramiento de las operaciones incluidas en el Tramo A, el Tramo C, y los Subtramos D3 (pólizas de crédito), D4 (confirming) y D5 (póliza crédito corto plazo), para aquellos acreedores financieros firmantes del AMR 2020.

iv. Garantía ICO para el Tramo C, el Subtramo D1.I, el Subtramo D3, el Subtramo D4.I el y Subtramo D5.I.

10 Homologación, impugnación y extensión de efectos a los acreedores disidentes o no firmantes del AMR 2020.

El .... de .... de ...., ... presentó un escrito solicitando la homologación de Acuerdo de Refinanciación documentado en escritura pública autorizada con fecha .... de .... de ....

El .... de .... de ...., se acordó la homologación del Acuerdo de Refinanciación, ya que el pasivo financiero total de los acreedores adheridos al mismo ascendía al 76% (superior al 75%) de la deuda financiera total a .... de .... de .... La homologación del Acuerdo de Refinanciación se extendió a aquellos acreedores de pasivos financieros no adheridos al mismo, entre los que encontraba ....

Con fecha .... de .... de ...., el Tribunal de .... dictaminó la siguiente sentencia:

....

Tras la anterior resolución el AMR 2020 quedó homologado firme, extendiendo sus efectos a .... en los términos expresados en el Auto y en la posterior Sentencia de resolución de la impugnación dictada por el referido Tribunal.

11. Plan de reestructuración conjunto planteado por .... y ....

12. Contenido del plan de reestructuración en conexión con el art. 614 TRLC

Con el plan de reestructuración conjunto formulado por las entidades .... y .... (en adelante PR 2023) pretende en última instancia:

(i) intentar la continuidad del negocio de los Deudores en el corto y medio plazo y evitar así su concurso; y

(ii) el mantenimiento de la actividad y empleo y su viabilidad en los términos actuales.

Conforme al apartado 6.2. del PR 2023 los "Términos de la reestructuración" pasa por la formulación de una novación modificativa no extintiva del AMR 2020, de acuerdo con lo considerado en la citada cláusula, manteniendo inalterados el resto de los términos y condiciones contenidos en aquél.

El acuerdo de novación modificativa no extintiva del AMR 2020 por parte de las deudoras con sus acreedores, se concretaría en los siguientes aspectos:

i. La ratificación de la extensión que se realizó en póliza número .... de la sección A del año .... otorgada ante el Notario de ...., don ...., en fecha .... de .... de ...., en relación con la fecha de vencimiento del Tramo C del Acuerdo de Refinanciación 2020 hasta el .... de .... de .... que no formó parte de la Homologación Judicial 2020.

Acordándose por las Partes extender para todos los Acreedores Afectados con efectos desde .... de .... de ...., la fecha de vencimiento del Tramo C del Acuerdo de Refinanciación 2020 hasta el .... de .... de ...., lo que se incorpora al presente Plan de Reestructuración para su Homologación Judicial, así como para la extensión de las Garantías Existentes sobre las Obligaciones Garantizadas que pudieran devengarse durante dicho plazo.

ii. Acuerdo de prórroga y extensión de los vencimientos de los Subtramos Subtramo D1 (financiación de ventas), Subtramo D2 (factoring), D3 (póliza de crédito ICO) y D4 (confirming, manteniendo las mismas condiciones:

– Con respecto a las operaciones de financiación de circulante del subtramo D1.II (financiación ventas), subtramo D2 (factoring) y el subtramo D4.II (confirming), todas las líneas que lo integran desde la Fecha de Efectos se prorrogarán por periodos sucesivos de un (1) año, tres (3) o cinco (5) años a elección de cada Acreedor Afectado, hasta máximo el .... de .... de .... en función de los intereses de cada Acreedor Afectado del subtramo D1.II, subtramo D2 y el subtramo D4.II y sus valoraciones internas de riesgo.

– Con respecto a las operaciones de financiación de circulante del Subtramo D1.I (financiación ventas ICO), Subtramo D3 (póliza de crédito ICO) y Subtramo D4.I (confirming con Garantía ICO), todas las líneas que lo integran son prorrogadas a (3) años, con posibilidad de dos prórrogas anuales en función de los intereses de cada Acreditante del subtramo D1.I, subtramo D3 y el subtramo D4.I y sus valoraciones internas de riesgo, excepto .... que extiende sus líneas de circulante D1.I, D3 y D4.I a cinco (5) años.

iii. La modificación de la Estipulación ...., apartado (1) (Cumplimiento de ratios. Capex Máximo Anual) del Acuerdo de Refinanciación 2020 para actualizar los límites de los ratios financieros para adaptarlos a la nueva realidad del Negocio, de conformidad con el Plan de Viabilidad 2023:

Los ratios contenidos en la citada Estipulación son sustituidos por los reflejados en la Tabla IV:

Tabla IV. Ratios financieros propuestos para el PR 2023

m€	dic-21	dic-22	dic-23	dic-24	dic-25	dic-26	dic-27	dic-28	dic-29	dic-30
Working Capital	13.858	11.063	6.310	8.229	7.945	8.248	9.954	11.006	11.546	12.104
Deuda financiera neta	37.662	34.076	27.603	27.032	24.186	20.164	18.989	17.387	16.037	15.716
DFN / EBITDA	10,2x	8,4x	9,8x	6,7x	6,1x	4,8x	4,2x	3,6x	3,1x	2,7x
EBITDA / Gastos financieros	3,0x	3,4x	2,0x	3,1x	3,4x	4,3x	4,8x	5,3x	6,0x	6,6x

iv. Corrección de algunas Estipulaciones del Acuerdo de Reestructuración 2020 que pueden dar lugar a confusión:

Se acuerda por las Partes modificar las siguientes estipulaciones por las redacciones que a continuación se recogen, de modo que queden redactadas y/o sustituidas como sigue con efectos desde la Fecha de Efectos:

Estipulación .... (Causas de Vencimiento Anticipado) del Acuerdo de Reestructuración 2020:

a. Incumplimiento de Ratios Financieros: incumplimiento de cualquiera de los Ratios Financieros y demás covenants financieros establecidos en la Estipulación .... (Cumplimiento de ratios. Capex Máximo Anual), durante dos años consecutivos no subsanado en un plazo máximo de 10 Días Hábiles desde la fecha de medición de los Ratios Financieros, mediante la aportación de Fondos Propios por el Accionista reduciendo Deuda Financiera Neta.

b. Perjuicio o ineficacia de las Garantías. El no otorgamiento de las Garantías a favor de las Acreditantes Firmantes dentro de los plazos pactados, así como si las Garantías otorgadas, desaparecen o resultan ineficaces, invalidas, ilegales o inoponibles, salvo que sean sustituidas por otras de idéntica naturaleza jurídica y valor igual o superior, a satisfacción de las Acreditantes Firmantes, o resultara impugnable por la Acreditada y o por terceras personas, o resulta incumplida en cualquiera de sus términos. A efectos aclaratorios no serán de aplicación la presente Causa de Vencimiento Anticipado por actos propios de las Acreditantes Firmantes.

v. Sustitución del Plan de Viabilidad 2020 por el Plan de Viabilidad 2023 a efectos de acomodarlo a la realidad actual de las deudoras.

El PR 2023 tiene por objeto permitir la continuidad en el corto y medio plazo adaptado a la nueva realidad del negocio de .... y .... El citado Plan de Viabilidad 2023 se incorpora anexo al propio plan de reestructuración y el mismo sustituye al Plan de Viabilidad 2020 que se incorporaba Anexo al AMR 2020. El citado Plan de Viabilidad 2023 ha sido elaborado por parte del Asesor Financiero y es objeto de análisis por nuestra parte como Expertos en la Reestructuración en posteriores apartados.

vi. Mantenimiento en vigor y eficacia el contenido del Acuerdo de Refinanciación 2020.

En todo aquello no por el PR 2023 las Partes acuerdan que se estará al clausulado previsto del AMR 2020 en todo lo no modificado por en esta cláusula .... y en cada uno de los Instrumentos Bilaterales, especialmente las Cláusulas .... (Amortización), ... (Derecho y obligaciones de las Acreditantes), ... (Obligaciones de los Obligados), ... (Vencimiento Anticipado de la Refinanciación) y .... (Garantías) del Acuerdo de Refinanciación 2020 y el mantenimiento de las Garantías Existentes del AMR 2020.

En este sentido, los Acreedores Participantes manifiestan que las modificaciones que se contienen en el presente PR 2023 respecto de los Créditos Afectados avalados con Garantía ICO se efectúan concurriendo las circunstancias previstas en los correspondientes Reales Decretos y Acuerdos del Consejo de Ministros adoptados al amparo del Marco Temporal Europeo y el artículo 16.2 del Real Decreto Ley 5/2021 a que se refiere el

Párrafo Tercero del Apartado 7 de la Disposición Adicional Octava de la ley Concursal conforme a su vigente redacción, por lo que las novaciones modificativas no extintivas de dichos Créditos Afectados se encuentran dentro de las autorizaciones amparadas en dicha normativa, por lo que para el voto favorable de los Acreedores Participantes por dichos créditos no se necesita recabar autorización de la Agencia Estatal de Administración Tributaria, y ello de conformidad con dicho Apartado de la Disposición Adicional 8ª de la Ley Concursal.

A la vista de lo anterior, de acuerdo con la definición efectuada por el art. 614 TRLCOF[7] sobre el concepto de plan de reestructuración el PR 2023 formulado por .... y .... cumpliría con la definición para ser considerado un plan de reestructuración de los regulados en el Título III del Libro Segundo del TRLC, en tanto en cuanto el mismo tiene por objeto la modificación de las condiciones de los pasivos financieros de las deudoras (especialmente la extensión de los vencimientos de las líneas de circulante necesarias para la continuación de la actividad), consiguiendo con ello la viabilidad a corto y largo plazo del negocio, superando la situación de insolvencia inminente a la que se vería abocada en el supuesto de no llevarse a término la citada modificación de las condiciones de los pasivos financieros y evitando con ello la declaración de concurso de ambas empresas.

13 Ámbito subjetivo de aplicación del Título III del Libro Segundo del TRLC al PR 2023 formulado por .... y ....

De acuerdo con el art. 615 TRLC el PR 2023 formulado por .... y .... a sus acreedores financieros cumpliría con los requisitos de ámbito de aplicación del TRLC en tanto en cuanto a través del mismo se pretende:

i. Llevar a término una extensión de sus efectos mediante la preceptiva homologación judicial frente al Acreedor No participante .... (en su doble condición de titular de los Créditos Afectados titularidad de .... y de los Créditos Afectados originalmente de .... de los que es cesionaria) como Acreedor No Participante que no ha suscrito el PR 2023.

ii. En tanto en cuanto las Partes pretenden proteger los actos, operaciones o negocios realizados en el contexto del PR 2023 frente al régimen general de las acciones rescisorias.

14 Créditos afectados por el PR 2023 formulado por .... y .... Perímetro de la reestructuración conforme al art. 616 TRLC y cómputo de los créditos afectados conforme al art. 617 TRLC.

De acuerdo con lo establecido por el art. 616 TRLC se considerarán créditos afectados los créditos que en virtud del plan de reestructuración sufran una modificación de sus

---

7 Artículo 614. Concepto.
Se considerarán planes de reestructuración los que tengan por objeto la modificación de la composición, de las condiciones o de la estructura del activo y del pasivo del deudor, o de sus fondos propios, incluidas las transmisiones de activos, unidades productivas o de la totalidad de la empresa en funcionamiento, así como cualquier cambio operativo necesario, o una combinación de estos elementos.

términos o condiciones, en particular, la modificación de la fecha de vencimiento, la modificación del principal o los intereses, la conversión en crédito participativo o subordinado, acciones o participaciones sociales, o en cualquier otro instrumento de características o rango distintos de aquellos que tuviese el crédito originario, la modificación o extinción de las garantías, personales o reales, que garanticen el crédito, el cambio en la persona del deudor o la modificación de la ley aplicable al crédito.

De acuerdo con lo anterior, en el caso del PR 2023 formulado por .... y .... los créditos afectados serán aquellos correspondientes a los acreedores de pasivos financieros firmantes del AMR 2020, que a su vez son acreedores de pasivos financieros firmantes del PR 2023, así como los correspondientes al Acreedor No Firmante .... (en su doble condición de titular de los Créditos Afectados titularidad de .... y de los Créditos Afectados originalmente de .... de los que es cesionaria), por el saldo de principal e intereses y recargos que, en su caso, se encuentren vencidos al tiempo de la formalización del plan en instrumento público.

En el caso que nos ocupa, a los efectos del art. 617.1 TRLC no existen importes vencidos y pendientes de pago en concepto de intereses y recargos, derivados de los créditos afectados por el PR 2023.

Conforme a lo dispuesto en el art. 617.2 TRLC en los contratos de crédito solo se ha computado la parte del crédito dispuesto en el momento de la formalización del plan en instrumento público.

De acuerdo con lo anterior, la relación de pasivos financieros de los Acreedores Afectados conforme a lo establecido en los arts. 616 y 617 TRLC a la fecha del PR 2023 en instrumento público es la mostrada en la Tabla V.

Tabla V. Relación de pasivos financieros de los Acreedores Afectados por el PR 2023 procedentes del AMR 2020

Producto	Banco	ICO	TRAMO AMR 2020	Dispuesto	Dispuesto	TOTAL DISPUESTO	Límite
Préstamo TLA	......	N	......	......	......	......	......
Préstamo TLA	......	N	......	......	......	......	......
Préstamo TLA	......	N	......	......	......	......	......
Préstamo TLA	......	N	......	......	......	......	......
Préstamo ICO	......	Y	......	......	......	......	......
Préstamo TLA	......	N	......	......	......	......	......
Préstamo ICO	......	Y	......	......	......	......	......
Póliza crédito	......	Y	......	......	......	......	......
Póliza crédito	......	Y	......	......	......	......	......
Renting	......	N	......	......	......	......	......
Factoring sin recurso	......	N	......	......	......	......	......

Producto	Banco	ICO	TRAMO AMR 2020	Dispuesto	Dispuesto	TOTAL DISPUESTO	Límite
Factoring sin recurso	......	N	......	......	......	......	......
Confirming	......	Y	......	......	......	......	......
Confirming	......	N	......	......	......	......	......
Dto. SEPA	......	N	......	......	......	......	......
COMEX	......	N	......	......	......	......	
Préstamo TLA	......	N	......	......	......	......	......
Préstamo ICO	......	Y	......	......	......	......	......
Póliza crédito	......	Y	......	......	......	......	......
Dto. Pagaré	......	N	......	......	......	......	......
Dto. SEPA	......	N	......	......	......	......	......
Confirming	......	N	......	......	......	......	......
COMEX	......	N	......	......	......	......	......
Préstamo TLA	......	N	......	......	......	......	......
Préstamo ICO	......	Y	......	......	......	......	......
Póliza crédito	......	Y	......	......	......	......	......
Factoring sin recurso	......	N	......	......	......	......	......
Dto. pagaré y SEPA	......	N	......	......	......	......	......
Préstamo TLA	......	N	......	......	......	......	......
Póliza crédito	......	N	......	......	......	......	......
COMEX	......	N	......	......	......	......	......
Confirming	......	N	......	......	......	......	......
Préstamo TLA	......	N	......	......	......	......	......
Préstamo ICO	......	Y	......	......	......	......	......
Póliza crédito	......	Y	......	......	......	......	......
COMEX	......	N	......	......	......	......	......
Dto. pagaré y SEPA	......	N	......	......	......	......	
Préstamo TLA	......	N	......	......	......	......	......
Préstamo ICO	......	Y	......	......	......	......	......
Póliza crédito	......	Y	......	......	......	......	......
Dto. pagaré y SEPA	......	Y	......	......	......	......	......
Préstamo TLA	......	N	......	......	......	......	......
Préstamo ICO	......	Y	......	......	......	......	......
Póliza crédito	......	Y	......	......	......	......	......

Producto	Banco	ICO	TRAMO AMR 2020	Dispuesto	Dispuesto	TOTAL DISPUESTO	Límite
COMEX	......	N	......	......	......	......	......
Préstamo TLA	......	N	......	......	......	......	......
Préstamo ICO	......	Y	......	......	......	......	......
Dto. pagaré y SEPA	......	N	......	......	......	......	......
TOTAL CRÉDITOS AFECTADOS POR EL PR 2023				......	......	......	......

De acuerdo con lo anterior, varias son las cuestiones que hay que tener en consideración:

i. El importe de los créditos que en el AMR 2020 estaban titulados por .... en la actualidad han pasado a estar titulados por .... como sucesora universal de las obligaciones y derechos de la primera, con ocasión de su fusión con la segunda.

ii. A efectos de simple nomenclatura en las Tablas, los créditos de la entidad .... se muestran conjuntamente con los créditos de ...., siendo los créditos titulados por aquella entidad los correspondientes al Confirming incluido en el Tramo B. En cualquiera de los casos la emisión del voto se efectúa de manera individual e independiente por aquella entidad respecto a los créditos titulados por esta última.

iii. A efectos de simple nomenclatura en las Tablas, los créditos de la entidad .... se muestran conjuntamente con los créditos de ...., siendo los créditos titulados por aquella entidad los correspondientes al Confirming incluido en el Subtramo D4.II. En cualquiera de los casos la emisión del voto se efectúa de manera individual e independiente por aquella entidad respecto a los créditos titulados por esta última.

iv. En la actualidad los Subtramos D5.I y D5.II están totalmente amortizados, por lo que ya no constan saldos vivos vinculados a los mismos.

v. El PR 2023, no producirá la afectación de los créditos laborales, de los créditos comerciales, ni de los créditos titulados por acreedores públicos, incluidos los créditos del ...., ni tampoco los del ...., independientemente que, en este último caso, en su momento el acreedor se viera homologado y se le extendieran parcialmente los efectos del AMR 2020.

Ahora bien, de acuerdo con el art. 642.2 TRLC, al encontrarnos ante un plan de reestructuración conjunto, los requisitos para la homologación deberán cumplirse en relación con cada uno de los deudores, por lo que habrá que estar a la posición de cada una de las deudoras como acreditadas y/o fiadoras solidarias respecto a cada uno de los Tramos que son objeto de reestructuración (Tabla VI).

Tabla VI. Condición de acreditadas y garantes solidarias de .... y .... en el PR 2023 por Tramos

	COMO ACREDITADAS		COMO GARANTE SOLIDARIA	
TRAMO	....	....	....	....
Tramo A Préstamos LP ICO Y NO ICO	√	√	√	√
Tramo B	√		√	
Tramo C	√		√	√
STD1.I Financiación Vtas ICO	√	√	√	√
STD1.II Financiación Vtas	√	√	√	√
STD2 Factoring	√	√	√	√
STD3.I Pólizas crédito ICO	√		√	√
STD3.II Pólizas crédito	√		√	√
STD4.I Confirming ICO	√		√	√
STD4.II Confirming	√		√	√

En este caso, teniendo en consideración la Estipulación .... apartados .... y .... del AMR 2020 ambas deudoras, en el contexto del PR 2023, responderán solidariamente del pago de la totalidad de los créditos, salvo del Tramo B, el cual no se extenderá las garantías previstas en la Estipulación .... (Garantías), tal y como se prevé en las definiciones del AMR 2020 de tal Tramo.

Conforme a lo anterior, en la Tabla VII se muestra la relación de créditos afectados por el PR 2023 de acuerdo con su categorización por Tramos conforme al AMR 2020, en los importes dispuestos que corresponderían a .... En la Tabla VIII se muestra la relación de créditos afectados por el PR 2023 de acuerdo con su categorización por Tramos conforme al AMR 2020, en los importes dispuestos que corresponderían a ...., dado que, pese a no ser Acreditada en todos los Tramos, es obligada al pago de la totalidad de estos, salvo del Tramo B, en su condición de garante solidaria de ....

En todo caso, tanto en .... como en ...., el perímetro de créditos afectados por el PR 2023 supera el umbral del 51% sobre el pasivo total exigido por el art. 667 TRLC para gozar de los beneficios allí regulados.

Tabla VII. Créditos afectados por el PR 2023 de .... conforme al art. 616 TRLC de acuerdo con su categorización por Tramos conforme al AMR 2020.

Acreditantes	Tramo A	% TA	AVAL ICO	Tramo B	% TB	AVAL ICO	Tramo C	% TC	AVAL ICO	STD1.I Financiación Vtas	% STD1.I	AVAL ICO	STD1.II Financiación Vtas	% STD1.II	AVAL ICO
....	......	......	......	......	......	......	......	......	......	......	......	......	......	......	......
....	......	......	......	......	......	......	......	......	......	......	......	......	......	......	......
....	......	......	......	......	......	......	......	......	......	......	......	......	......	......	......
....	......	......	......	......	......	......	......	......	......	......	......	......	......	......	......
....	......	......	......	......	......	......	......	......	......	......	......	......	......	......	......
....	......	......	......	......	......	......	......	......	......	......	......	......	......	......	......
....	......	......	......	......	......	......	......	......	......	......	......	......	......	......	......
....	......	......	......	......	......	......	......	......	......	......	......	......	......	......	......
TOTAL	......	......	......	......	......	......	......	......	......	......	......	......	......	......	......

Acreditantes	STD2 Factoring	% STD2	AVAL ICO	STD3.I Pólizas crédito	% STD3.I	AVAL ICO	STD3.II Pólizas crédito	% STD3.II	AVAL ICO	STD4.I Confirming	% STD4.I	AVAL ICO	STD4.II Confirming	% STD4.II	AVAL ICO	TOTAL	%
......	......	......	......	......	......	......	......	......	......	......	......	......	......	......	......	......	......
......	......	......	......	......	......	......	......	......	......	......	......	......	......	......	......	......	......
......	......	......	......	......	......	......	......	......	......	......	......	......	......	......	......	......	......
......	......	......	......	......	......	......	......	......	......	......	......	......	......	......	......	......	......
......	......	......	......	......	......	......	......	......	......	......	......	......	......	......	......	......	......
......	......	......	......	......	......	......	......	......	......	......	......	......	......	......	......	......	......
......	......	......	......	......	......	......	......	......	......	......	......	......	......	......	......	......	......
......	......	......	......	......	......	......	......	......	......	......	......	......	......	......	......	......	......
TOTAL	......	......	......	......	......	......	......	......	......	......	......	......	......	......	......	......	......

Tabla VIII. Créditos afectados por el PR 2023 de .... conforme al art. 616 TRLC de acuerdo con su categorización por Tramos conforme al AMR 2020

Acreditantes	Tramo A	% TA	AVAL ICO	Tramo C	% TC	AVAL ICO	STD1.I Financiación Vtas	% STD1.I	AVAL ICO	STD1.II Financiación Vtas	% STD1.II	AVAL ICO	STD2 Factoring	% STD2	AVAL ICO
....	......	......	......	......	......	......	......	......	......	......	......	......	......	......	......
....	......	......	......	......	......	......	......	......	......	......	......	......	......	......	......
....	......	......	......	......	......	......	......	......	......	......	......	......	......	......	......
....	......	......	......	......	......	......	......	......	......	......	......	......	......	......	......
....	......	......	......	......	......	......	......	......	......	......	......	......	......	......	......
....	......	......	......	......	......	......	......	......	......	......	......	......	......	......	......
....	......	......	......	......	......	......	......	......	......	......	......	......	......	......	......
....	......	......	......	......	......	......	......	......	......	......	......	......	......	......	......
TOTAL	......	......	......	......	......	......	......	......	......	......	......	......	......	......	......

Acreditantes	STD3.I Pólizas crédito	% STD3.I	AVAL ICO	STD3. II Pólizas crédito	% STD3.II	AVAL ICO	STD4.I Confirming	% STD4.I	AVAL ICO	STD4.II Confirming	% STD4.II	AVAL ICO	TOTAL	%
....	......	......	......	......	......	......	......	......	......	......	......	......	......	......
....	......	......	......	......	......	......	......	......	......	......	......	......	......	......
....	......	......	......	......	......	......	......	......	......	......	......	......	......	......
....	......	......	......	......	......	......	......	......	......	......	......	......	......	......
....	......	......	......	......	......	......	......	......	......	......	......	......	......	......
....	......	......	......	......	......	......	......	......	......	......	......	......	......	......
....	......	......	......	......	......	......	......	......	......	......	......	......	......	......
....	......	......	......	......	......	......	......	......	......	......	......	......	......	......
TOTAL	......	......	......	......	......	......	......	......	......	......	......	......	......	......

15. De la formación de Clases prevista por el PR 2023 de .... y .... de acuerdo con lo establecido en el Capítulo III, del Título III del Libro Segundo del TRLC

16. Criterio general para la formación de Clases contenido en el PR 2023 de .... y ....

El PR 2023 de .... y ...., prevé como criterio general la formación de tres clases de acreedores de acuerdo con lo establecido en los arts. 622 y ss. TRLC, así tendríamos:

i. Clase 1: Créditos con garantía real sobre bienes del deudor conforme al art. 624 TRLC, que cuenten con garantía del aval ICO.

ii. Clase 2: Créditos con garantía real sobre bienes del deudor conforme al art. 624 TRLC, que NO cuenten con garantía del aval ICO.

iii. Clase 3: Créditos sin garantía real e importe de los créditos con garantía real en la cuantía que exceda del Límite del Privilegio Especial, que cuenten con garantía del aval ICO.

iv. Clase 4: Créditos sin garantía real e importe de los créditos con garantía real en la cuantía que exceda del Límite del Privilegio Especial, que NO cuenten con garantía del aval ICO.

Para la configuración de las anteriores Clases se parte asimismo de la estructura de Tramos procedentes del AMR 2020, tanto para .... como para ....

En nuestra opinión como Expertos de la Reestructuración, entendemos que tal Clasificación respetaría las previsiones legales de carácter imperativo, contenidas en los arts. 622, 623 y 624 TRLC, dado que:

a. Se respeta el interés común de los acreedores, dado que en las Clases se agrupan créditos de igual rango determinado por el orden de pago en el concurso de acreedores, considerando por un lado la Clase Única de créditos garantizados conforme al art. 624, cuantificando la misma a partir de la determinación del Valor Razonable de los Bienes del deudor otorgados en garantía y del Límite del Privilegio Especial, de acuerdo con lo establecido en los arts. 272 y 273 TRLC.

b. Todos los créditos afectados, tienen naturaleza de créditos financieros, conforme a lo establecido en el art. 623.4 TRLC.

c. Los créditos que exceden del Límite del Privilegio Especial y que por tanto no tienen la consideración de créditos garantizados, serían créditos de naturaleza ordinaria en la masa pasiva de un posterior concurso de acreedores de las deudoras, si bien los mismos se separan potestativamente entre créditos que disponen de garantía de aval ICO, de aquellos que no la tienen.

d. Asimismo, en tanto en cuanto no se adeudan intereses ni recargos vencidos vinculados a los créditos incluidos en las Clases 1 a 3, no es preceptiva la formación de una cuarta Clase con créditos subordinados.

e. Dado que los acreedores afectados por el PR 2023, en ningún caso tienen la consideración de PYME`S y éste no supone para ellos ellas un sacrificio superior al cincuenta por ciento del importe de sus créditos, no es necesaria la formación de la Clase separada prevista en el art. 623.3 in fine TRLC de carácter imperativo.

17. De la formación de Clases en .... de acuerdo con los criterios definidos en el PR 2023

18. De la Clase 1 en ....

La Clase 1, tal y como expresa el PR 2023 estará reservada para los créditos con garantía real sobre bienes del deudor, tal y como establece el art. 624 TRLC, estará reservada para los Créditos afectados por el Plan de Reestructuración que gocen de garantía real sobre bienes titularidad de la propia ...., pero que además cuenten con garantía de aval ICO.

De la totalidad de bienes y derechos otorgados en garantía conforme a la Estipulación .... del AMR 2020, únicamente serían titularidad de .... los siguientes:

· Derecho real de hipoteca de primer rango sobre la Nave de ...., con número de finca registral .... inscrita en el Registro de la Propiedad de ...., donde se ubica la planta productiva de la Acreditada, propiedad de la ....

El resto de bienes y derechos entregados en garantía para el aseguramiento de los Tramos del AMR 2020, relacionados en la citada Estipulación ...., no otorgarían privilegio especial a los acreedores afectados e integrados en la Clase 1, en tanto en cuanto los citados bienes serían titularidad de terceros distintos a la deudora ....

19. Determinación del LPE sobre la finca registral .... inscrita en el Registro de la Propiedad de ....

De acuerdo con lo anterior, el valor razonable del bien inmueble correspondiente a la finca registral núm. .... inscrita en el Registro de la Propiedad de .... se ha obtenido, de acuerdo con lo establecido por el art. 273.1.1° del TRLC, del informe de tasación emitido por la entidad de tasación homologada por el Banco de España .... de fecha .... de .... de ...., habiéndosele asignado un valor razonable de ....

A este valor razonable se le debe deducir el 10% de acuerdo con lo establecido en el art. 275.1.1° TRLC, con lo que el 90% del valor razonable se situaría en ....

No procedería efectuar ninguna deducción adicional al valor razonable, en tanto en cuanto no existen créditos pendientes que gocen de garantía preferente sobre el mismo bien, según lo establecido en el art. 275.1.2° del TRLC.

Recordando la Estipulación .... del AMR, la garantía real sobre el anterior bien:

i. Está constituidas en igualdad de rango y a prorrata para el aseguramiento de las operaciones incluidas en el Tramo A, el Tramo C, y los Subtramos D3 (pólizas de crédito), D4 (confirming) y D5 (póliza crédito corto plazo, actualmente amortizadas íntegramente), para aquellos acreedores financieros firmantes del AMR 2020. De los anteriores Tramos los que dispondrían a su vez de garantía de aval ICO serían el Tramo C (préstamos ICO), el Subtramo D3.I (pólizas crédito con aval ICO) y el Subtramo D4.I (confirming con aval ICO).

ii. Los Subtramos D1 y D2, no quedarían asegurados por la anterior garantía real.

iii. Asimismo, las operaciones correspondientes a .... como entidad no firmante del AMR 2020, correspondientes al Tramo A (Préstamos a Largo Plazo) y a los Subtramos D3.II (Pólizas de Crédito) y D4.II (Confirming), tampoco quedarían aseguradas por la anterior garantía real, al otorgarse la misma únicamente como incentivo para las entidades firmantes del AMR 2020.

De acuerdo con lo anterior y considerando lo establecido en el art. 277 del TRLC, se habría constituido una garantía en proindiviso distribuida en igualdad de rango a prorrata entre varios Tramos y varios acreedores, que para el caso de la finca registral núm. .... inscrita en el Registro de la Propiedad de ...., quedaría distribuida conforme a lo establecido en la Tabla IX.

Tabla IX. Distribución del LPE entre los Tramos garantizados con la finca .... inscrita en el Registro de la Propiedad de ...., según el AMR 2020

	Tramo	% Tramo	Valor atribuible del LPE
Hipoteca Finca	......	......	......
Tramo A	......	......	......
....	......	......	......
....	......	......	......
....	......	......	......
....	......	......	......
....	......	......	......
....	......	......	......
....	......	......	......
Tramo C	......	......	......
....	......	......	......
....	......	......	......
....	......	......	......
....	......	......	......
....	......	......	......
....	......	......	......

	Tramo	% Tramo	Valor atribuible del LPE
....	......	......	......
STD3.I Pólizas crédito	......	......	......
....	......	......	......
....	......	......	......
....	......	......	......
....	......	......	......
....	......	......	......
....	......	......	......
STD4.I Confirming	......	......	......
....	......	......	......
STD4.II Confirming	......	......	......
....	......	......	......
....	......	......	......
TOTAL	......	......	......

20. Créditos correspondientes a los Tramos del AMR 2020 e importe de los mismos incluidos en la Clase 1 de ....

De acuerdo con la distribución del LPE entre los diferentes créditos la Clase 1 de .... estaría formada por créditos que totalizarían un importe de ...., coincidente con el límite del privilegio especial asignado de la finca registral núm. .... inscrita en el Registro de la Propiedad de ....

Estos créditos quedarían identificados en la Tabla X por tipología del Tramo garantizado del que procederían según el AMR 2020 y en la Tabla XI según la entidad Acreditante con identificación del% cuyos créditos representan dentro de la Clase 1.

Tabla X. Composición de la Clase 1 de ...., según la tipología de Tramos con garantías reales y aval ICO del que procedería según el AMR 2020

	Tramos integrados en la Clase	....
Clase 1	Tramo C Préstamos ICO cubiertos por el LPE	......
	STD3.I Pólizas crédito con aval ICO cubiertas por el LPE	......
	STD4.I Confirming con aval ICO cubiertas por el LPE	......
	TOTAL CLASE 1	......

Tabla XI. Composición de la Clase 1 de ...., según entidad Acreditante de los Tramos con garantías reales y aval ICO

Acreditantes	TOTAL	% Clase 1
......	......	......
......	......	......
......	......	......
......	......	......
......	......	......
......	......	......
......	......	......
TOTAL CLASE 1	......	......

En la Tabla XII se incorpora el detalle íntegro de la Clase 1, considerando la tipología de Tramo de procedencia del AMR 2020 y la entidad Acreditante.

Tabla XII. Detalle de la composición de la Clase 1 de ...., según Tramos y entidad Acreditante

Acreditantes	Tramo C	% TC	AVAL ICO	STD3.I Pólizas crédito	% STD3.I	AVAL ICO	STD4.I Confirming	% STD4.I	AVAL ICO	TOTAL	% Clase 1
......	......	......	......	......	......	......	......	......	......	......	......
......	......	......	......	......	......	......	......	......	......	......	......
......	......	......	......	......	......	......	......	......	......	......	......
......	......	......	......	......	......	......	......	......	......	......	......
......	......	......	......	......	......	......	......	......	......	......	......
......	......	......	......	......	......	......	......	......	......	......	......
......	......	......	......	......	......	......	......	......	......	......	......
......	......	......	......	......	......	......	......	......	......	......	......
TOTAL	......	......	......	......	......	......	......	......	......	......	......

21. De la Clase 2 en ....

La Clase 2, tal y como expresa el PR 2023, tal y como establece el art. 624 TRLC, estará reservada para los Créditos afectados por el Plan de Reestructuración que gocen de garantía real sobre bienes titularidad de la propia ...., que NO cuenten con garantía de aval ICO.

De la totalidad de bienes y derechos otorgado en garantía conforme a la Estipulación .... del AMR 2020, únicamente serían titularidad de .... los siguientes:

· Derecho real de hipoteca de primer rango sobre la Nave de ...., con número de finca registral .... inscrita en el Registro de la Propiedad de ...., donde se ubica la planta productiva de la Acreditada, propiedad de la ....

· Derecho sobre los bienes y derechos incluidos en los contratos de leasing y renting del Tramo B.

El resto de bienes y derechos entregados en garantía para el aseguramiento de los Tramos del AMR 2020, relacionados en la citada Estipulación ...., no otorgarían privilegio especial a los acreedores afectados e integrados en la Clase 1, en tanto en cuanto los citados bienes serían titularidad de terceros distintos a la deudora ....

22. Determinación del LPE sobre la finca registral nº .... inscrita en el Registro de la Propiedad de ....

De acuerdo con lo anterior, el valor razonable del bien inmueble correspondiente a la finca registral núm. .... inscrita en el Registro de la Propiedad de .... se ha obtenido, de acuerdo con lo establecido por el art. 273.1.1° del TRLC, del informe de tasación emitido por la entidad de tasación homologada por el Banco de España .... de fecha .... de .... de ...., habiéndosele asignado un valor razonable de ....

A este valor razonable se le debe deducir el 10% de acuerdo con lo establecido en el art. 275.1.1° TRLC, con lo que el 90% del valor razonable se situaría en ....

No procedería efectuar ninguna deducción adicional al valor razonable, en tanto en cuanto no existen créditos pendientes que gocen de garantía preferente sobre el mismo bien, según lo establecido en el art. 275.1.2° del TRLC.

Recordando la Estipulación .... del AMR, la garantía real sobre el anterior bien:

i. Está constituidas en igualdad de rango y a prorrata para el aseguramiento de las operaciones incluidas en el Tramo A, el Tramo C, y los Subtramos D3 (pólizas de crédito), D4 (confirming) y D5 (póliza crédito corto plazo), para aquellos acreedores financieros firmantes del AMR 2020. De los anteriores Tramos los que NO dispondrían de garantía de aval ICO serían el Tramo A (préstamos a largo plazo) y el Subtramo D4.II (confirming).

ii. Los Subtramos D1 y D2, no quedarían asegurados por la anterior garantía real.

iii. Los Subtramos D1 y D2, no quedarían asegurados por la anterior garantía real.

iv. Asimismo, las operaciones correspondientes a .... como entidad no firmante del AMR 2020, correspondientes al Tramo A (Préstamos a Largo Plazo) y a los Subtramos D3.II (Pólizas de Crédito) y D4.II (Confirming), tampoco quedarían aseguradas por la anterior garantía real, al otorgarse la misma únicamente como incentivo para las entidades firmantes del AMR 2020.

De acuerdo con lo anterior y considerando lo establecido en el art. 277 del TRLC, se habría constituido una garantía en proindiviso distribuida en igualdad de rango a prorrata entre varios Tramos y varios acreedores, que para el caso de la finca registral núm. .... inscrita en el Registro de la Propiedad de ...., quedaría distribuida conforme a lo establecido en la Tabla XII.

Tabla XIII. Distribución del LPE entre los Tramos garantizados con la finca nº .... inscrita en el Registro de la Propiedad de ...., según el AMR 2020

	Tramo	% Tramo	Valor atribuible del LPE
Hipoteca Finca	......	......	......
Tramo A	......	......	......
......	......	......	......
......	......	......	......
......	......	......	......
......	......	......	......
......	......	......	......
......	......	......	......
......	......	......	......
Tramo C	......	......	......
......	......	......	......
......	......	......	......
......	......	......	......
......	......	......	......
......	......	......	......
......	......	......	......
......	......	......	......
STD3.I Pólizas crédito	......	......	......
......	......	......	......
......	......	......	......
......	......	......	......
......	......	......	......
......	......	......	......
......	......	......	......
STD4.I Confirming	......	......	......
......	......	......	......
STD4.II Confirming	......	......	......
......	......	......	......
......	......	......	......
TOTAL	......	......	......

23. Determinación del LPE sobre los Bienes y Derechos en Régimen de Arrendamiento Financiero pertenecientes al Tramo B del AMR 2020

(Se ha solicitado tasación del activo inmobiliario que se encuentra en el contrato de arrendamiento financiero. Se ha trabajado con el escenario de considerar que la tasación va a dar cobertura íntegra al valor del crédito incluido en el TB para ...., lo que tiene transcendencia en la composición de las Clases 2 y 4 de ....). (Tabla XIV)

Tabla XIV. Distribución del LPE de vinculado al leasing

	Tramo	% Tramo	Valor atribuible LME
Leasing	......	......	......
Tramo B	......	......	......
......	......	......	......

24. Créditos correspondientes a los Tramos del AMR 2020 e importe de los mismos incluidos en la Clase 2 de ....

De acuerdo con la distribución del LPE entre los diferentes créditos la Clase 2 de .... estaría formada por créditos que totalizarían un importe de ...., coincidente con la suma del límite del privilegio especial asignado al Tramo A y al Subtramo D4.II de la finca registral núm. .... inscrita en el Registro de la Propiedad de .... y al Tramo B de los bienes en leasing.

Estos créditos quedarían identificados en la Tabla XV por tipología del Tramo garantizado del que procederían según el AMR 2020 y en la Tabla XVI según la entidad Acreditante con identificación del% cuyos créditos representan dentro de la Clase 2. En la Tabla XVII se incorpora el detalle íntegro de la Clase 2, considerando la tipología de Tramo de procedencia del AMR 2020 y la entidad Acreditante.

Tabla XV. Composición de la Clase 2 de ...., según la tipología de Tramos con garantías reales del que procedería según el AMR 2020

	Tramos integrados en la Clase	....
Clase 2	Tramo A Préstamos LP cubiertos por el LPE	......
	Tramo B Leasing cubiertos por el LPE	......
	STD4.II Confirming sin aval ICO cubiertas por el LPE	......
	TOTAL CLASE 2	......

Tabla XVI. Composición de la Clase 2 de ...., según entidad Acreditante de los Tramos con garantías reales

Acreditantes	TOTAL	% Clase 2
......	......	......
......	......	......
......	......	......
TOTAL	......	......

Tabla XVII. Detalle de la composición de la Clase 2 de ...., según Tramos y entidad Acreditante

Acreditantes	Tramo A	% TA	AVAL ICO	Tramo B	% TB	AVAL ICO	STD4.II Confirming	% STD4.II	AVAL ICO	TOTAL	% Clase 2
......	......	......	......	......	......	......	......	......	......	......	......
......	......	......	......	......	......	......	......	......	......	......	......
......	......	......	......	......	......	......	......	......	......	......	......
......	......	......	......	......	......	......	......	......	......	......	......
......	......	......	......	......	......	......	......	......	......	......	......
......	......	......	......	......	......	......	......	......	......	......	......
......	......	......	......	......	......	......	......	......	......	......	......
TOTAL	......	......	......	......	......	......	......	......	......	......	......

25. De la Clase 3 en ....

La Clase 3 estaría reservada para los créditos sin garantía real y para el importe de los créditos con garantía real en la cuantía que exceda del Límite del Privilegio Especial correspondiente a la Clase 1, que a su vez dispongan de garantía de aval ICO.

Dentro de la citada Clase, encontramos cuatro Tramos del AMR 2020 que reunirían estos requisitos, véase, los créditos pertenecientes al Tramo C (préstamos ICO) en la parte no cubierta por el LPE de la Clase 1, el Subtramo D1.I (financiación de ventas), el Subtramo D3.I (pólizas de crédito) en la parte no cubierta por el LPE de la Clase 1 y el Subtramo D4.I (confirming) en la parte no cubierta por el LPE de la Clase 1.

Estos créditos quedarían identificados en la Tabla XVIII por tipología del Tramo del que procederían según el AMR 2020 y en la Tabla XIX según la entidad Acreditante con identificación del% cuyos créditos representan dentro de la Clase 3.

Tabla XVIII. Composición de la Clase 3 de ...., según la tipología de Tramos sin garantía real, pero con aval ICO, del que procedería según el AMR 2020

	Tramos integrados en la Clase	....
Clase 2	Tramo C Préstamos ICO no cubiertos por el LPE	......
	STD1.I Financiación Ventas con aval ICO	......
	STD3.I Pólizas crédito con aval ICO no cubiertas por el LPE	......
	STD4.I Confirming con aval ICO no cubiertas por el LPE	......
	TOTAL CLASE 2	......

Tabla XIX. Composición de la Clase 2 de ...., según entidad Acreditante de los Tramos sin garantía real, pero con aval ICO

Acreditantes	TOTAL	% Clase 2
......	......	......
......	......	......
......	......	......
......	......	......
......	......	......
......	......	......
......	......	......
......	......	......

En la Tabla XX se incorpora el detalle íntegro de la Clase 3, considerando la tipología de Tramo de procedencia del AMR 2020 y la entidad Acreditante.

Tabla XX. Detalle de la composición de la Clase 3 de ...., según Tramos y entidad Acreditante

Acreditantes	Tramo C	% TC	AVAL ICO	STD1.I Financiación Vtas	% STD1.I	AVAL ICO	STD3.I Pólizas crédito	% STD3.I	AVAL ICO	STD4.I Confirming	% STD4.I	AVAL ICO	TOTAL	% Clase 3
......	......	......	......	......	......	......	......	......	......	......	......	......	......	......
......	......	......	......	......	......	......	......	......	......	......	......	......	......	......
......	......	......	......	......	......	......	......	......	......	......	......	......	......	......
......	......	......	......	......	......	......	......	......	......	......	......	......	......	......
......	......	......	......	......	......	......	......	......	......	......	......	......	......	......
......	......	......	......	......	......	......	......	......	......	......	......	......	......	......
......	......	......	......	......	......	......	......	......	......	......	......	......	......	......
TOTAL CLASE 3	......	......	......	......	......	......	......	......	......	......	......	......	......	......

26. De la Clase 4 en ....

La Clase 4 estaría reservada para los créditos sin garantía real y para el importe de los créditos con garantía real en la cuantía que exceda del Límite del Privilegio Especial correspondiente a la Clase 2, que a su vez NO disponen de garantía de aval ICO.

Dentro de la citada Clase, encontramos cinco Tramos del AMR 2020 que reunirían estos requisitos, véase, los créditos pertenecientes al Tramo A (préstamos Largo Plazo) en la parte no cubierta por el LPE de la Clase 2, Tramo B (Leasing y Renting) en la parte no cubierta por el LPE de la Clase 2, el Subtramo D1.II (financiación de ventas), el Subtramo D2 (Factoring), el Subtramo D3.II (pólizas de crédito) no cubiertas por el LPE de la Clase 2 y el Subtramo D4.II (confirming) no cubierto por el LPE de la Clase 2.

Estos créditos quedarían identificados en la Tabla XXI por tipología del Tramo del que procederían según el AMR 2020 y en la Tabla XXII según la entidad Acreditante con identificación del% cuyos créditos representan dentro de la Clase 4 y en la Tabla XXIII el detalle completo de la misma.

Tabla XXI. Composición de la Clase 4 de ...., según la tipología de Tramos no garantizados del que procedería según el AMR 2020

	Tramos integrados en la Clase	....
Clase 3	Tramo A Préstamos LP no cubiertos por el LPE	......
	Tramo B Leasing no cubiertos por el LPE	......
	STD1.II Financiación Ventas sin aval ICO	......
	STD2 Factoring	......
	STD3.II Pólizas crédito sin aval ICO no cubiertas por el LPE	......
	STD4.II Confirming sin aval ICO no cubiertas por el LPE	......
	TOTAL CLASE 4	......

Tabla XXII. Composición de la Clase 3 de ...., según entidad Acreditante de los Tramos no garantizados

Acreditantes	TOTAL	% Clase 4
....	......	......
....	......	......
....	......	......
....	......	......
....	......	......
....	......	......
....	......	......
....	......	......
TOTAL	......	......

Tabla XXIII. Detalle de la composición de la Clase 4 de ...., según Tramos y entidad Acreditante

Acredi-tantes	Tramo A	% TA	AVAL ICO	Tramo B	% TB	AVAL ICO	STD1.II Finan-ciación Vtas	% STD1.II	AVAL ICO	STD2 Facto-ring	% STD2	AVAL ICO	STD3.II Pólizas crédito	% STD3.II	AVAL ICO	STD4.II Confir-ming	% STD4.II	AVAL ICO	TOTAL	% Cla-se 3
......	......	......	......	......	......	......	......	......	......	......	......	......	......	......	......	......	......	......	......	......
......	......	......	......	......	......	......	......	......	......	......	......	......	......	......	......	......	......	......	......	......
......	......	......	......	......	......	......	......	......	......	......	......	......	......	......	......	......	......	......	......	......
......	......	......	......	......	......	......	......	......	......	......	......	......	......	......	......	......	......	......	......	......
......	......	......	......	......	......	......	......	......	......	......	......	......	......	......	......	......	......	......	......	......
......	......	......	......	......	......	......	......	......	......	......	......	......	......	......	......	......	......	......	......	......
......	......	......	......	......	......	......	......	......	......	......	......	......	......	......	......	......	......	......	......	......
......	......	......	......	......	......	......	......	......	......	......	......	......	......	......	......	......	......	......	......	......
TOTAL	......	......	......	......	......	......	......	......	......	......	......	......	......	......	......	......	......	......	......	......

27. Aprobación del PR 2023 por cada clase de créditos

Teniendo en consideración lo establecido en el art. 629 TRLC y dado que los Acreedores Afectados no se encuentran vinculados por un acuerdo o pacto de sindicación en los términos establecidos en el art. 630 TRLC, el cómputo de los derechos de voto conforme al art. 628 TRLC efectúa de manera individualizada por cada acreedor afectado respecto a cada Clase en la que han quedado encuadrados sus créditos.

Teniendo en cuenta la participación de los acreedores afectados en la firma del PR 2023, nos encontraríamos en la siguiente situación en .... y en ....

Tabla XXIV. Detalle de la posición de los Acreedores Afectados por el PR 2023

Acreditantes	....		....	
	Firmante	No Firmante	Firmante	No Firmante
......	√		√	
......	√		√	
......	√		√	
......	√		√	
......		x		x
......	√		√	
......	√		√	
......		x		x

28. Aprobación del PR 2023 por las clases de créditos en ....

29. Clase 1 ....

Considerando que la Clase 1 de .... estaría formada por créditos con garantía real, de acuerdo con lo establecido por el art. 629.2 TRLC, el plan de reestructuración se considerará aprobado si hubieran votado a favor tres cuartos del importe del pasivo correspondiente a esta clase, es decir que el voto a favor deberá ser ≥ 75,00%.

Conforme al voto emitido por los Acreedores Afectados integrados en la Clase 1 de .... el PR 2023 se considera APROBADO por la misma con un 93,93% de voto favorable.

Tabla XXV. Detalle de voto a favor y voto en contra del PR 2023 dentro de la Clase 1 de ....

Acreditantes	Clase 1	% Firmante	% No Firmante
......	SI	30,49%	
......	SI	32,23%	
......	SI	19,85%	
......	SI	7,43%	
......	NO		6,07%
......	SI	3,48%	
......	SI	0,44%	
TOTAL		93,93%	6,07%

30. Clase 2 ....

Considerando que la Clase 2 de .... estaría formada por créditos con garantía real, de acuerdo con lo establecido por el art. 629.2 TRLC, el plan de reestructuración se considerará aprobado si hubieran votado a favor tres cuartos del importe del pasivo correspondiente a esta clase, es decir que el voto a favor deberá ser ≥ 75,00%.

Conforme al voto emitido por los Acreedores Afectados integrados en la Clase 2 de .... el PR 2023 se considera APROBADO por la misma con un 96,86% de voto favorable.

Tabla XXVI. Detalle de voto a favor y voto en contra del PR 2023 dentro de la Clase 1 de ....

Acreditantes	Clase 2	% Firmante	% No Firmante
......	SI	69,38%	
......	SI	2,28%	
......	SI	18,13%	
......	SI	4,00%	
......	NO		3,14%
......	SI	2,20%	
......	SI	0,87%	
TOTAL		96,86%	3,14%

31. Clase 3 ....

Considerando que la Clase 2 de .... estaría formada por créditos sin garantía real, de acuerdo con lo establecido por el art. 629.1 TRLC, el plan de reestructuración se considerará aprobado si hubieran votado a favor más de los dos tercios del importe del pasivo correspondiente a esa clase, es decir que el voto a favor deberá ser > 66,67%.

Conforme al voto emitido por los Acreedores Afectados integrados en la Clase 2 de .... el PR 2023 se considera APROBADO por la misma con un 93,30% de voto favorable.

Tabla XXVII. Detalle de voto a favor y voto en contra del PR 2023 dentro de la Clase 3 de ....

Acreditantes	Clase 3	% Firmante	% No Firmante
......	SI	30,29%	
......	SI	32,01%	
......	SI	19,71%	
......	SI	7,38%	
......	NO		6,70%
......	SI	3,46%	
......	SI	0,44%	
TOTAL		93,30%	6,70%

32. Clase 4 ....

Considerando que la Clase 4 de .... estaría formada por créditos sin garantía real, de acuerdo con lo establecido por el art. 629.1 TRLC, el plan de reestructuración se considerará aprobado si hubieran votado a favor más de los dos tercios del importe del pasivo correspondiente a esa clase, es decir que el voto a favor deberá ser > 66,67%.

Conforme al voto emitido por los Acreedores Afectados integrados en la Clase 4 de .... el PR 2023 se considera APROBADO por la misma con un 78,73% de voto favorable.

Tabla XXVIII. Detalle de voto a favor y voto en contra del PR 2023 dentro de la Clase 3 de ....

Acreditantes	Clase 3	% Firmante	% No Firmante
......	SI	21,54%	
......	SI	21,71%	
......	SI	24,73%	
......	SI	5,07%	
......	NO		2,20%
......	SI	2,92%	
......	SI	2,75%	

Acreditantes	Clase 3	% Firmante	% No Firmante
......	NO		19,07%
TOTAL		78,73%	21,27%

33. Resumen sobre la aprobación del PR 2023 por las clases de créditos en .... y ....

A título de resumen del apartado 4.5.1 en la Tabla XXIX se muestra el resultado del voto favorable emitido por las diferentes Clases de .... respecto al PR 2023.

De acuerdo con ello el PR 2023 ha sido APROBADO POR TODAS LAS CLASES en las que han quedado encuadrados los créditos afectados.

Tabla XXIX. Resumen de voto a favor del PR 2023 dentro de la Clase en .... y ....

CLASES	....		
	Voto necesario	Voto Favorable	Aprobado
CLASE 1	≥ 75,00%	93,93%	√
CLASE 2	≥ 75,00%	96,86%	√
CLASE 3	> 66,67%	93,30%	√
CLASE 4	> 66,67%	78,73%	√

34. Sobre el cumplimiento de los requisitos formales de contenido del PR 2023 formulado por .... y .... de acuerdo con el art. 633 TRLC

En nuestra condición de Expertos en la Reestructuración hemos realizado una revisión del contenido del PR 2023 formulado por parte de .... y .... y el mismo cumple en todos sus términos con las exigencias de contenido previstas en el art. 633 TRLC, salvo en aquellos aspectos que no le son de aplicación, por el propio contenido del plan de reestructuración.

Tabla XXX. Revisión del cumplimiento de requisitos formales sobre el contenido del PR 2023 formulado por .... y ....

Contenido Art. 633 TRLC	Cumple	Comentarios
1°. Identidad del deudor.	√	
2°. Identidad del experto encargado de la reestructuración, si hubiera sido nombrado.	√	
3°. Descripción de la situación económica del deudor y de la situación de los trabajadores, y una descripción de las causas y del alcance de las dificultades del deudor.	√	

Contenido Art. 633 TRLC	Cumple	Comentarios
4°. Activo y el pasivo del deudor en el momento de formalizar el plan de reestructuración.	√	
5°. Acreedores cuyos créditos van a quedar afectados por el plan, identificados individualmente o descritos por clases, con expresión del importe de su crédito que vaya a quedar afectado e intereses y la clase a la que pertenezcan.	√	
6°. Contratos con obligaciones recíprocas pendientes de cumplimiento que, en su caso, vayan a quedar resueltos en virtud del plan.	#	No aplica, dado que el PR 2023 no prevé la resolución de contratos con obligaciones pendientes de cumplimiento
7°. Si el plan afectase a los derechos de los socios, el valor nominal de sus acciones o participaciones sociales.	#	No aplica, dado que el PR 2023 no afecta a los derechos de los socios
8°. Los acreedores o socios que no vayan a quedar afectados por el plan, mencionados individualmente o descritos por clases, así como las razones de la no afectación.	√	El PR 2023 especifica que no se va a producir la afectación de los créditos laborales, comerciales, ni del Crédito Público
9°. Las medidas de reestructuración operativa propuestas, la duración, en su caso, de esas medidas y los flujos de caja estimados del plan, así como las medidas de reestructuración financiera de la deuda, incorporando la financiación interina y la nueva financiación prevista en el plan de reestructuración, con justificación de su necesidad y, en su caso, las consecuencias globales para el empleo, como despidos, acuerdos sobre reducción de jornada o medidas similares.	√	
10°. La exposición de las condiciones necesarias para el éxito del plan de reestructuración y de las razones por las que ofrece una perspectiva razonable de garantizar la viabilidad de la empresa, en el corto y medio plazo, y evitar el concurso del deudor.	√	
11°. Las medidas de información y consulta con los trabajadores que, de conformidad con la legislación laboral aplicable, se hayan adoptado o se vayan a adoptar, incluida la información de contenido económico relativa al plan de reestructuración, así como las previstas en los casos de adopción de las medidas de reestructuración operativas.	#	No aplica, dado que el PR 2023 no prevé la adopción de medidas de carácter laboral, ni afectar al crédito laboral.
12°. En el caso de que se pretenda que el plan de reestructuración afecte al crédito público, se incluirá la acreditación de encontrarse al corriente en el cumplimiento de las obligaciones tributarias y frente a la Seguridad Social mediante la presentación de las correspondientes certificaciones emitidas por la Agencia Estatal de Administración Tributaria y la Tesorería General de la Seguridad Social.	#	No aplica, dado que el PR 2023 no prevé afectar al crédito público, si bien .... y .... aportan certificados de estar al corriente de las obligaciones con la AEAT y la TGSS.

35. Sobre el cumplimiento de los requisitos del PR 2023 formulado por .... y .... para ser homologado de acuerdo con el art. 638 TRLC.

En nuestra condición de Expertos en la Reestructuración hemos realizado una revisión del cumplimiento de los requisitos previstos en el art. 638 TRLC, a efectos de la homologación del PR 2023 formulado por .... y ....

En ese sentido en la Tabla XLIX se recoge la relación de revisiones efectuadas y nuestra opinión respecto al cumplimiento de los requisitos, pudiendo afirmar como Expertos en la Reestructuración que el PR 2023 formulado por .... y .... cumple en todos sus términos con los requisitos establecidos en el art. 638 TRLC para que el mismo pueda ser homologado.

Tabla XXXI. Revisión del cumplimiento de requisitos del art. 638 para la homologación del PR 2023 formulado por .... y ....

Contenido	Cumple	Comentarios
1.° Que el deudor se encuentre en probabilidad de insolvencia, insolvencia inminente o actual y el plan ofrezca una perspectiva razonable de evitar el concurso y asegurar la viabilidad de la empresa en el corto y medio plazo.	√	Ver apartado 6.3 de este Informe.
2.° Que cumpla con los requisitos de contenido y de forma exigidos.	√	Ver apartado 4.6 de este Informe.
3.° Que haya sido aprobado por todas las clases de créditos de conformidad con las previsiones de este título, por el deudor o, en su caso, por los socios.	√	Ver apartado 4.5 de este Informe.
4.° Que los créditos dentro de la misma clase sean tratados de forma paritaria.	√	Ver apartado 6.10 de este Informe.
5.° Que haya sido comunicado a todos los acreedores afectados conforme a lo establecido en esta ley.	√	(Comunicaciones)

36. Plan de viabilidad conjunto planteado por .... y ....

El Plan de Reestructuración de .... y .... incorpora como Anexo .... el Plan de Viabilidad preparado por la Dirección de .... ("PV 2023"), que sirve como fundamento para el planteamiento del propio Plan de Reestructuración. Es objeto del presente apartado la revisión del PV 2023, así como la revisión de los planes individuales de .... y .... con el fin de verificar el cumplimiento de la prueba del interés superior de los acreedores, de conformidad con lo dispuesto en el ordinal 7° del art. 654 del TRLC.

El PV 2023 se proyecta por ejercicios completos desde el 1 de enero hasta el 31 de diciembre cada uno de ellos, desde 2023 hasta el ejercicio 2030, último de los proyectados. En total, por tanto, se han efectuado previsiones para 8 ejercicios completos. También se cuenta con la información financiera de 2021 y 2022, que se muestra a efectos comparativos y de análisis histórico. El Plan de Viabilidad 2023 refleja la evolución de

..........., que incluye a las sociedades .... y .... Este es el subgrupo que concentra el negocio en el que se enmarca el perímetro del Plan de Reestructuración.

Se ha puesto a disposición del Experto en la Reestructuración la herramienta Excel con la que se han construido las hipótesis y estados financieros del Plan de Viabilidad, a fin de poder verificar su fundamentación.

37. Fundamentos del PV 2023 de Grupo ....

El PV 2023 se ha formulado por parte .... como consecuencia de los drásticos cambios que han experimentado determinadas claves del negocio, y que se concretan en:

El Plan de Viabilidad contempla las siguientes hipótesis, que se encuentran reflejadas en las páginas .... a .... del mismo:

38. Sobre la solidez y fundamentación del PV 2023

En opinión del Experto en la Reestructuración, el PV 2023 se encuentra sólidamente fundamentado en la situación actual y en las previsiones de negocio más plausibles a día de hoy por parte de la Dirección de la compañía.

No obstante lo anterior, y como se ha señalado en el apartado ...., existen diversos puntos críticos que son imprescindibles para el cumplimiento del mismo, a tenor de la relevancia de los factores que a continuación se indican:

....

Estas observaciones no obstan a que, como se ha manifestado, los fundamentos del PV 2023 sean sólidos, las hipótesis en general son prudentes y plantean un escenario adecuado a la realidad actual y el que resulta más probable dadas las circunstancias que vive el Grupo .... al momento de emisión del presente informe.

39. Sobre la situación de probabilidad de insolvencia, insolvencia inminente o insolvencia actual de .... y .... en base al Plan de Viabilidad 2023

A la vista del PV 2023, se ha evaluado si las sociedades .... y .... se encuentra en el supuesto previsto en el ordinal 1° del art. 638 del TRLC, eso es, si se encuentran en situación de probabilidad de insolvencia, insolvencia inminente o insolvencia actual.

A este respecto, el TRLC define cada uno de estos conceptos del modo siguiente:

– Probabilidad de insolvencia: Se considera que existe probabilidad de insolvencia cuando sea objetivamente previsible que, de no alcanzarse el plan de reestructuración, el deudor no podrá cumplir regularmente sus obligaciones que venzan en los próximos dos años (art. 584.2 del TRLC).

– Insolvencia inminente: Se encuentra en insolvencia inminente el deudor que prevea que dentro de los tres meses siguientes no podrá cumplir regular y puntualmente sus obligaciones (art. 2.3 del TRLC, segundo inciso).

– Insolvencia actual: Se encuentra en estado de insolvencia actual el deudor que no puede cumplir sus obligaciones exigibles (art. 2.3 del TRLC, primer inciso).

El PR se plantea con el fin, esencialmente, de mantener y, en algunos casos, extender las líneas de circulante (líneas de descuento, pólizas de crédito y factoring) que son necesarias para financiar las necesidades operativas de fondos de los deudores. De no producirse el mantenimiento y extensión de las líneas, no podría absorberse el crecimiento esperado desde el ejercicio .... en adelante.

Como se puede observar en el estado de cash-flow adjunto al PV 2023, en el ejercicio 2023 se produce una amortización de líneas de circulante por .... miles de euros, como consecuencia de la disminución de la demanda en este ejercicio. No obstante, resulta necesaria la disposición de .... miles de euros en .... con el fin de financiar el importante consumo de Working Capital (........... miles de euros) derivado del aumento de la actividad, así como mantener el volumen de líneas máximo, que ayuda en el sostenimiento del Working Capital existente.

Así, en un ejercicio ilustrativo de la situación de ...., se muestra el estado de tesorería de los ejercicios .... a .... en el supuesto de que se renueven y amplíen las líneas conforme al plan de reestructuración y en el caso de que no lo hagan en los términos previstos en el mismo:

La tabla anterior refleja cómo quedaría la tesorería .... de aprobarse el plan de reestructuración y, como se puede comprobar, la ampliación y disposición de .... miles de euros de líneas de descuento en .... es lo que permite sostener los requerimientos de inversiones en Working Capital esencialmente, y una parte del pago de la deuda e intereses, pues con el EBITDA generado (........... miles de euros) y sus requerimientos de Working Capital no se alcanza a cubrir dichos pagos.

En el escenario alternativo que se ha planteado, esto es, que no hubiera plan de reestructuración y, por tanto, las líneas no se pudieran ampliar, el estado de tesorería resultaría del modo siguiente. Cabe señalar que no se ha considerado que se retira totalmente la financiación de circulante, sino únicamente no se habilita la ampliación de .... miles de euros necesaria para ....

....

Así, de no habilitarse la ampliación de las líneas, la tesorería en .... ya sería negativa (........... miles de euros) y con la tesorería existente en .... (........... miles de euros) resulta de todo punto insuficiente cubrir el déficit generado por amortización de deuda y pago de intereses.

Adicionalmente, se debe tener en cuenta que, de no aprobarse el plan, no sólo no se renovarían las líneas de descuento, sino que muy probablemente éstas se cancelarían o prestamizarían las vigentes en ese momento, lo cual agravaría todavía más la situación de tesorería ya en el ejercicio .... Es decir, de cancelarse o prestamizarse las líneas de descuento, se añadirían consumos de tesorería de deuda, que incrementarían el déficit previsto en caso de no poder siquiera ampliar las líneas.

Así pues, En base a las definiciones de cada una de las situaciones que se requieren en el ordinal 1° del art. 638 del TRLC, y en base a los análisis efectuados del PV 2023 del Grupo ...., el Experto en la Reestructuración llega a la conclusión de los deudores se encuentran en situación de probabilidad de insolvencia en el momento actual, pues de no alcanzarse el plan de reestructuración en los términos previstos, no podrán cumplir regularmente con las obligaciones que venzan en los dos próximos años, en particular, en el ejercicio ....

40. Metodología para la valoración de .... y .... Descuento de Flujos de Caja

En este apartado se muestra el ejercicio de valoración que ha efectuado el Experto en la Reestructuración respecto de las sociedades .... y .... en base a la información financiera facilitada por la Dirección de las compañías y que sustenta el PV 2023.

La metodología empleada en la valoración es el Descuento de Flujos de Caja ("DFC"), la técnica de valoración más ampliamente utilizada en la valoración de empresas. La valoración por DFC consiste en considerar que el valor de la empresa en el momento actual corresponde con los flujos de caja libres ("FLC") que pueda generar en el futuro, descontados a una tasa adecuada, que en este caso es el Coste Medio Ponderado del Capital ("CMPC" o "WACC"[8], por sus siglas en inglés). Así mismo, el método de DFC requiere también el cálculo del valor terminal del negocio, esto es, el valor a perpetuidad teniendo en cuenta la situación en la que éste se encontrará al final del periodo proyectado.

Para el caso de .... y ...., el valor terminal se ha calculado para el ejercicio ...., asumiendo una serie de hipótesis dada la situación esperada de ambas sociedades al cierre de ...., último de los ejercicios proyectados.

En tanto que el método de DFC requieren el ejercicio de juicio por parte de la Dirección de .... y .... en la confección de las previsiones para los próximos ejercicios, de la opinión de este Experto en la Reestructuración respecto de dichas previsiones, así como de la realización de asunciones en situaciones de incertidumbre, pues las hipótesis asumidas pueden o no producirse de modo sustancial.

A este respecto, el Experto en la Reestructuración que suscribe ha efectuado el siguiente ejercicio:

– Evaluación de la metodología empleada en la construcción de los estados financieros previsionales.

---

8 *Weighted Average Cost of Capital*

– Análisis de la consistencia de las estimaciones de crecimiento de los flujos de caja futuros previstos con el Plan de Viabilidad 2023.

– Construir escenarios alternativos en los que las hipótesis previstas evolucionen de un modo distinto al proyectado. A este respecto, se han construido dos escenarios alternativos al escenario base, que es el reflejado en el Plan de Viabilidad 2023, uno pesimista y otro optimista.

El cálculo de cada una de las variables necesarias para determinar el valor del negocio de cada sociedad y en cada uno de los escenarios, es el que se indica a continuación.

Flujo de caja libre: El FCL se define como el flujo de caja disponible para retribuir el capital de la empresa, sea propio o ajeno. La literatura define el cálculo del FCL como se muestra en la Tabla XXXII:

Tabla XXXII. Fórmula del cálculo del Flujo de Caja Libre

Resultado de explotación (EBIT)
– Impuesto sobre el EBIT
Beneficio neto sin deuda
+ Amortizaciones
– Capex
– Inversiones en NOF
Flujo de caja libre (FCL)

Teniendo en cuenta la construcción del Plan de Viabilidad 2023, se ha tomado lo que el propio Plan denomina Flujo de Caja al Servicio de la Deuda, y que recoge la totalidad de conceptos indicados anteriormente, en particular (Tabla XXXIII):

Tabla XXXIII. Comparación de las variables del PV 2023 y del modelo DFC

Variable Plan Viabilidad 2023	Variable equivalente modelo DFC
EBITDA	EBIT + Amortizaciones
Working Capital	Inversiones en NOF
Capex	Capex
Impuesto sobre sociedades (contempla el ahorro impositivo por pago de intereses)	Impuesto sobre sociedades
Cash flow operativo	
Variación posición con Grupo	Cobros/pagos por NOF
Aportación de capital	
Pagos no recurrentes	Otros
Cash flow al servicio de la deuda	Flujo de caja libre (FCL)

El concepto de Flujo de Caja al Servicio de la Deuda viene a ser conceptualmente equivalente, en este caso, al FCL, en tanto que no se espera retribuir a los accionistas de las compañías, en tanto que se encuentran en un escenario de reestructuración, en el que los acreedores están efectuando (y han efectuado anteriormente) sacrificios en aras a la viabilidad de la empresa.

Descuento de Flujos de Caja:

La expresión de la valoración por DFC es la que se indica a continuación:

$$V = \frac{CF_1}{1+K_1} + \frac{CF_2}{(1+K_2)^2} + \frac{CF_3}{(1+K_3)^3} + \cdots + \frac{CF_n + VR_n}{(1+K_n)^n}$$

donde

CF_i: flujo esperado en el ejercicio i.

VR_n: valor residual de la empresa en el ejercicio n.

K_i: tasa de descuento (WACC) en el ejercicio i.

Por su parte, la expresión del valor residual es la siguiente:

$$VR_n = \frac{CF_n(1+g)}{(K-g)}$$

donde

g: tasa de crecimiento a perpetuidad

Tasa de descuento (WACC): Es la tasa a la que se descuentan los flujos de caja esperados, y se corresponde con el coste medio ponderado del capital. La expresión del WACC es la que se indica a continuación:

$$K_i = \frac{E_i\, Ke_i + D_i\, Kd_i\, (1-T)}{E_i + D_i}$$

donde

D_i: valor de la deuda en el ejercicio i.

E_i: valor de las acciones en el ejercicio i.

Kd: coste de la deuda antes de impuestos.

T: tasa impositiva

Ke: rentabilidad exigida a las acciones, reflejo del riesgo de las mismas.

Respecto de las variables implicadas en el cálculo del WACC, se han tomado las siguientes en base a los estados financieros previsionales de .... y .... (Tabla XXXIV):

Tabla XXXIV. Comparación de las variables de cálculo del WACC y del PV 2023

Variable WACC	Variable Plan Viabilidad 2023
D: Valor de la deuda	Valor de la deuda financiera a largo y corto plazo en cada ejercicio
E: Valor de las acciones	Valor de los fondos propios en cada ejercicio
Kd: Coste de la deuda	Cociente entre los gastos financieros del ejercicio y el promedio de la deuda financiera del ejercicio corriente y el anterior
T: Tasa impositiva	Tipo del impuesto de sociedades (25%)
Ke: Rentabilidad acciones	Se ha tomado un valor homogéneo del 30,0% para todo el periodo3F[9]

Respecto a la rentabilidad exigida a las acciones (Ke), uno de los métodos empleados habitualmente es el de estimar dicha rentabilidad con el modelo CAPM[10]. No obstante, la adopción del modelo CAPM requiere asumir que las expectativas de los inversores son homogéneas y que todos los inversores tienen una composición idéntica en su cartera equivalente a la composición del mercado. Esta simplificación, que puede resultar útil en contextos en los que se valoran empresas cuyas acciones están negociadas en mercados secundarios, o se valoran empresas filiales de aquellas, o que desarrollan actividades muy similares, no resulta directamente aplicable a contextos distintos (como es este, el de empresas en el marco de un Plan de Reestructuración)[11].

Conviene recordar que Ke es la rentabilidad exigida de las acciones y, por tanto, no se trata de un coste explícito y directamente observable. Sí existe consenso en que en el cálculo del Ke debe partirse de la rentabilidad sin riesgo (por ejemplo las letras del tesoro a 1 año) y agregar la prima de riesgo que existe entre dicha rentabilidad y el activo que se está evaluando.

No obstante, dada la particularidad del presente contexto, el de un Plan de Reestructuración, que deriva adicionalmente de un Acuerdo de Refinanciación, requiere de estimaciones basadas en la experiencia en contextos similares, pues difícilmente se puede estimar la prima de riesgo y su sensibilidad de una empresa refinanciada y reestructurada respecto al mercado. En este sentido, acudiendo a la literatura en reestructuración empresarial de primera referencia[12], encontramos que la rentabilidad exigida a unas acciones de una empresa reestructurada debe ubicarse necesariamente muy por encima de una

9 La justificación de dicho valor se expone seguidamente.

10 *Capital Asset Pricing Model.*

11 Fernández, P. (2007) Valoración de empresas. 7ª Edición. Ediciones Gestión 2000.

12 Veáse por ejemplo Gilson, S.C. (2010) *Creating value through Corporate Restructuring*. Wiley y Altman, E. & Hotchkiss, E. (2006) *Corporate Financial Distress and Bankruptcy*. Wiley.

mera prima de riesgo sobre la rentabilidad sin riesgo. En los casos que el Experto en la Reestructuración firmante ha tenido ocasión de trabajar, así como en los casos ilustrados en la literatura señalada, las rentabilidades exigidas a las acciones han superado siempre un umbral del 20-25%, y ello en tanto que las empresas reestructuradas suelen tener impedimentos de reparto de dividendos hasta en tanto se satisfaga la totalidad de la deuda, o al menos una parte relevante de la misma, y por tanto los accionistas de la empresa reestructurada van a exigir una rentabilidad sustancialmente superior a la del mercado en condiciones normales.

Por todo lo anterior, y en base a la experiencia adquirida en casos similares y los casos revisados en la literatura, se ha tomado una rentabilidad exigida a las acciones (Ke) del 30,0% de forma homogénea para todo el periodo y para ambas sociedades. Se puede observar que, dado que en el caso de .... el peso de los fondos propios es relativamente reducido, el impacto de un Ke sensiblemente inferior o superior no afecta significativamente a los resultados obtenidos. En el caso de ...., que no tiene deuda financiera a lo largo del periodo proyectado, la sensibilidad es superior, pero como se expone en el apartado 6.8, los flujos obtenidos por .... tienen un valor muy reducido, y el mayor de ellos se obtiene en 2023 como consecuencia del Working Capital, y dicho flujo no debe actualizarse, por lo que no se ve afectado por la tasa de descuento.

41. Proyecciones de negocio individuales. Escenarios.

Las proyecciones del negocio individuales para .... se han tomado de las que han sido empleadas por la Dirección de la compañía para la confección del PV 2023. A este respecto, se han considerado tres escenarios (base, pesimista y optimista) para la valoración del negocio de .... con el fin de determinar el valor que podrán recuperar los acreedores en la Reestructuración.

Se ha tomado la variable de volumen de venta de .... como variable clave para verificar la sensibilidad del modelo. Se han tomado estas variables en tanto que representan los productos de mayor volumen de ventas (en .... suponen .... millones de euros sobre un total de .... millones de euros en ...., y .... millones de euros sobre un total de .... millones de euros en ....). (Tabla XXXV y Tabla XXXVI):

Tabla XXXV. Volumen de ventas en los escenarios base, pesimista y optimista de ....

....	Base	Pesimista	Optimista
....	....	....	....
....	....	....	....

Tabla XXXVI. Volumen de ventas en los escenarios base, pesimista y optimista de ....

....	Base	Pesimista	Optimista
....	....	....	....
....	....	....	....

42. Valoración de negocio individual de ....

43. Tasa de descuento para el periodo

La tasa de descuento (WACC) para .... en el periodo .... a .... se ha calculado con la metodología expuesta en el apartado .... y con las variables del negocio que se muestran a continuación, y que derivan de los estados financieros individuales proyectados de .... No se ha calculado tasa de descuento para el ejercicio ...., pues se ha asumido que los flujos generados en el ejercicio presente no son susceptibles de actualización (Tabla XXXVII).

Tabla XXXVII. Cálculo del WACC de .... en el periodo ....- ....

Como se puede comprobar, la tasa de descuento parte de un valor del ....% en .... y aumenta paulatinamente hasta el ....% de ...., y ello debido a la reducción del volumen de deuda y el aumento de los fondos propios. Así, por tanto, se revela que el factor predominante a la hora de determinar el WACC de .... es el coste de la deuda, que ronda el ....% en todo el periodo proyectado, según las condiciones vigentes en el momento actual y los tipos de interés previstos en el PV 2023.

44. Escenario base

Tal y como se ha señalado, el escenario base se ha construido con los mismos supuestos que el PV 2023, que arroja los valores de Cash Flow al servicio de la deuda que, en este contexto, son equivalentes a los FCL que posteriormente son objeto de actualización. Se ha estimado igualmente el valor actual del valor residual del negocio con el último de los flujos obtenidos por .... en .... Cabe señalar también que en todos los escenarios se ha considerado únicamente la mitad del flujo de ...., pues los cálculos se efectúan a fecha .... de .... de .... (Tabla XXXVIII).

Tabla XXXVIII. Cálculo del valor actual de .... en el escenario base.

Así pues, en el escenario base el valor actual de .... ascendería a .... euros.

45. Escenario pesimista

Tabla XXXIX. Cálculo del valor actual de .... en el escenario pesimista.

En el escenario pesimista, con la caída del volumen de ventas proyectada, el valor actual del negocio de .... asciende a .... euros.

46. Escenario optimista

Tabla XL. Cálculo del valor actual de .... en el escenario optimista.

En el escenario optimista, con el aumento del volumen de ventas proyectado, el valor actual del negocio de .... asciende a .... euros.

47. Prueba del interés superior de los acreedores en ....

La prueba de interés superior de los acreedores, según lo establecido en el ordinal 7º del art. 654 del TRLC, no se superará cuando los créditos se vean perjudicados por el plan de reestructuración en comparación con su situación en caso de liquidación concursal de los bienes del deudor, individualmente o como unidad productiva. A los efectos de comprobar la satisfacción de esta prueba, se comparará el valor de lo que reciban conforme al plan de reestructuración con el valor que lo que pueda razonablemente presumirse que hubiesen recibido en caso de liquidación concursal. Para calcular este último valor, se considerará que el pago de la cuota de liquidación tiene lugar a los dos años de la formalización del plan.

Bajo estos principios, se ha calculado el valor de liquidación de ...., bajo el supuesto de liquidación individual y como unidad productiva.

48. Valor de liquidación de ....

En el cálculo del valor de liquidación individual de .... se han efectuado las siguientes asunciones:

– Valor de liquidación de los activos, esencialmente inmuebles, stock y saldos pendientes de cobro. Se ha tomado el 70% del valor del balance para los inmuebles, y un 30% para el resto de partidas.

– Estimación de los costes de la liquidación concursal, que esencialmente son el coste por despido de la plantilla, los honorarios de la administración concursal y de otros profesionales que participan

En el cálculo de la liquidación de .... como unidad productiva se han efectuado las siguientes asunciones:

– El adquirente de la unidad productiva adquiere la planta industrial donde se desarrolla la actividad y se subroga en la totalidad de la plantilla. Así mismo, se subroga en los contratos con clientes y proveedores, así como en las líneas de descuento.

Los valores comparados de cada uno de los escenarios son los que se muestran a continuación (Tabla XLI):

Tabla XLI. Cálculo de los escenarios de liquidación de ....

49. Prueba del interés superior de los acreedores en ....

La prueba del interés superior de los acreedores en el caso de .... se ilustra a continuación. Se han clasificado los créditos enmarcados en el Plan de Reestructuración, así como aquellos que no lo están (esencialmente créditos públicos), y se obtiene la Tabla XLII:

Tabla XLII. Clasificación concursal de las deudas de ....

Así, como se puede comprobar, en cualquiera de los escenarios de liquidación planteados apenas alcanza para cubrir los créditos con privilegio especial y una parte de los créditos con privilegio general. La suma de ambas clases de crédito asciende a .... euros, de modo que en los escenarios de liquidación planteados no se podrían atender créditos ordinarios.

Sin embargo, en todos los escenarios de valoración de ...., con una horquilla entre .... euros y .... euros, arrojando el escenario base un valor de .... euros, se alcanza a cubrir los créditos ordinarios. Cabe destacar que la valoración del negocio en funcionamiento implica el mantenimiento de las líneas de circulante, y en el PV 2023 no se prevé en ningún caso la amortización total de las mismas. Esto implica que el valor del negocio en funcionamiento en los escenarios planteados cubre con holgura las deudas a largo plazo y una parte de las deudas a largo plazo que no tienen garantía y se asume que las líneas de circulante se mantienen vigentes por que la compañía continuará en funcionamiento.

50. Sobre el análisis de cumplimiento de trato paritario de los créditos dentro de su misma clase.

El ordinal 4° del art. 638 del TRLC dispone como requisito para la homologación del Plan de Reestructuración aprobado por todas las clases de acreedores que los créditos de la misma clase sean tratados de forma paritaria.

A este respecto, se han analizado las condiciones en las que se prevé atender los créditos de cada una de las clases involucradas en el Plan de Reestructuración, y se deduce que:

- Créditos de la clase 1 (asegurados con garantía real con garantía del ICO):
  - o Préstamos a largo plazo con garantía ICO. Amortización en 3 años.
  - o Pólizas de crédito con garantía ICO. Mantenimiento de líneas y extensión 3 años (excepto ...., a 5 años).
  - o Confirming con garantía ICO. Mantenimiento de líneas y extensión 3 años (excepto ...., a 5 años).
- Créditos de la clase 2 (asegurados con garantía real sin garantía ICO):
  - o Préstamos a largo plazo. Amortización en 6 años.
  - o Confirming sin garantía ICO. Mantenimiento de líneas y extensión a 1, 3 o 5 años.

  - o Leasing cubiertos por el valor de la garantía (sólo en ....). Los leasing bancarios se atienden en los próximos 3 años, y los de financiación alternativa durante el año 2023.

- Créditos de la clase 3 (con garantía del ICO en la parte que exceda del valor de la garantía real, así como con garantía ICO y sin garantías reales adicionales):
  - o Préstamos a largo plazo con garantía ICO no cubierto por el valor de la garantía. Amortización en 3 años.
  - o Financiación ventas con garantía ICO. Mantenimiento de líneas y extensión 3 años (excepto ...., a 5 años).
  - o Pólizas de crédito con garantía ICO no cubiertas por el valor de la garantía.
  - o Confirming con garantía ICO no cubierto por el valor de la garantía. Mantenimiento de líneas y extensión 3 años (excepto ...., a 5 años).
- Créditos de la clase 4 (sin garantía ICO ni cubiertos por el valor de la garantía real):
  - o Préstamos a largo plazo. Amortización en 6 años.
  - o Financiación de ventas. Mantenimiento de líneas y extensión a 1, 3 o 5 años.
  - o Factoring. Mantenimiento de líneas y extensión a 1, 3 o 5 años.
  - o Pólizas de crédito sin garantía ICO y no cubiertas por el valor de la garantía. Mantenimiento de líneas y extensión a 1, 3 o 5 años.
  - o Confirming sin garantía ICO y no cubiertas por el valor de la garantía. Mantenimiento de líneas y extensión a 1, 3 o 5 años.
  - o Leasing no cubiertos por el valor de la garantía (sólo ....). Los leasing bancarios se atienden en los próximos 3 años, y los de financiación alternativa durante el año 2023.

A la vista de las condiciones de amortización de las deudas, o de renovación de las líneas de circulante, se puede concluir que se produce un trato paritario entre las distintas clases de acreedores, de conformidad con lo previsto en el ordinal 4° del art. 638 del TRLC.

51. Sobre el análisis de la reducción del valor de los créditos para los acreedores planteado por el Plan de Reestructuración, a efectos de ponderar la existencia de un sacrificio desproporcionado para los mismos

A la vista de las condiciones del PR expuestas a lo largo del presente informe, y en tanto que no se producen quitas sobre los créditos existentes, y que tampoco se modifican las condiciones de los créditos de una manera sustancial, más allá de la extensión de las líneas de circulante, no se produce un sacrificio desproporcionado para los acreedores.

52 Conclusiones.

En nuestra condición de Expertos en la Reestructuración, hemos analizado todos aquellos aspectos relevantes de PR 2023 formulado por .... y ....

En virtud de este análisis podemos concluir con PLENA RAZONABILIDAD que:

i. El contenido del PR 2023 está plenamente ajustado a lo dispuesto por el art. 614 del TRLC, por lo que el mismo tendrá la consideración de un Plan de Reestructuración de los regulados en el Título III del Libro Segundo del TRLC y por tanto le será de aplicación la citada norma.

ii. Asimismo, entendemos que el PR 2023 cumple con los requisitos de ámbito objetivo conforme a lo establecido en el art. 615 del TRLC.

iii. El conjunto de créditos afectados dentro perímetro de la reestructuración está correctamente configurado conforme a las exigencias y definiciones contenidas en el art. 616 del TRLC y los créditos están correctamente computados conforme a las reglas establecidas en el art. 617 del TRLC. Así el perímetro de afectación del PR 2023 totaliza un importe de .... € en el caso de .... y de .... € en el caso de ....

iv. De acuerdo con lo anterior, el perímetro de afectación supera con holgura el umbral exigido por el art. 667 del TRLC para que, en caso de homologación, el PR 2023 pueda gozar de los beneficios de protección regulados en el citado precepto. Así el pasivo afectado por el PR 2023 en el caso de .... representa un 78% del pasivo total de esta y en el caso de .... el porcentaje se sitúa en un 89%.

v. En relación con el art. 617.5 del TRLC como expertos en la reestructuración hemos comprobado el valor razonable de las garantías otorgadas en aseguramiento de los créditos afectados por la reestructuración encuadradas en el art. 273.1.1° TRLC y hemos determinado como expertos independientes el valor razonable de los activos otorgados en garantía conforme a lo establecido en el art. 273.1.3° TRLC, como elemento clave a la hora de la determinación de las clases de créditos dentro del PR 2023.

vi. La formación de Clases realizada por las deudoras en el PR 2023 están ajustadas a derecho conforme a lo dispuesto en los arts. 622 y ss. del TRLC. Como Expertos en la Reestructuración entendemos que las cuatro clases en las que han quedado encuadrados los créditos afectados por el PR 2023 respetan los aspectos imperativos del art. 624 TRLC y que la categorización potestativa efectuada para la distinción de los créditos que gozan de aval ICO de los contemplados en la DA 8ª de la Ley 16/2022, de 5 de septiembre, es coherente para permitir identificar de manera separada los créditos que disponen de dicha garantía estatal del ICO, dadas las particularidades que introduce la citada regulación en relación a las exigencias de autorización previa de la Agencia Estatal de Administración Tributaria.

vii. El contenido el PR 2023 se adecua plenamente a las exigencias definidas por el art. 633 del TRLC.

viii. El PR 2023 cumple con el presupuesto objetivo a efectos de lo establecido en el art. 636 del TRLC.

ix. De acuerdo con el voto favorable que representan los acreedores afectados firmantes del PR 2023, los créditos titulados por los estos otorgan las mayorías necesarias para la aprobación del mismo, considerándose por tanto un PLAN DE REESTRUCTURACIÓN APROBADO POR TODAS LAS CLASES, todo ello conforme a lo establecido en el art. 629 del TRLC, así:

CLASES	....		
	Voto necesario	Voto Favorable	Aprobado
CLASE 1	≥ 75,00%	93,93%	√
CLASE 2	≥ 75,00%	96,86%	√
CLASE 3	> 66,67%	93,30%	√
CLASE 4	> 66,67%	78,73%	√

x. El PR 2023 formulado por .... y .... cumple con todos los requisitos para la homologación del Plan de Reestructuración conforme a lo establecido en el art. 638:

Contenido	Cumple	Comentarios
1.° Que el deudor se encuentre en probabilidad de insolvencia, insolvencia inminente o actual y el plan ofrezca una perspectiva razonable de evitar el concurso y asegurar la viabilidad de la empresa en el corto y medio plazo.	√	Ver apartado 6.3 de este Informe.
2.° Que cumpla con los requisitos de contenido y de forma exigidos.	√	Ver apartado 4.6 de este Informe.
3.° Que haya sido aprobado por todas las clases de créditos de conformidad con las previsiones de este título, por el deudor o, en su caso, por los socios.	√	Ver apartado 4.5 de este Informe.
4.° Que los créditos dentro de la misma clase sean tratados de forma paritaria.	√	Ver apartado 5.8 de este Informe.
5.° Que haya sido comunicado a todos los acreedores afectados conforme a lo establecido en esta ley.	√	(Comunicaciones)

xi. El PR 2023 efectúa un tratamiento paritario de los créditos dentro de su misma clase.

xii. El PR 2023 no supondría un sacrificio desproporcionado para los acreedores no firmantes del plan desde la perspectiva de la reducción del valor de los créditos para los mismos, ni desde una perspectiva de tratamiento dispar de los créditos de los acreedores firmantes respecto a los créditos de los acreedores no firmantes.

xiii. El PR 2023 supera con suficiencia la prueba de interés superior para los acreedores contenida en el art. 654.7° del TRLC.

53. Sobre el Experto en la Reestructuración

54. Identidad del Experto en la Reestructuración

En relación con el PR 2023 formulado por .... y .... a sus acreedores, ha actuado como Experto en la Reestructuración la mercantil .... (en adelante ....) con C.I.F. .... y domicilio en ...., inscrita en el Registro Mercantil de ...., Tomo .... Folio .... Sección .... Hoja ....

Los profesionales firmantes del presente Informe en representación de LPC son los siguientes:

55. Declaraciones del Experto en la Reestructuración.

56. Sobre el cumplimiento de las condiciones subjetivas por parte del Experto en la Reestructuración

Tanto LPC como los profesionales personas físicas firmantes por cuenta de esta declaran que, conforme con lo establecido en el art. 674 TRLC, dispone de los conocimientos especializados, jurídicos, financieros y empresariales, así como experiencia en materia de reestructuraciones y además cumplen los requisitos para ser designados administradores concursales conforme al TRLC.

En particular, además de las anteriores referencias curriculares, tanto LPG como los profesionales personas físicas firmantes de este Informe figuran inscritos en los listados del del Tribunal de Instancia de .... a efectos de poder ser designados como administradores concursales.

57. Sobre la no concurrencia de incompatibilidades ni prohibiciones por parte del Experto en la Reestructuración en relación con .... y ....

Tanto LPC como los profesionales personas físicas firmantes por cuenta de esta, en relación con lo dispuesto en el art. 675 TRLC, declaran que:

i. No han prestado servicios profesionales relacionados con la reestructuración a .... ni a ...., así como a ningunas otras personas especialmente relacionadas con estas en los últimos dos años.

ii. No se encuentran en ninguna de las situaciones de incompatibilidad previstas en la legislación en materia de auditoría de cuentas en relación con .... ni a .... o las personas especialmente relacionadas con estas.

58. Sobre el cumplimiento de los deberes de diligencia, independencia e imparcialidad en el desempeño de sus funciones como Experto en la Reestructuración de .... y ....

Tanto LPC como los profesionales personas físicas firmantes por cuenta de esta, en relación con lo dispuesto en el art. 680 TRLC, declaran que han ejercido las funciones propias del cargo con la diligencia propia de un profesional especializado en reestructuraciones y con independencia e imparcialidad tanto respecto de las deudoras como de los acreedores.

59 Sobre el cumplimiento del deber de disposición de un seguro de responsabilidad civil.

Tanto LPC como los profesionales personas físicas firmantes por cuenta de esta, en relación con lo dispuesto en el art. 681 TRLC, declaran que todos ellos disponen de un seguro de responsabilidad civil en vigor proporcional a la naturaleza y alcance del riesgo cubierto, con la entidad ...., por cuya virtud el asegurador o entidad de crédito se obliga a cubrir, dentro de los límites pactados, el riesgo del nacimiento a cargo del propio experto asegurado de la obligación de indemnizar por los daños y perjuicios causados en el ejercicio de su función.

Firmado:	Firmado: ....

F240. INFORME GENERAL DEL EXPERTO EN REESTRUCTURACIONES NO CONSENSUAL

Informe emitido por el experto en reestructuración sobre el Plan de reestructuración del deudor

..............., S.L./S.A.

ÍNDICE

1. Antecedentes

- Descripción de la deudora: constitución, socios, administradores sociales, domicilio social, actividad o actividades que desarrolla y situación de éstas en el momento de emitir el informe, así como la situación del sector al que pertenece, identificación, en caso de formar parte de un grupo de empresas, de las sociedades que lo forman y cualquier otra información
- Resumen del Plan de reestructuración planteado por la deudora.

2. Objetivos de nuestro trabajo

De conformidad con lo estipulado en el Texto Refundido de la Ley Concursal respecto de las funciones del experto en reestructuración nombrado por el Tribunal de Instancia de ...., el objetivo de nuestro trabajo ha sido el siguiente:

i) Comprobación de la elaboración del Plan de Reestructuración de conformidad con el TRLC, así como el contenido mínimo que debe incluir.

ii) Comprobación de la formación de clases de créditos, así como del cómputo de las mayorías necesarias para la aprobación del Plan de Reestructuración, de conformidad con el TRLC.

iii) Otros: comprobación de los valores razonables de las posibles garantías, etc.

3. Fuentes utilizadas

Nuestra información se ha basado en la información recibida por los responsables de ...., S.L/S.A. y la información pública existente según diferentes fuentes externas.

A continuación, se enumeran las principales fuentes o documentos utilizados para la elaboración de nuestro trabajo:

- El Contrato Marco de Refinanciación.
- Informe de revisión del Plan de Negocio (IBR).
- Informe de auditoría independiente de las Cuentas Anuales, en su caso.
- Informe de auditoria independiente de las Cuentas Anuales consolidadas, en su caso.
- Las tasaciones e informes de valoración de los bienes ofrecidos como garantía, en su caso.
- Otras: ....

4. De la formación de clases

4.1. Criterios utilizados por el deudor para la formación de clases

En los artículos 616 y ss. del Texto Refundido de la Ley Concursal se establecen quienes son los créditos y contratos que se ven afectados por el Plan de reestructuración (en adelante Plan), así como los criterios que deben tenerse en cuenta para la formación de clases que votarán la aprobación o no del Plan.

Los créditos afectados por el Plan y que van a sufrir una modificación de las condiciones inicialmente pactadas tienen su origen y corresponden a los siguientes acreedores:

- ....
- ....
- ....

El Plan no afecta a ningún crédito de Derecho público, ni prevé la resolución de contratos con obligaciones recíprocas. Tampoco se ven afectados por el mismo ningún contrato de alta dirección.

De conformidad con el artículo 617 de TRLC el crédito de cada acreedor se ha computado por el principal más los recargos e intereses vencidos hasta la fecha de formalización en instrumento público.

Los acreedores afectados por el Plan se han agrupado en las siguientes clases:

i) Clase 1

- La conforman los créditos titularidad de: ....
- Tienen la condición de créditos con privilegio especial.
- De conformidad con el artículo 624 del TRLC estos créditos constituirán una clase única.

ii) Clase 2

- La conforman los créditos titularidad de: ....
- Tienen la condición de créditos ordinarios / subordinados.

iii) Clase 3

- La conforman los créditos titularidad de: ....
- Tienen la condición de créditos ordinarios / subordinados.

iv) Clase 4

- La conforman los créditos titularidad de: ....
- Tienen la condición de créditos ordinarios / subordinados.

4.2. Comprobación de la formación de clases realizada

La formación de clases que han llevado a cabo la parte deudora y las entidades acreedores suscribientes del plan de reestructuración de referencia se ha realizado de conformidad con el artículo 623 y ss. del TRLC atendiendo a la existencia de un interés común a los integrantes de cada clase al tratarse de créditos de igual rango que el que determina el orden de pago en el concurso de acreedores.

En opinión de este experto, puede afirmarse que la formación de clases prevista en el Plan de Reestructuración cumple con el principio básico contenido en la normativa concursal, ya que se ha atendido a la existencia de un interés común de los integrantes de cada clase determinado en base a criterios objetivos o comprobables, habiéndose respetado igualmente el principio de igualdad de rango concursal, y efectuándose un trato paritario entre los créditos de la misma naturaleza y rango, en especial, desde la perspectiva del crédito del acreedor disidente.

Expuesto lo anterior, la comprobación realizada por el experto en reestructuración se ha centrado en la formación de la Clase 1, concretamente en el cálculo del importe cubierto por la garantía real existente.

La Ley 16/2022, de 5 de septiembre, de Reforma del Texto Refundido de la Ley Concursal establece en su artículo 272, a efectos de los Planes de Reestructuración, el límite del privilegio especial, quedando limitado al valor razonable del bien o derecho sobre el que se hubiera constituido la garantía, con las deducciones establecidas en el artículo 275 de la misma.

El artículo 273 del TRLC establece como determinar el valor razonable de los bienes y derechos de la masa activa:

> 1.° En caso de bienes inmuebles, el resultante de informe emitido por una sociedad de tasación homologada e inscrita en el Registro especial del Banco de España. Este informe no será necesario cuando dicho valor hubiera sido determinado por una sociedad de tasación homologada e inscrita en el Registro especial del Banco de España dentro de los seis meses anteriores a la fecha de declaración de concurso.
>
> 2.° En caso de valores mobiliarios que coticen en un mercado regulado, el precio medio ponderado al que hubieran sido negociados en uno o varios mercados regulados en el último trimestre anterior a la fecha de declaración de concurso, de conformidad con la certificación emitida por la sociedad rectora del mercado secundario oficial o del mercado regulado de que se trate.
>
> 3.° En caso de bienes o derechos distintos de los señalados en los números anteriores el resultante de informe emitido por experto independiente de conformidad con los principios y las normas de valoración generalmente reconocidos para esos bienes. Este informe no será necesario cuando dicho valor hubiera sido determinado por experto independiente, dentro de los seis meses anteriores a la fecha de declaración del concurso.

5. Del contenido del Plan de reestructuración

5.1. Requisitos formales

El artículo 633 del TRLC regula el contenido que debe, como mínimo, contener un Plan de Reestructuración.

A continuación, se detalla y justifica si el Plan de Reestructuración analizado cumple o no dicho contenido mínimo:

1ª Identidad del deudor

La sociedad deudora es ...., S.L./S.A.

2ª La identidad del experto encargado de la reestructuración, si hubiera sido nombrado

El experto en reestructuración es D. ...., nombrado por Auto de fecha ...... de .... de 20.......

3ª Una descripción de la situación económica del deudor y de la situación de los trabajadores, y una descripción de las causas y del alcance de las dificultades del deudor

En los anexos unidos al Plan se realiza una descripción de la situación económica del deudor, así como de la situación de los trabajadores. En este documento se enumeran las causas que han llevado a la presente reestructuración en aras de poder continuar con la actividad.

4º El activo y el pasivo del deudor en el momento de formalizar el plan de reestructuración

Junto con el Plan de reestructuración se aporta un balance de situación del deudor.

5º Los acreedores cuyos créditos van a quedar afectados por el plan, identificados individualmente o descritos por clases, con expresión del importe de su crédito que vaya a quedar afectados e intereses y la clase a la que pertenezcan

Anexo al Plan de reestructuración, se detalla cada uno de los acreedores que van a quedar afectados por éste, indicando el importe que se adeuda a cada uno de ellos.

6º Los contratos con obligaciones recíprocas pendientes de cumplimiento que, en su caso, vayan a quedar resueltos en virtud del plan

No existen contratos con obligaciones recíprocas que vaya a quedar resueltos en virtud del Plan.

7º Si el plan afectase a los derechos de los socios, el valor nominal de sus acciones o participaciones sociales

El Plan de reestructuración no afecta a ningún derecho de los socios.

8º Los acreedores o socios que no vayan a quedar afectados por el plan, mencionados individualmente o descritos por clases, así como las razones de la no afección

No quedan afectados por el Plan de Reestructuración los acreedores comerciales, laborales y públicos, debido a que con la afectación de los acreedores indicados en el Plan se estima suficiente para viabilizar a la compañía, de acuerdo con el plan propuesto.

9º Las medidas de reestructuración operativa propuestas

Tal y como se indica en los anexos unidos al Plan de reestructuración, las medidas a llevar a cabo por las sociedades se pueden resumir en:

- ....
- ....
- ....

10º La exposición de las condiciones necesarias para el éxito del plan de reestructuración y de las razones por las que ofrece una perspectiva razonable de garantizar la viabilidad de la empresa, en el corto y medio plazo, y evitar el concurso del deudor

De acuerdo con los anexos unidos al Plan de reestructuración, a continuación, se detallan algunas de las condiciones para llevar a buen fin el plan y evitar el concurso del deudor:

- ....
- ....
- ....

11ª Las medidas de información y consulta con los trabajadores

Al no afectar el Plan de reestructuración en ninguna medida a la deuda con los trabajadores de las deudoras, no se han adoptado medidas de información y consulta con éstos.

12ª En caso de afectación de crédito público, se incluirá acreditación de encontrarse al corriente en el cumplimiento de las obligaciones tributaria y de Seguridad Social

El Plan de Reestructuración no afecta a ningún crédito de derecho público, por tanto, no hay obligación de incluir acreditación de encontrarse al corriente en su pago.

El artículo 634 del TRLC exige que el Plan de Reestructuración sea formalizado en instrumento público por quienes lo hayan suscrito, en el que se incluirá la certificación del experto en reestructuración nombrado. Este requisito también se cumplen el Plan de Reestructuración analizado, formalizándose en escritura pública ante el Notario de ....

6. De la aprobación del Plan de reestructuración

El artículo 629 del TRLC regula la aprobación de los planes de reestructuración, considerándolos aprobados por una clase de créditos, si hubiera votado a favor más de dos tercios del importe del pasivo correspondiente a esa clase. Así, en el caso de que la clase estuviera formada por créditos con garantía real, si hubieran votado a favor tres cuartos del importe del pasivo correspondiente a esta clase.

EL fallo de cada una de las clases formadas para la votación del Plan de Reestructuración presentado ha sido el siguiente:

Clase 1: ha votado a favor el ......% del pasivo correspondiente a esta clase.

Clase 2: ha votado a favor el ......% del pasivo correspondiente a esta clase.

Clase 3: ha votado a favor el ......% del pasivo correspondiente a esta clase.

Clase 4: ha votado a favor el ......% del pasivo correspondiente a esta clase.

Han votado a favor del Plan el ......% del pasivo correspondientes a ...... de las 4 clases formadas, entre las cuales, recordemos que la Clase 1 es la formada por créditos con garantía real.

El Plan ha sido aprobado por una mayoría simple de clases. Éste deberá ser homologado para protegerlo frente a acciones rescisorias, ex artículo 635 del TRLC.

En opinión de este experto, y dándose las condiciones y presupuestos reseñados en el informe de revisión del Plan de Negocio (IBR), a fecha de referencia ...... de .... de 20......, el plan de reestructuración muestra una previsión razonable de evitar la solución concursal, y su aprobación y cumplimiento facilitará la viabilidad económica y financiera de las mercantiles deudoras tanto en el corto como en el medio plazo, ayudando por tanto a evitar una situación de insolvencia.

El Plan de reestructuración cumple con los requisitos establecidos en el TRLC y los créditos dentro de cada una de las clases formadas son tratados de forma paritaria.

F241. INFORME GENERAL DEL EXPERTO EN REESTRUCTURACIONES. PLAN DE REESTRUCTURACIÓN NO CONSENSUAL (II)

..............., S.L./S.A.

INDICE

1. Antecedentes

2. Objetivos de nuestro trabajo

3. Fuentes utilizadas

4. de la formación de clases

4.1. Criterios utilizados por el deudor para la formación de clases

4.2. Comprobación de la formación de clases realizada

5. Del contenido del Plan de reestructuración

5.1. Requisitos formales

6. De la aprobación del Plan de reestructuración

1. Antecedentes

- Descripción de la deudora: constitución, socios, administradores sociales, domicilio social, actividad o actividades que desarrolla y situación de éstas en el momento de emitir el informe, así como la situación del sector al que pertenece, identificación, en caso de formar parte de un grupo de empresas, de las sociedades que lo forman y cualquier otra información
- Resumen del Plan de reestructuración planteado por la deudora.

2. Objetivos de nuestro trabajo

De conformidad con lo estipulado en el Texto Refundido de la Ley Concursal respecto de las funciones del experto en reestructuración nombrado por el Tribunal de Instancia, sección de lo mercantil, de ......, el objetivo de nuestro trabajo ha sido el siguiente:

iv) Comprobación de la elaboración del Plan de Reestructuración de conformidad con el TRLC, así como el contenido mínimo que debe incluir.

v) Comprobación de la formación de clases de créditos, así como del cómputo de las mayorías necesarias para la aprobación del Plan de Reestructuración, de conformidad con el TRLC.

vi) Otros: comprobación de los valores razonables de las posibles garantías, etc.

3. Fuentes utilizadas

Nuestra información se ha basado en la información recibida por los responsables de ...., S.L/S.A. y la información pública existente según diferentes fuentes externas.

A continuación, se enumeran las principales fuentes o documentos utilizados para la elaboración de nuestro trabajo:

- El Contrato Marco de Refinanciación.
- Informe de revisión del Plan de Negocio (IBR).
- Informe de auditoría independiente de las Cuentas Anuales, en su caso.
- Informe de auditoria independiente de las Cuentas Anuales consolidadas, en su caso.
- Las tasaciones e informes de valoración de los bienes ofrecidos como garantía, en su caso.
- Otras: ....

4. De la formación de clases

4.1. Criterios utilizados por el deudor para la formación de clases

En los artículos 616 y ss. del Texto Refundido de la Ley Concursal se establecen quienes son los créditos y contratos que se ven afectados por el Plan de reestructuración (en adelante Plan), así como los criterios que deben tenerse en cuenta para la formación de clases que votarán la aprobación o no del Plan.

Los créditos afectados por el Plan y que van a sufrir una modificación de las condiciones inicialmente pactadas tienen su origen y corresponden a los siguientes acreedores:

- ....
- ....
- ....

El Plan no afecta a ningún crédito de Derecho público, ni prevé la resolución de contratos con obligaciones recíprocas. Tampoco se ven afectados por el mismo ningún contrato de alta dirección.

De conformidad con el artículo 617 de TRLC el crédito de cada acreedor se ha computado por el principal más los recargos e intereses vencidos hasta la fecha de formalización en instrumento público.

Los acreedores afectados por el Plan se han agrupado en las siguientes clases:

v) Clase 1

   - La conforman los créditos titularidad de: ....

- Tienen la condición de créditos con privilegio especial.
- De conformidad con el artículo 624 del TRLC estos créditos constituirán una clase única.

vi) Clase 2

- La conforman los créditos titularidad de: ....
- Tienen la condición de créditos ordinarios / subordinados.

vii) Clase 3

- La conforman los créditos titularidad de: ....
- Tienen la condición de créditos ordinarios / subordinados.

viii) Clase 4

- La conforman los créditos titularidad de: ....
- Tienen la condición de créditos ordinarios / subordinados.

4.2. Comprobación de la formación de clases realizada

La formación de clases que han llevado a cabo la parte deudora y las entidades acreedores suscribientes del plan de reestructuración de referencia se ha realizado de conformidad con el artículo 623 y ss. del TRLC atendiendo a la existencia de un interés común a los integrantes de cada clase al tratarse de créditos de igual rango que el que determina el orden de pago en el concurso de acreedores.

En opinión de este experto, puede afirmarse que la formación de clases prevista en el Plan de Reestructuración cumple con el principio básico contenido en la normativa concursal, ya que se ha atendido a la existencia de un interés común de los integrantes de cada clase determinado en base a criterios objetivos o comprobables, habiéndose respetado igualmente el principio de igualdad de rango concursal, y efectuándose un trato paritario entre los créditos de la misma naturaleza y rango, en especial, desde la perspectiva del crédito del acreedor disidente.

Expuesto lo anterior, la comprobación realizada por el experto en reestructuración se ha centrado en la formación de la Clase 1, concretamente en el cálculo del importe cubierto por la garantía real existente.

La Ley 16/2022, de 5 de septiembre, de Reforma del Texto Refundido de la Ley Concursal establece en su artículo 272, a efectos de los Planes de Reestructuración, el límite del privilegio especial, quedando limitado al valor razonable del bien o derecho sobre el que se hubiera constituido la garantía, con las deducciones establecidas en el artículo 275 de la misma.

El artículo 273 del TRLC establece como determinar el valor razonable de los bienes y derechos de la masa activa:

1.° En caso de bienes inmuebles, el resultante de informe emitido por una sociedad de tasación homologada e inscrita en el Registro especial del Banco de España. Este informe no será necesario cuando dicho valor hubiera sido determinado por una sociedad de tasación homologada e inscrita en el Registro especial del Banco de España dentro de los seis meses anteriores a la fecha de declaración de concurso.

2.° En caso de valores mobiliarios que coticen en un mercado regulado, el precio medio ponderado al que hubieran sido negociados en uno o varios mercados regulados en el último trimestre anterior a la fecha de declaración de concurso, de conformidad con la certificación emitida por la sociedad rectora del mercado secundario oficial o del mercado regulado de que se trate.

3.° En caso de bienes o derechos distintos de los señalados en los números anteriores el resultante de informe emitido por experto independiente de conformidad con los principios y las normas de valoración generalmente reconocidos para esos bienes. Este informe no será necesario cuando dicho valor hubiera sido determinado por experto independiente, dentro de los seis meses anteriores a la fecha de declaración del concurso.

5. Del contenido del Plan de reestructuración

5.1. Requisitos formales

El artículo 633 del TRLC regula el contenido que debe, como mínimo, contener un Plan de Reestructuración.

A continuación, se detalla y justifica si el Plan de Reestructuración analizado cumple o no dicho contenido mínimo:

1ª Identidad del deudor

La sociedad deudora es ...., S.L./S.A.

2ª La identidad del experto encargado de la reestructuración, si hubiera sido nombrado

El experto en reestructuración es D. ...., nombrado por Auto de fecha ...... de .... de 20.......

3ª Una descripción de la situación económica del deudor y de la situación de los trabajadores, y una descripción de las causas y del alcance de las dificultades del deudor

En los anexos unidos al Plan se realiza una descripción de la situación económica del deudor, así como de la situación de los trabajadores. En este documento se enumeran las causas que han llevado a la presente reestructuración en aras de poder continuar con la actividad.

4ª El activo y el pasivo del deudor en el momento de formalizar el plan de reestructuración

Junto con el Plan de reestructuración se aporta un balance de situación del deudor.

5º Los acreedores cuyos créditos van a quedar afectados por el plan, identificados individualmente o descritos por clases, con expresión del importe de su crédito que vaya a quedar afectados e intereses y la clase a la que pertenezcan

Anexo al Plan de reestructuración, se detalla cada uno de los acreedores que van a quedar afectados por éste, indicando el importe que se adeuda a cada uno de ellos.

6º Los contratos con obligaciones recíprocas pendientes de cumplimiento que, en su caso, vayan a quedar resueltos en virtud del plan

No existen contratos con obligaciones recíprocas que vaya a quedar resueltos en virtud del Plan.

7º Si el plan afectase a los derechos de los socios, el valor nominal de sus acciones o participaciones sociales

El Plan de reestructuración no afecta a ningún derecho de los socios.

8º Los acreedores o socios que no vayan a quedar afectados por el plan, mencionados individualmente o descritos por clases, así como las razones de la no afección

No quedan afectados por el Plan de Reestructuración los acreedores comerciales, laborales y públicos, debido a que con la afectación de los acreedores indicados en el Plan se estima suficiente para viabilizar a la compañía, de acuerdo con el plan propuesto.

9º Las medidas de reestructuración operativa propuestas

Tal y como se indica en los anexos unidos al Plan de reestructuración, las medidas a llevar a cabo por las sociedades se pueden resumir en:

- ....
- ....
- ....

10º La exposición de las condiciones necesarias para el éxito del plan de reestructuración y de las razones por las que ofrece una perspectiva razonable de garantizar la viabilidad de la empresa, en el corto y medio plazo, y evitar el concurso del deudor

De acuerdo con los anexos unidos al Plan de reestructuración, a continuación, se detallan algunas de las condiciones para llevar a buen fin el plan y evitar el concurso del deudor:

- ....
- ....
- ....

11º Las medidas de información y consulta con los trabajadores

Al no afectar el Plan de reestructuración en ninguna medida a la deuda con los trabajadores de las deudoras, no se han adoptado medidas de información y consulta con éstos.

12ª En caso de afectación de crédito público, se incluirá acreditación de encontrarse al corriente en el cumplimiento de las obligaciones tributaria y de Seguridad Social

El Plan de Reestructuración no afecta a ningún crédito de derecho público, por tanto, no hay obligación de incluir acreditación de encontrarse al corriente en su pago.

El artículo 634 del TRLC exige que el Plan de Reestructuración sea formalizado en instrumento público por quienes lo hayan suscrito, en el que se incluirá la certificación del experto en reestructuración nombrado. Este requisito también se cumplen el Plan de Reestructuración analizado, formalizándose en escritura pública ante el Notario de ....

En opinión de este experto, y dándose las condiciones y presupuestos de los anteriormente reseñados en el informe de revisión del Plan de Negocio (IBR), a fecha de referencia ...... de .... de 20......, el plan de reestructuración muestra una previsión razonable de evitar la solución concursal, y su aprobación y cumplimiento facilitará la viabilidad económica y financiera de las mercantiles deudoras tanto en el corto como en el medio plazo, ayudando por tanto a evitar una situación de insolvencia.

6. De la aprobación del Plan de reestructuración

El artículo 629 del TRLC regula la aprobación de los planes de reestructuración, considerándolos aprobados por una clase de créditos, si hubiera votado a favor más de dos tercios del importe del pasivo correspondiente a esa clase. Así, en el caso de que la clase estuviera formada por créditos con garantía real, si hubieran votado a favor tres cuartos del importe del pasivo correspondiente a esta clase.

EL fallo de cada una de las clases formadas para la votación del Plan de Reestructuración presentado ha sido el siguiente:

Clase 1: ha votado a favor el ......% del pasivo correspondiente a esta clase.

Clase 2: ha votado a favor el ......% del pasivo correspondiente a esta clase.

Clase 3: ha votado a favor el ......% del pasivo correspondiente a esta clase.

Clase 4: no se ha adherido a la reestructuración.

Han votado a favor del Plan el ......% del pasivo correspondientes a ...... de las 4 clases formadas, entre las cuales, recordemos que la Clase 1 es la formada por créditos con garantía real.

Dada la existencia de una clase que no ha votado a favor del Plan, éste deberá ser homologado para poder extender sus efectos a dicha clase, hecho que es posible en el presente caso al haber sido aprobado por una mayoría simple de clases, estando una de ellas (Clase 1) formada por créditos que en el concurso de acreedores habrían sido calificados como créditos con privilegio especial al ostentar garantía real, ex artículo 639 del TRLC.

El Plan de Reestructuración está aprobado por mayoría de las clases de créditos formadas, debiendo solicitar su homologación judicial para poder extender sus efectos a la clase que no ha votado a favor de éste. Dicho plan, en opinión de este experto, respeta el interés superior de los acreedores, especialmente desde la perspectiva del acreedor disidente, ello si se tiene en consideración la clasificación de su crédito en sede concursal y que en el plan de reestructuración de referencia no se impone quita alguna a los acreedores.

Por otro lado, el referido plan de reestructuración, cumple con la regla de prioridad absoluta ya que como consecuencia del mismo, ningún acreedor va a percibir más de lo que se debe ni menos de lo que merece en los términos del art. 655.2.2° TRLC.

Del contenido del plan y la documentación relacionada en este informe, en especial, el plan de negocio e informe de revisión del mismo antes señalados, puede afirmarse y concluir la aprobación del Plan de Reestructuración no implica un sacrificio desproporcionado impuesto al acreedor disidente si se tiene en consideración y analiza en su conjunto el referido Plan en relación a la sostenibilidad de la deuda global de las mercantiles deudoras, a la previsión razonable de evitación de la solución concursal, y al fortalecimiento de la viabilidad económica y financiera de las mercantiles deudoras.

En este sentido, la situación de la clase disidente, tras la extensión de efectos del Plan de Reestructuración, no va a ser peor que aquella en la cual se encontraría de no llevarse a cabo la reestructuración ni extendido sus efectos.

Para ello se ha tratado de realizar un cálculo de la cuota hipotética de recuperación, de liquidación o "Best Interest Test", comparando la situación en la cual el Plan de Reestructuración deja al acreedor disidente con aquella que resultaría de la ausencia de la aplicación del Plan de Reestructuración. Conforme a este elemento de contraste, será desproporcionado el sacrificio del acreedor disidente si su cuota de satisfacción esperada o previsible en un escenario de liquidación concursal sería superior a la resultante de la extensión de los efectos del acuerdo de reestructuración.

Para el cálculo de satisfacción en un escenario de liquidación tendríamos que determinar el importe total que, razonablemente, cabría esperar de la realización de los activos; en segundo lugar, fijar el pasivo total de cada deudor; y, en tercer lugar, determinar el rango crediticio que habría de conferir a cada acreedor, lo que implica proceder a la calificación concursal del pasivo. Sin duda, lo más complicado resulta determinar el importe de los activos, y ello por dos motivos: en primer lugar, por la dificultad de fijar una referencia para el valor de liquidación concursal, que no es equiparable ni al valor contable, ni al valor razonable, ni al valor de mercado. Por otro lado, también habría que determinar si, en cada caso concreto, resulta razonable pensar que, en un eventual marco de liquidación concursal, se hubiesen enajenado unidades productivas.

Una vez obtenida la cuota hipotética de recuperación, hay que compararla con el valor del derecho de crédito del acreedor que resulta de la aplicación del Plan de Reestructuración, teniendo en cuenta no solo la quita impuesta (en este caso no hay), sino también la espera a la cual se somete la satisfacción del derecho. Ello comporta aplicar al crédito resultante una tasa de descuento.

Para el caso que nos ocupa, y en un intento de realización de esta comparativa, se ha solicitado a la deudora los últimos estados financieros cerrados, siendo los aportados los correspondientes al ...... de .... de 202....

A la hora de valorar los activos en liquidación, se ha dispuesto de una perspectiva optimista en la realización de los activos en un escenario de liquidación.

A pesar de ello, se ha estimado un porcentaje de realización de los activos de empresas del grupo de un ......% sobre el valor contable a ...... de .... de 202..., se detalla a continuación:

ACTIVO	Valor Contable	Valor Liquidación
A) Activo no corriente	0,00	0,00
I. Inmovilizado intangible.	0,00	0,00
Desarrollo		
Concesiones		
Propiedad Industrial		
Aplicaciones informáticas		
Otro inmovilizado intangible		
II. Inmovilizado material	0,00	0,00
Terrenos y construcciones		
Instalaciones técnicas		
Maquinaria		
Utillaje		
Otras instalaciones		
Mobiliario		
Equipos proceso información		
Elementos de transporte		
Otro inmovilizado material		
Anticipos e inmovilizado material en curso		
III. Inversiones inmobiliarias	0,00	0,00
Terrenos		
Construcciones		
IV. Inversiones en emp. grupo y asociadas a LP.	0,00	0,00
Instrumentos de patrimonio		
Créditos a empresas		
Valores representativos de deuda		
Derivados		
Otros activos financieros		
V. Inversiones financieras a largo plazo	0,00	0,00
Instrumentos de patrimonio		
Créditos a empresas		

ACTIVO	Valor Contable	Valor Liquidación
Valores representativos de deuda		
Derivados		
Otros activos financieros		
VI. Activos por impuesto diferido.	0,00	0,00
Créditos por pérdidas a compensar		
B) Activo corriente	0,00	0,00
I. Activos no corrientes mantenidos para la venta	0,00	0,00
II. Existencias	0,00	0,00
Comerciales		
Materias primas y otros aprovisionamientos		
Productos en curso		
Productos terminados		
Subproductos, residuos y materiales recuperados		
Anticipos a proveedores		
III. Deudores comerciales y o. ctas a cobrar.	0,00	0,00
Clientes por ventas y prestaciones de servicios.		
Clientes, empresas del grupo y asociadas.		
Deudores varios		
Personal		
Activos por impuesto corriente		
Otros créditos con las Administraciones Públicas.		
Accionistas (socios) por desembolsos exigidos		
IV. Inversiones en emp. grupo y asociadas a CP.	0,00	0,00
Instrumentos de patrimonio		
Créditos a empresas		
Valores representativos de deuda		
Derivados		
Otros activos financieros		
V. Inversiones financieras a CP.	0,00	0,00
Instrumentos de patrimonio		
Créditos a empresas		
Valores representativos de deuda		
Derivados		
Otros activos financieros		
VI. Periodificaciones a CP.	0,00	0,00
VII. Efectivo y o. activos líquidos.	0,00	0,00
Tesorería.		
TOTAL ACTIVO	0,00	0,00

Del cuadro precedente se estima que el valor de recuperación de los activos en un escenario de liquidación, siendo muy optimistas, es de .... EUROS (.............. euros).

Por otro lado, de conformidad con los datos contables proporcionados por la deudora a fecha ...... de .... de 202..., se ha fijado el pasivo total de cada deudor y se ha determinado el rango crediticio que habría de conferir a cada acreedor procediendo a la calificación concursal del pasivo.

A continuación, se detalla la Lista de Acreedores con su calificación correspondiente en una hipotética situación concursal:

CLASIFICACIÓN PROVISIONAL DE LOS CRÉDITOS (T.R.L.C)

	Deuda total	Art. 270.1° P. Especial	Art. 280.2° P.General	Art. 280.4° P.General	Art. 269.3 Ordinario	Art. 281.5° Subordinado
ACREEDOR1						
ACREEDOR2						
ACREEDOR3						
ACREEDOR4						
ACREEDOR5						
ACREEDOR6						
ACREEDOR7						
ACREEDOR8						
ACREEDOR9						
ACREEDOR10						
ACREEDOR11						
ACREEDOR12						
ACREEDOR13						
ACREEDOR14						
ACREEDOR15						
ACREEDOR16						
ACREEDOR17						
ACREEDOR18						
ACREEDOR19						
ACREEDOR20						
ACREEDOR21						
ACREEDOR22						
ACREEDOR23						
DEUDA TOTAL						

RESUMEN
Créditos art. 270.1° T.R.L.C.
Créditos art. 280.2° T.R.L.C.
Créditos art. 280.4° T.R.L.C.
Créditos art. 269.3 T.R.L.C.
Créditos art. 281.5° T.R.L.C.
DEUDA TOTAL

Del cuadro precedente se desprende que los créditos calificados como Privilegio Especial, Privilegio General y Ordinarios suman el importe de .... EUROS (.............. euros).

Una vez realizado este cálculo podemos determinar que la cuota hipotética de recuperación, de liquidación o "Best Interest Test" de los acreedores disidentes sería de .... euros puesto que, con el valor obtenido en un escenario de liquidación, siendo muy optimistas, no sería suficiente para alcanzar los pagos de los créditos calificados como ordinarios / subordinados.

En cambio, el valor del derecho de crédito de los acreedores que resulta de la aplicación del Plan de Reestructuración resultaría una recuperación de un importe de .... EUROS (.............. euros).

En opinión de este experto, y a raíz de los cálculos expuestos a lo largo de este apartado del informe la situación de los acreedores disidentes, tras la extensión de efectos del Plan de Reestructuración, no va a ser peor que aquella en la cual se encontraría de no llevarse a cabo la reestructuración ni extendido sus efectos.

Es decir, entiende este experto que el Plan supera la prueba del interés superior de los acreedores a la que hace alusión la Ley.

El segundo elemento de contraste, al que puede atenderse para determinar un sacrificio desproporcionado, se basa en la homogeneidad entre acreedores semejantes y en el trato proporcionado entre acreedores diferentes.

En este sentido, podría resultar desproporcionado el sacrificio si, atendiendo a las circunstancias del caso, implicase un trato asimétrico entre acreedores homogéneos y también podría ser desproporcionado el sacrificio que se impusiese por igual (con la misma intensidad) a unos acreedores y a otros de peor condición.

Por tanto, también entiende este experto, que el crédito de los acreedores disidentes ha sido tratado de forma paritaria y no discriminatoria respecto a otros créditos de otras clases.

F242. ESCRITO DEL EXPERTO EN REESTRUCTURACIONES ACOMPAÑANDO INFORME SOBRE VALORACIÓN DE LA DEUDORA COMO EMPRESA EN FUNCIONAMIENTO (ART. 639.2° TRLC)

AL TRIBUNAL DE INSTANCIA DE ..... SECCIÓN DE LO MERCANTIL

D. ...., en representación de la firma ...., S.L.P., nombrada como EXPERTO EN LA REESTRUCTURACIÓN de la deudora .... que se sigue en ese Tribunal, ante el mismo comparece y como mejor proceda en Derecho, DICE,

Primero.-Que mediante auto dictado con fecha .... se designa a ...., S.L. como EXPERTO EN LA REESTRUCTURACIÓN,............... por solicitud expresa del deudor (art. 672.1° TRLC).

Segundo. Que con fecha .... el Tribunal me solicitó la emisión de un INFORME DE VALORACIÓN DE LA DEUDORA como empresa en funcionamiento, en el plazo de un mes.

Tercero. Que por medio del presente escrito, vengo a cumplimentar, el requerimiento en tiempo y forma, conforme a lo expresado por el artículo 679 del TRLC.

En su virtud,

SUPLICO AL TRIBUNAL. Que tenga por presentado este escrito, con el informe que se acompaña, acuerde su unión a los autos del procedimiento, y de por cumplido en tiempo y forma el requerimiento solicitado.

Por ser de justicia que se pide, en .... a .... de............

EL EXPERTO EN LA REESTRUCTURACIÓN

F243. INFORME DE VALORACIÓN DE LA DEUDORA COMO EMPRESA EN FUNCIONAMIENTO

El principio rector de la Directiva de insolvencia (2019/2023) constituye la Reestructuración de las empresas viables económicamente, permitiendo la continuación de su actividad empresarial, y así soslayar los riesgos que se derivan del proceso concursal y su liquidación.

A su vez el artículo 633.10ª señala que el PLAN DE REESTRUCTURACIÓN contendrá:

> "La exposición de las condiciones necesarias para el éxito del plan de reestructuración y de las razones por las que se ofrece una perspectiva razonable de garantizar la viabilidad de la empresa, en el corto y medio plazo, y evitar el concurso de acreedores".

La especificación del legislador sobre la previsión temporal: "en el corto y medio plazo", de forma estricta puede entenderse a medio plazo. Está extendida la conceptuación de que el corto plazo constituye la proyección a un año y el medio plazo los próximos dos años, en correlación a la determinación de la probabilidad de insolvencia (art. 584.2 TRLC).

Desde el punto de vista profesional y académico resulta ilógico establecer que el éxito del Plan de Reestructuración se limite al plazo de dos años, cuando lo coherente y racional sería alargarlo hasta los plazos de los cumplimientos de los compromisos de pago acordados en el Plan de Reestructuración.

BASES PARA LA VALORACIÓN

El modelo de valoración por excelencia, de una empresa en funcionamiento, es decir en continuidad de su actividad empresarial, es la que se basa en el Descuento de los Flujos de Caja (DFC). Y ello porque la evidencia razonable de que la deudora es viable económicamente deriva de los flujos de caja previsionales a futuro que constituyen la cobertura y soporte del logro de su solvencia.

Los conceptos básicos del "DFC" se desarrollan bajo tres módulos:

Uno. Flujos de Caja

Dos. Periodos de proyección

Tres. Tasa de descuento

FLUJOS DE CAJA

El Flujo de Caja, corresponde al denominado "Flujo de Tesorería Libre del Propietario". Su valoración actualizada, servirá de instrumento comparativo respecto al valor actualizado en caso de ir a concurso o liquidación, a fin de determinar la superación de "la prueba del interés superior de los acreedores".

Su cuantificación viene recogida en el estado financiero: ESTADO DE FLUJOS DE EFECTIVO (EFE), en este caso previsionales, adaptado del Plan General de Contabilidad.

Se estructura en tres componentes.

ESTADO DE FLUJO DE EFECTIVO (ADAPTADO)

I- FLUJOS DE TESORERÍA OPERATIVO

+/- RESULTADOS NETOS DE EXPLOTACIÓN + AMORTIZACIONES +/- OTROS AJUSTES
= RECURSOS PROCEDENTES DE OPERACIONES
+/- VARIACIONES EN EL CAPITAL CIRCULANTE

II- FLUJOS DE TESORERÍA DE INVERSIÓN NETA

- Pago por inversiones + Cobros por desinversiones

III- FLUJOS DE TESORERÍA ACTIVIDADES DE INVERSIÓN

+/- INSTRUMENTOS DE PATRIMONIO +/- INSTRUMENTOS DE PASIVO FINANCIERO
I + II = Flujo de Tesorería Libre de la Empresa I + II + III = Flujo de Tesorería Libre del Propietario

PERIODOS DE PROYECCIÓN

Se distinguen dos periodos:

Uno. Período de Planificación

Dos. Valor Residual

El periodo de planificación constituye el periodo donde se consideran con detalle las diversas variables económico-financieras y se determinan por periodos anuales los flujos de tesorería libre del propietario (en este caso).

La proyección de Planificación, en la práctica profesional comprende el periodo de 3 a 5 años. Sin embargo, es conveniente, según el curso específico del Plan de Reestructuración ajustar tal periodo al de los compromisos de cumplimientos acordados en dicho Plan.

El "Valor Residual" se pone en práctica cuando la deudora se espera que continúe en su actividad empresarial, como en este caso, más allá del final del periodo de planificación. Es en esta fecha cuando el valor terminal se descuenta a la fecha de valoración para determinar el valor actual. En este descuento, lo normal, es aplicar la misma tasa de descuento que la aplicada para los flujos del periodo de planificación.

Estimar a futuro supone considerar el comportamiento de la empresa en términos de crecimiento de la misma, que en la mayoría de los casos se considera una vida ilimitada.

El factor clave lo constituye la "Tasa de crecimiento" ("g") que a su vez reúne condiciones de gran complejidad en su determinación.

En el caso presente, la deudora dispone de productos en fase de madurez, por lo que la "Tasa de crecimiento" ha de determinarse considerando criterios de prudencia.

El límite teórico de "g" de referencia sería el crecimiento de la economía (PIB), incrementado en su caso en la Tasa de inflación esperada. Si en España, a futuro consideramos crecimientos del PIB del orden de una media del 2%, a efectos de aplicar criterios prudenciales, disponemos que lo lógico será considerar un "g" en el 1%.

TASA DE DESCUENTO

La tasa de descuento, como lo define el experto en materia de Valoración de Empresas PABLO FERNÁNDEZ: "la tasa de descuento refleja una opinión sobre los riesgos de la compañía en un determinado momento". Por todo ello en la valoración se aplica más criterios de arte que de ciencia, dada su complejidad.

Dado que la deudora no cotiza en un mercado organizado (BOLSA), siguiendo al experto en Valoración de Empresas (ALFONSO A. ROJO), la aplicación de la beta del modelo CAPM ("Capital Asset Princing Model" - "Modelo de Equilibro de Activos Financieros") tiende a infravalorar el riesgo de estas empresas. Como señala el profesor ROJO, la Asociación Española de Contabilidad y Administración de Empresas (AECA) adopta una opción práctica al respecto, donde el Riesgo asumido del propietario Ke, se configura

$Ke = i + (RM - i) + B_T (RM - i)$

Los tres componentes son:

- i = Tasa Libre de Mercado sin riesgo
- Prima de Mercado = (RM – i), diferencia de rentabilidad en el mercado de acciones respecto a la Tasa Libre de riesgo.
- B_T = Coeficiente de variabilidad, determinado por sa/sm, donde

  sa = desviación típica de la empresa target

  sm = desviación típica del sector o mercado

En el caso que nos ocupa, el P. de Viabilidad de la deudora ...., se ha elaborado con criterios de normalidad (sin enfoques optimistas ni pesimistas), donde a su vez el "análisis de sensibilidad" ha dado resultados favorables.

Para el cálculo de la $B_{T,}$ se ha considerado el mercado de bolsa de ....

En consecuencia la tasa de descuento establecida es la siguiente:

i = 2,1%

RF – i = 5%

B_T = 1,15

Por lo que:

Ke = 2,1% + 5% + (1,15 x 5%) = 12,85%

VALOR DE LA EMPRESA .... EN FUNCIONAMIENTO

Una vez consideradas las explicaciones aclaratorias descritas se procede al cálculo del valor de la empresa, tomando de base el Plan de Reestructuración aprobado, que incluye a su vez el Plan de Viabilidad.

Uno. Flujos de Caja de los Propietarios

Según se desprende del Plan de Viabilidad:

–€–

Años	Importe
1	1.015
2	165.682
3	215.323
4	303.001
5	385.225
Totales	1.070.246

Valor actual periodo planificación:

$$VE = \frac{1.015}{1,1285} + \frac{165.682}{(1,1285)^2} + \frac{215.323}{(1,1285)^3} + \frac{303.001}{(1,1285)^4} \quad \frac{385.225}{(1,1285)^5} = 678.127,58$$

$$\frac{\text{Valor residual}}{\text{UR}} = \frac{389.077,25}{(0,1285 - 0,001)} \Big/ (1,1285)^5 = 1.793.947,26\ €$$

Es preciso señalar que no se estiman con valor material posibles situaciones de Activos no afectos a la actividad ni existencia de deudas no reconocidas.

Por lo tanto, el Valor de la empresa .... en funcionamiento calculado es:

678.127,58 + 1.793.947,26 = 2.472.078,84 €

F244. INFORME DEL EXPERTO EN REESTRUCTURACIONES A SOLICITUD DEL TRIBUNAL Y RESPECTO DE ALEGACIONES FORMULADAS POR ACREEDOR PREVIAMENTE A LA HOMOLOGACIÓN

Procedimiento: Comunicación negociaciones nº ..../....

AL TRIBUNAL DE INSTANCIA DE ..... SECCIÓN DE LO MERCANTIL PLAZA ....

DON ......, experto independiente en reestructuración nombrado en virtud del Auto de fecha .... de .... de ....en el Procedimiento de Comunicación de negociaciones nº .... que este Tribunal comparezco en los autos anteriormente referenciados y como mejor proceda en Derecho, DIGO

I.- Que la representación de .... S.L. (en adelante también "........."), presentó escrito de fecha ....de ....de .... a cuyo contenido nos remitimos a una mayor brevedad, habiéndose dictado Providencia de fecha ....de .... de .... en la que se daba traslado del referido escrito otorgándose un plazo de CINCO (5) días para que por parte de este experto se informara al respecto.

II.- Que, esta parte, dentro de plazo, y en cumplimiento del traslado conferido por la Providencia de fecha .... de .... de .... emite el siguiente

INFORME

PRIMERA.- Como cuestión previa, esta parte considera que el escrito presentado por la representación de ...., cuyo contenido se rechaza íntegramente, carece de cobertura legal por cuanto que no existe precepto o previsión alguna en el Texto Refundido de la Ley Concursal (en adelante también "TRLC") que regule un trámite de alegaciones en el concreto momento procesal en el que nos encontramos. Más bien al contrario.

En efecto, el procedimiento de comunicación de apertura de negociaciones regulado en los artículos 585 y ss. TRLC no prevé la posibilidad de que un acreedor formule alegaciones a un plan de reestructuración (que cuenta con un informe favorable de este experto) cuya homologación haya sido solicitada, previamente a que se dicte el correspondiente auto homologando el Plan.

Es decir, el procedimiento regulado en el Libro II TRLC que regula el Derecho Preconcursal únicamente prevé la oposición/impugnación por parte del acreedor disidente al plan afectado por el mismo una vez se haya dictado, en su caso, el auto por el que se homologa el plan. Y, excepcionalmente, ex artículo 662 TRLC, cabrá una oposición con carácter previo a la homologación del plan de reestructuración por parte de las partes afectadas, ello siempre que así lo solicite el solicitante de la homologación en su escrito.

De este modo, insistimos, dadas las circunstancias concurrentes en este procedimiento, y solicitada la homologación de un plan de reestructuración sin la mención o solicitud prevista en el artículo 662 TRLC, no cabe, como pretende ...., formular alegaciones frente al plan, a través de una suerte de anuncio de su postura o preoposición/preimpugnación al plan. Se trata por tanto de un trámite vetado por la normativa preconcursal.

Lo que en ningún caso procede por parte del acreedor es, de forma velada, anunciar una determinada postura frente al plan a través de un escrito de personación que incluye una serie de alegaciones poniendo de manifiesto unos defectos que, supuestamente, adolecería el plan de reestructuración aprobado.

SEGUNDA.– Por otra parte, sin perjuicio de lo anterior, y entrando ya al contenido del escrito de fecha ....de ....de .... por parte de este experto se reitera, y no se niega de contrario, que el plan de reestructuración cuida paritariamente a todos los creditos, con independiza de su clase y rango. Esto es, otorga el mismo tratamiento a .... que al resto de entidades afectadas por el plan de reestructuración, incluso respecto de aquellas cuyo rango resulta concursalmente superior al de ...., ya que no implica ninguna quita a ...., ni a ninguno de los acreedores afectados, y le aplicara las mismas esperas que al resto de entidades afectas por el plan.

Así mismo, todos los acreedores afectados por el plan de reestructuración (incluyendo ....), con independencia de su rango o clase, cuentan, en idéntico rango, con las mismas garantías, ello a la vista del contenido del referido plan, al que nos remitimos.

Es decir, la igualdad de trato a los diferentes acreedores afectados por el contenido del plan de reestructuración es incontestable e indiscutible.Además, también cabe concluir que el plan de reestructuración aprobado no implica un sacrificio desproporcionado para ....

Todo ello resulta del análisis conjunto del referido plan en relación a la sostenibilidad global de las mercantiles deudoras, a la previsión razonable de evitar la solución concursal, y al fortalecimiento de la viabilidad económica y financiera de las deudoras. Es más, la situación de .... tras la extensión del plan, al contrario de lo alegado por esta última, no va a ser peor que aquella en la cual se encontraría de no llevarse a cabo la reestructuración ni extendido sus efectos en los, términos pactados, resaltando que la sociedad .... no va a poder regularmente sus obligaciones en los próximos años, y en especial, a partir del ejercicio ...... por otro lado, el plan de reestructuración que nos ocupa no conlleva un sacrifico desproporcionado para los disidentes, sea atendiendo al parámetro de la reducción del valor de los créditos pues ...., sea de un tratamiento desigual de los acreedores firmantes con los disidentes o no firmantes ya que ... Finalmente, cumple suficientemente lo requerido por el art. 654.7º TRLC, es decir, la prueba de interés superior para los acreedores a la vista que ....

En cualquier caso, conviene recordar que con el objeto de dar cumplimiento a lo dispuesto en el artículo 635.1 TRLC, el Plan prevé expresamente que se solicitaría la homologación judicial del mismo para que pudiese afectar al acreedor no participante (.........), por lo que se ha respetado en todo momento el procedimiento previsto en la normativa concursal.

TERCERA.– Por último, y en relación con las alegaciones formuladas de contrario respecto a la formación de clases, este experto considera que se han seguido las reglas previstas a tal efecto por la normativa concursal (artículos 622 y ss. TRLC). Las cuatro clases formadas respetan lo dispuesto en el art. 628 TRLC, y la categoría potestativa de créditos garantizados con aval ICO (DA 8ª Ley 16/2022) es lógica y coherente, y permite concretar en una categoría los créditos que cuentan con tal garantía, a la vista de sus peculiaridades, en especial, la reseñadas en dicha norma en orden a la autorización por la AEAT.

Y más en concreto, se considera igualmente adecuada la formación de la Clase 4 del plan, que es precisamente en la que se encuentra incardinada ………, así como su crédito con la condición de subordinado en un eventual concurso de acreedores, derivado de ……

………, se limita a efectuar una forzada y sesgada lectura tanto del plan de reestructuración como del informe de este experto, generando confusión sobre unas clases de créditos perfectamente delimitados, aferrándose para ello a una pretendida, según dice, condición comercial de su crédito, como si tales clases de créditos no pudieran ser susceptibles de afectación en un plan de reestructuración, argumento este inane e irrelevante y que, en cualquier caso, no responde a la realidad, remitiéndonos en este punto a lo indicado en nuestro informe y a la manifestado anteriormente.

En cualquier caso, conviene igualmente manifestar que las cuestiones planteadas por ……… carecen de toda relevancia a los efectos de la aprobación del plan de reestructuración, ello, en primer lugar, a la vista de la indiscutible paridad e igualdad de trato entre los diferentes acreedores afectados por el contenido del plan, así como de la adecuada configuración de las diferentes clases.

Y en segundo lugar, resultan igualmente irrelevantes las alegaciones formuladas de contrario por cuanto que, aún existiendo un eventual defecto (que no existe) en la configuración de las clases que prevé el plan, ello no hubiera afectado ni hubiera impedido la aprobación del mismo.

Es decir, independientemente de que las alegaciones formuladas de contrario tuvieran soporte fáctico o legal (que no las tiene), no afectarían a la aprobación, y en su caso, posterior homologación, del plan de reestructuración, ello a la vista de lo expuesto y la Jurisprudencia recaída en estos supuestos, que por conocida no se entiende preciso su reseña.

En su virtud,

SUPLICO AL TRIBUNAL, que teniendo por presentado este escrito se sirva de admitirlo, tenga por presentado el presente informe a los efectos que legalmente correspondan.

En ………, a ………de ……… de ………

Fdo. ………

F245. CERTIFICACIÓN DEL EXPERTO SOBRE CONCURRENCIA DE MAYORÍAS

[Nombre de la Entidad/Profesional], con C.I.F. [Número de Identificación Fiscal] y domicilio en [Dirección Completa], inscrita en el Registro Mercantil de [Provincia], Tomo [Tomo], Folio [Folio], Sección [Sección], Hoja [Hoja Mercantil],** en su condición de Experto en la Reestructuración de la mercantil [Nombre de la Empresa] conforme al Auto de nombramiento de fecha [Fecha de Nombramiento], dictado por el Tribunal de Instancia, sección de lo Mercantil, de [Ciudad],

CERTIFICA:

PRIMERO.– Que, en atención a lo establecido en el artículo 634.1 del TRLC, en conexión con los artículos 633 y 643.3 del TRLC, el Plan de Reestructuración formulado por [Nombre de la Empresa Deudora] a los Acreedores Afectados, ha obtenido las mayorías necesarias exigidas por el artículo 629 del TRLC en las siguientes clases de acreedores:

- Clases Aprobadas:
- [Enumerar las clases aprobadas: Clase 1, Clase 4, etc.]
- Clases No Aprobadas:
- [Enumerar las clases no aprobadas, si aplica: Clase 2, Clase 5, etc.]

Estas clases han sido definidas conforme a lo dispuesto en los artículos 622 y siguientes del TRLC, atendiendo a la homogeneidad de los créditos afectados por el plan.

SEGUNDO.– Que las mayorías alcanzadas en cada clase se detallan a continuación:

Clase 1: Créditos con Garantía Real

Conforme al artículo 629.2 del TRLC, esta clase se considera aprobada si al menos el 75% del importe del pasivo correspondiente a esta clase vota a favor.

- Voto Emitido:
  - o Acreedores Afectados: [Lista de Acreedores].
  - o % a Favor: [Porcentaje].
  - o % en Contra: [Porcentaje].

Resultado: [Aprobado/No Aprobado].

Clase 2: Créditos Ordinarios

Conforme al artículo 629.1 del TRLC, esta clase se considera aprobada si al menos el 66,67% del importe del pasivo correspondiente a esta clase vota a favor.

- Voto Emitido:
  - o Acreedores Afectados: [Lista de Acreedores].

  - % a Favor: [Porcentaje].
  - % en Contra: [Porcentaje].

Resultado: [Aprobado/No Aprobado].

Clase 3: Créditos Subordinados

Conforme al artículo 629.1 del TRLC, esta clase se considera aprobada si al menos el 66,67% del importe del pasivo correspondiente a esta clase vota a favor.

- Voto Emitido:
  - Acreedores Afectados: [Lista de Acreedores].
  - % a Favor: [Porcentaje].
  - % en Contra: [Porcentaje].

Resultado: [Aprobado/No Aprobado].

(Repetir este esquema para todas las clases formadas.)

TERCERO.– Que los Acreedores Afectados por el Plan de Reestructuración representan un [Porcentaje] del Pasivo Total Real de [Nombre de la Empresa Deudora], conforme a lo dispuesto en el artículo 667 del TRLC.

CUARTO.– Que, a los efectos de lo dispuesto en el artículo 639 del TRLC, el Plan de Reestructuración presentado por [Nombre de la Empresa Deudora] cumple con las condiciones necesarias para su homologación judicial, ya que:

1. [Especificar clases aprobadas].
2. [Indicar si existe alguna clase privilegiada que respalde la homologación, como créditos con garantía real].

QUINTO.– Que, en virtud de lo anterior, se emite la presente CERTIFICACIÓN DE MAYORÍAS conforme a lo dispuesto en los artículos 629 y 634.1 del TRLC, en [Ciudad], a [Fecha].

Firmado:

[Nombre del Experto en Reestructuración o Entidad Responsable]

D. [Nombre del Firmante 1]

(Cargo o Profesión)

D. [Nombre del Firmante 2]

(Cargo o Profesión)

En ......, a ..., de ......, de ....

F246. CERTIFICACIÓN DEL EXPERTO SOBRE CONCURRENCIA MAYORÍAS. APROBACIÓN POR TODAS LAS CLASES

.............., con C.I.F. .... y domicilio en ...., inscrita en el Registro Mercantil de ...., Tomo ....Folio ....Sección ....Hoja ...., en su condición de Experto en la Reestructuración de la mercantil .... conforme al Auto de nombramiento núm. ...., de ....de ....de ...., del Tribunal de Instancia, sección de lo mercantil, de ....., habiéndose confirmado la aceptación del cargo ante las deudoras en fecha ....de ....de ....y el Tribunal en fecha ....de ....de ....,

CERTIFICA:

PRIMERO. Que en atención a lo establecido en el art. 634.1 TRLC, en conexión con los arts. 633 y 643.3 TRLC, el Plan de Reestructuración formulado por la deudora a los acreedores afectados por el mismo, HA OBTENIDO LAS MAYORÍAS NECESARIAS EXIGIDAS POR EL ART. 629 TRLC DENTRO DE TODAS LAS CLASES, definidas conforme a lo establecido en los arts. 622 y ss. TRLC, en las que han quedado encuadrados los créditos afectados por el Plan de Reestructuración de ...., así:

Clase 1.

Conforme al voto emitido por los Acreedores Afectados integrados en la Clase 1 de .... el PR 2023 se considera APROBADO por la misma con un 94,02% de voto favorable, de acuerdo con el siguiente detalle:

Acreditantes	Clase 1	% Firmante	% No Firmante
......	SI	31,58%	
......	SI	31,75%	
......	SI	19,53%	
......	SI	7,32%	
......	NO		5,98%
......	SI	3,40%	
......	SI	0,44%	
TOTAL		94,02%	5,98%

Clase 2.

Conforme al voto emitido por los Acreedores Afectados integrados en la Clase 2 de .... el PR 2023 se considera APROBADO por la misma con un 96,83% de voto favorable, de acuerdo con el siguiente detalle:

Acreditantes	Clase 2	% Firmante	% No Firmante
......	SI	71,99%	
......	SI	2,30%	
......	SI	15,41%	
......	SI	4,04%	
......	NO		3,17%
......	SI	2,22%	
......	SI	0,88%	
TOTAL		96,83%	3,17%

Clase 3.

Conforme al voto emitido por los Acreedores Afectados integrados en la Clase 3 de .... el PR 2023 se considera APROBADO por la misma con un 93,42% de voto favorable, de acuerdo con el siguiente detalle:

Acreditantes	Clase 3	% Firmante	% No Firmante
......	SI	31,38%	
......	SI	31,55%	
......	SI	19,40%	
......	SI	7,27%	
......	NO		6,58%
......	SI	3,38%	
......	SI	0,43%	
TOTAL		93,42%	6,58%

Clase 4.

Conforme al voto emitido por los Acreedores Afectados integrados en la Clase 4 de .... el PR 2023 se considera APROBADO por la misma con un 78,01% de voto favorable, de acuerdo con el siguiente detalle:

Acreditantes	Clase 4	% Firmante	% No Firmante
......	SI	23,08%	
......	SI	22,37%	
......	SI	22,64%	
......	SI	5,25%	
......	NO		2,23%
......	SI	2,96%	

Acreditantes	Clase 4	% Firmante	% No Firmante
......	SI	1,71%	
......	NO		19,76%
TOTAL		78,01%	21,99%

SEGUNDO. Que el Plan de Reestructuración de .... habría sido APROBADO POR TODAS LAS CLASES DE CRÉDITOS, cumpliéndose con ello el requisito del art. 638.3° TRLC para poder ser homologado judicialmente el mismo, así:

CLASES	Voto necesario	Voto Favorable	Aprobado
CLASE 1	≥ 75,00%	94,02%	√
CLASE 2	≥ 75,00%	96,83%	√
CLASE 3	> 66,67%	93,42%	√
CLASE 4	> 66,67%	78,01%	√

TERCERO. Que a los efectos de lo dispuesto por el art. 667 TRLC el pasivo afectado por el Plan de Reestructuración representa un porcentaje del 61,12% del pasivo total real de ....

Y para que conste a los efectos oportunos, se emite la presente CERTIFICACIÓN DE MAYORÍAS del Plan de Reestructuración planteado por la mercantil ...., conforme a lo establecido en los arts. 629 y 638.3° TRLC, en .... a .... de .... de ....

Firmado:

Experto en la reestructuración

F247. CERTIFICACIÓN DEL EXPERTO SOBRE CONCURRENCIA MAYORÍAS. NO APROBACIÓN POR TODAS LAS CLASES

DON/DOÑA ...., provisto de NIF ...., de profesión ...., con domicilio a efectos de notificaciones en ...., nombrado Experto de Reestructuración en virtud de Auto de fecha ...... de .... de 202... en el Procedimiento de Comunicación de Negociaciones nº ..../........... que se sigue ante el Tribunal de Instancia, sección de lo mercantil, de ....

CERTIFICA

PRIMERO. Que la formación de las clases del Plan de Reestructuración de la mercantil ...., S.L./S.A. se ha realizado de conformidad con el artículo 623 y ss. del TRLC, atendiendo a la existencia de un interés común de los integrantes de cada clase al tratarse de créditos de igual rango, que el que determinaría el orden de pago en el concurso de acreedores.

La Clase 1, formada por los créditos con calificación de privilegio especial hasta el límite de la garantía, se ha cuantificado aplicando el 90% al valor razonable de las garantías otorgadas, de conformidad con el artículo 273 del TRLC.

SEGUNDO. Que el Plan de Reestructuración de ...., S.L./S.A. está aprobado por una mayoría simple de las clases de créditos formadas, habiendo votado más de los dos tercios del importe del pasivo correspondiente a cada clase y estando formada una de las clases —Clase 1— por créditos que habrían sido calificados con privilegio especial, todo ello de conformidad con el artículo 629 y 639 del TRLC, debiendo solicitar su homologación judicial para poder extender sus efectos a la clase que no se ha adherido a la reestructuración.

El resultado de las votaciones ha sido el siguiente:

Clase 1: ha votado a favor el ....% del pasivo correspondiente a esta clase.

Clase 2: ha votado a favor el ....% del pasivo correspondiente a esta clase.

Clase 3: ha votado a favor el ....% del pasivo correspondiente a esta clase.

Clase 4: no se ha adherido a la reestructuración.

Han votado a favor del Plan el ....% del pasivo correspondientes a 3 de las 4 clases formadas, entre las cuales, recordemos que la Clase 1 es la formada por créditos con garantía real.

Se emite el presente certificado a los efectos de lo previsto en el artículo 634.1 del Texto Refundido de la Ley Concursal.

En ...., ... de .... de 202...

Fdo. ....

F248. CERTIFICACIÓN A LOS EFECTOS DE DAR CUMPLIMIENTO AL REQUERIMIENTO DE MAYORÍAS ESTABLECIDO EN LOS ARTÍCULOS 634.1 638.3° Y 639 TRLC

A la atención del Tribunal de Instancia, sección de lo mercantil, de [...] y, a los efectos de la solicitud de homologación de la mercantil deudora [...], se emite este Certificado y sus Anexos que se adjuntan en acreditación del cumplimiento de todos los requisitos legales.

En nuestra condición de Experto en la Reestructuración designado, en virtud de auto de fecha [...] de [...] de [...], en relación con el Plan de Reestructuración suscrito el [...] de [...] de [...] que fue elevado a público mediante escritura autorizada por el Notario de [...], [.........] con el número [.........] de su protocolo (en adelante, el "Plan de Reestructuración") y a los efectos de dar cumplimiento al requerimiento establecido en los artículos 634.1 y 638 3° de la Ley Concursal o, en su caso, al artículo 639 de la Ley Concursal, por la presente:

CERTIFICAMOS, en relación con la suficiencia de las mayorías que se requieren para aprobar el Plan de Reestructuración, que hemos realizado nuestro trabajo, que en ningún caso puede ser entendido como una auditoría de cuentas y que, como consecuencia de dicho trabajo, de conformidad con los cálculos adjuntos al presente certificado como Anexos, a [...] de [...] de [...], fecha de formalización del Plan de Reestructuración:

I. A los efectos de dar cumplimiento a lo requerido por el artículo 629 del Real Decreto legislativo 1/2020, de 5 de mayo, por el que se aprueba el texto refundido de la Ley Concursal, modificado por la Ley 16/2022, de 5 de septiembre (en adelante, TRLC) manifestamos y concluimos que, tal y como se desprende del cálculo anterior, los créditos correspondientes a cada clase que han aprobado el plan de reestructuración representan

a) en la clase con garantía real, los créditos correspondientes a los acreedores adheridos al menos 3/4 de los créditos correspondientes a dichas clases (tal y como se definen en el Plan de Reestructuración), de conformidad con lo dispuesto en el artículo 629.2 de la Ley Concursal; y

b) en las clases sin garantía real, los créditos correspondientes a los Acreedores adheridos representan más de 2/3 de los créditos correspondientes a dichas clases (tal y como dicho término se define en el Plan de Reestructuración), de conformidad con lo dispuesto en el artículo 629.1 TRLC.

II. Igualmente, a los efectos de dar cumplimiento a lo dispuesto en el artículo 638 TRLC manifestamos que el plan de reestructuración ha sido aprobado por todas las clases de créditos

O en su caso

[II. Igualmente, a los efectos de dar cumplimiento a lo dispuesto en el artículo 639 adveramos que el Plan de Reestructuración ha sido aprobado por una mayoría simple de clases con el apoyo de al menos una clase de créditos (los créditos pertenecientes a la clase con garantía real) que serían calificados como créditos con privilegio especial en un eventual concurso.

O

cumple lo previsto en el artículo 639.2° de la Ley Concursal, siendo aprobado por al menos una clase que, de conformidad con el informe de valoración de empresa en funcionamiento de dicho Deudor preparado por este Experto en la Reestructuración de fecha [] puede razonablemente presumirse que habría recibido algún pago.]

En [.........] a [...]

Anexo I

Mayorías crédito afectado clases

Cálculo del porcentaje de mayorías de aprobación del Plan de Reestructuración a los efectos del artículo 628 de la Ley Concursal

		Total pasivo de clase	Créditos acreedores afectados adheridos	Créditos acrredores afectados no adheridos	Porcentaje aprobación
Clases sin garantía real	Clase (especificar)				
	Clase (especificar)				
Clases con garantía real	Clase (especificar)				
	Clase (especificar)				
	Clase (especificar)				

Saldos desglosados de pasivo correspondientes a cada clase de créditos que aprueban el plan de reestructuración

	XX/XX/20XX (Euros)	Adhesión [Indicar Sí /No]
Clase (especificar)		
Acreedor A		
Acreedor B		
Acreedor C		
....		
Total Créditos a favor		
Porcentaje aprobación		

	XX/XX/20XX (Euros)	Adhesión [Indicar Sí /No]
(Clase (especificar)		
Acreedor D		
Acreedor E		
....		
Total Créditos a favor		
Porcentaje aprobación		

Nota: A efectos de cálculo del Pasivo Total se ha tomado como pasivo financiero el certificado por [.........] a fecha [.........] y como resto de pasivo la última información disponible facilitada por [.........] que se corresponde a los estados financieros del deudor a fecha [...]

F249. CERTIFICADO MAYORÍAS EMITIDO POR EL EXPERTO EN REESTRUCTURACIONES EX 629 Y 639 TRLC

Tribunal de Instancia de ..... Sección de lo Mercantil,

Homologación del Plan de Reestructuración de..............

CERTIFICAMOS

PRIMERO. Que, a los efectos previstos en los artículos 629, 634 y 639.1 del Texto Refundido de la Ley Concursal (TRLC), y conforme a lo que se refleja en los Anexos que se acompañan, concurre la mayoría suficiente para la aprobación del Pan de Reestructuración de ...., en concreto:

- Ha sido aprobado por ... de las .... clases de acreedores, con las mayorías expresadas en el artículo 629.1 y 2 TRLC.
- Ha sido aprobado por un número de clases superior a la mayoría simple de las mismas, concretamente ...... de las ...... clases de acreedores siendo una de ellas, clases de créditos que en el concurso habrían sido calificados como créditos con privilegio especial o general, de conformidad a lo dispuesto en los artículos 639.1° TRLC.

SEGUNDO. Que, a los efectos anteriores, se pone de manifiesto lo siguiente:

- En la clase con garantía real que ha aprobado el Plan de Reestructuración, los créditos correspondientes al acreedor adherido representan el 100% de los créditos correspondientes a dicha clase, de conformidad con lo dispuesto en el artículo 629.2 TRLC
- En las clases sin garantía real que han aprobado el Plan de Reestructuración, los créditos correspondientes a los acreedores adheridos representan más de 2/3 de los créditos correspondientes a dichas Clases, de conformidad con lo dispuesto en el artículo 629.1 TRLC

Se adjunta detalle de las adhesiones, por clases, con los importes a efectos de cómputo y los porcentajes correspondientes

Clase 1: ACREEDORES...

NOMBRE	IMPORTE CRÉDITO	NATURALEZA	NOTARÍA

Suma adherida:..............

Porcentaje (%) SOBRE CLASE: ....%

Clase 2: ACREEDORES...

NOMBRE	IMPORTE CRÉDITO	NATURALEZA	NOTARÍA

Suma adherida:............

Porcentaje (%) SOBRE CLASE: ....%

Y para que así conste, se expide la presente certificación por el Administrador Único, en ...., a ... de.............. de...........

F250. CERTIFICACIÓN DE SUFICIENCIA DE MAYORÍAS A LOS EFECTOS DE DAR CUMPLIMIENTO AL REQUERIMIENTO DE MAYORÍAS ESTABLECIDO EN EL ARTÍCULO 629 Y 639 DEL TRLC

.... expide el presente certificado en su condición de experto en la reestructuración de .... (la "Sociedad") designado por el Tribunal de Instancia, seccion de lo mercantil, de .... (el "Tribunal") en virtud de Auto de .... de .... de ....

El presente certificado se dirige a la Sociedad y al Tribunal a los efectos únicamente de lo previsto en el artículo 629 y 639 del TRLC y se emite sobre la base de la documentación e información facilitada a .... por el órgano de administración de la Sociedad en el contexto de la homologación del plan de reestructuración de la Sociedad suscrito el ...... de .... de .... y elevado a público mediante póliza intervenida por el Notario de ..., ... con el número ...... de su libro registro de operaciones (en adelante, el "Plan de Reestructuración" o el "Plan").

Este trabajo no constituye una auditoría de cuentas ni se encuentra sometido a la normativa vigente en España reguladora de auditoría de cuentas por lo que no expresamos una opinión de auditoría en los términos previstos en la citada normativa. La elaboración de los correspondientes listados de créditos afectados y balance de la Sociedad en los que se ha basado la elaboración del presente certificado es responsabilidad exclusiva del órgano de administración de la Sociedad con el fin de justificar las mayorías necesarias para la aprobación del Plan. De la misma manera, es la propia Sociedad la responsable de definir, adaptar y mantener los sistemas de gestión y control interno de los que se obtienen los datos utilizados para la preparación de dicha información. Asimismo, ha sido responsabilidad exclusiva de los administradores de la Sociedad la formación o determinación de las clases y el cómputo de los derechos de voto de los distintos créditos afectados en cada una de las clases contempladas en el Plan.

En nuestra condición de Experto en la Reestructuración y a los efectos de dar cumplimiento a lo requerido por el artículo 629 del Real Decreto legislativo 1/2020, de 5 de mayo, por el que se aprueba el texto refundido de la Ley Concursal, modificado por la Ley 16/2022, de 5 de septiembre (en adelante, el "TRLC"):

1. CERTIFICAMOS, como consecuencia de nuestro trabajo, que en ningún caso puede ser entendido como una auditoría de cuentas, de conformidad con los cálculos adjuntos al presente certificado como Anexo I, en relación con la suficiencia de mayorías requeridas para la aprobación del Plan previstas en el artículo 629 del TRLC por cada clase de acreedores que, a fecha ... de ... de ..., fecha de formalización del Plan:

    i. Respecto de la Clase .... (*"Créditos con privilegio especial"*), los créditos correspondientes a los acreedores adheridos representan el ...% del importe de pasivo correspondiente a dicha clase.

De esta manera, tratándose de una clase de créditos con garantía real, de acuerdo con lo establecido en el artículo 629.2 del TRLC, el Plan SÍ/NO se considera aprobado por esta clase.

ii. Respecto de la Clase .... (*"Créditos ordinarios financieros..."*), los créditos correspondientes a los acreedores adheridos representan el ....%.

De esta manera, tratándose de una clase de créditos afectados sin garantía real, de acuerdo con lo establecido en el artículo 629.1 del TRLC, el Plan SI/ NO se considera aprobado por esta clase.

iii. Respecto de la Clase ... (*"Créditos subordinados"*), los créditos correspondientes a los acreedores adheridos representan el ...% del importe del pasivo correspondiente a dicha clase.

De esta manera, tratándose de una clase de créditos afectados sin garantía real, de acuerdo con lo establecido en el artículo 629.1 del TRLC, el Plan se SÍ/NO considera aprobado por esta clase.

A efectos de dar cumplimiento al requerimiento de mayorías para la homologación del Plan de Reestructuración no aprobado por todas las clases, requerida en el artículo 639 del TRLC:

2. CERTIFICAMOS, como consecuencia de nuestro trabajo, de conformidad con los cálculos adjuntos como Anexo I y las conclusiones alcanzadas en el apartado anterior del presente certificado, que:

   El Plan SI/NO ha sido aprobado por una mayoría simple de clases (...clases de...), siendo una de ellas una clase de créditos que en el concurso habrían sido calificados como créditos con privilegio especial (*"Clase ... - Créditos con privilegio especial"*).

Nuestro trabajo ha consistido exclusivamente en la aplicación de los procedimientos indicados en el Anexo II del presente informe de suficiencia de mayorías.

En el desarrollo de nuestros trabajos como Experto en Reestructuraciones no se han puesto de manifiesto hallazgos, que (i) afecten a las manifestaciones realizadas por los administradores de la Sociedad en relación con la delimitación del pasivo afectado o las clases de acreedores y el cómputo de los derechos de voto de cada acreedor afectado; o (ii) que pudieran desvirtuar las conclusiones alcanzadas en el presente informe de suficiencia de mayorías.

Adicionalmente, en el desempeño de sus funciones como experto, no se ha comunicado directamente a .... (ni .... ha tenido conocimiento de) la existencia de discrepancias significativas por parte de ninguno de los acreedores en cuanto a la cuantificación de la deuda afectada tras la suscripción del Plan que pudieran alterar las conclusiones alcanzadas en el presente certificado.

Restricciones de Distribución y Uso

Este informe ha sido preparado exclusivamente en interés de la Sociedad y el Tribunal para su utilización única y exclusivamente en el marco de lo establecido en el artículo 639 y concordantes del TRLC a los efectos de proceder a la homologación judicial del Plan de manera que deberá ser utilizado para ninguna otra finalidad.

Salvo en los supuestos en que .... haya incurrido en dolo o negligencia grave en la elaboración del presente certificado y que haya sido declarada por sentencia firme, no será responsable frente a la Sociedad o sus acreedores en relación con o que traigan causa de (i) un incumplimiento por parte de la Sociedad de las condiciones establecidas en el Plan de Reestructuración y en relación directa con las cuestiones y/o materias objeto del presente certificado; (ii) manifestaciones falsas o inexactas del órgano de administración, dirección o empleados de la Sociedad en el contexto del Plan o la homologación de éste y en relación directa con las cuestiones y/o materias objeto del presente certificado; o (iii) la desestimación de la homologación del Plan interesada por la Sociedad por causa directamente atribuible al contenido, extensión y efectos del presente certificado.

En ...., a ... de .... de ......

Anexo I

Cálculo del porcentaje de votos del Plan de Reestructuración para cada una de las clases de acreedores a los efectos del artículo 629 del TRLC

....TABLA ....

La elaboración de los cálculos detallados en el presente Anexo se ha realizado única y exclusivamente sobre la base del desglose de créditos que se incorpora como Anexo .... al Plan. La preparación de dicho documento ha sido competencia única y exclusiva de la Sociedad.

Anexo II

Procedimientos Aplicados

Se relacionan a continuación los procedimientos aplicados en la elaboración del presente informe de suficiencia de mayorías:

1. Obtención y lectura comprensiva del Plan de Reestructuración, fechado y firmado por los representantes de la Sociedad y los acreedores que lo suscriben, en el que se incluyan los créditos afectados (Deuda Afectada) clasificados por clases, así como una explicación detallada de los criterios para la determinación de las distintas clases.

2. Obtención y lectura de los documentos contables elaborados por la Sociedad (ya sea a través de su órgano de administración, directivos o empleados) consistentes en los saldos de pasivos correspondientes a las diferentes Clases de Acreedores y el balance de la Sociedad a la fecha de adopción del Plan de Reestructuración.

3. Revisión de la conciliación de saldos de acreedores elaborada por la Sociedad a los efectos de determinar el pasivo afectado a la fecha del Plan de Reestructuración. Revisión de las diferencias que hayan podido surgir entre la información facilitada por la Sociedad en el Plan de Reestructuración, la relación de acreedores afectados por clases, el balance al que se refiere el Plan y la documentación aprobada por los Administradores, frente a las manifestaciones realizadas por escrito por los acreedores correspondientes a las que haya tenido acceso ....
4. Comparación de la información que figura en el balance de referencia con la información reflejada en el Plan de Reestructuración y en los documentos aprobados por los Administradores en relación con el cálculo de mayorías.
5. Comprobación de que la valoración de pasivos y determinación de los derechos de voto por créditos afectados cumplen con las reglas de cómputo de votos previstas en el artículo 617 TRLC, a través del cotejo de documentación soporte de los mismos y recálculo de sus valores.
6. Comprobación aritmética de la obtención de las mayorías previstas en el artículo 629 apartados 1 ó 2 (según resulte de aplicación para la clase correspondiente) del TRLC para cada una de las clases de acreedores definidas en el Plan. Conciliación de las clases que han aprobado el Plan con las mayorías establecidas en los artículos 638 y 639 del TRLC.
7. Evaluación de los hechos posteriores significativos que pudieran afectar a los créditos más allá de los derivados del propio Plan de Reestructuración.

F251. CERTIFICACIÓN A LOS EFECTOS DE DAR CUMPLIMIENTO AL REQUERIMIENTO DE MAYORÍAS PARA HOMOLOGACIÓN DEL PLAN ESTABLECIDO EN EL ARTÍCULO 639.2 DE LA LEY CONCURSAL

A la atención del Tribunal de Instancia, sección de lo mercantil (plaza núm. ......), de .... y, a los efectos de la solicitud de homologación del Plan de Reestructuración de la mercantil deudora ...., S.L, suscrito el .... de .... de .... y elevado a público mediante escritura autorizada por el notario de ..., Dn/Dña. .... con el número .... de su protocolo (en adelante, el "Plan de Reestructuración").

En nuestra condición de Experto en la Reestructuración designado en virtud de Auto de fecha .... de .... de ...., a los efectos de dar cumplimiento a lo requerido por el artículo 639 del Real Decreto legislativo 1/2020, de 5 de mayo, por el que se aprueba el texto refundido de la Ley Concursal, modificado por la Ley 16/2022, de 5 de septiembre (en adelante, TRLC):

CERTIFICAMOS, como consecuencia de nuestro trabajo, que en ningún caso puede ser entendido como una auditoría de cuentas; a fecha .... de .... de .... —fecha de formalización del Plan de Reestructuración—, en relación con la suficiencia de las mayorías que se requieren para la homologación del Plan de Reestructuración no aprobado por todas las clases, que:

Ha sido aprobado por al menos una clase ("Clase nº.... Acreedores ....") que puede razonablemente presumirse que habría recibido algún pago tras una valoración de la deudora como empresa en funcionamiento, de conformidad con el informe de valoración de dicha deudora como empresa en funcionamiento emitido por este Experto en la Reestructuración con fecha .... de .... de ......

En ...., a ... de .... de ....

F252. CERTIFICADO MAYORÍAS EMITIDO POR EXPERTO EN REESTRUCTURACIONES EX 667.1 TRLC

Homologación del Plan de Reestructuración de..............

.... Letrado/a en nombre y representación de la entidad ...., en su condición de experto en reestructuración de la mercantil ...., en el procedimiento de comunicación de apertura de negociación bajo autos .... seguido ante el Tribunal de Instancia, seccion de lo mercantil, de .... (plaza ...), en relación con el Plan de Reestructuración suscrito el ...... de .... de ...... Que fue elevado a público en virtud de escritura autorizada por el Notario de ...., ...con el número...... de su protocolo, por la presente:

CERTIFICAMOS

PRIMERO. Que, a los efectos previstos en el artículo 667.1 del Texto Refundido de la Ley Concursal (TRLC), y conforme a lo que se refleja en el Anexo que acompaña la presente certificación, los créditos afectados por el Plan de reestructuración representan al menos el ......% del pasivo total de ...., a fecha de ...... de .... de ....

En ...., a ...... de .... de ....

D. XXX

Experto en Reestructuración

XX, S.A

F253. CERTIFICACIÓN DEL EXPERTO EN REESTRUCTURACIONES A LOS EFECTOS DE DAR CUMPLIMIENTO AL REQUERIMIENTO DE MAYORÍAS ESTABLECIDO EN EL ARTÍCULO 667.1 TRLC

A la atención del Tribunal de Instancia, sección de lo mercantil, (plaza núm. ......) de [......], y, a los efectos de la solicitud de homologación presentada por la mercantil deudora; en nuestra condición de Experto en la Reestructuración designado en virtud de auto de fecha [...] de [...] de [...], en relación con el Plan de Reestructuración suscrito el [...] de [...] de [...] que fue elevado a público en virtud de escritura autorizada por el Notario de [...], [...] con el número [.........] de su protocolo, (en adelante, el "Plan de Reestructuración") y a los efectos de dar cumplimiento al requerimiento establecido en el artículo 667.1 de la Ley Concursal, por la presente:

CERTIFICAMOS, en relación con el nivel de pasivo del deudor (tal y como se identifica y define en el Plan de Reestructuración) que resulta afectado por el Plan de Reestructuración, que una vez realizado nuestro trabajo, que en ningún caso puede ser entendido como una auditoría de cuentas, sobre el cálculo del porcentaje exigido por el artículo 667.1 de la Ley Concursal, de conformidad con los cálculos adjuntos al presente certificado como Anexo I, hemos concluido que, a [...] de [......] de [...], fecha de formalización del Plan de Reestructuración los créditos afectados por el Plan de Reestructuración representan al menos el 51% del pasivo total del Deudor.

En [...], a [...] de [...] de [...].

Anexo I
Porcentaje crédito afectado

Cálculo del porcentaje de afección por el Plan de Reestructuración a los efectos del artículo

667.1 de la Ley Concursal

<cifras en euros>

Deudor	Pasivo Afectado	Pasivo Total	Porcentaje de afección

Nota: A efectos de cálculo del Pasivo Total se ha tomado como pasivo financiero el certificado por [.........] a fecha [.........] y como resto de pasivo la última información disponible facilitada por [.........] que se corresponde a los estados financieros del deudor a fecha [...]

F254. CERTIFICADO DE MAYORÍAS A LOS EFECTOS DE DAR CUMPLIMIENTO AL REQUERIMIENTO DE MAYORÍAS ESTABLECIDO EN EL ARTÍCULO 667 DEL TRLC

.......expide el presente certificado en su condición de experto en la reestructuración de ....(la "Sociedad") designado por el Tribunal de Instancia, sección de lo Mercantil, de ..... (plaza ...) (el "Tribunal") en virtud de Auto de ... de .... de ....

El presente certificado se dirige a la Sociedad y al Tribunal a los efectos únicamente de lo previsto en el artículo 667 del TRLC y se emite sobre la base de la documentación e información facilitada a ... por el órgano de administración de la Sociedad en el contexto de la homologación del plan de reestructuración de la Sociedad suscrito el ... de .... de .... y elevado a público mediante póliza intervenida por el Notario de ..., ... con el número ... de su libro registro de operaciones (en adelante, el "Plan de Reestructuración" o el "Plan").

Este trabajo no constituye una auditoría de cuentas ni se encuentra sometido a la normativa vigente en España reguladora de auditoría de cuentas por lo que no expresamos una opinión de auditoría en los términos previstos en la citada normativa. La elaboración de los correspondientes listados de créditos afectados y balance de la Sociedad es responsabilidad exclusiva del órgano de administración de la Sociedad.

CERTIFICAMOS, como consecuencia de nuestro trabajo, que en ningún caso puede ser entendido como una auditoría de cuentas, de conformidad con los cálculos adjuntos al presente certificado como Anexo I, a fecha ... de ... de ..., fecha de formalización del Plan de Reestructuración:

Que los créditos afectados por el Plan de Reestructuración (tal y como se identifican y definen en los Anexos de éste elaborados por el órgano de administración de la Sociedad), una vez aplicados los procedimientos que se describen en el Anexo II, representan, al menos, el ....% del pasivo total de la Sociedad a la fecha de adopción del Plan (tal y como los mismos aparecen recogidos en el balance de la Sociedad elaborado por su órgano de administración y que se incorpora como Anexo al Plan).

Restricciones de Distribución y Uso

Este informe ha sido preparado exclusivamente en interés de la Sociedad y el Tribunal para su utilización única y exclusivamente en el marco de lo establecido en el artículo 667 del TRLC de manera que deberá ser utilizado para ninguna otra finalidad.

Salvo en los supuestos en que ... haya incurrido en dolo o negligencia grave en la elaboración del presente certificado y que haya sido declarada por sentencia firme, no será responsable frente a la Sociedad o sus acreedores en relación con o que traigan causa de (i) un incumplimiento por parte de la Sociedad de las condiciones establecidas en el Plan de Reestructuración y en relación directa con las cuestiones y/o materias objeto del presente certificado; (ii) manifestaciones falsas o inexactas del órgano de administración, dirección o empleados de la Sociedad en el contexto del Plan o la homologación de éste y en relación directa con las cuestiones y/o materias objeto del presente certificado; o (iii) la desestimación de la homologación del Plan interesada por la Sociedad por causa directamente atribuible al contenido, extensión y efectos del presente certificado.

En Madrid, a ... de .... de ....

Anexo I
Cálculo del porcentaje de afección por el Plan de Reestructuración del pasivo total a los efectos del art. 667.1 del TRLC

....TABLA...

[1] En la elaboración del presente certificado se ha adoptado un enfoque conservador en el cálculo del porcentaje de afección....

Anexo II
Procedimientos Aplicados

Se relacionan a continuación los procedimientos aplicados en la elaboración del presente certificado:

1. Obtención y lectura comprensiva del Plan de Reestructuración, fechado y firmado por los representantes de la Sociedad y los acreedores que lo suscriben, en el que se incluyan los créditos afectados (Deuda Afectada) clasificados por clases, así como una explicación detallada de los criterios para la determinación de las distintas clases.
2. Obtención y lectura de los documentos contables elaborados por la Sociedad (ya sea a través de su órgano de administración, directivos o empleados) consistentes en los saldos de pasivos correspondientes a las diferentes Clases de Acreedores y el balance de la Sociedad a la fecha de adopción del Plan de Reestructuración.
3. Revisión de la conciliación de saldos de acreedores elaborada por la Sociedad a los efectos de determinar el pasivo afectado a la fecha del Plan de Reestructuración. Revisión de las diferencias que hayan podido surgir entre la información facilitada por la Sociedad en el Plan de Reestructuración, la relación de acreedores afectados por clases, el balance al que se refiere el Plan y la documentación aprobada por los Administradores, frente a las manifestaciones realizadas por escrito por los acreedores correspondientes a las que haya tenido acceso ....
4. Comparación de la información que figura en el balance de referencia con la información reflejada en el Plan de Reestructuración y en los documentos aprobados por los Administradores en relación con el cálculo de mayorías.
5. Comprobación de que la valoración de pasivos y determinación de los derechos de voto por créditos afectados cumplen con las reglas de cómputo de votos previs-

tas en el artículo 617 TRLC, a través del cotejo de documentación soporte de los mismos y recálculo de sus valores.

6. Comprobación aritmética de que el total de la Deuda Afectada bajo el Plan de Reestructuración representa, al menos, el 51% del pasivo total de la Sociedad de acuerdo con el balance a la fecha de adopción del Plan elaborado por ésta.

7. Evaluación de los hechos posteriores significativos que pudieran afectar a los créditos más allá de los derivados del propio Plan de Reestructuración.

V.4. IMPUGNACIÓN NOMBRAMIENTO DE EXPERTO INDEPENDIENTE

F255. CONTESTACIÓN A DEMANDA DE IMPUGNACIÓN DE NOMBRAMIENTO DE EXPERTO EN REESTRUCTURACIONES

AL TRIBUNAL DE INSTANCIA. SECCIÓN DE LO MERCANTIL

(...), Procurador de los Tribunales, en nombre y representación, ya acreditada, de (...) bajo la dirección de los letrados (...), colegiado número (...) del Ilustre Colegio de Abogados de (...), y (...), colegiado número (...) del Ilustre Colegio de Abogados de (...), como más procedente sea en derecho comparezco ante este Tribunal y, DIGO:

Que atendiendo al traslado contenido en la Providencia de fecha (...), notificada (...), en la representación que ostento CONTESTO A LA DEMANDA INCIDENTAL interpuesta por el Procurador de los Tribunales (...), en representación de (...), en la que solicita que:

"tenga por interpuesta DEMANDA DE INCIDENTE CONCURSAL DE IMPUGNACIÓN DEL NOMBRAMIENTO DE EXPERTO EN LA REESTRUCTURACIÓN (...) y, previos los trámites legales oportunos, dicte Sentencia por la que se revoque el nombramiento de (...) como Experto en Reestructuraciones, con expresa condena en costas a la entidad proponente y al Experto designado en caso de oponerse a la misma."

Y contra la que nos oponemos, al amparo de lo establecido en el artículo 536.3 del TRLC y en los términos previstos en el artículo 405 de la LEC, en base a los hechos y fundamentos de derecho que serán seguidamente desarrollados:

HECHOS

PRIMERO.– DISCONFORMES CON EL ÚNICO DE LA DEMANDA.

A.– De la actuación de (...). Prestación de servicios profesionales por (...).

De contrario se señala que el profesional designado como experto en la reestructuración de (...) (en adelante, (...)) se encuentra incurso en, al menos, una de las incompatibilidades previstas en la Ley Concursal para desempeñar el cargo por prestar servicios profesionales relacionados con la reestructuración al Deudor lo que le incompatibiliza para ello por el artículo 675.1° TRLC, y en concreto porque en fecha (...), la sociedad (...) (en adelante, "(...)"), matriz del grupo empresarial de (...), contrató a (...) para la elaboración de un Informe de Revisión Independiente de Negocio ("IBR" o "Informe"), que fue emitido en (...), conforme a una propuesta de (...) y que luego, meses más tarde, se le designa experto en la reestructuración de (...), de forma que se daría la incompatibilidad prevista en el art. 675 del TRLC, al haber prestado servicios en la reestructuración del deudor o personas especialmente relacionadas con esta en los dos últimos años.

No podemos compartir la visión sesgada y parcial que nos presenta (...) de los hechos, sencillamente porque no responden a la realidad de cómo han acontecido los mismos.

(...) ha intervenido, desde un inicio y desde su propuesta de (...), como experto en la reestructuración en todo este largo proceso de reestructuración, con independencia de que su nombramiento formal tuviera lugar el (...). Y lo ha sido no sólo con la conformidad y asentimiento de (...), (en adelante, (...)), la cual nunca manifestó objeción alguna a dicha actuación y, de hecho, sino a propuesta suya consensuada con el resto de entidades involucradas en el proceso, y no decidió impugnar dicho nombramiento hasta que tuvo la certeza de que el plan de reestructuración que iba a ser aprobado no era de su agrado. Una actuación que raya, a nuestro juicio, en la mala fe y el abuso del derecho.

En efecto, la elección de (...) para su intervención en este proceso de reestructuración fue consensuado con la actora (...), así como con (...), como lo acredita el email de fecha (...) que se adjunta como documento (...). Dicho correo enviado por el representante de (...), con copia de los intervinientes en el proceso de (...), a mi mandante, literalmente dice:

En dicha comunicación, (...) comunica a la deudora los nombres de "(...)". Ese consenso había sido entre las tres (...) ((...)). Es decir, la actora fue, junto con el resto de (...), quien propuso la terna entre la que la deudora debía elegir al experto en la reestructuración, como, por otra parte, suele ser habitual en estos procesos.

Tras dicho correo de (...) a la deudora, ésta hizo los contactos con (...) propuestas por las (...), aceptándose la propuesta de (...). Se adjunta como documento (...) la propuesta de (...) de (...) a la que se hace referencia de contrario y firmada en señal de aceptación por (...).

Pues bien, en esta propuesta ya se contempla expresamente la intervención de (...) como experto en la reestructuración.

De esta forma, en la página (...) de la propuesta (doc. (...)) que recoge el saludo inicial y presentación de la propuesta se indica (el resaltado en nuestro):

Las páginas (...) y (...) de la propuesta (doc. (...)) recogen el "(...)" y como exposición inicial, antes de entrar en el desglose detallado de funciones por fases, se expresa lo siguiente en la página (...):

Y dentro de ese mismo apartado del "(...)" en la página (...) se recoge como (...):

Por tanto, ya desde el momento inicial de la contratación de (...) a través de la propuesta de (...), se contempló la intervención de (...) como experto en la reestructuración en este proceso de reestructuración al amparo del artículo 679 del TRLC y para asistir a la deudora y acreedores afectados en las negociaciones y en la elaboración del "PdR" (es decir, del Plan de Reestructuración), y en elaborar y presentar al tribunal los informes exigidos por esta ley y aquellos otros que el tribunal considere convenientes, dividiendo el trabajo en 3 fases:

– Fase 1: Realización del IBR

– Fase II: Asistir a la deudora /as y acreedores, desglosando las siguientes actuaciones: presentación del IBR; presentación de distintas alternativas de estructura de PdR; asistir a cuantas reuniones fueren necesarias dentro de la negociación deudora/as y acreedores; analizar las propuestas de las partes afectadas.

– Fase III: Presentar al tribunal los informes exigidos por la ley 16/2022 y aquellos otros que el tribunal considere necesarios o convenientes, enumerando los siguientes: informe de IBR (elaborado en Fase I), informe de valoración de compañía como empresa en funcionamiento, certificación de mayorías, informe de valoración de compañía en liquidación (prueba de interés superior).

Recordemos, además, que la selección de (...) vino precedida de su recomendación o propuesta, junto con otros dos profesionales del sector ((...)) por las (...) acreedoras a la deudora.

En la propuesta de servicios de (...) (doc. (...)), se recogían igualmente los honorarios, señalándose al respecto en la pág. (...)

Estos honorarios reflejados en la propuesta de (...) fueron luego trasladados a la carta de aceptación del encargo de (...) y que se adjuntó como documento (...) del escrito de comunicación de inicio de negociaciones de (...) y que adjuntamos nuevamente como documento (...).

Por tanto, (...) era conocedora de la intervención de (...) en este proceso de reestructuración desde un inicio para el desempeño de las funciones legalmente previstas del Experto en la reestructuración (cfr. art. 679 TRLC). No en vano su intervención se realizó a propuesta y consenso de las (...) acreedoras entre las que se encuentra (...) (doc. (...): (...) de (...)). Y, como vemos, desde el momento inicial, se contempló la intervención de (...) en el proceso en calidad de experto en la reestructuración (doc. (...): propuesta (...) de (...)).

Asimismo, y como a continuación procedemos a exponer, en el *Term Sheet* de la propuesta de plan de reestructuración, recibido por (...) el (...) (doc. 1), se recoge la intervención de (...) como experto en la reestructuración, así como autor del IBR.

El nombramiento oficial se produce por auto de (...) y fue publicado en el Registro Público Concursal el (...).

Durante el desempeño de su función, el contacto de (...), representante persona física de (...), ha sido continuo en el desempeño de su función con (...) y con las entidades acreedoras, incluida la ahora impugnante. A título ejemplificativo, aportamos como conjunto documental (...):

– Correo de (...) de (...) a las (...) acreedoras y, entre ellas, (...), de (...), adjuntándoles el IBR y convocándoles a una reunión el (...).

– Convocatoria de reunión de (...) con (...) de (...).

– Correo de (...) de (...) a las entidades financieras acreedoras, entre ellas la aquí impugnante, con oferta de compra de deuda y convocatoria de *Teams* de (...) de (...) a las mismas.

– Cadena de correos de seguimiento con contestación recíproca entre (...) de (...) e (...) entre el (...) y (...).

– Correo de (...) de (...) de (...) en el que comunica a los acreedores y, entre ellos, (...), la intención de (...) de solicitar la prórroga de los efectos de la comunicación de inicio de negociaciones y les pregunta si apoyan la misma.

– Convocatoria de *Teams* con (...) de (...).

– Correo de (...) de (...) a las entidades bancarias acreedores solicitando el importe concreto de deuda de cada una e informando de las clases propuestas por la deudora.

Sin embargo, (...) no firma la demanda de impugnación del nombramiento del experto hasta el (...). Curiosamente, el día anterior (...) había remitido la propuesta de plan de reestructuración y la comunicación de que se elevaría a público el (...). Se remite como documento (...) el correo electrónico remitido y justificante de lectura.

Ciertamente, el artículo 677 del TRLC admite que el nombramiento como experto pueda "ser impugnado en cualquier momento por quien acredite interés legítimo". Ahora bien, el comportamiento de (...), impugnando el nombramiento del experto inmediatamente después de que se hubiera alcanzado (y comunicado) la versión del definitiva del plan que se elevaría a público, deja traslucir que el plan de reestructuración alcanzado no es de su agrado y que su intención no es tanto velar por una pureza del proceso —que ha sido absolutamente transparente y la actuación del experto independiente e imparcial— sino boicotear la reestructuración en sí misma, por su disidencia con el contenido del plan de reestructuración. Si hubiera sido otra la intención esta impugnación se hubiera presentado nada más producirse dicho nombramiento y, sobre todo, habrían manifestado, al menos, su desacuerdo con que fuera nombrado formalmente como Experto con anterioridad a la presentación de esta demanda.

Es totalmente sorprendente que (...) afirme en el apartado Previo de su demanda que "*Esta parte acaba de tener conocimiento de que el experto designado como experto en la reestructuración de (...) se encuentra incurso en, al menos, una de las incompatibilidades previstas en la Ley Concursal para desempeñar el cargo*" cuando como hemos podido acreditar era plena conocedora de la intervención de (...) como experto en la reestructuración en este proceso, tanto por las comunicaciones remitidas por (...) como por los contactos, gestiones y reuniones mantenidas con (...) con (...) en el desempeño de su labor, desde su contratación para la elaboración del IBR.

En conclusión, como podemos comprobar, la hipótesis fáctica de la que parte la impugnación es falsa, puesto que la realización del IBR del (...) se planteó desde el momento inicial dentro de su labor como experto en la reestructuración.

En consecuencia, podemos manifestar con rotundidad que las incompatibilidades y prohibiciones que se recogen en el artículo 675 1° TRLC no concurren en (...) en relación con el presente proceso de reestructuración.

B) De la comunicación de inicio de negociaciones y el nombramiento del experto en la reestructuración.

(...) comunicó el inicio de negociaciones conforme al art. 583 del TRLC, (...) es uno de los acreedores con los que se había iniciado negociaciones aportando un burofax (doc. (...) demanda), y que tal y como indica el correlativo (...) le remitió el (...), entregado al día siguiente (...), y en dicho procedimiento se nombró a petición de (...) a (...) (en adelante, (...)) como experto en la reestructuración. Se adjunta como documento (...) el burofax con justificante de su envío y de su recepción.

Lo que sí es más relevante es que en dicho burofax, que recogía ya el *Term Sheet* del Plan de Reestructuración, se indicaba expresamente que el experto en la reestructuración sería (...) (aunque su nombramiento oficial todavía no se había producido, ya que tuvo lugar por auto de (...)):

También se recogía en dicho *Term Sheet* de (...), como condiciones previas o simultáneas a la firma del plan de reestructuración, entre otras, las siguientes:

De esta forma, con anterioridad a su nombramiento formal, (...) estaba interviniendo en el proceso de reestructuración que nos ocupa como experto en la reestructuración como, por otra parte, es habitual en este tipo de proceso y, sobre todo, con el conocimiento y la total conformidad del impugnante. Como luego veremos, la entidad impugnante, a pesar de ser conocedora del nombramiento y de la condición y funciones de la actuación de (...) desde el momento inicial de su intervención, no se plantea, sin embargo, la impugnación a su nombramiento hasta que existe un plan de reestructuración definitivo que no es de su agrado.

SEGUNDO.– A MODO DE CONCLUSIÓN

Del relato fáctico expuesto, que obedece a la estricta realidad de los hechos, se deduce con absoluta claridad que (...) no incurre en ninguna prohibición o incompatibilidad para el desempeño del cargo de Experto en la Reestructuración puesto que:

a) mi mandante jamás había tenido relación profesional alguna previa con (...) ni conocía personalmente a (...), quien ha desempeñado el cargo como persona física en nombre de dicha entidad.

b) Fueron las (...) —incluida la ahora demandante— las que sugirieron su nombre, junto con los de (...) para su propia tranquilidad en el proceso de reestructuración, al ser (...) con las que han colaborado en multitud de procesos de reestructuración a su entera satisfacción. Es decir, si cabía alguna duda sobre su posible parcialidad, en su caso, debería ser a favor de las propias (...), como "(...)" recurrentes de sus servicios en multitud de procesos de reestructuración.

c) Desde el principio, una vez seleccionado (...), se pactó que acompañaría con su asesoramiento financiero en todo el proceso, elaborando el IBR y asistiendo a las partes en la negociación y aprobación del Plan, emitiendo los informes que fueran preceptivos o convenientes, de conformidad con el art. 679 TRLC (es decir, asumiendo las funciones típicas legalmente atribuidas al experto).

d) Durante meses esa fue la actuación, de forma profesional e independiente, de (...) con pleno conocimiento, aquiescencia y participación activa de las (...) —incluida la ahora demandante— en el mismo hasta que se cerró el texto del Plan de reestructuración.

e) Sólo, ante la falta de conformidad con el contenido del mismo, y en un ejercicio que raya en la mala fe procesal, la demandante ha procedido a impugnar el nombramiento de (...) como Experto pretendiendo separar artificialmente la elaboración del IBR del proceso de reestructuración, como si se tratara de un "asesoramiento previo" a mi mandante que viciaría su imparcialidad, lo que no es sino una burda tergiversación de los hechos, como hemos acreditado.

FUNDAMENTOS DE DERECHO

Procesales

I.– Jurisdicción y competencia

Nada que oponer a meros efectos procesales.

II.– Procedimiento

Nada que oponer a meros efectos procesales en cuanto a la aplicación del artículo 677 del TRLC que establece que la impugnación del nombramiento del experto se tramitará por los cauces del incidente concursal y que podrá ser impugnando en cualquier momento por quien acredite interés legítimo.

Ahora bien, si bien la norma admite que la impugnación tenga lugar "en cualquier momento", debe resaltarse que (...) la interpone no cuando tiene conocimiento de la intervención de (...) como experto y su nombramiento sino en el momento final del proceso de reestructuración: cuando recibe la propuesta final de plan de reestructuración y la convocatoria para su elevación a público y adhesión al mismo. Más adelante profundizaremos en este aspecto y sus consecuencias jurídicas

III.– Legitimación y capacidad para ser parte

Nada que oponer a meros efectos procesales.

IV.– Cuantía

Nada que oponer a meros efectos procesales.

V.– Postulación y defensa.

Nada que oponer a meros efectos procesales.

Fondo del asunto

I.– Del estatuto del experto: Funciones y deberes

El artículo 679 del TRLC recoge las funciones del experto y dispone que:

"El experto asistirá al deudor y a los acreedores en las negociaciones y en la elaboración del plan de reestructuración, y elaborará y presentará al tribunal los informes exigidos por esta ley y aquellos otros que el tribunal considere necesarios o convenientes".

Por su parte, el artículo 680 del TRLC se refiere a los deberes de diligencia, independencia e imparcialidad, expresando que:

> *"El experto ejercerá las funciones propias del cargo con la diligencia propia de un profesional especializado en reestructuraciones y con independencia e imparcialidad tanto respecto del deudor como de los acreedores"*.

(...) y su representante persona física, (...), han intervenido en este proceso asistiendo al deudor y los acreedores en las negociaciones y en la elaboración del plan. En este sentido, la elaboración del IBR de la sociedad matriz de (...) y sus sociedades dependientes se enmarca dentro de dicho proceso de asistencia al deudor y a los acreedores en las negociaciones y en la elaboración del plan.

De hecho, la propuesta de servicios de (...) de (...) (doc. (...)) a la que se alude de contrario inicia la exposición del alcance del trabajo de (...) mencionando de forma expresa al artículo 679 del TRLC y *"el asistir a la deudora/as y acreedores afectados en las negociaciones y en la elaboración del PdR [...]*, constituyendo la fase I de su trabajo la elaboración de IBR, la fase II la asistencia a la deudora y acreedores siendo la función inicial de dicha fase la presentación del IBR, y, finalmente, la fase III de presentar al tribunal los informes exigidos por la ley 16/2022.

No existe ningún inconveniente en que el nombramiento formal del experto en la reestructuración tenga lugar con posterioridad a que haya iniciado sus trabajos. Así, se ha pronunciado la doctrina científica más cualificada que, incluso, señala expresamente que *"es perfectamente posible que se solicite el nombramiento [del experto] al final del proceso, una vez ya negociado y cerrado el contenido del plan*[13]*"*.

Asimismo, es habitual en la práctica que la solicitud y nombramiento del experto tengan lugar con posterioridad al inicio de sus trabajos.

A título ejemplificativo podemos citar supuestos de los que hemos tenido conocimiento por su intervención directa.

Así, en el proceso de reestructuración que se tramitó bajo los autos (...) ante el Tribunal de Instancia, Sección de lo Mercantil (...), plaza núm. ......, la deudora había solicitado el nombramiento de experto en la reestructuración con fecha (...) y dada la situación angustiosa en que en encontraba, una vez elevó a público el plan con fecha (...), solicitó su

---

13 GONZÁLEZ VÁZQUEZ, J. C., "El experto en la reestructuración: una primera aproximación crítica", *Revista General de Insolvencias & Reestructuraciones*, 2023, nº 11, p. 121. La relevancia de este trabajo doctrinal se pone de manifiesto en que ya ha sido expresamente citado en tres resoluciones judiciales dictadas en relación con el régimen jurídico del experto en la reestructuración: cfr. SJMER nº 2 de Las Palmas de 16 de mayo de 2024 (Caso Naviera Armas), SJMER nº 16 de Madrid, de 23 de enero de 2025 y SJMER nº 6 de Madrid de 22 de enero de 2025.

homologación judicial en ese mismo día, aportando un certificado de mayorías elaborado por la entidad propuesta como experto y emitido "*ad cautelam*" de su nombramiento formal.

Posteriormente, por auto de (...) se designó al experto en la reestructuración propuesto y se dictó providencia ese mismo día requiriéndole para que emitiera nuevamente el certificado de mayorías. Tras ello, se dictó con fecha (...) el auto de homologación.

Se adjunta como conjunto documental (...) los documentos a que se ha hecho referencia de dicho proceso.

Si, como parece pretender la impugnante, la prestación de servicios con anterioridad al nombramiento formal fuera causa de incompatibilidad, en este caso era obvio que así había sucedido, emitiendo incluso la certificación de mayorías sin tener previamente el nombramiento y, sin embargo, el Tribunal consideró acertadamente que ello no implica incumplimiento alguno del art. 675 TRLC.

Por otro lado, en los autos tramitados ante el Tribunal de Instancia, Sección de lo Mercantil de (...), bajo el número de autos Comunic Previa Concurso y Homologación Judic (...) referente al proceso de reestructuración de una empresa (...) se acordó entre la deudora y los acreedores en un determinado momento del proceso ((...)) el cambio del experto en la reestructuración inicialmente nombrado.

Desde dicho momento ((...)), el nuevo experto comenzó a realizar las funciones correspondientes (estudiando la situación de la compañía y su plan de viabilidad, asistiendo a la deudora y a los acreedores en las negociaciones y en la elaboración del plan, etc.), aun cuando su nombramiento formal no se había producido y no tendría lugar hasta bastante después.

Así, el (...) la deudora solicito la remoción del experto inicialmente designado y que se nombrara a (...), lo que fue rechazado por auto de (...) al entender que carecía de legitimación. Tras ello, procedieron los acreedores que representaban más del 50% del pasivo a solicitar, con fecha (...), la sustitución del experto. Sin embargo, por distintas vicisitudes, la sustitución y designación de (...) como experto no tuvo lugar hasta el (...) en el que se dictó el auto correspondiente.

Antes de que tuviera lugar el nombramiento formal del experto y una vez que se consiguió un consenso entre las partes involucradas, se elevó a público con fecha (...) el plan de reestructuración al que se acompañaban como anexos, entre otros, un informe de valoración de garantías elaborado por (...), la sensibilización por (...) del plan de viabilidad de la empresa, y se unió al instrumento público el certificado de mayorías elaborado *ad cautelam* de su nombramiento formal, solicitándose la homologación judicial del plan el (...).

Tras el nombramiento formal el (...), (...) emitió nuevamente una certificación de mayorías con fecha (...) aun cuando no había sido requerido para ello. Finalmente, se homologó el plan con fecha (...).

Se adjunta como conjunto documental (...) los documentos a que se ha hecho referencia de dicho proceso.

Nuevamente, se comprueba sin dificultad que los trabajos y funciones como Experto se habían desarrollado con anterioridad al nombramiento formal e, incluso, a la solicitud formal de su nombramiento (en este caso, la sustitución), evidenciándolo en la propia elevación a público del plan de reestructuración y sus documentos adjuntos y, de nuevo, con evidente acierto el Tribunal, siendo plenamente consciente de dicha cronología, no denegó el nombramiento formal, que debería haber denegado de oficio conforme al art. 676.2 TRLC si hubiera considerado —como sostiene la demandante— que dicha participación previa en el proceso de reestructuración impedía su posterior nombramiento como Experto en la reestructuración.

II.– Inexistencia de incompatibilidad

El artículo 675 del TRLC recoge las incompatibilidades y prohibiciones del experto y expresa que:

"No podrán ser propuestos ni nombrados expertos en la reestructuración y, en caso de ser nombrados, no podrán aceptar las siguientes personas:

1.° Quienes hayan prestado servicios profesionales relacionados con la reestructuración al deudor o a personas especialmente relacionadas con esta en los últimos dos años, salvo que se prestaran como consecuencia de haber sido nombrado experto en una reestructuración previa.

2.° Quienes se encuentren en alguna de las situaciones de incompatibilidad previstas en la legislación en materia de auditoría de cuentas en relación con el deudor o las personas especialmente relacionadas con este."

De contrario se ha pretendido presentar una visión sesgada de la intervención de (...) en este proceso de reestructuración, dando a entender que estaría incurso en causa de incompatibilidad por haber prestado servicios profesionales relacionados con la reestructuración del deudor o a personas relacionadas con el mismo en los dos últimos años.

Sin embargo, como se ha expuesto, desde el momento inicial de la contratación de (...) se partió de su intervención como experto en la reestructuración en este mismo proceso de reestructuración. Así, en la propuesta de servicios de (...) (doc. (...)) que da origen a la intervención de (...) en el proceso se señala en la presentación inicial que la realización del IBR *"formará parte del de las actuaciones a realizar por (...) como Experto (según alcance de la presente propuesta) si finalmente el proceso requiriera la necesidad del mismo como según art. 672 de la LC 16/2022"*.

Y, como se ha expuesto antes, la descripción inicial del alcance del trabajo de (...) parte de su función al amparo del artículo 679 del TRLC y la asistencia a la deudora y a los acreedores afectados en las negociaciones y en la elaboración del Plan de Reestructuración distribuyendo su trabajo en 3 fases:

– Fase 1: Realización del IBR

– Fase II: Asistir a la deudora/as y acreedores, desglosando las siguientes actuaciones: presentación del IBR; presentación de distintas alternativas de estructura de PdR; asistir a cuantas reuniones fueren necesarias dentro de la negociación deudora/as y acreedores; analizar las propuestas de las partes afectadas.

– Fase III: Presentar al tribunal los informes exigidos por la ley 16/2022 y aquellos otros que el tribunal considere necesarios o convenientes, enumerando los siguientes: informe de IBR (elaborado en Fase I), informe de valoración de compañía como empresa en funcionamiento, certificación de mayorías, informe de valoración de compañía en liquidación (prueba de interés superior).

Por tanto, la realización del IBR es la base de la que se parte para asistir a la deudora y los acreedores en las negociaciones y en la elaboración del plan de reestructuración.

Es evidente que no concurre la causa de incompatibilidad alegada puesto que la prestación de los servicios por (...) fue precisamente en este mismo proceso de reestructuración y, desde el inicio, incluyendo en la propuesta de servicios firmada y aceptada, el desempeño de las funciones típicas de Experto en la reestructuración con cita expresa del art. 679 TRLC.

Como ha dicho acertadamente la doctrina científica[14], "*el deudor podrá solicitar el nombramiento del experto voluntariamente en cualquier momento a lo largo de la negociación del plan (art. 672.1. 1.° TRLC). Lo mismo sucede con los acreedores*", por lo que no resulta problemático en absoluto que dicha solicitud no coincida con el inicio de dichas negociaciones ni con el inicio de la prestación de servicios por parte del profesional. Es más, como también se ha señalado con acierto, "*la solicitud conjunta de nombramiento y homologación no plantea problemas en el caso de que el informe de valoración no sea requerido*", momento en el cual ya se habrán realizado la práctica totalidad de las funciones por aquel profesional.

En definitiva, el nombramiento del experto —a diferencia de cuanto acontece con el de administrador concursal, como órgano auxiliar del tribunal en el procedimiento— no tiene carácter constitutivo de forma que sólo desde el auto judicial —*rectius*, desde la posterior aceptación— y hasta su cese, igualmente por resolución judicial, se desempeña el cargo y las funciones inherentes al mismo. La informalidad consustancial de los procesos de reestructuración, querida y buscada por nuestro legislador, junto con el principio de intervención judicial mínima, hacen que dicho nombramiento formal pueda solicitarse y producirse en cualquier momento del mismo, según decidan las partes, y que, por ello, no pueda interpretarse como una prohibición o incompatibilidad el venir desempeñando dichas funciones con anterioridad a su nombramiento formal mediante el correspondiente auto judicial.

Y, por otro lado, es práctica habitual que el experto en la reestructuración revise y valide el plan de viabilidad o plan de negocio elaborado por el deudor con su equipo interno, precisamente para dar confort y tranquilidad a los acreedores involucrados en el proceso,

14 RECAMÁN GRAÑA, E.-LEUZE ESPINOSA, P.M., "El rol del experto en la reestructuración. Debilidades de la transposición española", *Anuario de Derecho Concursal*, 2025, n° 64, p. 86 y ss.

como también ha subrayado la doctrina[15], la cual ha subrayado como "en supuestos de menor envergadura, el deudor sí puede optar por renunciar a sus propios asesores externos, confiando en el buen hacer del experto independiente, junto con el asesoramiento de su propio equipo financiero y legal interno o habitual, pero lo más habitual será que, ante una propuesta inicial preparada por el deudor con la ayuda de sus asesores, se le pida opinión o su revisión, pudiendo proponer cambios o alternativas, ayudar a convencer a cada parte de la razonabilidad de algunos aspectos conflictivos, de forma que renuncien a posiciones más o menos maximalistas, posibilitando así un plan de reestructuración justo y equilibrado". Esto es justo lo que ha sucedido en este caso y, precisamente porque esa era una de sus funciones principales, el deudor debió elegirlo entre una terna propuesta por dichos acreedores, conforme a una práctica habitual en el sector que, incluso, se venía realizando con anterioridad a la reforma como también ha subrayado la doctrina[16] como "ya se había extendido la práctica del asesor financiero único en refinanciaciones de empresas medianas, escogido por el deudor de entre una terna propuesta por los acreedores financieros; e, incluso, en algún caso también ha sido único el asesor legal, si bien, en ambos supuestos, revisado todo por los servicios internos de los acreedores financieros".

A mayor abundamiento, por si quedara alguna duda al respecto —que planteamos sólo como mera hipótesis— debemos señalar que la profesora PULGAR EZQUERRA[17] considera *"conveniente hacer una interpretación restrictiva del artículo 675 TRLC y de esta incompatibilidad regulada"*, de forma que, la duda siempre debería interpretarse a favor de la validez y el mantenimiento del nombramiento, máxime cuando la persona designada fue propuesta expresamente, entre otras entidades, por la ahora demandante.

III.– Subsidiariamente, extemporaneidad material de la impugnación del nombramiento del experto.

Como antes se ha expuesto, el art. 677 del TRLC admite la impugnación del nombramiento del experto en cualquier momento. En este sentido, (...) no impugna el nombramiento cuando tiene conocimiento de la intervención de (...) como experto y su nombramiento, ni plantea en ningún momento esa eventual incompatibilidad en ningún momento durante todo el proceso de reestructuración, sino exclusivamente en el momento final del proceso de reestructuración, tras haber recibido la propuesta definitiva de plan de reestructuración y la convocatoria para su elevación a público y adhesión al mismo.

En este sentido, podemos traer a colación lo ocurrido en el conocido como *"caso Ecolumber"*, resuelto por las Sentencias de la Audiencia Provincial de Barcelona, Sección 15ª, 1020/2024, 1021/2024 y 1022/2024, de 16 de octubre de 2024, relativas a las impugnaciones de los autos de homologación de los planes de reestructuración de tres sociedades del Grupo Ecolumber.

---

15 GONZÁLEZ VÁZQUEZ, J.C., *op. cit.*, p. 120

16 MARTÍN TORRES, A., "La figura del experto en la Ley de reforma del Texto refundido de la Ley Concursal", *Revista General de Insolvencias & Reestructuraciones,* 2022, nº 7 extra, p. 215

17 PULGAR ESQUERRA, J. Comentario al artículo 675. En AA. VV., *Comentario a la Ley Concursal,* dir. por J. Pulgar, 3ª Ed., 2023, p. 1470.

Uno de los motivos de impugnación del Plan de Reestructuración por parte de los acreedores disidentes en los tres casos fue que, solicitada la sustitución del experto por una mayoría del pasivo afectado, de conformidad con lo previsto en el artículo 678 TRLC, la misma no fue atendida por el Tribunal de instancia al considerarla extemporánea, pues se presentó una vez ya solicitada la homologación judicial del plan y, por ello, concluido el trabajo correspondiente por el Experto nombrado a instancias de las sociedades deudoras.

Las tres sentencias, aun reconociendo que la Ley no establece plazo alguno para el ejercicio de esta facultad[18], subrayan como la designación del experto se realizó el 12 de julio de 2023, circunstancia que les fue comunicada de inmediato a los acreedores, estando personados los impugnantes en el procedimiento desde el 6 de septiembre y el 10 de octubre, mientras que la solicitud de sustitución no se presentó hasta el 30 de octubre de aquel año, cuando ya se había solicitado la homologación del plan, tras su elevación a público el 2 de octubre de 2023. Este *iter* temporal lleva a la Audiencia a concluir que, dado que *"desde mediados de julio, estos eran conocedores del experto y tenían la posibilidad de solicitar su sustitución en ese momento"*[19], por lo que considera que *"la petición fue extemporánea"*, *añadiendo que "no parece que la falta de sustitución haya causado indefensión a los acreedores, ya que el experto en reestructuración cumplió con todas las funciones y no se ha demostrado que su actuación haya sido parcial o insuficiente"*[20].

Ciertamente, no estamos aquí en un supuesto de sustitución del experto sino de impugnación de su nombramiento, pero las circunstancias del caso son similares. (...) era conocedora de la intervención de (...) en el presente proceso de reestructuración desde un inicio y, por supuesto, antes de su nombramiento formal. Sin embargo, no se decide a impugnar el nombramiento sino tras recibir la versión final del plan de reestructuración que se le elevaría a público, así como la invitación a la adhesión al mismo, de forma claramente extemporánea y contraria a las mínima exigencias de la buena fe, por lo que consideramos que es perfectamente trasladable a este caso la doctrina jurisprudencial citada, dada la evidente analogía entra ambos casos.

Es más, en una sustitución puede tener sentido que se presente más tarde a la luz del desempeño del cargo y, por tanto, cuando se pierde la confianza en la diligencia y profesionalidad del Experto pero, en cambio, una impugnación del nombramiento se debe basar en la no concurrencia "ab initio" de las condiciones legalmente exigidas para su desempeño y, por tanto, siendo éstas conocidas desde el primer momento, carece de sentido el retraso en su presentación si, de verdad, se creyera que no se cumplen dichas condiciones legales de profesionalidad, competencia, independencia e imparcialidad.

IV.– Con carácter subsidiario, vulneración de la doctrina de los actos propios (artículo 7 del Código Civil).

El artículo 7 del Código Civil establece que:

---

18 Cfr. Sentencia 1021/2024, F.J. 5.°, p. 11.

19 Sentencia 1020/2024, F.J. 5.°, p. 18.

20 Sentencia 1020/2024, F.J. 5.°, p. 19.

1. Los derechos deberán ejercitarse conforme a las exigencias de la buena fe."

La actora no puede venirse contra los propios actos por los motivos expuestos en apartado de hechos de este escrito, negando todo efecto jurídico a la conducta contraria posterior, y ello en base a la confianza que un acto o conducta de una persona debe producir en otra. Como dice la doctrina científica moderna, esta doctrina de los actos propios no ejerce su influencia en el área del negocio jurídico, sino que tiene sustantividad propia, asentada en el principio de la buena fe (STS 81/2005, de 16 de febrero).

En virtud de ese consagrado principio de la buena fe y el consecuente prohibición del abuso del derecho, no es lícito accionar contra los propios actos, cuando se llevan a cabo actuaciones que por su trascendencia integran convención y causan estado, definiendo inalterablemente las situaciones jurídicas de sus autores, y cuando se encaminan a crear, modificar o extinguir algún derecho, con lo que generan vinculación de los que se les atribuyen, conforme a las sentencias de 5 de marzo de 1991, 12 de abril y 9 de octubre de 1993, 10 de junio de 1994, 31 de enero de 1995 y 21 de noviembre de 1996, y muchas más" (STS 30/03/1999).

De todo lo anterior se infiere que la doctrina de los actos propios tiene su último fundamento en la protección de la confianza y en el principio de la buena fe, que impone un deber de coherencia y limita la libertad de actuación cuando se han creado expectativas razonables (SSTS 9/12/2010, 09/03/2012, 25/02/2013).

El principio de que nadie puede ir contra sus propios actos solo tiene aplicación cuando lo realizado se oponga a los actos que previamente hubieren creado una situación o relación de derecho que no podía ser alterada unilateralmente por quien se hallaba obligado a respetarla (SSTS 9 de diciembre de 2010, 7 de diciembre de 2010, 25 de febrero 2013).

Significa, en definitiva, que quien crea una confianza en una determinada situación aparente y la induce por ello a obrar en un determinado sentido, sobre la base en la que ha confiado, no puede pretender que aquella situación era ficticia y que lo que debe prevalecer es la situación real, porque los actos jurídicos lícitos realizados determinan necesariamente unas consecuencias jurídicas (SSAAPP Madrid, 27/01/1992; Pontevedra, 30/04/1992; Toledo, 24/06/1992; Palma de Mallorca, 07/09/1992; Málaga, 31/10/1992; Zaragoza, 26/10/1992, entre otras muchas).

Resumiendo, y como conclusión, se ha de decir que esta doctrina exige que los actos de una persona que pueden tener relevancia en el campo jurídico marcan los realizados en un devenir, lo que significa que en ningún caso pueden contradecir a los anteriores provocando una situación de incertidumbre que desconcierta a terceros afectados por los mismos y que rompe el principio de buena fe determinado en el artículo 7.1 del Código Civil.

Aplicada la anterior doctrina a este caso (...) convino la elección de (...) para la elaboración del IBR, por lo que la impugnación ahora de su nombramiento como experto independiente va en contra de sus propios actos.

En su virtud,

SUPLICO AL TRIBUNAL que teniendo por presentado este escrito y por hechas las manifestaciones en él contenidas se sirva admitirlo y en mérito a lo expuesto tenga por contestada en tiempo y forma la demanda incidental presentada por (…), y previos los trámites previstos en la LC, dicte sentencia por la que se desestime íntegramente la misma con expresa condena en costas a la parte demandante.

I.– OTROSÍ DIGO PRIMERO que, de conformidad con lo previsto en el art. 539 del TRLC en relación con el art. 677.2 del TRLC, se proponen los siguientes medios de prueba, considerándose necesaria la celebración de vista:

1° Documental aportada con el presente escrito.

2° Interrogatorio de (…), como representante de (…) (experto en la reestructuración).

SUPLICO AL TRIBUNAL acuerde en el sentido expuesto.

II.– OTROSÍ DIGO SEGUNDO que esta representación ha intentado cumplir minuciosamente con los requisitos exigidos en la LEC que le son aplicables, lo que se pone de manifiesto al Tribunal, de conformidad con lo establecido en el art. 231 LEC a fin de que se me conceda plazo para subsanar si se hubiera incurrido en algún defecto en la misma.

SUPLICO AL TRIBUNAL acuerde en el sentido expuesto.

Por ser de justicia que pido en (…) a (…) de (…) de (…).

(…) (…)

VI. INFORMES DE OTROS EXPERTOS INDEPENDIENTES

F256. INFORME VALORACIÓN PARTICIPACIONES SOCIALES

..............., S.L.

Análisis de Valoración Societaria

Presentación

Antecedentes

El documento que se expone a continuación tiene como objeto valorar las participaciones sociales de La Compañía, S.L. en fecha de ...., como respuesta a los hechos que se describen a continuación. ....

Objeto del Informe

El objeto del presente documento es determinar el valor de las participaciones de La Compañía, S.L. a fecha .... Para tal fin, se aplican las dos metodologías con mayor aceptación tanto en las operaciones de Fusiones y Adquisiciones como en el ámbito académico: el multiplicador de EBITDA y el descuento de flujos de caja.

El Informe que se presenta a continuación tiene tres partes. En primer lugar, se presentan los estados financieros de La Compañía, S.L. en el periodo ...., tanto la cuenta de pérdidas y ganancias como el balance de situación. A continuación, se presenta una valoración por la metodología del múltiplo de EBITDA, detallando cómo se obtiene la variable EBITDA, el múltiplo y su correspondiente ajuste, la Posición Financiera Neta y, finalmente, el resultado de la valoración societaria.

En tercer lugar, se realiza una valoración por descuento de flujos de caja, método para el que se analizan en detalle los rendimientos históricos de La Compañía, S.L. en sus diferentes partidas de ingresos y gastos. A continuación, se detallan las hipótesis de cálculo sobre las que se apoyan las proyecciones de flujos de caja para el periodo .... Previa valoración se estima el Coste Medio Ponderado de Capital, tasa que se compone del coste de capital y del coste de deuda, ambos a detallar. Finalmente, se presentan los resultados de la valoración societaria con esta técnica.

Tanto para la valoración por múltiplo de EBITDA como por descuento de flujos de caja, se aporta un listado de referencias bibliográficas básicas sobre dichas metodologías.

Una vez realizadas ambos ejercicios de valoración, se indica que el valor intermedio de ambas metodologías por las acciones de La Compañía, S.L. es de .... €.

1. Estados Financieros, periodo ....:...........

2. Informe de Valoración por múltiplo de EBITDA

La valoración por múltiplo de EBITDA es una metodología ampliamente aceptada tanto en el terreno académico como en las transacciones corporativas que habitualmente se realizan en el ámbito de las Fusiones y Adquisiciones.

Esta técnica de valoración está encaminada a la búsqueda de un precio potencial de transacción de acuerdo con un determinado entorno de mercado. Uno de los habituales retos en este procedimiento consiste en que exista un mercado activo que dé una referencia concreta del segmento en que opera la empresa objeto de la valoración. Por ello, como se explicará más adelante, la identificación del multiplicador aplicado tendrá en cuenta esta problemática.

En primer lugar, se explica detalladamente cómo se calcula el EBITDA. Posteriormente, se analiza el múltiplo del EBITDA, atendiendo al criterio geográfico y sectorial para dimensionar un rango de mercado. Se especificará, además, la aplicación de elementos de corrección en el ajuste del múltiplo (prima por iliquidez). Se identificará, además, la Posición Financiera Neta de La Compañía, S.L., identificando las partidas del Balance que la constituyen.

Finalmente se presenta la valoración societaria ajustada de la sociedad en tres rangos (bajo, medio y alto).

2.1. EBITDA del ejercicio ....

Según el documento de la AECA[21] titulado Concepto y uso del EBITDA como recursos generados en la explotación el EBITDA (en español "Resultado Antes de Intereses, Impuestos, Depreciaciones y Amortizaciones) debe reunir la selección de ingresos y gastos "que pertenezcan a las actividades de explotación, excluyendo el consumo de capital fijo, y, en segundo lugar, su recurrencia en el tiempo".

Los conceptos que, concretamente, se toman en consideración para calcular el EBITDA son los siguientes:

	RESULTADO DEL EJERCICIO (Operaciones Continuadas)
+/–	Impuesto sobre beneficios
–	Ingresos financieros
+	Gastos financieros
=	RESULTADO DE LA EXPLOTACIÓN
+	Depreciación y amortización (netas)
–	Ingresos de explotación no recurrentes
+	Gastos de explotación no recurrentes
=	EBITDA (Resultado Antes de Intereses, Impuestos, Depreciaciones y Amortizaciones)

21 Asociación Española de Contabilidad y Administración. AECA es una asociación sin ánimo de lucro integrada por profesionales. Su misión principal es emitir pronunciamientos y estudios sobre buenas prácticas en gestión empresarial (contabilidad, valoración de empresas, organización, gestión, entre otros). Sus documentos están elaborados por algunos de los principales expertos en las citadas cuestiones, y son citados habitualmente como referencia en la práctica profesional.

En el caso de La Compañía, S.L., la cifra de EBITDA del ejercicio .... se calcula como sigue:

	Resultado de Explotación
+	Amortizaciones
–	Beneficio por enajenación del Inmovilizado material
	EBITDA

2.2. Determinación del Múltiplo de EBITDA

Para determinar el múltiplo de EBITDA aplicado sobre La Compañía, S.L., se atiende a dos variables, a decir, el mercado geográfico en que opera y el sector objeto de su actividad. Se emplean los datos publicados por .... correspondientes a los multiplicadores aplicables en la región de .... y por criterio sectorial. En el caso de La Compañía, S.L., el sector en que se ubica es .... (alimentación y su procesado) y el multiplicador correspondiente es de .... Se adjunta como Anexo el cuadro completo de multiplicadores por el criterio sectorial.

Este valor, no obstante, debe ajustarse como resultado de dos condicionantes. En primer lugar, por su grado de iliquidez (en empresas no cotizadas, la iliquidez hace referencia a la imposibilidad de volver a vender fácilmente los títulos adquiridos, hecho que provoca una disminución de su valor). En términos generales, una empresa no cotizada se ve afectada, además de por el hecho de su no cotización, por varias razones que justifican un descuento por iliquidez (sector en que opera la empresa, posicionamiento sectorial, rentabilidad y recursos generados, o composición y grado de liquidez del balance, entre otros). Multitud de estudios coinciden en que el descuento aplicable no debería superar el X% del valor societario.

Además, no debemos olvidar que el multiplicador que se obtiene el ejercicio presentado resulta de operaciones corporativas con valoraciones superiores a los .... €. Esta particularidad hace necesario que el multiplicador deba ser revisado a la baja, adecuándose al tamaño de la empresa (menor tamaño implica más riesgo y por tanto menor valor).

En el caso de La Compañía, S.L., en vista de su sólida tendencia de crecimiento de ventas, así como el know-how comercial, la prima por iliquidez aplicable se estima entre un .... y ...., resultando el multiplicador en el rango de .... y ....

2.3. Posición Financiera Neta (PFN) y ajustes correspondientes

El resultado de aplicar el multiplicador ajustado sobre el EBITDA sería el valor bruto societario el valor de las participaciones en el supuesto de que la sociedad no tuviese deudas, tesorería ni otros activos líquidos realizables. Para determinar el valor de las participaciones habría que descontar de este valor societario el importe del endeudamiento financiero y añadir el excedente de tesorería y activos financieros.

El concepto que recoge pasivos financieros y activos corrientes líquidos, y que se ajusta sobre el valor bruto societario para hallar el valor de las participaciones es la Posición Financiera Neta, que refleja el saldo resultante de la diferencia entre las deudas financieras y los activos corrientes líquidos.

Según el apartado 'b' de la Norma 9 de las Normas de Registro y Valoración del Plan General Contable, las cuentas del pasivo que forman parte de la PFN son todos aquellos pasivos financieros, corrientes y no corrientes[22]. En el caso de La Compañía, S.L. se toma en cuenta:

Balance de Situación	Año
II. Deudas a Largo Plazo	
2. Deudas con entidades de crédito	
3. Acreedores por arrendamiento financiero	

III. Deudas a Corto Plazo	
2. Deudas con entidades de crédito	
3. Acreedores por arrendamiento financiero	
5. Otros pasivos financieros	

En el mismo apartado de la normativa contable antes referida, se identifican las partidas del activo que forman parte de la PFN dentro de las categorías de efectivo y otros activos líquidos equivalentes[23], así como otros activos financieros dotados de un grado razonable grado de conversión en efectivo[24]:

Balance de Situación	Año
V. INVERSIONES FINANCIERAS A CORTO PLAZO	

22 Deudas con entidades de crédito; obligaciones y otros valores negociables emitidos: tales como bonos y pagarés; derivados con valoración desfavorable para la empresa: entre ellos, futuros u operaciones a plazo, opciones, permutas financieras y compraventa de moneda extranjera a plazo; deudas con características especiales, y; otros pasivos financieros: deudas con terceros, tales como los préstamos y créditos financieros recibidos de personas o empresas que no sean entidades de crédito incluidos los surgidos en la compra de activos no corrientes, fianzas y depósitos recibidos y desembolsos exigidos por terceros sobre participaciones

23 Tesorería depositada en la caja de la empresa, depósitos bancarios a la vista y los instrumentos financieros que sean convertibles en efectivo y que, en el momento de adquisición, su vencimiento no fuera superior a tres meses, siempre que no exista riesgo significativo de cambios de valor y formen parte de la política de gestión normal de la tesorería de la empresa.

24 Préstamos y créditos financieros concedidos, depósitos a medio/largo plazo en entidades, dividendos a cobrar, valores representativos de deuda o de instrumentos de patrimonio de otras empresas, con exclusión de las empresas del Grupo y de los créditos por operaciones comerciales.

VII. EFECTIVO Y OTROS ACT. LÍQ. EQUIVALENTES	
1. Tesorería	

Sin embargo, aunque la cuenta de Efectivo y Otros Activos Líquidos Equivalentes era, a cierre de ...., de .... €, un análisis de Caja Mínima Operativa desvela que este importe equivale a una caja de aproximadamente .... semanas[25]. Por ello, no se aplica como parte del activo a considerar en la PFN. Se detalla, a continuación, el análisis de la Caja Mínima Operativa de la compañía:

Caja Mínima Operativa	
Compras (año ....)	
Servicios Exteriores (año ....)	
Gastos de Personal (año ....)	
Total	
Mensualizado	
Semanal	
Caja equivalente a 2 semanas	

Por otra parte, una vez analizada la contabilidad de la empresa, se concluye que, del total de Inversiones Financieras a Corto Plazo, solo incrementan la valoración las Cuentas con Socios (que suman .... €), puesto que el resto de las partidas que lo conforman están afectas a la actividad de La Compañía, S.L. (fianzas depositadas frente a terceros).

En conjunto, la PFN tendría sería la siguiente:

Posición Financiera Neta (Resumen)	
Deudas a Largo Plazo (-)	
Deudas a Corto Plazo (-)	
Inversiones Financieras a Corto Plazo (+)	
Efectivo y otros activos líquidos equivalentes (+)	
Total Posición Financiera Neta	

Nótese que al ser la tesorería existente inferior a la caja mínima operativa no existe excedente de tesorería, y, por tanto, no disminuye por este concepto la Posición Financiera Neta.

25 La caja mínima operativa es un concepto habitual en cualquier transacción, pues la empresa adquiriente precisa de efectivo para hacer frente a las operaciones que constituyen su actividad. Existen diversos métodos para estimar el saldo óptimo de tesorería, tales como el modelo Baumol, el realizado por Beranek, o el modelo de Miller-Orr.

2.4. Valoración Societaria por múltiplo de EBITDA

A continuación, se presenta la valoración resultante del análisis realizado:

	Rango Bajo	Rango Medio	Rango Alto
EBITDA			
Múltiplo sin ajustar			
Prima por Iliquidez			
Múltiplo Ajustado			
Valor Bruto Societario			
Posición Financiera Neta			
Valor Participaciones			

Donde el Valor Bruto Societario equivale a aplicar el múltiplo ajustado sobre el EBITDA del ejercicio .... la cifra correspondiente no equivale al valor de las participaciones puesto que debe ajustarse con la Posición Financiera Neta. El Valor de Participaciones resulta de detraer la Posición Financiera Neta del Valor Bruto Societario.

Bibliografía sobre la metodología aplicada

3. Valoración por Descuentos de Flujos de Caja

La valoración que se presenta a continuación resulta de aplicar la metodología del Descuento de Flujos de Caja. El ejercicio parte de los rendimientos históricos de la compañía, concretamente de la Cuenta de Resultados de los ejercicios ...., como punto de partida para unas proyecciones a cinco años. Se exponen las hipótesis de cálculo de las proyecciones de flujos de caja, poniendo el foco en las principales partidas de la cuenta de pérdidas y ganancias. Con todo ello, se presentan las proyecciones para el periodo ....

Posteriormente, se estiman las Necesidades Operativas de Fondos (NOF), a través de un análisis del promedio de los días medios de clientes, existencias, proveedores y acreedores.

Adicionalmente, se estima el coste de los recursos propios y ajenos; una vez completada esta información, se ha estimado el WACC (Coste Promedio Ponderado de Capital) de la compañía, y se ha procedido a actualizar los Flujos Libres de Caja (FCF).

3.1. Rendimientos históricos

	Año	Año	Año	Año
1. Importe neto de la cifra de negocios				
4. Aprovisionamientos				
6. Gastos de personal				
7. Otros gastos de explotación				

	Año	Año	Año	Año
a) Servicios exteriores				
A.1) RESULTADO DE EXPLOTACIÓN				
A.3) RESULTADO ANTES DE IMPUESTOS				
A.5) RESULTADO DEL EJERCICIO				

3.2. Proyecciones .... Hipótesis de Cálculo

Ventas

Se plantea una evolución de ventas que responde a .... Si atendemos a los rendimientos pasados, la descomposición de las ventas en el periodo .... por criterio geográfico se correspondió con .... El cuadro de crecimientos de las ventas proyectado es el que se expone a continuación:

	Variable	Año	Año	Año	Año	Año
Ventas	YoY[26]	X%	X%	X%	X%	X%

Consumos

Se incluyen las compras de mercaderías (cuenta 600), de materias primas (cuenta 601), de otros aprovisionamientos (cuenta 602), los descuentos sobre compras por pronto pago (cuenta 606), las devoluciones de compras y operaciones similares (cuenta 608), los rappels por compras (cuenta 609) y la variación de existencias del periodo.

Se estiman los consumos con el importe de compras y la variación de existencias. Al tener una evolución histórica estable, para la proyección se emplea el promedio del% de consumos sobre ventas del periodo ...., en este caso un ....%.

	Año	Año	Año	Año
1. Importe neto de la cifra de negocios				
4. Aprovisionamientos				
% consumos sobre ventas				

Gastos de Personal

Durante el periodo ...., el porcentaje de los gastos de Seguridad Social con respecto a Sueldos y Salarios es ....

En el periodo proyectado, se estima un peso de Sueldos y Salarios que se corresponde con .... en el periodo .... Concretamente, se estima en un X% sobre ventas. Las cargas sociales se calculan como un X% sobre Sueldos y Salarios.

---

26 *Year over Year* - crecimiento interanual.

Otros Gastos de Explotación

Una vez analizados los rendimientos históricos (tanto por su evolución interanual como por su peso sobre ventas durante el periodo) se concluye que las partidas de Servicios Exteriores mantienen un peso relativamente estable sobre las ventas (véase cuadro a continuación). Por ello, en las proyecciones de este apartado se emplea ....

	Evolución Interanual			Pesos sobre Ventas				
	Año	Año	Año	Año	Año	Año	Año	Promedio
Cifra de Negocio								
Arrendamientos								
Reparaciones								
Servicios profesionales								
Comisiones y servicios comercial								
Transportes								
Primas de seguros								
Servicios bancarios y similares								
Publicidad								
Suministros								
Otros servicios								
Otros tributos								

Amortizaciones / Inversiones en activo fijo

En las proyecciones .... se estima el importe anual de inversiones en activo fijo en .... €, que resulta del promedio de inversiones realizadas durante los años ....

Igualmente, se emplea la misma cifra en la partida anual de Amortizaciones.

Valor Residual

Existen diversas formas de abordar el valor residual o terminal. Según AECA, "la expresión más frecuente es la que considera el valor residual como una renta perpetua que se calcula descontando el último flujo calculado, una vez normalizado, a la tasa de riesgo esperado para el horizonte posterior al periodo inicial, menos la tasa de crecimiento esperado".

En el caso que nos ocupa, se considera que, a partir del año 5, se mantienen invariables los flujos de caja (la tasa a perpetuidad es del X%).

Cuadro resumen de las hipótesis de cálculo

	Variable	Año	Año	Año	Año	Año	Residual
Cifra de negocio	YoY						
Consumos	%/Vtas						
Gastos de Personal	%/Vtas						
Arrendamientos	%/Vtas						
Reparaciones	%/Vtas						
Servicios profesionales	%/Vtas						
Comisiones y servicios comercial	%/Vtas						
Transportes	%/Vtas						
Primas de seguros	%/Vtas						
Servicios bancarios y similares	%/Vtas						
Publicidad	%/Vtas						
Suministros	%/Vtas						
Otros servicios	%/Vtas						
Otros tributos	%/Vtas						

Proyecciones .... (y Residual)

	Año	Año	Año	Año	Año	Residual
Venta mercaderías nacionales						
Venta mercaderías UE						
Total ventas						
Compras						
Existencia inicial						
Existencia final						
Total consumos						
Margen Bruto						
Otros ingresos						
Total gastos de personal						
Arrendamientos						
Reparaciones						
Servicios profesionales						
Comisiones y servicios comercial						
Transportes						

	Año	Año	Año	Año	Año	Residual
Primas de seguros						
Servicios bancarios y similares						
Publicidad						
Relaciones públicas						
Luz						
Agua, combustible y otros suministros						
Otros servicios						
Dietas, Kilometraje y gastos viaje						
Otros tributos						
Total gastos de explotación						
Total amortizaciones						
BAIT						

Necesidades Operativas de Fondos

La empresa necesita para su normal funcionamiento necesita mantener unos saldos de clientes, existencias, proveedores y acreedores, cuyo importe estará relacionado con el volumen de actividad y con los plazos de cobro, pago y almacenamiento. La variación de estos saldos (en adelante, Necesidades Operativas de Fondos o NOF) provoca el aumento o disminución de la tesorería, por lo que tiene que estimarse para poder determinar su impacto en la caja final que genera la empresa.

A continuación, se observa la evolución del capital circulante de La Compañía, S.L. entre los años ....:

	Año	Año	Año	Año
Clientes				
Ventas con IVA				
Saldo inicial de clientes				
Saldo final de clientes				
Días Medios Cobro				
Existencias				
Existencia inicial				
Existencia final				
Rotación Existencias (días)				

	Año	Año	Año	Año
Proveedores				
% de compras exentas de IVA				
Compras con IVA				
Saldo inicial de proveedores				
Saldo final de proveedores				
Días Medios Pago Proveedores				
Acreedores				
Gastos con IVA				
Saldo inicial acreedores				
Saldo final de acreedores				
Días Medios Pago Acreedores				

Para el periodo proyectado, se aplican los siguientes criterios de estimación de necesidades operativas de fondos:

Concepto	Criterio	Días
Clientes		
Existencias		
Proveedores		
Acreedores		

Las Necesidades Operativas de Fondos resultantes para el periodo......... (y Residual) son las siguientes:

	Año	Año	Año	Año	Año
Clientes					
Ventas con IVA					
Saldo inicial de clientes					
Saldo final de clientes					
Días Medios Cobro					
Incremento NOF por clientes					
Existencias					
Existencia inicial					

	Año	Año	Año	Año	Año
Existencia final					
Días Medios Cobro					
Incremento NOF por existencias					
Proveedores					
% de compras exentas de IVA					
Compras con IVA					
Saldo inicial de proveedores					
Saldo final de proveedores					
Días Medios Pago Pr.					
Incremento NOF proveedores					
Acreedores					
Gastos con IVA					
Saldo inicial acreedores					
Saldo final de acreedores					
Días Medios Pago Ac.					
Incremento NOF por acreedores					
Total incremento de NOF					

Una vez estimadas las necesidades operativas de fondos, se proyectan los flujos libres de caja:

Flujos Libres de Caja (………, y Residual)

	Año	Año	Año	Año	Año	Residual
BAIT * (1-t)						
+ Amortizaciones						
- Inversiones en activos fijos						
- Incremento de N.O.F.						
FCFF (Flujo libre de fondos empresa)						

3.3. Determinación del Coste Medio Ponderado del Capital (CMPC)[27]

Previa valoración, se averigua la tasa de descuento que debe utilizarse para determinar el valor presente de los flujos de caja proyectados. Dicha tasa refleja el Coste Medio Ponderado de Capital (en inglés, Weighted Average Cost of Capital o WACC), y que se compone del Coste de Capital o de los recursos propios (la rentabilidad exigida por el inversor para compensar la aportación en la participación en la empresa) y el Coste de la Deuda (el coste que tiene una empresa para desarrollar su actividad o un proyecto de inversión a través de su financiación en forma de créditos y préstamos o emisión de deuda). En resumen, la tasa de descuento recoge los medios de financiación de la empresa, ya sean propios o ajenos.

Ecuación del Coste Medio Ponderado de Capital:

$$CMPC = K_e \frac{E}{(E+D)} + K_{d(1-t)} \frac{D}{(E+D)}$$

Donde

K_e es el coste de los recursos propios

$\frac{E}{(E+D)}$ es el peso del capital sobre la suma de recursos propios y deuda

$K_{d(1-t)}$ es el coste de los recursos ajenos

$\frac{D}{(E+D)}$ es el peso de los recursos ajenos sobre el total de recursos propios y deuda

Coste de Recursos Propios

Para averiguar el Coste de Recursos Propios se emplea el modelo CAPM (del inglés Capital Asset Pricing Model) y la fórmula para calcularlo es la siguiente:

$$E_{(r)} = r_f + \beta[E_{rm} - r_f]$$

Donde

$E_{(r)}$ es la tasa de rentabilidad de un activo concreto

r_f es la rentabilidad de un activo sin riesgo

ß es una medida de sensibilidad que permite conocer la variación relativa de rentabilidad de un activo financiero en relación con un índice de referencia. Normalmente este índice de referencia es el índice bursátil en el que cotiza el activo financiero. La ß que figura en dichos índices suele aparecer desapalancada (es decir, sin considerar el endeudamiento en el rendimiento de las empresas sobre las que se estima este coeficiente). Es

---

27 Metodología utilizada mayoritariamente en procesos de valoración por descuentos de flujo de caja. Véase una explicación sobre esta metodología en P. Fernández, *Valoración de empresas* (3° ed.), Barcelona: Gestión 2000, 2012, p. 609.

por ello que hay que "reapalancar" la ß pero con la estructura de deuda sobre patrimonio propia de la empresa que se analiza.

Lógicamente, la beta reapalancada es mayor que la beta sin apalancar, puesto que cuanto más endeudada está una empresa, presenta un mayor riesgo, y por ello el inversor va a exigir una mayor rentabilidad.

E_{rm} es la tasa de rentabilidad esperada del mercado en que cotiza el activo

En el análisis realizado sobre La Compañía, S.L., el Coste de los Recursos Propios resulta en un ....%, con la siguiente composición:

Tipo de interés libre de riesgo (r^f)		
Prima de riesgo de mercado E_{rm}		
Beta sin apalancamiento del sector		
Relación Deuda/Patrimonio		
Tipo impositivo		
Beta con apalancamiento (ß)		
Coste del capital ($E_{(r)}$)		
Prima por iliquidez		
Coste de recursos propios		

Coste de los Recursos Ajenos

Con respecto al coste de la deuda, se toman en consideración los datos históricos para estimarlo en X durante el periodo proyectado.

	Año	Año	Año	Año	Año
Gastos financieros					
Pasivo con coste					
% coste[28]					
Coste recursos ajenos estimado					

Una vez determinados el coste de recursos propios y el coste de deuda, se calcula el Coste Medio Ponderado de Capital, que resulta en ....

28 El coste se calcula como el promedio entre los saldos iniciales y finales del pasivo con coste.

Coste Medio Ponderado de Capital (CMPC)

Ponderación de recursos propios en balance	
Ponderación de recursos ajenos en balance	
Coste de recursos propios	
Coste de recursos ajenos	
Tipo impositivo (t)	
Coste de recursos ajenos descontado t	
WAAC	

3.4. Valoración Societaria

Una vez obtenidos los Flujos Libres de Caja, y tras la estimación del CMPC, se exponen los flujos libres de caja actualizados. Con este procedimiento se hallan tanto los valores actualizados de los flujos de caja como del valor residual; ambos conceptos conforman el Valor de la Empresa sin tener en cuenta el endeudamiento.

Flujos de Caja actualizados (años ....)

	Año	Año	Año	Año	Año	Residual
Tipo de descuento de flujos (WAAC)						
Incremento previsto flujos de caja a partir del 5° año						
Factor de descuento de cada uno de los ejercicios						
Actualización de los flujos individuales						
Cálculo del valor residual en 2020						
Actualización del valor residual						

La metodología del descuento de flujos de caja aplica la ecuación $E_0+D_0=VA_0$ $[E_0\{FCF^1\}; WACC^1]$ donde el valor de la deuda (D) más el de las acciones (E) es el valor actual de los free cash flows (FCF) esperados que generará la empresa, descontados al coste ponderado de los recursos, después de impuestos (WACC). En el caso de La Compañía, S.L., se obtienen los siguientes resultados:

	Valor de la Empresa (E+D):
 – + +	Ajustes por activos/pasivos no operativos Valor de la deuda (D) Tesorería Inversiones financieras CP
	Valor de los fondos propios (E)

En resumen, al valor de la empresa resultante (.........) € se le detrae todo el pasivo negociado (......... €) y resulta en un valor de las acciones de .... €.

Bibliografía sobre la metodología aplicada (II)

Valor de las Participaciones de La Compañía, S.L. y conclusiones

El presente análisis incluye dos de los principales métodos de valoración. Concretamente emplea un método basado en la cuenta de resultados de la empresa —el múltiplo de EBITDA—, y otro que determina el valor de una empresa a través de la estimación de los flujos de dinero —cash Flow— que una empresa generará en el futuro, para luego descontarlos a una tasa de descuento apropiada según el riesgo de dichos flujos. Son ambas metodologías las más frecuentemente empleadas y aceptadas en el ámbito académico y en los procesos corporativos en el sector privado (fusiones, adquisiciones, documentos estratégicos, etc.).

Los valores resultantes de dichos ejercicios son los siguientes:

Valoración por múltiplo de EBITDA (valor medio): .... € Valoración por descuento de flujos de caja: .... €

La diferencia entre ambos valores resulta de la diferente aproximación de cada técnica de valoración. Mientras que el método del multiplicador se aplica a una situación estática (.........), el Descuento de Flujos de Caja tiene en cuenta el potencial de la sociedad. En la práctica cotidiana, la parte compradora en un proceso de compraventa emplea el método estático (múltiplo de EBITDA), mientras que la parte vendedora defiende un valor superior si su empresa tiene potencial de crecimiento (y, por ello, se emplea el DFC). El precio se suele situar en el rango intermedio entre ambos valores.

El valor intermedio entre ambas metodologías es de .... €.

F257. VALORACIÓN DE UNIDAD PRODUCTIVA

Formulario de Estimación de valoración

UNIDAD PRODUCTIVA/ACTIVIDAD

de la mercantil

..............., S.L./S.A.

Emitido por

D./Dª ....

(Profesión)

Índice

1. OBJETO DEL INFORME

2. ESTIMACIÓN DE LA VALORACIÓN DE LA ACTIVIDAD DE ...., S.L./S.A. POR DESCUENTO DE FLUJOS DE CAJA

2.1. Estados financieros cerrados de .... y proyección de..............

2.2. Proyecciones a ....

2.3. Flujos libres de caja (periodo ....)

2.4. Determinación del coste medio ponderado del capital (CMPC)

2.5. Valoración societaria

1. OBJETO DEL INFORME

El objeto del presente informe es la valoración de la unidad productiva de la mercantil ...., S.L./S.A. que pretende enajenarse en el seno del Plan de reestructuración presentado para su homologación judicial.

Como anexo al Plan de reestructuración se aporta como DOCUMENTO Nº .... la oferta vinculante para la adquisición de la unidad productiva por parte de ...., S.L./S.A., consistente en:

- Bienes incluidos en la UP

1. Bien inmueble
   - Descripción: .... Finca registral nº .... del Registro de la Propiedad de ....
   - Superficie: ....
   - Cargas: ....

2. Bien inmueble

   – Descripción: .... Finca registral nº .... del Registro de la Propiedad de ....

   – Superficie: ....

   – Cargas: ....

3. Bienes muebles

   – Descripción: ....

   – Cargas: ....

• Derechos y obligaciones en los que se subroga la ofertante

   – ....

   – ....

   – ....

• Otros conceptos incluidos en la oferta y en los que se subrogará la ofertante

   – ....

   – ....

   – ....

• Precio, forma de pago y garantías

   El precio por la UP se establece en .... € (............... EUROS).

   Forma de pago:

   1. ....

   2. ....

La ofertante aportará las garantías de cumplimiento que en su caso el Tribunal considere pertinente.

2. ESTIMACIÓN DE LA VALORACIÓN DE LA ACTIVIDAD DE ...., S.L./S.A. POR DESCUENTO DE FLUJOS DE CAJA

Para la valoración de la actividad, en primer lugar, se presentan los estados financieros de ...., S.L./S.A. en el periodo .... y la Cuenta de Pérdidas y Ganancias acumulada a ...., que se proyecta hasta el cierre de ejercicio, ... Se explican la evolución de la compañía hasta la presentación del concurso de acreedores y los factores que determinan su actual situación. A continuación, se exponen las hipótesis de cálculo para el periodo ...., y se procede a presentar las proyecciones del .... En tercer lugar, se realiza la valoración societaria, a partir del método de Descuento de Flujos de Caja (DFC).

Una vez realizado el ejercicio de valoración, se indica que el valor operativo de ...., S.L./S.A. es de .... EUROS (.............. euros).

2.1. Estados financieros cerrados de .... y proyección de..............

Balance de Situación

	AÑO	AÑO
ACTIVO NO CORRIENTE	0,00	0,00
Inmovilizado intangible	0,00	0,00
Desarrollo		
Concesiones		
Propiedad industrial		
Aplicaciones informáticas		
Otro inmovilizado intangible		
Inmovilizado material	0,00	0,00
Terrenos y construcciones		
Instalaciones técnicas		
Maquinaria		
Utillaje		
Otras instalaciones		
Mobiliario		
Equipos proceso información		
Otro inmovilizado material		
Anticipos e inmovilizado material en curso		
Inversiones Inmobiliarias	0,00	0,00
Terrenos		
Construcciones		
Inversiones en empresas del grupo y asociadas LP	0,00	0,00
Instrumentos de patrimonio		
Créditos a empresas		
Valores representativos de deuda		
Derivados		
Otros activos financieros		
Inversiones financieras a largo plazo	0,00	0,00
Instrumentos de patrimonio		
Créditos a empresas		
Valores representativos de deuda		
Derivados		
Otros activos financieros		
Instrumentos de patrimonio		
Activos por impuesto diferido	0,00	0,00
ACTIVO CORRIENTE	0,00	0,00
Activos no corrientes mantenidos para la venta	0,00	0,00
Existencias		
Comerciales		
Materias primas y otros aprovisionamientos		
Productos en curso		
Productos terminados		
Subproductos, residuos y materiales recuperados		
Anticipos a proveedores		
Deudores comerciales y otras cuentas a cobrar	0,00	0,00

	AÑO	AÑO
Clientes por ventas y prestaciones de servicios		
Clientes empresas del grupo y asociadas		
Deudores varios		
Personal		
Activos por impuesto corriente		
Otros créditos con las Administraciones Públicas		
Accionistas (socios) por desembolsos exigidos		
Inversiones en empresas del grupo y asociadas a CP	0,00	0,00
Instrumentos de patrimonio		
Créditos a empresas		
Valores representativos de deuda		
Derivados		
Otros activos financieros		
Inversiones financieras a CP	0,00	0,00
Instrumentos de patrimonio		
Créditos a empresas		
Valores representativos de deuda		
Derivados		
Otros activos financieros		
Periodificaciones a corto plazo	0,00	0,00
Efectivo y otros activos líquidos equivalentes	0,00	0,00
Tesorería		
Otros activos líquidos equivalentes		
TOTAL ACTIVO	0,00	0,00

	AÑO	AÑO
PATRIMONIO NETO	0,00	0,00
FONDOS PROPIOS	0,00	0,00
Capital	0,00	0,00
Prima de emisión	0,00	0,00
Reservas	0,00	0,00
Legal y estatutarias		
Reserva de capitalización		
Otras reservas		
Resultado de ejercicios anteriores	0,00	0,00
Remanente		
Resultados negativos de ejercicios anteriores		
Resultado del ejercicio	0,00	0,00
Subvenciones Donanciones y Legados	0,00	0,00
PASIVO NO CORRIENTE	0,00	0,00
Provisiones a largo plazo	0,00	0,00
Deudas a largo plazo	0,00	0,00
Obligaciones y otros valores negociables		
Deudas con entidades de crédito		
Acreedores por arrendamiento financiero		
Derivados		
Otros pasivos financieros		
Deuda con empresas del grupo y asociadas a largo plazo	0,00	0,00
Pasivos por impuesto diferido	0,00	0,00
Periodificaciones a largo plazo	0,00	0,00

	AÑO	AÑO
PASIVO CORRIENTE	0,00	0,00
Pasivos vinculados con activos no corrientes mantenidos para la venta	0,00	0,00
Provisiones a corto plazo	0,00	0,00
Deudas a corto plazo	0,00	0,00
Deudas con entidades de crédito		
Otros pasivos financieros		
Deudas con empresas del grupo y asociadas a corto plazo	0,00	0,00
Acreedores comerciales y otras cuentas a pagar	0,00	0,00
Proveedores		
Proveedores empresas del grupo y asociadas		
Acreedores varios		
Personal (remuneraciones pendientes de pago)		
Pasivos por impuesto corriente		
Otras deudas con las Administraciones Públicas		
Anticipo de clientes		
TOTAL PATRIMONIO NETO Y PASIVO	0,00	0,00

Cuenta de Pérdidas y Ganancias

	AÑO	AÑO
OPERACIONES CONTINUADAS		
Importe neto de cifra de negocios	0,00	0,00
Ventas		
Prestación de servicios		
Variación de existencias de productos terminados y en curso de fabricación	0,00	0,00
Trabajos realizados por la emp. para su activo	0,00	0,00
Aprovisionamientos	0,00	0,00
Consumo mercaderías		
Consumo materias primas y otras materias consumibles		
Trabajos realizados por otras empresas		
Deterioro de mercaderías, materias primas y otros aprovisionamientos		
Otros ingresos de explotación	0,00	0,00
Ingresos accesorios y otros de gestión corriente		
Subvenciones de explotación incorporadas al resultado del ejercicio		
Gastos de personal	0,00	0,00
Sueldos, salarios y asimilados		
Cargas sociales		
Provisiones		
Otros Gastos de Explotación	0,00	0,00
Servicios Exteriores		
Tributos		
Pérdidas, deterioro y variación de prov por op comerciales		
Otros gastos de gestión corriente		
Amortización del Inmovilizado	0,00	0,00
Imputación de subvenciones de inmovilizado no financiero y otras		
Excesos de provisiones	0,00	0,00
Deterioro y resultado por enajenaciones del inmovilizado	0,00	0,00
Deterioros y pérdidas		
Resultados por enajenaciones y otras		
Diferencia negativa de imputaciones de negocios	0,00	0,00
Otros resultados	0,00	0,00

	AÑO	AÑO
Resultado de explotación	0,00	0,00
Ingresos Financieros	0,00	0,00
Participaciones en instrumentos de patrimonio		
Valores negociables y otros		
Gastos financieros	0,00	0,00
Por deudas con empresas del grupo y asociadas		
Por deudas con terceros		
Por actualización de provisiones		
Variación del valor razonable en instrumentos financieros	0,00	0,00
Cartera de negocios y otros		
Imputación al resultado del ejercicio por activos financieros disponibles para la venta		
Diferencias de cambio	0,00	0,00
Deterioro y resultados por enajenaciones de instrumentos financieros	0,00	0,00
Deterioros y pérdidas		
Resultados por enajenaciones y otras		
Resultado Financiero	0,00	0,00
Resultado Antes de Impuestos	0,00	0,00
Impuestos sobre beneficios		
Resultado del Ejercicio procedente de operaciones continuadas	0,00	0,00
OPERACIONES INTERRUMPIDAS	0,00	0,00
Resultado del Ejercicio procedente de operaciones interrumpidas neto de impuestos	0,00	0,00
RESULTADO DEL EJERCICIO	0,00	0,00

Cierre provisional a .... y proyección al cierre ....

	AÑO	AÑO
OPERACIONES CONTINUADAS		
Importe neto de cifra de negocios	0,00	0,00
Ventas		
Prestación de servicios		
Variación de existencias de productos terminados y en curso de fabricación	0,00	0,00
Trabajos realizados por la emp. para su activo	0,00	0,00
Aprovisionamientos	0,00	0,00
Consumo mercaderías		
Consumo materias primas y otras materias consumibles		
Trabajos realizados por otras empresas		
Deterioro de mercaderías, materias primas y otros aprovisionamientos		
Otros ingresos de explotación	0,00	0,00
Ingresos accesorios y otros de gestión corriente		
Subvenciones de explotación incorporadas al resultado del ejercicio		
Gastos de personal	0,00	0,00
Sueldos, salarios y asimilados		
Cargas sociales		
Provisiones		
Otros Gastos de Explotación	0,00	0,00

	AÑO	AÑO
Servicios Exteriores Tributos Pérdidas, deterioro y variación de prov por op comerciales Otros gastos de gestión corriente Amortización del Inmovilizado Imputación de subvenciones de inmovilizado no financiero y otras Excesos de provisiones Deterioro y resultado por enajenaciones del inmovilizado Deterioros y pérdidas Resultados por enajenaciones y otras Diferencia negativa de imputaciones de negocios Otros resultados	 0,00 0,00 0,00 0,00 0,00	 0,00 0,00 0,00 0,00 0,00
Resultado de explotación	0,00	0,00
Ingresos Financieros Participaciones en instrumentos de patrimonio Valores negociables y otros Gastos financieros Por deudas con empresas del grupo y asociadas Por deudas con terceros Por actualización de provisiones Variación del valor razonable en instrumentos financieros Cartera de negocios y otros Imputación al resultado del ejercicio por activos financieros disponibles para la venta Diferencias de cambio Deterioro y resultados por enajenaciones de instrumentos financieros Deterioros y pérdidas	0,00 0,00 0,00 0,00 0,00	0,00 0,00 0,00 0,00 0,00
Resultados por enajenaciones y otras		
Resultado Financiero	0,00	0,00
Resultado Antes de Impuestos	0,00	0,00
Impuestos sobre beneficios		
Resultado del Ejercicio procedente de operaciones continuadas	0,00	0,00
OPERACIONES INTERRUMPIDAS	0,00	0,00
Resultado del Ejercicio procedente de operaciones interrumpidas neto de impuestos	0,00	0,00
RESULTADO DEL EJERCICIO	0,00	0,00

2.2. Proyecciones a ....

Rendimientos históricos

.............., S.L./S.A. se constituye en .... como empresa especializada en ....

El cuadro expuesto a continuación, informa sobre la evolución del peso sobre ventas de la estructura de gastos de ...., S.L./S.A., para el periodo ....:

	AÑO	AÑO	AÑO
Aprovisionamientos	0,00%	0,00%	0,00%
Consumo mercaderías			
Consumo materias primas y otras materias consumibles			
Trabajos realizados por otras empresas			
Gastos de personal	0,00%	0,00%	0,00%
Sueldos, salarios y asimilados			
Cargas sociales			
Otros Gastos de Explotación	0,00%	0,00%	0,00%
Servicios Exteriores			
Tributos			
Pérdidas, deterioro y variación de prov por op comerciales			
Otros gastos de gestión corriente			

Hipótesis de cálculo

En vista de la evolución de los ejercicios ...., y del cierre a ...., se han realizado unas hipótesis de cálculo conservadoras[29].

Concepto	Comentarios / Hipótesis	Variable
Importe neto de cifra de negocios	....	....
Aprovisionamientos	....	....
Gastos de personal	....	....
Otros gastos de explotación	....	....
Amortizaciones	....	....

A continuación, se muestra el cuadro resumen de los porcentajes estimados de la empresa, junto con las hipótesis de cálculo planteadas en las proyecciones:

	AÑO	AÑO	AÑO	AÑO
Importe neto de cifra de negocios				
Ventas				
Prestación de servicios				
Aprovisionamientos	0,00%	0,00%	0,00%	0,00%
Consumo mercaderías				
Consumo materias primas y otras materias consumibles				
Trabajos realizados por otras empresas				
Gastos de personal	0,00%	0,00%	0,00%	0,00%
Sueldos, salarios y asimilados				
Cargas sociales				
Otros Gastos de Explotación	0,00%	0,00%	0,00%	0,00%
Servicios Exteriores				
Tributos				

29 Las partidas de la Cuenta de Pérdidas y Ganancias no mencionadas en las hipótesis de cálculo se omiten por considerar que su contribución a las proyecciones es, en términos absolutos, irrelevante.

	AÑO	AÑO	AÑO	AÑO
Pérdidas, deterioro y variación de prov por op comerciales				
Otros gastos de gestión corriente				
Amortización del Inmovilizado	0,00%	0,00%	0,00%	[30]

Determinación del EBITDA

En las proyecciones se identifica, además, el EBITDA (acrónimo del inglés Earnings Before Interests, Taxes, Depreciations & Amortizations). Según el documento de la AECA[31] titulado Concepto y uso del EBITDA como recursos generados en la explotación el EBITDA (en español "Resultado Antes de Intereses, Impuestos, Depreciaciones y Amortizaciones) debe reunir la selección de ingresos y gastos "que pertenezcan a las actividades de explotación, excluyendo el consumo de capital fijo, y, en segundo lugar, su recurrencia en el tiempo".

Los conceptos que, concretamente, se toman en consideración para calcular el EBITDA son los siguientes:

	RESULTADO DEL EJERCICIO (Operaciones Continuadas)
+/-	Impuesto sobre beneficios
-	Ingresos financieros
+	Gastos financieros
=	RESULTADO DE LA EXPLOTACIÓN
+	Depreciación y amortización (netas)
-	Ingresos de explotación no recurrentes
+	Gastos de explotación no recurrentes
=	EBITDA (Resultado Antes de Intereses, Impuestos, Depreciaciones y Amortizaciones)

El EBITDA se emplea como punto de partida a partir del cual se calculan los Flujos de Caja.

Se presentan, a continuación, las proyecciones numéricas para el periodo ....:

	AÑO	AÑO	AÑO	AÑO	AÑO
Importe neto de cifra de negocios	0,00	0,00	0,00	0,00	0,00
Ventas					
Prestación de servicios					

30 Se estima un importe fijo.

31 Asociación Española de Contabilidad y Administración. AECA es una asociación sin ánimo de lucro integrada por profesionales. Su misión principal es emitir pronunciamientos y estudios sobre buenas prácticas en gestión empresarial (contabilidad, valoración de empresas, organización, gestión, entre otros). Sus documentos están elaborados por algunos de los principales expertos en las citadas cuestiones, y son citados habitualmente como referencia en la práctica profesional.

	AÑO	AÑO	AÑO	AÑO	AÑO
Aprovisionamientos	0,00	0,00	0,00	0,00	0,00
Consumo mercaderías					
Consumo materias primas					
Trabajos realizados por otras empresas					
Gastos de personal	0,00	0,00	0,00	0,00	0,00
Sueldos, salarios y asimilados					
Cargas sociales					
Otros Gastos de Explotación	0,00	0,00	0,00	0,00	0,00
Servicios Exteriores					
Tributos					
Pérdidas, deterioros					
Otros gastos de gestión corriente					
Amortización del Inmovilizado	0,00	0,00	0,00	0,00	0,00
Resultado de explotación	0,00	0,00	0,00	0,00	0,00
EBITDA	0,00	0,00	0,00	0,00	0,00

2.3. Flujos libres de caja (periodo ....)

Necesidades Operativas de Fondos

La empresa necesita para su normal funcionamiento necesita mantener unos saldos de clientes, existencias, proveedores y acreedores, cuyo importe estará relacionado con el volumen de actividad y con los plazos de cobro, pago y almacenamiento. La variación de estos saldos (en adelante, Necesidades Operativas de Fondos o NOF) provoca el aumento o disminución de la tesorería, por lo que tiene que estimarse para poder determinar su impacto en la caja final que genera la empresa.

A continuación, se observa la evolución del capital circulante de ...., S.L. entre .... y ....:

	AÑO	AÑO	AÑO
Clientes			
Ventas			
Ventas con IVA			
Saldo inicial de clientes			
Saldo final de clientes			
Plazo (días) s/saldo final			
Existencias			
Aprovisionamientos			
Existencia inicial			
Existencia final			
Plazo almacenamiento (días)			
Proveedores			
Compras			
Compras con IVA			
Saldo inicial de proveedores			
Saldo final de proveedores			
Plazo (días) s/saldo final			

	AÑO	AÑO	AÑO
Acreedores Servicios Exteriores Saldo inicial acreedores Saldo final de acreedores Plazo (días) s/saldo final			

Para el periodo proyectado, se aplican los siguientes criterios de estimación de necesidades operativas de fondos:

Concepto	Criterio	Días
Clientes	Días medios de cobro del último año	
Existencias	Plazo de almacenamiento medio del último año	
Proveedores	Días medios de pago del último año	
Acreedores	Días medios de pago del último año	

Se toma un saldo inicial cero en las necesidades de circulante, asumiendo la transmisión de la actividad. Las Necesidades Operativas de Fondos resultantes para el periodo .... (y Residual[32]) son las siguientes:

	AÑO	AÑO	AÑO	AÑO	AÑO
Clientes Ventas Ventas con IVA Saldo inicial de clientes Saldo final de clientes Plazo (días) s/saldo final NOF de clientes					
Existencias Aprovisionamientos (NO COMPRAS) Existencia inicial Existencia final Plazo almacenamiento (días) NOF de existencias					
Proveedores Compras Compras con IVA Saldo inicial de proveedores Saldo final de proveedores Plazo (días) s/saldo final NOF de proveedores					

32 Los detalles sobre la estimación del valor residual se presentan en el apartado de la proyección de Flujos de Caja.

	AÑO	AÑO	AÑO	AÑO	AÑO
Acreedores Servicios Exteriores Saldo inicial acreedores Saldo final de acreedores Plazo (días) s/saldo final NOF de acreedores					
TOTAL INCREMENTO DE NOF					

Valor residual

Existen diversas formas de abordar el valor residual o terminal. Según AECA, "la expresión más frecuente es la que considera el valor residual como una renta perpetua que se calcula descontando el último flujo calculado, una vez normalizado, a la tasa de riesgo esperado para el horizonte posterior al periodo inicial, menos la tasa de crecimiento esperado".

En el caso que nos ocupa, se considera que, a partir del año 5, se mantienen invariables los flujos de caja (la tasa a perpetuidad es del 0%).

Flujos Libres de Caja (periodo ....)

Una vez estimadas las necesidades operativas de fondos y las hipótesis para el valor residual, se proyectan los flujos libres de caja:

	AÑO	AÑO	AÑO	AÑO	AÑO	Residual
EBITDA NOF Capex[33] Flujo de Caja						

2.4. Determinación del coste medio ponderado del capital (CMPC)[34]

Previa valoración, se averigua la tasa de descuento que debe utilizarse para determinar el valor presente de los flujos de caja proyectados. Dicha tasa refleja el Coste Medio Ponderado de Capital (en inglés, Weighted Average Cost of Capital o WACC), y que se compone del Coste de Capital o de los recursos propios (la rentabilidad exigida por el inversor para compensar la aportación en la participación en la empresa) y el Coste de la

Deuda (el coste que tiene una empresa para desarrollar su actividad o un proyecto de inversión, a través de su financiación en forma de créditos y préstamos o emisión de deu-

33 Se asume un CAPEX que, junto con la dotación para amortizaciones, tiene un efecto neutro en la generación de Flujos de Caja.

34 Metodología utilizada mayoritariamente en procesos de valoración por descuentos de flujo de caja. Véase una explicación sobre esta metodología en P. Fernández, "Valoración de empresas" (3ª ed.), Barcelona: Gestión 2000, 2012, p. 609.

da). En resumen, la tasa de descuento recoge los medios de financiación de la empresa, ya sean propios o ajenos.

Ecuación del Coste Medio Ponderado de Capital:

$$\mathrm{CMPC} = \mathrm{K_e}\frac{\mathrm{E}}{(\mathrm{E}+\mathrm{D})} + \mathrm{K_{d(1-t)}}\frac{\mathrm{D}}{(\mathrm{E}+\mathrm{D})}$$

Donde

K_e es el coste de los recursos propios

$\frac{E}{(E+D)}$ es el peso del capital sobre la suma de recursos propios y deuda

$K_{d(1-t)}$ es el coste de los recursos ajenos

$\frac{D}{(E+D)}$ es el peso de los recursos ajenos sobre el total de recursos propios y deuda

Coste de Recursos Propios

Para averiguar el Coste de Recursos Propios se emplea el modelo CAPM (del inglés Capital Asset Pricing Model) y la fórmula para calcularlo es la siguiente:

$$E_{(r)} = r_f + \beta[E_{rm} - r_f]$$

Donde

$E_{(r)}$ es la tasa de rentabilidad de un activo concreto

r_f es la rentabilidad de un activo sin riesgo

ß es una medida de sensibilidad que permite conocer la variación relativa de rentabilidad de un activo financiero en relación con un índice de referencia. Normalmente este índice de referencia es el índice bursátil en el que cotiza el activo financiero. La ß que figura en dichos índices suele aparecer desapalancada (es decir, sin considerar el endeudamiento en el rendimiento de las empresas sobre las que se estima este coeficiente). Es por ello que hay que "reapalancar" la ß pero con la estructura de deuda sobre patrimonio propia de la empresa que se analiza.

Lógicamente, la beta reapalancada es mayor que la beta sin apalancar, puesto que cuanto más endeudada está una empresa, presenta un mayor riesgo, y por ello el inversor va a exigir una mayor rentabilidad.

E_{rm} es la tasa de rentabilidad esperada del mercado en que cotiza el activo

En el análisis realizado sobre La Compañía, S.L., el Coste de los Recursos Propios resulta en un ....%, con la siguiente composición:

Concepto	%	Fuente
Tipo de interés libre de riesgo Prima de riesgo de mercado Beta sin apalancamiento del sector Relación Deuda/Patrimonio Tipo impositivo Beta con apalancamiento		Bono a 10 años España (estimación sobre últimas subastas; fuente: Tesoro Público) Rentabilidad anual acumulada IBEX 35 con dividendos
Coste del capital Prima por iliquidez		
Coste de recursos propios		

Coste de los Recursos Ajenos. Dado el objeto del informe, no se considera endeudamiento alguno en la empresa valorada.

Gastos financieros	0,00
Pasivo con coste	0,00
% coste	0,0%
Coste de recursos ajenos estimado	0,00%

Una vez determinados el coste de capital y el coste de deuda, se calcula el Coste Medio Ponderado de Capital, que resulta en un ......%.

Coste Medio Ponderado de Capital

Ponderación de recursos propios en balance Ponderación de recursos ajenos en balance Coste de recursos propios Coste de recursos ajenos Tipo impositivo (t) Coste de recursos ajenos descontado t
Coste Medio Ponderado de Capital

2.5. Valoración societaria

Una vez obtenidos los Flujos Libres de Caja, y tras la estimación del CMPC, se exponen los flujos libres de caja actualizados. Con este procedimiento se hallan tanto los valores actualizados de los flujos de caja como del valor residual; ambos conceptos conforman el Valor de la Empresa sin tener en cuenta el endeudamiento.

Actualización de Flujos obtenidos	AÑO	AÑO	AÑO	AÑO	AÑO	Residual
Tipo de descuento de flujos (WAAC)	%	%	%	%	%	%
Incremento previsto flujos de caja a partir del 5° año						%
Factor de descuento de cada uno de los ejercicios						
Actualización de los flujos individuales						
Cálculo del valor residual en 202......						
Actualización del valor residual						

La metodología del descuento de flujos de caja aplica la ecuación $E_0+D_0=VA_0$ $[E_0\{-FCF^1\}; WACC^1]$ donde el valor de la deuda (D) más el de las acciones (E) es el valor actual de los free cash flows (FCF) esperados que generará la empresa, descontados al coste ponderado de los recursos, después de impuestos (WACC).

En el caso de ...., S.L./S.A., se obtiene una valoración de su actividad por el método de Descuento de Flujos de Caja de .... €.

VII. CONCURSO DE ACREEDORES Y FASE PRECONCURSAL

SUMARIO: F258. SOLICITUD DE SUSPENSIÓN DE LA SOLICITUD DE CONCURSO POR EXPERTO EN REESTRUCTURACIÓN CON NEGOCIACIÓN DE PLAN DE REESTRUCTURACIÓN (I). F259. ESCRITO DEL EXPERTO EN REESTRUCTURACIÓN SOLICITANDO SUSPENSIÓN DE SOLICITUD DE CONCURSO. F260. SOLICITUD DE SUSPENSIÓN DE LA SOLICITUD DE CONCURSO POR ACREEDORES QUE REPRESENTAN MAS DEL 50% PASIVO CON NEGOCIACIÓN DE PLAN DE REESTRUCTURACIÓN. F261. PROVIDENCIA NO ADMISIÓN A TRAMITE DE SOLICITUD DE CONCURSO NECESARIO EN VIRTUD DEL ART. 610 TRLC. F262. IMPUGNACIÓN RECURSO REPOSICIÓN SOBRE SUSPENSIÓN CONCURSO. F263. AUTO ACORDANDO LA SUSPENSIÓN DE LA SOLICITUD DE CONCURSO VOLUNTARIO. F264. AUTO ACORDANDO LA SUSPENSIÓN DE LA SOLICITUD DE CONCURSO VOLUNTARIO. F265. AUTO DE DECLARACIÓN DE CONCURSO SUSPENDIDO EX ART. 637 TRLC AL NO HABERSE PRESENTADO A LA HOMOLOGACIÓN PLAN DE REESTRUCTURACIÓN. F266. AUTO NO ADMITIENDO A TRAMITE SOLICITUD DE CONCURSO NECESARIO A RESULTAS DE LO ESTABLECIDO EN EL ART. 610 TRLC. F267. AUTO MANDANDO NO PROVEER LA SOLICITUD DE CONCURSO NECESARIO A RESULTAS DE LO ESTABLECIDO EN EL ART. 611 TRLC. F268. PROVIDENCIA NO ADMISIÓN A TRAMITE DE SOLICITUD DE CONCURSO NECESARIO EN VIRTUD DEL ART. 611 TRLC. F269. AUTO PROVEYENDO Y ADMITIENDO A TRAMITE LA SOLICITUD DE CONCURSO NECESARIO AL NO HABER PRESENTADO EL DEUDOR CONCURSO VOLUNTARIO TRAS COMUNICACIÓN ART. 585 TRLC. F270. SOLICITUD DE CONCURSO VOLUNTARIO DE PERSONA JURÍDICA QUE SE HALLA EN SITUACIÓN DE INSOLVENCIA ACTUAL. CON COMUNICACIÓN PREVIA AL TRIBUNAL REFERIDA EN EL ART. 585 TRLC. F271. MEMORIA EXPRESIVA DE LA HISTORIA ECONÓMICA Y JURÍDICA DEL DEUDOR. PERSONA JURÍDICA. INFORMACIÓN COMUNICACIÓN DE APERTURA DE NEGOCIACIONES. F272. PROVIDENCIA REQUIRIENDO LA ACREDITACIÓN DE LA EXISTENCIA DE PRESUPUESTOS DE LA COMUNICACIÓN DE APERTURA DE NEGOCIACIONES ANTES DE ADMITIR EL CONCURSO VOLUNTARIO. F273. ESCRITO DEL DEUDOR CONCURSADO ACREDITANDO PRESUPUESTOS DE LA COMUNICACIÓN DE APERTURA DE NEGOCIACIONES. F273. AUTO ADMITIENDO LA SOLICITUD DE CONCURSO VOLUNTARIO DE PERSONA JURÍDICA PREVIA COMUNICACIÓN DE APERTURA DE NEGOCIACIONES.

F258. SOLICITUD DE SUSPENSIÓN DE LA SOLICITUD DE CONCURSO POR EXPERTO EN REESTRUCTURACIÓN CON NEGOCIACIÓN DE PLAN DE REESTRUCTURACIÓN (I)

AL TRIBUNAL DE INSTANCIA DE ...... SECCIÓN DE LO MERCANTIL

Don ...., experto en reestructuración como se acredita posteriormente ante el Tribunal comparezco y como mejor proceda en Derecho, DIGO:

Que en la representación que ostento, formulo escrito de SOLICITUD DE SUSPENSIÓN DE LA SOLICITUD DE CONCURSO que fundo en las siguientes:

ALEGACIONES

Primero. Que el deudor ...., ha solicitado la declaración de concurso de acreedores al Tribunal que me dirijo.

Segundo. Que actualmente se está negociando un plan de reestructuración entre los acreedores y la deudora. Se acompaña como documento número 2 el proyecto de plan de reestructuración que tiene posibilidades de ser aprobado.

Tercero. Que .... fue nombrado experto en la reestructuración el pasado ... de .... de ......, por su Señoría ....

Cuarto. Que dado que se ha presentado un plan de reestructuración al deudor y se está negociando sobre él, y no ha existido por parte del deudor la comunicación previa que se recoge en el artículo 585 del TRLC, es por lo que solicitamos la suspensión de la solicitud de concurso presentado por el deudor

Por lo expuesto,

SUPLICO AL TRIBUNAL: Que tenga por presentado este escrito de solicitud de suspensión de la solicitud de concurso presentada por el deudor .... junto con los documentos y copias acompañados, por hechas las manifestaciones que en el mismo se contienen y previos los tramites procesales y legales proceda a suspender la solicitud de declaración de concurso.

Es justicia que pido en ...., a ... de ....de ....

F259. ESCRITO DEL EXPERTO EN REESTRUCTURACIÓN SOLICITANDO SUSPENSIÓN DE SOLICITUD DE CONCURSO

TRIBUNAL DE INSTANCIA DE ... SECCIÓN DE LO MERCANTIL (PLAZA NÚM. ......)

[...], y en su representación, D. [...], en su condición de Experto en la Reestructuración designado como posteriormente se detalla de [...], S.A. ("[...]"), comparece ante este Ilustre Tribunal y, como mejor proceda en Derecho

DIGO:

I. Que por medio de Auto de [...] de [...] de [...] este Tribunal designó a nuestra firma Experto en la Reestructuración de [...], a solicitud de los acreedores [...], [...] y [...] ("[...]"). Se adjunta como Documento núm. 1 el citado Auto.

II. Que, por medio de Diligencia de [...] de [...] de 202[...], notificada el [...] del mismo mes y año, este Ilustre Tribunal nos da traslado por plazo de 10 días para solicitar, en su caso, la suspensión de la solicitud de concurso formulada por [...] en fecha [...] de [...] de 202[...].

III. Que, en virtud de lo dispuesto en el art. 637.1 del TRLC, entendemos que concurren las circunstancias para SOLICITAR LA SUSPENSIÓN DE LA DECLARACIÓN DE CONCURSO, y ello en base a las siguientes

ALEGACIONES

PRIMERA.– Dispone el art. 637.1 del TRLC que, si se estuviera negociando un plan de reestructuración sin comunicación previa, la solicitud de concurso presentada por el deudor podrá ser suspendida por el Tribunal a instancia del experto en la reestructuración, si hubiera sido nombrado, o de los acreedores que, en el momento de la solicitud, representen más del cincuenta por ciento del pasivo que pudiera estar afectado por el plan de reestructuración. El precepto dispone que deberá acreditarse la presentación de un plan de reestructuración por parte de los acreedores que tenga probabilidad de ser aprobado.

A este respecto, los acreedores solicitantes de nuestro nombramiento como Experto en la Reestructuración han formulado un Term Sheet como propuesta de Plan de Reestructuración, cuya definitiva formulación está sometida a la obtención de la información financiera necesaria de [...], que no ha sido facilitada hasta la fecha (se adjunta como Documento núm. 2 la citada propuesta).

Que, respecto de la información solicitada a [...], le ha sido requerida por medio de burofax que, a día de hoy, no ha sido respondido por la compañía.

Según la información que ha facilitado Grupo ESP, así como otras entidades financieras integrantes del pasivo de la deudora, el listado de acreedores de EXIT a fecha actual sería el siguiente:

Acreedor	Privilegiada	Ordinaria	Total	% pasivo
[...]	[...]	[...]	[...]	[...]%
[...]	[...]	[...]	[...]	[...]%
[...]	[...]	[...]	[...]	[...]%
[...]	[...]	[...]	[...]	[...]%
[...]	[...]	[...]	[...]	[...]%
[...]	[...]	[...]	[...]	[...]%
[...]	[...]	[...]	[...]	[...]%
[...]	[...]	[...]	[...]	[...]%
[...]	[...]	[...]	[...]	[...]%
Total	[...]	[...]	[...]	100,0%

SEGUNDA.– Al margen de los acreedores del [...], que por sí solos ya representan más de un 50% del pasivo que pudiera estar afectado (concretamente, el [...]% del mismo), hemos mantenido conversaciones con las entidades financieras integrantes del pasivo de [...], y se ha recabado la manifestación escrita de [...] (3,0%) a día de hoy, sin perjuicio de que el resto de entidades han mostrado disposición a la negociación del plan.

Por todo ello, entendemos que concurren las circunstancias para la solicitud de suspensión de la declaración de concurso de [...] en tanto que:

– Existe una propuesta de plan de reestructuración formulada por [...] que está sirviendo de base para la negociación con los acreedores que representan la mayoría del pasivo afectado y, por tanto, tiene probabilidad de que sea aprobado.

– Hasta el momento los principales acreedores de [...] convienen en negociar sobre la base de dicha propuesta, sin perjuicio de que el conocimiento de la información precisa de la deudora pueda suponer modificaciones en el contenido de la misma.

En su virtud,

SUPLICO AL TRIBUNAL que tenga por presentado este escrito y los documentos que se adjuntan, lo admita y, en virtud de lo manifestado, tenga por solicitada la SUSPENSIÓN DE LA DECLARACIÓN DE CONCURSO DE [...], a los efectos de lo prevenido en el art. 637.1 del TRLC.

En [...], a [...] de [...] de 202[...].

....

[...]

P.P. [...]

F260. SOLICITUD DE SUSPENSIÓN DE LA SOLICITUD DE CONCURSO POR ACREEDORES QUE REPRESENTAN MAS DEL 50% PASIVO CON NEGOCIACIÓN DE PLAN DE REESTRUCTURACIÓN

AL TRIBUNAL DE INSTANCIA DE ...... SECCIÓN DE
LO MERCANTIL (PLAZA NÚM. ......)

Don ...., Procurador de los Tribunales y de ....(ACREEDORES QUE REPRESENTAN MAS DEL 50% DEL PASIVO), según se acredita mediante poder para pleitos que como DOCUMENTO Nº 1 se adjunta, dirigido por el abogado Don ...., ante el Tribunal comparezco y como mejor proceda en Derecho, DIGO:

Que en la representación que ostento, formulo escrito de SOLICITUD DE SUSPENSIÓN DE LA SOLICITUD DE CONCURSO que fundo en las siguientes:

ALEGACIONES

Primero. Que el deudor ...., ha solicitado la declaración de concurso de acreedores al Tribunal que me dirijo.

Segundo. Que actualmente se está negociando un plan de reestructuración entre los acreedores y la deudora. Se acompaña como documento número 2 el proyecto de plan de reestructuración que tiene posibilidades de ser aprobado puesto que lo suscriben todos los presentantes, que representan más del 50 por ciento del pasivo de la sociedad.

Tercero. Que conforme a los libros contables de la sociedad y las cuentas depositadas en el Registro Mercantil, los presentantes del presente escrito representan más del cincuenta por ciento de los acreedores de la Sociedad.

Cuarto. Que dado que se ha presentado un plan de reestructuración al deudor y se está negociando sobre él, y no ha existido por parte del deudor la comunicación previa que se recoge en el artículo 585 del TRLC, es por lo que solicitamos la suspensión de la solicitud de concurso presentado por el deudor

Por lo expuesto,

SUPLICO AL TRIBUNAL: Que tenga por presentado este escrito de solicitud de suspensión de la declaración de concurso presentada por el deudor .... junto con los documentos y copias acompañados, por hechas las manifestaciones que en el mismo se contienen y previos los tramites procesales y legales proceda a suspender la solicitud de declaración de concurso.

Es justicia que pido en ...., a ... de ....de ....

F261. PROVIDENCIA NO ADMISIÓN A TRAMITE DE SOLICITUD DE CONCURSO NECESARIO EN VIRTUD DEL ART. 610 TRLC

Providencia del Magistrado...........

En..........., a........... de........... de...........

Que en fecha........... de........... de..........., por la procuradora de los Tribunales, Doña..........., se ha presentado escrito en nombre y representación de la sociedad........... S.L., solicitando la declaración de concurso necesario de la compañía........... SL.

Que se tiene por personado a la sociedad........... S.L., y en su nombre y representación a la procuradora de los Tribunales Doña..........., procuradora con la que se entenderán y seguirán las sucesivas diligencias y comunicaciones, y se tiene por solicitada la declaración de concurso necesario de la compañía........... S.L, que no se funda en ninguno de los motivos del art. 14.1.1° TRLC.

Que con carácter previo a provisionar y, en su caso, admitir a trámite la referida solicitud de concurso necesario, y habiéndose tenido por presentada con anterioridad, concretamente, el día ...., por .... la comunicación de apertura de negociaciones a que se refiere el art. 585 TRLC, y no habiendo transcurrido el plazo trimestral a que se refiere el art. 610 y 611 TRLC, estese a la espera del transcurso del referido plazo, tras lo cual, se acordará lo procedente conforme a lo establecido en los referidos arts. 610, 611 y 14.2.2° TRLC sobre la referida provisión y, en su caso, admisión a trámite de la meritada solicitud de concurso necesario de la mercantil ....

Contra la presente resolución cabe recurso de reposición a interponer en el plazo de cinco días a contar desde su notificación.

De conformidad con lo establecido en la Disposición Adicional 15ª LOPJ, la interposición de recurso contra resoluciones judiciales no podrá ser admitida a trámite sin la acreditación del depósito previsto en la citada Ley a efectos de recurrir, debiendo presentarse copia o resguardo de tal depósito en las cuenta de consignaciones de este Tribunal.

Lo que acuerda, manda y firma su señoría Don..........., Magistrado titular de la plaza ..... de la sección de lo mercantil del Tribunal de Instancia de..........., en el lugar y fecha señaladas "ut supra".

F262. IMPUGNACIÓN RECURSO REPOSICIÓN SOBRE SUSPENSIÓN CONCURSO

AL TRIBUNAL DE INSTANCIA DE ... SECCIÓN DE LO MERCANTIL (PLAZA...)

[...], y en su representación, [...], en su condición de Experto en la Reestructuración designado de [...], S.A. ("[...]"), comparece ante este Ilustre Tribunal en el expediente ... y, como mejor proceda en Derecho

DIGO:

I. Que por Diligencia de Ordenación de [...] de [...] de 202[...], notificada el [...] del mismo mes y año, se da traslado del recurso de reposición presentado por [...] frente a la Providencia de [...] de [...] de 202[...].

II. Que, de conformidad con lo expuesto en el mismo, venimos a presentar la siguiente

ALEGACIÓN

ÚNICA.– El principal argumento de [...] para invalidar la Providencia de [...] de [...] de 202[...] es una pretendida incompatibilidad entre nuestro nombramiento como Experto en la Reestructuración por este Tribunal y la tramitación de una comunicación de inicio de negociaciones y posterior solicitud de concurso voluntario ante el Tribunal de Instancia, sección de lo mercantil, de [...].

Pues bien, ninguna incompatibilidad se aprecia en la redacción del art. 637.1 del TRLC en cuanto a que resulta posible la negociación de un plan de reestructuración sin negociación previa (como lo está siendo en el seno de nuestro nombramiento del Tribunal de Instancia de ... Autos ......) y al mismo tiempo una solicitud de declaración de concurso (que se ha producido en este Tribunal).

Y que dicha negociación de plan de reestructuración puede suspender la declaración de concurso instada por el deudor, máxime cuando la propia [...] ha manifestado que se encuentra en situación de insolvencia actual, precisamente uno de los supuestos en los que resulta posible la homologación de un plan de reestructuración.

En su virtud,

SUPLICO AL TRIBUNAL que tenga por presentado este escrito, lo admita y, en su virtud, tenga por efectuadas las manifestaciones anteriores.

En [...], a [...] de octubre de 202[...].

F263. AUTO ACORDANDO LA SUSPENSIÓN DE LA SOLICITUD DE CONCURSO VOLUNTARIO

En la ciudad de .... a .... de .... de ....

ANTECEDENTES DE HECHO

PRIMERO.– Que en fecha .... de .... de .... y por el Procurador de los Tribunales, Don..........., en representación de la compañía ...... SL, presentó solicitud de concurso de voluntario en base a los HECHOS y FUNDAMENTOS DE DERECHO reseñados en la meritada solicitud y los documentos acompañados a la misma.

SEGUNDO.– (EN SU CASO) Que por Diligencia de Ordenación de fecha ......, por el Letrado de la Administración de Justicia de este Tribunal, y a la vista de la negociación de un plan de reestructuración sin comunicación previa del referido deudor ... S.L, se dio traslado al experto en la reestructuración y a los acreedores, por plazo de ... días, por si al amparo del art. 637 TRLC, y si fuera de su interés, peticionaran la suspensión de la citada solicitud de concurso voluntario.

TERCERO.– Que en fecha .... de .... de .... y por el Procurador de los Tribunales, Don..........., en representación de las compañía ...... SL, ... S.L y ... S.L, (en su caso, por Don ......, experto en la reestructuración designado por este Tribunal en el expediente ......), se ha interesado, al amparo de lo señalado en el art. 637 TRLC, la solicitud del propio concurso formulada por ... S.L.

CUARTO.– No consta la formalización por ... S.L de la comunicación negociadora a que aluden los arts. 585 y ss TRLC.

QUINTO.– En la tramitación de los presentes se han respetado las prescripciones legales.

FUNDAMENTOS DE DERECHO

PRIMERO. Que este Tribunal es competente para conocer de la presente solicitud suspensoria al ser este Tribunal de Instancia de .... el correspondiente al lugar donde se halla el centro de intereses principales de .... S.A. (arts. 44, 45 y 610 TRLC).

SEGUNDO. Que la solicitud y la documentación aportada cumple con lo establecido en el art. 637 TRLC.

TERCERO. Que .... S.L, ... S.L y ...... S.L (o Don ...). reúne los requisitos de capacidad procesal, postulación, así como de legitimación al ser acreedores de la compañía .... S.L, representativos de más del cincuenta pasivo que pudiere quedar afectado por la aprobación del plan de reestructuración (o experto en la reestructuración designado por este Tribunal a efectos de la eventual aprobación y homologación de un plan de reestructuración de dicho deudor), cuyo concurso voluntario de acreedores solicita en estas actuaciones. (art. 3 y 512 TRLC).

CUARTO. Que confirme señala el art. 637.1 TRLC, si se estuviera negociando un plan de reestructuración sin comunicación previa, la solicitud de concurso presentada por el deudor podrá ser suspendida por el Tribunal a instancia del experto en la reestructuración, si hubiera sido nombrado, o de los acreedores que, en el momento de la solicitud, representen más del cincuenta por ciento del pasivo que pudiera quedar afectado por el plan de reestructuración. En la solicitud deberá acreditarse la presentación de un plan de reestructuración por parte de los acreedores que tenga probabilidad de ser aprobado.

Continúa señalándose en el apartado 2 del art. 637 TRLC, que la suspensión se levantará transcurrido un mes si los acreedores no hubieran presentado la solicitud de homologación del plan de reestructuración.

Finalmente, lo señalado en el art. 637 TRLC no resulta aplicable cuando el deudor sea una persona natural o una sociedad cuyos socios o algunos de ellos sean legalmente responsables de las deudas sociales.

QUINTO.– Que debe aceptarse la solicitud suspensoria interesada a la vista que concurren los presupuestos requeridos en el art. 637 TRLC:

a) Por un lado, las sociedades ...... en cuanto acreedores de .... S.L que representan más del cincuenta por ciento del pasivo que pudiera quedar afectado por el plan de reestructuración, lo que acreditan mediante .... (en su caso, Don......, en su referida condición de experto en la reestructuración en su día designado por este Tribunal mediante auto de fecha ... recaído en el expediente ......) cuanta/n con la debida legitimación a efectos de solicitar la solicitud de concurso voluntario de ......

b) Por otro lado, no consta la existencia de comunicación preconcursal del art. 585 TRLC previa, no solo a la solicitud de concurso, sino tampoco a la solicitud suspensoria aquí acogida.

c) Por el contrario, los instantes de la paralización temporal del propio concurso de la deudora, han acreditado debida y suficientemente la presentación de un plan de reestructuración por los acreedores que parece posible sea aprobado. Así resulta ......

d) Finalmente, el deudor no es una persona natural o una sociedad cuyos socios o algunos de ellos sean legalmente responsables de las deudas sociales.

SEXTO.– Por lo tanto, procede suspender la solicitud de concurso voluntario de ...... S.L, advirtiendo que la misma quedara sin efecto transcurrido un mes si los acreedores no hubieran presentado solicitud de homologación que tenga posibilidad de ser aprobado.

Visto lo expuesto y demás normativa de aplicación:

DISPONGO

I.– Tener por personado a la sociedad........... S.L., y en su nombre y representación a la procuradora de los Tribunales Doña..........., procuradora con la que se entenderán y seguirán las sucesivas diligencias y comunicaciones, y por solicitada la declaración de concurso voluntario de la compañía........... S.L.

Igualmente, se tiene por personado a las sociedades........... S.L., (o a Don ....) y en su nombre y representación a la procuradora de los Tribunales Doña..........., procuradora con la que se entenderán y seguirán las sucesivas diligencias y comunicaciones

II.– Con carácter previo a, en su caso, sustanciar la citada solicitud, y, en su caso, declarar el citado concurso, con estimación de la solicitud formulada por .... (o Don ...) se acuerda SUSPENDER la citada petición de declaración del propio concurso formulada por ...... S.L, advirtiéndose que la misma quedara sin efecto transcurrido un mes si los acreedores no presentan la solicitud de homologación del plan de reestructuración, en cuyo caso, se acordara por este Tribunal lo procedente con relación a la solicitud de concurso aquí temporalmente suspendida.

Notifíquese la resolución a la deudora .... S.L. y a .... a través de su respectiva representación procesal.

La presente resolución no es firme y contra la misma cabe recurso de reposición en el plazo de cinco días a contar desde la notificación de esta.

De conformidad con lo establecido en la Disposición Adicional 15ª LOPJ (según la redacción dada por la LO 1/09), la interposición de recurso contra resoluciones judiciales, no podrá ser admitida a trámite sin la acreditación del depósito previsto en la citada Ley a efectos de recurrir, debiendo presentarse copia o resguardo de tal depósito en las cuenta de consignaciones de este Tribunal.

Todo lo cual pronuncia, manda y firma el Ilmo. Sr. ...., Magistrado titular de la plaza ..., sección de lo mercantil, del Tribunal de Instancia de ....

F264. AUTO ACORDANDO LA SUSPENSIÓN DE LA SOLICITUD DE CONCURSO VOLUNTARIO

En la ciudad de .... a .... de .... de ....

ANTECEDENTES DE HECHO

PRIMERO.– Que en fecha .... de .... de .... y por el Procurador de los Tribunales, Don..........., en representación de la compañía ...... SL, presentó solicitud de concurso de voluntario en base a los HECHOS y FUNDAMENTOS DE DERECHO reseñados en la meritada solicitud y los documentos acompañados a la misma.

SEGUNDO.– Que no obstante, y en fecha .... de .... de .... y por el Procurador de los Tribunales, Don..........., en representación de las compañía ...... SL, ... S.L y ... S.L, (en su caso, por Don ......, experto en la reestructuración designado por este Tribunal en el expediente ......), se ha interesado, al amparo de lo señalado en el art. 637 TRLC, la solicitud del propio concurso formulada por ... S.L.

TERCERO.–.– No consta la formalización por ... S.L de la comunicación negociadora a que aluden los arts. 585 y ss TRLC.

CUARTO.– En la tramitación de los presentes se han respetado las prescripciones legales.

FUNDAMENTOS DE DERECHO

PRIMERO. Que este Tribunal es competente para conocer de la presente solicitud suspensoria al ser este Tribunal de Instancia de .... el correspondiente al lugar donde se halla el centro de intereses principales de .... S.A. (arts. 44, 45 y 610 TRLC).

SEGUNDO. Que la solicitud y la documentación aportada cumple con lo establecido en el art. 637 TRLC.

TERCERO. Que .... S.L, ... S.L y ...... S.L (o Don ...). reúne los requisitos de capacidad procesal, postulación, así como de legitimación al ser acreedores de la compañía .... S.L, representativos de más del cincuenta pasivo que pudiere quedar afectado por la aprobación del plan de reestructuración (o experto en la reestructuración designado por este Tribunal a efectos de la eventual aprobación y homologación de un plan de reestructuración de dicho deudor), cuyo concurso voluntario de acreedores solicita en estas actuaciones. (art. 3 y 512 TRLC).

CUARTO. Que conforme señala el art. 637.1 TRLC, si se estuviera negociando un plan de reestructuración sin comunicación previa, la solicitud de concurso presentada por el deudor podrá ser suspendida por el Tribunal a instancia del experto en la reestructuración, si hubiera sido nombrado, o de los acreedores que, en el momento de la solicitud, representen más del cincuenta por ciento del pasivo que pudiera quedar afectado por el plan de reestructuración. En la solicitud deberá acreditarse la presentación de un plan de reestructuración por parte de los acreedores que tenga probabilidad de ser aprobado.

Continúa señalándose en el apartado 2 del art. 637 TRLC, que la suspensión se levantará transcurrido un mes si los acreedores no hubieran presentado la solicitud de homologación del plan de reestructuración.

Finalmente, lo señalado en el art. 637 TRLC no resulta aplicable cuando el deudor sea una persona natural o una sociedad cuyos socios o algunos de ellos sean legalmente responsables de las deudas sociales.

QUINTO.– Que no debe aceptarse la solicitud suspensoria interesada a la vista que no concurren los presupuestos requeridos en el art. 637 TRLC.

Ciertamente, las sociedades ...... en cuanto acreedores de .... S.L que representan más del cincuenta por ciento del pasivo que pudiera quedar afectado por el plan de reestructuración, lo que acreditan mediante .... (en su caso, Don......, en su referida condición de experto en la reestructuración en su día designado por este Tribunal mediante auto de fecha ... recaído en el expediente ......) cuanta/n con la debida legitimación a efectos de solicitar la solicitud de concurso voluntario de ......

Tampoco consta la existencia de comunicación preconcursal del art. 585 TRLC previa, no solo a la solicitud de concurso, sino tampoco a la solicitud suspensoria aquí acogida.

Y el deudor el deudor no es una persona natural o una sociedad cuyos socios o algunos de ellos sean legalmente responsables de las deudas sociales.

Sin embargo, los instantes de la paralización temporal del propio concurso de la deudora, no han acreditado, siquiera sea mínimamente, la presentación de un plan de reestructuración por los acreedores que parece posible sea aprobado. Asi resulta ......

SEXTO.– Por lo tanto, no procede suspender la solicitud de concurso voluntario de ...... S.L, acordándose lo que proceda sobre tal declaración en el momento oportuno.

Visto lo expuesto y demás normativa de aplicación:

DISPONGO

I.– Tener por personado a la sociedad............ S.L., y en su nombre y representación a la procuradora de los Tribunales Doña............, procuradora con la que se entenderán y seguirán las sucesivas diligencias y comunicaciones, y por solicitada la declaración de concurso voluntario de la compañía............ S.L.

Igualmente, se tiene por personado a las sociedades............ S.L., (o a Don ....) y en su nombre y representación a la procuradora de los Tribunales Doña............, procuradora con la que se entenderán y seguirán las sucesivas diligencias y comunicaciones

II.– Desestimar la solicitud formulada por .... (o Don ...) y acuerdo NO SUSPENDER la citada petición de declaración del propio concurso formulada por ...... S.L, y sin perjuicio de acordar, en el momento procesal oportuno, lo procedente sobre tal declaración concursal.

Notifíquese la resolución a la deudora .... S.L. y a .... a través de su respectiva representación procesal.

La presente resolución no es firme y contra la misma cabe recurso de reposición en el plazo de cinco días a contar desde la notificación de esta.

De conformidad con lo establecido en la Disposición Adicional 15ª LOPJ (según la redacción dada por la LO 1/09), la interposición de recurso contra resoluciones judiciales, no podrá ser admitida a trámite sin la acreditación del depósito previsto en la citada Ley a efectos de recurrir, debiendo presentarse copia o resguardo de tal depósito en las cuenta de consignaciones de este Tribunal.

Todo lo cual pronuncia, manda y firma el Ilmo. Sr. ...., Magistrado titular de la plaza ..., sección de lo mercantil, del Tribunal de Instancia de ....

F265. AUTO DE DECLARACIÓN DE CONCURSO SUSPENDIDO EX ART. 637 TRLC AL NO HABERSE PRESENTADO A LA HOMOLOGACIÓN PLAN DE REESTRUCTURACIÓN

En la ciudad de .... a .... de .... de ....

ANTECEDENTES DE HECHO

PRIMERO.– Que en fecha .... de .... de .... y por el Procurador de los Tribunales, Don..........., en representación de la compañía ...... SL, presentó solicitud de concurso de voluntario en base a los HECHOS y FUNDAMENTOS DE DERECHO reseñados en la meritada solicitud y los documentos acompañados a la misma.

SEGUNDO.– (EN SU CASO) Que por Diligencia de Ordenación de fecha ......, por el Letrado de la Administración de Justicia de este Tribunal, y a la vista de la negociación de un plan de reestructuración sin comunicación previa del referido deudor ... S.L, se dio traslado al experto en la reestructuración y a los acreedores, por plazo de ... días, por si al amparo del art. 637 TRLC, y si fuera de su interés, peticionaran la suspensión de la citada solicitud de concurso voluntario.

TERCERO.– Que en fecha .... de .... de .... y por el Procurador de los Tribunales, Don..........., en representación de las compañía ...... SL, ... S.L y ... S.L, (en su caso, por Don ......, experto en la reestructuración designado por este Tribunal en el expediente ......), se ha interesado, al amparo de lo señalado en el art. 637 TRLC, la solicitud del propio concurso formulada por ... S.L.

CUARTO.– Mediante auto de este Tribunal, de fecha ......, se estimó la citada solicitud y se decretó la suspensión de la solicitud de concurso voluntario de ....

QUINTO.– Que ha transcurrido el plazo mensual a que se refiere el art. 637.2 TRLC sin que se haya presentado la solicitud de la homologación de un plan de reestructuración.

SEXTO.– En la tramitación de los presentes se han respetado las prescripciones legales.

FUNDAMENTOS DE DERECHO

PRIMERO.– Que este Tribunal es competente para conocer de la presente solicitud al ser el correspondiente al lugar donde se halla el centro de los intereses principales de .... S.L. (arts. 44, y 45 TRLC).

SEGUNDO.– Que aunque este Tribunal suspendió a instancias de .... y al amparo de lo dispuesto en el art. 637 TRLC la solicitud de concurso aquí sustanciada, lo cierto es que ha transcurrido el plazo mensual a que se refiere el art. 637.2 TRLC sin que se haya presentado la solicitud de la homologación de un plan de reestructuración, y quedando sin efecto la referida suspensión.

Procede, por lo tanto, examinar la solicitud de propio concurso presentada por ...... S.L

TERCERO.– Que la solicitud y la documentación aportada por .... S.L. junto a la misma cumple con lo establecido en la Ley, especialmente, lo establecido en el art. 6 y ss. TRLC.

CUARTO.– Que de la documentación aportada resulta la situación de insolvencia actual de .... S.L. (art. 2 TRLC), al no poder cumplir regularmente sus obligaciones, habiéndose justificado el endeudamiento y la insolvencia actual de dicha compañía. También el presupuesto subjetivo del concurso, al ser .... S.L. un deudor persona jurídica (art. 1 TRLC).

QUINTO.– Que a la vista de lo dispuesto en el art. 29.1 TRLC el presente concurso tiene la consideración de voluntario.

SEXTO.– Que procede nombrar a la administración concursal, que estará integrada por un único miembro, recayendo el nombramiento en Don........... (ABOGADO), mayor de edad, de nacionalidad española, con domicilio en ...., calle .... y DNI/NIF .... Núm. .... ICAV.

ALTERNATIVA I (cuando entre en vigor el art. 62 TRLC):

Que conforme a lo dispuesto en el art. 62.1 TRLC procede nombrar a la administración concursal. No concurriendo ninguna de las excepciones previstas legalmente, procede estar al listado del Registro Público Concursal y al turno correlativo contemplado en dicho art. 62.1 TRLC, en función de la clase de concurso, en este caso, ..., recayendo el nombramiento en Don........... (ABOGADO), mayor de edad, de nacionalidad española, con domicilio en ...., calle .... y DNI/NIF .... núm. .... ICAV, dirección electrónica ...., quien ha hecho constar estar en condiciones para actuar en el ámbito territorial de este Tribunal.

ALTERNATIVA II (cuando entre en vigor el art. 62 TRLC):

Que conforme a lo dispuesto en el art. 62 TRLC procede nombrar a la administración concursal. De conformidad con lo establecido en este ultimo precepto, habría que estar al listado del Registro Público Concursal y al turno correlativo contemplado en dicho art. 62.1 TRLC. No obstante, dado que nos encontramos ante un concurso de mayor complejidad, entiendo más oportuno designar a un administrador concursal alternativo al que resulta del citado turno a la vista que .... Por ello, previa consulta del referido Registro, queda designado administrador concursal Don........... (ABOGADO), mayor de edad, de nacionalidad española, con domicilio en ...., calle .... y DNI/NIF .... núm. .... ICAV, dirección electrónica ...., que se halla inscrita en dicho Registro Publico concursal y habilitado para ejercer las funciones propias del cargo en dichos concursos. Justifico su nombramiento en ....

ALTERNATIVA III (cuando entre en vigor el art. 62 TRLC):

Que conforme a lo dispuesto en el art. 62.1 TRLC procede nombrar a la administración concursal y, procede estar al listado del Registro Público Concursal y al turno correlativo contemplado en dicho art. 62.1 TRLC, en función de la clase de concurso, en este caso, ... No obstante, dado que nos hallamos ante un concurso con elementos transfronterizos, y a la vista del art. 62.3 TRLC, el nombramiento deberá recaer en persona que, además, acredite en el momento de su aceptación el conocimiento suficiente de la lengua del país o países relacionados con esos elementos o, al menos, el conocimiento suficiente de la lengua inglesa. Alternativamente, podrá acreditar que cuenta con personas trabajadoras o ha contratado a un traductor jurado con dichos conocimientos. Por ello, recae el nombramiento en Don............ (ABOGADO), mayor de edad, de nacionalidad española, con domicilio en ...., calle .... y DNI/NIF .... núm. .... ICAV, dirección electrónica ...., quien ha hecho constar estar en condiciones para actuar en el ámbito territorial de este Tribunal y que, en cualquier caso, y al tiempo de aceptar el cargo deberá acreditar los anteriores extremos idiomáticos.

El administrador concursal nombrado deberá aceptar el cargo, por lo que urgentemente y por el medio más rápido se le notificará su nombramiento a efectos de su aceptación y juramento. Igualmente deberá acreditar ante este Tribunal que tiene suscrito un seguro de responsabilidad civil o garantía equivalente proporcional a la naturaleza y alcance del riesgo cubierto por el nombramiento aquí verificado a su favor.

SÉPTIMO.– Que dado que nos hallamos ante un concurso voluntario y no se constata a la vista de la documentación aportada hecho alguno que aconseje la suspensión de las facultades del concursado de administración y disposición de la masa activa, procede la conservación de tales facultades por el concursado, quedando sometido el ejercicio de éstas a la intervención de la administración concursal (art. 106 TRLC).

OCTAVO.– Que dando cumplimiento a lo preceptuado por el art. 35 TRLC procede dar, con la mayor urgencia, la oportuna publicidad a la declaración del concurso, mediante publicación del presente auto en los términos y con el contenido establecido en el art. 35 TRLC.

Igualmente procede dar publicidad registral a la declaración del presente concurso en los términos y con el alcance establecido en los arts. 36 y 37 TRLC, así como comunicar el mismo al Presidente del Tribunal de Instancia de............, a la Agencia Estatal de Administración Tributaria y a la Tesorería de la Seguridad Social. También insertar este auto en el Registro Público Concursal.

El traslado de los oficios con los edictos correspondientes se realizará por vía telemática a los organismos y Registros correspondientes.

ALTERNATIVA: Que pese a establecer los arts. 35 a 37 TRLC que el traslado de los oficios con los edictos correspondientes se realizará por vía telemática a los organismos y Registros correspondientes, no siendo posible lo anterior deben expedirse los oportunos mandamientos y oficios con los edictos, que serán entregados y confiados al procurador de la concursada a efectos de darles el oportuno curso, gestión y diligenciamiento en los términos de los citados arts. 35 a 37 TRLC y demás normativa aplicable.

Visto lo expuesto y demás normativa de aplicación

DISPONGO

PRIMERO.– Que estimando la solicitud formulada por la procuradora de los Tribunales ...., en nombre y representación de .... S.A., se declara la situación de concurso de acreedores de la predicha mercantil, ... S.A., con domicilio en ...., calle ...., núm. .... y CIF .... Inscrita en el Registro Mercantil de la provincia de ...., al tomo ...., libro ...., de la sección ...., hoja ....

El referido concurso de acreedores, tiene el carácter de voluntario.

Se designa como integrante de la administración concursal al abogado, Don..........., mayor de edad, de nacionalidad española, con domicilio en..........., calle........... y DNI/NIF...........

El administrador concursal nombrado deberá aceptar el cargo, por lo que urgentemente y por el medio más rápido se les notificará su nombramiento a efectos de su aceptación y juramento. Igualmente deberá acreditar ante este Tribunal que tiene suscrito un seguro de responsabilidad civil o garantía equivalente proporcional a la naturaleza y alcance del riesgo cubierto por el nombramiento aquí verificado a su favor.

(En su caso y en el supuesto de entrada en vigor art. 62 TRLC.) Y a la vista que nos hallamos ante un concurso con elementos transfronterizos, deberá acreditar en el momento de su aceptación del cargo, el conocimiento suficiente de la lengua del país o países relacionados con esos elementos o, al menos, el conocimiento suficiente de la lengua inglesa. Alternativamente, podrá acreditar que cuenta con personas trabajadoras o ha contratado a un traductor jurado con dichos conocimientos.

La administración concursal designada, queda autorizada de conformidad y a los efectos del art. 4 h) del RD-Ley 3/2013, a fin de ejercitar las acciones que considere oportunas en interés de la masa, bajo su responsabilidad y ante cualquier jurisdicción.

TERCERO.– Decretar la conservación por el deudor de las facultades de administración y disposición sobre la masa activa, quedando sometido el ejercicio de éstas, mediante su autorización o conformidad.

CUARTO.– Hacer el llamamiento a los acreedores de Don........... para que pongan en conocimiento de la administración concursal la existencia de sus créditos, en el plazo de UN MES a contar desde el día siguiente a la publicación del presente auto en el Boletín Oficial del Estado (BOE) a que se refiere el art. 35 TRLC.

La Administración Concursal, sin demora, realizará una comunicación individualizada, a cada uno de los acreedores cuya identidad y domicilio consten en el concurso, informándoles de la declaración de éste y del deber de comunicar sus créditos en la forma establecida en el artículo 255 y ss. TRLC, debiendo efectuarse tal comunicación por medios telemáticos, informáticos o electrónicos cuando conste la dirección electrónica del acreedor

Igualmente dirigirá la comunicación por medios electrónicos a la Agencia Estatal de la Administración Tributaria y la Tesorería General de la Seguridad Social a través de los medios habilitadas por estas en sus respectivas sedes electrónicas y con independencia que conste o no su condición de acreedores de la concursada. También a la representación de los trabajadores, haciéndoles sabes su derecho a personarse en el procedimiento como parte.

QUINTO.– Proceder a dar la debida publicidad a la declaración del concurso, mediante la publicación del anuncio del presente auto de declaración del concurso que se publicará, con la mayor urgencia y de forma gratuita, en el Boletín Oficial del Estado.

A tal efecto, el mismo día de la aceptación del cargo por el administrador concursal, el letrado de la Administración de Justicia remitirá por medios electrónicos al "Boletín Oficial del Estado", para su publicación en el suplemento del tablón judicial edictal único, y al Registro público concursal el edicto relativo a la declaración de concurso, redactado en el modelo oficial para que sea publicado con la mayor urgencia. La publicación del edicto tendrá carácter gratuito. El edicto tendrá el contenido del art. 35.1, segundo párrafo, TRLC.

Líbrense al efecto el oportuno oficio con el edicto que será remitido por vía electrónica al citado Boletín Oficial del Estado.

ALTERNATIVA: Líbrese el oportuno oficio con el edicto a remitir al Boletín Oficial del Estado. No obstante, de manera excepcional y no siendo posible su traslado por vía electrónica, entréguese el citado oficio al procurador de la concursada para el oportuno diligenciamiento y gestión en los términos del art. 35 TRLC.

SEXTO.– Inscribir en el Registro Mercantil de............ la existencia del presente procedimiento y los acuerdos adoptados en el presente auto, especialmente, la intervención de las facultades de administración y disposición del concursado adoptada en la presente resolución acordada, y el nombramiento de la administración concursal.

Igualmente, practíquese anotación preventiva en los Registros de la Propiedad de............ y............, concretamente en el folio correspondiente a los bienes de la concursada que a continuación se relacionan, relativa a la existencia del presente concurso voluntario y los acuerdos adoptados en la presente resolución, especialmente, la intervención de las facultades de administración y disposición del concursado adoptada en la presente resolución acordada, y el nombramiento de la administración concursal.

Los citados bienes son los siguientes (con expresión del Registro de la Propiedad en el que se halla inscrito y los datos registrales de cada bien):............

Líbrense al efecto los oportunos oficios con los edictos que serán remitidos por vía electrónica o telemática a los citados Registros Públicos.

ALTERNATIVA: Líbrense los oportunos edictos con los mandamientos precisos para prácticas las citadas inscripciones y anotaciones que serán confiados al procurador de la concursada para el oportuno diligenciamiento y gestión en los términos del art. 36 y 37 TRLC, al no ser posible el traslado por vía electrónica o telemática previsto en dichos preceptos concursales.

SÉPTIMO.– Insertar en el Registro Público Concursal el presente auto de declaración de concurso así como comunicar la existencia del presente procedimiento concursal y el contenido del presente auto al Tribunal Decano de..........., a la Agencia Estatal de Administración Tributaria, al Fondo de Garantía Salarial y a la Tesorería General de la Seguridad Social. Tales comunicaciones las llevara a cabo de oficio el Tribunal mediante remisión de oficio y testimonio de la presente resolución que se trasladarán por vía telemática. En su caso, notifícase el presente a la representación legal de los trabajadores de ...., librándose al efecto el oportuno edicto.

OCTAVO.– Como consecuencia de la admisión de la solicitud de declaración de concurso voluntario formulada por ...., fórmense las secciones primera, segunda, tercera y cuarta del concurso.

Notifíquese por el Letrado de la Administración de Justicia la resolución al deudor concursado, a través de su representación procesal.

Contra el presente auto no cabe recurso alguno.

Todo lo cual pronuncia, manda y firma el Ilmo. Sr. ...., Magistrado titular de la plaza ... de la sección de lo mercantil ...... del Tribunal de Instancia de ....

F266. AUTO NO ADMITIENDO A TRAMITE SOLICITUD DE CONCURSO NECESARIO A RESULTAS DE LO ESTABLECIDO EN EL ART. 610 TRLC

En la ciudad de .... a .... de .... de ....

ANTECEDENTES DE HECHO

PRIMERO. Que en fecha .... de .... de .... por el Procurador de los Tribunales, Don..........., y en representación de la compañía .... S.L., se presentó solicitud de concurso necesario de acreedores de la sociedad .... S.A., en base a los HECHOS y FUNDAMENTOS DE DERECHO reseñados en la meritada solicitud y los documentos acompañados a la misma.

De la solicitud formulada por .... S.L., que no se funda en hecho alguno de los contemplados en el art. 14.2.1° TRLC, extracto lo siguiente: ....

SEGUNDO. Que previamente, la procuradora ...., en representación de la sociedad .... S.A., comunicó a este Tribunal la situación de insolvencia actual en que se hallaba y que había iniciado negociaciones para alcanzar un plan de reestructuración. Ello a los efectos y con el alcance establecido en los arts. 585 y ss. TRLC.

TERCERO. Que mediante Decreto de fecha ...., por el Sr. Letrado de la Administración de Justicia, se dejó constancia de la referida comunicación presentada por .... S.A.

CUARTO. Que a fecha de presentación de la solicitud de concurso necesario de la mercantil .... S.A. por .... S.L. no ha transcurrido el plazo de tres meses a que se refiere los arts. 610 y 611 TRLC.

QUINTO. En la tramitación de los presentes se han respetado las prescripciones legales.

FUNDAMENTOS DE DERECHO

PRIMERO. Que este Tribunal es competente para conocer de la presente solicitud al ser este Tribunal de Instancia de .... el correspondiente al lugar donde se halla el centro de intereses principales de .... S.A. (arts. 44, 45 y 610 TRLC).

SEGUNDO. Que la solicitud y la documentación aportada por .... S.L. cumple con lo establecido en el art. 2.4 y 13 TRLC.

TERCERO. Que .... S.L. reúne los requisitos de capacidad procesal, postulación, así como de legitimación al ser .... S.L. acreedor de la compañía .... S.A., cuyo concurso necesario de acreedores solicita en estas actuaciones. (art. 3 y 512 TRLC).

CUARTO. Conforme a lo establecido en el art. 14.2.2° TRLC si la solicitud de concurso presentada se fundara en alguno de los hechos externos recogidos en los ordinales

4° a 6°, art. 2.4, TRLC, el Tribunal el primer día hábil siguiente dictará auto admitiéndola a trámite, ordenando el emplazamiento del deudor conforme a lo previsto en el art. 16 TRLC, con traslado de la solicitud, para que comparezca en el plazo de cinco días, dentro del cual se le pondrán de manifiesto los autos y podrá formular oposición a la solicitud, proponiendo los medios de prueba de que intente valerse.

Sin perjuicio de ello y conforme establece el art. 610.1 TRLC, las solicitudes de concurso presentadas después de la comunicación por otros legitimados distintos del deudor se repartirán al tribunal que hubiera tenido por efectuada la comunicación, pero no se admitirán a trámite mientras no transcurra el plazo de tres meses a contar desde la fecha de esa comunicación. Las presentadas antes de la comunicación aún no admitidas a trámite quedarán en suspenso. Lo señalado anteriormente se extenderá durante la prórroga de los efectos de la comunicación (art. 610.2 TRLC).

Por otro lado, las solicitudes suspendidas y las que se presenten con posterioridad a la expiración de los plazos anteriores solo se proveerán transcurrido un mes sin que el deudor hubiera solicitado la declaración de concurso, sin perjuicio de la adopción por el tribunal de las medidas cautelares que estime oportunas. Si el deudor solicita la declaración de concurso dentro de ese mes, esta se tramitará en primer lugar. Declarado el concurso a instancia del deudor, las solicitudes que se hubieran presentado antes y las que se presenten después de la del deudor se unirán a los autos, teniendo por comparecidos a los solicitantes (art. 610.3 TRLC).

Finalmente, transcurridos tres meses desde la comunicación, el deudor que no haya alcanzado un plan de reestructuración deberá solicitar la declaración de concurso dentro del mes siguiente, salvo que no se encontrara en estado de insolvencia actual (art. 611.1 TRLC). En caso de prórroga de los efectos de la comunicación, lo dispuesto anteriormente se aplicará a partir de la fecha en que finalice esa prórroga (Si el deudor solicita la declaración de concurso dentro de ese mes, esta se tramitará en primer lugar. (art. 611.2 TRLC).

QUINTO. En el caso presente caso, es evidente que no ha transcurrido el plazo de tres meses previsto en el art. 610 TRLC, por lo que, a la vista de lo dispuesto en el citado precepto, procede no admitir a trámite la solicitud de concurso de acreedores de .... S.A. instada por su acreedor, la compañía .... S.L, en tanto en cuanto no transcurra el referido plazo trimestral, tras lo cual, se acordará lo procedente de conformidad con los arts. 610, 611 y 14.2.2° TRLC.

Visto lo expuesto y demás normativa de aplicación:

DISPONGO

1. Tener por personado a la sociedad........... S.L., y en su nombre y representación a la procuradora de los Tribunales Doña..........., procuradora con la que se entenderán y seguirán las sucesivas diligencias y comunicaciones, y por solicitada la declaración de concurso necesario de la compañía........... S.L, que no se funda en hecho alguno de los contemplados en el art. 14.2.1° TRLC.

2. Con carácter previo a provisionar y, en su caso, admitir a trámite la referida solicitud de concurso necesario, y habiéndose tenido por presentada con anterioridad, concretamente, el día ...., por .... S.L la comunicación de apertura de negociaciones a que se refiere el art. 585 TRLC, y no habiendo transcurrido el plazo trimestral a que se refiere el art. 610 y 611 TRLC, estese a la espera del transcurso del referido plazo, tras lo cual, se acordará lo procedente conforme a lo establecido en los referidos arts. 610, 611 y 14.2.2º TRLC sobre la referida provisión y, en su caso, admisión a trámite de la meritada solicitud de concurso necesario de la mercantil ....

Notifíquese la resolución a .... S.L. a través de su representación procesal.

La presente resolución no es firme y contra la misma cabe recurso de reposición en el plazo de cinco días a contar desde la notificación de esta.

De conformidad con lo establecido en la Disposición Adicional 15ª LOPJ (según la redacción dada por la LO 1/09), la interposición de recurso contra resoluciones judiciales, no podrá ser admitida a trámite sin la acreditación del depósito previsto en la citada Ley a efectos de recurrir, debiendo presentarse copia o resguardo de tal depósito en las cuenta de consignaciones de este Tribunal.

Todo lo cual pronuncia, manda y firma el Ilmo. Sr. ...., Magistrado titular de la plaza ....., sección de lo mercantil, del Tribunal de Instancia de ....

F267. AUTO MANDANDO NO PROVEER LA SOLICITUD DE CONCURSO NECESARIO A RESULTAS DE LO ESTABLECIDO EN EL ART. 611 TRLC

En la ciudad de .... a .... de .... de ....

ANTECEDENTES DE HECHO

PRIMERO. Que en fecha .... de .... de .... por el Procurador de los Tribunales, Don..........., y en representación de la compañía .... S.L., se presentó solicitud de concurso necesario de acreedores de la sociedad .... S.A., en base a los HECHOS y FUNDAMENTOS DE DERECHO reseñados en la meritada solicitud y los documentos acompañados a la misma.

De la solicitud formulada por .... S.L., que no se funda en hecho alguno de los contemplados en los ordinales 1° a 3°, del art. 2.4 TRLC, extractamos lo siguiente: ....

SEGUNDO. Que previamente, la procuradora ...., en representación de la sociedad .... S.A., comunicó a este Tribunal que había iniciado negociaciones para obtener un plan de reestructuración. Ello a los efectos y con el alcance establecido en los arts. 585 y ss. TRLC.

TERCERO. Que mediante Decreto de fecha ...., por el Sr. Letrado de la Administración de Justicia se dejó constancia de la referida comunicación presentada por .... S.A.

CUARTO. Que aunque no se ha obtenido el plan de reestructuración citado, a fecha de presentación de la solicitud de concurso necesario de la mercantil .... S.A. por .... S.L. no ha transcurrido el plazo de un mes a que se refiere el 611 TRLC.

QUINTO. En la tramitación de los presentes se han respetado las prescripciones legales.

FUNDAMENTOS DE DERECHO

PRIMERO. Que este Tribunal es competente para conocer de la presente solicitud al ser este Tribunal de Instancia, sección de lo mercantil, de .... el correspondiente al lugar donde se halla el centro de intereses principales de .... S.A. (arts. 44, 45 y 610 TRLC).

SEGUNDO. Que la solicitud y la documentación aportada por .... S.L. cumple con lo establecido en el art. 2.4 y 13 TRLC, y no se funda en hecho alguno de los reseñados en el art. 14.2.2° LC.

TERCERO. Que .... S.L. reúne los requisitos de capacidad procesal, postulación, así como de legitimación al ser .... S.L. acreedor de la compañía .... S.A., cuyo concurso necesario de acreedores solicita en estas actuaciones. (art. 3 y 512.1 TRLC).

CUARTO. Conforme a lo establecido en el art. 14.2.2° TRLC si la solicitud de concurso presentada se fundara en alguno de los hechos externos recogidos en los ordinales 4° a 6°, art. 2.4, TRLC, el Tribunal el primer día hábil siguiente dictará auto admitiéndola a trámite, ordenando el emplazamiento del deudor conforme a lo previsto en el art. 16 TRLC, con traslado de la solicitud, para que comparezca en el plazo de cinco días, dentro del cual se le pondrán de manifiesto los autos y podrá formular oposición a la solicitud, proponiendo los medios de prueba de que intente valerse.

Sin perjuicio de ello y conforme establece el art. 610.1 TRLC, las solicitudes de concurso presentadas después de la comunicación por otros legitimados distintos del deudor se repartirán al tribunal que hubiera tenido por efectuada la comunicación, pero no se admitirán a trámite mientras no transcurra el plazo de tres meses a contar desde la fecha de esa comunicación. Las presentadas antes de la comunicación aún no admitidas a trámite quedarán en suspenso. Lo señalado anteriormente se extenderá durante la prórroga de los efectos de la comunicación (art. 610.2 TRLC).

Por otro lado, las solicitudes suspendidas y las que se presenten con posterioridad a la expiración de los plazos anteriores solo se proveerán transcurrido un mes sin que el deudor hubiera solicitado la declaración de concurso, sin perjuicio de la adopción por el tribunal de las medidas cautelares que estime oportunas. Si el deudor solicita la declaración de concurso dentro de ese mes, esta se tramitará en primer lugar. Declarado el concurso a instancia del deudor, las solicitudes que se hubieran presentado antes y las que se presenten después de la del deudor se unirán a los autos, teniendo por comparecidos a los solicitantes (art. 610.3 TRLC).

Finalmente, transcurridos tres meses desde la comunicación, el deudor que no haya alcanzado un plan de reestructuración deberá solicitar la declaración de concurso dentro del mes siguiente, salvo que no se encontrara en estado de insolvencia actual (art. 611.1 TRLC). En caso de prórroga de los efectos de la comunicación, lo dispuesto anteriormente se aplicará a partir de la fecha en que finalice esa prórroga (Si el deudor solicita la declaración de concurso dentro de ese mes, esta se tramitará en primer lugar. (art. 611.2 TRLC).

QUINTO. En el presente caso y de los ANTECEDENTES DE HECHO arriba reseñados, resulta que pese a que el deudor no ha alcanzado un plan de reestructuración con sus acreedores, no ha transcurrido el plazo de un mes a que se refiere el apartado 1 del art. 611 TRLC, dentro del cual el deudor que ha formulado la comunicación a que se refiere el citado artículo 585 TRLC debe solicitar la declaración de concurso si no ha obtenido un plan de reestructuración y se halle en situación de insolvencia.

Por ello, y de conformidad con lo establecido en los arts. 610 y 611 TRLC, no procede proveer, y en su caso, admitir a trámite la solicitud objeto de estas actuaciones, mientras no haya vencido el plazo de un mes previsto en el citado artículo 611 TRLC y si el deudor no hubiera presentado solicitud de concurso.

Visto lo expuesto y demás normativa de aplicación:

DISPONGO

1. Se tiene por personado a la sociedad .... S.L., y en su nombre y representación el Procurador de los Tribunales Don..........., en virtud del poder procesal de representación adjuntado por dicha compañía a la solicitud origen de este procedimiento, procurador con el que se entenderán y seguirán las sucesivas diligencias y comunicaciones, y

2. Se tiene por solicitada la declaración de concurso necesario de la compañía .... S.A., con domicilio en ...., calle ...., núm. ...., CIF .... e inscrita en el Registro Mercantil de la provincia de Valencia al tomo ...., folio ...., libro ...., de la sección ...., hoja ...., solicitud que no se proveerá y, en su caso, admitirá a trámite, hasta que transcurra el plazo de un mes a que se refiere el art. 611 TRLC, tras lo cual, se acordará lo procedente conforme a lo establecido en los referidos arts. 610, 611 y 14.2.2° TRLC sobre la referida provisión y, en su caso, admisión a trámite de la meritada solicitud de concurso necesario de la mercantil ....

Notifíquese la resolución a .... S.L. a través de su representación procesal.

La presente resolución no es firme y contra la misma cabe recurso de reposición en el plazo de cinco días a contar desde la notificación de ésta.

De conformidad con lo establecido en la Disposición Adicional 15ª LOPJ (según la redacción dada por la LO 1/09), la interposición de recurso contra resoluciones judiciales no podrá ser admitida a trámite sin la acreditación del depósito previsto en la citada Ley a efectos de recurrir, debiendo presentarse copia o resguardo de tal depósito en la cuenta de consignaciones de este Tribunal.

Todo lo cual pronuncia, manda y firma el Ilmo. Sr. ...., Magistrado titular de la plaza ....., sección de lo mercantil, del Tribunal de Instancia de ....

F268. PROVIDENCIA NO ADMISIÓN A TRAMITE DE SOLICITUD DE CONCURSO NECESARIO EN VIRTUD DEL ART. 611 TRLC

Providencia del Magistrado...........

En..........., a........... de........... de...........

Que en fecha........... de........... de..........., por la procuradora de los Tribunales, Doña..........., se ha presentado escrito en nombre y representación de la sociedad........... S.L., solicitando la declaración de concurso necesario de la compañía........... SL.

Que se tiene por personado a la sociedad........... S.L., y en su nombre y representación a la procuradora de los Tribunales Doña..........., procuradora con la que se entenderán y seguirán las sucesivas diligencias y comunicaciones, y se tiene por solicitada la declaración de concurso necesario de la compañía........... S.L, que no se funda en.

Que con carácter previo a provisionar y, en su caso, admitir a trámite la referida solicitud de concurso necesario, y habiéndose tenido por presentada con anterioridad, concretamente, el día ...., por .... la comunicación de apertura de negociaciones a que se refiere el art. 585 TRLC, y pese a haber transcurrido el plazo de tres meses que se refiere el art. 610 y 611 TRLC, lo cierto es que no ha transcurrido el plazo de un mes a que se refiere el art. 611 TRLC, por lo que estese a la espera del transcurso del referido plazo mensual, tras lo cual, se acordará lo procedente conforme a lo establecido en los referidos arts. 610, 611 y 14.2.2° TRLC sobre la referida provisión y, en su caso, admisión a trámite de la meritada solicitud de concurso necesario de la mercantil ....

Contra la presente resolución cabe recurso de reposición a interponer en el plazo de cinco días a contar desde su notificación.

De conformidad con lo establecido en la Disposición Adicional 15ª LOPJ, la interposición de recurso contra resoluciones judiciales no podrá ser admitida a trámite sin la acreditación del depósito previsto en la citada Ley a efectos de recurrir, debiendo presentarse copia o resguardo de tal depósito en las cuenta de consignaciones de este Tribunal.

Todo lo cual pronuncia, manda y firma el Ilmo. Sr. ...., Magistrado titular de la plaza ....., sección de lo mercantil, del Tribunal de Instancia de ....

F269. AUTO PROVEYENDO Y ADMITIENDO A TRAMITE LA SOLICITUD DE CONCURSO NECESARIO AL NO HABER PRESENTADO EL DEUDOR CONCURSO VOLUNTARIO TRAS COMUNICACIÓN ART. 585 TRLC

En la ciudad de .... a .... de .... de ....

ANTECEDENTES DE HECHO

PRIMERO. Que en fecha .... de .... de .... por el Procurador de los Tribunales, Don..........., y en representación de la compañía .... S.L., se presentó solicitud de concurso necesario de acreedores de la sociedad .... S.A., en base a los HECHOS y FUNDAMENTOS DE DERECHO reseñados en la meritada solicitud y los documentos acompañados a la misma.

De la solicitud formulada por .... S.L., que no se funda en hecho alguno de los reseñados en el art. 14.21° TRLC, extracto lo siguiente: ....

SEGUNDO. Que previamente y dentro del plazo de dos meses establecido en el art. 5.1 TRLC, por la procuradora .... y en representación de la sociedad .... S.A., comunicó a este Tribunal que había iniciado negociaciones para obtener un plan de reestructuración. Ello a los efectos y con el alcance establecido en los arts. 585 y ss. TRLC.

TERCERO. Que a fecha de presentación de la solicitud de concurso necesario no había transcurrido el plazo de un mes a que se refiere el art. 610 y 611 TRLC para que tras la comunicación reseñada en el antecedente segundo de este auto, ... S.A. presentara, en su caso, solicitud de concurso voluntario. Por tal motivo, mediante auto de fecha .... y de conformidad con lo establecido en dichos preceptos, se acordó no proveer la citada solicitud en tanto en cuanto no venciese el citado plazo y si el deudor no hubiese presentado su propio concurso dentro del mismo.

CUARTO. Que ha transcurrido el referido plazo de un mes establecido en los arts. 610 y 611 TRLC, no consta la obtención del plan de reestructuración y el deudor no ha presentado solicitud de declaración de concurso.

QUINTO. En la tramitación de los presentes se han respetado las prescripciones legales.

FUNDAMENTOS DE DERECHO

PRIMERO. Que este Tribunal es competente para conocer de la presente solicitud al ser este Tribunal de Instancia, sección de lo mercantil., de .... el correspondiente al lugar donde se halla el centro de intereses principales de .... S.A. (arts. 44, 45 y 610 TRLC).

SEGUNDO. Que la solicitud y la documentación aportada por .... S.L. cumple con lo establecido en el art. 2.4 y 13 TRLC y no se funda en hecho alguno de los establecidos en el art. 14.2.1° TRLC.

TERCERO. Que .... S.L. reúne los requisitos de capacidad procesal, postulación, así como de legitimación al ser .... S.L. acreedor de la compañía .... S.A., cuyo concurso necesario de acreedores solicita en estas actuaciones. (art. 3 y 512.1 TRLC).

CUARTO. Conforme a lo establecido en el art. 14.2.2° TRLC si la solicitud de concurso presentada se fundara en alguno de los hechos externos recogidos en los ordinales 4° a 6°, art. 2.4, TRLC, el Tribunal el primer día hábil siguiente dictará auto admitiéndola a trámite, ordenando el emplazamiento del deudor conforme a lo previsto en el art. 16 TRLC, con traslado de la solicitud, para que comparezca en el plazo de cinco días, dentro del cual se le pondrán de manifiesto los autos y podrá formular oposición a la solicitud, proponiendo los medios de prueba de que intente valerse.

Conforme a lo establecido en el art. 14.2.2° TRLC si la solicitud de concurso presentada se fundara en alguno de los hechos externos recogidos en los ordinales 4° a 6°, art. 2.4, TRLC, el Tribunal el primer día hábil siguiente dictará auto admitiéndola a trámite, ordenando el emplazamiento del deudor conforme a lo previsto en el art. 16 TRLC, con traslado de la solicitud, para que comparezca en el plazo de cinco días, dentro del cual se le pondrán de manifiesto los autos y podrá formular oposición a la solicitud, proponiendo los medios de prueba de que intente valerse.

Sin perjuicio de ello y conforme establece el art. 610.1 TRLC, las solicitudes de concurso presentadas después de la comunicación por otros legitimados distintos del deudor se repartirán al tribunal que hubiera tenido por efectuada la comunicación, pero no se admitirán a trámite mientras no transcurra el plazo de tres meses a contar desde la fecha de esa comunicación. Las presentadas antes de la comunicación aún no admitidas a trámite quedarán en suspenso. Lo señalado anteriormente se extenderá durante la prórroga de los efectos de la comunicación (art. 610.2 TRLC).

Por otro lado, las solicitudes suspendidas y las que se presenten con posterioridad a la expiración de los plazos anteriores solo se proveerán transcurrido un mes sin que el deudor hubiera solicitado la declaración de concurso, sin perjuicio de la adopción por el tribunal de las medidas cautelares que estime oportunas. Si el deudor solicita la declaración de concurso dentro de ese mes, esta se tramitará en primer lugar. Declarado el concurso a instancia del deudor, las solicitudes que se hubieran presentado antes y las que se presenten después de la del deudor se unirán a los autos, teniendo por comparecidos a los solicitantes (art. 610.3 TRLC).

Finalmente, transcurridos tres meses desde la comunicación, el deudor que no haya alcanzado un plan de reestructuración deberá solicitar la declaración de concurso dentro del mes siguiente, salvo que no se encontrara en estado de insolvencia actual (art. 611.1 TRLC). En caso de prórroga de los efectos de la comunicación, lo dispuesto anteriormente se aplicará a partir de la fecha en que finalice esa prórroga (Si el deudor solicita la declaración de concurso dentro de ese mes, esta se tramitará en primer lugar. (art. 611.2 TRLC).

QUINTO. Que habiendo transcurrido el plazo de un mes establecido en los arts. 610 y 611 TRLC procede proveer y admitir a trámite la citada solicitud formulada por .... S.L., pues el deudor no ha presentado solicitud de declaración de concurso.

Visto lo expuesto y demás normativa de aplicación

DISPONGO

PRIMERO. Proveer la solicitud de concurso necesario de la compañía .... S.A. al haber transcurrido el plazo de un mes previsto en los arts. 610 y 611 TRLC sin que el deudor haya solicitado la declaración de concurso.

SEGUNDO. Como consecuencia de lo anterior, se admite a trámite la citada solicitud de declaración de concurso necesario de la compañía .... S.A., declarándose este tribunal competente para conocer de la misma, formándose la sección primera del concurso, y ordeno el emplazamiento del deudor conforme a lo previsto en el art. 16 TRLC, con traslado de la solicitud, para que comparezca por medio de Procurador y asistido de Letrado en el plazo de cinco días, dentro del cual se pondrán de manifiesto los autos y podrá formular oposición a la solicitud, proponiendo los medios de prueba de los que intente valerse, advirtiéndole de forma expresa que en el supuesto de allanarse a la solicitud planteada por .... S.L., no comparecer en estas actuaciones o no oponerse a la misma, se estimara la solicitud de concurso necesario instada por .... S.L.

Notifíquese la presente resolución a la Agencia Estatal de Administración Tributaria; la Tesorería General de la Seguridad Social, y al Fondo de Garantía Salarial, a través de los medios habilitadas por estas en sus respectivas sedes electrónicas y con independencia que conste o no su condición de acreedores de la concursada.

Notifíquese igualmente esta resolución a .... S.L. a través de su representación procesal y a la sociedad .... S.A. a través del servicio común de notificaciones.

ALTERNATIVA: Notifíquese la resolución a .... S.L. a través de su representación procesal. El emplazamiento de la deudora se realizará en el domicilio designado en la precitada solicitud y cumpliendo lo dispuesto en el art. 16 TRLC, facultando a la Procuradora Sra ...., tal y como ha solicitado la actora, para que, a su costa, lleve a cabo todos los actos de comunicación en el presente procedimiento.

La presente resolución no es firme y contra la misma cabe recurso de reposición en el plazo de cinco días a contar desde la notificación de esta.

De conformidad con lo establecido en la Disposición Adicional 15° LOPJ (según la redacción dada por la LO 1/09), la interposición de recurso contra resoluciones judiciales no podrá ser admitida a trámite sin la acreditación del depósito previsto en la citada Ley a efectos de recurrir, debiendo presentarse copia o resguardo de tal depósito en las cuenta de consignaciones de este Tribunal.

Todo lo cual pronuncia, manda y firma el Ilmo. Sr. ...., Magistrado titular de la plaza ....., sección de lo mercantil, del Tribunal de Instancia de ....

F270. SOLICITUD DE CONCURSO VOLUNTARIO DE PERSONA JURÍDICA QUE SE HALLA EN SITUACIÓN DE INSOLVENCIA ACTUAL. CON COMUNICACIÓN PREVIA AL TRIBUNAL REFERIDA EN EL ART. 585 TRLC

AL TRIBUNAL DE INSTANCIA DE ..... SECCIÓN DE LO MERCANTIL (PLAZA NÚM. ......)

.............., Procurador de los Tribunales (núm. .... de colegiado) y de la compañía .... S.A., con domicilio en ...., calle .... núm. .... y CIF ...., cuya representación acredito mediante la escritura original de poder de representación (especial para instar el presente concurso) que se acompaña a este escrito, ante este Tribunal comparezco bajo la dirección letrada de Don ...., abogado del Ilustre Colegio de .... (núm. .... de colegiado), y como mejor proceda en Derecho DIGO:

Que por medio del presente escrito y en la representación que ostento, formulo SOLICITUD DE CONCURSO VOLUNTARIO de la compañía .... S.A. por hallarse actualmente la misma en situación de insolvencia, solicitud que se funda en los HECHOS y FUNDAMENTOS DE DERECHO que a continuación se exponen.

HECHOS

PRIMERO. Mi principal, la sociedad .... S.A., se constituyó el .... de .... de ...., mediante escritura otorgada ante el notario de ...., Don .... (número de su protocolo ....).

Datos de Inscripción Registral: La sociedad está inscrita en el Registro Mercantil de la provincia de .... al tomo ...., General .... de la sección .... del Libro de sociedades, Folio ...., hoja ....

Su objeto social consiste en ....

El domicilio social de la compañía se halla en ...., calle ...., lugar en que se halla el centro de los intereses principales de la deudora.

Datos fiscales: La sociedad se halla dada de alta en el Impuesto sobre Actividades Económicas desde el .... de .... de ...., en el epígrafe .... Igualmente, el día ...... de .... de ...., presentó la correspondiente declaración censal de alta e inicio de actividades, siéndole asignado el siguiente Código de Identificación Fiscal (CIF): ....

Órgano de Administración: Desde su constitución, el órgano de administración de la compañía se halla conformado por un administrador único, ejerciendo en la actualidad tal cargo, Don ...., quien, por un plazo de .... años, fue designado al efecto por acuerdo de la Junta General Extraordinaria de la compañía celebrada el día ...... de

.... de ...., elevado a público mediante escritura autorizada por el notario de ...., Don ...., el día de .... de ....

No existen otros administradores de la sociedad, de hecho o de derecho, distintos del mencionado Sr. .... Durante los dos años anteriores a la solicitud de concurso, el citado Don .... ha sido la única persona que ha ostentado y/o desempeñado la administración de la sociedad.

La sociedad nunca ha contado con Director General.

Acreditando lo anterior, se acompañan como DOCUMENTOS .... la escritura de constitución de la Sociedad, certificación literal del Registro Mercantil de la provincia de .... correspondiente a la deudora; declaración censal de alta e inicio de actividades, declaración de alta en el Impuesto de Actividades Económicas y tarjeta CIF.

SEGUNDO. La presente solicitud de concurso voluntario debe de ser acogida por el Tribunal al darse el presupuesto objetivo de insolvencia en que se halla .... S.A. desde el día ...., fecha ésta desde la cual, mi mandante no puede cumplir regularmente sus obligaciones exigibles.

Lo anterior resulta de la documentación que, de conformidad con lo establecido en los arts. 7 y 8 TRLC, se acompaña a esta solicitud, así como del informe pericial emitido el pasado día ...... de .... de ...., por Don ...., economista del Ilustre Colegio de ...., (núm. Col. ....), y que se acompaña como DOCUMENTO .... De dicha documentación se desprende que mi mandante carece en la actualidad de liquidez suficiente para atender las deudas exigibles contraídas con sus acreedores, si bien, mediante la aplicación del correspondiente plan de viabilidad se pretende hacer frente a las mismas. También resulta de ....

En este sentido, y con relación a los efectos del concurso sobre las facultades de la administración y disposición del deudor respecto de su patrimonio, esta parte considera que no existe circunstancia alguna que aconseje el cierre de sus oficinas y establecimientos, así como el cese de la actividad, bastando la mera intervención de las facultades patrimoniales del deudor.

Así resulta de la documentación acompañada a este escrito, del hecho de la empresa no ha desaparecido y continúa su actividad mercantil, así como ....

TERCERO. Conforme exigen los arts. 6.2 y 7 TRLC, se acompañan a esta solicitud los siguientes documentos:

I. Poder especial para solicitar el concurso, otorgado el día ...... de .... de ...., ante Don ...., notario del Ilustre Colegio de ...., con residencia en .... (núm. .... de su protocolo). (DOCUMENTO ....).

II. Una memoria expresiva de la historia económica y jurídica del deudor; de la actividad o actividades a que se haya dedicado durante los tres últimos años y de los establecimientos, oficinas y explotaciones de que sea titular, y de las causas del estado de insolvencia en que se encuentra (DOCUMENTO ...).

En la citada memoria se indica la identidad de los socios o de los que se tiene constancia; la identidad de los administradores, de los directores generales y, en su caso, del auditor de cuentas; que NO tiene admitidos valores admitidos a cotización en un centro de negociación, y que NO forma parte de un grupo de sociedades.

III. Un inventario de los bienes y derechos que integren su patrimonio, con expresión de la naturaleza que tienen, las características, el lugar en que se encuentren y, en su caso, los datos de identificación registral de cada uno de los bienes y derechos relacionados, el valor de adquisición, las correcciones valorativas que proceden y la estimación del valor de mercado a la fecha de la solicitud.

Se indicarán también en el inventario los derechos, los gravámenes, las trabas y las cargas que afectan a estos bienes y derechos, a favor de acreedor o de tercero, con expresión de su naturaleza y, en su caso, los datos de identificación registral.

IV. La relación de acreedores con expresión de la identidad, el domicilio y la dirección electrónica, si la tiene, de cada uno de ellos, así como de la cuantía y el vencimiento de los respectivos créditos y las garantías personales o reales constituidas.

También se identifica, respecto de los acreedores que han reclamado judicialmente el pago del crédito, se identificará el procedimiento correspondiente y se indicará el estado de las actuaciones.

V. Número de trabajadores, con expresión del centro de trabajo al que estuvieran afectos, y la identidad de los integrantes del órgano de representación de los mismos si los hubiere, con expresión de la dirección electrónica de cada uno de ellos.

CUARTO. De conformidad con lo previsto en el art. 8 TRLC y estando obligada la compañía .... S.A. a la llevanza de contabilidad, se acompaña igualmente a esta solicitud la documentación que a continuación se reseña:

I. Cuentas anuales y, en su caso, los informes de gestión y los informes de auditoría correspondientes a los tres últimos ejercicios finalizados a la fecha de la solicitud, y con independencia que estén o no aprobadas dichas cuentas.

II. Una memoria de los cambios significativos operados en el patrimonio con posterioridad a las últimas cuentas anuales formuladas, aprobadas y depositadas.

III. Una memoria de las operaciones realizadas con posterioridad a las últimas cuentas anuales formuladas, aprobadas y depositadas que, por su objeto, naturaleza o cuantía hubieran excedido del giro o tráfico ordinario del deudor.

Se hace constar que dado que el deudor NO forma parte de un grupo de sociedades, sea como sociedad dominante o como sociedad dominada, no procede acompañar las cuentas anuales y el informe de gestión consolidados y el informe de auditoría correspondientes a los tres últimos ejercicios sociales finalizados a la fecha de la solicitud, estén o no aprobadas dichas cuentas, así como una memoria expresiva de las operaciones realizadas con otras sociedades del grupo durante ese mismo período y hasta la solicitud de concurso.

Igualmente, dado que mi mandante no viene obligado a comunicar o remitir estados financieros intermedios a autoridades supervisoras, no es preciso a acompañar, y no se acompañan los estados financieros elaborados con posterioridad a las últimas cuentas que acompañan a la solicitud.

QUINTO. Se hace constar que, con fecha .... de .... de ...., y hallándose esta parte en estado de insolvencia actual y en negociaciones con diversos acreedores para alcanzar un plan de reestructuración, puso tal hecho en conocimiento de este Tribunal de conformidad y a los efectos establecidos en los arts. 585 y ss. TRLC. Copia de la citada comunicación, presentada el ...., se acompaña como DOCUMENTO ....

Mediante Decreto del Letrado de la Administración de Justicia del Tribunal de Instancia de ...., de fecha .... y recaído en el expediente núm. ...... de autos, se tuvo por presentada la referida comunicación.

La citada resolución, que se acompaña como DOCUMENTO ...., fue publicada mediante extracto en el Registro Público Concursal, tal y como se acredita con el DOCUMENTO ....

Toda vez que han transcurrido tres meses desde la comunicación a este Tribunal por parte del deudor, no habiendo sido posible alcanzar el referido plan de reestructuración, y hallándose mi mandante en situación de insolvencia actual, esta parte solicita la declaración de concurso dentro del mes siguiente conforme exige el art. 611 TRLC.

SEXTO. (Si fuera menester)., Se hace constar que no se acompaña el documento ...., toda vez que ....

Igualmente, aun cuando se acompaña el documento ...., en el mismo falta el dato de ...., toda vez que ....

A los relatados hechos aduzco los siguientes

FUNDAMENTOS DE DERECHO

I. De conformidad con lo previsto en el art. 44, 45 y 610 TRLC, resulta competente para conocer de esta solicitud de concurso este Tribunal, sección de lo mercantil, y que ha conocido de la comunicación del art. 585 TRLC relatada en el cuerpo de este escrito.

II. Mi mandante, en su condición de deudor, está legitimado para solicitar su declaración de concurso al amparo de lo dispuesto en el art. 3.1 TRLC.

II. Mi mandante, en su condición de deudor, está legitimado para solicitar su declaración de concurso al amparo de lo dispuesto en el art. 3.1 TRLC.

III. Se dan en este caso los presupuestos subjetivo y objetivo requeridos para la declaración del concurso. En el primer caso, a la vista de la condición de mi mandante de deudor persona jurídica, vid. art. 1.1 TRLC. En el segundo, a la vista de la situación actual de insolvencia de mi mandante.

IV. Art. 5.1 TRLC al establecer que el deudor deberá solicitar la declaración de concurso dentro de los dos meses siguientes a la fecha en que hubiera conocido o debido conocer el estado de insolvencia actual.

No obstante, lo anterior es matizado en el art. 610 apartados 1 y 2, TRLC, según el cual, las solicitudes de concurso presentadas después de la comunicación por otros legitimados distintos del deudor se repartirán al tribunal que hubiera tenido por efectuada la comunicación, pero no se admitirán a trámite mientras no transcurra el plazo de tres meses a contar desde la fecha de esa comunicación. Las presentadas antes de la comunicación aún no admitidas a trámite quedarán en suspenso. Lo aquí previsto se extenderá durante la prórroga de los efectos de la comunicación.

Y continua el art. 610.3 TRLC, indicando que las solicitudes suspendidas y las que se presenten con posterioridad a la expiración de los plazos anteriores solo se proveerán transcurrido un mes sin que el deudor hubiera solicitado la declaración de concurso, sin perjuicio de la adopción por el tribunal de las medidas cautelares que estime oportunas. Si el deudor solicita la declaración de concurso dentro de ese mes, esta se tramitará en primer lugar. Declarado el concurso a instancia del deudor, las solicitudes que se hubieran presentado antes y las que se presenten después de la del deudor se unirán a los autos, teniendo por comparecidos a los solicitantes.

Y finaliza el art. 611, apartados 1 y 2, TRLC, en el sentido que transcurridos tres meses desde la comunicación, el deudor que no haya alcanzado un plan de reestructuración deberá solicitar la declaración de concurso dentro del mes siguiente, salvo que no se encontrara en estado de insolvencia actual. En caso de prórroga de los efectos de la comunicación, aquí señalado se aplicará a partir de la fecha en que finalice esa prórroga.

V. Los efectos del concurso serán los previstos en los arts. 105 y ss. TRLC.

En virtud de lo expuesto,

SUPLICO AL TRIBUNAL que tenga por presentado este escrito, junto a los documentos a él unidos y sus copias, se sirva admitirlo y tener por promovido en nombre y representación de mi mandante, ... S.A., SOLICITUD DE CONCURSO VOLUNTARIO, se sirva admitirla y previos los oportunos trámites legales, se sirva dictar auto por el que, estimando íntegramente la presente solicitud:

PRIMERO. Se declare el concurso de la sociedad .... S.A., con el carácter de voluntario.

SEGUNDO. Se acuerde la sustanciación del correspondiente procedimiento, con la formación de las secciones correspondientes.

TERCERO. Se designe la administración concursal del concurso de acreedores aquí instado.

CUARTO. Se acuerde el régimen de mera intervención de las facultades patrimoniales del deudor.

QUINTO.-

Se acuerde cuanto demás sea procedente en derecho para la sustanciación del procedimiento hasta su conclusión.

Es Justicia que pido en .... a ...... de .... de dos mil ......

OTROSÍ DIGO Que procede dar a la declaración de concurso la oportuna publicidad, incluida la registral, en los términos y con el alcance establecidos en los arts. 35 a 37 TRLC y sin perjuicio de cualesquiera otra publicidad complementaria que, en medios oficiales o privados, estime oportuna este Tribunal al que nos dirigimos.

En su virtud,

SUPLICO AL TRIBUNAL que tenga por hechas las anteriores manifestaciones a los efectos oportunos, se sirva admitirlas y acordar en el auto declarando el concurso voluntario de mi principal, las inscripciones y publicaciones previstas en los arts. 35 a 37 TRLC, y, previos los oportunos trámites legales, se sirva llevar a cabo tales inscripciones y publicaciones, en los términos legalmente previstos.

Lo que se suplica en el lugar y fecha reseñados "ut supra".

OTROSÍ DIGO: Que en el auto en que se acuerde la declaración de concurso de mi principal y entre otros pronunciamientos, procede el llamamiento de los acreedores para que pongan en conocimiento de la administración concursal la existencia de sus créditos, en el plazo de un mes a contar desde la publicación de la declaración del concurso en el BOE.

En su virtud,

SUPLICO AL TRIBUNAL que tenga por hechas las anteriores manifestaciones a los efectos oportunos, se sirva admitirlas y acordar en el auto declarando el concurso voluntario de mi principal, el llamamiento de los acreedores a los efectos antes reseñados.

Lo que se suplica en el lugar y fecha reseñados "ut supra".

F271. MEMORIA EXPRESIVA DE LA HISTORIA ECONÓMICA Y JURÍDICA DEL DEUDOR. PERSONA JURÍDICA. INFORMACIÓN COMUNICACIÓN DE APERTURA DE NEGOCIACIONES

I. HISTORIA ECONÓMICA

.... S.L. es una sociedad constituida el .... de .... de .... por los hoy actuales socios, Don ...., Don .... y Don .... La sociedad nace de la inquietud de tres empresarios del sector de la automoción con anteriores experiencias en el sector de la promoción inmobiliaria, que se plantean la necesidad de diversificar sus negocios.

La empresa inicia la actividad con la adquisición de un suelo para uso residencial en la ciudad de .... sobre el que se construyeron a lo largo de los primeros años de vida de la empresa .... viviendas aproximadamente.

Como premisa básica se apostó por la diversificación en las inversiones y proyectos a desarrollar. Fruto de esta política ha sido la combinación de operaciones inmobiliarias que han abordado las distintas áreas que engloban este sector.

1) Se han desarrollado distintos complejos residenciales: "Promoción en .... con .... viviendas", "Promoción complejo .... en la ciudad de .... con .... viviendas" "Promoción .... con .... viviendas en ....", "Promoción .... con .... viviendas en la ciudad de ....", "Promoción .... con .... viviendas en la ciudad de ....", "Promoción .... con .... viviendas en la ciudad de ....", "Promoción .... con .... viviendas en la ciudad de ....".

2) Se han promocionado distintos complejos comerciales: "Conjunto comercial .... en la ciudad de ....", "Edificio comercial .... en la ciudad de ....", "Conjunto comercial .... en la ciudad de ....", "Conjunto comercial .... en la ciudad de ....", "Edificio comercial .... en la ciudad de ....". De ellos parte se han ido vendiendo y el resto se han quedado en el activo generando renta en unos casos y en otros engrosando lo que es el patrimonio de la empresa.

3) Se ha adquirido suelo con calificación urbana residencial con el objeto de seguir promocionando viviendas.

4) Se ha adquirido suelo con calificación urbana comercial con el objeto de ampliar la línea de negocio de construcción y comercialización de locales comerciales.

5) Se ha comprado suelo con calificación de urbanizable a los efectos de tener reserva de suelo, de cara a su posterior desarrollo.

6) Se ha comprado suelo rústico con vistas a futuras expansiones de los planes generales de las ciudades siempre situados estratégicamente.

Todo este plan de inversiones se ha llevado a cabo en un entorno de crédito fácil con unos tipos de interés baratos y un mercado inmobiliario con crecimientos elevados en cuanto a ventas y precios.

Resultado de la política seguida es la situación actual en la que nos encontramos, la cual se caracteriza por:

1. Un valor en inmuebles muy importante que excede con mucho el importe de la deuda actual. En particular nos encontramos con unas existencias de viviendas y locales comerciales muy importantes que nos están lastrando por el endeudamiento que nos obligan a mantener. No obstante, la diversificación en la tipología de inmuebles que poseemos nos permite ver con optimismo la materialización de los mismos en dinero de cara a hacer frente a nuestros acreedores.

2. Unos proyectos de desarrollo de suelo y nuevas edificaciones que por el momento debemos ralentizar hasta que la situación del mercado financiero e inmobiliario recuperen un cierto grado de normalidad.

3. Un elevado endeudamiento. Este presenta la particularidad de tener un vencimiento a corto plazo. En concreto en el ejercicio .... vencen .... millones de euros.

Todo lo anterior dentro de un entorno muy complejo caracterizado por dos circunstancias:

a) Una crisis financiera sin precedentes en donde los bancos no financian a los compradores de inmuebles, (esto dificulta la venta de activos) y además a los promotores se les exige la devolución de los créditos y préstamos. Todo esto nos lleva a una situación kafkiana pues si no financian a nuestros compradores como va a ser posible llevar a cabo ventas y por ende devolverles el dinero.

b) Una crisis del sector inmobiliario el cual contagiado por el ambiente de no haber dinero, hace que la gente tenga la percepción de que mañana todo será más barato.

La empresa en los tres últimos ejercicios se ha caracterizado por:

El ejercicio .... se caracterizó por una importante inversión en suelo urbanizable en .... y suelo rustico en .... al albor de la revisión del Plan General de .... El inicio de las obras de las .... viviendas de la promoción "..............." y la continuación de la obra de las .... viviendas de las promociones "..............." y "...............", todas ellas en .... También se inició la obra del comercial de ....

El .... se materializó la compra de la finca sita en .... que supuso una inversión importante. No hubo más inversiones en el ejercicio. Se continuó la ejecución de las obras anteriores.

En el .... solo se llevó a cabo la compraventa de un suelo urbano, elevando a público el contrato privado firmado en el ejercicio .... Se finalizaron todas las obras en marcha en la ciudad de .... Se inició la promoción de .... viviendas en ...., en .... y en ...., que en la actualidad están en construcción.

En cuanto a las ventas hay que decir que el ejercicio .... fue positivo en la venta de locales comerciales pero ya mostraba un cierto agotamiento en lo que respecta a la venta de viviendas.

Cuadro de ventas ....

Cuadro de compras ....

II. HISTORIA JURÍDICA

La sociedad .... S.L. se constituye en el año ...., mediante escritura otorgada el día de .... de .... ante el notario de .... Don .... Adaptados sus estatutos sociales a la vigente Ley de Sociedades de Capital en virtud de escritura autorizada el .... de .... de .... por el notario de ...., don ....

La sociedad se halla inscrita en el Registro Mercantil de la provincia de .... al tomo .... de la sección ...., libro ...., hoja .... CIF ....

El domicilio social de .... S.L., se halla en la localidad de ...., Avenida .... núm. ...., lugar en el que se halla su centro de intereses principal.

Su objeto social en el acto fundacional, quedó fijado en "la promoción, compraventa por cuenta propia, parcelación y urbanización de terrenos, construcción compraventa por cuenta propia, arrendamiento y explotación por cualquier forma de todo género de edificios —excluyendo el arrendamiento financiero o leasing— bien el bloques completos o locales separados, pudiendo contratar con terceros cualquiera de los sistemas de construcción por contrata o administración. Las actividades integrantes del objeto social podrán ser desarrolladas, total o parcialmente, de modo indirecto, mediante la titularidad de acciones o participaciones en sociedades con objeto idéntico o análogo."

En el año .... y con ocasión de la adaptación de los estatutos sociales de ...., S.L. a la derogada Ley de Sociedades de Responsabilidad Limitada, se modificó quedando fijado en "la promoción, compraventa por cuenta propia, parcelación y urbanización de terrenos, construcción compraventa por cuenta propia, arrendamiento y explotación por cualquier forma de todo género de edificios —excluyendo el arrendamiento financiero o leasing— bien en bloques completos o locales separados, pudiendo contratar con terceros cualquiera de los sistemas de construcción por contrata o administración."

Su capital social inicialmente quedó fijado en la suma de .... pesetas dividido y representado por .... participaciones sociales de .... pesetas. Redenominado al euro mediante escritura autorizada el .... de .... de .... por el notario de .... D. ...., quedando fijado el capital social en la suma de .... euros, dividido en .... participaciones sociales de .... euros.

Socios. Son socios de la compañía:

A) Don ...., mayor de edad, soltero, vecino de ...., con domicilio en la calle ...., núm. .... y DNI/NIF .... Titular de .... participaciones sociales, núm. .... a ...., por un valor nominal de .... euros, que suponen el ....% del capital social.

B) Don ...., mayor de edad, viudo, vecino de ...., con domicilio en la calle ...., núm. .... y DNI/NIF .... Titular de .... participaciones sociales, núm. .... a ...., por un valor nominal de .... euros, que suponen el ....% del capital social.

C) Y Doña ...., mayor de edad, divorciada, vecino de ...., con domicilio en la calle ...., núm. .... y DNI/NIF .... Titular de .... participaciones sociales, núm. .... a ...., por un valor nominal de .... euros, que suponen el ....% del capital social.

Administradores: Desde el año .... hasta la actualidad, son administradores solidarios de la compañía, Don .... y Doña .... Ello en virtud de acuerdo de la Junta General de la sociedad, elevado a público en virtud de escritura autorizada el .... de .... de .... por el Notario de .... Don ....

Auditor de cuentas para los ejercicios .... a .... (ambos inclusive) Don ...., mayor de edad, de nacionalidad española, vecino de ...., calle .... núm. .... DNI/NIF .... Suplente: .... S.L., con domicilio en ...., calle .... núm. .... y CIF .... Fueron reelegidos para el ejercicio .... y ....

Director General: Don ...., mayor de edad, soltero, vecino de ...., con domicilio en la calle ...., núm. .... y DNI/NIF ...., que ocupa el citado cargo desde el día ... de ... de ..., en virtud de contrato...

III. ACTIVIDAD O ACTIVIDADES DURANTE LOS TRES ÚLTIMOS AÑOS

Desde su constitución la actividad de la empresa ha sido la promoción, compraventa por cuenta propia, parcelación y urbanización de terrenos, construcción compraventa por cuenta propia, arrendamiento y explotación por cualquier forma de todo género de edificios —excluyendo el arrendamiento financiero o leasing— bien en bloques completos o locales separados, pudiendo contratar con terceros cualquiera de los sistemas de construcción por contrata o administración.

IV. ESTABLECIMIENTOS, OFICINAS Y EXPLOTACIONES

.... S.L. es arrendataria del local sito en ...., calle ...., lugar que constituye su domicilio social y donde ha ejercido de modo habitual su negocio.

V. CAUSAS DEL ESTADO EN QUE SE ENCUENTRA EL DEUDOR.

Tal como se ha indicado en la historia económica la causa fundamental que ha llevado a la mercantil .... S.L. a la situación en la que se encuentra actualmente, pueden ser resumidos en los siguientes puntos:

• Importante crisis que está afectando principalmente el sector inmobiliario.

• Dificultad para obtener financiación por parte de las entidades financieras.

• Disminución de las ventas de pisos, lo que está provocando un aumento en el stock de viviendas, y en consecuencia una ralentización en la construcción de las mismas.

• Paralización de tramitaciones urbanísticas de terrenos de la sociedad, así como ausencia de potenciales compradores de suelo desarrollado o a desarrollar.

VI. OTRA INFORMACIÓN

II. Se hace constar que, con fecha .... de .... de ...., y hallándose el deudor en negociaciones con diversos acreedores para alcanzar un plan de reestructuración, puso tal hecho en conocimiento del Tribunal de Instancia, Sección de lo Mercantil, de .... Ello de conformidad y a los efectos previstos en los arts. 585, ss. y concordantes TRLC.

Mediante Decreto de fecha .... y en el procedimiento ...., por el Letrado de la Administración de Justicia del referido Tribunal, se tuvo por presentada la citada comunicación, que fue objeto de publicidad en fecha .... y en el Registro Público Concursal

Toda vez que han transcurrido tres meses desde la comunicación al tribunal, sin que se haya alcanzado un plan de reestructuración, y hallándose mi mandante en situación de insolvencia actual, esta parte solicita la declaración de concurso dentro del mes siguiente.

ALTERNATIVA: Que la concursada y las entidades acreedoras ...., en fecha ..., un plan de reestructuración en los siguientes términos: .... Dicho plan reunía los requisitos establecidos en los arts. 614 y ss. TRLC y fue objeto de homologación judicial ex arts. 635 y ss. TRLC mediante auto de fecha .... del Tribunal de Instancia, sección de lo Mercantil, de ...., en los siguientes términos: ....

No obstante, por las razones anteriormente expuestas en esta memoria mi mandante ha devenido en situación de insolvencia actual y debe presentar la solicitud de concurso de acreedores.

En .... a ...... de .... de ....

F272. PROVIDENCIA REQUIRIENDO LA ACREDITACIÓN DE LA EXISTENCIA DE PRESUPUESTOS DE LA COMUNICACIÓN DE APERTURA DE NEGOCIACIONES ANTES DE ADMITIR EL CONCURSO VOLUNTARIO

Providencia del Magistrado ....

En ...., a ...... de .... de ....

Que en fecha ...... de .... de ...., por la procuradora de los Tribunales, Doña ...., se ha presentado escrito en nombre y representación de la sociedad .... S.L., solicitando la declaración de concurso voluntario de dicha compañía.

Que se tiene por personado a la sociedad .... S.L., y en su nombre y representación a la procuradora de los Tribunales Doña .... en virtud del poder especial adjuntado por dicha compañía a la solicitud origen de este procedimiento, procuradora con la que se entenderán y seguirán las sucesivas diligencias y comunicaciones, y se tiene por solicitada la declaración de concurso voluntario de la compañía .... S.L.

Que con carácter previo a provisionar la solicitud de concurso voluntario, y considerando que es insuficiente la documentación aportada junto a la misma, se requiere a la actora, de conformidad con lo establecido en el art. 11 TRLC y por un plazo único de cinco días, a efecto que acredite la existencia de negociaciones llevadas por el deudor con sus acreedores a efectos de alcanzar un plan de reestructuración, negociaciones cuya existencia, a efectos de lo dispuesto en los arts. 585 ss. y concordantes TRLC, anunció a este Tribunal mediante comunicación de fecha ......, de la que se dejó constancia mediante decreto del Sr. Letrado de la Administración de Justicia de fecha ......

Contra la presente resolución cabe recurso de reposición a interponer en el plazo de cinco días a contar desde su notificación.

De conformidad con lo establecido en la Disposición Adicional 15ª LOPJ (según la redacción dada por la LO 1/09), la interposición de recurso contra resoluciones judiciales no podrá ser admitida a trámite sin la acreditación del depósito previsto en la citada Ley a efectos de recurrir, debiendo presentarse copia o resguardo de tal depósito en la cuenta de consignaciones de este Tribunal.

Todo lo cual pronuncia, manda y firma el Ilmo. Sr. ...., Magistrado titular de la plaza ....., sección de lo mercantil, del Tribunal de Instancia de ....

F273. ESCRITO DEL DEUDOR CONCURSADO ACREDITANDO PRESUPUESTOS DE LA COMUNICACIÓN DE APERTURA DE NEGOCIACIONES

AL TRIBUNAL DE INSTANCIA DE ...... SECCIÓN DE
LO MERCANTIL (PLAZA NÚM. ......)

..............., Procurador de los Tribunales (núm. .... de colegiado) y de la compañía .... S.A., cuya representación tengo acreditada en el concurso voluntario ordinario, núm. .... de autos, ante este Tribunal comparezco en el citado procedimiento concursal bajo la dirección letrada de Don ...., abogado del Ilustre Colegio de .... (núm. .... de colegiado), y como mejor proceda en Derecho DIGO:

I. Que en fecha de .... de ...., se recayó providencia en las presentes actuaciones en la que, literalmente, se indicaba que "......con carácter previo a provisionar la solicitud de concurso voluntaria, y considerando que es insuficiente la documentación aportada junto a su solicitud, se requiere a la actora, de conformidad con lo establecido en el art. 11 TRLC y por un plazo único de cinco días, a efecto que acredite la existencia de negociaciones llevadas por el deudor con sus acreedores a efectos de alcanzar un plan de reestructuración, negociaciones cuya existencia, a efectos de lo dispuesto en los arts. 585 ss. y concordantes TRLC, anunció a este Tribunal mediante comunicación de fecha ......, de la que se dejó constancia mediante decreto del Sr. Letrado de la Administración de Justicia de fecha ......"

II. Que evacuando el citado trámite esta parte acompaña la siguiente documentación acreditativa de la negociación mantenida en orden a alcanzar un plan de reestructuración:

A. Comunicaciones dirigidas entre mi mandante, los acreedores y el experto en reestructuraciones que intervino en el proceso reestructurador (DOCUMENTO ....).

B.-. Acta de reuniones entre mi mandante, los acreedores y el experto en reestructuraciones (DOCUMENTOS ......).

C. (En su caso). Borrador de plan de reestructuración.

En su virtud,

SUPLICO AL TRIBUNAL que tenga por presentado este escrito, junto a los documentos a él acompañados y copia de todo ello, se sirva admitirlo y tener por evacuado el trámite conferido en la providencia de fecha de ...... de .... solicitando que se dicte auto de conformidad con el suplico de nuestra solicitud de concurso voluntario de .... S.A.

Es Justicia que se SUPLICA, en ...., a de .... de ....

F274. AUTO ADMITIENDO LA SOLICITUD DE CONCURSO VOLUNTARIO DE PERSONA JURÍDICA PREVIA COMUNICACIÓN DE APERTURA DE NEGOCIACIONES

En la ciudad de .... a ...... de .... de ....

ANTECEDENTES DE HECHO

PRIMERO. Que en fecha ...... de .... de .... por el Procurador de los Tribunales, Don ...., y en representación de la compañía .... S.L., se presentó solicitud de concurso necesario de acreedores de la sociedad .... S.L., en base a los HECHOS y FUNDAMENTOS DE DERECHO reseñados en la meritada solicitud y los documentos acompañados a la misma.

SEGUNDO. Que previamente, mediante escrito de fecha .... por la procuradora .... y en representación de la sociedad .... S.L., comunicó a este Tribunal la situación de insolvencia actual en que se hallaba y que había iniciado negociaciones para alcanzar una plan de reestructuración. Ello a los efectos y con el alcance establecido en los arts. 585 ss. y concordantes TRLC.

TERCERO. Que a fecha de presentación de la solicitud de concurso necesario no había transcurrido el plazo de tres meses a que se refiere el art. 610.1 TRLC para que tras la comunicación reseñada en el antecedente segundo de este auto, ... S.L. presentara, en su caso, solicitud de concurso voluntario en el mes siguiente, si no se alcanzara el plan de reestructuración y se hallara el deudor en situación de insolvencia actual (art. 611.1 TRLC). Por tal motivo, mediante auto de fecha .... y de conformidad con lo establecido en el art. 610.1 TRLC, la citada demanda no se admitió a trámite por este Tribunal mientras no transcurriese el plazo de tres meses antes reseñado.

CUARTO. Que en fecha ...... de .... de ...., esto es, dentro del plazo a que se refieren los arts. 610.3 TRLC, por el Procurador de los Tribunales, Don ...., y en representación de la compañía .... S.L., se presentó solicitud de concurso voluntario de acreedores de dicha compañía, en base a los HECHOS y FUNDAMENTOS DE DERECHO reseñados en la meritada solicitud y los documentos acompañados a la misma.

De la solicitud formulada por .... S.L. extractamos lo siguiente: ....

FUNDAMENTOS DE DERECHO

PRIMERO. Que este Tribunal es competente para conocer de la presente solicitud al ser este Tribunal de Instancia, sección de lo mercantil, de .... el correspondiente al lugar donde se halla el centro de los intereses principales de .... S.L. (arts. 44, 45 y 610 TRLC).

SEGUNDO. Que la solicitud y la documentación aportada por .... S.L. junto a la misma cumple con lo establecido en la Ley, especialmente, lo establecido en el art. 6 y ss. TRLC.

TERCERO. Que de la documentación aportada resulta la situación de insolvencia actual de .... S.L. (art. 2 LC), al no poder cumplir regularmente sus obligaciones, habiéndose justificado el endeudamiento y la insolvencia actual de dicha compañía. También el presupuesto subjetivo del concurso, al ser .... S.L. un deudor persona jurídica (art. 1 LC).

CUARTO. Que a la vista de lo dispuesto en el art. 29.1 TRLC el presente concurso tiene la consideración de voluntario.

QUINTO. Que procede nombrar a la administración concursal, que estará integrada por un único miembro, recayendo el nombramiento en Don ... (ABOGADO), mayor de edad, de nacionalidad española, con domicilio en ..., calle ... y DNI/NIF ... Núm. ... ICAV.

ALTERNATIVA I (cuando entre en vigor el art. 62 TRLC):

Que conforme a lo dispuesto en el art. 62.1 TRLC procede nombrar a la administración concursal. No concurriendo ninguna de las excepciones previstas legalmente, procede estar al listado del Registro Público Concursal y al turno correlativo contemplado en dicho art. 62.1 TRLC, recayendo el nombramiento en Don ... (ABOGADO), mayor de edad, de nacionalidad española, con domicilio en ..., calle ... y DNI/NIF ... Núm. ... ICAV.

ALTERNATIVA II (cuando entre en vigor el art. 62 TRLC):

Que conforme a lo dispuesto en el art. 62 TRLC procede nombrar a la administración concursal. De conformidad con lo establecido en este último precepto, habría que estar al listado del Registro Público Concursal y al turno correlativo contemplado en dicho art. 62.1 TRLC. No obstante, dado que nos encontramos ante un concurso de mayor complejidad, y previa consulta del registro Público Concursal, entiendo más oportuno designar a un administrador concursal alternativo al que resulta del citado turno a la vista que ... Por ello, queda designado administrador concursal Don ... (ABOGADO), mayor de edad, de nacionalidad española, con domicilio en ..., calle ... y DNI/NIF ... Núm. ... ICAV.

El administrador concursal nombrado deberá aceptar el cargo, por lo que urgentemente y por el medio más rápido se le notificará su nombramiento a efectos de su aceptación y juramento. Igualmente deberá acreditar ante este Tribunal que tiene suscrito un seguro de responsabilidad civil o garantía equivalente proporcional a la naturaleza y alcance del riesgo cubierto por el nombramiento aquí verificado a su favor.

SEXTO. Que dado que nos hallamos ante un concurso voluntario, el concursado conservará las facultades de administración y disposición sobre la masa activa, pero el ejercicio de estas facultades estará sometido a la intervención de la administración concursal, que podrá autorizar o denegar la autorización según tenga por conveniente.

SÉPTIMO. Que dando cumplimiento a lo preceptuado por el art. 35 TRLC y el mismo día de la aceptación del cargo por el administrador concursal, procede dar, con la mayor urgencia, la oportuna publicidad a la declaración del concurso, mediante publicación del presente auto en los términos y con el contenido establecido en el art. 35 TRLC.

Igualmente procede dar publicidad registral a la declaración del presente concurso en los términos y con el alcance establecido en el art. 36 y 37 TRLC, así como insertar el presente auto en el Registro público Concursal y comunicar al Fondo de Garantía salarial la incoación de presente expediente (art. 33 ET). Finalmente, debe comunicarse la existencia del presente procedimiento al Registro Mercantil de la provincia de ... a los efectos de lo dispuesto en el TRLC así como en el RD 685/2005, de 9 de junio y la Orden 3473/2005, de 8 de noviembre.

El traslado de los oficios con los edictos correspondientes se realizará por vía telemática a los organismos y Registros correspondientes.

ALTERNATIVA: Que no siendo posible el traslado de los oficios con los edictos correspondientes se realizará por vía telemática a los organismos y Registros correspondientes, deben expedirse los oportunos mandamientos y oficios con los edictos, que serán entregados y confiados al procurador de la solicitante del concurso a efectos de darles el oportuno curso, gestión y diligenciamiento en los términos de los citados arts. 35 a 37 TRLC.

Visto lo expuesto y demás normativa de aplicación

DISPONGO

PRIMERO. Que estimando la solicitud formulada por la procuradora de los Tribunales ...., en nombre y representación de ...... S.A, se declara la situación de concurso de acreedores de la predicha mercantil, ... S.A., con domicilio en ..., calle ..., núm. ... y CIF ... Inscrita en el Registro Mercantil de la provincia de ..., al tomo ..., libro ..., de la sección ..., hoja ...

Como consecuencia de lo anterior, únase a los autos la solicitud de concurso necesario en su día presentada por ...... y que se hallaba pendiente de su admisión a trámite conforme a lo establecido en el art. 610 TRLC, y se tenga por comparecido en las presentes actuaciones a la citada sociedad.

El referido concurso de acreedores tiene el carácter de voluntario, haciéndose constar que el deudor no ha presentado propuesta de convenio, ni ha solicitado la liquidación de la masa activa ni tampoco ha presentado una oferta vinculante de adquisición de unidad o unidades productivas.

SEGUNDO. Se designa como integrante de la administración concursal a Don ... (ABOGADO), mayor de edad, de nacionalidad española, con domicilio en ..., calle ... y DNI/NIF ... ICAV.

El administrador concursal nombrado deberá aceptar el cargo, por lo que urgentemente y por el medio más rápido se les notificará su nombramiento a efectos de su aceptación y juramento. Igualmente deberá acreditar ante este Tribunal que tiene suscrito un seguro de responsabilidad civil o garantía equivalente proporcional a la naturaleza y alcance del riesgo cubierto por el nombramiento aquí verificado a su favor.

TERCERO. El concursado conservará las facultades de administración y disposición sobre la masa activa, pero el ejercicio de estas facultades estará sometido a la intervención de la administración concursal, que podrá autorizar o denegar la autorización según tenga por conveniente.

CUARTO. Hacer el llamamiento a los acreedores de ... S.L. para que pongan en conocimiento de la administración concursal la existencia de sus créditos, en el plazo de un mes a contar desde publicación de este auto en el Boletín Oficial del Estado (BOE) a que se refiere el art. 35 TRLC.

La Administración Concursal, sin demora, realizará una comunicación individualizada, a cada uno de los acreedores cuya identidad y domicilio consten en la documentación obrante en los presentes autos, informándoles de la declaración del presente concurso y del deber de comunicar sus créditos en la forma establecida en el artículo 255 y ss. TRLC, debiendo efectuarse tal comunicación por medios telemáticos, informáticos o electrónicos cuando conste la dirección electrónica del acreedor.

Igualmente dirigirá la comunicación por medios electrónicos a la Agencia Estatal de la Administración Tributaria y la Tesorería General de la Seguridad Social a través de los medios habilitadas por estas en sus respectivas sedes electrónicas y con independencia que conste o no su condición de acreedores de la concursada. Dado que no han comparecido ni se han personado en las presentes actuaciones, también se comunicará a la representación legal de los trabajadores, haciéndoles saber su derecho a personarse en el procedimiento como parte.

QUINTO. Proceder a dar la debida publicidad a la declaración del concurso, mediante la publicación del presente auto de declaración del concurso que se publicará, con la mayor urgencia y de forma gratuita, en el Boletín Oficial del Estado.

A tal efecto, y El mismo día de la aceptación del cargo por el administrador concursal, remítase por el letrado de la Administración de Justicia, por medios electrónicos y al "Boletín Oficial del Estado", para su publicación en el suplemento del tablón judicial edictal único, y al Registro público concursal, el edicto relativo a la declaración de concurso, redactado en el modelo oficial para que sea publicado gratuitamente con la mayor urgencia.

SEXTO. Inscribir en el Registro Mercantil de la provincia de ... la existencia del presente procedimiento y los acuerdos adoptados en el presente auto, especialmente, la intervención de las facultades de administración y disposición del concursado adoptada en la presente resolución, y el nombramiento de los administradores concursales.

Igualmente, practíquese anotación preventiva en los Registros de la Propiedad de ... y ..., concretamente en el folio correspondiente a los bienes de la concursada que a continuación se relacionan, relativa a la declaración del presente concurso voluntario, con indicación de la fecha, y los acuerdos adoptados en la presente resolución, especialmente, la intervención de las facultades de administración y disposición del concursado adoptada en la presente resolución, así como el nombramiento de la administración concursal.

Los citados bienes son los siguientes (con expresión del Registro de la Propiedad en el que se halla inscrito y los datos registrales de cada bien): ...

Líbrense al efecto los oportunos oficios con los edictos que serán remitidos por vía telemática desde el Tribunal a los citados Registros Públicos.

ALTERNATIVA: Líbrense los oportunos edictos con los mandamientos precisos para practicar las citadas inscripciones y anotaciones que serán confiados al procurador para el oportuno diligenciamiento y gestión en los términos de los arts. 36 y 37 TRLC, al no ser posible el traslado por vía telemática previsto en dicho precepto concursal.

SÉPTIMO. Insertar en el Registro Público Concursal el presente auto de declaración de concurso, así como comunicar al Fondo de Garantía Salarial la iniciación del presente procedimiento concursal, dirigiéndole al efecto el oportuno oficio. También al citado Registro Mercantil de la provincia de ... a los efectos legales. Y a la Presidencia del Tribunal de Instancia de ... a efectos de la toma de conocimiento de la existencia de la presente declaración concursal y se abstengan de conocer de los procedimientos que se insten contra el deudor. También a la respectiva Presidencia de los Tribunales de Instancia que conozcan y ante los que se sigan procedimientos contra la concursada. Tales comunicaciones las llevara a cabo de oficio el Tribunal mediante remisión de oficio y testimonio de la presente resolución por vía telemática.

OCTAVO. Como consecuencia de la admisión de la solicitud de declaración de concurso de ... S.A. formulada por ... S.L., fórmense las secciones primera, segunda, tercera y cuarta del concurso.

Notifíquese por el Letrado de la Administración de Justicia la resolución al deudor concursado, y a la sociedad .... S.L, a través de su respectiva representación procesal.

Contra el presente auto no cabe recurso alguno.

Todo lo cual pronuncia, manda y firma el Ilmo. Sr. ..., Magistrado titular de la plaza núm..... de la sección de lo mercantil del Tribunal de Instancia de......

VIII. RÉGIMEN ESPECIAL DE LOS PLANES DE REESTRUCTURACIÓN

SUMARIO: F275. COMUNICACIÓN AL TRIBUNAL DE LA APERTURA DE COMUNICACIONES PARA ALCANZAR PLAN DE REESTRUCTURACIÓN. PERSONA JURÍDICA. INSOLVENCIA ACTUAL. SOLICITUD NOMBRAMIENTO EXPERTO. SIN AFECCIÓN CRÉDITO PÚBLICO. F276. COMUNICACIÓN AL TRIBUNAL DE LA APERTURA DE COMUNICACIONES PARA ALCANZAR PLAN DE REESTRUCTURACIÓN. PERSONA JURÍDICA. INSOLVENCIA ACTUAL. SIN SOLICITUD NOMBRAMIENTO EXPERTO. SIN AFECCIÓN CRÉDITO PÚBLICO. F277. COMUNICACIÓN AL TRIBUNAL DE LA APERTURA DE COMUNICACIONES PARA ALCANZAR PLAN DE REESTRUCTURACIÓN. PERSONA JURÍDICA. INSOLVENCIA ACTUAL. SIN SOLICITUD NOMBRAMIENTO EXPERTO. CON AFECCIÓN CRÉDITO PÚBLICO.

F275. COMUNICACIÓN AL TRIBUNAL DE LA APERTURA DE COMUNICACIONES PARA ALCANZAR PLAN DE REESTRUCTURACIÓN. PERSONA JURÍDICA. INSOLVENCIA ACTUAL. SOLICITUD NOMBRAMIENTO EXPERTO. SIN AFECCIÓN CRÉDITO PÚBLICO

AL TRIBUNAL DE INSTANCIA DE .... SECCIÓN DE LO MERCANTIL

DON ...., Procurador de los Tribunales, colegiado nº ...... del Ilustre Colegio de Procuradores de ...., y de la mercantil ...., con domicilio social en ...... (......), Calle ......, número ......, y provista de CIF nº ....; representación que acredito con la escritura de poder representación procesal que adjunto acompaño como documento nº 1; y actuando bajo la dirección letrada del Abogado D. ...., colegiado nº .... del Ilustre Colegio de Abogados de ......, ante el Tribunal comparezco y, como mejor proceda en Derecho, DIGO:

Que siguiendo expresas instrucciones de mi representada, por medio del presente escrito vengo a comunicar al Tribunal la apertura de negociaciones para intentar alcanzar un Plan de Reestructuración con sus acreedores, en base a los arts. 585, 586 y 682, 683 y 684, todos ellos Texto Refundido de la Ley Concursal (en adelante TRLC), formulando al efecto las siguientes:

ALEGACIONES

PRIMERA. De la situación de insolvencia afectante a la deudora.

.... se encuentra en situación de insolvencia actual, al no poder cumplir regular y puntualmente sus obligaciones (art. 2.3 del TRLC).

Mi mandante ya ha recibido burofaxes de dos de sus acreedores bancarios, las entidades .... SA y .... SA, comunicándoles el vencimiento anticipado de la deuda y requiriéndole de pago, bajo apercibimiento del inmediato inicio de acciones judiciales en su contra, no estando en condiciones de hacer frente a dicho pago.

Expresamente se hace constar que a día de hoy no ha sido admitida a trámite solicitud de declaración de concurso necesario de mi representada, razón por la que puede realizar la presente comunicación, según dispone el art. 585.2 del TRLC.

SEGUNDA. Razones que justifican la presente comunicación con referencia al estado de insolvencia actual en que se encuentra la deudora.

.... se encuentra en esta situación por los siguientes motivos: ....

Por ello, se hace necesario proceder a una reestructuración de la deuda con la finalidad de alcanzar un nivel de endeudamiento sostenible y optimizar su calendario de pagos, de

forma que éste se ajuste a su capacidad actual de generación de tesorería, así como de obtener nuevos ingresos de circulante para poder financiar su actividad productiva.

Sólo de este modo, con la aprobación de un Plan de reestructuración realista y adecuado a las circunstancias actuales, se podrá asegurar la continuidad de la actividad de la empresa, pues en otro caso mi mandante se verá abocada al concurso de acreedores y a su liquidación.

TERCERA. Fundamento de la competencia de este Tribunal para conocer de la presente comunicación.

Mi mandante, la mercantil ...., tiene su domicilio social en la ciudad de .... (.........), Calle ......, número ......, lugar en que se halla el centro de sus intereses principales.

En consecuencia, es éste el Tribunal competente para conocer de la presente comunicación, de conformidad con lo dispuesto en el art. 585.1, en relación con el art. 45, ambos del TRLC.

Adjunto se acompaña como documento nº ..., consistente en la escritura en la que consta dónde radica el domicilio social, toda vez que en base al art. 45 TRLC se presume que éste coincide con el centro de sus intereses principales.

Se deja constancia asimismo de que la deudora no ha modificado su domicilio social en los últimos 6 meses.

Informe del Registro Mercantil acreditativo de todo lo anterior.

CUARTA. Inaplicación del régimen especial de microempresas.

A .... no le es aplicable el procedimiento especial para microempresas al no reunir las características exigidas por el art. 685 TRLC.

En este sentido, se hace constar que el ejercicio social de mi representada abarca el periodo comprendido entre el .... de cada año y el ...... del siguiente.

En consecuencia, según las cuentas cerradas del último ejercicio anterior a la presente solicitud (del .... al ....) se hacen constar los siguientes datos, que excluyen la aplicación al presente supuesto el régimen especial previsto en el TRLC para las microempresas, sin perjuicio de remitirnos a lo que más adelante se dirá sobre los extremos a que se refiere el art. 586.1.5º de citado texto legal.

El número medio de trabajadores empleados durante el último ejercicio anterior no ha sido de menos de diez trabajadores. En concreto, la media ha sido de ...... tal y como acredito con la certificación de la TGSS que adjunto se acompaña como documento nº ....

El volumen de negocio anual correspondiente al ejercicio anterior no ha sido inferior a 700.000,00 €. En concreto ha sido de .... €.

Y el pasivo exigible, según las últimas cuentas cerradas del ejercicio anterior a la presentación de la solicitud no era inferior a 350.000,00 €. En concreto ascendía a ...... €.

Por todo ello, resulta inaplicable el régimen especial de microempresas.

QUINTA. Régimen preconcursal aplicable. Aplicación del régimen especial de planes de reestructuración previsto en los artículos 682, 683 y 684 del TRLC.

El artículo 682 establece el ámbito de aplicación del Régimen especial de Planes de Reestructuración, y los dos siguientes las especialidades en materia de comunicación y en materia de plan de reestructuración.

A tales efectos establece el art. 682 que las reglas especiales establecidas en dicho Título (V, del Libro II) serán de aplicación a las personas naturales o jurídicas que lleven a cabo una actividad empresarial o profesional, siempre que de acuerdo con el balance el ejercicio anterior al que se haga la comunicación (o se presente la solicitud de homologación) se cumplan las siguientes circunstancias.

1ª. Una circunstancia de carácter necesario, y que consiste en que el número medio de trabajadores empleados durante el ejercicio anterior no sea superior a 49 personas (esto es, inferior a 50).

2ª. Una circunstancia doble pero alternativa, bastando con que se cumpla una de ellas para que, de concurrir en todo caso el anterior, sea de aplicación este régimen especial, a saber: a) que el volumen de negocios anual no supere los 10.000.000,00 €, b) que el balance general anual no supere la indicada cifra de 10.000.000,00 €.

De acuerdo con ello y conforme se ha indicado anteriormente, de acuerdo con el balance del ejercicio anterior al que se efectúa la presente comunicación (......... a ....), resulta que, por lo que respecta a la deudora ......:

1°. El número medio de trabajadores no ha sido superior a 49 personas. Ha sido de ......

2ª. Su volumen de negocio fue de .... €, por lo que no ha superado los 10.000.000,00 €.

Cumpliéndose este requisito alternativo, así como el anterior (necesario), y aun cuando no se cumple el otro alternativo previsto en el art. 682.2° TRLC, consistente en que el balance general anual (activo) sea inferior a 10.000.000,00 € (pues fue superior al situarse en ....), resulta necesariamente de aplicación este régimen especial.

Por otra parte, mi mandante es una persona jurídica con actividad empresarial, y no pertenece a un grupo obligado a consolidar (art. 682.2 TRLC).

En consecuencia, resulta de aplicación el régimen especial de los arts. 682, 683 y 684 del TRLC (especialidades en materia de comunicación, y en materia de plan de reestructuración).

SEXTA. Relación de acreedores con los que se han iniciado o se tiene intención de iniciar las negociaciones, el importe de los créditos de cada uno de ellos y el importe total de los créditos.

Mi mandante ha iniciado negociaciones con los siguientes acreedores con la finalidad de alcanzar un plan de reestructuración que permita superar su situación de insolvencia:

1. ...., con domicilio social en ......, Calle ...., número ......, y con CIF ....

2. ....

No existen acreedores especialmente relacionados con el deudor.

El importe de los créditos de estos acreedores asciende a un total, de .... euros (...... €).

Y ello según el siguiente desglose:

1. ....: la suma de .... €.

2. ....: la suma de .... €.

Adjunto se acompaña como documento nº ......, balance de comprobación a fecha .... donde aparece toda la deuda referenciada y su desglose.

Como documento nº .... se acompaña resumen de la total deuda por acreedor.

Respecto a los créditos de derecho público, se manifiesta que no se pretende que el plan afecte al crédito público por lo que no resulta necesario acreditar que mi mandante está al corriente en el cumplimiento de sus obligaciones con la TGSS y con la AEAT.

SÉPTIMA. Circunstancias existentes o que puedan sobrevenir susceptibles de afectar al desarrollo o buen fin de las negociaciones.

El artículo 586.1.4º TRLC determina que el deudor debe expresar en la comunicación cualquier circunstancia existente o que pueda sobrevenir susceptible de afectar al desarrollo o al buen fin de las negociaciones.

A tales efectos manifestamos que el próximo inicio de ejecuciones singulares que puedan iniciar los principales acreedores de mi mandante, las entidades financieras antes citadas, puede suponer la insolvencia total y definitiva de mi mandante, quién no podrá continuar con la actividad propia de su objeto social, lo que le llevará necesariamente a tener que solicitar su declaración de concurso con apertura de liquidación.

De aprobarse un plan de reestructuración realista y adecuado a las circunstancias objetivas existentes, con la flexibilidad necesaria para que mi mandante pueda hacer frente de forma regular y puntual sus obligaciones de pago, en función de los ingresos propios de su actividad, la continuidad de mi representada sería viable, de no acontecer ningún acontecimiento externo, imprevisible, que lo haga imposible.

Más allá de lo anteriormente expuesto, no hay ninguna circunstancia existente a la fecha o que pueda sobrevenir susceptible de afectar al desarrollo o al buen fin de las negociaciones, que ya han sido iniciadas por mi mandante.

OCTAVA. Actividad o actividades que desarrolla la deudora, así como el importe de su activo y pasivo, la cifra de negocios y el número de trabajadores al cierre del ejercicio inmediatamente anterior a la fecha en que se presenta la comunicación.

En cumplimiento de lo dispuesto en el art. 586.1.5° TRLC se hacen constar los datos económicos más relevantes de la deudora .... al cierre del ejercicio inmediatamente anterior a la presentación de esta solicitud (ejercicio comprendido entre el ...... y el ......):

1. Actividad o actividades desarrolladas por ....: La mercantil .... tiene como objeto social .... Las actividades a las que de forma efectiva se dedica son las propias de su objeto social, y en concreto .... (Epígrafe IAE ..., Código de Actividad ...), que lleva a cabo en las instalaciones sitas en .... y ocupa a título de...........

2. Importe del activo: .... €, de los cuales .... € corresponden a activo no corriente, y ...... € a activo corriente.

3. Importe del pasivo: El patrimonio neto asciende a ...... €, siendo el pasivo no corriente de ...... €, y el pasivo corriente ...... €. El total patrimonio neto y pasivo asciende a .... €.

4. El importe neto de la cifra de negocios asciende a .... €.

En prueba de lo anterior se adjuntan los siguientes documentos:

Impuesto de Sociedades ejercicio ...... a .... Documento n° ....

Cuentas anuales ejercicio ...... a .... Documento n° ....

NOVENA. Bienes y/o derechos necesarios para la actividad.

Los bienes y derechos se consideran necesarios para la continuidad de la actividad empresarial de mi representada son los derechos de crédito frente a sus clientes, dado que si resultaren trabados no podría hacerse frente a los gastos inherentes a la continuidad de su actividad, así como la maquinaria necesaria para la producción.

En contra de estos bienes y o derechos de mi mandante no consta a la fecha se haya iniciado ninguna ejecución.

DÉCIMA. Contratos necesarios para la actividad.

No existen, en principio, contratos que pudieran reputarse necesarios para la continuidad de su actividad.

DÉCIMO PRIMERA. Solicitud de nombramiento de experto en la reestructuración. Retribución.

La deudora .... solicita el nombramiento de experto en la reestructuración de DON ...., con DNI ...., economista y auditor de cuentas, quién reúne todas las condiciones establecidas en el TRLC para el ejercicio del cargo de experto en la reestructuración, con conocimientos especializados jurídicos, financieros y empresariales adecuados para realizar las funciones propias del cargo, y quién además cumple los requisitos necesarios para ser administrador concursal conforme al TRLC, estando a tales efectos inscrito en la lista de administradores concursales, habiendo sido designado en múltiples procedimientos.

Se acompaña como documento nº ... el escrito de aceptación del experto para el caso de que resulte nombrado

En cuanto a su retribución, el importe y los plazos de devengo de la retribución pactada para el experto en la reestructuración asciende, tal y como consta en el escrito aportado, a la suma de .... €, impuestos aparte, que se devengarían una vez fuera nombrado por este Tribunal.

Adicionalmente a la cantidad anterior se devengarían otros .... €, impuestos aparte, en caso de aprobarse el Plan de Reestructuración.

Como documento nº ...... se acompaña certificado de la póliza de seguro de responsabilidad civil vigente y que tiene como asegurado al el experto propuesto para responder, en su caso, de posibles daños que el experto pudiera causar en el ejercicio de las funciones propias del cargo.

DÉCIMO SEGUNDA. Inexistencia de comunicación anterior a los efectos del art. 609 TRLC.

Interesa manifestar, a los efectos de lo previsto en el art. 609 TRLC, que la mercantil .... no ha formulado otra comunicación de apertura de negociaciones con sus acreedores en el año anterior a la presente a contar desde la presentación.

DÉCIMO TERCERA. Carácter reservado de la solicitud.

Se interesa por la deudora que la presente comunicación de la apertura de negociaciones de mi representada tenga carácter reservado.

En su virtud, procede y,

SUPLICO AL TRIBUNAL: Que teniendo por presentado escrito junto con la documentación acompañada, tenga por efectuada la COMUNICACIÓN DE LA APERTURA DE NEGOCIACIONES PARA INTENTAR ALCANZAR UN PLAN DE REESTRUCTURACIÓN POR EL RÉGIMEN ESPECIAL con los acreedores a instancias de la deudora, mi mandante, la mercantil ...., con nombramiento de DON ......, provisto de DNI nº ...., en el cargo de EXPERTO EN LA REESTRUCTURACIÓN, con todo lo demás que en Derecho proceda.

SUPLICO AL TRIBUNAL que tenga por hechas las manifestaciones que anteceden a los efectos oportunos.

I OTROSÍ DIGO: Que se interesa, para el supuesto de haber incurrido en cualquier defecto, cuide el Tribunal y el Letrado de la Administración de Justicia de que pueda ser subsanado, manifestándose al efecto, de forma expresa, y de conformidad con lo expuesto en el artículo 231 de la L.E.C., nuestra voluntad de cumplir los requisitos exigidos por la Ley. En su virtud, procede y

SUPLICO AL TRIBUNAL que tenga por hechas las manifestaciones que anteceden a los efectos oportunos.

En ......, a ..., de ...., de ....

F276. COMUNICACIÓN AL TRIBUNAL DE LA APERTURA DE COMUNICACIONES PARA ALCANZAR PLAN DE REESTRUCTURACIÓN. PERSONA JURÍDICA. INSOLVENCIA ACTUAL. SIN SOLICITUD NOMBRAMIENTO EXPERTO. SIN AFECCIÓN CRÉDITO PÚBLICO

AL TRIBUNAL DE INSTANCIA DE .... SECCIÓN DE LO MERCANTIL

DON ...., Procurador de los Tribunales, colegiado nº ...... del Ilustre Colegio de Procuradores de ...., y de la mercantil ...., con domicilio social en ...... (......), Calle ......, número ......, y provista de CIF nº ....; representación que acredito con la escritura de poder representación procesal que adjunto acompaño como documento nº 1; y actuando bajo la dirección letrada del Abogado D. ...., colegiado nº .... del Ilustre Colegio de Abogados de ......, ante el Tribunal comparezco y, como mejor proceda en Derecho, DIGO:

Que siguiendo expresas instrucciones de mi representada, por medio del presente escrito vengo a comunicar al Tribunal la apertura de negociaciones para intentar alcanzar un Plan de Reestructuración con sus acreedores, en base a los arts. 585, 586 y 682, 683 y 684, todos ellos Texto Refundido de la Ley Concursal (en adelante TRLC), formulando al efecto las siguientes:

ALEGACIONES

PRIMERA. De la situación de insolvencia afectante a la deudora.

.... se encuentra en situación de insolvencia actual, al no poder cumplir regular y puntualmente sus obligaciones (art. 2.3 del TRLC).

Mi mandante ya ha recibido burofaxes de dos de sus acreedores bancarios, las entidades .... SA y .... SA, comunicándoles el vencimiento anticipado de la deuda y requiriéndole de pago, bajo apercibimiento del inmediato inicio de acciones judiciales en su contra, no estando en condiciones de hacer frente a dicho pago.

Expresamente se hace constar que a día de hoy no ha sido admitida a trámite solicitud de declaración de concurso necesario de mi representada, razón por la que puede realizar la presente comunicación, según dispone el art. 585.2 del TRLC.

SEGUNDA. Razones que justifican la presente comunicación con referencia al estado de insolvencia actual en que se encuentra la deudora.

.... se encuentra en esta situación por los siguientes motivos: ....

Por ello, se hace necesario proceder a una reestructuración de la deuda con la finalidad de alcanzar un nivel de endeudamiento sostenible y optimizar su calendario de pagos, de

forma que éste se ajuste a su capacidad actual de generación de tesorería, así como de obtener nuevos ingresos de circulante para poder financiar su actividad productiva.

Sólo de este modo, con la aprobación de un Plan de reestructuración realista y adecuado a las circunstancias actuales, se podrá asegurar la continuidad de la actividad de la empresa, pues en otro caso mi mandante se verá abocada al concurso de acreedores y a su liquidación.

TERCERA. Fundamento de la competencia de este Tribunal para conocer de la presente comunicación.

Mi mandante, la mercantil ...., tiene su domicilio social en la ciudad de .... (.........), Calle ......, número ......, lugar en que se halla el centro de sus intereses principales.

En consecuencia, es éste el Tribunal competente para conocer de la presente comunicación, de conformidad con lo dispuesto en el art. 585.1, en relación con el art. 45, ambos del TRLC.

Adjunto se acompaña como documento nº ..., consistente en la escritura en la que consta dónde radica el domicilio social, toda vez que en base al art. 45 TRLC se presume que éste coincide con el centro de sus intereses principales.

Se deja constancia asimismo de que la deudora no ha modificado su domicilio social en los últimos 6 meses.

Informe del Registro Mercantil acreditativo de todo lo anterior.

CUARTA. Inaplicación del régimen especial de microempresas.

A .... no le es aplicable el procedimiento especial para microempresas al no reunir las características exigidas por el art. 685 TRLC.

En este sentido, se hace constar que el ejercicio social de mi representada abarca el periodo comprendido entre el .... de cada año y el ...... del siguiente.

En consecuencia, según las cuentas cerradas del último ejercicio anterior a la presente solicitud (del .... al ....) se hacen constar los siguientes datos, que excluyen la aplicación al presente supuesto el régimen especial previsto en el TRLC para las microempresas, sin perjuicio de remitirnos a lo que más adelante se dirá sobre los extremos a que se refiere el art. 586.1.5º de citado texto legal.

El número medio de trabajadores empleados durante el último ejercicio anterior no ha sido de menos de diez trabajadores. En concreto, la media ha sido de ...... tal y como acredito con la certificación de la TGSS que adjunto se acompaña como documento nº ....

El volumen de negocio anual correspondiente al ejercicio anterior no ha sido inferior a 700.000,00 €. En concreto ha sido de .... €.

Y el pasivo exigible, según las últimas cuentas cerradas del ejercicio anterior a la presentación de la solicitud no era inferior a 350.000,00 €. En concreto ascendía a ...... €.

Por todo ello, resulta inaplicable el régimen especial de microempresas.

QUINTA. Régimen preconcursal aplicable. Aplicación del régimen especial de planes de reestructuración previsto en los artículos 682, 683 y 684 del TRLC.

El artículo 682 establece el ámbito de aplicación del Régimen especial de Planes de Reestructuración, y los dos siguientes las especialidades en materia de comunicación y en materia de plan de reestructuración.

A tales efectos establece el art. 682 que las reglas especiales establecidas en dicho Título (V, del Libro II) serán de aplicación a las personas naturales o jurídicas que lleven a cabo una actividad empresarial o profesional, siempre que de acuerdo con el balance el ejercicio anterior al que se haga la comunicación (o se presente la solicitud de homologación) se cumplan las siguientes circunstancias.

1°. Una circunstancia de carácter necesario, y que consiste en que el número medio de trabajadores empleados durante el ejercicio anterior no sea superior a 49 personas (esto es, inferior a 50).

2°. Una circunstancia doble pero alternativa, bastando con que se cumpla una de ellas para que, de concurrir en todo caso el anterior, sea de aplicación este régimen especial, a saber: a) que el volumen de negocios anual no supere los 10.000.000,00 €, b) que el balance general anual no supere la indicada cifra de 10.000.000,00 €.

De acuerdo con ello y conforme se ha indicado anteriormente, de acuerdo con el balance del ejercicio anterior al que se efectúa la presente comunicación (......... a ....), resulta que, por lo que respecta a la deudora ......:

1°. El número medio de trabajadores no ha sido superior a 49 personas. Ha sido de ......

2°. Su volumen de negocio fue de .... €, por lo que no ha superado los 10.000.000,00 €.

Cumpliéndose este requisito alternativo, así como el anterior (necesario), y aun cuando no se cumple el otro alternativo previsto en el art. 682.2° TRLC, consistente en que el balance general anual (activo) sea inferior a 10.000.000,00 € (pues fue superior al situarse en ....), resulta necesariamente de aplicación este régimen especial.

Por otra parte, mi mandante es una persona jurídica con actividad empresarial, y no pertenece a un grupo obligado a consolidar (art. 682.2 TRLC).

En consecuencia, resulta de aplicación el régimen especial de los arts. 682, 683 y 684 del TRLC (especialidades en materia de comunicación, y en materia de plan de reestructuración).

SEXTA. Relación de acreedores con los que se han iniciado o se tiene intención de iniciar las negociaciones, el importe de los créditos de cada uno de ellos y el importe total de los créditos.

Mi mandante ha iniciado negociaciones con los siguientes acreedores con la finalidad de alcanzar un plan de reestructuración que permita superar su situación de insolvencia:

1. ...., con domicilio social en ......, Calle ...., número ......, y con CIF ....

2. ....

No existen acreedores especialmente relacionados con el deudor.

El importe de los créditos de estos acreedores ascienden a un total, de .... euros (...... €).

Y ello según el siguiente desglose:

1. ....: la suma de .... €.

2. ....: la suma de .... €.

Adjunto se acompaña como documento nº ......, balance de comprobación a fecha .... donde aparece toda la deuda referenciada y su desglose.

Como documento nº .... se acompaña resumen de la total deuda por acreedor.

Respecto a los créditos de derecho público, se manifiesta que no se pretende que el plan afecte al crédito público por lo que no resulta necesario acreditar que mi mandante está al corriente en el cumplimiento de sus obligaciones con la TGSS y con la AEAT.

SÉPTIMA. Circunstancias existentes o que puedan sobrevenir susceptibles de afectar al desarrollo o buen fin de las negociaciones.

El artículo 586.1.4º TRLC determina que el deudor debe expresar en la comunicación cualquier circunstancia existente o que pueda sobrevenir susceptible de afectar al desarrollo o al buen fin de las negociaciones.

A tales efectos manifestamos que el próximo inicio de ejecuciones singulares que puedan iniciar los principales acreedores de mi mandante, las entidades financieras antes citadas, puede suponer la insolvencia total y definitiva de mi mandante, quién no podrá continuar con la actividad propia de su objeto social, lo que le llevará necesariamente a tener que solicitar su declaración de concurso con apertura de liquidación.

De aprobarse un plan de reestructuración realista y adecuado a las circunstancias objetivas existentes, con la flexibilidad necesaria para que mi mandante pueda hacer frente de forma regular y puntual sus obligaciones de pago, en función de los ingresos propios de su actividad, la continuidad de mi representada sería viable, de no acontecer ningún acontecimiento externo, imprevisible, que lo haga imposible.

Más allá de lo anteriormente expuesto, no hay ninguna circunstancia existente a la fecha o que pueda sobrevenir susceptible de afectar al desarrollo o al buen fin de las negociaciones, que ya han sido iniciadas por mi mandante.

OCTAVA. Actividad o actividades que desarrolla la deudora, así como el importe de su activo y pasivo, la cifra de negocios y el número de trabajadores al cierre del ejercicio inmediatamente anterior a la fecha en que se presenta la comunicación.

En cumplimiento de lo dispuesto en el art. 586.1.5° TRLC se hacen constar los datos económicos más relevantes de la deudora .... al cierre del ejercicio inmediatamente anterior a la presentación de esta solicitud (ejercicio comprendido entre el ...... y el ......):

1. Actividad o actividades desarrolladas por ....: La mercantil .... tiene como objeto social .... Las actividades a las que de forma efectiva se dedica son las propias de su objeto social, y en concreto .... (Epígrafe IAE ..., Código de Actividad ...), que lleva a cabo en las instalaciones sitas en .... y ocupa a título de...........

2. Importe del activo: .... €, de los cuales .... € corresponden a activo no corriente, y ...... € a activo corriente.

3. Importe del pasivo: El patrimonio neto asciende a ...... €, siendo el pasivo no corriente de ...... €, y el pasivo corriente ...... €. El total patrimonio neto y pasivo asciende a .... €.

4. El importe neto de la cifra de negocios asciende a .... €.

En prueba de lo anterior se adjuntan los siguientes documentos:

Impuesto de Sociedades ejercicio ...... a .... Documento n° ....

Cuentas anuales ejercicio ...... a .... Documento n° ....

NOVENA. Bienes y/o derechos necesarios para la actividad.

Los bienes y derechos se consideran necesarios para la continuidad de la actividad empresarial de mi representada son los derechos de crédito frente a sus clientes, dado que si resultaren trabados no podría hacerse frente a los gastos inherentes a la continuidad de su actividad, así como la maquinaria necesaria para la producción.

En contra de estos bienes y o derechos de mi mandante no consta a la fecha se haya iniciado ninguna ejecución.

DÉCIMA. Contratos necesarios para la actividad.

No existen, en principio, contratos que pudieran reputarse necesarios para la continuidad de su actividad.

DÉCIMO PRIMERA. Inexistencia de comunicación anterior a los efectos del art. 609 TRLC.

Interesa manifestar, a los efectos de lo previsto en el art. 609 TRLC, que la mercantil .... no ha formulado otra comunicación de apertura de negociaciones con sus acreedores en el año anterior a la presente a contar desde la presentación.

DÉCIMO SEGUNDA. Carácter reservado de la solicitud.

Se interesa por la deudora que la presente comunicación de la apertura de negociaciones de mi representada tenga carácter reservado.

En su virtud, procede y,

SUPLICO AL TRIBUNAL: Que teniendo por presentado escrito junto con la documentación acompañada, tenga por efectuada la COMUNICACIÓN DE LA APERTURA DE NEGOCIACIONES PARA INTENTAR ALCANZAR UN PLAN DE REESTRUCTURACIÓN POR EL RÉGIMEN ESPECIAL con los acreedores a instancias de la deudora, mi mandante, la mercantil ...., con todo lo demás que en Derecho proceda.

SUPLICO AL TRIBUNAL que tenga por hechas las manifestaciones que anteceden a los efectos oportunos.

I OTROSÍ DIGO: Que se interesa, para el supuesto de haber incurrido en cualquier defecto, cuide el Tribunal y el Letrado de la Administración de Justicia de que pueda ser subsanado, manifestándose al efecto, de forma expresa, y de conformidad con lo expuesto en el artículo 231 de la L.E.C., nuestra voluntad de cumplir los requisitos exigidos por la Ley. En su virtud, procede y

SUPLICO AL TRIBUNAL que tenga por hechas las manifestaciones que anteceden a los efectos oportunos.

En ......, a ..., de ...., de ....

F277. COMUNICACIÓN AL TRIBUNAL DE LA APERTURA DE COMUNICACIONES PARA ALCANZAR PLAN DE REESTRUCTURACIÓN. PERSONA JURÍDICA. INSOLVENCIA ACTUAL. SIN SOLICITUD NOMBRAMIENTO EXPERTO. CON AFECCIÓN CRÉDITO PÚBLICO

AL TRIBUNAL DE INSTANCIA DE .... SECCIÓN DE LO MERCANTIL

DON ...., Procurador de los Tribunales, colegiado nº ...... del Ilustre Colegio de Procuradores de ...., y de la mercantil ...., con domicilio social en ...... (......), Calle ......, número ......, y provista de CIF nº ....; representación que acredito con la escritura de poder representación procesal que adjunto acompaño como documento nº 1; y actuando bajo la dirección letrada del Abogado D. ...., colegiado nº .... del Ilustre Colegio de Abogados de ......, ante el Tribunal comparezco y, como mejor proceda en Derecho, DIGO:

Que siguiendo expresas instrucciones de mi representada, por medio del presente escrito vengo a comunicar al Tribunal la apertura de negociaciones para intentar alcanzar un Plan de Reestructuración con sus acreedores, en base a los arts. 585, 586 y 682, 683 y 684, todos ellos Texto Refundido de la Ley Concursal (en adelante TRLC), formulando al efecto las siguientes:

ALEGACIONES

PRIMERA. De la situación de insolvencia afectante a la deudora.

.... se encuentra en situación de insolvencia actual, al no poder cumplir regular y puntualmente sus obligaciones (art. 2.3 del TRLC).

Mi mandante ya ha recibido burofaxes de dos de sus acreedores bancarios, las entidades .... SA y .... SA, comunicándoles el vencimiento anticipado de la deuda y requiriéndole de pago, bajo apercibimiento del inmediato inicio de acciones judiciales en su contra, no estando en condiciones de hacer frente a dicho pago.

Expresamente se hace constar que a día de hoy no ha sido admitida a trámite solicitud de declaración de concurso necesario de mi representada, razón por la que puede realizar la presente comunicación, según dispone el art. 585.2 del TRLC.

SEGUNDA. Razones que justifican la presente comunicación con referencia al estado de insolvencia actual en que se encuentra la deudora.

.... se encuentra en esta situación por los siguientes motivos: ....

Por ello, se hace necesario proceder a una reestructuración de la deuda con la finalidad de alcanzar un nivel de endeudamiento sostenible y optimizar su calendario de pagos, de

forma que éste se ajuste a su capacidad actual de generación de tesorería, así como de obtener nuevos ingresos de circulante para poder financiar su actividad productiva.

Sólo de este modo, con la aprobación de un Plan de reestructuración realista y adecuado a las circunstancias actuales, se podrá asegurar la continuidad de la actividad de la empresa, pues en otro caso mi mandante se verá abocada al concurso de acreedores y a su liquidación.

TERCERA. Fundamento de la competencia de este Tribunal para conocer de la presente comunicación.

Mi mandante, la mercantil ...., tiene su domicilio social en la ciudad de .... (.........), Calle ......, número ......, lugar en que se halla el centro de sus intereses principales.

En consecuencia, es éste el Tribunal competente para conocer de la presente comunicación, de conformidad con lo dispuesto en el art. 585.1, en relación con el art. 45, ambos del TRLC.

Adjunto se acompaña como documento nº ..., consistente en la escritura en la que consta dónde radica el domicilio social, toda vez que en base al art. 45 TRLC se presume que éste coincide con el centro de sus intereses principales.

Se deja constancia asimismo de que la deudora no ha modificado su domicilio social en los últimos 6 meses.

Informe del Registro Mercantil acreditativo de todo lo anterior.

CUARTA. Inaplicación del régimen especial de microempresas.

A .... no le es aplicable el procedimiento especial para microempresas al no reunir las características exigidas por el art. 685 TRLC.

En este sentido, se hace constar que el ejercicio social de mi representada abarca el periodo comprendido entre el .... de cada año y el ...... del siguiente.

En consecuencia, según las cuentas cerradas del último ejercicio anterior a la presente solicitud (del .... al ....) se hacen constar los siguientes datos, que excluyen la aplicación al presente supuesto el régimen especial previsto en el TRLC para las microempresas, sin perjuicio de remitirnos a lo que más adelante se dirá sobre los extremos a que se refiere el art. 586.1.5º de citado texto legal.

El número medio de trabajadores empleados durante el último ejercicio anterior no ha sido de menos de diez trabajadores. En concreto, la media ha sido de ...... tal y como acredito con la certificación de la TGSS que adjunto se acompaña como documento nº ....

El volumen de negocio anual correspondiente al ejercicio anterior no ha sido inferior a 700.000,00 €. En concreto ha sido de .... €.

Y el pasivo exigible, según las últimas cuentas cerradas del ejercicio anterior a la presentación de la solicitud no era inferior a 350.000,00 €. En concreto ascendía a ...... €.

Por todo ello, resulta inaplicable el régimen especial de microempresas.

QUINTA. Régimen preconcursal aplicable. Aplicación del régimen especial de planes de reestructuración previsto en los artículos 682, 683 y 684 del TRLC.

El artículo 682 establece el ámbito de aplicación del Régimen especial de Planes de Reestructuración, y los dos siguientes las especialidades en materia de comunicación y en materia de plan de reestructuración.

A tales efectos establece el art. 682 que las reglas especiales establecidas en dicho Título (V, del Libro II) serán de aplicación a las personas naturales o jurídicas que lleven a cabo una actividad empresarial o profesional, siempre que de acuerdo con el balance el ejercicio anterior al que se haga la comunicación (o se presente la solicitud de homologación) se cumplan las siguientes circunstancias.

1ª. Una circunstancia de carácter necesario, y que consiste en que el número medio de trabajadores empleados durante el ejercicio anterior no sea superior a 49 personas (esto es, inferior a 50).

2ª. Una circunstancia doble pero alternativa, bastando con que se cumpla una de ellas para que, de concurrir en todo caso el anterior, sea de aplicación este régimen especial, a saber: a) que el volumen de negocios anual no supere los 10.000.000,00 €, b) que el balance general anual no supere la indicada cifra de 10.000.000,00 €.

De acuerdo con ello y conforme se ha indicado anteriormente, de acuerdo con el balance del ejercicio anterior al que se efectúa la presente comunicación (......... a ....), resulta que, por lo que respecta a la deudora ......:

1ª. El número medio de trabajadores no ha sido superior a 49 personas. Ha sido de ......

2ª. Su volumen de negocio fue de .... €, por lo que no ha superado los 10.000.000,00 €.

Cumpliéndose este requisito alternativo, así como el anterior (necesario), y aun cuando no se cumple el otro alternativo previsto en el art. 682.2º TRLC, consistente en que el balance general anual (activo) sea inferior a 10.000.000,00 € (pues fue superior al situarse en ....), resulta necesariamente de aplicación este régimen especial.

Por otra parte, mi mandante es una persona jurídica con actividad empresarial, y no pertenece a un grupo obligado a consolidar (art. 682.2 TRLC).

En consecuencia, resulta de aplicación el régimen especial de los arts. 682, 683 y 684 del TRLC (especialidades en materia de comunicación, y en materia de plan de reestructuración).

SEXTA. Relación de acreedores con los que se han iniciado o se tiene intención de iniciar las negociaciones, el importe de los créditos de cada uno de ellos y el importe total de los créditos.

Mi mandante ha iniciado negociaciones con los siguientes acreedores con la finalidad de alcanzar un plan de reestructuración que permita superar su situación de insolvencia:

1. ...., con domicilio social en ......, Calle ...., número ......, y con CIF ....

2. ....

No existen acreedores especialmente relacionados con el deudor.

El importe de los créditos de estos acreedores ascienden a un total, de .... euros (...... €).

Y ello según el siguiente desglose:

1. ....: la suma de .... €.

2. ....: la suma de .... €.

Adjunto se acompaña como documento nº ......, balance de comprobación a fecha .... donde aparece toda la deuda referenciada y su desglose.

Como documento nº .... se acompaña resumen de la total deuda por acreedor.

Respecto a los créditos de derecho público, se manifiesta que ascienden a un total pendiente de pago de .... € a favor de la Agencia Tributaria Autonómica, estando dicho importe aplazado en virtud de los siguiente aplazamiento/fraccionamiento:..............., tal como acreditad con el documento nº ......, donde constan los plazos e importes pendientes.

Por otro lado, se hace constar que mi mandante está al corriente en el cumplimiento de sus obligaciones con la TGSS y con la AEAT, como se acredita con las certificaciones que se adjuntamos como documento nº ......y nº ....

SÉPTIMA. Circunstancias existentes o que puedan sobrevenir susceptibles de afectar al desarrollo o buen fin de las negociaciones.

El artículo 586.1.4º TRLC determina que el deudor debe expresar en la comunicación cualquier circunstancia existente o que pueda sobrevenir susceptible de afectar al desarrollo o al buen fin de las negociaciones.

A tales efectos manifestamos que el próximo inicio de ejecuciones singulares que puedan iniciar los principales acreedores de mi mandante, las entidades financieras antes citadas, puede suponer la insolvencia total y definitiva de mi mandante, quién no podrá continuar con la actividad propia de su objeto social, lo que le llevará necesariamente a tener que solicitar su declaración de concurso con apertura de liquidación.

De aprobarse un plan de reestructuración realista y adecuado a las circunstancias objetivas existentes, con la flexibilidad necesaria para que mi mandante pueda hacer frente de forma regular y puntual sus obligaciones de pago, en función de los ingresos propios de su actividad, la continuidad de mi representada sería viable, de no acontecer ningún acontecimiento externo, imprevisible, que lo haga imposible.

Más allá de lo anteriormente expuesto, no hay ninguna circunstancia existente a la fecha o que pueda sobrevenir susceptible de afectar al desarrollo o al buen fin de las negociaciones, que ya han sido iniciadas por mi mandante.

OCTAVA. Actividad o actividades que desarrolla la deudora, así como el importe de su activo y pasivo, la cifra de negocios y el número de trabajadores al cierre del ejercicio inmediatamente anterior a la fecha en que se presenta la comunicación.

En cumplimiento de lo dispuesto en el art. 586.1.5° TRLC se hacen constar los datos económicos más relevantes de la deudora .... al cierre del ejercicio inmediatamente anterior a la presentación de esta solicitud (ejercicio comprendido entre el ...... y el ......):

1. Actividad o actividades desarrolladas por ....: La mercantil .... tiene como objeto social .... Las actividades a las que de forma efectiva se dedica son las propias de su objeto social, y en concreto .... (Epígrafe IAE ..., Código de Actividad ...), que lleva a cabo en las instalaciones sitas en .... y ocupa a título de...........

2. Importe del activo: .... €, de los cuales .... € corresponden a activo no corriente, y ...... € a activo corriente.

3. Importe del pasivo: El patrimonio neto asciende a ...... €, siendo el pasivo no corriente de ...... €, y el pasivo corriente ...... €. El total patrimonio neto y pasivo asciende a .... €.

4. El importe neto de la cifra de negocios asciende a .... €.

En prueba de lo anterior se adjuntan los siguientes documentos:

Impuesto de Sociedades ejercicio ...... a .... Documento n° ....

Cuentas anuales ejercicio ...... a .... Documento n° ....

NOVENA. Bienes y/o derechos necesarios para la actividad.

Los bienes y derechos se consideran necesarios para la continuidad de la actividad empresarial de mi representada son los derechos de crédito frente a sus clientes, dado que si resultaren trabados no podría hacerse frente a los gastos inherentes a la continuidad de su actividad, así como la maquinaria necesaria para la producción.

En contra de estos bienes y o derechos de mi mandante no consta a la fecha se haya iniciado ninguna ejecución.

DÉCIMA. Contratos necesarios para la actividad.

No existen, en principio, contratos que pudieran reputarse necesarios para la continuidad de su actividad.

DÉCIMO PRIMERA. Inexistencia de comunicación anterior a los efectos del art. 609 TRLC.

Interesa manifestar, a los efectos de lo previsto en el art. 609 TRLC, que la mercantil .... no ha formulado otra comunicación de apertura de negociaciones con sus acreedores en el año anterior a la presente a contar desde la presentación.

DÉCIMO SEGUNDA. Carácter reservado de la solicitud.

Se interesa por la deudora que la presente comunicación de la apertura de negociaciones de mi representada tenga carácter reservado.

En su virtud, procede y,

SUPLICO AL TRIBUNAL: Que teniendo por presentado escrito junto con la documentación acompañada, tenga por efectuada la COMUNICACIÓN DE LA APERTURA DE NEGOCIACIONES PARA INTENTAR ALCANZAR UN PLAN DE REESTRUCTURACIÓN POR EL RÉGIMEN ESPECIAL con los acreedores a instancias de la deudora, mi mandante, la mercantil ...., con todo lo demás que en Derecho proceda.

SUPLICO AL TRIBUNAL que tenga por hechas las manifestaciones que anteceden a los efectos oportunos.

I OTROSÍ DIGO: Que se interesa, para el supuesto de haber incurrido en cualquier defecto, cuide el Tribunal y el Letrado de la Administración de Justicia de que pueda ser subsanado, manifestándose al efecto, de forma expresa, y de conformidad con lo expuesto en el artículo 231 de la L.E.C., nuestra voluntad de cumplir los requisitos exigidos por la Ley. En su virtud, procede y

SUPLICO AL TRIBUNAL que tenga por hechas las manifestaciones que anteceden a los efectos oportunos.

En ......, a ..., de ...., de ....

Modelo oficial art. 684 Ley Concursal (Plan de reestructuración)

En virtud del art. 684 de la Ley Concursal, el Plan de reestructuración se presentara´ en el siguiente modelo oficial, puesto a disposición del usuario para su descarga y cumplimentación.

Descripción

A continuación podrá descargar y cumplimentar el modelo 684 de la Ley Concursal.

· Modelo 684 oficial

¿Qué es el modelo 684 de la Ley Concursal?

Es el modelo oficial que debemos cumplimentar para la presentación del plan de reestructuración de acuerdo con los requisitos de contenidos del art. 633 de la Ley Concursal.

Estará disponible por medios electrónicos tanto en esta Sede como en las notarías u oficinas del registro mercantil.

¿A quién se dirige?

El modelo aplica a las personas físicas o jurídicas, que lleven a cabo una actividad empresarial o profesional, que:

· hayan tenido un número medio de empleados durante el ejercicio anterior no superior a 49 y

· cuyo volumen de negocio anual o balance general anual no supere los 10 millones de euros.

El modelo no será aplicable cuando el deudor tenga la condición de microempresa y deba quedar sujeto al procedimiento especial para microempresas del Libro tercero desde el 1 de enero de 2023.

Directrices prácticas sobre la cumplimentación del modelo

Accede al contenido del documento con las directrices prácticas a continuación:

· DIRECTRICES PRÁCTICAS PARA EL FORMULARIO DEL ARTÍCULO 684 DE LA LEY 16/2022, DE 5 DE SEPTIEMBRE

Información adicional

Al modelo oficial 684 se acompañarán:

· las certificaciones de estar al corriente de obligaciones con la AEAT y la TGSS.

o URL solicitud certificado de estar al corriente de obligaciones tributarias

o URL solicitud certificado de estar al corriente de obligaciones en la Seguridad Social

· el fichero de Cuenta de Pérdidas y Ganancias (PyG), Fondos Propios (FP) y Flujos de Caja, para añadir a los requisitos de los ordinales 3°, 4°, 9° y 10° del artículo 633 de la Ley Concursal:

· PyG, FP y FC modelo Ministerio Justicia

Normativa

https://www.boe.es/buscar/act.php?id=BOE-A-2020-4859

MODELO art.684 LC 16/2022, de 5 de septiembre
PLAN DE REESTRUCTURACIÓN

El plan de reestructuración se podrá presentar en el modelo oficial, que estará disponible por medios electrónicos en la sede judicial electrónica, en las notarías u oficinas del registro mercantil. Incluirá directrices prácticas sobre la manera de redactar el plan de reestructuración de conformidad con la normativa.

Identidad del Deudor/a

Tipo de persona Física Jurídica	Tipo de identificación *En caso de persona jurídica seleccionar NIF* DNI	Número de identificación

Nombre/Razón Social **Si marca persona jurídica no debe rellenar los campos de primer y segundo apellido.*	Primer Apellido	Segundo Apellido

Órgano-administración de la empresa

Domicilio del deudor/a - Domicilio social

Tipo de vía	Nombre de vía	Nº	Piso	Puerta

Comunidad Autónoma	Provincia	Municipio	CP

Teléfono	Correo Electrónico

Datos relativos a la empresa

En el ejercicio anterior a la comunicación de apertura de negociaciones con los acreedores o solicitud de homologación del presente plan de reestructuración:

	No	Sí
He empleado una media inferior a cuarenta y nueve trabajadores.	☐	☐
Mi volumen de negocio o balance general anual es inferior a los diez millones	☐	☐
Mi sociedad no pertenece a ningún grupo obligado a consolidar	☐	☐
Tengo la condición de microempresa	☐	☐
Tipo insolvencia Probabilidad de insolvencia Insolvencia inminente Insolvencia actual	☐	☐

Identidad del experto/a encargado de la reestructuración (si hubiera sido nombrado)

Tipo de persona Física Jurídica	Tipo de identificación *En caso de persona jurídica seleccionar NIF* DNI	Número de identificación

Nombre/Razón Social **Si marca persona jurídica no debe rellenar los campos de apellidos.*	Primer Apellido	Segundo Apellido

Domicilio del experto/a encargado/a de la reestructuración				
Tipo de vía	Nombre de vía	Nº	Piso	Puerta
Comunidad Autónoma	Provincia	Municipio	CP	
Teléfono	Correo Electrónico			

Descripción de la situación económica del deudor/a, de la situación de los trabajadores y de las causas y del alcance de las dificultades del deudor/a

Activo y Pasivo del deudor/a en el momento de formalizar el plan de reestructuración (importe total)	
Activo:	Pasivo:

Acreedores cuyos créditos van a quedar afectados por el plan (indicar el número total de acreedores que vayan a quedar afectados por el plan)
Deberá detallar el nombre o clase, importe de crédito e interés, cuantía en que vayan a quedar afectados y cómo van a serlo y la clase (créditos financieros, créditos con garantía real o créditos de derecho público) del o los acreedores en el Excel que se adjunta al presente modelo:

Contratos con obligaciones recíprocas pendientes de cumplimiento que, en su caso , vayan a quedar resueltos en virtud del plan (indicar el número total de contratos con obligaciones recíprocas pendientes de cumplimiento que vayan a quedar resueltos en virtud del plan)
Deberá detallar los contratos con obligaciones recíprocas pendientes de cumplimiento que vayan a quedar resueltos en virtud del plan en el Excel que se adjunta al presente modelo.

Valor nominal de las acciones o participaciones sociales si el plan afectase a los derechos de los socios/as
Valor nominal acciones o participaciones sociales:

Acreedores o socios/as que no vayan a quedar afectados por el plan (indicar el número total de acreedores que no vayan a quedar afectados por el plan)
Deberá detallar la lista de acreedores o socios no afectados identificados individualmente o por clases de acreedores, indicando las razones de su no afectación en el Excel que se adjunta al presente modelo:

Medidas de reestructuración operativa propuestas, duración, flujos de caja, medidas de reestructuración financiera, financiación interina y nueva financiación, justificación y consecuencias globales para el empleo.	
Condiciones necesarias para el éxito del plan de reestructuración	
Medidas de información y consulta con los trabajadores de contenido económico	
En el caso de que se pretenda que el plan de reestructuración afecte al crédito público, acreditación de encontrarse al corriente en el cumplimiento de las obligaciones tributarias y frente a la Seguridad Social	
¿Se encuentra al corriente con el cumplimiento de las obligaciones tributarias y frente a la Seguridad Social? Sí No	Enviar documento rellenado con el adjunto de la documentación asociada a este campo.
Fecha:	Firma:

DIRECTRICES PRÁCTICAS PARA EL FORMULARIO DEL ARTÍCULO 684 DE LA LEY CONCURSAL

En virtud del art. 684 de ley de referencia, el plan de reestructuración se presentará en modelo oficial electrónicamente de acuerdo con los requisitos de contenido del art. 633 del citado texto legal.

El art. 684 dispone que ese contenido del plan que se incluirá en el modelo oficial tendrá unas directrices prácticas sobre lo que realmente se solicita. El tenor literal del precepto dispone lo siguiente:

Artículo 684. Especialidades en materia de plan de reestructuración.

1. El plan de reestructuración se podrá presentar en el modelo oficial, que estará disponible por medios electrónicos en la sede judicial electrónica, en las notarías u oficinas del registro mercantil y estará adaptado a las necesidades de las pequeñas

empresas y se facilitará, además de en castellano, en las demás lenguas oficiales del Estado para, en su caso, su uso en las respectivas Comunidades Autónomas de acuerdo con sus Estatutos. Incluirá directrices prácticas sobre la manera de redactar el plan de reestructuración de conformidad con la normativa. El instrumento público que se formalice tendrá la consideración de documento sin cuantía a los efectos de determinación de los honorarios del notario que lo autorice. Los folios de la matriz y de las primeras copias que se expidan no devengarán cantidad alguna.

Por su parte, el artículo 633 determina el contenido mínimo del plan de reestructuración sobre el que se han fijado las Directrices prácticas.

Artículo 633. Contenido del plan de reestructuración.

Los planes de reestructuración sometidos a este título contendrán, como mínimo, las siguientes menciones:

1.ª La identidad del deudor.

2.ª La identidad del experto encargado de la reestructuración, si hubiera sido nombrado.

3.ª Una descripción de la situación económica del deudor y de la situación de los trabajadores, y una descripción de las causas y del alcance de las dificultades del deudor.

4.ª El activo y el pasivo del deudor en el momento de formalizar el plan de reestructuración.

5.ª Los acreedores cuyos créditos van a quedar afectados por el plan, identificados individualmente o descritos por clases, con expresión del importe de su crédito que vaya a quedar afectado e intereses y la clase a la que pertenezcan.

6.ª Los contratos con obligaciones recíprocas pendientes de cumplimiento que, en su caso, vayan a quedar resueltos en virtud del plan.

7.ª Si el plan afectase a los derechos de los socios, el valor nominal de sus acciones o participaciones sociales.

8.ª Los acreedores o socios que no vayan a quedar afectados por el plan, mencionados individualmente o descritos por clases, así como las razones de la no afectación.

9.ª Las medidas de reestructuración operativa propuestas, la duración, en su caso, de esas medidas y los flujos de caja estimados del plan, así como las medidas de reestructuración financiera de la deuda, incorporando la financiación interina y la nueva financiación prevista en el plan de reestructuración, con justificación de su necesidad y, en su caso, las consecuencias globales para el empleo, como despidos, acuerdos sobre reducción de jornada o medidas similares.

10.ª La exposición de las condiciones necesarias para el éxito del plan de reestructuración y de las razones por las que ofrece una perspectiva razonable de garantizar la viabilidad de la empresa, en el corto y medio plazo, y evitar el concurso del deudor.

11.ª Las medidas de información y consulta con los trabajadores que, de conformidad con la legislación laboral aplicable, se hayan adoptado o se vayan a adoptar, incluida la información de contenido económico relativa al plan de reestructuración, así como las previstas en los casos de adopción de las medidas de reestructuración operativas. 12.ª En el caso de que se pretenda que el plan de reestructuración afecte al crédito público, se incluirá la acreditación de encontrarse al corriente en el cumplimiento de las obligaciones tributarias y frente a la Seguridad Social mediante la presentación de las correspondientes certificaciones emitidas por la Agencia Estatal de la Administración Tributaria y la Tesorería General de la Seguridad Social.

En línea con lo anterior y de conformidad con el artículo 682, el modelo se aplica a las personas físicas o jurídicas, que lleven a cabo una actividad empresarial o profesional, que:

· haya un tenido un número medio de empleados durante el ejercicio anterior no superior a 49 y,

· cuyo volumen de negocio anual o balance general anual no supere los 10 millones de euros.

– Las directrices prácticas a incluir en el modelo oficial (formulario) y que se corresponden con la relación del art. 633 son las siguientes:

1.ª La identidad del deudor

1. Ha de indicarse el nombre y apellidos o razón social, número de identificación fiscal, domicilio empresarial o profesional y dirección de correo electrónico.

2.ª La identidad del experto encargado de la reestructuración, si hubiera sido nombrado

1. Si se ha nombrado un experto, consigne aquí su nombre y apellidos o razón social, dirección, número de identificación fiscal y correo electrónico.

La designación de un experto encargado de la reestructuración no es obligatoria, salvo en ciertos casos previstos en el artículo 672. El deudor puede solicitarlo voluntariamente. Su régimen de nombramiento, que corresponde hacer a la autoridad judicial, y retribución está regulado en los artículos 672 y siguientes de la Ley.

3.ª Una descripción de la situación económica del deudor y de la situación de los trabajadores, y una descripción de las causas y del alcance de las dificultades del deudor y

4.ª El activo y el pasivo del deudor en el momento de formalizar el plan de reestructuración

1. Definir la actividad generadora de ventas para el deudor.

2. Cuenta de pérdidas y ganancias y balance de situación del ejercicio en curso (hasta la fecha de presentación del plan) y de los dos ejercicios anteriores siguiendo el mismo modelo de presentación que el utilizado para la presentación de las cuentas anuales en el registro mercantil o en la declaración del Impuesto sobre Sociedades. En el caso de grupos consolidados se presentarán la información consolidada e individual de la matriz del grupo. Con relación a los siguientes epígrafes la información se referirá al grupo consolidado o a la sociedad individual en el caso de que no exista grupo de sociedades.

3. Evolución de los ingresos de explotación (ventas) en el periodo indicado en el expositivo 1.2 y causas

4. Evolución de los aprovisionamientos (costes de materias primas y auxiliares) en el periodo indicado en el expositivo 1.2 y causas

5. Evolución de los gastos de personal en el periodo indicado en el expositivo 1.2 y causas 6. Evolución de la plantilla en número de personas indicado en el expositivo 1.2 y causas. 1.7. Evolución de los costes de energía en el periodo indicado en el expositivo 1.2 y causas. 1.8. Evolución del resultado de explotación en el periodo indicado en el expositivo 1.2 y causas 1.9. Evolución del resultado de explotación más amortizaciones (generación de caja del negocio) en el periodo indicado en el expositivo 1.2 y causas

10. Evolución del resultado financiero en el periodo indicado en el expositivo 1.2 y causas

11. Evolución del resultado del ejercicio/periodo después de impuestos en el periodo indicado en el expositivo 1.2 y causas.

12. Evolución de la cifra de deudores comerciales, existencias y proveedores en balance (capital circulante) en el periodo indicado en el expositivo 1.2 y causas

13. Evolución de la tesorería en el periodo indicado en el expositivo 1.2 y causas e importe de tesorería a la fecha de presentación del plan.

14. Inversiones en inmovilizado material o inmaterial en el periodo en el periodo indicado en el expositivo 1.2 y causas.

15. Evolución de la financiación ajena (recursos ajenos) en el periodo indicado en el expositivo

1.2 y causas. Tipo de financiación a fecha de presentación del plan: importes por entidad financiera, vencimientos (mensuales, trimestrales, semestrales o anuales), tipo de interés y garantías (hipotecarias, mobiliarias, ICO, CESCE u otras), y tipo de financiación (prestamos, líneas de crédito, bonos, factoring, confirming, descuento de facturas, etc.)

1.16. Evolución de los fondos propios en el periodo indicado en el expositivo 1.2.

1.17. Instalaciones fabriles, en su caso, o aquellas donde se realice la actividad. Indicar son en propiedad o alquiladas. En caso de ser en propiedad, indicar si están hipotecadas y el importe de la hipoteca.

5.ª Los acreedores cuyos créditos van a quedar afectados por el plan, identificados individualmente o descritos por clases, con expresión del importe de su crédito que vaya a quedar afectado e intereses y la clase a la que pertenezcan

1. Han de indicarse los créditos que vayan a quedar afectados por el plan, individualmente o descritos por clases de créditos,

2. Su importe de principal e intereses,

3. La cuantía en que vayan a quedar afectados y cómo van a serlo (por ejemplo, mediante quitas, esperas o conversiones en capital).

4. Las clases en las que se ha separado para aprobar el plan.

- Créditos afectados. Por créditos afectados se entiende aquellos que vean modificados sus términos y condiciones mediante, por ejemplo, quitas o esperas, su conversión en créditos participativos o en acciones o participaciones (Art. 616). El plan de reestructuración puede afectar a todos los créditos, salvo los laborales, los derivados de daños extracontractuales y de obligaciones alimenticias. Los créditos de derecho público únicamente pueden ser afectados mediante esperas en los términos previstos en el artículo 616 bis de la Ley.

  No obstante, dentro de todos los créditos que pueden ser potencialmente afectados, el plan puede limitarse a una sola categoría de créditos, por ejemplo, el pasivo financiero, siempre que ello obedezca a razones objetivas.

- Clases. Los créditos deben separarse por clases para proceder a la aprobación del plan (Art. 622-623). Los créditos garantizados deben separarse de los no garantizados. A su vez, éstos últimos se deben separar en clases según su rango: ordinario o subordinado. Y los créditos del mismo rango se pueden separar en clases según su naturaleza; por ejemplo, el pasivo financiero se puede separar del pasivo comercial.

- Valor de la garantía. En el caso de los créditos garantizados es preciso determinar el valor de la garantía según las reglas legales y las deducciones correspondientes (Arts. 273-275). En el caso de que el valor nominal del crédito exceda el valor del privilegio, el exceso se calificará como crédito no garantizado.

Ejemplo: Si el valor nominal del crédito es 100.000 euros y el valor razonable del bien dado en garantía es 90.000 euros conforme a lo que prevé el Artículo 273, el valor del crédito garantizado será 81.000 euros (90% del valor razonable, Art. 279) y el valor del no garantizado será 19.000 euros.

6.ª Los contratos con obligaciones recíprocas pendientes de cumplimiento que, en su caso, vayan a quedar resueltos en virtud del plan

1. Si los hubiese, han de indicarse los contratos con obligaciones recíprocas pendiente de cumplimiento que vayan a quedar resueltos por el plan de reestructuración.

La Ley permite que en el contexto del plan se modifiquen o resuelvan aquellos contratos con obligaciones recíprocas pendientes de cumplimiento cuando ello sea necesario para el buen fin de la reestructuración y prevenir el concurso (Art. 620.1). Si no se llegase a un acuerdo con la contraparte sobre dicha modificación o resolución, el plan podrá prever su resolución, y si procediese, una indemnización de los daños y perjuicios que esto causa a la contraparte. La indemnización es un crédito que podrá verse afectado también por el plan (Art. 620.2)

7.ª Si el plan afectase a los derechos de los socios, el valor nominal de sus acciones o participaciones sociales

El plan puede conllevar medidas que requieran acuerdo de la junta de socios, por ejemplo, la disposición de activos esenciales o una capitalización de créditos. En este caso, deben hacerse constar el valor nominal de las acciones o participaciones sociales. En el caso de las pequeñas empresas, la Ley exige siempre acuerdo de junta (Art. 684.2), pero con algunas especialidades recogidas en el artículo 631 de la Ley en cuanto a convocatoria, plazos, información, mayoría y quorum; en particular, son suficientes las mayorías ordinarias para adoptar un acuerdo favorable. Además, si la insolvencia es actual o inminente, los socios no tienen derecho de suscripción preferente en la emisión de nuevas acciones (Art. 631.4).

8.ª Los acreedores o socios que no vayan a quedar afectados por el plan, mencionados individualmente o descritos por clases, así como las razones de la no afectación

1. Han de indicarse los acreedores o socios que no vayan a quedar afectados por el plan, bien individualmente o bien por clases, y las razones para ello. En concreto, bien porque legalmente no puedan verse afectados (Art. 616.2) o bien porque por razones objetivas se haya acordado dejarle al margen del plan. En este caso, deberán explicarse cuáles son estas razones, por ejemplo, por su escasa cuantía o porque el plan sólo vaya a afectar al pasivo financiero y se ha excluido el comercial con el fin de mantener la reputación del deudor o sus relaciones con los proveedores.

9.ª Las medidas de reestructuración operativa propuestas, la duración, en su caso, de esas medidas y los flujos de caja estimados del plan, así como las medidas de reestructuración financiera de la deuda, incorporando la financiación interina y la nueva financiación prevista en el plan de reestructuración, con justificación de su necesidad y, en su caso, las consecuencias globales para el empleo, como despidos, acuerdos sobre reducción de jornada o medidas similares.

1. El plan de negocio proyectado tendrá una duración de cinco años.

2. Medidas de reestructuración operativa propuestas: medidas e inversiones que supongan ahorros y mejoras productivas o de rendimiento del negocio en el periodo proyectado. Explicar brevemente el conceptual y los impactos previstos en el año de implementación de dichas medidas y en los ejercicios siguientes (costes a incurrir y ahorros a futuro esperados). Ejemplos: cierre de instalaciones, medidas que afecten al empleo (jubilaciones, prejubilaciones, despidos, acuerdos sobre reducción de jornada o medidas similares), cancelaciones de contratos de alquiler o suministro, necesidades de inversión para mejorar la competitividad (maquinaria, digitalización, calidad, medioambiente, etc). Dichas medidas cuantificadas formarán parte del plan de negocio proyectado.

Plan de negocio proyectado:

1. Se presentará la cuenta de pérdidas y ganancias proyectada, fondos propios proyectados y flujo de caja de acuerdo con el modelo que se adjunta, para los próximos cinco años. Adicionalmente se presentará el flujo de caja semanal para las 13 semanas posteriores a la solicitud del plan, siguiendo el mismo modelo que el del flujo de caja anual que se adjunta.

2. Se indicarán las hipótesis consideradas para la elaboración del modelo, justificando los mismas, entre otras:

3. Evolución a futuro de las ventas y de los días de cobro

4. Evolución a futuro de las compras y de los días de pago

5. Evolución de la plantilla y de los costes de personal

6. Evolución de los costes de energía y otros suministros y de los días de pago

7. Inversiones que se precisan en inmovilizado para la ejecución del plan

8. Desinversiones en inmovilizado propuestas y días de cobro

9. Evolución de las existencias (incremento o disminución) para atender el negocio

10. Detalle del vencimiento actual de la deuda con proveedores y propuesta de modificación, en su caso

11. Detalle del vencimiento actual de la deuda financiera y propuesta de modificación, en su caso.

12. Detalle del tipo de interés actual de la deuda y otros costes de esta, y propuesta de modificación, en su caso.

13. Detalle de nueva financiación precisada durante la fase de negociación o para la fase de ejecución del plan y justificación de esta, y garantías puestas a disposición de los acreedores para su obtención, en su caso.

10.ª La exposición de las condiciones necesarias para el éxito del plan de reestructuración y de las razones por las que ofrece una perspectiva razonable de garantizar la viabilidad de la empresa, en el corto y medio plazo, y evitar el concurso del deudor

3.1. En función de todo lo presentado indicar porqué la reestructuración operativa y financiera presentada ofrece una perspectiva razonable de garantizar la viabilidad de la empresa, en el corto y medio plazo, y evitar el concurso del deudor. Información sobre el mercado potencial a futuro de la sociedad, serán importantes para apoyar las hipótesis presentadas.

11.ª Las medidas de información y consulta con los trabajadores que, de conformidad con la legislación laboral aplicable, se hayan adoptado o se vayan a adoptar, incluida la información de contenido económico relativa al plan de reestructuración, así como las previstas en los casos de adopción de las medidas de reestructuración operativas

Cualquier modificación de las relaciones laborales (despidos, reducciones de jornada, traslados, etc.) que vaya a tener lugar en el contexto del plan de reestructuración debe llevarse a cabo de acuerdo con la normativa laboral aplicable (Art. 628 bis y 650 ter). Han de indicarse las medidas laborales previstas, si las hubiese, así como las medidas de información y consulta con los trabajadores que se hayan adoptado o se vayan a adoptar.

12ª. En el caso de que se pretenda que el plan de reestructuración afecte al crédito público, se incluirá la acreditación de encontrarse al corriente en el cumplimiento de las obligaciones tributarias y frente a la Seguridad Social mediante la presentación de las correspondientes certificaciones emitidas por la Agencia Estatal de la Administración Tributaria y la Tesorería General de la Seguridad Social.

Se acompañarán las certificaciones de estar al corriente de obligaciones con la AEAT y la TGSS.

Preguntas frecuentes

- Sede Electrónica

¿Qué es la Sede Judicial Electrónica?

La Sede Judicial Electrónica es aquella dirección electrónica disponible para los ciudadanos y profesionales a través de redes de telecomunicaciones cuya titularidad, gestión y administración corresponde a cada una de las Administraciones competentes en materia de Justicia.

La ley 18/2011, del 5 de julio, reguladora del uso de las tecnologías de la información y la comunicación en la Administración de Justicia, define la

"Sede Judicial Electrónica" como "aquella dirección electrónica disponible para los ciudadanos a través de redes de telecomunicaciones cuya titularidad, gestión y administración corresponde a cada una de las Administraciones competentes en materia de justicia. A través de la Sede judicial electrónica, se realizarán todas las actuaciones, procedimientos y servicios que requieran la autenticación de la Administración de Justicia o de los ciudadanos y profesionales por medios electrónicos.

¿A qué ámbitos extiende su competencia la Sede Judicial Electrónica del Ministerio de Justicia?

La Sede Judicial Electrónica, extiende su competencia al Tribunal Supremo, la Audiencia Nacional y los Tribunales Centrales, así como a aquellas Comunidades Autónomas en las que los medios materiales y personales de la Administración de Justicia dependen del Ministerio de Justicia, esto es: Extremadura, Castilla la Mancha, Castilla y León, Islas Baleares, Región de Murcia, Ceuta y Melilla.

¿A quién está dirigida?

A ciudadanos y profesionales de la justicia que quieren actuar con la Administración de Justicia a través de internet

¿Cuándo puedo utilizar la Sede Electrónica?

Podrá acceder a ella y realizar trámites durante las 24 horas del día, los 365 días del año. Para la presentación de escritos y documentos, es importante saber:

- En caso de que la presentación tenga lugar en día u hora inhábil, a efectos procesales se entenderá efectuada el primer día y hora hábil siguiente.
- La presentación de escritos y documentos, si estuviere sujeta a plazo, podrá efectuarse hasta las quince horas del día hábil siguiente al del vencimiento del plazo.
- En caso de interrupción no planificada del servicio: podrá proceder a su presentación en la oficina judicial el primer día hábil siguiente acompañando el justificante de dicha interrupción.
- En los casos de interrupción planificada: deberá anunciarse con la antelación suficiente, informando de los medios alternativos de presentación.
- En el caso de que el resultase insuficiente para la presentación, se deberá presentar en soporte electrónico en la oficina judicial ese día o el día siguiente hábil, junto con el justificante expedido por el servidor de haber intentado la presentación sin éxito. En estos casos, se entregará recibo de su recepción.

¿Estoy obligado a identificarme siempre?

No.

Los ciudadanos accederán a la página de inicio de las Sedes sin necesidad de identificación, pero siempre se exigirá la autenticación del usuario para acceder a los trámites electrónicos, ya sea a través de la página principal de la sede, de un enlace directo a algún servicio desde los favoritos o bien desde un motor de búsqueda.

¿Qué es la firma electrónica?

La firma electrónica es el conjunto de datos, en forma electrónica, consignados junto a otros o asociados con ellos que pueden ser utilizados como medio de identificación del firmante. Es una cadena de caracteres, generada mediante un algoritmo matemático, que se obtiene utilizando como variables la clave privada y la huella digital del texto a firmar de forma que permite asegurar la identidad del firmante y la integridad del mensaje.

¿Qué es un sello electrónico?

Los sellos electrónicos son un mecanismo de firma electrónica que permite autenticar una actuación judicial automatizada, según lo definido en la Ley 18/2011 reguladora del uso de las tecnologías de la información y la comunicación en la Administración de Justicia.

¿Cómo usar en la Sede Judicial Electrónica mi DNI electrónico desde un navegador concreto?

Deberá asegurarse de que en su equipo se encuentra listo para identificarse con un dni electrónico (DNIe). Puede consultar los pasos necesarios en el siguiente enlace: https://

www.sede.fnmt.gob.es/certificados/personafisica/obtener-certificado-con-dnie/configuracion-previa.

¿Por qué aparece un mensaje relacionado con el certificado de seguridad de la Sede?

Es posible que algunos navegadores desactualizados muestren un mensaje de error relacionado con el certificado de seguridad de la Sede Judicial Electrónica. El aviso indica que el sitio utiliza un certificado usado por el protocolo TLS para cifrar las comunicaciones y que el navegador no lo reconoce. Aunque es posible acceder con otros navegadores más actualizados, también es posible acceder con el mismo navegador a los certificados de referencia del prestador (FNMT) e incluirlos por el propio usuario para que en lo sucesivo no aparezca la alerta. En el siguiente enlace están disponibles los certificados de la FNMT (Fábrica Nacional de Moneda y Timbre): https://www.sede.fnmt.gob.es/descargas/certificados-raiz-de-la-fnmt.

Conviene que haga click en los enlaces de los certificados raíz y subordinados y siga los pasos indicados por su navegador para confiar en ellos: La FNMT y el resto de prestadores cualificados de certificación se incluyen en la lista de certificados confiables de la Unión Europea denominada "EU Trusted List" que todos los navegadores deberían admitir.

- Servicios

¿Qué servicios puedo realizar?

En la pestaña de servicios puede ver los servicios disponibles en la Sede.

¿Qué es el Código Seguro de Verificación?

Se trata de un código único que identifica un documento electrónico que aparece impreso en los documentos firmados electrónicamente en el ámbito de la Administración de Justicia y que garantiza su integridad mediante su cotejo en esta sede electrónica.

¿Cómo puedo cotejar un documento?

Para comprobar la autenticidad de un documento impreso en papel, podrá utilizar el Servicio de Código Seguro de Verificación

¿Cómo puedo consultar el estado de tramitación de mis expedientes?

Dentro del área personal, en el apartado "Mis procedimientos".

En función de los criterios de búsqueda marcados, aparecerá un listado con aquellos procedimientos asociados a su documento identificativo y su estado de tramitación.

Recuerde que solo podrá consultar el estado de aquellos expedientes tramitados en el ámbito territorial del Ministerio de Justicia en los que sea parte o en los que, como profesional, actúe en defensa o representación de alguna de las partes.

¿Cómo puedo acceder a LexNET desde la Sede Judicial Electrónica?

Desde la Sede, en la pestaña Servicios, buscar el servicio "LexNET", se accederá al detalle del servicio. Pulsar el botón "Acceder al servicio", el sistema le envía al acceso de LexNET. Necesitará estar en posesión de un certificado válido para poder acceder.

¿Cómo puedo formular una Queja o Sugerencia de la Sede?

Desde el Área Personal, se accederá al espacio "Quejas y Sugerencias", donde podrá cumplimentar y firmar el formulario disponible para presentar una Queja o Sugerencia sobre el servicio que presta la Sede Judicial Electrónica del Ministerio de Justicia.

- Trámites

¿Qué es un trámite?

Es la gestión o diligenciamiento que se realiza para obtener un resultado, en pos de algo, o los formulismos necesarios para resolver un asunto judicial.

¿Cómo puedo realizar un trámite?

Simplemente debe pinchar en uno de los trámites y seguir los pasos que se le va indicando.

¿Qué trámites puedo realizar?

Puede ver todos los trámites que puede realizar en la pestaña de trámites.

- Área personal

¿Qué es el Área personal?

Se trata de un área privada de acceso para el Ciudadano o Profesional. Para acceder a ella se requiere autenticación.

¿Cómo puedo entrar en mi Área Personal?

Mediante autenticación con DNI electrónico o certificado electrónico. Una vez realizada una primera autenticación se podrá registrar y obtener un usuario y contraseña para futuras autenticaciones.

También podrá acceder mediante cl@ve (Sistema de identificación electrónica en las relaciones con las Administraciones Públicas) con sus mecanismos de autenticación permitidos.

¿Problemas al entrar en un servicio del área privada con Cl@ve?

Puede visitar el área de Preguntas Frecuentes: Preguntas frecuentes cl@ve.

También puede dejar un mensaje en: Consulta cl@ve.

Trámites

Relevancia

- Cita previa

  A partir del enlace podrá solicitar cita previa para algunos trámites, pudiendo escoger el día y tramo horario puestos a disposición por cada sede.

- Cuentas de Depósitos y Consignaciones Judiciales

  Las Cuentas de Depósitos y Consignaciones Judiciales facilitan el proceso económico de los asuntos Judiciales poniendo a disposición de los ciudadanos los mecanismos necesarios para el cumplimiento de los compromisos económicos del proceso judicial.

- Formulario art. 627 Ley Concursal (Comunicación propuesta Plan de Reestructuración)

  El formulario 627 de la Ley Concursal se utilizará para la comunicación a los acreedores públicos de la propuesta del plan de reestructuración. En el caso de los acreedores públicos, la comunicación se realizará, en todo caso, mediante el servicio establecido en la sede electrónica de cada entidad, a través del cual se podrá aportar el siguiente formulario a disposición del usuario para su descarga y cumplimentación.

- Modelo oficial art. 684 Ley Concursal (Plan de reestructuración)

  En virtud del art. 684 de la Ley Concursal, el Plan de reestructuración se presentará en el siguiente modelo oficial, puesto a disposición del usuario para su descarga y cumplimentación.

- Procedimiento monitorio en la jurisdicción social

  El proceso monitorio fue introducido en España en el orden jurisdiccional social con la Ley 36/2011, de 10 de octubre, Reguladora de la jurisdicción Social (LRJS). Se encuentra regulado en el artículo 101 de dicho texto legal.

IX. PREPACK

SUMARIO: F278. ACTA JUNTA GENERAL UNIVERSAL ACORDANDO LA SOLICITUD DE NOMBRAMIENTO DE EXPERTO PARA RECABAR OFERTAS DE ADQUISICIÓN DE UNIDAD PRODUCTIVA. PREPACK. F279. ACTA DEL CONSEJO DE ADMINISTRACIÓN ACORDANDO SOLICITUD DE NOMBRAMIENTO DE EXPERTO PARA RECABAR OFERTAS DE ADQUISICIÓN DE UNIDAD PRODUCTIVA. PREPACK. F280. SOLICITUD DE EXPERTO PARA RECABAR UNA OFERTA DE UNIDAD PRODUCTIVA. PREPACK. F281. ESCRITO SOLICITANDO EXPERTO PARA RECABAR OFERTAS DE ADQUISICIÓN DE UNIDAD PRODUCTIVA. PREPACK. F282. ESCRITO SOLICITANDO EXPERTO PARA RECABAR OFERTAS DE ADQUISICIÓN DE UNIDAD PRODUCTIVA CON PROPUESTA DE PROFESIONAL PARA LA DESIGNACIÓN DE EXPERTO. PREPACK. F283. COMUNICACIÓN DE INICIO DE NEGOCIACIONES CON ACREEDORES Y SOLICITUD DE EXPERTO PARA RECABAR OFERTAS DE COMPRA DE LA UNIDAD PRODUCTIVA. F284. AUTO DESIGNANDO EXPERTO PARA RECABAR OFERTAS DE COMPRA DE UNIDAD PRODUCTIVA. PREPACK (I). F285. AUTO DE DESIGNACIÓN DE EXPERTO PARA RECABAR OFERTAS DE ADQUISICIÓN DE LA UNIDAD PRODUCTIVA. PREPACK (II). F286. ESCRITO DEL EXPERTO ACEPTANDO/NO ACEPTANDO EL NOMBRAMIENTO. F287. ACTA DE ACEPTACIÓN DEL CARGO POR EL EXPERTO PARA RECABAR OFERTAS DE COMPRA DE UNIDAD PRODUCTIVA. PREPACK. F288. DILIGENCIA DE ORDENACIÓN POR LA QUE SE TIENE POR ACEPTADO EL CARGO POR PARTE DEL EXPERTO PARA RECABAR OFERTAS DE COMPRA DE LA UNIDAD PRODUCTIVA. PREPACK. F289. CREDENCIAL A FAVOR DEL EXPERTO EN RECABAR OFERTAS DE ADQUISICIÓN DE UNIDAD PRODUCTIVA. SIN COMUNICACIÓN PRECONCURSAL ART. 585 TRLC. PREPACK. F290. CREDENCIAL A FAVOR DEL EXPERTO EN RECABAR OFERTAS DE ADQUISICIÓN DE UNIDAD PRODUCTIVA. CON COMUNICACIÓN PRECONCURSAL ART. 585 TRLC. PREPACK. F291. ACUERDO DE CONFIDENCIALIDAD Y NO DIVULGACIÓN DE INFORMACIÓN. PREPACK. F292. ESCRITO DEL EXPERTO INSTANDO AL TRIBUNAL EL REQUERIMIENTO DE INFORMACIÓN A LA TGSS A EFECTOS DE LA VENTA DE LA UNIDAD PRODUCTIVA. PREPACK. F293. ESCRITO DEL EXPERTO PIDIENDO AL TRIBUNAL QUE REQUIERA ACLARACIONES A EFECTOS DE DETERMINAR LA DEUDA LABORAL DE LA EMPRESA. PREPACK. F294. SOLICITUD POR PARTE DEL DEUDOR DE PRORROGA PARA EL DESEMPEÑO DEL CARGO POR EL EXPERTO. PREPACK. F295. SOLICITUD CONJUNTA DEL DEUDOR Y DEL EXPERTO DE PRORROGA PARA EL DESEMPEÑO DEL CARGO POR EL EXPERTO. PREPACK. F296. INFORME DEL EXPERTO ACOMPAÑADO A LA SOLICITUD DE PRORROGA DEL PLAZO DE NOMBRAMIENTO. PREPACK. F297. OFERTA DE COMPRA DE UNIDAD PRODUCTIVA RECABADA POR EL EXPERTO DESIGNADO AL EFECTO POR EL TRIBUNAL. F298. INFORME DEL EXPERTO SOBRE LAS ACTUACIONES LLEVADAS A CABO PARA RECABAR OFERTAS POR UNIDAD PRODUCTIVA. PREPACK. F299. INFORME FAVORABLE DEL EXPERTO SOBRE LA OFERTA RECABADA POR LA UNIDAD PRODUCTIVA. F300. INFORME DESFAVORABLE O EN SENTIDO NEGATIVO DEL EXPERTO SOBRE LA OFERTA RECABADA POR LA UNIDAD PRODUCTIVA. F301. INFORME DEL EXPERTO ANTE LA AUSENCIA DE OFERTAS POR LA UNIDAD PRODUCTIVA. F302. SOLICITUD DE CONCURSO VOLUNTARIO DE PERSONA JURÍDICA CON OFERTA DE UNIDAD PRODUCTIVA. PREPACK (I). F303. SOLICITUD DE CONCURSO VOLUNTARIO DE PERSONA JURÍDICA CON OFERTAD DE UNIDAD PRODUCTIVA. PREPACK (II). F304. AUTO DE CONCURSO VOLUNTARIO DE PERSONA JURIDICA CON OFERTA DE UNIDAD PRODUCTIVA. PREPACK (I). F305. AUTO DE CONCURSO VOLUNTARIO DE PERSONA JURIDICA CON OFERTA DE UNIDAD PRODUCTIVA. PREPACK (II).

F278. ACTA JUNTA GENERAL UNIVERSAL ACORDANDO LA SOLICITUD DE NOMBRAMIENTO DE EXPERTO PARA RECABAR OFERTAS DE ADQUISICIÓN DE UNIDAD PRODUCTIVA. PREPACK

Que hoy día........... de........... de..........., a las........... horas, y en el domicilio social, sito en la localidad de..........., calle........... s/n, se celebra JUNTA GENERAL EXTRAORDINARIA de accionistas de la sociedad........... S.A.

Se encuentran presentes, en el referido lugar, y, por lo tanto, concurren la totalidad de socios de la compañía, decidiendo y dando su conformidad los asistentes a constituirse, con el carácter de universal, en Junta General Extraordinaria de accionistas de la compañía, para deliberar y, en su caso, adoptar acuerdos con relación al siguiente orden del día: 1. Estado de la situación Económico-financiera de la sociedad. Solicitud de designación de experto para recabar ofertas de adquisición de la unidad productiva ....

En señal de conformidad firman seguidamente todos los asistentes...........

Igualmente asiste el administrador único de la compañía Don...........

Mesa de la Junta General. Son presidente y secretario de la presente Junta General, Don........... y Don..........., respectivamente. Ello de conformidad con lo establecido en el art. 191 TRLSC, art........... de los Estatutos Sociales y ser los citados señores los accionistas designados por los concurrentes al comienzo de la reunión.

Abierta la sesión por el Sr. Presidente, sin que nadie se oponga a la válida constitución y celebración de la presente Junta General, se entra en el debate y deliberación de los diversos puntos del orden del día que ningún o de los presentes haga uso de su derecho a que conste en el acta el contenido de su intervención.

Proposición de adopción de acuerdos: Se propone por el Sr. Presidente la adopción de los siguientes acuerdos:

PRIMERO.– Solicitar el nombramiento de experto para recabar ofertas para la adquisición de la unidad productiva ...., ante el Tribunal de Instancia, Sección de lo Mercantil, de........... y a la vista de la situación de insolvencia probable/actual/inminente en que se halla la sociedad. Ello a los efectos de lo dispuesto en los arts. 224 Ter y ss. TRLC, y sin perjuicio del más absoluto respeto y salvaguarda de las competencias que la Ley reconoce al órgano de administración social respecto a la decisión de la solicitud de concurso.

ALTERNATIVA: PRIMERO.– Solicitar el nombramiento de experto para recabar ofertas para la adquisición de la unidad productiva ......, ante el Tribunal de Instancia, Sección de lo Mercantil, de..........., y a la vista de la situación de insolvencia probable/actual/inminente en que se halla la sociedad. Ello en los siguientes términos: .... Todo lo expuesto a los efectos de los dispuesto en los arts. 224 Ter y ss. TRLC, y sin perjuicio del más absoluto respeto y salvaguarda de las competencias que la Ley reconoce al órgano de administración social respecto a la decisión de la solicitud de concurso.

Previa la oportuna votación, la citada propuesta de acuerdos sociales es aprobada por UNANIMIDAD, con el voto favorable de todos los asistentes.

Y no habiendo más asuntos que tratar, se procede a la redacción de la presente acta que es aprobada de forma unánime por los asistentes, y finaliza la presente Junta General Extraordinaria, levantándose la reunión en..........., a las........... horas del día........... de........... de...........

F279. ACTA DEL CONSEJO DE ADMINISTRACIÓN ACORDANDO SOLICITUD DE NOMBRAMIENTO DE EXPERTO PARA RECABAR OFERTAS DE ADQUISICIÓN DE UNIDAD PRODUCTIVA. PREPACK

En..........., siendo las........... horas del día........... de........... de..........., y en el domicilio social, sito en..........., calle........... núm. ...., se celebra reunión del Consejo de Administración de la sociedad........... S.L.

La presente reunión del Consejo de Administración fue convocada en fecha........... de........... de........... mediante telegrama remitido a los Sres. Consejeros en legal forma y plazo con el siguiente tenor literal "Por el presente, se le convoca a la reunión del Consejo de Administración a celebrar, en el domicilio social, el próximo día........... de........... de..........., a las........... horas, para deliberar y, en su caso, adoptar acuerdos con relación al siguiente orden del día: 1. Estado de la situación Economico-financiera de la sociedad. Solicitud de designación de experto para recabar ofertas de adquisición de la unidad productiva ....".

Asisten a la presente reunión, personalmente, la totalidad de los miembros del consejo de administración de la sociedad, esto es: Presidente: Don........... Secretario: Don........... Vocal: Doña........... Vocal: Doña........... Vocal: Doña...........

Actúan como Presidente y Secretario de la presente reunión del Consejo de Administración, Don........... y Don..........., respectivamente.

El Sr. presidente declara válidamente constituida la presente reunión del Consejo de Administración y se entra en el debate de los distintos puntos del orden del día. Previa deliberación y sin que ninguno de los asistentes haga uso del derecho de que conste en el acta el contenido de su intervención, se adoptan los siguientes acuerdos por UNANIMIDAD que son proclamados por el Sr. Presidente:

PRIMERO.– Solicitar el nombramiento de experto para recabar ofertas para la adquisición de la unidad productiva ......, ante el Tribunal de Instancia de, sección de lo Mercantil, de..........., y a la vista de la situación de insolvencia probable/actual/inminente en que se halla la sociedad. Ello a los efectos de los dispuesto en los arts. 224 Ter y ss. TRLC, y facultando a los consejeros delegados solidarios para que cualquiera de ellos, indistintamente, puedan llevar a cabo cuantos trámites y actuaciones fueran precisas a tal fin, suscribiendo también cuantos documentos públicos y privados fueran necesarios al efecto para formalizar la citada solicitud designatoria, incluyendo el otorgamiento de poder procesal a favor de los procuradores y abogados que tengan por conveniente.

ALTERNATIVA: PRIMERO.– Solicitar el nombramiento de experto para recabar ofertas para la adquisición de la unidad productiva ...., ante el Tribunal de Instancia de ....., Sección de lo Mercantil, de........... , y a la vista de la situación de insolvencia probable/actual/inminente en que se halla la sociedad. Ello en los siguientes términos: .... Todo lo expuesto a los efectos de los dispuesto en los arts. 224 Ter y ss. TRLC, y facultando a los consejeros delegados solidarios para que cualquiera de ellos, indistintamente, puedan llevar a cabo cuantos trámites y actuaciones fueran precisas a tal fin, suscribiendo también cuantos documentos públicos y privados fueran necesarios al efecto para formalizar la citada solicitud designatoria, incluyendo el otorgamiento de poder procesal a favor de los procuradores y abogados que tengan por conveniente.

Y para que así conste se extiende la presente acta, que, leída, es aprobada por todos los consejeros por unanimidad, en............

F280. SOLICITUD DE EXPERTO PARA RECABAR UNA OFERTA DE UNIDAD PRODUCTIVA. PREPACK

AL TRIBUNAL DE INSTANCIA ...... SECCIÓN DE LO MERCANTIL

.............., Procurador de los Tribunales y de ...., según se acredita con el poder especial que se acompaña y bajo la dirección letrada de Don ...., abogado del Ilustre Colegio de Abogados de .... con número ...., ante el Tribunal comparezco, y como mejor proceda en Derecho, respetuosamente, DIGO:

Que mediante el presente escrito, y de conformidad con lo dispuesto en el artículo 224 ter TRLC, venimos a interesar el nombramiento de experto para recabar ofertas de compra de la unidad productiva de la mercantil ....

Que dicha petición se funda en las siguientes:

PRIMERO. -DATOS IDENTIFICATIVOS

Que mi principal, la mercantil .... tiene por objeto social la .... actividad económica que lleva desarrollando desde sus inicios.

La compañía se constituyó ...., y se encuentra inscrita en el Registro Mercantil de ......, Hoja .... Tomo .... Folio ...., encontrándose provista de CIF .... EUID: ...... La compañía esta administrada por su administrador único ....

El capital social es de .... (...... €).

El domicilio social de la compañía se encuentra en C....... de ...., lugar en el que también ejerce su actividad.

SEGUNDO.– SITUACIÓN DE INSOLVENCIA INMINENTE

Se trata de una compañía que ha venido desarrollando su actividad de forma satisfactoria, si bien la situación de crisis económica general y el incremento del precio de las materias primas de un 35 %, unido al aumento desmesurado del precio de la electricidad, subida de los costes salariales así como de los costes financieros y la imposibilidad de repercutir al cliente final dichos costes, ha contraído significativamente los márgenes, haciendo muy difícil obtener rentabilidad.

Lo anterior, unido a la política restrictiva crediticia de las entidades financieras, ha supuesto que la tesorería queda muy mermada. A mayor abundamiento la diferencia del ciclo de cobros y pagos nos hace alumbrar un escenario en el que no podrán atenderse a corto plazo las obligaciones de pago con diversos acreedores y proveedores.

TERCERO. – DE LA VIABILIDAD DE LA ACTIVIDAD

A pesar de la delicada situación en la que se encuentra nuestra representada, lo bien cierto es que la actividad que se viene desarrollando puede mantenerse, e incluso incrementarse obteniendo resultados positivos. Para ello sería necesario un cambio de rumbo en la gestión empresarial, con un nuevo equipo de dirección, y la adopción de medidas encaminadas a la contención del gasto e incremento de los ingresos.

No obstante, lo expuesto, el sobreendeudamiento existente, hace inviable la adopción de estas medidas por parte los actuales socios de la compañía, siendo la única posibilidad de mantener la actividad la transmisión de la unidad productiva.

CUARTO. – DE LA UNIDAD PRODUCTIVA

La sociedad cuenta en la actualidad con un conjunto de recursos intangibles, humanos y materiales que forman un negocio susceptible de funcionar de forma autónoma.

El valor de esta unidad productiva es muy superior al que existiría en un escenario liquidativo, por lo que consideramos, en consonancia con lo expresado en el apartado anterior, que procede su enajenación, razón por la que acudimos al Tribunal, al objeto que al amparo de lo dispuesto en el artículo 224 ter, interesando el nombramiento de experto para recabar ofertas de adquisición de la unidad productiva.

En este sentido, y con el fin que pueda ser designado por parte del Tribunal el experto para recabar ofertas, se exponen los datos fundamentales de la unidad productiva:

(i) Actividad fundamental: La compañía viene desarrollando desde su inicios la ....

(ii) Perímetro de la unidad productiva: Se acompaña como Anexo I, relación de elementos que integran la unidad productiva.

(iii) Valoración: Aun cuándo resulta apresurado establecer una posible valoración de la unidad productiva, se acompaña como Anexo II valoración razonada de la unidad productiva.

(iv) Número de trabajadores: En la actualidad se encuentran afectos a la unidad productiva un total de 78 trabajadores.

(v) Magnitudes económicas: Se acompaña como Anexo III, los principales datos económicos de la sociedad durante los últimos 2 años, indicando el volumen de facturación, resultado del ejercicio y el activo y pasivo.

QUINTO. – DEL EXPERTO INDEPENDIENTE

Mi mandante, solicita el nombramiento de experto de ....

........., con DNI ...., abogado y administrador concursal de amplia y reconocida experiencia profesional y académica en la venta de unidades productivas, quién reúne todas las condiciones establecidas en el TRLC para el ejercicio del cargo, con conocimiento especializados jurídicos, financieros y empresariales adecuados para realizar las funciones propias del cargo, y quién además cumple los requisitos necesarios para ser administrador concursal conforme al TRLC, estando a tales efectos inscrito en la Lista de Administradores Concursales, habiendo sido designado en múltiples procedimientos concursales. Se acompaña como documento número 1 el currículum del mismo relacionado con su experiencia en la venta de unidades productivas.

En este sentido, consideramos que el plazo prudencial para recabar ofertas se sitúa en .... meses, dada la inminencia de las ejecuciones del préstamo hipotecario y la sentencia de .... y que la retribución no debe estar totalmente condicionada al resultado, pero sí bonificada en caso de su consecución.

En cuanto a la retribución, consideramos apropiada la "Guía de Buenas prácticas para el nombramiento de experto en fase preconcursal "aprobada por los Jueces de lo Mercantil de Madrid, y que fijan una retribución fija de .... euros como cantidad fija, y una retribución variable según la siguiente tabla:

Valor UP hasta (€)	Importe retribución (€)	Resto de valor UP (hasta €)	Porcentaje aplicable al resto de valor
0,00		1.000.000,00	10%
1.000.000,00	100.000,00	4.000.000,00	8%
5.000.000,00	420.000,00	5.000.000,00	5%
10.000.000,00	670.000,00	10.000.000,00	2%
20.000.000,00	870.000,00	En adelante	1%

A estos hechos le son de aplicación los siguientes,

FUNDAMENTOS DE DERECHO

I. COMPETENCIA

El artículo 224 ter del TRLC, regula la solicitud de nombramiento de experto para recabar ofertas de adquisición, estableciendo la solicitud se formulará ante el tribunal de instancia que resultara competente para la declaración de concurso.

A su vez, la LOPJ y los artículos 44, 45, 52 a 55 del TRLC 1/20 atribuyen el conocimiento del concurso a los tribunales de Instancia, sección de lo mercantil. Corresponde la competencia internacional y territorial para declarar y tramitar el concurso al Tribunal de Instancia, sección de lo mercantil, de .....de lo mercantil de esa Provincia, por tratarse del territorio en que radica el centro de los intereses principales de mi representada.

II. LEGITIMACIÓN

Ostenta la legitimación, mi mandante como interesado en el nombramiento de experto para recabar ofertas de adquisición de la unidad productiva.

III. PROCEDIMIENTO

Es de aplicación lo dispuesto en la subsección 4ª de la sección 2ª del capítulo III del TRLC. De conformidad con el artículo 224 quater, el nombramiento del experto podrá recaer en persona natural o jurídica que reúna las condiciones para ser nombrado experto en reestructuraciones o administrador concursal.

Igualmente, en la resolución, el tribunal establecerá la duración del encargo y fijará al experto la retribución que considere procedente atendiendo el valor de la unidad o unidades productivas.

Por último, y de conformidad con el apartado 2 del artículo 224 ter del TRLC, interesa que la resolución por la que se acuerde el nombramiento del experto se mantenga reservada.

En virtud de lo expuesto

SUPLICO AL TRIBUNAL, que tenga por presentado este escrito, junto con la documentación que se acompaña, se digne a admitirlo, me tenga por parte y comparecido en nombre y representación de mi mandante, y acuerde dictar resolución por la que:

(i) Proceda al nombramiento de experto que recabe ofertas de terceros para la adquisición de la unidad productiva de ......

(ii) Proceda a fijar la retribución que deberá percibir el experto.

(iii) Proceda a declarar el carácter reservado de la resolución por la que se nombre al experto.

OTROSÍ DIGO. Que al amparo de lo previsto en el artículo 231 de la Ley de Enjuiciamiento Civil, así como de lo previsto en el artículo 11 del TRLC, solicito al Tribunal que cuide de que puedan ser subsanados los defectos en los que pueda incurrir esta parte.

SOLICITO AL TRIBUNAL, que tenga por efectuada la anterior manifestación a los efectos legales oportunos.

...... a ... de ... de 2023.

F281. ESCRITO SOLICITANDO EXPERTO PARA RECABAR OFERTAS DE ADQUISICIÓN DE UNIDAD PRODUCTIVA. PREPACK

AL TRIBUNAL DE INSTANCIA ...... SECCIÓN DE LO MERCANTIL

.... Procuradora de los Tribunales y de .... S.L, representación que acredito con la copia de escritura de poder que acompaño a este escrito, ante el Tribunal comparezco y como mejor proceda en derecho DIGO:

Que por medio del presente escrito, y en la representación que ostento, solicito la designación de experto para recabar ofertas de adquisición de unidad productiva. Y a tal efecto se efectúan las siguientes:

ALEGACIONES

PRIMERO.– Mi mandante se encuentra en situación de insolvencia actual (o inminente) (o probable) y es titular de la siguiente unidad productiva: .... (PERÍMETRO)

Dicha unidad productiva ha cesado (no ha cesado) en su actividad.

El valor de la citada unidad productiva es de ....euros.

Lo anterior se acredita con los DOCUMENTOS que se acompañan como de número ...., consistentes en ....

SEGUNDO.– Esta parte pretende y solicita de este Tribunal, que es el competente para la declaración de concurso de mi mandante, que al amparo de los arts. 224 ter y ss. TRLC, designe un experto que recabe ofertas para la adquisición de la referida unidad productiva, con pago al contado y en los términos de los referidos preceptos legales.

TERCERO.– Las ofertas a recabar deberán cumplir lo dispuesto en los arts. 224 septies y concordantes TRLC, y en especial, la obligación de continuar (o reiniciar) la actividad con la unidad productiva en cuestión por un mínimo de dos años.

En su virtud

SUPLICO AL TRIBUNAL que tenga por presentado este escrito, se sirva admitirlo, y tener por solicitado, al amparo de los dispuesto en los arts. 22 ter y ss. TRLC, el nombramiento de experto para recabar ofertas de adquisición de la unidad productiva arriba reseñada, y previos los oportunos trámites legales, se sirva dictar resolución acordando tal nombramiento y fijando, entre otros extremos, la duración del encargo y la retribución procedente a percibir por el experto, así cuanto demás proceda en derecho.

En ...., a ...., de ...., de ....

F282. ESCRITO SOLICITANDO EXPERTO PARA RECABAR OFERTAS DE ADQUISICIÓN DE UNIDAD PRODUCTIVA CON PROPUESTA DE PROFESIONAL PARA LA DESIGNACIÓN DE EXPERTO. PREPACK

AL TRIBUNAL DE INSTANCIA ...... SECCIÓN DE LO MERCANTIL

.... Procuradora de los Tribunales y de .... S.L, representación que acredito con la copia de escritura de poder que acompaño a este escrito, ante el Tribunal comparezco y como mejor proceda en derecho DIGO:

Que por medio del presente escrito, y en la representación que ostento, solicito la designación de experto para recabar ofertas de adquisición de unidad productiva. Y a tal efecto se efectúan las siguientes:

ALEGACIONES

PRIMERO.– Mi mandante se encuentra en situación de insolvencia actual (o inminente) (o probable) y es titular de la siguiente unidad productiva: ....

Dicha unidad productiva ha cesado (no ha cesado) en su actividad.

El valor de la citada unidad productiva es de ....euros.

Lo anterior se acredita con los DOCUMENTOS que se acompañan como número ...., consistentes en ....

SEGUNDO.– Esta parte pretende y solicita de este Tribunal, que es el competente para la declaración de concurso de mi mandante, que al amparo de los arts. 224 ter y ss. TRLC, designe un experto que recabe ofertas para la adquisición de la referida unidad productiva, con pago al contado y en los términos de los referidos preceptos legales.

TERCERO.– Las ofertas a recabar deberán cumplir lo dispuesto en los arts. 224 septies y concordantes TRLC, y en especial, la obligación de continuar (o reiniciar) la actividad con la unidad productiva en cuestión por un mínimo de dos años.

CUARTO.– A tal efecto designatorio:

a) Se propone como experto para su designación por este Tribunal, a Don ...., abogado, con domicilio en ......, calle ......, y DNI/MIF .... Se hace constar que el profesional propuesto reúne los requisitos peticionados para ejercer el citado cargo expertual, pues reúne las condiciones para ser nombrado administrador concursal o experto en reestructuraciones, tal y como se acredita con el currículum que se acompaña como DOCUMENTO ....

b) Esta parte y Don .... han pactado los siguientes honorarios para retribuir el encargo: .... Ello atendiendo al valor de la unidad productiva ....

c) Esta parte entiende que la duración del encargo debe ser de ... meses, prorrogables previa autorización de este Tribunal por otros .... meses adicionales a los primeros.

d) En señal de conformidad y aceptación de lo expuesto en este apartado, Don .... firma el presente escrito.

Todo ello se propone sin perjuicio de lo que pueda acordar este Tribunal al que respetuosamente nos dirigimos.

En su virtud,

SUPLICO AL TRIBUNAL que tenga por presentado este escrito, se sirva admitirlo, y tener por solicitado, al amparo de los dispuesto en los arts. 22 ter y ss. TRLC, el nombramiento de experto para recabar ofertas de adquisición de la unidad productiva arriba reseñada, y previos los oportunos trámites legales, se sirva dictar resolución acordando tal nombramiento en la persona de Don .... y con la duración del encargo y la retribución procedente a percibir por el experto reseñada en el cuerpo de este escrito, o, en su defecto, en la persona y condiciones del encargo que tenga por conveniente, así cuanto demás proceda en derecho.

En ...., a ...., de ...., de ....

F283. COMUNICACIÓN DE INICIO DE NEGOCIACIONES CON ACREEDORES Y SOLICITUD DE EXPERTO PARA RECABAR OFERTAS DE COMPRA DE LA UNIDAD PRODUCTIVA

AL TRIBUNAL DE INSTANCIA DE...... SECCIÓN DE LO MERCANTIL

..............., Procurador de los Tribunales y de ...., según se acredita con el poder especial que se acompaña y bajo la dirección letrada de Don ...., abogado del Ilustre Colegio de Abogados de .... con número ...., ante el Tribunal comparezco, y como mejor proceda en Derecho, respetuosamente, DIGO:

Que en virtud de lo establecido en el artículo 585 del Texto Refundido de la Ley Concursal, aprobado por el Real Decreto Legislativo 1/2020, de 5 de mayo (en adelante, "TRLC"), así como del artículo 224 *ter* del mismo cuerpo legal, y de acuerdo con los trámites previstos en los citados preceptos, se realiza COMUNICACIÓN DE APERTURA DE NEGOCIACIONES CON LOS ACREEDORES CON SOLICITUD DE NOMBRAMIENTO DE EXPERTO PARA RECABAR OFERTAS DE ADQUISICIÓN DE LA UNIDAD PRODUCTIVA y en su virtud, realizo las siguientes

MANIFESTACIONES

PRIMERA.– IDENTIDAD, ACTIVIDAD Y SITUACIÓN DE ....

.... es una empresa papelera especializada en la fabricación de .... y está centrada en la fabricación de hojas y de distintos formatos, en las instalaciones (fábrica) sitas en ...., que ocupa en régimen de alquiler.

La compañía .... fue constituida por tiempo indefinido, mediante escritura autorizada el día .... por el notario de ...., Don ...., bajo el número .... de orden de su protocolo; inscrita en el Registro Mercantil de ...., hoja.........., tomo ...., folio .... Tiene el NIF número ....

El proceso productivo de la compañía se basa en la fabricación y manipulación de .... con un modelo de producción basado en..........

La compañía cuenta actualmente con una plantilla de doscientos (200) trabajadores y mantiene, a fecha de la presente, su actividad.

Se acompaña a la presente como DOCUMENTO NÚMERO a, nota simple del Registro Mercantil de la Compañía.

Se trata de una compañía que ha venido desarrollando su actividad de forma satisfactoria, si bien en la actual situación y contexto económico donde se ha producido un incremento del precio de las materias primas, unido al aumento desmesurado del precio del suministro energético, y la imposibilidad de repercutir al cliente final dichos costes, han contraído significativamente los márgenes, haciendo muy difícil obtener rentabilidad.

Lo anterior, unido a una pérdida de confianza y una política crediticia restrictiva por parte de las entidades financieras que han condicionado la dotación de más financiación a la prestación de fuertes garantías, ha supuesto que la tesorería societaria esté muy mermada.

Conforme a lo establecido en el artículo 583 TRLC, así como de conformidad con lo estipulado en el artículo 2.3 del citado cuerpo legal, la compañía xxxx pone de manifiesto ante este Tribunal que se encuentra en un estado ACTUAL de insolvencia al no poder cumplir regularmente con sus obligaciones exigibles frente a sus acreedores, principalmente bancarios y proveedores de suministros.

Ante dicha situación, y con el ánimo de alcanzar soluciones convenidas con los acreedores frente a soluciones liquidativas del concurso, mi representada viene a acogerse por medio del presente escrito, a la previsión contenida en el artículo 585 TRLC, dando cuenta al Tribunal del inicio de negociaciones con los acreedores.

Así pues, se solicita que de conformidad con lo dispuesto en el artículo 585.1 TRLC, el letrado de la administración de justicia dicte decreto dejando constancia de la presente comunicación.

Finalmente, y de conformidad con lo dispuesto en el artículo 224 *ter* TRLC y por lo motivos que se expondrán (existencia de unidad productiva), se solicita el nombramiento de un experto que recabe ofertas de terceros para la adquisición, con pago al contado, de una o de varias unidades productivas de la compañía.

SEGUNDA.– CONTENIDO DE LA COMUNICACIÓN Y FUNDAMENTO DE LA COMPETENCIA DEL TRIBUNAL PARA CONOCER DE LA COMUNICACIÓN.

.... cumple con los presupuestos subjetivos y objetivos para realizar la presente comunicación; en este sentido, se trata de una persona jurídica que lleva a cabo una actividad empresarial y existe insolvencia atendido que en la actualidad no puede atender todas sus obligaciones siendo objetivamente previsible que, de no alcanzarse una solución, seguirá sin poder cumplir.

De conformidad con lo dispuesto en el artículo 586.1 2° TRLC, atendido que el domicilio de la compañía es en xxxxx, la competencia para conocer de la presente recae en el Tribunal de Instancia, sección de lo Mercantil, de xxxxx, teniendo éste competencia exclusiva y excluyente, conforme al artículo 593 TRLC.

En cuanto al contenido de la comunicación, de conformidad con lo dispuesto en el artículo 586 TRLC, se expresa:

- La relación de acreedores con los que se está negociando y se pretende iniciar negociaciones:

  .... ha iniciado negociaciones con sus acreedores financieros y con sus principales acreedores, que son primordialmente proveedores de suministros (materia prima, energía, etc.).

  Se adjunta relación de acreedores como DOCUMENTO NÚMERO 2.

- Circunstancias existentes o que puedan sobrevenir susceptibles de afectar al desarrollo o al buen fin de las negociaciones:

  Para el correcto avance de las negociaciones la Compañía debe mantener unos niveles de venta que le permitan generar ingresos. En este sentido, se considera indispensable para garantizar las negociaciones, la viabilidad, así como asegurar la obtención de una mayor valoración de la unidad productiva, el mantenimiento de la actividad.

  Para ello, resulta imprescindible seguir contado con los contratos de suministro energético, con los contratos de servicios bancarios y de financiación, así como con el contrato de arrendamiento de la nave existente, solicitándose expresamente que se dirija por parte del Tribunal comunicación a las compañías con quien se tiene dichos contratos e indicándoles el carácter necesario de los mismos, así como su sometimiento al principio general de vigencia (artículo 597 TRLC)

- La actividad o actividades que desarrolle, así como el importe del activo y del pasivo, la cifra de negocios y el número de trabajadores al cierre del ejercicio:

  La compañía es una empresa papelera especializada en xxxxx, contando con una cifra de negocios superior a los 15.000.000.-€ y con una plantilla formada por doscientos (200) trabajadores.

  Se acompaña como DOCUMENTO NÚMERO 3 el balance provisional de la Compañía a fecha ....

- Bienes o derechos que se consideren necesarios para la continuidad de su actividad empresarial o profesional. Si se siguieran ejecuciones contra esos bienes, identificará en la comunicación cada una de las que se encuentren en tramitación:

  A continuación, se indican los contratos que tiene la Compañía y que se consideran necesarios para la continuidad de su actividad, y cuyo mantenimiento se interesa específicamente, sin perjuicio de que durante el periodo de duración de las negociaciones se proceda a su ampliación o su reducción, justificadas:

  a) Contrato de fecha .... de suministro de electricidad, suscrito con la entidad xxxxx.

  b) Contrato de fecha ....de suministro de gas, suscrito con la entidad xxxxx.

  c) Contrato de fecha .... de suministro de agua, suscrito con la entidad ....

  d) Contrato de fecha .... de arrendamiento, suscrito con la entidad xxxxx.

  e) En relación con los contratos financieros, atendido que en su mayoría ostentan un saldo ya dispuesto en su totalidad, se detallan solamente aquellos donde existe saldo pendiente, sin perjuicio que se solicitará que el requerimiento dirigido a cada entidad abarque todos los contratos:

     1. Contrato de gestión de pagos y financiación (línea de confirming), de fecha ...., suscrito con la entidad ....

2. Contrato de póliza de crédito para la cobertura de riesgos comerciales (línea de descuento), de fecha ...., suscrito con la entidad ....
3. Contrato de Factoring, de fecha ...., suscrito con la entidad ....
4. Contrato de cesión de créditos comerciales, de fecha ...., suscrito con la entidad ....

En cuanto a las ejecuciones que se siguen contra la compañía, a fecha de la presente comunicación no se tiene constancia del inicio de ninguna ejecución contra el patrimonio de la Compañía, sin perjuicio que se conocerse en un futuro, se solicitará la emisión de los correspondientes mandamientos para su paralización conforme al artículo 600 y ss. TRLC.

- Finalmente, de conformidad con lo dispuesto en el artículo 586.2 TRLC, se indica que existen garantías otorgadas por parte del grupo (socio), siendo las siguientes:........................

TERCERA.-SOBRE LA SOLICITUD EXPRESA DEL CARÁCTER RESERVADO DE LA PRESENTE COMUNICACIÓN CON ACOGIMIENTO A LA INSTITUCIÓN REGULADA EN EL ARTÍCULO 591 DEL TRLC.

De conformidad con el artículo 586.1.9° TRLC, ... solicita de forma expresa que la presente solicitud sea tramitada de forma reservada y por lo tanto que no se ordene la publicación del extracto de la resolución que en su momento dicte el Tribunal en el Registro Público Concursal y/o en cualquier otro medio que pudiera determinar el Tribunal.

CUARTA.– DE LA UNIDAD PRODUCTIVA Y EL EXPERTO INDEPENDIENTE.

A pesar de la delicada situación en la que se encuentra la Compañía, lo cierto es que la actividad que se viene desarrollando puede mantenerse y ser viable económicamente. El endeudamiento existente, hace inviable la adopción de medidas por parte los actuales socios de la Compañía, siendo la única posibilidad de mantener la actividad la transmisión de la unidad productiva.

La sociedad cuenta en la actualidad con un conjunto de recursos intangibles, humanos y materiales que forman un negocio susceptible de funcionar de forma autónoma, esto es, una unidad productiva.

El valor de esta unidad productiva es muy superior al que existiría en un escenario liquidativo, por lo que consideramos, en consonancia con lo expresado en el apartado anterior, que procede su enajenación, razón por la que acudimos al Tribunal, al objeto que, al amparo de lo dispuesto en el artículo 224 *ter* TRLC, proceda al nombramiento de experto para recabar ofertas de adquisición de la unidad productiva.

Conforme con el artículo 224 *quater* TRLC, el tribunal establecerá la duración del encargo y fijará al experto la retribución que considere procedente atendiendo el valor de la unidad o unidades productivas. El derecho a percibir la retribución podrá estar total o parcialmente en función del resultado. En este sentido, consideramos que el plazo prudencial para recabar ofertas se sitúa en DOS MESES.

En cuanto a la retribución, consideramos apropiada la "Guía de Buenas prácticas para el nombramiento de experto en fase preconcursal "aprobada por los Jueces de lo Mercantil de Madrid, y que fijan una retribución fija de xxxx euros como cantidad fija, y una retribución variable según la siguiente tabla:

Valor UP hasta (€)	Importe retribución (€)	Resto de valor UP (hasta €)	Porcentaje aplicable al resto de valor
0,00		1.000.000,00	10%
1.000.000,00	100.000,00	4.000.000,00	8%
5.000.000,00	420.000,00	5.000.000,00	5%
10.000.000,00	670.000,00	10.000.000,00	2%
20.000.000,00	870.000,00	En adelante	1%

Mi mandante, solicita el nombramiento de experto en la reestructuración de ....

.........., con DNI ...., abogado y administrador concursal de amplia y reconocida experiencia profesional y académica en la venta de unidades productivas, quién reúne todas las condiciones establecidas en el TRLC para el ejercicio del cargo, con conocimiento especializados jurídicos, financieros y empresariales adecuados para realizar las funciones propias del cargo, y quién además cumple los requisitos necesarios para ser administrador concursal conforme al TRLC, estando a tales efectos inscrito en la Lista de Administradores Concursales, habiendo sido designado en múltiples procedimientos concursales. Se acompaña como documento número 1 el currículum del mismo relacionado con su experiencia en la venta de unidades productivas.

A estos hechos le son de aplicación los siguientes,

FUNDAMENTOS DE DERECHO

I.– COMPETENCIA

El artículo 224 *ter* del TRLC, regula la solicitud de nombramiento de experto para recabar ofertas de adquisición, estableciendo la solicitud se formulará ante el tribunal que resultara competente para la declaración de concurso.

A su vez, la LOPJ y los artículos 44, 45, 52 a 55 del TRLC 1/20 atribuyen el conocimiento del concurso a los tribunales de Instancia, Sección de lo mercantil. Corresponde la competencia internacional y territorial para declarar y tramitar el concurso al Tribunal de Instancia, seccion de lo mercantil, de ...., por tratarse del territorio en que radica el centro de los intereses principales de mi representada.

II.– LEGITIMACIÓN

Ostenta la legitimación, mi mandante como interesada en el nombramiento de experto para recabar ofertas de adquisición de la unidad productiva.

III.– PROCEDIMIENTO

Es de aplicación lo dispuesto en la subsección 4ª de la sección 2ª del capítulo III del TRLC De conformidad con el artículo 224 *quater*, el nombramiento del experto podrá recaer en persona natural o jurídica que reúna las condiciones para ser nombrado experto en reestructuraciones o administrador concursal.

Igualmente, en la resolución, el tribunal establecerá la duración del encargo y fijará al experto la retribución que considere procedente atendiendo el valor de la unidad o unidades productivas.

Por último, y de conformidad con el apartado 2 del artículo 224 ter del TRLC, interesa que la resolución por la que se acuerde el nombramiento del experto se mantenga reservada.

En virtud de lo manifestado,

SUPLICO AL TRIBUNAL, que tenga por presentado este escrito junto con los documentos que se acompañan y sus copias, se sirva admitirlo y, en sus méritos, previos los trámites legales oportunos, declare tramitada la comunicación realizada por la mercantil xxxxx, en virtud de lo establecido en el artículo 583 y 224 *ter* TRLC y en su virtud dicte resolución disponiendo igualmente:

a) Que la compañía ...., ha comunicado el inicio de negociaciones con sus acreedores, dándole la tramitación procedente;

b) Que la presente solicitud sea tramitada de forma reservada de conformidad con el artículo 586.1.9º y 591 TRLC, al solicitarlo expresamente ....;

c) Que durante el plazo de dos (2) meses a contar desde la presentación de la presente solicitud no se admita ninguna solicitud de concurso necesario que pueda instarse contra ....

d) Que se acuerde la prohibición de iniciar ejecuciones judiciales o extrajudiciales sobre los bienes o derechos que resulten necesarios para la continuidad de la actividad profesional o empresarial de ....;

e) Que se proceda al nombramiento de un experto independiente de conformidad con lo solicitado en el presente escrito;

f) Que el mandato del experto independiente tenga duración determinada de dos (2) meses y una retribución conforme se propone en el presente escrito;

g) Que se proceda a declarar el carácter reservado de la resolución (Auto) por la que se nombra al experto independiente.

Es justicia que pido en ....

OTROSÍ PRIMERO DIGO: Que, a los efectos de efectuar el requerimiento judicial solicitado en la Manifiesto Segundo del presente escrito, consistente en la indicación de que los contratos que tienen suscritos con la compañía .... tienen carácter necesario para la actividad de la misma, así como su sometimiento al principio general de vigencia (artículo 597 TRLC), y de conformidad con lo dispuesto en el TRLC en cuanto al auxilio judicial, esta parte señala los domicilios de los acreedores a quienes y en donde realizar la oportuna comunicación:...........

SOLICITO AL TRIBUNAL, que tenga por efectuada la anterior manifestación y tenga a bien acordar la emisión de los oportunos mandamientos, a los efectos legales oportunos.

Es Justicia que suplico en ...., hoy ....

OTROSÍ SEGUNDO DIGO: Que al amparo de lo previsto en los artículos 11 y 588 TRLC, así como de lo previsto en el artículo 231 de la Ley de Enjuiciamiento Civil, solicito al Tribunal que cuide de que puedan ser subsanados los defectos en los que pueda incurrir esta parte.

SOLICITO AL TRIBUNAL, que tenga por efectuada la anterior manifestación a los efectos legales oportunos.

Es justicia que reitero en ...., hoy ......

F284. AUTO DESIGNANDO EXPERTO PARA RECABAR OFERTAS DE COMPRA DE UNIDAD PRODUCTIVA. PREPACK (I)

En la ciudad de........... a........... de........... de...........

ANTECEDENTES DE HECHO

PRIMERO. Por la procuradora de los tribunales, en representación de ...., y al amparo de lo dispuesto en los arts. 224 ter y ss. TRLC, solicitó el nombramiento de experto independiente para recabar ofertas de adquisición de unidad productiva.

De la solicitud formulada por........... S.L. extractamos lo siguiente:...........

SEGUNDO. En la tramitación de los presentes se han respetado las prescripciones legales.

FUNDAMENTOS DE DERECHO

PRIMERO. Que este Tribunal es competente para conocer de la presente solicitud al ser este Tribunal de Instancia de ....., Sección de lo Mercantil, de........... el competente para conocer de la declaración de concurso de ...., al hallarse el centro de intereses principales de dicha compañía en .... (arts. 44, 45 y 224 ter TRLC).

SEGUNDO. Que la solicitud y la documentación aportada por........... S.L. junto a la misma cumple con lo establecido en el TRLC, especialmente, lo establecido en los arts. 224 ter, y ss, TRLC.

TERCERO. A la vista del art. 224 Ter, en caso de probabilidad de insolvencia, de insolvencia inminente o de insolvencia actual, el deudor, sea persona natural o jurídica, cualquiera que sea la actividad a la que se dedique, podrá solicitar del tribunal competente para la declaración de concurso el nombramiento de un experto que recabe ofertas de terceros para la adquisición, con pago al contado, de una o de varias unidades productivas de que sea titular el solicitante, aunque hubieran cesado en la actividad.

Conforme al art. 224 quater 1 TRLC, el nombramiento del experto podrá recaer en persona natural o jurídica que reúna las condiciones para ser nombrado experto en reestructuraciones o administrador concursal. La aceptación del nombramiento es voluntaria.

Además, en la resolución el tribunal establecerá la duración del encargo y fijará al experto la retribución que considere procedente atendiendo el valor de la unidad o unidades productivas. El derecho a percibir la retribución podrá estar total o parcialmente en función del resultado. La resolución por la que se acuerde el nombramiento del experto se mantendrá reservada. (art. 224 quarter 2 TRLC).

CUARTO. Que de la documentación aportada resulta la situación de insolvencia actual/inminente/probabilidad de insolvencia de........... S.L.

También resulta la titularidad por la citada compañía de la siguiente unidad productiva: .... (PERÍMETRO)

Y su valor: .... euros.

QUINTO. A la vista de todo ello, y en los términos peticionados por .... procede designar experto para recabar ofertas de compra de la unidad productiva a Don........... Don........... (ABOGADO), mayor de edad, de nacionalidad española, con domicilio en ...., calle .... y DNI/NIF .... Núm. .... ICAV, quien reúne las condiciones para ser nombrado administrador concursal a la vista que ...., siendo la aceptación del cargo voluntaria para el nominado.

Las ofertas a recabar deberán reunir los requisitos de los arts. 224 ter, ss. y concordantes del TRLC. En especial, art. 224 septies TRLC, que quien realice la oferta no podrá actuar por cuenta del propio deudor que en la oferta, el oferente deberá asumir la obligación de continuar o de reiniciar la actividad con la unidad o unidades productivas a las que se refiera la oferta por un mínimo de dos años. El incumplimiento de este compromiso dará lugar a que cualquier afectado pueda reclamar al adquirente la indemnización de los daños y perjuicios causados.

SEXTO. El encargo conferido al experto nombrado tendrá una retribución (fija/mensual) de .... euros, fijándose su retribución, atendiendo al valor de la unidad productiva, en la suma, impuestos excluidos, de .... euros (o en la suma, impuestos excluidos, resultante de aplicar el .... por ciento sobre el valor de la unidad productiva anteriormente reseñado) (o en la suma fija de .... euros, cantidad esta que, en el supuesto que se transmita la unidad productiva con la intervención del experto nominado, se incrementará adicionándole la resultante de aplicar .... por ciento sobre el exceso del precio obtenido en la enajenación respecto al valor de la unidad productiva anteriormente reseñado). Y su duración será de ...., a la vista de la situación de la empresa.

SÉPTIMO. Todo lo cual no exime al deudor del deber de solicitar la declaración de concurso dentro de los dos meses siguientes a la fecha en que hubiera conocido o debido conocer el estado de insolvencia actual (art. 224 quinquies TRLC)

Si con posterioridad a este nombramiento, se declarase el concurso de acreedores de .... S.L será competente para la declaración de concurso este Tribunal al haber nombrado al referido experto (art. 224 sixties 1 TRLC). Además, en la declaración del concurso, este tribunal podrá revocar o ratificar el nombramiento del experto, y si lo ratificase, tendrá la condición de administrador concursal (art. 224 sixties 2 TRLC). Finalmente, en caso de posterior concurso, la retribución que no hubiera percibido el experto tendrá la consideración de crédito contra la masa (art. 224 sixties 3 TRLC).

Procede dotar de carácter reservado a la presente resolución.

Visto lo expuesto y demás normativa de aplicación

DISPONGO

PRIMERO. Se estima la solicitud formulada por la sociedad........... S.L., y en su nombre y representación, el procurador de los Tribunales Don........... y se designa experto para recabar ofertas de compra de la unidad productiva reseñada en el fundamento de derecho cuarto de este auto, a Don........... Don........... (ABOGADO), mayor de edad, de nacionalidad española, con domicilio en ...., calle .... y DNI/NIF

.... Núm. .... ICAV, quien reúne las condiciones para ser nombrado administrador concursal

Hágase saber al designado, que las ofertas a recabar deberán reunir los requisitos de los arts. 224 ter, ss. y concordantes del TRLC. En especial, que quien realice la oferta no podrá actuar por cuenta del propio deudor y que en la oferta, el oferente deberá asumir la obligación de continuar o de reiniciar la actividad con la unidad o unidades productivas a las que se refiera la oferta por un mínimo de dos años. El incumplimiento de este compromiso dará lugar a que cualquier afectado pueda reclamar al adquirente la indemnización de los daños y perjuicios causados.

Notifíquese a .... su nombramiento a efectos de su aceptación y juramento, haciéndosele saber que en este caso, la aceptación por su parte del mismo es voluntaria.

Aceptado el cargo por el experto, désele traslado a éste de la información y antecedentes acompañados por .... S.L a su solicitud, sin perjuicio de recabar de dicha compañía cuanta información precise para buen fin del encargo localizador de ofertas que le es conferido.

SEGUNDO. Fijar la duración del encargo encomendado al experto aquí nombrado en el plazo de ....

TERCERO. Fijar la retribución del experto designado en suma, impuestos excluidos, de

.... euros (o en la suma, impuestos excluidos, resultante de aplicar el .... por ciento sobre el valor de la unidad productiva anteriormente reseñado) (o en la suma fija de .... euros, cantidad esta que, en el supuesto que se transmita la unidad productiva con la intervención del experto nominado, se incrementará adicionándole la resultante de aplicar .... por ciento sobre el exceso del precio obtenido en la enajenación respecto al valor de la unidad productiva anteriormente reseñado).

Dese carácter reservado a la presente resolución.

Notifíquese por el Letrado de la Administración de Justicia el presente auto a .... a través de su representación procesal.

Contra el presente auto no cabe recurso alguno.

Todo lo cual pronuncia, manda y firma el Ilmo. Sr. ...., Magistrado titular de la plaza ... de la sección de lo mercantil del Tribunal de Instancia de ....

F285. AUTO DE DESIGNACIÓN DE EXPERTO PARA RECABAR OFERTAS DE ADQUISICIÓN DE LA UNIDAD PRODUCTIVA. PREPACK (II)

N.I.G.:..........

Procedimiento: ....-/....
Deudor: ....
Procurador: ....

AUTO

MAGISTRADO QUE LA DICTA: Ilmo/a Sr/a ....

Lugar: ....

Fecha: ....

ANTECEDENTES DE HECHO

ÚNICO.– Mediante escrito fechado el pasado día...., la procuradora Doña ...., en nombre y representación de la mercantil ...., comunicó la situación de insolvencia inminente de su representada, para posteriormente interesar el nombramiento de experto para recabar ofertas de adquisición de la unidad productiva.

FUNDAMENTOS DE DERECHO

PRIMERO.– El Real Decreto Legislativo 1/2020, de 5 de mayo, por el que se aprueba el texto refundido de la Ley Concursal, prevé de forma expresa el nombramiento de un experto para recabar ofertas de adquisición de la unidad productiva. Concretamente en el subsección 4ª de la sección 2ª del capítulo III del Libro I, se regula el procedimiento para su nombramiento bajo los preceptos 224 ter y siguientes.

SEGUNDO.– La petición deducida, cumple con los requisitos del artículo 224ter expresando la mercantil ...... su situación de insolvencia inminente, así como la solicitud expresa de nombramiento de experto. Igualmente se dirige ante el órgano competente para la declaración del concurso de acreedores.

TERCERO.– El artículo 224 quater establece:." *El nombramiento del experto podrá recaer en persona natural o jurídica que reúna las condiciones para ser nombrado experto en reestructuraciones o administrador concursal. La aceptación del nombramiento es voluntaria. 2. En la resolución el tribunal establecerá la duración del encargo y fijará al experto la retribución que considere procedente atendiendo el valor de la unidad o unidades productivas. El derecho a percibir la retribución podrá estar total o parcialmente en función del resultado. La resolución por la que se acuerde el nombramiento del experto se mantendrá reservada."*

Visto lo expuesto,

PARTE DISPOSITIVA

1.– Se tiene por personado y por parte a la mercantil .... y en su representación a la Procuradora ...., en virtud del poder especial que se aporta, con quien se entenderán las sucesivas diligencias en la forma prevenida por la Ley, y por solicitado EL NOMBRAMIENTO DE EXPERTO PARA RECABAR OFERTAS DE ADQUISICIÓN DE LA UNIDAD PRODUCTIVA.

2.– Se nombra como experto a Don ...., con domicilio en ...., a quien se notificará por conducto urgente dicha designación a fin de que sin dilación comparezca en este Tribunal para aceptar y jurar el cargo, a los cuales se les entregará, una vez aceptado y jurado el cargo.

3.– Dado que la solicitante manifiesta su situación de insolvencia inminente, la duración de cargo, no podrá exceder de TRES MESES

4.– Teniendo en cuenta el valor de la unidad productiva señalado por la solicitante, se fija como retribución para el Experto independiente la cantidad de ...... euros.

MODO DE IMPUGNACIÓN: Contra esta resolución no cabe interponer recurso.

Así por este Auto, lo pronuncia, manda y firma el Itmo. Sr. D. .... Magistrado titular de la plaza ...., de la sección de lo mercantil, del Tribunal de Instancia de .... ; doy fe.

F286. ESCRITO DEL EXPERTO ACEPTANDO/NO ACEPTANDO EL NOMBRAMIENTO

AL TRIBUNAL DE INSTANCIA DE ..... SECCIÓN DE LO MERCANTIL (PLAZA NÚM. .....)

Don ...., mayor de edad, de nacionalidad española, abogado (ICAV ....), con domicilio en ...., calle ...., y DNI/NIF .... ante el Tribunal comparezco en el expediente .... y como mejor proceda en derecho DIGO:

PRIMERO.– Que ha sido notificado a esta parte el auto de fecha ...., por el que se me designa como experto para recabar ofertas de adquisición de la unidad productiva ...... Ello en los términos del citado auto que se da aquí por íntegramente reproducido en aras a una mayor brevedad.

SEGUNDO.– Que se me ha requerido por este Tribunal a efectos que acepte el referido nombramiento.

TERCERO.– Que por medio de este escrito, y a los efectos de lo dispuesto en el art. 224 Quater 1 TRLC, esta parte ACEPTA el referido cargo, manifestando que no incurre en causa de incapacidad, incompatibilidad o prohibición, ni conoce la concurrencia de otra causa de recusación, y jura desempeñarlo de modo fiel y legal, y al respecto:

A) Designa como lugar o despacho donde ejercerá el cargo en el siguiente: ....

B) Manifiesta igualmente que podrán practicarle las notificaciones y demás actos de comunicación en el siguiente correo electrónico: ....@............

C) Que su numero de teléfono es el siguiente: ....

ALTERNATIVA: TERCERO.– Dado que la aceptación del referido cargo es voluntaria para el nominado, y de conformidad y a los efectos de lo establecido en el art. 224 quater TRLC, esta parte expresamente NO ACEPTA el referido nombramiento (o NO ACEPTA el referido nombramiento a la vista que ....).

En su virtud

SUPLICO AL TRIBUNAL que tenga por presentado este escrito, se sirva admitirlo, y por ACEPTADO/NO ACEPTADO el nombramiento de experto para recabar ofertas de adquisición de la unidad productiva ...., que se reseña en el cuerpo de este escrito.

En ...., a ...., de ...., de ....

F287. ACTA DE ACEPTACIÓN DEL CARGO POR EL EXPERTO PARA RECABAR OFERTAS DE COMPRA DE UNIDAD PRODUCTIVA. PREPACK

AL TRIBUNAL DE INSTANCIA DE ..... SECCIÓN DE LO MERCANTIL (PLAZA NÚM. .....)

N.I.G.:.........

Procedimiento: ...-/...

ACTA DE ACEPTACIÓN Y JURAMENTO DE EXPERTO PARA RECABAR OFERTAS DE COMPRA DE UNIDAD PRODUCTIVA

En ...... a .... de dos mil ......

Ante el Ilmo/a. Sr./a. Magistrado/a-Tribunal de este Tribunal, asistido de mí el Letrado de la Administración de Justicia, comparece:

D./Dña. ...., con domicilio en ......, con D.N.I. Nº ......, teléfono ...... y mail ......@......., quien acepta el cargo de EXPERTO PARA RECABAR OFERTAS DE COMPRA DE UNIDAD PRODUCTIVA en el procedimiento de referencia, y ello de conformidad con el art. 224 quater TRLC.

Y manifiesta:

Que no afectándole causa de incapacidad, incompatibilidad o prohibición, ni conociendo la concurrencia de otra causa de recusación, ACEPTA el cargo para el que ha sido designado, y jura desempeñarlo de modo fiel y legal, ajustando su actuando a las prescripciones del Real Decreto Legislativo 1/2020 de 5 de mayo. Que designa como lugar o despacho donde ejercerá el cargo en el territorio de la demarcación de este Tribunal en ....

Manifiesta igualmente que podrán practicarle las notificaciones y demás actos de comunicación en el correo electrónico arriba indicado a los efectos oportunos.

En este acto exhibe para su testimonio la póliza de seguros de responsabilidad civil y el recibo de la prima correspondiente al período del seguro en curso o, en su caso, del certificado de cobertura expedido por la entidad aseguradora, o garantía equivalente expedida por entidad de crédito.

Por S.Sª se instruye al compareciente del contenido y alcance del cargo para el que ha sido designado, de lo que éste queda enterado.

Con todo lo cual, se da por terminada la presente, firmando el compareciente después de su S.Sª y conmigo, que doy fe.

F288. DILIGENCIA DE ORDENACIÓN POR LA QUE SE TIENE POR ACEPTADO EL CARGO POR PARTE DEL EXPERTO PARA RECABAR OFERTAS DE COMPRA DE LA UNIDAD PRODUCTIVA. PREPACK

N.I.G.: ....

EXPEDIENTE DESIGNACIÓN EXPERTO ART, 224 TER TRLC NÚM.../....

DILIGENCIA DE ORDENACIÓN

Letrado de la Administración de Justicia que la dicta: ....

Lugar: ......

Fecha: ......

Por vista la anterior aceptación de cargo presentada por el experto .... queda incorporada al procedimiento. Expídase la credencial y hagase entrega de la misma.

Modo de impugnación: recurso de REPOSICIÓN ante el Letrado de la Administración de Justicia, mediante un escrito que se debe presentar en el plazo de CINCO días, contados desde el siguiente al de la notificación, en el que se debe expresar la infracción en que haya incurrido la resolución. Sin estos requisitos no se admitirá la impugnación. La interposición del recurso no tendrá efectos suspensivos respecto de la resolución recurrida (artículos 451 y 452 LEC).

Lo acuerdo y firmo.

El Letrado de la Administración de Justicia

F289. CREDENCIAL A FAVOR DEL EXPERTO EN RECABAR OFERTAS DE ADQUISICIÓN DE UNIDAD PRODUCTIVA. SIN COMUNICACIÓN PRECONCURSAL ART. 585 TRLC. PREPACK

N.I.G.: ....

Expediente designación experto art. 224 Ter TRLC num. ..../....

CREDENCIAL

Que en el expediente num...., instado por la mercantil .... con domicilio en la Calle ...., y el cual se sigue ante el Tribunal de Instancia de....., sección de lo mercantil, (plaza núm....) se ha nombrado como experto para recabar ofertas de adquisición de unidad productiva:

A Don ...., con domicilio en ......, calle ...., teléfono ...., mail ......, y DNI/NIF ......

Que las facultades conferidas al experto lo son para recabar ofertas de terceros para la adquisición de una o varias unidades productivas de las que sea titular la mercantil ...., en los términos legalmente establecidos y, en concreto, las aprobadas mediante auto de este Tribunal de fecha ...., que se transcriben a continuación: ....

Y para que conste y sirva de acreditación en legal forma y surta los efectos legales oportunos, expido la presente credencial en el día de la fecha.

En ...., a ....de .... de ....

El Letrado de la Administración de Justicia.

F290. CREDENCIAL A FAVOR DEL EXPERTO EN RECABAR OFERTAS DE ADQUISICIÓN DE UNIDAD PRODUCTIVA. CON COMUNICACIÓN PRECONCURSAL ART. 585 TRLC. PREPACK

AL TRIBUNAL DE INSTANCIA DE ..... SECCIÓN DE LO MERCANTIL (PLAZA NÚM. .....)

N.I.G.: ....

Comunicación de negociaciones art. 585 TRLC num. ..../....

CREDENCIAL

.........., Letrado de la Administración de Justicia, doy fe:

Que en la comunicación de apertura de negociaciones .... sección., presentada por la mercantil .... con domicilio en la Calle ...., se ha nombrado como experto para recabar ofertas de adquisición de unidad productiva:

A Don ...., con domicilio en ......, calle ...., teléfono ...., mail ......, y DNI/NIF ......

Que las facultades del experto lo son para recabar ofertas de terceros para la adquisición de una o varias unidades productivas de las que sea titular la mercantil ...., en los términos legalmente establecidos y, en concreto, las aprobadas mediante auto de este Tribunal de fecha ...., que se transcriben a continuación: ....

Y para que conste y sirva de acreditación en legal forma y surta los efectos legales oportunos, expido la presente credencial en el día de la fecha.

En ...., a ....de .... de ....

El Letrado de la Administración de Justicia

F291. ACUERDO DE CONFIDENCIALIDAD Y NO DIVULGACIÓN DE INFORMACIÓN. PREPACK

En ..., a ... de ... de 20...

COMPARECEN

Don ...., mayor de edad, con DNI nº y domicilio en .... Don ...., mayor de edad, con DNI nº y domicilio en .... Don ...., mayor de edad, con DNI nº y domicilio en ....

INTERVIENEN

El Sr... en nombre y representación de la mercantil denominada ..., domiciliada en ..., y con C.I.F. número ... Constituida bajo la denominación de "... por tiempo indefinido en escritura autorizada por la Notario de ..., el día ... de ... de ..., bajo el número ... de orden de protocolo; inscrita en el Registro Mercantil de ..., sección ..., Hoja ...

Constituye su objeto social principal, ...

Sus facultades para este acto resultan de su condición de Administrador Solidario de la mercantil, cargo para el cual fue designado por acuerdo de la Junta General Extraordinaria de Socios de la compañía celebrada el día ... de ... de ..., cuyos acuerdos fueron elevados a público en escritura autorizada por el Notario de ..., Doña ... el día ... de ... de ..., la cual causó la inscripción ...en la hoja abierta a nombre de la sociedad en el Registro Mercantil.

El Sr... en nombre y representación de la mercantil denominada ..., domiciliada en ..., y con C.I.F. número ...Constituida bajo la denominación de "... por tiempo indefinido en escritura autorizada por la Notario de ..., el día ... de ... de ..., bajo el número ... de orden de protocolo; inscrita en el Registro Mercantil de ..., sección ..., Hoja ...

Constituye su objeto social principal, ...

Sus facultades para este acto resultan de su condición de Administrador Solidario de la mercantil, cargo para el cual fue designado por acuerdo de la Junta General Extraordinaria de Socios de la compañía celebrada el día ... de ... de ..., cuyos acuerdos fueron elevados a público en escritura autorizada por el Notario de ..., Doña ... el día ... de ... de ..., la cual causó la inscripción ...en la hoja abierta a nombre de la sociedad en el Registro Mercantil.

El Sr... en su calidad de experto para recabar ofertas de adquisición de la unidad productiva de la mercantil ..., según auto de fecha ......dictado por el Tribunal de Instancia, sección de lo mercantil (plaza ...), de ...

ESTIPULACIONES

PRIMERA. La mercantil ... se encuentra en un proceso de recepción de ofertas, a fin de transmitir su unidad productiva. De esta forma, y mediante resolución del Tribunal de Instancia, sección de lo mercantil (plaza ...), de .... se acordó el nombramiento de Don ... como experto para recabar ofertas de adquisición de la unidad productiva.

SEGUNDA. Por otra parte, la mercantil ... está interesa en la adquisición de la unidad productiva de ......, siendo necesario para poder formular una oferta de compra, acceder a determinada documentación de ...

A tal fin, la mercantil ... Reconoce haber recibido la siguiente documentación correspondiente a la unidad productiva:

(i) Libro diario y mayor de la compañía de los ejercicios ... y ...

(ii) Balance de sumas y saldos a nivel 3 y máximo desglose de los ejercicios ... y ...

(iii) Balance de situación y pérdidas y ganancias de los ejercicios ... y ...

(iv) Copia de contratos de arrendamiento.

(v) Relación completa de la plantilla, incluyendo antigüedad, salario diario, puesto de trabajo y datos personales.

(vi) Modelos TC2 y TC1 de la TGSS.

(vii) Justificación documental de la titularidad de determinadas marcas.

(viii) Escrituras de adquisición de los inmuebles y notas simples del registro de la propiedad.

(ix) Cuentas anuales e informe de gestión de los ejercicios ... y ...

(x) Informe de auditoría de los ejercicios ... y ...

(xi) Tasación correspondiente a la maquinaria que titula la compañía.

(xii) Certificado de deuda emitido por la TGSS.

TERCERA. La mercantil ... únicamente utilizará la información facilitada para el fin mencionado en la Estipulación anterior, comprometiéndose a mantener la más estricta confidencialidad respecto de dicha información, advirtiendo de dicho deber de confidencialidad y secreto a sus empleados, asociados y a cualquier persona que, por su relación con la empresa, deba tener acceso a dicha información para el correcto cumplimiento de las obligaciones de la empresa para con ...

CUARTA. ... o las personas mencionadas en el párrafo anterior no podrán reproducir, modificar, hacer pública o divulgar a terceros la información objeto del presente Acuerdo sin previa autorización escrita y expresa de ...

QUINTA. De igual forma, ... adoptará respecto de la información objeto de este Acuerdo las mismas medidas de seguridad que adoptaría normalmente respecto a la información confidencial de su propia Empresa, evitando en la medida de lo posible su pérdida, robo o sustracción.

SEXTA. Sin perjuicio de lo estipulado en el presente Acuerdo, ambas partes aceptan que la obligación de confidencialidad no se aplicará en los siguientes casos:

a) Cuando la información se encontrará en el dominio público en el momento de su suministro a ... o, una vez suministrada la información, ésta acceda al dominio público sin infracción de ninguna de las Estipulaciones del presente Acuerdo.

b) Cuando la información ya estuviera en el conocimiento de ... con anterioridad a la firma del presente Acuerdo y sin obligación de guardar confidencialidad.

c) Cuando la legislación vigente o un mandato judicial exija su divulgación. En ese caso, ... notificará al ... tal eventualidad y hará todo lo posible por garantizar que se dé un tratamiento confidencial a la información.

d) En caso de que ... pueda probar que la información fue desarrollada o recibida legítimamente de terceros, de forma totalmente independiente a su relación con ...

SÉPTIMA. Los derechos de propiedad intelectual de la información objeto de este Acuerdo pertenecen a ... y el hecho de revelarla a ... para el fin mencionado en la Estipulación Primera no cambiará tal situación.

En caso de que la información resulte revelada o divulgada o utilizada por ...... de cualquier forma distinta al objeto de este Acuerdo, ya sea de forma dolosa o por mera negligencia, habrá de indemnizar a ... los daños y perjuicios ocasionados, sin perjuicio de las acciones civiles o penales que puedan corresponder a este último.

OCTAVA. El presente Acuerdo entrará en vigor en el momento de la firma del mismo por ambas partes, extendiéndose su vigencia hasta un plazo de 10 años, salvo que ... resultara adjudicataria de la unidad productiva, en cuyo caso decaerá esta obligación.

NOVENA. En caso de cualquier conflicto o discrepancia que pueda surgir en relación con la interpretación y/o cumplimiento del presente Acuerdo, las partes se someten expresamente a los Tribunales de ..., con renuncia a su fuero propio, aplicándose la legislación española vigente.

Y en señal de expresa conformidad y aceptación de los términos recogidos en el presente Acuerdo, lo firman las partes por duplicado ejemplar y a un solo efecto en el lugar y fecha al comienzo indicados.

F292. ESCRITO DEL EXPERTO INSTANDO AL TRIBUNAL EL REQUERIMIENTO DE INFORMACIÓN A LA TGSS A EFECTOS DE LA VENTA DE LA UNIDAD PRODUCTIVA. PREPACK

Procedimiento: NOMBRAMIENTO EXPERTO PARA RECABAR OFERTAS DE ADQUISICIÓN DE LA UNIDAD PRODUCTIVA ART. 224 TER TRLC - ..../..........

Deudor: .... SL

AL TRIBUNAL DE INSTANCIA DE ..... SECCIÓN DE LO MERCANTIL (PLAZA NÚM. .....)

D. ...., experto nombrado para recabar ofertas de compra de la unidad productiva, en Procedimiento: NOMBRAMIENTO EXPERTO PARA RECABAR OFERTAS DE ADQUISICIÓN DE LA UNIDAD PRODUCTIVA ART. 224 TER TRLC - ..../....... seguido ante este Tribunal comparezco y, como mejor proceda en Derecho, DIGO:

Que por providencia de .... se dispuso acordar una prórroga de un mes para realizar la función encargada, a contar desde la notificación de dicha resolución. Y, asimismo, se dispuso acordar al amparo del Art. 221.3 TRLC el remitir oficio a la Inspección de Trabajo y Seguridad Social relativo a las relaciones laborales afectas a la enajenación de la Unidad productiva titularidad de .... SL, con CIF .... y las posibles deudas de la seguridad social relativas a los trabajadores en activo de dicha sociedad, señalando que dicho informe deberá emitirse por dicho organismo público en el improrrogable plazo de DIEZ DIAS, tal como determina el Art. 221.3 TRLC.

Sin embargo, a día de hoy no se encuentra cumplimentado dicho oficio por la TGSS por lo que, estando próximo a vencer el plazo de la prórroga y siendo esencial contar condicha información para las ofertas, se interesa se recuerde en forma urgente su debido cumplimiento a tal organismo a través del Organismo Estatal Inspección de Trabajo y Seguridad Social de .... sita en Calle .... de ....

En virtud de lo manifestado,

SUPLICO AL TRIBUNAL, que tenga por presentado este escrito, se sirva admitirlo y, en sus méritos, acuerde como se solicita disponiendo lo necesario para ello.

OTROSÍ PRIMERO DIGO: Que al amparo de lo previsto en los artículos 11 y 588 TRLC, así como de lo previsto en el artículo 231 de la Ley de Enjuiciamiento Civil, solicito al Tribunal que cuide de que puedan ser subsanados los defectos en los que pueda incurrir esta parte.

SOLICITO AL TRIBUNAL, que tenga por efectuada la anterior manifestación a los efectos legales oportunos.

Es justicia que pido en ...., a ...... de ....de ....

F293. ESCRITO DEL EXPERTO PIDIENDO AL TRIBUNAL QUE REQUIERA ACLARACIONES A EFECTOS DE DETERMINAR LA DEUDA LABORAL DE LA EMPRESA. PREPACK

Procedimiento: NOMBRAMIENTO EXPERTO PARA RECABAR OFERTAS DE ADQUISICIÓN DE LA UNIDAD PRODUCTIVA ART. 224 TER TRLC - ..../.......

Deudor: ...... SL

AL TRIBUNAL DE INSTANCIA DE ..... SECCIÓN DE LO MERCANTIL (PLAZA NÚM. .....)

D. ...., experto nombrado para recabar ofertas de compra de la unidad productiva, en Procedimiento: NOMBRAMIENTO EXPERTO PARA RECABAR OFERTAS DE ADQUISICIÓN DE LA UNIDAD PRODUCTIVA ART. 224 TER TRLC - ..../....... seguido ante este Tribunal comparezco y, como mejor proceda en Derecho, DIGO:

Primero.– Que en fecha .... se notificó el auto del día .... anterior, cuya parte dispositiva es la que sigue: "*SE ADMITE A TRÁMITE LA SOLICITUD formulada por el/la procurador/a ...., en nombre y representación de .... SL*».

2.– SE NOMBRA EXPERTO/A para recabar ofertas de adquisición de la unidad productiva reseñada en los antecedentes de esta resolución a ...., a quien se comunicará el nombramiento y se hará saber que:

– Dentro de los DOS DÍAS siguientes a la recepción de la comunicación, deberá comparecer ante el tribunal para aceptar o rechazar el encargo.

– De aceptar el encargo, deberá aportar copia de la póliza del seguro de responsabilidad civil o garantía equivalente que tenga vigente para responder de posibles daños que pudiera causar en el ejercicio de las funciones propias del cargo. Debe comunicar la identidad de la persona natural que la represente en el ejercicio de las funciones propias del cargo".

Segundo.– Que por escrito de fecha .... el experto nombrado vino a aceptar el encargo recibido, dictándose la D.O. ...., poniendo de manifiesto que "*tiene el plazo de .... para realizar la función encargada, que contará desde la notificación de la presente resolución. Asimismo, al no tratarse de una actuación procesal, el mes de agosto es hábil a todos los efectos, para el desempeño de su cometido*".

Tercero.– Que estando próximo a vencer dicho plazo, y por escrito conjunto con la representación de .... SL se solicitó, una prórroga por el plazo de otro mes, a fin de poder avanzar y concretar en los trabajos ya desarrollados para recabar mejores ofertas concediéndola el Tribunal.

Cuarto.– Que siendo esencial para el buen fin del trabajo encomendado contar con el informe de la Inspección de Trabajo y Seguridad Social relativo a las relaciones laborales afectas a la enajenación de la unidad productiva y las posibles deudas de seguridad social relativas a estos trabajadores, se solicitó y el Tribunal acordó se emitiera informe por la Inspección de Trabajo y Seguridad Social en el plazo improrrogable de diez días (art. 221.3 TRLC), cumplimentando el correspondiente oficio al respecto.

Más, sin embargo, y al nada comunicarse en plazo al respecto, el que suscribe interesó se recordara en forma urgente su debido cumplimiento a tal organismo a través del Organismo Estatal Inspección de Trabajo y Seguridad Social de Alicante sita en Calle .... de .... a la par que la prórroga del plazo para emitir el informe, acordando este Tribunal tal prórroga en providencia de ....

Quinto.– Que, recibido informe por parte de Ministerio de Trabajo y Economía Social, se ha dado traslado a la instante y al experto, a los efectos oportunos.

Más, sin embargo, el informe recibido no cumple lo ordenado por este Tribunal a dicho organismo en la emisión del mismo, ello por cuanto:

- Es de ver al mismo que aporta determinadas actuaciones inspectoras relativas a la derivación de responsabilidad de deudas de .... SL a la mercantil .... SL, y otras posteriores que nada tienen que ver en el procedimiento que nos ocupa, en definitiva, aportando información sobre cuestiones en nada afectan al presente procedimiento ello por cuanto, enajenada la unidad productiva, el adquirente se subrogará en la deuda laboral y de seguridad social de los trabajadores afectos a dicha unidad productiva y no en la de otros que lo fueron de .... S.L., y el resto del crédito de la TGSS no satisfecho continuará siendo deuda concursal de .... SL en el ulterior concurso.
- Como podemos al f. .... y último de dicho informe, sí que se indica quienes son los trabajadores en activo a fecha ...., y en ese aspecto o parte el informe sí que cumple con lo establecido en el art. 221.3 TRLC, y con lo ordenado por este Tribunal, al reflejar "*las relaciones laborales afectas a la enajenación de la unidad productiva*". Pero, en cambio, no da respuesta concreta a lo que también fue objeto de requerimiento, esto es "*las posibles deudas de seguridad social relativas a estos trabajadores*", la cual ha de referirse a estos concretos trabajadores, ya que son las únicas relaciones laborales están afectas a la enajenación de la unidad productiva.
- A los f. .... del informe recibido puede apreciarse que se incluye un cuadro como Anexo II en donde se reflejan las deudas derivadas a .... SL, más sin indicar ni contener dato alguno que pueda permitir conocer a que concretos trabajadores se refiere, es decir, que fueran de .... SL y que posteriormente hubieran pasado a formar parte de la plantilla de .... SL, siendo esto precisamente fue lo solicitado por este Tribunal, y a lo que se refiere el art. 221.3 TRLC.

Podrá SSª comprobar que el informe se limita a indicar que el "total" de la deuda derivada asciende a la nada desdeñable suma de .... €, más, sin embargo, no ofrece la más mínima explicación sobre qué parte de dicha deuda corresponde a los trabajadores afectos a la unidad productiva que se pretende transmitir, siendo ello esencial para poder desarrollar nuestro encargo profesional y lo que se le solicitaba a dicho organismo por el Tribunal, y que es lo que el TRLC exige. Sin dicho dato concretado en la forma que exige el TRLC y este Tribunal expresamente solicitó, el experto no va a poder encontrar empresa ni persona alguna con la que lograr una venta de la unidad productiva, lo cual, a su vez, abocará a que los empleados de .... SL pierden, en su totalidad, sus puestos de trabajo, a la par que se incrementará notablemente el pasivo concursal con las indemnizaciones que corresponderán por la extinción de sus contratos, y, en definitiva todo ello redundará en perjuicio el concurso.

Sexto.– Port todo lo expuesto, y a fin de que el experto nombrado puede cumplir su encargo conforme a las determinaciones del TRLC y pueda lograrse, en su caso, la venta de la unidad productiva, deviene necesario que por el Tribunal se requiera de nuevo a la Inspección de Trabajo y Seguridad Social para que emita el informe que le fue requerido en los términos exactos por este Tribunal, que no es otro que el prevenido en el art. 221.3 TRLC., es decir, informe qué importes sobre el total de la deuda derivada a .... SL, es la relativa a los trabajadores afectos a la unidad productiva objeto de este procedimiento, debidamente desglosada por cada trabajador., dato con el que es necesario contra para que cualquier interesado pueda formular una oferta dada la existencia de sucesión de empresa a efectos laborales y de seguridad social por imperativo del art. 221.1 del TRLC.

En virtud de lo manifestado,

SUPLICO AL TRIBUNAL, que tenga por presentado este escrito junto con los documentos que se acompañan y sus copias, se sirva admitirlo y, en sus méritos, previos los trámites legales oportunos, acuerde como se solicita disponiendo lo necesario para ello.

OTROSÍ PRIMERO DIGO: Que al amparo de lo previsto en los artículos 11 y 588 TRLC, así como de lo previsto en el artículo 231 de la Ley de Enjuiciamiento Civil, solicito al Tribunal que cuide de que puedan ser subsanados los defectos en los que pueda incurrir esta parte.

SOLICITO AL TRIBUNAL, que tenga por efectuada la anterior manifestación a los efectos legales oportunos.

Es justicia que pido en ...., a .... de .... de ....

F294. SOLICITUD POR PARTE DEL DEUDOR DE PRORROGA PARA EL DESEMPEÑO DEL CARGO POR EL EXPERTO. PREPACK

AL TRIBUNAL DE INSTANCIA DE ..... SECCIÓN DE LO MERCANTIL (PLAZA NÚM. .....)

..............., Procurador de los Tribunales y de ...., y bajo la dirección letrada de Don ......, abogado del Ilustre Colegio de Abogados de ... con número ..., ante el Tribunal comparezco en los autos ......, y como mejor proceda en Derecho, respetuosamente, DIGO:

PRIMERO. Que el pasado día ... de ... de ..., el tribunal al que tenemos el honor de dirigirnos dictó Auto por el que acordó el nombramiento de experto para recabar ofertas de adquisición. Concretamente en la parte dispositiva se estableció:

"1. Se tiene por personado y por parte a la mercantil ...... y en su representación a la Procuradora ..., en virtud del poder especial que se aporta, con quien se entenderán las sucesivas diligencias en la forma prevenida por la Ley, y por solicitado EL NOMBRAMIENTO DE EXPERTO PARA RECABAR OFERTAS DE ADQUISICIÓN DE LA UNIDAD PRODUCTIVA.

2. Se nombra como experto a Don ...., con domicilio en ......, a quien se notificará por conducto urgente dicha designación a fin de que sin dilación comparezca en este Tribunal para aceptar y jurar el cargo, a los cuales se les entregará, una vez aceptado y jurado el cargo.

3. Dado que la solicitante manifiesta su situación de insolvencia inminente, la duración de cargo, no podrá exceder de TRES MESES ..."

SEGUNDO. Que han transcurrido dos meses y quince días, desde el dictado del auto, habiéndose manifestado interesados en la adquisición de la unidad productiva, 3 sociedades. No obstante aún no se ha formulado la correspondiente oferta vinculante, por lo que entendemos que debe acordarse una prórroga por dos meses más.

TERCERO. Que la petición interesada tiene su apoyo en la aplicación analógica de lo dispuesto en los Arts. 224 quinquies, 607, 683.3 y 690 TRLC.

CUARTO. Que junto a la presente petición se acompaña como Anexo I, informe razonado y justificativo emitido por Don ...., experto nombrado por el tribunal, que entiende que procede la concesión de una prórroga ante la inminencia de la presentación de alguna oferta de compra de unidad productiva vinculante.

En su virtud,

SUPLICO AL TRIBUNAL, que teniendo por presentado en tiempo y forma el presente escrito, sea aceptado y a la vista de las alegaciones formuladas, acuerde prorrogar el plazo de nombramiento del experto para la recepción de ofertas de compra de unidad productiva, por un plazo adicional de DOS MESES.

Es justicia que pido en ... a ... de ... de ...

F295. SOLICITUD CONJUNTA DEL DEUDOR Y DEL EXPERTO DE PRORROGA PARA EL DESEMPEÑO DEL CARGO POR EL EXPERTO. PREPACK

Procedimiento: Comunicación art. 585 Ley Concursal [LC5] - ..../.........

Deudora: .... SL

Procurador: ....

AL TRIBUNAL DE INSTANCIA DE ..... SECCIÓN DE LO MERCANTIL (PLAZA NÚM. .....)

DOÑA ...., Procurador de los Tribunales, colegiada ...... del Ilustre Colegio de Procuradores de ...., y de la mercantil .... SL, con domicilio social en ...., y provista de CIF ...., representación que tengo acreditada en los autos arriba identificados; y D. ...., experto nombrado para recabar ofertas de compra de la unidad productiva, en el Procedimiento: Comunicación art. 585 Ley Concursal [LC5] - ..../...... seguido ante este Tribunal comparecemos y, como mejor proceda en Derecho, DECIMOS:

Primero.– Que en fecha ...., fue turnada a este Tribunal la comunicación de inicio de negociaciones con carácter reservado, y petición de nombramiento de experto para recabar ofertas de adquisición de la unidad productiva, en base al art. 224 ter y ss. TRLC, formulada por la mercantil .... S.L, a través de su representación procesal en autos, la Procuradora de los Tribunales doña ....

Segundo.– En fecha .... se ha dictado Decreto núm. ...., por la Sra. Letrada de la Administración de Justicia de este Tribunal, por el que, entre otros pronunciamientos acerca de la comunicación realizada sobre el inicio de negociaciones con los acreedores para obtener adhesiones a una propuesta anticipada de convenio o para alcanzar un plan de reestructuración, se da cuenta a este tribunal de la solicitud de nombramiento de experto independiente para recabar ofertas de adquisición de la unidad productiva.

Tercero.– Que por Auto de fecha ...., este Tribunal acordó nombrar como experto para recabar ofertas de compra de la unidad productiva a Don .... con una duración del encargo de ....días naturales.

Cuarto.– Que estando próximo a vencer dicho plazo, por este escrito se solicita conjuntamente, por su conveniencia y utilidad en aras al buen fin propuesto a través del nombramiento del experto y de la comunicación efectuada, una prórroga por plazo idéntico al que falte hasta alcanzar el plazo de los dos meses en que el deudor está obligado a presentar su concurso, a fin de poder avanzar y concretar en los trabajos ya desarrollados para recabar mejores ofertas.

La petición que por este escrito se articula no causa perjuicio, ya que no implica desembolso algún, permite poder avanzar de forma más sosegada en las ofertas que se tratan de recabar, lo cual redunda en beneficio de loas acreedores; y en todo caso, nos encontramos con margen de plazo para la solicitud por parte del concursado del concurso en el plazo de los dos meses a que se hace referencia en el auto de fecha ....

En virtud de lo manifestado,

SUPLICO AL TRIBUNAL, que tenga por presentado este escrito junto con los documentos que se acompañan y sus copias, se sirva admitirlo y, en sus méritos, previos los trámites legales oportunos, acuerde como se solicita disponiendo lo necesario para ello.

OTROSÍ PRIMERO DIGO: Que al amparo de lo previsto en los artículos 11 y 588 TRLC, así como de lo previsto en el artículo 231 de la Ley de Enjuiciamiento Civil, solicito al Tribunal que cuide de que puedan ser subsanados los defectos en los que pueda incurrir esta parte.

SOLICITO AL TRIBUNAL, que tenga por efectuada la anterior manifestación a los efectos legales oportunos.

Es justicia que pido en ...., a ....de .... de ....

F296. INFORME DEL EXPERTO ACOMPAÑADO A LA SOLICITUD DE PRORROGA DEL PLAZO DE NOMBRAMIENTO. PREPACK

INFORME

A. ANTECEDENTES

Mediante Auto de fecha ... de ... de ..., el tribunal de Instancia de......., Sección de lo mercantil, (plaza núm.....) acordó:

Que el pasado día ... de ... de ..., el tribunal al que tenemos el honor de dirigirnos dictó Auto por el que acordó el nombramiento de experto para recabar ofertas de adquisición. Concretamente en la parte dispositiva se estableció:

"1. Se tiene por personado y por parte a la mercantil ...... y en su representación a la Procuradora ..., en virtud del poder especial que se aporta, con quien se entenderán las sucesivas diligencias en la forma prevenida por la Ley, y por solicitado EL NOMBRAMIENTO DE EXPERTO PARA RECABAR OFERTAS DE ADQUISICIÓN DE LA UNIDAD PRODUCTIVA.

2. Se nombra como experto a Don ...., con domicilio en ......, a quien se notificará por conducto urgente dicha designación a fin de que sin dilación comparezca en este Tribunal para aceptar y jurar el cargo, a los cuales se les entregará, una vez aceptado y jurado el cargo.

3. Dado que la solicitante manifiesta su situación de insolvencia inminente, la duración de cargo, no podrá exceder de TRES MESES ..."

Con fecha ... de ... de ..., se procedió a aceptar el cargo, extendiendo el tribunal la correspondiente acta de juramento.

B. CONFIGURACIÓN DE LA UNIDAD PRODUCTIVA

Durante el primer mes, se procedió junto a la empresa a determinar exactamente el perímetro de la unidad productiva.

En cuanto a la masa activa, se realizaron las siguientes comprobaciones:

- Se obtuvieron notas simples del Registro de la propiedad correspondientes a los inmuebles que titula la sociedad.
- Se obtuvieron notas simples del Registro de bienes muebles, al objeto de determinar la titularidad de determinada maquinaria, y las cargas que pesan sobre ellas.
- Se solicitó informe de la Dirección General de Tráfico, referidos a los vehículos de la sociedad.
- Junto a la auditor de la sociedad, se realizó un exhaustivo inventario de las existencias de la compañía.

- Se verificaron las inversiones financieras de la compañía, con el correspondiente contraste con la entidades depositarias.

Respecto a la masa pasiva, se realizaron las siguientes comprobaciones:

- Se obtuvo certificado de la Agencia estatal de la Administración Tributaria, al objeto de determinar la deuda existente con la Hacienda Pública.
- Igualmente, se solicitó de la Tesorería General de la Seguridad Social, certificado de deuda.
- Nos pusimos en contacto con las distintas entidades financieras que detentan algún tipo de garantía sobre los bienes inmuebles propiedad de la sociedad, a fin de conciliar el saldo contable.
- En el mismo sentido, se analizaron los diversos activos adquiridos mediante leasing, conciliando los saldos con las distintas financieras.

En cuanto a la plantilla de trabajadores:

- Se mantuvieron diversas reuniones con el comité de empresa, exponiendo la situación en la que se encontraba la compañía, así como el procedimiento de venta de la UPA.
- Se solicitó del comité una relación detallada de los puestos de trabajo, con categorías, antigüedad y retribución.
- Igualmente se comprobó la posible existencia de atrasos u otras deudas salariales.
- Se obtuvo de la TGSS, informe de vida laboral de la compañía.

C. VALORACIÓN DE LA UNIDAD PRODUCTIVA

Se solicitó al departamento financiero y jurídico de la compañía los parámetros empleados para obtener el valor de la unidad productiva.

Consideramos que el valor asignado por la empresa es ajustado, habiendo realizados estudios alternativos, obteniendo el mismo valor que el asignado por la compañía.

D. ELABORACIÓN DE PRESENTACIÓN DE LA UNIDAD PRODUCTIVA

Junto a la empresa, elaboramos un expediente en donde constaba toda la documentación de interés referida a la unidad productiva. Este expediente tenía por objeto, su posterior entrega a los posibles interesados.

E. REDACCIÓN DE DOCUMENTO DE CONFIDENCIALIDAD

Dado que los interesados en la adquisición de la unidad productiva, solicitaron documentación referida a la compañía se redactó un documento de confidencialidad, que ha sido firmado por todos los interesados.

F. INTERESADOS Y PRÓRROGA DEL PLAZO

Se han mantenido diversas reuniones con interesados en la adquisición de la unidad productiva, explicando tanto cuestiones referidas a la situación económica de la compañía, perímetro de la Unidad productiva, y cuestiones económicas, como cuestiones referidas al proceso de venta de la unidad productiva.

Al tiempo de la emisión del presente informe, por la adquisición de la unidad productiva de .... se ha interesado la siguiente empresa: .... La cronología del interés mostrado por ..., es la siguiente: ....

Con carácter previo a formalizar su oferta ha solicitado la aclaración documental por la deudora de los aspectos que a continuación se reseñan y que este Experto entiende que resultan relevantes a afectos de la formulación de una oferta por la unidad productiva de referencia: .... Esta información fue suministrada el día ..., y el interesado se halla en este momento procediendo a su análisis.

Además, se ha solicitado por este Experto que .... acredite determinados aspectos de su solvencia económica y medios materiales.

Finalmente, el próximo día .... vence el plazo de tres meses para el que este experto fue designados a los efectos de lo establecido en los arts. 224 Ter y ss. TRLC. Ante ello, se ha solicitado de .... que ratifique su interés en la unidad productiva titularizada por ......, habiendo recibido mediante escrito de fecha .... la ratificación de dicho interés y su firme voluntad de emitir la citada oferta, una vez examinada la información peticionada, en el plazo de cuarenta y cinco días.

A la vista de todo lo anterior, y los serios indicios que cristalice el interés mostrado por .... en orden a la adquisición de la unidad productiva ...., formalizándose por esta empresa la oportuna oferta de compra en los términos legalmente establecidos, interés que este Experto entiende serio, por la deudora se pretende de este Tribunal la prórroga del plazo de nombramiento de este experto por otros DOS (2) MESES, pretensión que por quien suscribe se INFORMA FAVORABLEMENTE por el estado de la negociación, la seriedad del interés mostrado por .... en la compra reseñada, y, el hecho que la sociedad deudora se halla en situación de probabilidad de insolvencia, sin la exigencia cercana de la presentación del propio concurso.

Y para que conste, emito el presente en ... a ... de ... de...

F297. OFERTA DE COMPRA DE UNIDAD PRODUCTIVA RECABADA POR EL EXPERTO DESIGNADO AL EFECTO POR EL TRIBUNAL

A LA ATENCIÓN DE DON .... EXPERTO DESIGNADO PARA RECEPCIÓN DE OFERTAS DE LA UNIDAD PRODUCTIVA DE ...

En ... a ... de .... de ......

Distinguido Sr ...:

Por medio de la presente, en nombre de la mercantil ...... (el "Oferente"), les remitimos la presente carta de oferta vinculante (la "Oferta") para la adquisición de la unidad productiva......(las "Unidad Productiva") de la mercantil ......(la "Sociedad") en los términos y sujeto a las condiciones que se exponen a continuación para que esta Oferta pueda ser unida a la solicitud de concurso de acreedores de la Sociedad de conformidad con lo dispuesto en los arts. 224 ter. del Real Decreto Legislativo 1/2020, de 5 de mayo, por el que se aprueba el texto refundido de la Ley Concursal (el "TRLC"), al entender que éste es el proceso más beneficioso para los intereses de la Sociedad, del Oferente y del concurso de acreedores.

En este sentido, de conformidad con el art. 224 septies del TRLC, el Oferente asume la obligación de continuar la actividad de la Sociedad con estas Unidades Productivas por un mínimo de dos años.

1. ENTIDAD OFERENTE

...... es una sociedad de nacionalidad española con domicilio en ... y con NIF número B-...... Constituida por tiempo indefinido en virtud de escritura autorizada por la Notario de ..., Doña ...... el día ... de ... de 20 ... con el número... de protocolo consta inscrita en el Registro Mercantil de ... al tomo ..., folio ..., hoja ...

El objeto social de ... comprende, entre otros, el ......

... es un holding de empresas creado por ... en el año... con el objetivo de desarrollar su actividad empresarial en todos los ámbitos que rodean al sector.... o.

Como puede apreciarse el capital social asciende a ... millones de euros contando con un total de ... empleados.

Hasta la fecha el Oferente ha resaltado por su crecimiento y éxito en el sector ..., habiendo obtenido durante los últimos años un crecimiento exponencial y un beneficio parejo al incremento de sus ventas.

Se acompaña cuadro en donde constan las principales magnitudes económicas:

	Ejercicio 2022	Ejercicio 2021	Ejercicio 2020
Ventas	...	...	...
Beneficios	...	......	......
Número de trabajadores	...	...	...

A efectos probatorios se acompaña como Anexo I, presentación de la oferente.

2. OBJETO DE LA OFERTA

2.1. Bienes y derechos

En esencia, los bienes y derechos sobre los que se formula oferta son los identificados por la propia compañía y por el experto en la documentación facilitada a esta compañía.

En esencia los activos sobre los que se formula oferta se recogen en el Anexo II que se acompaña a la presente oferta.

...

2.2. Contratos objeto de la Oferta

a) Los siguientes contratos de arrendamiento relativos a las Unidades Productivas:

a. Contrato de arrendamiento de local de negocio con opción a compra suscrito por la Sociedad con la mercantil ... en fecha ...de ...de ... en relación con la nave industrial sita en ...

b. Contrato de arrendamiento para uso distinto de vivienda suscrito por la Sociedad con D. ...... en fecha ... en relación con la nave industrial sita en ...

b) Los contratos de suministro (luz, gas, agua y teléfono) relativos a los inmuebles objeto de arrendamiento de conformidad con el apartado anterior.

c) Contratos de mantenimiento del activo mobiliario e inmobiliario objeto de la Oferta (impresoras, seguridad, sistema contraincendio, limpieza, reciclaje, mantenimiento de robótica y compresores y control de plagas.).

d) Contratos de leasing y renting suscritos actualmente por la Sociedad en relación con los vehículos.

e) Contrato de agencia suscrito con ...... en fecha ... de ... de 20...

No obstante lo anterior, el Oferente se reserva el derecho a revisar cualquier otro contrato cuya subrogación pueda resultar necesaria o conveniente para el ejercicio de la actividad por parte de las Unidades Productivas objeto de la presente Oferta.

Asimismo, la subrogación en los contratos de arrendamiento, suministro, mantenimiento, leasing, renting o agencia no implicará la asunción de las deudas previas a la adquisición de Unidades Productivas objeto de la presente Oferta.

2.3. Licencias o autorizaciones objeto de la Oferta

Todas las licencias, permisos y autorizaciones titularidad de la Sociedad para el desarrollo de la actividad en relación con las Unidades Productivas.

3. INCIDENCIA DE LA OFERTA SOBRE LOS TRABAJADORES

El Oferente asumiría los ... trabajadores identificados en el Anexo 3 (los "Empleados"), manteniendo las condiciones laborales que los Empleados tienen en la actualidad y subrogándose el Oferente en sus contratos.

Por tanto, la incidencia de la oferta sobre los trabajadores es positiva, por cuanto contribuye al mantenimiento de su empleo.

No obstante lo anterior, de conformidad con lo dispuesto en el art. 224 TRLC, la Oferta no contempla la subrogación en los créditos laborales y de seguridad social correspondientes a los Empleados en la parte de la cuantía de los salarios o indemnizaciones pendientes de pago anteriores a la adquisición de las Unidades Productivas que sea asumida por el Fondo de Garantía Salarial de conformidad con el texto refundido de la Ley del Estatuto de los Trabajadores, aprobado por el Real Decreto Legislativo 2/2015, de 23 de octubre.

En cualquier caso, la Oferta también excluye la asunción de cualquier crédito laboral y de seguridad social de otros trabajadores de la Sociedad distintos de los Empleados.

4. PRECIO. INTERÉS ECONÓMICO

A la hora de valorar la presente oferta, se debe tener en cuenta no solamente el precio ofertado, sino que también se ha de atender al verdadero interés económico:

a) Pago de ...... euros a la masa, que se verificaran de forma coetánea al otorgamiento de la escritura pública de venta de la unidad productiva.

b) Pago de ....€ que irán íntegramente destinados al pago del privilegio especial que grava los inmuebles propiedad de la sociedad.

c) Asunción de la plantilla de trabajadores, que supondrá una ahorro para la masa (en el caso de tener que extinguir los contratos de trabajo) de dos millones trescientos mil euros.

d) Asunción de la deuda que ostenta la sociedad frente a la TGSS por importe de ...... euros.

e) Inversión que se realizará en el inmovilizado material e inmaterial de la sociedad para, no solo adaptar las instalaciones a la nueva realidad económica, sino también para adaptarla a la nueva estrategia de producción y ventas. Se acompaña plan de vialidad de la compañía y plan de inversiones como Anexo IV, que cifra las inversiones en ...... millones y medio de euros.

Por tanto podemos fijar el interés económico en ...... EUROS (......... euros)

5. OTROS TÉRMINOS

5.1. Cesión

La presente Oferta se presenta como la mejor alternativa en cuanto a su objeto para el concurso de acreedores y para la Sociedad puesto que evidentemente ofrece ventajas sustanciales al permitir el mantenimiento del empleo e incrementar las ventas dado el extenso conocimiento del Oferente en el sector y, en concreto, en las áreas geográficas en cuestión.

Sin duda, la integración de la Unidad Productiva en el Grupo ......, con las sinergias que se deriven de esta integración, junto con la dedicación en exclusiva de un equipo profesional con experiencia en estas áreas de negocio y geográficas contribuirán a maximizar el negocio de la Sociedad en la región, poniendo siempre al cliente en el centro de la actividad en cuanto a servicio, atención y condiciones comerciales.

5.2. Cesión

El Oferente se reserva el derecho a ceder libremente su posición en la presente Oferta, ya sea total o parcialmente, a cualquier sociedad de su grupo empresarial o participada, directa o indirectamente, por ella o de nueva creación.

5.3. Vigencia de la Oferta

La Oferta será válida hasta ...., siempre que no se produzca ningún cambio sustancial adverso que modifique el objeto de ésta.

Transcurrido este plazo de duración sin que haya tenido lugar la aceptación de la Oferta, quedará sin efecto automáticamente, sin necesidad de comunicación o declaración alguna por parte del Oferente, salvo que éste decida prorrogar el plazo por el tiempo que estime oportuno, a la vista de las circunstancias.

5.4. Otras cuestiones

1. Ejecución de la Oferta. Una vez cumplidas las condiciones, y autorizada la transmisión por el Tribunal de Instancia competente, deberá otorgarse la correspondiente escritura pública de compraventa de la Unidad Productiva, en la Notaría que disponga la Administración Concursal.

2. Gastos. Los gastos e impuestos que se originen con ocasión de la ejecución y formalización de la escritura serán satisfechos por el Oferente, salvo la plusvalía.

3. Baja. Aquellos elementos o servicios que deban ser dados de baja o modificados lo serán por cuenta y cargo del Oferente.

4. Confidencialidad. Se asume el compromiso de no divulgar ni transmitir a terceros, excepto por imperativo legal y, en particular, por expreso requerimiento del Tribunal en sede del procedimiento concursal de las concursadas, la existencia de la presente Oferta ni de cualquiera de sus estipulaciones, ni la de cualquier información confidencial sobre a la que se haya tenido o puedan tener acceso en el marco del desarrollo de la presente

Oferta. En este sentido, será de aplicación el contenido del documento de confidencialidad otorgado en su día

5. Venta unitaria / oferta indivisible. Los activos y pasivos pertenecientes a la Unidad Productiva integran un todo a efectos de su venta en globo. La Oferta es conjunta, global e indivisible, por lo que se encuentra condicionada a que se adjudiquen todos los bienes y derechos descritos en la presente Oferta.

Alternativamente a la asignación en unidad del Perímetro de la Oferta, si concurriera una oferta de un tercer oferente por una unidad productiva o activo/sociedad determinada que mejorase al concurso, el oferente estaría dispuesto a estudiar su exclusión en beneficio del concurso siempre que no afecte a la viabilidad del plan de negocio del perímetro de la presente Oferta

6. Mantenimiento de la actividad en el periodo interino. Las sociedad ... deberán mantener la actividad de la Unidad Productiva en condiciones normales hasta que se produzca la toma de posesión por parte del Oferente. A estos efectos, los administradores de las sociedades y la Administración Concursal deberán adoptar las medidas legales oportunas a fin de atender aquellos créditos contra la masa necesarios para el mantenimiento de la actividad ordinaria, en aras a garantizar la óptima transmisión de la Unidad Productiva.

7. Transmisión libre de cargas o sin subsistencia de las garantías. Los bienes y derechos que integran la Unidad Productiva deberán transmitirse libres (i) de todo tipo de garantía personal, incluyendo sin carácter limitativo fianzas o avales; y (ii) de todo tipo de garantía real, carga, gravamen, afección u obligación propter rem.

8. Resolución judicial. La resolución judicial firme por la que se ordene la transmisión de la Unidad Productiva contenga los siguientes pronunciamientos:

a. que los elementos patrimoniales de la unidad productiva autónoma por la que se presenta la oferta constituyen una unidad productiva autónoma en los términos establecidos en el TRLC y que la adquisición de la unidad productiva constituye una adquisición de unidad productiva autónoma conforme a la normativa del TRLC.

b. que la transmisión de los elementos que constituyen la Unidad Productiva tendrá lugar libre de cualquier carga o gravamen de cualquier índole y/o de derechos de terceros y que, por tanto, se procede al levantamiento de éstos pudieran existir sobre la Unidad Productiva y/o los activos y pasivos objeto de la Oferta.

c. deberá declarar que como consecuencia de la trasmisión de la Unidad Productiva se produce sucesión de empresa única y exclusivamente con respecto a los empleados incluidos expresamente en el Perímetro de la Oferta y sus contratos laborales.

d. deberá declarar que, de conformidad con el art. 42 de la Ley General Tributaria, el Oferente no asume ni responde de las deudas tributarias de las sociedades transmitentes de la Unidad Productiva ni del grupo fiscal al que hubieran pertenecido;

e. deberá declarar que el Oferente, como adquirente de la Unidad Productiva, no asume ni responde de ninguna deuda ni obligación contractual, extracontractual o legal, concursal o contra la masa, ni judicial ni extrajudicial, que recaiga sobre la Unidad Productiva, salvo por los pasivos asumidos en esta Oferta;

f. deberá acordar la cancelación de todas las cargas anteriores al concurso constituidas a favor de créditos concursales sobre bienes o derechos integrantes de la Unidad Productiva.

9. Concesiones administrativas. Los necesarios consentimientos y otros procedimientos que en su caso sean necesarios para la transmisión de las concesiones administrativas identificadas en el apartado "2. Inmovilizado Intangible" deberán ser obtenidos con carácter previo al otorgamiento de la escritura pública de transmisión de la unidad productiva.

10. Se deja expresa constancia que las condiciones previamente referidas están puestas a favor del Oferente por lo que éste podrá, en cualquier momento, renunciar a cualquiera de ellas. Caso de que no renunciase total o parcialmente, deberán darse todas y cada una de ellas.

11. Ley aplicable. Esta Oferta se rige por el derecho común.

Quedando a la espera de sus noticias y a su disposición para aclarar o precisar cualquiera de los términos anteriores, aprovechamos la ocasión para saludarles atentamente.

F298. INFORME DEL EXPERTO SOBRE LAS ACTUACIONES LLEVADAS A CABO PARA RECABAR OFERTAS POR UNIDAD PRODUCTIVA. PREPACK

AL TRIBUNAL DE INSTANCIA DE ..... SECCIÓN DE LO MERCANTIL (PLAZA NÚM. ......)

Don........., mayor de edad, con DNI nº ......, en su calidad de experto para recabar ofertas de compra de unidad productiva de la mercantil...... ante el Tribunal comparezco en los autos ......, y como mejor proceda en Derecho, respetuosamente, DIGO:

Que junto al presente escrito, se acompaña informe de las operaciones realizadas en relación a la venta de la unidad productiva de la mercantil ...

En su virtud,

SUPLICA AL TRIBUNAL, que teniendo por presentado en tiempo y forma el presente escrito, sea aceptado y por formulado informe de actuaciones en el procedimiento nº .../...

Es Justicia que pido en ...... a ... de ...... de ......

INFORME DE OPERACIONES

A. ANTECEDENTES

Que el pasado día ... de ... de ..., el tribunal al que tenemos el honor de dirigirnos dictó Auto por el que acordó el nombramiento de experto para recabar ofertas de adquisición. Concretamente en la parte dispositiva se estableció:

"1.– Se tiene por personado y por parte a la mercantil ...... y en su representación a la Procuradora ..., en virtud del poder especial que se aporta, con quien se entenderán las sucesivas diligencias en la forma prevenida por la Ley, y por solicitado EL NOMBRAMIENTO DE EXPERTO PARA RECABAR OFERTAS DE ADQUISICIÓN DE LA UNIDAD PRODUCTIVA.

2.-Se nombra como experto a Don ...., con domicilio en ......, a quien se notificará por conducto urgente dicha designación a fin de que sin dilación comparezca en este Tribunal para aceptar y jurar el cargo, a los cuales se les entregará, una vez aceptado y jurado el cargo.

3.– Dado que la solicitante manifiesta su situación de insolvencia inminente, la duración de cargo, no podrá exceder de TRES MESES..."

Con fecha ... de ... de ..., se procedió a aceptar el cargo, extendiendo el tribunal la correspondiente acta de juramento.

B. CONFIGURACIÓN DE LA UNIDAD PRODUCTIVA

Durante el primer mes, se procedió junto a la empresa a determinar exactamente el perímetro de la unidad productiva.

En cuanto a la masa activa, se realizaron las siguientes comprobaciones:

- Se obtuvieron notas simples del Registro de la propiedad correspondientes a los inmuebles que titula la sociedad.
- Se obtuvieron notas simples del Registro de bienes muebles, al objeto de determinar la titularidad de determinada maquinaria, y las cargas que pesan sobre ellas.
- Se solicitó informe de la Dirección General de Tráfico, referidos a los vehículos de la sociedad.
- Junto a la auditor de la sociedad, se realizó un exhaustivo inventario de las existencias de la compañía.
- Se verificaron las inversiones financieras de la compañía, con el correspondiente contraste con la entidades depositarias.

Respecto a la masa pasiva, se realizaron las siguientes comprobaciones:

- Se obtuvo certificado de la Agencia estatal de la Administración Tributaria, al objeto de determinar la deuda existente con la Hacienda Pública.
- Igualmente, se solicitó de la Tesorería General de la Seguridad Social, certificado de deuda.
- Nos pusimos en contacto con las distintas entidades financieras que detentan algún tipo de garantía sobre los bienes inmuebles propiedad de la sociedad, a fin de conciliar el saldo contable.
- En el mismo sentido, se analizaron los diversos activos adquiridos mediante leasing, conciliando los saldos con las distintas financieras.

En cuanto a la plantilla de trabajadores:

- Se mantuvieron diversas reuniones con el comité de empresa, exponiendo la situación en la que se encontraba la compañía, así como el procedimiento de venta de la UPA.
- Se solicitó del comité una relación detallada de los puestos de trabajo, con categorías, antigüedad y retribución.
- Igualmente se comprobó la posible existencia de atrasos u otras deudas salariales.
- Se obtuvo de la TGSS, informe de vida laboral de la compañía.

C. VALORACIÓN DE LA UNIDAD PRODUCTIVA

Se solicitó al departamento financiero y jurídico de la compañía los parámetros empleados para obtener el valor de la unidad productiva.

Consideramos que el valor asignado por la empresa es ajustado, habiendo realizados estudios alternativos, obteniendo el mismo valor que el asignado por la compañía.

D. ELABORACIÓN DE PRESENTACIÓN DE LA UNIDAD PRODUCTIVA

Junto a la empresa, elaboramos un expediente en donde constaba toda la documentación de interés referida a la unidad productiva. Este expediente tenía por objeto, su posterior entrega a los posibles interesados.

E. REDACCIÓN DE DOCUMENTO DE CONFIDENCIALIDAD

Dado que los interesados en la adquisición de la unidad productiva, solicitaron documentación referida a la compañía se redactó un documento de confidencialidad, que ha sido firmado por todos los interesados.

F. REUNIONES CON INTERESADOS

Se han mantenido diversas reuniones con interesados en la adquisición de la unidad productiva, explicando tanto cuestiones referidas a la situación económica de la compañía, perímetro de la Unidad productiva, y cuestiones económicas, como cuestiones referidas al proceso de venta de la unidad productiva.

G. RECEPCIÓN DE OFERTAS

Se han recibido un total de ... ofertas de compra de unidad productiva. De estas, tan solo ... cumplen con todos los requisitos exigidos en el Texto Refundido de la Ley Concursal. De esta forma las ofertas que han sido desechadas carecían de algunas de estas circunstancias:

(i) Acreditación de la solvencia económica y medios materiales.

(ii) Obligación del mantenimiento de la actividad por un periodo mínimo de dos años.

(iii) Asunción de las condiciones laborales de la plantilla.

H. EMISIÓN DE INFORME

Finalmente, se ha emitido un informe en el que mostramos nuestra opinión sobre la oferta de compra de unidad productiva más beneficiosa para la masa. Dicho informe ha sido entregado a la representación de la empresa, a fin que sea acompañada junto a la solicitud de concurso.

Y para que conste, emito el presente en ... a ... de ... de...

F299. INFORME FAVORABLE DEL EXPERTO SOBRE LA OFERTA RECABADA POR LA UNIDAD PRODUCTIVA

INFORME QUE EMITE DON ...... EN RELACIÓN A LA OFERTA DE COMPRA DE LA UNIDAD PRODUCTIVA DE LA MERCANTIL ...... FORMULADA POR ....

CAPÍTULO I
ANTECEDENTES

PRIMERO. DEL NOMBRAMIENTO COMO EXPERTO PARA RECABAR OFERTAS DE ADQUISICIÓN DE LA UNIDAD PRODUCTIVA

Con fecha ... de ... de ..., el Tribunal al que tenemos el honor de dirigirnos dictó Auto por el que, entre otras cuestiones, acordó:

"1. Se tiene por personado y por parte a la mercantil ...... y en su representación a la Procuradora ..., en virtud del poder especial que se aporta, con quien se entenderán las sucesivas diligencias en la forma prevenida por la Ley, y por solicitado EL NOMBRAMIENTO DE EXPERTO PARA RECABAR OFERTAS DE ADQUISICIÓN DE LA UNIDAD PRODUCTIVA.

2. Se nombra como experto a Don ...., con domicilio en ......, a quien se notificará por conducto urgente dicha designación a fin de que sin dilación comparezca en este Tribunal para aceptar y jurar el cargo, a los cuales se les entregará, una vez aceptado y jurado el cargo."

SEGUNDO. DE LA ACEPTACIÓN DEL CARGO

Quien suscribe fue notificado telefónicamente de su nombramiento como experto, compareciendo ante el tribunal de Instancia, sección de lo mercantil, de ...... ,el día ... de ... de ..., procediendo a aceptar el cargo.

TERCERO. DEL PLAZO PARA EVACUAR EL PRESENTE INFORME

En el auto de nombramiento de experto, el tribunal estableció un plazo máximo de tres meses para recabar ofertas de compra, (EN SU CASO, si bien mediante resolución de fecha ...de ..., dictado por este mismo tribunal se amplió el plazo por dos meses más).

El presente informe se emite dentro del plazo concedido por el tribunal. De esta forma han transcurrido ...... meses y ...... días desde la aceptación del informe.

CUARTO. DESTINO DEL INFORME

El informe que emitimos, tiene por única finalidad la de ser acompañado junto a la solicitud de concurso voluntario de la mercantil... De esta forma, la única publicidad que podrá darse al informe será la que acuerde el tribunal.

CAPÍTULO II
ENCUADRAMIENTO PROCESAL

QUINTO. REGULACIÓN NORMATIVA

El artículo 224 ter y siguientes del TRLC regula la figura del "pre pack concursal". Ciertamente, la regulación es parca y especialmente la referida a las funciones del experto. En cuanto a las funciones a desarrollar, tan solo se hace referencia en el artículo 224 ter indicando "que recabe ofertas de terceros para la adquisición, con pago al contado, de una o de varias unidades productivas de que sea titular el solicitante, aunque hubieran cesado en la actividad."

En ningún caso, se establece obligación algún de emisión de un informe favorable o no las ofertas de compra de la unidad productiva. No obstante, consideramos necesario la emisión de este informe. Así para el caso, que este experto fuera posteriormente nombrado administrador concursal, obligatoriamente debería emitir un informe por aplicación analógica del 224 bis. Para el caso, que no fuera confirmado este experto, debería nombrarse a un tercero como administrador concursal, por lo que entendemos que el informe ilustrará de alguna forma al administrador concursal para la emisión de su propio informe.

CAPÍTULO III
DE LA CONFIGURACIÓN DEL PERÍMETRO. DE LOS MÉTODOS PARA LA DETERMINACIÓN DEL VALOR DE LA UNIDAD PRODUCTIVA

SEXTO. DEL PERÍMETRO DE LA UNIDAD PRODUCTIVA

Una vez aceptado el cargo, este experto procedió junto a la empresa a determinar cual es el perímetro de la unidad productiva.

El Real Decreto Legislativo 1/2020, de 5 de mayo, Texto Refundido de la Ley Concursal (TRLC), en su artículo 200 establece el concepto de Unidad Productiva cuando determina:

"Artículo 200 Unidades productivas

1. Si en la masa activa existieran uno o varios establecimientos, explotaciones o cualesquiera otras unidades productivas de bienes o de servicios, se describirán como anejo del inventario, con expresión de los bienes y derechos de la masa activa que las integren.

2. Se considera unidad productiva el conjunto de medios organizados para el ejercicio de una actividad económica esencial o accesoria."

Asimismo, el artículo 214 del TRLC establece los bienes y derechos incluidos en las unidades productivas:

"Artículo 214 Bienes y derechos incluidos en establecimientos o unidades productivas

1. En todo caso, si los bienes y derechos de la masa activa afectos a créditos con privilegio especial estuviesen incluidos en los establecimientos, explotaciones o cualesquiera otras unidades productivas que se enajenen en conjunto se aplicarán las siguientes reglas:

1.ª Si se transmitiesen sin subsistencia de la garantía, corresponderá a los acreedores privilegiados la parte proporcional del precio obtenido equivalente al valor que el bien o derecho sobre el que se ha constituido la garantía suponga respecto al valor global de la unidad productiva transmitida.

Si el precio a percibir no alcanzase el valor de la garantía será necesaria la conformidad a la transmisión por los acreedores con privilegio especial que tengan derecho de ejecución separada, siempre que representen, al menos, el setenta y cinco por ciento de la clase del pasivo privilegiado especial, afectado por la transmisión. La parte del crédito garantizado que no quedase satisfecha será reconocida en el concurso con la clasificación que corresponda.

Si el precio a percibir fuese igual o superior al valor de la garantía, no será preciso el consentimiento de los acreedores privilegiados afectados.

2.ª Si se transmitiesen con subsistencia de la garantía, subrogándose el adquirente en la obligación de pago a cargo de la masa activa, no será necesario el consentimiento del acreedor privilegiado, quedando el crédito excluido de la masa pasiva. El tribunal velará por que el adquirente tenga la solvencia económica y los medios necesarios para asumir la obligación que se transmite.

3.ª Cuando se trate de créditos tributarios y de seguridad social, no tendrá lugar la subrogación del adquirente a pesar de que subsista la garantía."

En este sentido relacionamos aquellos bines y derechos que consideramos que deben incluirse dentro de la Unidad Productiva, siguiendo la estructura del Plan General Contable:

20. INMOVILIZACIONES INTANGIBLES

202. Concesiones administrativas

203. Propiedad industrial

206. Aplicaciones informáticas

21. INMOVILIZACIONES MATERIALES

211. Construcciones

212. Instalaciones técnicas

213. Maquinaria

214. Utillaje

216. Mobiliario

217. Equipos para procesos de información

218. Elementos de transporte

219. Otro inmovilizado material

30. EXISTENCIAS

300. Materia Prima

305. Producto terminado.

Considera este experto, que deben quedar expresamente excluidos, tanto las inversiones financieras, los créditos, clientes y tesorería.

SÉPTIMO. DE LOS MÉTODOS PARA DETERMINAR EL VALOR DE LA UNIDAD PRODUCTIVA

A la hora de determinar el método de valoración, esta parte ha considerado la guía de buenas prácticas para la venta de unidades productivas formulada por el Colegio de Abogados de Madrid junto al colegio de economistas y jueces de lo mercantil de Madrid.

En estas normas se establecen dos métodos de determinación de valor:

– Valoración por actualización de flujos de tesorería.

En este método, el valor de la UP depende únicamente de su capacidad para generar rentas futuras y el modelo valorativo debe basarse en el descuento de tales rentas al momento en el que se desea valorar.

El modelo valorativo propuesto determina el valor de la UP mediante la estimación de la capacidad de la UP de generar flujos de tesorería futuros, descontando tales flujos al momento en el que se desea la valoración.

Para el cálculo de los flujos de tesorería generados por la UP, las normas proponen el siguiente esquema:

BENEFICIO OPERATIVO ANTES DE IMPUESTOS
+
AMORTIZACIONES
–
IMPUESTO SOBRE SOCIEDADES OPERATIVO
–
INVERSIONES REALIZADAS
+/–
VARIACIÓN DEL FONDO DE MANIOBRA
= FLUJOS TESORERÍA

– Valor del coste corregido y del fondo de comercio.

En este método se consideran:

· Por un lado, los elementos (de activo y pasivo) que integran la UP de forma individualizada, ya sean tangibles o intangibles, asignando a cada uno de ellos un valor contable corregido (igual al valor de mercado o de realización).

· Por otro lado, aquellos elementos intangibles que no figuran en los estados contables y que son los que posibilitarán que la UP sea rentable (concesiones administrativas, know-how, marcas, clientela, I + D, etc y que configuran el fondo de comercio. Para determinar el valor del fondo de comercio de la UP habrá que considerar los flujos de tesorería.

OCTAVO. VALORACIÓN POR ACTUALIZACIÓN DE FLUJOS DE TESORERÍA.

Hemos procedido a analizar las cuentas de la compañía de los últimos 5 años, arrojando los siguientes resultados:

	2018	2019	2020	2021	2022
RESULTADOS DE EXPLOTACIÓN					
RESULTADO ANTES DE IMPUESTOS					
Impuesto sobre sociedades			–	–	
RESULTADO DEL EJERCICIO					

A la vista de lo expuesto, en el caso que aplicáramos el método de flujos, el valor de la compañía sería nulo.

NOVENO. VALORACIÓN APLICANDO CRITERIOS PURAMENTE PATRIMONIALES

Ante la nula valoración que se obtendría con el método expuesto anteriormente, nos vemos obligados a acudir a una valoración de cada uno de los elementos que componen la masa activa. A tal fin se partirá del valor neto contable, procediendo a aplicar las correcciones al alza o a la baja.

A continuación vamos a exponer el valor de cada uno de los elementos integrantes de la masa activa:

......

....

Como corolario a todo lo expuesto podemos fijar como valor de los bienes y derechos integrantes en el perímetro de la unidad productiva en DOS MILLONES OCHOCIENTOS MIL euros.

CAPÍTULO IV
DE LA VALORACIÓN DE LA OFERTA VINCULANTE DE COMPRA DE LA UNIDAD PRODUCTIVA PRESENTADA POR ......

DÉCIMO. DE LA VALORACIÓN

En los próximos apartados analizaremos la oferta presentada por la mercantil ... De esta forma, transcribiremos en primer lugar la oferta, para posteriormente ir analizando el cumplimiento de cada uno de los requisitos contemplados en el artículo 218 y 224 bis, mostrando nuestra opinión en relación con éstos.

DECIMOPRIMERO. DE LA OFERTA PRESENTADA

A continuación, transcribimos la oferta vinculante acompañada junto a la solicitud de concurso como Anexo VIII:

DECIMOSEGUNDO. IDENTIFICACIÓN DEL OFERENTE Y LA INFORMACIÓN SOBRE SU SOLVENCIA ECONÓMICA Y SOBRE LOS MEDIOS HUMANOS Y TÉCNICOS A SU DISPOSICIÓN.

En la oferta se expone que la empresa fue constituida en ..., teniendo la misma actividad que la concursada. Igualmente se afirma que los socios de la oferente tienen experiencia en el sector desde hace mas de cuarenta años, concretamente desde ......

Manifiesta igualmente que detenta un patrimonio social superior a los 12 millones de euros, acreditando tal situación con el balance que acompaña.

Con independencia de lo manifestado, esta AC ha obtenido información de terceros (búsqueda en internet y en Registro Mercantil de la Provincia de ...), en donde constan las siguientes magnitudes económicas:

...

No puede orillarse que la oferta de compra denota un conocimiento profundo sobre el sector y especialmente sobre la situación de la concursada. De esta forma, expone cuales son las circunstancias que han llevado a la concursada a la situación actual y cuales son las medidas que deberían implementarse para convertir la empresa viable.

Igualmente, establece unos objetivos claros en la nueva singladura de la compañía, y nuevas estrategias que permitirían incrementar la facturación y tornar los resultados en números positivos.

También acompaña unas proyecciones económicas que permitirían a la nueva sociedad alcanzar un nivel de facturación superior a los 30 millones de euros, con un beneficio neto superior a los 3 millones de euros

Por último, debemos destacar que se prevé una inversión superior a los cuatro millones de euros en los próximos 3 años, reinvirtiendo parte de los flujos de tesorería generados por la actividad.

Las circunstancias expuestas, permiten afirmar que el objetivo fundamental de la transmisión de la unidad productiva, que no es otro que el mantenimiento de la actividad se cumpliría.

DECIMOTERCERO. DETERMINACIÓN PRECISA DE LOS BIENES, DERECHOS, CONTRATOS Y LICENCIAS O AUTORIZACIONES INCLUIDOS EN LA OFERTA

El oferente determina cual es el perímetro de la unidad productiva identificando los bienes y derechos incluidos en ella, que coinciden en esencia con los determinados por esta administración concursal.

Igualmente, declara conocer el estado de conservación y funcionamiento de la maquinaria, instalaciones y otros elementos integrados en la unidad productiva, renunciando a cualquier reclamación por mal funcionamiento o vicios ocultos.

DECIMOCUARTO. PRECIO OFRECIDO, LAS MODALIDADES DE PAGO Y LAS GARANTÍAS APORTADAS.

El precio ofertado por la unidad productiva asciende a DOS MILLONES TRESCIENTOS MIL EUROS (2.300.0000 euros), desglosándolo de la siguiente forma:

- Pago de 500.000 euros a la masa, que se verificaran de forma coetánea al otorgamiento de la escritura pública de venta de la unidad productiva.
- Pago de 1.800.000€ que irán íntegramente destinados al pago del privilegio especial que grava los inmuebles propiedad de la sociedad.

Además de lo expuesto, asume expresamente la deuda existe frente a la TGSS por importe de 730.000 euros, asumiendo igualmente la totalidad de la plantilla.

Consideramos que la oferta cumple con lo dispuesto en el artículo 224 ter al contemplarse el pago al contado. En cualquier caso, el precio ofertado puede considerarse como razonable. De esta forma, no solo supera al valor calculado por el experto, sino que la alternativa a la venta de la unidad productiva, sería la liquidación, en la que difícilmente podrá obtenerse un numerario similar al ofertado.

DECIMOQUINTO. INCIDENCIA DE LA OFERTA SOBRE LOS TRABAJADORES.

El ofertante plantea la subrogación en todos los contratos de trabajo con los que actualmente cuenta la empresa, asumiendo las mismas condiciones laborales y económicas que éstos ostentan en la actualidad.

A continuación se expone la relación de trabajadores y su retribución actual:

...

DECIMOSEXTO. INCIDENCIA EN LA MASA ACTIVA Y MASA PASIVA.

En el caso que finalmente se procediera a la enajenación de la unidad productiva se producirían los siguientes efectos:

Masa Activa: Se produciría una transmisión en globo de la totalidad del activo no corriente, así como de las existencias. Quedaría en beneficio de la concursada, tanto el saldo con clientes y otros deudores, así como la tesorería de la compañía.

Ya hemos tenido ocasión de apuntar anteriormente que en el caso de no proceder a la venta de la UPA, la liquidación se torna como un escenario deficitario para los intereses de la masa. De esta forma la liquidación de los elementos de forma individual supondría, sin duda, la obtención de unos ingresos muy inferiores.

Masa pasiva: La transmisión de la unidad productiva supondrá la asunción por parte del adquirente de las deudas que la empresa ostentara frente a los trabajadores, así como frente a la TGSS y el privilegio especial.

En cuanto a la situación en la que quedarían los acreedores de la compañía, consideramos que con la cantidad obtenida de la venta de la unidad productiva podrían satisfacerse los créditos contra la masa, los privilegiados y parte de los ordinarios.

DECIMOSÉPTIMO. TRABAJADORES

En la propia oferta de compra se acompaña la carta de aceptación de los trabajadores.

Nos hemos entrevistado con los trabajadores quienes han mostrado predisposición para la venta de la unidad productiva. De esta forma la plantilla de los trabajadores manifiesta el conocimiento del ofertante, de su plan de viabilidad y de su interés en que se proceda a la venta de la UPA a favor de ………

DECIMOCTAVO. CONCLUSIONES

Tras lo expuesto, este EXPERTO debe emitir INFORME FAVORABLE, a la oferta de compra de la Unidad Productiva, en los términos contenidos en el presente escrito.

En … a … de …… de …

F300. INFORME DESFAVORABLE O EN SENTIDO NEGATIVO DEL EXPERTO SOBRE LA OFERTA RECABADA POR LA UNIDAD PRODUCTIVA

INFORME QUE EMITE DON ....EN RELACIÓN A LA OFERTA DE COMPRA DE LA UNIDAD PRODUCTIVA DE LA MERCANTIL .... FORMULADA POR ....

CAPÍTULO I - ANTECEDENTES

PRIMERO.– DEL NOMBRAMIENTO COMO EXPERTO PARA RECABAR OFERTAS DE ADQUISICIÓN DE LA UNIDAD PRODUCTIVA

Con fecha. de ... de ..., el Tribunal al que tenemos el honor de dirigirnos dictó Auto por el que, entre otras cuestiones, acordó:

"1.– Se tiene por personado y por parte a la mercantil .... y en su representación a la Procuradora ...., en virtud del poder especial que se aporta, con quien se entenderán las sucesivas diligencias en la forma prevenida por la Ley, y por solicitado EL NOMBRAMIENTO DE EXPERTO PARA RECABAR OFERTAS DE ADQUISICIÓN DE LA UNIDAD PRODUCTIVA.

2.– Se nombra como experto a Don ...., con domicilio en ...., a quien se notificará por conducto urgente dicha designación a fin de que sin dilación comparezca en este Tribunal para aceptar y jurar el cargo, a los cuales se les entregará, una vez aceptado y jurado el cargo."

SEGUNDO.– DE LA ACEPTACIÓN DEL CARGO

Quien suscribe fue notificado telefónicamente de su nombramiento como experto, compareciendo ante el tribunal de Instancia, sección de lo mercantil, de ...... el día. de .... de ...., procediendo a aceptar el cargo.

TERCERO.– DEL PLAZO PARA EVACUAR EL PRESENTE INFORME

En el auto de nombramiento de experto, el tribunal estableció un plazo máximo de tres meses para recabar ofertas de compra, si bien mediante resolución de fecha .... De ...., dictado por este mismo tribunal se amplió el plazo por dos meses mas.

El presente informe se emite dentro del plazo concedido por el tribunal. De esta forma han transcurrido tres meses y veinte días desde la aceptación del informe.

CUARTO.– DESTINO DEL INFORME

El informe que emitimos, tiene por única finalidad la de ser acompañado junto a la solicitud de concurso voluntario de la mercantil... De esta forma, la única publicidad que podrá darse al informe será la que acuerde el tribunal.

CAPÍTULO II - ENCUADRAMIENTO PROCESAL

QUINTO.– REGULACIÓN NORMATIVA

El artículo 224 ter y siguientes del TRLC regula la figura del "pre pack concursal". Ciertamente, la regulación es parca y especialmente la referida a las funciones del experto. En cuanto a las funciones a desarrollar, tan solo se hace referencia en el artículo 224 ter indicando "que recabe ofertas de terceros para la adquisición, con pago al contado, de una o de varias unidades productivas de que sea titular el solicitante, aunque hubieran cesado en la actividad."

En ningún caso, se establece obligación algún de emisión de un informe favorable o no las ofertas de compra de la unidad productiva. No obstante, consideramos necesario la emisión de este informe. Así para el caso, que este experto fuera posteriormente nombrado administrador concursal, obligatoriamente debería emitir un informe por aplicación analógica del 224 bis. Para el caso, que no fuera confirmado este experto, debería nombrarse a un tercero como administrador concursal, por lo que entendemos que el informe ilustrará de alguna forma al administrador concursal para la emisión de su propio informe.

CAPÍTULO III - DE LA CONFIGURACIÓN DEL PERÍMETRO. DE LOS MÉTODOS PARA LA DETERMINACIÓN DEL VALOR DE LA UNIDAD PRODUCTIVA

SEXTO.– DEL PERÍMETRO DE LA UNIDAD PRODUCTIVA

Una vez aceptado el cargo, este experto procedió junto a la empresa a determinar cual es el perímetro de la unidad productiva.

El Real Decreto Legislativo 1/2020, de 5 de mayo, Texto Refundido de la Ley Concursal (TRLC), en su artículo 200 establece el concepto de Unidad Productiva cuando determina:

"Artículo 200 Unidades productivas

1. Si en la masa activa existieran uno o varios establecimientos, explotaciones o cualesquiera otras unidades productivas de bienes o de servicios, se describirán como anejo del inventario, con expresión de los bienes y derechos de la masa activa que las integren.

2. Se considera unidad productiva el conjunto de medios organizados para el ejercicio de una actividad económica esencial o accesoria."

Asimismo, el artículo 214 del TRLC establece los bienes y derechos incluidos en las unidades productivas:

"Artículo 214 Bienes y derechos incluidos en establecimientos o unidades productivas

1. En todo caso, si los bienes y derechos de la masa activa afectos a créditos con privilegio especial estuviesen incluidos en los establecimientos, explotaciones o cualesquiera otras unidades productivas que se enajenen en conjunto se aplicarán las siguientes reglas:

1.ª Si se transmitiesen sin subsistencia de la garantía, corresponderá a los acreedores privilegiados la parte proporcional del precio obtenido equivalente al valor que el bien o derecho sobre el que se ha constituido la garantía suponga respecto al valor global de la unidad productiva transmitida.

Si el precio a percibir no alcanzase el valor de la garantía será necesaria la conformidad a la transmisión por los acreedores con privilegio especial que tengan derecho de ejecución separada, siempre que representen, al menos, el setenta y cinco por ciento de la clase del pasivo privilegiado especial, afectado por la transmisión. La parte del crédito garantizado que no quedase satisfecha será reconocida en el concurso con la clasificación que corresponda.

Si el precio a percibir fuese igual o superior al valor de la garantía, no será preciso el consentimiento de los acreedores privilegiados afectados.

2.ª Si se transmitiesen con subsistencia de la garantía, subrogándose el adquirente en la obligación de pago a cargo de la masa activa, no será necesario el consentimiento del acreedor privilegiado, quedando el crédito excluido de la masa pasiva. El tribunal velará por que el adquirente tenga la solvencia económica y los medios necesarios para asumir la obligación que se transmite.

3.ª Cuando se trate de créditos tributarios y de seguridad social, no tendrá lugar la subrogación del adquirente a pesar de que subsista la garantía."

En este sentido relacionamos aquellos bines y derechos que consideramos que deben incluirse dentro de la Unidad Productiva, siguiendo la estructura del Plan General Contable:

20. INMOVILIZACIONES INTANGIBLES

202. Concesiones administrativas

203. Propiedad industrial

206. Aplicaciones informa´ticas

21. INMOVILIZACIONES MATERIALES

211. Construcciones

212. Instalaciones técnicas

213. Maquinaria

214. Utillaje

216. Mobiliario

217. Equipos para procesos de información

218. Elementos de transporte

219. Otro inmovilizado material

30. EXISTENCIAS

300. Materia Prima

305. Producto terminado.

Considera este experto, que deben quedar expresamente excluidos, tanto las inversiones financieras, los créditos, clientes y tesorería.

SÉPTIMO.– DE LOS MÉTODOS PARA DETERMINAR EL VALOR DE LA UNIDAD PRODUCTIVA

A la hora de determinar el método de valoración, esta parte ha considerado la guía de buenas prácticas para la venta de unidades productivas formulada por el Colegio de Abogados de Madrid junto al colegio de economistas y jueces de lo mercantil de Madrid.

En estas normas se establecen dos métodos de determinación de valor:

– Valoración por actualización de flujos de tesorería.

En este método, el valor de la UP depende únicamente de su capacidad para generar rentas futuras y el modelo valorativo debe basarse en el descuento de tales rentas al momento en el que se desea valorar.

El modelo valorativo propuesto determina el valor de la UP mediante la estimación de la capacidad de la UP de generar flujos de tesorería futuros, descontando tales flujos al momento en el que se desea la valoración.

Para el cálculo de los flujos de tesorería generados por la UP, las normas proponen el siguiente esquema:

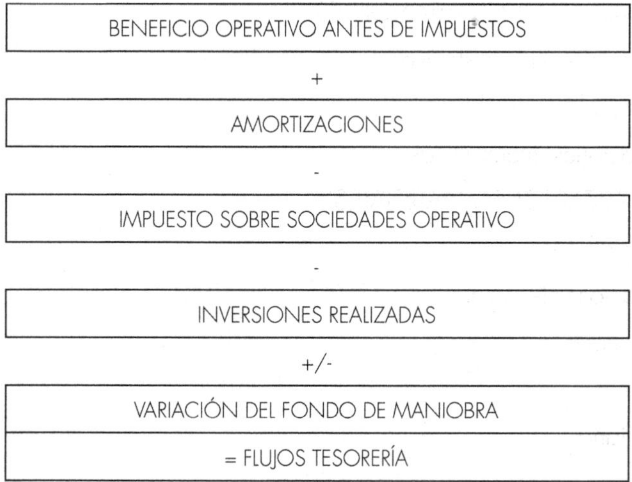

– Valor del coste corregido y del fondo de comercio.

En este método se consideran:

- Por un lado, los elementos (de activo y pasivo) que integran la UP de forma individualizada, ya sean tangibles o intangibles, asignando a cada uno de ellos un valor contable corregido (igual al valor de mercado o de realización).
- Por otro lado, aquellos elementos intangibles que no figuran en los estados contables y que son los que posibilitarán que la UP sea rentable (concesiones administrativas, know-how, marcas, clientela, I + D, etc y que configuran el fondo de comercio. Para determinar el valor del fondo de comercio de la UP habrá que considerar los flujos de tesorería.

OCTAVO.– VALORACIÓN POR ACTUALIZACIÓN DE FLUJOS DE TESORERÍA.

Hemos procedido a analizar las cuentas de la compañía de los últimos 5 años, arrojando los siguientes resultados:

....

RESULTADOS DE EXPLOTACIÓN

RESULTADO ANTES DE IMPUESTOS

Impuesto sobre sociedades - -

RESULTADO DEL EJERCICIO

A la vista de lo expuesto, en el caso que aplicáramos el método de flujos, el valor de la compañía sería nulo.

NOVENO.– VALORACIÓN APLICANDO CRITERIOS PURAMENTE PATRIMONIALES

Ante la nula valoración que se obtendría con el método expuesto anteriormente, nos vemos obligados a acudir a una valoración de cada uno de los elementos que componen la masa activa. A tal fin se partirá del valor neto contable, procediendo a aplicar las correcciones al alza o a la baja.

A continuación vamos a exponer el valor de cada uno de los elementos integrantes de la masa activa:

....

....

Como corolario a todo lo expuesto podemos fijar como valor de los bienes y derechos integrantes en el perímetro de la unidad productiva en DOS MILLONES OCHOCIENTOS MIL euros.

CAPÍTULO IV - DE LA VALORACIÓN DE LA OFERTA VINCULANTE DE COMPRA DE LA UNIDAD PRODUCTIVA PRESENTADA POR ....

DÉCIMO. – DE LA VALORACIÓN

En los próximos apartados analizaremos la oferta presentada por la mercantil .... De esta forma, transcribiremos en primer lugar la oferta, para posteriormente ir analizando el cumplimiento de cada uno de los requisitos contemplados en el artículo 218 y 224 bis, mostrando nuestra opinión en relación con éstos.

DECIMOPRIMERO.– DE LA OFERTA PRESENTADA

A continuación, transcribimos la oferta vinculante acompañada junto a la solicitud de concurso como Anexo VIII:..................

DECIMOSEGUNDO.– IDENTIFICACIÓN DEL OFERENTE Y LA INFORMACIÓN SOBRE SU SOLVENCIA ECONÓMICA Y SOBRE LOS MEDIOS HUMANOS Y TÉCNICOS A SU DISPOSICIÓN.

En la oferta se expone que la empresa fue constituida en ...., y que aun cuándo no tiene experiencia en el sector

Manifiesta igualmente que detenta un patrimonio social superior a 600.000 euros, acreditando tal situación con el balance que acompaña.

Con independencia de lo manifestado, esta AC ha obtenido información de terceros (búsqueda en internet y en Registro Mercantil de la Provincia de ....), en donde constan las siguientes magnitudes económicas:

....

Es administración concursal tiene serias dudas que la oferta presentada pueda cumplir con la exigencia contenida en el apartado 1 del artículo 224 septies, consistente en el mantenimiento de la actividad por un plazo mínimo de 2 años.

Las circunstancias que nos llevan a esta conclusión son:

- Del análisis de las últimas cuentas anuales, no parece que la oferente tenga capacidad de generar una corriente financiera suficiente para mantener la nueva actividad. Tampoco nos ayuda a confiar en la oferta, la inexistencia de un plan de viabilidad que pudiera acreditar el origen de los fondos necesarios para la actividad.
- Ni la oferente, ni sus socios tienen experiencia en el sector al que se dedica la deudora, ni tampoco exponen un plan de negocio para la sociedad.

DECIMOTERCERO.– DETERMINACIÓN PRECISA DE LOS BIENES, DERECHOS, CONTRATOS Y LICENCIAS O AUTORIZACIONES INCLUIDOS EN LA OFERTA

El oferente determina cual es el perímetro de la unidad productiva identificando los bienes y derechos incluidos en ella, que coinciden en esencia con los determinados por esta administración concursal.

Igualmente, declara conocer el estado de conservación y funcionamiento de la maquinaria, instalaciones y otros elementos integrados en la unidad productiva, renunciando a cualquier reclamación por mal funcionamiento o vicios ocultos.

DECIMOCUARTO- PRECIO OFRECIDO, LAS MODALIDADES DE PAGO Y LAS GARANTÍAS APORTADAS.

El precio ofertado por la unidad productiva asciende a UN MILLÓN DE EUROS(1.000.0000 euros), desglosándolo de la siguiente forma:

- Pago de 100.000 euros a la masa, que se verificaran de forma coetánea al otorgamiento de la escritura pública de venta de la unidad productiva.
- Pago de 900.000€ aplazados a 25 meses, a razón de 8.000 euros mensuales.

Considera este experto que la cantidad ofertada no satisface el importe mínimo del valor de la UPA. Hemos tenido ocasión anteriormente de exponer, concretamente en el punto noveno y décimo, cual sería el valor liquidativo de la unidad productiva, no alcanzando la oferta presentada este importe.

Por otra parte, no podemos orillar que la oferta incumple con la previsión contenida en el 224 ter, dado que infringe la obligación del pago al contado del precio, al ofrecer un aplazamiento de pago.

DECIMOQUINTO.– INCIDENCIA DE LA OFERTA SOBRE LOS TRABAJADORES.

El ofertante plantea la subrogación en todos los contratos de trabajo con los que actualmente cuenta la empresa, asumiendo las mismas condiciones laborales y económicas que éstos ostentan en la actualidad.

A continuación se expone la relación de trabajadores y su retribución actual:

....

DECIMOSEXTO.– INCIDENCIA EN LA MASA ACTIVA Y MASA PASIVA.

En el caso que finalmente se procediera a la enajenación de la unidad productiva se producirían los siguientes efectos:

Masa Activa: Se produciría una transmisión en globo de la totalidad del activo no corriente, así como de las existencias. Quedaría en beneficio de la concursada, tanto el saldo con clientes y otros deudores, así como la tesorería de la compañía.

Ya hemos tenido ocasión de apuntar anteriormente que en el caso de no proceder a la venta de la UPA, la liquidación se torna como un escenario deficitario para los intereses de la masa. De esta forma la liquidación de los elementos de forma individual supondría, sin duda, la obtención de unos ingresos muy inferiores.

Masa pasiva: La transmisión de la unidad productiva supondrá la asunción por parte del adquirente de las deudas que la empresa ostentara frente a los trabajadores, así como frente a la TGSS y el privilegio especial.

En cuanto a la situación en la que quedarían los acreedores de la compañía, consideramos que con la cantidad obtenida de la venta de la unidad productiva podrían satisfacerse los créditos contra la masa, los privilegiados y parte de los ordinarios.

DECIMOSÉPTIMO. – TRABAJADORES

En la propia oferta de compra se acompaña la carta de aceptación de los trabajadores.

Nos hemos entrevistado con los trabajadores quienes han mostrado predisposición para la venta de la unidad productiva. De esta forma la plantilla de los trabajadores manifiesta el conocimiento del ofertante, de su plan de viabilidad y de su interés en que se proceda a la venta de la UPA a favor de ....

DECIMOCTAVO.– CONCLUSIONES

Tras la expuesto, este experto no pude mas que emitir INFORME NEGATIVO a la oferta de compra de la Unidad Productiva, al concurrir las siguientes circunstancias:

- No se acredita solvencia económica en el oferente.
- No se acredita solvencia técnica en el oferente.
- No puede asegurarse el mantenimiento de la actividad por un periodo mínimo de 2 años.
- Se incumple la obligación de pago al contado del precio.

En .... a .... de ...... de ...

F301. INFORME DEL EXPERTO ANTE LA AUSENCIA DE OFERTAS POR LA UNIDAD PRODUCTIVA

INFORME QUE EMITE DON ....EN RELACIÓN A LA VENTA
DE LA UNIDAD PRODUCTIVA DE LA MERCANTIL ....

CAPÍTULO I - ANTECEDENTES

PRIMERO.– DEL NOMBRAMIENTO COMO EXPERTO PARA RECABAR OFERTAS DE ADQUISICIÓN DE LA UNIDAD PRODUCTIVA

Con fecha. de ... de ..., el Tribunal al que tenemos el honor de dirigirnos dictó Auto por el que, entre otras cuestiones, acordó:

"1.– Se tiene por personado y por parte a la mercantil .... y en su representación a la Procuradora ...., en virtud del poder especial que se aporta, con quien se entenderán las sucesivas diligencias en la forma prevenida por la Ley, y por solicitado EL NOMBRAMIENTO DE EXPERTO PARA RECABAR OFERTAS DE ADQUISICIÓN DE LA UNIDAD PRODUCTIVA.

2.– Se nombra como experto a Don ...., con domicilio en ...., a quien se notificará por conducto urgente dicha designación a fin de que sin dilación comparezca en este Tribunal para aceptar y jurar el cargo, a los cuales se les entregará, una vez aceptado y jurado el cargo."

SEGUNDO.– DE LA ACEPTACIÓN DEL CARGO

Quien suscribe fue notificado telefónicamente de su nombramiento como experto, compareciendo ante el tribunal de Instancia, sección de lo mercantil, de .... el día..... de .... de ...., procediendo a aceptar el cargo.

TERCERO.– DEL PLAZO PARA EVACUAR EL PRESENTE INFORME

En el auto de nombramiento de experto, el tribunal estableció un plazo máximo de tres meses para recabar ofertas de compra, si bien mediante resolución de fecha .... de ...., dictado por este mismo tribunal se amplió el plazo por dos meses mas.

El presente informe se emite dentro del plazo concedido por el tribunal. De esta forma han transcurrido tres meses y veinte días desde la aceptación del informe.

CUARTO.– DESTINO DEL INFORME

El informe que emitimos, tiene por única finalidad la de ser acompañado junto a la solicitud de concurso voluntario de la mercantil... De esta forma, la única publicidad que podrá darse al informe será la que acuerde el tribunal.

CAPÍTULO II - ENCUADRAMIENTO PROCESAL

QUINTO.– REGULACIÓN NORMATIVA

El artículo 224 ter y siguientes del TRLC regula la figura del "pre pack concursal". Ciertamente, la regulación es parca y especialmente la referida a las funciones del experto. En cuanto a las funciones a desarrollar, tan solo se hace referencia en el artículo 224 ter indicando "que recabe ofertas de terceros para la adquisición, con pago al contado, de una o de varias unidades productivas de que sea titular el solicitante, aunque hubieran cesado en la actividad."

En ningún caso, se establece obligación algún de emisión de un informe favorable o no las ofertas de compra de la unidad productiva. No obstante, consideramos necesario la emisión de este informe. Así para el caso, que este experto fuera posteriormente nombrado administrador concursal, obligatoriamente debería emitir un informe por aplicación analógica del 224 bis. Para el caso, que no fuera confirmado este experto, debería nombrarse a un tercero como administrador concursal, por lo que entendemos que el informe ilustrará de alguna forma al administrador concursal para la emisión de su propio informe.

CAPÍTULO III - DE LA CONFIGURACIÓN DEL PERÍMETRO. DE LOS MÉTODOS PARA LA DETERMINACIÓN DEL VALOR DE LA UNIDAD PRODUCTIVA

SEXTO.– DEL PERÍMETRO DE LA UNIDAD PRODUCTIVA

Una vez aceptado el cargo, este experto procedió junto a la empresa a determinar cual es el perímetro de la unidad productiva.

El Real Decreto Legislativo 1/2020, de 5 de mayo, Texto Refundido de la Ley Concursal (TRLC), en su artículo 200 establece el concepto de Unidad Productiva cuando determina:

"Artículo 200 Unidades productivas

3. Si en la masa activa existieran uno o varios establecimientos, explotaciones o cualesquiera otras unidades productivas de bienes o de servicios, se describirán como anejo del inventario, con expresión de los bienes y derechos de la masa activa que las integren.

4. Se considera unidad productiva el conjunto de medios organizados para el ejercicio de una actividad económica esencial o accesoria."

Asimismo, el artículo 214 del TRLC establece los bienes y derechos incluidos en las unidades productivas:

"Artículo 214 Bienes y derechos incluidos en establecimientos o unidades productivas

1. En todo caso, si los bienes y derechos de la masa activa afectos a créditos con privilegio especial estuviesen incluidos en los establecimientos, explotaciones o cualesquiera otras unidades productivas que se enajenen en conjunto se aplicarán las siguientes reglas:

4.º Si se transmitiesen sin subsistencia de la garantía, corresponderá a los acreedores privilegiados la parte proporcional del precio obtenido equivalente al valor que el bien o derecho sobre el que se ha constituido la garantía suponga respecto al valor global de la unidad productiva transmitida.

Si el precio a percibir no alcanzase el valor de la garantía será necesaria la conformidad a la transmisión por los acreedores con privilegio especial que tengan derecho de ejecución separada, siempre que representen, al menos, el setenta y cinco por ciento de la clase del pasivo privilegiado especial, afectado por la transmisión. La parte del crédito garantizado que no quedase satisfecha será reconocida en el concurso con la clasificación que corresponda.

Si el precio a percibir fuese igual o superior al valor de la garantía, no será preciso el consentimiento de los acreedores privilegiados afectados.

5.º Si se transmitiesen con subsistencia de la garantía, subrogándose el adquirente en la obligación de pago a cargo de la masa activa, no será necesario el consentimiento del acreedor privilegiado, quedando el crédito excluido de la masa pasiva. El tribunal velará por que el adquirente tenga la solvencia económica y los medios necesarios para asumir la obligación que se transmite.

6.º Cuando se trate de créditos tributarios y de seguridad social, no tendrá lugar la subrogación del adquirente a pesar de que subsista la garantía."

En este sentido relacionamos aquellos bines y derechos que consideramos que deben incluirse dentro de la Unidad Productiva, siguiendo la estructura del Plan General Contable:

22. INMOVILIZACIONES INTANGIBLES

202. Concesiones administrativas

203. Propiedad industrial

206. Aplicaciones informa´ticas

23. INMOVILIZACIONES MATERIALES

215. Construcciones

216. Instalaciones técnicas

217. Maquinaria

218. Utillaje

220. Mobiliario

221. Equipos para procesos de información

222. Elementos de transporte

223. Otro inmovilizado material

30. EXISTENCIAS

300. Materia Prima

305. Producto terminado.

Considera este experto, que deben quedar expresamente excluidos, tanto las inversiones financieras, los créditos, clientes y tesorería.

SÉPTIMO.– DE LOS MÉTODOS PARA DETERMINAR EL VALOR DE LA UNIDAD PRODUCTIVA

A la hora de determinar el método de valoración, esta parte ha considerado la guía de buenas prácticas para la venta de unidades productivas formulada por el Colegio de Abogados de Madrid junto al colegio de economistas y jueces de lo mercantil de Madrid.

En estas normas se establecen dos métodos de determinación de valor:

– Valoración por actualización de flujos de tesorería.

En este método, el valor de la UP depende únicamente de su capacidad para generar rentas futuras y el modelo valorativo debe basarse en el descuento de tales rentas al momento en el que se desea valorar.

El modelo valorativo propuesto determina el valor de la UP mediante la estimación de la capacidad de la UP de generar flujos de tesorería futuros, descontando tales flujos al momento en el que se desea la valoración.

Para el cálculo de los flujos de tesorería generados por la UP, las normas proponen el siguiente esquema:

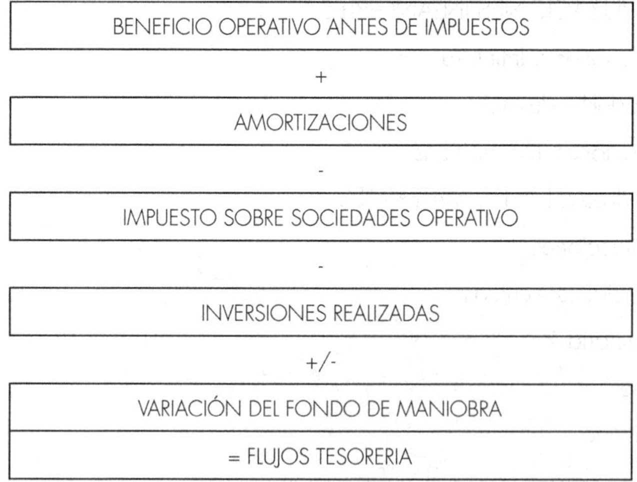

– Valor del coste corregido y del fondo de comercio.

En este método se consideran:

- Por un lado, los elementos (de activo y pasivo) que integran la UP de forma individualizada, ya sean tangibles o intangibles, asignando a cada uno de ellos un valor contable corregido (igual al valor de mercado o de realización).
- Por otro lado, aquellos elementos intangibles que no figuran en los estados contables y que son los que posibilitarán que la UP sea rentable (concesiones administrativas, know-how, marcas, clientela, I + D, etc y que configuran el fondo de comercio. Para determinar el valor del fondo de comercio de la UP habrá que considerar los flujos de tesorería.

OCTAVO.– VALORACIÓN POR ACTUALIZACIÓN DE FLUJOS DE TESORERÍA.

Hemos procedido a analizar las cuentas de la compañía de los últimos 5 años, arrojando los siguientes resultados:

....

RESULTADOS DE EXPLOTACIÓN

RESULTADO ANTES DE IMPUESTOS

Impuesto sobre sociedades - -

RESULTADO DEL EJERCICIO

A la vista de lo expuesto, en el caso que aplicáramos el método de flujos, el valor de la compañía sería nulo.

NOVENO.– VALORACIÓN APLICANDO CRITERIOS PURAMENTE PATRIMONIALES

Ante la nula valoración que se obtendría con el método expuesto anteriormente, nos vemos obligados a acudir a una valoración de cada uno de los elementos que componen la masa activa. A tal fin se partirá del valor neto contable, procediendo a aplicar las correcciones al alza o a la baja.

A continuación vamos a exponer el valor de cada uno de los elementos integrantes de la masa activa:

....

....

Como corolario a todo lo expuesto podemos fijar como valor de los bienes y derechos integrantes en el perímetro de la unidad productiva en DOS MILLONES OCHOCIENTOS MIL euros.

CAPÍTULO IV - DE LA BÚSQUEDA DE ADQUIRENTE Y DEL RESULTADO

DÉCIMO. -.– *BÚSQUEDA DE INTERESADOS*

La búsqueda de posibles interesados se ha realizado tanto por la propia empresa como por este experto. Esta búsqueda ha ido dirigida a tres grandes espectros:

Empresas y grupo del sector: Se ha contactado con la práctica totalidad de empresas del sector, tanto a nivel nacional como internacional.

Empresas de sectores afines: No solamente se ha limitado la búsqueda a empresas del sector, sino también a otras que aun cuándo desarrollen una actividad distinta, con la adquisición de la unidad productiva podría generare sinergias.

Fondos Distressed: También nos hemos dirigido a fondos cuya actividad habitual es la adquisición de unidades productivas de compañías en situación concursal.

Los contactos con estas compañías se han realizado o bien directamente con el equipo directivo de éstas, o mediante la intervención de letrados y/o financieros.

DECIMOPRIMERO.– INTERESADOS

A continuación exponemos la relación de compañías con las que hemos contactado:

...

...

...

DECIMOSEGUNDO.– RESULTADO DE LAS NEGOCIACIONES. OFERTAS.

Tras las distintas reuniones mantenidas y reuniones mantenidas, no existe ninguna oferta que cumplan con los parámetros mínimos expuestos anteriormente.

Las razones de la inexistencia de estas ofertas se fundan diversas razones:

1.– Oferentes cuyo tamaño no permite afrontar la adquisición

Alguna de las sociedades, no tienen capacidad financiera para el mantenimiento de la actividad.

2.– Empresas que han realizado inversiones en los últimos años.

Concurre igualmente, que alguno de los oferentes ha realizado recientemente inversiones en compañías del sector, lo que dificulta en mucho una nueva inversión.

3.– Circunstancias propias de la deudora.

La evolución económica de los últimos 4 años de la compañía ha sido negativa y con un EBITDA que de alguna forma ha desincentivado a los posibles oferentes la adquisición e la unidad productiva.

Igualmente, la necesidad de inyectar una cantidad muy importante de fondos ha impedido que alguno de los oferentes pueda optar a la adquisición y al mantenimiento de la actividad.

4.– Limitación temporal.

Aun cuándo en el Auto de nombramiento del experto independiente, se fijaba un plazo inicial de 3 meses para recabar ofertas de compra de unidad productiva, la situación actual de la compañía hace inviable su continuidad al haberse reducido la producción de forma muy sensible, anudando a esto la inexistencia de liquidez.

A mayor abundamiento, determinados oferentes tienen protocolos internos que exigen unos plazos superiores a los 4 meses, para decidir la adquisición de cualquier compañía.

5.– Contenido de las ofertas

Por último, no podemos orillar que el objetivo de la venta de la unidad productiva no solamente es el mantenimiento de la actividad, sino que también debe tenerse en cuenta los intereses de los acreedores.

De esta forma, y con independencia que pudiera existir una oferta que no supusiera una entrada importante de liquidez a la concursada, lo bien cierto es que la actividad debe mantenerse por plazo de dos años, y debe existir una subrogación en los trabajadores.

En base a lo anterior, se ha rechazado cualquier oferta, que en el fondo busque una liquidación de la sociedad, y cuyo precio no alcance, si quiera lo que podría obtenerse por la venta individualizada de los activos de la sociedad.

DECIMOTERCERO.– CONCLUSIONES

Tras lo expuesto, este experto no puede informar favorablemente a oferta de adquisición de compra de unidad productiva a la vista que no se ha formalizado ninguna, pese a las gestiones efectuadas por el deudor y este experto y el interés, no cristalizado, que fue mostrado por las empresas antes reseñadas.

Lo anterior, es independiente que algunos de los interesados pudieran formalizar oferta de compra de unidad productiva en sede concursal.

En .... a .... de ...... de ...

F302. SOLICITUD DE CONCURSO VOLUNTARIO DE PERSONA JURÍDICA CON OFERTA DE UNIDAD PRODUCTIVA. PREPACK (I)

AL TRIBUNAL DE INSTANCIA DE ...... SECCIÓN DE LO MERCANTIL (PLAZA ...)

..........., Procurador de los Tribunales (núm. .... de colegiado) y de la compañía........... S.A., con domicilio en..........., calle........... núm. .... y CIF..........., cuya representación acredito mediante la escritura original de poder de representación (especial para instar el presente concurso) que se acompaña a este escrito, ante este Tribunal comparezco bajo la dirección letrada de Don..........., abogado del Ilustre Colegio de........... (núm. .... de colegiado), y como mejor proceda en Derecho DIGO:

Que por medio del presente escrito y en la representación que ostento, formulo SOLICITUD DE CONCURSO VOLUNTARIO de la compañía........... S.A. por hallarse actualmente la misma en situación de insolvencia actual, solicitud que se funda en los HECHOS y FUNDAMENTOS DE DERECHO que a continuación se exponen.

HECHOS

PRIMERO. Mi principal, la sociedad........... S.A., se constituyó el........... de........... de..........., mediante escritura otorgada ante el notario de..........., Don........... (número de su protocolo...........).

Datos de Inscripción Registral: La sociedad está inscrita en el Registro Mercantil de la provincia de........... al tomo..........., General........... de la sección........... del Libro de sociedades, Folio..........., hoja...........

Su objeto social consiste en...........

El domicilio social de la compañía se halla en..........., calle..........., lugar en que se halla el centro de los intereses principales de la deudora.

Datos fiscales: La sociedad se halla dada de alta en el Impuesto sobre Actividades Económicas desde el........... de........... de..........., en el epígrafe........... Igualmente, el día........... de........... de..........., presentó la correspondiente declaración censal de alta e inicio de actividades, siéndole asignado el siguiente Código de Identificación Fiscal (CIF):...........

Órgano de Administración: Desde su constitución, el órgano de administración de la compañía se halla conformado por un administrador único, ejerciendo en la actualidad tal cargo, Don..........., quien, por un plazo de........... años, fue designado al efecto por acuerdo de la Junta General Extraordinaria de la compañía celebrada el día........... de........... de..........., elevado a público mediante escritura autorizada por el notario de..........., Don..........., el día de........... de...........

No existen otros administradores de la sociedad, de hecho o de derecho, distintos del mencionado Sr. .... Durante los dos años anteriores a la solicitud de concurso, el citado Don........... ha sido la única persona que ha ostentado y/o desempeñado la administración de la sociedad.

La sociedad nunca ha tenido directores generales.

Acreditando lo anterior, se acompañan como DOCUMENTOS........... la escritura de constitución de la Sociedad, certificación literal del Registro Mercantil de la provincia de........... correspondiente a la deudora; declaración censal de alta e inicio de actividades, declaración de alta en el Impuesto de Actividades Económicas y tarjeta CIF.

SEGUNDO. La presente solicitud de concurso voluntario debe de ser acogida por el Tribunal al darse el presupuesto objetivo de insolvencia en que se halla........... S.A. desde el día..........., fecha ésta desde la cual, mi mandante no puede cumplir regularmente sus obligaciones exigibles.

Lo anterior resulta de la documentación que, de conformidad con lo establecido en los arts. 7 y 8 TRLC, se acompaña a esta solicitud, así como del informe pericial emitido el pasado día........... de........... de..........., por Don..........., economista del Ilustre Colegio de..........., (núm. Col...........), y que se acompaña como DOCUMENTO........... De dicha documentación se desprende que mi mandante carece en la actualidad de liquidez suficiente para atender las deudas exigibles contraídas con sus acreedores. También resulta de...........

TERCERO. Dando cumplimiento a lo previsto en el art. 6.2 TRLC, se acompañan a esta solicitud poder especial para solicitar el concurso, otorgado el día........... de........... de..........., ante Don..........., notario del Ilustre Colegio de..........., con residencia en........... (núm. .... de su protocolo). (DOCUMENTO...........).

CUARTO. Igualmente, tal y como requiere el art. 7 TRLC, se acompañan los siguientes documentos generales como DOCUMENTOS .... a ....:

I. Memoria expresiva de la historia económica y jurídica del deudor; de la actividad o actividades a las que se viene dedicando durante los tres últimos años y de los establecimientos, oficinas y explotaciones de las que resulta titular, y de las causas del estado de insolvencia en que se encuentra.

Expresamente se manifiesta que en la referida memoria consta la identidad de los socios de los que tiene constancia; la identidad de los administradores sociales (en su caso, y de los directores generales) (en su caso, y del auditor de cuentas. También que NO (SI) tiene admitidos valores admitidos a cotización en un centro de negociación.

Se hace constar que mi mandante NO forma parte de un grupo de sociedades.

ALTERNATIVA: Se hace constar que mi mandante SI forma parte de un grupo de sociedades, integrado por las siguientes compañías: ....

Se hace constar que la sociedad dominante del referido grupo es la sociedad ....

II. Inventario de los bienes y derechos que integran el patrimonio de mi mandante, expresivo de su naturaleza, características, lugar en que se encuentran y, respecto de aquellos inscritos en un registro público, los datos de identificación registral de cada uno de los bienes y derechos relacionados.

También resulta del referido inventario el valor de adquisición, las correcciones valorativas procedentes y la estimación del valor de mercado a la fecha de la solicitud, de los referidos bienes y derechos, con indicación de los gravámenes, trabas y cargas que les afectan, a favor de acreedor o de tercero, con expresión de su naturaleza y, en su caso, los datos de identificación registral.

III. Relación de acreedores con expresión de la identidad, el domicilio y la dirección electrónica, si la tuviere, de cada uno de ellos, así como de la cuantía y el vencimiento de los respectivos créditos y las garantías personales o reales constituidas.

(En su caso) Respecto de aquellos acreedores que han reclamado judicialmente el pago de su respectivo crédito se identifica en la citada relación el procedimiento correspondiente, con indicación del estado de las actuaciones.

IV. (En su caso) Siendo mi mandante empleador, se hace constar que el número de trabajadores asciende a ...., haciéndose constar que el/los centro/s de trabajo al que están afectos los mismos es/son ....

Se hace constar que NO existe órgano de representación de los trabajadores.

ALTERNATIVA: Se ha constar que si existe órgano de representación de los trabajadores de .... S.A, siendo la identidad y el correo electrónico de cada uno de sus integrantes, el siguiente: ....

QUINTO. De conformidad con lo previsto en el art. 8 TRLC y estando obligada la compañía........... S.A. a la llevanza de contabilidad, se acompaña igualmente a esta solicitud los documentos contables y complementarios que a continuación se reseñan:

I. Cuentas anuales (balance, pérdidas y ganancias y memoria), informe de gestión e informe de auditoría de los últimos tres ejercicios sociales finalizados a fecha de la solicitud de concurso, esto es, los cerrados a fecha ...., ... y .... (DOCUMENTOS...........)

II. Memoria de los cambios significativos operados en el patrimonio de mi mandante con posterioridad a las últimas cuentas anuales formuladas, aprobadas y depositadas en el Registro Mercantil, las correspondientes al ejercicio ....,

III. Memoria de las operaciones realizadas con posterioridad a las últimas cuentas anuales formuladas, aprobadas y depositadas en el Registro Mercantil y que por su naturaleza, objeto o cuantía excedan del giro o tráfico ordinario del deudor. (DOCUMENTO...........).

IV. (Si fuera menester) Estados financieros elaborados con posterioridad a las últimas cuentas anuales presentadas (las correspondientes al ejercicio ....), remitidos (o comunicados) a ...., autoridad supervisora del .... (DOCUMENTOS...........)

V. (Si fuera menester). Dado que mi principal forma parte del grupo de sociedades ...., en el que la aquí deudora, es la sociedad dominante, y las compañías .... y ...., son las sociedades dominadas, se acompañan las cuentas anuales y el informe de gestión consolidados correspondientes a los tres últimos ejercicios sociales finalizados a fecha de la presente solicitud y el informe de auditoría emitido con relación a tales cuentas anuales. También una memoria de las operaciones realizadas con otras sociedades del grupo durante ese mismo periodo y hasta la solicitud de concurso.

SEXTO. (Si fuera menester) Que al amparo del art. 337 TRLC, no pidiéndose en el presente escrito la liquidación de la deudora, y dándose los requisitos de forma y plazo previstos en la Ley, se presenta propuesta de convenio, que se acompaña a este escrito como DOCUMENTO...........

La propuesta reseñada NO ha sido objeto de adhesiones (en su caso, es objeto de las siguientes adhesiones: ....).

O (Si fuera menester, en lugar de lo anterior, y eliminado la referencia a la conservación de facultades por el deudor y la continuidad o viabilidad de la deudora). Que al ser de interés de mi mandante, en este acto se solicita se acuerde por este Tribunal la liquidación de........... S.A.

SÉPTIMO. (Si fuera menester). Se hace constar que no se acompaña el DOCUMENTO........... previsto en el número..........., del art. 7 TRLC toda vez que...........

Igualmente, aun cuando se acompaña el DOCUMENTO..........., recogido en el número..........., del art. 8 TRLC, en el mismo falta el dato de..........., toda vez que...........

A los relatados hechos aduzco los siguientes

FUNDAMENTOS DE DERECHO

I. De conformidad con lo previsto en el art. 44 TRLC y 87 LOPJ, son competentes para conocer de esta solicitud de concurso los Tribunales de Instancia.

Desde un punto de vista territorial, y conforme a los arts. 45 y 224 sixties TRLC, resulta competentes el Tribunal de Instancia, sección de lo mercantil, de ...., al ser éste el Tribunal que designó al experto para recabar ofertas de unidad productiva que se reseña en otrosí de esta demanda, que a su vez es el competente para conocer del concurso de mi mandante.

II. Mi mandante, en su condición de deudor, está legitimado para solicitar su declaración de concurso al amparo de lo dispuesto en el art. 3.1 TRLC..

III. Se dan en este caso los presupuestos subjetivo y objetivo requeridos para la declaración del concurso. En el primer caso, a la vista de la condición de mi mandante de deudor persona jurídica, vid. art. 1.1 TRLC. En el segundo, a la vista de la situación actual de insolvencia de mi mandante.

IV. Los efectos del concurso serán los previstos en los arts. 105 y ss. TRLC.

V. (En su caso) sobre la proposición de convenio vid. los arts. 337 y ss. LC.

VI. (En su caso). Arts. 406, ss. y concordantes sobre la liquidación de mi principal.

En virtud de lo expuesto,

SUPLICO AL TRIBUNAL que tenga por presentado este escrito, junto a los documentos a él unidos y sus copias, se sirva admitirlo y tener por promovido en nombre y representación de mi mandante, ... S.A., SOLICITUD DE CONCURSO VOLUNTARIO, se sirva admitirla y previos los oportunos trámites legales, se sirva admitirla y dictar auto por el que, estimando íntegramente la presente solicitud:

PRIMERO. Se declare el concurso de la sociedad........... S.A., con indicación de su carácter voluntario.

SEGUNDO. Se acuerde la sustanciación del correspondiente procedimiento, con la formación de las secciones correspondientes.

TERCERO. Se designe la administración concursal del concurso.

CUARTO. Se acuerde el régimen de mera intervención de las facultades patrimoniales del concursado.

QUINTO. (Si fuere menester eliminado la referencia del punto cuarto precedente) Se tenga por solicitada la liquidación de mi mandante, acordando cuanto proceda en derecho en orden a aperturar la citada liquidación y tramitar la misma.

(O si fuera menester y en lugar de lo anterior) Se tenga por presentada propuesta de convenio, acordando cuando proceda en derecho en orden a la citada propuesta y tramitación la misma.

SEXTO. Se acuerde cuanto demás sea procedente en derecho para la sustanciación del procedimiento hasta su conclusión.

Es Justicia que pido en........... a........... de........... de dos mil...........

OTROSÍ DIGO: Que de conformidad y a los efectos de lo dispuesto en los arts. 224 bis, 224 ter y ss. TRLC, junto a la presente solicitud de concurso se acompaña por esta parte como DOCUMENTO .... una propuesta escrita vinculante para la adquisición de la/s siguiente/s unidad/es productiva/s titularidad de mi principal, que resulta de interés y conformidad de esta parte. Tal/es unidad/es productiva/s, son: ....

Con relación a la misma indicar que esta parte solicito en fecha .... y al amparo de lo dispuesto en el artículo 224 ter y ss. TRLC, el nombramiento de experto independiente para recabar ofertas de adquisición de las referida/s unidad/es productivas, siendo designado por este Tribunal para tal cargo, mediante auto de fecha ...., y por un plazo de .... meses, Don ...., quien acepto el cargo en fecha ...., habiéndose recibido solo la oferta anteriormente señalada y que se acompaña a este escrito. Esta oferta cumple los presupuestos del art. 224 septies TRLC, en especial, la obligación de continuar (o de reiniciar) la actividad con la unida/es a las que se refiere la oferta por un mínimo de dos años.

Con relación a lo señalado en el párrafo precedente:

La retribución fijada por el Tribunal para el señor .... y por tal tarea, ascendió a la suma de .... euros, de la que ha percibido la suma de .... euros, por lo que la restante cantidad de .... euros debería tener la consideración de crédito contra la masa en el posterior concurso.

b) En la declaración de concurso su señoría puede revocar o ratificar el nombramiento de Don ...., ratificación que esta parte solicita, por lo que el Sr..........., si el Tribunal atiende el ruego de esta parte, tendrá la consideración de administrador concursal en el concurso de mi mandante.

c) Que pese al citado nombramiento, el presente concurso se insta dentro del plazo de dos meses desde que conoció la situación de insolvencia actual.

En su virtud,

SUPLICO AL TRIBUNAL que tenga por presentado este escrito, se sirva admitirlo, y tener por hechas las anteriores manifestaciones a los efectos legales oportunos, suplicando se tramite la citada oferta vinculante para la compra de la/s referida/s unida/es productiva/s conforme establece los arts. 224 bis y 224 Ter TRLC y demás normativa de aplicación, acordando cuanto proceda en derecho al efecto.

Lo que se suplica en el lugar y fecha reseñados "ut supra".

OTROSÍ DIGO Que procede dar a la declaración de concurso la oportuna publicidad, incluida la registral, en los términos y con el alcance establecidos en los arts. 35 a 37 TRLC y sin perjuicio de cualesquiera otra publicidad complementaria que, en medios oficiales o privados, estime oportuna este Tribunal al que nos dirigimos.

SUPLICO AL TRIBUNAL que tenga por hechas las anteriores manifestaciones a los efectos oportunos, se sirva admitirlas y acordar en el auto declarando el concurso voluntario de mi principal, las inscripciones y publicaciones previstas en el art. 35 a 37 TRLC, y, previos los oportunos trámites legales, se sirva llevar a cabo tales inscripciones y publicaciones, por medios electrónicos o telemáticos y, si esto no fuera posible, librando los oportunos mandamientos y oficios que serán confiados al Procurador que esto suscribe para su oportuno curso y gestión.

Lo que se suplica en el lugar y fecha reseñados "ut supra".

OTROSÍ DIGO: Que en el auto en que se acuerde la declaración de concurso de mi principal y entre otros pronunciamientos, procede el llamamiento de los acreedores para que pongan en conocimiento de la administración concursal la existencia de sus créditos, en el plazo de un mes a contar desde el día siguiente a la publicación de la declaración del concurso en el BOE.

En su virtud,

SUPLICO AL TRIBUNAL que tenga por hechas las anteriores manifestaciones a los efectos oportunos, se sirva admitirlas y acordar en el auto declarando el concurso voluntario de mi principal, el llamamiento de los acreedores a los efectos antes reseñados.

Lo que se suplica en el lugar y fecha reseñados "ut supra".

OTROSÍ DIGO Que a la vista del art. 33 TRLC, en su día y previa admisión de la presente solicitud, procede la notificación por medios electrónicos del auto de declaración del concurso, a la Agencia Estatal de la Administración Tributaria y a la tesorería General de la Seguridad Social.

En su virtud,

SUPLICO AL TRIBUNAL que tenga por hechas las anteriores manifestaciones a los efectos oportunos, se sirva admitirlas y acordar la referida notificación y cuanto demás proceda en derecho al respecto.

Lo que se suplica en el lugar y fecha reseñados "ut supra".

(SI fuera menester) OTROSÍ DIGO Que conforme requiere el art. 28.4 TRLC, en su día y previa admisión de la presente solicitud, procede la notificación del auto de declaración del concurso, a la representación legal de los trabajadores de .... S.A.

En su virtud,

SUPLICO AL TRIBUNAL que tenga por hechas las anteriores manifestaciones a los efectos oportunos, se sirva admitirlas y acordar la referida notificación y cuanto demás proceda en derecho al respecto.

a) Lo que se suplica en el lugar y fecha reseñados "ut supra".

F303. SOLICITUD DE CONCURSO VOLUNTARIO DE PERSONA JURÍDICA CON OFERTAD DE UNIDAD PRODUCTIVA. PREPACK (II)

Antecedente: Procedimiento nº .../...

AL TRIBUNAL DE INSTANCIA DE .... SECCIÓN DE
LO MERCANTIL (PLAZA NÚM. ....)

.............., Procurador de los Tribunales y de ...., según se acredita con el poder especial que se acompaña y bajo la dirección letrada de Don ......, abogado del Ilustre Colegio de Abogados de ... con número ..., ante el Tribunal comparezco, y como mejor proceda en Derecho, respetuosamente, DIGO:

Que mediante el presente escrito, se interesa la DECLARACIÓN DE CONCURSO VOLUNTARIO de mi representada dado su estado de insolvencia actual y consiguiente imposibilidad de cumplir regularmente con sus obligaciones exigibles, motivo por el que en beneficio de sus acreedores y en el suyo propio, y al amparo de lo previsto en los artículos 1, 2, 3,5 y 6 y concordantes del Real Decreto Legislativo 1/2020, de 5 de mayo, por el que se aprueba el Texto Refundido de la Ley Concursal, se presenta la citada solicitud sobre la base de lo que a continuación se expone.

Que dicha petición se funda en las siguientes:

PRIMERO. DE LA ENTIDAD DEUDORA. ANTECEDENTES

Mi representada, la mercantil ..., fue constituida bajo la forma social de sociedad anónima mediante escritura autorizada ante la Notario de ... Doña ..., el día ... de ... de ... bajo su número de protocolo.

De conformidad con el artículo ... de los estatutos sociales el objeto social es el siguiente:

"...a"

En la escritura fundacional, se fijó el domicilio social en ......, Calle ...

El capital social se fijó en ... euros, representado por ... acciones al portador, de ... de valor nominal cada una, numeradas correlativamente del uno al ..., ambos inclusive, todas ellas completamente desembolsadas en metálico por los socios fundadores.

El órgano de administración es el de administrador único, recayendo el cargo en la persona de Don ......, quien aceptó el cargo, siendo su duración indefinida.

La escritura de constitución fue inscrita en el Registro Mercantil de ..., al Tomo ..., folio ..., del Libro de Sociedades, hoja número ... Inscripción ...

Por acuerdo adoptado en Junta General Extraordinaria el ... de ... de ... se acordó elevar el capital social en ..., ascendiendo por tanto el nuevo capital social a ..., con ... acciones al portador, números 1 a ... Este acuerdo fue elevado a público en escritura otorgada ante la Notario de ... Doña ..., el día ... de ... de ... bajo su número de protocolo, y procediendo a la inscripción de la ampliación de capital en el Registro Mercantil de ..., al Tomo ..., folio ..., del Libro de Sociedades, hoja número ... Inscripción ...

Mediante acuerdo de Junta General de fecha ... de ... de ..., la sociedad se transformó en SOCIEDAD DE RESPONSABILIDAD LIMITADA. Este acuerdo fue elevado a público mediante escritura otorgada ante la Notario de ... Doña ..., el día ... de ... de ... bajo su número de protocolo ... Posteriormente fue inscrito en el Registro Mercantil de ..., al Tomo ..., folio ..., del Libro de Sociedades, hoja número ... Inscripción ...

SEGUNDO. SITUACIÓN DE INSOLVENCIA

La sociedad se encuentra en estado de insolvencia actual, de manera que no pueden cumplir regularmente con sus obligaciones exigibles.

Como causas originadoras de la situación en la que se encuentra la sociedad podemos enumerar las siguientes:

– Situación de crisis económica generalizada tanto a nivel nacional como europeo.

– El incremento del precio de las materias primas de un 35%.

– Aumento desmesurado del precio de la energía.

– Incremento de mas un 13% en los costes salariales.

– Subida del los tipos de interés.

Las circunstancias expuestas, no han podido ser paliadas con incremento en la facturación de la compañía, no pudiendo repercutir a los clientes el incremento de los gastos.

Lo anterior, unido a la política restrictiva crediticia de las entidades financieras, ha supuesto que la tesorería queda muy mermada, no pudiendo atenderse las obligaciones de pago con diversos acreedores y proveedores.

TERCERO. DE LA UNIDAD PRODUCTIVA

En el mes de ... y siendo consciente de la situación económica en la que se encontraba la compañía, se interesó el nombramiento de experto para recabar ofertas de compra de la unidad productiva.

De esta forma, con fecha ... de ... de ..., el Tribunal al que tenemos el honor de dirigirnos dictó Auto por el que, entre otras cuestiones, acordó:

"1. Se tiene por personado y por parte a la mercantil ...... y en su representación a la Procuradora ..., en virtud del poder especial que se aporta, con quien se entenderán las sucesivas diligencias en la forma prevenida por la Ley, y por solicitado EL NOMBRAMIENTO DE EXPERTO PARA RECABAR OFERTAS DE ADQUISICIÓN DE LA UNIDAD PRODUCTIVA.

2. Se nombra como experto a Don ...., con domicilio en ......, a quien se notificará por conducto urgente dicha designación a fin de que sin dilación comparezca en

este Tribunal para aceptar y jurar el cargo, a los cuales se les entregará, una vez aceptado y jurado el cargo."

Una vez aceptado el cargo por parte del experto, la sociedad puso a disposición de éste toda la información necesaria para poder configurar la unidad productiva y proceder a su valoración.

Se han recibido diversas ofertas, considerando el Sr... que la mas beneficiosa es la postulada por la mercantil ......, habiendo procedido a emitir informe favorable, que se acompaña junto a la presente solicitud.

CUARTO. RELACIÓN DE DOCUMENTOS Y MEDIOS APORTADOS

De conformidad con lo establecido en el artículo 6 y 7 del TRLC 1/20 se acompañan al presente escrito los siguientes documentos:

DOCUMENTO NÚMERO 1: Nota Informativa del Registro Mercantil de la Provincia de Valencia.

DOCUMENTO NÚMERO 2: Se acompaña una MEMORIA expresiva de la historia jurídica y económica de mí representada.

Detalle de su evolución histórica y su actividad durante los últimos dos ejercicios, así como toda la documentación al respecto.

DOCUMENTOS NÚMERO 3A, 3B, 3C y 3D: INVENTARIO DE BIENES Y DERECHOS, con expresión de su naturaleza.

DOCUMENTOS NÚMERO 4A, 4B y 4C: RELACIÓN ACREEDORES, con identificación de los mismos, cuantificación y correo electrónico.

DOCUMENTO NÚMERO 5 AL 7: CUENTAS ANUALES de los últimos tres ejercicios

DOCUMENTO NÚMERO 8: memoria de los cambios significativos operados en el patrimonio con posterioridad a las últimas cuentas anuales formuladas, aprobadas y depositadas.

DOCUMENTO Nº 9: memoria de las operaciones realizadas con posterioridad a las últimas cuentas anuales formuladas, aprobadas y depositadas que, por su objeto, naturaleza o cuantía hubieran excedido del giro o tráfico ordinario del deudor.

DOCUMENTO Nº 10: Oferta vinculante de adquisición e unidad productiva formulada por la mercantil ...

DOCUMENTO Nº 11: Informe de evaluación positivo emitido por el experto designado por el Tribunal, Don ......

A estos hechos le son de aplicación los siguientes,

FUNDAMENTOS DE DERECHO

I. COMPETENCIA

El artículo 87 de la LOPJ y los artículos 44, 45, 52 a 55 del TRLC 1/20 atribuyen el conocimiento del concurso a los tribunales de instancias. Corresponde la competencia internacional y territorial para declarar y tramitar el concurso a los tribunales de Instancia, sección de lo mercantil, de ...., (plaza ...) por tratarse del territorio en que radica el centro de los intereses principales de mi representada y en tanto en cuanto es el que designó al experto para recibir ofertas de compra de unidad productiva, todo ello de conformidad con lo dispuesto en el artículo 224 sexies.

II. LEGITIMACIÓN

Es de aplicación el artículo 3.1 del TRLC 1/20 que atribuye legitimación para solicitar el concurso al propio deudor.

III. CONCURRENCIA DEL PRESUPUESTO OBJETIVO

Procede la declaración de insolvencia del deudor común, encontrándose en estado de insolvencia el deudor que prevea que no podrá cumplir regular y puntualmente sus obligaciones, conforme a lo establecido en el artículo 2.3 del TRLC 1/20 en relación con el art. 6 TRLC 1/20.

Es de aplicación el artículo 10 del TRLC 1/20, de manera que cuando la solicitud sea presentada por el deudor, el Tribunal dictará Auto por el que declare el concurso si de la documentación aportada, apreciada en su conjunto, resulta la existencia de alguno de los hechos previstos en el apartado 4 del artículo 2, u otros que acrediten la inminencia de la insolvencia alegada por el deudor.

De conformidad con lo dispuesto en el artículo 224 quinquies se ha solicitado la declaración del concurso en el plazo de dos meses desde que se tuvo conocimiento de la situación de insolvencia actual.

IV. OFERTA DE COMPRA DE UNIDAD PRODUCTIVA

Se acompaña a la presente solicitud, oferta de compra de unidad productiva formulada por la mercantil ..., así como informe favorable emitido por el experto designado por el tribunal, con el fin que sea autorizada la venta de la unidad productiva.

En virtud de lo expuesto

SOLICITO AL TRIBUNAL, que tenga por presentado este escrito, junto con la documentación que se acompaña, se digne a admitirlo, me tenga por parte y comparecido en nombre y representación de mi mandante, y tenga por formulado la SOLICITUD DE LA DECLARACIÓN de CONCURSO DE ACREEDORES de la sociedad: ......, procediendo a dictar conforme establecen los artículos 28, siguientes y concordantes del vigente legislación concursal, auto de declaración de concurso en el que se acuerde:

- El carácter voluntario de la declaración de concurso de mis representados.
- El nombramiento de un administrador concursal.
- Ordene el llamamiento a los acreedores para que pongan en conocimiento del administrador concursal la existencia de sus créditos en el plazo legalmente previsto.

- Acordar que la administración de la sociedad permanezca en el ejercicio de las facultades de administración y de disposición sobre su patrimonio bajo la mera intervención del administrador concursal, conforme establece el artículo 57 y el artículo 59.1 del TRLC.
- Tener por aportada oferta de compra de unidad productiva, junto al informe favorable emitido por el experto, a fin que sea autorizada
- Acordar que se inscriban en el Registro Mercantil, el Registro Público Concursal, y en cuantos demás Registros Públicos que proceda; así como a las administraciones públicas que procedan la declaración del concurso de acreedores con lo acordado respecto de las facultades de administración y disposición de las concursadas y el nombre de los administradores y resto de circunstancias prevenidas en los artículos 33, 35 y siguientes del TRLC.
- Y cuantas otras medidas y efectos sean inherentes a la declaración del concurso y el Tribunal estime pertinente.

Es Justicia que pido en ...... a ... de ... de...

PRIMER OTROSÍ DIGO. Que los despachos acordados para la publicación y anotación del presente procedimiento se entreguen a la procuradora que suscribe el presente escrito para su curso y gestión.

SOLICITO AL TRIBUNAL que acuerde conforme se solicita en el anterior OTROSÍ.

SEGUNDO OTROSÍ DIGO. Que al amparo de lo previsto en el artículo 231 de la Ley de Enjuiciamiento Civil, así como de lo previsto en el artículo 11 del TRLC, solicito al Tribunal que cuide de que puedan ser subsanados los defectos en los que pueda incurrir esta parte.

SOLICITO AL TRIBUNAL, que tenga por efectuada la anterior manifestación a los efectos legales oportunos.

Es Justicia que reitero en ...... a ... de ... de...

F304. AUTO DE CONCURSO VOLUNTARIO DE PERSONA JURIDICA CON OFERTA DE UNIDAD PRODUCTIVA. PREPACK (I)

En la ciudad de........... a........... de........... de...........

ANTECEDENTES DE HECHO

PRIMERO.– en fecha .... y al amparo de lo dispuesto en los arts. 224 ter y ss. TRLC el nombramiento de experto independiente para recabar ofertas de adquisición de las referida/s unidad/es productivas.

SEGUNDO.– Que mediante auto de fecha .... Fue designado por este Tribunal, por un plazo de .... meses, a Don ...., quien acepto el cargo en fecha ....

TERCERO.– Que en fecha........... de........... de........... por el Procurador de los Tribunales, Don..........., y en representación de la compañía........... S.L., se presentó solicitud de concurso voluntario de acreedores de dicha compañía, en base a los HECHOS y FUNDAMENTOS DE DERECHO reseñados en la meritada solicitud y los documentos acompañados a la misma.

De la solicitud formulada por........... S.L. extractamos lo siguiente:...........

A dicha solicitud se acompaña oferta de adquisición de determinada unidad productiva, que fue recabada por Don ...., y que se acompaña a la solicitud de concurso a que se refiere el antecedente de hecho

CUARTO.– En la tramitación de los presentes se han respetado las prescripciones legales.

FUNDAMENTOS DE DERECHO

PRIMERO.– Que este Tribunal es competente para conocer de la presente solicitud al ser éste quien designo al experto para recabar ofertas de adquisición de unidad productiva reseñado en los antecedentes de esta resolución (arts. 44, 45 y 224 sexies 1 TRLC).

SEGUNDO.– Que la solicitud y la documentación aportada por........... S.L. junto a la misma cumple con lo establecido en el TRLC, especialmente, lo establecido en el art. 6, 7 y 8 TRLC.

TERCERO.– Que de la documentación aportada resulta la situación de insolvencia actual de........... S.L. (art. 2.3 TRLC), al no poder cumplir regularmente sus obligaciones, habiéndose justificado el endeudamiento y la insolvencia actual de dicha compañía. También el presupuesto subjetivo del concurso, al ser........... S.L. un deudor persona jurídica (art. 1.1 TRLC), al que no es de aplicación el procedimiento especial de micro empresas regulado en el Libro III TRLC (art. 1.2 TRLC), ni se trata de una entidad que integra la organización territorial del Estado (art. 1.3 TRLC).

CUARTO.– Que a la vista de lo dispuesto en el art. 29.1 TRLC el presente concurso tiene la consideración de voluntario.

QUINTO.– Que procede nombrar a la administración concursal. Según establece el apartado 2, del art. 224 sexties TRLC, habiéndose nombrado experto a que se refiere el art. 224 ter TRLC, lo que acontece en el presente caso, en la declaración del concurso, el tribunal podrá revocar o ratificar el nombramiento del experto. Si lo ratificara tendrá este la condición de administrador concursal.

A la vista que ...., este Tribunal entiende preciso ratificar el citado nombramiento de Don........... (ABOGADO), mayor de edad, de nacionalidad española, con domicilio en ...., calle .... y DNI/NIF .... Núm. .... ICAV, quien como consecuencia de ello, pasa ostentar y queda nombrado administrador concursal en el presnete concurso voluntario de ....

ALTERNATIVA: A la vista que ...., este Tribunal entiende preciso revocar el citado nombramiento de Don........... y designar administración concursal, que estará integrada por un único miembro, recayendo el nombramiento en Don........... (ABOGADO), mayor de edad, de nacionalidad española, con domicilio en ...., calle .... y DNI/NIF .... Núm. .... ICAV.

ALTERNATIVA I (cuando entre en vigor el art. 62 TRLC):

Que conforme a lo dispuesto en el art. 62.1 TRLC procede nombrar a la administración concursal. No concurriendo ninguna de las excepciones previstas legalmente, procede estar al listado del Registro Público Concursal y al turno correlativo contemplado en dicho art. 62.1 TRLC, en función de la clase de concurso, en este caso, ..., recayendo el nombramiento en Don........... (ABOGADO), mayor de edad, de nacionalidad española, con domicilio en ...., calle .... y DNI/NIF .... núm. .... ICAV, dirección electrónica ...., quien ha hecho constar estar en condiciones para actuar en el ámbito territorial de este Tribunal.

ALTERNATIVA II (cuando entre en vigor el art. 62 TRLC):

Que conforme a lo dispuesto en el art. 62 TRLC procede nombrar a la administración concursal. De conformidad con lo establecido en este ultimo precepto, habría que estar al listado del Registro Público Concursal y al turno correlativo contemplado en dicho art. 62.1 TRLC. No obstante, dado que nos encontramos ante un concurso de mayor complejidad, entiendo más oportuno designar a un administrador concursal alternativo al que resulta del citado turno a la vista que .... Por ello, previa consulta del referido Registro, queda designado administrador concursal Don........... (ABOGADO), mayor de edad, de nacionalidad española, con domicilio en ...., calle .... y DNI/NIF .... núm. .... ICAV, dirección electrónica ...., que se halla inscrita en dicho Registro Publico concursal y habilitado para ejercer las funciones propias del cargo en dichos concursos. Justifico su nombramiento en ....

ALTERNATIVA III (cuando entre en vigor el art. 62 TRLC):

Que conforme a lo dispuesto en el art. 62.1 TRLC procede nombrar a la administración concursal y, procede estar al listado del Registro Público Concursal y al turno correlativo contemplado en dicho art. 62.1 TRLC, en función de la clase de concurso, en este caso, ... No obstante, dado que nos hallamos ante un concurso con elementos transfronterizos, y a la vista del art. 62.3 TRLC, el nombramiento deberá recaer en persona que, además, acredite en el momento de su aceptación el conocimiento suficiente de la lengua del país o países relacionados con esos elementos o, al menos, el conocimiento suficiente de la lengua inglesa. Alternativamente, podrá acreditar que cuenta con personas trabajadoras o ha contratado a un traductor jurado con dichos conocimientos. Por ello, recae el nombramiento en Don........... (ABOGADO), mayor de edad, de nacionalidad española, con domicilio en ...., calle .... y DNI/NIF .... núm. .... ICAV, dirección electrónica ...., quien ha hecho constar estar en condiciones para actuar en el ámbito territorial de este Tribunal y que, en cualquier caso, y al tiempo de aceptar el cargo deberá acreditar los anteriores extremos idiomáticos.

El administrador concursal nombrado deberá aceptar el cargo, por lo que urgentemente y por el medio más rápido se le notificará su nombramiento a efectos de su aceptación y juramento. Igualmente deberá acreditar ante este Tribunal que tiene suscrito un seguro de responsabilidad civil o garantía equivalente proporcional a la naturaleza y alcance del riesgo cubierto por el nombramiento aquí verificado a su favor.

SEXTO.– Que dado que nos hallamos ante un concurso voluntario, el concursado conservará las facultades de administración y disposición sobre la masa activa, pero el ejercicio de estas facultades estará sometido a la intervención de la administración concursal, que podrá autorizar o denegar la autorización según tenga por conveniente.

SÉPTIMO.– Que junto a la solicitud de concurso, la actora ha acompañado presentado propuesta de escrita vinculante de la compañía .... S.L para la adquisición de determinada/s unidad/es productivas de la concursada, en los siguientes términos: ....

Que cumpliendo la citada propuesta lo dispuesto en el art. 224 bis, 224 ter ss. y concordantes del TRLC, en especial lo mandatado en su apartado 1, procede conceder en este auto un plazo de quince días para que los acreedores que se personen puedan formular a la propuesta las observaciones que tengan por conveniente y para que cualquier interesado pueda presentar propuesta vinculante alternativa, requiriéndose a la Administración Concursal designada para que, dentro de ese plazo, emita informe de evaluación de las ofertas presentada. Procede dar traslado a los representantes legales de los trabajadores ex art. 220 TRLC. Tras ello se acordara lo procedente.

OCTAVO.– Que dando cumplimiento a lo preceptuado por el art. 35 TRLC procede dar, con la mayor urgencia, la oportuna publicidad a la declaración del concurso, mediante publicación del presente auto en los términos y con el contenido establecido en el art. 35 TRLC.

Igualmente procede dar publicidad registral a la declaración del presente concurso en los términos y con el alcance establecido en el art. 36 y 37 TRLC, así como insertar el presente auto en el Registro público Concursal y comunicar al Fondo de Garantía salarial la incoación de presente expediente (art. 33 ET). Finalmente, debe comunicarse la existencia del presente procedimiento al Registro Mercantil de la provincia de .... a los efectos de lo dispuesto en el TRLC así como en el RD 685/2005, de 9 de junio y la Orden 3473/2005, de 8 de noviembre. También procede la notificación de este auto a la Agencia Estatal de Administración Tributaria y a la Tesorería General de la Seguridad Social (art. 33 TRLC). Y dado que el concursado es empleador el presentes auto de declaración de concurso debe notificarse a la representación legal de los trabajadores.

El traslado de los oficios con los edictos correspondientes se realizará por vía electrónica o telemática a los organismos y Registros correspondientes.

ALTERNATIVA: Que no siendo posible el traslado de los oficios con los edictos correspondientes se realizará por vía telemática a los organismos y Registros correspondientes, deben expedirse los oportunos mandamientos y oficios con los edictos, que serán entregados y confiados al procurador de la solicitante del concurso a efectos de darles el oportuno curso, gestión y diligenciamiento en los términos de los citados arts. 35 a 37 TRLC.

Visto lo expuesto y demás normativa de aplicación

DISPONGO

PRIMERO.– Se tiene por personado a la sociedad........... S.L., y en su nombre y representación el procurador de los Tribunales Don........... en virtud del poder especial adjuntado por dicha compañía a la solicitud origen de este procedimiento, procurador con el que se entenderán y seguirán las sucesivas diligencias y comunicaciones, y se tiene por solicitada la declaración de concurso voluntario de la compañía........... S.L., solicitud que se admite a trámite.

SEGUNDO.– Se declara la situación de concurso de........... S.L., que a la vista del contenido del art. 29 TRLC tendrá la consideración de voluntario.

Se hace constar que el deudor no ha presentado propuesta de convenio, ni ha solicitado la liquidación de la masa activa. Pero si ha presentado una oferta vinculante de adquisición de unidad o unidades productivas.

TERCERO.– Se ratifica el citado nombramiento de Don........... (ABOGADO), mayor de edad, de nacionalidad española, con domicilio en ...., calle .... y DNI/NIF .... Núm. .... ICAV, como experto a que se refiere el art. 224 ter TRLC, y que tuvo lugar mediante auto de este Tribunal de fecha ...., quien, tras ello, pasa ostentar y queda nombrado administrador concursal en el presente concurso voluntario de ....

ALTERNATIVA: Se revoca el nombramiento de Don........... como experto a que se refiere el art. 224 ter TRLC, y que tuvo lugar mediante auto de fecha .... y designar administración concursal, que estará integrada por un único miembro, recayendo el nombramiento en Don........... (ABOGADO), mayor de edad, de nacionalidad española, con domicilio en ...., calle .... y DNI/NIF .... Núm. .... ICAV.

El administrador concursal nombrado deberá aceptar el cargo, por lo que urgentemente y por el medio más rápido se le notificará su nombramiento a efectos de su aceptación y juramento. Igualmente deberá acreditar ante este Tribunal que tiene suscrito un seguro de responsabilidad civil o garantía equivalente proporcional a la naturaleza y alcance del riesgo cubierto por el nombramiento aquí verificado a su favor. (En su caso y en el supuesto de entrada en vigor art. 62 TRLC). Y a la vista que nos hallamos ante un concurso con elementos transfronterizos, deberá acreditar en el momento de su aceptación del cargo, el conocimiento suficiente de la lengua del país o países relacionados con esos elementos o, al menos, el conocimiento suficiente de la lengua inglesa. Alternativamente, podrá acreditar que cuenta con personas trabajadoras o ha contratado a un traductor jurado con dichos conocimientos.

La administración concursal designada, queda autorizada de conformidad y a los efectos del art. 4 h) del RD-Ley 3/2013, a fin de ejercitar las acciones que considere oportunas en interés de la masa, bajo su responsabilidad y ante cualquier jurisdicción.

CUARTO.– Decretar la conservación por el deudor de las facultades de administración y disposición sobre la masa activa, quedando sometido el ejercicio de éstas a la intervención de los administradores concursales, mediante su autorización o conformidad.

QUINTO.– Que con relación a la propuesta escrita vinculante de la compañía .... S.L para la adquisición de determinada/s unidad/es productivas de la concursada, que la actora ha acompañado a su solicitud, y cumpliendo la misma lo dispuesto en el art. 224 bis y concordantes del TRLC, en especial lo mandatado en su apartado 1, concédase un plazo de quince días para que los acreedores que se personen en las presentes actuaciones, formulen las observaciones que tengan por conveniente respecto de la citada propuesta, y para que cualquier interesado pueda presentar propuesta vinculante alternativa. Requiérase a la Administración Concursal designada para que, dentro de ese plazo de quince días, emita oportuno informe de evaluación de la propuesta presentada. Dese traslado a la representación legal de los trabajadores a los efectos del artículo 220 TRLC. Y tras ello acuérdese en su momento lo procedente.

SEXTO.– Hacer el llamamiento a los acreedores de............ S.L. para que pongan en conocimiento de la administración concursal la existencia de sus créditos, en el plazo de un mes a contar desde el día siguiente a la publicación de este auto en el Boletín Oficial del Estado (BOE) a que se refiere el art. 35 TRLC.

La Administración Concursal, sin demora, realizará una comunicación individualizada, a cada uno de los acreedores cuya identidad y domicilio consten en la documentación obrante en los presentes autos, informándoles de la declaración del presente concurso y del deber de comunicar sus créditos en la forma establecida en el artículo 255 y ss. TRLC, debiendo efectuarse tal comunicación por medios telemáticos, informáticos o electrónicos cuando conste la dirección electrónica del acreedor.

Igualmente dirigirá la comunicación por medios electrónicos a la Agencia Estatal de la Administración Tributaria y la Tesorería General de la Seguridad Social a través de los medios habilitadas por estas en sus respectivas sedes electrónicas y con independencia que conste o no su condición de acreedores de la concursada. También se comunicará a la representación de los trabajadores, haciéndoles saber su derecho a personarse en el procedimiento como parte y librándose el oportuno edicto al efecto.

SÉPTIMO.– Proceder a dar la debida publicidad a la declaración del concurso, mediante la publicación del oportuno anuncio del presente auto de declaración del concurso que se publicará, con la mayor urgencia y de forma gratuita, en el Boletín Oficial del Estado.

A tal efecto, el mismo día de la aceptación del cargo por el administrador concursal, el letrado de la Administración de Justicia remitirá por medios electrónicos al "Boletín Oficial del Estado", para su publicación en el suplemento del tablón judicial edictal único, y al Registro público concursal el edicto relativo a la declaración de concurso, redactado en el modelo oficial para que sea publicado con la mayor urgencia. La publicación del edicto tendrá carácter gratuito. El edicto tendrá el contenido del art. 35.1, segundo párrafo, TRLC.

Líbrense al efecto el oportuno oficio con el edicto que será remitido por vía electrónica al citado Boletín Oficial del Estado.

ALTERNATIVA: Líbrese el oportuno oficio con el edicto a remitir al Boletín Oficial del Estado. No obstante, de manera excepcional y no siendo posible su traslado por vía electrónica, entréguese el citado oficio al procurador de la concursada para el oportuno diligenciamiento y gestión en los términos del art. 35 TRLC.

OCTAVO.– Inscribir en el Registro Mercantil de la provincia de........... la existencia del presente procedimiento y los acuerdos adoptados en el presente auto, especialmente, la intervención de las facultades de administración y disposición del concursado adoptada en la presente resolución, y el nombramiento de la Administración concursal.

Igualmente, practíquese anotación preventiva en los Registros de la Propiedad de........... y..........., concretamente en el folio correspondiente a los bienes de la concursada que a continuación se relacionan, relativa a la declaración del presente concurso voluntario, con indicación de la fecha, y los acuerdos adoptados en la presente resolución, especialmente, la intervención de las facultades de administración y disposición del concursado adoptada en la presente resolución, así como el nombramiento de la administración concursal...........

Los citados bienes son los siguientes (con expresión del Registro de la Propiedad en el que se halla inscrito y los datos registrales de cada bien):...........

Líbrense al efecto los oportunos oficios con los edictos que serán remitidos por vía electrónica o telemática desde el Tribunal a los citados Registros Públicos.

ALTERNATIVA: Líbrense los oportunos edictos con los mandamientos precisos para prácticas las citadas inscripciones y anotaciones que serán confiados al procurador para el oportuno diligenciamiento y gestión en los términos del art. 36 y 37 TRLC, al no ser posible el traslado por vía electrónica o telemática previsto en dicho precepto concursal.

NOVENO.– Insertar en el Registro Público Concursal el presente auto de declaración de concurso, así como comunicar al Fondo de Garantía Salarial la iniciación del presente procedimiento concursal, dirigiéndole al efecto el oportuno oficio. También al citado Registro Mercantil de la provincia de............ a los efectos de lo dispuesto en el RD 685/2005, de 9 de junio y la Orden 3473/2005, de 8 de noviembre). Tales comunicaciones las llevara a cabo de oficio el Tribunal mediante remisión de oficio y testimonio de la presente resolución por vía electrónica o telemática.

DÉCIMO.– Como consecuencia de la admisión de la solicitud de declaración de concurso voluntario formulada por............ S.L., fórmense las secciones primera, segunda, tercera y cuarta del concurso.

Notifíquese por el Letrado de la Administración de Justicia la presente resolución al concursado a través de su representación procesal.

Contra el presente auto no cabe recurso alguno.

Todo lo cual pronuncia, manda y firma el Ilmo. Sr. ...., Magistrado titular de la plaza......., de la sección de lo mercantil, del Tribunal de Instancia de................

F305. AUTO DE CONCURSO VOLUNTARIO DE PERSONA JURIDICA CON OFERTA DE UNIDAD PRODUCTIVA. PREPACK (II)

TRIBUNAL DE INSTANCIA

SECCIÓN DE LO MERCANTIL (PLAZA ...)

N.I.G.:.........

Procedimiento: ...-/...

Deudor: ...

Procurador: ...

AUTO

Lugar: ...

Fecha: ...

ANTECEDENTES DE HECHO

PRIMERO. Mediante escrito fechado el pasado día..., la procuradora Doña ..., en nombre y representación de la mercantil ..., comunicó la situación de insolvencia actual de su representada, interesando la declaración de concurso.

SEGUNDO. En la solicitud de concurso se expresan los datos de identificación de la deudora, ... SL, con domicilio en ...., CIF ...... e inscrita en el Registro Mercantil de ......, siendo su objeto social ...

FUNDAMENTOS DE DERECHO

PRIMERO. Este Tribunal, resulta competente para conocer el presente concurso, de conformidad con lo dispuesto en el artículo 224.1 sexies del TRLC, al haber sido este tribunal quien designó el experto para recabar ofertas de unidad productiva al que alude el 224 ter.

SEGUNDO. Con arreglo a lo dispuesto en los artículos 1 y 2 TRLC, procede la declaración de concurso respecto de cualquier deudor, sea persona física o jurídica, que se encuentre en estado de insolvencia, por no poder cumplir regularmente sus obligaciones exigibles, debiendo justificar su endeudamiento y si su estado de insolvencia resulta ser actual o inminente.

Por su parte, el artículo 10 TRLC establece que cuando la solicitud hubiere sido presentada por el deudor, el tribunal dictará auto que declare el concurso si de la documentación aportada, apreciada en su conjunto, resulta la existencia de alguno de los hechos previstos en el apartado 4 del artículo 2, u otros que acrediten la insolvencia alegada por el deudor.

TERCERO. Al amparo de lo dispuesto en el artículo 10 del Texto Refundido de la Ley Concursal, el Tribunal examinará la solicitud del concurso y, si la estimare completa, proveerá conforme al mismo, y habiendo sido presentada la solicitud por el deudor procede conforme al referido precepto dictar auto declarando el concurso de acreedores dado que, de la documentación aportada, apreciada en su conjunto, resulta la existencia de hechos acreditativos de la insolvencia alegada por el deudor.

CUARTO. El concurso ha de ser declarado voluntario, al haberlo solicitado el propio deudor, de conformidad a lo previsto en el artículo 29 TRLC y al no constar ningún dato referido a su calificación como necesario.

QUINTO. Declarado el concurso a solicitud del deudor, corresponde, según lo establecido en los artículos 30 y 31.1 del TRLC, ordenar la formación de la Sección Primera que se encabezará con la solicitud y todos los documentos que la acompañaren. Asimismo, con arreglo al apartado 1 y concordantes del citado art. 31 del TRLC, procede abrir las Secciones 2ª, 3ª y 4ª cada una de las cuales se encabezará por el auto o, en su caso, la sentencia que hubiera ordenado su formación.

SEXTO. El concurso ha de considerarse VOLUNTARIO por haber sido instado por el propio deudor (artículo 28.1.1° en relación con el artículo 29.1 del TRLC). El deudor conservará las facultades de administración y disposición sobre su patrimonio, quedando sometido el ejercicio de éstas a la intervención de la administración concursal, mediante su autorización o conformidad.

SÉPTIMO. La administración del concurso estará integrada por un único miembro que podrá ser persona natural o jurídica, conforme al artículo 57 del TRLC.

El nombramiento de la Administración Concursal deberá recaer en profesional que reúna las condiciones previstas en los artículos 60, 61, 62 del TRLC, pudiendo ser nombrada una persona jurídica en la que se integre, al menos, un abogado en ejercicio y un economista, titulado mercantil o auditor de cuentas, y que garantice la debida independencia y dedicación en el desarrollo de las funciones de la administración concursal, de conformidad con el artículo 27 de la Ley Concursal derogado por el Real Decreto Legislativo 1/2020, de 5 de mayo, que no obstante permanece en vigor hasta que se apruebe el reglamento a que se refiere la disposición transitoria segunda de la Ley 17/2014, de 30 de septiembre Ref. BOE-A-2014-9896, en la redacción anterior a la entrada en vigor de dicha Ley 17/2014, según establece la disposición transitoria única.1 del citado Real Decreto Legislativo.

No obstante, el artículo 224 sexies TRLC, en su apartado 2 establece que "en la declaración del concurso, el tribunal podrá revocar o ratificar el nombramiento del experto. Si lo ratificara tendrá este la condición de administrador concursal." Considera este tribunal, que procede la ratificación del nombramiento del experto, y máxime a la vista del satisfactorio trabajo realizado que ha permitido la obtención de varias ofertas de compra de unidad productiva.

Procede, conforme dispone el art. 66, 67, 68 y 69 TRLC, comunicar el nombramiento de administrador concursal que viene designado en la parte dispositiva de la presente resolución por el medio más rápido. Dentro de los cinco días siguientes al de recibo de la comunicación, deberá comparecer ante el tribunal y aceptar el cargo.

En el momento de la aceptación del cargo, deberá facilitar al tribunal las direcciones postal y electrónica en las que efectuar la comunicación de créditos, así como cualquier otra notificación. La dirección electrónica que señale deberá cumplir las condiciones técnicas de seguridad de las comunicaciones electrónicas en lo relativo a la constancia de la transmisión y recepción, de sus fechas y del contenido íntegro de las comunicaciones. La dirección postal y la dirección electrónica señaladas a efectos de comunicaciones serán únicas, cualquiera que sea el número de administradores concursales.

En el caso de que concurra en el administrador concursal nombrado alguna causa de recusación, estará obligado a manifestarla en ese momento.

En el mismo momento de aceptación del cargo, el Letrado de la Administración de Justicia expedirá y entregará al nombrado documento acreditativo de su condición de administrador concursal.

La credencial deberá ser devuelta al tribunal en el momento en el que por cualquier causa se produzca el cese del administrador concursal.

Si el administrador concursal designado no compareciese, no tuviera suscrito un seguro de responsabilidad civil o garantía equivalente suficiente o no aceptase el cargo, se procederá de inmediato a un nuevo nombramiento.

OCTAVO. El deudor acompaña como documento nº ... oferta de compra de unidad productiva formulada por la mercantil ..., así como documento nº ... informe de evaluación emitido por el experto nombrado por este tribunal Don ......, solicitando autorización para la enajenación de la unidad productiva.

En cuanto al procedimiento de enajenación de la unidad productiva, este tribunal se encuentra con la diatriba de aplicar el procedimiento contemplado en el artículo 224 bis del TRLC o por el contrario canalizar la venta por la vía del 518 TRLC. Ciertamente, el 224 bis se refiere a la solicitud de concurso solicitada con el deudor con venta de unidad productiva, sin distinguir según la misma se haya obtenido con la intervención y asistencia de un experto o no, pero consideramos que nos encontramos ante un supuesto diametralmente opuesto al de la venta de la unidad productiva mediante el denominado "pre-pack" y regulado en el artículo 224 ter y siguientes. De esta forma no puede aplicarse el mismo régimen procedimental a los supuestos en los que la oferta de compra se ha obtenido por el deudor, sin la supervisión de un tercero que haya garantizado la transparencia y publicidad del proceso, mientras que en el supuesto contemplado en el 224 ter, el tribunal designa a un experto independiente que aplica estos principios de independencia, transparencia y publicidad.

Procede pues, tramitar la autorización de venta de la unidad productiva en base al artículo 518, concediendo un plazo común de diez días a los acreedores, especialmente los privilegiados, y a la representación de los trabajadores, al objeto que manifiesten lo que a su derecho convenga.

NOVENO. La declaración de concurso conlleva, conforme a la ley concursal, una serie de efectos automáticos respecto de los acreedores regulados en los artículos 136 y siguientes del TRLC.

De conformidad con todo ello procederá remitir notificación a los diferentes Tribunales (Civiles, Contencioso-administrativos y Sociales) a los efectos de hacerles saber la declaración de concurso, lo que se hará a través del Decanato de los Tribunales de Valencia.

DÉCIMO. Procede igualmente hacer los legales apercibimientos al concursado de conformidad a lo previsto en la Ley Concursal específicamente en cuanto al ejercicio de sus facultades.

DÉCIMO PRIMERO. De conformidad con lo establecido en los artículos 28.1.4º y 255 del TRLC, dentro del plazo de un mes a contar desde el día siguiente a la publicación de la declaración en el BOE, los acreedores del concursado comunicarán a la administración concursal la existencia de sus créditos en la forma, circunstancias y con la documentación señalada en los artículos 256 y 257 del TRLC.

DÉCIMO SEGUNDO. Al amparo de lo dispuesto en el artículo 32 TRLC el presente auto producirá sus efectos de inmediato, abrirá la fase común de tramitación del concurso y será ejecutivo aunque no sea firme.

PARTE DISPOSITIVA

1. DECLARACIÓN. Se declara en CONCURSO DE ACREEDORES, de carácter VOLUNTARIO, a la entidad ......, con CIF ..., y domicilio social en ..., Calle ...... Inscrita en el Registro Mercantil de ... en el tomo ..., libro ... de la sección general del libro de sociedades, hoja nº ...

2. FACULTADES PATRIMONIALES DEL DEUDOR Y DE SUS ÓRGANOS DE ADMINISTRACIÓN. El concursado conservará las facultades de administración y disposición sobre su patrimonio, quedando sometido el ejercicio de éstas a la intervención de la administración concursal, mediante su autorización o conformidad.

3. NOMBRAMIENTO DE LA ADMINISTRACIÓN CONCURSAL. Se nombra administración concursal, con las facultades deducidas del pronunciamiento anterior, a ... con domicilio en calle ...., correo electrónico ......y teléfono ...

Notifíquesele dicha designación a fin de que en los cinco días siguientes a partir de su notificación comparezca en este Tribunal, para aceptar el cargo y acreditar los requisitos establecidos legalmente. Una vez verificado, deberá proceder sin demora a realizar una comunicación individualizada a todos los acreedores cuya identidad conste en el concurso, a la AEAT y a la TGSS, en su caso, en la forma y a los efectos previstos legalmente, realizando dicha comunicación igualmente a la representación de los trabajadores.

Asimismo, deberá facilitar, en caso de no constar ya en las actuaciones, las direcciones postal y electrónica en las que efectuar la comunicación de créditos, así como cualquier otra notificación. En cuanto a la dirección electrónica, la misma deberá reunir las condiciones de seguridad en las comunicaciones electrónicas en lo relativo a la transmisión y recepción, de sus fechas y del contenido íntegro de las comunicaciones.

Por otra parte, se le requiere para en el acto de aceptación de su cargo, acredite la vigencia del contrato de seguro o una garantía equivalente en los términos del art. 6 del Real Decreto 1333/12, de 21 de septiembre. En concreto, mediante exhibición del original de la póliza y del recibo de la prima correspondiente al período del seguro en curso, o del certificado de cobertura expedido por la entidad aseguradora. A los efectos de cumplir con lo dispuesto en el mencionado artículo deberá aportar, asimismo, copia de los citados documentos originales para testimoniarlas y unirlas a las actuaciones de la sección 2ª.

De conformidad con el art. 7 del mencionado Real Decreto, deberá acreditar las sucesivas renovaciones del seguro en idéntica forma. Se le hace saber que la infracción del deber de acreditar la renovación del seguro será causa justa de separación del cargo.

Se autoriza expresamente a la administración concursal para acceder a las instalaciones y documentos del concursado, en la medida en la que lo consideren necesario para el ejercicio de sus funciones y se advierte al deudor sobre su deber de colaboración con la administración concursal, obligación que se extiende a sus administradores, apoderados y representantes de hecho o de derecho, así como a quienes lo hayan sido durante los dos años anteriores a la declaración del concurso.

4. Se tienen por presentada OFERTA VINCULANTE DE ADQUISICIÓN DE LA UNIDAD PRODUCTIVA realizada por la mercantil ... Igualmente se tiene por emitido informe favorable de venta de la unidad productiva por parte del experto Don ......

Se concede un plazo de 10 días hábiles para que los acreedores, especialmente los que ostenten privilegio especial y a los representantes de los trabajadores, puedan formular a la propuesta las observaciones que tengan por conveniente.

A tal fin, se requiere a la administración concursal, a fin de que de forma inmediata a la aceptación del cargo, de traslado de la oferta de compra de unidad productiva y al preceptivo informe a los titulares del privilegio especial y a los trabajadores. Igualmente, se requiere a la administración concursal, para que de traslado a los correos electrónicos de los acreedores que constan en la solicitud e concurso, de la oferta e informe.

5.-INFORME DE LA ADMINISTRACIÓN CONCURSAL. La administración concursal cuenta con un plazo de DOS MESES desde su aceptación para la presentación del informe provisional previsto en el art. 290 TRLC. En caso de solapamiento de plazos, estese a lo dispuesto en el art. 291 TRLC.

6. PUBLICIDAD GENERAL. Anúnciese la declaración de concurso en el Boletín Oficial del Estado, con carácter gratuito, mediante extracto y en los términos del artículo 35.1 TRLC. Publíquese en el Registro Público Concursal.

7. LLAMAMIENTO DE LOS ACREEDORES. Se llama a los acreedores de la persona concursada para que pongan en conocimiento de la administración concursal, en la forma establecida en el artículo 255 a 258 TRLC, los créditos que tengan contra el deudor. La existencia de los créditos deberá comunicarse en el plazo de UN MES a contar desde el

día siguiente a la publicación en el Boletín Oficial del Estado de la declaración de concurso, conforme a lo dispuesto en los artículos 28.1.4°, 35.1° y 255 TRLC. La comunicación se formulará por escrito firmado, y podrá dirigirse a la dirección electrónica o postal facilitada por la administración concursal. No producirá efectos la comunicación de créditos realizada directamente al Tribunal. La eventual personación de un acreedor o de cualquier otro legitimado en el procedimiento requiere el cumplimiento de los requisitos establecidos al efecto por el artículo 509 a 514 TRLC.

8. LLAMAMIENTO DE LOS ACREEDORES en los términos del art. 447 TRLC, para que en el plazo de un mes puedan remitir por correo electrónico a la administración concursal cuanto consideren relevante para fundar la calificación del concurso como culpable, acompañando, en su caso, los documentos que consideren oportunos.

9. PUBLICIDAD REGISTRAL. Líbrese mandamiento al Registro Mercantil para inscribir la presente declaración de concurso en el folio registral de la concursada.

Expídase mandamientos a los siguientes Registros a fin de que se verifiquen las oportunas anotaciones registrales de la pendencia de este procedimiento y los acuerdos adoptados por esta resolución, en las siguientes fincas:......

10. COMUNICACIÓN A TRIBUNALES. Comuníquese la declaración de concurso a la Presidencia del Tribunal de Instancia de......., a los efectos de toma de conocimiento de la existencia del presente concurso.

Requiérase al concursado, mediante la notificación de esta resolución, para que ponga este auto en conocimiento de los Tribunales que ya conocen de procesos contra la concursada o su administrador la declaración de concurso a los efectos que en cada caso procedan.

11. OTRAS NOTIFICACIONES. De conformidad con el art. 33 TRLC, el Letrado de la Administración de Justicia de este Tribunales notificará el auto a las partes que hubiesen comparecido.

El auto se notificará por medios electrónicos a la AEAT y a la TGSS. Igualmente se comunicará a la representación de los trabajadores, si la hubiere, haciéndoles saber de su derecho a personarse en el procedimiento como parte, así como al FOGASA.

12. EFECTOS PROCESALES DE LA DECLARACIÓN DEL CONCURSO. La presente declaración de concurso voluntario conlleva la apertura de la fase común del concurso, produce efectos inmediatos y será ejecutiva, aunque no sea firme.

Dentro de la sección primera se ordena la apertura de un cuaderno específico en el que se recogerán e indexarán las resoluciones de mayor trascendencia para el procedimiento concursal, a los efectos facilitar su localización en las distintas secciones e incidentes. De igual modo, dentro de cada sección se formará un libro específico en el que se incluirán las correspondientes notificaciones a las partes personadas, los comprobantes de la publicidad que deba realizarse de cada resolución y otras incidencias de carácter instrumental que pudieran producirse en la tramitación de cada sección.

13. APERTURA DE SECCIONES 2ª, 3ª Y 4ª. Se ordena la formación de la sección de la administración concursal, la de determinación de la masa activa y determinación de la masa pasiva. Estas secciones se encabezarán con testimonio del auto de declaración del concurso.

MODO DE IMPUGNACIÓN: A los efectos del artículo 208.4 de la Ley de Enjuiciamiento Civil, en relación con lo dispuesto al efecto en el TRLC, se hace constar que contra el pronunciamiento de este Auto sobre declaración de concurso cabrá, en todo caso, recurso de reposición, a interponer ante este Tribunal, por escrito, en el plazo de CINCO DÍAS. La admisión del recurso exigirá la previa realización de los depósitos exigidos por la Disposición Adicional Decimoquinta de la Ley Orgánica 6/1985, de 1 de julio, del Poder Judicial, según redacción dada por Ley Orgánica 1/2009, de 3 de noviembre. La desestimación de los recursos determinará la condena en costas del recurrente.

Así por este Auto, lo pronuncia, manda y firma el Itmo. Sr. D. .... Magistrado titular de la plaza ......, sección de lo mercantil del Tribunal de Instancia de .... ; doy fe.